北京海淀年鉴

BEIJING HAIDIAN NIANJIAN

2013

《北京海淀年鉴》编纂委员会　编

中央文献出版社

图书在版编目(CIP)数据

北京海淀年鉴.2013/《北京海淀年鉴》编纂委员会编.
—北京：中央文献出版社，2014.2
ISBN 978-7-5073-4026-6

Ⅰ.①北… Ⅱ.①北… Ⅲ.①海淀区—2013—年鉴
Ⅳ.①Z521.3

中国版本图书馆CIP数据核字(2014)第021521号

北京海淀年鉴 2013

编　　者/《北京海淀年鉴》编纂委员会
责任编辑/孙　翊
封面摄影/远眺西山　刘培恩
封面设计/北京艺皓元文化传播有限公司

出版发行/中央文献出版社
地　　址/北京西四北大街前毛家湾1号
邮　　编/100017
经　　销/新华书店
排　　版/廊坊飞腾印刷包装有限公司
印　　刷/廊坊飞腾印刷包装有限公司

889×1194mm　16开　印张42.5　彩插203　1160.4千字
2014年2月第1版　2014年2月第1次印刷
印数1-1500册

ISBN 978-7-5073-4026-6　定价：220.00元

《北京海淀年鉴》编纂委员会

顾　问：隋振江　　关成启　　彭兴业

主　任：孙文锴

副主任：李彦来　　穆　鹏

《北京海淀年鉴》编辑部

主　　　编：李彦来　　穆　鹏

执行主编：周玉鑫　　李　强

常务副主编：钟　冷

副　主　编：胥天寿　　李恺彦　　王宋文

编　　　辑：（以姓氏笔画为序）

田　颖　　李　苗　　李相伟

陈　斌　　周　勇

英文翻译：郭　浩

主要撰稿人

（以姓氏笔画为序）

丁尧　丁旭　于佩丽　于倩雯　于森　马达　马岚　马学兵　马薇冬
尹玲利　毛重渝　王卫　王小民　王东旭　王冉冉　王华　王帆　王芳云
王京　王京红　王卓然　王学丽　王承娟　王承浩　王治华　王波　王奕
王洋　王茹萍　王倩　王家龙　王海广　王彩虹　王瑛　王锐　王煜
邓雪萍　韦培平　丛颖　代韧　冯小明　冯劲涛　冯蕾　史建伟　白云芝
白帆　白洁　石军　石峰　乔东升　乔克　乔捷　任丹丹　任欢
任克红　任嵩迪　刘凡子　刘中发　刘凤山　刘东来　刘伟杰　刘传　刘旭
刘志广　刘旺　刘昊鹏　刘明昆　刘波　刘金荣　刘春华　刘洪　刘珊珊
刘梦瑶　刘森　刘滨启　刘蓓蓓　刘慧　刘鑫　危宏晓　向华　孙小亭
孙旭　孙学刚　孙雯　孙腾飞　孙静燕　孙燕艳　曲少枫　朱葛　毕娟
江亚红　江林湘　祁明军　许立　许亮　许相明　邢晓蕊　何昊东　何春媚
何慧敏　余浚　吴向荣　吴扬传　吴保军　吴博超　宋玉成　宋亚甫　张小莉
张伟　张安静　张丽　张丽伟　张秀峰　张建伟　张怡歌　张炜　张彦臣
张倩　张晓　张晓静　张桂和　张浩　张海翔　张敏　张晗　张晨亮
张雪薇　张晴晴　张瑶　张蝶　张鹤腾　张燕　张蕾　李天飞　李东霞
李冬妮　李冰　李华亭　李娜　李春玲　李洋　李素琴　李婧　李萍
李雪华　李强　李萱　李鹏　杨元平　杨帆　杨阳　杨丽丽　杨亮
杨洪兵　杨晓芳　杨晓美　杨靓　沈成保　肖征祥　肖洁　肖敏鹏　苏欢
邹立宏　邹俊华　陈子权　陈以民　陈克禄　陈育红　陈柳航　陈魁　陈燕菊
陈霖　周志强　周芬　周南南　周恒　周翊兰　呼晓毛　国雪丽　孟凡杰
孟庆杰　林平　林立　林杉　罗军　罗勇　罗茜　郑珊　郑湘军
侯硕　姜阳　姜哲　柳阑　段蕾　胡少诚　胡文欣　胡欣　赵伟科
赵阳　赵灵娟　赵远飞　赵佳蔷　赵国春　赵欣　赵振营　赵琴　赵燕
郝建秀　钟玉谦　钟占蓉　骆建国　唐志安　唐卓　唐馨玲　席丽伟　徐云
徐亮　徐虹　徐徐　徐晓林　徐意　徐新　秦奇　秦笠　袁雯
贾俊　郭欣　郭英　郭胜清　郭晋越　高飞　高五一　高传辉　高杰
高亮　高洁　高炳波　高晓莉　高晓慧　高斌　高巍巍　崔伟立　崔清山
常欣欣　梁文钧　梁宏业　盖凌雁　彭秋艳　曾军　焦阳　焦圆媛　程建华
程霈　董妍　董健　蒋海涛　蒋薇　韩永涛　韩晓迪　韩谦　韩慧新
解利艳　廖钰　管建波　蔡莹　蔡曦亮　滕梦远　穆笛　霍国忠　戴军
鞠晓　魏明昭

海淀区行政区划图

北京市海淀区民政局　北京市测绘设计研究院　2011年11月联合编制

编辑说明

1、《北京海淀年鉴》是一部年度资料性文献。在中共海淀区委、海淀区人民政府领导下，由《北京海淀年鉴》编纂委员会及其编辑部组织编纂，版权属《北京海淀年鉴》编纂委员会及其编辑部。

2、《北京海淀年鉴》从2002年开始，逐年编纂。本卷为第12卷，全面记述海淀区2012年经济和社会发展各方面的基本情况和重大事件，记述时限为2012年1月1日至2012年12月31日（部分内容根据实际情况，时限略有前后延伸）。凡在文中直书月、日的，均指2012年内的日期，文中“本年”、“年内”一律指2012年。书中涉及其他年份的时间均标明年份。

3、本年鉴设党和国家领导人在海淀、特载、规范性文件选载、区情概述、大事记、中国共产党海淀区委员会、海淀区人民代表大会、海淀区人民政府、中国人民政治协商会议北京市海淀区委员会、民主党派·工商联、群众团体、政法·军事、中关村国家自主创新示范区核心区、综合经济管理、农业·水务·气象、商业服务业·对外经济贸易、旅游、城乡建设、城市管理与服务、文化、教育、科技·卫生·体育、社会民生、社会建设、街·镇、人物、统计资料（选编）、附录等28个一级类目。一级类目下设二级类目，部分二级类目下设三级类目，二级（或三级）类目之下为综合性文字（“概况”）和条目。

4、本年鉴体裁以文章、条目为主，有少量表格、名录等。用记述文体，直陈其事。

5、收入本年鉴的烈士按批准时间收入；先进人物一般是按表彰年度（2012年度）收入，不按年度表彰或实际表彰时间较晚、未能收入该年度年鉴的，则按实际表彰时间收入相应年度年鉴；新闻人物以2012年内正式报道为限；逝世人物限2012年逝世的。本区党政机关、民主党派、群众团体、事业单位负责人名录以2012年在职为限，此前任免未记的，本年补记。

6、本年鉴在以记述海淀区属各系统、各单位情况为主的前提下，也记述部分驻区单位的情况。选入本年鉴的文章和条目，均通过各级行政系统确定专人撰写，并经主要负责人审核。各单位报送的照片应署拍摄者姓名，未署名的视为单位作品。

7、统计资料由海淀区统计局提供，业务部门的统计数字由各相关部门提供，个别数字与统计资料不一致的，以统计资料为准。各街道、镇的辖区面积以区民政局2006年2月图测数据为准。《海淀区行政区划图》由海淀区民政局、北京市测绘设计研究院于2011年11月绘制。

《北京海淀年鉴》编辑部

地址：北京市海淀区长春桥路17号海淀区政府办公楼四层

电话：010－82510073　82510776

邮编：100089

网址：hdszb.bjhd.gov.cn

2014年1月

数字海淀

辖区面积：430.77平方千米

年末户籍人口：230.7万人

年末常住人口：348.4万人

地区生产总值：3514.8亿元

地区生产总值同比增速：10.5%

地区生产总值占北京市的比重：19.7%

第一产业：2.0亿元

第二产业：455.4亿元

第三产业：3057.4亿元

人均地区生产总值：16172.0美元

工业企业总产值（现价）：1488.6亿元

农村经济总收入：232.5亿元

农村经济纯收入：52.4亿元

区域财政收入：1685.77亿元

区级财政收入：282.65亿元

全社会固定资产投资总额：688.9亿元

社会消费品零售额（产业在地）：1504.8亿元

海关进出口总额：412.4亿美元

实际利用外资额：15.0亿美元

房屋施工面积：1126.8万平方米

房屋竣工面积：208.9万平方米

商品房销售面积：163.9万平方米

私人汽车：810508辆

旅游业营业收入：409.6亿元

地方财政支出中科学技术支出的占比：2.1%

地方财政支出中教育支出的占比：16.2%

专利授权数：19862件

技术合同成交金额：1134.4亿元

高考本科录取率：76.7%

幼儿园数：153所

中小学学校数：207所

中等职业学校数：13所

区域内高等院校数（含分部）：38所

国有科研院所数：142个

每千人拥有医院床位数：2.6张

农民社会养老保险参保覆盖率：99.1%

新型农村合作医疗参合率：99.9%

地区售电量：117.8亿千瓦时

地区总用水量：29404万立方米

金融机构及分支机构：2026家

银行人民币存款余额：16372.9亿元

银行人民币贷款余额：4663.8亿元

城乡居民储蓄存款余额：4464.8亿元

数字海淀

财政支出结构及增速图
Financial Expenditure and Speed

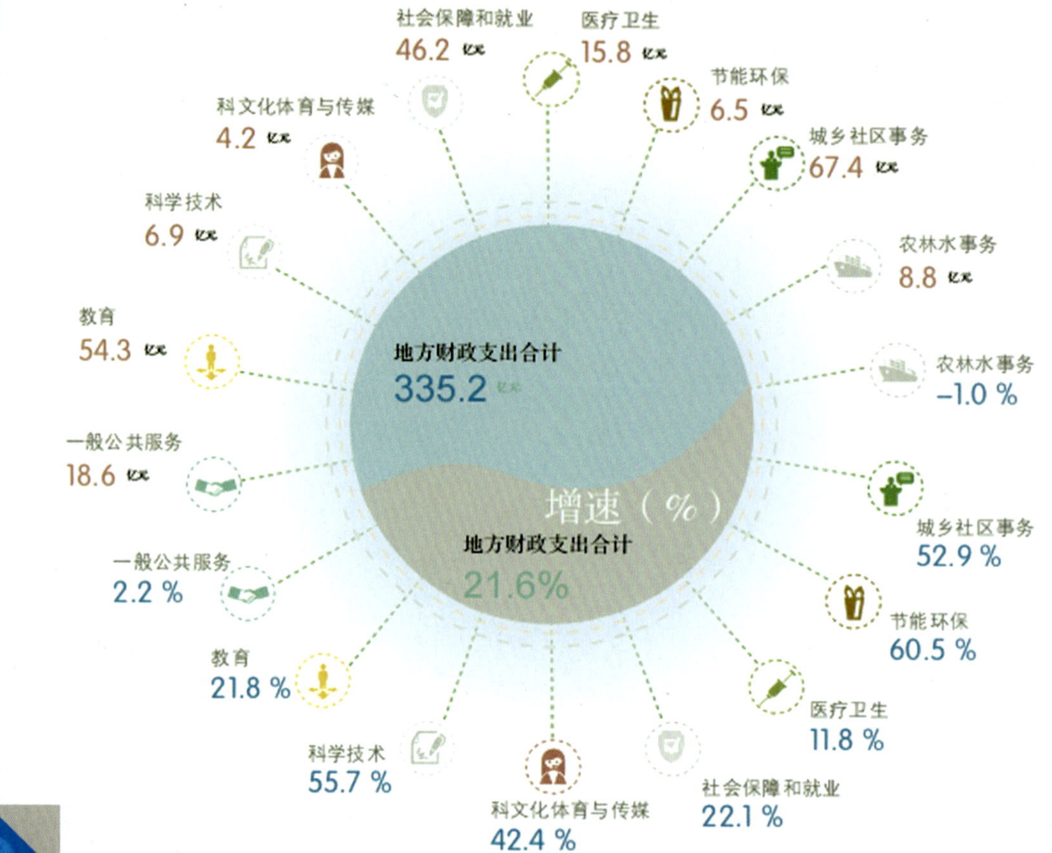

海淀区分行业增加值比重图（亿元、%）
Distinguish Between Haidian Industry Added Value Proportion Chart (100 million yuan,%)

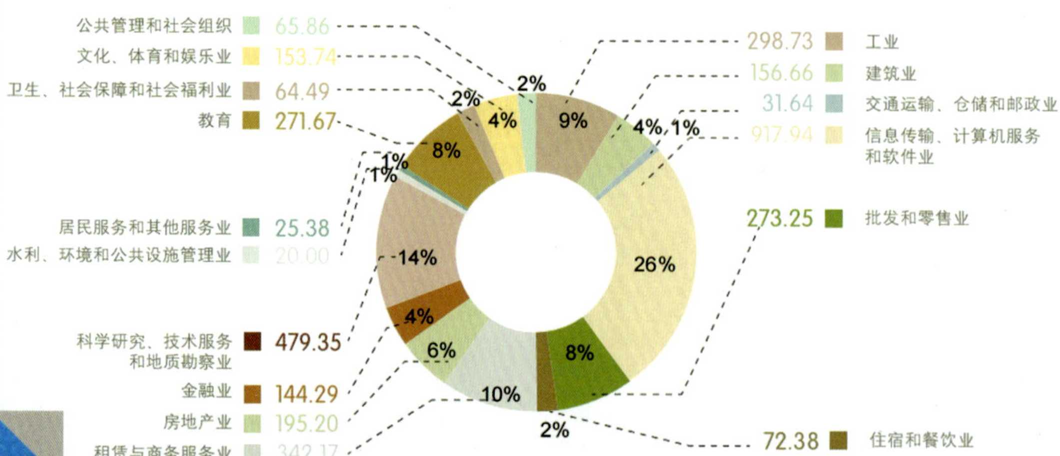

城镇居民家庭收入构成（元、%）
Income Per Capita Urban Households (yuan,%)

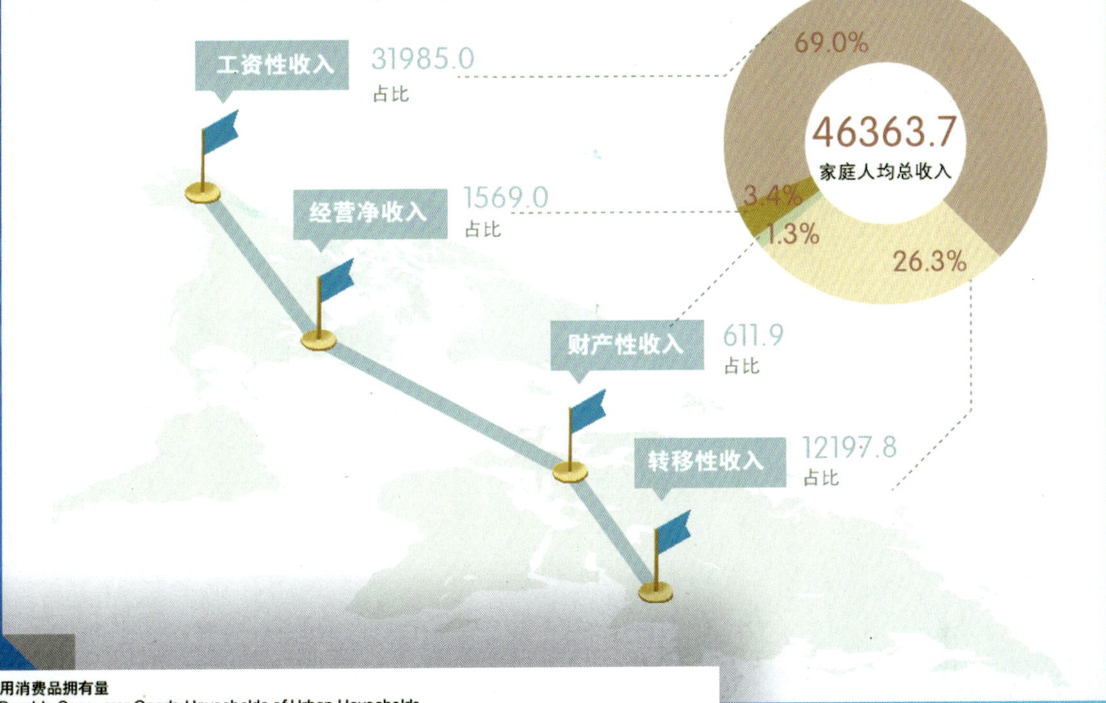

城镇居民每百户主要耐用消费品拥有量
Annual Possession of Durable Consumer Goods Households of Urban Households

城镇居民消费支出及构成（元）
Proportion of Annual Living Expenditure (yuan)

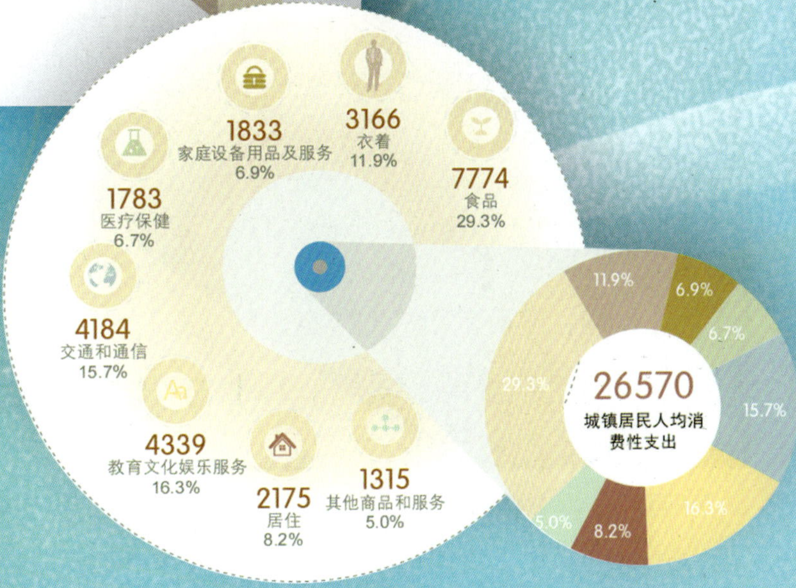

▲ 5月15日，市委书记刘淇（右四）调研海淀区老旧小区综合整治工作（区住建委 供图）

▲ 12月22日，市委书记郭金龙（前排中）调研北部地区建设情况（李瑞林 摄）

▲ 10月30日，代市长王安顺（前排左一）考察颐和园周边地区交通环境秩序、环境整治和游客流量等情况（田峰 摄）

▲ 3月19日，市委常委、区委书记赵凤桐（左一）在中关村森林公园植树（李瑞林 摄）

▲ 7月22日，区委书记隋振江(右一)在“7·21”特大暴雨救援现场指挥救援（李瑞林 摄）

▲ 12月21日，区长孙文锴(左一)到佳讯飞鸿电气股份有限公司调研高科技企业发展情况（政府办供图）

◀ 7月20日，区人大常委会主任关成启（前排中）一行到清河街道温馨家园调研（清河街道 胡文力 摄）

◀ 6月21日，区政协主席彭兴业（左二）慰问社区党员（万寿路街道供图）

◀ 8月1日，区委副书记、政法委书记刘鸿（左三）在北太平路火灾现场指导工作（区政法委供图）

◀ 3月，北京市科委与海淀区政府签署共建协议，在中关村西区共建国际技术转移中心，推动一批跨国技术转移服务机构聚集京城（田峰 摄）

核心区建设

◀ 5月30日，中关村科学城特色产业园建设合作项目签约大会在北京会议中心召开（北京民协 供图）

◀ 6月7日，海淀园开通“党员学习e平台”，这是海淀园利用互联网、移动通讯及现代信息技术搭建的“空中网络学习平台”（田峰 摄）

◀ 9月上旬，北坞创新园二期工程竣工（李瑞林 摄）

◀ 9月13日，中国－以色列创新日活动在中关村软件园软件广场举办。中以双方代表围绕信息软件、新能源和节能环保等高新技术领域开展交流与对接（中关村软件园 供图）

▶ 9月21日上午，北京金秋果实电子科技有限公司“院士专家工作站”揭牌（李瑞林 摄）

▶ 11月26日，位于北京理工大学主校区的中关村国防科技园开工建设（李瑞林 摄）

▶ 8月，翠湖北路东段建成通车（区住建委 供图）

◀ 11月13日，上庄镇西辛力屯村公交场站投入使用，575路公交车同时开通（李瑞林 摄）

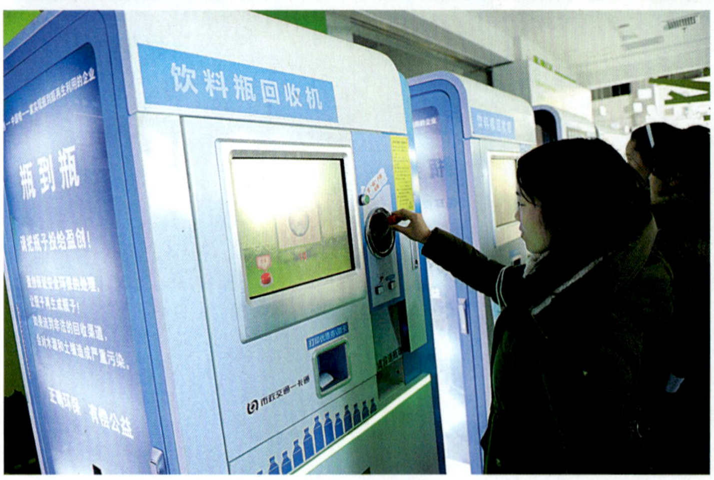

▲ 12月20日，四台塑料饮料瓶智能回收机装进地铁10号线劲松站和芍药居站。乘客将废旧饮料瓶投入回收机，所得的5分钱到一毛五分钱不等的价值可当场充值到“一卡通”交通卡中（李瑞林 摄）

▲ 12月，西二旗公共租赁房项目竣工，总建筑面积5.2万平方米（区住建委 供图）

▶ 年内，全区加快城乡一体化进程，推进市级重点挂账村的旧村腾退和安置房建设，图为六郎庄拆迁现场（李瑞林 摄）

▶ 年内，全区推进老旧小区综合整治，图为知春里社区改造施工现场（李瑞林 摄）

◀ 本年，海淀实施规划建绿、道路绿荫等七大绿化美化工程。图为人大附小楼顶、楼下种植的各种花草、蔬菜（李瑞林 摄）

◀ 北部地区鸟瞰（区北部办供图）

▲ 2月24日，区理论学习中心组邀请北京大学环境科学与工程学院教授、北京大学环境模拟与污染控制国家重点实验室主任，就PM2.5来源特征及控制对策建议做专题辅导报告（李瑞林 摄）

▲ 6月1日，海淀区创建全国文明城区动员大会召开，标志着海淀区创建全国文明城区工作正式启动（区文明办 供图）

▲ 6月25日，海淀区2012年公开选拔领导干部工作动员部署会召开，面向社会公开选拔20名处级领导干部和区属企事业单位领导人员（李瑞林 摄）

◀ 7月21日，最美环卫工——李成友趴在水中清理下水道雨箅子（区环卫中心 供图）

▲ 11月24日至25日，海淀区第十二次妇女代表大会召开，340名妇女代表参会（区妇联供图）

▲ 12月13日，区委党校举行高级顾问聘任仪式（区委党校 供图）

▲ 12月18日，海淀区在国家行政学院召开处级领导干部学习贯彻党的十八大精神轮训班动员大会，对全区学习贯彻党的十八大精神进行动员部署（田峰 摄）

◀ 12月27日，海淀区廉政文化建设工作大会暨廉政文化示范点授牌（区纪委 赵睿 摄）

▶ 12月28日，创建全国文明城区LOGO及吉祥物“欢欢”对外发布（区文明办 供图）

▲ 1月8日，北医三院新门诊楼正式接诊（田峰 摄）

◀ 7月24日，区园林绿化局、区社会组织联合会及区民营医协会在长春健身园联合举办服务海淀园林工人义诊活动（区民营医协会 国雪丽 摄）

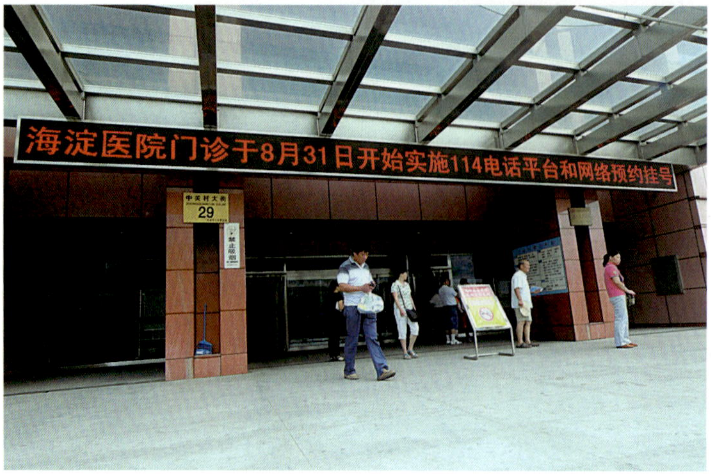

◀ 8月31日，海淀医院开通114电话平台和网络预约挂号（田峰 摄）

▶ 11月20日，海淀区举办中小学生眼保健操比赛（田峰 摄）

▶ 12月，全区实行餐饮服务食品安全信息公示，范围覆盖区内所有餐馆、快餐店、小吃店、食堂、集体用餐配送单位等餐饮类别（田峰 摄）

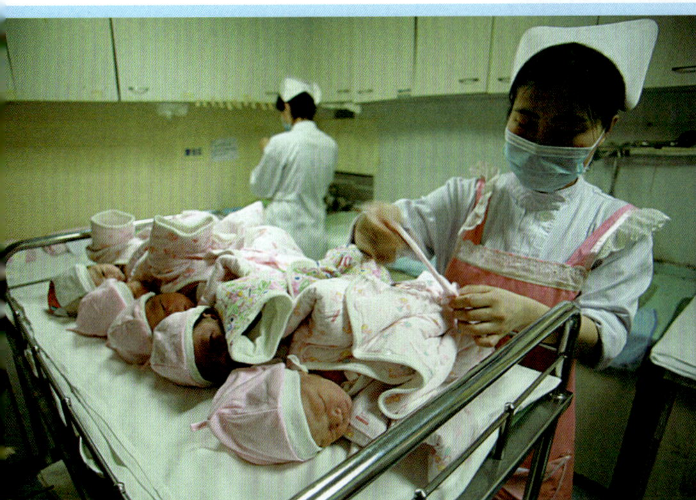

▲ 继世纪宝宝、奥运宝宝之后，2012年迎来“龙宝宝”降生热潮（李瑞林 摄）

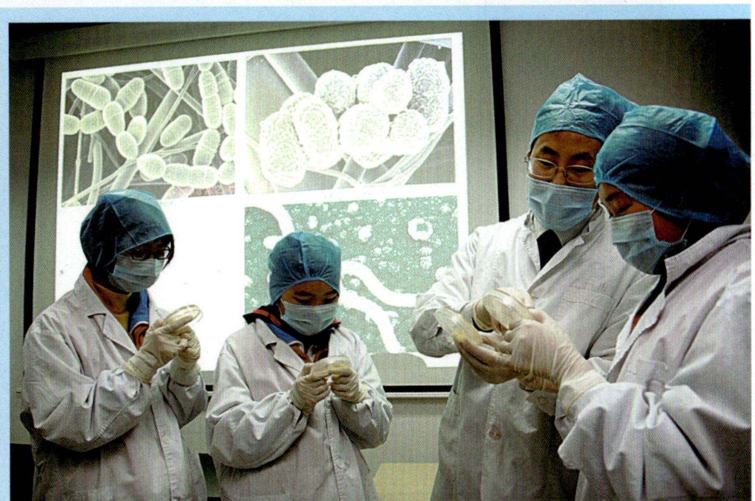

▲ 年内，海淀区疾控中心设立“走进海淀疾控，争当健康小卫士”开放日，中小学生可以走进实验室与疾病防控专家面对面交流（李瑞林 摄）

▲ 春节期间，海淀区举行“百花闹新春”民间花会踩街活动。图为温泉镇高里掌村的花会走街现场（田峰 摄）

▲ 5月29日，香山永安寺修复工程正式启动（李瑞林 摄）

◀ 6月10日，海淀区体育局在畅春新园体育文化广场为地区居民开展国民体质免费测试活动（李瑞林 摄）

▼ 6月21日，“全国百城健身气功交流展示大会海淀会场暨海淀区第六届健身气功比赛大会”在海淀体育馆举行（李瑞林 摄）

▲ 9月27日，中关村金秋演出季开幕式暨“海之月”中秋艺术节—走进中科院文艺晚会在中科院物理所举行（区文化委供图）

▶ 12月2日，2012IMTA国际模特达人中国大会颁奖典礼在北京四季御园国际大酒店举行（李瑞林摄）

◀ 10月18日，圆明园举行数字圆明园发布仪式，启用圆明园移动导览系统（李瑞林 摄）

▲ 2月20日，第七届中国草莓文化节暨中国精品草莓擂台赛在四季青镇四季御园大酒店举行（四季青镇 供图）

▲ 冬枣种植（区农委 供图）

▲ 花卉种植（区农委 供图）

▶ 上庄翠湖农业观光园（区农委 供图）

▼ 太阳能路灯（区农委 供图）

▲ 完成改造的前沙涧路（区农委 供图）

◀ 四季青镇常青村公共厕所（区农委 供图）

▲ 海淀区全力打造素质教育，图为小学生在进行《从百草园到三味书屋》的课本剧表演（李瑞林 摄）

▲ 3月28日至30日，区教委举办海峡两岸学前特殊儿童融合教育研讨会（区教委 供图）。

▲ 5月3日，北京海淀实验中学师生展示民族特色文化节目，欢迎来访的美国州中小学教育首席官员代表团（李瑞林 摄）

◀ 7月22日，“‘和而不同’当代青年油画展暨‘自由之城’自闭症儿童微画展”在北京马奈艺术空间开幕，其中展出了海淀培智学校八名学生的美术作品（李瑞林 摄）

◀ 8月7日，“中关村地区青少年儿童交通安全教育基地”揭牌仪式在新科祥园社区活动站举行，图为交通民警向孩子们宣传交通法规（田峰摄）

◀ 8月15日，清华大学2012级本科新生报到现场（李瑞林 摄）

▶ 9月1日，海淀区14所学校实施小学课程整合自主排课实验（区教委 供图）

◀ 9月10日，北京市第十九中学万泉广场落成（李瑞林 摄）

▶ 10月12日，区政府召开中国教育学会“十二五”教育改革实验区——海淀区基础教育国际化试点研究项目启动会（区教委 供图）

目　录

党和国家领导人在海淀

特　载

规范性文件选载

区情概述

大　事　记

中国共产党海淀区委员会

海淀区人民代表大会

海淀区人民政府

中国人民政治协商会议
北京市海淀区委员会

民主党派·工商联

群众团体

政法·军事

商业服务业·对外经济贸易

城乡建设

城市管理与服务

文　化

教　育

特殊教育

继续教育

民办教育

语言文字工作

区属校办企业及资产管理

高等教育

科技·卫生·体育

科技

卫生·红十字会

卫生

社会民生

社会建设

街·镇

人　物

统计资料（选编）

附　录

索　引

Contents

People's Congress of Haidian District

People's Government of Haidian District

Beijing Haidian District People's Political Consultative Conference

Democratic Parties and Federations of Industry and Commerce

People's Societies

Political and Legislative Affairs · Military Affairs

Core zone of Zhongguancun National Innovation Demonstration Zone

Comprehensive Administration of Economy

Agriculture · Water · Meteorology

Commercial Service Industry ·External Economy and Trade

Tourism

Urban and Rural Development

City Administration and Service

Culture

Education

Science and Technology · Health · Sports

Society and People's Livelihood

Social Development

Sub-Districts and Townships

People

Statistics （Selected）

Appendix

Index

党和国家领导人在海淀

习近平看望北京大学教授徐光宪

1月18日，中共中央政治局常委、中央书记处书记、国家副主席习近平到中国科学院院士、北京大学教授徐光宪家中，代表胡锦涛总书记和党中央亲切看望徐光宪院士，向他致以诚挚的问候和新春的祝福，对他为发展我国稀土工业、培养化学人才、推动化学教育科研事业发展做出的贡献表示敬意和感谢，并认真听取徐光宪对科技人才培养的意见和建议。

李长春看望清华大学教授常沙娜

1月18日，中共中央政治局常委李长春到清华大学美术学院教授、原中央工艺美术学院院长常沙娜家中，代表胡锦涛总书记和党中央向她表示亲切慰问，并致以诚挚问候和良好祝愿。常沙娜是我国著名的艺术设计教育家和艺术设计家、教授、国家有突出贡献的专家，曾任国务院学术委员会学科评议组成员。现为第九届全国人民代表大会常务委员会委员，教科文卫专门委员会委员，中国美术家协会副主席，中华全国妇女联合会第五届执行委员。李长春高度评价常沙娜及其父亲常书鸿为我国文化艺术事业做出的贡献，希望常沙娜等老一代艺术家学习贯彻十七届六中全会精神，继续关心国家文化事业发展，永葆艺术青春，发挥好对年轻艺术工作者的传帮带作用，在社会主义文化大发展、大繁荣中不断取得新成就，做出新贡献。

李长春看望中国人民大学教授罗国杰

1月19日下午，中共中央政治局常委李长春专程看望著名伦理学家、中国人民大学荣誉一级教授、哲学院教授罗国杰，代表胡锦涛总书记和党中央向罗国杰教授表示亲切慰问，并致以诚挚问候和良好祝愿。李长春表示希望罗国杰教授保重身体，同时进一步发挥“传帮带”的作用，带动年轻一代学者，共同为推动文化大繁荣大发展做出贡献。他同时指出，中国人民大学是我国重要的马克思主义理论阵地，希望中国人民大学继续在建设具有中国特色、中国风格、中国气派的哲学社会科学，推进哲学社会科学理论创新进程中走在全国前列。

贾庆林到中关村国家自主创新示范区展示中心调研

2月14日～15日，中共中央政治局常委、全国政协主席贾庆林在中共中央政治局委员、北京市委书记刘淇等市领导陪同下，先后到海淀、昌平、顺义、大兴以及中关村国家自主创新示范区、北京经济技术开发区调研。发展实体经济、打牢经济发展基础是此次调研的重点。

在中关村国家自主创新示范区展示中心，贾庆林仔细观看科技创新成果展示，勉励园区企业加大研发投入，抢占产业发展制高点。贾庆林指出，发展实体经济是立国之本、治世之道，也是社会发展的基础。要牢牢把握发展实体经济这一坚实基础，人才和资金要更多投向实体经济，政策措施要更加有助于发展实体经济，收入分配要更多向劳动倾斜，努力营造鼓励脚踏实地、勤劳创业、实业致富的社会氛围。要大力发展高端制造业，加快发展生产性服务业，努力保持制造业的竞争优势。要坚持“两个毫不动摇”的方针，加大对中小企业的扶持力度，推动中小企业特别是小微企业健康发展。要瞄准世界科技前沿和国家重大战略需求，努力突破一批关键核心技术，推出一批国际领先的创新成果，加大科技成果转化和产业化力度，积极抢占未来发展先机和国际竞争制高点。调研期间，贾庆林听取了北京市委、市政府的工作汇报，对过去一年北京经济社会发展取得的成绩给予充分肯定。

习近平到驻区高校调研党建工作

6月19日，中共中央政治局常委、中央书记处书记、国家副主席习近平先后到北京大学、清华大学、中国人民大学就加强和改进高校党建工作进行调研。

在北京大学，习近平参观了环境科学与工程学院，了解大气污染细颗粒物研究、水污染治理研究情况和党建工作情况；观看了“考古科学90年、考古专业60年成果展”，并与考古文博学院的学生亲切交谈，对他们把“支部建在考古队上”的做法和党员群众“手拉手”等党建创新项目给予肯定。习近平指出，党支部是高校教育和管理党员的基本单位，抓好了党支部建设就抓住了高校党建工作的基础一环，各个高校要努力构建充满活力、覆盖面广的高校基层党组织体系，积极探索有实效、受欢迎的组织活动方式，不断增强党支部的战斗力和凝聚力。

在清华大学，习近平参观了校史馆，听取部分教授有关科研成果和进展的汇报，到工程物理系参加安全科学与技术研究所党支部的支部活动，考察化学工程系应用化学研究所实验室，并到紫荆操场与参加毕业长跑活动的国防生和即将奔赴基层的毕业生交谈。习近平充分肯定清华大学党建工作的优良传统和取得的成绩，强调高校教师尤其是青年教师的思想政治素质和道德情操对大学生具有很强的影响力和感染力，希望教师增强教书育人的责任感，真正做到“为人师表”，不仅作学生学习传播知识的表率与楷模，还要作理想、信念和思想、道德的表率与楷模，成为学生成长的引路人和指导者。希望学生进一步深入学习贯彻胡锦涛总书记在清华百年校庆大会上的重要讲话精神，坚持把文化知识学习与思想品德修养紧密结合起来，把创新思维和社会实践紧密结合起来，把全面发展和个性发展紧密结合起来，努力成为德智体美全面发展的栋梁之材。习近平还寄语毕业生，当取得成绩时，不要骄傲自满，要谦虚谨慎；当遇到困难挫折时，要越挫越奋、不断努力、自强不息，在人生的道路上不断磨砺意志、增长才干，在报效祖国的过程中成长成才。20日，习近平再次来到清华大学，到图书馆考察“清华简”的保护与研究工作。

在中国人民大学，习近平考察了经济学院《资本论》教学与研究中心。他指出，加强《资本论》的教学与研究具有重要意义，要学以致用，切实发挥理论的现实指导作用，进一步深化、丰富和发展中国特色社会主义理论体系。随后，习近平参观了在学校图书馆新馆举办的“中国人民大学党的建设与事业发展成就展”，观摩了“红船领航”新生党员马克思主义经典研习会，并与大学生对话交流；在国学馆大厅亲切会见学校领导班子成员和老领导，与他们一一握手，亲切问候，并合影留念。习近平强调，希望中国人民大学在新时期更上一层楼，希望广大师生员工在新时期认真履行神圣职责，为建设“人民满意，世界一流”大学做出进一步的努力。

习近平参加在清华大学举办的世界和平讲坛开幕式并发表讲话

7月7日～8日，由清华大学主办的世界和平论坛在该校举行。国家副主席习近平出席开幕式并以“携手合作，共同维护世界和平与安全”为题发表讲话。习近平指出，各国必须坚持以合作的胸怀、创新的精神、负责任的态度，同舟共济、合作共赢，共同应对各种问题和挑战，携手营造和谐稳定的国际和地区安全环境；必须恪守以发展求安全、以平等求安全、以互信求安全、以合作求安全、以创新求安全的理念和原则。习近平强调，中国将继续坚持走和平发展道路，继续坚持推动构建新型大国关系，继续坚定维护亚太地区和平稳定，继续坚持承担应尽的国际责任和义务。

秘鲁前总统加西亚、马来西亚前总理巴达维、巴基斯坦前总理阿齐兹、法国前总理德维尔潘、日本前首相鸠山由纪夫、俄罗斯前国家安全会议秘书伊万诺夫、欧盟理事会前秘书长兼共同外交与安全政策高级代表索拉纳等外国前政要出席论坛并讲话。

世界和平论坛是中国举办的第一个高级别非官方国际安全论坛。本次论坛主题为“各方共赢：和平、安全、合作”。来自22个国家的专家学者和36个国家的驻华使节等中外来宾近500人参加论坛，围绕当前国际安全形势、国际安全合作方向、大国关系与国际安全等主题展开探讨。

李克强考察北京市保障房建设情况
并召开保障房分配和运行现场会

8月21日，中共中央政治局常委、国务院副总理李克强到北京市海淀区、石景山区考察保障性安居工程建设情况，并召开保障房分配和运行现场会。

在海淀区万寿路街道办事处住房保障服务大厅，李克强来到业务办理窗口、评议室，与保障房申请者、资格审核小组成员和工作人员亲切交谈，听取保障房分配情况介绍。李克强强调，保障房建设可以多渠道、多方式推进，但保障对象和分配程序必须严格规范。保障房是解困房，要真正分配给低收入和中等偏下收入住房困难群众；要坚决防止不符合条件者获得保障房。建立有效的纠错机制，严肃查处骗租骗购、利用各种手段侵占保障房等违规违纪行为。

随后，李克强主持召开保障房分配和运行现场会，听取有关省（市）政府负责人的意见和建议。李克强说，保障性安居工程是重大民生工程和民心工程，也是重大发展工程。通过近几年的集中推进，全国已有近亿居民从中受益。同时应当看到，目前中低收入住房困难家庭和棚户区居民仍然较多，改善居住条件的期盼和需求十分强烈，必须继续有力推进保障房建设和棚户区改造，这也有利于抑制房价过快上涨，降低城镇化进程中人口合理转移的门槛。同时，保障房产业链长、带动性强，建设和使用过程中能够形成巨大的投资和消费需求，有力拉动经济增长。在当前形势下，更应充分发挥好保障房建设惠民生、稳增长、调结构一举多得的作用。

李克强指出，目前保障房开工建设已达到全年目标的70%以上，总体进展顺利。要突出抓好竣工入住这个环节，做到质量可靠、设施配套、布局合理，这样才能真正形成有效供给，更好地实行住房保障政策的初衷。

李克强最后说，要继续贯彻执行房地产市场调控政策，抑制投机投资性需求，增加普通商品住房供应，巩固调控成果，促进房地产市场长期平稳健康发展。

北京市委、市政府主要负责人和河北、吉林、上海、江苏、安徽、四川、陕西等省（市）政府以及国务院有关部门负责同志参加上述活动。

温家宝到清华大学考察

9月14日，中共中央政治局常委、国务院总理温家宝到清华大学考察并发表演讲。温家宝在演讲中从清华校训讲起，回顾了近一个半世纪以来中华民族争取民族独立、新中国建设和改革开放的历程。温家宝指出，清华大学建立以来，为共和国培养了一代又一代优秀的专家学者。今天我们要培养和重塑民族的道德理性，就必须汲取传统文化的精神营养，倡导心存敬畏、行己知耻、诚实守信的社会道德观，对社会要有奉献精神，对他人要有责任感，对弱者要有同情心，养成情操高尚的人格。新一代清华人一定会牢记“自强不息，厚德载物”的校训，努力学习，勤奋成才，将来为祖国现代化建设做出更大贡献，谱写清华大学更加辉煌的篇章。期间，温家宝还考察了精密仪器与机械学系IC装备重大专项实验室、制造系统实验室，参观了校史馆，听取了部分教授关于近期重大科研成果的介绍。

习近平等中央领导到中国农业大学参加全国科普日活动

9 月 15 日上午，中共中央政治局常委、中央书记处书记、国家副主席习近平和王兆国、刘云山、刘延东、李源潮、何勇、令计划、韩启德等领导同志，到中国农业大学参加全国科普日北京主场活动。全国科普日活动于 9 月 15 日到 9 月 21 日举行，以“节约能源资源、保护生态环境、保障安全健康、促进创新创造”为主题，在全国范围开展。其中北京主场活动设在中国农业大学，由中国科学技术协会、国务院食品安全委员会办公室和北京市共同主办，主题是“食品与健康”。9 时 30 分许，习近平等领导来到主题展览区，观看了“舌尖上的变化”、“神奇的生物技术”、“农业物联网”、“食品安全监测”等科普展板和实物，以及学生们所做的科普实验互动体验活动。

参观结束后，习近平发表即席讲话。他指出，食品与健康关系到 13 亿人吃饭的重大问题。今年以此作为主题，很有意义。食品与健康，也体现我们党以人为本、为民执政的方针。通过科普开放日活动普及科技知识，特别是食品安全、营养健康方面的知识，有利于形成人人关注食品安全的社会氛围和良好局面，推进食品安全、保障人民健康。习近平强调，高校作为人力资源最丰厚的地方，科普工作要动员高校师生这些生力军，面向社会、面向基层、面向群众做好工作，“从中国农业大学看到了这支力量的作用所在”。他指出，我们国家的创新事业正在进一步发展，各级党委和政府要认真贯彻落实全国科技创新大会精神和《中共中央国务院关于深化科技体制改革加快国家创新体系建设的意见》，把科技创新、科技普及更加紧密地结合，不断提高我国公民科学素质，为实现到我们党成立 100 周年时进入创新型国家行列、到新中国成立 100 周年时建成科技强国的宏伟目标而共同努力。习近平在讲话中说，农大是一所有着光荣传统的大学，党的建设工作抓得很好。他要求学校一手抓教书育人，在科研上出更多丰硕成果；一手抓高校党的建设，进一步提高党建科学化水平，真正建成有中国特色的、具有农业特色的一流大学。

温家宝到中关村考察并与部分企业负责人座谈

12 月 13 日上午，国务院总理温家宝先后到驻区单位未名凯拓农业生物技术有限公司、百度在线网络技术（北京）有限公司、联想集团有限公司考察企业自主创新成果，与科技人员进行交流，并在中关村国家自主创新示范区展示中心与部分企业负责人座谈。他说，中关村目前有高新技术企业近 2 万家，近三年企业总收入连续以 20%以上的速度增长，技术交易量占全国的 40%。中关村从 1988 年成为我国第一个国家级高新技术产业开发区，至今已成为我国重要的科技创新和高新技术产业基地。温家宝指出，中关村发展的经验，一是人的解放，让人活起来，自由地去创造。这是科技创新的根本，也是中关村发展的根本。二是体制创新，坚持以企业为主体，产学研结合，经济与科技紧密结合，这是科技体制改革的核心，也是中关村成功的道路。中关村的探索和经验具有全局性的示范作用。

温家宝强调，充分调动和发挥科技人员的积极性创造性，仍然是我国科技体制改革的重要任务。中关村今后的发展，要继续依靠深化改革和科技创新这两大动力。要坚持改革，不断破除旧观念，破除造成科技与经济脱节的体制障碍。要给企业和科技人员创造发展的条件，包括公平的市场环境、有力的政策支持、鼓励创新的社会氛围，尊重发明家的独立思考和创新精神。

中央政治局委员、北京市委书记郭金龙，科技部部长万钢等陪同考察。

特　载

海淀区城乡交叉管理地区
强化基层组织功能　提升统筹管理能力研究

隋振江　孙文锴

城乡基层党组织是党联系和服务群众的桥梁和纽带，是党在社会基层组织中的战斗堡垒。城乡基层自治组织是人民群众进行自我管理、自我教育、自我服务的群众性自治组织。提升基层组织统筹管理能力对于服务群众、凝聚人心、促进社会和谐发展意义重大。改革开放以来，随着农村城市化步伐的加快，我区形成了大量的城乡结合部地区，出现城乡交叉管理现象，给城乡经济社会管理带来诸多矛盾，产生了一系列问题。本课题研究目的是探索和创新管理模式，强化城乡基层组织统筹地区发展和社会管理职能，形成高效运转的体制机制，并以城乡基层组织建设为重点和突破口，破解城乡结合部地区管理难题，推进城乡结合部地区整体发展，为首都推进城乡基层组织改革发展提供决策参考。

一、海淀区城乡交叉管理地区的基本情况

城乡交叉管理地区，是指农居混杂，土地国有、集体性质并存，街道与镇按照辖区属地管理与按照身份和土地权属性质进行管理存在交叉的特殊区域。作为典型的城乡结合部地区，该区域具有城乡地域交叉、农居生活交叉、街镇行政管理交叉的“三交叉”特征（至于各镇内部存在的村委会和居委会交叉、农居混杂地区，因不涉及行政管理主体交叉，矛盾和问题较少，本课题暂不详细研究）

（一）空间分布

改革开放 30 年来，随着城市化进程的推进，海淀原来以农村为主的城郊地带逐步演变为兼有城乡特色的特殊区域，并且随着历次行政区划调整，城乡之间原来相对独立的行政管理范围被打破，形成同一区域出现多个行政管理主体现象。目前，海淀区存在城乡交叉管理的区域共有 86 个，主要涉及东升等 4 个镇和香山等 14 个街道（见表 1）。

表 1　城乡交叉管理地区分布范围

镇	交叉区域	街道
海淀	树村，后营，正白旗，厢黄旗楼房区，六郎庄村	上　地
	厢黄旗平房区	马连洼
	万泉庄村	海　淀
	厢白旗村，园东里社区，厢红旗，厢红旗安和桥社区，颐和园社区，西苑挂甲屯社区，一亩园社区，福缘门社区，骚子营社区，大有庄	青龙桥
四季青	南营，煤厂街，北辛村，北营，北辛村后街，公主坟，东宫，西营，塔后身，佟峪，新营，北上坡，买卖街，北正黄旗，一棵松，杰王府，南辛村，四王府，正白旗，厢白旗，西小府，正蓝旗，向阳新村，鲍家窑	香　山

<table>
<tr><th>镇</th><th>交叉区域</th><th>街道</th></tr>
<tr><td rowspan="2"></td><td>田村</td><td>田村路</td></tr>
<tr><td>远大路地区（包括金夕园、烟树园、晨月园、远大园二区、远大园四区、远大园六区），下村，石佛寺地区，营会寺村，正福寺地区（兵器部、市农科院）</td><td>曙　光</td></tr>
<tr><td rowspan="7">东
升</td><td>卧虎桥，二里庄，双泉堡南村，双泉堡北村，双泉堡西村</td><td>学院路</td></tr>
<tr><td>龙翔路平房区，塔院西单商场平房区，小关西后街，牡丹园东街以东，翠微大厦南侧，花园饭店，北航西门外</td><td>花园路</td></tr>
<tr><td>朱房村，清河三街阳光小区东，清河三街砂轮厂北，清河四街五环北，清河四街东南大街，清河中学北，四拨子村</td><td>清　河</td></tr>
<tr><td>永泰东村，永泰西村，于家坟，永泰庄社区，鲲鹏小区，悦秀园社区</td><td>西三旗</td></tr>
<tr><td>明光寺村</td><td>北太平庄</td></tr>
<tr><td>五塔寺村（含西外太平庄），皂君庙平房区（皂君庙村），大钟寺三角地（大钟寺南村），高粱桥斜街19号至59号，净土寺18号院</td><td>北下关</td></tr>
<tr><td>保福寺村（西村、东村）</td><td>中关村</td></tr>
<tr><td rowspan="3">西
北
旺</td><td>后厂村，兴隆庄，乔庄，竹园、菊园、澄秀园</td><td>马连洼</td></tr>
<tr><td>东馨园，东北旺村部分</td><td>上　地</td></tr>
<tr><td>安宁庄村（潘家坟）</td><td>清　河</td></tr>
</table>

（二）形态类型

城乡交叉管理地区按照空间分布和形态上的不同，大体上可以分为四种类型（见表2）：一是发展过渡型，即“农村中的城市”。该类型主要分布在我区四环、五环周边的城乡结合地带。这些区域是农村在向城市化发展过程中的过渡地带，在空间上成片分布，仍保持着部分农村的生产生活方式，滞后于城市的发展。二是开发遗留型，即“城市中的农村”。该类型主要分布在我区三环、四环周边的建成区中，在空间上点状分布。这些区域是城市化进程中出现的建设开发甩项、拆迁建设遗留地段，没有纳入城市的管理，环境面貌与周边城区极其不符。三是拆迁安置型，即“上楼的农民区”。该类型散落分布在全区不同地区，农民已整体搬迁上楼，空间形态上已完全融入城市社区，但农民身份没有转变，所涉及行政事务仍由原来所属镇、村负责。四是人户分离型，即“飞人的落脚点”。该类型数量较少，主要空间形态为无人居住的建筑空地或绿地，土地性质仍为集体土地，地上虽已没有人员居住生活，但有农村户籍人口空挂在该地区。

表2　城乡交叉管理地区类型

分类	交叉区域	涉及镇	涉及街道	小计	占比（%）
发展过渡型	树村，正白旗，南营，煤厂街，北辛村，北营，北辛村后街，公主坟，东宫，西营，塔后身，佟峪，新营，北上坡，买卖街，北正黄旗，一棵松，杰王府，南辛村，四王府，正白旗，厢白旗，西小府，正蓝旗，向阳新村，鲍家窑，田村，后厂村，乔庄，东北旺村部分，安宁庄村（潘家坟），厢红旗，厢红旗安和桥社区，大有庄，后营，兴隆庄，厢黄旗楼房区，厢黄旗平房区，厢白旗村	海淀 四季青 西北旺	上地、香山、田村路、马连洼、清河、青龙桥	39	45.3%

分类	交叉区域	涉及镇	涉及街道	小计	占比（%）
开发遗留型	一亩园社区，福缘门社区，骚子营社区，西苑挂甲屯社区，石佛寺地区，营会寺村，正福寺地区（兵器部、市农科院），卧虎桥，二里庄，双泉堡南村，双泉堡北村，双泉堡西村，西单商场平房区，龙翔路平房区，小关西后街，北航西门外，朱房村，清河三街阳光小区东，清河三街砂轮厂北，清河四街五环北，清河四街东南大街，清河中学北，永泰东村，永泰西村，于家坟，四拨子村，明光寺村，五塔寺村（含西外太平庄），皂君庙平房区（皂君庙村），大钟寺三角地（大钟寺南村），保福寺村（西村、东村），净土寺18号院，高粱桥斜街19号至59号，牡丹园东街以东，花园饭店，翠微大厦南侧	海淀 四季青 东升	上地、马连洼、青龙桥、曙光、学院路、花园路、清河、西三旗、北太平庄、北下关、中关村	36	41.9%
拆迁安置型	园东里社区，悦秀园社区，东馨园，颐和园社区，万泉庄村，远大路地区（包括金夕园、烟树园、晨月园、远大园二区、远大园四区、远大园六区），永泰庄社区，鲲鹏小区，竹园、菊园、澄秀园	海淀 东升 西北旺 四季青	青龙桥、西三旗、上地、海淀、曙光、花园路、清河、马连洼	9	10.5%
人户分离型	下村 六郎庄村	四季青 海淀	曙光 上地	2	2.3%
共计	86				

（三）人口状况

城乡交叉管理地区共涉及人口34.8万（见表3），其中，户籍人口约7.8万人（居民约6.5万人，农转居约1.6万人，农民约1.3万人），流动人口约27万人。呈现农居混杂，部分院落中既有居民，也有农民，同时还有租住的流动人口，一个院落三种身份；人户分离，部分房屋全部出租给流动人口，户籍居民处于人户分离状态；人口倒挂现象严重，成为流动人口主要聚集点，例如学院路街道的双泉堡地区，流动人口高达50235人，户籍人口为663人，流动人口与户籍人口比例达到76:1。

表3 城乡交叉管理地区人口情况

单位：人

镇	居民	农转居	农民	流动人口	小计
海 淀	22199	2974	4370	90197	119740
四季青	11021	3512	5949	65608	71557
东 升	25400	6270	2075	96083	98158
西北旺	6059	3281	992	18464	19456
总 计	64679	16037	13386	270352	308911

（四）土地情况

城乡交叉管理地区所涉及土地面积约为33.7平方千米，其中集体土地约32.1平方千米，其他为国有土地或待确权土地（见表4）；在空间上国有土地和集体土地交错分布；用途多样，总体而言绿化用地、住宅用地、公用管理与服务和交通用地等占有较大比重，部分土地为待征地，如清河朱房村为清华大学规划中的预留地。

表 4 城乡交叉管理地区土地情况

单位：万平方米

镇	集体土地	国有土地	小计
海　淀	990.1	110.2	1100.3
四季青	2042.4	1.3	2043.7
东　升	96.6	29.9	126.5
西北旺	78.0	18.7	96.7
总　计	3207.1	160.1	3367.2

（五）集体经济发展与农民就业情况

城乡交叉管理地区既存在大量的城市产业及为城市产业提供配套服务的镇、村集体产业，还存在少量传统的农业产业和重点服务于流动人口需求的次生经济业态，批发零售业、租赁服务业和住宿餐饮业等传统低端服务业占据较大比重，总体经济实力比农村地区较强，但明显低于建成区。2011 年，集体经济总收入为 17 亿元，总利润为 5.6 亿元，总资产为 97 亿元，人均纯收入 1.9 万元。除东升镇基本完成改制外，其余三镇集体经济产权关系复杂，清产核资和资产处置难度较大，集体经济改制进展缓慢。

表 5 2011 年城乡交叉管理地区集体经济发展情况

单位：万元

镇	总收入	总利润	总资产	人均纯收入
海　淀	63616	11227	867381	1.53
四季青	25929	20916	119970	2.21
东　升	77292	22598	724161	2.71
西北旺	3898	1266	62694	1.28
总　计	170735	56007	1774206	

据统计，城乡交叉管理地区农民人均纯收入比全区平均水平高 10%左右，收入的主要来源是房屋出租收入、工资性收入和部分自谋职业的个体户经营收入，根据抽样调查，部分村农民收入的 60%左右源自房屋出租。在 4 个镇中，受区位影响，东升和四季青镇的农村劳动力就业率较高，其中，东升农村劳动力就业率达到 66.2%（见表 6）。

表 6 海淀区城乡交叉管理地区 4 个镇农村劳动力就业情况

乡　镇	农村劳动力人数（人）	农村劳动力就业人数（人）	农村劳动力就业率%
全　区	60488	33564	55.5
海　淀	3322	1948	58.6
东　升	2558	1694	66.2
四季青	19921	13017	65.3
西北旺	9789	3689	37.7

（六）环境建设情况

城乡交叉管理地区的环境质量参差不齐，不同区域之间的差异较大。目前，86 个交叉管理区域中仅有 21 个区域纳入统一市政管理，其余 65 个区域为村委会或集体经济组织提供相应公共服务。总体上看，拆迁安置型、人户分离型地区的整体环境较好，社区的发展建设已逐步向城市社区过渡，基础设施和环境卫生也正在纳入统一市政管理，但是占总量82.5%的地区整体生活居住环境相对较差，存在道路不整、污水直排、公厕不足、垃圾随意倾倒等现象。加上大量流动人口涌入，私搭乱建、违法经营普遍。这些地区二层以上违法建设则因地理位置、交通等因素差别较大，大体可分以下几类：

表7　城乡交叉管理地区二层以上违法建设分布情况

类 别	特 征	代表地区	所占比例%
高度密集型	二层以上违法建设约占房屋总数的90%以上，层数多为3～5层	双泉堡、二里庄、一亩园、后营、厢红旗	50%
普通密集型	二层以上违法建设约占房屋总数的70%-80%，层数以2～4层为主	清河四街、挂甲屯、后营、厢白旗	
局部密集型	二层以上违法建设约占房屋总数的40%～50%，以2～3层为主，主要分布在村街、路口，其他地方虽存在，但非密集	朱房村、正蓝旗	30%
稀少型	二层以上违法建设约占房屋总数的10%～20%，以2、2～3层为主，主要分布在村街、路口，其他地方稀少	树村	20%

（七）服务管理情况

结合“城中有村”、“街中有农”，街道和乡镇的管理范围相互交叉的现实，区政府按照“行政区域界限”实行属地管理的原则，该地区纳入城市管理体系，市政建设、环境卫生、社会治安等方面主要由街道负责，乡镇配合，在人员管理方面，街道对辖区内的农民按照社会人进行管理，负责具体的社会管理和公共服务，乡镇对街道辖区内的农民按原有经济发展体系、社会保障体系和基层组织关系进行管理。由于在集体土地、农民及农转居人员管理等方面，乡镇比街道更有优势，且具体的管理事项难以明确等因素，在实际执行过程中，实际责任分工有所不同，比如在垃圾清扫方面，表现出由街居、镇村分别负责，街居出资委托村委会负责和由村委会单独负责三种情况。

表8　职责分工表

分　类	街道	镇
市政建设	负责交叉地区基础设施的管理维护	乡镇配合涉及农村集体土地上的公共设施改建
环境卫生	按城市管理的标准进行管理	
社会治安	主责	配合
人员管理	负责具体的行政管理和公共服务	农民的集体经济、社保、组织关系

（八）基层组织建设情况

交叉管理地区共涉及15个行政村、45个居委会、党员2395人，村“两委”干部共124人（其中交叉任职22人），居“两委”干部共435人（其中交叉任职51人）。其中，西苑、肖家河、大钟寺、太平庄、安宁庄、小辛店撤村后，都在村级集体经济组织建有党的基层组织，仍归镇党委领导。社区党组织、社区居委会、社区工作站“三位一体”、交叉任职、合署办公，共同承担社区行政事务和公共服务（见表9）。

表 9　居“两委”与村“两委”情况统计

镇	村委会	村委会成员数	村党组织成员数	交叉居委会	居委会成员数	社区党组织成员数	街道
海淀	树村	4	5	树村社区	7	3	上 地
				万树园社区	5	3	
				园东里社区	7	5	青龙桥
	青龙桥村	5	5	厢红旗安和桥社区	9	5	青龙桥
				颐和园社区	7	3	
				一亩园社区	7	3	
				福缘门社区	9	3	
				骚子营社区	7	5	
	万泉庄村	5	3	汇新家园	5	3	海 淀
	六郎庄村	5	3	树村社区	7	3	上 地
四季青	田村	5	5	田村社区	5	5	田村路
	香山村	5	5	香山第一社区	7	5	香 山
				香山第二社区	7	9	
				四王府社区	7	7	
	蓝靛厂村	5	7	上河村社区	5	4	曙 光
				花园社区	5	4	
				火器营第三社区	7	4	
	北京新兴曙光科贸有限公司			曙光花园社区	8	7	
				北京市农科院社区	5	5	
	高庄村	5	5				
东升	塔院村	3	5	二里庄社区	8	5	学院路
				龙翔路	4	5	花园路
				花园路	5	3	
				小 关	7	5	
				金尚嘉园	5	6	
				牡丹西里	7	5	
	蓟门村	已撤村		知春路 17 号院	5	5	
	清河村	5	6	朱房社区	9	5	清 河
				力度社区	7	5	
				四街社区	7	5	
				老街社区	6	5	

<table>
<tr><th>镇</th><th>村委会</th><th>村委会成员数</th><th>村党组织成员数</th><th>交叉居委会</th><th>居委会成员数</th><th>社区党组织成员数</th><th>街道</th></tr>
<tr><td rowspan="13"></td><td rowspan="4">马坊村</td><td rowspan="4">5</td><td rowspan="4">7</td><td>冶金研究院社区</td><td>5</td><td>3</td><td rowspan="4">西三旗</td></tr>
<tr><td>永泰园第二社区</td><td>6</td><td>3</td></tr>
<tr><td>清缘东里社区</td><td>7</td><td>3</td></tr>
<tr><td>永泰庄社区</td><td>9</td><td>3</td></tr>
<tr><td rowspan="3">小营村</td><td rowspan="3">3</td><td rowspan="3">5</td><td>安宁里社区</td><td>9</td><td>5</td><td>清 河</td></tr>
<tr><td>小营联合社区</td><td>7</td><td>3</td><td rowspan="2">西三旗</td></tr>
<tr><td>悦秀园社区</td><td>7</td><td>3</td></tr>
<tr><td>太平庄</td><td colspan="2">已撤村</td><td>明光村社区</td><td>6</td><td>5</td><td>北太平庄</td></tr>
<tr><td rowspan="5">大钟寺</td><td colspan="2" rowspan="5">已撤村</td><td>五塔寺社区</td><td>5</td><td>5</td><td rowspan="4">北下关</td></tr>
<tr><td>大钟寺社区</td><td>6</td><td>7</td></tr>
<tr><td>净土寺社区</td><td>9</td><td>7</td></tr>
<tr><td>头堆社区</td><td>5</td><td>3</td></tr>
<tr><td>黄庄居委会</td><td>7</td><td>5</td><td>中关村</td></tr>
<tr><td rowspan="4">西北旺</td><td>西北旺村</td><td>5</td><td>5</td><td>西北旺社区</td><td>9</td><td>7</td><td>马连洼</td></tr>
<tr><td>马连洼村</td><td>5</td><td>5</td><td>东馨园</td><td>7</td><td>5</td><td rowspan="2">上 地</td></tr>
<tr><td>东北旺村</td><td>5</td><td>5</td><td></td><td></td><td></td></tr>
<tr><td>安宁庄村</td><td colspan="2">已撤村</td><td>安宁庄</td><td>5</td><td>3</td><td>清 河</td></tr>
</table>

二、存在的问题及成因分析

（一）存在的主要问题

城乡交叉管理地区作为政府管理和服务相对薄弱的地区，已成为现阶段各种社会矛盾的交汇地。从管理角度来看，问题主要表现在三个方面。

1.街镇、村居管理与服务尚有不足

从行政区域划分上看，我区街镇之间的区划是明确的，但镇政府下辖的一些行政村，及所有权归农村集体经济组织的集体土地却坐落于街道辖区内，由于管理主体、费用承担、行政执法等多方面因素，事实上成为“嵌入”街道辖区的一个个“飞地”。街镇在这些特定区域的管理事项、权限不清，造成管理和服务存在漏洞，主要体现在：

一是对于管理事项存在重复管理或无人管理。为进一步明确街道、镇的综合管理分工，我区于 2010 年专门制订了 74 号文，规定街道、镇应严格按照“行政区域界限”实行属地管理。但在实际工作中，部分街道、镇认识不到位、理解不到位、落实不到位，对地界交叉区域的管理事项、权限、责任划分不认可，推诿扯皮、相互争利的现象时有发生。在市容卫生、保洁绿化、治安管理等领域，经常出现在同一地段内既有镇政府负责的事宜，也有街道办事处管理的事务，且执法尺度不统一，降低了管理效率。例如，在农居混杂的平房区，镇和街道的管理和服务都未完全覆盖这些区域，直接导致这一区域环境和治安状况较之楼房区存在很大差距，给当地群众的生产生活带来不便。

二是对于居住人群存在管理与服务不到位。城乡交叉管理地区主要是通过“街—居”或“镇—村”组织来承担农民、居民、农转居人员与外地人员的管理和服务。由于管理主体不同，同一区域内的人群享受的公共服务和公共产品不一样常引发“社会不公正”。例如，对于本地农民，村两委有时在执行政策时利用集体经济收益对农民进行补贴，本地居民却无法享受这一待遇，造成居民的强烈不满。对于农转居人员，户籍和行政关系虽已脱离农村集体经济组织，但部分人员仍然占有股份，应该保留着对村集体经济组织各项事务的知情权以及监督权，个别村两委在换届选举、做出重大决策部署、使用集体资金时并未向其传达，同时居委会也忽视对这部分人员的管理与服务，造成管理与服务的死角。对于流动人口，部分村、居两委经常以实有人口情况难以掌握为由不接管这些人群的事务，出现了社会不稳定、不和谐的因素。

三是对于同一行政村存在多头管理。在城乡交叉管理地区，“一个媳妇，多个婆婆”的多头管理现象也比较突出，在一些行政管理的执行和操作层面产生较高的管理成本，降低了工作效率。例如，树村是海淀镇的一个行政村，主体划归上地街道管理，厢黄旗南片划归马连洼街道管理，厢白旗自然村划归青龙桥街道管理，由此，树村同时面对着“三个街道、一个镇”的管理，但树村的管理人员仅有一套人马，“有时为开同一内容的会，需要分别去四个地方”。

2.管理过程中缺乏有效的协调联系机制

在城乡交叉管理地区，无论是街道、镇，还是村、居两委，在进行社会管理和服务时，缺乏有效的、固定的沟通协调机制，造成各项工作难以推进。主要体现在：

一是各委办局对街、镇进行任务划分、资金拨付时未能实现协调一致，造成了街、镇权责利的不统一，影响了街、镇工作开展的积极性。

二是交叉管理区域涉及的街镇各自在相对封闭的环境中开展工作，缺乏协调议事机制，各项事务的推进依靠人情和社会关系等因素。长期来看，这种关系只能建立在个别街镇之间，不稳固、不牢靠，不能有效推进全区交叉管理地区的整体工作。

三是同一区划内的村两委、居两委基层组织由于隶属关系、发展目标、服务对象和主要职能不同，协调机制没有建立起来，在沟通和协调方面主要依赖人为因素，沟通协调难度很大。当遇到拆除违建、环境维护等公共事务时，村委会和居委会通常各行其是，造成严重的社会管理成本浪费。例如，村委会一般都设置有自己的治安员，居委会也有属于自己的社区巡逻员；开展卫生清洁日活动时，经常是居委会的保洁人员刚扫完，村委会也会出人在同一区域清扫，造成浪费。

3.基层组织统筹管理能力有待提升

村、居两委作为城乡交叉管理地区主要的基层组织，承担着政策落实和具体工作实施的责任，在实际工作开展过程中，暴露出基层组织建设的一些不足。主要包括：

一是管理和服务过程中呈现出“村强居弱”的格局。由于村两委掌握着集体经济，拥有集体土地资源，在对居住人群进行社会管理时较之居委会更加强势。例如，在拆除违建方面，由于人缘地缘熟悉，村委会对区域内农户的违法建设进行查处和制止较之于居委会具有先天优势。

二是村两委组织建设有待进一步规范。在城市化改造过程中，由于征地拆迁、整体转居等原因，村两委在组织建设中存在未及时撤村、未按时换届选举等问题。一些行政村已完成企业组建，实行企业化管理，但未及时撤销行政村建制。例如海淀镇万泉庄村和六郎庄村。还有一些行政村报经上级批准后，多年未进行村委会换届选举。例如东升镇的塔院村、八家村、清河村连续三届未选举，马坊村、小营村连续两届未选举，其中有4个村是由镇党委任命的“行政主任”代行村主任之职。

三是村两委干部素质有待进一步提高。目前村两委干部普遍年龄偏大、学历偏低，知识结构有欠缺，体现在实际工作中主要是执行力弱。部分村两委干部不认真钻研业务，平时也不注重自身学习，对工作和政策经常理解不到位，不能满足实际工作的需要；甚至有个别村领导存在违法违纪问题，比如带头进行违章建设，影响较坏，严重削弱基层组织的战斗力和凝聚力。

四是居“两委”人才匮乏。城乡交叉管理地区社区专职工作人员极其不稳定，很多大学生社区工作者不愿到这些地区工作，或者有些在解决进京户口指标后离开岗位，使得社区工作人员专业化、职业化水平不高，难以适应城乡交叉管理地区工作的实际需求。

（二）成因分析

城乡交叉管理地区问题的形成，既有历史的、体制方面的原因，也有现实的、人为的因素。主要有以下五个方面原因：

1.城乡二元体制制约

城乡交叉管理地区呈现鲜明的二元结构特点，二元结构体制是造成问题的总根源。一是城乡社会身份不一致。城乡二元体制将城乡居住人群分成了居民和农民两种不同的社会身份，这两种社会身份在地位上存在差异，造成同一区域内的人群享受不同的公共服务和公共产品等。即使实现转居，但由于“农转居”的政策因素，转居人员与正式居民在社会保障等方面也有明显差距。对于这两种身份人群的管理，必然形成管理体制的不一致。二是土地性质不一致。城区土地基本属国家所有，农村土地属于农民集体所有，土地性质为集体土地。由于街、镇对同一区域集体性质的土地，具有不同的行政管辖权，由此产生了各种争端。三是基础设施投入不一致。长期以来，在城乡二元体制下，基础设施的投入是以城市为重点，城市的基础设施全部列入大市政，由国家财政承担，而农村地区的基础设施大部分由集体经济负担。城乡交叉管理地区作为由农村演变而来的地带，虽然近期政府投入有所增加，但是尚没有纳入城市统一规划和建设之中。城乡二元投资体制经费投入的矛盾导致街道、镇在进行基础设施管理时出现推诿扯皮，形成部分区域的管理真空。

2.城乡结合部的被动城市化

改革开放以后，在全国城市化跨越式、粗放式扩张推进的宏观背景下，我区通过不断实施项目征地、拆迁腾退、人员农转居，城乡分割、农民与居民分而治之的局面被打破，城市空间逐步向三、四、五环城郊农村扩张。距离城区较近的大部分农村地区逐渐变成建成区，然而部分比邻城区的农村地区未被城市“整体消化”，同时在新建城区周边又形成大量的城乡结合部。这种被动的城市化促使这些村落的经济社会结构朝着今天典型的城乡交叉管理地区演变。

3.城乡行政体制机制设置交叉

为适应经济快速发展，我区不断对城乡结合部进行区划调整，根据主体人群的情况和历史情况切块，将这些区域分别划归不同的街道、镇进行管理。但是在实际过程中，“一条线”划清的街道和镇的空间管理范围，很难划清管理事项，同一区域存在街道、镇两种管理主体，从而形成交叉管理现象。根据职能定位，镇承担着管理党务和下属集体经济组织经济发展任务，同时承担着行政辖区内行政管理和公共服务职能；街道则偏重于抓城市管理服务，履行属地管理职责，做好社区建设、民政服务、计划生育、城市管理等工作，两者都有履行着属地社会管理和公共服务的职能。但由于镇、街道经费渠道不同、管理标准不同、服务对象不同，造成了责权利的不统一，各镇、街道对城乡交叉管理地区的重视程度不同、政策理解不同、落实方式不同，从而引起对于城乡交叉管理地区社会管理、社会服务相互推诿、相互扯皮现象。

4.相关法律规定滞后

村、居两委分别作为镇、街道下属的基层组织，主要承担着落实各项社会管理与服务事务的责任，各自按照自身组织法规定开展工作。依据村委会和居委会组织法，村委会主要职能是管理本村事务和本村村民，组织村民发展经济，管理本村集体所有土地和其他财产；居委会主要职能体现在提供社区服务上，实现的是服务职能，管理的对象不只是居民，还包括外来人口。然而，由于农民和居民混居在一起，村、居两委很难根据人群提供公共服务。需要完善法律法规，对农居混杂地区的居委会、村委会等基层机构设置做出相应的规定。

5.居住人群缺乏归属感

城乡交叉管理地区社区内居住人群具有较大的杂居性，既有本地的居民、农民，也有大量的外来人口，这些人群普遍存在归属感缺失的情况，在一定层面上加大了社会管理的难度。一是部分居民面对着脏、乱、差的居住环境，心理存在落差，对地区发展的关注度和参与度逐渐下降。二是本地农民文化程度普遍不高，自身素质参差不齐，即便是有些已实现转居，但仍然保留着农村的生活习惯，面对失地、失业、生活环境改变等各种问题，产生强烈的心理不适。本地农民仍然较为认同村委会的管理方式，保留着对村委会的依赖，对居委会管理不认可，给居委会的管理带来极大困难。三是地区内的外来人口经常处于流动之中，心理上也只是把居住地当成自己的一个临时容身之所。尤其是农民身份的外来人员将家乡的生活方式带到了这些区域，由于在原来的农村生活中从未听说过居委会，对城市的管理和服务更是不知晓，由此产生强烈的抵触和排斥心理，给社会管理带来巨大挑战。

三、全国其他城乡交叉管理地区的经验做法

完善和理顺城乡交叉地区的管理体制是推动与促进该地区发展的关键。面对城乡交叉管理地区基层社会管理出现的新情况，传统的“乡村制”和简单地采取镇改街道的“街居制”都难于掌控目前复杂多变的局面。面对这一情况，全国不同地区进行了积极探索。

（一）各地区主要做法（略）

（二）启示

全国不同城乡交叉地区采用的管理体制的模式可以归结为切块设街道、镇改街道、镇管社区三种。

一是，切块设街道的模式。这种模式有利有弊，有利的一面是采用街居制管理城乡交叉地区，符合城市化发展的方向，能够更好地提供公共服务和公共产品，同时，切块设街道后，增加了行政编制，管理服务力量得到了加强。玉渊潭地区的管理模式就是典型的切块设街道模式的成功范例。随着经济社会的快速发展，位于西三环周边的玉渊潭地区逐步实现了城市化发展，农村集体经济改制和农转居基本完成，2001 年 9 月，先期撤销所属行政村，并入毗邻街道办事处。2003 年 4 月，玉渊潭乡正式撤销，只保留玉渊潭农工商总公司，行使对农村集体经济的经济管理职能。玉渊潭地区从此从行政管理、社会管理、经济形态和社区发展上彻底实现了城市化。有弊的一面是，这种模式容易割裂城乡联系，如果农村集体经济改制和农转居没有完成，乡镇一级政府还不可能马上撤销，在这种情况下，切块模式还将从制度上再次强化二元结构效应，在客观上导致在同一区域出现街、镇两个行政主体，将埋下行政管理低效、事务协调难度大、为民服务推诿扯皮的隐患。目前，我区东升、海淀、四季青、西北旺地区仍然沿用这种模式。破解这种模式的弊端，从短期来看，要在区级、街镇级和村居级上建立议事协调机制，提高管理服务效率，推动地区发展；从长期来看，要加快农村集体资产处置和“农转居”步伐，逐步消除城乡在基础设施建设、公共服务、社会保障等方面的二元结构，逐步撤销村委会，改制为单纯的经济组织，剥离其社会管理和公共服务职能，建立规范的社区管理体制，最终实现城市化。

二是，镇改街道模式。镇改街道克服了乡镇不增加编制的障碍，在社会管理与公共服务的提供上更有保障。但是因为街居制社区作为一种准行政区—社区体系，没有完全的独立事务管理权，而社区由乡村转变而来，规模大、事务多、情况复杂的特征给社区的有效管理带来困难。同时，如果农村集体资产处置未完成，镇改街道将激发农村社区在集体资产处理上的矛盾。鉴于我区南部地区已经采用了切块设街道的模式，而北部地区农村集体经济改制还需要一定的时间和过程，该模式对我区的借鉴意义不大。

三是，镇管社区模式。这种模式能够适应郊区社区快速城市化、农村社区与城镇社区并存这个现实，打破了传统的镇—村和完全城市化地区的街—居管理模式，在郊区社区管理中开辟了第三条道路，它将城镇社区与农村社区统合在城市化镇—行政社区的管理之下，充分发挥镇政府对镇域内社会资源与公共资源的调控作用，实现社区资源的优化配置。但该模式存在乡镇不增加编制的障碍，难以承接不断增加的职能。

综合以上三种模式的利弊，可以综合采取镇管社区，同时加挂办事处的牌子的模式。这种模式比较适合农村向城市发展的实际情况，加挂办事处适当增加编制也满足了日益增加的社会管理与公共服务需要。山东省青岛市黄岛区采取镇改街道模式，同时保留原乡镇职能的做法，从根本上等同于乡镇加挂办事处的牌子，只是不够规范。目前，我区各镇也正在采用镇管社区模式。可以进一步完善该模式，适当增加镇级编制，加强管理服务力量，同时在村居层面，以村居党组织为核心，建立统一社区协调发展平台，提高统筹管理效率和能力。

四、强化城乡交叉管理地区基层组织功能，提升统筹管理能力的思路原则和对策建议

强化城乡交叉管理地区基层组织功能，提升统筹管理能力的总体思路是：从有利于实现城乡一体化，有利于责权利的充分统一，有利于资源整合，有利于服务于驻区单位和人民群众，有利于地区科学发展的角度出发，准确把握城乡结合部的演进规律，以城市化为方向，以体制机制改革创新为突破口，以强化基层组织功能为载体，统筹协调，标本兼治，推动交叉管理地区向城市社区的转型，在全市率先形成城乡一体化发展新格局。

解决海淀城乡交叉管理地区问题，应立足当前，着眼长远，把握好以下四条原则:

一体化规划。立足海淀整体及不同区域的城市功能定位，按照城乡一体、农居一体统筹发展的理念，加强对城乡交叉管理地区的顶层设计，变城乡分割为城乡融合，加快推进土地利用规划、城市规划、产业发展规划相互衔接，统筹规划该地区的土地资源、产业发展、基础设施和公共服务设施建设。

一元化管理。立足于城乡交叉管理地区过渡期阶段性特点，加强体制机制创新，建立起管理主体一元化、责权利相统一的管理格局，确保城乡交叉地区实现统一、有效、规范化管理。特别是要以基层党组织为核心，统筹协调街镇、村居之间的管理服务职能，提高城乡交叉地区管理服务效率。

一揽子措施。立足于城市化发展总目标和方向，把城乡交叉管理地区发展作为系统工程统筹考虑，不仅要在管理体制机制改革上下功夫，在近期做好加强政策创新和制度创新，向中央和市有关部门积极申请试点改革等工作，还要做好集体土地转性、农村集体资产处置、“农转居”等基础性的中长期工作，形成一揽子措施方案，解决城乡交叉管理地区的深层次矛盾，探索具有海淀特色的城乡一体化发展模式。

一地一策解决。坚持实事求是，因地制宜，立足于城乡交叉管理地区的实际情况，将当前目标与长远目标结合起来，分清轻重缓急，扎实稳步推进。对具体的交叉区域，按照发展过渡型、开发遗留型、拆迁安置型等不同类型进行分析，并根据社区形态、人口构成、经济结构等方面的具体差异，一地一策地解决管理效率低下问题。

具体对策如下：

（一）科学规划，促进城乡统筹发展

1.完善区域建设发展规划

科学的规划是地区可持续发展的重要保障，要坚持把规划放在龙头地位，充分发挥规划对城乡资源配置的引领作用。城乡交叉管理地区应在海淀区各类规划的统一引导下，从区域、经济、社会、发展全局的角度，制定该区域的土地利用规划、产业发展规划以及社会事业发展规划和生态建设规划，努力提高规划的前瞻性、科学性和可行性。同时，更要强化各规划的相互衔接、同期同步。特别是要统筹好城乡交叉管理地区发展与中关村科学城、北部生态科技新区、“三山五园”历史文化景区等重点工作的有机融合，明确功能分区，突出特色优势，形成层次分明、协调互动的统一发展格局。

2.适当调整区域行政区划

城乡交叉地区的管理难题很大程度上是因为乡镇集体土地坐落于街道辖区内，事实上成为“嵌入”街道辖区的“飞地”造成的。同时，由于我区采用的是“切块设街道”的管理模式，并且因集体资产处置和农转居进程滞后等因素，镇级行政组织无法撤销，导致一个镇的管理权限、范围与多个街道交叉，一个村委会的管辖范围与多个居委会交叉，造成管理效率低下。可以探索根据各区域实际情况和城市化发展进程，适当调整行政区划：一是街道合并，针对一个乡镇与多个街道交叉的情形，可以逐步合并与之存在交叉管理的街道，降低协调成本，提高管理效率。二是街道与乡镇合并，针对部分街道较小且交叉较严重的情形，将街道合并到镇。三是撤镇并街，将其改为经济管理组织，剥离行政管理职能，在该地区逐步确立街道一元管理格局，对此要配套做好农村集体资产处置、农转居等基础性工作。另外，如果不对行政区划大范围调整，可以对部分区域采取委托管理的模式，街道、镇协商签订委托管理协议，明确责任范围、服务和管理事项及委托管理费用，基本实现由镇或街道对辖区的统一管理。

（二）创新机制，提升管理服务水平

在城乡交叉管理向一元化管理格局迈进的过渡时期，要加快管理机制的调整和创新，尽快提高城乡交叉地区管理效率。

1.建立区、街镇、村居三级议事协调机制

一是在区级层面，进一步发挥好党委协调各方的作用，明确一位熟悉城市和农村工作的常委牵头负责交叉管理地区的改革发展事务，形成四套班子领导齐抓共管的合力；成立城乡交叉管理地区协调办事机构，办公室设在社工委与农工委，定期召开城乡交叉管理联席会议，统筹协调，研究解决城乡交叉管理地区的重点、难点问题，理顺条块之间关系；进一步细化明确梳理好政府职能部门、街道办事处和镇政府各自的工作范围和工作职责。

二是在街镇层面，进一步做实各镇地区办事处，建立健全街镇联席会议制度，采取定期通报情况、集体会商、分段定责的方式落实交叉管理地区管理责任，明确各自权责，整合服务功能，减少协调成本，最大限度地实现管理和服务相结合，避免相互推诿扯皮现象的重复出现。设立一站式服务平台，统一受理居民、农民与外来人口的有关事宜，杜绝推诿扯皮。

三是在村居层面，成立社区“大党委”，搭建社区管理服务平台。树立“大社区”的理念，打破村、居分治的管理格局，将村民委员会、居民委员会、业主委员会、驻区单位、社团组织、物业公司以及居民群众等纳入大社区平台，探索建立社区“大党委”、社区成员代表大会、社区发展协调委员会和社区监督委员会，形成社区党委行使领导权、社区成员代表大会行使决策权、社区发展协调委员会行使执行权、社区监督委员会行使监督评判权，社区内各单位党组织和全体党员共同参与、条块结合、优势互补、相互配合的工作机制。在近期主要是探索建立社区党委和社区发展协调委员会，社区“大党委”是社区工作的领导核心，统筹协调社区发展事务；社区发展协调委员会作为城乡交叉管理地区一元基层自治主体，对区域管理和服务负主要责任（鉴于城乡交叉管理地区公共服务管理、基础设施建设和环境卫生的具体事务，或由村组织负责，或由居委会负责，不同地区之间相差较大，建议以因地制宜为原则，不在区级层面“一刀切”地规定具体事务由谁负责，而是在社区发展协调委员会框架内进行充分协商，达成一致意见，推进各项公共管理和服务事项，提高工作效率。同时以社区发展协调委员会为基础，加强网格化社会服务管理体系，将整个地区的人、事、地、物、组织统筹纳入社区大平台，统筹社会管理服务。）

2.完善事权与财权相匹配的保障机制

由于城乡交叉地区农居混杂，土地国有、集体性质并存，属地管理、产权管理和户籍身份管理交叉，造成属地管理、按照身份、土地权属性质管理的现象并存，形成推诿扯皮，矛盾的焦点在于“村居、街镇”两级管理主体在事权和财权上的不明确、不匹配。要从建立干部配备、业绩考核、财政支付等多方面入手，多管齐下。当前，要重点在三个方面进行探索。

一是完善街镇层面干部交叉任职或交流任职机制。通过街道与乡镇之间干部的交叉任职，做到交叉管理地区街道与乡镇事权与财权的统筹，通过交流任职，让从事城市与农村工作的干部相互理解，多补台。

二是出台双重考核的考评办法。明确各街镇首先要履行好属地管理责任，同时兼顾产权管理和户籍身份管理，探索对城乡交叉管理地区的街镇实行双重考核，强化各街镇承担相应的管理职责，以进一步提高城乡交叉管理地区的管理服务水平。

三是建立财政直接拨付机制。探索按照“权随责走、费随事转”的要求，对 86 个具体城乡交叉管理地区的具体公共管理事务在财政支付上进行单独核算，明确出具体的专项财政费用，以社区协调发展委员会为管理主体，从区财政直接拨付财政经费。

3.深化镇管社区模式

为加快推进城乡统筹，我区撤乡建镇，并对各镇加挂了地区办事处牌子，实行“一套人马、两块牌子”体制。下一步要深化“镇管社区”模式，强化各镇区域社会管理与服务事务的职责，并切实承担好产业功能区及重大项目建设任务。随着各镇社会管理服务事宜和产业功能区建设任务的加重，现有的人员编制已无法满足高强度的工作，途径有二：一是全区统筹，适当增加人员编制。可以通过街道合并或者街镇合并等方式，挤出部分编制解决。二是建议市里综合考虑海淀作为中关村国家自主创新示范区的核心区，肩负建设中关村科学城、北部生态科技新区、“三山五园”历史文化景区的历史重任，适当增加部分人员编制，以利于各镇更好地推动经济建设、开展社会管理与服务。

（三）因地制宜，分类解决交叉管理问题

因地制宜，针对海淀城乡交叉管理地区各自的不同情形，采用不同的对策，“一地一策”，统筹推进解决交叉管理难题。

一是对于发展过渡型，建立联合议事协调机制，加强服务管理；对于个别地区，可以对街镇行政区划进行微调，减少协调成本，提高效率。

二是对于开发遗留型，近期主要是建立联合议事协调机制，提高服务管理效率；对于个别违法建设和环境问题突出、安全隐患严重的社区，要各方面打破常规、特事特办，加大资金投入，加快城中村改造进程，早日完成整村搬迁改造，彻底转变环境面貌。

三是对于拆迁安置型，因其基本为楼房区，基础设施、生活方式和社区服务已经城市化，拆迁安置的农民只是身份上存在差别，对于这类社区，要加快农村集体资产处置，集体经济组织转为企业化管理，将农民转为股东，逐步撤销行政村建制，将其社会公共服务职能转给居委会，彻底实现城市化管理。

四是对于人户分离型，因其主要为分布零散集体土地，地上没有人员生产生活，只有户籍人口空挂。建议市里加强政策创新，形成“实有人口”管理机制，切实解决人户分离，户口空挂带来的教育、医疗等社会公共服务方面的问题，将户籍管理制度变革为居住证管理制度，改变现行的人员单位管理模式，逐步建立以居住地为标准的人口治理模式。（具体对策建议详见附件一）

（四）加快城市化，根治城乡交叉管理难题

完善城乡交叉管理地区体制机制，以及采取“一地一策”原则处理重点区域问题，是解决城乡交叉管理难题的具体抓手，仅是实现了“治标”。要对城乡交叉管理问题做到“治本”，还要抓好集体土地转性、集体资产处置、农转居等基础性工作，不断推进城乡结合部地区向城市社区转变。

1.加快地区土地整理和“城中村”综合整治，在地域上消除交叉管理

加快推进海淀南部地区土地整理和城中村综合整治是城乡交叉管理地区实现城市化发展的有效路径。深入落实“南优北拓”的空间发展战略，以推进南部地区城乡一体化战略布局为统领，以南部各镇集体土地资源的统筹规划和整理为先导，以解决城中村、边角地、开发商甩项、集体低端产业用地整治为切入点，按照政府主导、集体主体、部门服务、社会运作机制，以“扩充南部产业空间、调整壮大集体经济、完善城市功能、美化城市环境、改善生产生活条件”为目标，加强南部地区土地整理和城中村拆迁整治指挥平台统筹协调力度，加快推进城中村改造，促进城中村地区向城市化社区转变，在地域上消除城乡交叉管理地区。

2.加快推进“农转居”，逐步统一城乡社会保障

随着城乡交叉管理地区城市化进程加快，农民的生产生活方式已经发生了彻底转变，农民逐步离开土地，农民由依靠集体土地创造财富、逐渐转变为依靠自己的劳动技能赢得劳动报酬，保留的仅仅是农民的身份。要逐步将交叉管理地区农业人口转为城市居民，全面推行城市管理，使“城中村”地区与城市完全接轨。同时，由于农民缺乏竞争意识和竞争能力，农转居之后，为解除其后顾之忧，从群众切身利益出发，量力而行，逐步提高农民及农转居人员社保待遇，使全区经济发展成果更多地惠及广大人民群众。当前，可以重点探索实施整建制转居，“用足”上位政策，创造条件推进撤销行政村建制，规范基层组织建设。

3.加快推进农村集体经济发展，为城乡一体化发展奠定坚实基础

加快推进农村集体经济规范化发展是城乡交叉管理地区实现城市化发展的前提条件。一是加快集体资产处置。加快乡镇集体资产处置及集体经济产权改革进程，合理界定乡镇政府管理职能与集体经济经营运行职能，从组织和经济上真正实现政企分开。二是加快推进集体经济清产核资、产权改革，促进形成各司其职、协调规范、相互制衡、有效运作的法人治理结构。三是盘活现有集体组织建设用地存量资产，推进土地集约化利用，完善产业筛选和鼓励政策，改造提升传统产业，逐步提高产业发展的层次和水平，壮大集体经济实力。

（五）加强基层"两委"建设，夯实管理基础

1.做好村居"两委"组织建设，完善组织保障

一是规范村居"两委"选举工作。严格依照《居民委员会组织法》和《村民委员会组织法》，加强制度建设，按期进行选举换届工作。在选举工作中，明确规定凡在村内就业的农民、居民均可参加村委会、居委会的换届选举，由农民选举村委会成员，纯居民选举社区居委会成员，农转居人员可根据个人意愿选择参加村委会或居委会选举。对于因各种客观原因无法正常换届的村委会，积极做好撤村建居工作，促进基层组织建设能够与城市化发展同步；在有条件的地区，应该加快撤销行政村建制，彻底实现城市化管理。二是创新村居"两委"工作机制。根据城乡交叉管理地区"农居混杂"的实际情况，将《村民自治章程》和《居民自治章程》合并为《村（居）民自治章程》，由社区"大党委"依据章程规定统一领导和管理社区各项工作。

2.抓基层组织干部培养，提升统筹管理水平

在镇或街道范围内，通过"选"、"调"、"招"、"聘"等渠道，加强村居"两委"基层组织干部轮岗交流，不断增强城乡交叉管理地区基层党组织领导班子的活力。"选"就是把居委会、村委会中的优秀党员干部选举为党组织书记。"调"就是村居党组织干部的轮岗交流。"招"就是把比较优秀的复员转业军人和大中专毕业生中的党员，招选到社区、村工作。"聘"就是有重点地选聘比较优秀的离退休干部。要建立干部考核激励机制，对基层党组织和党务干部的工作实行"量化考核，奖惩挂钩"，真正做到"能者上、平者让，庸者下"，逐步提高基层党务工作者的素质。

3.抓党员队伍建设，增强党群凝聚力

做好城乡交叉管理地区各项工作，加强队伍建设是关键。进一步加强党员队伍建设管理，探索党员双重管理办法，即一名党员，接受组织关系所在村党组织、居住地社区党组织双重管理，党员同时向村、社区承诺发挥党员作用，建立健全党员日常教育管理服务新机制，加强对农村新社区党员的日常教育管理和服务。做好党员的分类管理工作，针对社区专职工作者、离退休党员、下岗职工、流动党员等不同群体党员特点，分别采取有针对性的教育管理和服务措施，为广大党员发挥作用搭建平台。在此基础上，紧紧围绕服务群众、做群众工作这一基层党组织的核心任务和基层干部的基本职责，积极探索城乡交叉管理地区基层党组织和党员干部维护实现群众根本利益的方式和途径，将广大党员群众紧紧凝聚在党组织周围。同时充分发挥好党员宣传、教育、引导、组织群众的积极作用，让群众分享发展成果、关心海淀发展、参与海淀建设，逐步提高思想道德素质、法律法规意识和对居住地的归属感。

城乡交叉管理地区覆盖区域面积大、涉及群众利益广、面临复杂问题多，破解各种难题是一项长期的、艰巨的、复杂的历史任务。我们要统筹各方力量、协调一切资源，以维护人民群众的切身利益为宗旨，充分发挥基层组织的战斗堡垒作用，扎实推进各项工作，在城市化进程中逐步解决各种难题，为在"十二五"末把海淀建成具有全球影响力的科技创新中心贡献力量。

（作者分别系中共海淀区委书记，中共海淀区委副书记、海淀区人民政府区长）

海淀"三山五园"历史文化景区建设研究

隋振江

"三山五园"是中华民族不可复制的历史文化瑰宝。市十一次党代会提出，要加快推进"三山五园"历史文化景区建设，这为该地区的建设发展提供了重大历史契机。规划建设好这一地区，是传承和弘扬辉煌灿烂历史文化的迫切需要，是实施历史文化名城保护利用工程和推动文化大发展大繁荣的重要任务，也是促进地区科学发展、打造社会主义先进文化之都的客观要求。

一、"三山五园"地区基本概况

"三山五园"是北京西郊一带皇家行宫苑囿的总称，包括香山静宜园、玉泉山静明园、万寿山清漪园、圆明园、畅春园

五座大型皇家园林,是从康熙朝至乾隆朝时期陆续修建起来的。“三山五园”以其宏大的规模、精湛的建筑艺术和丰富的文化内涵蜚声海内外,积淀了深厚的历史、艺术、人文底蕴,对世界造园艺术产生了深远的影响,是中华民族宝贵的文化遗产和精神财富。

本报告研究的“三山五园”区域边界，主要是以“三山五园”及其周边地区的历史文化内涵为基本依据，结合地理现状综合考虑所界定的范围。东界地铁 13 号线，西至海淀区边界，北起西山山脊线和北五环，南至闵庄路和北四环。区域总面积 68.5 平方千米，与北京旧城面积基本相当。区域内涉及 6 个街道，2 个镇，约 40 个村落，常住人口约 36 万人，其中城市居民 12.4 万人，农民 2.5 万人，流动人口 20 余万。这一地区有以下五个鲜明特点。

（一）山形水系独特，巧夺天工

“三山五园”地区泉泽遍野，群峰叠翠，山光水色，风景如画，自辽、金以来该地区即为风景名胜之地。一是山势奇峻。香山因山中有巨石形如香炉而得名，地势崛峻,峰峦叠翠，最高峰海拔 575 米，2012 年被世界名山协会评为世界 24 座名山之一；玉泉山六峰连缀，逶迤南北，山中奇岩幽洞，小溪潺潺，曾有泉眼 14 处之多，“玉泉垂虹”被誉为“燕京八景”之一。二是林木繁茂。“三山五园”地区绿树成荫，绿化率达 51%。其中香山林木覆盖率 98%，有各类树木 26 万余株，仅古树名木就达 5800 多株，约占北京城区 1/4，特别是深秋时节,漫山黄栌如火如荼,层林尽染，蔚为壮观。北京植物园栽培植物 1 万余种、近 150 万株。三是水源丰富。从元代开始，郭守敬开挖通慧河，将昌平及西山一带泉水汇引昆明湖；明代继续疏浚河道，使大量诸水汇入长河，流入都城；清乾隆时大规模整治玉泉山、香山一带的泉眼和水道，建立养水湖及高水湖，扩大昆明湖，联通圆明园水系，形成了“玉泉山—玉河—昆明湖—长河”一套完整的多级水库供水系统，保证了京西稻田和皇家园林的用水需求，形成了一条从西直门至玉泉山长达十千米的皇家专用水上交通和游览线。今天，“三山五园”地区水源涵养和水利系统仍然十分发达，京密引水渠，是北京市最主要的供水系统;毗邻玉泉山的团结湖成为南水北调工程在京城的重要调节池。

（二）皇家园林荟萃，气势恢宏

从辽金开始，历代王朝皆在此地区营建行宫别苑，形成星罗棋布、气势恢宏的山水园林画卷。金代修建了玉泉山芙蓉殿、香山行宫、樱桃沟观花台；康熙年间，在玉泉山修建了澄心园，后改名静明园；乾隆年间，先后新建或扩建了静宜园、圆明园、静明园、长春园、绮春园、清漪园等一系列园林及 20 余座私家苑囿，西郊宫苑基本连成一片，且园内园外混为一体，鼎盛时期共有大型皇家园林及各类大小私家园林 90 余处，形成方圆十千米的皇家园林建筑群。这些园林形态独特，人工山水园、天然山水园、天然山地园交相辉映，汇集了传统园林的各类创作和精巧构思，南北交融、中西合璧，气势恢宏、庄重华贵，代表着中国园林建筑的最高成就，被誉为“集天下胜景于一地，汇古建绝艺于京华”的“都下宝地”。1860 年和 1900 年间，该地区惨遭抢劫和焚毁，此后园林宅邸趋向衰败，新中国成立后，部分园林宅邸陆续得到修缮和复建。

（三）历史地位显赫，名噪京华

“三山五园”地区在国家政治、军事上都具有十分重要的战略地位。清朝开始，这里成为与紫禁城并列的政治中心和军事要地。自清康熙二十九年正式营建畅春园起，经雍正、乾隆、嘉庆、道光四代皇帝的精心营造和扩建，这里成了皇帝休憩游乐、“散志澄怀”和“避喧听政”场所，清代皇帝大都有一半以上的时间在此办公和生活。此外，清朝还在“三山五园”地区修建了圆明园八旗护军营、香山健锐营和外火器营等一系列军营，成为皇朝帝国军机重地。新中国成立前夕，中国革命从“八角楼”转移到“六角亭”，香山双清别墅成为开国领袖毛泽东在京的第一个驻地，这里成为中共中央的指挥中心，在此指挥了渡江战役等重大战役，并勾画了建国蓝图。今天，“三山五园”地区仍驻有 30 多家党政军总部机关，是国家党务、政务、军务活动的重要场所和国防军事重地。

（四）文化遗产丰富，世所罕见

“三山五园”地区现存的文物古迹众多，文物品类丰富。该地区现有世界文化遗产 1 处、全国重点文物保护单位 9 处、市级文物保护单位 9 处、区级文物保护单位 10 处。主要有四个特点：一是园林遗址多。颐和园整体保存完好，圆明园及近春园、淑春园、畅春园、蔚秀园、吴家花园、达园等部分遗址尚存。二是文物典藏多。总数近 6 万件，仅颐和园内文物典藏就达 4 万余件，国家级文物达 2 万余件。卧佛寺铜制卧佛、碧云寺五百罗汉、蓝靛厂清真寺手抄本《古兰经》等许多文物可谓国之瑰宝，举世无双。三是寺庙遗址多。如香山昭庙、碧云寺，植物园卧佛寺，圆明园正觉寺，畅春园恩佑寺、恩慕寺是典型代表。四是名人墓葬多。总数近百座，如元代耶律楚材墓、明代宗朱祁钰的景泰陵、明代妃子坟、清初礼亲王代善家族墓以及梁启超、佟麟阁、梅兰芳、马连良、刘半农、刘天华、孙传芳、吴佩孚等近现代名人墓葬均分布在这一区域。

（五）人文资源丰富，名人辈出

明末清初，孙承泽告别官场后隐居樱桃沟整理前朝史料著书立说，首辅张居正、阅微草堂主人纪昀等大批文人名士在此聚居。皇家在此编纂了《四库全书》、《古今图书集成》等多部经典巨制;文学家曹雪芹、纳兰性德、顾太清，建筑世家样式雷和众多造园艺术家、能工巧匠均在此生活和创作，诞生了《红楼梦》等传世巨著。民国年间，燕京大学与清华学堂建成，学者大师云集，梁启超、王国维、陈寅恪、朱自清等在这里工作生活;熊希龄、英敛之等在此开办慈善教育事业。这里还留下了孙中山、李大钊、毛泽东从事革命活动的身影。“三山五园”地区不仅成为文化艺术的殿堂，而且成了中国新民主主义革命的发祥地之一。新中国成立后，国家在此布局了以北京大学、清华大学为代表的一批著名高校和中央党校等国家重要培训机构，以及中国林科院、中科院植物所等多所国家科研机构。厚重的历史人文积淀与现代科教气息重叠交织、相互辉映，为这一地区注入了蓬勃生机和活力。

二、“三山五园”地区开发建设现状

新中国成立后，党中央、国务院和市委市政府一直高度关注该地区的风貌保护和建设发展，颐和园等重点园林已基本形成了完整的保护管理体系。特别是改革开放以来，市委市政府先后把“三山五园”纳入《北京市历史文化名城保护规划》进行规划建设，并给予了大量政策和资金支持。2012 年 4 月，北京“名城标志性历史建筑恢复工程”和“百项文物保护修缮工程”全面启动，同年 7 月，“三山五园”历史文化景区建设首次写入市党代会报告，标志着“三山五园”地区开发建设步入新的历史阶段。

（一）逐步加大文物保护修缮力度

“三山五园”地区大部分文物在清朝后期遭到严重摧残和破坏。改革开放后，市、区两级政府对该地区各文物景点分别采取围起来、保护起来、建起来和合理利用起来的方式，开展了一系列文物保护、修缮工作。20 世纪 80 年代后期，对香山寺佛殿区进行了清理、整修，并对外开放；2008 年，后苑区清理出眼界宽殿、薝卜香林阁、水月空明殿、青霞寄逸楼、爬山廊、砖踏步等建筑遗址，以及大量砖雕、瓦件、柱顶石等建筑构件，基本展露出香山寺各建筑遗址的格局；2009 年开始，区财政投入 1200 余万元启动白塔庵塔、北坞金山寺等 11 项文物景点修缮工作；2010 年，勤政殿、璎珞岩、翠微亭、玉乳泉、玉华岫、隔云钟等景点已修复完工；2012 年 5 月，香山寺复建工程正式启动，将复建文物建筑 22 座，静宜园“二十八景”中的十五景也将开始复建或修复，计划将于 2014 年完工，将再现清乾隆时期盛况。此外，市区共投入资金 12 亿余元，先后完成圆明园正觉寺、九州景区修复工程，颐和园四大部洲、苏州街、景明楼、澹宁堂、耕织图景区工程及香山昭庙一、二期修缮工程，并对公众开放。

（二）全面启动市政基础设施建设

改造完成颐和园同庆街步行街开街运营；以小规模渐进方式推进香山“一条绿化带、两条步行街”建设；加快该地区交通梳理和路网建设工程，建成轨道交通 4 号线、10 号线和 13 号线，规划并启动轨道交通山后线、西山隧道、西郊线重大路网项目建设；大力改善道路微循环系统，实施一批城市主、次干道交通网络改扩建工程，停车场改造工程，地区主、次干道达 40 余条，昆明湖东路、杰王府路、香山买卖街、煤厂路、香山南路、昆玉水景走廊等道路改扩建工程全面竣工；积极推动市政管线、天然气、变电站等水、电、热配套基础设施改善；颐和园、同庆街、香山等景区景点均设立了旅游咨询站点，覆盖全区的旅游咨询网络体系和旅游安全应急体系基本建成。

（三）积极开展周边环境整治工作

一是拆旧，按照“政府主导、农民主体、政策创新”的原则，累计投入近 150 亿元，实施以北坞村、六郎庄村为代表的重点村城市化改造工程，拆除旧村院落 6100 多个近 300 万平方米；二是治违，搭建城中村整治指挥平台，对地区城中村、脏乱差边角地进行集中清理整治；大力推进中央党校周边、香山地区周边环境整治工程；深入开展“百日行动”、“春季行动”、“夏季行动”等专项整治行动，持续改善地区环境，提升居民群众生活品质。近三年共拆除违法建设约 280 万平方米；三是建新，近两年，相继开展实施了福缘门村、挂甲屯、水磨坊社区等老旧小区和杰王府路、香山南路、植物园西环路等重点大街环境建设项目共计 30 个，总投资约 4.2 亿元。四是还绿，“三山五园”区域总共实现绿地 3822 公顷，绿地率 56%。截至目前，“三山五园”范围内共有 3 个自然山林公园，4 个历史名园，4 个郊野公园，7 个城市及专业公园，约 8 个公共艺术、运动、休闲场所等。

（四）大力开发科教文化旅游项目

通过积极争创国家级科教旅游示范区，以创建带发展，以创建促规范，瞄准高端高效，积极打造科教旅游和皇家园林旅游名片；通过举办皇家园林旅游节，皇家庙会、圆明园“荷花节”、“菊花节”、“音乐节”、样式雷展示，香山“红叶节”、曹雪芹文化艺术节、中关村科教旅游节、大西山金秋旅游节，并以节庆活动为平台，与上海、天津、河北、江苏等14家区县建立了区域旅游战略合作伙伴关系；通过立体化营销推广，微博、微电影等新媒体营销手段应用，不断掀起“三山五园”文化热潮，皇家园林旅游的社会影响力逐步扩大，市场占有率和品牌知名度、美誉度稳步提升。2011年，全区旅游综合收入369亿元，旅游接待人次5907万，其中“三山五园”地区接待游客达3000余万人次，占游客总人数50%以上。

三、“三山五园”历史文化景区建设面临的问题

凭借得天独厚的区位优势和资源禀赋，经过多年的积累和持续建设，“三山五园”地区面貌得到了很大改观，为全面推进景区建设准备了良好条件，打下了坚实基础。但从大局和长远来看，这一地区资源优势和发展潜力还未充分发挥，各种要素的活力还未充分释放，文化与科技融合的特色还不鲜明，总体形象与首都建设中国特色世界城市的需求还不相匹配，与建设具有全球影响力的科技创新中心的要求还有较大差距。在宏观系统规划设计、组织领导体系完善、开发建设思路创新、资源深度整合利用、高端产业优化布局等方面还面临诸多问题和挑战，亟须破解。

（一）系统规划阙如

在近几年开发建设过程中，各相关部门在文物保护修缮、景区功能定位、文化旅游产业发展、基础设施建设、土地资源配置、拆迁腾退等方面都做了大量探索和规划设计工作。从市级层面发布了《北京市“十二五”时期历史文化名城保护建设规划》，从区级层面，目前拟开展的党校西墙外环境整治项目、圆明园墙外区环境整治项目重点整治项目、六郎庄村庄整治工作、香山地区规划改造项目涉及相关规划正报批，但从整合地区资源、统筹空间布局、加快经济发展方式转变的高度进行系统研究谋划的力度还不够。部门规划、分片规划、点线规划、短期规划仍存在重复“打架”现象，容易造成重复建设、文物破坏和资源的巨大浪费。

（二）管理体制不畅

该地区中央单位和部队大院较多，居民、村民和大量流动人口混杂，景区经营、文物保护和属地管理体制机制不顺畅。一是管理多头。不同景点分属市、区不同部门管理，管理协调机制不畅。如颐和园、香山、植物园属北京市公园管理中心管理，圆明园属区政府管理，畅春园（仅存恩佑寺、恩慕寺山门）、承泽园属北京大学管理，玉泉山归中央国家机关管理。二是“内外”分治。由于历史原因，该地区中央机关和部队大院较多，颐和园、香山公园内隶属市级部门管理，中央机关和部队大院隶属中央和部队管理，“园外”和“院外”则分属海淀镇、四季青镇、香山街道、青龙桥街道等区属街道、镇管理，由此形成“内外分治”格局。以青龙桥地区为例，该地区户籍人口24519人，有驻军单位11家，中央单位8家，“内外分治”现象十分突出。

（三）环境整治成本高昂

该地区是典型的城乡二元结构并存地区，历史遗留问题较多，周边环境差强人意，历史地位与现状格格不入。以香山为例，该地区老旧平房较多，居民、商户和大量流动人口杂居在古建筑、寺庙之间，造成交通拥堵，环境秩序混乱。多年来，区委区政府一直在探索行之有效的环境整治改造模式，但难度非常大。一是受皇家园林周边规划条件限制，土地和空间资源都十分有限，群众期望值居高不下，容积率小，社会资金进入难，通过市场化融资途径开发建设行不通，单靠政府投资建设成本十分高昂，短期内大规模开发建设阻力重重。如圆明园周边地区，待整治面积约94公顷，涉及户籍人口约12000人，按照人均建筑面积50平方米进行安置，共需回迁安置用房建设规模约58万平方米；香山地区，待整治面积约208公顷，涉及26个自然村，人口约8733人，拆迁腾退面积达60万平方米；颐和园周边地区，中央党校西侧整治项目总占地面积约40公顷，涉及搬迁人口1252人；整体搬迁成本非常高昂。二是受“内外分治”及绿隔政策等因素限制，每一项整治改造工作都“牵一发而动全身”，举步维艰。如颐和园北宫门沿线、军科院到香山沿线两线分别布局有中央党校、军科院、林科院、316医院等众多国家单位，沿线道路十分狭窄，只能考虑布局立体化交通路网。

（四）高端旅游产业发展滞后

多年来，该地区旅游产业仅限于观光游览业，靠老祖宗遗留下来的文化遗产赚取门票收入，圆明园门票占据了总收入的90%以上；香山公园门票占了总收入的50%，游览索道占收入的30%—40%，这种最原始的旅游产业发展模式浪费了大量的优质旅游资源。总体看，存在以下四方面问题：一是产业高端化、集群化态势尚未形成。商务会展业、休闲度假业、游憩商贸业以及其他相关产业的发展严重滞后，文化创意产业这一最具优势的朝阳产业未在该地区打出亮点，缺乏综合的、多元的文化产业经营项目，产业结构较为单一；二是高品质旅游资源开发利用不够。旅游资源品质与旅游综合收入不对称，最具世界级品质的核心要素皇家园林在整体环境、资源整合、文化挖掘等方面还明显不足。在旅游衍生品的开发方面，虽然开发出一些特有的旅游纪念商品，但大部分还停留在比较低端的开发阶段，难以产生高附加值；三是旅游产业发展与历史文化名城保护衔接不紧密。文化旅游活动与古都风貌恢复和文化传承相互融合、协调促进的作用还未充分发挥；四是旅游产业结构不合理、国际化程度不高。产业联动、区域联动力度不够，与高端旅游产业配套的星级酒店、会展中心、商贸市场、文化娱乐、风味餐饮、特色购物、体育健身等产业链条十分薄弱，涵盖“食、住、行、游购、娱”六大要素的旅游产业体系还很不完善。目前，该地区共有星级酒店 4 家，其中五星级仅北京颐和安缦酒店 1 家，属于国际连锁但规模较小，四星级仅 3 家，其中香山饭店、香山金源商务中心淡旺季明显，另一家清华紫光国际文化交流中心主要经营来源依托清华大学会议。

（五）文物保护亟待加强

随着城市化进程的加快，文物保护与经济发展的矛盾日益突出，区域文物保护工作面临着严峻形势。“三山五园”地区众多的文物古迹中，真正得到有效保护和合理利用的只是少数，尤其是区县级和未列入级别保护的文物古迹，面临的形势更不容乐观。一是部分文物被人为破坏。如香山法海寺遗址、慈幼院遗址都曾遭到不同程度的人为破坏；二是部分文物区域被占作他用。一些古建筑被用作办公用房或居住用房，有些古院落已成为居住地，处于不合理使用状态；三是一些古遗址被撂荒。有些几乎处于无人管理状态（如一些桥、闸等）；不少文物点除了其本身的历史、艺术价值外，已无整体景观价值可言，造成文物建筑的“盆景化”（如北京大学内的承泽园）或撂荒废弃状态。思想认识不够，文物隶属关系复杂，文物保护资金匮乏，城市建设、危旧房改造同文物保护之间的矛盾突出，“三山五园”地区文物保护还任重道远。

四、“三山五园”历史文化景区建设的总体设想

“三山五园”作为中华民族灿烂历史文化宝库的重要组成部分，要以贯彻落实党的十八大精神和市十一次党代会的决策部署为重要契机，加快景区的规划建设，用三到五年时间，使地区环境面貌彻底改观，历史风貌得以恢复，文化魅力充分彰显，旅游形象全面提升，使之成为首都建设世界文化中心城市的重要功能区，为首都文化大发展大繁荣和推动区域经济社会发展做出积极贡献。

（一）明确景区功能定位

一是历史文物保护区。按照《北京市“十二五”时期历史文化名城保护建设规划》，“十二五”时期，将以西郊清代皇家园林保护区为重点，积极推进以颐和园、圆明园为核心的世界名园建设。“三山五园”地区文物资源丰富，脉络清晰，要通过对众多文物的梳理、保护、修缮和利用，寻求皇家园林文化遗产与现代社会空间的“契合点”,探索皇家园林文化遗产保护的途径,逐步形成特色鲜明的皇家园林文物保护体系，打造首都历史文物保护示范区。二是恢复古都风貌代表区。2012 年 2 月，全市启动了北京“名城标志性历史建筑恢复工程”和“百项文物保护修缮工程”，整体保护旧城内古建筑，恢复明清时期京城“凸”字形的历史轮廓，以彰显古都独具特色的历史风貌。要通过对圆明园、颐和园、香山买卖街、京西稻田等标志性文物、遗迹进行复建修缮，最大限度还原“三山五园”地区明清时期的园林风貌和盛世景象，用实物体现北京历史文化名城的文化载体。三是科技与文化融合发展示范区。“三山五园”地区科技、文化优势得天独厚，不可复制。要通过整合利用文化、科技元素，推动产业结构调整，探索科技与文化融合发展新模式，增强文化创意产业集聚区的聚集、引领和辐射作用，促进文化之“魂”与产业之“体”有机统一、良性互动，形成具有首都和海淀特色的文化创意产业体系，为首都经济创新驱动发展和国际化提供重要引领和支撑力量。四是世界高端旅游目的地。“三山五园”地区历史文化资源属世界级高品质旅游资源，具有唯一性和不可替代性，自然生态资源也具有独特魅力和优势。要通过扩大产业规模、增强旅游产品开发能力、拓展国内国际市场，在区域内形成一批国际知名旅游品牌和引领旅游业发展的大企业，把景区建设成为首都建设中国特色世界城市的新亮点，打造成为世界一流的高端旅游度假胜地。

（二）完善景区建设思路

一是坚持文化遗产保护和利用并举。将挖掘文化遗产、修复文物古迹、保护文化血脉、传承文化精髓和开发利用文化产业有机结合，在对文化遗产、园林古道修复、保护的基础上，加快开发利用，结合现代科技元素，打造文化创意产业，达到文化遗产的经济效益与社会效益“双提高”效果。二是坚持环境综合整治与恢复古都风貌并举。对区域内房屋院落、街巷、文物景点进行全方位梳理和集中、彻底整治，同时尽可能恢复京西稻田田园风光，颐和园、圆明园、香山古道等缺失的历史遗迹，还原古都风貌，达到历史文化名城保护与居民群众生活改善“双赢”效果。三是坚持文化旅游开发与城市服务功能完善并举。把发展高端旅游产业与提高城市服务功能紧密结合，通过旅游产业布局和品质提升，加快地区经济发展方式转变，为城市建设和发展注入活力；通过完善基础设施，提升城市服务功能，带动特色文化旅游产业大发展，二者相互促进，推动地区面貌彻底改观，达到地区经济社会可持续发展与城市形象再造“双提升”效果。

（三）优化景区空间布局

重点规划形成“三轴、两核、九重心”的空间布局。三轴，即清华西路—颐和园路—香颐路历史文化展示轴，串联清华、北大、圆明园、颐和园、中央党校、玉泉山、香山等重要文化园区，是该片区最重要的展示和游览联络线；京密引水渠—颐和园—南水北调蓄水池—昆玉河水系景观展示轴；香山—巴沟地铁西郊线为主的田园风貌展示轴，展示该片区山水田园历史风貌特色。三条景观轴线将海淀山前、山后地区，西山、玉泉山和中心城区联络在一起。两核，即以颐和园—圆明园为中心的两园核心区，是世界级的中国传统文化精华展示区和科技与文化融合发展示范区。以圆明园国家考古遗址公园的全面整治、提升和世界文化遗产颐和园的保护、维护为重点，并对两园周边环境进行全面整治。以香山为中心的香山核心区，以生态涵养、历史风貌恢复和重塑休闲宜居环境为重点，结合静宜园、香山古镇、健锐营八旗等历史要素的整理和恢复，改善地区生态环境，完善旅游服务、滨水休闲等服务设施。九重心，即按照片区现状特点和功能区分，整体区域可划分为圆明园考古遗址公园全面整治、提升建设，颐和园保护、维护建设，香山静宜园的整理和恢复建设，圆明园大宫门地区（一亩园、福缘门地区）环境整治建设，颐和园北宫门地区（青龙桥、党校西墙外）环境整治建设，圆明园东墙外（水磨、二河开）环境整治建设，颐和园西墙外环境整治建设，香山四王府地区（四王府村、正蓝旗村、厢蓝旗村、厢白旗村等）环境整治建设，香山中心地区（买卖街、煤厂街、公主坟、塔后村等）环境整治建设九个重点片区开发建设。

（四）把握景区建设原则

“三山五园”历史文化景区建设应当遵循“整体规划、分步实施，园内保护、园外整治，政策聚焦、多方联动”的原则，集中力量、有序进行。一是整体规划、分步实施。规划先行，景区建设要统一规划、统一建设、统一管理，提高综合竞争力。总体规划要具有宏观性、指导性、前瞻性和系统性，在全面分析地区资源特点和现状，明确未来功能定位、发展方向、建设目标的基础上，对地区产业空间、文物保护、基础设施、村（居）民居住生活进行系统规划布局；按照文物保护、修缮，村庄整治、产业发展、分区分片分步骤有序推进各建设项目。二是园内保护、园外整治。按照整体规划，在园内园外一体联动，同步建设的前提下，区别不同特点，有针对性地开展整治建设工作。园内以文物、亭台等景点的保护、修缮、恢复为主，最大限度还原皇家园林的风貌，同时辅之以环境美化；园外以村庄整治改造、环境绿化美化、基础设施优化、重大产业聚集发展为主，确保交通顺畅有序、经济发展高端高效、居民群众安居乐业。三是政策聚焦、多方联动。充分利用好党的十七届六中全会、文化部国家旅游局《关于促进文化与旅游结合发展的指导意见》、《北京市“十二五”时期经济社会发展规划》、《北京市文物保护管理条例》、《北京市“十二五”时期历史文化名城保护建设规划》等国家、市级层面的政策条件，结合《海淀区“十二五”时期经济社会发展规划》以及中关村核心区各项优惠政策，大胆创新，先行先试；在市级部门的高端协调、统筹指导下，充分发挥区级指挥部的作用，形成政府主导、镇村主体、部门协同、分工负责、单位配合、居民参与的多方联动体系，合力推动地区整治建设工作。

五、“三山五园”历史文化景区建设的对策建议

“三山五园”历史文化景区建设是一项综合性系统工程，牵涉到文物保护、产业布局、村庄腾退、环境整治等多项复杂工作和居民利益、村民利益、集体利益、相关单位利益等诸多个人及群体利益的调整，需要市级有关部门、区属各部门、街道镇、村集体、居民群众以及社会各方的鼎力支持和协调配合，难度之大、任务之艰巨前所未有。通过调查研究，我们提出以下对策建议：

（一）聚焦各项政策，加快制定规划

政策是依据，规划是蓝图。近几年来，区委区政府联合清华大学等研究机构，对“三山五园”地区进行了持续研究，取得了一系列研究成果。要在已有成果基础上，围绕中国特色世界城市和中关村核心区建设大局，充分发挥地区众多科教文化艺术研究单位的优势，继续深化对景区建设的发展目标、功能定位、城市设计、基础设施、村庄腾退、产业布局等重大问题进行深入研究，充分利用好《北京市“十二五”时期历史文化名城保护建设规划》、《北京市关于全面推进旅游产业发展的意见》、《北京市城市绿地系统规划》等市级层面的各项政策，加快顶层设计，创新思路，先行先试，尽快制定完善景区发展总体规划，在此基础上进一步细化专项规划方案，争取早立项、早报批，为全面开发建设做好准备。

（二）完善组织机构，加强统筹协调

目前我们已成功组建“三山五园”历史文化景区建设指挥部，进行区级层面统筹协调。一是主动与世界城市发展目标对接，积极争取市级层面的支持，在北京历史文化名城保护专家委员会的指导下，成立市级层面的“三山五园”历史文化景区建设领导小组，进一步促进高端协调。由国家有关部委、市有关职能部门、驻区单位和区委区政府共同参与、合力推动景区规划建设工作；二是充分调动地区居民群众和社会单位的积极性、主动性，形成上下齐动员、合力大攻坚的良好局面；三是按照文物保护法规和便利、高效的原则，进一步理顺区域文物、景点的管理体制和隶属关系，确保建设与保护相互协调、顺畅有序。

（三）优化产业布局，打造高端产业链条

建设“三山五园”历史文化景区，必须突破“文化遗产旅游就是游文化遗产”的传统思维模式。一是大力实施“高端引领、创新驱动和融合发展”三大战略，加快打造高端产业链条。强调文化高端、科技高端、环境高端、市场高端、活动高端、产业高端，以一批重大高端旅游项目为支撑，带动地区优质旅游资源深度整合、旅游产品优化升级和旅游硬件设施及服务管理水平全面提高，促进旅游与科技、教育、文化、商业等产业融合发展，形成观光、休闲、商务、购物、美食、娱乐等多功能聚集的特色产业链条；二是充分利用皇家园林资源，大力优化提升传统旅游观光产业。打造“圆明园--畅春园（遗址）--静宜园—玉泉山—颐和园--香山”自东向西文化遗产视觉景观轴线和清华、北大、圆明园、颐和园、北京植物园、中科院植物研究所、香山公园等重要景区景点组成的皇家园林经典廊道；三是充分利用文化科技资源优势，发挥旅游承载文化、展示文化、传播文化的功能，打造以圆明园为背景、皇家园林为题材的大型实景演出项目，建设数字圆明园景区和圆明园博物馆、“三山五园”文化展示中心，逐步扩大“皇家园林”的品牌影响力；四是突出高品位、特色化、精细化，引进高端酒店，培育特色餐饮，完善购物体系，丰富主题娱乐，建设一批高标准、高科技、高端高效旅游配套设施，全面提升旅游服务和管理水平。

（四）加快整治改造，提升区域形象

“三山五园”地区环境整治改造是景区建设的基础性工程，也是最大难点问题，必须多措并举、合力推进。一是积极探索，加快村庄改造试点。坚持历史风貌保护与环境提升一体化推进的思路，按照“政府主导、镇村主体、部门协同、分工负责、单位配合、居民参与”的原则，探索创新融资渠道，多方筹集资金，突破开发建设资金瓶颈，同时加大宣传力度，积极争取地区群众、社会力量的支持配合，加大重点片区环境整治力度，以圆明园、颐和园、香山周边城乡结合部环境整治为重点，完成中央党校西墙外等地区的村庄腾退改造工作。启动一亩园、董四墓、韩家府村拆迁腾退和搬迁安置房建设。加快推进香山买卖街、煤厂街和四王府地区就地改造和普安店回迁房建设。实现六郎庄片区原址绿化；二是创新模式，优化交通路网设施。立足实际，与村庄改造同步建设，尽快形成以公路交通为主，轨道交通、应急交通配套，安全、快速、便捷、环保立体化多元交通系统，彻底改善香山地区、颐和园地区和圆明园地区拥堵状况，打造一流的交通旅游环境；三是整合资源，完善公共服务体系。加快规划建设一批优质公共服务设施，形成功能完善、设施齐全的综合性公共服务体系；大力整治旅游秩序，优化旅游信息服务系统，打造便利化、多样化、高端化、现代化、国际化人文旅游环境。

（五）珍视文化遗产，加强文物保护

文化遗产是民族的根和魂，是国家软实力的重要组成部分。文物保护，功在当代，利在千秋。“三山五园”是中华民族不可再生、不能复制的宝贵文化遗产，保护、利用好这里的每一件文物，对维护古都风貌、促进首都历史文化名城建设、推动爱国主义教育以及地区经济社会发展都具有举足轻重的意义。一是正确处理好皇家园林区域内各层面群体的利益诉求，协调好皇家园林文化遗产保护与发展的关系及文化、社会、经济利益之间的关系，严格按照文物保护“五纳入”（即把文物保护纳入经济和社会发展计划，纳入城乡建设规划，纳入财政预算，纳入体制改革，纳入各级领导责任制）的要求，做好皇家园林各项文物保护工作；二是加快布局重大文化遗产保护展示项目和文化旅游产业发展项目，大力开发特色旅游产品，争取一批重大文化项目落户历史文化景区；三是有计划地复建一批重要的著名景观，还原传统古都风貌。规划复建玉泉山与颐和园之间的京西稻田风貌和荣中堂胡同（荣禄旧居）、张中堂胡同（张之洞旧居）等胡同古迹；复建香山静宜园“二十八景”和煤厂街、买卖街一带的古镇风貌；复建颐和园西南部的治镜阁、藻鉴堂、畅观堂和后山的赅春园、绮望轩、构盧轩、花承阁等独立小园；适当复建圆明园的部分建筑景观；四是对现存的皇家和著名私家园林的建筑景观，杜绝继续拆毁和随意改建，创造条件予以修缮保护。

（作者系中共海淀区委书记）

规范性文件选载

关于率先形成文化大发展大繁荣新格局的实施意见

（2012年1月20日）

京海发〔2012〕4号

为全面贯彻落实党的十七届六中全会和市委十届十次全会精神，根据《中共中央关于深化文化体制改革推动社会主义文化大发展大繁荣若干重大问题的决定》和《中共北京市委关于发挥文化中心作用加快建设中国特色社会主义先进文化之都的意见》，结合海淀实际，就率先形成文化大发展大繁荣新格局，提出如下实施意见。

一、充分认识加快文化发展的重要意义

海淀是首都重要城市功能拓展区，是中关村国家自主创新示范区核心区。区内有以中科院为代表的多家科研机构，有联想、百度等一大批著名的高新技术企业；有以北大、清华为代表的一流高校，基础教育处于全国领先地位；历史文化底蕴深厚，群众文化丰富多彩；有一批国内顶尖的文艺团体和艺术院校，文化资源丰富，文化氛围浓郁，文化发展有着坚实的物质基础和良好的社会条件。

改革开放特别是党的十七大以来，区委认真贯彻中央精神和市委部署，大力推进社会主义核心价值体系建设，弘扬、践行北京精神，持续开展文明创建，市民文明素质和城市文明程度有了新提高；大力加强公共文化服务，整合区域文化资源，加快公共文化设施建设，深入实施文化惠民工程，人民群众的基本文化需求得到满足和保障；大力发展文化创意产业，形成了一批主导产业，文化创意产业总收入占全市四成，产业增加值占地区生产总值的28.2%。

但要清醒地看到，同经济社会发展的要求相比，同人民群众不断增长的精神文化需求相比，同市委市政府对海淀工作的新定位新要求相比，我区文化发展还存在一些不适应的地方。主要表现在：统筹区域文化资源的工作机制需要进一步创新；具有影响力的区域文化精品相对较少；丰富历史文化资源的挖掘、整理、保护和利用还需下大的气力；推动文化创意产业集群发展的工作力度还需要进一步加大等等。

当前，海淀正站在新的发展起点上，肩负着建设环境优美、和谐宜居的高科技核心区，在“十二五”末初步建成具有全球影响力的科技创新中心的历史重任。区第十一次党代会把率先形成文化大发展大繁荣新格局作为重大战略摆在了更加突出的位置。我们要按照党的十七届六中全会和市委十届十次全会的部署要求，以高度的文化自觉和文化自信，着力实施科技创新与文化创新“双轮驱动”，率先形成文化大发展大繁荣新格局，为促进全区科学发展、转变经济发展方式提供有力支撑，为首都建设社会主义先进文化之都做出积极贡献。

二、准确把握文化发展的总体要求和目标原则

总体要求：高举中国特色社会主义伟大旗帜，以马克思列宁主义、毛泽东思想、邓小平理论和“三个代表”重要思想为指导，深入贯彻落实科学发展观，全面贯彻党的十七届六中全会和市委十届十次全会精神，坚持社会主义先进文化前进方向，以科学发展为主题，以建设社会主义核心价值体系为根本任务，以满足人民群众精神文化需求为出发点和落脚点，以改革创新为动力，大力弘扬和践行北京精神，实施科技创新、文化创新“双轮驱动”战略，不断提升文化软实力，率先形成文化大发展大繁荣新格局，为加快建设环境优美、和谐宜居的高科技核心区和具有全球影响力的科技创新中心提供思想保证、精神动力、舆论支持和文化条件。

发展目标：到 2015 年，社会主义核心价值体系更加深入人心，北京精神进一步弘扬，市民整体素质和城市文明程度明显提高；文化基础设施和公共文化服务体系更加健全，群众文化生活更加丰富多彩；文化与科技深度融合，文化创意产业保持健康、快速增长；文化创作生产活力显著增强，精品力作不断涌现，海淀文化品牌效应进一步扩大；文化人才聚集效应更加凸显，文化交流、传播水平显著提高。

到 2020 年，形成与具有全球影响力的科技创新中心相匹配的文化大发展大繁荣新格局，成为首都建设具有世界影响力的文化中心城市和中国特色社会主义先进文化之都的排头兵。

基本原则：

——坚持思想引领，理论武装。以马克思主义为指导，用中国特色社会主义理论体系武装头脑，指导实践，大力弘扬、践行北京精神，不断夯实全区人民团结奋斗的共同思想基础。

——坚持以人为本，服务群众。尊重群众在文化发展中的主体地位和首创精神，创造条件鼓励群众参与文化建设，保障群众基本文化权益，满足群众多层次文化需求，促进人的全面发展。

——坚持解放思想，创新驱动。发挥好中关村核心区先行先试的政策优势，用创新的思路、举措突破影响和制约文化发展的各种障碍，不断解放和发展文化生产力，提高文化自主创新能力和市场竞争能力。

——坚持统筹兼顾，协调发展。注重立足当前、着眼长远、统揽全局、开放合作，统筹发展文化事业和文化产业，统筹运用区域区属两类资源，统筹利用国际国内两个市场，不断提高文化建设的科学化水平，增强海淀文化的集聚力和辐射力。

——坚持追求卓越，争创一流。紧跟时代步伐，在全国、全球的坐标中定位文化发展，瞄准一流水平，树立更高标准，优化工作举措，博采众长，精益求精，积极抢占文化发展的制高点，实现多出人才、多出精品、多出品牌、多出效益。

三、全面落实推进文化发展的主要任务

（一）扎实推进社会主义核心价值体系建设

始终坚持以社会主义核心价值体系为统领，用马克思主义中国化最新成果教育人民，用中国特色社会主义共同理想凝聚力量，用以爱国主义为核心的民族精神和以改革创新为核心的时代精神鼓舞斗志，用社会主义荣辱观引领风尚。

强化社会主义核心价值体系教育引导。坚持用发展着的马克思主义指导海淀实践，加强理想信念教育，广泛开展民族精神教育和时代精神教育，深入开展形势政策教育、国情教育、革命传统教育、改革开放教育、国防教育和法制教育。发挥区思想政治工作研究会、哲学社会科学应用对策研究基地、周末社区大讲堂、百姓宣讲团等作用，加强理论创新和理论宣讲。加强以李大钊烈士陵园、圆明园遗址公园、双清别墅等为代表的爱国主义教育基地建设，加大扶持力度，抓住重要节庆日及重大历史纪念日，组织开展丰富多彩、形式新颖的文化活动。

大力弘扬和践行北京精神。高度认识弘扬北京精神的重大意义，抓住认知、践行、引领三个关键环节，进一步加强我区北京精神的宣传教育工作，阐释"爱国、创新、包容、厚德"的深刻思想内涵，挖掘在我区的具体生动体现。充分运用各类宣传平台，组织多种形式的广泛宣讲，营造浓厚的宣传氛围。组织开展丰富多彩的主题实践活动，让北京精神家喻户晓、人人践行，内化为全区人民的价值认同和精神追求，融入全区经济社会发展的各个领域、各个方面和全过程。

树立和践行社会主义荣辱观。落实公民道德建设实施工程，广泛开展中华传统美德普及教育，弘扬雷锋精神，深入推进社会公德、职业道德、家庭美德、个人品德建设。拓展各类道德实践活动，持续开展"感动海淀文明人物"、"孝星"等道德模范评选表彰，发挥先进典型的引领作用。加强社会诚信体系建设，深化政风、行风建设，广泛开展廉政文化创建活动，推动廉政文化进机关、进学校、进企业、进社区、进家庭，引导广大党员干部自觉增强廉洁意识。加强文明上网宣传教育和网络从业人员文明办网宣传教育。在全区形成知荣辱、讲正气、作奉献、促和谐的良好风尚。

创建全国文明城区。突出区域特色，搭建并利用高校系统、高新企业系统、社会组织、文明市民学校等统筹整合区域资源的平台，健全精神文明创建工作长效机制。推动区域文化环境的提升，形成高雅时尚的城市文化形象和文明氛围。全面推进文明社区、文明村镇、文明单位、文明风景旅游区创建，推进军民共建精神文明活动。开展"做文明有礼的北京人"主题实践活动，发挥社工、志愿者队伍的作用，推进公共文明建设。创建学习型单位、学习型企业、学习型社区，推进学习型城区建设。发挥各级关工委的统筹作用，构建学校、家庭、社会紧密协作的教育网络，为未成年人的健康成长营造文明的社会环境。深入开展区情教育，增强驻区单位和区域各界对海淀的认同感、归属感，激发全区人民知海淀、爱海淀、建海淀的热情。

（二）着力提升公共文化事业发展水平

以创建国家公共文化服务体系示范区为目标，坚持政府主导，按照公益性、基本性、均等性、便利性要求，加强文化基础设施建设，完善公共文化服务网络，实施文化惠民工程，最大限度地满足区域内不同人群的文化需求。

完善公共文化设施。高水平规划建设文化馆、博物馆、图书馆等标志性文化设施，丰富内容供给，拓展服务功能，完善运行机制。构建区级文化交流中心、区域性文化活动中心、街（镇）级文化服务中心、社区（村）级文化活动室四级公共文化服务网络。充分利用广场、公园、绿地等公共空间，开辟居民就近就便活动的文化场所，打造“市民15分钟文化服务圈”，完善覆盖城乡、结构合理、功能健全、实用高效的公共文化服务体系。鼓励社会资本进入公共文化领域，兴办各类民营文化设施和机构。盘活现有文化设施资源，利用好新建文化设施，提升文化设施利用率和服务水平。加快城乡文化发展一体化，建立以城带乡联动机制，合理配置城乡文化资源，促进优质文化资源向基层和农村流动。提高文化服务信息化水平，形成资源丰富、技术先进、服务便捷、覆盖城乡的数字文化服务体系，方便群众文化生活。

丰富公共文化服务。大力开展各类群众文化活动，扩大活动影响力和覆盖面，形成人人参与、人人享有的生动局面。办好“海淀文化节”等文化品牌活动，精心培育一批具有国际影响力的文化精品，鼓励引进一批人民喜闻乐见、市场反响良好的文化品牌。充分发挥区域高等院校、艺术院团在文化人才培养中的作用，加强对区域群众的文化艺术培训，实现海淀文化建设高质发展。推动“一街一品”向“一村一品”延伸，加强社区文化、村镇文化、企业文化、校园文化建设，不断丰富基层群众的文化生活。

加强文化遗产保护。完善文化遗产保护机制，成立历史文化遗产保护促进委员会，研究制定并组织实施文物中长期保护计划。调动全社会积极性，建立鼓励个人、企业和社会团体资助文物保护工作的有效机制，吸纳各种社会力量参与文物保护。建立健全海淀区非物质文化遗产名录项目和代表性传承人的保护、传承、监督机制。建立非物质文化遗产网上博物馆和区级非物质文化遗产研究基地、展示平台。加强非物质文化遗产的生产性保护，扶持一批重点项目，促进产业发展。

推动文化市场发展。加强对市民文化需求和文化市场消费的调查研究，进一步丰富文化市场，培育文化消费业态，快速提升文化消费规模。规范文化行政许可程序，优化文化行政许可流程，完善网上审批平台建设和政务公开内容，健全审批和行政执法工作机制，促进全区文化市场繁荣有序发展。运用科技手段，加大文化市场综合执法力度，完善监管措施，对文化市场实施精细化管理。依法加强知识产权的保护和利用，不断提升知识产权服务水平，建立健全知识产权信用保证机制，支持知识产权保护技术的开发与应用。坚持“扫黄打非”，净化市场环境，营造健康、规范的市场秩序。加强对文化行业协会的指导和监督，充分发挥行业协会作用，强化行业自律，提升文化行业的整体形象。

（三）大力发展文化创意产业

实施“双轮驱动”战略。充分发挥区域科技和文化资源优势，有效发挥科技支撑和引领作用，增强文化创意产业核心竞争力。以建设文化与科技融合发展示范区为目标，大力实施科技创新、文化创新“双轮驱动”战略。鼓励科技带动传统文化产业，培育文化创意新业态，提高行业技术和装备水平。支持具有文化与科技融合特点的产学研战略联盟、公共服务平台建设，加快文化科技创新成果转化，培育一批特色鲜明、创新能力强的文化科技企业和具有科技与文化融合创新能力的复合型人才队伍，形成有利于文化与科技创新资源和要素互动衔接、协同创新的良好发展环境。

优化产业布局。进一步确立文化创意产业在全区经济发展格局中的优势地位，优化文化创意产业布局，巩固主导产业、发展优势产业、培育潜力产业，推动文化与教育、旅游、体育等产业的融合发展。贯彻四大功能区规划和“南优北拓”思路，优化产业空间布局，增强文化创意产业集聚区的聚集、引领和辐射作用，搭建具有首都和海淀特色的产业体系。

巩固软件、网络和计算机服务业的主导地位。前瞻数字化产业发展趋势，推动内容和技术的深度融合，重点扶持互联网服务、动漫游戏、视觉虚拟技术、移动多媒体等新兴业态发展，支持中关村软件园、清华科技园、中关村创意产业先导基地等产业集聚区建设，打造中关村数字内容产业功能区。

大力发展旅游休闲、新闻出版、广播影视、设计服务等优势产业。整合区域历史遗存和文化资源，提升中关村科教旅游、皇家园林和大西山旅游品牌形象，使海淀成为品质高端、文化内涵丰富的旅游目的地；促进传统出版单位与数字化技术企业深度合作，完善数字版权技术平台、版权综合服务平台等，加快推进中国人民大学文化科技园国家版权贸易基地建设，建设全国一流数字出版中心；推动影视与信息等产业融合，提升行业数字装备技术水平，支持数字电视产业联盟等产学研战略联盟建设，引进、培育一批国际国内知名的影视节庆品牌活动，推动中关村数字电视产业园、北太平庄数字影视制作基地等的发展；发展城市规划设计、建筑设计、工业设计等设计服务业，推动768创意设计基地等建设，打造具有全国影响力的设计服务中心。

积极培育演艺、艺术品交易等潜力产业。进一步加强区域演艺资源的整合和利用，推动演艺新媒体技术升级发展，推进西山文化创意大道、五棵松文体休闲区等集聚区建设；依托中国国家画院等艺术创作机构和人才资源，引入社会资本和专业机构，培育艺术品创作、展示与交易产业链，支持一批重点文化艺术项目的建设和提升，努力形成产业影响力。

加强政策支持。用好用足国家、北京市各项优惠政策，借鉴中关村“1+6”政策体系，研究制定扶持文化创意产业发展的先行先试政策。加快推进文化创新资源平台建设，重点搭建投融资、创新创意人才、版权交易、中介服务、展览展示等服务平台，形成政产学研用分工明确、良性互动的工作机制。扩大文化发展专项资金规模，推动文化金融创新，综合运用股权投资等多种方式，按照“扶优、扶大、扶原创”的思路，实施“十百千工程”，支持百度、搜狐、新浪、水晶石等龙头、骨干企业做大做强，打造一批“文化航母”；推进“创业创新扶持工程”，建设创新基地和创业孵化器，推动原创成果产业化，重点扶持“专、精、特、新”中小企业，激发产业活力。鼓励和引导社会资本进入文化领域，参与重大文化产业项目实施和文化产业园区建设，促进文化与资本市场全面对接，形成政府资金引导、社会资本参与、文化资源优化配置的投融资格局。

（四）积极促进文化交流传播

创作文化精品。坚持“二为”方向和“双百”方针，大力实施文化精品工程。深入挖掘“三山五园”历史文化资源，推动“数字圆明园”等项目建设，形成海淀新的文化“名片”。创作一批优秀文化作品，建立健全文化作品评价体系和激励机制，依托海淀艺术团联盟，支持创作一批体现海淀元素、反映中关村创业创新历程的精品力作，并加大推广力度。打造一批文化活动知名品牌，重点办好中关村科教旅游节等活动，打造具有国际影响的文化活动品牌。

实施品牌推广战略。密切与国际、国内媒体合作，充分挖掘海淀特色和亮点，加强区域品牌策划和推广，努力建成区域现代传播体系。巩固壮大区属媒体的舆论阵地作用，坚持贴近实际、贴近生活、贴近群众，大力推动 “走基层、转作风、改文风”，做好中央、市、区各级政策措施和全区重点工作的宣传报道。充分发挥海淀政府网站的门户、窗口作用，办好、用实海淀政务微博群。抓好热点难点问题、重大突发事件的引导，完善新闻发布制度，健全应急报道和舆论引导机制，进一步提高应对突发事件和负面舆情能力。

促进对外交流。实施“引进来”战略，学习借鉴国内外文化管理、经营、创作先进经验，加强文化领域智力、人才、技术引进；培育具有世界水准、首都特色、海淀风格的文化交流品牌和平台，吸引国内外文化名家、艺术团体、文化机构到海淀交流。实施“走出去”战略，加强政策引导和扶持，建设文化产品出口基地和文化贸易服务中心，培育外向型文化企业和对外文化中介机构，积极参与和承办大型文化活动，支持优秀剧目、文化艺术品海外巡演巡展，支持区域文化企业开拓国际市场，增强海淀文化的影响力和辐射力。

（五）加快建设文化人才聚集中心

聚集高端文化人才。大力实施“四个一批”人才工程，大力培养和造就覆盖理论、新闻、文艺、出版、文化创意产业等各个领域的领军人物和专业人才。充分发挥区域高等院校、文艺团体在文化人才培养和文化传承、创新、发展中的作用，共建培养基地，抓好高端紧缺文化人才培养，搭建文化人才终身学习平台。充分利用“千人计划”、“海聚工程”、“高聚工程”的平台，以文艺创作人才、文化创意和文化产业经营管理人才、现代传媒人才、高端技术人才等为重点，鼓励采取签约、项目合作、技术（专利、品牌）入股、岗位聘任等方式，向海内外多渠道引进优秀文化人才和名师大家。支持文化企业园区引进领军人才和创新创业团队，对带技术、带项目、带资金创办文化企业的给予重点扶持；鼓励经济、金融、科技等领域优秀人才，以合作、兼职、顾问等方式进入文化行业。充分发挥高校、科研院所、文化企业、文化产业园区人才集聚功能，努力打造海淀文化人才高地。

培育基层文化人才。完善机构编制、学习培训、待遇保障等方面的政策措施，吸引优秀文化人才服务基层，充实基层宣传文化工作力量。重视发现和培养扎根基层的乡土文化能人、民族民间文化传承人、各类文化人才和文化活动积极分子，促进他们健康成长、发挥作用。壮大文化志愿者、民间文化人才队伍，鼓励专业文化工作者和社会各界参与基层文化建设和群众文化活动，形成专兼结合的基层文化工作队伍。

完善文化人才政策。推动中关村人才特区优惠政策向文化领域延伸、倾斜，完善人才培养开发、评价发现、选拔任用、流动配置和激励保障机制，为优秀文化人才脱颖而出、施展才干创造有利制度环境。增加中关村人才专项资金投入文化人才的比重，保障文化人才工作的专项投入。扶持资助优秀中青年文化骨干参与主持重大课题、承担重点项目、领衔重要演出，充分调动非公有制文化单位人员积极性。大力宣传文化领域领军人物、优秀人才及其成果，表彰奖励贡献突出、成就卓著的文化人才，积极营造尊重劳动、尊重知识、尊重人才、尊重创造的社会舆论环境。

四、加强和改进党对文化工作的领导

加快文化建设，率先形成文化大发展大繁荣新格局，必须切实加强党的领导，落实相关政策，统筹各种资源，创新体制机制，加大改革力度，形成全区共谋文化发展、共促文化繁荣的生动局面。

（一）加强组织领导。全区各级领导干部务必努力提高文化自觉，增强文化自信，切实担当起推动文化改革发展的政治责任，牢牢把握文化发展正确方向。要把文化建设摆在全局工作重要位置，纳入经济社会发展总体规划，与经济社会发展同部署、同实施、同推进，将文化改革发展成效纳入科学发展考核评价体系，作为衡量领导班子和领导干部工作业绩重要依据。把文化建设内容纳入干部培训计划，切实提高领导干部的理论水平、文化意识、文化素养。大力加强领导班子建设，着力提升驾驭文化工作的能力、践行社会主义核心价值体系的能力、发展公共文化事业的能力、推动文化创意产业发展的能力，不断提高领导文化改革发展的科学化水平。

（二）统筹区域资源。加快转变政府职能，强化统筹意识和服务意识，落实统筹措施和优惠政策，形成推动文化发展强大合力。从财政支持、金融创新、股权激励、市场准入、项目落户、人才保障等方面研究制定推动文化发展的先行先试政策。大力推动各级各类文化单位优质文化设施、资源向公众开放，实现共建共享共赢。整合专业文化工作队伍和文化企业家队伍，大力发展文化创意产业重大项目、重要基地，为高端文化人才创业创作提供发展平台。加强信息化建设，开发海淀公共文化服务网上平台，实现公共服务信息数字化和共享化。

（三）创新工作机制。建立健全党委统一领导、党政齐抓共管、宣传部门组织协调、相关部门分工负责、社会力量积极参与的工作格局。进一步发挥区推动文化大发展大繁荣领导小组、专家咨询委员会的作用，加强部门协同，建立大文化工作格局。推动社会组织参与文化建设，支持民主党派、无党派人士、宗教界人士和人民团体发挥作用，支持文联等社团组织履行职能，共同推进文化改革发展。发挥人民群众文化建设主体作用和广大党员先锋模范作用，让蕴藏于人民群众中的文化创造活力得到充分释放。

加快文化建设，率先形成文化大发展大繁荣新格局，任务艰巨、责任重大、使命光荣。全区上下要紧密团结在以胡锦涛同志为总书记的党中央周围，在市委的领导下，进一步增强紧迫感、责任感和使命感，锐意进取,扎实工作,不断开创文化建设发展的新局面，努力为首都建设具有世界影响力的文化中心城市和中国特色社会主义先进文化之都做出积极贡献！

关于加快核心区自主创新和产业发展的若干意见

（2012年6月20日）

京海发〔2012〕12号

2009年4月，为深入贯彻科学发展观，落实国务院关于建设中关村国家自主创新示范区和北京市关于建设中关村示范区核心区的批复精神，中共海淀区委、海淀区人民政府制定并发布了《关于进一步促进高新技术产业发展的决定》及20个配套政策；2010年6月，进一步修订形成了海淀区支持自主创新核心区企业发展政策体系，对科技创新、要素聚集、成果转化、环境优化、产业结构调整升级等都起到了很好的促进作用。当前形势又发生了深刻变化，站在新的起点上，面对新形势、新任务、新要求，为加快建设环境优美、和谐宜居的高科技核心区，在“十二五”末初步建成具有全球影响力的科技创新中心，需要进一步完善政策体系顶层设计，突出强化发展重点，精简规范政策内容，创新运行管理模式，提高资金使用效能。为此，区委区政府在既有政策实践的基础上推陈出新，提出如下意见。

一、加快核心区自主创新和产业发展的重要意义、理念思路、目标任务

加快核心区自主创新和产业发展，形成国家战略性新兴产业策源地，是国家、北京市对海淀工作的新定位、新要求，是全面实施“科技北京”的战略部署和重要工作，是海淀区深入贯彻落实科学发展观，率先实现高端引领、创新驱动的必然选择，是加快建设中关村国家自主创新示范区核心区的重要抓手。

在加快自主创新和产业发展的过程中，要坚持人才是第一资源、科技是第一生产力、改革是第一动力、发展是第一要务的理念，按照创新创业是立区之本、产业发展是强区之基、做强做大是腾飞之翼的思路，以产业结构调整升级为导向，以营造优质创新创业环境为着力点，深入实施“南优北拓”发展战略，率先实现科技创新、文化创新“双轮驱动”，积极培育产业核心竞争力和新的经济增长点，推进区域经济社会可持续发展，使海淀区成为建设创新型国家、有中国特色世界城市的先锋队和排头兵。

二、优化创新创业环境，大力提升创新水平

（一）完善科技创新发展平台。加强体制机制创新，加快落实中关村“1+6”鼓励科技创新和产业化系列先行先试改革政策，力争率先实现先行先试的重大突破。

（二）大力扶持中小微企业发展。落实国家对中小微企业的税收优惠政策。鼓励大学、科研院所等研究机构向中小微企业开放或共建共享设施设备、实验室等，支持中小微企业加大研发投入和成果转化应用。加快中小微企业信用体系建设，建立健全中小微企业服务平台和公共技术平台。通过政府采购、重大应用示范工程等多种方式，支持自主创新产品在区域率先应用和推广。

（三）加强企业技术创新能力建设。完善以企业为主体、市场为导向、产学研用相结合的技术创新体系，鼓励企业及相关单位开展技术创新活动，支持创新成果产业化。引导企业加强知识产权管理。鼓励企业国际化发展，创建和培育知名品牌。

（四）鼓励发展科技服务业。全面推动创新创业孵化体系建设和创新载体建设，推广“孵化+创投”的新型孵化模式，完善从孵化器到加速器、产业用地的全程跟踪服务，帮助创业企业快速成长壮大。积极发展研发设计、技术转移、科技咨询等服务业。

（五）促进人才创新创业发展。加快中关村人才特区建设，引进和聚集一批战略科学家和战略性新兴产业领军人才。大力吸引和支持创业领军人才、创新领军人才、资深行业人才在海淀创新创业。积极搭建青年英才发展平台，引导社会机构帮助青年人才开展创新创业活动。完善人才吸引、交流和服务平台。

三、完善高端产业发展格局，支持企业做强做大

（六）打造战略性新兴产业策源地。重点发展新一代信息技术、新能源与节能环保、新材料、生物工程与新医药、航空航天等战略性新兴产业集群，在移动互联网和下一代互联网、导航与位置服务、云计算、集成电路设计等重点领域在国内外取得引领优势。

（七）加强对产业关键、核心技术的攻关。围绕重点产业、重点环节，组织开展关键、核心技术攻关，力争在产业发展关键环节取得突破。支持产业链上下游企业开展协同创新，鼓励产学研联合开展创新，提升产业整体创新水平。

（八）推动重大科技成果转化与产业化。积极对接大学院所、重点企业的科技成果，优先采取股权投资方式，推动符合海淀产业定位、具有自主知识产权、处于国内领先或国际先进水平、市场前景广阔的重大产业化项目在海淀区落地。

（九）积极引进与培育重点企业。大力吸引国内外战略性新兴领域的龙头企业、总部型企业、跨国公司研发中心以及科技中介机构。结合“十百千”、“瞪羚计划”等工程，大力支持重点创新型企业发展，做好对重点企业的服务工作，做强做大一批具有全球影响力的领军企业。

四、加快建设国家科技金融创新中心，促进科技与金融融合发展

（十）完善中小微企业融资政策扶持体系。鼓励金融机构开展知识产权融资、信用贷款、股权质押贷款、信用担保、科技保险和高层次人才创业贷款贴息等科技金融创新，帮助中小微企业拓宽融资渠道，降低融资成本。

（十一）完善创业投资体系。积极吸引天使投资人聚集并开展天使投资业务，引导规范早期创业投资与服务活动。优化海淀区创业投资引导基金和股权投资运作机制，重点支持本地区重点产业领域初创期和快速成长期企业。完善政府引导和市场化运作相结合的投资决策机制，引导拉动社会投资，健全退出机制。

（十二）构建多层次资本市场。积极参与建设统一监管下的全国场外交易市场。鼓励科技企业在中关村代办股份转让系统挂牌，支持挂牌企业转板。完善企业上市服务机制，支持企业发行上市和利用资本市场兼并重组。

（十三）打造国家科技金融功能区。鼓励金融机构在中关村西区、西直门外科技金融商务区聚集，不断拓展辐射范围，增强科技金融机构聚集效应。

五、强化科技创新和文化创新“双轮驱动”，巩固发展特色竞争优势产业

（十四）大力推进文化与科技融合发展，建设国家级文化和科技融合示范基地。大力发展新闻出版、广播影视、设计服务、服务外包等优势产业发展，重点扶持互联网服务、移动多媒体、动漫游戏、视觉虚拟技术等新兴业态发展，积极培育演艺、艺术品交易等潜力产业。

（十五）优化商业服务业结构，加快特色商业聚集区和高端商务中心的规划建设和改造提升，支持电子商务聚集区和物流服务体系建设，促进酒店会展等商务服务业升级发展，持续优化区域发展环境和配套服务水平。

（十六）支持西北部高端休闲旅游区、传统景区事业产业融合发展示范区、中关村科教旅游体验区等旅游产业功能区旅游配套设施建设项目，加快旅游要素聚集，推广海淀旅游特色产品、特色旅游节庆活动、特色旅游线路。

（十七）引导支持企业推进跨地区、跨行业、跨所有制的兼并重组、业务创新、管理创新和产业链整合，加强科技应用对传统文化、商业、旅游等产业的结构升级和竞争力提升，推进区域文化、旅游、商业商务融合发展。

六、加快载体建设，打造重点产业功能区

（十八）根据北京市“两城两带”的创新和产业发展格局，大力实施海淀区“南优北拓”空间发展战略，加快推进中关村科学城、北部研发服务和高新技术产业聚集区等重点产业功能区建设。支持产业技术研究院、“专精特新”产业园区建设。统筹集体产业用地开发建设，积极推广“一镇一园”发展模式，促进集体经济加快结构调整。

七、强化组织实施

（十九）加强组织领导与统筹协调。成立加快核心区自主创新和产业发展专项资金管理工作组，建立联席会议工作机制，统筹全区促进自主创新和产业发展政策体系的修订完善及其配套专项资金的管理工作。加强预算管理和项目统筹安排，建立支持自主创新和产业发展财政投入稳定增长机制，深化“统一预算安排、统一支持方向、统一申报平台、统一审批权限、统一管理流程”的管理机制。

（二十）加强规范运行管理。按照方便企业、规范部门运行的原则，加强制度创新，深化行政审批制度改革，进一步提升政务服务效能，为企业在海淀创新创业提供更加便捷、高效的服务。强化全区各部门、街道（镇）服务企业和经济发展的意识，切实推进本意见及其政策体系的全面贯彻落实。

（二十一）加强监督检查和评估考核。区委区政府将加强对本意见及政策措施贯彻落实情况的综合督查或专项督查，纳入全区绩效管理体系，加强对受支持项目的检查和验收，健全后评价和绩效考核机制。

（二十二）加强社会宣传，凝聚各界力量。开展多种形式的宣传活动，发挥行业协会组织的积极作用，营造全社会关心、支持、参与自主创新和产业发展的良好氛围。及时总结典型经验，形成示范带动效应。

区情概述

海淀区是北京市市辖区，位于市区和近郊区的西部和西北部，全区总面积 430.77 平方千米。东临朝阳区、西城区，南接丰台区，西接石景山区、门头沟区，北临昌平区。区党政领导机关驻地——海淀区长春桥路 17 号。

海淀区兼有山地平原，地形西高东低，西部山区统称西山，有山峰 60 多座，最高峰为西北部的阳台山，海拔 1278 米，最低处为东部的黑泉村，海拔 35 米，辖区中部东西走向的西山余脉将辖区分为南北两部分；西山以东为向东微倾斜的平原，属华北平原的西北边缘。有大小河渠 18 条。

海淀区地处暖温带半湿润半干旱大陆性季风气候区。2012 年平均气温冬季比常年偏低，其他三季均接近常年平均值；平均降水冬季偏少，其他三季均偏多。年平均气温 12.2℃，接近常年平均气温；年总降水量 906.7 毫米，比上年增加 131.9 毫米；全年霾的日数有 60 天，轻雾的日数为 121 天。

海淀区是著名的文化科学教育区、风景名胜旅游区。境内名胜古迹众多，有各类文物古迹 262 处，著名的清代皇家园林“三山五园”就建在境内。区内聚集了清华大学、北京大学等 38 所（部）普通高校、37 所成人高等院校以及中央党校、国家行政学院、国防大学等党政军最高学府以及近 1200 所各类继续教育学校。驻有中央、市属机关 100 余个，部队大院近 200 个。有中科院、国家部委、北京市所属等类型科研院所 142 个。有各类图书馆、博物馆、影剧院、著名表演单位数百处。海淀区是新技术产业开发区，中关村科技园区的中心区和发展区绝大部分在海淀区境内。2009 年，中关村科技园区海淀园成为中关村国家自主创新示范区核心区。

海淀区现辖域于 1949 年 7 月设置单独行政建制，1952 年 9 月命名为海淀区。

本区下辖 7 镇（地区）、22 个街道办事处，下属 84 个村委会、564 个社区居委会。

本年末全区户籍人口 230.7 万人，占全市的 17.8%；男女比为 101.8，包括 56 个民族。其中农业人口 8.4 万人，非农业人口 222.3 万人。全区常住外来人口 138.4 万人，常住人口 348.4 万人。全年户籍人口出生 23787 人，出生率为 10.3‰；死亡 5403 人，死亡率为 2.3‰；人口自然增长率为 8.1‰。计划生育率为 98.4%。

2012 年是海淀区“十二五”规划深入推进的第二年。全年经济社会发展围绕“一个中心、四个率先”[①]展开，稳增长、调结构、惠民生、促和谐。全区经济实现平稳健康发展，财政收入稳步增长，工业生产持续低速增长，全社会固定资产投资持续增长，消费领域平稳增长，外贸出口有所回落，城乡居民收入持续增长。

经 济 发 展

全年实现地区生产总值 3514.8 亿元，同比增长 10.5%，占全市的 19.7%；第一、二、三产业增加值占生产总值比重分别为 0.057%、12.957%、86.986%。人均地区生产总值 16172 美元。36 件重点惠民实事全部落实。区域财政收入 1685.77 亿元，同比增长 28.8%；区级财政收入 282.65 亿元，同比增长 16.9%。实现工业总产值 1488.6 亿元，同比增长 3.1%。全社会固定资产投资完成 688.9 亿元，同比增长 10.2%。社会消费品零售额实现 1504.8 亿元，同比增长 8.8%。海淀园实现总收入 10665.75 亿元，同比增长 21.4%。文化创意产业实现收入 3914.4 亿元，同比增长 17.2%；生产性服务业实现收入 17725.8 亿元，同比增长 7.4%。农村经济总收入 232.5 亿元，同比增长 6.8%。城镇居民人均可支配收入 41842 元，同比增长 10.9%。农村居民人均纯收入 22364 元，同比增长 11.7%。城镇登记失业率 0.73%。

[①] 一个中心、四个率先：“一个中心”即建设具有全球影响力的科技创新中心，“四个率先”即率先形成创新驱动发展新格局、率先形成城乡一体化发展新格局、率先形成社会管理服务创新新格局、率先形成文化大发展大繁荣新格局。

2012年，核心区重点支持北部空间信息服务、移动互联网与下一代互联网、云计算、集成电路设计、生物医药、新能源与节能环保、文化创意等七大细分产业领域，构建"6+1"专精特产业集群。区委区政府整合出台核心区自主创新和产业发展"1+10"新政策，统筹18亿元专项资金，支持高新技术企业项目1306个。推进南部中关村科学城、中部"三山五园"历史文化景区和北部生态科技新区三大功能区建设。落实中关村"1+6"先行先试政策。25家国有企事业单位开展股权激励试点；758家高新技术企业享受研发费用加计扣除试点政策，减免税款1.5亿元；96家企业享受职工教育经费税前扣除试点政策。强化与高端创新要素的对接服务，引入36家技术转移、知识产权服务机构，国际技术转移中心、中关村国际数字设计中心正式挂牌，22家知识产权服务机构入驻中关村知识产权大厦，北京软件和信息服务交易所、英特尔物联技术研究院、中国天使投资会等知名科技服务和创投机构落户，创新工场、车库咖啡等新型孵化业态快速发展。举办第四届全球PE北京论坛、2012年全球移动互联网大会等一批具有国际影响力的高端会议。跨国公司地区总部数量增至8家。规模以上文化创意企业达到2828家，文化创意产业实现总收入3914.6亿元，同比增长17.2%，占全市的42.2%。

10月13日，国务院同意调整中关村自主创新示范区空间规模和布局，其中海淀园规划面积由133.06平方千米扩充至174.06平方千米。新增国家级高新技术企业258家，累计达到4400家；高新技术企业达到1.1万家，占全市55%；262个产品和12项服务被认定为第一批中关村国家自主创新示范区新技术新产品和新服务，占全市60%以上。承担北京市50%以上的标准创新示范任务，89家企业成为国家自主创新示范区标准创新示范企业，21个项目获得第五届"中国标准创新贡献奖"，支持在新一代信息技术、新材料等战略性新兴产业领域制定或参与制定14项国际标准。扩展标准化工作外延，重点关注民生、养老、旅游等行业，推进"中关村科教文化游国家级服务业标准化示范区"建设。全区以47个农业标准化示范基地为基础，创建"海淀农业"品牌。

海淀园实现总收入10665.75亿元，同比增长21.4%；实现利润822.36亿元，同比增长16.0%；实缴税费总额423.09亿元，同比增长8.2%。其中电子与信息产业收入6161.28亿元，同比增长22.1%。进出口总额204.83亿美元，同比增长3.6%。其中出口总额83.86亿美元，同比增长16.0%。有各类孵化器41个，累计孵化企业7327家。有加速器6个，大学科技园19个，其中国家级大学科技园12个。区域登记技术合同38525件，同比增长6.8%；技术交易合同成交额1134.4亿元，同比增长17.2%；专利授权数19862件，同比增长18.2%。

加快推进北部生态科技新区建设。北部地区整体开发方案获得市委市政府批准，统筹推进城市设计与配套建设、产业组团开发、生态环境建设和新农村改造。中关村移动互联网产业基地、北斗与空间信息服务产业基地正式挂牌。国核电力、软通动力等10个产业化项目完工。"中关村壹号"开工建设。实施土地一级开发855公顷，竣工建设面积86万平方米。翠湖科技园、永丰基地新园内21个地块获得一级开发授权。软件园8个地块完成土地出让。在全市率先全面实施新建房屋绿色建筑标准。完成翠湖湿地二期重点生态景观建设。

中部"三山五园"历史文化景区建设启动。成立"三山五园"历史文化景区开发建设指挥部，编制区域空间规划和产业规划，完成圆明园遗址公园规划研究、香山中心区改造方案和四王府地区就地改造方案。推进香山片区买卖街、煤厂街等中心地区环境整治和四王府地区就地改造，实施西山隧道拆迁项目，地铁西郊线开工。启动中央党校西墙外地区村庄腾退改造。六郎庄片区腾退拆迁基本完成。加强对西郊清代皇家园林及其周边环境的建设和保护，复建香山寺，修缮香山昭庙，发布数字圆明园移动导览系统。举办曹雪芹文化艺术节、首届金秋皇家文化节等活动。

推进南部中关村科学城建设。与39家单位的42个科学城签约项目进行对接，推进实施一批科技成果转化重大项目。林业生态产业创新园、生物产业创新园等特色产业园挂牌。北邮网融大厦、大唐电信信息安全大厦等13个项目共计53万平方米高端产业空间载体投入使用，中关村航空科技园一期、中关村国防科技园等项目开工建设。北航、北理工、北科大等10所高校组建完成产业技术研究院并投入运营。玉泉慧谷科技园二期开工建设，中关村东升科技园成为全市第一家以中关村命名的乡镇高新技术产业园。建立特色产业园企业招商准入机制。

以"中关村高端人才创业基地"为依托，继续推进人才特区建设。落实中长期人才发展规划纲要和配套措施，继续实施13项重点人才工程。成立高层次人才发展促进会，中关村高端人才创业基地挂牌运行，70家企业入驻。成立人才基地管理办公室，加大对高端人才的创业扶持力度。全区入选中央"千人计划"69人，入选北京市"海聚工程"157人，入选中关村"高聚工程"114人，居全市各区县之首。启动"海英计划"。34人入选北京市首批试点"中关村高端领军人才教授级高级工程师"，占全市的65%。加强企业院士和博士后工作站建设。新增企业院士专家工作站4家，进站院士专家11人，海淀区院士专家工作站累计达15家，累计进站院士39人次。新设立6家博士后工作站分站，进站博士后44人，全区博士后工作站分站累计达54家，博士后累计进站174人，出站101人，全年获北京市博士后资助经费57.5万元。新设立博士后（青年英才）创新实践基地工作站1家，进站青年英才1人。区域博士后（青年英才）创新实践基地工作站累计已达4家，累计进站人数5人。为高科技企业引进急需高层次人才400人。新办工作居住证7294人，续签1610人，44名高端人才获批教授级高级工程师。为161家企业配租4400套人才租赁住房。

加快建设国家科技金融功能区，推动“国家科技金融创新中心”在中关村西区挂牌，北京股权交易中心（即“四板”市场）设立。新增股权投资机构131家，累计达566家，管理资金规模达2013亿元。与上海证券交易所签订战略合作协议，成为全国唯一与上交所、深交所、纳斯达克签署合作协议的地级市（区）。新增上市（含挂牌）企业64家，累计达到269家，现存267家，占全市的46.17%，“海淀板块”进一步做大做强。金融功能区聚集效应明显，驻区各类金融机构及分支机构达到2026家，同比增加180家；法人金融机构781家，同比增加100家。全区企业成功获得股权融资案例112起，占全市的31.11%，占全国的6.4%。其中披露融资金额的企业共获得55.7亿元股权融资，占全市的17.9%，占全国的3.3%。16家中小企业金融服务专营机构累计为1277户中小企业发放贷款181.98亿元,其中为海淀区的729户中小企业发放贷款84.35亿元。8家小额贷款公司注册资本总额20.65亿元，占全市的25.94%，年度累计融入资本8530万元；为206家中小企业及个人发放贷款26.81亿元，占全市的19.7%。区财政为139家中小微企业融资提供专项支持资金5378.79万元。

消费领域健康平稳运行，社会消费品零售额实现1504.8亿元，同比增长8.8%。卓展购物中心、凯德晶品购物中心等建成开业，新增大型商业设施50万平方米。中关村大厦、裕惠大厦被命名为北京市商务服务业主题示范楼宇，清华科技园被评为电子商务主题楼宇。组织开展中关村国际美食节、海淀品牌消费节等35项促销活动。修订实施《海淀区促进旅游产业发展支持办法》。在全国首例推出政府引导参与拍摄的微电影，开通海淀旅游官方微博。在全市率先推出的中关村西区旅游移动向导项目。推动“中关村科教文化游服务业标准化”体系建立及试点推广工作。在全市首次对违规导游下达行政处罚决定书，优化旅游环境。完成14个俄罗斯家庭访京民宿交流活动的接待任务。推进海淀（中关村）礼物开发。举办皇家园林旅游节、中关村科教旅游节、西山文化休闲旅游节三大旅游节庆活动。全年接待海内外游客5899.1万人，实现旅游综合收入409.6亿元，同比增长10.9%。

建设御香观光园等10个特色精品农业示范基地，都市型农业收入增长25%。设施农业总产值7380.1万元，同比增长11.7%。建成东升花园中心，中关村玉渊潭科技商务区和中关村东升科技园正式挂牌。出台农村集体资产管理意见，规范农用地使用管理，对所有村集体的财务收支管理进行审计，完成村级集体经济产权制度改革，完成农村集体土地所有权确权登记颁证工作。农村经济总收入232.5亿元，同比增长6.8%。

出台《海淀区“十二五”时期节能规划》和《绿色海淀2012年行动计划》。完成对科利源热电厂和永泰锅炉房清洁能源改造项目的核准工作。完成节能登记370项，节能评估48项。对全区2011年度综合能耗5000吨标准煤（含）以上的73家非工业企业、17家工业企业开展重点用能单位能源管理负责人备案审核和能源利用状况报告审查工作。组织25家单位开展能源审计工作。完成3家企业开展资源综合利用认定的初审工作。配合市发改委节能监察大队对7家重点用能单位开展专项监察，对全区24家重点用能单位开展现场节能监测。提升大气环境质量，二氧化硫浓度下降11.43%，可吸入颗粒物浓度下降5.0%，北部地区化学需氧量、氨氮排放总量同比下降1%。改造燃煤锅炉487蒸吨，淘汰老旧机动车辆3.6万辆，削减工业挥发性有机物排放180吨。启动南沙河全流域治污工程，全区污水处理率达到95%以上。率先在全市启动“西蓄”工程规划。建成20处雨洪利用工程，完成严重积滞水点消除隐患工程。全区公共场所和居民家庭节水器具普及率接近100%。万元地区生产总值能耗为0.23吨标准煤，同比下降4.2%，水耗同比下降约5%，获得全国节水型社会建设示范区称号。海淀区被评为全国14个循环经济优秀品牌城市（区）之一。

全区进出口总额412.4亿美元，同比下降15.43%，占北京市的10.09%。其中进口额320.2亿美元，同比减少15.46%，占北京市的9.17%；出口92.2亿美元，同比减少15.33%，占北京市的15.46%。吸引合同外资13.8亿美元，同比减少13.99%；实际利用外资15亿美元，同比增长5%。有146家企业进行离岸服务外包业务登记，协议金额14.95亿美元，执行金额13.8亿美元，同比增长27.3%，占北京市的38.9%。3家企业入选“2012年中国服务外包十大领军企业”，14家企业被评为“2012年中国服务外包100强成长型企业”，6人入选“2012年中国服务外包年度杰出贡献人物”。在首届京交会上签约16个项目，合同金额164.5亿美元。继续开展与内蒙古自治区敖汉旗“十二五”期间的对口帮扶与区域经济合作，拨付对口帮扶专项资金200万元，并组织区科委、区商务委、北京超市发连锁股份有限公司等单位开展对口帮扶及经济合作；区教委安排拨付对口帮扶新疆和田五中专项资金30万元，用于教学楼修缮。

城乡建设与管理

全社会固定资产投资结构持续优化。全年实现全社会固定资产投资688.9亿元，同比增长10.2%。民生领域投资同比增长97.3%，保障性住房同比增长58.5%，民间固定资产投资同比增长14.3%。本年全区确定重点项目402个，484个项目进入绿色审批通道，其中市级通道项目82个。区政府投资项目193项，落实区级资金73.64亿元。中关村国家自主创新示范区会议中心等工程完工。通过BT（建设、转让）、BOT（建设、运营、转让）等方式为稻香湖再生水厂等建设项目融资48.7亿元。

地铁6号线一期、9号线和10号线二期投入运营，全区轨道通车里程达71千米。京包路等23条市政道路建成通车，新增城市道路里程29.7千米。完成26.5万平方米道路大中修工程，启动8千米照明设施安装改造。完成翠微路等10千米道路微循环工程和上地信息环岛等20个疏堵点改造。开工建设五棵松停车库。新增111个垃圾分类达标试点小区。六里屯垃圾填埋场实现沼气收集和发电并网，大工村再生能源发电厂开工建设。完成10个老旧小区停车改造，在23家单位开展错时停车，施划路侧停车位3106个。

《海淀北部地区市政基础设施专项规划》获市规划委批复。继续开展《海淀区综合交通规划》修编工作，推动重点道路建设。继续对北部地区规划体系进行深化和完善，推进翠湖科技园、永丰北扩园区内地块控规的编制工作。完成软件园二期项目地块控规调整，并获得市政府批复。推进软件园二期重点项目、大唐电信、航天信息产业园、铁科院等一批重点项目的规划建设。完成1万套公租房建设任务选址研究。

唐家岭集体土地租赁房试点项目获国土资源部和市政府批准，正式启动市场化租赁补贴和租赁社会闲散存量房源试点工作。全年建设、筹集各类政策性住房17128套、竣工8699套，配租配售10248套，分别超额完成市级任务的7%、10%、20%。

全面实施80个老旧小区综合整治项目，施工面积达311.1万平方米，竣工291.1万平方米。启动34栋简易楼改造，其中12栋实施搬迁腾退、3栋完成腾退拆除。累计为4.68万户家庭改善居住条件。基本完成六里屯、北庄子等9个村庄腾退，推进大工村、三星庄等第二批村庄腾退。累计实现安置房开复工面积230万平方米，七王坟村和车耳营村开展就地改造新农村试点。基本完成北部地区农村村级集体经济产权制度改革，明确北部四镇"一镇一园"起步区位置与建设规模。推进南部"城中村"整治和集体产业升级，北航西门、潘庄等11个项目完成，拆迁安置1465户；玲珑巷、五路居地区启动腾退搬迁。西南饭店改造项目开工。中关村东升科技园二期、玉泉慧谷科技园二期开工，学院路科技园启动拆迁腾退。

继续推进"5+3"工程建设，五项基础设施建设完成垃圾处理4项，安全饮水7项，卫生厕所建设6项，污水处理建设1项，街坊路建设2项。"三起来"工程完成"暖起来"工程1个，文化站（图书室）2个，健身场所1个，有线电视入户285户，党支部和村委会办公场所492平方米，其他公共建设项目33项。完成5处雨洪利用，铺设透水砖12663平方米，修建蓄水池2座，新增蓄水量7000立方米，年可入渗量增加6079立方米。下拨区级农村基础设施养护资金5512万元。

建立健全土地卫片执法长效机制和拆除违法建设责任制度，查处违法用地201宗，拆除违法建设129.3万平方米，完成三年拆除违法建设台账任务。全国土地集约节约模范县（市）创建活动达标。开展环境秩序"百日整治行动"并形成长效机制，建立街镇环境卫生分类管理和考评制度。启动土地整治综合改革试点。完成肖家河等8个市级挂账重点村腾退工作。实施中关村森林公园、京新高速绿色通道等平原造林工程，新增造林绿化3350亩。建设完成美和园、北极寺等9处精品公园绿地，打造阜石路、香山南路、莲石路等12条特色景观大街。苏州桥、中关村大街、阜成路"一点两线"景观照明建设完成工程建设招标。新增城市绿地86公顷、造林绿化223公顷。城市绿化覆盖率达到49.5%，人均公园绿地达到13.98平方米。南水北调团城湖调节池工程开工。大气主要污染物年均浓度二氧化硫下降11.4%、二氧化氮下降1.8%、可吸入颗粒物下降5%，北部地区首要污染物可吸入颗粒物下降27.5%，削减幅度居全市之首。

信息化管理系统共受理各类城市管理案件约49万件；中关村热线"96181"受理各种问题13万余件。通过视频监控系统发现上报处理各类问题55859件，其中城市管理类案件55781件、其他类案件78件。

创建"六型社区"，97个社区通过北京市"六型社区"示范单位评估。开展10个村庄社区化建设试点。完成第八届社区居委会选举，549个参选社区全部完成选举工作，平均直选比例为27.5%。建立街镇"菜篮子"及便民商业支持政策体系。动态监测200多种生活必需品价格。农超对接网点达到38处。完成33个市级、10个区级"一刻钟社区服务圈"示范点建设，建成495个社区服务站，实现564个社区基本公共服务全覆盖。落实人口调控属地责任，在全市率先开展"新居民"担任居委会主任助理试点。加强对特殊人群的服务管理，建成“阳光中途之家”、“彩虹之家”综合业务基地。

建立起网格化社会服务管理新模式。完成“智慧海淀”顶层设计和建设方案，推进科技创安等25项重点工程，网格化社会服务管理平台等重点项目投入运行。完善城管监督体系，成立城管监督员直属队，形成非紧急与应急管理密切结合的工作模式。利用社会管理专项资金对67个项目进行重点培育扶持。支持社会组织健康发展，社会组织总数达744个，居全市第一。

科技　教育　文化　卫生　体育

全年征集文化创意、企业研发、海淀区社会事业研发、上级科技项目研发、星火计划等5大项目申请487项，审核通过165项，支持金额8532.8万元，总投资80亿元。设立专项资金扶持战略新兴产业，共征集申报项目205项，支持项目63项，总投资10.3亿元，支持资金4548.4万元。登记技术合同38525份，合同成交总额1134.4亿元。海淀园成为中宣部、科技部认证的首批“国家级文化和科技融合示范基地”和工信部认证的“国家新型工业化产业示范基地”。新认定高新技术企业680家，完成1300余家高新技术企业的复审工作。获2011年度国家科学技术奖共46项，占北京市78个总获奖项目的59%，占全国该奖项的15.6%；专利申请共计3.6万件，1.99万件获得专利授权，1.1万件获发明专利授权。加强知识产权保护，规范知识产权的利用和转移，提高自主创新能力。共有22家相关服务机构入驻中关村知识产权大厦，入住率达到100%，在园知识产权总量达3896项。与市科委共建“国际技术转移中心”，做好国际尖端技术的引入、转移、保护和利用工作。累计认定产学研合作示范基地47家。

区财政教育经费支出54.31亿元，同比增加21.8%。委托清华附中、人大附小等名校承办相对薄弱学校。支持一〇一中学、十一学校、交大附中按“一个法人、一体化管理”模式到远郊区县办分校。新接收、新建、改扩建、改造34所幼儿园，新增5206个入园名额。完成75所学校42万平方米操场改造、60所学校设施设备更新、89所学校土建修缮改造工程和校舍急修工程。投入4.26亿元，提高全区学校信息化水平。完成北部40余所学校的综修改造工程和4所学校食堂改造。组建名师教学指导团，深入北部农村学校，开展听评课指导和教学视导工作。红英小学被国务院评为“全国两基工作先进单位”。在各类体育、科技、艺术比赛中，获得19个国际金奖、64个国家级一等奖和231个市级一等奖。高考本科录取率76.7%。

制定《推动文化大发展大繁荣的实施意见》、《文化和科技融合发展三年行动计划》，推进国家公共文化服务体系示范区创建工作。加大文化创意产业专项扶持力度，形成话剧、演唱会、儿童剧为基地的产业发展格局。新建1500平方米的露天剧场、300平方米的演出舞台和15家基层图书馆分馆，完成30家社区益民书屋、8家社区数字文化社区基础设施建设。整合区域文化资源，将北大百周年纪念讲堂、总政歌舞团等纳入公共文化服务体系，北航音乐厅、北京舞蹈学院剧场、中央民族歌舞剧院民族剧场等建成开演。成立海淀区演出联盟，举办第二届中关村青年艺术节、中关村金秋演出季等文化活动，举办文化惠民活动800余场，开展各类培训83期，免费放映电影6000场次，全区文化惠民人数达215万人次。举办“微行动”和“微电影”开机仪式，成立海淀正品同盟会，加大知识产权宣传保护。启动区文化遗产保护工程，为104处普查登记文物挂牌。编写《海淀区文物保护三字经》，制作《三字经》音乐电视片。组织对北玉河关帝庙等文物单位的修缮。做好海淀区第二轮（1996–2010）修志工作，完成30册资料长编的编印及发放，完成立传人物资料收集及编写工作，完善篇目设置，完成一稿总纂。

探索公立医院改革试点，在海淀医院等3家二级医院开展法人治理结构改革试点工作。创新区域医疗统筹运行机制，推动区域“医疗服务共同体”建设，16家社区卫生服务中心与大医院建立转诊预约机制。与中国中医科学院西苑医院及北京大学人民医院分别签署合作备忘录。推进区智慧卫生区域卫生信息化项目，包括“一网（卫生专网）、一卡（居民健康卡）、一平台（区域卫生信息平台）”建设，整合三个资源库（居民电子档案库、电子病历库、医疗卫生管理库）。完成海淀医院环境整治项目主要施工工作，中西医结合医院改扩建项目和海淀医院改造项目开工，推进海淀妇幼保健院旧址改造、苏家坨医院建设等项目，温泉卫生院改造项目基本完工。推进社区居民家庭医生式服务，建立和完善社区卫生服务团队478支，覆盖所有村（居）委会，家庭医生式服务签约率53.26%，建立电子健康档案228.2万人。

新建和更新全民健身工程260余套，畅春新园体育休闲广场被评为全国乡镇体育健身示范工程。完成8个体育专项球类场地及63个体育生活化社区的建设达标工作。温泉体育中心正式投入使用。对全区15000人开展国民体质监测和群众体育现状跟踪调查。培训社会体育指导员1000名，开展中关村国家自主创新示范区核心区体育健身系列活动和30余项群众性体育比赛活动。完成2012年环北京职业公路自行车赛海淀区赛段组织协调工作。全年注册运动员3400余人，完成902人的体育特长生招生工作。全区共有5所国家级、19所市级和35所区级体育传统校。海淀区游泳体校通过市体育局复评组2009—2012年度国家高水平后备人才基地检查验收。全区运动员在各类比赛中共获得金牌155枚、银牌155枚、铜牌144枚。

政 治 建 设

区委围绕学习宣传贯彻党的十八大和市十一次党代会精神，按照区十一次党代会确定的“一个中心，四个率先”的总体部署，实施科技创新与文化创新“双轮驱动”战略，以建设中关村科学城、北部生态科技新区、“三山五园”历史文化景区和创建全国文明城区四项工作为重点，完成十八大安保等重大政治任务。支持人大、政协围绕全区工作大局履行职责，支持开展法律监督、民主监督、工作监督和建言献策，重视各类议案、提案、建议的办理落实。制定加强党外代表人士队伍建设的实施意见。指导工会、妇联、残联完成换届。

加大惩治和预防腐败工作力度，解决反腐倡廉建设中群众反映强烈的突出问题。全区纪检监察组织受理信访举报771件次，立案25件，结案16件，给予党纪处分15人。

开展基层组织建设年，3096个基层党组织开展分类定级、整改提高，实现阶梯式晋位升级。召开全区“创先争优”表彰大会和经验交流大会，命名表彰100个先进基层党组织和100名优秀共产党员。启动第二轮基层党建工作创新示范项目评选活动。完成社区“两委”换届工作，启动社区党建“三级联创”工作。完成84个村党组织换届。启动非公有制企业党建“孵化器”项目，探索解决中小型非公企业党建难题。启动党员教育培训“十百千”工作计划，提升党员队伍的综合素质和能力。

全面启动全国文明城区创建工作，建立“1+1+10+29”的创建全国文明城区工作体系，构建驻区单位创建平台和共建机制，以文明城区创建统领城市精细化管理和社会服务管理创新等工作格局初步形成。实施“九大工程”，建设“四个文明”。践行“北京精神”，推出“一月一主题一品牌”、“道德学堂”、“感动海淀”十大文明人物评选、“当可信人 作可信品”诚信教育、“文明餐桌”等主题活动。开展公共文明引导行动，推进志愿者服务工作。开展纪念建区60周年和“喜迎十八大，建功核心区”等主题活动。表彰区级文明街镇9个、文明社区287个、文明村36个、文明单位765个。

区人大围绕全区大局，推进核心区建设，推动经济持续健康发展，推动社会管理创新，推进依法治区进程。全年召开区人民代表大会会议1次，常委会会议9次、主任会议13次，听取和审议区“一府两院”专项工作报告19项，并案督办议案2项，开展执法检查1项，做出决议、决定10项，形成审议意见书10份，依法选举任免区国家机关工作人员101人次，补选区人大代表4名，依法选举产生100名北京市第十四届人民代表大会代表。

区政协对区政府工作报告、2011年国民经济和社会发展计划执行情况与2012年国民经济和社会发展计划（草案）报告等内容进行集中协商，并就自主创新、北部地区建设、文化、教育、卫生、城乡统筹、城市建设与社会管理、城市交通、社会保障等内容进行协商议政，提出协商意见85条。全年召开常委会议6次（第2次至第7次），主席会议8次，秘书长会议3次，议政会1次。

区政府及其工作部门全面执行区人大及其常委会的决议和决定，自觉接受监督并报告工作。主动接受区政协民主监督，听取各民主党派、工商联、各人民团体和各界人士的意见。全年办理全国、市、区人大代表建议、政协委员提案766件，区人大议案2件、区政协议案2件，制发政府公文680件。行政调解案件3.2万余件。推进政务公开国家级试点工作，清理规范政府信息公开、行政职权和便民服务事项1198项，主动公开政府信息10215条。

深化行政审批制度改革，建立固定资产投资“大一科制”审批模式。开展三级政务服务体系试点，向基层下放权限，政务服务中心开工建设。引入第三方社会机构，对62个单位的291个基层科、队、站、所（服务窗口）进行满意度考评；开展公开服务电话专项治理，办理政风行风热线群众反映问题1721件。在全市区县中率先公布“三公”经费预算安排及执行情况，区属61个部门主动公开本部门预算。推进电子监察平台建设，督办解决186个预警事项。成立区旅游发展委员会，统筹协调世界高端旅游目的地建设。与国家行政学院、北航、北师大等高校、科研院所签订全面战略合作协议，在产业、人才、教育、文化、环境等领域开展合作。

排查梳理安全问题隐患1.1万余件，完成党的十八大、涉日维稳等重大活动和敏感时期的维稳安保任务。妥善解决亿霖木业案件善后清退等一批历史遗留问题。完成7·21特大自然灾害善后处置工作。社区民警为居民解决纠纷1.6万余件次，社区可防性案件同比下降3.2%；街道立案同比下降17.8%。科技园区驻警制勤务模式成功试点并全面推广，在8家医院建立院警应急联动机制。开展“春雷行动”、“夏季攻势”等治安整治专项行动，秩序类警情同比下降9.7%，143处挂账治安重点地区全部摘牌。加强矛盾纠纷排查化解，全区信访案件下降6.4%。全年化解各类民间矛盾纠纷4万余件，调解率93%。实施“六五”普法，开展法制讲座、法制宣传教育8000多场次，直接受教育群众达到300万人次。开展法律服务村居行活动5000余次，实现“15分钟法律服务圈”。

区妇联获全市“十二五”时期实施妇女儿童发展规划示范单位。民兵预备役部队应急救灾能力提高。计划生育、助残、国防、双拥、民防、民族、宗教、侨务、对台、档案、地震、气象等各项工作均取得新进展。

社 会 民 生

年内，36件重点惠民实事全部落实。

出台促进城乡就业“1+10”政策体系，在全市率先实现就业失业制度城乡统一，全区5万余名农村劳动力全部纳入城镇失业人员系统统一管理，2.4万余名登记失业人员实现再就业，再就业率达62%，1.39万名就业困难人员实现就业，城镇登记失业率为0.73%。全区86%的社区（村）实现充分就业。

全面落实社保政策措施，10.87万名农民工医疗保险缴费比例调整平稳过渡，完成退休人员养老金等津贴调整工作。五项社会保险累计收缴286.17亿元，同比增长25.54%。将社会保险经办业务下沉至29个街镇社保所。新型农村合作医疗参合率达99.86%。推广社保业务网上申报，申报单位突破4万户。城乡低保标准从家庭月人均500元上调至520元。在全市率先实现低收入家庭认定标准的城乡统一，调整为家庭每月人均740元。动态实现“无社会救助盲点”。在全国率先开展智能化社区居家养老医疗服务，在黄庄社区试点建设居家养老综合服务系统，新建200个社区老年互助社，阳台山老年公寓主楼改造工程完工。全区新增养老床位1160张，总数达到7816张。

推进保障性安居工程，在全市率先开展公共租赁住房租金补贴申请、审核及发放工作，累计发放租金补贴85万元。第二批公共租赁房远洋沁山水、苏家坨同泽园西里项目办理入住手续，第三批公共租赁房同泽园西里项目完成摇号，启动第四批公共租赁房租赁意向登记工作，配租房源为趸租的唐家岭、八家定向安置住房。通过市级备案限价商品住房家庭3065户，经济适用住房家庭917户，廉租住房家庭266户，公共租赁住房家庭245户。

全区经济社会发展存在的困难和问题：区域丰富的科技、文化资源整合挖掘不够，创新驱动能力需要提高，产业项目承载空间紧缺，产业功能区建设需要加快；城乡公共服务一体化、均等化水平需要提高，教育、医疗、住房、养老等民生问题仍需花大力气解决；人口、资源、环境矛盾突出，城市精细化管理、城乡环境秩序建设、实有人口有效管理等工作水平与人民群众的期待还有不小差距；面对新时期海淀发展的新要求，政府服务意识、行政效能、工作作风和勤政廉政建设需要加强。

（钟冷　李相伟）

大 事 记

一月

1 日 海淀区完成区属市属公费医疗并入城镇职工基本医疗体系工作。

4 日 整合区城市管理监督指挥中心与区突发公共事件应急委员会办公室（区应急指挥中心），组建海淀区城市管理监督与应急指挥中心，加挂北京市海淀区突发事件应急委员会办公室牌子，为区政府正处级行政机构，行使城市管理监督与应急管理工作职能。

5 日 成立北京市海淀区循环经济产业园管理中心，为区政府直属相当副处级事业单位，经费形式为全额拨款，归口区市政市容委管理，将原由区环境卫生服务中心承担的有关垃圾后端处理职责划入。

6 日 万寿路街道发布全区首个社区幸福指数，地区居民对社区服务、文化、环境、管理四个方面的幸福感为 76.5 分，总体达到良好水平。

10 日 第 3 次政府常务会审议并通过关于新农合 2012 年政策调整议题。主要内容是对 2011 年新农合住院进行二次补偿；筹资标准由人均 670 元提高到 770 元；调整住院起付线和不同级别医院间报销比例。

16 日 中关村软件园诞生全球首款能说会听、能写会认、能学会思的拟人手机助手—小唐龙。

17 日 区委十一届二次全会召开，会议通过《中共北京市海淀区委关于率先形成文化大发展大繁荣新格局的实施意见》和《中国共产党北京市海淀区第十一届委员会第二次全体会议决议》。

18 日 在 2011 年度国家科学技术奖励大会上，海淀区共有 89 个项目分获国家自然科学奖、国家技术发明奖和国家科技进步奖（通用项目），占北京市通用项目获奖总数的 68.5%，占全国通用项目获奖总数的 30.1%，比上年同期提高近 13 个百分点。

二月

6 日 第 1 次区政府全体会议部署全年重点工作任务，分解为 10 大类 160 项。其中，经济发展方面占 16.3%；自主创新方面占 10.6%；北部地区开发建设方面占 7.5%；城乡一体化发展方面占 10%；城乡精细化管理方面占 5.6%；民生方面占 10.6%；社会管理方面占 12%；文化大发展大繁荣方面占 6%；民主政治方面占 11.3%；党的建设方面占 10.6%。

7 日 区政府与北京控股集团签署海淀区循环经济产业园再生能源发电厂项目投资合作框架协议。

9 日 整合区公共委、区卫生局领导班子，实行一套领导班子、两支业务队伍、两块机构牌子。

9 日 ~ 10 日 区纪委十一届二次全会暨全区党风廉政建设工作会议召开。会议深入学习贯彻胡锦涛总书记在十七届中央纪委七次全会上的重要讲话以及市纪委八次全会精神，审议通过了《中共北京市海淀区第十一届纪律检查委员会第二次全体会议决议》。

20 日 作为“第七届世界草莓大会”的重要组成部分，“第七届中国草莓文化节暨中国精品草莓擂台赛”在四季青镇举行，全国 20 多个省市的近 300 家种植企业参加擂台赛。规模创历届草莓节之最。

22 日 出台《2012 年海淀区全社会固定资产投资任务分解及推进工作方案》，建立“1+15”固定资产投资调度考核机制，即固定资产投资工作由 1 个综合协调组及 15 个项目推进组共同落实。综合协调组牵头单位为区发展改革委、区统计局、区监察局、区政府督查室，15 个项目推进组分别由 15 个单位牵头。

22 日 全国政协副主席、台盟中央主席林文漪率全国政协教科文卫体委员会及部分在京科技、科协和文艺界全国政协委员，以“聚焦核心区建设 促进科技文化融合”为主题到核心区考察调研，并听取了海淀区和中关村管委会的工作通报，深入了解核心区建设各方面推进情况及存在的问题，为全国政协第十一届五次会议建言献策做准备。

29 日 ~ 7 月 完成社区党组织、第八届社区居委会、行政村党组织换届选举。全区 564 个社区（15 个社区因拆迁等原因不参加选举）中的 549 个社区选举出新一届居民代表 25352 人，一次选举成功率为 99%；新当选社区居委会成员 3537 人。选举产生社区党组织书记 514 人，社区党组织班子成员 2368 人。

三月

1 日 位于金源时代购物中心人防

工程内的“海淀区人民防空展馆暨防空防灾教育培训基地”正式向公众免费开放，展馆建筑面积约 2000 平方米，是本市第一家人民防空展馆。

2 日 北京市首家科技园区侨联在留学人员海淀创业园揭牌成立。

3 日 海淀区“弘扬北京精神深入开展学雷锋”活动启动仪式主会场在中关村西区广场举行，上万名志愿者、群众上街参加清洁城市美化市容等志愿行动。

19 日 位于唐家岭村的中关村森林公园建设工程正式启动。公园总面积 5100 亩，一期规划面积 2940 亩。

19 日～5 月 7 日 全区实施平原地区造林工程 3350 亩，完成市政府下达 3350 亩的年度任务。

21 日 由区检察院与《检察日报》正义网合作创建的“法律守护青春”网站正式上线开通，这是全国检察系统首家以青少年及其家长、学校为主要服务受众群体，并以宣传预防未成年人犯罪为目的的专门网站。

26 日 北京市科委与海淀区签署共建国际技术转移中心合作协议。国际技术转移中心位于中关村西区鼎好大厦，10 余家国内外知名国际技术转移机构首批入驻。

28 日 中关村玉渊潭科技商务区举行冠名发布会暨揭牌仪式。

28 日 中关村科学城第四批建设项目签约揭牌大会在皇苑大酒店举行，签约的 11 个建设项目总投资超过 100 亿元，推进建设 48 个产业技术研究院和产业创新园项目。其中在海淀的项目有 40 个，包括 10 个产业技术研究院、1 个企业中央研究院和 29 个特色产业园。

四月

11 日 北京市科委、中关村科技园区管委会、海淀区人民政府与英特尔及中科院自动化所在北辰洲际酒店正式签署合作协议，联合成立“中国英特尔物联技术研究院”。5 年共同投资 2 亿元人民币，研究成果首先支持本市企业。

17 日 市委决定，赵凤桐不再担任中共北京市海淀区委员会书记、常委、委员职务；隋振江任中共北京市海淀区委员会书记；孙文锴任中共北京市海淀区委员会委员、常委、副书记。市委建议，免去隋振江北京市海淀区人民政府区长人选；市委同意提名，孙文锴为北京市海淀区人民政府区长人选。

21 日 中共北京市海淀区委十一届三次全会召开，会议投票选举产生 32 名出席北京市第十一次党代会代表候选人预备人选，确定参加区党代表会议的人员范围。

22 日 北京市首家定向运动公园揭牌仪式暨首届“点众杯”定向越野锦标赛在圆明园遗址公园举行。来自北京市 40 余支定向越野队伍的 800 多名定向运动选手以及爱好者在圆明园展开定向越野锦标赛。

23 日 市委书记刘淇、市长郭金龙率队到北京大学调研。郭金龙对北大服务首都科学发展的工作给予充分肯定，要求市各委办局和区县政府要积极主动做好服务，努力解决学校发展中遇到的困难和问题。刘淇指出建设世界一流大学既是国家对北大的期望，也是北京市委、市政府的重要责任，市委、市政府要以“四个服务”的要求进一步完善机制，更好地为包括北京大学在内的院校服务。

24 日 海淀区党代表大会召开，选举产生 27 名出席中共北京市第十一次代表大会的代表。

24 日 区第十五届人大常委会第二次会议决定：接受隋振江辞去海淀区人民政府区长的请求；任命孙文锴为海淀区人民政府副区长，通过关于孙文锴为代理区长的决定。

25 日 《海淀区深化企业改革工作方案》出台，力争用两年左右时间基本完成区属企业（国有企业、街道集体企业、农村集体经济、行政事业单位所办企业四大类）改革改制和清理规范工作。2012 年共涉及四个方面 32 项重点改革任务，分为继续推进（22 项）、启动实施（6 项）、研究探索（4 项）三个层次。

28 日 海淀区纪念中国共青团成立 90 周年暨“五四”青年大会召开，大会为第六届海淀区“十大杰出青年”颁发证书。

五月

1 日 据区科协第三次院士调查统计显示：截至 5 月 1 日零时，在海淀区域内工作或生活的两院院士总数为 532 名（其中 16 名双院院士不重复计算），占全国两院院士的 36.06%。其中中国科学院院士 313 名，中国工程院院士 235 名。

3 日 中关村高端人才创业基地正式揭牌。中关村高端人才创业基地位于北京科技大学天工大厦，总面积 10.2 万余平方米，由中关村科技园区管委会、海淀区人民政府、北京科技大学共同建设。

3 日 北京翠微大厦股份有限公司在上海证券交易所上市。股票简称“翠微股份”，总股本 30800 万股，本次上市流通股本为 6160 万股，发行价为 9.0 元/股，发行市盈率为 28.13 倍。

5 日 海淀区“喜迎十八大 建功核心区”主题宣传实践活动启动。活动由 18 个单位主责承办、40 多个单位深度参与、区属 100 多个单位广泛参与，包含讲座论坛、展示、文化活动、教育活动等四大板块共 26 项具体内容，活动持续到 12 月。

15 日 市委书记刘淇，市委副书记、市长郭金龙到甘家口老旧小区抗震加固改造试点项目和中国航天科工集团二院简易楼改造项目现场调研。

15 日 “中关村高端领军人才高级

工程师（教授级）证书颁发暨人才合作协议签约仪式”在海淀区举行。现场为首批通过职称评审直通车获得教授级高工职称的54名中关村高端领军人才颁发职称证书，其中海淀区有35人入选，超过总人数的三分之二。

15日~18日　海淀区第二届运动会暨区直机关第十六届运动会在海淀体育场举行。运动会以“弘扬北京精神，建设和谐海淀”为主题，全区112家单位的8000余名职工参加。

16日　海淀区消防影视制作中心揭牌暨《火线》栏目开播仪式在区消防支队凤凰岭中队礼堂举行。这是北京市首家区级消防影视制作中心。

18日　中关村文化与科技融合示范基地授牌，成为首批16家国家级文化和科技融合示范基地之一。基地以海淀园为核心，联合石景山园、雍和园、德胜园共同创建。

21日　海淀区首批“海淀农业”特色精品农业示范园发布。首批10个园区被认定为“海淀农业”特色精品农业示范园，其产品可使用“海淀农业”标识。

28日~10月　开展迎接党的十八大城市环境建设百日集中行动，重点实施市政环境提升、环境秩序整治、规范停车秩序、机制保障、地下管线排查治理、全员参与等六大工程。

30日　北京市在北京会议中心举行中关村科学城特色产业园建设项目合作签约大会。会上共发布141项合作项目、校企共建研发机构项目、共建产业公共服务平台项目和产业化合作项目，会上签约的51个项目中有42个项目落户海淀，占82.35%。

30日　海淀区首个社区儿童工作站在马连洼街道正式揭牌。社区儿童工作站属公益服务项目，主要解决社区儿童（尤其是流动人口家庭儿童）课后无人照看、假期没有就近活动场所、儿童活动存在安全隐患等问题。

5月　在学院路街道、青龙桥街道试点的基础上，在全区推行网格化社会服务管理新模式。整合下沉四大类工作力量，建立健全五项工作机制，初步搭建起区、街道（镇）、社区（村）三级工作平台，“一张网、一个信息系统、三级平台、四种力量、五项机制”的网络化社会服务管理体系建设的基本构架。

六月

1日　海淀区创建全国文明城区动员大会召开，会议对未来三年创建全国文明城区工作进行动员部署。本年的工作重点是推进“九项工程”，即宣传舆论传播工程、文明素质提升工程、未成年人领航工程、文化建设繁荣工程、城乡环境优化工程、城市管理提升工程、社会平安维稳工程、行政效能提升工程、普惠民生推进工程。

7日　海淀园开通“党员学习e平台”。“党员学习e平台”实现了PC端、手机端、PAD端三端合一，能同时容纳2万多名党员在线学习。

19日　区政府与湖北省丹江口市举行缔结友好区市签约仪式。今后五年，双方将开展人才交流、经贸交往等活动，海淀区将向丹江口市输出中关村的科技资源，助推当地发展。

20日　区委、区政府整合出台核心区“1+10”新政策体系，即“核心区自主创新和产业发展政策体系”，包括“1个意见即《关于加快核心区自主创新和产业发展的若干意见》、1个资金管理办法和10个支持办法”。这是对2009年4月出台的《海淀区委区政府关于进一步促进高新技术产业发展的决定》及20个配套政策即“1+20”政策体系的调整，也是对2010年6月出台的“1+6”先行先试政策的补充。专项资金规模达到18亿元，支持高新技术企业项目1306个。

20日　首次面向区属单位公开选拔科级领导干部，经过笔试、面试和组织考察等环节，最终从435名符合条件的参考人员中确定99名拟任用人员。

25日　中关村壹号地块城市设计导则获北京市规划委员会批复。中关村壹号及周边地块位于永丰高新技术产业基地中部偏东，共包括6个地块，规划总用地面积约54.27公顷。

29日　海淀“三山五园”历史文化景区建设写入北京市第十一次党代会报告。

29日　位于西北五环外的唐家岭新村正式落成，首批30户村民领到回迁新房钥匙。

6月~9月　汛期，海淀区局部地区降雨达到暴雨级别的共计8次，单次局地降雨量超过100毫米的2次。截至9月28日，全区平均降雨660.7毫米，为1994年以来降雨量最多的年份。

七月

4日　青龙桥街道的两名非京籍居民被社区委员会聘为主任助理，让“新居民”参与到社区事务工作中，任期一年。这在全区尚属首次。

5日　由区委宣传部与海淀艺术团联盟主办的“喜迎十八大 建功核心区”海淀2012文化演出季活动启动。演出季持续至8月底，组织专业演员深入全区各街镇和科技园区进行文艺演出45场。

7日　微软在中关村西区正式启动在亚太的第一个、全球第一批面向本地中小企业创业服务的云加速器项目。该加速器以6至8个月为培训孵化期，首批10个团队入驻。

7日　海淀北部地区第一座大型现代化公益性体育场馆——温泉体育中心正式启用，中心于2010年4月开工建设，占地面积45601平方米，馆内配建有游泳馆、健身馆、篮球馆、网球馆、羽毛球馆、综合健身馆等多个功能性健身场馆。

10日　海淀区与北控水务集团正

式签署稻香湖再生水厂项目协议，合作期限 30 年。稻香湖再生水厂采用全地埋式设计，工艺路线为 A/A/O+MBR，工艺设计总规模为 16 万吨/日。工程建设分两期实施，其中一期工程规模为 8 万吨/日，二期工程规模为 8 万吨/日。

11 日　上地环岛疏堵改造工程完工，路口的东、南、北三个方向改成双向 8 车道，西向为双向 10 车道，通行能力提高 50%。

18 日　海淀区工会第十五次代表大会召开，来自全区各行各业的 268 名工会代表参加。大会总结过去五年全区工会工作，研究确定今后五年工会工作的目标和任务，选举产生新一届区总工会领导机构。

18 日～9 月 15 日　中关村科教旅游节开幕式暨体验游启动仪式在中国国家科学图书馆广场举行，同时启动首场科教旅游体验游。本届旅游节推出红色激情之旅、蓝色畅想之旅、绿色低碳之旅、银色梦幻之旅 4 大主题 8 条体验游线路。

20 日　市委书记、市长郭金龙，市委副书记、市政协主席王安顺围绕“贯彻落实全国科技创新大会精神，深入推进中关村示范区建设”主题，到中科科仪股份有限公司、创新工场、中关村发展集团调研。

21 日　10 时，海淀区降下大暴雨，局部地区降下特大暴雨，为 61 年来最大。至 22 日 3 时，全区平均降雨量 226 毫米（截至 22 日 2 时，全市平均降雨量 164 毫米），最大降雨点为锦绣大地为 305 毫米，最小降雨点苏家坨镇为 140 毫米。30 日 18 时至 8 月 1 日 13 时，全区平均降雨量 66.7 毫米。7 月 21 日至 8 月 1 日，全区平均降雨量 530.4 毫米，比上年同期多 78.8 毫米。

30 日　第一批中关村国家自主创新示范区新技术新产品公布，认定 408 个产品为新技术新产品、16 项服务为新技术新服务。其中海淀区的 133 家企业的 262 个产品被认定为第一批中关村国家自主创新示范区新技术新产品，占全市的 64.2%；8 家企业的 12 项服务被认定为第一批中关村国家自主创新示范区新技术新服务，占全市的 75%。

31 日　东升科技园正式批复为中关村东升科技园，成为全市首家以中关村命名的乡镇高新技术产业园区。11 月 19 日，中关村东升科技园揭牌仪式暨二期项目启动仪式举行，二期总规划面积 69.96 公顷，建设用地 160 多万平方米。中关村东升科技园的建设分为三期。一期已投入使用，建筑面积 16 万平方米。全部建成后中关村东升科技园的建设面积将达到 300 万平方米。

31 日　民政部确定海淀区等 273 个地区为全国重特大疾病医疗救助试点单位，并要求试点单位将 8 大类病优先纳入农村医疗求助范围，贫困患者自付住院费救助比例本年不低于 50%；探索 12 类大病救助办法。

7 月　海淀区 17 家企业的 21 个项目通过国家发展改革委“国家下一代互联网信息安全”专项评审，进入测试名单，占北京市总数的 100%，全国总数的 39.6%。

7 月　建成“1+1+10+29”的创建全国文明城区工作体系，即指海淀区创建全国文明城区工作委员会，设立海淀区创建全国文明城区工作总指挥部，下设总指挥部办公室，10 个专项指挥部，29 个街镇分指挥部。

八月

7 日　海淀区首个街道级青少年交通安全教育基地在中关村街道揭牌成立，旨在培养青少年儿童从小树立自觉遵守交通法规的意识，从小养成遵守交通法规习惯，最大限度避免意外的发生。

7 日　海淀区名老中医王少峰传承工作室在北京市中西医结合医院正式揭牌，成为首家区级名老中医工作室。

8 日　海淀区廉政风险防控管理工作试点单位动员大会召开，部署廉政风险防控管理工作，目标是构建“三个体系”，即权力结构科学化配置体系、权力运行规范化监督体系、廉政风险信息化防控体系。

11 日　海淀区创建全国文明城区宣传口号、主题标识（LOGL）、吉祥物和主题歌曲征集活动仪式在海淀公园启动。12 月 28 日，对外公布创建全国文明城区宣传口号 5 条、主题标识（LOGO）1 幅、吉祥物 1 幅。

15 日　海淀区召开十八大安保“十大专项行动”动员部署会，为十八大召开营造安全、稳定、和谐的社会环境。十大专项行动分别是：社会矛盾排查化解专项行动、突出治安问题和社会治安重点地区排查整治专项行动、邪教组织活动防范处置专项行动、公共安全隐患排查整治专项行动、流动人口服务管理专项行动、特殊人群服务管理专项行动、社会组织服务管理专项行动、信息网络管理专项行动、信访秩序维护专项行动、城市秩序治理专项行动。

16 日　全国政协副主席郑万通率全国政协经济委员会就“提高自主创新能力，加快转变经济发展方式”主题，到海淀进行专题调研，听取了海淀区经济社会发展情况和海淀园有关情况的汇报，并就相关问题与时代集团、小米科技、水晶石、完美世界等企业界代表进行座谈。市政协副主席沈宝昌陪同调研。

16 日　中关村云计算产业基地在中关村软件园揭幕，“中国云基地”项目同时启动。北京市形成“南有亦庄、北有中关村软件园”的两大云计算基地格局，初步完成北京“祥云工程”确定的建设两大云基地的目标。

21 日　海淀区节水型社会建设试点工作通过水利部水资源司（全国节约用水办公室）、北京市水务局联合验收工作组的验收，并被建议授予“全国节水型社会建设示范区”称号。

23 日　区政府与北京航空航天大学签署全面战略合作框架协议，双方就促进科技创新与产业化、加强人才培养和交流、推动区校文化繁荣发展和打造示范性绿色校园等四个方面达成合作意向。

23 日　制定促进城乡就业“1+10”政策体系，即《关于推进城乡就业一体化发展创建充分就业区的意见》和配套的 10 个具体政策，于 9 月 1 日起开始执行。在全市率先实现就业失业制度城乡统一，24150 名登记失业人员实现再就业，1.39 万名就业困难人员实现就业。

24 日　海淀区举行重点企业入驻和北部重点基础设施项目合作建设集中签约仪式。11 家重点项目落户，包括 6 家重点企业项目和 5 家社会企业首次参与合作建设的北部重点基础设施项目。基础设施建设首次引入民间资本，5 家社会企业总投资约 19 亿元，民间资本占到北部地区 1900 亿元投资规模的 1%。

31 日　海淀区召开纪念建区 60 周年座谈会。同时举办“海淀六十景诗书画展览”、纪念建区 60 周年图片展、征文等庆祝活动。1952 年 9 月 1 日，“北京市第十三区”改称为“海淀区”，中共海淀区委正式成立。

九月

3 日　撤销海淀南部地区土地整理和城中村拆迁整治指挥部，调整成立海淀区“三山五园”历史文化景区建设指挥部，组建海淀镇地区改造分指挥部和四季青香山地区改造分指挥部，全面启动“三山五园”历史文化景区建设工作。年内初步完成圆明园遗址公园规划研究以及香山中心区改造方案、四王府地区就地改造方案的制订。实施西山隧道拆迁项目，地铁西郊线开工。启动中央党校西墙外地区村庄腾退改造。

3 日　撤销海淀南部地区土地整理和城中村拆迁整治指挥部，调整成立中关村科学城地区建设指挥部。由总指挥部和专项分指挥部组成，总指挥部成员单位由 54 个区属单位、中关村科学城相关签约项目单位和中关村科学城地区各专业园建设主管单位组成；专项分指挥部下辖玉渊潭地区分指挥部、东升地区分指挥部、中知学地区分指挥部、四季青地区分指挥部、城中村分指挥部 5 个专项分指挥部。

3 日　调整海淀北部地区开发建设委员会，北部委办公室设在北部办，负责北部委日常工作。北部委下设北部开发建设指挥平台、生态绿心建设分指挥部和北部新农村建设分指挥部。

7 日　《北部生态绿色控制性详细规划及重点地段规划设计》公布，这是北京首个生态科技绿色区域空间布局规划，总体采用“两廊、三核、六区”空间布局结构，规划占地 31.55 平方千米，以湿地生态涵养、农业生产为主导功能。2013 年实施建设。

9 日 ~ 10 月 12 日　以“文明海淀，诚信商业”为主题的“2012 第八届海淀品牌消费节举行。家具以旧换新和汽车置一站式服务成为亮点。

11 日　海淀区组建全国文明城区创建文明观察团，聘请千名文明观察员，任期 3 年，履行收集社情民意、上报社情民意、代理群众反映问题、向反映人反馈办理情况等四项职责。

14 日　海淀区“创先争优”经验交流大会召开。自 2010 年 4 月开展“创先争优”活动至今，全区成立党员志愿者服务队 3821 个，开展志愿服务活动 3 万多次，为群众办好事、实事近 7 万件。“创先争优”活动成为人民群众得实惠的民生工程。

24 日 ~ 10 月 31 日　由圆明园管理处主办的圆明园首届金秋皇家文化节在圆明园遗址公园举行。包括菊花展、戏曲季、金婚庆典、圆明园成人礼、太极盛典、微博流觞•诗咏圆明（金秋诗会）、书香雅韵（书友会）、金秋皇家美食节等八项活动。

25 日　海淀区与国家开发银行股份有限公司北京市分行签署《开发性金融合作备忘录》，国开行北京分行将提供不低于 200 亿元的资金，支持海淀在中关村核心区建设、中小企业发展、基础设施建设和社会民生建设等领域的建设。

25 日　海淀区作为北京市唯一代表成为首批创建“全国质量强市示范城市”。11 月 22 日，海淀区创建全国质量强区示范城市启动大会召开。目标是到 2015 年，初步建成具有全球影响力的科技创新中心。

26 日　海淀区人民对外友好协会成立，并召开第一届一次全体理事会议。

28 日　由国家旅游局和北京市人民政府共同主办，北京市旅游发展委员会、海淀区人民政府、北京市公园管理中心承办的第十四届北京国际旅游节开幕式在颐和园举办。本届旅游节以“美丽北京，发现之旅”为主题，来自海内外的 20 多支代表队的 1000 多名演员参加了开幕式的盛装巡游表演。

十月

13 日　《国务院关于调整中关村国家自主创新示范区空间规模和布局的批复》正式印发，同意中关村示范区面积从 233 平方千米调整为 488 平方公千米，科技园区由原来的 10 个扩编为 16 个。海淀园规划面积由 133.06 平方千米扩充至 174.06 平方千米，划分为 10 个区块，分步实施建设。

15 日　颐和园南湖岛景区修缮工程方案获国家文物局批复。

17 日　北京市委常委会讨论并原则通过海淀北部地区整体开发方案。海淀北部地区已确定“统筹规划、整体开发、分期实施”的开发战略，计划用 5 年时间基本建成翠湖、永丰两大组团，形成约 40 平方千米的产业聚集、生态宜居的科技新区，其中近七成空间规划为绿地。

26 日　海淀区消费纠纷人民调解委员会成立。消费纠纷人民调解委员会主要调解因商品或服务质量问题，造成人身伤害或财产损失的消费纠纷，群众反映强烈、社会影响大的重大消费纠纷，法院委托进行调解的消费纠纷，及其他符合人民调解受理条件的消费纠纷。

30 日　代市长王安顺到海淀考察，实地察看了颐和园周边地区交通秩序、环境整治和游客流量等情况，并对颐和园假日旅游工作进行检查。

10 月～12 月　完成 84 个行政村党组织换届选举，共选出 84 名党组织书记，299 名党组织班子成员。

十一月

15 日～17 日　海淀区第十五届人民代表大会第二次会议召开，395 名区人大代表出席会议。会议选举产生出席北京市第十四届人民代表大会代表 100 名，补选孙文锴为海淀区人民政府区长。

18 日　海淀区学习宣传贯彻党的十八大精神动员大会召开，区委书记隋振江作动员讲话。会议主要任务是学习传达党的十八大精神和市委部署，动员全区各级党组织和广大党员干部群众，全面贯彻落实十八大确定的各项战略任务，努力开创海淀工作新局面。

18 日　北京最大的公益停车场——五棵松地下停车库开建，这是北京首个以政府主导、企业运作模式建设管理的停车项目，总占地面积 7.84 万平方米，总投资 10.98 亿元，建成后可提供 3000 个停车位，由北京公联公司负责车场的运作。

22 日　海淀区召开创建“全国质量强市示范城市”启动大会。未来三年将推进“质量强区战略”，到 2015 年实现产品质量监督抽查合格率达到 95%以上，主要农产品质量安全抽检合格率达到 96%以上，药品和重点食品安全监测抽查合格率达到 98%以上，大中型工程一次验收合格率达到 100%。

22 日　国际安全社区命名仪式在西安举办，学院路街道被正式命名为国际安全社区，并接受世界卫生组织社区安全促进合作中心颁发的“国际安全社区”牌匾和旗帜，成为全区首家获得该称号的街道。

23 日　海淀区与国家行政学院签署战略合作框架协议，双方在人才培养、教学培训、课题研究、共同发展等方面进行合作。

24 日～25 日　海淀区第十二次妇女代表大会召开，326 名妇女代表参会。大会选举产生海淀区妇女联合会第十二届执行委员会，并通过《关于区妇联第十一届执行委员会工作报告的决议》。

26 日　由中关村发展集团和北京理工大学共同建设的中关村国防科技园开工建设。中关村国防科技园是中关村科学城的重点建设项目，位于北京理工大学主校区西区，定位为新型国防科技产业孵化中心，总投资 12 亿元，总用地面积 6.24 万平方米，总建筑面积 23.8 万平方米。

26 日　海淀区召开加强党外代表人士队伍建设工作会。本年，中共海淀区委提出实施党外代表人士“1020”增长计划，实施民主党派“312”工程，开展新阶层“135”工程，建设无党派“512”工程。

27 日～28 日　区残疾人联合会第六次代表大会召开。大会听取了海淀区残疾人联合会第五届主席团所作的工作报告，选举产生区残联第六届理事会成员、理事长、副理事长，选举出席市第六届残疾人代表大会的代表 19 名。

28 日　作为全市试点，海淀区首批发放法律援助便民服务 IC 卡 1.2 万张，覆盖 9000 名城乡低保人员和 3000 名持证残疾人。

本月　本市首个由园区开发建设单位投建并运营的人才公租房项目——翠湖•阅西山竣工。2000 多套房主要面向海淀北部地区的中关村企业职员。

十二月

12 日　区政府与北京师范大学签署战略合作框架协议。双方将在科技创新平台资源开放、基础教育研究、高端人才培养、区校文化协同创新等四个方面进行合作。

12 日　中国对外文化交流协会、海淀区人民政府、柏林中国文化中心联合在德国柏林举办为期一个月的“圆明园文化柏林展”。展出 200 余幅图片、3D 技术复原的数字多媒体影片、界石等珍贵文物（复制品），这是圆明园展品首次走出国门，绝大部分为首次展出。

14 日　区政府与北京城市学院融合发展座谈会暨备忘录签字仪式举行。

18 日　海淀区处级领导干部学习贯彻党的十八大精神轮训班动员大会召开。

19 日　区政府与中国农业银行北京市分行签署战略合作协议，农行北京分行在未来五年内提供 500 亿元的意向性信用支持，用于海淀区“十二五”时期的重点项目工程。

20 日～23 日　第七届北京国际文化创意产业博览会举行，海淀区以“国家级文化和科技融合示范基地”参展，并举行“三山五园”全球文化巡展发布会。文博会期间，本区项目合同签约总额近 300 亿元，占文博会总交易额的三分之一。

21 日　区委宣传部与人大文化科技园、北京外国语大学、外研社、中国工艺艺术品交易所签署战略合作协议，签约金额近 60 亿元。通过加强区校、政企间的合作交流，推动地区文化创意产业的发展。

22日 市委书记郭金龙，市委副书记、代市长王安顺调研海淀北部生态科技新区建设，察看了海淀区规模最大的公租房项目——辛店B08地块公租房、北京佳讯飞鸿电气股份有限公司和北部生态科技新区展示中心。

24日 由解放军艺术学院、总政治部歌舞团、北京大学、清华大学等30家国内外知名的专业艺术院团、剧院及文化传播经纪公司参与成立的海淀区演出联盟在北京大学百周年纪念讲堂揭牌。海淀区演出联盟是非营利性社会团体，联盟成员包括演出团体、演出场馆、演出经纪公司等三类市场主体。联盟工作重点是统筹资源、搭建文化协同工作平台，为市民提供公益性文化演出活动；与商业演出市场对接，培育海淀的演艺机构、演出剧目，形成中关村演艺大道品牌。

25日 东升镇举行《东升乡志》发行仪式。《东升乡志》的记录时限为东升镇域的起源至2006年，全书75万字，由学苑出版社出版。这是海淀区第一部乡镇地方志书。

26日 海淀区与中国人民大学签署“共建文明校园，同创文明城区”战略合作意向书。双方将在校园环境建设、开展“道德学堂”活动和志愿服务活动、构建立体式网络化宣传体系等方面开展合作，打造具有全国影响力的区、校合作样板工程。

28日 正式组建北部生态科技新区招商中心，全面启动海淀北部生态科技新区的招商工作。

本年 36件重点惠民实事全部落实。

本年 核心区重点支持北斗空间信息服务、移动互联网与下一代互联网、云计算、集成电路设计、生物医药、新能源与节能环保、文化创意等七大细分产业领域，构建“6+1”专精特新产业集群。

本年 海淀科技企业入选国家重点新产品计划项目40个，占北京市的46%，列入国家火炬计划产业化示范项目53个，占北京市的60%。

本年 重点围绕完善应对老龄化政策体系、老年健康支持体系、老年经济供养体系、老龄照料服务体系等方面，推进居家养老服务工作。

本年 全区新农合参合率达99.86%，人均筹资900元，居全市首位。新增6类大病纳入重大疾病保障范畴，15类重大疾病住院费用报销比例由70%提高到75%。

本年 建设、筹集各类政策性住房17128套，竣工8699套，配租配售10248套。

本年 实施80个老旧小区综合整治项目，施工面积达311.1万平方米，竣工291.1万平方米。启动34栋简易楼改造，其中12栋实施搬迁腾退，3栋完成腾退拆除。累计改造改善622栋老旧楼房，为4.68万户家庭改善了居住条件。

本年 完成33个市级、10个区级“一刻钟社区服务圈”示范点建设，建成495个社区服务站，基本实现社区公共服务在基层的全覆盖。

本年 首次引入第三方社会机构对区属62个单位的291个基层科、队、站、所（服务窗口）进行满意度考评，及时办理政风行风热线群众反映问题1721件，行政效能水平不断提高。

截至年底 唐家岭、八家、后营、门头、振兴、中坞、六郎庄等7个市级挂账重点村村民宅基地腾退工作全部完成，安置房全部开工建设；肖家河村剩余少量宅基地未腾退。8个市级挂账重点村累计拆除各类建筑近300万平方米，开工建设安置房约180万平方米，投入资金近200亿元。

（钟冷）

中国共产党海淀区委员会

▲ 2月28日，海淀区召开2012年统战工作会议，传达学习全国、市统战部长会议精神 （田峰 摄）

▲ 3月2日，召开2012年宣传思想工作会部署全年工作（田峰 摄）

▲ 4月5日，“我们的节日——清明”海淀区青少年非遗大课堂活动启动仪式在西二旗小学举行（区文明办 供图）

▲ 5月25日，全国文明办主任培训班的240位各省市文明办主任组成调研团，到海淀区参观精神文明建设工作。图为五棵松公交站“自觉排队示范站台”公共文明引导员正在工作（田峰 摄）

▲ 7月31日，区委办公室召开2012年半年工作会议（区委办 供图）

◀ 10月10日，海淀区第26届老干部运动会召开，1600多名退休老干部参赛（区老干局 供图）

▶ 10月17日，海淀区召开道德领域突出问题专项教育和治理推进会暨中关村百家企业可信盟约仪式，中关村百家企业近500名代表出席活动（李瑞林 摄）

中国共产党海淀区委员会

综　述

中共北京市海淀区委员会是中国共产党在海淀区的领导机关，中共北京市海淀区纪律检查委员会是负责海淀区党的纪律检查工作的领导机关。本届（第十一届）区委、区纪委于2011年12月选举产生。

2012年，中共海淀区委围绕学习宣传贯彻党的十八大和市十一次党代会精神，按照区十一次党代会确定的“一个中心，四个率先”的总体部署，实施科技创新与文化创新“双轮驱动”战略，以建设中关村科学城、北部生态科技新区、“三山五园”历史文化景区和创建全国文明城区四项工作为重点，完成十八大安保等重大政治任务。年内召开区委全体会议2次，常委会议45次，专题会议16次。

截至年底，海淀区共有中共党员146808名（不包括驻区中央、市直属单位和部队单位党员），比上年增加7486人，增长5.4%。其中女党员68496名，占46.66%；少数民族党员5666名，占3.86%；35岁以下党员31288名，占21.31%；大专以上文化程度党员92535名，占63.03%。区委派出工委24个，党组45个，所属基层党组织4961个（党委226个、党总支320个、党支部4415个）。全年发展党员1596名。

党的建设　以学习党的十八大、市十一次党代会精神为重点，举办区级理论中心组学习14次、研讨培训班31期、报告讲座百余场。

落实党风廉政建设责任制，推进廉政风险防控管理，完善巡视工作制度措施。立案调查违反党纪政纪案件25件，处分16人。出台贯彻中央、市委关于改进工作作风、密切联系群众有关规定的实施意见；探索引入第三方社会机构开展窗口单位群众满意度调查，促进党风、政风、行风的进一步转变。

3096个基层党组织开展分类定级、整改提高工作，实现阶梯式晋位升级。召开全区“创先争优”表彰大会和经验交流大会，命名表彰100个先进基层党组织和100名优秀共产党员。101中学党总支被评为全国“创先争优”先进基层党组织，八里庄街道美丽园社区党支部等5家单位被评为北京市“创先争优”先进基层党组织，7人被评为北京市“创先争优”优秀共产党员。启动第二轮基层党建工作创新示范项目评选活动，八里庄街道美丽园社区党支部的“四方议事会制度”、百度公司党委非公党建试验田、中关村第一小学党支部党员微型论坛等13个项目作为市级党建工作创新备案项目。

确定28项年度党建工作重点，推动“创先争优”常态化长效化。完成514个社区党组织换届，启动社区党的建设“三级联创”工作。在7个镇各确定1个试点村，探索农村党组织引领经济发展模式；完成84个村党组织换届。启动非公有制企业党建“孵化器”项目。

启动党员教育培训“十百千”工作，用两年左右的时间在全区建立十个区级党员培训示范基地、百项党员培训精品课程、千个基层党员轮训站点，提升党员队伍的综合素质和能力。开展走访慰问优秀党员、新中国成立前入党的老党员和生活困难党员活动，完善基层党组织“五必访”等关心关爱困难党员的工作机制。探索在“7·21”抗洪救灾、老旧小区综合整治等重大任务中党组织、党员发挥作用的途径。注重在生产一线特别是在非公有制经济组织和工人、农民中发展党员。

建立健全联络员例会制度、指导员联系制度、党代表学习培训、联系群众、调研视察、提案提议等多项工作制度，提升工作规范化水平。以“知海淀、爱海淀、献良策、促发展”为主题开展系列活动，提高党代表综合素质；组织党代表列席区委全委会、组织工作会、各领域重要会议，共收集党代表提议50余条。

经济建设　开展中关村科学城中心区和辐射区规划梳理和城市设计，推进航天科技园、航空科技园、国防科技园等重点项目建设，10个产业技术研究院投入运营。拆除11个“城中村”，规划建设五个特色科技园，中关村玉渊潭科技商务区、中关村东升科技园挂牌，玉泉慧谷科技园二期开工，学院路科技园启动拆迁，完成小月河科技园规划设计。北部生态科技新区整体开发方案获市委市政府批准。全年实施土地一级开发855公顷，竣工建设面积86万平方米，基本完成9个村庄腾退，43个产业项目落地，10个产业项目投产，中关村移动互联网、北斗与空间信息服务产业基地挂牌。实施北部四镇“一镇一园”规划。基础设施、配套服务设施和生态绿心建设加快推进。

实施创新驱动发展战略，落实中关村先行先试政策，修订完善支持自主创新和产业发展的政策体系。新增国家级高新技术企业258家，总数达到4400家，占示范区的60%；专利授权量1.9万件，增长15%；技术合同成交额1134.4亿元。新增股权投资机构131家，总数达到566家；新上市（含挂牌）企业56家，总数达到259家，占全市50%以上。全区文化创意产业实现收入3914.6亿元，同比增长17.2%；生产性服务业实现收入17725.8亿元，增长7.4%。全年工业高技术制造业总产值占工业总产值的51.9%。全年实现地区生产总值3514.8亿元，同比增长10.5%；区域税收1685.77亿元，同比增长28.8%；区级财政收入282.65亿元，同比增长16.9%。

政治建设 支持人大、政协围绕全区工作履行职责，支持开展法律监督、民主监督、工作监督和建言献策，重视各类议案、提案、建议的办理落实。制定加强党外代表人士队伍建设的实施意见。指导工会、妇联、残联完成换届。团区委“社区青年汇”建设和志愿服务活动走在全市前列，区妇联获全市“十二五”时期实施妇女儿童发展规划示范单位。完成第八届社区居委会换届选举。以十八大安保和服务保障为重点，开展矛盾纠纷排查化解、重点人员稳控、社会面防控、治安秩序及安全隐患治理。民兵预备役部队应急救灾能力提高。

社会建设 36件惠民实事全部落实。推进名校分址办学和学区调整，实施校舍修缮、操场改造和设施更新工程，新建和改扩建幼儿园25所。与4家三甲医院共建区域医疗服务共同体，16家社区卫生服务中心与大医院建立转诊预约机制，广泛开展家庭医生式服务。帮助1.39万名就业困难人员实现就业，城镇登记失业率0.73%，80%的社区（村）实现充分就业；提高城乡低收入家庭补助标准，新农合参合率达到99.8%。开展智能化社区居家养老服务和“老年互助社”试点，新增养老床位1160张。新建、筹集保障房17128套，配租配售10248套； 80个老旧小区实施综合改造，累计为622栋老旧楼房、4.68万户居民改善居住条件。开展网格化社会服务管理体系试点和全面建设工作，“六型社区”创建、社区规范化建设取得成效。

西郊线拆迁完成80%，轨道6号线一期、9号线和10号线二期投入运营，新建道路23条，通车里程30千米，完成10千米道路微循环建设和20个疏堵项目；新增停车位1.5万个。新增111个小区垃圾分类试点，大工村再生能源发电厂开工，六里屯垃圾填埋场完成阶段性治理并实现沼气发电。通过“打非治违”专项行动拆除违法建设129万平方米；完成肖家河等8个市级挂账重点村腾退。完成3350亩平原造林任务，翠湖湿地一期竣工，中关村森林公园开工建设。成功应对“7·21”重大自然灾害，完成全区积滞水点治理规划，启动实施“西蓄”工程，推进稻香湖再生水厂等重点项目建设。

文化建设 启动全国文明城区创建工作。实施九大创建工程，加强以弘扬社会主义核心价值观和“北京精神”为重点的公民道德建设，全面推进公共文明引导行动，深化群众性精神文明创建和未成年人思想道德建设，广泛开展志愿服务活动，进一步提升区域文明程度和市民文明素质。

基本完成“三山五园”历史文化景区空间规划和产业规划，制定整治范围内村庄腾退和就地改造方案；启动中央党校西墙外搬迁工程。制定推进文化大发展大繁荣的实施意见，创建国家公共文化服务体系建设示范区和文化科技融合发展示范区。加强城乡公共文化基础设施建设，提升改造12处街镇文化设施，新建成15个基层图书馆，支持驻区单位建成3个演出剧场；成立海淀区演出联盟，举办惠民精品演出80场。制定文化科技融合发展行动计划，加大对重点文化创意企业的扶持，推进中国工艺艺术品交易所、中央新影纪录影视产业园等重点项目建设。全区规模以上文化创意企业收入占全市的42.2%，成为首批国家级文化和科技融合发展示范基地。

（孙腾飞）

区委重要工作及重大活动

【区委十一届二次全会召开】 1月17日，中共北京市海淀区委十一届二次全会召开，会议审议通过《中共北京市海淀区委关于率先形成文化大发展大繁荣新格局的实施意见》和《中国共产党北京市海淀区第十一届委员会第二次全体会议决议》。

（孙腾飞）

【出台《关于率先形成文化大发展大繁荣新格局的实施意见》】 1月20日，区委十一届二次全会审议通过《中共北京市海淀区委关于率先形成文化大发展大繁荣新格局的实施意见》（以下简称《实施意见》)。根据《实施意见》，到 2020 年，海淀区将形成与具有全球影响力的科技创新中心相匹配的文化大发展大繁荣新格局，成为首都建设具有世界影响力的文化中心城市和中国特色社会主义先进文化之都的排头兵。

（孙腾飞）

【2012 年全区工作要点】 1月21日，区委召开第八次常委会，确定 2012 年全区工作总的要求和工作要点。总要求：围绕在“十二五”末初步建成具有全球影响力的科技创新中心的战略目标，全面实施“四个率先”部署；大力推进发展方式转变，着力提高自主创新能力；大力推进城乡一体化发展，着力提高城市化水平；大力创新社会管理服务，着力保障和改善民生；大力推进文化繁荣发展，着力提高文化软实力，加快建设环境优美、和谐宜居的高科技核心区。工作要点：着力提升创新发展水平；着力提高城乡建设管理水平；着力加强和创新社会管理；着力保障和改善民生；不断加强社会主义民主法治建设；深入学习贯彻党的十八大和市第十一次党代会精神，全面提高党的建设科学化水平。2012 年经济社会发展的主要预期目标：地区生产总值增长 8%；区级财政收入增长 10%；万元地区生产总值能耗、水耗分别下降 4.2%和 5%；城镇居民人均可支配收入、农村居民人均纯收入分别增长 8%和 9%；城镇登记失业率控制在 1.5%以内。

（孙腾飞）

【与天津市滨海新区签订合作协议书】 2月5日，天津滨海新区党政代表团到地区参观考察，与海淀区政府、中关村管委会签订合作协议书。根据合作协议，滨海新区将与本区在教育、医疗卫生、人才、科技创新及成果转化等领域开展合作，建立政策共享与利益共享机制。

（孙腾飞）

【市委提名区政府组成人员】 4月17日，市委决定：赵凤桐不再担任区委书记、常委、委员职务，隋振江任区委书记，孙文锴任区委委员、常委、副书记；市委建议免去隋振江区长职务，同意提名孙文锴为区长人选。

（孙腾飞）

【与丹江口市缔结友好区市】 6月19日，湖北省丹江口市党政代表团来海淀学习考察，并举行海淀区丹江口市缔结友好区市签约仪式。根据协议，今后五年，双方将开展人才交流、经贸交流等活动，海淀区将向丹江口市输出科技资源。

（孙腾飞）

【出台《关于加快核心区自主创新和产业发展的若干意见》】 6月20日，区委区政府出台《中共北京市海淀区委北京市海淀区人民政府关于加快核心区自主创新和产业发展的若干意见》，提出加快核心区自主创新和产业发展，形成国家战略性新兴产业策源地的目标。意见包括加快核心区自主创新和产业发展的重要意义、理念思路、目标任务；优化创新创业环境，大力提升创新水平；完善高端产业发展格局，支持企业做强做大；加快建设国家科技金融创新中心，促进科技与金融融合发展；强化科技创新和文化创新“双轮驱动”，巩固发展特色竞争优势产业；加快载体建设，打造重点产业功能区；强化组织实施等七个方面、二十二条。

（孙腾飞）

【纪念建区 60 周年座谈会召开】 8月31日，海淀区纪念建区 60 周年座谈会召开。与会的社会各界代表共同回顾海淀区 60 年的发展历程，总结全区经济社会发展成就，宣传海淀人民的创新创业精神，激励全区上下投入到建设核心区的伟大实践中。会议指出，60 年来，海淀经济、社会、文化等方面的发展突飞猛进。在新形势新要求下，要以科学发展为指导，以建设具有全球影响力的科技创新中心为目标，坚定不移地走创新发展之路，继续坚持城乡统筹发展，做好文化大发展大繁荣工作，要以创建全国文明城区为契机，推动经济、社会、文化等各方面全面发展。同时举办“海淀六十景诗书画展览”、纪念建区 60 周年图片展、征文展等庆祝活动。

（孙腾飞）

【学习贯彻十八大精神动员大会召开】 11月19日，区学习贯彻党的十八大精神动员大会召开。区四套班子领导、区法院、区检察院负责人及全区各单位党政主要负责人参加会议。会上，区委副书记、区长孙文锴传达党的十八大主要精神，区委书记隋振江做大会动员。会议旨在学习传达党的十八大精神和重要部署，动员全区各级党组织和广大党员干部群众，全面贯彻落实十八大确定的各项战略任务，努力开创海淀工作新局面。

（孙腾飞）

【与国家行政学院签署战略合作框架协议】 11月23日，国家行政学院与区政府战略合作框架协议签署仪式举行。双方将在人才培养、教学培训、课题研究、共同发展等方面开展合作。

（孙腾飞）

区委日常事务

【概况】 中共海淀区委办公室是区委日常工作部门和区委系统工作协调部门。区保密委员会办公室、区国家保密局对外保留牌子，机构设在区委办公室。区委机要局为区委办公室内设行政机构，区密码管理局履行本地区密码管理职能，二者是一个机构两块牌子。

综合协调及值班工作　接待服务中央领导来地区调研5次，市领导调研和检查工作11次，服务保障区主要领导调研、走访、安全检查等活动50余次。保障区四套班子领导调研兄弟区县或接待来访5次，接待中央政法委学习研讨班、国家行政学院厅局级研修班、中央信访督导组、外省市党政代表团来地区调研考察11次。安排全区性重要会议37次，重要活动110次，牵头召开“四办”主任协调会48次。安排区领导和区委办人员带、值班1000余人次。牵头协调政府办、政法委、信访办等有关部门建立区机关门口巡查工作机制，做好对机关门前上访人员的及时调处。全年共拨打接听值班电话7500余个，收发传真约3000份，分发报刊、信件9万余份，安排车辆服务2000余次。协调邀请区四套班子领导出席各类会议和公务活动1400余次，与区属各单位沟通协调工作约6000次；在海淀OA网上会议、活动通知累计下载约700余件。

文秘工作　起草各类文稿共计90余件，制发各类公文300余件，其中京海办发68件，京海发19件，京海报42件，区委常委会、区委专题会等各类会议纪要56件。全年共服务保障区委及全区性会议95次，其中，区委常委会45次、区委专题会16次、区级理论学习中心组15次、领导干部小组会7次，区委全会2次，全区领导干部大会10次。

督查工作　督促办理区委常委会的议定事项100项，其中列入督办事项64项，督促落实36项。接办市、区委领导批示督办件10项。区委主要领导调研活动17次，督办指示事项114项；协调交办政协党派团体提案23项、政协委员提案23项，46项提案按时办理完毕。

信息工作　编辑刊发刊物1145期，其中《综合快报》108期、《领导参阅》102期、《专报》265期、《舆情信息专报》265期、《业务通讯》6期、《媒体动态》59期（后因并入《舆情快报》而停刊），与宣传部联合刊发《舆情快报》292期、《舆情内参》30期、《舆情专报》18期，刊物编发总数比上年同期增加一倍。向市委办公厅上报信息3700余条。其中，被《北京信息》采用696条，列全市第一；累计积分3344分，列全市第二。开展全区信息工作集中培训1次，开展顶岗培训4人。

机要档案　全年共收发机要文件15910份、内部刊物11330份，清退销毁2011年机要文件13021份。密码通讯安全畅通，实现电报译传办理“零差错”的目标。《中办通讯》订阅工作获市委机要局征订工作特等奖。推进党委系统信息化建设工作。

保密工作　全年走访区属单位32家，现场指导50次。以多种形式开展保密宣传教育。筹备建设保密宣传教育基地，分类开展保密教育培训，完成保密普查系统试用工作，妥善处置辖区单位涉嫌失窃密事件。

服务保障　共接待来自各省、市、京内及中央国家机关、高校科研院所等单位各级代表团90余批次。服务保障区领导走访航天科技等驻区重点单位40余次，协调服务区领导赴贵州等地学习考察活动20余次。服务保障区委区政府与天津市滨海新区、北京市延庆县缔结友好区市并签订战略合作协议，友好城区的数量达到28家。协调解决19个驻区重点单位的各项问题。海淀秘书学会新吸纳12家会员单位。

协办工作　深化领导批示事项的协办机制。服务区委主要领导各类会议17次、工作调研28次，服务其他区委常委各类调研及会议8次。共办理批文1410件，其中652件纳入协办事项，撰写《关于领导批示件纳入协办程序的建议》102期。

（孙腾飞）

组　织

【概况】　中共海淀区委组织部是海淀区党的组织工作、干部工作、人才工作的主管部门。2012年，区委组织部以迎接十八大召开和学习十八大精神为主线，加强干部、党建、人才工作及组织部门自身建设，不断提高组织工作科学化水平。（赵远飞）

【成立高层次人才发展促进会】　2月15日，成立海淀区高层次人才发展促进会。会员由47家中关村“十百千工程”企业、海淀区重点企业以及30位入选中央“千人计划”、北京市“海聚工程”、中关村“高聚工程”的高层次人才组成。促进会旨在为海淀区各类高层次人才搭建聚会联谊、交流经验、信息沟通、融会理念、促进合作的平台，在政府、企业和高层次人才之间架起沟通交流桥梁，为高层次人才事业发展、中关村国家自主创新示范区核心区及中关村人才特区建设服务。（赵远飞）

【514个社区党组织完成换届】　2月29日~3月31日，社区党组织、社区居委会举行换届选举。全区514个社区党组织完成换届选举，选举产生社区党组

织书记 514 人，社区党组织班子成员 2368 人。大学生社工进班子 202 人，其中党组织书记 5 人，副书记 44 人，直选率 95.52%。

（赵远飞）

【首次公开选拔科级干部】 4 月至 8 月，区委组织部会同区人力社保局等单位，提供 106 个公选职位，面向全区公开选拔科级领导干部。经过笔试、面试、组织考察等程序，共选拔 99 人到科级领导职位任职。

（赵远飞）

【中关村高端人才创业基地揭牌】 5 月 3 日，由中关村科技园区管委会、海淀区人民政府、北京科技大学共建的中关村高端人才创业基地在北京科技大学天工大厦揭牌。基地重点吸引中央“千人计划”、北京“海聚工程”和中关村“高聚工程”入选者创办的企业入驻。截至 2012 年底，入驻企业 70 家，其中“千人计划”入选者创办企业 9 家、“海聚工程”入选者创办企业 2 家、“高聚工程”入选者创办企业 3 家、金种子企业 2 家、“瞪羚计划”入选企业 2 家。

（赵远飞）

【调整处级干部和处级后备干部】 6 月 15 日，启动处级后备干部和区属企业后备领导人员调整工作。按照区委常委会通过的后备调整工作方案，经过民主推荐、组织推荐、考察公示、民主测评、个别谈话、综合评价环节，共确定处级后备干部人选 693 名，其中正处级后备干部人选 198 名，副处级后备干部人选 495 名。本次后备干部调整主要特点：坚持德才兼备，以德为先；坚持组织认可与群众公认相统一；坚持严格标准，规范程序；坚持严肃纪律，加强监督；坚持加强宣传，注重引导；坚持备用结合，重在培养。全年共调整、提拔处级干部 281 名，其中正处级领导干部 80 名，副处级领导干部 118 名，正处级非领导干部 17 名，副处级非领导干部 66 名。

（赵远飞）

【推动“创先争优”常态化长效化】 6 月 16 日，命名表彰 100 个海淀区“创先争优”先进基层党组织和 100 名海淀区“创先争优”优秀共产党员。9 月 14 日召开全区“创先争优”经验交流大会，总结 2010 年 4 月至党的十八大召开前基层党组织在“创先争优”活动中的好经验好做法以及建立健全的长效机制。区委出台《关于进一步深化“创新聚力”工程 推动“创先争优”常态化长效化的实施意见》，指导基层党组织构建完善的基层组织建设体系、党员教育管理体系、联系服务群众体系、保障激励工作体系，全面推进全区基层党建工作创新，进一步推动“创先争优”常态化长效化。

（赵远飞）

【启动海英计划】 6 月 21 日，区政府发布《海淀区促进人才创新创业发展支持办法》，配套 8000 万元人才发展专项资金，启动实施海淀区人才聚集和培育计划（简称“海英计划”）。在海淀区重点发展的战略性新兴产业领域和基地优势产业领域，重点聚集三类人才：创业领军人才、创新领军人才、青年英才，从项目、资金、生活等多方面予以支持。首批“海英计划”入选 261 人。

（赵远飞）

【公开选拔处级领导干部】 6月28日，启动面向全市公开选拔海淀区处级领导干部工作。本次公选共 20 个职位，有 1185 人通过网络报名初审。通过笔试、面试、资历和业绩评价、考察和公示，任用处级领导干部 22 人，其中正处级 3 人，副处级 19 人；女性 8 人；非中共干部 3 人；35 岁以下干部 13 人，其中“80 后”干部 7 人；具有研究生以上学历或学位的 18 人，其中博士 3 人。

（赵远飞）

【开展社区党建“三级联创”活动】 11 月 30 日，召开社区党建“三级联创”[①] 活动工作推进会。会议要求，街镇党（工）委要为广大党员发挥作用搭建平台，组织党员服务社区建设，服务居民群众，形成党员作用发挥的长效机制；形成规范化的党建工作制度和机制体系；注重在地区性、群众性、公益性等各项工作中，发挥党组织领导核心作用；要围绕社区群众关心的环境建设、社区安保、就业、便民服务等为群众办实事。

（赵远飞）

【举办处级干部贯彻十八大精神轮训班】 12 月 18 日，在国家行政学院报告厅召开海淀区处级领导干部学习贯彻党的十八大精神轮训班动员大会。全区 1000 余名处级领导干部、组工干部、党代表参加动员大会。十八大精神轮训班为期 20 天，共举办 12 期研讨班，学制 2.5 天，计 20 学时，共培训干部 1026 名。其中，党政正职 2 期、委办局系统副处领导干部 3 期、乡镇街道系统副处领导干部 3 期、企事业单位副处领导干部 1 期、副处级领导干部 1 期、基层组工干部 1 期、基层一线党代表 1 期。

（赵远飞）

【推选推荐党代表】 本年，完成市第十一次党代会代表推选、十八大代表推荐提名工作，选举产生 27 名海淀区出席市第十一次党代会代表。隋振江、宋鱼水当选为北京市出席党的十八大代表。

（赵远飞）

【干部培训】 探索“党校+院校”、“培训+挂职”、“境内+境外”、“短期培训+学历教育”、“脱产培训+在职自学”等立体化培训方式。推荐 14 名“一把手”参加市委组织部专题培训班和人才培

---

① “三级联创”，即争创全市党建工作先进区县、争创“五个好”街道（镇）党（工）委、争创“五个好”社区（村）党组织。

养班；举办税源建设与企业管理、社会管理创新、国学智慧与领导力提升等18期专题研讨班，培训干部1200余名；举办主体培训11期，培训处级干部340名；与北京理工大学等5所知名院校合作，培训处级领导干部及其后备干部135名，其中8人考取博士、60人考取硕士。

（赵远飞）

【干部人事制度改革】 推出3个正处级职位和17个副处级职位在全市进行公开选拔，最终录用22人。推出3个副处级职位参加全市公开选拔年轻处级领导干部。首次面向全区公选99名科级干部。指导各镇完成科级领导职位重新竞争上岗工作。在领导干部考核评价体系中，增加“重点工作实绩考核”分指标，引入第三方民意调查。建立科级及以下干部日常考核制度。探索建立专项考核办法。通过提高岗位匹配度、下基层锻炼、专题培训等措施，加强对“80后”处级干部的跟踪管理和培养。组织开展对128个区属二级单位的组织工作满意度调查，召开以满意度民意调查结果和“一报告两评议”情况全区讲评分析会，进一步推进组织工作科学化。在处级干部及后备调整、干部公选和社区“两委”换届工作中，采取全程纪实、风气测评、发放专题片、编发短信等方式进行全程监督。牵头完成全区公务员管理系统建库工作。

（赵远飞）

【基层党组织建设】 完成社区“两委”换届，启动社区党的建设“三级联创”工作。在7个镇各确定1个试点村，探索农村党组织引领经济发展模式；完成84个村党组织换届。召开非公企业党建工作推进会，启动非公有制企业党建“孵化器”项目，探索解决中小型非公企业党建难题。指导国企、教育、区直、政法、公共委等系统围绕“四强四优”创建活动、“双培养”工程及中小学党建、“五比一争当”活动、争创“四个一流”、争创“首都健康卫士”等任务，推进党建工作。启动党员教育培训“十百千”计划，用两年左右的时间在全区建立十个区级党员培训示范基地、百项党员培训精品课程、千个基层党员轮训站点，提升党员队伍的综合素质和能力。以“知海淀、爱海淀、献良策、促发展”为主题开展系列活动，提高党代表综合素质；组织党代表列席区委全委会、组织工作会、各领域重要会议，共收集党代表提议62条。

（赵远飞）

【中关村人才特区建设】 中关村高端人才创业基地建成，并吸引创新型企业70家。成立人才基地管理办公室，加大对高端人才的创业扶持力度。高新技术企业新增入选中央“千人计划”19人、北京“海聚工程”62人、中关村“高聚工程”30人。截至年底，全区高新技术企业共入选“千人计划”69人、“海聚工程”157人、“高聚工程”114人，居全市各区县之首。首次开通外籍“千人计划”、“海聚工程”、“高聚工程”高层次人才申请永久居留申办渠道和留学人员引进通道。启动“海英计划”，着重扶持一批高端创新创业领军人才和青年英才，首批入选261人。为高新技术企业引进急需优秀人才400人，为161家企业配租人才租赁房。新增企业院士专家工作站4家，进站院士专家11人，海淀区院士专家工作站累计达15家，进站院士累计39人次。新设立6家博士后工作站分站，进站博士后44人，海淀区博士后工作站分站累计54家，进站博士后累计174人，出站101人，全年获北京市博士后资助经费57.5万元。新设立博士后（青年英才）创新实践基地工作站1家，进站青年英才1人。区域博士后（青年英才）创新实践基地工作站累计达4家，进站人数累计5人。

（赵远飞　刘昊鹏　刘伟杰）

宣　传

【概况】 中共海淀区委宣传部是区委负责意识形态和精神文明创建工作的主管部门。2012年，全区宣传思想文化战线围绕建设中关村科学城、建设北部生态科技新区、建设“三山五园”历史文化景区、争创全国文明城区等重点工作和重大主题开展工作。

（陈魁）

【召开“智慧型社区”建设媒体座谈会】 3月8日，区委宣传部联合区社工委在清华园街道召开海淀区“智慧型社区”建设媒体座谈会，新华社、中央人民广播电台、北京电视台等媒体到会。会上，清华园街道介绍了以信息科技为支撑的智慧型社区管理服务系统的建设经验。

（陈魁）

【开展“党在百姓心中”宣讲活动】 4月，为迎接党的十八大召开，根据市委统一部署，海淀区成立了25支共131人的宣讲队伍，开展“党在百姓心中”宣讲活动。全区5万余人参与活动。

（陈魁）

【举办首届中关村数字设计创业大赛】 4月至8月，由海淀区委宣传部、海淀团区委主办、中关村国际数字设计中心承办的首届中关村数字设计创业大赛举办。大赛以“创业海淀、成就梦想”为主题，从全国范围征集、筛选、评比数字化应用设计、数字化媒体设计、数字化产品设计三大类九个方面的创业项目，获奖项目将得到5–8万元创业启动金支持，以及免费一年进入数字设计中心孵化平台等奖励。9月1日，海淀区首届中关村数字设计创业大赛颁奖仪式在中关村国际数字设计中心举行，17个项目分获“最佳数字化应用”、“最佳数字化媒体设计”、“最佳数字化产品设计”金银铜奖。其中最优秀的5个项目获得23万创业基金，并免费入驻中关村国际数字设计中心孵化。

（陈魁）

【“喜迎十八大 建功核心区”主题宣传实践活动】 5月至12月，区委宣传部牵头组织开展“喜迎十八大 建功核心区”主题宣传实践活动。此项活动由18个单位主要承办、40多个单位深度参与、区属100多个单位广泛参与，包含四个板块的26项分活动，其中包括举办“创新与和谐”海淀论坛、“北京精神”社区行、“喜迎十八大 唱响核心区”海淀2012年文化演出季、弘扬实践“北京精神”纪实摄影大赛等内容。

（陈魁）

【举办首期文化和科技融合发展沙龙】 6月19日，区委宣传部举办首期主题为“移动阅读发展趋势与商业模式探讨”的文化和科技融合发展系列沙龙。区委宣传部、区文委和区文促中心等相关职能部门与中国新闻出版研究院数字出版研究室专家和龙源期刊、新华瑞德、方正阿帕比、维旺明等企业的代表深入探讨行业发展模式，分析移动阅读最新发展趋势，并就如何营造行业发展环境向企业征求意见和建议。

（陈魁）

【《神探亨特张》上映】 7月20日，以海淀公安分局双榆树派出所便衣民警张惠领为原型创作的电影《神探亨特张》上映。在7年时间里，张惠领抓获1600多名违法犯罪嫌疑人，被誉为“反扒神探”。影片生动再现一位基层民警的真实生活。该剧导演高群书获得第15届上海国际电影节最佳导演奖。影片获得第49届台湾金马奖最佳剧情片、最佳摄影和最佳剪辑奖项。

（陈魁）

【举办纪念建区60周年征文活动】 8月，区委宣传部、区委老干部局、区新闻中心在全区联合举办纪念海淀建区60周年征文活动。活动收到征文3000余篇，评出一等奖10名，二等奖30名，优秀奖100名，活动组织奖20个。

（王瑛）

【推进国家公共文化示范区建设】 起草《北京市海淀区创建国家公共文化服务体系示范区规划（2012–2014）》和《北京市海淀区创建国家公共文化服务体系示范区实施方案》。完成海淀区新文化馆、图书馆的建设选址工作。推进文化遗产保护，申请市级资金近3亿元，用于香山寺等七项文物修缮工作，启动“创新梦·民族根——海淀区文化遗产保护工程”。举办各类文化活动453场、文化讲座82场。民营组织举办文化活动289场。为海淀第四福利院、儿童福利院等送电影6000场次，组织益民书屋管理员培训班，完成15家北京市公共图书馆“一卡通”分馆的建库工作，完成8家社区数字文化社区基础设施建设。在35家高新技术企业、来京务工人员聚集地设立艺术培训点，举办低收入人群免费培训班83期。举办首届中关村图书节。开展“科技进客厅、艺术上炕头”文明新春系列活动，举办“为农村暑期学生送艺术”活动。各项文化惠民活动受惠群众累积达215余万人次。全区共放映电影场21.1万场次，观影约843万人次，票房约3.5亿元，营业总收入约4.2亿元。共审批营业性演出120项1323场次。

（陈魁）

【推出精品文化项目】 举办第二届中关村青年艺术节，30万人次参加。开展首届海淀千人“文化之星”评选活动。举办沉香越千年——海淀历史文物展、世界流通硬币个人收藏展、明清家具展等文化展览。举办“艾砂、马乙亚文学创作70周年”研讨会、“海淀六十景诗书画展览”、“栖情翰墨——张书范书法展”等文学文艺活动。编辑完成《纳兰性德研究论文集》和《说不尽的纳兰性德》，举办纳兰性德学术交流会，拍摄《纳兰性德在海淀》电视片并在凤凰卫视播出。出版郭宗忠诗集《隔世故乡》。支持航天国乐在国家大剧院演出、国家图书馆举办纪念《延安文艺座谈会讲话》发表70周年专项展览等项目和活动。圆明园题材电影《十二生肖》在全球公映。拍摄完成体现海归科学家在中关村创业的电视剧《返航》。北京人艺创作的话剧《海淀之北》（又名《北京有个中关村》）、北京京剧院创作的《云之上》、北京东兰数码演剧社创作的话剧《中关村那些事》等上演，获得各界好评。

（陈魁）

【理论学习与宣传】 举办区级中心组学习14次，其中区处中心组联学9次。推动理论在全区普及，以“周末社区大讲堂”为基础，以《理论热点面对面·2012》等学习资料为补充，面向全区社区群众和企业职工，理论宣讲和理论普及不断深入人心。借助北京市哲学社会科学对策研究海淀基地的平台，推动区域发展、产业发展、历史文化、宣传思想工作规律、党建动态的研究。结项完成市级哲社课题并出版《海淀历史文化研究》一书。中关村海淀园开通“党员学习 e 平台”，利用互联网、移动通讯及现代信息技术，为党员干部搭建“空中网络学习平台”。

（陈魁）

【新闻宣传与舆论引导】 全年在市级以上媒体刊发稿件达 3000 余篇次，位居全市各区县前列。围绕重大主题，与中央和市级主流媒体、市级都市媒体及各大门户网站的合作，组织各类新闻发布会、集体采访、领导专访等 100 余次，逐步形成新闻办搭台、职能部门唱戏、新闻媒体宣传放大的新闻外宣会商机制。更新“海淀在线”政务微博，互动网民达 30 余万名，位居全市政务微博第二位。推动三级新闻发布制度和新闻发言人队伍建设。贯彻落实“三贴近”原则，开展“走转改”活动，海淀有线电视、《海淀报》、《城市周刊》、海淀在线网站充分发挥了舆论引导作用。

（陈魁）

【社会主义核心价值体系宣传教育】 弘扬北京精神，制作街面宣传横幅 1 万余条，建设一批北京精神永久性标识文化墙，组织群众参加践行北京精神、弘扬雷锋精神活动，在全区营造宣传氛围，提升市民对北京精神的知晓率、认同度。组织开展“喜迎十八大 建功核心区”主题宣传实践活动。加强重要节庆、传统节日的宣传教育活动，弘扬爱国主义和优秀民族传统文化。完成申报市级爱国主义教育基地的相关工作，4 个单位获得命名。完成文化科技卫生“三下乡”活动。以社会主义荣辱观为引领，开展社会公德、职业道德、家庭美德、个人品德教育。加强公共文明引导，深化“做文明有礼北京人”活动。推进未成年人思想道德建设。牵头完成全区公务员学外语培训。

（陈魁）

【舆情信息】 向中宣部直报舆情信息 3000 余条，被采用 400 余条，获中央领导批示 9 条。参加中宣部专题舆情分析会 3 次，完成中宣部交办的专题任务 25 次。十八大舆情分析报告、全国“两会”前夕舆情形势分析、市第十一次党代会前夕首都地区社会舆情分析等报告获得中宣部、市委的高度肯定。在 2012 年全国舆情信息工作会上，作为唯一一家社会舆情直报点作大会发言，获得中宣部领导的肯定批示，成为全国舆情信息先进直报点。加强对区委区政府的舆情服务，围绕突发敏感事件，做好舆情跟踪、分析、研判和应对建议等工作。将舆情刊物纳入《海淀信息》系列，增加《舆情快报》报送频率为一日两报，开设“社会舆情”、“文明观察”和“微博海淀”栏目，编报 429 期，获区领导批示 360 余条。编报《舆情内参》49 期，26 期获区领导批示。编报《舆情专报》30 期。指导 11 家单位开展基层舆情培训。编发《海淀舆情》刊物 12 期。全区“大舆情”工作格局进一步完善。

（陈魁）

【举办214场周末社区大讲堂】 本年，地区被评为 2012 年度北京周末社区大讲堂组织工作先进单位。北京周末社区大讲堂活动是由市委宣传部、市委社会工委、市社科联联合全市十六区县共同举办、旨在普及科学知识、弘扬科学精神，提高全民科学素养、丰富人民精神生活的全市性活动。本年，地区 22 个街道、7 个镇参加大讲堂活动，共举办 214 场大讲堂和 41 场十八大专题社区报告会。

（陈魁）

纪检监察

【概况】 中共海淀区纪律检查委员会是本区负责维护党的章程和其他党内法规，检查党的路线、方针、政策和决议的执行情况，协助区委加强党风廉政建设和组织协调反腐败工作的领导机关。海淀区监察局是负责本区行政监察工作的政府部门。区纪委与区监察局合署办公。区行政投诉中心是负责受理全区行政投诉案件的政府工作部门，设在区监察局。

2012 年，区纪委、监察局落实中央、市、区关于反腐倡廉的决策部署，加大惩治和预防腐败工作力度，着力解决反腐倡廉建设中群众反映强烈的突出问题，党风廉政建设和反腐败工作取得成效。

（刘梦瑶）

【区纪委十一届二次全会召开】 2 月 9 日至 10 日，海淀区纪委十一届二次全会暨全区党风廉政建设工作会召开。会议传达学习胡锦涛总书记在十七届中央纪委七次全会上的讲话和十七届中央纪委七次全会、市纪委十届八次全会精神，审议通过区纪委常委会所做的题为《深入推进党风廉政建设和反腐败工作为建设环境优美和谐宜居的高科技核心区提供有力保障》的工作报告。报告提出 2012 年工作的总体要求是深入推进惩治和预防腐败体系建设，着力解决反腐倡廉建设中人民群众反映强烈的突出问题。重点突出五个方面工作：第一，在反腐倡廉建设中大力践行北京精神；第二，加强对市委市政府和区委区政府决策部署执行情况的监督检查；第三，解决人民群众反映强烈的突出问题；第四，扎实推进预防腐败各项工作；第五，加强对查办违纪违法案件的领导。区四套班子领导、区属各单位党政正职、区纪委委员、各单位主管纪检监察工作的负责人等500余人参加大会。

（孙腾飞 刘梦瑶）

【举办预防职务犯罪警示教育案例展】 7月27日，区检察院和区纪委联合在区政府第一办公区启动“惩治贿赂犯罪，维护公平竞争秩序”预防职务犯罪警示教育案例展。当日，100余名处级以上干部和有关企业领导干部参观展览。本次警示教育展览结合地区特点，在分析地区近五年来贿赂类犯罪基本情况与特点的基础上，介绍贿赂犯罪的主要罪名、立案标准，列举出贿赂犯罪最为集中的高校管理、产品采购、工程建设、金融投资等六个环节34个案例。展览为期三个月，采取定点展出和各单位巡展相结合的方式，面向海淀区的国家机关、国有企事业单位。

（刘中发 徐云）

【监督检查】 督导检查十八大安保专项行动的落实情况。对加快转变经济发展方式、固定资产投资落地、北部地区开发、土地卫片执法、平原造林工程、地区防汛等16项重点工作开展监督检查。全年共进行监督检查65次，发现并纠正政策落实、资金管理、项目实施等方面问题。完善监督检查工作机制，协调制定全社会固定资产投资推进、违法用地责任追究、违法建设专项考核等监管制度和纪律规定，构建监督检查长效机制。

（刘梦瑶）

【案件查办】 本年，全区纪检监察组织受理信访举报771件次。立案25件，结案16件，党纪处分15人。建立与区检察机关、审判机关的案件线索移送和案件会商论证机制。制定信访举报工作目标管理考核评价办法，提升信访举报规范化水平。

（刘梦瑶）

【政风行风建设】 开展“加强政风行风建设提升为民服务水平”活动，治理慵懒散和不作为、乱作为等行为。加强对外服务电话专项治理，首次引入第三方社会调查机构对62个单位的291个基层科队站所（服务窗口）进行满意度考评，“一对一”反馈通报考评结果，督促各单位整改问题。对141所中小学教师绩效工资落实情况和34所学校教育收费情况进行重点检查，查办学校违规招生案件。做好违规公务用车的清理纠正工作。受理政风行风热线群众反映问题1260件，行政投诉226件次，涉及违法建设、公共服务、社会保障等方面群众反映强烈的热点难点问题。

（刘梦瑶）

【廉政建设】 采取党纪条规测试、法院庭审旁听、预防职务犯罪图片展等方式，继续开展示范教育、警示教育、岗位廉政教育。举办廉政书画作品笔会和巡展，开展廉政文化品牌创建活动，培育“红诺中关村”、“甘家口廉政微博”等8个示范点。对廉政准则落实情况进行监督检查。以“六个一”活动①为载体，学习宣传贯彻农村基层干部廉洁履行职责若干规定。清理规范农用地租赁合同1666份，首次引入社会审计机构对94个村级集体经济组织进行审计。出台巡视工作暂行规定，对18个处级领导班子及其成员开展巡视监督，提出工作建议81条。全年共对648名区管干部进行廉政审查。

（刘梦瑶）

① “六个一”活动：指组织一次集中学习，开辟一片宣传阵地，组织一次专题辅导，开展一次自查自纠，完善一系列配套制度，强化一系列监督检查。

【廉政风险防控】 本年，制定下发《关于进一步加强廉政风险防控管理工作的实施意见》，分类培训指导21家试点单位，清理涉权事项3128项，制定集体决策事项316项。加强对老旧小区综合改造、核心区自主创新和产业发展专项资金等重大事项的项目化管理，提升廉政风险防控水平。全区4811个基层党组织全部实现党务公开。公开61家政府部门预算情况，在全市各区县中率先将“三公”经费预算及执行情况提交区人大常委会审议，增加预算支出透明度。开展政务公开国家级试点，全面清理规范政府信息公开、行政职权和便民服务事项1198项。固定资产投资审批试点部分区级行政审批权限向街镇下放。督促解决186个预警事项。

（刘梦瑶）

【视频监察中心上线试运行】 12月，区视频监察中心上线试运行。监控对象为中关村国家自主创新示范区核心区企业服务中心和区人力社保局、区住建委、青龙桥街道办事服务大厅，监控内容涵盖劳动人事争议仲裁、建筑企业资质审批、个人社保办理等30余项行政审批、许可事项的办理过程，具备内容实时监控和视频回放取证两大功能，可有效对办事窗口服务态度、服务质量、服务效果进行检查评估、督查整改和绩效考核。

（刘梦瑶）

统一战线

【概况】 中共北京市海淀区统一战线工作部是负责本区统一战线工作的区委机构。中共海淀区委台湾工作办公室挂海淀区政府台湾事务办公室牌子（简称区台办），是区委、区政府负责本区对台工作的机构，与区委统战部合署办公。2012年，全区统一战线贯彻落实全国、市统战部长会议精神，把握大团结大联合主题，创新工作思路，不断提升统战工作水平。

（王彩虹）

【举办“北京精神”大讲堂活动】 3月29日，区委统战部举办统一战线践行“北京精神”大讲堂活动。海淀区基督教“三自”爱国运动委员会主席、基督教海淀堂主任牧师吴伟庆、北京仁创科技集团董事长秦升益、上地街道树村社区居委会党支部书记高甦民、北京集美家居市场集团总裁赵建国分别作了践行“北京精神”主题发言。全区统战成员、各民主党派、工商联、无党派、台胞侨胞及统战干部500余人参加大讲堂活动，进一步提高统一战线成员对“北京精神”内涵及意义的理解。

（王彩虹）

【成立新的社会阶层人士联谊会】 7月6日，海淀区召开新的社会阶层人士联谊会成立大会。会议审议通过北京市海淀区新的社会阶层人士联谊会章程，选举产生第一届理事会会长、副会长、监事长和秘书长。本届联谊会有理事77名。通过联谊会发现和选拔培养党外代表人士，广交党外朋友，了解和掌握党外人士思想动态，沟通情况，听取党外人士意见建议，为统一战线可持续发展提供人才支持。

（王彩虹）

【举办社会领域统战工作培训班】 7月24日至27日，海淀区举办加强和改进社会领域党的统战工作专题研讨班，各街、镇、重点委办局主管统战工作的领导和统战干部近60人参加学习。研讨班围绕统战工作主题主线，邀请中央统战部、中央党校、中央社会主义学院、北京联合大学的领导和教授就学习贯彻中发4号文件、市委7号文件、同心品牌建设、社会领域统战工作、中国现阶段民族宗教问题、台海形势等做辅导和培训。

（王彩虹）

【《中共海淀区委关于贯彻落实〈中共中央关于加强新形势下党外代表人士队伍建设的意见〉的实施意见》发布】 7月27日，《中共海淀区委关于贯彻落实〈中共中央关于加强新形势下党外代表人士队伍建设的意见〉的实施意见》发布。意见提出深刻认识加强党外代表人士队伍建设的重要意义、党外代表人士队伍建设的总体思路和要求、全面加强党外代表人士队伍建设总体部署、健全完善党外代表人士队伍建设的体制机制、加强和改善党对党外代表人士队伍建设的领导等五个方面、18条贯彻落实措施。

（王彩虹）

【区领导与党外人士谈心】 8月25日，区委书记隋振江，代区长孙文锴与区各民主党派主委、工商联主席、无党派及新的社会阶层代表人士举行谈心活动。区领导向党外代表人士通报了海淀区2012年上半年经济社会运行情况和下半年的工作重点，并对党外代表人士践行“同心”思想提出三项要求：学习胡锦涛总书记“7·23”讲话精神，以同心思想为引领、不断增进政治共识；以同心实践为主题，助推海淀科学发展；以同心思想为导向，切实加强党外代表人士队伍建设。党外代表人士就海淀区经济建设和社会发展的重点、难点问题发表意见建议。

（王彩虹）

【“交流与共享”台湾参访团到访】 9月6日，市政协副主席、台盟北京市委主委蔡国雄带领“交流与共享”台湾参访团来地区参观考察。“交流与共享”研讨会是拓展京台交流的重要渠道之一，也是京台两地政党、社团的交流平台。参访团参观了清华大学校园、清华图书馆保钓展览及清华校史馆以及台资企业，并与台资企业负责人进行交流。

（王彩虹）

【中共海淀区委确立常委联系民主党派制度】 9月14日，为贯彻落实中央4号文件精神，加强与党外代表人士的联谊交友工作，中共海淀区委确立常委联系民主党派的工作制度，9名常委分别联系8个民主党派地方组织和区工商联。

（王彩虹）

【举行学习十八大精神报告会】 11月20日，海淀区在海淀工人文化宫举行海淀区统一战线学习十八大精神报告会，邀请中央党校教授蔡志强作十八大精神辅导报告。海淀区各民主党派、工商联及其他各界统一战线成员近400人参加。

（王彩虹）

【海淀地区海外联谊会换届】 12月12日，北京市海淀地区海外联谊会召开第七届理事大会暨换届大会。会议听取了海淀区海外联谊会第六届理事会工作报告，审议并通过《北京市海淀地区海外联谊会第六届理事会工作报告》和《北京市海淀地区海外联谊会章程修改草案》。选举产生第七届理事会会长、副会长、监事长和秘书长。

（王彩虹）

【成立党外知识分子联谊会】 12月16日，北京市海淀区党外知识分子联谊会成立大会召开。大会通过《北京市海淀区党外知识分子联谊会章程》，选举产生第一届领导班子。成立海淀知联会，旨是在加强海淀各界党外知识分子的联谊交流，团结和支持广大党外知识分子。第一届理事会共有理事129人，来自包括驻区高校、科研院所，以及海淀园、国资委、教工委和公共委（卫生局）等73个单位或部门。

（王彩虹）

【践行同心思想】 本年，举办5期“同心·大讲堂”活动，全区统一战线1600余人次参加；组织“同心·绿化”活动，与党外人士共同种植象征多党合作事业欣欣向荣的“同心林”；实施“同心·感恩”行动，引导非公经济人士参与回报社会的感恩行动，捐款2772万元；打造“同心·手拉手”品牌。巩固各民主党派、工商联与北部四镇开展“手拉手”活动成果，为北部生态科技新区建设做出贡献。

（王彩虹）

【党外代表人士队伍建设】 本年，确定“1020”的增长计划，开展民主党派“312”、新的社会阶层“135”和无党派“512”三大工程建设。通过三大工程建设形成30名主委、100名委员、200名中青年骨干的结构；形成100名非公经济企业家、30名职业经理人、50名中介组织党外代表人士的布局；形成50名代表人士、100名后备队伍、200名经常联系对象的梯队，确保全区党外代表人士在现有基础上增长10%，党外后备人士在现有规模上增长20%。68名党外人士进入处级后备干部名单。推进党外干部挂职锻炼。政府部门担任领导职务的党外人士11人，其中正处1人。落实《海淀区党外人士2007—2012培训纲要》，全年举办6期各类培训班。成立海淀区新的社会阶层人士联谊会和海淀区党外知识分子联谊会，作为发现培养代表人士，开展社会领域统战工作的重要渠道。3名党外人士获2012年北京市有突出贡献的科学、技术、管理人才的称号，2家非公企业获得全国工商联“科技进步奖”，1人被评为2012年度中华全国工商业联合会科技创新企业家奖。

（王彩虹）

【坚持和完善多党合作制度】 全年召开区委协商会5次、通报会2次、党外代表人士座谈会16次、党派联席会4次，举办谈心活动1次。区委书记、区长与民主党派、无党派人士就海淀区经济社会发展进行谈心活动，区委常委分别与联系的民主党派、工商联进行座谈。地区162人进入民主党派、工商联市级以上领导班子，其中民主党派中央副主席1人，党派市委副主席20人。96人进入市级以上人大、政协，其中全国人大代表3人，全国政协委员21人，北京市人大代表20人，政协委员52人；向区监察局推荐海淀区第七届特约监察员人选44名。

（王彩虹）

【民族宗教工作】 发挥民族工作重点街道、社区和民族村示范辐射作用，开展民族宗教政策法规知识宣传教育。继续开展基督教专项治理，全年共召开宗教专项工作会议6次，协调相关力量妥善处理3起宗教突发事件，全年没有形成聚集。慰问宗教活动场所12处，看望宗教界代表人士10人次。培训宗教教职人员和信教群众骨干约1000人次。

（王彩虹）

【促进非公经济发展】 工商联与相关委办局、高校、金融机构联合开展中国企业新领袖成长计划。组织促进企业上市、中小企业私募债等专题培训。举办促进中小微企业融资对接、内地企业香港上市、新三板上市研讨会等活动。组织60余家会员企业参加首届中国（北京）国际服务贸易交易会、2012海内外知名企业家齐鲁行等招商引资和考察活动，为非公企业协调解决发展中遇到的困难和问题。成立14个地区工商联（商会）分会，吸纳会员近千人。地区工商联基层组织建设经验在全国工商联基层建设经验交流会上作典型发言。

（王彩虹）

【对台工作】 开展涉台教育。区委党校开设“两岸文化交流的现状与发展趋势”、“两岸科技合作的前景与意义”等多个对台教学专题，并获得北京市第一家“北京市涉台教育进党校先进单位”的称号。育英学校被授予“北京市青少年涉台教育基地”称号。加强对台经济合作，坚持“区领导接待台商日”活动，新增台资企业12家。优化涉台发展环境，维护涉台稳定。区台办共接到区内台胞、台商投诉、求助26起，结案率100%。开展对台交流活动。接待“交流与共享”台湾参访团等多个来访团，主办“两岸本土文化美术课程研讨会”，区青年交流团赴台考察交流。全年共办理赴台审批307件，600余人次。加强与代表性台商、台资企业的联系，关心台胞的生活，为他们解决困难。海淀地区海外联谊会开展招商引资、招才引智活动，进一步拓展与港澳海外的联络联谊渠道。

（王彩虹）

【科研成果】 被《中国统一战线》、《中央统战部调查研究》、《首都统战之窗》、海淀新闻媒体采用稿件20余篇。报送信息355条，其中2条被中央领导批示，3条被区领导批示。地区信息工作被市委统战部评为2012年度优秀信息特等奖。2012年民主党派共申报完成区级调研课题24项，其中8项为全区重点调研课题。区委统战部撰写的《海淀区党外代表人士情况研究》获市委统战部调研成果二等奖；区台办撰写的《大陆对台集成电路产业合作交流政策沿革、现状及发展机遇》获市涉台调研一等奖。

（王彩虹）

调查和政策研究

【概况】 中共北京市海淀区委、北京市海淀区人民政府研究室（简称区委区政府研究室）于2009年9月30日成立，是承担全区综合性政策研究和咨询服务的区委机构。2012年，区委区政府研究室形成各类文稿和报告240余篇近90万字，开展和参与调研活动共计150余人次，启动全区152项调研课题的跟踪管理服务工作。编印《海淀研究》7期，增发专刊1期。编辑《2010–2011年优秀调查研究课题集》《2011年海淀区调查研究重点课题集》《2011年海淀区调查研究关注课题选编》。在各类媒体刊载调研报告或理论文章20余篇。

（孙旭）

【调查研究工作协调联席会召开】 5月4日，2012年海淀区调查研究工作协调联席会议召开。会议重点讨论《中共海淀区委海淀区人民政府关于进一步加强和改进调查研究工作的意见（征求意见稿）》、《全区2011年调研工作总结及2012年工作安排》，表决通过《2010–2011年海淀区调查研究工作先进单位和优秀调研成果建议名单》《2012年全区调查研究重点课题和关注课题立项方案》。

（孙旭）

【调查研究工作会召开】 5月22日，海淀区2012年调查研究工作会召开。会议总结2011年全区调查研究工作，安排部署2012年调研工作计划，表彰25家2010–2011年度调查研究工作先进单位和52篇优秀调研成果。

（孙旭）

【完成9项课题研究】 本年，形成调研报告9篇近10万字。即：完成《海淀区城乡交叉管理地区强化基层组织功能，提升统筹管理能力》课题；牵头完成区委书记主持的《海淀“三山五园”历史文化景区建设研究》、区长主持的《海淀区利用集体土地发展高端产业的探索与实践》课题研究。配合有关部门推进《加强社会工作者人才队伍建设》、《城乡接合部重点村城市化后续发展》、《文化与科技融合发展》、《现状保留村庄就地改造模式研究》、《落实属地常态化维稳责任工作机制研究》、《国家重点高新区政策对比分析》等课题研究。

（孙旭）

【调研课题管理】 开展涵盖全区工作各个领域的课题调研，加强对课题的组织、管理、服务。协助四套班子领导选定年度调研课题37项、区属单位主要负责人选定课题115项，并跟踪课题进展情况。通过主持召开座谈会、到基层调研等形式，加强对课题研究工作的业务指导，协调解决有关问题。加强与国家行政学院、中关村管委会、北京师范大学、北京城市学院等区域单位课题沟通与合作。

（孙旭）

区直属机关党建

【概况】 中共海淀区委区直属机关工作委员会是负责领导直属机关党的工作的区委派出机构，领导70家机关基层党组织（含9个机关党委、21个直属机关党总支、40个直属党支部），所属党员8604名，在职党员5873名，离退休党员1378名，其他存档党员1353名。机关纪工委、机关工会、机关团工委、机关妇工委4家机构隶属区直机关工委，下辖50家机关工会分会（小组），工会会员1980名；17家机关基层团组织，共青团员400名。

2012年，区直机关工委开展基层组织建设年活动；常态化抓好“创先争优”党建精品示范项目和“六查六比六争当”优质服务活动；落实“三个服务”，即党组织为所属基层党组织服务、党组织为党员服务、党组织和党员为人民群众服务；做到“四个率先”，争创“五型”机关党组织，即勤奋学习、改革创新、高效服务、清廉节约和健康文明的党组织；推进机关党的思想、组织、作风、反腐倡廉和制度建设等活动。

（韩晓迪）

【开展基层组织建设年活动】 以“基层组织建设年”活动为契机，开展“创先争优”和优质服务活动，在窗口单位和服务行业设立323个党员先锋岗、206个党员责任区，创立80个优质服务品牌；表彰23个区直机关“创先争优”

先进基层党组织、173 名“创先争优”优秀共产党员。区人力社保局职介管理服务党总支被评为市级“创先争优”先进基层党组织，国税局刘群英被评为北京市“群众心目中的好党员”及北京市“创先争优”优秀共产党员，13 个集体、13 名个人获海淀区“创先争优”先进基层党组织、区级优秀共产党员等称号。

（韩晓迪）

【学习型党组织建设】 学习宣传贯彻落实党的十八大和市第十一次党代会精神，推进学习型党组织建设。全年组织机关工委中心组学习 9 次。举办机关党组织书记及党务干部培训班 6 次、发展对象培训班 3 次，培训 1000 余人次；召开学习型支部、学习型党员经验交流会，共有23家机关单位被评为区级创建学习型组织先进单位，5 家单位被评为区级创建学习型组织示范单位。参与创建全国文明城区建设，11 家单位被评为首都精神文明标兵单位。

（韩晓迪）

【党代表选举】 年内，完成区直属机关系统出席党的十八大和北京市第十一次党代会代表的推荐、提名、选举工作，选举产生党的十八大代表 2 名，市第十一次党代会代表 25 人。

（韩晓迪）

【组织建设】 完成区直机关基层党组织分类定级工作，基层党支部被评定为“好”的占 79.8%，“较好”的占 18.6%，“一般”的占 1.6%。梳理和分析自身在基层党组织建设中存在的突出问题，抓好整改落实，进一步提升基层党组织的战斗力。所属 72 家党组织调整为 70 家，科委转到海淀园工委，房管局并入住建委。全年发展党员 215 名、转接组织关系 810 人次。开展党性党风党纪教育和反腐倡廉教育。处理 6 名党员。

（韩晓迪）

【关爱工程】 继续推进“1+1”手拉手献爱心、“城乡携手、共建文明”、“拉手共建城乡党建”等帮扶活动，组织开展“共产党员献爱心”活动，共募集善款 398900 万元；为灾区捐献衣被 5000 余件。

（韩晓迪）

【群团工作】 推进党建带工建、带团建、带妇建工作，举办以“弘扬北京精神，建设和谐海淀”为主题的海淀区第二届运动会暨区直机关第十六届运动会；举行庆祝建国 63 周年机关干部“升国旗、唱国歌”活动，开展羽毛球、乒乓球、游泳、登山、健康讲座等文体活动，推进机关群团工作。

（韩晓迪）

机 构 编 制

【概况】 海淀区机构编制委员会办公室（简称区编办）是海淀区机构编制委员会的常设办事机构，负责本区行政管理体制改革以及机构编制日常管理工作。

（刘森）

【组建城市管理监督与应急指挥中心】 1 月 4 日，为加强城市管理和安全体系建设，提升区级应急作战指挥统筹协调能力，根据市编办《关于同意调整海淀区城市管理监督与应急指挥机构设置的函》，整合北京市海淀区城市管理监督指挥中心与北京市海淀区突发公共事件应急委员会办公室（北京市海淀区应急指挥中心），组建海淀区城市管理监督与应急指挥中心，加挂北京市海淀区突发事件应急委员会办公室牌子，为区政府正处级行政机构，代表区政府行使城市管理监督与应急管理工作职能。

（刘森）

【成立循环经济产业园管理中心】 1 月 5 日，根据市编办《关于成立北京市海淀区循环经济产业园管理中心的函》，经 2011 年 10 月 9 日区编委会研究决定，成立北京市海淀区循环经济产业园管理中心，为区政府直属相当副处级事业单位，经费形式为全额拨款，归口区市政市容委管理，将原由区环境卫生服务中心承担的有关垃圾后端处理职责划入。区循环经济产业园管理中心以市场化的方式引入企业对各终端设施进行建设、运行、管理。

（刘森）

【旅游局更名为旅游委】 1 月 13 日，为强化统筹协调地区旅游产业发展和旅游资源开发利用职能，根据市编办《关于同意北京市海淀区旅游局更名的函》精神，经研究决定，将北京市海淀区旅游局更名为北京市海淀区旅游发展委员会（简称区旅游委）。

（刘森）

【整合卫生局和公共委】 2 月 9 日，区编委会决定整合区公共委、区卫生局两家单位领导班子，实行一套领导班子、两支业务队伍、两块机构牌子，以统筹医疗卫生行业管理资源，解决区公共委和区卫生局之间工作缺位与越位等问题。6 月 2 日，经区政府批准，两家单位新的“三定”规定予以印发。

（刘森）

【整合信息化工作机构】 2 月 9 日，区编委会研究决定，将海淀区政府信息化工作办公室（简称区信息办）并入海淀区经济和信息化办公室（简称区经济信息化办），并保留区信息办的牌子，即在海淀园管委会企业发展促进处加挂区经济信息化办和区信息办两块牌子，撤销设在区政府办的区信息办。

（刘淼）

【推进事业单位分类改革】　3月至7月，根据中央和北京市关于分类推进事业单位改革的有关精神，区编办牵头推进地区重点领域事业单位分类改革工作。起草《海淀区推进城市管理重点领域事业单位改革工作方案》及《海淀区推进城市管理重点领域事业单位改革实施建议（征求意见稿）》，提出先行推进市容环卫、道路养护、园林绿化、房地产经营管理等重点领域事业单位的改革，推动地区城市建设和城市管理效果的全面提升。

（刘淼）

【清理规范处级事业单位】　6月至11月，根据市编办《关于同意海淀区所属处级事业单位清理规范方案的函》精神，对涉及地区的30家处级事业单位进行再次梳理，编制《海淀区处级事业单位基本情况一览表》，为事业单位科学分类奠定基础。

（刘淼）

【实施事业单位网上登记管理】　9月，按照中央编办和市编办关于推进事业单位网上登记工作的要求，对区属事业单位开展网上登记管理培训。自2012年9月起，地区全面实施事业单位网上登记管理。

（刘淼）

【事业单位登记管理】　全年办理法人设立登记6家，变更登记104家，注销登记14家，年检合格801家，收缴印章27枚。

（刘淼）

老干部工作

【概况】　中共海淀区委老干部局是区委、区政府服务管理全区离休和副处以上退休干部工作的职能部门，下属海淀区老干部活动中心，负责海淀老龄大学挂靠管理工作。截至年底，全区有离休干部878人，易地来京安置离休干部108人；副处以上退休干部1257人。

本年，全区老干部工作以深化“创先争优”活动为主线，落实离退休干部政治待遇和生活待遇，引导老干部发挥优势作用，加强老干部活动中心、老龄大学工作，提升老干部工作队伍素质，提高老干部工作科学化水平。

离退休干部政治待遇　深化“创先争优”活动，推进离退休干部“两项建设”[①]。依托老干部党校和社区课堂，举办党支部书记培训班、座谈会、形势报告会、专题讲座。组织离退休干部学习贯彻党的十八大精神，定期向老干部通报情况、传达重要文件和会议精神。组织百名副处以上退休干部赴广西开展“共享改革成果，喜看祖国新颜”主题活动。参加各类学习培训老同志达1000余人（次）。组织离退休干部参与“‘北京精神’我践行，“创先争优”乐晚年”主题活动。对离退休干部党支部自身建设和开展“创先争优”活动情况进行调研、指导。鼓励支持离退休干部在建设中关村科学城、北部生态科技新区、“三山五园”历史文化景区和创建全国文明城区中建言献策。为庆祝党的十八大召开和海淀区建区60周年，区委组织部、宣传部、老干部局联合主办、海淀老龄大学承办编制《海淀美·美在海淀》图文集。通过北京电视台《晚晴》栏目、《北京党建》数字电视、《海淀老干部》杂志及海淀有线电视台等媒体宣传离退休干部先进典型。

离退休干部生活待遇　巩固和完善离休干部“三个机制”[②]，保障离休干部生活待遇落实到位。全年共计完成24位区属离休和处退干部大额医疗费自费部分共计45万余元自费单据审核工作，自费补助报销合计近4万元。完成离休及副处级以上退休干部的体检工作，参检1800余人。接待老干部工作人员、老干部及其家属的来信、来访、咨询共1500余人（次）。协同代管单位，做好易地来京安置离休干部服务管理工作。做好易地老干部工作单位的来访接待、情况通报和易地离休干部医疗统筹工作。做好全区离休和副处以上退休干部数据库的更新维护，提高基础资料的准确度。做好重大节日和老干部重病期间的走访慰问。走访慰问老干部3500余人（次），送慰问品（金）近360万元。走访慰问老红军、老八路、四套班子老领导、特殊困难老干部以及部分住院老干部390余人次，送去慰问品、慰问金总计60余万元。

利用社区资源做好离退休干部服务工作　开展以紫竹院街道三虎桥社区为典型的示范社区先行试点。抓好老干部党校社区课堂建设工作，截至年底，全区社区课堂达到69个。贯彻落实《关于做好本市离休干部社区卫生服务工作的通知》精神，向居住在地区的4000多名离休干部送达告知信，有1766名离休干部与所在街道的社区卫生服务中心签订《北京市社区卫生服务机构家庭医生式服务协议书》。组织部分街道、镇主管领导考察、调研，探索社区服务离休干部助老员的新做法。

举办老干部“喜迎党的十八大，创先争优乐晚年”书画、摄影展，老干部文艺汇演，第26届老干部运动会，重

[①] 两项建设：思想政治建设，党支部建设。

[②] 三个机制：离休费保障机制，医药费保障机制，财政支持机制。

阳健步游园活动；参加首都老干部“永远跟党走”喜迎十八大文艺演出；组织老干部长青艺术团参加市、区文娱、健身项目展示活动。区老干部活动中心接待2万余人（次）。

（王瑛）

【第 25 次老干部座谈会召开】 1月18日，海淀区第25次老干部座谈会召开，区四套班子领导及四套班子老领导、区委老干部工作领导小组成员单位、全区各单位主要领导、老干部工作主管领导、工作人员和离退休干部代表参加大会。会议传达了北京市第25次老干部座谈会精神，介绍了海淀区2011年经济社会的发展状况。区委老干部工作领导小组做题为《服务为本 创先争优 推动老干部工作新一轮的科学发展》的工作报告，部署了2012年的工作任务。全国老干部先进个人以及市先进典型在会上发言。

（王瑛）

【举行老干部第 26 届文艺汇演】 5月24日，以“喜迎党的十八大 创先争优乐晚年”为主题的海淀区老干部第26届文艺汇演在区老干部活动中心举行。全区17个基层单位的300多名老干部参加汇演。汇演评选出优秀奖3名、风采奖3名、创作奖1名、组织奖10名。

（王瑛）

【离退休干部“创先争优”表彰会召开】 6月26日，海淀区离退休干部纪念建党91周年暨“创先争优”活动表彰会在区老干部活动中心召开。区四套班子老领导，区属各单位离退休干部党支部书记，老干部工作主管领导及工作人员，受表彰的先进离退休干部党支部、优秀离退休干部党员等近200人参加会议。会议宣读区委组织部、区委老干部局《关于表彰海淀区“创先争优”活动先进离退休干部党支部和优秀离退休干部党员的决定》，对21个先进离退休干部党支部和58名优秀离退休干部党员进行表彰。有3个离退休干部党支部和6名离退休干部党员被评为北京市“创先争优”活动先进支部和优秀党员。

（王瑛）

【举办老干部工作人员培训班】 7月11日至13日，2012年海淀区老干部工作人员培训班在北京声屏苑培训中心举办，70个单位的老干部工作人员参加培训。培训班对参培人员做了居家养老政策解析和《公务礼仪》培训。

（王瑛）

【老领导暑期座谈会召开】 7月23日，区四套班子领导与老领导暑期座谈会召开。22位区领导和23位老领导参加会议。会议由区委书记隋振江主持。会上，代区长孙文锴代表区委、区政府通报全区上半年工作情况和下半年工作安排。区委常委、组织部部长、统战部部长杨智慧通报2011年区四套班子老领导在暑期座谈会上所提意见建议的办理情况。

（王瑛）

【举办第 26 届老干部运动会】 10月10日，海淀区第26届老干部运动会在海淀区体育场举行。区属91个单位的1600余名离退休干部参与沙包、门球过门、足球射门、台球等8个个人项目和1个集体项目的比赛。

（王瑛）

党校（行政学院）

【概况】 中共海淀区委党校与海淀区行政学院、海淀区社会主义学院合署办公，是一个机构三块牌子的全额拨款事业单位。党校培养全区党政领导干部和理论干部；行政学院承担全区公务员培训任务；社会主义学院负责培训中共统一战线工作干部和民主党派、无党派干部并开展理论研究工作。2012年，完成各级各类培训班127期，培训7921人次。

本年，区委党校开展对各级干部科学发展观的理论培训，举办海淀区处级领导干部学习贯彻党的十八大精神专题研讨班。重点开发具有区域特色的专题课程。在注重提高讲授式教学质量的同时，推广互动性强、学员参与度高的教学方式，案例式、现场式、情景模拟式等占到全部课程的33%。

（贾俊 赵燕）

【开办 46 期主体培训班】 本年，党校（行政学院）完成各类主体培训班46期，培训学员3002人次。

1.第二十九期正科级公务员任职培训班，3月5日—3月30日，学员36人。

2.第一期新任正处级领导干部任职培训班，3月12日—3月16日，学员20人。

3.第一期新任副处级领导干部任职培训班，3月12日—3月16日，学员33人。

4.2012年正处级后备干部培训班，3月12日—4月20日，学员35人。

5.2012年处级干部进修班一班，3月12日—4月13日，学员28人。

6.四川广安、青海海西班，3月12日—4月1日，学员20人。

7.安全生产专题研讨班，3月19日—3月30日，学员26人。

8.2011年度第一期军转干部培训班，4月9日—4月13日，学员40人。

9.2011年度第二期军转干部培训班，4月16日—4月20日，学员52人。

10.2011年度第三期军转干部培训班，4月23日—4月27日，学员63人。

11.第二十二期副科级公务员任职

培训班，5月7日—6月1日，学员68人。

12.反腐倡廉建设专题培训班，5月14日—5月25日，学员59人。

13.社会建设与管理专题研讨班，5月28日—6月1日，学员45人。

14.2012年第一期公务员任职培训班，6月4日—6月15日，学员108人。

15.2012年处级干部进修二班，6月11日—7月13日，学员52人。

16.国有企业经营管理创新专题研讨班，6月11日—6月14日，学员54人。

17.新闻发言人专题研讨班，6月18日—6月21日，学员59人。

18.税源建设与企业服务专题培训班，7月11日—7月13日，学员68人。

19.第一期广西来宾处级干部培训班，7月11日—7月14日，学员9人。

20.2012年处级干部进修三班，7月17日—8月10日，学员42人。

21.加强和改进社会领域党的统战工作专题研讨班，7月24日—7月27日，学员52人。

22.践行"北京精神"与加强职业道德建设专题研讨班，8月1日—8月3日，学员47人。

23.2012年公开选拔正科级领导干部任职培训班，8月20日—8月31日，学员37人。

24.2012年公开选拔副科级领导干部任职培训班，8月20日—8月31日，学员58人。

25.年轻干部领导力提升培训班，8月29日—8月31日，学员24人。

26.2012年处级干部进修四班，9月3日—9月28日，学员78人。

27.第三十期正科级公务员任职培训班，9月3日—9月28日，学员30人。

28.高端产业发展专题研讨班，9月3日—9月7日，学员70人。

29.2012年第一期批准过渡、参照管理、纳入规范单位人员初任培训班，9月10日—9月14日，学员155人。

30.推进都市型现代农业发展专题研讨班，9月12日—9月14日，学员41人。

31.第二十三期副科级公务员任职培训班，10月8日—11月2日，学员76人。

32.依法行政专题研讨班，10月10日—10月12日，学员98人。

33.2012年第二期批准过渡、参照管理、纳入规范单位人员初任培训班，10月29日—11月2日，学员157人。

34.2012年第二期公务员初任培训班，11月5日—11月16日，学员91人。

35.第一期正处级领导干部学习贯彻党的十八大精神研讨班，12月18日—12月20日，学员97人。

36.第二期正处级领导干部学习贯彻党的十八大精神研讨班，12月18日—12月22日，学员107人。

37.第一期副处级领导干部学习贯彻党的十八大精神研讨班，12月18日—12月25日，学员104人。

38.第二期副处级领导干部学习贯彻党的十八大精神研讨班，12月18日—12月25日，学员74人。

39.第三期副处级领导干部学习贯彻党的十八大精神研讨班，12月18日—12月27日，学员110人。

40.第四期副处级领导干部学习贯彻党的十八大精神研讨班，12月18日—12月25日，学员68人。

41.第五期副处级领导干部学习贯彻党的十八大精神研讨班，12月18日—12月29日，学员86人。

42.第六期副处级领导干部学习贯彻党的十八大精神研讨班，12月18日—12月29日，学员60人。

43.第七期副处级领导干部学习贯彻党的十八大精神研讨班，12月18日—2013年1月5日，学员80人。

44.海淀区组工干部学习贯彻党的十八大精神研讨班，12月18日—2013年1月5日，学员81人。

45.海淀区基层一线党代表学习贯彻党的十八大精神研讨班，12月18日—2013年1月8日，学员113人。

46.处级领导干部学习贯彻党的十八大精神研讨班（补训），12月18日—2013年1月18日，学员18人。

（贾俊　赵燕）

【情景模拟教室投入使用】　3月，情景模拟教室投入使用，开设新闻媒体应对、应急管理等专题的情景模拟课程，全年授课11次。

（贾俊　赵燕）

【举行高级顾问聘任仪式】　12月13日，区委党校（行政学院、社会主义学院、区团校）举行高级顾问聘任仪式。中央党校、国家行政学院、中央社会主义学院、中国青年政治学院、北京市委党校、北京市社会主义学院、北京大学、中国人民大学及区政协等9家单位的领导和专家被聘请为区委党校高级顾问。旨在利用区域高端优质干部教育培训资源，提升区委党校的办学理念、培训水平和科研能力，提升区委党校干部教育培训的吸引力和知名度。

（贾俊　赵燕）

【科研成果】　发挥"北京市哲学社会科学应用对策研究海淀区基地"和"海淀区社会管理创新与矛盾化解研究中心"两个区域科研平台作用，区委党校专职教师主持或参与的新立项课题17项，全校教研人员公开发表文章13篇，编辑3期《海淀社会科学》，撰写《情况反映》5篇、调研报告6篇，成功申报课题21项，其中国家级课题1项，市重点课题4项。

（贾俊　赵燕）

【形成"六大讲坛"制度】　本年，成立300多名外聘专家组成的师资库，形成"六大讲坛"制度，即领导讲坛、院士讲坛、专家学者讲坛、人大代表政协委员讲坛、高新技术企业家讲坛、劳动模范人物讲坛。

（贾俊　赵燕）

精神文明建设

【概况】 海淀区精神文明建设委员会办公室是海淀区精神文明建设委员会的常设办事机构，负责本区精神文明建设的组织、协调、指导和督察工作。

2012年，精神文明建设以创建全国文明城区为重点，做到“五个一”，即：一个重中之重，宣传贯彻党的十八大；一条主线，突出弘扬践行“北京精神”，推动社会主义核心价值体系建设；一项重要活动，抓好学雷锋活动；一个基本载体抓好以“文明城区”、“文明单位”、“文明村镇”；一项基本工程，加强和改进未成年人思想道德建设，以品牌活动引领未成年人健康成长。开展“绿色出行 文明交通 从我做起”主题宣传实践活动，全面推进公共文明引导工作，进一步提升了市民文明素质和城区文明程度。4月19日，海淀区获“首都文明区”称号。

全国文明城区创建工作以“创建为民、创建惠民”为理念，全面落实《海淀区创建全国文明城区2012年度工作计划》，实施九项工程，着力提升四个文明即管理文明、公共文明、文化文明、生态文明水平。以《全国文明城区测评体系》为依据，制定全面覆盖各职能部门、街镇、社区的创建责任目标体系。以提高市民文明素质和区域文明程度为目标，以惠民举措带动创建，以品牌活动推动创建，以长效机制保障创建；区人大、区政协组织专题调研，利用代表视察、监督履职等方式为创建工作建言献策。搭建驻区国家机关、部队、高校、大型企业“同创共建”工作平台，发挥驻区高校智力优势，着力推进“五个一”工作；发挥驻区部队资源为未成年人思想道德建设工作服务；发挥科研院所资源优势，打造“学趣科学实践教育工程”品牌；发挥高新技术企业服务区域经济优势，开展“当可信人 做可信品”诚信学习实践活动。广大党员、干部、群众以各种群众性精神文明创建活动为载体，将本职工作与争创全国文明城区相结合，形成“举区域之力、聚万众之智，共创全国文明城区”的广泛动员、多方参与的区域发展共建机制和格局。在全区掀起全民参与的创建热潮。

本年度，共评选区级文明街道9个、文明社区281个、文明村36个、文明单位777个。4个村获得“首都文明示范村”称号；10条街获得“首都文明示范街”称号；2条街被推荐为“首都诚信经营示范街”；3家店被推荐为“首都诚信经营示范店”。

（邹立宏）

【开展学雷锋志愿服务活动】 3月3日，海淀区“弘扬北京精神深入开展学雷锋”活动启动仪式主会场在中关村西区广场举行，400余名志愿者、社区群众参加。启动仪式上，海淀区“学雷锋志愿活动”形象大使、北京电视台主持人姜华向全区发出“学雷锋见行动，美环境倡文明”的倡议。活动当天，全区29个街镇为分会场，组织动员所属社区、村开展“学雷锋志愿活动日”活动。按照市委部署，每周六定为“学雷锋活动日”，全年持续开展学雷锋志愿服务行动。以“关爱社会，关爱他人，关爱自然”为主题，以学雷锋志愿服务活动为载体，推出“一月一主题一品牌”，全年共开展“美化城市清洁月”、“文化益民服务月”、“关爱社会奉献月”、“文明交通畅行月”等10个志愿服务主题实践月活动，达到以正面宣传教育群众、以创意活动引领群众、以道德榜样带动群众的目的。

（邹立宏）

【清洁城市集中行动】 3月10日，由区文明办、市政市容委、城管大队和环卫中心以及驻区北京大学、清华大学、人民大学等高校大学生志愿者、社区志愿者、公共文明引导员和海淀十大文明人物等1000余人组成的清洁城市队伍，带着抹布、铁铲等清洁工具在公共文明引导示范街区中关村大街，开展清洁城市集中行动。

（邹立宏）

【开展青少年非遗大课堂活动】 开展“小手拉大手、携手护非遗”大课堂活动：4月5日，“我们的节日——清明”在西二旗小学举行，通过普及讲座、实地参观、动手实践、观摩演出等形式，扩大非遗的影响力和感染力；6月21日，“我们的节日——端午”非遗大课堂端午展示活动在西玉河小学举行，通过粽子制作、旱地龙舟赛、传统剪纸、端午服饰展示、中华酒文化介绍、中华传统医药文化展示、茶艺表演等表演方式，展示中华端午文化。开展“金帆实践之旅”活动，组织10支中小学校金帆乐团利用暑假走进社区，为万名群众演出。开展“名家校园文明行”系列宣讲活动，引导海淀中学生做好人生规划，走好迈向社会之路。

（邹立宏）

【开展“垃圾分类、垃圾减量”系列活动】 5月3日，海淀区“绿色生活我先行”活动暨“周四垃圾减量日”观摩推广现场会在马连洼街道百旺家苑社区举行。8月23日，开展“垃圾减分参与月”活动。11月10日，举办“做文明有礼的北京人-垃圾减量垃圾分类从我做起”知识竞赛，来自垃圾分类试点小区的26支家庭代表队参赛。

（邹立宏）

【实施文明交通行动计划】 在全区开展“做文明有礼的北京人——绿色出行，文明交通，从我做起”主题宣传活动。5月9日，海淀区“争当大拇指驾驶人、创交通安全先进——文明交通畅行月”

宣传实践活动在五棵松篮球馆外广场启动，来自各领域的优秀驾驶员、公共文明引导员以及交通志愿者，在重要路口开展交通秩序维护工作。在中小学开展新学期交通安全第一课活动。在区各级党政机关开展“党员干部做表率、文明交通我先行”主题活动；在街道、镇开展“与首都文明同行、与平安交通同行”主题活动；11月8日，在驻区高校周边启动“十字路口文明通行”专项活动。在驻区部队开展“为首都添光彩、为军车争荣誉”主题活动。

（邹立宏）

【创建全国文明城区动员大会召开】 6月1日，创建全国文明城区启动大会暨第20次文明委全会召开。会上，成立创建全国文明城区工作机构，并对未来三年创建全国文明城区工作作了部署，分三个阶段实施创建，确保2014年实现创建全国文明城区规划目标，即2012年为启动之年、2013年为深化之年、2014年为迎检之年、2015年为总结之年。2012年主要实施九项工程，通过“三步走”着力提升管理文明、公共文明、文化文明和生态文明。中央文明办、市委宣传部、首都文明办领导出席会议。

（邹立宏）

【组建创建工作领导体系】 在6月1日召开的创建全国文明城区启动大会上，成立包括高校院所、企业、部队等驻区单位在内的区域性“1+1+10+29”创建全国文明城区工作委员会及总指挥部，指挥部下设1个办公室和10个专项工作指挥部、29个街镇分指挥部。区委书记担任创建工作委员会主任，区长担任总指挥部指挥，区四套班子领导全部纳入创建工作领导体系，分别在10个专项指挥部担任指挥或副指挥，加强对全区力量的统筹协调和组织服务。委员会由37个驻区委员单位、42个区属成员单位组成。以《全国文明城区测评体系》为依据，制定《海淀区创建全国文明城区工作实施方案》及《海淀区创建全国文明城区组织机构、指标分解、工作计划一览表》等。各单位实行“一把手工程”责任制，把创建工作纳入各级领导班子和领导干部的绩效考核，形成党政一把手亲自抓、条块结合共同抓、职能部门具体抓、街镇属地一线抓的工作局面。建立检查督导机制，发挥人大代表、政协委员、社区群众和新闻媒体的监督作用，开通创建全国文明城区热线电话，组建1500人的文明观察员队伍，构建督查、考评、问责、奖罚“四位一体”的监督机制。

（邹立宏　钟冷）

【举办“快乐假期成长之旅”主题实践活动】 7月12日，海淀区未成年人“快乐假期成长之旅”主题实践活动启动仪式暨“快乐成长——金帆实践之旅”演出活动在武警直属支队礼堂举行。清华附中民族乐团的同学们为武警部队指战员、社区居民演出，拉开了“快乐假期成长之旅”系列活动的序幕。8月9日，海淀区“快乐成长——国学经典之旅”暑期文化季在香山社区青少年宫正式启动，香山青少年宫“国学体验中心”同时揭牌。

（邹立宏）

【征集创建全国文明城区宣传口号】 8月11日至9月16日，海淀区启动创建全国文明城区宣传口号、主题标识（LOGO）、吉祥物和主题歌曲征集活动。活动共收到全国23个省市自治区201位参选者宣传口号4756条，标识59套，吉祥物26套，主题歌曲29首。12月28日，对外公布创建全国文明城区宣传口号5条、主题标识（LOGO）1幅、吉祥物1幅。

（邹立宏）

【组建网络文明传播志愿者队伍】 8月15日，海淀区召开网络文明传播志愿者工作会，并组建起一支上万人的网络文明传播志愿者队伍。围绕时事焦点、百姓关注热点、突发的重大事件或问题等，以博客、微博等途径和方法，及时宣传党和国家的政策，传播先进思想和精神文化理念，劝阻网络不文明言论。网络文明传播采取“1+9+N”工作模式，即一个网络文明传播志愿者工作领导小组，八大工委和私个协为牵头组织单位，广泛吸收志愿者联合会、相关协会和教育文化系统、高科技领域等单位，支持参与网络文明传播工作。

（邹立宏）

【成立文明观察团】 9月11日，海淀区文明观察团成立大会暨“三关爱”服务活动推进会召开。1500名文明观察员是从区城市管理监督员、公共文明引导员和社会志愿者中遴选出来的，将履行“观察社会、引导文明、监督创建”的工作职责，并在创建工作中深化“三关爱”即关爱他人、关爱社会、关爱自然的志愿活动。

（钟冷）

【开办全市首个国学“道德学堂”】 10月，海淀区推出全市首个“道德学堂”。道德学堂以中国传统节庆及文化为话题设置国学主题概念，辅以四个季节划分设置12节国学道德课程，以“讲颂传品扬”为手段，在全区讲述国学道德，歌颂身边好人，传递心灵温暖，品味生活和谐，传扬大爱海淀；大力弘扬北京精神，提供社会公德、职业道德、家庭美德和个人品德教育。道德学堂结合社区志愿活动，以主题宣讲课题为主线，配合多种线下活动；道德学堂是一项惠民的公共文化服务，市民可免费听课。

（邹立宏）

【中关村百家企业签可信公约】 10月17日，海淀区召开道德领域突出问题专项教育和治理推进会暨中关村百家企业可信盟约仪式。中央文明办、首都文明办、海淀区领导，中关村百家企业近500名代表出席活动，100家中关村高新技术企业领导在《可信中关村公约》上签名。该公约是北京市软件行业建立的首个自律性行业公约。

（邹立宏）

【“海淀区名家校园行”系列宣讲活动启动】 10月22日，区文明办、区教工委、中关村杂志社共同开展的高校学子及未成年人思想道德建设“名家校园行”系列宣讲活动首场宣讲在中国农业大学东校区举行。本年，共聘请 12 位有社会责任感的知名人士、中关村企业家、文明先进个人走进校园，宣讲 12 场。

（邹立宏）

【开展“国际志愿者日”活动】 12 月 5 日，“‘国际志愿者日’海淀区关爱他人志愿服务大行动”在当代商城广场举行，全区 13 支学雷锋志愿服务总队的志愿者代表 200 余人参加。活动推出“爱心银行”实践储蓄卡项目，所有登记注册的志愿者成为“爱心银行”储户，既可以随时服务他人，“存储”爱心，又可以在遇到困难时“支取”爱心，接受“爱心银行”提供的后续偿还服务。

（邹立宏）

【与中国人民大学签订战略合作意向书】 12 月 26 日，海淀区与中国人民大学签署“共建文明校园 同创文明城区”战略合作意向书。根据协议，双方将共同合作创建“整洁、优美、安全、有序、文明”的校园环境；合作开展“道德学堂”活动，并面向全社会开展文明礼仪等课程培训；合作为区域提供优质智力、教育、文化等资源，促进区域经济、文化、社会全面发展；合作开展各项志愿服务活动，打造中国人民大学志愿服务活动品牌；合作构建立体式网络化宣传体系，打造具有全国影响力的区、校合作样板工程。

（邹立宏）

【启动“文明餐桌”行动】 12 月 28 日，启动“文明餐桌”行动，在海淀区 50 家餐饮企业开展文明餐桌试点，提倡文明餐桌公约、推广餐桌文明服务用语，倡导节俭用餐、文明用餐，打造文明餐饮环境。

（邹立宏）

【公布创建全国文明城区 5 条宣传口号】 12 月 28 日，海淀区对外公布从全国征集活动中评选出的 5 条创建全国文明城区宣传口号，即：“举区域之力 聚万众之智 共创全国文明城区”、“争创全国文明城区 共建中关村核心区”、“携手共建文明海淀 并肩同创和谐家园”、“弘扬北京精神 建设文明海淀”、“文明海淀 你我共建”。

（林卓）

【建立创建工作制度】 年内，创建全国文明城区总指挥部和各分指挥部分别建立了指挥部会议制度、督导工作联席会议制度、信息收集工作办法、督导检查工作方案、档案材料工作实施方案共 5 项制度方案。

（邹立宏）

【建立创建工作保障机制】 充分调动驻区高校系统、部队系统、国家机关等各方力量参与创建工作，构建起区域合作、全民创建的区域共建机制。充分发挥人大代表、政协委员、社区群众和新闻媒体的监督作用，开通创建全国文明城区热线电话，组建文明观察员队伍，构建起督查、考评、问责、奖罚“四位一体”的检查监督机制。各级党委和政府把文明城区创建工作纳入目标管理考核体系，制定本单位创建工作实施方案，做到任务具体，责任到位，建立起目标管理机制。

（邹立宏）

【分解细化创建指标体系】 年内，在《全国文明城区测评体系》的基础上，研究制定《海淀区创建全国文明城区工作组织机构、指标分解、工作计划一览表》，对 348 项末端指标进行任务分解，把创建指标任务分配落实到全区各有关职能部门、各街镇。对志愿服务、未成年人思想道德建设、城市文明程度指数三个测评体系进行专项任务分解，形成《全国志愿服务工作测评体系指标分解表》《全国未成年人思想道德建设工作测评体系任务分解表》及《全国城市文明程度指数测评体系指标分解表》，由各专项指挥部分工负责，做到创建责任无遗漏。统筹梳理全区各系统的创建材料，按照档案材料的提交方式，对 258 项末端指标进行统计分析，制定《全区档案收集报送实施细则》和《海淀区创建全国文明城区档案材料工作任务分解表》。对实地考察和问卷调查指标，分门别类进行归纳整理。实现了创建资料系统化、指标分解精细化、创建档案规范化。

（邹立宏）

【创建宣传工作】 年内，开办《海淀区创建全国文明城区简报》和《海淀区创建全国文明城区专报》，报道创建工作动态。在《海淀信息》（舆情快报）开设“文明观察”专栏，制作播放《文明海淀》电视专题栏目 33 期，报道基层创建信息 1058 条。在区属媒体上以“专栏＋专版（专题）＋日常宣传”的模式进行广泛宣传。在市属媒体刊登创建相关报道 50 余篇，着力提升市级媒体对海淀创建工作的关注度。加强社会面宣传，利用主要路口路段、人流集中地区、社区宣传栏等宣传阵地，制作多块大型电子屏，上万幅展板、海报、横幅，形成全方位、多样化、立体式的宣传模式，营造出浓厚的创建氛围。开展“征集创建全国文明城区的宣传口号、主题标识（LOGO）、吉祥物、主题歌曲”活动，举行创建全国文明城区金秋招待会、歌唱比赛、摄影、征文、演讲等活动，调动广大市民参与全国文明城区的创建热情，营造文明创建氛围。

（邹立宏）

【实施九项工程】 本年推进“九项工程”的落实，以确保创建工作取得实效。九项工程即：宣传舆论传播工程、文明素质提升工程、未成年人领航工程、文化建设繁荣工程、城乡环境优化工程、城市管理提升工程、社会平安维稳工程、行政效能提升工程、普惠民生推进工程。

（邹立宏）

【宣传北京精神】 年内，以加强社会公德、职业道德、家庭美德和个人品德建设为主要内容，广泛开展“弘扬北京精神，做文明有礼的北京人”主题宣传实践活动，宣传践行北京精神，弘扬优秀传统文化，引领社会文明风尚，传播文明，公民道德素质显著提高。开展“北京精神大家谈”活动，邀请海淀区道德模范和身边好人代表畅谈践行“北京精神”的感受，进一步加深对“北京精神”

的理解和认识。利用移动（楼宇）电视、社区宣传栏、户外广告牌等宣传“北京精神”，修建一批“北京精神”文化墙，使“北京精神”深入人心。

（邹立宏）

【开展公民道德教育】 年内，针对高新技术企业，开展以“当可信人，做可信品”为主题的《可信中关村公约》——盟约签订活动，共同推进社会诚信建设；针对窗口服务行业开展“创文明城区，建文明商场（超市、医院），争创服务之星”系列评选活动；创办“道德讲堂”，解读道德内涵，讲述国学礼仪，传递温暖关爱；开展礼仪文明、环境文明、秩序文明、观赏文明、服务文明、网络文明“六大文明引导行动”，倡导文明行为。开展“我们的节日”文化活动，组织新春文化庙会、端午诗会、中关村金秋演出季、圆明园金秋戏曲季、海之月中秋艺术节、中关村青年艺术节、海淀风筝节等活动。举办“第三届文明市民艺术节”，搭建百姓文化艺术展示平台。推进群众性精神文明创建工作，开展创建文明单位、文明社区、文明村镇、文明旅游景区、军警民共建等活动，树立表彰一批文明楼门庭院、文明示范岗、文明服务标兵等典型，进一步营造“崇尚先进，弘扬正气”的浓厚氛围。

（邹立宏）

【未成年人成长环境治理】 本年，加强校园周边文化环境、交通秩序和治安秩序的整治。清理整治“黑网吧”，净化网络环境。推进公共场所禁烟工作等专项活动，宣传推广文明理念，促进青少年健康成长。组织开展“开学第一课”和“弘扬和培育民族精神月”活动，塑造未成年人良好精神风貌。利用关心下一代工作委员会平台，协调部队资源为海淀未成年人思想道德建设工作服务。联合中科院实施“学趣科学实践教育工程”，强化未成年人校外心理健康教育工作，举办海淀少年儿童科学创新论坛、学童与院士零距离等主题实践活动，试点推进“城市社区少年宫”建设，抓好优秀文化产品创作工作。开展青少年非物质文化遗产大课堂、国学经典吟诵等系列活动，丰富未成年人的精神文化生活。

（邹立宏）

【基层文化体育建设】 通过周末社区大讲堂等活动，为干部群众文化学习提供良好平台。开展公益电影放映活动，全年放映2726场次，观影人数达25万人次。建立健全了以社区为核心，以体育协会为基础，以社会体育指导员和体育志愿者为骨干，以社区居民为主体，以社区内各种体育健身场所为依托的社区体育组织网络。组织“海淀科普文化讲堂”15场，不断提高市民科学素质。加强红色旅游经典景区建设，塑造圆明园、军事博物馆、李大钊烈士陵园、香山双清别墅、“12·9纪念亭”等区域红色旅游景点品牌。

（邹立宏）

【创建文明社区】 加强新建社区的精神文明建设指导，加大老旧社区文明创建力度。加强社区文明市民学校和宣传栏建设，打造宣传平台。开展“四进社区”活动，推进社区精神文明建设与群众文化生活有机结合。开展5家市级志愿者服务站示范建设，在增强社区自治，缓解社会矛盾，服务特殊人群等方面发挥作用。282个社区被评为海淀区文明社区。

（邹立宏）

【创建文明单位】 本年，健全文明单位管理、考核和奖励机制。开展“诚信经营示范街、示范店”推荐、评选工作。组织开展中关村国际美食节、“海淀第八届品牌消费节”、第六届商业服务业服务技能风采大赛、“窗口行业”文明诚信建设，营造良好的商业诚信氛围。组织开展“首都文明示范街”、“示范店”推荐工作，打造一批商业文明、环境文明、精神文明协调发展的亮点街区。以区内大型IT企业为重点，发动具有国际影响力的新行业、新经济组织参与文明单位创建，包括百度、腾讯、碧水源等高新技术企业在内的777家单位获海淀区文明单位称号。

（邹立宏）

【创建文明村镇】 本年，加强文明村镇“十个一”[①]建设，为每个行政村配备一名文明宣传员，建设一个乡情村史陈列室。开展“首都文明示范村”推荐评选工作，选拔一批优秀村庄进行重点扶持。继续深入开展“城乡统筹 文明先行”主题实践活动，结合社会主义新农村建设，有针对性地开展宣传教育，培养文明健康的生活习惯，培育农村文明新风尚。36个村被评为“海淀区文明村”，4个村获得“首都文明示范村”称号。

（邹立宏）

【未成年人思想道德建设】 在清明、六一、国庆等重要时间节点，组织全区20余万名中小学生开展网上祭英烈活动、童心向党歌咏活动、向国旗敬礼签名寄语活动和优秀童谣创作传唱活动等。开展“家庭教育公益大讲堂”、“家庭成长星”儿童假期训练营等系列家庭教育活动。以“学雷锋志愿服务活动日”和寒暑假社区道德实践活动为载体，组织未成年人在600余个社区参与“六小”[②]活动，推动学雷锋活动常态化。加强网络阵地建设，海淀区“家庭教育网”点击量突破30万次。

（邹立宏）

【实施环境文明建设工程】 开展“垃圾减量，垃圾分类”、“绿色生活我先行”、“垃圾减分参与月”、“垃圾文明一日游”和垃圾分类知识竞赛等活动，聘请专家进社区宣传“低碳生活，垃圾减分”生活理念，增强社区群众参与垃圾减量垃圾分类的自觉性和主动性。在中关村大街等重点地区开展城市清洁日活动，动员社会各界参与环境建设。

（邹立宏）

【开展公共文明引导行动】 以“公共

[①] “十个一”：是中央文明办提出的农村文明创建工程，为每个行政村配备一名文明宣传员、一个精神文明建设宣传栏（网络宣传视屏）、一所市民文明学校、一个综合文化活动中心、一个乡情村史陈列室、一个标准篮球场、一个乡村大戏台、一支特色文体队伍、一支志愿服务队、一个农村居民信息服务站等项目。

[②] 即小志愿者、小孝星、小楼门长、小巡防员、小宣传员、环保小卫士。

文明引导日”、“文明出行推动日”为载体，以公交站台、医院、商场、公园等公共场所为重点，开展秩序文明引导行动。加强公共文明引导员队伍建设，截至年底，共有公共文明引导员1025人。发挥公共文明引导员队伍作用，不断拓展延伸服务领域，履行引导乘车、文明礼仪示范、交通文明协管、公共文明观察等八大职责，确保志愿服务活动的常态化和机制化。完成全国文明办主任培训班三次参观考察、全国篮球比赛文明观赛、“畅通北京双月行”、保春运、五大公园文明旅游志愿服务等多项秩序保障任务。

（邹立宏）

党史研究

【概况】 海淀区党史区志办公室成立于2001年11月，承担本区地方中共党史、地方志资料的征集、研究、编写、保存、利用工作，负责本区地方史的宣传教育工作。2012年1月4日，更名为海淀区党史地方志办公室（简称区史志办）。

年内，继续编写《中国共产党北京市海淀区历史大事记（2001—2011）》，在全区征求意见，并根据收集的意见建议进行补充修改。编辑出版内部刊物《海淀史志》杂志6期（含增刊2期），约30万字。继续丰富史志电子资料档案库内容，录入文字资料100余万字。

（王荣梅）

【张宝章学术研讨会召开】 6月8日，张宝章学术研讨会在北京香麓园抗战名将纪念馆召开。研讨会由海淀区史志办、北京史地民俗学会、北京香麓园抗战名将纪念馆、海淀区文学艺术界联合会联合主办。会上发布了史志办编辑的《张宝章学术研讨会文集》，收录各类文章36篇，其中包括文史界专家、学者及张宝章的友人对其学术成果、治学精神进行探讨的文章29篇，有关学者为宝章先生著作所作序言4篇，出版座谈会会议纪实3篇，收录照片80余张。文集全面地展现张宝章50多年来为海淀史志事业做出的贡献。张宝章，1932年生于河北新乐。在海淀区做宣传、文教、政协工作达半个世纪，著有《海淀风情录》《乾隆与海淀》《京西名墓》《京西名园》《德贝子园随笔》《北京古镇图志：海淀》《雷动星流（样式雷新考）》《曹雪芹和香山》等著作近300万字；主编有《北京海淀区志》《北京风物散记》《海淀史地丛书》（26辑）等，共1000余万字。现为中国圆明园学会学术顾问、中国民间文艺家协会会员、北京史地民俗学会副会长。

（王荣梅）

【举办张宝章学术成果展】 6月8日，张宝章学术成果展览在香麓园抗战名将纪念馆展出。展览分前言、海淀溯源、民间植根、西山寻踪、瀚河通幽、园林求新、桃李摧陈、余韵拾珍、墨香点睛、结束语等10个部分，选用照片70余张，陈列书籍达百种，其中手稿10本，近百万字。截至年底，参观人数上万人次。

（王荣梅）

【向益民书屋赠送图书】 7月3日，为配合北京市党史研究室开展的“党史宣传周”活动，区史志办向香山街道香山第二社区益民书屋赠送《海淀建设史》《海淀改革开放30年》《海淀区志》《海淀年鉴》等区史志办近年来编写的党史、地方志类图书共计37类、160册。

（王荣梅）

【“海淀区党史地方志”网站开通】 7月30日，“海淀区党史地方志”网站开通。网站设置机构简介、工作动态、党史研究、方志编修、海淀年鉴、史志期刊、人文历史、影像资料等八个板块，涵盖海淀区政治、经济、文化、社会、生态建设等内容。

（王荣梅）

【《顾太清集校笺》出版首发座谈会召开】 12月13日，区史志办与区政协文史委员会等单位联合召开《顾太清集校笺》出版首发座谈会。《顾太清集校笺》由顾太清后人金启琮、金适父女所著，由中华书局出版，共68万字，是第一部记录顾太清诗词全貌的校笺集。顾太清，清代著名满族女词人，被学术界誉为清代第一女词人。

（王荣梅）

海淀区人民代表大会

2013
北京海淀年鉴

▲ 2月24日，全国、市、区三级人大代表到中关村西区视察中国技术交易所、创新工场，并就中关村中小科技企业发展问题进行讨论和交流（区人大 供图）

▲ 4月6日，区人大常委会内务司法委员会委员、区人大代表到海淀法院，就交通事故案件审判工作情况进行专题调研（区人大 供图）

◀ 4月11日，区人大代表视察地区保障性住房建设情况（区人大 供图）

◀ 4月13日，区人大常委会举办2012年第一次代表论坛。论坛以“如何大力推进我区文化建设，加快文化繁荣发展”为主题，邀请22位区人大代表进行专题座谈和研讨（区人大 供图）

◀ 11月15日至17日，海淀区第十五届人民代表大会第二次会议召开。大会选举产生100名出席北京市第十四届人民代表大会代表。补选孙文锴为区人民政府区长（田峰 摄）

海淀区人民代表大会

综 述

【概况】 海淀区人民代表大会是海淀区地方国家权力机关，区人民代表大会常务委员会是区人民代表大会的常设机关。常委会设五委四室：财政经济工作委员会、内务司法工作委员会、教科文卫工作委员会、城建环保工作委员会、农村工作委员会以及办公室、研究室、代表联络室（人事委员会）、信访室。

2012年，召开区人民代表大会会议1次，常委会会议9次、主任会议13次，听取和审议区“一府两院”专项工作报告19项，并案督办议案2项，开展执法检查1项，做出决议、决定10项，形成审议意见书10份，依法选举任免区国家机关工作人员101人次，补选区人大代表4名，依法选举产生100名北京市第十四届人民代表大会代表。

（吴向荣）

【全国、市、区三级人大代表视察海淀】 2月24日，全国人大代表和部分市、区人大代表视察中国技术交易所和创新工场，听取区金融办关于海淀区中小微科技型企业融资情况的介绍、中国技术交易所关于服务中小微科技企业融资情况的介绍、金山软件有限公司关于企业注册及融资等有关情况的介绍，并围绕中关村中小微科技企业的发展问题进行座谈。

（吴向荣）

【举办三次代表论坛】 常委会于4月13日、6月20日和10月24日，分别举办三次代表论坛。论坛的主题分别为“如何大力推进我区文化建设，加快文化繁荣发展”、“如何适应经济社会发展新形势，加强和创新我区社会管理工作”、“如何加快推动核心区建设”。出席论坛的代表们围绕论坛主题进行探讨，并提出意见和建议。会后，常委会相关工作部门对代表的意见进行整理和归纳，向政府及相关部门转达。

（吴向荣）

【代区长与部分市、区人大代表座谈】 5月9日，区委副书记、代理区长孙文锴与部分市、区人大代表座谈。与会代表从加快推进中关村国家自主创新示范区核心区建设、切实推动民生改善和教育均衡发展、创新并提高社会管理服务水平、推进城乡一体化建设和文化繁荣发展、统筹规划北部新区、加强区政府自身建设和干部队伍建设以及积极发挥区人大常委会和人大代表的作用等方面提出意见和建议。孙文锴表示，在今后工作中，将坚持党的领导，严格依法行政，自觉接受人大及其常委会和人大代表的监督，以身作则，带头加强廉政建设和作风建设，切实提高政府服务水平。

（吴向荣）

【市人大到地区调研人大代表换届选举工作】 6月13日，市人大常委会主任杜德印一行到地区调研市十四届人大代表换届选举工作。在听取区人大常委会关于海淀区对《换届选举工作有关问题的意见（征求意见稿）》的意见汇总后，就“如何进一步优化代表结构，提高代表素质，做好候选人提名推荐工作和代表选举工作”分别征求地区有关负责人和部分市、区人大代表的意见。

（吴向荣）

【举办区人大常委会读书班】 7月25日至8月4日，举办区人大常委会组成人员2012年读书班。读书班的主题是：认真学习贯彻北京市第十一次党代会精神，充分发挥人大监督作用，为海淀区经济社会协调可持续发展提供民主法制保障。7月25日至27日为集中学习交流阶段，邀请专家作关于“刑事诉讼法修改评析”的专题报告，并围绕读书班主题进行座谈研讨。7月29日至8月4日，常委会组成人员赴黑龙江省抚远县、虎林市等地学习考察，考察三江平原农业生态建设情况，重点了解抚远县经济社会发展情况和人大工作情况。

（吴向荣）

【召开市、区人大代表座谈会】 12月10日，区人大常委会召开市、区人大代表座谈会。代表们围绕“如何贯彻落实党的十八大精神，认真谋划明年工作"主题，分别就加强财经监督工作、做好代表议案和建议督办工作、组建专业代表小组、推进专职委员工作、提高监督工作实效、发挥代表主体作用、加强常委会自身建设等方面内容，提出意见和建议。

（吴向荣）

【区领导与部分市、区人大代表座谈】 12月19日，区委书记隋振江、区长孙文锴与部分市、区人大代表座谈。与会代表从加快推进中关村国家自主创新示范区核心区建设、推进民主法治进程、发挥文化大区优势推动全区文化发展、提升区域文明程度、加快北部生态科技新区建设、推动农村地区经济发展、加大环境整治和生态建设力度、推动教育资源优质均衡发展、解决垃圾消纳问题、切实保障和改善民生、关注残疾人工作、提升社区管理服务水平、加强领导干部能力素质建设等方面提出意见和建议。区领导介绍了下一年全区的工作重点，并表示对人大代表反映的各项问题和提出的建议，将密切关注、认真研究解决，同时希望市、区人大代表关注和支持海淀区的科学发展和长远发展。

（吴向荣）

依法审议决定重大事项

【概况】 本年，区人大常委会听取并审议区政府关于"2011年财政决算报告"、"2011年预算执行和其他财政收支情况的审计工作报告"、"2012年国民经济和社会发展计划上半年执行情况和下半年工作安排的报告"、"2012年上半年财政预算执行情况和对本级财政预算做部分调整的报告"等，并做出相关决议。听取并审议区政府关于住房保障、农村"三资"管理、残疾人工作、循环经济产业园再生能源发电厂建设进展等工作情况的报告。听取区政府关于2012年经济运行情况分析及2013年展望的报告、关于街道系统房产管理情况专项调查的报告。

（吴向荣）

重要会议

【区人大常委会第1次会议】 2月21日召开。会议审议通过区人大常委会2012年工作要点，决定印发全体代表监督执行。

（吴向荣）

【区人大常委会第2次会议】 4月24日召开。会议听取和审议区人民政府关于海淀区住房保障工作情况的报告，区法院关于交通案件审判工作情况的报告，区检察院关于未成年人案件检察工作的报告。

（吴向荣）

【区人大常委会第3次会议】 5月24日召开。根据代区长孙文锴的提请，决定任命韦俊为区人民政府副区长（挂职一年）。

（吴向荣）

【区人大常委会第4次会议】 6月19日召开。会议听取并审议区财政局受区政府委托所做的关于海淀区2011年财政决算（草案）的报告和区审计局受区政府委托所做的关于2011年度海淀区预算执行和其他财政收支情况的审计工作报告，决定批准区政府关于海淀区2011年财政决算的报告。会议经过审议，决定接受刘圣国辞去海淀区第十五届人民代表大会代表职务的请求。

（吴向荣）

【区人大常委会第5次会议】 7月24日召开。会议听取并审议区政府关于海淀区农村"三资"管理情况的报告，区人大常委会执法检查组关于贯彻落实《中关村国家自主创新示范区条例》执法检查的报告，区政府关于残疾人工作的报告。

（吴向荣）

【区人大常委会第6次会议】 9月18日召开。会议听取并审议区发改委关于海淀区2012年国民经济和社会发展计划上半年执行情况及下半年工作安排的报告、区财政局关于海淀区2012年上半年财政预算执行情况和对本级财政预算做部分调整（草案）的报告，通过关于批准区政府部分调整2012年本级财政预算的决议。会议听取并审议区政府关于海淀区循环经济产业园再生能源发电厂建设进展情况的报告，审议通过关于召开海淀区第十五届人民代表大会第二次会议的决定。

（吴向荣）

【区人大常委会第7次会议】 11月6日召开。会议听取区人大常委会关于举行区十五届人大二次会议筹备工作情况的报告，区人大常委会代表资格审查委员会关于个别代表的代表资格的报告，审议通过关于补选区、镇人大代表的决定。

（吴向荣）

【区十五届人大二次会议】 11月15日至17日召开。大会选举产生100名出席北京市第十四届人民代表大会代表。选举孙文错为区人民政府区长。

（吴向荣）

【区人大常委会第8次会议】 11月27日召开。会议审议通过海淀区人民代表大会常务委员会关于召开海淀区第十五届人民代表大会第三次会议的决定。分别听取和审议关于区政府、区法院、区检察院办理十五届人大一次会议代表"建议、批评和意见"情况的报告以及区人大常委会关于十五届人大一次会议代表"建议、批评和意见"办理及检查情况的报告。听取和审议区政府关于并案办理"大力推进海淀区文化建设，加快海淀文化繁荣发展"等11件议案的情况报告。听取和审议关于并案办理"加强和创新社会管理，适应经济社会发展新形势"等6件议案的情况报告。

（吴向荣）

【区人大常委会第9次会议】 12月25日召开。会议听取区审计局关于海淀区街道系统房产管理情况专项调查的报告。听取区财政局受区政府委托所做的《海淀区2012年财政预算预计执行情况和2013年财政预算（草案）的报告》，并进行初步审查。听取区统计局受区政府委托所做的《海淀区2012年经济运行情况分析及2013年展望的报告》。听取代表资格审查委员会关于区第十五届人民代表大会第三次会议个别代表的代表资格的报告。讨论通过提请区第十五届人民代表大会第三次会议审议的区人大常委会工作报告。听取关于举行区第十五届人民代表大会第三次会议筹备工作情况的报告。通过了相关人事任免事项。

（吴向荣）

监督工作

【概况】 对地区《中关村国家自主创新示范区条例》贯彻落实情况进行执法检查，推动区政府及相关部门进一步改进工作，提升核心区科技创新能力，发挥国家自主创新示范区核心区引领作用。

以主任会议形式听取区政府关于贯彻落实《中华人民共和国行政强制法》的情况，城市环境整治工作情况，第八届社区居委会选举工作情况，海淀妇幼保健院、海淀医院、中西医结合医院改扩建工程工作情况，财政预算绩效管理工作情况，老旧小区改造进展情况，物业管理工作情况等报告，督促区政府不断提高依法行政水平。听取并审议区法院关于交通案件审判工作情况的报告，区检察院检察关于未成年人案件检察工作的报告，推动地区审判管理创新和审判质量的提升和未成年人案件检察工作水平的提高。

督办"加强和创新社会管理，适应经济社会发展新形势"、"大力推进海淀区文化建设，加快海淀文化繁荣发展"2项议案，跟踪督办"尽快解决迫在眉睫的垃圾消纳问题，着力提升宜居海淀生活环境"1项议案。

（吴向荣）

人事任免

【概况】 全年共任命区国家机关工作人员79人次，免职22人次，接受辞职2人。

（吴向荣）

【任免事项】 2月21日，区十五届人大常委会第一次会议，审议通过主任会议提请的区人大常委会代表资格审查委员会组成人员建议名单，区人大常委会各工作委员会组成人员建议名单、区人大常委会各街道工作委员会组成人员建议名单；决定任命俞昌吉为区人大常委会研究室主任。

根据区长隋振江的提请，决定任命30个政府部门的正职人选（正处级）。

根据区人民法院院长鲁为的提请，决定任命范君为法院审判委员会委员、庭长、审判员；任命2名副庭长。免去

1 人审判委员会委员、庭长、审判员职务；免去 1 人庭长职务；免去 2 人副庭长职务；免去 2 人审判员职务。

4 月 24 日，区十五届人大常委会第二次会议，根据隋振江本人的辞职申请，决定接受隋振江辞去海淀区人民政府区长的请求，并报海淀区人民代表大会备案。

根据区人大常委会主任会议的提请，决定任命孙文锴为区人民政府副区长,通过关于孙文锴为区人民政府代理区长的决定。

5 月 24 日，区十五届人大常委会第三次会议，根据区人民政府代区长孙文锴的提请，决定任命韦俊为区人民政府副区长（挂职一年）。

6 月 19 日，区十五届人大常委会第四次会议，根据区人民法院院长鲁为的提请，决定任命 12 名副庭长。免去 4 人副庭长职务；免去 1 人审判员职务。

9 月 18 日，区十五届人大常委会第六次会议，根据区人民法院院长鲁为的提请，决定：任命陈雷为海淀区人民法院审判委员会委员。

根据区人民检察院检察长王伟的提请，决定：任命刘惠为海淀区人民检察院副检察长、检察委员会委员、检察员。

12 月 25 日，区十五届人大常委会第九次会议，根据区人民政府区长孙文锴的提请，决定：免去齐雨晨海淀区司法局局长职务。

根据区法院院长鲁为的提请，决定任命 10 名副庭长；任命 71 名人民陪审员。免去吕志强海淀区人民法院东升人民法庭庭长职务;免去 6 人副庭长职务；免去 1 人审判员职务；免去 14 人人民陪审员职务。

根据区人民检察院检察长王伟的提请，决定任命 19 名检察员。免去 2 人检察员职务。

（吴向荣）

代　表　工　作

【代表培训】 常委会开展“代表履职培训年”主题活动，强化代表履职学习。一是开展专题讲座。邀请专家讲授《宪法》《地方组织法》和《代表法》等相关内容，举办财政预算监督与绩效管理专题讲座，通过视频会议形式对人大代表进行“如何写好议案、建议”业务培训。二是抓好日常学习，继续实行“代表会前（或活动前）学法”制度；利用代表邮箱定期发送与代表履职相关的法律法规，开展“每月一法”学习活动；以《宪法》为主要内容，在代表中开展“学法答题”活动，督促代表巩固学习成果。三是加强经验交流，以区人大常委会街道工委和地区代表小组为单位，组织新、老代表开展座谈交流，搞好履职“传、帮、带”。

（吴向荣）

【保障代表知情权】 采取多种方式，增进与代表的交流和沟通，强化服务联络工作。邀请代表列席常委会，举办代表论坛，定期给代表寄送会议文件、人大信息，组织召开“区委书记、区长与部分市、区代表座谈会”及“海淀区情通报会”，保障代表知情知政权利落到实处。

（吴向荣）

【代表建议督办】 区十五届人大一次会议期间，代表提出“建议、批评和意见”（以下简称“建议”）546 件，经议案审查委员会审查、主席团讨论通过，代表议案作为“建议”处理的 31 件，两项合计 577 件，其中超出区属职权转中央机关和市属部门研究参考 57 件，区属职权范围内直接办理的代表建议 520 件。区十五届人大二次会议期间，代表提出“建议、批评和意见” 10 件。闭会期间代表提出建议 90 件。全年共督办代表建议 620 件。常委会采取五项措施完善工作制度，使督办工作取得较好实效。一是进一步完善代表建议处理流程及办理结果认定标准，提高了代表评价办理结果的准确性。二是继续实行代表建议督办监督员制度，组织监督员开展 4 次监督检查活动，起到了以点带面、促进建议办理的“辐射”作用。三是继续坚持常委会重点督办建议制度，对 9 件重点督办建议进行督促检查，推动相关问题的解决。四是尝试“类案”督办工作机制，对代表提出比较集中的“公厕”类建议进行专项督办，得到了代表和承办单位的肯定。五是试行代表口头建议“直通车”工作机制，将代表口头提出的有价值的建议进行记录并形成书面材料后，及时转“一府两院”研究处理。通过以上措施，推动了“四季青医院建设立体停车楼”、“在首都师范大学附近建立菜市场”等代表反映多年的难点建议的办理工作。代表对建议办理结果表示满意和基本满意率为 97.5%，代表建议中所提问题得到解决或基本解决的占 52.1%。

（吴向荣）

【市人大海淀团工作】 配合市人大常委会，做好闭会期间海淀团市代表的集中培训、年中活动、集中视察和会前活动等常规性工作。组织部分市代表考察南水北调中线工程和《中关村国家自主创新示范区条例》贯彻实施情况。以小组为单位分别组织“市人大海淀团届末总结活动”。编辑印制《北京市第十三届人大海淀团履职纪念册》，协助市人大常委会编写《履职的脚步》一书，全方位展示海淀团市代表的风采。

（吴向荣）

常委会机关建设

【理论学习】 常委会继续坚持和完善学习制度，通过举办读书班等形式，学习新修改的《刑事诉讼法》，围绕“如何认真学习贯彻北京市第十一次党代会精神，充分发挥人大监督作用，为海淀区经济社会协调可持续发展提供民主法治保障”主题，进行交流和研讨，进一步强化常委会组成人员的大局观念、政治观念和法治观念，拓宽依法履职行权的思路。党的十八大闭幕后，常委会采取多种方式开展学习，使组成人员和机关干部深刻理解十八大精神实质，为做好人大工作奠定牢固的思想政治基础。

（吴向荣）

【调查研究】 常委会领导班子深入基层单位、驻区重点单位和人大代表中开展走访调研 60 余次，了解掌握社情民意和代表呼声；区人大工作研究会对 30 项课题开展研究，加强对新时期人大工作规律的探索。全年共接待来信来访来电 395 件（次），切实解决好涉及群众切身利益的信访问题。

（吴向荣）

【信息宣传】 全年共编发《海淀人大信息》30 期，继续办好《海淀人大》刊物和《海淀报》专版。邀请人大代表作客海淀有线电视台，围绕核心区建设、文化大发展大繁荣、社会建设和代表履职专题献计献策。通过宣传工作，反映区人大及其常委会的工作实践，展示优秀代表的典型事迹和风采，宣传人民代表大会制度。

（吴向荣）

【干部队伍建设】 常委会党组贯彻民主集中制原则，重视并支持机关党总支和各支部以“五型”机关建设为目标，以“创先争优”活动为载体，开展一系列提升素质的创新聚力工程和文明机关创建活动，进一步规范工作流程，营造和谐良好的工作氛围，提高工作效率。

（吴向荣）

【交流学习】 参加在武汉、长春举办的全国十二城区人大工作研讨会第 42、43 次会议，提交研讨论文 2 篇。

（吴向荣）

海淀区人民政府

2013

北京海淀年鉴

▲ 3月23日，海淀区召开全区2012年信访排查调处工作会议（田峰　摄）

▲ 5月3日，翠微大厦股份有限公司在上海证券交易所上市（田峰　摄）

▲ 7月，为备战汛期，区防汛办对防汛物资进行补充（李瑞林 摄）

▲ 8月31日，海淀区召开纪念建区60周年座谈会（田峰 摄）

▲ 8月31日，海淀区召开“中关村核心区科技创新与发展”院士恳谈会。会议邀请中国工程院、中国科学院、国际欧亚科学院的院士专家，围绕中关村核心区科技创新与发展进行座谈交流（区科协　供图）

▲ 12月19日，海淀区人民政府与中国农业银行北京市分行签署战略合作协议，农行北京分行在未来五年内向海淀区提供500亿元的意向性信用支持（田峰　摄）

海淀区人民政府

综　述

2012年，全区贯彻党的十八大精神和市第十一次党代会精神，按照区第十一次党代会关于“一个中心、四个率先”的总体部署，稳增长、调结构、惠民生、促和谐，完成年初确定的任务指标。

本年区政府共召开各类会议115次，共研究议题288项。其中区政府全体会1次；区政府工作研讨会1次；区政府常务会41次，研究议题155项；区政府专题会46次，研究议题105项；其他会议26次。制发会议纪要142期，其中常务会41期，专题会101期。

经济发展　实现地区生产总值3514.8亿元，同比增长10.5%；区域财政收入1685.77亿元，同比增长28.8%；区级财政收入282.65亿元，同比增长16.9%。全社会固定资产投资（项目在地）实现688.9亿元，同比增长10.2%。社会消费品零售额实现1504.8亿元，同比8.8%。进出口总额实现412.4亿美元。实际利用外资15亿美元。

深化落实“1+6”政策试点，共有25家国有企事业单位开展股权激励试点，占全市的43.9%；758家高新技术企业享受研发费用加计扣除试点政策；96家企业享受职工教育经费税前扣除试点政策。整合出台核心区自主创新和产业发展“1+10”政策，产业促进资金规模达到18亿元，支持高新技术企业项目1306个。第三产业比重达到87%。高新技术产业总收入突破万亿元，增长20%。新增国家级高新技术企业258家，累计达到4400家。262个产品被认定为中关村示范区新技术、新产品，占全市的64.2%。在新一代信息技术、新材料等战略性新兴产业领域制定或参与制定14项国际标准，生物工程与新医药、航空航天产业分别增长32.3%、18.3%。引进五矿稀土等23家重点企业。农村经济总收入228.6亿元，增长8%。实施沃土工程，建设御香观光园等10个特色精品农业示范基地，都市型农业增长25%。

重大功能区建设　中关村科学城。将南部地区统筹纳入中关村科学城建设辐射范围。与39家单位的42个科学城签约项目进行对接，中关村国防科技园开工，林业生态产业创新园、生物产业创新园等特色产业园挂牌，信息通信创新园、互联网服务创新园二期、纪录影视产业园一期等项目完成验收并投入使用，北科大等10个产业技术研究院投入运营。

北部生态科技新区。北部地区整体开发方案得到市委、市政府批准。统筹推进城市设计与配套建设、产业组团开发、生态环境建设和新农村改造。国核电力研究院等10个产业化项目完工，中关村移动互联网产业基地、北斗与空间信息服务产业基地挂牌，北部新地标中关村壹号和永丰西滨河路等4条道路开工建设。实施土地一级开发855公顷，竣工建设面积86万平方米。翠湖科技园、永丰基地新园的21个地块获得一级开发授权。妥善解决软件园拆迁遗留问题，8个地块完成土地出让。完成翠湖湿地二期重点生态景观建设。基本完成六里屯、北庄子等8个村腾退收尾工作，安置房累计开复工230万平方米。

“三山五园”历史文化景区。全面启动“三山五园”历史文化景区建设，初步完成圆明园遗址公园规划研究、香山中心区改造方案和四王府地区就地改造方案。实施西山隧道拆迁项目，地铁西郊线开工。启动中央党校西墙外地区居民腾退。复建香山寺，修缮香山昭庙，发布数字圆明园移动导览系统，举办曹雪芹文化艺术节、首届金秋皇家文化节等活动。

改善民生　出台促进城乡就业“1+10”政策体系，在全市率先实现就业失业制度城乡统一，2.4万余名失业人员实现再就业，1.39万名就业困难人员实现就业。全区80%的社区（村）实现充分就业。全年城镇居民人均可支配收入4.2万元，农村居民人均纯收入2.2万元，分别增长11.1%、12%。城镇登记失业率为0.73%。五项社会保险累计收缴286.17亿元，增长25.54%。推进教育优质均衡发展，委托名校承办相对薄弱学校。新建、改扩建25所幼儿园，新增5206

个人园名额。完成75所学校42万平方米操场改造、60所学校设施设备更新、89所学校土建修缮改造工程。温泉卫生院改造项目基本完工。与西苑医院、北大人民医院等三甲医院共建区域医疗服务共同体，16家社区卫生服务中心与大医院建立转诊预约机制。新建、收购、筹集各类政策性住房17128万套，竣工8699套，配租配售10248套。唐家岭等重点村安置房实现入住。全面实施80个老旧小区综合整治项目，施工面积达311.1万平方米，竣工291.1万平方米。地铁6号线一期、9号线和10号线二期投入运营,全区轨道通车里程达71千米。京包路等23条市政道路建成通车，新增城市道路里程29.7千米。完成26.5万平方米道路大中修工程、翠微路等10千米道路微循环工程和上地信息环岛等20个疏堵点改造。完成35个老旧小区停车改造，在23家单位开展错时停车，施划路侧停车位3106个。

创建全国文明城区 启动全国文明城区创建工作，建立“1+1+10+29”工作体系，构建驻区单位创建平台和共建机制。实施“九大工程”，建设“四个文明”，以文明城区创建统领城市精细化管理和社会服务管理创新等工作的格局初步形成。加强未成年人思想道德建设。以公共文明引导行动为载体，推进志愿者服务工作。开展纪念建区60周年、“感动海淀”十大文明人物评选和“喜迎十八大，建功核心区”等主题活动。出台《关于率先形成文化大发展大繁荣新格局的实施意见》、推动文化和科技融合发展三年行动计划。公共文化服务网络初步形成。推广学院路和青龙桥街道试点经验，全区初步建立起网格化社会服务管理新模式。完成“智慧海淀”顶层设计和建设方案，推进科技创安等25项重点工程，网格化社会管理和社会服务综合管理平台等重点项目投入运行。查处违法用地201宗，拆除违法建设129.3万平方米。环境秩序“百日整治行动”已形成长效机制。启动土地整治综合改革试点。完成肖家河等8个市级挂账重点村腾退工作。实施中关村森林公园等平原造林工程，新增造林绿化3350亩。新建9个精品公园绿地和12条特色景观大街，新增城市绿地86公顷。

建设服务型政府 全年共办理全国、市、区人大代表建议、政协委员提案766件，区人大议案、区政协建议案各2件。引入第三方社会机构对62个单位的291个基层科、队、站、所（服务窗口）进行满意度考评，开展公开服务电话专项治理，及时办理政风行风热线群众反映问题1721件。开展政府绩效管理试点工作，在全市区县中率先公布“三公”经费预算安排及执行情况，区属61个部门主动公开部门预算。推进电子监察平台建设，督办解决186个预警事项。出台推进重点改革任务的指导意见，加快行政部门改革和企事业单位改革步伐。

（于森　李萱）

日常政务

【区农村工作会议召开】 4月12日，区2012年农村工作会召开。会议传达贯彻落实中央、北京市农村工作会议精神，总结上年全区农村工作，部署2012年全区农村工作。2012年农村工作的总体思路和目标：抓住建设中关村科学城、北部研发服务和高新技术产业聚集区的机遇，完善农村工作的体制机制，落实和创新惠农富农政策，统筹推进城乡接合部城市化改造、北部地区开发、集体经济发展、产权制度改革、生态建设、社会管理、公共服务体系建设等各项工作，在全市率先形成城乡一体化发展新格局。

（孙腾飞）

【与北航签署全面战略合作框架协议】 8月23日，北京航空航天大学与海淀区政府签署全面战略合作框架协议，就促进科技创新与产业化、加强人才培养和交流、推动区校文化繁荣发展和打造示范性绿色校园等四个方面达成合作意向。北航校长怀进鹏院士和海淀区代区长孙文锴分别代表双方签署全面战略合作框架协议。双方将建立高层联席会议制度，组建协调工作小组，根据需要不定期召开会议，研究解决合作过程中的重大事项和问题。

（毕娟）

【公文处理】 制发政府公文680件，其中海政发66件，海行规发12件，海政函345件，海政报37件，海政任134件，其他各类政府便函86件。制发政府办公文139件，其中海政办发89件，海政办函36件，海政办报11件，其他各类政府办便函3件。登记办理公文6282件，其中市属文件2080件，区属文件4202件（其中含信访139件，电子公文3119件）。收集整理区政府、区政府办文件资料，立卷归档545卷，其中永久283卷，定期30年186卷，定期10年76卷。

（于森　刘蓓蓓　杨阳）

【领导调研活动】 共接待上级、其他区县领导来区调研14次。共开展各种专项问题调研、检查12次，推进重点项目建设。共调研驻区单位、企业、园区11次。调研区属单位18次，推进区级重点工作；调研街道、镇10次，推进解决基层单位重点难点问题，走进社区村落了解民风民情。

（李洋）

【政务信息】 本年累计收集、整理信息近万条，为区领导和区属单位各级领导提供信息 1300 余条，区领导在《昨日区情》上批示 90 余条次。通过市政府办公厅《昨日市情》向市领导报送信息 170 余条，市领导批示 5 条（次）。撰写调研信息 5 篇，获得市区多位领导重视和重要批示。

（王煜）

【建议提案办理】 接收办理全国人大建议 1 件，全国政协委员提案 1 件，市人大代表建议 33 件，市政协团体提案 1 件、委员提案 8 件，区人大代表建议 587 件，区政协委员提案 135 件，总计 766 件建议、提案。办理区人大议案 2 件、区政协建议案 2 件。区级人大建议、政协提案的解决率达到 50%。

（李冰）

【督查考核】 2012 年督办落实的 12 类 473 项市区折子任务全面按时完成，督办落实市委市政府、区委区政府领导批示、交办件 105 项。印发《市、区决策督查任务办理试行办法》《市、区领导同志批示指示交办事项督查办理试行办法》。编制《2012 年海淀区委区政府重要工作折子工程督查任务书》。采取督查、督办、督促等不同方式，推动市区折子和领导批示交办任务的落实。区政府常务会定期听取督查任务落实情况汇报，全区形成多层级、全覆盖、无缝隙的闭环责任体系。完成督查督办任务的绩效考核工作。

（张海翔）

【绩效管理】 2012 年，海淀区被北京市政府确定为区县政府绩效管理试点区县。区政府制定印发《2012 年海淀区政府绩效管理试点工作方案》，确立“健全组织体系、优化指标体系、简化运行体系、深化结果运用体系”的试点工作思路，完成市政府下达的绩效任务，在北京市 2012 年度绩效考评中取得全市十六区县总分第一和城市功能拓展区第一的“双第一”。年底，代表北京市接受监察部全国绩效管理试点工作验收检查。

政府系统绩效管理工作形成“组织领导有力，指标体系完善，过程管理科学、结果运用深化”的整体局面。完成区政府绩效管理指标优化和专项实施细则修改，编制《海淀区 2012 年政府绩效管理责任书》，完成绩效管理和督查信息平台二期建设，完成年度政府绩效考评工作，加强绩效管理的结果运用。与社会机构合作开展“第三方满意度调查”评价工作。在市政府《绩效交流》刊上发表《立足实际 开拓创新 海淀区深入推进政府绩效管理试点》的典型文章，区政府绩效办与国家行政学院专家团队共同撰写《北京市海淀区政府绩效管理的实践探索》一书。多次接待全国各地和北京市兄弟区县考察学习。

2012 年，海淀区督查考核工作全面转为绩效管理，区委区政府印发《海淀区 2012 年绩效管理工作方案》，成立海淀区绩效管理工作领导小组机构，完成全区年度绩效考评工作。

（张海翔）

【养犬管理】 全年共办理登记年检犬只 86703 条,收缴无证犬和流浪犬 7205 条，警告养犬户 3846 人,查处各类举报 141 件，答复人大代表、政风行风热线 12 件，举办 1 次集中宣传日和一届宠物运动会。

（李洋）

【政府信息公开】 全区共开展 3 次大型业务培训，指导、检查各单位信息公开工作 100 余次。主动公开政府信息 10215 条，全文电子化率 100%。接受公民、法人及其他组织咨询 8968 人次。受理政府信息公开申请 215 件，其中当面申请 110 件，信函形式申请 70 件，电子邮件形式申请 35 件。申请内容主要涉及城市规划、拆迁补偿、房屋产权、征收征用土地、“三公”经费、农村地区腾退改造等。全区因政府信息公开引发的行政复议案件 29 件，因政府信息公开引发的行政诉讼案 20 件。全区共有 9 处政府信息公开查阅场所。

（赵振营）

【政府采购】 年内共完成集中采购项目 55 个。采购项目预算金额 13322 万元，实际招标采购金额 12363 万元，节约财政预算资金 959 万元，节约率约为 7%。完成投标和履约保证金收退等工作，其中接待供应商 800 余人次。

政府采购工作实时接受区财政、监察、审计部门和社会各界监督，大型项目由区财政局派出的公证机构进行公证；采购预算、招标信息、中标信息等在财政部指定的政府采购网向社会公开。2012 年供应商实质性质疑和投诉为零，区属采购单位对中心工作的满意率达到 100%。

（赵伟科）

外 事

【概况】 海淀区人民政府外事办公室（又称区委外事工作领导小组办公室）是本区外事工作的综合归口管理部门，设在区政府办公室，受市外办和区委、区政府的双重领导。

本年共接待国外各类交流考察团 310 批次、7492 人次。接待来自 7 个国家和国际组织的外宾 47 人次。完成“你好菲律宾”主题活动和 14 个俄罗斯家庭的民俗交流接待任务；建立与世界科技园区协会（IASP）等机构和组织的联系渠道。接待三星物产、格兰富、诺维信等重点企业调研团组，加强与普华永道等中介机构的沟通与交流，为引进国际知名企业搭建沟通的桥梁。完成在新加坡召开的第五届海淀区教委与新加坡教育部教育合作圆桌会议。

2012年共审批办理因公出国（境）团组108批495人次。实现出访人数和党政机关干部人数同比零增长。区外办被授予2012年北京市因公出入境工作先进单位称号，成为全市区县中唯一连续三次获此殊荣的单位。

加强外事、公安、安全等部门定期会商制度，做好海淀区涉外服务管理工作。完善区级涉外应急预案体系建设。

（王卫）

【参加2012年伦敦奥运会圣火采集仪式】　5月10日，应海淀区友好城市希腊奥林匹亚市邀请，海淀区作为中国唯一友好城市代表出席在希腊奥林匹亚的赫拉神庙举行的2012年伦敦奥运会圣火采集仪式。代表团访问期间，与国际奥委会主席罗格进行简短会面并接受中央电视台的采访。

（王卫）

【与英国伦敦哈克尼区政府教育合作】继续推进与英国伦敦哈克尼区政府间在教育领域的合作。2010至2012年，海淀区应邀共向哈克尼区派出3个教育团组，为海淀区教育与国际教育接轨搭建了平台。

（王卫）

【组织市民讲外语系列活动】　组织市民参与北京市民讲外语活动十周年主题征文活动，共向市外办投稿45篇，位居十六区县第二。在西三旗街道社区服务中心举行北京市民讲外语系列公益讲座进社区活动。继续开展全区党政机关和企事业单位人员集中外语培训活动，共282个培训班，累计培训学员10580名。规范公共场所英语标识。举办纪念市民讲外语工作开展十周年主题活动暨2012年海淀区高校学生外语风采展示活动，包括北京大学、中国人民大学在内的7所驻区高校的100多名学生参演，风采展示活动受到市外办、市友协领导的肯定，获得北京市民讲外语活动简报的专刊报道。

（王卫）

法　制　建　设

【概况】　海淀区政府法制办公室是负责本区政府法制工作事务的政府机构。主要负责承办区政府行政复议案件，代理应诉，推进本区依法行政工作，为区政府决策提供法律意见。

全年共审查各部门报送文件75件，涉及企业改制、流动人口服务管理、居委会选举、多处违法建设、违法用地责任追究、1+7扶持政策、促进商业服务业发展、节能减排扶持、促进文化发展等政府工作，提出法律建议160余条。区政府全年制发行政规范性文件12件，各委办局报备行政规范性文件34件。审核区城管监察大队报送强制拆除违法建设98件，批准94件。建立强制拆违执行反馈机制，每月5日前向区政府报告拆违执行情况，强化强制拆除违法建设案件的监督。

组织开展2012年度全区行政执法案卷集中评查，随机抽查65个行政处罚案卷、23个许可案卷，共计88卷。

（杨丽丽）

【法制联络员专题培训】　4月26日至27日，举办法制联络员专题培训，来自43个执法单位的法制联络员参加。培训内容以落实依法行政考核为主线，具体内容涵盖依法行政考核、行政处罚数据上报和规范性文件报备等多个方面。

（杨丽丽）

【行政执法人员岗前培训】　5月25日，对17个执法部门拟从事行政处罚工作的132名行政执法人员进行公共法律知识培训和考试，全部取得执法资格证。邀请市政府法制办对公共法律知识进行培训指导，进一步完善执法人员资格管理制度。

（杨丽丽）

【开展“执法为民”宣传活动】　9月23日，“执法为民”法制宣传活动在海淀公园中心草坪举行。31个区“六五”普法成员单位参加。活动利用宣传展板向群众展示各部门行政执法事项并对行政调解、行政复议工作进行全面宣传。参加活动的单位开展现场法制宣传、法制咨询，组织发放宣传材料和宣传品。区法制办向群众发放“行政执法调查问卷”，了解全区行政执法现状。活动当天通过海淀区政府官方微博发布信息与网友进行互动，关注网友对于活动的关注方向及评论。通过集中法制宣传活动提高执法部门的责任意识、创新意识、服务意识，树立严格执法、规范执法、文明执法的良好形象。

（杨丽丽）

【处级领导干部依法行政专题培训】 10月10日至12日，落实《北京市海淀区人民政府加强法治政府建设工作规划》确定的五年内完成全区处级领导依法行政和法律知识轮训的目标，与区委组织部、区委党校联合举办处级领导干部依法行政专题培训，86名处级领导干部参加此次培训。邀请专家教授进行授课，培训内容涉及基本法律知识体系的普及、法律思想的历史沿革、日常生活遇到的法律问题处理和依法行政在实际工作中的有效执行等方面。

（杨丽丽）

【依法行政专项检查】 12月12日至20日，区推进依法行政工作领导小组各成员单位成立联合检查组，开展依法行政专项检查。按照《2012年海淀区依法行政考核指标》，检查组查阅被检查单位推进依法行政工作有关文件和会议记录、制定的规章制度、组织学习宣传培训资料以及依法履职、信息公开、行政决策、规范性文件管理、防范和化解社会矛盾、加强对行政行为监督等有关文件资料。同时就各单位工作情况与受检查单位进行沟通和交流，了解各单位推进依法行政工作中存在的问题，并对区属单位在推进依法行政工作中需要重点把握的问题提出要求。

（杨丽丽）

【行政案件办理】 全年新收行政复议案件240件，行政复议案件数量居全市区县第一位。通过撤销、确认违法、责令限期履责等方式直接纠错率为5%左右。连同行政机关自行纠错的案件，综合纠错率为20%左右。行政复议成功调解率为32.8%。督促行政机关自行纠错的占到调解总案件数的25.2%。办理行政调解案件32228件，调解成功23337件，行政调解工作已经成为海淀区独立于复议、诉讼、信访之外的重要行政争议解决渠道。

参与区政府涉法事项处理4件，主要涉及星火小学移交相关工作及协议、海淀区循环经济产业园再生能源发电厂项目事项、与国开行开发性金融合作备忘录、海淀区创业投资引导基金管理实施细则。

（杨丽丽）

【法制宣传】 在编印《依法行政工作专报》的基础上，加编《海淀法制》宣传年报1期和《行政调解工作简报》5期。向市政府法制办网站、《法制建设》、《推进依法行政工作简报》、《海淀报》等媒体报送信息，被采用22篇。

（杨丽丽）

【建立行政复议委员专家库】 2012年区政府聘请的专家委员数量从7人扩大到34人，形成专家库。委员的构成从教授、律师、人大代表、政协委员扩展到上级复议机关领导等体制内人员（占总人数的三分之一左右）。专家委员主要参加案件审理会议并对区委、区政府布置的涉法事项进行研究论证。

（杨丽丽）

人　事

【概况】 海淀区人力资源和社会保障局（简称区人力社保局）设立于2009年9月，由原海淀区人事局、原海淀区劳动和社会保障局合并组建而成，是负责本区人力资源和社会保障工作的政府工作部门。现有下属事业单位14个。

（张丽伟）

【成立高层次人才发展促进会】 2月15日，由中关村人才市场发起的北京市海淀区高层次人才发展促进会成立并召开第一届会员代表大会。该协会旨在为海淀区各类高层次人才搭建聚会联谊、交流经验、信息沟通、融会理念、促进合作的平台，发挥高层次人才的智力优势和业务专长，为高层次人才事业发展、中关村国家自主创新示范区核心区及中关村人才特区建设贡献力量。会员由47家中关村“十百千工程”企业、海淀区重点企业和30位入选国家“千人计划”、北京“海聚工程”、中关村“高聚工程”的高层次人才组成。

（张丽伟）

【公务员管理】 截至2012年底，本区科级及以下公务员4870人（不含检察院和法院）。录用128名应届毕业生、125名社会人员、13名大学生“村官”为公务员。6108名公务员参加2011年度考核、奖励工作，1174人被评为优秀等次，4707人被评为称职等次；328人记三等功，1186人记嘉奖。

（张丽伟）

【事业单位人事管理】 全区共有事业单位611个，编制36076名，其中教委所属事业单位编制18817名，实有16127人；公共委所属事业单位编制6610名，实有4525人。2012年事业单位公开招聘应届高校毕业生570人，面向社会公开招聘590人。全区共有24954人参加2011年度事业单位考核，其中优秀4568人、合格20005人、基本合格14人、未确定等次125人、未参加考核242人。事业单位专业技术人员249756人，占全区总量的66%。其中，教委共有专业技术人员16667人，公共委共有专业技术人员6753人，上述两家单位专业技术人员总数占区属单位总数的94%。

（张丽伟）

【人才管理】 按照"高端引领、整体开发、服务发展、以用为本"的工作主线，围绕建设中关村核心区"人才金塔"的发展思路，以完善人才服务管理工作体系为着力点，优化塔尖重点服务，加强塔身人才管理，夯实塔基制度机制，推动2012人才工作的不断创新发展。全年接收应届毕业生6418人，其中非北京生源应届毕业生1129人；引进各类优秀人才400人，解决夫妻两地分居89人，新办工作居住证7294人，续签1610人。

（张丽伟）

【军转干部及随军家属安置】 2012年北京市下达海淀区计划安置军转干部440人，实际报到191人（其中团职58人，营以下及技术级133人），进入公务员队伍124人，安置报到率52.19%。接收2012年自主择业干部227名，随军家属456人。

（张丽伟）

【人力资源市场建设】 全年共举办招聘会198场，参会单位3484家，向社会提供41240个工作岗位。其中大学生专场36场，参加招聘的企业876家，提供岗位10467个；市场新增中高级人才简历2166份；网站个人求职简历总量达522574份，企业会员总量32032家。培训中心组织公务员各类面授培训40期，参训学员达6000余人次。

（张丽伟）

【人事考试】 全年共完成各类人事考试任务26种，接待考生20多万人次，设考点150个、考场4586个。接待各类证书领取考生3.5万人次，咨询电话3万多个。全年参与一级建造师、二级建造师、经济系列初中级、出版专业等12类人事考试资格审核，涉及考生3.6万余人。

（张丽伟）

信息化城市管理

【概况】 北京市海淀区城市管理监督与应急指挥中心（简称区城管监督应急指挥中心）成立于2011年底，同时加挂北京市海淀区突发事件应急委员会办公室（简称区应急办）牌子，归口区政府办管理。区城管监督应急指挥中心是负责城市管理与突发事件指挥协调及监督评价工作的区政府正处级行政机构。

截至年底，通过监督员、直属队巡查监控上报及接听企业群众来电，累计受理各类城市管理、社会综合管理及企业咨询问题约61万件。信息化管理系统共受理各类城市管理案件约49万件，及时率95.60%，结案率99.59%。

年内，组织开展千个家庭地震应急演练竞赛活动，共计发动319个社区、5700个家庭、2.6万余人参与。

本年，2人被评为北京市抗击"7·21"特大自然灾害先进个人，3人被评为2012年度首都环境建设工作的先进个人。

（邢晓蕊）

【召开城市管理监督与应急指挥体系启动会】 3月17日，举行海淀区城市管理监督与应急指挥体系启动会暨表彰会。市区领导、29个街镇、中心、分中心工作人员、座席员代表及全体监督员共约500人参加。此次会议标志着海淀区的城市管理和应急管理跨入了高度融合的新领域。应急指挥体系进一步加强对海淀全区城市运行的监测与分析，统筹协调海淀全区城市监督管理与应急管理工作，开展突发事件的指挥、协调，从而全面提升海淀区城市管理监督与应急指挥能力。大会表彰了2011年度10个优秀分中心、10名"十佳"监督员和53名优秀监督员。

（邢晓蕊）

【召开应急委全会】 9月14日，海淀区召开全体领导干部大会暨应急委扩大会议。会议主要传达了中央维稳办工作会议精神，贯彻落实北京市应急委第七次全体会议精神，部署涉日维稳、中秋、国庆和党的十八大期间应急管理、环境保障及安保工作。

（邢晓蕊）

【组建监督员直属队】 11月7日，举行海淀区监督员直属队成立仪式。2支共计60人的监督员直属队是在原监督员队伍基础上组建的。监督员直属队主要负责海淀区城市环境的监督监控、重大工作任务的现场督查和应急突发问题的预警预测，以全方位提升海淀区的监督监控能力，提高城市管理效能发挥作用。

（邢晓蕊）

【应急管理及处置工作】 完成原应急办与城管监督指挥中心的人员和业务整合工作，制定相关应急管理规范文件30余件，在全区29个街镇成立突发事件应急委员会及其办公室。以"1+1+N"集中指挥机制、"六位一体"问题信息汇聚机制、"统分结合"基础数据共享应用机制、量化绩效考评机制等为依托，建立"平战一体化"工作模式。全年接报581起突发情况，现场协调处置突发事件共计66次，形成现场处置专报22期。

（邢晓蕊）

【建立134支应急队伍】 截至本年底，全区应急队伍已扩大至134支，共计8000多人。日常工作中建立由应急办8名人员组成的24小时在岗值守应急队伍，专职负责应对突发事件，保证信息上传下达、指挥调度、现场协调、技术支撑等各个环节工作的开展。

（邢晓蕊）

【应急物资储备】 完善物资储备工作。截至年底，区级物资储备库面积达到1万平方米，社区物资储备库7个、面积共计5016平方米。储备物资共计500余种、50余万件。

（邢晓蕊）

【应急宣传培训】 在社区、学校等开展应急宣教培训，全年共计组织240个应急培训班次，受训人员达到1万余人次；开展近400场应急宣教主题活动，全区社区、村庄、中小学应急宣传培训覆盖率达到100%。

（邢晓蕊）

【非紧急救助服务】 中关村热线“96181”受理各种问题13万余件，及时率99.14%，结案率98.99%。非紧急救助服务中心对中关村热线“96181”、市非紧急救助服务中心、城市服务管理广播等多种渠道的群众和企业诉求进行登记、受理并转办相关责任部门；将部门处理结果向当事人回复。

（邢晓蕊）

【建立非紧急与应急一体化工作机制】 在启动极端天气集中指挥过程中，利用非紧急救助服务热线平台发布相关指令、责任部门反馈、群众诉求的情报汇集，加强非紧急和应急合作，快速处置突发事件；非紧急救助服务系统作为应急值守处理的辅助平台，就敏感问题启动由非紧急向应急、再由应急转向非紧急的程序，维护社会稳定；加强非紧急与应急处置工作数据动态分析和趋势预测，探索非紧急与应急一体化体制机制建设途径。非紧急与应急密切结合的工作模式得到市领导的肯定。

（邢晓蕊）

【视频调度指挥】 通过视频监控系统发现、上报问题55859件，其中城市管理类案件55781件，其他类案件78件。协助公安部门调取查看录像2731次，累计2024小时。

（邢晓蕊）

信　访

【概况】 海淀区委区政府信访办公室是区委区政府负责本区人民来信来访事务的工作部门，挂人民建议征集办公室牌子。同时负责全区重点人民内部矛盾纠纷排查调处工作、人民建议征集工作和区长信箱邮件的办理工作。2012年，以“清理积案、防止新发”为重点，以深化领导干部接访为载体，健全信访工作制度，完善工作台账，加强督查督办，全区矛盾纠纷排查化解取得成效。

（梁文钧）

【完成亿霖木业善后清退工作】 3月12日至8月20日，区委区政府全力做好亿霖木业案件[①]善后清退工作。此项工作由区信访办牵头，区政法委（区维稳办）、海淀公安分局、海淀法院、区检察院、区综治办、区委组织部、区纪委、区委宣传部、海淀园展示中心、城管监督与应急指挥中心、区社会办、区统计局、区农委、区人大、区政协、区流管办、区司法局、区武装部、海淀武警支队、全区29个街道镇参与。海淀区作为全市购林人员最多的区，共涉及3201人、4022份合同，清退金额达1.9亿余元，人数、合同数和金额量均占全市1/4以上。此项工作由区信访办统筹协调，截至8月16日，全区共清退3083人，人数清退率达96.31%，金额清退率达95.86%。

（梁文钧）

【“包容、有序、和谐”信访宣传月】 5月12日，海淀区举行“包容、有序、和谐”信访宣传月活动启动仪式，全区30个固定宣传点按计划及时启动。北京信访条例宣传月活动全面展开。启动仪式当天，各宣传站、点共向群众发放各类宣传材料1.9万余份，近3万名群众现场接受宣传教育；现场解答群众提出的问题1000余次。

（梁文钧）

【举办信访干部培训班】 9月13日至14日，区信访办举办全区信访干部培训班，对来信办理、接访技巧、复查程序及信访工作者的心理健康维护等方面进行培训，150余名信访干部参加培训。

（梁文钧）

【领导干部大接访】 9月25日至11月20日，开展领导干部大接访活动，全区每天都有1名区级领导和61名委办局领导和58名街镇领导接访。区级领导共接待信访群众65批、142人次，全区各处级领导共接待信访群众520

[①] 亿霖木业案是北京有史以来最大的传销案件。据统计，受到亿霖木业广告宣传的诱惑之后，全国共有2万余人缴纳了购买林地款，这当中北京人达到1.7万人。从2004年起的两年多时间内，该集团的非法经营额达到16亿元。从2006年开始，发觉上当的受害者纷纷向北京警方报案，举报亿霖集团以传销方式进行非法经营。经过调查，北京市公安局于2006年12月1日将主要犯罪嫌疑人依法逮捕，依法扣押、冻结了亿霖集团的部分非法所得和资产。2009年6月17日，北京市高级人民法院对“亿霖”非法经营上诉案做出终审判决。2012年3月12日，北京市启动亿霖案件善后清退工作。

批、1260 人次。

（梁文钧）

【完成十八大信访安保任务】　11 月 8 日至 11 月 17 日，完成十八大期间信访矛盾纠纷排查化解和信访秩序维护工作。根据区委区政府统一部署，全区信访工作部门树立“稳定是第一责任”的意识，以矛盾纠纷排查为主线，以畅通信访渠道为依托，以“事要解决”为核心，以领导干部接访包案为抓手，突出重点、统筹推进、源头治理，信访形势总体平稳可控、持续向好、信访秩序进一步好转。十八大期间排查出的矛盾全部得到稳控，93%得到化解，确保了“四个不发生”①。

（梁文钧）

【群众来信来访】　2012 年，全区各级信访部门共受理信访案件 63060 件，同比下降 5.0%；群众到区信访 6998 件，同比下降 16.9%；其中，受理群众到区来信 6022 件，同比下降 22.4%；联名信 220 件 15434 人次，同比件次人次分别上升 40.1%和 22.5%。接待到区来访群众 976 批 9132 人次，同比批次上升 47.0%，人次上升 41.0%，其中集体访 276 批 7998 人次，同比批次人次分别上升 24.9%和 37.0%。本区群众越级到市以上集体访 72 批 1210 人次，同比批次上升 14.3%，人次下降 30.5%。群众要求复查 136 件，办结 134 件，协助市信访办办理复核 11 件。国家信访局交办来访案件 4 件，市信访办交办来访案件 36 件，市信访办交办来信 574 件，全部办结。市联席办交办督查件 23 件，办结 21 件，2 件办理中。全区开展两次拉网式大排查和三次专项排查，大多数矛盾被及时化解在萌芽状态。全年区、处两级领导共接待群众 1661 批 7985 人次，及时就地解决一大批群众信访难题。

群众到区来信来访反映的问题主要集中在：1.城乡建设问题占 20.9%；2.劳动保障问题占 17.8%；3.农村问题占 14.5%；4.物业管理问题占 11.8%；5.涉法涉诉问题占 9.7%；6.其他问题占 25.3%。

2012 年群众到区来信来访
反映问题统计表

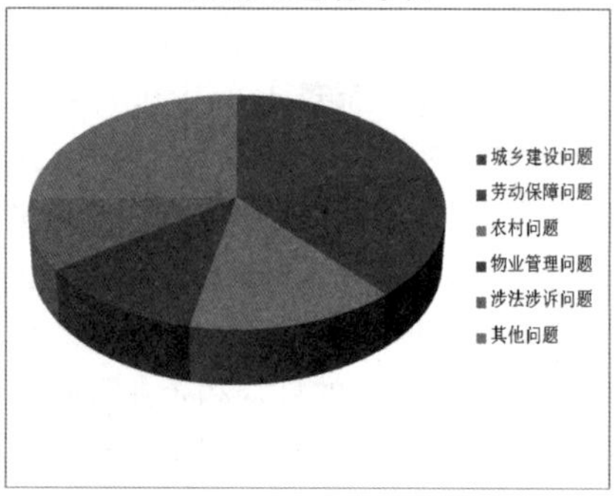

（梁文钧）

【矛盾排查】　利用区、街镇、社区（村）三级排查网络，开展 2 次全区性矛盾纠纷大排查和 3 次专项排查，排查出 399 件矛盾纠纷，推动化解 271 件，化解率 68 %，未化解的均得到了有效稳控。确定区级以上重点矛盾 22 件，化解 20 件。列入区级的信访重点人 500 人，逐案、逐项、逐人落实化解、稳控措施。

（梁文钧）

【投入 5000 万元信访专项资金】　区政府每年安排 5000 万元矛盾纠纷排查化解专项资金，用于解决信访人确因生活困难且久拖不决的疑难信访积案或影响当前社会稳定的重大信访问题，推动息诉罢访。本年，区信访专项资金投入 137 万元，化解了三虎桥居民楼被淹等信访问题。菊园小区燃气爆炸案通过救助形式补偿受损居民 63.9 万余元，妥善化解矛盾。

（梁文钧）

【处置非正常上访】　制定《海淀区群众到重点地区非正常上访接回训诫工作预案》，成立劝返工作组，加大对到重点地区和堵门堵路非正常访的处置力度；建立维护代表驻地及中央部委周边信访秩序的工作联席机制，搭建联络平台，快速联动、妥善处置了湖北籍上访人王某到铁道部上访滋事等 20 多起信访和扰乱社会秩序的行为。

（梁文钧）

【化解“三跨三分离”②信访案件】　发挥联席会议作用，强化牵头单位和协办单位的责任，按照居住地为主的稳控原则，疏通转交稳控渠道，实现转交稳控工作“无缝对接”。对于责任不清的“三跨三分离”信访问题，按照属地责任，协调街、镇，对涉及河北、山西、海南的 3 名重点信访人进行稳控。完成国家信访局交办的文某、王某等需中央、市属多部门协调的案件。牵头和配合民政等部门完成 7·21 特大暴雨中死亡人员的善后工作。

（梁文钧）

【领导接待信访制】　坚持区领导信访接待制度;各街镇和委办局把领导接访、下访纳入工作常态。区、处两级领导全年共接待群众 1661 批 7985 人次。田村 23 号院通天然气问题、本区返京知青困难群体帮扶问题、马连洼街道菊园小区燃气爆炸案的后续问题、紫金长安小区热水管线漏水、中铁四局 83 户居民因拆迁导致无法取暖问题等群体性矛盾全部得到妥善处置。

（梁文钧）

【领导包案制】　针对上级挂账督办的重点信访案、历史遗留的信访积案和新排查出的涉及面广、群众反映强烈、社会关注度高的复杂信访案，落实区、处两级领导包案制度。包案领导对所包案件实行“六包”（包调研、包稳控、包协调、包处置、包督办、包巩固），全程参与案件的调查、协调、处理。区、处两级领导全年包案 399 件，成功化解 271 件，正在推进 128 件。爱家家居市场外部分少数民族游商无照占道经营引发矛盾纠纷、西山美墅馆小区物业交接矛盾纠纷等得到妥善解决。

（梁文钧）

【督查督办】　区信访办与区信访督导

① 即不发生重大信访群体性事件、不发生信访极端恶性案件、不发生大规模集体越级上访、敏感时期不发生非正常集体访。

② “三跨”指跨地区、跨部门、跨行业;“三分离”指人事分离、人户分离、人事户分离。

组联合组建 2 个流动调解专项工作组，采取检查、指导，搭建平台，协助化解的方法对重点矛盾和区领导接访案件跟进督导，2013 年全区共排查区处两级重点矛盾纠纷 399 件，成功化解 278 件。

信访工作督导组对全区各单位的信访工作部署落实情况和信访重点案件开展督导。督导组成以来，采取点面结合、巡回指导、实地察看、座谈走访、重点督办、联合接待等形式，加大对重点疑难信访案件的督促办理。

（梁文钧）

【人民建议征集】 共征集人民建议 79 件。自 2011 年 7 月海淀区社会管理创新与社会矛盾化解研究中心成立以来，海淀区不断加强社会管理创新，在完善信访部门主渠道作用的同时，发挥人大代表、政协委员民主监督、参政议政的作用；利用区域内高等院校、科员院所的智力优势；注重引导社会团体、行业组织、中介机构等社会组织发挥反映诉求、化解矛盾的特殊渠道和作用；主动征集广大群众、社会组织对政府工作的合理化建议和改进意见。海淀区民营医协会探讨民营医疗机构走出发展困境的对策及建议被北京市人民建议征集办采纳并作为 2012 年第一期的人民建议摘报，向主管医疗的副市长报送并得到相关职能部门的妥善办理和反馈。

加强与政协的合作，加大提案转化力度。区信访办将政协委员的部分提案进行提炼和转化，以人民建议的形式向市信访办报送。

（梁文钧）

机关事务管理

【概况】 海淀区政府机关事务管理处主要负责海淀区区委、区人大、区政府、区政协机关运转的支持保障工作，负责海淀区区属行政事业非经营性国有资产管理、公共机构节能管理、机关职工住房管理、机要通信保障、公务用车保障、机关职工幼儿教育等后勤服务保障工作。下设北京市海淀区机关住房管理中心、北京市海淀区政府机关幼儿园 2 个事业单位。

截至 2012 年底，机关事务管理处集中管理和保障服务第一办公区、第二办公区、中关村人才发展中心、招商大厦、新海大厦、八里庄一站式服务大厅、曙光办公中心、综合楼办公区、上地办公中心、田村路办公中心、妇女儿童活动中心、西北旺办公中心等 12 个集中办公场所，负责 84 家处级单位、31 家处级以下单位、约 6000 人的后勤服务保障工作。负责管理东北旺东馨园 1 号楼、西北旺春晖园和秋露园公寓、北京大学万柳学生公寓等 3 处机关干部单身公寓。

（罗军）

【区机关幼儿园】 是北京市市级示范幼儿园，坚持以“幼儿发展，家长满意，服务机关，服务社会”为办园宗旨，探索特色教育，以艺术教育为切入口，培养幼儿对艺术的感知和体验。2012 年，有教学班 8 个，幼儿 250 多名。2012 年获得北京市教委颁发的“北京市示范园与农村乡镇中心园‘手拉手’活动特别贡献奖”。

（罗军）

【公共机构节能管理】 10 月，区机关事务管理处举办公共机构节能管理工作培训班。开展 2012 年度海淀区公共机构节能督查绩效考核，海淀区公共机构节能工作正式纳入区政府绩效考核。11 月，海淀区公共机构节能管理平台正式启动建设，通过网络系统对公共机构能源信息进行高度集成，处理、分析及在线监测，实现公共机构节能减排工作信息化管理。

（罗军）

【国有资产管理】 完成玉海园二里 1 号楼、长春桥路 17 号 6 幢、7 幢房屋产权所有证的办理。知春里 15 号楼 2800 平方米房产无偿划转到区机关事务管理处名下。完成机关事务管理处所管国有资产的清查工作。完善国有资产信息化管理平台，对各办公区资产进行实时动态管理。截至 2012 年底，管理服务的房产总面积达到 45 万平方米，账面总资产近 30 亿元。

（罗军）

【日常办公保障】 启动行政服务中心工程建设项目。机关事务管理处作为区行政服务中心筹备组成员单位，主要负责行政服务中心工程建设相关工作，协调设计及施工单位。11 月 6 日，行政服务中心举行开工仪式。

机关事务管理处负责全区机要收发机关公务用车及班车服务工作。机要交换站交换箱共有 182 个，国务院交换站箱 1 个，双箱 2 个，已用箱位 153 个，备用箱位 29 个。有机要收发单位 47 个，自取机要文件单位 39 个，外送机要文件单位 63 个。本年，为 151 家单位提供文件收发服务，接收、发送机要文件 24449 件（其中外收文件 12005 件、外发文件 1707 件、内部交换文件 10737 件），普通文件 30 余万件，共收发文件 32.5 万余件，接收分发报刊、信件 49.5 万余件，未出现丢失、错送等问题。全年公务用车 3700 多台次，安全行驶 50 多万千米。

（罗军）

北京市海淀区委员会
中国人民政治协商会议

2013

北京海淀年鉴

2月22日，全国政协教科文卫体委员会组织部分在京科技、科协和文艺界委员视察中关村国家自主创新示范区核心区（李瑞林 摄）

5月29日，区政协到田村路街道考察海淀区居家养老服务工作，并就如何创新居家养老服务机制等问题进行座谈（区民政局供图）

11月21日至22日，区政协举办全体委员培训会暨2012年主题研讨会（田峰 摄）

中国人民政治协商会议北京市海淀区委员会

综　述

【概况】 中国人民政治协商会议北京市海淀区委员会（简称“区政协”）成立于1981年。2011年12月召开政协海淀区第九届委员会第一次会议，会议选举产生主席、副主席、秘书长和常务委员。2012年底，九届区政协共有委员414人，比上年增加6人；常委会组成人员81人。年内，九届区政协共召开常委会议6次（第2次至第7次），主席会议8次，秘书长会议3次，议政会1次。

（石峰）

【全国政协委员调研核心区】 2月22日，全国政协教科文卫体委员会到海淀调研中关村国家自主创新示范区核心区建设情况。委员们先后视察中关村国家自主创新示范区展示中心和北京信威通信技术公司，听取海淀区关于核心区建设情况、中关村科技园区管委会关于中关村国家自主创新示范区建设情况的通报，围绕科技服务业、建设全国性股份场外交易市场等进行座谈交流。调研成果以提案、建议等形式带到全国政协十一届五次会议上。

（石峰）

【召开全体委员培训会】 4月16日，召开全体委员培训会。全国政协理论研究会秘书长、全国政协《理论研究》杂志执行总编原冬平作题为《认真学习政协基本知识，切实履行政协委员职责》辅导报告。

（石峰）

【举办第二十四期读书班】 7月24日，区政协、区委统战部举办第24期读书班开班动员和主题报告会。市委研究室副主任余钟夫作题为《北京建设世界城市的几个重要问题》辅导报告。读书班由区政协常委会议组成人员、秘书长会议组成人员共57人组成。24~28日，赴延安、西安等地开展异地教学。

（石峰）

【全国政协经济委员会来海淀调研】 8月16日，全国政协经济委员会到海淀调研。委员们视察创新工厂、中关村国家自主创新示范区展示中心、翠湖湿地；召开专题座谈会，听取海淀区经济社会发展情况和中关村国家自主创新示范区建设情况的通报，与时代集团公司、碧水源科技公司、小米科技公司、水晶石数字科技公司、通达耐火技术公司、完美世界（北京）网络技术公司、启迪控股股份有限公司等中关村企业代表进行座谈。

（石峰）

重要会议

【常委会议】

第2次会议 2月15日召开。审议通过《政协北京市海淀区委员会常务委员会工作规则》《政协北京市海淀区委员会提案工作条例》和《政协北京市海淀区委员会关于加强反映社情民意信息工作的意见》等制度修订稿、2012年区政协常委会工作要点和全年工作安排表以及各专门委员会主任、副主任及其办公室主任、副主任名单；听取新一届区政府组成部门主要负责人拟任人选通报；研究2012年重点调研课题等有关事宜。

第3次会议 4月25日召开。听取区发展改革委关于地区2012年政府投资计划安排建议、区知识产权局关于加强知识产权保护情况、区政府办关于2012年为群众拟办实事起草编制情况及区新农办关于新农村建设折子工程2011年推进情况和2012年计划的通报。

第4次会议　6月20日召开。听取区发展改革委关于2011年区政协常委会《关于加快推进海淀区国际化进程的建议案》和《关于推进我区社会保障城乡统筹发展的建议案》办理情况、区住建委关于老旧小区综合改造试点工作情况、区商务委关于发展高端商务服务业有关工作情况及海淀园管委会关于重大产业项目引进工作情况的通报。

第5次会议　8月22日召开。听取区发展改革委关于2012年上半年海淀区经济形势分析、区委宣传部关于文化和科技融合示范基地建设情况、区文化委关于进一步推进争创第二批国家公共文化服务体系示范区工作相关情况及区教委关于加快南部优质教育资源向北部均衡配置工作情况的通报；审议并通过2012年常委会《关于加快海淀区文化基础设施建设的建议案》以及《关于北部生态科技新区规划建设若干问题的建议案》。

第6次会议　10月24日召开。听取区文明办关于创建全国文明城区有关工作情况，区发展改革委关于节能减排工作情况，区卫生局关于医药卫生体制和公立医院改革工作情况及区市政市容委、查处违法建设办公室、区城管监察大队关于查处违法建设工作情况的通报；以书面方式听取区房管局关于推进保障性住房建设、完善住房保障制度有关情况的通报。

第7次会议　12月19日召开。听取区纪委关于党风廉政建设和反腐败工作情况，区委办、区政府办关于2012年区政协提案办理情况的通报；审议2012年区政协常委会工作报告和提案工作报告、九届二次会议议程（草案）、日程（草案）；审议通过《政协北京市海淀区委员会关于海淀区政协委员履职服务与管理补充办法（试行）》和《政协北京市海淀区第九届委员会关于推进网络政协工程的工作意见》；协商决定增补邓平、卢克玉、乔杰、许海勇、胡敏健、薛向东等为九届区政协委员；研究2013年区政协常委会议、主席会议排期。

（石峰）

【主席会议】

第2次会议　1月8日召开。专题协商《中共北京市海淀区委关于推动文化大发展大繁荣加快建设文化强区的意见》（征求意见稿）；研究政协委员进入专委会、地区政协委员活动小组组建、各专委会副主任和特邀委员人选、政协网站建设、政协刊物编印及春节前相关活动安排等事宜。

第3次会议　2月1日召开。审议2012年区政协常委会工作要点和全年工作安排表、《政协北京市海淀区委员会常委会议工作规则》《政协北京市海淀区委员会提案工作条例》《政协北京市海淀区委员会关于反映社情民意信息工作意见》以及各专委会主任、副主任，办公室主任、副主任名单；审议通过《政协北京市海淀区委员会主席会议工作规则》《政协北京市海淀区委员会秘书长会议工作规则》以及专委会特邀委员名单；研究重点调研课题有关事宜

第4次会议　2月15日召开。专题协商新一届区政府组成部门主要负责人拟任人选。

第5次会议　4月11日召开。学习全国“两会”精神；听取关于中关村东区整体改造工作情况的通报。

第6次会议　6月6日召开。听取关于加快社区公共服务体系建设、“一刻钟社区服务圈”试点工作情况通报；研究2012年读书班、常委会组成人员及副秘书长外出学习考察等有关事宜。

第7次会议　8月1日召开。传达全区半年经济工作会议精神；审议2012年区政协常委会《关于加快海淀区文化基础设施建设的建议案》和《关于北部生态科技新区规划建设若干问题的建议案》；研究2012年议政会有关事宜等。

第8次会议　10月10日召开。听取关于地区科技服务业发展情况、新一轮“菜篮子”工作情况的通报；审议并原则通过区政协各专门委员会拟增补的特邀委员名单。

第9次会议　12月12日召开。研究区政协委员增补、各专委会特邀委员增补、成立生态文明建设咨议小组和民族宗教咨议小组、2012年提案工作和反映社情民意信息工作表彰、《政协北京市海淀区委员会关于海淀区政协委员履职服务与管理补充办法（试行）（征求意见稿）》和《政协北京市海淀区第九届委员会关于推进网络政协工程的工作意见（征求意见稿）》等有关事宜；审议2013年区政协常委会议、主席会议排期等有关事宜。

（石峰）

【秘书长会议】

第1次会议　1月30日召开。讨论2012年区政协常委会工作要点、全年工作安排表和区政协制度修订等有关事宜；研究九届区政协委员进入专委会工作，各专委会主任、副主任，办公室主任、副主任人选，特邀委员名单和2012年区政协重点调研课题等有关事宜。

第2次会议　7月24日召开。审议区政协常委会议《关于北部生态科技新区规划建设有关问题的建议案》《关于加快海淀区文化基础设施建设的建议案》；研究2012年议政会沟通协调会等事宜。

第3次会议　11月14日召开。研究《政协北京市海淀区委员会关于海淀区政协委员履职服务与管理补充办法（试行）（征求意见稿）》和《政协北京市海淀区第九届委员会关于推进网络政协工程的工作意见（征求意见稿）》；审议区政协常委会工作报告（讨论稿）、提案工作报告（讨论稿）和九届二次会议的议程（讨论稿）、日程（讨论稿）；部署九届二次会议期间的大会发言、委员联谊等工作安排。

（石峰）

政治协商

【全体会议协商】 在2011年12月召开的区政协九届一次会议上集中协商了区政府工作报告、2011年国民经济和社会发展计划执行情况与2012年国民经济和社会发展计划（草案）报告、2011年财政预算执行情况和2012年财政预算（草案）报告等，并就自主创新、北部地区建设、文化、教育、卫生、城乡统筹、城市建设与社会管理、城市交通、社会保障等方面内容进行了协商议政，提出协商意见85条。2012年1月将协商意见报区委、区政府研究参考。

（石峰）

【常委会议协商】 第7次常委会议对九届区政协委员增补名单进行了协商，决定邓平、卢克玉、乔杰、许海勇、胡敏健、薛向东等6人增补为九届区政协委员。

（石峰）

【主席会议协商】 第2次主席会议专题协商《中共北京市海淀区委关于推动文化大发展大繁荣加快建设文化强区的意见（征求意见稿）》；第4次主席会议专题协商新一届区政府组成部门主要负责人拟任人选。

（石峰）

【专门委员会协商】 城建城管和环保委员会、经济科技委员会、提案委员会联合就北部地区规划、大气污染防治、水务工作等，与区北部办、环保局、水务局等单位进行对口协商；城建城管和环保委员会就危旧、老旧小区改造工作与区住建委、青龙桥街道等单位进行对口协商；学习和文史委员会就文化遗产保护工作与区文化委、海淀镇等单位进行对口协商。

（石峰）

民主监督

【2012年议政会】 9月12日，区政协、区委统战部联合举办2012年议政会。会议听取了关于区政协、区委统战部围绕核心区建设联合开展“同心联创”工程实施方案的通报；各民主党派、工商联和区政协咨议小组代表围绕社会管理创新、外国人服务与管理、壮大北部地区集体经济、发挥高校文化设施在公共文化服务体系建设中的作用、加强养老机构医疗服务、大力发展电子商务服务产业、科技与文化融合、社区服务体系建设、促进经济发展、水资源利用、南部平房区整治、中小学生心理健康、建设“六郎庄文化艺术中心”、促进农民就业等重点工作及群众关注的热点、难点问题做议政发言；15名区政协委员通过微博平台发表评论68条。会前一周，开展微博议政周活动，利用“新浪微博话题”，以网上互动的方式组织委员对本年议政会的各项发言主题进行讨论，18名委员对12个议题在微博群咨议室内发表意见建议。

（石峰）

【视察与监督】 围绕全区重点工作以及“城中村”治理改造、新农村建设、残疾人社会保障、食品安全监管、体育场馆建设等民生工作，组织各类视察活动150余次，参加委员1900余人次。在原有5个咨议小组的基础上成立文化发展咨议小组，发挥各咨议小组在教育、财政与金融、社会保障、核心区建设、城乡一体化发展和文化发展等方面的专项监督作用。协调推荐13名政协委员担任5个政府部门的特约监督员，提高监督的专业化水平。继续加强地区政协委员活动小组建设，出台《关于地区政协委员活动小组的工作意见》；推动街道地区政协委员活动小组与7个镇结成活动联组共同开展活动，实现政协委员就近就便参加地区活动的全域覆盖；各地区小组全年共组织视察、调研、座谈、研讨等活动80余次，为政协委员开展民主监督活动搭建平台。

（石峰）

参政议政

【举办“2012年创新与和谐海淀论坛”】 7月10日，区政协联合区委统战部举办“2012年创新与和谐海淀论坛”。论坛收到发言17篇，其中9篇为会上发言，8篇为书面发言，3位委员作现场自由发言。论坛围绕建立非物质文化遗产展示中心、打造皇家园林旅游品牌、促进文化创意产业健康发展、建立“中关村博物馆”、以文化创意产业带动产业结构优化升级、建设“五个一”工程、建设国家级文化与科技融合示范基地、有限修复复原实物性文化设施、科技与文化整合等提出意见建议，论坛成果报区委、区政府研究参考。

（石峰）

【调研活动】 开展区政协常委会“北部生态科技新区规划建设若干问题”和“加快海淀区公共文化服务设施建设”等2项重点调研课题，开展调研活动20余次，完成调研报告并在此基础上形成常委会《关于北部生态科技新区规划建设若干问题的建议案》和《关于加快海淀区文化基础设施建设的建议案》；各专委会开展上庄水库周边环境、北部生态科技新区商务环境建设、文化遗产保护和利用、清真副食网点情况等专题调研，形成专委会建议或调研报告送区政府有关部门研究办理；相关界别开展社区老年人健康需求、海淀留创园在园企业发展情况等专项调研，形成调研报告，送区委区政府研究参考；7月，常委会组成人员赴陕西省西安、延安等地考察调研，形成《海淀区政协常委会赴延安等地学习考察的报告》，报区委、区政府研究参考。

（石峰）

理论研究

【概况】 完成区人民政协工作理论研究会换届工作，吸收党派团体和本届政协新委员中的专家学者作为个人会员，换届后会员总数83人，增设团体会员单位9个。

组织召开“学习贯彻中共十八大精神，全面推进人民政协工作创新发展”全体委员培训会暨2012年主题研讨会。区政协委员、区人民政协工作理论研究会会员及区政协机关干部共270人参加。会议共收到研讨论文41篇，形成一批具有较高理论水平和实践价值的研究成果。

组织参加市政协“人民政协事业创新发展”主题研讨会，推荐16篇优秀论文入选论文目录并在大会上作交流。

对《海淀政协》杂志进行全面改版，改季刊为双月刊。全年共编辑出刊6期，涉及固定栏目10个、普通栏目6个、专题栏目8个，刊出文章156篇，登载图片623幅，文字总量33.9万字。

（石峰）

社情民意信息

【概况】 成立信息工作室，组建150人的特邀信息员队伍。修订《政协北京市海淀区委员会关于加强社情民意信息工作的意见》和《政协北京市海淀区委员会关于信息工作评比奖励办法》，完善信息工作制度和流程。

年内围绕推进产业结构调整、推动文化大发展大繁荣、统筹城乡区域协调发展、保障和改善民生、发挥人民政协作用等报送社情民意信息112件，被各级采用61件次，其中《关于创新社会管理方式、完善诉调对接机制的建议》被市委作为重点件报送中共中央办公厅。

4月13日召开2012年度信息工作会。会议通报2011年信息工作情况和2012年工作思路，传达市政协信息工作会议精神，宣读《政协海淀区第九届委员会关于聘请特邀信息员的决定》，从各民主党派、团体、各界专家学者和往届政协委员中聘请150名特邀信息员。

（石峰）

专门委员会工作

【提案委员会】 本年，继续实行区政协领导班子提案重点督办制度、委员提案学习培训制度，建立并推行区领导全程介入提案办理机制、提案办理协调会商机制，与区委办、政府办联合组织提案人、承办部门的三方座谈沟通会10余次。九届一次会议以来，共收到提案208件，审查立案180件，其中党派团体提案23件，委员提案157件。提案办复率100%，其中提出的建议被承办单位采纳、问题得到解决或列入工作计划的占 86%，暂时不能解决、留作参考的占 14%。委员对提案办理的满意率达到 99%。

（石峰）

【经济科技委员会】 开展海淀北部生态科技新区商务环境建设研究工作，形成调研报告，提出 5 条意见建议。组织开展界别活动，民建与科技界界别活动被确立为界别活动月启动仪式主要内容；组织经济界委员视察翠微集团并听取区商务委年度商业工作通报；组织工商联、农业、科协三个界别联合视察中国农业大学食品科学与营养工程学院等。

（石峰）

【城建城管和环保委员会】 承担“北部生态科技新区规划建设若干问题”调研，开展专题调研 13 次，完成“北部新区建设若干问题研究”调研报告，在此基础上形成常委会《关于北部生态科技新区规划建设若干问题的建议案》，提出三个方面 15 条建议。承担 2012 年度议政会“治理南部平房区，建设海淀文明区”和“高效利用水资源，建设北部生态科技新区”等 2 个重点发言，提出 11 条意见建议。围绕上庄水库周边环境现状开展调研，形成《区政协城建城管和环保委员会关于上庄水库上游两岸滨河景观路及休闲步行道项目建设的建议》。

（石峰）

【教文卫体委员会】 全年组织完成重点调研、专项视察、协商监督、界别活动等活动 30 余次，参与委员 400 余人次。历时 4 个月开展关于加快海淀区文化基础设施建设调研，在调研报告的基础上形成常委会《关于加快海淀区公共文化服务设施建设的建议案》。组织委员对西山文化大道、五棵松影城、纳兰性德遗址、曹氏风筝中心、温泉体育中心等文化体育场所以及小学学生食堂和部分社会餐饮单位的食品安全情况等进行视察；组织委员监督 “小升初”电脑派位工作。

（石峰）

【社会和法制委员会】 组织委员参加以“为基层送法律，促核心区建设”为主题的区检察院开放日活动和海淀公安分局获“全国优秀公安局”称号的授牌仪式暨宣讲报告会。开展界别活动，组织特邀文化界委员参加“诗意中国——中华世纪坛中秋国际原创诗会”，工会界委员视察公共卫生安全与监督执法工作，共青团、青联界委员联合视察彩虹之家——青少年服务中心。

（石峰）

【学习和文史委员会】 开办每月一期的“委员讲坛”，围绕政协理论、时事政治、北京精神、世界城市建设、前沿科技知识、网络微博履职等开展学习培训。开展关于文化遗产保护和利用的专题调研，组织课题组视察六郎庄、曹雪芹纪念馆等文物保护单位，以及西北旺和四季青镇的 8 个拆迁村。发出《关于深入学习贯彻市十一次党代会精神的倡议书》；邀请区政协一至九届委员共议中共十八大报告，组织“学习贯彻中共十八大精神，全面推进人民政协工作创新发展”全体委员培训会。编印《海淀文史选编》第 17 辑，共采用稿件 20 篇 19 万字；开展《海淀古村落之六郎庄》史料收集工作。

（石峰）

【港澳台侨委员会】 全年组织各类活动 8 次，参与委员 148 人次。举办当前形势与中央对台政策专题讲座，听取地区对台工作情况通报。完成《关于海淀留创园在园企业发展情况的调研报告》和《海淀区社区老年人健康需求调研报告》。走访驻区台资企业，探索上门走访港澳委员的工作方式。接待来自港澳台地区及海外的华人社团和友人 20 余人次。与区侨联等单位联合举办海淀区首届新侨乡文化节。会同民族和宗教委员会组织台盟及侨联、台胞台属、对外友好等界别共同视察农大附中新疆班，与少数民族学生共庆古尔邦节。

（石峰）

【民族和宗教委员会】 全年组织调研、座谈、视察、界别活动 8 次，参与委员 156 人次。围绕清真饮副食工作开展调研，完成《海淀区清真饮副食网点情况调研报告》。组织委员走访慰问区伊斯兰教协会，参观北京基督教爱德敬老院、北京基督教陵园、丰台区长辛店天主教堂和天颐养老院，视察海淀清真寺、基督教西北旺聚会点、四王府清真寺等宗教场所以及清真餐饮企业和民族文化企业。组织少数民族界、宗教界共同视察农大附中新疆班，与少数民族学生共同庆祝古尔邦节。

（石峰）

民主党派·工商联

2013

北京海淀年鉴

▲ 2月12日，首届“2012海峡两岸慈善佛教文化交流画展”开幕式在海淀区紫竹桥西松鹤楼举行（李瑞林 摄）

◀ 5月3日，上地地区中小企业信用贷款签约仪式在中关村软件园举行，十家企业分别与北京银行中关村分行和中国工商银行北京分行签署信用贷款协议（区工商联 供图）

▶ 7月23日，民盟海淀区委举办“对话大家：文化、社会与人生”主题沙龙（民盟区委 供图）

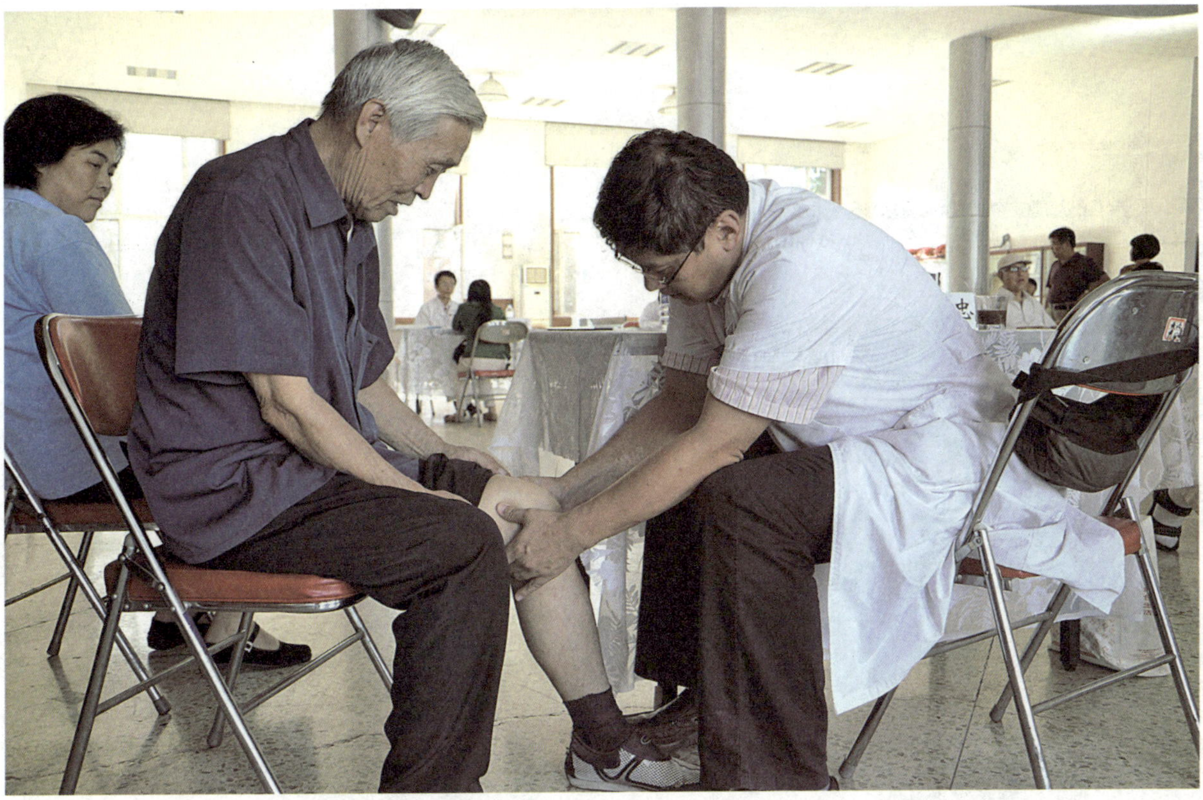

▲ 9月5日，农工党西苑医院支部与首师大支部联合举办教师节义诊活动（农工党区委 供图）

▲ 9月6日，台盟工委组织参加第五届“交流与共享”研讨会的台湾嘉宾到清华大学图书馆参观（台盟工委 供图）

▲ 10月22日，民革海淀教文卫专委会部分委员到延庆县教科研中心开展支教义诊活动（民革工委供图）

▲ 10月28日，民建北京大学委员会成立（民建区委 供图）

民主党派·工商联

中国国民党革命委员会北京市海淀区工作委员会

【概况】　中国国民党革命委员会（简称“民革”）是具有政治联盟性质的、致力于建设中国特色社会主义和祖国统一事业的政党，是中国共产党领导的多党合作和政治协商制度的参政党。民革海淀区工委是民革北京市委的派出机构，成立于1990年11月16日。现为第六届委员会，2011年6月成立。民革海淀区工委现有21个支部、785名党员，其中本年新发展党员42人，转入党员11人，去世2人。党员中有全国政协委员3人，市人大代表2名，市政协委员5名（其中常委2名）；区人大代表1名，区政协委员18名（其中常委2名）。

在区政协召开的议政会上，作《关于加强社会管理人才队伍建设及机构完善的建议》的发言。在区政协“学习贯彻中共十八大精神，全面推进人民政协工作创新发展”主题研讨会上，提交《多党合作与构建和谐社会》论文。完成《海淀区科技创新与知识产权保护关系研究》、《海淀区群众文化活动设施建设》、《海淀区农业科技产业调研与支持政策研究》3篇调研报告。向区政协九届二次会议提交《关于进一步改善和加强海淀区科技创新与知识产权保护的几点建议》、《关于海淀区群众文化活动设施建设的调查与几点建议》、《关于海淀区科技旅游向纵深发展的几点建议》等3篇提案。

本年，区工委所属21个支部完成换届。3月22日，举行学习全国“两会”精神报告会，传达全国政协十一届五次会议精神。4月23日，第17个世界读书日，区工委妇委会到海淀区前章村小学捐赠图书。5月，区工委组织党员到顺义区赵全营镇板桥村，为居住在这里的服刑人员无人抚养的未成年子女捐赠学习、生活用品。6月，区工委人口资源环境专委会到海淀外国语实验学校看望22名青海玉树灾区孤儿，并送去文具、衣物等。同月，区工委老龄委到海淀区上庄镇有福敬老院举办“老年健康知识讲座”。7月，区工委在抗战名将纪念馆举办纪念“七七事变”75周年座谈会，佟麟阁、赵登禹等烈士后代到会并发言。同月，区工委与中国扶贫开发协会联合捐建的河北滦平县缸房村乡村俱乐部正式揭牌，这是“环首都贫困带农村基层公共文化服务体系建设”工程的第一个试点工程。

9月，区工委举办骨干党员培训班，听取《中共中央关于加强新形势下党外代表人士队伍建设的意见》（四号文件）辅导报告和对台工作形势报告。教文卫专委会组织委员联合人大附中教师赴延庆县教科研中心，开展支教和义诊活动。11月，区工委举办学习中共十八大精神培训班，区工委委员、各专委会、各支部负责人参加学习。全年出版《海淀民革》四期。

民革海淀区工委教授论坛全年举办讲座六次，获2012年民革北京市委“区级组织创新成果”奖，1人被评为2012年民革北京市委“年度人物”，民革海淀区工委第六支部获“基层组织典型经验”奖，6名民革党员被评为参政议政先进个人，2人被评为理论与宣传先进个人，1人被评为社会服务先进个人。

（石军）

中国民主同盟北京市海淀区委员会

【概况】　中国民主同盟（简称民盟）是由从事文化教育以及科学技术工作的高中级知识分子组成的、具有政治联盟性质的、致力于社会主义事业的政党，是同中国共产党通力合作的参政党。1990年11月24日，民盟北京市海淀区工作委员会成立。1999年12月8

日，民盟海淀区委员会成立。至本年底，民盟海淀区委下属 1 个基层委员会、3 个总支委员会、48 个支部。有盟员 1344 人。本年发展新盟员 51 人，转入 13 人，转出 1 人，去世 4 人。北京舞蹈学院等 4 个支部完成换届。盟员中，有民盟中央委员 4 人（其中常委 2 人），民盟北京市委常委 1 人、委员 11 人；有市人大代表 1 人，区人大代表 6 人（其中常委 1 人）；有全国政协委员 6 人，区政协委员 14 人（其中副主席 1 人、常委 2 人、副秘书长 1 人）。

本年，召开主任委员会议 2 次，全体委员会议 4 次，调研课题工作会 4 次。选派百余名中青年盟员参加各类学习班。全年编发《盟务动态》7 期。

盟员、全国政协委员徐世杰、梁晓声、俞敏洪、胡扬、龚亚夫、陈力出席全国政协十一届五次会议，并提交 20 件个人提案。完成区委统战部《海淀区北部农村地区文化建设现状调研及对策建议》、《加强驻区外国人服务和管理，提高海淀区国际化水平》、《海淀区科技服务业发展现状与对策建议》、《关于海淀区上庄镇发展休闲体育产业的对策与建议》3 篇调研报告，其中《海淀区北部农村地区文化建设现状调研及对策建议》为海淀区委重点调研报告，《加强驻区外国人服务和管理，提高海淀区国际化水平》作为区政协恳谈议政会大会发言。全年上报信息 81 条，其中《关于审查引进海外高层次人才相关法律及〈出境入境管理法（草案）〉的建议》和《关于强制自然人死亡信息登记的建议》被全国政协采用。《关于我国廉租房建设和管理的几点建议》、《关于“体医结合”促进全民科学健身的建议》被收入《2012 年海淀区政协建言献策文集》。“综合防治拐卖儿童犯罪需打击拐卖行为”被评为海淀统战系统优秀信息。本区委获区政协反映社情民意信息工作先进单位称号，获海淀区委统战系统信息工作优秀单位一等奖。3 人获区政协反映社情民意优秀信息员称号，1 人获海淀区统战系统优秀信息工作者，5 人获“为海淀区建设做出突出贡献的统一战线先进个人”称号。1 人获“高校哲学社会科学研究管理先进个人奖”，1 人被聘为北京市人民政府参事。《民主党派的趋同发展与保持特色的必要性》被中共北京市委统战部评为 2011 年度北京市统一战线理论研究和调查研究优秀成果三等奖。《试论外国人才身份转换制度》被北京市人才工作领导小组评为“2011 年北京人才发展高端论坛”优秀论文三等奖。

本年，民盟海淀区委主要开展以下活动：3 月召开学习全国两会精神座谈会。4 月组织青年盟员参加义务植树活动。5 月召开提案答复会。6 月组织盟员代表参加中国民主同盟北京市第十一次代表大会。7 月举办“对话大家：文化、社会与人生”主题沙龙。8 月举办践行“同心思想”弘扬“北京精神”暑期读书班，盟员 50 余人参加。9 月举办“资本和谐 社会和谐”主题沙龙，60 余名盟员参加。9 月，民盟海淀区委向海淀区打工子弟学校捐赠图书 1500 余册。在东升镇前屯社区居委会举办健康知识讲座，就糖尿病的防治及患病者的日常保健向社区居民宣传健康知识。召开四届八次全委扩大会、党派提案答复会。11 月召开学习贯彻十八大精神座谈会，组织 70 余名盟员参加“海淀区统一战线学习十八大精神报告会”。

（王东旭）

【参加中国民主同盟北京市第十一次代表大会】 6 月 17 日～19 日，中国民主同盟北京市第十一次代表大会召开。大会听取并审议了民盟北京市第十届委员会工作报告，选举产生了民盟北京第十一届委员会和出席民盟第十一次全国代表大会代表。31 名海淀区盟员代表参加会议，其中 11 名盟员当选为盟市委委员，张维佳当选为盟市委常委，霍建新被选为出席民盟第十一次全国代表大会代表。

（王东旭）

【召开营业税改征增值税政策宣讲大会】 12 月 27 日，民盟海淀区委与北京技术市场协会、北京中关村高新技术企业协会、北京市科技金融促进会联合召开营业税改征增值税政策宣讲大会，200 余人参加。会议通报了本年全市技术交易的基本情况以及技术市场“营改增”试点改革进展情况，从技术合同认定规则、优惠政策以及技术市场在“营改增”中如何做好服务等三个方面作了介绍，并从可操作性的角度对“营改增”的政策进行了解读。

（王东旭）

【举办暑期读书班】 8 月 17 日～18 日，民盟海淀区委举办践行“同心思想”弘扬“北京精神”暑期读书班，民盟海淀区委委员、各支部负责人以及骨干盟员等 50 余人参加。中共海淀区委统战部领导作题为“认真学习贯彻中央 4 号文件，加强我区党外代表人士队伍建设”的报告，报告从文件出台的背景意义和基本情况，文件在理论方面的创新，全区学习贯彻文件精神的具体工作三个方面进行了详细的讲解。民盟北京市委领导通报了民盟市委的各项工作和取得的成就，并作了题为“新时期如何履行参政党职能”的报告。学员结合报告，就如何将践行“同心思想”弘扬“北京精神”与继承和发扬民盟的优良传统结合起来；围绕海淀区经济社会发展多建良言、多献良策；如何加强民盟后备干部队伍建设，增强履职的责任感和紧迫感，加强履职的主动性和针对性进行了讨论交流。

（王东旭）

【“资本和谐 社会和谐”主题沙龙】 9 月 13 日，民盟海淀区委与中国人民大学出版社联合举办“资本和谐 社会和谐”主题沙龙。60 余位盟员参加会议。三位主讲老师就如何驾驭资本、转变经济发展方式、培育新的经济增长点，借鉴国外经济转型经验、深化我国金融体制改革、重塑我国金融系统核心价值观等方面问题做了详细的讲解。

（王东旭）

中国民主建国会北京市海淀区委员会

【概况】 中国民主建国会（简称民建）是主要由经济界人士组成的、具有政治联盟特点的、致力于建设中国特色社会主义事业的政党。1981年2月，民建北京市海淀区工作委员会成立。1998年9月28日，民建北京市海淀区委员会成立。本届委员会为第四届，成立于2011年6月27日。截至本年底，有基层委员会3个（年内成立2个），支部27个，会员1229人，全年共发展会员49人，转入29人，转出6人，去世2人。会员中有民建中央委员2人（其中常委1人），民建市委委员15人（其中副主委3人，常委1人）；全国政协委员3人；各级人大代表13人（其中区人大代表11人）；各级政协委员36人（其中区政协委员26人），特约职务45人。

本年，召开主任委员会议9次，全体委员会议1次，中心组（扩大）会议1次。编发《海淀民建》4期；向《人民政协》、《民讯》、《北京民建》、《海淀政协》、《海淀报》等刊物投稿97篇，其中，26篇被民建中央采用，79篇被民建北京市委采用。报送社情民意信息241篇，被民建中央采用10篇，被民建北京市委采用83篇，被海淀区委统战部采用91篇，被海淀区政协采用16篇。

完成调研课题11项，《海淀北部地区开发建设进程中集体经济发展研究》为中共海淀区委重点课题，并作为大会发言。《中关村示范区高科技企业知识产权拥有现状》为区委统战部关注课题，被北京市政协采用并得到中共北京市委常委陈刚批示。《关于拓宽融资渠道解决公租房项目资金困难问题的探索和建议》被民建北京市委采用，并转化为北京市政协大会发言。《对海淀区科技创新专利资助政策的建议》被评为年度优秀党派团体提案，《关于尽快解决无学区儿童就学问题的建议》被评为优秀委员提案。民建区委获海淀区统战系统信息工作优秀单位特等奖、海淀区政协反映社情民意信息工作先进单位、民建北京市委信息工作先进集体一等奖。

社会服务方面，为房山7·21特大暴雨灾区捐款5.36万元。由政法大学支部牵头发起“民建海淀同心基金”资助48名特困大学生。文教一支部开展“一本爱心图书”活动，为革命老区小学共捐赠爱心图书2100本。妇委会与科技园支部联合组织“折射阳光，传递爱心”主题活动，看望天使之家残疾儿童，苏家坨镇北安河敬老院。三综支部连续第9年慰问龙泉老年公寓。地震局支部连续第5年开展地震科普知识进校园活动。6名会员被评为“海淀区建设做出突出贡献的统一战线先进个人”。

4月—6月，完成24个基层组织支委班子调整。11月20日，召开中心组（扩大）会议暨学习中共十八大专题报告会。

（赵欣）

【与民建乐山市委续签结对共建协议】 3月2日，民建北京市海淀区委与来访的民建四川省乐山市委举行结对共建续签仪式，并就两地民建组织建设和会员企业发展等话题进行座谈交流。民建海淀区委与民建乐山市委建立友好关系11年以来，推动了两地民建之间交流合作，以帮困扶贫为重点推进了社会服务工作。

（赵欣）

【举办2012年读书班】 9月1日，民建海淀区委举办2012年读书班，60余人参加学习。中共海淀区委统战部常务副部长林虹作“认真学习贯彻中央4号文件，加强海淀区党外代表人士队伍建设”报告。全国政协经济委员会办公室主任、中共海淀区委常委陈惠丰（挂职）作“多党合作和政治协商制度”报告。民建北京市委常务副主委任学良传达胡锦涛总书记在省部级主要领导干部专题培训班讲话精神和北京市第十一次党代会精神。

（赵欣）

【民建北京大学委员会成立】 10月28日，中国民主建国会北京大学委员会成立大会在北京大学国际会议中心举行。全国人大常委会副委员长、民建中央主席陈昌智等领导出席会议。北京大学党委书记朱善璐向大会表示祝贺。海淀区政协副主席、民建海淀区委主委王玉梅宣布同意成立民建北京大学委员会的决定以及对民建北京大学委员会选举结果的批复。北京大学教授陈效逑担任民建北京大学第一届委员会主任委员。中国民主建国会北京大学委员会现有会员41人。

（赵欣）

【与民建南京市委签约结对共建】 12月14日，民建海淀区委与民建南京市委在北京举行结对共建签约仪式，并就两地民建组织如何进一步友好合作等话题进行座谈交流。民建海淀区委主委王玉梅和民建南京市委主委殷云飞分别介绍了民建海淀区委和民建南京市委的工作情况，并分别代表两地民建组织在协议上签字。

（赵欣）

【民建中国科学院委员会成立】 12月27日，民建中国科学院委员会成立大会在中科院国家科学图书馆一层院士厅召开。民建中央主席陈昌智等领导出席大会，并代表民建中央对民建中科院委员会的成立表示祝贺，中科院文献情报中心副主任张薇任民建中国科学院第一届委员会主任委员，民建中科院委员会现有会员73人。

（赵欣）

中国民主促进会北京市海淀区委员会

【概况】 中国民主促进会（简称民进）是以从事教育文化出版工作的高中级知识分子为主的、具有政治联盟性质的、致力于建设中国特色社会主义事业的政党。1984年10月，民进海淀区工作委员会成立。1996年12月6日，民进海淀区委成立，是海淀区第一个民主党派区级组织。现为第三届委员会，成立于2011年6月。至本年底，共有区属支部37个，会员821人。本年发展新会员26人，转入会员7人。会员中，有民进中央委员4人（其中常委1人），民进市委委员8人（其中常委5人）；全国人大代表1人，全国政协委员1人；市人大代表2人（其中常委1人），市政协委员2人；区人大代表2人（副主任1人），区政协委员16人（其中常委4人）；各类特约监察员20人；长江学者1人。

本年，本区委召开主委会5次，全委（扩大）会2次，中青年骨干读书班1次，其他会议7次。选派80余名骨干会员参加各级各类学习培训。

本年，组织学习《中共中央关于加强新形势下党外代表人士队伍建设的意见》和《海淀区民主党派后备干部推荐暂行办法》。向区委统战部推荐“党外代表人士”17人，推荐“海淀区处级干部后备推荐人选”10人。

完成中共海淀区委研究室重点调研课题《海淀区综合治理大学生就业难的研究报告》，完成关注调研课题《高校文化设施在海淀区公共文化服务体系建设中发挥作用的政策机制》，完成一般调研课题《海淀区民办培训学校生存与发展状况调查研究》。在区政协论坛会上作题为《关于在中关村国家自主创新示范区建立“中关村博物馆”的建议》报告，在区政协议政会上作题为《高校文化设施在海淀区公共文化服务体系建设中发挥作用的政策机制》报告。在海淀区政协工作理论研究会的主题研讨会上，提交党派团体理论文章1篇，会员个人理论文章3篇。向民进北京市委、区政协、区委统战部报送信息40余篇，多条信息被全国政协、中央统战部、民进中央采用，1篇信息被中共中央政治局常委、国务院副总理王岐山批示。出版第41期、第42期《海淀民进》合刊。

本年，本区委海淀企业支部、北京101中学支部等6个支部赴河北省张北地区捐资助学，共计捐款捐物30余万元，小教北支部、北京外国语大学支部赴平谷区熊儿寨中心小学捐资助学。

（高亮）

中国农工民主党北京市海淀区委员会

【概况】 中国农工民主党（简称农工党）是以医药卫生界高、中级知识分子为主、具有政治联盟特点、致力于建设中国特色社会主义事业的政党。农工党北京市海淀区委员会成立于2004年6月20日，现为第三届委员会，成立于2011年6月。现有支部25个，党员545人，年内新发展党员19人，转入9人，去世3人。党员中，卫生系统占34.2%，科教系统占29.0%，人口资源系统占15.6%。党员中有农工中央委员2人（其中常委1人），农工市委委员9人（其中常委4人），市人大代表1人，区人大常委1人，全国政协委员1人，市政协委员2人，区政协委员17人（其中常委4人）。

4月，召开三届二次全委扩大会议，通报2011年参政议政工作情况和2012年计划，3名党员参加由区委统战部组织的第十八期党外中青年骨干培训班。5月，区委医委会、青委会、妇委会联合举办“世界睡眠日”健康讲座和义诊咨询。8月，举办第七期暑期干部读书班。9月，召开三届三次全委扩大会，到海淀区民政局、四季青敬老院开展养老问题调研。11月，召开参政议政会，总结2012年参政议政工作和布置2013年参政议政工作重点、汇报调研；组织党员参加学习十八大精神报告会。12月，召开第五期联情会，举办学习十八大精神暨基层支部经验交流会，举办领导班子述职报告会。

牵头完成《关于以文化创意产业带动海淀区产业结构优化升级的建议》、《城市绿化控制环境空气PM2.5的作用及建议》、《关于海淀区发展医学型养老院解决长期患病老人养老难问题的研究》3项中共海淀区委调研课题。党派提案《关于在社区推广建立精残人之家的建议》在海淀区政协九届二次会议上作为发言。

全年上报信息153条，被评为区政协反映社情民意信息工作优秀单位。

（魏明昭）

中国致公党北京市海淀区委员会

【概况】 中国致公党是以归侨、侨眷中的中上层人士、有海外关系的代表性人士及其他方面有代表性的中高级知识分子组成的政党，是中国共产党亲密合作的友党和参政党。1994年3月28日，致公党海淀区工作委员会成立。2002年12月22日致公党北京市海淀区委员会成立。现为第三届委员会，成立于2011年6月16日。

至本年底，致公党海淀区委有支部18个（本年新成立1个），党员597名。年内发展党员20名，下拨党员5人，去世党员3名。党员中，有致公党中央委员8人（其中常委1人），各专门委员会委员107人；全国人大代表1人，全国政协委员6人；致公党北京市委员会委员10人（其中常委4人）；市人大代表1人，市政协委员3人（其中常委2人）；区人大代表5人（其中常委1人），区政协委员21人（其中常委5人）；担任全国、北京市、海淀区各类特邀人员15人。

本年，致公党海淀区委、二支部、国知局被致公中央评为社会服务先进集体，4名党员评为先进个人。致公海淀区委获海淀区“三八”红旗集体称号，1人被北京市妇女联合会评为“首都巾帼志愿者之星”，1人被授予北京市“三八”红旗手称号，3名党员被评为海淀区突出贡献统一战线先进个人。

在区政协九届一次全会上，提交党派提案《关于尽快启动香山“申遗”筹备工作建议》、《关于将海淀区投资的保障性住房建成节能减排和低碳宜居示范区的建议》，与民建联合提交党派提案《高度重视并大力发展电子商务服务产业的建议》，作题为《以信息技术和信息化加强和创新社会管理的建议》、《发挥侨联组织的人才资源优势为中关村人才特区建设贡献力量》大会发言，提交14份委员提案。在区政协“创新与和谐海淀”论坛上，作题为《关于发挥海淀区侨海优势，建设“五个一工程”的几点建议》发言。在2012年海淀区议政会上，作题为《海淀区电子商务对策与建议》的发言。在致公党海淀区委副主委徐晓兰组织推动下，致公党中央联合工信部、科技部、发改委完成的“现代信息技术促进产业转型升级”的调研报告得到全国政协主席贾庆林、国务院副总理李克强、国务委员刘延东、国务院秘书长马凯的批示。

全年报送信息81条。《关于设立国家创新体系建设委员会专司我国创新体系建设的建议》被中共中央采纳，根据此建议，2012年7月成立国家科技体制改革和创新体系建设领导小组。《加强北京山区山洪泥石流灾害防治》得到北京市委常委、统战部部长牛有成和北京市副市长夏占义批示。《关于中央决定对薄熙来通知严重违纪问题立案调查的反映》、《关于完善我国技术转让税收优惠政策的建议》被全国政协采纳，《关于设立战略性新兴产业投资基金》、《大力发展实体经济》、《利用信息技术，加强社会管理》建议被致公党中央采用。本区委被区政协评为反映社情民意工作先进单位，4名党员被评为优秀信息员。

本年，致公党海淀区委召开支部工作会，信息工作会、重阳节老党员座谈。组织中共中央4号文件报告会、十八大精神报告会、十八大精神座谈会，为支部购买十八大精神辅导书籍。组织党员参加十八大精神学习班、北京精神文化系列大讲堂、7·23讲话精神报告会，组织党员参加北京精神摄影展、迎接十八大书画展。组织赴宁夏参加黄河善谷公益活动，区委4名医生参加义诊，并与青铜峡市统战部建立联系。本区委参与海淀区首届新侨乡文化节活动的组织工作。与北下关街道侨联、农科院侨联、铁科院侨联共同组织促进“大统战、大侨务”的理念落到实处、全面推进海淀区统战侨务工作再上新台阶的侨界人士联欢会。

（李冬妮）

九三学社北京市海淀区委员会

【概况】 九三学社是以科学技术界高、中级知识分子为主的具有政治联盟特点的政党，是接受中国共产党领导、同中国共产党亲密合作、致力于建设中国特色社会主义事业的参政党。九三学社北京市海淀区委员会成立于2000年6月13日。本届委员会为第四届，成立于2011年6月。现有基层委员会4个，支社（小组）45个；成员1504人，本年新发展社员66人，转出2人，去世6人。成员中有九三学社中央委员7人（其中副主席1人），九三学社市委委员9人（其中常委1人）；市人大代表4人，区人大代表3人（其中常委1人）；全国政协委员4人（其中常委1人），市政协委员7人，区政协委员27人（其中政协副主席1人、常委3人）。有院士3人、长江学者3人。

出版《海淀九三》报3期，向九三学社北京市委网站、《九三北京社讯》投稿60篇，组织议政会4次。5月8日，九三学社海淀区委青年工作委员会成立。11月，举行学习中共十八大精神专题学习会。与区妇联合作，邀请区九三学社社员北京人和汇力管理顾问有限公司总经理甘斌为海淀区女处级干部培训班作“女性领导力提升”专题培训。西苑医院委员会被九三学社中央评为“学习践行社会主义核心价值体系全国先进集体”，3名社员被九三学社中央评为“学习践行社会主义核心价值体系全国先进个人”。

完成《建设海淀北部生态科技新区调研》（海淀区重点课题）、《海淀北部新区集体产业园建设、管理政策与长效运行机制调研》（海淀区关注课题）、《高层次的公民科学素质与核心区发展的调研》（海淀区一般课题）、《对建好国家级文化与科技融合示范基地的调研》和《加强文化科技融合促进高端产业发展的调研》5篇调研报告。

向区政协九届一次全会提交《对海淀区通过科技促进涉农产业融合的建议》、《关于核心区加强特色产业园建设的建议》和《关于海淀区优先发展产业的建议》党派提案3件，个人提案16件。其中《关于核心区加强特色产业园建设的建议》被列为区政协重点督办党派提案。上报信息55条。

本区委获区政协反映社情民意信息工作优秀单位奖，区统战系统信息工作优秀单位一等奖。

（赵国春）

【举办基层干部和中青年骨干读书班】 10月12日，举办基层干部和中青年骨干读书班，90余名社员参加。区委统战部常务副部长林虹作《认真学习贯彻中央四号文件，加强我区党外代表人士队伍建设》报告，九三学社北京市委副主委方炎作《履行党派职能，做好社务工作》报告。与会社员就如何加强参政议政能力建设、搞好社务工作进行讨论交流。

（赵国春）

【引导基层组织开展社会服务活动】 年内，中国农业大学委员会对昌平区流村镇的沟域经济发展进行调研。海淀第三综合支社组织社员到北京市儿童福利院慰问残障儿童。中国农业科学院委员会、北京邮电大学支社为北京太阳村因父母服刑的未成年孩子捐献学习用品和衣服。北京外国语大学支社向受助学生发放5000元助学金。中国农业大学委员会、北京邮电大学支社和北京外国语大学支社被九三学社北京市委评为社会服务工作先进集体，11名社员被评为社会服务工作先进个人。

（赵国春）

台湾民主自治同盟
北京市海淀区工作委员会

【概况】 台湾民主自治同盟是由台湾省人士组成的社会主义劳动者、社会主义事业的建设者和拥护社会主义的爱国者的政治联盟，是为社会主义服务的政治力量，是爱国统一战线的组成部分。台盟海淀区工委成立于1998年10月。现为第四届委员会，成立于2011年6月。台盟海淀区工委现有3个支部，截至本年底有盟员71人，转入盟员3人，转出盟员1人，自然减员1人，发展新盟员1人。盟员中有全国人大代表1人、全国政协委员2人（其中常委1人），市人大代表1人（常委1人），市政协委员4人（其中政协副主席1人、常委1人），区人大代表1人（常委1人），区政协委员9人（其中常委1人，副秘书长1人）。

全年台盟海淀区工委召开工作总结表彰会1次，参政议政工作会议4次，主委会3次，工委会4次，党派协商会5次，党派联系会4次，对口联系通报会3次。盟员参加各类学习培训120余人次。

本年，完成中共海淀区委重点调研课题《海淀区社区居民体育健身观念和参与社区体育健身活动现状的调查》和关注课题《海淀区社区老年人健康需求的调研》。向区人大会议提交议案1件，向区政协提交党派提案2件，委员提案5件，上报信息67条。在海淀区九届二次政协会议上《积极推进海淀区西山文化创意大道项目建设的建议》被评为2012年度优秀党派团体提案。在以“创新与和谐”为主题的海淀论坛上，作题为《在数字圆明园的基础上，探讨实用性圆明园的可能性》的大会发言。台盟海淀区工委被区政协评为2012年度社情民意信息工作先进单位、被区统战部评为2012年度海淀区统战系统信息工作优秀单位三等奖；工委第一支部和参政议政小组被台盟市委评为2007-2012年度创优基层组织称号。

本年，《海淀区台盟简报》更名为《海淀台盟》，出4期。在“纪念台盟成立65周年”和“同心同行中的北京台盟”征文活动中，台盟海淀区工委获优秀组织奖，6位盟员获奖。

本年，台盟海淀工委与温泉镇结成“手拉手”单位。工委组织盟员到温泉乡认养树木，到温泉镇敬老院看望五保户，给16位五保户送去毛毯和茶枕等慰问品。组织青年盟员到中央音乐学院开展义务劳动，将中央音乐学院一批闲置物资捐给温泉乡白家疃小学。在捐献过程中了解到，白家疃村由于“文革”

中挖的人防工程年久失修造成塌陷，使村内的民房变成危房，将情况上报台盟市委，通过台盟市委上报市政协，得到中共北京市委书记郭金龙的批示。

本工委与海淀区统战部、台办共同承办台盟北京市委召开的海峡两岸第五届“交流与共享研讨会”的接待任务，安排台湾嘉宾到清华大学图书馆保钓资料收藏研究中心和在海淀区的台资企业参观，并邀请二十世纪六十年代保钓运动的亲历者杨思泽讲述当年保钓的情况。组织盟员到海淀区翠湖湿地开展义务植树日活动。组织盟员暑期读书班活动，学习“胡锦涛总书记在省部级主要领导干部专题研讨班上的重要讲话”、中央统战部研究室姚植传副主任作“解读中共中央（2012）4 号文件”的辅导报告、台盟中央联络部潘新洋副部长作“台湾政局与两岸关系现状及发展趋势”的台情报告。工委组织全体盟员学习中共十八大报告精神。

（曾军）

北京市海淀区工商业联合会

【概况】 海淀区工商业联合会的前身是成立于 1951 年 6 月的北京市工商联海淀区办事处，为北京市工商联的派出机构。1993 年 5 月更名为北京市海淀区工商业联合会。截至 2012 年底，有会员近 1600 户。会员单位法人代表中有全国人大代表 1 人，全国政协委员 1 人；市人大代表 1 人，市政协委员 8 人；区人大委员 11 人，区政协委员 52 人。有团体会员 8 个，有基层组织分会 14 个（本年新成立 3 个），有行业分会 1 个（本年新成立）。

参政议政 全年组织学习中央、市、区重要会议精神，组织会员企业参加践行“北京精神”报告会，组织召开纪念中共建党 91 周年暨非公企业党建工作交流座谈会，实现企业党建与企业发展双赢。组织会员参加区委区政府协商会、通报会、座谈会及政协理论研究会，为海淀区调整出台“1+10”先行先试政策体系献策。《关于海淀人才公租房政策的意见和建议》、《我区中小微企业生存发展中遇到的问题和建议》受到重视。协助中央统战部、全国工商联、市统计局开展系列调研活动，完成工商联组织建设情况、5 亿元规模以上企业发展情况等调查工作。

服务区域经济社会及公益事业 组织 60 余家企业参加首届中国（北京）国际服务贸易交易会、湖北荆门招商引资活动等投资促进活动。联系区气象局等部门和单位，为会员企业发展及双方合作提供支持。与区检察院反贪局合作，支持中小企业开展反渎职侵权活动。组织 10 余家软件企业参加“中关村知识产权联盟”。协调劳动部门解决会员企业社保费补交及滞纳金减免等生产经营中的问题，解决企业在经济统计、税务征缴中遇到的实际问题和困难。会员企业为河北省丰宁满族自治县汤河小学捐赠 250 套床头柜。

会员服务工作 通过网站会刊及时将市、区最新经济政策传达到会员企业。举办劳动、合同、税务系列专场培训，与光大银行北京分行、中国人民大学商学院、区金融办等单位联合，开展中国企业新领袖成长计划、2012 年海淀区促进企业上市、中小企业私募债等系列培训，组织促进中小微企业融资对接活动、科技金融创新发展专题培训、内地企业香港上市研讨会、新三版上市研讨会等系列活动。推选 50 余家企业申报全国工商联“科技进步奖”、市联“十佳标兵”、“十佳优秀单位”、社会主义新农村建设先进单位等系列评选活动，共有 20 余家会员企业获得国家、市级奖励。组织 8 家企业申报医药发展专项资金。协助统战部完成市工商联第十三次会员代表大会海淀区代表、市工商联执委候选人推选工作。成立妇女委员会，两名女企业家分别获海淀区第三届“巾帼十杰”、北京市“三八红旗手”荣誉称号。

组织建设 新成立中关村翠湖科技园、八里庄、温泉、医药业 4 家分会，发展会员 160 余家。

原工商业者工作 原工商业者工作是工商联和统战工作的重要组成部分。全年为原工商业者发放困难补助、慰问金 100 余人次、5 万余元。

（高晓慧）

群众团体

2013

北京海淀年鉴

▲ 3月22日，海淀区科协召开2012年专家建议工作会（李瑞林 摄）

▲ 4月6日，区总工会与荆州市总工会在海淀体育中心举办“荆州月嫂”进京劳务对接洽谈会（李瑞林 摄）

▲ 6月26日，以韩国女性家庭部长官金锦来为团长的韩国妇女代表团参观海淀区妇女儿童活动中心（李瑞林 摄）

▲ 9月25日，“海淀侨界喜迎十八大暨首届新侨乡文化节文艺汇演”在海淀剧院举行。本届文化节历时6个月，吸引了3000多名归侨侨眷和社会各界人士参与（区侨联 供图）

◀ 9月27日，海淀区社区志愿服务站创建工作推进会暨首批市级社区志愿服务示范站揭牌仪式在海淀街道友谊社区举行（李瑞林 摄）

◀ 11月17日，2012年北京市职工“健步走、健康跑”活动暨第二十四届海淀区职工“长春杯”越野赛在圆明园遗址公园举办（区总工会 张剑 摄）

◀ 7月18日，海淀区工会第十五次代表大会召开（区总工会 张剑 摄）

群 众 团 体

海淀区总工会

【概况】 北京市海淀区总工会是海淀区委领导下的职工自愿结合的工人阶级群众组织，是海淀区各企事业单位工会组织和机关工会组织的领导机构。现为第十五届委员会（2012 年产生），下属海淀工人文化宫、海淀职业介绍所、海淀区职工休养服务部、海淀区技术交流站 4 个直属事业单位。本年，有基层直属工会 131 家。

本年，区总工会获得全国“安康杯”竞赛安全文化宣传工作先进单位称号，被中华全国总工会确定为全国工会职工法律援助等维权服务示范单位。区厂务公开协调小组被全国厂务公开协调小组评为“全国推动厂务公开民主管理工作先进单位”。全区首都劳动奖章获得者 14 名，首都劳动奖状获得集体 3 个，北京工人先锋号获得集体 6 个。

（胡文欣）

【家政专场招聘会】 4 月 6 日，区总工会和荆州市总工会在海淀体育馆举办家政专场招聘会。湖北省荆州市总工会组织 130 名培训合格的“月嫂”班学员到会进行现场劳务对接洽谈。

（胡文欣）

【海淀区工会第十五次代表大会召开】 7 月 17 日至 19 日，海淀区工会第十五次代表大会召开。大会选举产生了海淀区总工会十五届工会委员会委员 35 名和工会经费审查委员会委员 6 名。在 19 日召开的海淀区总工会第十五届委员会第一次全体会议上，选举产生新一届常务委员会委员 17 名和海淀区总工会第十五届委员会主席 1 名、副主席 3 名。在第十五届经费审查委员会第一次全体会议上，选举产生海淀区总工会第十五届经费审查委员会主任。

（胡文欣）

【举办第二十届海淀区职工艺术节】 9 月 26 日，海淀区总工会举办的“喜迎十八大 建功核心区”第二十届海淀区职工艺术节文艺汇演在海淀工人文化宫举行。本次艺术节历时九个月，各级工会开展多种形式的文化活动，区总工会举办了艺术节开幕式文艺演出、“劳动创造幸福”摄影大赛、艺术节文艺汇演等系列活动。超过 5 万名职工参与本届艺术节。

（胡文欣）

【举办 2012 年北京市职工“健步走、健康跑”活动】 11 月 17 日，由北京市总工会、海淀区总工会联合主办，北京市职工体协、海淀区文体协会承办的 2012 年北京市职工“健步走、健康跑”活动暨第二十四届海淀区职工“长春杯”越野赛在圆明园遗址公园举办。来自北京各区县的 13 支代表队和海淀区直属基层工会的 5465 名运动员参加比赛。大兴区总工会代表队、海淀区总工会代表队、朝阳区总工会代表队分获区县组团体总分前三名。市总工会、区委、区政府及体育界有关人士出席本次活动。

（胡文欣）

【工会组织建设】 2012 年新建基层工会组织 2159 家，发展会员 56075 人，全国总工会非公企业数据库内海淀区的企业建会率达 92%，会员发展率达 93%。500 强企业建会率达 95%以上。截至年底，累计采集企业信息 5339 家，采集会员信息 19.9 万人，为 96285 名职工办理“京卡·互助服务卡”。

（胡文欣）

【职工素质教育】 开展“走基层、送服务”活动，为 58 家基层工会申请首都职工素质教育工程赠送教材、公益大讲堂、岗位练兵、农民工技能学习基地、农民工流动教育课堂、大学生助推计划等免费资助服务，其中“农民工大学生助推计划”中 47 人参加全国成人高考，免费上大学。7 月，区总工会成为首都素质办学习超市首批试点单位，中关村学院作为区总工会的定点培训学校通过验收。

为 2011 年获得“北京市职工书屋”称号的 60 家基层工会赠送价值 12 万元、近万本涵盖文学、健康、心理等领域的最新畅销书籍。本年，育英学校职工书屋获“全国职工书屋示范点”称号，鼎好公司工会等 5 家单位获“北京市职工书屋示范点”称号；评选出海淀区“知识型职工”标兵 20 人、“知识型职工”标兵提名 10 人。区职工文化体育协会注册成立。与市总工会联合举办“2012 年北京市‘健步走、健康跑’活动暨第二十四届海淀区职工‘长春杯’越野赛”。

举办2012年全区工会干部培训班，基层工会主席、专职工会干部及专职工会工作者300余人参加培训；举办信息员培训会，各基层工会信息员120人参加。

（胡文欣）

【宣传调研】　全年共编发《海淀工会信息》信息56期；向市总工会和区委分别编报信息1000余条，在《北京工会信息》和《海淀信息》刊登22条；在《工会博览》刊登30条。《海淀新闻》、《海淀一时间》播报海淀工会各类新闻46条；《工人日报》、《劳动午报》、《海淀报》刊发海淀工会新闻81篇；中工网、市总网站刊登新闻52篇；海淀区总工会网站更新各类信息600余条；新华社、光明日报，北京日报、人民网其他各类媒体刊发、转载新闻43篇。

（胡文欣）

【维权机制建设】　区总工会与花园路街道总工会共同完成沐浴行业工资集体协商工作，实现劳务派遣企业开展工资集体协商的突破。截至年底，全区共有3504家企业开展工资集体协商工作，覆盖职工127748人，企业覆盖率达到62.4%，职工覆盖率达到65.1%，其中，通过区域性、行业性工资集体协商覆盖企业3200家，覆盖职工68612人；企业单独开展工资集体协商304家，覆盖职工59136人。完成百人以上企业工资集体协商226家，覆盖职工77211人，百人以上企业覆盖率达到59.2%，职工覆盖率达到58.9%。调解劳动争议案件814件，调解成功578件，调解成功率为71%；海开集团工会、海淀园工会工作委员会被命名为全国工会职工法律援助维权服务示范单位。已建会公有制企事业单位职代会或其他民主管理形式建制率达到96%，厂务公开推行率达到100%；已建会非公有制企业职代会或其他民主管理形式建制率达到75.3%。

（胡文欣）

【帮扶工作】　区总工会慰问保安、餐饮、建筑工地等行业外来务工人员1000余人；为700余名困难职工、下岗职工开展免费体检；节日送温暖发放慰问金38.55万元。北京“7·21”特大暴雨灾害后，区总工会筹措资金28万元，救助职工115名。截至年底，全区各级工会总计筹措慰问资金668.63万元，慰问职工3000余人次。本年新增职工互助保险会员6380人，会员总数达116895人，职工参保率达到28%，收缴保费3294955元。全年受理赔付1273人次，发放赔付金1613409.08元。

（胡文欣）

【就业援助】　本年，区总工会延续“八会制”就业服务模式，举办8场“春风行动”招聘会，1场庆“三八”女大学生专场招聘会，11场北京市总工会、海淀区总工会就业援助送岗位系列活动走进各乡镇街道招聘会，3场驻京部队随军家属就业专场招聘会，4场海淀区总工会民营企业招聘周专场招聘会，46场区总工会已建工会组织用人单位专场招聘会，45场区总工会综合招聘会，16场区总工会家政服务人员专场招聘会，2场交友会和1场区总工会大龄单身职工联谊会。全年共举办各种招聘会136场，参会招聘单位2132家，提供就业岗位79055个；12880人次参会，达成就业意向4691人次。

（胡文欣）

【首都农民工大学生助推计划】　区总工会推动“首都农民工大学生助推计划”的推进与落实。本年全区共有60余名农民工申报该计划，经过近半年的考前培训指导和全国成人高考，共有35名农民工被北京市职工大学录取，实现免费上大学的梦想。这些新学员将于次年3月入学，按照“学历+技能”的培养模式，开始为期两年半的学习，毕业时可获得大专毕业证书。

（胡文欣）

【为职工办十二件实事】　本年，区总工会为全区职工办理12件实事，共投入资金240余万元，内容包括：职工继续教育学费资助，“职工书屋”赠书活动，基层工会财务软件使用服务费补贴，为基层工会领导送书活动，离退休劳模体检、为患大病和低收入劳模补足养老金及困难劳模帮扶，“关爱人才，奉献海淀”第二届劳动者大型集体婚礼，“缘在工会，爱在海淀”大型交友活动，职工办公应用软件技能大赛活动，为基层工会放映电影活动，面对区工会会员开设摄影中级和声乐培训课，劳模“五一”慰问戏曲专场演出，区困难职工、下岗职工和部分行业外来务工人员免费体检。

（胡文欣）

【劳动争议调解】　2009年7月，海淀区在全市率先建立区级劳动争议调解联动机制，并成立海淀区劳动争议调解委员会，由区总工会主管主席担任调委会主任，具体指导海淀区劳动争议调解中心工作。2012年，海淀区劳动争议调解委员会共成功调解劳动争议3485件，履行金额2707万元。

（胡文欣）

中国共产主义青年团北京市海淀区委员会

【概况】　中国共产主义青年团北京市海淀区委员会的前身是1949年成立的“中国新民主主义青年团北京市十六区工作委员会”；1952年11月，成立中国新民主主义青年团北京市海淀区委员会，后改为共青团北京市海淀区委员会。在中共海淀区委的领导下和上级团组织的指导下开展工作。截至本年底，全区共有团员 8 万多人，基层团组织3973个，其中基层团委311个，基层团工委 47 个，基层团总支 726 个，基层团支部2900个。

2012年，海淀团区委落实市十三次团代会、纪念中国共青团成立 90 周年大会等会议精神，以开展文明城区创建活动为契机，围绕“两个全体青年”[①]政治目标，深化“创先争优”活动成果，带领全区团员青年解放思想、扎实工作、锐意进取，为推动全区新一轮科学发展发挥作用。

本年，海淀团区委被评为 2012 年北京共青团信息工作先进单位、2012年北京市希望工程优秀工作站。2 个基层团组织被评为“北京市五四红旗团委”，1 个基层团组织被评为“北京市五四红旗团支部”，3 人获“北京市优秀团干部”称号，1 人获“北京市优秀团员称号”。

（韩谦）

【海淀区青年联合会】 海淀区青年联合会成立于 1990 年 12 月 22 日。海淀青联实行委员制，设有团体会员组，科学教育组，经济金融组，公共管理组，解放军政法组，文艺体育组，医药卫生组，民族·宗教·民主党派组，归国留学、华人、华侨 9 个界别组。

海淀区青联之友联谊会和地区青年联谊会是海淀青联的外围组织。6 月26 日，海淀区青年联合会七届三次全委会召开。新增补 35 名委员，委员总数达 343 名。青联引导委员、会员参与捐资助学、义诊、植树、城市志愿服务等社会公益活动，提高服务社会能力。

（韩谦）

【海淀区未成年人保护委员会】 海淀区未成年人保护委员会（简称未委会）成立于 1989 年 3 月，是本区从事未成年人权益保护工作的专门机构，未委会办公室设在团区委权益部，现有成员单位 34 家，街镇未委会 29 家。2012 年全区 29 个街镇全部建立社区星光自护学校。开展“星光自护大讲堂”系列自护教育活动 60 余场次，覆盖青少年 4000余人。开展以提高流动人口和青少年遏制艾滋为主题的宣传活动共20余场次，覆盖青少年4000多人。联合区检察院，开展预防性犯罪性侵害法制宣传教育巡展活动，为青少年普及预防性侵害、培养健康的生活习惯等知识。

（韩谦）

【希望工程北京捐助中心海淀区工作站】 希望工程北京捐助中心海淀区工作站成立于 2003 年 12 月。全年共筹集款物累计 230 万余元，捐助覆盖青少年3.2 万名。本年，海淀区工作站被评为北京青少年发展基金会、希望工程北京捐助中心优秀工作站。

（韩谦）

【海淀区志愿者联合会】 北京市海淀区志愿者联合会成立于 2009 年 5 月，是经海淀区民政局核准登记的非营利性社会团体，业务主管单位为共青团北京市海淀区委员会，接受海淀区民政局的监督，办公室设在团区委。

海淀区志愿者联合会是全市第一家区级层面的志愿者联合会，截至本年底，有团体会员 277 余家。2012 年，志愿者联合会联合各街镇分会，共建立 15家社区志愿服务站。继续开展“永动的蓝立方”项目，开展“关爱农民工子女志愿服务行动”、“重残儿童家庭课堂计划”、“海淀青年志愿者共建安全北京城”、“志愿海淀美化城区”服务活动，承办团中央中德青年交流项目，以“体育活动中的青年志愿者”为主题，开展交流互访，学习国外志愿者工作的组织经验。

（韩谦）

【成立海淀青年文化创意联盟】 4 月20 日，成立海淀青年文化创意联盟。联盟有 60 余家成员单位。联盟以“激发创意青年新智慧，打造文化创意新平台，创建文化活动新品牌，促进文化创意产业新发展”为主旨，以“青春海淀、中国梦想”为主题，以“我创意、我分享、我快乐”为口号，力求打造一个青年学习创业、尝试创业、成功创业的平台。

（韩谦）

【举办海淀青年文化创意季】 4 月 20日～12 月 15 日，海淀青年文化创意联盟举办“青春海淀·中国梦想”海淀青年文化创意季，包括北京文化创意未来领袖创业大赛、全球青年创意领袖论坛、中关村数字设计创意创业大赛、第二届中关村国际青年艺术节等活动，为海淀青年深度参与科技与文化融合试验区建设提供舞台。全区共 2000 名青年参与活动。

（韩谦）

【第六届海淀区十大杰出青年】 4 月28 日，召开“五四”青年大会，评选海淀区十大杰出青年，表彰优秀青年代表和先进团组织。

（韩谦）

【海淀区第八届青年歌手大赛】 4月～8 月，举办“放飞青春梦想，唱响魅力海淀”海淀区第八届青年歌手大赛。比赛以建团 90 周年为主题，表现形式为独唱、对唱、重唱等，鼓励选手以组合形式参赛。大赛分预赛、复赛、决赛三个阶段，比赛分两个组别（民族唱法和通俗唱法）。通过报名或单位推荐的选手进入预赛。15 名选手参加决赛，最后根据组别评选出各自组别的前三等奖，前十名选手成为“海淀区十佳青年歌手”。

（韩谦）

【举办青年微电影大赛】 4月～12月，举办青年微电影大赛，以最具开放性的文化模式展现大学生的创意激情与独特视角，共收集100余部作品，反映青年生活、工作的各方面内容。比赛最终评选出一等奖一名，二等奖两名，三等奖三名以及优秀奖七名。将青年人成功的创意作品推荐给优酷土豆、BTV 青年、腾讯、新浪、搜狐等媒体机构，将青年文化创意推向社会。

（韩谦）

【开垦建设“海淀青年林”】 带领全

[①] 即团的基层组织网络覆盖全体青年，使团的各项工作和活动影响全体青年。

区团员开垦建设“海淀青年林”，彰显新时代青年养绿护绿的环保理念。其中青年先锋造林行动中，种植面积100亩，1130人次参加，种树2660棵；百万青年植绿行动种植面积1250亩，1.1万人次参加，种树68700棵；510绿色出行计划推进14次，1460人次参与。

（韩谦）

【维稳工作】 涉日维稳工作期间，团区委围绕区委区政府的工作部署，各项工作有序开展。利用各乡镇街道已有的“社区青年汇”、“彩虹之家”、社区志愿服务站等青年组织，发挥共青团广泛联系青年的优势，组织青年参与活动，了解青年思想动态，搭建青年意见表达平台，畅通青年思想沟通渠道。建立整体联动的共青团维稳工作机制，坚持日常工作与敏感时期工作相结合，在“7·21”特大暴雨、“涉日”维稳及十八大期间及时收集、汇总、分析和报送本区青年动态，发挥团组织直接联系青年的优势，做好维护安全稳定的工作。

（韩谦）

【开展“青春三部曲”系列活动】 年内，以“高举团旗跟党走 青春奉献核心区”为主题，开展青春·风采、青春·感悟、青春·奉献“青春三部曲”系列活动。青春·风采活动包括以“核心区建设与青年责任”为主题，在全区各行业开展青年风采展示和竞赛活动；以“传承五四精神，彰显榜样力量”为主题，宣传榜样精神及其带头作用，推荐青年典型代表全区巡回宣讲。青春·感悟活动包括举办“我为祖国喝彩”短信大赛，开展“我的五四 我的团”主题征文活动。青春·奉献活动包括核心区青年技能比武活动、海淀青年创新创效成果展示活动。

（韩谦）

【宣传教育】 坚持及时、准确、全面的工作原则，从新闻宣传的角度，观察、辨析和预见青年关心的问题，提升共青团舆论引导的能力和水平。全年累计在《中国青年报》、《北京青年报》、《海淀报》等平面媒体报道新闻200余篇，在北京电视台、海淀台等电视媒体报道新闻40余篇。不断提升共青团运用新媒体方式方法的灵活多样性。通过网站、微博、QQ群等平台以青少年易于接受的方式开展宣传工作，扩大对青少年的有效覆盖与影响。

（韩谦）

【基层团组织建设】 本年，公开选拔23名基层团委书记。对新任团干部进行培训，帮助快速进入工作角色。邀请团市委研究室和团市委社区部分别对基层团组织进行北京市第十三次团代会报告辅导讲座和团的基层工作专题辅导。带领团干部学习团务知识、熟悉团务工作。配合团市委完成共青团北京市第十三次代表大会代表选举和共青团北京市第十三届委员会人选提名工作。通过召开海淀区团员代表会议，从27名代表候选人中选举产生正式代表22人。6月中旬，组织本区22名正式代表到房山开展北京市团干部和青年骨干基层调研活动。

（韩谦）

【“两新”[①]组织团建工作】 本年，继续建立健全共青团“两新”组织团建工作体系，增强团组织对青年的吸引力和凝聚力，提升“两新”组织团建工作水平。组织化动员和社会化动员方式相结合，通过借助党组织的力量、加大楼宇团建力度，联系沟通民办非学历机构等方法，推进本地区“两新”组织独立建团、联合建团和延续式建团。新建“两新”团组织666家，其中，非公经济组织655家，新社会组织11家。推进乡镇实体化大团委建设，建成210家乡镇实体团组织。

（韩谦）

【建立95家社区青年汇】 截至年底，全区共建立社区青年汇95家（本年新建38家），按内容分为三类：一是公益实践类，重点服务生活困难流动人口，主要依托社区（村）服务中心或街镇社区居委会建立。二是健身休闲类，依托健身俱乐部、社区休闲场所如咖啡厅等，开展引领青年健康休闲生活方式的活动项目。三是文化交流类，依托图书馆、宣教中心，活动项目以宣扬社会主义先进文化，树立青年正确的世界观、人生观、价值观为主线，注重与文化创意产业的结合。社区青年汇已覆盖全区28个街镇，开展各类活动500余次，直接联系服务青年3万人次，辐射带动10万人次。

（韩谦）

【以创业带动青年成长】 集成资源，整合YBC[②]、APEC[③]青年创业峰会创业导师、青联委员企业家、文创联盟指导老师，开展一系列以“午餐会”为形式的创业青年与导师面对面交流活动。举办系列创业讲座，实现企业与青年人才零距离对接，培养创业理念，培育创业土壤。编写海淀青年创业手册，承接、开展博士生挂职工作，截至年底共完成200余名博士生挂职对接工作并纳入人才库，为本区高学历青年人才增加实习经历、提高工作能力、积攒工作经验开辟新的窗口。

（韩谦）

【交流学习】 举办驻区高校团委书记联谊会。与首师大合作建立MPA见习实习基地，与北二外团委、南京栖霞团区委、北京科学技术研究院团委、上海青浦团区委开展学习交流，接待中韩大学生志愿者交流营以及中德体育志愿者代表团。

（韩谦）

【青少年帮扶教育】 作为北京市唯一一家试点单位，继续推进闲散青少年教育帮助和预防犯罪试点工作，完善青少年维权工作。初步解决“帮扶谁，谁来帮，怎么帮，如何长期帮和成果如何固化”的问题。解决“试点工作如何长期开展”的问题。探索出区综治委预防组、未委会协调，综治和共青团牵动，三大机制支撑，各成员单位互相配合的立体

[①] 是指新经济组织、新社会组织。

[②] Youth Business China,中国青年创业国际计划。

[③] Asia-Pacific Economic Cooperation，亚太经济合作组织。

化工作格局。解决“帮扶队伍的专业化”问题，形成三支工作队伍：专业社工队伍——开展专业化帮扶；传统职能队伍——发挥职业化优势；专家智库队伍——注重顶层化指导。解决“帮扶人员来源和数据更新”的问题，形成闲散青少年数据摸排横纵两条线+数据管理更新信息化+四级分类金字塔体系+及时处理分析转办的工作模式。解决“如何实施有效帮扶”的问题。形成“2+N”（2指的是彩虹之家青少年服务中心和社区青年汇）联动式工作载体。解决“帮扶成果如何固化”的问题。试点工作开展两年来，形成了一批成果。

建立2个青少年自我保护教育基地，在29个街道乡镇全部建立社区星光自护学校，全年开展“星光自护大讲堂”系列自护教育活动60余场次，覆盖青少年4000余人。筹备建设法制校长数据库，对接学校与公检法司等单位，加强对青少年在校法制教育。在北京培黎职业学院建立共青团青春红丝带火种培训基地，加强预防艾滋病宣传工作。接收青联委员善款24万元用于海淀树人基金项目，为低保家庭青少年、外来务工子女等特殊群体解决实际困难。

（韩谦）

【志愿服务事业】 开展“践行北京精神 建设文明海淀”系列活动，通过“北京精神”宣讲、阅读历史文化书籍、寻访北京文化、“我眼中的海淀”征文、创编新童谣、参加志愿服务等活动，弘扬北京精神，提高青年人群文明素质。运用海淀志愿者形象大使、吉祥物和主题曲等文化形象，传播志愿服务理念和基本知识，用积极、正面、亲切、公益的形象吸引志愿者，用文化凝聚志愿者。

举办北京市志愿者联合会团体会员海淀行暨海淀志愿者嘉年华活动，为市区两级志愿服务团队和民间社会组织提供展示自我、相互沟通的平台，为群众提供了解志愿服务团队和项目的机会，使政府部门、企业和群众更多了解志愿服务团队和民间社会组织，吸引群众参与体验。培育海淀区彩虹之家青少年服务中心，志愿者配合专业社工开展青少年权益保护、思想教育、就业实习等服务。启动社区志愿服务站建设试点工作，10家社区志愿服务站成为首批市级示范服务站。加强社区志愿服务，引入专业志愿服务力量，实现志愿服务的循环与传递。海淀区各地区、各系统、各专业志愿者全年累计上岗127135人次，服务时间3963465小时，服务群众5067001人次。

（韩谦）

【志愿者队伍管理】 依托海淀志愿者信息管理平台，实现与“志愿北京”的互联互通与数据共享。推行团队和个人注册，加强对团队在立项审批、项目运行、结项审批等方面的管理，通过海淀志愿者信息管理平台将信息汇集到“志愿北京”数据库。截至年底，海淀区通过验证的注册志愿者378445人，占全市注册人数的22.2%；注册志愿服务组织1690个，占全市的35.9%；登记志愿服务项目1083个，占全市的28.7%。

（韩谦）

【“永动蓝立方”项目】 坚持开展“永动蓝立方”项目，该项目是海淀区常态化的一项志愿服务项目。在节庆假日，为景区及周边的市民和游客提供信息咨询等服务；加强对“同在蓝天下”和“快乐共成长”项目志愿者的培训，提高服务水平，带领孩子们走出家庭、走出学校，开展社区融合活动；启动“温情暖夕阳”项目，根据市志愿者联合会发布的“孝心月历”开展不同主题活动；开展“健康伴你行”项目，组织医疗系统志愿者走近北部四镇，宣传健康保健知识，开展义诊咨询；开展“平安在身边”项目，结合重要时间节点，组织社区志愿者、文明引导员、青年志愿者配合民警，在代表驻地周边和重点路口、路线，参加社会治安巡逻、交通秩序维护、文明引导宣传等工作。

（韩谦）

海淀区妇女联合会

【概况】 海淀区妇联成立于1951年1月，是中共海淀区委领导下的海淀区各族各界妇女的群众团体组织，是党和政府联系妇女群众的桥梁和纽带。现为第十二届执行委员会（2012年11月选出）。下属2个事业单位：海淀区妇女儿童活动中心、海淀区三八家政服务公司，1个法人社团：海淀区家庭教育研究会。截至本年底，共有区直机关、教育工委（2009年9月24日成立）、公共委、国资委（2010年1月4日成立）、民主党派（民建合在其中）、工商联（2012年3月成立）等6家妇工委，区级工会女职工委员会1家，设有区域女性人才联谊会、女领导干部联谊会、女司法工作者联谊会、中小学女校长联谊会、台港澳侨胞姐妹联谊会、女教授联谊会、女村长女书记联席会、女企业家联谊会、女医务工作者联谊会（3月7日新成立）等9个女性联谊组织。

本年，海淀区妇联在参与社会管理、提供公共服务的过程中力求解决好妇女儿童最关心、最直接、最现实的利益问题。开展《海淀区城市知识分子空巢家庭养老现状及需求调查》、《妇联组织在海淀区非公企业中影响力情况的调查》等调研工作，为妇联组织推进工作提供参考依据。完成549个社区妇联换届工作。

本年，海淀区被评为实施中国妇女儿童发展纲要国家级示范县（市、区）（2012—2015 年）；区妇女儿童活动中心被评为全国示范家长学校（家庭教育指导中心）；北京绿伞化学股份有限公司被评为全国“女大学生创业实践基地”；香山绿色果品采摘基地被评为全国农村妇女岗位建功先进集体、全国巾帼现代农业科技示范基地；四季青镇双新村委会流动儿童之家被评为全国基层示范家长学校、儿童之家；北京市海淀区精神卫生防治指导中心、康辰医药股份有限公司生产中心被评为全国巾帼文明岗。

（唐馨玲）

【海淀区妇女儿童工作委员会】 海淀区妇女儿童工作委员会是海淀区政府负责妇女儿童工作的协调议事机构，负责组织、协调、指导、督促有关部门落实海淀区妇女儿童发展规划和妇女儿童权益保障工作。海淀区妇女儿童工作委员会办公室设在区妇联，由本区 41 个成员单位组成。本年，主要开展新一轮妇女两癌筛查工作、0–3 岁早教进社区、儿童伤害干预试点项目等工作。

（唐馨玲）

【海淀区家庭教育研究会】 海淀区家庭教育研究会成立于 1982 年，是由区妇联发起，海淀区从事家庭教育理论研究与实践工作的专家、学者及热心家庭教育的人士和团体自愿组成的社会团体。海淀区家庭教育研究会办公室设在区妇联，业务主管部门是海淀区教委。

本年，与相关部门联合制定下发《海淀区家庭教育工作“十二五”计划》。继续开展“家庭教育公益大讲堂”进社区、进农村、进企业活动，宣传普及科学的家庭教育知识和理念，提升家庭教育水平。

开展家庭道德教育宣传实践月活动，以“我爱祖国大好河山”为主题，组织开展儿童摄影作品征集评选活动，共收到优秀摄影作品 158 份。组织参与市妇联开展的“写给爸爸/妈妈的一封信”有奖征文及“亲子瞬间”摄影比赛活动，共收到来稿 477 份，其中 2 份获一等奖、3 份获二等奖、8 份获三等奖。

继续依托市妇联“让我玩”项目，组织流动儿童聚集小学参加全市篮球比赛，振兴小学获得冠军。

（唐馨玲）

【开展“赏民俗 品文化”活动】 1 月 12 日，区妇联在温泉镇白家疃文化大院举行第八届“赏民俗 品文化”活动。活动以“赏民俗传承中华文明　品文化增强文化自信”为主题，在全区家庭开展迎春面点和“北京精神”春联的征集活动，并将优秀作品集中展示。通过包饺子、蒸年糕、看大戏、猜灯谜、扭秧歌、写春联等春节传统文化，传承民俗文化；为 10 户农村“三八”信得过旅游标兵户颁发奖牌，向每户赠送一台海尔冰柜。

（唐馨玲）

【春节走访慰问】 春节前夕，区妇联以贫困女性两癌患者为重点，开展“营造温暖之家、共享美好生活”走访慰问活动，给予每人 1 千元至 1 万元不等的慰问金；慰问老妇救会主任、生活困难的市级以上“三八”红旗奖章获得者、单亲困难母亲、纯老年人家庭困难妇女、边缘贫困家庭的妇女等，给予每人 600 元慰问金。共计慰问贫困妇女和家庭 167 人（户），发放慰问金 18.62 万元和价值 1 万元的慰问品。

（唐馨玲）

【举办海淀家庭文化节】 5 月，以“家庭小报童 爱心大放送”母亲节关爱行动为标志启动海淀家庭文化节。各级妇联组织围绕“践行北京精神、培育家庭文化”主题，举办承传统、倡低碳、靓服饰、品美食、赛书画、比演唱、展编织等家庭文化活动 30 余场。

（唐馨玲）

【“北京精神”社区行】 5 月～10 月，举办“北京精神”社区行活动，志愿宣讲团以京剧新唱、快板书、小合唱、配乐诗朗诵等形式把“北京精神”的内容带入 60 个社区；征集以弘扬“北京精神”为题材的优秀文艺作品，促进家庭在参与中自觉将“北京精神”实践于生活中。

（唐馨玲）

【联合国秘书长夫人考察儿童伤害干预项目】 7 月 18 日，联合国秘书长潘基文的夫人柳淳泽女士到北京大学燕东幼儿园考察本区儿童伤害干预项目的开展情况。外交部中国常驻联合国代表李保东大使夫人侣海林、联合国儿童基金会驻华代表麦吉莲、国务院妇儿工委办公室常务主任苏凤杰、北京市妇联主席赵津芳陪同考察。柳淳泽女士一行在听取北京市儿童伤害干预项目情况和北京大学幼儿园教育及安全教育工作情况介绍，观摩小班活动室、中班活动室、大班活动室、艺术活动长廊和特教班的活动室后，对本区开展儿童安全教育和安全技能学习的成果予以肯定。

（唐馨玲）

【关注未成年人成长】 依托准父母学校、公益家教大讲堂、家长沙龙等载体，在已有家教课程体系的基础上，针对准父母、0–3 岁幼儿家长、中小学生家长以及爷爷奶奶等不同群体细分课程需求，特别设置隔代教育课程，系统普及科学家教知识。

举办第四、五期“家庭成长星”假期训练营，开设魔术、魔方、舞蹈、国画、环保制作、国学等 20 项课程，有 400 名儿童参加训练营的学习。七一前夕，举办“传承北京精神 畅享幸福童年”暨好儿童心向党庆七一文艺汇演，200 多个孩子参加。

在社区推出“低碳生活，从孩子教起”活动。组织“海之星”小志愿者服务队开展“学雷锋，树新风”美化城市、“大手牵小手、绿色在行动”植树活动、“牵小手、递大爱，善行永恒”义卖义捐等活动，参与人数 300 余人次。

在田村葡萄观光采摘园举办“欢动六一 乐享生活”海淀区家庭趣味运动会，102 个家庭参加全家总动员、愤怒的小鸟和爱心传递 3 个项目的比赛。

（唐馨玲）

【维护妇女儿童权益】 与区司法局、区法院等单位合作建立海淀区防范和化解婚姻家庭纠纷机制，探索多部门共同关注、多层面预防宣传、多渠道综合调处、多元化解决问题的立体化工作格局。成立婚姻家庭纠纷人民调解委员会，提高各类婚姻家庭纠纷的处理效率，减少信访率和诉讼率。

加强与专业律师事务所的合作，通过“温馨家园热线”和律师接待日，为妇女提供专业法律服务。开展“珍爱生命，关爱女性”健康服务行动，为200名流动妇女和50名生活困难的女童母亲提供免费体检。

以“维权服务在身边”系列活动为载体，开展10场普法讲座和法律咨询服务，千余名妇女受益。开展“平安家庭”创建工作，8户家庭被命名为“首都平安示范家庭”。为新市民家庭提供健康服务，举办法律知识讲座，提高流动妇女的自我管理能力。

（唐馨玲）

【关注高新企业女性发展】 关注核心区高科技企业女性发展，启动“下基层、访妇情、办实事”活动，通过走访、座谈、问卷等形式了解核心区高新企业女性的发展需求。将乳腺健康知识讲座、妇科常见疾病防治讲座、办公室健身操讲座送进园区，以服务提升妇联组织在非公企业女员工中的影响力。与海淀园工委、金融办联合成立“中关村核心区女企业家沙龙”，宣传核心区建设有关政策，搭建女企业家联谊交流、体验科技创新的平台，服务女企业家的成长和需求。

（唐馨玲）

【促进城乡妇女发展】 全年共评出市、区级“三八红旗手”和“巾帼建功标兵”等先进个人280名、“三八红旗集体”和“巾帼文明岗”等先进集体110个。在“三八”信得过旅游户中开展“标兵户”的评选表彰。组织区域内巧娘、女性非遗传承人、手工艺制作爱好者参加北京市第三届职业技能大赛手工技能大赛，68名妇女的96幅作品参赛，其中8名妇女的作品获奖。

与区水务局合作，将海淀区3个“妇”字号基地节水项目纳入区节水项目总体规划，解决3家基地360亩地的节水灌溉问题，并从区实事项目资金中为三个“妇”字号基地拨付共计12万元的项目扶持资金用于农业生产发展。组织“牵手农家女科技人才指导服务队”的农业专家，为“妇”字号基地及50余农户开展樱桃、核桃、枣树种植等科技服务。以“牵手发展，共话未来”为主题带领核心区女企业家走进新农村，为“妇”字号基地发展建言献策。

（唐馨玲）

【拓宽女性就业渠道】 举办“海淀区女大学生专场招聘会”，75家企业提供就业岗位1200余个，吸引2000余名女大学生参加，500余人达成就业意向。举办27期“曹氏风筝”绘制技艺培训班，培训妇女430人次，把“妇”字号基地——上庄民间工艺文化发展中心的用工需求和妇女的就业需求对接起来，带动妇女居家就业，基地用工短缺问题得到有效缓解。为苏家坨镇车耳营、管家岭2个民俗旅游村的33名女性民俗旅游户从业人员举办专项培训班。

（唐馨玲）

【女性劳动技能培训】 妇女儿童活动中心开设结艺、毛线编织、拼布艺术、面包花、纸雕花、折纸等手工类课程210期、4215人次参加；开设计算机课程176期，2352人参加；开设面点、西点和烹饪三类厨艺课程102期，1929人次参加；开设月嫂培训班1期共8次课程，152人次参加。举办女性文化生活培训，开设声乐、摄影、书法、国画、水粉画、葫芦丝等7类课程，共计培训291期，培训4944人次；成立京剧社，每月请北京市京剧院的老师进行一次专业指导。举办女性身心健康培训，开展舞蹈、健美操、柔力球、瑜伽等8项培训课程，共计361期，培训学员6332人次；举办“关爱女性健康 享受美好生活”健康知识讲座进企业共4次，受众160人次。举办“玫瑰之约，牵手海淀”青年交友活动11期，816名青年男女参加联谊活动。

（唐馨玲）

【开展新一轮妇女两癌筛查】 本年，根据区域适龄妇女参加筛查率偏低的情况（约10.5%），区妇联与妇幼保健院联合开展“海淀区两癌免费筛查参与率调研”，对妇女免费筛查参与情况进行汇总分析，对患病类别、原因和防控措施进行分析研究，提出对策建议。与卫生局和妇幼保健院合作，开展海淀区户籍适龄妇女“两癌筛查”宣传工作，组织“女性乳腺保健”免费大课堂，发放“乳腺健康”教育手册，全年为48448名适龄妇女进行免费两癌筛查。

（唐馨玲）

【0-3岁早教进社区】 与教委合作在镇、街道的564个社区、100多家幼儿园开展“0-3岁婴幼儿早期教育宣传月活动”，宣传科学早教的理念及知识、早期教育活动计划、社区早教固定工作站活动时间、内容，发放宣传材料3000多份。

（唐馨玲）

【开展妇儿规划建议征询】 以“实施妇女儿童发展规划，我建议”为主题，发放建议征询表，在相关部门、广大妇女儿童和家庭中开展建议征询活动，征集妇女儿童教育、健康、文化活动、权益维护方面的建议400多条。

（唐馨玲）

【开展儿童伤害干预试点项目】 在学校开展儿童安全海报设计活动展，1万多名儿童参加活动，接受预防伤害的教育。在成员单位、街、镇、社区、村组织“预防儿童伤害，我建议”活动，收到建议200余条。向试点小学和街镇发放5000册“中小学生安全预防与自救手册”，并组织阅读征文活动。参加北京市项目组“安全小创意”活动，收到歌谣、三句半、相声、连环画、儿童画、ppt安全宣传、小制作等创意作品近300份。

（唐馨玲）

【“低碳生活，走进社区”宣讲活动】 开展“低碳生活，走进社区”宣讲活动，在13个街道的32个社区宣讲“健身、营养、手工、烹饪、健身操”等课程共计151期，参与人数3020人次。

（唐馨玲）

【文明家庭建设】 围绕创建全国文

明城区工作，评选出16万户区级五好文明家庭，推选300户区级“和谐家庭”之星。挑选优秀家庭代表组建家庭志愿宣讲团，参与“党在百姓心中”宣讲活动。

（唐馨玲）

海淀区归国华侨联合会

【概况】 海淀区归国华侨联合会（简称区侨联）是在中共海淀区委领导下由归侨、侨眷组成的人民团体，成立于1984年，现为第六届委员会（2011年选出）。下属海淀区华侨咨询中心1个事业单位。海淀区现有归侨、侨眷约20万人，占北京市的1/3。花园路、海淀、中关村、田村路、紫竹院、北下关等6个街道建有侨联组织。

本年，3名侨界高新技术人才获中国侨界创新人才奖，1个侨界科研项目获中国侨界创新成果奖。7名侨界高层次人才入选首批市侨联特聘专家。

（李东霞）

【成立海淀区侨联法律援助服务中心】 2月29日，海淀区侨联法律援助服务中心揭牌。该中心是区侨联发挥侨界人才优势，依法维护广大归侨、侨眷和海外侨胞在国内的合法权益而设立的专门工作机构。中心有12位律师和4位中国政法大学法硕学院的研究生志愿者。中心全年接待来访来电法律咨询27件。

（李东霞）

【海淀园侨联成立】 3月2日，中关村科技园区海淀园侨联成立大会暨第一次归侨侨眷代表大会在中关村创业大厦召开。大会选举产生海淀园侨联第一届委员会及主席1人、副主席3人、秘书长1人。海淀园侨联是北京市第一家科技园区侨联，为园区侨界人士打造交流、沟通、协作和增进友谊的平台。

（李东霞）

【开展归国留学人员创业情况调研】 3月～7月，区侨联与区政协港澳台侨委员会、海淀园侨联在留学人员创业园联合开展“海淀归国留学人员创业情况专题调研”活动，了解海淀区归国留学人员创业企业的发展现状，分析企业在发展过程中遇到的困难和问题，并提出意见和建议，为政府决策提供参考和依据。区侨联在调研基础上进一步完善了海淀区留学人员归国创业企业人才数据库。

（李东霞）

【举办首届新侨乡文化节】 4月～9月底，区侨联联合区人大内司委、区政协港澳台侨委员会、区民宗侨办、致公党海淀区委、区文明办、区文化委等单位共同举办海淀区首届新侨乡文化节，通过征文、展示、参观、侨联讲堂、文艺表演等形式，开展具有侨界特色的文化交流活动，吸引3000多名归侨侨眷和社会各界人士参与。9月25日在海淀剧院举行“海淀侨界喜迎十八大暨首届新侨乡文化节文艺汇演”。

（李东霞）

【“海外侨界高层次人才为国服务团”走进海淀】 7月30日，第十二届“海外侨界高层次人才为国服务团”走进海淀。服务团一行30余人参观了中关村软件园入园企业和中关村国家自主创新示范区展示中心，成员代表对各自相关项目进行推介并与区相关职能部门领导交流座谈。该活动有助于宣传、推介海淀，扩大海淀影响力和吸引力，吸引优秀海外高层次人才到海淀区创业发展。

（李东霞）

【建立侨联活动基地】 9月6日，海淀区侨联活动基地揭牌仪式暨“侨联讲堂”启动仪式在中关村学院举行。侨联活动基地由区侨联与中关村学院合作建立，旨在整合区域侨界资源、发挥侨界人才优势，搭建侨界人士沟通交流平台。年内活动基地开展3场“侨联讲堂”活动，听众近300人次。

（李东霞）

【举办“侨联普法大讲堂·走进紫竹院”活动】 12月4日，海淀区侨联、紫竹院街道侨联共同举办“侨联普法大讲堂·走进紫竹院”活动，邀请专家就当前社会关注的热点法律问题进行讲解和交流。侨联普法大讲堂以区侨联法律援助服务中心为平台，开展“法律六进”[①]工作，通过举办系列普法讲座，提高广大侨界群众的法律知识水平。

（李东霞）

【参政议政】 与区政协港澳台侨委员会、海淀园侨联在留学人员创业园开展“海淀归国留学人员创业情况专题调研”并提出相关意见和建议。特邀30位侨界人士担任区侨联信息员，反映侨情民意、围绕区中心工作建言献策，拓展侨联参政议政信息渠道，向有关部门报送提案、议案、信息、舆情等共计129件（条）。组织侨界政协委员向农大附中新疆班学生赠送价值1万元的生活用品。

（李东霞）

【联谊交流】 承办第十二届“海外侨界高层次人才为国服务团”走进海淀活动，接待来自美国等十多个国家的学者、政要、企业家等40余人，宣传、推介海淀，扩大海淀影响力和吸引力。加强与驻区科研院所、大专院校的联系。与多个外地兄弟侨联进行定期交流，探索侨联工作新思路、新举措、新

[①] 六进是指法律进机关、进乡村、进社区、进学校、进企业、进单位。

方法。与中国侨联《海内与海外》杂志社、人民日报海外版、海淀报等媒体联系，宣传核心区建设，宣传区侨联和侨界优秀人物。联系侨界企业家为困难学生捐资助学1.6万元。

（李东霞）

【群众文化活动】　举办"海淀区首届新侨乡文化节"系列活动。组织侨界群众参加市侨联举办的"党旗飘飘"、区委统战部纪念统一战线确立90周年征文、区纪委廉政书画展等活动。组织侨界群众500余人次参观"科学发展　成就辉煌"大型图片展览和纪念香港回归15周年图片展览，参与市侨联"侨心向党心、喜迎十八大"系列活动及区委统战部"北京精神"大讲堂。在中关村学院建立"侨联活动基地"。各基层侨联共举办60余次联谊与采风交流活动。

（李东霞）

【送温暖活动】　与紫竹院街道联合为侨界群众举办法律讲座。开展与困难、空巢归侨、重点人士的"心贴心结对子"活动。开展"送温暖、献爱心"活动，走访慰问归侨侨眷及侨属企业200余人（户），发放慰问品、慰问金28万余元。

（李东霞）

【走访调研企业】　区侨联将走访企业工作制度化、常态化，加强与新侨人士的联系。全年走访50余家侨资、新侨企业，了解企业发展现状和需求，向区有关部门反馈意见建议，安排企业与政府有关部门交流，帮助企业解决问题，为众多中小企业搭建沟通交流平台，倡导侨资企业之间合作互助，支持侨资企业发展壮大。

（李东霞）

海淀区科学技术协会

【概况】　海淀区科学技术协会（简称海淀区科协）成立于1979年11月，是海淀地区科技工作者的群众组织，是北京市科学技术协会的地方组织，是党和政府联系科技工作者的桥梁。本年为第六届委员会（2009年选出）。

本年，利用社区、学校、农村、行业协会的科普工作网络，开展群众性、社会性和经常性的科普活动。举办海淀区青少年科技创新大赛，40所学校、近300个科技竞赛项目参赛；举办机器人大赛，共有35所学校、300多名学生参加；举办海淀区动手做大赛，200余名学生参赛。

（刘传）

【获第12届北京市青少年机器人竞赛24个奖项】　3月3日～4日，在第12届北京市青少年机器人竞赛上，海淀区获得一等奖10项、二等奖10项、三等奖4项，海淀区科协获得本次竞赛优秀组织奖。

（刘传）

【参加第32届安捷伦北京青少年科技创新大赛】　3月22日～25日，在第32届安捷伦北京青少年科技创新大赛上，人大附中付元、一零一中学陈星烁、十一学校管瑞成、交大附中巩炳辰等4名学生获得市长奖，占全市获奖总数的80%。一零一中学闫钇岑、清华附中唐岱维2名同学获得"提名奖"，占全市获奖总数的40%。本届大赛全市共有199个项目进入终评答辩，本区中学项目占52个。海淀区有28个中学项目获得一等奖，占全市中学一等奖项目的32%；10个小学项目获得一等奖，占全市小学一等奖项目的40%；获得37个专项奖。区科协获得优秀组织奖。

（刘传）

【海淀区第十四届"科普之春"】　3月27日，主题为"强科技、保发展、惠农兴村"的海淀区第十四届"科普之春"在温泉村启动；活动启动仪式上，温泉村被授予"海淀区科普示范项目"牌匾，举办主题为"常见疾病的预防及家庭保健"报告以及"儿童伤害预防"科普展板巡展、"海淀公众科学素质有奖知识问答"活动及"健康社区行，服务为人民"义诊活动。此次活动将持续到4月底，覆盖海淀区所有北部村镇。通过开办农民田间学校、普及网上开店知识等系列活动，进一步提升北部农村地区群众的科学素质。

（刘传）

【2012年北京科技周中关村主场活动】　5月19日–20日，由北京科技周组委会、北京市科学技术协会、中关村科技园区管理委员会、海淀区人民政府主办，由北京科普发展中心、海淀区科学技术协会、中关村国家自主创新示范区展示中心、海淀区园林绿化局具体承办，由海淀公园协办的2012年北京科技周中关村主场活动在中关村国家自主创新示范区展示中心和海淀公园举办。活动以静态展示为主，宣传首都通过科技创新解决交通、医疗、环境、能源等方面的科技成果。展区汇聚相关科技周成员单位、学协会、科普教育基地等40余家单位的科普资源。

（刘传）

【举办家庭数字生活技能大赛】　5月至10月，由区科协、区妇联、区信息办共同主办的海淀区家庭数字生活技能大赛举行。大赛主题为"我的数字智能生活"，以家庭和青少年为参赛主体。通过社会报名，全区选拔赛，E家特训营、E家英雄会等形式决出家庭队冠、亚、季军。开展网上知识答题、数码摄影竞赛和DV大赛3个单项赛事，辅以科技巡展进社区、数字生活大讲堂等基层活动。6月27日，大赛选拔赛开赛，共有18500人次参与，征集数码、摄影作品 700 余幅；20 组家庭代表队经过网上知识竞赛选拔，最终进入选拔赛。

（刘传）

【海淀区“科普之夏”】 7 月 11 日，主题为“保障食品安全 服务公众健康”的海淀区“科普之夏”在玉渊潭公园举行。活动内容有：科普知识讲解、低碳科普展览、“健康社区行 服务为人民”义诊和科普知识竞猜。中国农科院及林科院专家向市民普及食品安全辨别方法。大北农公司演示食品快速检验系统、粮油快速检测试验。302 医院的专家义诊团队为群众提供疾病预防、治疗等知识，免费测血糖和血压。居民凭专家处方可免费领取药品。现场向居民赠送科普图书。

（刘传）

【参加第 27 届全国青少年科技创新大赛】 8 月 10 日～15 日，在第 27 届全国青少年科技创新大赛上，海淀区共有 11 个青少年科技项目入选终评决赛（北京市入选终评的项目共 23 项）。获得金牌 5 项（北京市获得 10 项），占北京市获得金牌项目的 50%；获得银牌 5 项（北京市获得 9 项），占北京市获得金牌项目的 55.6%；各类专项奖 12 项（北京市获得 18 项），占北京市获得奖牌项目的 66.7%。海淀区包揽北京市获得的 4 项英特尔英才奖和 3 项北京公益学会科技创新奖。区科协获得优秀组织奖。

（刘传）

【召开核心区科技创新与发展院士恳谈会】 8 月 31 日，海淀区召开中关村核心区科技创新与发展院士恳谈会。会议邀请中国工程院、中国科学院、国际欧亚科学院的 9 位院士，围绕中关村核心区科技创新与发展与区领导进行座谈交流。各位院士就中关村核心区科技创新体系建设、中关村科学城建设、北部生态科技新区建设、战略性新兴产业发展，科技及产业政策再创新，扩大中关村核心区经济总量，科技与文化融合发展等问题以及海淀区应重视和加强的其他方面发表意见和建议。

（刘传）

【物美（美廉美）超市科普日活动】 9 月 15 日～16 日，2012 全国科普日首都群众系列活动之一的“物美（美廉美）超市科普日活动”在美廉美超市学清路店举办。活动以“食品·健康”为主题，从食品的源头、生产、销售到消费等环节开展安全大追踪。物美、美廉美 2 家超市的 40 家连锁超市门店以及各区县的 60 家社区营业点作为活动的分会场。邀请知名食品生产企业联合举行食品安全科普展示活动，组织“营养进社区、健康北京人”科普宣传活动，发放食品安全知识读本、折页等科普宣传资料。

（刘传）

【中关村核心区科学传播联盟成立】 9 月 25 日，区科协组织召开“中关村核心区科学传播联盟成立大会暨海淀区科技界迎中秋茶话会”。会上成立“中关村核心区科学传播联盟”，其宗旨是团结海淀地区科学传播领域内的相关机构，开发、集合、利用科普资源，构建科普资源共建共享平台，为社会提供科普资源的优质服务。区科协介绍了中关村核心区科学传播联盟筹备情况及《中关村核心区科学传播联盟章程》。大会讨论并通过《章程》，中国科学院行政管理局、北京卫星制造厂、北京科普发展中心分别做典型发言。

（刘传）

【“钱学森科协文化思想与当代文化建设”座谈会召开】 12 月 13 日，区科协召开“钱学森科协文化思想与当代文化建设”座谈会。与会专家通过解读钱学森院士有关论述，研究了科协文化的起源与发展，并围绕科协文化与科学文化的区别与联系、科协文化的中国特色、科协文化在促进我国科技自主创新、深化科技体制改革中的现实意义、新形势下科协文化的核心理念、当代科协文化建设的内容和基本途径等进行研讨。

（刘传）

【培训科普工作者志愿者】 12 月，组织海淀区科普工作者、科普志愿者培训班，来自市科协的专家讲解了科普工作的发展趋势，以及新技术在基层科普中的应用。召开学习贯彻党的十八大精神暨全区街道、镇科协科普工作培训会，把科普培训工作融入对十八大精神的学习中。培训对象包括各街道、镇科协的主管领导、科室负责人及历年“社区科普益民计划”中受资助的优秀科普社区、2013 年申报优秀科普社区的负责人。

（刘传）

【科普惠农、科普益民计划】 本年开展的“科普惠农兴村计划”、“社区科普益民计划”中，海淀区共有 8 个优秀科普社区、21 名优秀科普宣传员、1 个优秀基层科普场馆、1 个优秀农村科普基地、1 名农村专业技术指导员和 1 个户外科普园地获得市财政支持，资助总金额 123.5 万元。北下关街道交大嘉园社区被评为 2012 年全国“基层科普行动计划”优秀科普社区，获中央财政 20 万元奖励。

（刘传）

【开办 32 场科普文化讲堂】 本年，继续邀请中国科学院、中国工程院多位院士及专家为机关领导干部、社区居民、中小学生、农民等不同群体开办“海淀科普文化讲堂”，内容涉及科技、生物、地质、农业、气候、低碳生活、心理健康等领域，全年开办 32 场。

（刘传）

【编印科普读物】 本年，区科协编印《2011 年中国十大科技进展》、《2011 年世界十大科技进展》、《科学解读 PM2.5》、《颐享百年不是梦（上）》、《颐享百年不是梦（下）》、《关爱儿童 远离伤害》、《良药善用》、《安全规避暴洪灾害》、《食品安全与健康》等共计 9 个内容、31 套、1362 块科普宣传展板；编印《科学解读 PM2.5》、《颐享百岁不是梦（上）》、《良药善用》、《食品安全与健康》等 4 种、5.5 万册科普书籍。

（刘传）

【青少年科技人才培养】 年内，区科协组织区 12 所高中参加北京市第 12 期青少年科技后备人才早期培养计划；选拔优秀中小学生进大学、科研院所等单位的国家实验室进行研究性学习。全区 9 个项目获得北京市青少年科学探索专项资金 4.6 万元的资助。

（刘传）

【6 项专家建议获奖】 全年共报送专家建议 104 期。其中国杰老教授科技咨询开发研究院《北京市实现平原造林绿化与空气净化“双赢”的对策和建议》获市领导批示，并获 2012 年度北京市科协系统优秀建议一等奖。中科院多名专家提出的《关于在我市建设“科学公园”的建议》获 2012 年度北京市科协系统优秀建议二等奖。北京联合大学旅游学院的《建议深入进行北京资源环境承载力研究》的建议，获 2012 年度北京市科协系统优秀建议二等奖。中科院老科协大气物理分会《关于北京市制定 PM2.5 重污染预警的建议》、中科院老科协电子分会《先从解决中水做起推广低温等离子体处理污水技术》的建议、铁科院老科协《加强地下管线工程的施工质量监管》等 3 项建议获 2012 年度北京市科协系统优秀建议三等奖。中国农科院老科协《对海淀区农民专业合作社现状和发展的建议》、中科院地理与资源研究所关于《产业转型视角下的海淀区人口调控建议》获区领导批示。大部分建议被批转市区有关部门落实办理。截至年底，市、区近 20 个单位将办理结果以信函或电话方式正式答复建议专家。

（刘传）

【组织开展 10 项调研】 本年，利用专家建议平台组织各科研院所、大专院校专家开展《发展轻轨交通为城市提供新的运力补充》、《关于北京市空气中 PM2.5 与雾霾污染预警》、《关于筹建“海淀金秋科技园”妥善安置老龄科技工作者的建议》、《北京市平原造林工程调研》、《关于海淀区两个拆迁腾退村村民就业情况的调查》、《以大院大所为切入点，推进海淀区垃圾分类进程》、《尽快启动重建圆明园弘扬传承圆明园园林文化精粹》、《关于进一步搞好北京市立体绿化与空间绿化的建议》、《实现北京市造林工程与空气净化“双赢”的问题与对策》、《钱学森科协文化思想与当代文化建设》等 10 项调研。

（刘传）

【完成第三次“两院院士”调查】 本年，完成第三次海淀区域内“两院院士”调查统计工作，并印制《海淀院士》。此项工作被列为海淀区人才工作领导小组 2012 年折子工程。此次调查统计对象为在海淀区域内工作或居住且健在的中国科学院院士和中国工程院院士，不含两院外籍院士，调查统计时点为 2012 年 5 月 1 日零时。调查统计结果显示，在海淀区域内工作或居住的两院院士总数为 532 名，占全国两院院士总数的 36.06%，占北京市两院院士总数的 75.68%。

（刘传）

【新建 4 个院士专家工作站】 本年，恒泰艾普石油天然气技术服务股份有限公司、北京三正科技有限公司、北京金秋果实电子科技有限公司、通达耐火技术股份有限公司等 4 家企业建立院士专家工作站。全区的院士专家工作站达到 15 个。

（刘传）

政法·军事

2013
北京海淀年鉴

◀ 3月3日，北京市物联网消防远程监控海淀分中心试运行（区消防支队 供图）

▲ 4月13日，区法院院在一年一度的开放日活动中，发布全市第一份劳动争议审判白皮书（区法院供图）

▲ 6月7日，民警在全国高考北京理工大学附中考点执勤（区公安分局 供图）

◀ 6月25日，中关村西区女警宣传队到彩和坊小学为学生讲普法安全课（李瑞林摄）

▶ 7月17日，区检察院举行首届廉政监督员聘任仪式（区检察院 供图）

10月16日，海淀区召开社区（村）新居民服务中心、流管员队伍、市流管信息平台交接工作部署会（区流管办 供图）

八里庄街道综治维稳中心（区综治办 张顺 摄）

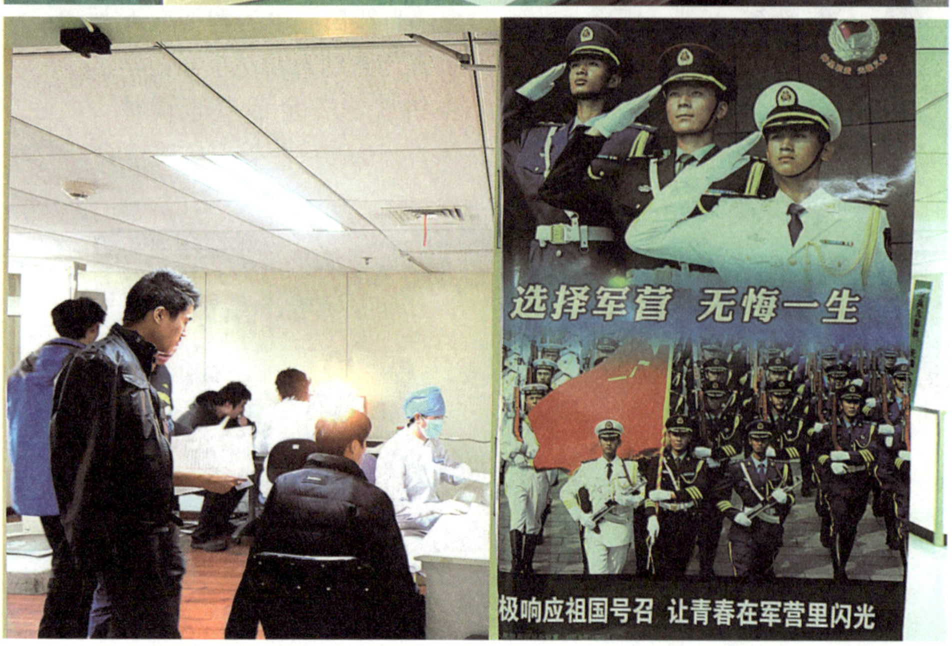

新兵体检（田峰 摄）

政法·军事

政法工作

【概况】 中共海淀区委政法委员会是领导全区政法工作的机构，区社会管理综合治理委员会办公室是海淀区社会管理综合治理委员会的常设办事机构，与区委政法委合署办公。2006 年 12 月 31 日，区维护稳定工作领导小组办公室成立，为本区维护稳定工作领导小组的常设办事机构。2007 年 5 月 31 日，海淀区流动人口和出租房屋管理委员会办公室成立，为区流动人口和出租房屋管理委员会的常设办事机构，承担区流动人口和出租房屋管理委员会的日常工作，与区综治办合署办公。

2012 年，区委政法委围绕十八大安保维稳工作，抓基层、打基础，抓重点、建机制，抓班子、带队伍，为十八大胜利召开、推进核心区城市化建设营造和谐的社会环境和良好的法治环境。

维护社会政治稳定 针对重大活动多、敏感时间长的实际，强化组织指挥：在公安分局成立总指挥部和前沿指挥部，各街镇各系统各部门成立指挥机构；区四套班子领导组成 10 个督导组，进行督导检查，确保把各级要求、各项措施落实到基层末端。强化上下联动机制：各职能部门与区、街（镇）、村密切配合，上下联动。在全国“两会”代表驻地及中央部委周边建立信访秩序工作联席机制，区级和属地街道分别成立总协调和分协调机构，加强应急处置。强化情报信息收集研判：利用情报会商平台，平时每月、等级防控每日进行情报会商，召集 80 多次情报会商会、部署会、专题会，协调矛盾，解决突出问题，强力推进各项决策部署的落实。围绕党的十八大安保维稳工作，开展“十大”专项整治行动，推进“平安海淀”建设；重大活动期间，启动社会面防控等级，每天安排专群力量 17.5 万人次上街巡逻值守。强化对重点人群的管控：对全区排查出的 1566 名重点人逐一进行评估定级，建立台账，落实“四定一包”[①]、“1+1+X”[②]等管控措施，对相关人员分别采取措施，确保“人在视线中、事在可控中”。

① “四定一包”：即定时间、定人员、定领导、定责任，包案处理。

② “1+1+X”：即 1 名民警，1 名街道主管领导和 1 名社区群防群治力量。

矛盾纠纷排查化解 针对繁多复杂矛盾纠纷，突出抓有重大影响的个案处置。亿霖木业案件清退工作在全市排名第一，受到市领导表扬。突出抓涉法涉诉信访挂账案件的清理，共办结中央、市委政法委各类挂账案件 4 批 160 件，居全市第一，成功经验在全市推广。10 件涉党政军涉法涉诉执行案件专项清理工作受到市委政法委的通报表彰。突出抓城乡一体化改造中的矛盾纠纷化解，区委政法委、维稳办组织召开重大行动维稳协调会 28 次，维稳情报会商会及风险评估 46 次，化解纠纷，打击重点人。通过领导接访、包案化解等方式，推动解决一大批信访问题，信访案件下降 6.4%。政法委、维稳办及时预警，及时跟进，有效化解一批影响地区稳定的涉众型纠纷。全区各级人民调解组织共调解纠纷 4 万余件，调解成功率 93%。

预防和打击犯罪 区公安分局联合区城管、工商、卫生、交通等执法部门开展“春雷系列”、“打四黑除四害”等专项工作，累计出动各类执法力量 6 万余人次，实现治安秩序类问题报警下降 25%；区公安分局全年破获各类刑事案件 2.07 万起，同比上升 8.7%，实现市局下达的破案同比增长 8%的目标。区检察院批准逮捕 3826 人，同比下降 15.5%；不予批准逮捕 706 人，同比上升 66.1%。区法院新收各类案件 45345 件，同比下降 1.6%；审结案件 43795 件，审判质效持续保持良好。交通支队开展各类秩序整治活动 240 余次，实现交通重大事故和交通拥堵“双下降”。消防支队发现并督促整改火灾隐患 72476 件。

社会管理　推进重大决策社会稳定风险评估机制建设。采取“五个明确”、“五个列入”[①]措施，建立风险评估工作体系，完成 23 项重大决策项目报备工作。区政法委牵头联合法院、检察院、公安分局、司法局、民政局与海淀园知识产权局等 10 多家单位，会签《海淀区司法助推中关村核心区建设工作备忘录》，探索“三审合一”[②]、“三检合一”[③]、“警企携手共筑平安”的工作模式，形成打击侵犯知识产权行为的工作合力。健全集“人、地、物、事、组织”于一体的社会服务管理平台，全区已形成“一张网、一个信息系统、三级平台、四种力量、五项机制”的网格化社会服务管理体系，建成“网格布防、分区布控、等级启动、区域联防、全区联动”的具有海淀特色的社会管理防控模式。全面构建点线面结合、人物技防结合、专群结合的社会治安防控体系，进一步推进社区民警驻区制、村庄社区化管理和治安复杂社区中心警务站建设等创新举措，推进巡逻警种化专业化建设，推广市民劝导队，发动实名制群防群治力量 10 万余名，提升街头巡逻防控水平。建立有区域特点的维稳协作工作机制。探索创新“四控”[④]模式，推进虚拟社会管理与现实社会管理的融合。深化司法社工介入未成年人检察工作机制，形成具有海淀特色的司法社工介入机制。进行“平安联盟”、“门店工作法”、“新居民”服务管理等创新实践，以商务楼宇党建、工会、团建、妇联、社会事务“五站合一”的工作平台为基础，推进“商务楼宇普法工作站”建设，全年共建成 16 家。

政法队伍建设　全区政法系统开展“一个主题、两个年”[⑤]活动，加强政法队伍的思想政治、业务能力、纪律作风、先进文化建设。组织基层政法干警开展刑诉法系列培训、重大决策风险评估培训、人事干部培训等各类培训 200 多期，举办两场海淀区“政法大讲堂”报告会和两场“海淀公安英模先进事迹报告会”，以培训促进政法干警队伍素质的提高。开展“抓党建带队建促业务”等系列活动，提高以党建带队建的整体水平。制定完善《区委政法委领导与政法部门基层联系点工作制度》，促进领导干部作风转变。树立和培养典型，开展“政法先锋号”、“五好党支部”和推荐优秀共产党员等活动，调动广大党员干警的积极性。公安海淀分局被评为“全国优秀公安局”，西北旺镇派出所被评为“全国优秀基层公安派出所”，区检察院被评为“全国精神文明先进单位”。政法系统多人被评为全国、市级先进个人和优秀共产党员。

（霍国忠　王海广）

【开展十八大专项整治行动】　8 月 15 日~9 月 30 日，围绕十八大安保任务，区政法委抓住影响全区和谐稳定的突出问题，开展社会矛盾排查化解、突出治安问题和社会治安重点地区排查整治、邪教组织活动防范处置、公共安全隐患排查整治、流动人口服务管理、特殊人群服务管理、社会组织服务管理、信息网络管理、信访秩序维护、城市秩序治理“十大专项行动”。在专项整治行动中，批评教育各类扰序人员 3495 人，拘留各类扰序人员 2327 人，查扣各类“黑车”1938 辆，清理无照游商 1860 人，救助流浪乞讨人员 5 人，排查消除安全隐患 1277 个。

（霍国忠　王海广）

[①] “五个明确”即明确领导责任、明确主体责任、明确风险控制责任、明确监管责任、明确督查考评责任；“五个列入”即将风险评估工作列入一把手工程、列入维稳责任体系、列入四套班子中心学习内容、列入干部培训规划、列入政府绩效考评内容。

[②] “三审合一”：知识产权审判的民事、行政、刑事案件的三审合一。

[③] “三检合一”：由知识产权检察处统一负责管辖中关村知识产权检察保护工作涉及批捕、公诉、民行检察等案件，发挥各项检察职能的协同作用。

[④] “四控”：针对海淀互联网集中的实际，宣传、公安、安全等部门加强工作联动，探索创新集巡控、管控、侦控和导控于一体的“四控”模式，加强对网络敏感舆情的发现、研判、引导、处置。

[⑤] “一个主题、两个年”：集中开展政法干警核心价值观教育主题实践活动，践行“北京精神”，深入开展“基层基础建设年”和“继续教育年”活动，全面加强政法队伍的思想政治、业务能力、纪律作风、先进文化建设。

公 安

【概况】 北京市公安局海淀分局是海淀区负责公安工作的主要职能部门，受中共海淀区委、海淀区政府和北京市公安局双重领导。本年，分局下设 26 个业务处队（新增审计室、禁毒中队两个正科级建制），44 个派出所，其中户籍派出所 34 个、治安派出所 10 个。

2012 年，破获各类刑事案件 2.07 万起，同比上升 8.7%。刑事拘留 6364 人，同比下降 9.2%；行政拘留 1.13 万人，同比上升 18.2%。破获破坏社会主义市场经济秩序案件 2228 起，同比上升 118.4%；追缴赃款 1.79 亿元，同比上升 539%。命案破案率 100%。全年受理“110”投诉 291 件，同比下降 18.3%。制作警情统计 1002 份，制作案件分析多媒体片 52 部，制定和调整整体防控方案 42 次，调整派出所日常防控方案和警力部署共计 97 次，调整警力 331 人次，努力实现防控警力与 110 警情在时间段和数量上的重合。实施执法监督措施 759 件，办理行政诉讼案件 47 件，行政复议案件 59 件，国家赔偿案件 8 件。出动督察警力 3794 人次，开展现场督察 1671 次，专项督察 303 次。执行各类警卫勤务 3041 场次，累计投入警力 9 万余人次。完成全国“两会”、“上合”峰会、涉日维稳、中秋国庆等重大安保任务。

本年，海淀公安分局被公安部评为 2007—2011 年度全国优秀公安局。西北旺派出所获“全国公安优秀基层单位”称号，两名民警被评为“全国优秀人民警察”。

（许立 周南南）

【设立刑事技术勘察人员派驻点】 1 月 7 日，海淀分局在上地派出所设立的刑事技术勘察人员派驻点正式启用。刑侦支队技术队每日派出 1 组 2 名民警，直接负责海淀区北部地区案件现场的勘察工作，使到达案发现场时间缩短 30~50 分钟，有效减少了群众投诉。

（许立 周南南）

【建立网安警务室】 1 月 31 日，海淀分局举行网安警务室启动仪式。分局网安大队在全区 10 家重点网站推进建设首批“网安警务室”。目的是对不同单位在互联网信息安全防范工作中暴露的不同问题，提出解决办法，更好地为联网单位出谋划策。

（许立 周南南）

【清理非法卖血组织】 2 月 14 日，海淀分局与市局刑侦总队密切配合，组织警力 160 余人，对长期盘踞在北京红十字协会血液中心周边非法卖血组织开展统一抓捕行动，共刑事拘留 43 人，治安拘留 15 人。

（许立 周南南）

【打掉 15 个销售假药窝点】 3 月 1 日，海淀分局组织百余名警力，在海淀、上地、恩济庄等地区同时出击，端掉 15 个销售假药的犯罪窝点，抓获涉案人员 15 名，起获左炔诺孕西酮片（即毓婷）等 5 类 200 余盒假药。

（许立 周南南）

【公安部领导到分局调研】 4月19日，公安部党委副书记、常务副部长杨焕宁，到海淀分局就社区警务、出租房屋管理、流动人口管理、情报信息工作、派出所警力配置、公安信息化应用、群众工作等问题进行调研。

（许立 周南南）

【举办打击和防范经济犯罪宣传日活动】 5 月 15 日，海淀分局在世纪金源商场举办打击和防范经济犯罪宣传日活动。区工商分局、区地税局、区国税局、区烟草专卖局、区司法局等部门参加活动。现场通过发放宣传手册、开展法律咨询、现场受理案件、公布典型案例、展示工作成果、警民互动等多种形式向广大市民讲解、揭露、剖析假币、信用卡、发票、侵犯知识产权等突出经济犯罪的表现形式、规律特点、防范知识和相关法律法规。

（许立 周南南）

【启动“彩虹春天”爱心工程】 5 月 25 日，海淀区看守所“彩虹春天”爱心工程启动仪式在上庄翠湖敬老院举行。市公安局监管总队、全国老龄委，新京报、晨报等新闻媒体应邀参加启动仪式。启动“彩虹春天”爱心工程，是希望监所民警通过学习民警高鹏在翠湖敬老院献爱心的行为，弘扬爱老、敬老的中华民族美德，进一步提升监管民警爱岗敬业精神，树立全国优秀公安局、全国一级监所民警的良好形象。启动仪式上看守所民警为敬老院捐资 7500 余元。

（许立 周南南）

【集中销毁黑摩的】 6 月 28 日，海淀区打防管控一体化治理黑车专项行动“黑摩的”现场集中销毁仪式在门头沟区首钢特钢报废机动车厂举行。379 辆非法运营的三轮摩托车、残疾人机动轮椅车被集中解体销毁。

（许立　周南南）

【完成神舟九号返回舱运输安保任务】 6月30日，海淀分局组织永丰、西北旺派出所和温泉交通大队开展“神舟九号”返回舱运输安保勤务工作，对中国空间运载技术研究院西门外围周边治安秩序进行清理整治，加强北清路沿线的巡逻控制，完成安保勤务工作。

（许立　周南南）

【禁毒工作】 7月4日，海淀区禁毒委召开2012年禁毒工作大会。会上，对2011年海淀区禁毒工作进行回顾总结，通报当前毒情形势，并部署2012年全区禁毒工作；对2011年禁毒工作做出突出贡献的7家成员单位和街镇、8个公安派出所、7名禁毒先进个人进行表彰并颁发荣誉证书。本年，分局开展“破冰”、“雷电11”、“打击互联网涉毒违法犯罪”等专项行动，共破获各类毒品犯罪案件306起，刑事拘留涉毒嫌疑人344名，抓获吸毒人员495名。

（许立　周南南）

【成功处置天然气泄漏事故】 8月9日，海淀区五道口城铁站西侧十字路口处，因市政施工不慎将天然气管道击穿，造成大量天然气外泄。市公安局、市消防总队、海淀公安分局有关领导到现场指挥处置。海淀分局共调集70余名警力，海淀消防支队出动3个中队、60余名官兵及各类消防车12辆，会同燃气集团历时2个小时将泄漏事故成功控制，未造成人员伤亡。

（许立　周南南）

【集中清理旅游场所周边秩序】 8月24日，海淀分局组织力量，集中对万寿寺、大钟寺旅游景点周边的治安秩序进行清理整治。当场抓获冒充导游，利用封建迷信等手段对游客进行诈骗的嫌疑人67人，其中18人因涉嫌非法经营被刑事拘留。

（许立　周南南）

【开展社会面清整查控工作】 10月2日，海淀分局开展社会面集中清整查控工作，组织警力109人次，检查旅店200家、洗浴55家、桥梁涵洞45处、过街天桥71处、出租房屋199处、重点部位6处，发现可疑人员5人，并逐人审查，依法处理。

（许立　周南南）

【集中打击整治非法带车行为】 10月13日~14日，香山红叶节期间，海淀分局组织香山地区属地派出所、城管、工商、交通等部门，出动执法力量78人次，集中打击整治非法带车违法行为。共审查核录11人，治安拘留非法带车人员8人。

（许立　周南南）

【打击中关村地区违法行为】 10月16日，海淀分局会同市、区两级文委执法队及中关村派出所，打击查处中关村地区“两怀人员”（怀孕妇女、怀抱儿童妇女）揽客贩卖淫秽光盘、假发票的违法行为。共查获存放贩卖物品的窝点4个，当场起获淫秽光盘100余张，淫秽画面封皮500余张，假印章60余枚，假发票500余本，抓获涉嫌违法人员15人。

（许立　周南南）

【完成十八大安保任务】 10月19日~11月16日，海淀分局成立十八大安保工作领导小组，搭建领导小组办公室、联勤分指挥部、情报信息分指挥部等“一室十四部”的指挥体系，制定安保工作总体方案和十四个专项分方案；以十八大代表住地路线为核心，整合联动街面监控探头，实现对代表住地周边全面监控、对行驶车队全程跟控；安保岗位实名制，使安保责任精确到点、落实到人；创新以老带新、多警联动、混成编组、多层设防等安保核心区防控机制；成立十八大安保6个临时党支部、293个战时党小组，增强基层党支部的战斗堡垒作用；会同区综治部门和各街镇政府，组织发动17.6万名群防群治力量强化社区看控、街面巡控、重点部位盯防，完成十八大安保任务。

（许立　周南南）

【启动重点地区社会面防控演练】 10月26日，海淀区群防群治力量参加十八大安保社会面防控演练活动正式启动。羊坊店、万寿路、花园路三个地区启动群防群治力量社会面防控一级加强等级。3000余名群防群治力量和驻地101名民警投入到3个地区的重点部位、重点社区及辖区主要道路沿线等16类社会面防控岗位。街道和派出所的主要领导现场指挥，要求执勤民警要与上岗群防群治力量进行对接并开展业务指导，做到知岗位、知任务、知职责、知上报途径。

（许立　周南南）

【与北大口腔医院建立应急联动工作机制】 10月29日，海淀分局会同北京大学口腔医院举办紧急报警监控联动系统启动仪式，在口腔医院正式建立“第一时间报警、第一时间锁定、第一时间处置”的三位一体的应急联动机制，推进“院警制”工作，完善医院安防措施，增强医护人员的安全感。

（许立　周南南）

【开展十八大安保实战勤务演练】 10月30日，按照首都综治委和市公安局的工作部署，海淀区开展群防群治力量参与党的十八大安保实战勤务演练活动。全区29个街、镇的17万多名群防群治力量全部到岗到位。

（许立　周南南）

【开展预防煤气中毒集中宣传日行动】 11月5日，海淀区预防煤气中毒工作集中宣传日暨“温暖一号”集中统一行动正式启动。各户籍派出所会同辖区街、镇设立45个宣传咨询点，采取多种形式向群众宣传安全取暖常识。共制作板报条幅标语1500余条（块），发放宣传材料30余万份、风斗500余个、报警器光盘100余张，发放印有预防煤气中毒常识的购物袋、钥匙链、扑克牌、围裙等宣传品2万余个，受益群众达30万人次。

（许立　周南南）

【举办签名赠书活动】 12月30日，海淀分局在双榆树太阳园社区与中央电视台、《法制晚报》报社共同举办《神探说防范》签名赠书活动。《神探说防范》是分局与中央电视台、法制晚报社及双榆树派出所民警张惠领共同策划、撰写的一部针对多发性侵财案件开展防范宣传的书籍。全书挑选80多个典型案例，配合警方提示，采取“以案说防”的形式，宣传防范多发性侵财案件。共向群众免费发放图书500多册。

（许立　周南南）

【维稳工作】 本年，依托维稳会商机制，与区属相关部门配合，搭建起“多渠道、多角度、全方位、立体化”的情报搜集研判预警格局，及时获取群体事件行动性线索288件，实现十八大期间预警率100%、日常预警率94.5%，全年预警率提升5个百分点。成立由社区民警、专业民警及处置专家或主管领导组成的“1+1+1三位一体”矛盾化解小组，社区民警从源头摸排辖区社会矛盾、起因、诉求，协调属地落实预警稳控措施；专业民警进行业务指导；处置专家或主管领导负责工作决策及协调工作，形成一条龙的化解工作模式。全年共化解不稳定因素117件，涉及2660余人。全年处理人民群众来信来访3548件次，发放涉法涉诉救助资金98万元。

（许立　周南南）

【流动人口管理】 本年，探索建立“出租房屋托管”和“公租房管理”模式，开展群租房清理整治专项试点工作。共新登记流动人口127.5万人，同比上升201.3%；新登记出租房屋4.3万户，同比上升518.2%。

（许立　周南南）

【治安管理】 本年，配合区综治办，协调相关职能部门，建立联合执法队伍，固化重点地区执法小分队机制，组织开展“春雷一、二、三号”、夏季攻势、“除尘”等系列清理整治专项行动，全区秩序类警情同比下降15.7%。全年累计拘留各类扰序人员6424人、查扣“黑车”2415辆、查扣“三假”[①]物品6万余件，同比分别增长182.7%、26%、18%。

（许立　周南南）

【社会管理】 本年，增配社区警力158人，使全局社区警力达到579人。加强社区物技防建设，改造封闭23个老旧小区、新装842处门禁系统、加装59套484个视频监控探头，全区居民小区封闭率、楼门安装门禁率分别达到76.2%、61.2%。在中关村软件园、东升园等6个科技园区及8家医院建立警务工作站，强化重点单位安全防范工作。

（许立　周南南）

【基层党建创新】 本年，在基层党建共组中推出双重责任、定期谈心、班前党课、内部管理、警力资源优化配置、定期警示教育六项制度，在全局推行“7+2”记录本管理模式。

（许立　周南南）

案例选辑

【抓获一名持刀杀人犯】 7月27日，海淀分局民警在中关村软件园小区317楼一单元门口，将手持菜刀砍死他人的嫌疑人朱某某（女，河南省信阳市人）当场抓获。经查，嫌疑人交代因与同屋居住的李某某与孔某某产生矛盾，在住处持刀将二人砍伤，后又追至楼道内将其中1人砍死的犯罪事实。9月3日，朱某某被批准逮捕。

（许立　周南南）

【破获系列骑抢案】 10月16日，海淀分局破获系列摩托车骑抢案，民警在丰台区张郭庄村一出租房内抓获正准备再次外出作案的犯罪嫌疑人杨某及其同伙冯某某，起获手机、公交卡、加油卡、女士钱包及作案使用的摩托车等物。经审查，犯罪嫌疑人供认10月11日在阜成路抢夺事主背包以及自本年5月以来在北京市和河北省连续骑抢作案80余起的犯罪事实。

（许立　周南南）

【破获系列高校入室盗窃案】 10月22日，海淀分局破获系列高校入室盗窃案，民警在海淀区水墨社区附近将驾驶奥迪轿车进行盗窃的嫌疑人张某某抓获，从其暂住地起获可疑笔记本电脑6台。经审查，犯罪嫌疑人供认自2012年7月以来，在清华、北大两所高校盗窃笔记本电脑50余台，并全部通过网络交易进行销赃的犯罪事实。

（许立　周南南）

---

① 三假：即假证件、假公章、假文凭。

检　察

【概况】 北京市海淀区人民检察院是海淀区的法律监督机关，依法行使检察权。全年受理审查批捕案件3653件5030人，受理审查起诉案件3701件4923人。依法批准逮捕犯罪嫌疑人3826人，同比下降15.5%；提起公诉4622人，同比下降13.4%。重点打击严重暴力犯罪、多发性侵财犯罪、涉众型经济犯罪等影响社会稳定、危害人民群众生命财产安全的刑事犯罪。依法起诉公安部督办的黄某等32人特大跨国电信诈骗案、全国最大的郑某等16人组织出卖人体器官案等一批社会影响较大的刑事案件。对涉嫌犯罪但无逮捕、起诉必要的，依法不批捕706人，同比上升66.1%，不起诉275人，同比上升55.4%。加大对破坏市场经济秩序犯罪的打击力度，批准逮捕犯罪嫌疑人511人，提起公诉688人；加大对制假售假、侵犯商标权、著作权、商业秘密等侵犯知识产权犯罪的打击力度，批准逮捕犯罪嫌疑人43人，提起公诉65人；依法严惩危害食品、药品安全等侵害民生类犯罪，批准逮捕犯罪嫌疑人63人，提起公诉82人。受理职务犯罪举报线索414件，同比增长45.3%。立案侦查贪污贿赂犯罪34件54人、渎职侵权犯罪7件7人。

本年，区检察院获"全国检察文化建设示范院"称号，被首都精神文明建设委员会评为"首都文明单位标兵"，被市委政法委授予"2010–2012年度涉法涉诉信访工作先进集体"称号。区检察院公诉一处获最高人民检察院授予的"全国优秀公诉团队"称号；区检察院办公室被最高人民检察院评为"信息直报点先进单位"；区检察院反贪局被评为"首都文明单位"。

（刘中发　徐云）

【获最高检"十佳检察建议"称号】 1月6日，区检察院向国务院国资委、区国资委提出的检察建议在最高人民检察院2011年第三届预防职务犯罪检察建议评选活动（即"百优双十佳"）中获"十佳检察建议"称号。

（刘中发　徐云）

【"守护青春"网站上线】 3月21日，区检察院和正义网合作创建的"守护青春"网站上线。"守护青春"网站是全国检察系统首家以未成年人、家长及学校为主要受众的专门网站。网站主题思想是"法律守护青春 大爱成就未来"，开设6个栏目，其中"4+1+N"以宣传未成年人案件检察工作的捕诉监防"4"项职能、帮教涉罪青少年的"1"支司法社工队伍、构建保护青少年社会网络的"N"方联动为主要内容；"青春防线"栏目作为案例发布及法律知识教育园地，从不同视角、不同层面剖析、解读法律事件与相关知识，下设"真实案例警示"及"安全自护知识"两个子栏目；"未检动态"、"图片新闻"主要呈现区检察院开展青少年犯罪预防工作的动态；"在线咨询"栏目做到24小时内回复提问，受到广泛欢迎。

（刘中发　徐云）

【启动专职公诉人出庭改革试点】 3月，区检察院率先在全市启动专职公诉人出庭改革试点工作，指派专职公诉人（由主诉检察官担任）集中出庭公诉简易程序案件，依法对简易程序案件的法庭审理实施法律监督。

（刘中发　徐云）

【实行诈骗类案件情况月报制】 4月，区检察院要求公诉部门在办理诈骗类案件的同时，分析诈骗类案件特点、趋势以及其反映的社会根源性矛盾，形成月度分析报告报区委、区委政法委，以服务领导决策。诈骗类案件月度分析报告主要包括当月结案情况分析、新收案件情况分析、同期数据比对、案件发展趋势以及原因对策分析等。

（刘中发　徐云）

【获市优秀调研成果一等奖】 5月9日，北京市调查研究工作会在北京会议中心召开，25个调研工作先进单位、100篇优秀调研成果受到表彰。区检察院与市检察院侦查监督处、市检察院二分院共同完成的市检察院重点调研课题《行政执法与刑事司法衔接之工作机制研究》一文获得优秀调查研究成果一等奖，这是北京市检察系统唯一获奖的研究成果。

（刘中发　徐云）

【举办"举报宣传周"系列活动】 6月25日~29日，区检察院组织开展以"惩防并举，保障民生"为主题的举报宣传周系列活动。活动期间，展出大型法制宣传图片及展板56幅，发放法制宣传册300余份。赴共建单位中国中原对外工程有限公司进行预防职务犯罪法制讲座。召开第七届"奖励举报有功人员表彰大会"，对4个举报有功单位颁发奖牌，对4名举报有功个人颁发荣誉证书和奖金。在全区公交线路上开展举报宣传活动，干警上公交车发放举报宣传材料，并现场接受乘客的法律咨询。

（刘中发　徐云）

【刘某某挪用公款案被评为北京市"十大精品案件"】 7月，在北京市检察机关反贪部门第四届"十大精品案件"、"十大优质案件"评选中，区检察院反贪局查办的刘某某挪用公款案被评为"十大精品案件"。2001年12月18日至2004年7月27日期间，被告人刘某某利用职务之便，同北京某集团公司签订收取两倍于银行定期利息的借款协议书，将其负责管理的账户资金和棉麻资金专户的公款共计39613.1万元供该集团及关联公司使用。刘某某为了不被单位发现其挪用公款情况，还采取将大笔支出不记账、向单位领导虚报资金报表、伪造账户对账单等方法来逃避财务监管。2010年7月23日，区检察院依法对该案提起公诉，同年9月20日，区法院以挪用公款罪判处刘某某有期徒刑十年。该案存在罪与非罪的巨大争议，承办人排除困难，充分取证，最终本案获得有罪判决；该案社会影响大，因媒体报道被挪用款项系“农业补贴款”而受到全社会关注，承办人实事求是，对不实报道进行澄清，维护了社会稳定。案件侦查终结时，为国家追回全部涉案款项，并追缴5700余万元利息。中央政治局常委、政法委书记贺国强对本案做出重要批示。

（刘中发　徐云）

【举办“羁押必要性审查制度”专题工作会】 8月15日，由市人民检察院、市法学会诉讼法学研究会、《国家检察官学院学报》联合主办，区检察院承办的“羁押必要性审查制度的理论与实践”专题工作会在北京翠宫饭店召开。此次研讨会围绕新刑诉法规定的捕后羁押必要性审查以及相关问题，从基础理论研究、实务研究、制度构建等三个层面展开研讨。最高人民检察院、市检察院领导和知名高校的专家学者以及来自北京、上海、重庆、浙江、江苏等地司法机关的代表和论文作者共一百余人出席会议。

（刘中发　徐云）

【首次尝试侦查监督提前介入机制】 9月，区检察院通过介入、捕诉联动、亲赴抓捕一线等方式，探索提前介入机制的新模式，发挥检察机关引导侦查的职能作用，会同公诉部门提前介入侦查活动监督，协助公安机关成功破获一起利用计算机网络实施盗窃的涉众型犯罪案件，捣毁盗窃团伙8个，销赃团伙1个，刑事拘留46名犯罪嫌疑人。

（刘中发　徐云）

【承办首届全国十佳公诉人论坛】 11月29日，由最高人民检察院主办，市检察院、区检察院承办的“荣誉与超越”首届全国十佳公诉人论坛在海淀区举行。中央政法委、最高人民检察院、市检察院、区检察院部分领导出席论坛。历届全国十佳公诉人、各省优秀公诉人代表、部分全国检察机关公诉工作咨询专家参加论坛。论坛分“公诉人成长历程与公诉人建设”和“贯彻新刑事诉讼法，提高公诉水平”两个单元进行。

（刘中发　徐云）

【编纂公诉规范手册系列丛书】 11月，区检察院组织编撰《公诉百问》、《公诉规范汇编手册》以及《公诉业务办案流程及文书模板》系列丛书。《公诉百问》以提问的方式整理公诉实务中相关问题的解决与处理；《公诉规范汇编手册》梳理整编近十年来北京市级层面公检法联合制定出台的会签文件及涉及办案机制、工作规程、领导讲话、案例指导等相关规范性内容；《公诉业务办案流程及文书模板》在办案流程、文书的标准化、正规化等方面进行规定和示范。

（刘中发　徐云）

【预防职务犯罪】 本年，在教育、农村、非公有制企业等领域开展有针对性的职务犯罪预防工作，营造廉洁健康的行业风尚。开展预防调查，撰写《海淀区贿赂犯罪特点与情况分析》等专题调查报告117篇。加强职务犯罪预防网络建设，与国家气候中心、海淀烟草专卖局等四家单位签订共建协议，在信息共享、廉政风险防控、廉政文化建设等方面加强合作。在全区40余家机关、企事业单位开展警示教育巡展、廉政法制讲座46次；制作《小恶未治，必然大患》预防职务犯罪宣传教育片在海淀有线电视台播放，该片获得全国检察机关首届廉政短片、公益广告评选优秀奖。继续开展行贿犯罪档案查询工作，为辖区企业提供行贿档案查询3417次，促进社会信用体系建设。

（刘中发　徐云）

【刑事立案监督】 本年，对应当立案而不立案的，督促公安机关立案59件109人；对不应当立案而立案的，督促撤案31件34人。纠正漏捕74人，追诉42人，追诉犯罪事实266起；纠正侦查活动违法20次。开展“另案处理”专项检查行动，调阅侦查卷宗1038册，排查出另案处理人员318件371人。

（刘中发　徐云）

【刑事审判监督】 本年，对认为确有错误的刑事裁判提出抗诉5件。继续完善量刑数据库，提高量刑建议精确度。加强刑罚执行和监管活动监督，对在押人员羁押期限、交付执行等情况进行动态检查1万余人次，开展监外执行、社区矫正、重新犯罪、收监执行专项检察，发出检察建议5份，提出纠正违法意见18份。

（刘中发　徐云）

【民事行政诉讼监督】 本年，共审理民事申诉案件203件，对两级法院判决确有错误的依法提请抗诉或发出再审检察建议26件，对裁判过程中存在的违法行为发出检察建议4份。对法院判决、裁定正确，依法不予立案的167件申诉案件，做好释法说理和息诉服判工作。

（刘中发　徐云）

【建立刑事案件信息通报制度】 本年，与区级公安机关建立刑事案件信息通报制度，拓展对公安机关立案工作存在问题的发现、调查和监督途径，立案监督工作成效明显。与区法院协商，明确检察建议办理的归口部门、办理程序等内容，检察建议的质量和效果明显提升。协调法院探索建立简易程序案件出庭工作模式，提高诉讼效率，确保出庭监督效果。全年出庭公诉简易程序案件985件，在全市率先实现出庭率100%。

（刘中发　徐云）

【涉法信访工作】 全年接待来访群众11068人次。检察长接访28批56人次，处室负责人接访163批233人次。妥善办理涉法信访案件，评查中央政法委挂账的63件信访案件，将发现的问题及时反馈相关部门，促进息诉罢访；办结市委政法委和市检察院挂账督办的20件涉检信访案件。

（刘中发　徐云）

【开展服务和保障中关村创新发展专题调研】 围绕首都率先实现创新驱动的战略部署，开展"充分发挥检察职能，服务和保障中关村创新发展"专题调研。出台《关于为中关村国家自主创新示范区提供司法保障的工作意见》、《关于知识产权司法保护的工作意见》等文件，为建设具有全球影响力的科技创新中心提供有力司法保障，两份意见得到市检察院的充分肯定并印发全市检察系统参阅。

（刘中发　徐云）

【参与社会管理】 结合办案向发案单位及其主管部门发出检察建议179份，帮助建章立制、堵塞漏洞。对侵财类犯罪案件定期分析，向有关部门发送6份专题报告，为预防犯罪提供决策参考。向社区发放《预防犯罪小贴士》44000余份，提示群众预防犯罪侵害。深化未成年人案件司法社工介入机制，建立以青少年犯罪预防为主题的"守护青春"网站，开展未成年人犯罪预防。推行检企联络制度，与100多家高新企业加强日常联系，提供法律服务。通过驻北部办检察联络室，密切与基层组织和群众的沟通联系，拓展法律监督职能。

（刘中发　徐云）

案例选辑

【廉某刘某危险物品肇事案】 2010年12月底，廉某托刘某雇佣被害人王某、刘某，在廉某承租的一闲置厂房的一间门房内私制烟花，准备自用及赠送给业务伙伴。廉某、刘某均无生产烟花爆竹的许可证及相关资质。2011年1月6日11时许，因操作不慎导致厂房内的烟花配料着火，王某、刘某被烧伤，后医治无效死亡。区检察院将该案件起诉至海淀区人民法院，2012年1月26日，法院以危险物品肇事罪判处廉某、刘某有期徒刑一年六个月，缓刑二年。

（刘中发　徐云）

【潘某抢劫抢夺敲诈勒索案】 被告人潘某，在某法治节目上看到他人以轧脚碰瓷的方式非法获取钱财之后，遂产生模仿的念头。潘某作案时往往在路边找骑三轮车或自行车的路人，趁骑车者不注意，假装被他们的车轮轧到脚，要求被害人带其去看病，借机将被害人拉上出租车，后以赔偿其损失为由，以对被害人进行暴力殴打、言语威胁等，要求被害人赔偿其医疗费。当被害人把钱包拿出时，潘某乘机夺走或告诉被害人"你下车后我就把钱包还给你"，随即把被害人推下车或当被害人下车后，潘某遂指使出租车司机将车开走。2011年3月23日，区检察院以被告人潘某犯抢劫罪、抢夺罪、敲诈勒索罪，向海淀区人民法院提起公诉。2012年3月9日，法院判决被告人潘某犯抢劫罪，判处有期徒刑四年，罚金人民币八千元；犯抢夺罪，判处有期徒刑四年六个月，罚金人民币四千元；犯敲诈勒索罪，判处有期徒刑八个月，决定执行有期徒刑八年八个月，罚金人民币一万二千元。

（刘中发　徐云）

审　判

【概况】 北京市海淀区人民法院是海淀区的国家审判机关。2012年，审判工作以"规范、创新"为主题，按照"五个一流"[①]的标准，创新工作机制、规范司法行为、提升审判质效，为区域经济发展和社会和谐稳定提供司法保障。

2012年，依法严惩涉毒品、电信诈骗、生产销售假药、非法组织卖血等涉及面广、社会危害大的犯罪。全年收案45345件，结案43795件，其中刑事案件收案4246件，结案4190件；民事案件收案18709件，结案18217件；商事案件收案7014件，结案6906件；知识产权民事案件收案2624件，结案2583件；行政诉讼案件收案359件，结案343件；执行案件收案12241件，结案11409件。再审案件收案73件，结案68件；申诉案件收案73件，结案73件；国家赔偿案件收案6件，结案6件。化解各类挂账督办信访案件193件，办结率100%。

做好立案便民服务，减轻群众诉累。在立案阶段化解各类纠纷3949件，为当事人提供法律援助等便民服务。发布全市第一份劳动争议审判白皮书。推行简易程序数字化审判，即当庭审理、当庭宣判、当庭制作并送达法律文书。连续第七年发布行政审判白皮书。加强审判事务的集约化和信息化管理，加强立、审、执全程信息化管理，实现审判作风零投诉。

本年，海淀区人民法院被评为北京市先进法院、北京市"五五"普法先进集体、首都文明单位标兵、北京市涉法

[①] 五个一流：一流的司法理念、一流的管理水平、一流的创新能力、一流的工作效能、一流的司法形象。

涉诉工作先进集体、案例工作优秀单位、信息工作单位一等奖及刊物工作优秀单位。劳动争议庭、法警大队被评为北京市法院先进集体；民四庭、山后法庭、审判管理办公室被评为首都文明单位。

（廖钰　吴扬传　王家龙）

【外网正式开通】　2月8日，区法院外网（www.hdqcourt.org）正式开通，网站按照审务公开、司法为民、公众参与、法制宣传等四大功能，设置法院概况、新闻中心、法学实务、裁判文书、普法天地、专题报道、法律法规、网络直播、法官风采、法苑文化、视频在线、便民服务等十二个版块、二十多个栏目。

（廖钰　吴扬传　王家龙）

【科研成果】　2月16日，区法院撰写的《人民法院集中对外委托司法鉴定管理模式探析》在最高人民法院举办的司法技术辅助工作征文活动中获得三等奖，是北京法院系统唯一入选并获奖论文。12月19日，市法学会向区法院颁发2011年度6个专项课题结项证书及2012年度专项课题立项证书，其中《网络犯罪刑事处遇实证研究》经审核为优秀，是全市法院申报的26项专项课题中2个被审核为优秀的课题之一，也是全市基层法院中唯一被审核为优秀的课题。3项调研成果分获市二等奖、三等奖及优秀奖，2篇调研报告分获市刊物稿件二等奖、三等奖，3篇司法建议分获市一等奖、二等奖及三等奖。在全国法院系统第24届学术讨论会中，有4篇文章在全国获奖，9篇文章在全市获奖，并获组织工作先进奖。全院有38个集体、56名个人获得区级以上荣誉。

（廖钰　吴扬传　王家龙）

【行政诉讼简易程序试点经验在全市推广】　2月22日，全市法院行政审判工作会在区法院法官培训中心召开。本院提交的《行政诉讼简易程序试点工作经验介绍》在大会作经验介绍，并在全市法院推广。会上，区法院行政庭被评选为“行政审判案例工作先进单位”，行政庭3名法官分别获得“裁判文书一等奖”、“裁判文书二等奖”、“司法建议一等奖”。

（廖钰　吴扬传　王家龙）

【“法官妈妈志愿者团队”成立】　2月29日，区法院“法官妈妈志愿者团队——涉诉困境未成年人救助项目”正式启动，项目获得中华少年儿童慈善救助基金“童缘”项目资助善款20万元。“法官妈妈志愿者团队”由来自未成年人审判庭的10名成员组成，本年救助失足少年4名，救助被害人的未成年子女1名，通过集体回访形式帮教救助失足少年500余人次。

（廖钰　吴扬传　王家龙）

【5项科技成果在全市推广】　3月15日，北京法院网正式上线科技强院成果推广专区，区法院自主开发的无线办公平台软件、电子送达系统、司法专邮系统、刑期计算工具软件、刑事结案登记表软件5项科技成果纳入市高院科技强院成果在全市推广。

（廖钰　吴扬传　王家龙）

【李红星参加全国巡讲】　3月20日至6月底，区法院法官李红星作为基层法院代表参加最高法院组织的“四个必须、五项制度”[①]全国巡讲，从基层法官的角度，讲述从源头化解社会矛盾、调解民事案件的经验和技巧。

（廖钰　吴扬传　王家龙）

【与北理工签订“法学教育实践基地合作协议”】　6月9日，区法院与北京理工大学法学院正式签订“法学教育实践基地合作协议”。协议确定双方在交流、师资、学生实习等方面的合作事宜。

（廖钰　吴扬传　王家龙）

【获优秀基层党建工作创新项目奖】　6月28日，在北京法院优秀基层党建工作创新项目表彰会上，区法院行政庭“六点一线”[②]司法文化创新项目被评为优秀基层党建工作创新项目，是获表彰的10家法院中唯一基层法院庭室党支部创新项目。行政庭推出“朝读晚讲”、“一对一谈心”、“青年法官加油站”等品牌项目，通过“三讲”、“五化”、“七种意识”[③]形成“六点一线”的文化创新系统工程，提升队伍凝聚力和为民服务宗旨意识。

（廖钰　吴扬传　王家龙）

【3名法官入选《赤子》专题片】　6月，区法院副院长宋鱼水、刑二庭副庭长尚秀云和民二庭副庭长李红星入选百集电视专题片《赤子》模范人物。该专题片由市委政法委从首都政法系统选取100名模范人物进行拍摄，并在北京电视台党建频道播出。

（廖钰　吴扬传　王家龙）

案例选辑

【执结拖欠农民工工资案】　2010年12月~2011年3月，区法院立案受理北京金磁美磁电科技有限公司拖欠赵艺兰等81名农民工工资案。2011年1月~5月，区法院审结此案。同年12月，赵艺兰等81名农民工立案申请执行北京金磁美磁电科技有限公司拖欠的工资款。区法院在某临时住处找到北京金磁美磁公司原法定代表人黄某，经法官

[①] “四个必须”是指“必须强化群众观念、必须加强源头治理、必须建立长效机制、必须工作重心下移”，“五项制度”是指“评估预防、约期接谈、责任通报、多元化解、案件终结”。

[②] “六点一线”是指开展民主生活会、签订廉政风险责任书、给党员过生日、“一对一谈心”、举办“青年法官加油站”和“朝读晚讲”六个点，着力夯实司法为民一条工作主线。

[③] “三讲”是指“朝读晚讲”、“一对一谈心”、“青年法官加油站”；“五化”是指廉政和作风建设工作常态化、制度化、深入化、灵活多样化、交流化；“七种意识”是指“司法为民宗旨意识、创先争优竞争意识、遵章办事规范意识、谨言慎行廉政意识、荣辱与共集体意识、岗位责任意识、防微杜渐稳控意识”。

释明法律后果，黄某将全部案款共计五十余万元汇入法院账户。2012 年 1 月 11 日，区法院执行部门将拖欠的工资发到工人手中。本案从立案到执行完毕仅用一个月时间。北京电视台《都市晚高峰》栏目对执行款发放进行现场直播。

（廖钰　吴扬传　王家龙）

【审结百度文库侵犯著作权案】 1 月 29 日，原告作家韩寒诉称，2011 年发现多个网友将自己原创作品《像少年啦飞驰》（简称《像》书）上传至百度文库，供用户免费在线浏览和下载。为此，韩寒多次致函百度公司，要求立即停止侵权、采取措施防止侵权行为再次发生，但百度公司消极处理。故请求区法院判令百度公司立即停止侵权、关闭百度文库、赔礼道歉并赔偿经济损失 25.4 万元。7 月 10 日，区法院公开合并开庭审理原告诉被告北京百度网讯科技有限公司"百度文库侵犯著作权"案，新华社、人民日报、央视网等数十家媒体对庭审进行直播。9 月 17 日，本院判决被告北京百度网讯科技有限公司赔偿原告经济损失三万九千八百元及合理开支四千元；驳回原告的其他诉讼请求。由于该案涉及当代著名作家及百度文库网络平台，是涉及知识产权保护的典型案例，被中央电视台财经频道《经济与法》栏目评选为"2012 年度经济案例"，并进行专题报道。

（廖钰　吴扬传　王家龙）

【审结本市最大非法组织卖血案】 2011 年前后，被告人王××等 12 人结成团伙在 301 医院长期从事非法组织他人出卖血液的活动，所得赃款统一管理并逐级分赃。其中，被告人王××系该团伙头目；张传×介绍线下多人参与组织卖血活动并抽头牟利；张立×主要负责收钱、管账；赵××负责监督内部成员，防止私自获利；李××等四人主要负责在 301 医院找客源、谈价钱；薛××等四人主要负责根据客户要求对外招募卖血人员。2012 年 1 月 5 日，团伙成员张××等 9 人在非法组织他人出卖血液的过程中被公安机关抓获，其他 3 名团伙成员也随后被公安机关抓获。2012 年 7 月 25 日，检察机关对王××等 12 人提起公诉。11 月 28 日，本院公开审理此案。经审理认为，被告人王××等 12 人未经卫生行政主管部门批准，非法组织他人出卖血液，侵犯了公众使用血液的安全性和献血者的人身权利，其行为均已构成非法组织卖血罪，应予惩处。结合本案中各被告人的主观恶性及在共同犯罪中所起的作用，在量刑上亦做出区别。当日，区法院公开宣判王××等 12 人非法组织卖血案，判处团伙头目王××有期徒刑二年，罚金人民币二千元；其他成员分别被判处有期徒刑一年八个月至一年六个月不等。本案是 2012 年北京市最大的一起非法组织卖血案。

（廖钰　吴扬传　王家龙）

【审结电影《画皮 2》著作权纠纷案】 10 月 9 日，原告华谊兄弟传媒股份有限公司诉被告北京腾度网络科技有限公司、被告马鞍山大华时代电影大世界有限公司侵犯《画皮 2》著作权。11 月 21 日，区法院开庭审理此案，区人大代表以及国家知识产权局专利局 90 余人旁听此案的审理。原告诉称：华谊公司是电影《画皮 2》的著作权人，此电影于 6 月 28 日在全国电影院开始公映，公映当日大华公司就擅自复制并进行传播，腾度公司将来源于大华公司的《画皮 2》置于 3G 生活网进行在线播放和下载。两被告的行为严重侵犯原告的合法权益。本院经审理认为：腾度公司作为 3G 生活网的经营者，未经授权即在其经营的 3G 生活网上提供《画皮 2》的在线播放和下载服务，侵犯了华谊公司对《画皮 2》享有的信息网络传播权。大华公司员工陶某某于首映当日在大华影院放映窗口拍摄此片，并将其向第三方提供，已构成对华谊公司复制权的侵犯。根据大华公司内部员工手册以及大华公司庭审陈述，为防止公司员工和相关观众在大华影院放映影片过程中私自进行录制，委派了工作人员对放映厅进行 24 小时巡查，故法院有理由推定在《画皮 2》首映时，大华公司对于其公司员工录制此片的行为应当已经知晓，却未采取有效措施予以制止，应视为对其员工拍摄行为提供帮助，构成对华谊公司复制权的侵犯，应与陶某某承担连带责任。12 月 12 日，本院判令腾度公司立即停止侵权，判决腾度公司和大华公司分别向华谊公司赔偿经济损失及诉讼合理支出八万元和十万元。

（廖钰　吴扬传　王家龙）

【本院首例破产企业和解案件】 2008 年 10 月，京门公司向区法院申请破产。由于破产企业系海淀区属国有企业，涉及的债权人众多、债务金额巨大、债务法律关系复杂，案件的受理引发一系列不稳定因素及信访案件，涉案当事人曾多次到市、区政府及相关部门反映诉求，引起各级领导的关注并做出相关批办、指示。区法院指导、监督破产管理人对京门公司的资产、负债进行清理，通过诉讼等方式对京门公司多笔陈年债权进行追收，最大限度地避免国有资产的流失；针对京门公司巨额债务的偿还，最终协调已实际占有使用多年，且支付过半房款的购房人以补足房款、收购与房屋经营使用相关的剩余资产的形式，为京门公司偿还债务。2012 年 11 月 10 日，区法院做出民事裁定，裁定京门公司进入和解程序。12 月 14 日，区法院审理的北京市京门房地产开发公司破产案件中债权人达成和解协议，全部债权人近 3 亿元债权得到全额赔偿，成为本院首例破产企业和解案件。

（廖钰　吴扬传　王家龙）

【中华书局诉某公司著作权侵权案】 2011年3月，中华书局以国学网（北京国学时代文化传播股份有限公司主办）的9个产品存在剽窃行为由，把国学时代公司诉至本院。区法院审理后认为，北京国学时代文化传播股份有限公司电子产品中“二十四史”和《清史稿》的内容与受著作权保护的中华书局点校本“二十四史”和《清史稿》的内容差异很小，构成实质性近似，因此该公司侵犯中华书局点校本“二十四史”和《清史稿》的著作权。2012年9月20日，本院判决北京国学时代文化传播股份有限公司停止销售侵权电子书，并赔偿中华书局经济损失等费用人民币2万元，后北京国学时代文化传播股份有限公司不服判决提出上诉。12月24日，市一中院做出二审判决，维持原判。

（廖钰　吴扬传　王家龙）

司法行政

【概况】 海淀区司法局组建于1981年，是区政府管理本区司法行政工作的职能部门。下辖29个司法所、3个公证处、1个法律援助中心、1个法律培训中心以及阳光中途之家。管理律师事务所322家、基层法律服务所12家，执业律师4325名，基层法律服务工作者94名。

2012年，海淀区司法行政工作以服务保障“四个率先”、深化“三项重点”工作为着力点，以“创先争优”为主题，通过开展司法行政开放日等活动，推进“忠诚、为民、公正、廉洁”政法干警核心价值观教育实践活动。在全系统学习贯彻党的十八大精神，提高司法行政干警的责任感、使命感，提升司法行政水平，维护社会和谐稳定。区司法局获“全国司法所建设工作先进单位”称号，学院路街道司法所获“全国模范司法所”称号，学院路街道司法所所长田勇获“全国模范司法所长”称号。

（张安静　王卓然）

【建立首家大型央企人民调解委员会】 1月19日，区司法局与北京友谊宾馆举办海淀区首家大型央企人民调解委员会揭牌仪式。海淀区司法局和友谊宾馆领导共同为“北京友谊宾馆调委会”揭牌，并为人民调解员颁发聘书。

（张安静　王卓然）

【与未成年犯管教所签署合作协议书】 2月2日，区司法局与区未成年犯管教所签署合作协议书，确立“加强巩固教育改造质量，预防和减少重新犯罪”的工作目标，通过阳光中途之家建设运行，创新对未成年犯的教育改造工作模式，完善监所与司法局沟通协作机制，提升监内教育改造水平，强化监外教育帮扶质量。

（张安静　王卓然）

【赴天津当面答复信访人】 2月9日，根据北京市司法局《关于交办狄某某重复来信反映事项的通知》要求，区司法局组成狄某某信访案件工作组并赴天津对信访人进行当面答复。先后走访调查狄某某的居住地司法所、社区居委会，以及其工作单位所在街道办事处。两次到其住处，最终将信访事项答复意见书当面送达，并对答复意见书进行解释。狄某某当场在送达回证上签字，并表示将通过正确途径维护自己的合法权益。

（张安静　王卓然）

【开展“法律援助为民服务创先争优年”活动】 3月1日，启动“法律援助为民服务创先争优年”活动。一是扩大援助覆盖面，将法律援助覆盖人群从低保群体拓展至低收入群体；突出重点服务对象，推出农民工、下岗失业人员、残疾人、妇女儿童等困难群众法律援助专项服务措施，帮助他们依法解决切身利益问题。二是完善便民服务举措，发挥法律援助工作站和联系点的作用，方便群众获取信息、提出申请。便民窗口推行柜台式服务开放办公，规范履行服务指引、法律咨询、申请受理、查询答疑等职责。三是针对不同群体特点，提供有针对性的法律援助，并根据易发纠纷类型做好政策宣传和法制教育工作，提高维护群众权益的实效性。四是开展“学十佳比业绩，争当优秀服务标兵”活动，调动律师、基层法律服务工作者、法律援助志愿者等人员提供法律援助的积极性，更好地服务困难群众。

（张安静　王卓然）

【成立全市首家婚姻家庭纠纷专业人民调解委员会】 3月9日，区司法局与区妇联联合成立全市首家婚姻家庭纠纷专业人民调解委员会，并举行揭牌仪式。共聘请调委会委员15名。

（张安静　王卓然）

【召开矫正帮教工作协调委扩大会议】 3月20日，召开区综治委矫正帮教工作协调委第四次全体（扩大）会议，区矫正帮教协调委各成员单位主管领导、各街镇矫正帮教协调委主管领导及相关工作人员参加会议。会议强调，要充分认识当前形势，增强做好社区矫正、安置帮教工作的责任感、紧迫感；要进一步完善教育矫正管理体系，发挥各级矫正帮教协调委及成员单位的职能作用；以做好十八大安全保卫工作为主线，强化阳光中途之家规范运行，加强重点人的教育帮扶工作力度，提升教育管控和帮扶救助的工作水平。

（张安静　王卓然）

【青少年普法首推三方协议模式】 3月23日，举办“青春船长 法治启航”启动仪式，北京市商务管理学校（甲方）、北京航空航天大学（乙方）、花园路司法所（丙方）首签三方协议，明确各方普法职责。签订三方协议既是对“青春船长 法治启航”活动开展的有益探索，也是对青少年普法教育方式多样化的有益尝试。区司法局将在青少年法制宣传教育工作中推广三方协议模式。

（张安静　王卓然）

【初步建成“15分钟法律服务圈”】 3月，依托法律服务村居行活动，组织全区400余名律师、公证员与656个社区、村签订一对一法律服务协议，初步建成辖区居民步行不超过15分钟就能享受法律服务的“15分钟法律服务圈”。全年开展法律服务“村居行”活动903场次，律师担任基层村居、企业法律顾问解决群众法律需求5517人次。

（张安静　王卓然）

【开展3·15主题法制宣传活动】 3月，协调区工商分局、发改委等60多家委办局和29个街道、镇，联合高校志愿者、普法讲师团在流动人口聚集区、来京务工人员密集地、城乡结合部等地区，开展“提高群众法律水平，切实维护消费者权益”、“律师服务你我他”等主题活动。消费者权益日期间，全区开展法制讲座18场、接待法律咨询562人次、发放宣传资料3000余份。

（张安静　王卓然）

【开展《北京市法律援助条例》实施三周年主题宣传月】 3月，开展《北京市法律援助条例》实施三周年主题宣传月活动。采取“六结合”[①]，以培训、流动人口和农民工专场法律援助宣传等多种形式，宣传《北京市法律援助条例》实施三年来，海淀区的法律援助工作在保障和改善民生方面发挥的作用和取得的成效。活动共接待咨询3万余人次，发放法律援助宣传材料6万余份，受理法律援助申请102件，案件涉及工伤损害赔偿、追索劳动报酬纠纷、社会保险纠纷、房屋买卖合同纠纷等。

（张安静　王卓然）

【举办“司法行政在身边”主题开放日活动】 4月13日，在苏家坨镇举办“司法行政在身边”主题开放日活动。活动设立苏家坨司法所1个主开放点，共有11个机关科（处、室）、5个事业单位开放。活动共计展示宣传展板63块，调查问卷500余份，为群众提供法律服务200余人次。百余名司法行政干警、律师、公证员与群众开展互动活动，受众群众达5000余人次。15名人大代表、政协委员、特约监督员应邀参加活动。

（张安静　王卓然）

【启动知识产权宣传月活动】 4月26日，“司法助推中关村核心区建设”暨海淀区知识产权宣传月活动启动。区司法局与区法院、区检察院等10家单位联合签署《海淀区司法助推中关村核心区建设工作备忘录》，形成保护知识产权的部门合力。三家公证处与六家行业协会签约，在提存、证据保全等方面为企业提供高效、便捷的公证服务。

（张安静　王卓然）

【阳光中途之家基地揭牌】 5月30日，海淀区阳光中途之家业务综合基地揭牌。市司法局、区委政法委领导出席活动。区司法局介绍阳光中途之家的建设过程、运行情况，明确下一阶段阳光中途之家工作开展的计划和目标。市司法局对海淀区中途之家建设推进力度、“1+X”[②]的运行模式、矫正帮教工作的开展、对“两类”人员就业帮扶的成效给予肯定。

（张安静　王卓然）

【中关村企业创新法律服务网上线】 8月14日，海淀街道司法所与方亚律师事务所主办的中关村企业创新法律服务网正式上线。开通法律服务热线010-65501955，由专业法律服务人员接听咨询电话并回答企业相关的法律问题。中关村企业创新法律服务网围绕海淀区“六五普法”的工作要求，重点突出企业法律服务、金融法律服务、知识产权服务及针对中关村高科技企业的新三板上市服务。

（张安静　王卓然）

【开展公证法律服务宣传月活动】 8月，开展公证法律服务宣传月便民利民法律服务活动。活动设定主题论坛，组织三家公证处现场普及公证法律知识，拓宽业务途径；开展三场纪念《公证法》颁布7周年宣传活动，走上街头为群众解答咨询、普及公证法律知识；以农村地区为宣传重点，三家公证机构分别与司法所联合开展公证法律宣传活动。

（张安静　王卓然）

【开展普法志愿者宣传服务活动】 9月15日，区司法局在海淀公园举办以“讲法制，守纪律，做文明海淀人”为主题的大型普法志愿者宣传服务活动。来自北京航空航天大学、北京林业大学、培黎职业学院及方亚律师事务所的普法志愿者共计100余人参加活动。活

① 六结合：即与当前的形势任务相结合、与地区工作任务相结合、与创新工作相结合、与创新形式相结合、与发挥法律援助特色作用相结合、与建立部门联动机制相结合。

② “1+X”：即以区级中途之家为1个中心，以若干单项功能基地为辐射点，形成统分结合、功能全面的网状中途之家管理服务体系。

动现场分为法律咨询区、游艺答题区、流动宣传区三个部分。志愿者们为群众提供法律咨询，发放婚姻家庭、劳动就业等六个主题的宣传手册。活动共接待群众咨询 100 余人次，发放宣传资料 2000 余份。

（张安静　王卓然）

【举行法学实践教学基地签约仪式】 9 月 20 日，区司法局与北京航空航天大学法学院在区阳光中途之家举行法学实践教学基地合作签约仪式。双方共建基地，资源共享、优势互补。阳光中途之家将为北航法学院提供更高的教学平台，北航为司法行政工作特别是中途之家的建设拓展服务理念、打造管理亮点、探索矫正模式。

（张安静　王卓然）

【成立区消费纠纷人民调解委员会】 10 月 26 日，海淀区消费纠纷人民调解委员会成立。市工商局、市司法局、市消协、区工商局、区司法局领导出席会议。海淀区消费纠纷人民调解委员会 9 名委员、各街镇司法所、工商所的所长、各界媒体等近百人参加会议。

（张安静　王卓然）

【试点发放法律援助便民服务 IC 卡】 11 月 28 日，由市司法局主办，区司法局承办的法律援助便民服务 IC 卡试点启动大会在海淀区召开。区法律援助中心对辖区内符合法律援助条例、北京市法律援助条例以及市、区人民政府规定的免除或者不再审查经济困难状况人员进行重点摸排。街道、镇的法律援助工作站重点收集整理纳入城、乡最低生活保障的人员、持有残疾人证件的残疾人、持有老年人优待证的老年人以及其他符合条件的人员法律援助卡需要信息。法律援助便民服务 IC 卡将实行分批制作发放，本次为首批发放，覆盖全区 9000 名纳入城乡最低生活保障的人员和 3000 名持证残疾人。

（张安静　王卓然）

【举办 12·4 法制宣传日主题活动】 12 月 4 日，举办以“讲法制，守纪律，携手共创全国文明城区”为主题的大型法制宣传活动。活动由区法制宣传教育领导小组办公室、区司法局主办，上地街道办事处协办。法宣干部、律师、公证员、文明引导员、学生以及市民代表约 300 人参加活动。活动共发放各类宣传资料、宣传品 1 万余份，解答各类咨询 150 余人次。

（张安静　王卓然）

【人民调解】 全年完成人民调解协议司法确认 4 例。建立海淀区大型央企、婚姻家庭、消费纠纷人民调解委员会，全区人民调解委员会达到 943 个，人民调解员 14580 人。各级人民调解组织共调解纠纷 34402 件，成功调解 32293 件，成功率为 94%，将矛盾纠纷有效化解在基层、化解在萌芽状态。

（张安静　王卓然）

【社区矫正、安置帮教】 年内，牵头综治、公安等部门组建海淀区综治委特殊人群专项组。阳光中途之家综合业务基地建成使用，与中国人民大学等六所高校共建“海淀区阳光中途学院”和法学教育实践基地。坚持管理帮扶相结合，加强“两类”人员（社区矫正人员和刑释解教人员）的教育疏导和管理，落实无缝衔接等日常管理制度。全年新接收社区服刑犯罪分子 298 人，解除矫正的犯罪分子 398 人，正在接受矫正的犯罪分子 535 人。新接收刑满释放人员 566 人，解除帮教人员 446 人，正在接受帮教人员达到 2536 人。共完成 3000 余名“两类”人员的管理服务工作。依托阳光中途之家全年累计为“两类”人员提供临时救助金 14.5 万元。

（张安静　王卓然）

【法制宣传教育】 以 12·4 法制宣传日为契机举办大型普法活动，提高群众参与创建的积极性。新增“商务楼宇普法工作站”16 个，总数达到 23 个。开展法律“六进”[①]活动，全年开展各类法制宣传教育 8000 多场次，直接受教育群众达 300 万人次。加强对重点人群的普法宣传，结合法制宣传“四季行”活动，在流动人口密集地区开展有针对性的法制宣传教育活动，促使流动人口学法用法守法。在海淀区工读学校建立青少年法制宣传教育基地，开通“法律守护青春”网站，整合法制校长、青春船长等志愿服务力量组建青少年法律服务团队，形成具有海淀区法律特色的青少年法制宣传教育模式。

（张安静　王卓然）

【律师参与法律服务】 年内，全区律师事务所达到 322 家，执业律师达到 4325 名，律师行业为海淀贡献税收 1.85 亿元。成立中关村核心区企业法律服务中心，实现律师参与企业“法律体检”的常态化服务模式。与中关村国际孵化软件协会、中关村高新技术企业协会、外商投资企业协会、创意产业协会、北京民营科技实业家协会和闪联信息产业协会签约，办理证据保全、提存以及免费咨询等公证业务。开展知识产权法律宣传，全年组织专项法治论坛、培训 90 余场次。

（张安静　王卓然）

【公证管理】 海淀区司法局下辖北京市海诚公证处、北京市求是公证处和北京市国信公证处。3 家公证处主要办理国内、涉外、涉港澳的民事、经济等公证事项。全年累计接待 9 万多人次，收费 2874.2 万元。

[①] 六进：即进机关、进社区、进农村、进学校、进企业、进单位。

2012 年海淀区公证服务情况

公证处名称	接待人次（单位：人次）	办证情况（单位：件）			收费（单位：万元）
		国内	涉外	涉港澳	
北京市海诚公证处	52872	47264			1457.5
		11435	35537	292	
北京市求是公证处	8052	20116			222.3
		6306	13736	74	
北京市国信公证处	31065	22192			1194.4
		10759	11287	146	
合计	91989	89572			2874.2
		28500	60560	512	

（张安静　王卓然）

【法律援助】 本年，贯彻司法部关于开展“法律援助服务为民创优年”主题活动的工作部署，开辟法律援助“绿色通道”，发放法律援助IC卡12000张，覆盖全体低保户及部分持证残疾人家庭。总结“香山法律援吧”五年的工作经验，形成区级法律援助中心，各街道、镇法律援助工作站，各社区（村）法律援助工作点的三级法律援助网络全覆盖体系。全年共接受法律援助案件1400余件，为农民工挽回经济损失800余万元，维护了受援人群的合法权益。

（张安静　王卓然）

案例选辑

【司法确认人民调解协议书案】 1999年和2012年，李某（女）和老伴张大爷相继因病去世，留下一套房屋（房屋位于海淀区紫竹院街道车道沟社区）。俩人生前曾口头表示百年之后将房屋留给长孙。五个子女尊重他们的意愿，准备将房屋过户给老人的长孙。由于过户手续非常烦琐，过户就暂时搁下。2012年8月，长子张某到紫竹院司法所请求将父母房产按照遗嘱继承过户给自己的儿子（即老人的长孙）。司法所于当天与老人的其他四个子女取得联系。第二天，五兄妹来到司法所进行现场调解。调解员根据口头遗嘱无法直接办理长孙过户手续，若按法定继承办理耗时耗力的实际情况，提议房屋先由长子张某继承，待其百年之后，再由其儿子即老人的长孙法定继承。五兄妹一致认同，并签订调解协议书。为提高调解协议书的公信力，在区司法局的指导下，9月12日，协议双方当事人向区法院申请对调解协议书进行司法确认。9月，区法院对调解协议书进行司法确认，出具司法确认决定书。张某拿着确认书和相关材料，与其他四兄妹一起到海淀区建委办理了过户手续。

（张安静　王卓然）

社会管理综合治理

【概况】 2012年2月21日，海淀区社会治安综合治理委员会更名为海淀区社会管理综合治理委员会（简称区综治委），是协助区委区政府协调指导全区行政区域内（包括驻区中央单位、部队）社会管理综合治理工作的常设议事机构。有48个成员单位。海淀区社会管理综合治理委员会办公室（简称区综治办）是区综治委的常设办事机构，负责全区社会管理综合治理的组织实施、督促、协调、检查、落实以及区综治委日常工作，与区委政法委合署办公。

2012年，海淀区综治工作以党的十八大安保工作为中心，以加强和创新社会管理为主线，完成各项安保维稳和服务保障工作，确保全区政治稳定和社会安定。海淀区在首都社会管理综合治理工作考核中总分列全市第一，被评为“首都社会管理综合治理先进区县”。区综治办被评为“北京市2011至2012年度预防煤气中毒工作先进集体”。在全市群众安全感调查中，海淀区列城六区第二名。《新时期海淀区完善群众工作研究》被评为首都综治工作重点调研课题一等奖，《完善海淀区城乡结合部社会服务管理工作研究》被评为二等奖。

（刘鑫）

【春雷行动】 1月~5月，由区公安分局牵头负责，区综治办统筹协调，区城管大队、区工商分局等部门参与，开展代号为“春雷行动”的治安秩序乱点专项整治行动。按照“突出重点、专项打整、挂账督办、综合治理”的工作思路，全力整治群众最为关注、反映最为强烈、最为影响安全感和满意度的街头治安秩序问题，确保全区社会面治安环境良好有序。全区累计出动各类执法力量50962人次，拘留各类扰序人员2327人，查扣车辆1082辆，暂扣三假物品275件、商品1147件、小广告6976张。

（刘鑫）

【签订综治工作责任书】 2月~3月，区委书记、区长、政法委书记、区综治委主任与29个街道镇、37个委办局党政一把手签订《海淀区社会治安综合治理工作责任书》。各街道镇与所属社区（村）和属地单位签订综治工作责任书，明确本地区、本系统综治工作任务、目标和责任，强化社会治安综合治理工作的责任意识。

（刘鑫）

【地下停车库（场）专项整治】 2月~6月，开展全区地下停车场安全防范专项治理工作。区综治办、公安分局牵头，各街镇组织相关责任单位参与。共出动警力990余人次，检查地下停车场450家，摸排治安隐患180处，处罚单位22家，处罚责任人7人。指导地下停车场主要责任单位增加人防力量118人，张贴警示牌6800张，增加道路凸透镜670面，增加灯光照明1200余盏，增加其他技防系统56套。33个公安派出所与地下停车库（场）主要责任单位签订《企业事业单位治安目标责任书》450份，登记备份地下停车库（场）基础工作档案450份，完善地下停车场各项保卫工作制度220份，完善应急处突预案110份，并将治理行动中新发现的90家地下停车库（场）基础信息全部录入“公安分局基础工作应用系统”，强化地下停车库（场）的管理。

（刘鑫）

【全国政法委书记培训班到玉泉村现场教学】 3月31日，全国政法委书记首期培训班学员100多人围绕社会管理创新的主题到海淀区玉泉村进行现场教学。四季青镇玉泉村属于城乡结合部，针对地区治安案件突出、环境秩序脏乱、产业结构单一等难点问题，探索形成以党的领导为“舵”，以产业结构调整为“桨”，以城乡一体化建设为“帆”，以保障民生为“水”，以社会稳定为“锚”的“行舟”工作法。借助社会服务管理这条“大船”，运用“政府主导、农民主体、政策创新”机制和“宅基地腾退置换、农民就近上楼、适度预留产业用地、积极发展集体经济”等方法，实现城乡结合部地区跨越性发展。市委常委、区委书记赵凤桐介绍了海淀区基本情况、社会管理创新和政法、综治、维稳等方面的工作。

（刘鑫）

【实有人口[①]基础信息调查】 4月~6月，由公安分局牵头，区综治办协调，相关委办局配合，各街镇具体实施，开展实有人口基础信息调查。基础信息大调查以实有人口信息核对采集为主线，入户走访，将涉及“人、地、物、事”的各类不稳定因素、治安安全隐患和违法犯罪线索一并采集，实现全面摸清实有人口底数情况、全面摸清实有房屋情况、全面梳理摸排社区内各类不稳定因素和矛盾纠纷隐患的工作目标。全区实有人口为337.6万人，房屋88905栋，发现突出不稳定因素14件。

（刘鑫）

【与新疆驻京工作站签订协议】 5月25日，区综治办与新疆驻京工作站签订《新疆少数民族群众在海淀区务工经商服务管理工作协议》，双方就共同做好服务管理工作建立领导协作机制、工作协调机制、服务保障机制。在全区治安重点地区整治、实有人口服务管理等方面发挥良好作用，有效维护民族团结。

（刘鑫）

【固化两级联合执法长效机制】 6月5日，区综治委与区公安分局联合印发《关于成立海淀区两级多部门联勤专门执法小分队的工作意见》，固化联合执法长效机制。整合公安、城管、交通、卫生、文化等部门力量，建立由14人组成的区级联合执法小分队；各街道镇均成立由10名执法部门人员和10名保安组成的联合执法小分队。联合执法小分队开展日常巡查执法，参与阶段性集中整治行动，加强执法督导检查，强化治安重点地区和城市秩序重点地区的管控力度，一些长期存在的痼疾顽症得到解决。

（刘鑫）

【治安志愿者工作总结表彰会召开】 6月27日，海淀区召开首都治安志愿者协会海淀区分会换届暨总结表彰会。选举产生首都治安志愿者协会海淀分会领导人员，表彰10名治安志愿者标兵、15名先进治安志愿者，总结2011年全区治安志愿者工作，部署2012年治安志愿者工作。指导相关成员单位和各街镇制定治安志愿者社会面巡控方案，印发《首都治安志愿者协海淀分会章程》、《海淀区治安志愿者星级管理办法》、《海淀区治安志愿者工作站工作分站换届工作方案》等文件，推进全区治安志愿者的规范化建设。

（刘鑫）

【开展高发案地区挂牌专项整治行动】 6月，区综治办对排查出的14个市、区级高发案地区[②]，16个市、区级高发案社区[③]以及治安情况复杂的3个地区[④]

[①] 实有人口：是指在本行政区域内的常住户籍人员以及外省（直辖市、自治区）户籍人员和境外人员。

[②] 恩济庄地区、花园路地区、马连洼地区、清河地区、苏家坨地区、万寿寺地区、中关村地区、田村地区、北太平庄地区、西三旗地区、上地地区、羊坊店地区、甘家口地区、上庄地区。

[③] 肖家河社区、紫金庄园社区、宝山社区、南玲珑社区、小牛坊社区、圆明园东里社区、华清嘉园社区、田村社区、正白旗社区、双泉堡社区、四王府社区、四街社区、朱房社区、西八里庄社区、一亩园社区。

[④] 3个地区：即甘家口地区、上庄地区、羊坊店地区。

进行挂牌督战。定期通报发案情况，各地区、各派出所通过分析研判、广泛宣传、群防群治、清理整治和场所控制等措施，强化打击力度，确保防控效能，落实综合治理，全区社区可防性案件全年同比下降10%。

（刘鑫）

【评选出13个区级社会服务管理创新项目】 12月，由区综治办牵头开展2012年海淀区综治工作开拓创新项目评选活动。共有23个创新项目入围，八里庄街道的“四方议事”等13个项目被评选为2012年海淀区社会服务管理创新项目。

（刘鑫）

【成立10个专项组】 本年，区综治委成立10个专项组，即：海淀区综治委社会治安专项组，办公室设在区综治办；海淀区综治委护路护线联防专项组，办公室设在区综治办；海淀区综治委校园及周边治安综合治理专项组，办公室设在区教委；海淀区综治委社会矛盾多元调解专项组，办公室设在区司法局；海淀区综治委特殊人群专项组，办公室设在区司法局；海淀区综治委科技创安专项组，办公室设在公安海淀分局；海淀区综治委民族宗教专项组，办公室设在区委统战部；海淀区综治委预防青少年违法犯罪专项组，办公室设在团区委；海淀区综治委“两新组织”专项组，办公室设在区社会办；海淀区综治委实有人口专项组，办公室设在公安海淀分局。

（刘鑫）

【十八大安保专项行动】 在开展十八大十大专项行动中，全区排查出各类矛盾纠纷691件，化解率93%。通过领导干部接访、下访、约访等措施，共接待群众820批1260人次，实现“信访总量、越级访量双下降”目标。开展安全生产、公共卫生、食品安全、消防安全等隐患大排查，消除各类隐患4.2万余项。严控四类重点地区，严打五类违法犯罪活动，严整八类扰序问题。发动17.5万名群防群治力量参与社会面防控，受到中央联席会议和首都综治委的肯定。

（刘鑫）

【形成“4321”闲散青少年教育工作模式】 本年，作为闲散青少年群体服务管理和预防犯罪工作全国试点，海淀区从探索完善体制机制入手，形成“4321”闲散青少年教育帮助和预防犯罪工作新模式：健全专门工作、专业社工、志愿者、专家学者四支队伍，对闲散青少年进行多种教育、帮扶与指导；建立统筹协调、日常工作、政策支持三项机制，形成全方位的政策支持体系；依托彩虹之家青少年服务中心、社区青年汇工作站两个载体，增强流动青年的归属感和社会认同感；开发建设“海淀区闲散青少年管理信息数据库一个平台”，建立“数据摸排横纵两条线”+“数据管理更新信息化”工作机制，实现数据动态更新、自动分析、部门共享等功能，增强服务管理工作的及时性。

（刘鑫）

【初步形成网格化社会服务管理体系】 本年，选定学院路街道、青龙桥街道作为网格化社会服务管理试点单位，完善《海淀区网格化社会服务管理标准体系》，对全区推进网格化社会服务管理工作任务进行分解。制定《海淀区推进农村网格化社会管理和社会服务工作措施》，进一步明确农村地区网格化社会服务管理的目标、工作内容、工作流程和处置机制、工作要求。成立由区委督查室、区政府督查室等8部门组成的指导推进组，按照“边指导、边推进、边检查、边培训”的原则，采取召开座谈会、现场调研等方式对各街道镇网格化社会服务管理工作进行督查，全力推进网格化社会服务管理工作。形成羊坊店街道的“行业联盟”、紫竹院街道的“门店工作法”、甘家口街道的“微事处理机制”、青龙桥街道的“新居民”服务管理工作体系等创新工作模式，初步形成“一张网、一个信息系统、三级平台、四种力量、五项机制”网格化社会服务管理体系。

（刘鑫）

【科技创安工作】 本年，完成重点路段、重点部位163个新增监控点位的确定工作。加大社会图像联网整合力度，完成26个街道矩阵主机升级和设备扩容，新建设摄像机379台，提高系统容量，提升图像信息系统的应用水平。

（刘鑫）

【开展打防管控一体化专项整治行动】 本年，持续进行治安突出问题和治安重点地区打防管控一体化专项整治行动。在全区范围内开展打击无照经营、盗窃自行车、黑车黑摩的、店外占道经营、散发小广告、入室盗窃、制假贩假、打架斗殴、拎包扒窃、诈骗等十类治安突出问题。全区确定市级重点地区3处[①]、区级管控重点地区11处[②]、地区级重点地区25处[③]，建立工作台账，明确工作措施、责任人和完成时限。由区综治办协调，区公安分局牵头，相关委办局参加，采取整体联动与开展波次整治行动相结合，专项打击整治与实施综合防控相结合，整治突出问题与谋划长效机制相结合，取得明显成效。累计出动各类执法力量79308人次，拘留各类违法人员2445人，清理取缔非法营运552人，查扣黑车856辆，小广告7.9万张。

（刘鑫）

---

① 中关村西区、科贸大厦、五棵松地铁周边。

② 五道口地区、金源购物中心周边、城乡至翠微一线、城乡仓储周边、金四季商圈、北医三院门前、上地城铁站周边、爱家收藏品市场周边、军博及羊坊店路周边、颐和园地区、人大东门周边。

③ 文慧园路小西天牌楼、知春路沿线、交大东路至高梁桥斜街一线、东王庄小区北门、北沙滩至小月河一线、北洼路、玉渊潭西门至紫竹桥一线、北京大学周边、大运村门前、志新桥至牡丹园路口、安河桥地铁站周边、309医院周边、西苑医院、圆明园门区、清河中街周边、西二旗城铁周边、当代至华星影城、锦绣大地市场、魏公村地区、西北旺付家窑车站、清河桥东侧、杏石口路巨山车站、中科贸、清华大学周边、永定路路口周边。

流动人口和出租房屋管理

【概况】 海淀区流动人口与出租房屋管理委员会（简称区流管委）成立于2007年4月17日，是全区流动人口和出租房屋服务管理工作的指导协调议事机构，区属43个单位为流管委成员单位。下设海淀区流动人口与出租房屋管理委员会办公室（简称区流管办），与区综治办合署办公。全区29个街道、乡镇分别成立流管委、流管办，具体负责协调落实流动人口与出租房屋的服务管理工作，在社区、村设“新居民服务中心”307个，全区形成流动人口与出租房屋服务管理三级工作体系。10月29日，完成社区（村）新居民服务中心、流管员队伍、市流管信息平台三项管理职能向区公安分局的移交。

2012年，全区流动人口服务管理工作围绕敏感时期维稳、全国文明城区建设、重点村拆迁腾退、十八大安保专项行动、实有人口服务管理体系建立等工作主线，以深化流动人口服务保障和出租房屋管理为工作重点，加强基础工作和创新社会管理，提升工作水平。

截至年底，全区共登记流动人口131.54万人，同比减少8.3万人；出租房屋15.1万户，同比增加0.68万户。其中2012年新登记流动人口32.9万人，核销40.9万人，更新55.5万人，迁移6.9万人；出租房屋新增2.8万户，核销2.1万户，更新2.9万户。全区信息采集工作总量同比增加11.2万条，增加比为9%。

（骆建国）

【群租房整治试点】 4月1日，区流管办牵头，联合紫竹院街道、万寿寺派出所、区地税分局、区房管局、公安分局人口管理大队、区消防支队等相关职能部门，采取部门整体联动、摸清底数建立档案、个别约谈限期整改、会商分析整体推进等多种方式，在紫竹院街道韦伯豪小区开展群租房整治试点工作。通过联合整治行动，17户群租房拆除隔断，停止群租，未增加新生群租房。

（骆建国）

【召开在京新疆少数民族群众服务管理工作部署会】 5月28日，召开海淀区加强新疆少数民族群众在京务工经商服务管理工作部署会。会上传达市、区有关会议精神，部署全区工作，与新疆驻京工作站签订《双向协作协议书》。在新疆少数民族群众（全区有在京新疆少数民族群众709人，集中分布在8个地区）相对集中的地区配备专职管理员，设立信息员，建立2家服务新疆少数民族在京群众联系点。与新疆驻京工作站建立沟通联络机制、签订服务管理双向协议，动态掌握在京新疆少数民族群众的总体情况和在京务工经商的困难和需求。全区各相关职能部门为在京新疆少数民族群众提供创业就业、卫生防疫、子女入学等多种服务。

（骆建国）

【流动人口和出租房屋信息调查】 7月20日~8月10日，区流管办开展流动人口和出租房屋基础信息调查工作，共采集流动人口信息10.2万条、出租房屋8303条，核销流动人口8.1万条、出租房屋3327条。对流动人口中需重点关注人员按照四个等级进行分类甄别，共三类13人，并落实一人一策，实现整体联动、三级（管理员、社区、派出所，职能部门，街镇或单位）联管。

（骆建国）

【试点聘任“新居民”为社区主任助理】 7月，在青龙桥街道挂甲屯、福缘门社区试点聘任“新居民”担任社区主任助理，任期一年。主要职责是向“新居民”传递政策，收集意见和建议，谋划社区发展，参与居民自治。试点工作为“新居民”享受均等化社会服务和更快更好地融入城市社区生活提供良好平台，实现了“四个转变”，即“新居民”首任社区主任助理，从“被管理者”到“管理者”；“新居民”享受均等服务，从“外乡人”到“社区主人”；“新居民”参与社区公共服务，从“被服务”到“自我服务”；“新居民”接受教育和培训，从“能力贫困”到“一技之长”。社区居委会通过新居民主任助理，及时了解流动人口的需求，为他们提供更好的服务；流动人口提高了对社区的认同感和自律意识，更好地支持社区管理工作。

（骆建国）

【开展重点行业重点区域专项整治】 8月30日~10月20日，公安、城管、房管、工商、卫生、民政等部门抽调专业力量，对十八大代表驻地周边、流动人口聚居地区等重点区域及房地产经纪机构、宾馆旅店、网吧、游商等重点行业开展专项整治。开展各类宣传活动20余次，张挂各类宣传横幅500余条，发放宣传品10万余份。出动各类执法力量13566人次，其中公安4121人次、城管1837人次、卫生监督3194人次，其他力量4414人次。检查出租房屋10335户，审查流动人口15284人，核录可疑人员15259人；拘留各类违法人员298人（刑事拘留26人、治安拘留272人）。立案处罚黑机动车68起、运输渣土车辆304起、施工工地56起、违反门前三包规定267起，查处户外广告牌匾标识278起、非法张贴散发小广告583起、小广告窝点4个，收缴小广告5万余张，收缴盗版淫秽光盘923张。拆除违法建设169处、5.9万平方米。清理取缔非法营运126人，游商759摊。检查流动人口经商户30524户次，查处无照经营底商1155户，罚没款513万余元。查处各类违反城市管理法规的案件0.3万起，罚款130余万元；清理脏乱点54处，垃圾300余吨。开展卫生监督检查4259户次，行政处罚109户次，罚款37.2万元，取缔非法行医22户次。查处违法违规房地产经纪公司51家，对3名房主进行行政处罚，关停黑旅店44家。检查危险化学品生产经营单位6家，下达责令整改指令书5份，发现安全隐患8处，处罚金额1万余元。对各类商品批发市场农贸市场及废品回收站点、餐饮场所、建筑施工工地、校园及周边地区、彩钢板建筑等九小场所开展火灾隐患排查。检查单位3120余次，发现并解决各类火灾隐患5000余件，下发《责令改正通知书》1500余份，罚款70余万元，责令“三停”50起，临时查封64起，拘留23人。对十八大代表驻地、新闻中心、抵离京场所及周边、行车沿线单位开展基础调研、风险评估及排查整治。建立专档20份，检查驻地、新闻中心、保障服务单位外围、行车沿线以及长安街沿线单位7167家次，建筑工地12处，发现并整改隐患问题9897件。发动群防群治力量10万余人开展社会面24小时不间断巡查，确保涉会场所、沿线及周边的消防安全。

（骆建国）

【开展流动人口服务管理专项行动】 8月，按照“以证管人、以房管人、以业管人”的工作措施和“五项机制”[①]，集中开展流动人口和出租房屋“五查”[②]、重点区域整治工作。区综治委各成员单位及街镇依托新闻媒体、网络博客及悬挂条幅、发放宣传材料、设立普法宣传点等形式开展党的伟大成就、安全专业知识、预防常识等宣传活动。共发放宣传折页、海报和宣传便笺本等10万余份，覆盖流动人口15.6万余人。各街镇悬挂横幅1.5万余条、发放宣传材料28万余份、签订各类安全责任书8.7万余份，覆盖流动人口53.8万余人。十八大期间，全区没有出现因流动人口而引发影响社会稳定的事件。《首都综合信息》以“海淀区多种形式提高流管员队伍素质　助推流动人口服务管理专项行动”为题，介绍海淀区提升管理员队伍素质的具体做法。

（骆建国）

【整治流动人口聚居场所】 9月20日~10月10日，全区各部门、各单位、各系统按照各自主管的地区和业务范围，对出租房屋、有人居住的地下空间、施工工地现场等流动人口聚居的场所进行重点检查，发现治安、消防安全隐患6482处，矛盾纠纷964件，其他不稳定因素78个。排除、化解各类隐患6450处，其余采取下发整改通知书或确定专人盯守、安排复查等措施。

（骆建国）

【试点成立出租房屋房主管理协会】 11月，在青龙桥地区试点成立出租房屋房主管理协会，这是“以房管人”机制的创新举措。协会成员包括社区出租房屋房主代表、流动人口租户代表、社区民警、社区居委会干部和流动人口管理员，选举确定会长、副会长、常务理事，制定《出租房屋管理协会章程》。协会在畅通房屋租赁信息渠道、规范房屋租赁行为、调解房东与租户间的矛盾纠纷、维护社会稳定等方面发挥了作用。

（骆建国）

【建立7类基础数据台账】 区流管办协调区委、区公安分局、区住建委（房管局）、区工商分局等单位，展开人房信息、安全隐患等调查工作，建立重点人台账、有人居住的地下空间基础台账、群租房台账、小规模经营情况台账、镇村集体土地上有人居住出租大院台账、50个流动人口聚居村（社区）台账、社区（村）青年汇建设台账等七类基础数据信息台账。

（骆建国）

【为流动人口办实事】 区流管委各成员单位按照流动人口服务管理的职责分工，落实流动人口服务政策。全区小学一年级招收外省市随迁子女9561人，占一年级入学人数的38%。开展“春风行动”，为流动人口免费提供职业介绍服务3203人次，职业指导12375人次，推荐成功就业1831人。“两节”期间，开展“把海淀的问候带回家”活动，为来京就业人员800余人送去慰问信和慰问品。为5.8万人次外来务工人员集体免费接种麻疹疫苗、流脑疫苗。在流动人口集中的49个场所增设“流动人口计生图书角”，普及计划生育及科技知识；建成网上“免费避孕药具综合服务平台”，安装100台药具自助发放机，流动人口凭身份证即可免费自助领取计生药具。开展“关爱农民工，法律援助在行动”活动，共办理农民工法律援助案件1200余件，累计挽回经济损失800余万元。

（骆建国）

【社区青年汇建设】 本年，社区青年汇发展到57家（本年新建44家），覆盖28个街镇，成为联系青年流动人口、掌握思想动态、加强思想引导、提供服务的主阵地。全年开展活动300余次，直接联系服务青少年2万人次，辐射带动8万人次。建立以QQ群、微博和短信群发、电话直联为主要手段的虚拟阵地，拓宽青年交流渠道。在涉日维稳期间，利用QQ群发布“爱国对话录”，开展“同一种爱国，同一个QQ状态”的多米诺传递活动，引导流动人口青年理性表达爱国情绪。以“人生导师”与重点青少年结对帮扶、定期组织青年“午餐会”等工作形式逐步扩大青年汇在流动青年中的影响，与流动青年面对面的引导和服务机制日益完善。

（骆建国）

【开展“同住社区　共建家园”活动】 本年，以弘扬和践行“北京精神”为主

---

① 五项机制：专项行动周（月）报机制、简报信息报送机制、信息监测情况通报机制、成员单位联席会商机制、三级督查考核机制。

② 五查：流动人口和出租房屋基础信息大调查、流动人口群体中重点人员大核查、出租房屋安全隐患大清查、流动人口群体中各类矛盾纠纷大排查、流动人口群体中各类自发组织的大调查。

题，在流动人口群体中广泛开展多种形式的“同住社区、共建家园”活动，支持鼓励流动人口参与社会公共事务，增进流动人口与本区居（村）民的沟通联系和交往认同，提高新居民归属感。“彩虹之家”举办“心心相印”活动，联系20余名“人生导师”对重点青少年进行结对帮扶；设立益民书屋，免费配置书籍、报纸、杂志和部分棋牌类文体活动用品、发放教育培训材料，推广设立农民工夜校；设立“流动妇女平安之家”及周三律师接待日，开展“珍爱生命 关爱女性”的女性健康关爱行动。开展10场普法讲座和法律咨询服务，受益万余人，发放宣传材料 2000 余份。在工商所、私个协和消协分别设立咨询服务台宣传法律法规。开展清理拖欠外来务工人员工资、清理整顿人力资源市场秩序、整治非法用工打击违法犯罪等专项治理，处理建筑施工企业 30 人以上群体性讨薪事件3件，涉及150余人，涉及金额100余万元；日常巡查检查发现和处置各种劳务纠纷和劳务结算隐患15 件，涉及人员 500 余人，涉及金额300余万元。举办《劳动合同法》和《社会保险法》等培训班3期，开展普法宣传进工地系列活动，向农民工赠送法律图书、提供法律咨询、调解劳动争议、培训劳动法律常识，惠及流动人口1000余人。救助流浪乞讨人员和困难群众103 人。试点开展新居民担任社区主任助理工作，为流动人口提供参与社区管理和自我服务的平台；组织流动人口志愿者队伍义务服务进社区，受益居民群众百余人。

（骆建国）

人民武装

【概况】 中国人民解放军北京市海淀区人民武装部是中共海淀区委的军事部，同时是海淀区政府的兵役机关，受上级军事机关和海淀区委区政府的双重领导，挂海淀区人民武装委员会、国防动员委员会、征兵办公室、国防教育办公室牌子。2012年，组织军校和国防生招生政审282人；复转军人预备役登记约400人；协调解决卫戍区部队转业干部安置、干部子女上学以及干部家属就业。协调地方党委政府做好拥军优属工作。

（刘滨启）

【完成安保执勤任务】 3月初，组织全国“两会”期间民兵执勤，完成71个重点目标75个哨位的守卫任务。11月初党的十八大安保期间，组织11个街道的856名民兵，担负五处代表驻地周边、三条出行路线沿线的76处重点目标、82个点位的护卫和备勤机动任务，累计出动执勤兵力13930人次，备勤4600人次，确保守护目标安全。区武装部被北京市评为民兵执勤先进单位。

（刘滨启）

【战备训练】 5月，集中3天时间组织全区 1000 余名民兵进行轻武器训练和实弹射击。组织 13 个街镇高炮骨干集训，熟悉指挥程序，掌握操作要领，提高专业技能。适应加快转变战斗力生成模式的要求，围绕提升应急维稳能力，做好战备训练工作。“7·21”特大暴雨灾害发生后，组织驻区部队和民兵预备役人员做好抢险救灾准备。

（刘滨启）

【思想政治建设】 抓好党员干部、基层民兵党的创新理论武装和思想政治教育，打牢绝对忠诚可靠的思想基础。组织干部职工政治思想考察，《抓住关键环节，突出重点内容，努力增强政治考核的实效性》的做法在卫戍区政工会上作介绍。组织干部职工走进展馆看辉煌成就，赞颂党的领导；走进监狱听现身说法，思想受到触动。开展“走近英雄、感悟忠诚、倾力于行”主题实践活动，向英雄高铁成学习。在基层民兵中开展“海淀民兵忠于党”系统教育，强化民兵军魂意识、政治意识、大局意识、使命意识、纪律意识和首都意识。

（刘滨启）

【预备役工作】 针对民兵预备役人员编制员额的变化，优化组织结构和力量布局，形成以应急队伍为重点、支援队伍为支撑、储备队伍为补充的民兵预备役部队建设新格局。注重民兵预备役部队质量建设，增加科研院所、高等院校、非公有制企业特别是“两新“组织编兵数量，提高了民兵预备役队伍科技含量和应急应战能力。在持续加强10所普通高校民兵组织建设的基础上，首次在中国人民大学成立以新生党员为主体的民兵高炮营，赢得总参动员部充分肯定，《解放军报》《北京日报》《人民网》等媒体予以报道。

（刘滨启）

【应急力量建设】 按照市、区、街道（镇）三级应急力量体系建设要求，抽组60人组成市民兵预备役应急大队第8分队，抽组 200 人组成市民兵预备役应急大队第13、14分队，编入市应急力量体系；抽组200人组成2个区级应急连；各街道、镇分别组建30人的应急排。区政府投入200余万元，配置4227件装备器材。组织 3 个市级应急分队进行为期两个月的应急维稳和山林灭火强化训练，基本达到训练水平较高、装备齐全配套、管理使用规范、队伍可靠管用的建设目标。组织 3 个市级分队参加卫戍区组织的实兵实装检验式拉动演练暨考核比武，取得优异成绩。

（刘滨启）

【兵员征集】 本年，在将普通高校大学生作为兵员征集主体的基础上，首次将3所职业中学纳入征集范围，为部队输送高学历高素质高技能青年，进一步丰富和完善了兵员征集的“海淀模式”。完成456名男兵、65名女兵征集任务。

（刘滨启）

【国防教育】 组织编写中小学国防教育系统教材，完成国防教育示范校初评工作。第12个全民国防教育日期间，在全区组织以“依法开展国防教育，增强公民国防观念”为主题的宣传活动。抓好学生军训，高中学生参训率达到100%。教育部、总参动员部和市教委对海淀区学生军训工作进行调研和检查，并给予肯定。国防教育报刊订阅和使用工作分别被北京军区和中国国防报社评为刊授教育先进单位。组织驻区部队和武警官兵11000余人次支援生态文明建设，参加平原造林工程，完成5800亩植树造林任务。

（刘滨启）

人民防空

【概况】 海淀区民防局负责海淀区的人民防空工作。下设海淀区民防指挥中心和海淀区人防工程管理中心。2012年，民防局树立融合式发展战略思想，坚持解放思想、抢抓机遇、科学筹划、开拓进取，开创民防建设新局面。

（张彦臣）

【人民防空展馆建成】 3月1日，市民防局、区民防局在金源时代购物中心举行“国际民防日”社会宣传活动暨海淀区人民防空展馆开馆仪式。展馆加挂“海淀区青少年学生校外教育实践基地”牌匾，集展览展示、学术研究、文化交流、培训体验为一体。国家人防办、市民防局、市应急办等单位领导和群众代表参加国际民防日主题宣传活动，参观民防应急车辆、海淀区人民防空展馆、物资储备库等。

（张彦臣）

【举办5·12防灾减灾日社会宣传辅导游园会】 5月12日，区民防局、红十字会在海淀公园联合举办“5·12防灾减灾日”社会宣传辅导游园会，进行防空防灾知识、健康咨询与辅导；组织志愿者代表、社区居民和大中小学生进行心肺复苏、包扎现场演示与辅导；发放《首都市民防灾应急手册》、《中华人民共和国人民防空法》、《北京市人民防空条例》等宣传资料。

（张彦臣）

【人防工程建设】 全年共接受人防工程规划建设咨询66件，有20多个固定资产投资项目。协调区住建委将人防工程竣工认可作为建设工程整体竣工备案的前置条件，彻底解决建设单位在人防工程竣工验收、备案登记上出现的漏洞。

（张彦臣）

【人防工程管理】 对部分公用人防工程进行维护保养，共清退关停非法使用人防工程26处、转型使用49处、拆除违建13处，清退散租人员2000余人。探索运用司法手段解决人防工程使用中的违法问题，解决瑞新里小区人防工程非法出租扰民事项。全年累计执法160余次，行政处罚22起，罚款56万元。受理信访80件，均妥善处理。

（张彦臣）

【确保十八大人防工程安全】 十八大保障期间，区民防局制定《海淀区人防工程十八大安保工作实施方案》，以代表驻地周边200米范围内人防工程作为防控重点，建立30处敏感区域人防工程台账。成立应急保障工作领导小组、应急值守组和信息报送组，落实24小时应急值守制度，确保突发情况迅速到位。完成十八大人防工程安保任务。

（张彦臣）

【解决人防工程非法出租扰民事件】 被告人李××、王××非法侵占西八里庄亮甲店瑞新里小区1、4号楼的人防工程。2011年6月3日经海淀区人民法院一审、2011年9月19日经北京市第一中级人民法院终审，均判决将李、王二人两处人防工程腾空交付于区民防局，并将该人防工程改建的房屋拆除，恢复原状。终审判决生效后，李、王二人拒不履行判决，继续侵占该处人防工程并对外出租经营。区民防局于2011年10月、2012年1月依法向海淀区人民法院申请强制执行。2012年2月6日，区法院张贴执行公告，限定李、王三日内腾空并交付所侵占的人防工程，逾期不履行将采取强制措施。三日后，侵占人仍以各种手段逃避履行义务，继续侵占并对外出租经营，拒将人防工程腾空交付于民防局。强制执行前，区民防局协同区法院、八里庄街道、恩济庄派出所、城管、消防支队、物业公司、永安东里居委会、瑞新里小区业主委员会先后召开四次执行协调会。经过多方沟通，区民防局配合海淀区人民法院于7月12日、8月28日、9月5日分期进行强制执行，恢复人防工程原结构。

（张彦臣）

消 防

【概况】 海淀区公安消防支队又称“中国人民武装警察部队北京市海淀区消防支队”，接受北京市公安局消防局和海淀区公安分局的双重领导，海淀区防火安全委员会办公室设在支队，主要担负海淀区辖区消防行政审批、消防监督检查、灭火救援和反恐处突等任务。下属清河、颐和园、采石路（特勤中队）、双榆树、香山、航天城、五棵松、西二旗、首体南路、向阳、凤凰岭、杨庄（供水中队，本年建成并投入备防）等12个中队。

本年，消防支队围绕党的十八大消防安保中心工作，推进“十大创新”[①]机制，不断加强灭火救援、防火监督和队伍建设。全年共接处警4307起，其中火警2363起、抢险救援1944起，出动车辆6434车次、官兵45038人次，疏散被困人员5823人，保护建筑面积64.51万平方米，挽回经济损失2.43亿元。实际发生火灾575起，同比减少495起，下降46.3%；火灾造成3人死亡，2人受伤，同比死亡人数增加1人，受伤人数减少7人；直接财产损失121.53万元，同比减少44.97万元，下降27%。全区未发生较大以上火灾事故，完成全国“两会”、上合峰会、涉日维稳、党的十八大等重大消防保卫任务。全年受理审批建审项目1343件（消防设计审核38件，局部装修1305件），验收项目1365件，建审验收备案抽查项目288件，对357个项目出具不合格意见书。

（张建伟 张敏 秦笠）

【开展“清剿火患”战役】 2011年9月26日至2012年2月29日，公安部在全国部署开展“清剿火患”战役。战役期间，全区共出动检查组500余个，检查社会面单位5万余家，发现上报火灾隐患27000余处；督促整改火灾隐患26500余处，下发责令改正通知书1万余份，临时查封547家，责令三停333家，罚款417.35万元，拘留105人，曝光火灾隐患单位126家；组织消防志愿者服务队2万余人深入社区、企业、农村、学校开展消防志愿服务，发放消防宣传材料10万余份，消除一大批火灾隐患。全区7个单位次被公安部评为“清剿火患”战役工作突出集体，7人被评为“清剿火患”先进个人。

（张建伟 张敏 秦笠）

【驻街制度网格化监管】 2月，消防支队向全区各街（镇）派驻一名实名制消防监督民警，提请区政府出台《关于街镇设立消防工作室认真做好网格化社会消防管理工作的意见》，强化隐患促改的监督力度。29个街（镇）全部成立消防工作站，实现“一街一警”，部分街（镇）“一街两警”，共派驻实名制消防监督民警34名。

（张建伟 张敏 秦笠）

【建立派出所月调度工作机制】 3月，消防支队建立派出所每月调度工作机制。开通支队与派出所互通的视频电视电话会议系统，每月召开派出所月调度会，通报当月全区及各派出所辖区火灾情况，听取派出所分管领导和消防机构驻街（镇）民警工作汇报，公布三级执法常量任务完成情况，分析火灾隐患情报信息，部署重点工作，针对性开展消防监督业务培训。

（张建伟 张敏 秦笠）

【物联网消防设施远程监测系统试运行】 3月，消防支队承担市消防总队消防物联网建设试点任务。4月29日完成北京市物联网建筑消防设施远程监控系统一期工程，海淀区30家重点单位物联网报警信息采集终端安装完毕，其中24家单位投入试运行。

（张建伟 张敏 秦笠）

【开展消防平安三号行动】 4月18日~8月20日，在全区组织开展以商（市）场、餐饮场所、建设工程施工现场、校园及周边地区、彩钢板建筑、灭火器质量、城乡结合部等七个方面为整治重点的“消防平安三号行动”。期间，消防支队联合区商务委、区安监局、区质监局等部门开展查56次联合检查，排查检查单位32615家，发现并督促整改火灾隐患52216件，依法实施临时查封658家，“三停”单位531家，罚款811.05万元、拘留246人。

（张建伟 张敏 秦笠）

【编撰“五到位工作法”[②]系列丛书】 4月，消防支队编撰完成“五到位工作法”系列丛书，用于指导消防监督员执法规范化建设。系列丛书共分《驻街制消防监督员基础工作索引手册》、《消防监督执法档案常用手册》以及《消防监督执法手册》三卷，主要内容包括建立街道基础信息库、规范行政处罚案卷的填写和录入、详解消防监督检查等；法律法规及公安部相关规章；以驻街制消防监督员推动街镇转变消防管理理念，创新消防管理机制，夯实城乡消防工作基础。

（张建伟 张敏 秦笠）

【举行《火线》栏目开播仪式】 5月16日，消防支队在凤凰岭中队举行消防影视制作中心揭牌暨《火线》栏目开播仪式。中央电视台、北京电视台、北京人民广播电台、北京青年报等多家媒体

① “十大创新”机制：情报信息机制、驻街网格机制、综合执法机制、防消联勤机制、消防协理机制、紧急服务机制、远程监测机制、每月调度机制、火后服务机制、应急联动机制。

② 五到位工作法：基础信息到位、分析研判到位、组织推动到位、宣传培训到位、监督检查到位。

对活动进行跟踪报道。《火线》栏目是消防支队联合海淀区有线电视台开办的首都消防部队第一档独立的法制类电视新闻节目，以"公益消防、厚德于民、火后服务、贴近百姓"为宗旨，以曝光火灾隐患、剖析火灾案例为载体，包括119接警台、直击现场、隐患追踪、大海带您学消防（动漫）等四个常态化板块，讲解消防知识。每月在海淀有线黄金时段播出两期，全年共制作播出17期。

（张建伟　张敏　秦笠）

【开展安全生产月宣传活动】　6月，消防支队联合公安派出所开展安全生产月宣传活动。消防支队采取消防常识授课、灭火疏散演练、发放宣传资料、消防技能比赛等多种形式，在全区宣传消防知识。活动期间，各委办局、各行业部门、街道办事处、公安派出所、基层消防中队组织开展各类活动300余次，发放宣传材料20余万份，受教育群众30余万人。

（张建伟　张敏　秦笠）

【举行防汛抗旱器材测试演练】　7月4日，消防支队联合区应急办、区水务局在上庄水库举行防汛抗旱消防应急分指挥部器材测试演练。共出动11个中队100余名官兵，15台手抬泵、15台浮艇泵、1艘冲锋舟、1艘橡皮艇。

（张建伟　张敏　秦笠）

【发放10万张消防宣传光盘】　9月，消防支队制作10万张系列消防宣传教育警示光盘在全区范围内发放。光盘收集大量消防安全知识和现实生活火灾隐患，包括液化石油气类火灾隐患、电气线路、消防疏散通道、消防车通道和室外消火栓、违章使用电气焊、出租房的火灾隐患、消防设施隐患、易燃彩钢板类隐患、用火不慎等警示内容。警示片光盘在全区各单位进行播放，并组织市民观看，提高市民的消防安全意识。

（张建伟　张敏　秦笠）

【举办"安正杯"家庭消防知识竞赛总决赛】　10月14日，区防火安全委员会联合区精神文明建设委员会举办海淀区"安正杯"家庭消防知识竞赛总决赛。竞赛内容涵盖日常消防安全常识、消防法律法规、生活必备消防安全知识等与生活息息相关的消防常识。五支代表队参赛，四季青镇、紫竹院街道、田村路街道代表队分别获得前三名。

（张建伟　张敏　秦笠）

【举行十八大安保公益消防志愿者出征仪式】　10月25日，区防火安全委员会在世纪坛地下影院举行海淀区第二十二届119消防宣传月启动暨十八大安保公益消防志愿者出征仪式。市消防总队总队长，区委区政府、区公安分局、消防支队有关领导，各委办局、街镇、公安派出所领导以及300余名公益消防志愿者参加出征仪式。

（张建伟　张敏　秦笠）

【整改火灾隐患】　本年，排查检查单位39682家，发现并督促整改火灾隐患72476件，依法实施临时查封821家，"三停"单位563家，罚款980.58万元、拘留303人。整改销账25件市级挂账火灾隐患和103件区级挂账火灾隐患。消防支队被公安部消防局评为"清剿火患"战役工作突出支队，被市公安局评为"一级执法示范单位"。

（张建伟　张敏　秦笠）

【配发消防装备】　本年，采购配发铁军攻坚器材7大类、40种、2305件套，更换更新装备器材157种、7561件套。党的十八大前夕增配10辆高性能消防主战车列装部队，为所属中队配发12辆"119"消防紧急服务车。

（张建伟　张敏　秦笠）

【消防宣传】　举办"消防连着你我他、平安幸福进万家"系列宣传活动和"安正杯"10万个家庭消防知识竞赛活动；播放消防公益广告、火灾案例警示教育片20余万条（次）；发放警示教育光盘5万余盘，印发各类宣传材料共计10余万份。与海淀电视台联合摄制全市首档消防法制类专题栏目——《火线》。10月海淀消防网正式上线运行，网站为公众提供消防知识普及、消防问题咨询、消防业务办理、火灾隐患发现上报等便捷服务，成为消防宣传教育的新窗口。

（张建伟　张敏　秦笠）

案例选辑

【北京水晶山商贸有限公司火灾】　6月19日2时33分，位于上庄镇上庄村北的北京水晶山商贸有限公司（又名北京水晶山技术研究所）的车间发生爆炸起火，市119指挥中心接报后立即调集海淀支队航天城中队、西二旗中队、向阳中队、清河中队共15部消防车和105名消防官兵赶赴现场进行处置。火灾于3时10分基本扑灭。经调查，起火车间主要生产加工原子灰（汽车腻子）成品，并存放有苯乙烯、树脂、汽车腻子固化剂以及电机等设备。爆炸造成车间房顶、墙体倒塌，过火面积200余平方米，未造成人员伤亡。

（张建伟　张敏　秦笠）

【北京市之侣科技发展中心库房火灾】　11月4日0时44分，位于朱房路临66号的海淀区清河电焊机厂内的承租单位——北京市之侣科技发展中心库房区域发生火灾。市119指挥中心接报后调集海淀支队全勤指挥部和清河、西二旗、采石路、双榆树、航天城、向阳、杨庄供水中队及朝阳支队亚运村中队8个消防中队、27部车、210余名官兵赶赴现场进行处置。大火于1时20分得到控制，2时30分基本扑灭。燃烧物为婴幼儿用品及纸箱等易燃物，过火面积150余平方米，火灾未造成人员伤亡，周边建筑物内50余名群众被成功疏散。

（张建伟　张敏　秦笠）

中关村国家自主创新示范区核心区

2013

北京海淀年鉴

▲ 3月28日，中关村玉渊潭科技商务区举行冠名发布会（田峰 摄）

▲ 4月至8月，以“创业海淀、成就梦想”为主题的首届中关村数字设计创业大赛在数字设计中心举行（田峰 摄）

▲ 8月24日，海淀区举办重点企业入驻和北部基础设施项目合作建设集中签约仪式。6家重点企业项目和5家社会企业项目落地（田峰 摄）

◀ 10月25日，“中关村移动互联网产业基地”、“中关村北斗与空间信息服务产业基地”揭牌，11家企业首批签约入驻（田峰 摄）

▶ 12月21日，中关村翠湖科技园C6–09科技企业加速器项目开工（实创股份公司 冯晓璐 摄）

中关村国家自主创新示范区核心区

综　述

【概况】 中关村科技园区海淀园的前身是1988年国务院批准设立的全国第一家国家级高新技术产业开发区——北京市新技术产业开发试验区（1998年改称海淀试验区）。1999年6月5日，国务院批复建设中关村科技园区，海淀试验区成为中关村“一区五园”的核心组成部分，称海淀园。2009年4月1日，北京市政府批复海淀园建设中关村国家自主创新示范区核心区。2011年12月23日，北京市机构编制委员会同意海淀园管委会与海淀区科学技术委员会合署办公，为海淀区政府统一领导协调海淀园建设管理工作和区科学技术工作的工作部门。2012年2月29日，海淀园管委会与区科委完成机构合并调整，正式开始合署办公。

截至年底，海淀园有大学科技园19个，其中国家级大学科技园12个。新认定国家级高新技术企业680家，净增258家，约占示范区的47%。共有中关村高新技术企业11000余家，其中国家级高新技术企业4400家；企业孵化器41家，其中国家级14家。产业覆盖电子信息、计算机软件、集成电路及电子元器件、计算机设备、通信、生物工程与新医药等十大科技创新领域。

本年，全面贯彻落实中关村“1+6”先行先试改革政策[①]，以政策引导和资金扶持为手段，为企业搭建良好的基础设施、投资融资以及信息化合作平台，推进园区建设和重大项目的落地实施。实现总收入10665.75亿元，同比增长21.4%；工业总产值1517.60亿元，同比增长9.0%；出口总额83.86亿美元，同比增长16.0%；利润总额822.36亿元，同比增长16.0%；上缴税费423.09亿元，同比增长8.2%。总收入十亿元以上的企业有157家，实现总收入7384.44亿元，同比增长28.9%，对园区总收入的贡献率为87.9%。

（刘昊鹏　刘伟杰）

【海淀园扩容】 10月13日，《国务院关于调整中关村国家自主创新示范区空间规模和布局的批复》正式印发，将海淀园规划面积由133.06平方千米扩充至174.06平方千米，并划分为10个区块，分步实施建设。10个区块分别为：上庄科技产业基地、苏家坨组团1、苏家坨组团2、稻香湖组团、永丰基地组团、建成区、玉泉慧谷、西山文化创意产业大道、西北旺产业基地、温泉产业基地。

（刘昊鹏　刘伟杰）

【重点项目落地】 本年，北部产业园区与新浪总部等20多家企业达成供地意向。与华为、龙芯、联想总部、百度总部、腾讯北方总部、浪潮集团等企业筹备供地方案。海淀园全年引入企业60余家，其中外资企业15家；在接洽企业中，实现落地12家，30个新洽谈项目取得阶段性进展。

（刘昊鹏　刘伟杰）

【产业调研】 本年，开展产业调研，打造“专精特新”产业园区。以导航与位置服务、移动互联网与下一代互联网、云计算、集成电路、生物医药等战略新兴产业为重点研究对象，分析产业链上重点环节、重点项目以及重点企业的情况，为产业布局的规划和产业结构的调整提供数据支持。编制核心区产业地图，反映园区产业资源分布、空间布局和发展动态等，促进产业聚集和产业链的延伸发展。

（刘昊鹏　刘伟杰）

【产学研合作示范基地建设】 本年，以科技研发为动力，以产业聚集和产业链延伸为发展方向，增强产业和企业的孵化能力，推动产学研一体化建设。利用产学研专项资金，构建企业、高校与科研院所的研发合作平台，形成长效机制。新认定产学研合作示范基地17家，累计认定47家。

（刘昊鹏　刘伟杰）

① “1”是指搭建首都创新资源平台，“6”是指中央级事业单位科技成果处置和收益权改革试点政策、税收优惠试点政策、股权激励试点政策、科研经费分配管理改革试点政策、高新技术企业认定试点政策和建设全国场外交易市场试点政策。

【2012 年中关村十大创新成果】

序号	成果	所属企业（院所）
1	第二代北斗导航卫星	中国空间技术研究院
2	多靶向抗癌新药“恩妥宾”	北京凯悦宁科技有限公司
3	PCI Express 高速固态存储技术	北京忆恒创源科技有限公司
4	纳米材料绿色制版技术	北京中科纳新印刷技术有限公司
5	基于微纳米技术的新型超级电容器	北京集盛泰科技有限公司
6	TD-LTE 宽带多媒体集体解决方案	鼎桥通信技术有限公司
7	膜法海水淡化加压与能量回收一体化装置	北京赛美环能科技有限公司
8	数字化无模铸造精密成形机器	中国机械研究总院
9	重组戊型肝炎疫苗	北京万泰生物药业股份有限公司
10	重组人胰岛素关键工艺重大突破	北京普罗吉生物科技发展有限公司

（刘昊鹏　刘伟杰）

园区服务与管理

【概况】 2012 年，海淀园稳步推进园区服务管理体系建设，不断深化服务体制改革，完善政策支持体系，拓展服务项目和服务领域，为企业创新创业、人才留用集聚、产学研合作、专项资金申请与评估等提供综合服务平台。

（刘昊鹏　刘伟杰）

【闪联四项国际标准获批发布】 2 月，闪联《应用框架》、《基础应用》、《服务类型》和《设备类型》四项国际标准通过国际标准化组织（ISO）审批。这是闪联继 2010 年通过的《基础规范》、《文件交互框架》、《设备验证》三项 ISO 国际标准后的又一重大研发成果。闪联已有七项标准成为我国 3C[①] 协同领域首个完整的 ISO 国际标准体系。

（刘昊鹏　刘伟杰）

【完成第七批“海聚工程”人才申报工作】 2 月，海淀园管委会组织实施北京市第七批“海外高层次人才聚集工程”申报工作。共有来自 29 家企业的 31 人申报，其中创业类 21 人，全职工作类 8 人，青年项目类 1 人，短期项目类 1 人；31 人中有博士 21 人，硕士 9 人，学士 1 人。5 人入选，入选者每人获得 100 万元资金支持以及落户、子女入学、创业创新环境等政策支持。

（刘昊鹏　刘伟杰）

【三大创业服务机构落户海淀】 4 月 20 日，“创新工场、清华科技园（西区）入驻仪式暨天使会落户典礼”在鼎好大厦举行。创新工场未来依旧致力于早期阶段投资，在信息产业最热门领域，为中国有科技梦想和创业激情的年轻人提供全方位创业培育；清华科技园中关村西区分园“移动互联与文化创意产业孵化器”将继续与清华校友总会互联网、新媒体协会合作，致力于建设和运营全国领先的孵化器；“天使会”将树立具有公信力的行业标杆，协力帮助追逐梦想的创业者。

（刘昊鹏　刘伟杰）

【整合出台核心区“1+10”新政策】 6 月 20 日，区委区政府整合核心区既有政策，出台《关于加快核心区自主创新和产业发展的若干意见》以及 10 项配套文件，即“1+10”新政策。新政策主要体现“优化创新创业环境、聚焦重点产业发展”的总体思路，以激发企业创新活力为目的，着重解决企业发展过程中的实际问题，推进产业健康发展。

---

① 3C 认证的全称为“中国强制性产品认证”，它是我国政府为保护消费者人身安全和国家安全、加强产品质量管理、依照法律法规实施的一种产品合格评定制度。

海淀区加快核心区自主创新和产业发展“1+10”政策列表

关于加快核心区自主创新和产业发展若干意见
——环境营造与创新能力板块
1、海淀区促进中小微企业发展支持办法
2、海淀区促进企业创新发展支持办法
3、海淀区促进科技服务业发展支持办法
4、海淀区促进人才创新创业发展支持办法
5、海淀区促进商业服务业发展支持办法
——重点产业与重点企业板块
6、海淀区促进重点产业发展支持办法
7、海淀区重点企业服务和引进支持办法
8、海淀区促进旅游产业发展支持办法
——科技金融板块
9、海淀区促进科技金融创新发展支持办法
——其他支持办法
10、海淀区加快核心区自主创新和产业发展专项资金管理办法

（刘昊鹏　刘伟杰）

【举办中小企业专项资金培训会】 7月24日和8月1日，区经信办、区信息服务业协会在海淀招商大厦、神州数码广场共同举办两场“海淀区2012年中小企业发展专项资金培训会”，300余家企业参会。培训会传达国家、北京市有关资金申报政策，详细讲解专项资金的背景、申报程序、申报要求、文档编写以及海淀区关于固定资产核准备案管理规定等内容，当场解答与会企业的提问，通报海淀区专项工作的部署安排。

（刘昊鹏　刘伟杰）

【获200亿元银行资金支持】 9月25日，海淀区政府与国家开发银行股份有限公司北京市分行签署《开发性金融合作备忘录》，国家开发银行北京分行将提供200亿元资金用于支持核心区建设、海淀中小企业发展、基础设施建设和社会民生建设等。2005年至本年，国家开发银行北京分行累计向海淀区属企业发放贷款218亿元。本年，采用夹层投资方式为实创总公司融资5亿元，为温泉二期项目提供贷款4亿元。

（刘昊鹏　刘伟杰）

【职能调整】 本年，进一步落实海淀园与区科委合署办公“三定”方案，精简组织机构，明确各部门行政管理职责。海淀园管委会与区科委合署办公，整合园区建设、科技促进、投资促进、信息化建设、知识产权保护等多项职能，实现管理功能的集中、统一和优化，成为面向科技产业的跨部门、一门式的协同服务及科技创新资源、政策导入平台。

（刘昊鹏　刘伟杰）

【成立7个专项工作组】 以重点项目和重点任务为导向，创建条块结合的新型业务组织模式，成立矩阵式、扁平化的七个专项工作组，分别是：核心区产业发展专项资金统一受理平台工作组、中关村科学城工作组、北部研发服务与高新技术产业聚集区工作组、新技术新产品推广应用工作组、“专精特新”产业集群工作组、智慧海淀工作组、绩效监督考核评估工作组。专项小组的成立，为园区服务向专业化、纵深化、体系化方向发展奠定了组织基础。

（刘昊鹏　刘伟杰）

【800多家企业享受先行先试政策】 本年，全面落实中关村“1+6”先行先试政策。全区25家国有企事业单位开展股权激励试点，占全市总量的43.9%；758家高新技术企业享受研发费用加计扣除试点政策，研发费用较政策出台前多加计扣除10.1亿元，为企业减免税款1.5亿元；96家企业享受职工教育经费税前扣除试点政策，较政策出台前税前多扣除2106万元，为企业减免税款316万元。

（刘昊鹏　刘伟杰）

【“五统一”管理专项资金】 本年，

在海淀园设立全区统一的专项资金的预算安排、支持方向、申报平台、审批权限和运行流程的"五统一"管理，有效提升专项资金的使用效率，全年专项资金总额达到18亿元。

（刘昊鹏　刘伟杰）

【1306个项目获财政支持】　本年，突出财政资金集中使用的原则，综合运用股权投资、贷款贴息、资助补贴等多种方式开展项目支持激励工作。全年完成涉及海淀园、区发改委、旅游委、商务委、金融办等多部门的项目评审，支持项目1306个、支持总金额约9.5亿元，其中涉及海淀园的项目949个，支持总金额达6.3亿元。

（刘昊鹏　刘伟杰）

【促进科技成果转化】　本年，完善产学研创新体系建设，搭建以大学科技园、企业研发中心、产业孵化器为一体的创新合作平台，促进科技成果转化。方正集团与北京理工大学、北大计算机研究所、中国科学院信息工程研究所等开展产学研合作，共同成立技术开发研发中心，联合开展重大技术项目的研发和攻关，推进核心技术的应用，项目产值合计6349.4万元；北京国基科技股份有限公司自2008年12月起与北京邮电大学信息与通信工程学院签署五年期产学研合作协议，共开展合作项目6个，4个合作项目获得国家级认定，产值合计9297万元。

（刘昊鹏　刘伟杰）

【创业孵化】　本年，引导创业服务机构继续开展股权投资激励、创业辅导等服务。全区有科技企业孵化器41家（其中国家级14家），大学科技园19家（其中国家级12家），留学人员创业园21家，中关村创新型孵化器11家，科技企业加速器6家，高端人才创业基地1家；孵化场地总面积约200万平方米，在园企业4556家，累计孵化企业7327家，累计毕业企业2148家。在园企业自主知识产权总量7773项，吸引就业18万人，其中留学人员4326人。

（刘昊鹏　刘伟杰）

【专项资金项目全生命周期管理平台建成运行】　本年，完成"专项资金项目全生命周期管理平台"建设，实现对73家创业服务机构的在线数据报送和统计工作，为79家服务机构开辟网上展示窗口，汇总28万余条服务资源数据。

（刘昊鹏　刘伟杰）

【推进"创业导师制"】　本年，推进"创业导师制"，对企业开展股权投资激励，拓展融资渠道。共有8家企业获得风险投资11423万元；开展"创业咖啡"活动，定期邀请投资人、创业投资机构合伙人、项目经理等对企业融资项目进行辅导，为40余家企业进行项目诊断，并引荐给创业投资机构；全年共组织企业培训10余次，参加人员500余人，内容涵盖企业风险防范、高新技术企业认定、知识产权培训、科技政策培训等。

（刘昊鹏　刘伟杰）

【人才服务体系建设】　本年，健全人才奖励机制，推进"千人计划"、"海聚工程"、"海英计划"的申请工作，配套落实人才发展专项资金。通过对一个平台（人才引进服务平台）和两支队伍（创业创新领军人才队伍和青年英才队伍）的专项资金及配套服务支持，优化人才发展环境，构建人才服务体系；协助区人力社保局完成教授级高工的破格推荐工作，共推荐107人；开展高技能人才培训补贴工作；配合中关村管委会开展"雏鹰人才创业基地"共建工作；协调解决外地博士后进出站落户、档案迁出迁入、配偶随迁及子女上学等问题，为辖区内161家企业配置4400余套人才租赁住房。全年从中关村管委会申请公租房租金补贴共计573万元。完成7批高端人才推荐申报工作。留创园4名创业者入选中央"千人计划"，9名创业者入选北京市"海聚工程"。2人入围"科技北京百名领军人才培养工程"，1人获得北京市"留学人员创新创业特别贡献奖"。

（刘昊鹏　刘伟杰）

专业园区建设与发展

【概况】　2012年，海淀园在建成区内有中关村西区、清华科技园、北大科技园、中关村科学城、上地信息产业基地、中关村软件园、多媒体创意产业园等12个专业园区。山后集中新建区建有翠湖科技园、永丰产业基地、中关村科技园、上庄科技园4个专业园，合计占地约43平方千米。中关村生命科学园主体位于昌平区，一小部分位于本区境内，不计入专业园区。海淀园各专业园区由专门的一级开发公司负责建设、招商及运营管理。专业园区开发企业分为区属企业、市属企业、院校企业以及其他股份制企业。

（刘昊鹏　刘伟杰）

【北京实创高科技发展有限责任公司】前身是1992年3月12日成立的北京实创高科技发展总公司，是以科技园区开发、建设、服务和管理为主业的大型国有企业，是上地信息产业基地的总发展商，控股参股公司25家。1999年被国务院批准为国家"520家重点企业"，是其中唯一以科技园区开发建设为主业的集团化公司。2010年12月28日，改制为北京实创高科技发展有限责任公司，注册资金71200万元。2010年公司开始承担永丰产业基地（新）的开发建设。本年，公司总资产119亿元，净资产14.75亿元；实现总收入15.96亿元，净利润2802万元，上缴税金1.18亿元。

（孙燕艳）

【永丰产业基地（新）】 永丰产业基地（新）位于海淀区西北旺镇，是一家集企业孵化、科技研发、产业促进、生活配套设施服务于一体的综合性科技园区。规划总用地面积约501.85公顷，拟规划总建筑面积372.13万平方米。2010年8月由实创高科技发展有限责任公司启动建设。2011年5月23日，市国土局正式批复永丰基地新园一级开发项目组团授权，实创公司正式成为永丰基地新园土地一级开发的主体。基地总体定位：具有世界一流水准，引领我国导航与位置服务和新材料发展方向，集企业孵化、研发、产业促进、产业发展、生活配套服务于一体的综合性科技园区。产业定位：打造集研发、中试、孵化、技术服务、技术交易、总部、展示、高端生产于一体的国际一流导航与位置服务和新材料产业中心，重点推进航海导航产业、北斗二代导航系统、位置服务、地理信息系统、新材料等五大产业集群以及其他相关产业的发展。

本年，完成基地的城市设计和生态规划编制工作，完成轨道交通永丰南站一体化设计工作，完成4-1街区能源规划和市政规划，完成永丰产业基地（新）的产业规划和空间布局研究工作。4-1街区取得环保意见函；10个地块取得"工程场地地震安全性评价"、"地质灾害危险性评估"等前期手续；G、H地块取得"规划意见书"、"土地预审函"、"交通影响评价审查意见函"及权属调查和勘测定界测绘，完成供地进展手册的编制和地块的立项手续，初步完成指标调增和控规编制工作；C地块完成所有前期手续，取得立项批复；G、H地块完成道路规划和项目综合、道路方案设计及市政管线设计工作；永丰北环路、辛店东路于12月24日开工建设。宅基地腾退工作基本完成，拆迁大牛坊、东玉河、皇后店、小牛坊、六里屯等五个村庄宅基地3956户、腾退人口10556人，拆除宅基地面积104万平方米。完成G、H地块及永丰北环路、辛店东路的企业腾退工作。中国气象局、北京城市学院两个项目已落地，与中国地质科学院签订意向协议。规划可出让建设用地285公顷，建筑面积420万平方米，其中教育科研占地134万平方米，多功能占地155万平方米，商业占地15万平方米，住宅占地45万平方米，住宅混合公建33万平方米，其他设施占地40万平方米，形成以中关村壹号为核心，三大产业和居住配套设施协调发展的空间格局。

（孙燕艳）

【北京海淀科技园建设股份有限公司】 成立于2000年6月18日，是专业从事中关村西区综合开发和海淀北部生态科技新区建设的国有控股企业，主要经营一级土地整理、房地产开发、工程建设管理和城市基础设施建设等。公司控股公司有北京德成置地房地产开发有限公司、北京德成兴业房地产开发有限公司、北京盛世翌豪房地产经纪有限公司。本年，公司主要承担西北旺新村（百旺新城）综合开发、软件园拆迁、清华附中永丰分校等政府重点项目的建设任务；承担百旺杏林湾商品房的开发建设。百旺杏林湾实现开复工面积7.31万平方米，其中新开工面积5.17万平方米；清华附中永丰分校完成投资9940万元，通过"北京市结构长城金杯"、"北京市文明工地"等验收；完成软件园7户居民的拆迁工作，完成拆迁面积611平方米。公司全年实现开复工面积15.1万平方米，新开工5.17万平方米，竣工1.63万平方米，实现房屋销售面积2.5万平方米，实现各种回款5.88亿元，完成投资2.35亿元，实现利润4502万元。

（程建华）

【北京实创科技园开发建设股份有限公司】 2010年2月26日，由中关村永丰产业基地、环保园、创新园整合重组而成，主要负责中关村翠湖科技园、中关村永丰产业基地（新）等北部产业园区的开发建设。

本年，公司实现总收入7.73亿元，净利润7936万元；完成投资34.77亿元；现金流入83.33亿元，其中经营性现金流入41.65亿元。翠湖科技园、永丰产业基地两个园区共承担67个开发建设项目、总投资162亿元。实创股份作为投资主体完成固定资产投资39.2亿元。重点二级项目中关村壹号、科技企业加速器、人才公租房、国际学校等全年完成投资8.36亿元。

公司所属园区签约入驻企业408家，从业人员约5.3万人。入驻企业实现总产值约475亿元，实现税收总额约31.6亿元。新上市企业3家。所属园区平均产出强度2.77亿元/万平方米，其中购地企业产出强度为2.69亿元/万平方米，加速器企业产出强度为3.11亿元/万平方米。开复竣工面积192.54万平方米，其中，新开工项目面积48.71万平方米、复工项目面积143.83万平方米、竣工项目面积16.44万平方米。新签约重点企业15家，占地面积20公顷，购（租）房面积3万平方米。

全年通过购地、购楼及租赁等方式共有60余家企业进驻产业园区。基本形成以电子信息、新材料、能源环保、网络通讯、科技金融五大产业板块为支撑的高新技术产业格局。五大产业板块重点企业共计66家，从业人员3.9万人，企业总产值413亿元，实现税收28.6亿元。永丰产业基地获得"中关村北斗和空间信息服务产业基地"授牌，成为海淀区重点发展的五个专精特新园区之一。

截至年底，园区总收入上亿元的企

业共有48家，实现总收入为463亿元，实现税收29.6亿元，从业人员39060人。超十亿元的企业10家（华为、安泰科技、用友软件、铁科院、联强国际、大唐电信、航天时代电子、航材院、航天恒星、中国船舶工业集团）。实创股份公司所属园区入驻企业中入选“十百千”工程的企业共10家，入选“瞪羚计划”的企业共30家，入选2011年核心区重点创新型企业的共19家。园区上市企业19家，实现总产值183亿元，从业人员16631人。所属园区入驻企业累计获得已授权专利数2861件，比2011年增长70%。累计获得软件著作权数557件，同比增长68.8%。累计获得国家发明奖数55个、国家科技进步奖259个、全国科技大会奖90个、国家重大成果奖9个、省部级以上重大科技成果奖1393个、国家认定企业技术中心14个。已建成科技企业加速器约34.29万平方米。

（王治华）

【中关村软件园】 北京中关村软件园发展有限责任公司设立于2000年，注册资本金5亿元。中关村软件园位于海淀东北旺，已建成的一期面积1.39平方千米，正在建设的软件园二期占地面积1.21平方千米。软件园已成为北京软件与信息服务产业核心区，成为北京市乃至全国展示中国科技产业发展的重要窗口。本年，被科技部火炬中心、北京市科委、中关村管委会等授予“4G工程”创新应用产业基地、国家创新型产业集群、中关村移动互联网产业基地、北京市战略性新兴产业科技成果转化基地。入选首批国家级工程实践教育中心建设单位。

截至年底，新入驻企业62家，入驻企业达281家，其中上市企业（含分支机构）23家，收入过亿元的企业31家，瞪羚企业35家，十百千工程企业26家，5家企业拥有博士后工作站，总部在园中国软件百强企业4家，国内服务外包企业前五强3家；园区总产值1096亿元，企业总利润135亿元；入选“千人计划”、“海聚工程”、“高聚工程”和“科技北京”领军人才等共计48人；2012年园区企业拥有知识产权数量7428项，新增知识产权数量2716项，园区共获得国家级科技进步奖35项，其中国家科技进步特等奖1项，一等奖5项；科技成果转化187项。创制TD-SCDMA和McWill两项国际标准。

（刘昊鹏　刘伟杰　张蕾）

【中关村科学城】 位于中关村科技园区核心区，总面积约75平方千米。区域内有27所国家重点高等院校、30多家研究所、25家国家工程技术研究中心、20余家国家工程研究中心和62家国家级重点实验室，承担13项国家科技重大专项的核心任务。汇集高科技企业8000余家，科技创新服务中介机构1000余家。中关村科学城的总体定位是打造具有全球影响力的科技创新中心新地标。

本年，中关村科学城建设涉及海淀园的新建及改造工程74项，总规划面积约730万平方米（全市910万平方米），总投资约600亿元（全市740亿元）。其中已投入使用项目8项，建筑面积约24.4万平方米；已施工待验收项目3项，建筑面积约14.1万平方米；已开工建设项目9项，规划面积约205.8万平方米，投资约178.5亿元。

（刘昊鹏　刘伟杰）

【举办移动互联实训班】 4月24日，中关村软件园人才服务平台举办的中关村软件园2012年第一期移动互联实训班开班。第一期实训班的学员来自于天津理工大学、华北电力大学、陕西理工大学、西北大学、北京人文大学等高校，在中关村软件园实训基地接受为期4个月的培训，学习JavaEE、Android等专业技术。全年共举办6期，1200人参加。

（张蕾）

【举行科技金融服务超市项目对接会】 4月26日，由市发展改革委、市经济信息化委、市金融局、中关村管委会共同主办，北京中关村软件园发展有限责任公司承办的“创业中关村系列活动——中关村软件园科技金融服务超市项目对接会”在国际软件大厦举行。这是中关村软件园科技金融服务超市首次举行线下金融机构和融资企业项目对接活动。30余家金融机构代表和22家融资企业代表参加。北京博思廷科技有限公司等融资企业对其项目和产品进行推介，并对拟融资额度的设定进行解析。经过“超市大赢家”企业评选，金融企业北京欧泰克石油技术有限责任公司关注率居第一、北京博实联创科技有限公司第二、北京时代亮点科技发展有限公司和北京国都兴业科技发展有限公司并列第三。

（张蕾）

【5家大学科技园被评为A类】 4月，科技部发布2011年度国家大学科技园评选结果，共评选出A类（优秀）国家级大学科技园17家，B类（良好）47家，C类（合格）19家。北京航空航天大学科技园、清华大学科技园、中国矿业大学科技园、北京理工大学科技园和中国人民大学科技园等5家大学科技园获得“A类国家级大学科技园”称号，占A类大学科技园总数的29%。

（刘昊鹏　刘伟杰）

【警务室入驻软件园】 5月11日，上地派出所科技园社区警务工作室成立揭牌仪式在中关村软件园举行。这是北京市首个在科技园设立的警务室。职责是指导园区内企业，协调物业、街道等部门进行安防建设，组织园区内保安队伍。在园区开设户籍政策咨询与办理、出入境政策法规咨询和证照办理、经济案件咨询与受理等3条绿色通道。

（张蕾）

【科学城特色产业园建设合作项目签约大会召开】 5月30日，市政府在北京会议中心组织召开“中关村科学城特色产业园建设合作项目签约大会”，发布141项最新达成合作的跨国公司和行业领军企业入驻合作项目、校企共建研发机构项目、共建产业公共服务平台项目和产业化合作项目。会上集中签约51个项目，其中42个项目落户海淀区，占82.35%。

（刘昊鹏　刘伟杰）

【承办第十六届软博会软件人才培养与发展论坛】　6月2日，中国软件行业协会教育与培训委员会与中关村软件园等承办的“2012第十六届中国国际软件博览会软件人才培养与发展论坛”在北京展览馆举行。工信部、中国国际人才交流基金会等单位领导及相关代表共200人出席。会议对“2012中国软件与信息服务业人才发展报告”进行解读，探讨产学合作和新一代信息技术趋势下的人才培养机遇与挑战，集中发布多个产学合作项目，其中中关村软件园人才服务平台成为中国软件行业大学生实习平台（企业服务平台）试点单位，中关村软件园人才基地培训中心成为中国软件行业访问工程师计划承担单位。

（张蕾）

【软件园上线技术产品发布平台】　7月12日，由北京中关村软件园孵化服务有限公司与中国软件网联合举办的“中关村软件园孵化器中小微企业技术产品发布平台启动暨首期产品发布会”在中关村软件园信息中心举行。平台包括网络营销、手册宣传、产品发布、媒体联盟、有形展示五大服务板块。推出首期78家企业的近100项技术产品，涉及基础软件、管理软件、行业专用软件、电子商务及互联网软件、云计算、移动互联网、其他产品和服务等七大行业领域。

（张蕾）

【中关村云计算产业基地启动】　8月16日，由市经信委、中关村管委会、海淀区政府、北京中关村发展集团股份有限公司主办的“点燃云产业之火　领航云计算未来——北京中关村云计算产业基地启动仪式”在中关村软件园举行。工信部、市经信委、中关村管委会等相关领导以及入驻企业和合作伙伴代表500余人出席。中关村云计算产业基地由中关村软件园和云基地共同打造，面积1.1万平方米，汇聚云计算企业和云计算产品、技术、服务，并作为北京“祥云工程”成果展示基地。同时举行“中国云基地”项目启动新闻发布会。天津鼎韬外包服务有限公司与北京云华时代智能科技有限公司共同签署“中国云基地”项目战略合作协议。基地在未来3年，投资100亿元，在10个城市建设云基地；同地方政府合作，以“云枢纽”、“云城市”、“云产业”、“云企业”、“云环境”五大核心打造云基地。

（张蕾）

【中以国际技术创新合作转移中心揭幕】　9月13日，由中国商务部和以色列贸工部主办，北京中关村软件园发展有限责任公司和以色列驻华使馆承办的“中国——以色列创新日”活动在中关村软件广场举行，“中以国际技术创新合作转移中心”揭幕仪式同时举行。中心由中关村软件园公司与以色列施拉特科技有限公司共同建设，建设和运营将立足于中关村软件园，采用市场化运作手段，以国际技术的引进、消化、吸收和再创新为核心，拟在两年内引进约10家来自以色列及欧美的高科技企业。在模式上，引进以色列先进成熟的高科技产业孵化模式，探索技术产业化、服务组织化、融资多样化和运作市场化为一体的新模式；在产业方向上，聚焦于以软件和互联网领域为主的战略性新兴产业。来自中以软件信息和新能源领域的120余位企业代表参加中以企业对接活动。

（张蕾）

【软件园芬兰创新与技术转移合作中心揭牌】　11月13日，“中关村驻芬兰联络处、中关村发展集团赫尔辛基创新合作中心和中关村软件园芬兰创新与技术转移合作中心揭牌仪式”在芬兰赫尔辛基举行。中关村软件园芬兰创新与技术转移合作中心设在芬兰艾斯堡的Technopolis园区，主要职能是协助中关村管委会提升中关村国家自主创新示范区作为全球有影响力的科技创新中心地位，打造世界领先的研发服务和高技术产业集聚区；配合中关村发展集团促进国际科技成果转化和产业化，加速北京的产业结构调整和转型升级，为重大国际化项目落地北京提供服务；引进芬兰高科技企业落户北京，促进中芬两国科技和商业交流；助力中国企业开拓国际市场，引导其在芬兰及北欧其他地区投资。

（张蕾）

【东升科技园揭牌暨二期工程奠基】　11月19日，中关村东升科技园举行揭牌暨二期工程奠基仪式。中关村东升科技园位于中关村国家自主创新示范区核心区内，东至林萃路，南至清河滨河北路，西至悦秀路，北至北新建材城。二期总规划面积69.96公顷，建设研发办公区、综合商务区、企业总部及孵化中心、国际会展中心、景观生态轴等。

（刘昊鹏　刘伟杰）

【国防科技园开工建设】　11月26日，中关村国防科技园开工仪式在北京理工大学举行。国防科技园总投资达12亿元，总用地面积6.24万平方米，总建筑面积23.8万平方米。中关村国防科技园是中关村科学城重点建设项目，主要作为北京理工大学及国防科技企业的技术研发基地使用。

（刘昊鹏　刘伟杰）

【中关村大数据产业[①]联盟成立】　12月13日，中国宽带产业基金（宽带资

① 大数据产业：是指建立在对互联网、物联网等渠道广泛大量数据资源收集基础上的数据存储、价值提炼、智能处理和分发的信息服务业。

本）、北京云基地、百度在线网络技术（北京）有限公司等 13 家单位共同发起成立中关村大数据产业联盟，聚合中国厂商、用户、投资机构、院校与研究机构、政府部门的力量，推进实现数据开发共享，推动培植世界领先的大数据技术、产品、产业和市场。同时发布云天使基金、中云融汇基金、大数据实验室孵化基金等 3 支产业投资基金，面向大数据、云计算、移动互联网等领域早中期创业企业。

（张蕾）

产业与企业发展

【概况】 海淀园各专业园区企业所涉产业主要集中在电子信息、计算机软件、集成电路及电子元器件、计算机设备、通信、生物工程与新医药、新材料、新能源、节能环保、先进制造技术等十大领域。本年，海淀园加快产业结构调整和产业升级，支持重大产业项目的整合和企业共同体的聚集，为核心区企业发展创造良好的投资环境。

2012 年，海淀区规模以上工业企业所涉几大产业中，汽车与交通设备产业高速增长，生物医药产业和电子信息产业的工业总产值维持较高增长，都市产业增速保持平稳，装备产业增速降幅略有扩大，基础与新材料产业增速降幅明显缩小。

2012 年海淀园主要行业经济指标

行业 \ 项目	占海淀区全部工业比重	实现工业总产值（亿元）	同比增长	实现出口（亿元）	同比增长
电子信息产业	41.1%	607.96	19.4%	33.55	–5.6%
装备产业	30.3%	449.19	–19.0%	24.43	–15.8%
基础与新材料行业	11.7%	173.4	–9.6%	3.12	0.6%
汽车与交通设备业	—	131.33	92.2%	—	—
都市产业	—	91.32	11.4%	—	—
医药产业	—	30.52	38.2%	—	—

（刘昊鹏　刘伟杰）

【中关村国家自主创新示范区展示交易中心】 2010 年 7 月成立，为海淀区政府直属相当正处级全额拨款事业单位，归口中关村科技园区海淀园管理委员会管理。2010 年 12 月，中关村国家自主创新示范区展示交易中心（以下简称展示中心）开建，2011 年 8 月投入使用。

2012 年，展示中心接待中共中央政治局常委、国务院总理温家宝等中央和国家领导，国家机关、军队系统、省市领导以及港、澳、台地区政府领导，科研院所专家、地区组织、院校、企业、媒体，外国使节、政要、国外企业、组织、院校等近 600 批次 30000 人次。接待各类会议近 30 场 6000 人次。

（张晗）

【北京中关村国际孵化软件协会】 成立于 2004 年 5 月 24 日，是在海淀区民政局注册的社团法人单位，有会员企业 400 余家。本年，协会被评为 4A 中国社会组织。缔结《可信中关村公约》企业达 514 家，可信企业家 82 名，可信员工 470 名。开展 5 场企业家访谈，参加学生近 200 名；确定 32 家企业为指导实践企业，指导实践学生 522 名。组织中关村软件企业与驻区高校联合进行校园招聘，参与企业 98 家，学生近 3000 名。

（张晓静）

【优酷和土豆战略合并】 3 月 12 日，园区企业优酷网与土豆网签订最终协议，双方以 100%换股的方式合并重组为优酷土豆股份有限公司，优酷网继续在纽约证券交易所上市，而土豆网则在合并生效后退市。8 月 20 日，新公司正式成立。进一步提升优酷土豆网的行业领先地位，对视频企业持续在海淀聚集，推进园区文化创意产业与 IT 产业融合式发展具有重大意义。

（刘昊鹏　刘伟杰）

【“集成电路设计产业技术创新战略联盟”成立】 4 月 28 日，由北京集成电路设计园、清华大学、北京华大九天软件有限公司、中科院微电子所等 29 家机构组成的“集成电路设计产业技术创新战略联盟”获科技部批复成立，进入试点期。联盟是以8家国家集成电路产业化基地为主体、以科研院所和高校为依托形成的技术创新合作组织。将围绕国家重大发展专项，推动以企业为主体、市场为导向、产学研用相结合的技术创新体系建设，促进科技资源的优化配置和联盟内成员间的相互合作。

（刘昊鹏　刘伟杰）

【世界首枚嵌入式CPU桥片诞生】 9月，中关村核心区高科技企业中星微电子集团公司自主研发出世界首枚嵌入式CPU桥片——“星光青桥一号”。“星光青桥一号”与传统CPU桥片相比，实现CPU信号处理的功能延伸，提高系统集成度、降低CPU功耗，能够用于多媒体视频的采集、处理及传输。该芯片还集成“星光中国芯工程”独有的视频信号预处理和音频信号预处理算法，实现多路阵列算法处理能力。星光青桥一号已完成相关国际标准认证。

（刘昊鹏　刘伟杰）

【促进产业升级】 本年，制定并实施海淀区促工业增长专项资金奖励方案，给联想、小米等95家高新技术创新企业发放2550万元增长奖励资金。中关村软件园云计算公共服务平台、超深亚微米ESL软硬件协同设计实现平台两个国家重点公共服务平台获批，共获国家专项支持资金1330万元。联合区发改委等部门对园区落后产能存量情况进行全面排查，在“十二五”时期国家明确淘汰落后产能的重点行业中，未发现国家明令淘汰的落后产能及落后工艺。

（刘昊鹏　刘伟杰）

【加快重点项目落地进程】 本年，加强区属职能部门与重大产业项目的协同服务，与产业空间开发主体的统筹协调，协同推进重大项目落地过程中的地块选择、资金需求、配套设施建设、税源迁入等工作，加快重大项目落地进程。建议将全区重点引进的总部型企业用地推进情况纳入各指挥平台专项督办事项，定期、定计划完成各项目推进工作。与智慧海淀结合，推进重点引进项目管理系统应用和升级，强化对项目落地、企业服务等投资促进工作的全程监控。建立以楼宇招商投资促进为导向的招商机制。协调推进玲珑巷、东升科技园二期等重大项目落地建设，整合和盘活一批以商务楼宇等为重点的空间资源。新洽谈引入企业150余家，其中南车财务公司、中国电子科技集团财务公司、京东云计算公司、京东快递公司等35家企业已实现落户，近30个新洽谈项目取得阶段性进展，形成落地一批、储备一批的发展格局。北部生态科技新区与数十家企业达成供地意向；翠湖科技园“云中心”与工信部研究院、工信部软促中心签订正式购房协议；华为、网易、腾讯等重点企业的新兴战略项目落地开工；移动互联、北斗导航产业基地挂牌。南部产业带玲珑巷、营慧寺、学院路检测厂、清河钢材厂整理与改造等相关项目落地工作取得重大进展。中关村科学城由10所高校组建的产业研究院投入运营；北京青科创通信息技术有限公司、北京方正易通科技有限公司、北京方正艾普信息系统有限公司、中海油中铁油品销售有限公司等落户。

（刘昊鹏　刘伟杰）

【核心区发展环境宣传】 本年，围绕“建设具有全球影响力的科技创新中心”的目标，以国内、国际大型信息传播平台为载体，加强宣传力度，创新宣传内容。以党的十八大，全国、市、区“两会”，京港洽谈会，达沃斯论坛，中关村创新论坛等重要会议和论坛为契机，开展与各大媒体的合作报道工作；追踪报道园区产业、企业、产品、技术领域的最新发展动态，并形成长效机制；推进园区档案数字化工作，完成93小时历史视频资料的数字化工作，构建完成视频档案存储及查询系统。加强在搜狐、腾讯、优酷等网站的宣传密度和力度，探索利用“微博”、“网络视频”等新兴互动方式增强网络宣传效果；在《中国日报》、《人民日报》、《科技日报》、《中国高新技术产业导报》、《北京日报》、新华网、人民网等各大媒体的重要版面，全方位宣传园区发展动态以及创新、创业、投资环境。全年开展专版宣传近30个，发表各类报道200余篇。与香港卫视、蓝色光标等具有国际化视野的专业机构对接，制定出海淀园的整体品牌发展战略，提升海淀园品牌宣传的层次和水平。开展面向企业的法制宣传工作。与区法院、司法局等10个区属委办局联合签署《海淀区司法助推中关村核心区建设工作备忘录》，为企业创新发展提供法律保障。

（刘昊鹏　刘伟杰）

【重点企业服务保障】 本年，确定484家企业为海淀区2012–2013年度重点服务企业。深化《海淀区重点企业服务和引进支持办法》规定的八项服务。解决64家企业138名高管子女入学问题；与公共委共同制定《2012年重点企业服务医疗计划》，组织健康知识讲座，发放宣传手册12万册；为71家重点企业8000余人次提供体育健身服务；累计为近百家重点企业办理公租房申请；为企业工商登记、企业家晋升高级职称等提供个性化服务近千项。搭建政府与企业沟通交流平台。举行人才、资金、政策等讲解会，使重点企业的需求得到及时满足。

（刘昊鹏　刘伟杰）

【构建“6+1”特色产业集群】 本年，核心区围绕国家战略新兴产业发展战略，确定重点支持北斗与空间信息服务、移动互联网与下一代互联网、云计算、集成电路设计、生物医药、新能源与节能环保以及文化创意等7大细分产业领域，打造“6+1”专精特新产业集群。

（刘昊鹏　刘伟杰）

经济信息化建设

【概况】 2012年2月29日，北京市海淀区经济和信息化办公室（简称区经信办）成立，设在海淀园管委会（区科委），对内为企业发展促进处（简称企发处）。原海淀区人民政府办公室负责区属机关、事业单位的信息化工作和负责区政府机关重大信息化建设工程项目中涉及安全方面内容的审核，并承担相应管理责任的职责划入海淀园管委会（区科委）。

本年，企发处（区经信办）推进由市经信委、区政府统一部署的工业促增长计划，加快产业升级。通过搭建信息平台，拓展信息服务渠道，加快信息化发展进程，推进信息化技术应用，建设智慧海淀。推进示范区中小企业信用体系建设，完善信用数据平台。

（刘昊鹏　刘伟杰）

【智慧海淀顶层设计专家研讨会召开】 1月11日，区经信办召开智慧海淀顶层设计专家研讨会。邀请市经信委、市应急办、市信息资源管理中心、首博信息中心、北京工业大学等单位专家参会。会议听取牵头单位对智慧海淀顶层设计体系框架、技术实现方案、标准规范等工作汇报，围绕智慧海淀的“智慧点”研究、业务流程深化、智慧海淀特色等方面进行讨论。会后，区经信办吸取专家意见，加快智慧海淀的顶层设计方案进度。

（刘昊鹏　刘伟杰）

【开展信息安全大检查】 8月8日，为确保十八大期间全区政务网络与重要信息系统的安全稳定运行，区经信办组织开展全区网络与信息系统安全检查工作，全面摸清各单位信息系统安全等级、信息安全应急保障等情况，排查安全隐患和薄弱环节，分析评估面临的安全威胁和风险，有针对性地采取防范和改进措施，加强网络与信息系统安全管理。

（刘昊鹏　刘伟杰）

【中国足协信息化建设项目签约】 8月28日，中国足球协会与软件园企业北京凯英信业科技股份有限公司签约中国足协信息化建设项目。项目通过凯英信业公司提供的云技术搭建中国足球IT平台，逐步构建中国足球行业信息环境，涉及行业管理、行业服务、产业服务三大功能，覆盖足球各相关群体，足球工作的五大领域（注册、竞赛、培训、办公、国际交流）以官网和商网两种形式与社会链接，形成综合信息环境，实现新型管理模式。

（张蕾）

【智慧海淀建设】 本年，全面构建智慧海淀信息产业平台，探索智慧海淀运维模式，实现“数字海淀”向“智慧海淀”的全面跃升。成立智慧海淀建设领导小组，确定智慧社区、智慧医疗、智慧旅游、网格化社会管理和社会服务等25项智慧海淀重点工程，完善项目申报审核流程、项目资金管理办法以及项目评价机制；引入第三方机构，协助做好智慧海淀项目管理工作；协助区卫生局完成智慧医疗卫生顶层设计工作。区经信办围绕电子政务基础设施建设、智慧城区、智慧家园、信息化规划、智慧海淀顶层设计及项目管理等5个方面开展电子政务绩效评估工作。海淀区连续6年被市经信委评为电子政务建设突出贡献单位。完成2012年度科技创安系统规划方案编制工作，加快向数字化和高清化转变。委托第三方咨询设计公司，逐步将现有部分模拟系统、部分标清系统转变为数字化高清系统，为实现智慧城市管理打好基础。

（刘昊鹏　刘伟杰）

【信息平台建设】 本年，优化信息平台运作模式，健全信息发布机制，提升综合管理能力。海淀区卫生服务与管理平台上线运行，为43家社区卫生服务中心和22家社区卫生服务站提供信息服务。完成网格化社会管理和社会服务综合管理平台开发工作并上线运行，区公安分局完成423万条实有人口基础数据的导入，并对87万条计生数据与实有人口数据进行比对分析，实现实有人口数据查询、楼盘数据查询等权限控制功能；完成675份网格（社区）地图制作工作；完成对全区各街镇的用户系统应用培训工作。完成创业创新服务体系信息平台、专项资金项目全生命周期管理平台建设工作，实现73家服务机构的在线数据报送和报表统计工作，为22类服务机构开辟网上展示窗口；企业在全生命周期管理平台申报专项资金项目达3200个。启动企业信息化云服务平台建设。扩大光纤到户规模，完成在政府服务大厅、中关村西区、重要旅游景点等的WLAN覆盖工作；更新政务网络设备，优化整体网络运营环境，提升政务网络稳定性和安全性，增强网络承载力。

（刘昊鹏　刘伟杰）

【信用体系建设】 本年，完成对1000余家企业的信用评级数据入库工作；平台与区法人库、企业发展专项资金申报管理平台初步实现数据对接。面向区内高新技术企业开展平台推广和信用产品应用等工作。区经信办与中国人民银行营业管理部签署《海淀区中小企业信用体系试验区征信服务合作协议》，中国人民银行营业管理部在海淀园企业服务大厅开设征信服务窗口，为加入海淀区企业信用信息服务平台的中小企业办理征信业务。

（刘昊鹏　刘伟杰）

【信息化基础设施建设】 本年，区经信办协调联通公司完成全区 98%以上的管道线路覆盖和所有区域的通信接入工作，完成 50 万户固定通信服务的光缆入户工程，完成 60 万户的宽带提速工程，完成 750 个 3G 制式 WCDMA 的建设，完成 800 多座楼宇的室内分布建设，完成 600 多座楼宇的 WLAN 建设，完成 50%以上校园的 WLAN 覆盖。协调移动公司完成“市民主页”海淀专区建设，完成 MyBeiJing 公益热点建设，完成海淀区 WLAN 建设，完成光纤宽带小区建设（宽带小区累计签约端口达 6.5 万个，覆盖小区 101 个，覆盖住宅 13.5 万套），完成 TD-LTE 展示网络建设。在建项目有海淀区属医院无线医疗试点、卫生监督移动执法互动平台系统、物联网项目、海淀区城管网格项目等。协助电信公司完成 110 家企业用户 100M 带宽的接入工作。

（刘昊鹏　刘伟杰）

【完成区政府决策支持与服务平台建设】 本年，区经信办完成海淀区政府决策支持与服务平台的建设。对海淀区原有的数据交换和共享系统进行全面升级和改造；完成海淀区单点登录系统建设，建成海淀区政府统一身份管理平台。海淀区决策服务平台主要为智慧海淀建设提供基础数据服务，对数据采集、统计等均实行标准化管理；统一身份管理平台是智慧海淀六大智能支撑平台之一，通过统一身份的规范管理，实现“一个账号，全区通行”。数据中心已采集 17 个委办局的基础数据和业务流程数据，包括 312 个指标项、4000 余个数据项，包含从 2006 年至 2011 年底累计近 1300 万条业务数据；采集、整理全区工作人员身份数据 23000 余条。

（刘昊鹏　刘伟杰）

国际交流与合作

【概况】 本年，探索和推进核心区企业国际化发展和品牌建设，完成《中关村科技园区海淀园国际化战略研究》课题和《架起科技园企业国际化桥梁》调研报告。

制订实施促进企业国际化发展政策，支持企业开展国际合作研发项目及境外拓展项目。共收到申报国际化项目 53 项，有效项目 52 项。共支持 31 个项目，其中导航与位置服务 1 项，生物工程与医药 4 项，新能源、新材料、节能环保 2 项，移动与下一代互联网 11 项，云计算 1 项，集成电路设计 1 项，科技服务业 2 项，文化创意产业 2 项，其他产业领域 7 项，金额总计 2160.49 万元，国际合作涉及 11 个国家和地区。本年办理因公出国 5 批 19 人次，因公赴港澳台 6 批 11 人次，邀请外商 38 批 67 人次。接待来自美国、保加利亚、西班牙、韩国、英国等国外宾来访 444 人。为企业办理 APEC 商务旅行卡 8 批 74 人次。

（刘昊鹏　刘伟杰）

【国际技术转移中心落户】 3 月 26 日，在“2012 北京跨国技术转移大会”上，市科委与海淀区正式签署《共建国际技术转移中心合作协议》，国家技术转移中心正式落户鼎好大厦。中心一期建筑面积 8000 平方米，计划在 2 至 3 年内扩建至 2 万平方米，致力于服务战略性新兴产业的跨国技术转移对接。英国加利恒德公司、西班牙工程数值方法国际研究中心等 10 余家知名国际技术转移机构首批入驻中心。

（刘昊鹏　刘伟杰）

【出席 IASP 第 29 届年会】 6 月，国际科技园区协会（IASP）在爱沙尼亚塔林举办第 29 届年会。海淀园管委会作为世界科技园区协会的资深会员组团参会。海淀园管委会提供的“iBridge Wins the Cooperation Opportunities Worldwide”交流材料，得到与会专家的高度认可与称赞。世界科技园区协会总干事路易斯·桑对海淀园的长期努力以及在探索中所取得的成绩给予积极评价和祝贺。

（刘昊鹏　刘伟杰）

【参加 2012 年夏季达沃斯年会】 9 月 11 日~13 日，2012 世界经济论坛新领军者年会（简称“夏季达沃斯”）在天津召开，区委书记隋振江率队参加年会。海淀代表团是北京市唯一受邀参加年会的政府代表团。此次论坛以“塑造未来经济”为主题，来自 86 个国家逾 2000 名嘉宾参加讨论，其中包括 7 名外国元首、33 名副部级以上外国政要、42 名国际工商理事会成员和众多的大型跨国企业高管、全球成长型公司高管、技术先锋、全球杰出青年、青年科学家等。

（刘昊鹏　刘伟杰）

【FFTI 代表团访问海淀园】 9 月 25 日，芬兰技术产业联合会（FFTI）创新网络负责人等一行 5 人访问海淀园。双方就 FFTI 在园区设立分支机构、开展技术合作交流进行友好协商。FFTI 是芬兰最大的产业协会，有会员 1500 多人，所涉及的产业领域包括金属、机械工程、咨询工程、电子电力技术和信息技术等。

（刘昊鹏　刘伟杰）

【举办首批国际化人才实训班】 11 月 7 日，海淀园首批国际化人才实训班启动。实训班学员由来自园区“十百千企业”、“瞪羚企业”以及上市公司的30多名高端人才组成。实训班采取“3+3”授课模式，即3个月授课和3个月案例分析相结合的模式，所授课程包括政策法规篇、国际思维篇、实践操作篇和渠道工具篇等内容。

（刘昊鹏　刘伟杰）

【国际合作链接工程】 本年，围绕国际合作链接工程，加强与全球创新资源的对接，拓展国际合作渠道。支持企业参与具有国际影响力的论坛、展览等活动；探索建立与美国硅谷、以色列等全球创新中心的交流方式和合作渠道；负责北京科博会、京交会、中关村论坛、达沃斯论坛、世界科技园区协会年会的组织工作；充分利用ibridge平台，加强与世界科技园区、葡萄牙合作伙伴、美国电子电气工程师学会、美国LUX战略性新兴产业智库、国际技术转移中心、中国技术交易所、中国科学技术交流中心的交流与合作；加强与国际技术转移中心对接，加速形成国际技术转移集聚区。

（刘昊鹏　刘伟杰）

园区投融资

【概况】 围绕中关村核心区金融创新改革总体部署，按照《中关村国家自主创新示范区发展规划纲要（2011—2020年）》和《北京市海淀区“十二五”金融业发展规划》的要求，推进区域金融发展。2012年8月6日，国家九部委与北京市政府联合发布《关于中关村国家自主创新示范区建设科技金融创新中心的意见》，提出：到2020年，将中关村国家自主创新示范区建成具有全球影响力的国家科技金融创新中心。

（刘昊鹏　刘伟杰）

【中国投资峰会在海淀召开】 5月16日，由中国国际投资促进会、纽约证券分析师协会和特许金融分析师协会中国分会联合主办的2012年度中国投资峰会（北京分会）在海淀区召开。来自政府、相关机构和企业代表共计200余人参加峰会。会议提出，未来海淀区将利用先行先试的国家政策，综合运用信贷、保险、信托、风险管理等多种金融工具，构建政府资金、天使投资、风险投资等多层次的资本市场，通过多种科技金融创新手段，为地区近2万家科技企业创造良好的融资环境。

（刘昊鹏　刘伟杰）

【参加第四届投资北京洽谈会】 6月28日，第四届投资北京洽谈会暨2012北京企业家城市可持续发展论坛在北京开幕。区投资促进局分别与赛尔网络有限公司、中科软科技股份有限公司签订投资合作意向书，签约总额达55亿元。“北京投资咨询日”于当日举行，咨询日新增“文化创意产业专场咨询”板块。海淀区通过展板展示、发放宣传资料、现场咨询等形式宣传海淀区整体投资环境及优惠政策，咨询企业达60余家。

（刘昊鹏　刘伟杰）

【“航天科工军民融合创业投资基金”入驻海淀】 7月2日，航天科工军民融合创业投资基金确定入驻海淀，并与区政府合作发起设立基金公司，资产规模达10亿元，首期募集资金5亿元，由航天科工集团、政府资金、社会资本共同出资，主投方向为航天科工、电子信息、高端装备制造等战略新兴产业，同时支持北京市科技型中心企业开展技术创新、产品改进、新产品研发等。

（刘昊鹏　刘伟杰）

【新浪网“投资海淀”专题正式上线】 10月26日，新浪网“投资海淀”专题正式上线。专题在新浪首页、财经首页设两个主入口，主要包括区投资促进局简介、“1+10”政策体系、要闻聚焦、最新动态、海淀区重点项目等九个版块。请海淀区知名企业家以“投资海淀“为主题录制创业之路视频，吸引更多的投资者了解海淀、投资海淀。

（刘昊鹏　刘伟杰）

【引进投资主体】 本年，促进股权投资机构特别是总部金融机构聚集。截至年底，核心区各类金融机构共计2026家（其中法人金融机构781家），比上年增加180家。核心区股权投资机构新增131家，累计566家。核心区股权投资机构管理的基金新增83亿元，占全市新增额的29%，累计规模达2013亿元，年均增长37%，占全市的18%。启动中央财经大学科技金融产业园建设项目。引进各类金融机构，通过多种途径为企业搭建融资平台。联合中华创投家协会组织企业融资沙龙，征集20余个融资项目，5家企业进行项目路演；邀请民生银行、中国银行、北京银行、北京中小企业再担保公司等金融机构为小微企业介绍信贷产品；与交通银行北京分行就中小企业贷款建立长期合作。

（刘昊鹏　刘伟杰）

【创新融资模式】 本年，建立立体式企业融资服务模式，形成以政府资助为引导、以股权投资为主体、以债权融资为支撑的多元化的投融资服务体系。通过加强拟上市公司与证券交易所的对接、组织开展上市培训交流会等形式，推动企业融资上市。全年新增A股上市企业11家，占全市同期新增的26.89%；首发募集资金52.95亿元，新增53家新三板挂牌公司。上市公司累计269家，现存上市、挂牌公司共计267家。

（刘昊鹏　刘伟杰）

【3 种创新型金融服务模式】 海淀区入驻的创新型金融机构包括科技型中小企业金融服务专营机构、小额贷款公司和外资银行营业网点等三种模式。科技型中小企业金融服务专营机构形成各具特色的科技支行经营模式，截至年底，入驻的 20 多家机构为 536 家企业提供贷款 38 亿元。小额贷款公司尝试知识产权抵押、股权质押贷款、保理业务贷款、信用贷款等融资模式，在短时间内解决中小企业流动资金短缺问题，截至年底，累计有 10 家小额贷款公司入驻海淀区。外资银行国家化和本土化并举，截至年底，有 12 家外资银行入驻，开设网点 15 家。

（刘昊鹏　刘伟杰）

中关村西区

【概况】 中关村西区于 2000 年 6 月 20 日启动建设，2006 年规划占地面积 51 公顷，2009 年调整为 95 公顷，公共建筑（写字楼）规模约 250 万平方米，已建成楼宇 59 座。共驻有单位 8000 余家，从业人员约 10 万人，有科技研发类企业、科技金融类企业、文化创意类企业、中介服务类企业、教育培训类企业和商业等六种产业形态。是以技术创新与科技成果转化和辐射为核心，以科技金融服务为重点，以高端人才服务、中介服务和政府公共服务为支撑的创新要素聚集功能区。

2010 年 1 月 8 日中关村西区协调管理委员会（以下简称管委会）正式挂牌。2010 年 1 月 20 日，成立中关村西区管理委员会办公室（简称西区办），是海淀区政府正处级派出机构，是代表区政府统一行使中关村西区的各项管理职能的政府工作部门，与海淀街道办事处合署办公。

本年，承担市、区重点工作任务 3 项。审批新入驻企业 1274 家，其中高技术服务业类企业 817 家，科技金融类企业 193 家，创新要素类企业 147 家。注册资金 1 亿元以上的企业 40 家。

（王洋）

【服务与管理新机制】 4 月 25 日，成立中关村西区业主商务联合会，并与中关村西区物业联席会、中关村西区创新要素投融资交流活动等形成中关村西区创新发展的新机制。基本完成中关村西区网上三维电子地图系统平台的建设。

（王洋）

【高端创新产业要素聚集效应显著】 本年，高端创新产业要素聚集效应显著。形成以中央单位及国内外知名企业为核心的科技型企业总部聚集区，中钢集团、中国普天集团等 5 家央企总部及微软亚太研发集团等 107 家科技型企业总部在西区聚集。形成以鼎好大厦为核心的创新产业聚集区，有创新工场的“早期投资、全方位孵化服务”模式，车库咖啡的“创业者开放服务平台”模式等代表性模式。吸引国际技术转移中心等 27 家国内外知名技术转移机构和普华永道等 117 家科技中介机构在西区聚集，形成技术交易服务、知识产权服务、科技金融服务、股权激励咨询服务、技术合同登记服务、商标交易服务等技术转移服务体系。形成以中关村 PE 大厦和中关村金融大厦为核心的科技金融要素聚集区，截至年底，中关村西区金融机构 300 家，较上年增加 71 家，同比增长 31.70%；增长最多的为股权投资机构，新增 61 家，同比增长 42.36%，总数达 205 家，其中中关村 PE 大厦聚集股权投资机构 163 家，占西区金融机构的 55.25%。以中关村国际数字设计中心、海龙大厦为核心，形成集研发、体验、展示、发布、服务融为一体的新技术新产品展示交易聚集区；以首都创新人才发展大厦为核心的高端人才公共服务区，聚集海外学人中心服务大厅、教育部留学服务中心、国家“千人计划”绿色通道办公室等多家高端人才服务机构。

（王洋）

【业态调整】 本年，会同海淀园、区商务委等部门，完成鼎好大厦、海龙大厦、中关村国际数字设计中心等大厦的业态调整与升级改造，腾退置换出 7 万多平方米的面积用于创新要素聚集。海龙集团投资 4000 多万元启动电子城卖场商场化改造升级并引进商场经营管理模式，具备新产品发布、展示、体验、服务、销售为一体的功能，成为以经营消费电子产品为主，特色商品为补充的综合性卖场。鼎好大厦清退 267 户销售类商户，腾退出 5 万平方米面积，引进国际技术转移中心、清华科技园等创新科研类企业，引进北京雨辰视美科高端显示技术展示体验中心，建成西区第一家高端品牌专营店。亿世界电子市场压缩写字楼销售类面积 1 万多平方米用于创新要素聚集，完成一层近 700 平方米品牌形象店改造，建立移动互联智能手机体验中心。海龙电子城完成整体调整升级，引进商场经营管理经验，确定电子卖场“卖场商场化”发展方向，成为生活体验消费类电子商城，引进“新型、时尚、品牌”的卖场元素，为消费者提供“全”“新”产品体验与“无忧”购物保障。

（李萍　高晓莉　丁旭）

【建立电子市场五大工作机制】　本年，建立管委会统筹协调、各部门联合执法查案机制，电子市场内外部环境的整治维护机制，业态调整推进机制，市场主办方主体责任机制，消费者参与机制等五项工作机制，加大对电子市场综合整治力度。

（王洋）

【外部环境改造】　投资482万元对北四环辅路、欧美汇南侧等区域的绿地进行提升改造；投资约247万元在中关村一号桥西南角修建景观水池，设立“中关村”立体字；区政府投资947.44万元对中关村广场喷泉进行全面改造；投资591万元对电子市场周边、北四环辅路等西区重点区域的人行步道进行提升改造；对海龙大厦东侧地铁广场及周边进行绿化，增设一个约580平方米的自行车停车场。协调公安部门加大对电子市场周边黑导购、违法销售发票、盗版光盘的打击力度。完成中关村一号路的开通工作，严格限制货运、物流等车辆进入西区，对西区内的机非护栏进行合理调整。

（王洋）

园区党建和精神文明建设

【概况】　中共北京市海淀区委海淀园工作委员会（简称海淀园工委）其前身是成立于1989年的中共海淀区委新技术产业开发试验区企业工作委员会，2010年4月22日，调整为中共北京市海淀区委海淀园工作委员会，为中共海淀区委派出机构，负责园区企业党建工作和机关党建工作，与海淀园管委会合署办公。2012年，新建企业党组织40家，工会组织95家，团组织28家，企业党工团组织分别达527家、1147家和160家。

2012年，海淀园工委深入学习贯彻党的十八大会议精神和市、区第十一次党代会和全国科技创新大会精神，以加强党的先进性建设和创新驱动发展为主线，以服务企业健康快速发展，推动经济内生式增长为着力点，推进党建工作，党的先进性建设和党员干部队伍建设得到加强。

（刘昊鹏　刘伟杰）

【开通党员学习e平台】　6月7日，海淀园工委举行学习型党组织建设推进会暨“党员学习e平台”开通仪式。“党员学习e平台”是海淀园利用互联网、移动通讯及现代信息技术，由北京易路联动技术有限公司提供技术支持开发的集党员学习园地、知识考场、风采展现、时政热点新闻为一体的综合性学习平台。平台实现PC端、手机端、PAD端三端合一，能同时容纳2万多名党员在线学习，在学习过程中设定签到、答题、出题、帮助他人等环节，激发学习兴趣，营造“学、比、赶、超”的良好氛围。

（刘昊鹏　刘伟杰）

【举办第三期新社会阶层人士理论研修班】　6月13日~16日，海淀园工委与海淀区社会主义学院合作举办第三期新社会阶层人士理论研修班。来自全区各个领域的新社会阶层人士代表45人参加。研修班围绕核心区建设进展、首都经济发展新战略、国际政治经济形势、北京精神和新社会阶层人士地位作用等进行授课辅导，邀请区发改委、区金融办及海淀园管委会相关业务处办的领导与学员进行面对面的座谈交流，参观北部新区和重点企业并现场研讨。

（刘昊鹏　刘伟杰）

【举办学习贯彻十八大会议精神千人辅导报告会】　11月16日，海淀园工委召开学习贯彻十八大会议精神辅导报告会。园区党组织书记、企业家、党员代表共1000多人参会。会上，中共中央党校经济学教授李省龙作《以科学发展观为统领　加快转变经济发展方式》的主题辅导报告。海淀园围绕十八大提出的2020年要全面建成小康社会，特别是要加快完善市场经济，加快转变经济发展方式这个中心，来统筹园区各项建设工作，搭建创新服务平台，着重推进系统创新，提升自主创新能力。

（刘昊鹏　刘伟杰）

【领导班子建设】　贯彻执行民主集中制原则，落实“三重一大”[①]工作制度，完善领导班子议事规则和决策机制。坚持做到重大决策由主任办公会和工委会议集体研究决定，共召开7次工委委员会，17次主任办公会；落实中心组学习制度，参加区中心组学习扩大会和自行组织学习讨论活动15次，开展学习十八大，学习市、区第十一次党代会和全国科技创新大会精神及专题讨论；围绕政风行风建设，召开领导干部民主生活会，开展批评和自我批评，自我剖析，查找不足，提出整改措施。

（刘昊鹏　刘伟杰）

【党风廉政建设】　开展反腐倡廉警示教育，分级明示党风廉政建设责任，与各部门正职、副职分别签订《党风廉政建设责任书》，全员签订《党风廉政建设承诺书》；对提拔任职、岗位调整和

---

① “三重”即重大问题决策、重要干部任免、重大项目投资决策。“一大”即大额资金使用。

交流调入的人员以及有群众反映的人员分层次进行任职谈话或诫勉谈话，扩大园区党风政风监督员中区人大代表、政协委员和党代表的比例，增聘党风政风监督员至24名，强化社会监督作用。

（刘昊鹏　刘伟杰）

【基层党组织建设】　本年，启动海淀园非公企业党组织如何发挥两个作用研究课题。全年新建企业党组织40家，工会组织95家，团组织28家。建立26家商务楼宇“五站合一”工作站，进一步扩大基层党工团组织覆盖面。组织基层党组织书记培训班，提高党务工作者的党务工作能力和政治理论水平。推动基层党建创新，把企业党建工作纳入企业绩效考核，指导企业广泛实施对党务工作者和党员的绩效考核。建立起基层党建创新项目评比的常态机制。全年发展党员200余名，500余名预备党员转为正式党员。指导各基层党组织广泛开展基层组织建设年活动，对716个基层党支部进行满意度测评和分类定级，并建立台账进行整改晋级。2家企业党委分别被评为北京市“创先争优”活动先进党组织和北京市社会领域“创先争优”活动先进党组织，11家企业党组织和10名党员被评为海淀区“创先争优”活动先进党组织和优秀共产党员。

（刘昊鹏　刘伟杰）

【党员教育管理】　举办学习贯彻党的十八大精神千人辅导报告会，召开企业家和基层党组织书记学习贯彻党的十八大、市第十一次党代会和全国科技创新大会精神座谈会。开发建设党员学习e平台。推进企业廉洁文化建设和党务公开工作，建立公示制度共21类82项，软件行业党委的“红诺中关村”成为海淀园创建廉政文化品牌。在党员中开展以“奉献、友爱、互助、进步”为主题的学雷锋志愿服务活动、以“分享北京精神，传播企业爱国创新文化”为主题的践行“北京精神”活动。在中央电视台、《人民日报》等中央、市、区新闻媒体刊发专版、专题报道106篇，加强对优秀典型的培养树立和宣传，发挥典型的示范带头作用，园区党建工作的社会影响力不断扩大。

（刘昊鹏　刘伟杰）

【精神文明建设】　本年，加强对企业精神文明建设工作的指导，华旗公司获得北京市精神文明标兵单位称号，新奥特和旋极公司获得北京市精神文明单位称号，百度等35家企业成为海淀区精神文明单位；参与全区创建全国文明城区活动；开展“智愿服务，科技雷锋”活动，组织企业家进校园“分享北京精神传播企业爱国创新文化”等活动，传播践行“北京精神”。

（刘昊鹏　刘伟杰）

【法制宣传】　与区政法委等12个部门开展以“司法助推核心区建设”为主题的“知识产权宣传月”活动，与区法院、区司法局等10个区属委办局联合签署《海淀区司法助推中关村核心区建设工作备忘录》，为企业创新发展提供坚强保障；开展“企业知识产权保护实务知识”等培训，与中关村知识产权促进局联合举办“中关村知识产权文化园区行”活动，提升企业知识产权运用和管理能力；举办“海淀正品同盟成立大会”，倡导诚信正品，打造海淀品牌；举办核心区知识产权宣传“微行动”活动，在35家重点企业开通社保经办绿色通道，提供社保新政策讲解和业务操作答疑等服务。

（刘昊鹏　刘伟杰）

【帮扶企业困难职工】　本年，建立困难职工帮扶档案，使帮扶工作制度化、常态化，为134户企业困难职工发放送温暖基金173万元。把3.5万元慰问补助款发放到7·21特大暴雨受灾职工手中，走访慰问困难、病重党员。

（刘昊鹏　刘伟杰）

【维护职工权益】　本年，与社保中心共同在上地建立大企业“一对一”对接服务大厅，选定35家园区重点企业开通社保经办绿色通道，六项特色服务为企业减轻负担。指导企业开展工资集体协商，首创上级工会代基层工会向企业经营管理者发出要约书，与70家百人以上企业签订工资集体协议，覆盖员工21000人。

（刘昊鹏　刘伟杰）

综合经济管理

2013
北京海淀年鉴

▲ 6月9日，北京市安全生产月宣传咨询日暨"护航"联合行动第二战役启动仪式在中华世纪坛举行（区安监局　供图）

◀ 6月29日，区药监分局集中销毁假劣药品和过期药品（区药监分局 李瑾 摄）

▶ 9月1日，区国税局在中国外运股份有限公司对“营改增”上线工作进行测试，并成功开出全市第一张“营改增”企业增值税专用发票（区国税局　供图）

▶ 9月25日，区政府与国家开发银行股份有限公司北京市分行签署《开发性金融合作备忘录》（区金融办　供图）

▲ 11月，区审计局审计人员在东升镇政府领导经济责任审计现场调阅凭证（区审计局 供图）

▲ 12月14日，区国资委组织召开监管企业董事会工作报告会（区国资委 供图）

12月21日，海淀区文化创意产业集体签约（区工业公司 供图）

海淀工商分局检查儿童玩具市场（田峰 摄）

区质监局开展产品质量检查（李瑞林 摄）

综合经济管理

经济社会发展与经济调控

【概况】 海淀区发展和改革委员会组建于2004年7月，是负责本区国民经济和社会发展统筹协调、经济体制改革综合协调的政府工作部门。下设海淀区发展与改革研究中心、海淀区价格认证中心2个全额拨款事业单位。

本年，区发改委共承担市、区各项折子工程、重点任务159项，其中主办任务30项。办理市区两级人大建议案、政协提案共计37件。报送决策性督查230件次，接办区领导的各类批办件492件。区政府常务会议题25个，区委常委会议题10个，区人大议题2个，区政协议题3个。

（张倩）

【节能降耗】 4月16日，《海淀区"十二五"时期节能规划》经第12次区政府常务会审议通过。7月31日印发《绿色海淀2012年行动计划》，提出年度十项重点任务，分解成68项具体工作。组织开展项目申报和评审等工作，对14个项目支持资金1100.4万元。完成对科利源热电厂和永泰锅炉房清洁能源改造项目的核准工作。完成节能登记370项，节能评估48项。对海淀区2011年度综合能耗5000吨标准煤（含）以上的73家非工业企业、17家工业企业开展重点用能单位能源管理负责人备案审核和能源利用状况报告审查工作。组织25家单位开展能源审计工作。完成3家企业开展资源综合利用认定的初审工作。配合市发改委节能监察大队对7家重点用能单位开展专项监察，对海淀区24家重点用能单位开展现场节能监测。组织参展第十五届科博会，由区发改委承办的海淀展区获得最佳组织奖。

（刘波）

【公共机构供热计量改造】 本年，安排公共机构供热计量改造资金7782.95万元、公共机构节能服务平台526.5万元、2011年节能减排奖励资金511.05万元。推进全区公共机构供热计量改造，对127家公共机构热计量改造实施方案进行审批，并安排节能减排专项资金7642.95万元。

（张丽）

【制定国民经济和社会发展年度目标】 本年，全区国民经济和社会发展的预期目标是：地区生产总值增长8%，城镇居民人均可支配收入增长8%，农村居民人均纯收入增长9%，地方财政收入增长10%；全社会固定资产投资增长10%，社会消费品零售额增长6%；海淀园总收入增长15%以上；城镇登记失业率动态控制在1.5%以内；多渠道建设、筹措公租房1万套以上；万元生产总值能耗下降4.2%，水耗下降5%；空气质量二级和好于二级以上天数与北京市保持同步增长。

（孟庆杰）

【国民经济和社会发展6项任务】 本年，海淀区国民经济和社会发展的主要任务：一是全面加快经济发展方式转变，进一步提升质量效益。二是全面加快自主创新示范引领，进一步提升核心竞争力。三是全面推进重点功能区建设，进一步增强协调发展能力。四是全面提升城市运行水平，进一步打造宜居生活环境。五是全面加强和创新社会管理，进一步保障和改善民生。六是全面建设一流文化强区，进一步推动文化大发展大繁荣。

（孟庆杰）

【国民经济和社会发展完成情况】 本年，全区国民经济和社会发展的实际完成情况是：全区实现地区生产总值3514.8亿元，同比增长10.5%。社会消费品零售额实现1504.8亿元，同比增长8.8%。全社会固定资产投资688.9亿元，同比年增长10.2%。区级财政收入263.06亿元，同比增长10.4%。城市居民人均可支配收入41842.0元，同比增长10.9%；农村居民人均纯收入22364元，同比增长11.7%。万元生产总值能耗下降6.85%，水耗下降5%。城镇登记失业率为0.73%。

（孟庆杰）

【体制改革】 本年，全区体制改革共有32项重点改革任务，牵头单位20家。着力在企业改革改制、行政审批、自主创新、医药卫生、城乡一体化、社会管理等重点领域和关键环节的改革取得突破。

（朱葛）

【医药卫生体制改革】 本年，以公立医院改革工作为主线，推进卫生信息化建设、公立医院法人治理结构改革、构建医疗服务共同体、医药分开试点等重点领域的医改任务。市级、区级医改任务取得阶段性成果，其中市级医改任务47项，区级医改任务39项，分别涉及公共卫生服务、医疗卫生服务、医疗保障、医疗卫生投入等领域。

（朱葛）

【企业改革】 以区政府名义印发《海淀区深化企业改革工作方案》，并牵头成立海淀区企业改革协调小组，有序稳妥推进街道集体企业改制、区属国有企业改革、农村集体产权制度改革、行政事业单位所办企业清理规范等企业改革改制工作。

（朱葛）

【制订税源建设政策】 本年，制定《海淀区街镇投资促进和税源建设工作规范》及《海淀区街道乡镇投资促进和税源建设工作指南》。加速推动重点税源项目落地进度，制定《加快重点税源项目落地工作方案》。为加强海淀区教育科研、工业项目监管，印发《海淀区教育科研、工业用地二级开发项目销售监管办法》。制定《关于促进海淀区经济稳增长、调结构、惠民生工作意见》和《海淀区稳增长七项重点任务分解方案》。

（陈燕菊）

【推进项目落地】 本年，多渠道搜集整理拟落户企业、项目信息，推进项目落地，为区政府决策提供参考依据。与40多个有用地需求的重点项目对接，安排供地项目6家，通过定制、直接租购办公场地（二级开发）解决入驻项目14家。截至年底，北部园区累计接触洽谈的用地需求企业150余家，其中已安排供地项目48家，重点推进项目18家，储备项目68家。

（陈燕菊）

【固定资产投资管理】 本年，北京市政府下达给海淀区的全社会固定资产投资任务为688亿元，比上年增长10%。区发展改革委汇总全社会固定资产投资项目391项，计划投资718.29亿元。区政府投资正式项目安排193项（含土储项目10项），本年度资金需求134.59亿元，其中：使用市级资金26.46亿元，安排区级资金91.69亿元（含土地储备项目资金18.05亿元，区政府投资项目73.64亿元），由业主单位通过私募债、融资建设、贷款等融资方式解决16.45亿元（需按合同要求在以后年度安排还款资金）。截至年底，区政府投资项目拨付区级资金65亿元。市发改委对海淀区17个区级项目给予市政府投资支持约15.02亿元。梳理重点项目402个，其中土地一级开发项目11项；科技园区产业建设项目84项，完成投资104.28亿元；商品房、保障性住房项目42项，完成投资106.9亿元。通过上门服务、进度跟踪、任务分解、加强协调等措施，全年完成全社会固定资产投资688.9亿元。本年共有484个项目进入绿色审批通道，其中：市级通道项目82个，总投资1291.61亿元；区级通道项目402个（部分市级绿通项目同时纳入区级绿通项目库），总投资2652.09亿元。

（张倩）

【对口支援】 本年，海淀区与内蒙古敖汉旗开展"十二五"期间对口帮扶与区域经济合作，为敖汉旗拨付对口帮扶专项资金200万元，用于敖汉旗玛尼罕乡中心卫生院病房楼建设项目，项目完工投入使用。组织区科委赴敖汉旗开展科技帮扶，捐赠价值55万元的数字图书馆和数字科技馆各一套。组织区商务委、北京超市发连锁股份有限公司、北京锦绣大地农副产品批发市场等部门，赴敖汉旗开展智力支持帮扶培训。分别实施北京超市发连锁股份有限公司、北京锦绣大地农副产品批发市场与敖汉旗进行农超对接项目，推动海淀区与敖汉旗对口帮扶两地商贸流通。组织敖汉旗4家企业参加"中关村国际美食节"，进行杂粮、香油、牛肉干、沙棘饮品等特色商品展卖，共计销售5万余元，签订合作意向60多万元。协调区教委安排拨付对口帮扶新疆和田五中专项资金30万元，用于教学楼修缮。

（陈燕菊）

【价格监管】 本年，以民生价格检查为重点，完成教育收费、医药价格收费、行政事业性收费、机动车停车收费、商品房销售和房屋买卖中介、人才职介机构收费、涉农价格收费、旅游行业收费、房屋测绘收费、餐饮行业、居民基本生活消费品、墓地陵园及景点门票收费、电子产品等领域的价格监督检查。对区内集贸市场的肉禽蛋、蔬菜、粮、油等重要民生商品价格的波动情况进行跟踪监测。全年共计检查企事业单位、个体工商户1995户，其中商品生产、经营单位491户，服务收费行业1502户，行政事业单位2户。查处各类价格违法案件13件，经济制裁总金额61.57万元。全年共接各类价格咨询和举报1153件，其中受理497件，办结协调退款32.88万元，罚款0.54万元。价格咨询和举报涉及机动车停车场、商场超市、医院、教育（幼儿园）、物业、美容、电信及水、电、供暖等十几个行业，其中：反映机动车停车收费的咨询和举报548件；反映商场超市的价格咨询和举报103件。完成109户机动车停车收费标准的核定。对23户、11大项、200多个品种，以日报、周报、旬报、月报、年报及节假日报等，开展全天候不间断的价格监测和上报工作。

（管建波）

【机动车停车收费管理】 本年共出动237人次，单独检查具有合法资质的收费停车场371户次；联合检查36次。查处价格违法案件7件，罚款60.33万元。

（管建波）

【教育收费专项检查】 与区教委、区财政局、区审计局、区文化委、区纠风办联合完成351所中小学、幼儿园的自查和53所中小学、幼儿园的重点检查工作，清退违规收费12.93万元。

（管建波）

【开展全国涉农价格和收费专项检查】 完成24所农村中小学收费和农业用水用电、农机服务等方面的价格检查。查实农村饮水安全工程电价问题，涉案金额461万元。

（管建波）

【行政事业性收费年审】 审查2011年已核发的448个收费许可证（其中正本188个，副本260个），未发现有违反价格政策行为，年审率100%。完成非学历收费标准备案164户，其中办理民办幼儿园备案30户。完成学历教育收费、住宿收费标准审批4户。完成2个经适房项目销售价格的审批工作。

（林平）

【电力监管】 组织开展电力安全生产领域"打非治违"[①]、有限空间安全检

[①] 打非治违：即打击非法违法生产经营建设、治理纠正违规违章行为。

查等专项行动，实施电力工作周报、月报制度。坚持“逢节必查”制度。做好电力应急值守工作，应对“7·21”强降雨和“11·3”暴雪灾害，确保地区电网安全运行。妥善处理电力纠纷及信访问题，协调推进六里屯沼气发电项目、八家保障房用电问题，妥善解决碧森里小区临时用电问题；完成大有庄、挂甲屯和一亩园地区电改工程。受理答复电力信访418件。

（张浩）

【电力配套专项资金监管】 加强电力配套专项资金管理，制定《海淀区电力配套专项资金管理办法》。完成2012年电力配套专项资金项目安排，共支持17个项目建设，总投资21亿元。完成电力建设项目核准、备案、审批共47件，总投资4.4亿元。

（张浩）

【完成10项课题研究】 本年，承担区级重点课题《海淀区城乡结合部重点村城市化后续发展研究》、《发展创新型实体经济，推动经济结构优化升级——以中关村核心区为例》和区级关注课题《海淀区自主创新能力评价指标体系研究》的研究任务；完成《海淀区产业业态调控及对策研究》、《海淀区促进文化科技商务旅游融合发展研究》、《加快海淀区国际化进程研究》、《海淀区人口发展与服务管理创新的思路与举措研究》、《海淀区加强社区建设、创新社区管理研究》、《海淀区外迁企业基本情况分析及对税源建设的影响研究》、《海淀北部园区与国内外典型高科技园区比较分析》等7项海淀区发改委重点课题；全年发行4期《海淀发展与改革研究》（季刊）。

（祁明军）

金融业服务管理

【概况】 海淀区金融服务办公室（以下简称区金融办）成立于2008年6月，是负责本区金融服务工作的政府部门（正处级），挂靠在区发展改革委，2009年底单独设立。下设海淀区促进企业上市服务中心1个事业单位。

本年，区金融办承担市、区政府折子工程、重点任务9项；受理并办理人大建议、政协委员提案10件。承办区领导各类批示件190件，上报决策性督查48件次。

本年，区金融办围绕国家科技金融创新中心建设，着力促进区域金融业发展。金融功能区聚集效应明显，金融业区域贡献不断增强，多元融资体系支持实体经济不断发展。截至年底，海淀区各类金融机构及分支机构达到2026家，同比增加180家，增长9.8%。其中法人金融机构新增100家，总数达到781家。增长最多的为股权投资机构131家，总数达566家。

全区金融业总税收完成623.6亿元，同比增长65.79%，占全区区域财政收入（原称总税收）的37%；金融业区级收入23.4亿元，同比增长32.5%，占区级公共财政预算收入（原称区级收入）的8.3%。全区金融业总税收和区级收入增速高于同期全区财政收入增速。纳税总额前三名的金融行业为：银行业（584.92亿元）、财务公司(18.18亿元）、证券业（6.12亿元），占金融行业总税收的97.7%。区级收入前三名的金融行业为：银行业（12.9亿元）、财务公司（5.33亿元）、保险公司（1.39亿元），占金融行业区级收入的83.85%。银行业、财务公司、证券业和保险公司成为海淀区金融业的四大支柱行业。证券公司的增速为负数，主要是因为受经济危机的影响仍在持续，二级市场低迷，IPO发行放缓，证券公司的经纪和投行业务处于颓势。

区域期末银行存款余额达16372.9亿元，同比增长14.9%。其中单位存款11258.3亿元，同比增长14.1%；个人存款4630亿元，同比增长15.2%。区域期末银行贷款余额4663.8亿元，同比增长6.4%。其中短期贷款1898.2亿元（上年短期贷款1653.8亿元），同比增长14.8%，中长期贷款2720.9亿元，同比增长1.1%。全区银行业整体存贷比为28.48%，略低于上年同期存贷比。

海淀区企业成功获得股权融资案例112起，占全市的31.11%，占全国的6.4%。其中披露融资金额的企业共获得55.7亿元股权融资，占全市的17.9%，占全国的3.3%。股权投资机构已披露管理资本总量累计达到2013亿元人民币，同比增加83亿元。

（宋玉成）

【发布科技金融新政策体系】 6月19日，区政府与中关村管委会、中国人民银行营管部、银监会北京监管局、市发改委、市商务委、市金融局、市国税局、市地税局等单位联合出台《关于中关村国家自主创新示范区促进融资租赁发展的意见》，支持融资租赁行业发展；6月26日，区政府正式发布《北京市海淀区促进科技金融创新发展支持办法》及申报指南，形成科技金融新政策体系；8月6日，国家发改委等九部委与北京市人民政府正式发布《关于中关村国家自主创新示范区建设国家科技金融创新中心的意见》。

（宋玉成）

【股权投资排名全国前列】 12月，2012年度中国创业投资暨私募股权投资年度排名发布，海淀区的股权投资排名全国前列，其中弘毅投资、九鼎投资

2家机构进入私募股权投资机构10强；IDG资本、同创伟业等13家位列创业投资机构30强，北极光等6家入围早期投资创投机构10强；昆吾九鼎获得最佳私募、投资最活跃私募机构称号。

（宋玉成）

【政府融资】　本年，全力推进政府与各银行在融资方面的战略合作，与国家开发银行签署总额200亿元人民币的战略合作协议；与农业银行和中国银行初步达成战略合作意向；与民生银行在金融、文化领域开展合作，打造文化金融品牌；建设银行、北京银行、民生银行、工商银行全年为海淀区北部开发建设发放资金100多亿元，其中，利用夹层融资、带条件贷款等创新型融资工具融资40多亿元；为海淀区土地储备中心北部土地收储发放贷款20多亿元。

（宋玉成）

【上市企业累计269家】　本年，新增上市挂牌公司64家，上市公司数累计269家，现存上市及挂牌公司267家（迁出、退市各1家），占全市的46.17%，其中境内上市214家（包括沪、深主板上市38家，中小板上市22家，创业板上市27家，新三板上市127家），香港上市18家，境外上市35家（美国上市33家、其他地区上市2家）。按2012年12月31日收盘价计算，海淀区境内上市及挂牌公司流通股市值7211.37亿元，总市值9600.75亿元。现存267家上市及挂牌公司纳税总额达499.85亿元，实现区级收入128.22亿元。

2012年海淀区新上市（挂牌）企业名录（64家）

序号	股票简称	公司名称	上市板块
1	翠微股份	北京翠微大厦股份有限公司	主板
2	博彦科技	博彦科技股份有限公司	中小板
3	中科金财	北京中科金财科技股份有限公司	中小板
4	飞利信	北京飞利信科技股份有限公司	创业板
5	利亚德	利亚德光电股份有限公司	创业板
6	同有科技	北京同有飞骥科技股份有限公司	创业板
7	邦讯技术	邦讯技术股份有限公司	创业板
8	掌趣科技	北京掌趣科技股份有限公司	创业板
9	旋极信息	北京旋极信息技术股份有限公司	创业板
10	天壕节能	天壕节能科技股份有限公司	创业板
11	北信源	北京北信源软件股份有限公司	创业板
12	天大清源	北京天大清源通信科技股份有限公司	新三板
13	全三维	北京全三维能源科技股份有限公司	新三板
14	朗铭科技	北京朗铭海川科技股份有限公司	新三板
15	中航讯	北京中航讯科技股份有限公司	新三板
16	北京航峰	北京航峰科伟装备技术股份有限公司	新三板
17	弘祥隆	北京弘祥隆生物技术股份有限公司	新三板
18	中交远洲	中交远洲信息技术（北京）股份有限公司	新三板
19	阿姆斯	北京世纪阿姆斯生物技术股份有限公司	新三板
20	中矿华沃	北京中矿华沃科技股份有限公司	新三板
21	航天理想	北京航天理想科技股份有限公司	新三板

序号	股票简称	公司名称	上市板块
22	华欣远达	北京华欣远达软件股份有限公司	新三板
23	金润科技	北京金润方舟科技股份有限公司	新三板
24	中控智联	北京中控智联科技股份有限公司	新三板
25	汉唐自远	北京汉唐自远技术股份有限公司	新三板
26	塞尔瑟斯	北京塞尔瑟斯仪表科技股份有限公司	新三板
27	广厦网络	北京广厦网络技术股份公司	新三板
28	卡联科技	北京卡联科技股份有限公司	新三板
29	煦联得	北京煦联得节能科技股份有限公司	新三板
30	可来博	北京中科可来博电子科技股份有限公司	新三板
31	智立医学	北京智立医学技术股份有限公司	新三板
32	中矿龙科	中矿龙科能源科技（北京）股份有限公司	新三板
33	润天股份	北京金信润天信息技术股份有限公司	新三板
34	创和通讯	北京创和世纪通讯技术股份有限公司	新三板
35	思创银联	北京思创银联科技股份有限公司	新三板
36	中金网信	北京中金网信科技股份有限公司	新三板
37	康辰亚奥	北京康辰亚奥技术股份有限公司	新三板
38	聚利科技	北京聚利科技股份有限公司	新三板
39	思倍驰	北京思倍驰科技股份有限公司	新三板
40	北方科诚	北京北方科诚科技股份有限公司	新三板
41	光宝联合	光宝联合（北京）科技股份有限公司	新三板
42	一正启源	北京一正启源科技发展股份有限公司	新三板
43	融智通	融智通科技（北京）股份有限公司	新三板
44	电信易通	北京电信易通信息技术股份有限公司	新三板
45	博维仕	北京博维仕科技股份有限公司	新三板
46	瑞达恩	北京瑞达恩科技股份有限公司	新三板
47	金易通	金易通科技（北京）股份有限公司	新三板
48	中教股份	北京中教启星科技股份有限公司	新三板
49	东方瑞威	北京东方瑞威科技发展股份有限公司	新三板
50	全网数商	北京全网数商科技股份有限公司	新三板
51	新瑞理想	北京新瑞理想软件股份有限公司	新三板
52	奥贝克	北京奥贝克电子股份有限公司	新三板
53	欧泰克	北京欧泰克能源环保工程技术股份有限公司	新三板

序号	股票简称	公司名称	上市板块
54	北方跃龙	北方跃龙科技（北京）股份有限公司	新三板
55	波尔通信	北京波尔通信技术股份有限公司	新三板
56	东展科博	北京东展科博科技股份有限公司	新三板
57	紫新科技	北京紫新报通科技股份有限公司	新三板
58	宣爱智能	北京宣爱智能模拟技术股份有限公司	新三板
59	普瑞物联	北京普瑞塞特物联科技股份有限公司	新三板
60	腾实信	北京腾实信科技股份有限公司	新三板
61	石竹科技	北京石竹科技股份有限公司	新三板
62	锐风行	北京锐风行艺术交流股份有限公司	新三板
63	星河科技	北京星河康帝思科技开发股份有限公司	新三板
64	兴和鹏	兴和鹏能源技术（北京）股份有限公司	新三板

（宋玉成）

【中小企业融资】 本年，海淀区中小企业金融服务专营机构达到 16 家，累计为 1277 户中小企业发放贷款 181.98 亿元，其中为海淀区的 729 户中小企业发放贷款 84.35 亿元。小额贷款公司数量同比增长一倍，达到 8 家，占全市 62 家的 12.9%，注册资本总额 20.65 亿元，占全市的 25.94%，总额居全市第一。年度累计融入资本 8530 万元；为 206 家中小企业及个人发放贷款 2438 笔、26.81 亿元，占全市的 19.7%。区财政为 139 家中小微企业融资提供专项支持资金 5378.79 万元。

（宋玉成）

【融资担保】 本年，海淀区共有融资性担保公司 18 家，占全市 126 家的 14.29%，注册资本共计 115.13 亿元。全年担保余额 350 亿元，担保增加额近 200 亿元，担保放大倍数 3.06，代偿率为 1.61。

（宋玉成）

【金融功能区建设】 本年，金融功能区聚集效应显现。中关村西区金融机构达到 295 家（法人机构 121 家），同比增加 71 家，增长 31.7%。增长最多的为股权投资机构，总数达 205 家，其中中关村 PE 大厦聚集股权投资机构 163 家，包括股权投资管理机构 74 家，管理资本量超过 550 亿元。实现税收 5.92 亿元，占全区金融业的 0.95%；区级收入 2.34 亿元，占全区金融业的 10%。西直门外科技金融商务区共有金融机构 81 家，同比增加 3 家，增速为 3.8%；实现税收 2.32 亿元，区级收入 6525.77 万元。

（宋玉成）

【成立 2 支创投引导基金子基金】 本年，海淀区创投引导基金第二批成立 2 支子基金（同创共享子基金、明石科远子基金），海淀区出资 5000 万元，两支子基金总规模达到 6 亿元。截至年底，投资项目 16 个，其中海淀区项目 2 个。

（宋玉成）

【财务公司板块形成规模效应】 本年，全区财务公司总数达到 19 家，占全市的三分之一。金融板块发展优势明显，吸引南车集团、中铝集团等大企业集团落户。其中，南车财务有限公司于 12 月 12 日开业，注册资本金 10 亿元人民币；中铝财务有限公司、中铝保险经纪控股公司共同构成中铝公司的金融板块。

（宋玉成）

统 计

【概况】 北京市海淀区统计局、国家统计局海淀调查队、北京市海淀区经济社会调查队（以下简称海淀统计局队）是负责全区国民经济统计和国民经济核算，完成国家、北京市下达的各项统计调查任务的政府工作部门。2012 年，海淀统计局队获“全国统计系统先进集体”、“全国一体化住户调查先进集体”、“全国企业‘一套表’联网直报先进集体”、“全国统计法制宣传教育先进单位”、北京市“统计执法标兵”等称号。

（王倩）

【社情民意调查中心揭牌】 3月5日，海淀区社情民意调查中心正式揭牌。社情民意调查中心研发建立拥有30个电话调查席位的计算机辅助电话调查系统（CATI），组织实施区委、区政府及有关部门委托的调查工作，为区委、区政府和社会公众提供及时、准确、可靠的情报信息和服务，实现政府作为与社会需求的“无缝隙”对接。针对区域热点和焦点问题自主研发设计一系列民意调查，使统计的情报和服务功能在社会管理创新中实现新的价值。

（王倩）

【统计服务工作】 本年，出台《主要指标预计及数据信息手机快速发布管理办法》，构建内网、短信、邮件三位一体的“信息直通车”。全年共报送《统计专报》等各类统计信息210余篇，在全市统计系统排名第一。向区四套班子做《透过数据看海淀》专题汇报。《海淀文化生产力分析》等多篇专题报告得到区领导批示。《海淀区经济辐射力研究》等35篇分析文章被《中国信息报》等报纸杂志刊载。在全市优秀统计分析报告评比中荣获一等奖；在全市第六次全国人口普查分析评比中荣获一等奖。推出服务新品《走进统计》主题周历，以轻松活泼的方式和通俗易懂的语言普及统计知识。与海淀新闻中心联合创办《数说海淀》栏目，在《海淀新闻》定期向公众发布全区主要经济数据。继续编写《区情手册》、《统计年鉴》，全年共发放区情手册15000余册、统计年鉴500余本。

（王倩）

【监测经济运行情况】 本年，加强对全区经济运行状况监测预警，及时发现新问题、新情况，做到每月有简明分析、季度有专题报告。按照全区建设“具有全球影响力的科技创新中心”目标，开展进程监测。围绕核心区发展重点，及时关注重点行业、重点企业发展变化。加大对文化创意产业、中小微企业发展的定期监测，开展中关村西区企业创新能力以及楼宇经济发展状况调查。密切关注物价走势，加大价格监测力度，定期发布监测报告。

（王倩）

【开展20多项专项调查】 本年，受区委组织部、区公安分局等部门委托，开展全区组织工作满意度调查和公安系统群众满意度社会测评、非公单位人才资源状况等调查。完成市局布置的服务业设计活动、广告业活动以及会展活动统计调查、政府职务工资报酬国际比较项目（ICP）调查、新能源与可再生能源统计调查、反腐倡廉建设民意调查等多项调查任务。“7·21”特大暴雨自然灾害后，启动农业生产受灾影响情况调查统计。开展海淀区市民文明素质调查、海淀区未成年人意外伤害调查、党政机关及国有企事业单位工作人员幸福感调查以及海淀区地理优势及环境影响力等14项民意调查。

（王倩）

【完善统计工作机制】 本年，对金融、旅游业统计实行两级管理，对农村统计业务实行扁平化管理。优化网上培训布置系统，实行面培与网培双轨制，制定专人值守制和号段管理实名制。完成城乡划分清查、年报单位确认和调查单位增减变动工作。完善消费价格数据质量监督检查制度。全面启动城乡住户一体化工作，为住户调查提供更科学的抽样框。

（王倩）

【基础工作规范化管理】 本年，推动基础工作规范化管理，推广工业标准化统计台账。自主开发城镇住户调查智能手机记账系统。推行年定报一套表试点，加强对填报单位的统一管理。开发企业网上互动交流系统，提升培训效率。整合数据拯救和资源管理系统，加强对部门数据的管理。采用CPI手持数据采集系统，价格采集向电子化、数字化大步迈进。

（王倩）

【自主开发的手机记账系统在全市推广】 本年，海淀统计局（队）自主开发建设的融合手机、电脑、平板、电话四种采集方式于一体的电子化记账系统获得“北京市产品评价中心产品质量创新贡献奖优秀奖”。该系统开发建设始于2010年，系统可实现数据的智能处理、一次性问卷智能推送及与住户的智能交互，实现住户调查全生产过程的电子化。自2011年12月手机记账使用以来，居民配合度和工作效率得到提高，数据质量得到保障。截至年底，“四位一体”记账系统在北京市全面推广，国家统计局正在进行部署测试并向全国进行推广。

（王倩）

【统计执法】 全年开展统计执法2002家，查处迟报、提供不真实统计资料等违法案件700多起。推进统计人员持证上岗工作。开展事先督导，定期开展执法回访，加强统计服务指导。开展“队所联合执法”，采取互评机制开展案卷审理。稳步推进“六五”普法，完成1万多家规模以上企业的普法教育。

（王倩）

【统计信息化建设】 本年，完成“网培三期”[①]视频演播室建设工程，并应用到年定报网上布置系统。改进社情民意调查中心电话语音调查系统，加装大屏幕教学演示系统和多屏幕控制系统。对计算机和网络使用情况进行定期全面检查与不定期抽查，对安全隐患进行排查与改造，确保计算机与网络环境安全。实施“国家联网直报工程”[②]，年报工作平台嵌入到国家联网直报系统中，实现数据采集、处理、管理和应用过程的一体化。并录制CA证书使用讲解视频，开发年定报库外审核平台，完成年度人口抽样调查数据处理工作。

（王倩）

---

① “网培三期”：是对2012年的年报网络工作布置工作的统称。区统计局于2009年开始尝试采用网络技术对报表单位进行工作布置，充分利用互联网技术，把培训内容及时、方便、快捷的传输到各个角落，使得统计年定报布置工作变为一项参与性很强的活动。

② “国家联网直报工程”：是以数据库技术和网络技术等现代信息技术为依托，建成的涵盖国家、省、市、区县统计部门在网络环境支持下的业务工作平台系统。

质量技术监督

【概况】　海淀区质量技术监督局隶属于北京市质量技术监督局，是海淀区域内标准化、计量、质量、特种设备的行政主管部门，依法行使综合管理和行政执法职能。下属海淀区产品质量监督检验所（国家食品质量安全监督检验中心、国家化妆品质量监督检验中心）、海淀区计量检测所、海淀区特种设备检测所3个事业单位。

（何昊东）

【国家食品质量安全监督检验中心】　全年完成各类政府监督抽查和专项抽查23056批次。作为北京市食品安全预警监测平台，追踪食品安全的新动向，每月发布食品安全预警信息。主持起草6项化妆品国家标准；成功申报《口腔护理产品中重要禁用和功效成分检测方法研究》、《质检机构能力建设与评价方法研究》、《食品安全易突发潜在危害因素研究》等3项质检公益项目。

（何昊东）

【质量综合管理】　成立由区长牵头负责、30个部门协调配合的统筹质量工作领导机构，建立完善工作协调机制、联席会议制度和监督考核机制，对重点质量问题和质量提升工程实施分工明确的指标分解，分别细化各部门职责和措施。推进质量强区战略，聘请质量管理专家成立专家指导委员会，对企业和政府的质量管理工作给予指导。海淀区作为北京市的唯一代表入围全国首批创建“全国质量强市示范城市”。区财政设立600万元专项资金用于争创工作，推动建立区域质量发展激励机制。

（何昊东）

【实施标准化战略】　联合海淀园管委会等部门加大奖励和补贴力度，引导高新技术企业标准创新，鼓励企业和产业联盟参与国际标准创新活动。海淀区承担北京市50%以上的标准创新示范任务，89家企业成为国家自主创新示范区标准创新示范企业，9家中关村国家自主创新示范区标准创新试点联盟中的8家均来自海淀。21个项目获得第五届“中国标准创新贡献奖”，获奖项目数为全国最多，其中一等奖占全国的50%。海淀区企业在新一代信息技术、新材料等战略性新兴产业制定或参与制定14项国际标准。扩展标准化工作外延，重点关注民生、养老、旅游等行业，推进“中关村科教文化游国家级服务业标准化示范区”建设。全区以47个农业标准化示范基地为基础，创建“海淀农业”品牌，初步建立高端、高效、高附加值的都市型现代农业模式，带动农民增产增收。

（何昊东）

【执法监督】　加强与区经信办、信息办以及工商、公安、商务等部门的协调合作，建立全区性的质量安全协调机制。全年完成执法活动2600起，查处案件105起，结案率100%。全年无行政复议和诉讼案件。为70491家单位办理组织机构代码证书。全区未发现重大区域性、规模性造假活动。

（何昊东）

【“智慧质监”建设】　依托“智慧海淀”，推进“智慧质监”建设，开展产品质量安全风险防范，对涉及民生和安全的产品实施重点监管并取得实效：全年工业产品质量抽查合格率达95%，高于全市平均水平，未发生区域性造假行为和重大产品质量安全事故；强化企业质量安全主体责任；实行工业生产许可证获证企业分类监管观察员制度，严把许可证发证审核关，规范企业的经营行为；多部门联合执法检查，整顿3C产品的市场经营秩序。

（何昊东）

【特种设备监管】　将食品和特种设备“两个安全”纳入全区网格化社会管理，建立安全信息定期沟通机制。将特种设备安全纳入全区社会管理综治考核，建立“政府领导、部门监管、企业主责、社会监督”的工作格局。完善“两级机构、三级网络”的监督管理体系，将特种设备安全纳入对街、镇政府的安全生产综合考核。建立定期应急演练机制，组织人员密集场所和重点保障场所每半年开展一次应急演练，增强各单位应对突发事件的能力。完成十八大、全国“两会”等重大会议活动的特种设备安全保障任务，全区未发生重大特种设备安全事故。

（何昊东）

【食品安全监管】　坚持对食品安全事故“零容忍”，对全区72家食品生产企业开展风险管理研究和风险识别，关停和淘汰一批质量管理水平较差、工艺水平落后的企业；开展监督抽查，完成市、区两级食品质量监督抽查310批次，合格率达95%，与全市平均水平持平；针对肉制品、乳制品等高风险食品，每季度召开行业分析会，及时通报抽查结果，主动帮助企业查找质量安全风险点，提高企业质量安全意识和质量管理水平。

（何昊东）

【能源计量管理】　本年，对全区24家耗能大户进行分级、分类，有计划地推进能源计量检测和综合平衡测试工作，督促其制定科学的节能措施。

（何昊东）

【推行诚信计量承诺】　本年，在全区医疗机构和眼镜制配行业推行诚信计量自我承诺，共有10家医院和19家眼镜店公开接受社会监督。

（何昊东）

安全生产监督管理

【概况】 海淀区安全生产监督管理局成立于2004年4月，为区政府主管安全生产的工作部门，加挂北京市海淀区安全生产委员会办公室牌子，负责全区的安全生产监督管理工作。2012年11月，下属事业单位海淀区安全教育馆管理中心并入中关村国家自主创新示范区展示中心。

本年，抓安全生产责任落实、重点行业领域专项治理、安全生产基层基础、安全生产宣传教育四项重点工作，推进安全生产保障、安全生产执法、安全生产综合监管三个能力建设，有效压减事故总量，预防较大以上事故的发生，完成十八大安全生产保障任务，保持全区安全生产形势的总体平稳。

年内，全区共发生交通肇事、火灾、生产安全死亡事故88起，同比增加1起，上升1.1%；死亡92人，同比减少4人，下降4.2%，占市安委会下达全年控制考核指标（103人）的89.3%。其中：发生交通肇事死亡事故72起，同比减少1起，下降1.4%；死亡74人，同比减少6人，下降7.5%，占全年控制考核指标（80人）的92.5%；发生火灾亡人事故3起，同比增加1起，上升50%，死亡3人，同比增加1人，上升50%，占全年控制考核指标（3人）的100%；发生生产安全死亡事故13起，同比增加1起，上升8.3%；死亡15人，同比增加1人，上升7.1%，占全年控制考核指标（20人）的75%。全区未发生较大以上安全生产事故。

（李婧）

【液氨安全生产专项整治】 5月~10月，海淀区开展液氨从业单位安全生产专项整治工作。区安监局、消防支队、区质监局、区环保局组成联合检查组，对辖区内6家液氨从业单位专项整治自查、整改情况进行检查。经检查，部分单位存在安全管理制度不健全、未设置安全告知牌、防护用品柜未设置防护用品明细单、应急演练记录不规范、检维修记录不规范、氨气体浓度报警仪未复检等隐患和问题18项。执法人员下达6份整改指令书，责令其限期改正，对未按要求整改或整改不到位的单位，依法予以处罚。

（李婧）

【开展安全生产月活动】 6月1日~30日，组织以“践行北京精神，弘扬安全文化，推进中关村核心区安全建设”为主题的第11个全国安全生产月活动，完成首个北京市安全生产月咨询日主会场承办任务。开展警示教育周、安全培训周、应急演练周和隐患排查周等系列专题活动，全区共开展执法检查3615次，出动检查执法人员8745人次，发现安全隐患5876处，罚款199.02万元，开展系列应急演练465次。10.3万人参加安全生产宣传教育培训，张贴、发放各类宣传材料（宣传品）16.7万份，在市、区各级新闻媒体、网络发布安全月新闻、安全生产常识500余条。全区7779家单位，32.3万余人参加安全月的各项活动。咨询日现场宣传、系列应急演练、安全知识巡展、联合执法现场直击和安全生产大讲堂5项活动已打造成有影响、有反响的品牌活动，安全月活动模式被市安监局在全市推广。

（李婧）

【有限空间作业夜查】 6月21日，配合市安监局在海淀辖区内开展有限空间安全生产夜查工作。检查组对辖区内西三环、中关村南大街、魏公村、长春桥路、厂洼等路面有限空间作业情况进行巡查，未发现有限空间违规作业情况。有限空间安全生产工作得到市安监局的充分肯定。

（李婧）

【街镇全部实现安全生产委托执法】 10月，全区29个街镇全部实现安全生产委托执法，街镇安全监管力度得到增强和提升。自2011年起，区安监局分三批在29个街镇推进委托执法工作。委托执法过程遵循被委托人员培训、向政府申请批复、签订委托书、印发委托通知、区执法队带领实际操作、委托执法讲评培训等6个环节，做到有理论、有实践循序渐进，保障委托执法工作的规范化、标准化。

（李婧）

【安全生产执法监察】 继续开展基层安全生产监管体系建设的探索和创新，29个街镇全部实现安全生产委托执法。全年共执法检查各类生产经营单位1921家，查处事故隐患1894处，下达执法文书910份，处罚生产经营单位158次，检查行政罚款292.1万元；调查处理生产安全事故27起，结案23起，行政罚款责任单位20家，责任人4人，建议公安机关追究刑事责任27人，事故行政罚款218万元。累计查处群众举报的生产安全隐患226件，办结率达100%。

（李婧）

【开展“打非治违”专项行动】 本年，集中开展辖区安全生产领域“打非治违”专项行动。成立以区长为组长，副区长为副组长，28个委办局及29个街镇主要负责人为成员的“打非治违”工作领导小组。18个行业领域主管部门和29个街镇均组成检查小组，建立完善联合执法、台账管理、联席会议、责任追查、报告通报、有奖举报6项工作制度。通过对生产经营单位和行业领域生产经营单位开展摸底排查、联合执法、重点打击等系列行动，查处各类非法违法生产经营行为和安全隐患突出的违法建设。全年共拆除新生违法建设18.89万平方米，关闭、取缔非法企业275家，责令停产、停业、停止建设单位643家，依法拘留违法人员378人，实施行政处罚1539.15万元。

（李婧）

【重点时期安全保障】 海淀区安全生产委员会牵头开展安全生产“护航”联合行动，以重点时期安全生产保障为目标，对燃气使用、地下空间、商场超市、建筑施工、轨道交通、危险化学品和烟花爆竹、居民住宅电梯安全、再生资源回收单位等13个重点领域进行专项执法检查；联合相关单位完成十八大、圆明园首届金秋皇家文化节、北京市第十四届国际旅游节、世界精神卫生日等20余项重大活动的安全保障任务。

（李婧）

【重点行业领域专项整治】 本年，将专项整治作为“消隐保安”[①]的有力举措，在重大危险源单位、烟花爆竹销售网点、危险化学品运输单位、气体销售企业、加油站、易制爆易制毒化学品和液氨从业单位、电子行业、汽车维修企业等重点领域开展专项执法检查行动，共执法检查各类生产经营单位1921家，查处事故隐患1894处，下达执法文书910份，检查行政罚款292.1万，隐患整改率达100%；对企业隐患自查自报和工业企业标准化达标情况进行专项督查；对全区老旧小区节能改造工程进行全过程安全监管。

（李婧）

【烟花爆竹安全管理】 全年放烟花爆竹经营许可证185家，销售烟花爆竹55541箱。区政府出资300余万元，为全区185个烟花爆竹零售点安装视频监控探头和音箱，在区政府应急指挥大厅、区安全监管局搭建烟花爆竹视频监控平台，实现通过监控平台实时语音呼叫零售点工作人员的监管方式。区安监局组织5个烟花爆竹检查组，对27个街镇实行分片包干负责，进行不间断检查；16名安全生产专职检查员开展销售前、销售中、撤棚回收等阶段的三批次拉网式全覆盖执法检查工作。春节期间，区安监局共出动检查人员344人次，车辆176车次，检查烟花爆竹零售网点553个次，查出安全问题及隐患298个，下达责令改正指令书57份。实现“不爆炸、不燃烧、保安全、零事故”的目标。

（李婧）

【安全生产标准化建设】 在企业自查自改的基础上，对开展安全生产标准化活动的企业进行达标检查，督促、指导、帮助74家工业企业全部创建达标；推进危险化学品企业安全生产管理标准化建设活动，全区91个有储存设施的危险化学品生产经营企业分阶段完成危险化学品标准化咨询、自评、试运行、评审和达标工作。

（李婧）

【举办安全生产培训班80期】 举办29个街镇处级主管领导安全生产专题培训班和街镇安全生产委托执法培训班，启动全区重点行业企业负责人培训工程，举办烟花爆竹销售、职业健康管理、铁路道口监护员、工业企业标准化、有限空间作业、特种作业等专项培训班80余期，培训各类人员1.8万人次，提高安全监管人员和企业主要负责人的安全管理能力和素质。

（李婧）

案例选辑

【坍塌事故】 3月24日21时50分左右，在西三旗永泰庄北路27号海淀区卫生学校多功能辅助教学楼工程施工现场，一辆自卸载重车倒向行驶进入现场，当驶经操场西南角时，自卸载重车后轮压上该处雨水收集池盖板，盖板不堪重负而坍塌，站在车后雨水收集池盖板上的另一名驾驶员随车辆一同坠入池内，并被自卸车上倾入的土方掩埋。事故造成1人死亡，直接经济损失约120万元。

（李婧）

【高处坠落事故】 4月14日15时30分左右，在海淀区首体南路9号主语国际中心北区5号楼外墙面清洗现场发生一起高处坠落事故。科利凯恩国际环境清洁（北京）有限公司1名工人在清洁5号楼东侧外墙面时，不慎坠落至地面，坠落高度约38米。事故造成1名工人死亡，直接经济损失59万元。

（李婧）

【起重伤害事故】 6月4日7时30分左右，在上庄镇后章村北京跃通水泥制品有限公司厂区内发生一起起重伤害事故。该公司1名工人在砼浇注作业时，被脱落的门式起重机吊运的灰斗砸压死亡，事故造成直接经济损失约62.32万元。

（李婧）

[①] “消隐保安”：消除隐患，确保安全。

财 政

【概况】 海淀区财政局成立于1958年11月，主要负责依法管理全区财政收支、落实财税政策、进行财政监督以及对行政事业单位国有资产进行监管。下属财政监督检查大队、财政支付中心、预算编审中心、信息中心、绩效考评中心、资产管理中心、财政证券事务所、会计考试中心（中华会计函授学校海淀区分校）等8个事业单位。

全年区域税收收入完成1686亿元，同比增长28.8%。区级总财力409.41亿元，其中：区级公共财政预算收入完成263.06亿元，比上年决算数增加24.85亿元，增长10.43%；政府性基金预算收入（含国有土地使用权出让收入）完成19.6亿元，完成调整预算的318.7%，其中国有土地使用权出让收入完成16.07亿元，完成调整预算的574.1%；财力性转移支付收入20.95亿元，专项转移支付收入64.86亿元；上年专项结余33.7亿元，净结余7.24亿元。区级公共财政预算支出累计完成305.58亿元，同比增长25.2%。加大对社会公共事业、社会保障与民生、政府投资建设的投入力度，教育、科技、文化、农业和卫生等各项支出均达到法定增长要求。

（白洁 刘志广）

【会计从业资格无纸化考试】 3月3日~25日，组织完成会计从业资格无纸化考试，全区报考人数16781人，及格人数3490人，及格率20.8%。

（白洁 刘志广）

【公开预算信息】 7月，贯彻落实中央和北京市要求，推进财政信息公开工作。除涉密单位外，全部区属政府部门均主动向社会公开本部门预算信息，主动接受社会公众监督。在全市区县中率先披露财政调整预算报告中的“三公”经费预算安排情况，提交区人大常委会审议。

（白洁 刘志广）

【“营改增”试点改革】 10月~12月，按照全市统一部署，进行“营改增”试点改革。开展调研测算，制定改革实施方案，组织宣传培训，定期分析评估改革运行情况，密切与纳税人的沟通联系，改进优化纳税服务，确保税制转换顺利实现。全区共有5.1万户纳税人纳入本次试点改革，约占全市“营改增”纳税人总数的32%，是全市试点纳税人最多的区县。其中一般纳税人1.7万户，占全区试点纳税人的31%。试点行业减税总额近5亿元，整体税负下降25.19%。

（白洁 刘志广）

【事业单位财政性结余资金管理】 12月11日，制定《区级行政事业单位财政性结余资金管理办法》，规范和加强事业单位财政性结余资金管理，提高资金使用效益，挖掘部门存量资金潜力，统筹结余资金4.7亿元，实现集中财力办大事。

（白洁 刘志广）

【税源建设】 本年，受宏观政策调控、税制改革以及上年同期高基数影响，财政收入前两个月呈现负增长。区财政局紧急制定《海淀区财政收入组收工作方案》，建立健全各相关部门及街镇广泛参与的横向联合、纵向联动的组收机制，完善旨在切实解决企业实际困难的重点企业走访机制。财政收入增量继续向街镇倾斜，拨付街镇税源建设支持资金3.8亿元，引导支持街镇做好投资促进及税源建设工作。

（白洁 刘志广）

【支持核心区产业发展】 本年，加大核心区产业发展支持力度，完善自主创新和产业发展专项资金管理办法。安排专项资金18亿元，用于落实核心区自主创新和产业发展“1+10”[①]政策体系。强化政府采购政策导向作用，要求各部门优先采购核心区自主创新的新技术新产品；将信用担保引入政府采购领域，为中小企业融资开辟新途径。支持重点产业发展，促进核心区产业结构优化升级和经济发展方式转变，发挥核心区企业对区域经济的支撑带动作用。

（白洁 刘志广）

【支持土地储备项目】 安排16.2亿元用于八家地区整体改造、中关村创新园收储等项目。在拓展融资渠道，采取抵押收储等形式取得项目贷款，推进北部村庄腾退和南部土地整理等工作。规范土地储备项目资金管理，委托专业机构对土地储备项目进行全过程跟踪审计。

（白洁 刘志广）

【投资基础设施建设】 本年，围绕打通南北交通瓶颈，安排资金26亿元，其中区级资金18.5亿元，重点保障轨道交通山后线、有轨电车西郊线等重大项目建设。安排4520万元在100个居民小区实行生活垃圾分类。

（白洁 刘志广）

【落实涉农资金7.2亿元】 本年，健全涉农资金稳步增长机制，安排涉农资金7.2亿元，落实集体生态林补偿、农田补偿、粮食直补、农村生活用水补贴等政策，提升现代都市作业产业化水平，改善农民生产生活条件。

（白洁 刘志广）

【优化教育经费支出结构】 本年，在完成教育经费投入依法增长的前提下，进一步优化支出结构，推进优质教育资源均衡发展。新接收、新建、改扩建、改造幼儿园34所，新增入园学位5206个，缓解“入托难”问题。安排资金1.2

[①] “1+10”：指区委、区政府制定并发布的《关于加快核心区自主创新和产业发展的若干意见》及10个配套支持政策。

亿元，用于改善农村地区办学条件及新建学校达标等项目。

（白洁 刘志广）

【加大社会保障资金投入】 继续加大民生保障投入，促进城乡就业一体化发展，落实就业补助资金0.9亿元；加大老年保障财政补贴投入，落实城乡居民养老保险、城乡无保障老年人保障等资金1.6亿元；推进养老服务事业发展，落实居家养老券（九养）补贴经费0.8亿元；实现城乡低保标准一体化，落实城乡居民最低生活保障经费0.4亿元；完善残疾人各项保障政策，落实残疾人就业保障金1.2亿元；落实城镇居民医疗保险费0.9亿元、新农合基金0.6亿元；推进医疗卫生体制改革，落实基本药物制度补贴0.5亿元；开展各项公共卫生服务项目，补助资金0.9亿元。

（白洁 刘志广）

【财政管理与监督】 本年，完善基础数据库管理，推动滚动项目库建设，拓宽数据采集渠道，促进预算分配和管理的科学性、公平性。继续推进全口径预算管理，完善国有资本经营预算编制方式。建立预算执行责任通报机制，提升部门预算执行效率。继续推进国库集中收付管理，在全市率先将镇政府全部纳入国库集中收付管理体系。完善公务卡结算管理制度，提高财政支出的规范性。将预算外资金上缴国库，实行综合预算管理，增强预算管理的完整性。完成468家行政事业单位的固定资产清查工作。培训财务人员4000余人次，提升专业素质。

（白洁 刘志广）

【开展会计信息质量检查】 在11家委办局、学校和医院等行政事业单位开展会计信息质量检查，并延伸检查单位7家。检查涉及资产总额82520.34万元，负债总额11594.36万元，收入总额65135.84万元，支出总额65184.86万元。查出问题83条，发现各类违规资金约15408万元。

（白洁 刘志广）

【预算绩效管理】 本年，将财政预算绩效管理纳入海淀区政府绩效管理考核体系。开展项目支出全过程预算绩效管理试点工作。要求2013年部门预算中金额在200万元以上的十三大类的项目支出填报绩效目标，通过专家论证、人大代表、政协委员参与等多种方式，对项目实施的可行性、必要性、绩效目标、资金预算等进行事前评估，增强预算编制的科学性、准确性。完善绩效评价结果运用机制，将绩效评价结果作为预算安排的重要参考依据，促使各部门增强绩效理念和责任意识。

（白洁 刘志广）

税 务

国家税务

【概况】 海淀区国家税务局组建于1994年8月30日，是由北京市国家税务局垂直管理的，在海淀区行政区域内实施国家税收征收管理的行政管理机关。负责中央税收、中央与地方共享税收和部分地方税收征管和稽查工作。下设稽查局、车辆购置税征收管理分局2个直属机构，信息中心、机关服务中心、票证中心3个事业单位及12个派出机构。

截至年底，区国税局累计登记纳税人215793户，同比增加23636户，增长12.3%。2012年，处于开业登记状态的纳税人160301户，占全市899292户的17.83%，停业状态的纳税人3户，处于非正常及非正常注销状态纳税人55485户（其中处于非正常注销状态的纳税人5448户），筹建期状态纳税人4户。在处于开业登记状态的纳税人中，含内资企业135442户，外商投资企业2897户，港、澳、台商投资企业1435户，个体经营19630户，非企业单位897户。

纳税人状态分类示意图

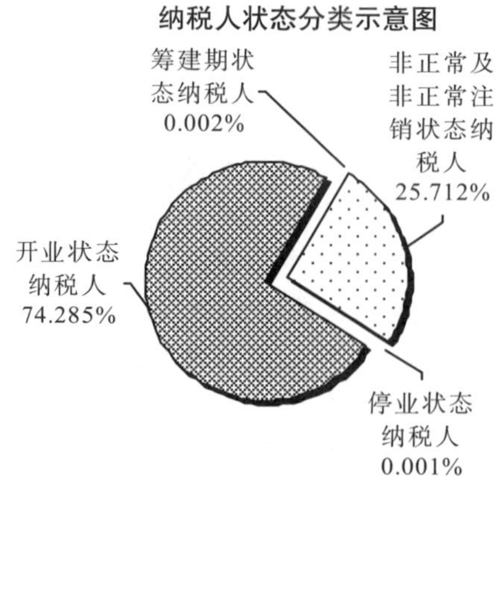

开业状态纳税人分类图

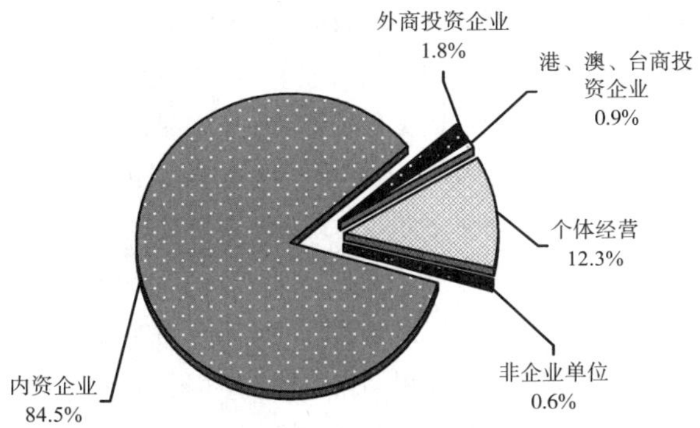

2012 年海淀区国税收入情况表

项目名称	金额（万元）	比 2011 年增加（万元）	增长率
各项收入	11563835	3474558	43%
税收收入	11458365	3410247	42.4%
中央固定收入税收（不含所得税）	6216966	1217964	24.4%
共享收入	4435324	972192	28.1%
地方级收入	1496043	302790	25.4%
区级税收收入	747931	151674	25.4%
增值税	2045402	262354	14.7%
消费税	23642	1700	7.7%
营业税	1478327	181185	14%
企业所得税	7630860	2903508	61.4%
个人所得税	12498	–4931	–28.3%
城市维护建设税	78712	11300	16.8%

（林杉）

【“营改增”试点改革】 9 月 1 日，按照《财政部 国家税务总局关于在北京等 8 省市开展交通运输业和部分现代服务业营业税改征增值税试点的通知》的规定，北京市开展营业税改征增值税试点（以下简称“营改增”试点）工作。“营改增”试点涉及两个行业：一是交通运输业，包括：陆路运输服务（铁路运输除外）、水路运输服务、航空运输服务、管道运输服务；二是部分现代服务业，包括：研发和技术服务、信息技术服务、文化创意服务、物流辅助服务、有形动产租赁服务、鉴证咨询服务。上述行业纳税人以前缴纳营业税的应税项目改征增值税。区国税局全年组织“营改增”试点面对面政策培训 74 场，发放培训光盘 8 万张。确认“营改增”试点纳税人 5.1 万户，占全市的 32%；实现“营改增”试点收入 19.9 亿元，占全市的 34.6%。10~12 月，“营改增”试点申报率均达到 99.93%。

（林杉）

【税收管理】 推进“规范一线、发展两翼，强化大企业管理”[①]的征管格局建设，深化税源专业化管理。梳理即办事项操作流程，规范涉税资料，统一业务流程。加强后续管理，提升小规模纳税人发票使用及管理水平。分层次分析欠税企业情况，采取针对性措施开展清欠工作。强化税源监管，申报率、入库率、有税率稳步提升。落实小型微利企业免除发票工本费政策，全年发售发票 26.9 万户（次），售票总量 1690 万本（份），免除发票工本费 516 万元。建立评估与稽查“数据共享”的工作模式，

① “规范一线、发展两翼，强化大企业管理”中，“一线”指税收征管，“两翼”指纳税评估和税务稽查。

充分利用第三方涉税信息的指引作用，强化业务科室对评估指标、评估方法的引导。开展对加油站和药品批发零售企业的专项评估，补缴增值税84万元。

（林杉）

【税务稽查】 推进稽查工作，强化稽查过程监控和时限监控，注重检查环节的痕迹管理。统一执法标准，规范日志管理，合理界定稽查选案、检查、审理、执行等四环节的职责和衔接流程。全年组织开展重点税源、餐饮业、成品油、房地产等税收专项检查，加大对虚假发票“买方市场”的整治力度，推进重大案件专案检查。全年立案349件，实施检查322件，结案270件，查补税款4369万元，收滞纳金4071万元，处罚款4422万元。

（林杉）

【货物劳务税管理】 按月对增值税应纳税额变动超过1000万元的企业进行监控分析，以重点企业和行业为突破口，侧重对零申报、低税负企业进行跟踪。全年认定增值税一般纳税人5910户。审批软件产品资格15630个，为11676户次企业办理软件产品即征即退，办理退税40.2亿元。为376户次福利企业退税2204万元。完成2973户文化事业建设费登记，首个征期受理1743户，入库费款3.3亿元。

（林杉）

【企业所得税管理】 加强汇算清缴全程管理，取消征前审核，严格过程控管服务，强化后续管理评价，汇算清缴“五率”水平进一步提升。加强预缴管理，14家企业补缴税款6200万元；落实重点税源按月预缴工作，及时掌握所得税入库情况及增减变化原因，确保税款及时均衡入库。规范汇算退税管理，强化对退税企业的审核。完成622户总机构、1288户分支机构的跨地区经营汇总纳税企业所得税税款分配自查。落实小微企业和中关村示范区税收优惠政策，为2011年度享受中关村示范区优惠政策的370家企业办理减免税6.3亿元。

（林杉）

【大企业和国际税收管理】 本年，入库国际税收25.1亿元，同比增收10.3亿元，增长69.7%。首次否定股权转让申请特殊性税务处理，入库税款1517万元，收缴滞纳金150万元。开展外商投资企业反避税调查，与某跨国公司签订双边预约定价执行协议，入库国税收入8.3亿元，是全国单户补税金额最大的特别纳税调整案例。举办税收风险专项讲座，引导企业纳税遵从。对已签订《税收遵从协议》的企业开展后续跟踪管理，提高税收风险防控意识。

（林杉）

【进出口税收管理】 全年共认定出口企业2084户，审核免抵退税9294户次，办理退税额4.19亿元，免抵税额11.56亿元；审核免税销售收入额27.7亿元，开具各类涉税证明956份。

（林杉）

【个体集贸税收管理】 全年组织个体集贸税收7800万元。针对集贸市场内个体商户“超范围开具发票”及“转让额度”等问题，提出“修改网络版开票系统，细化发票项目名称并锁定个体商户开票范围”的建议，得到市局支持，已开发完成投入使用。

（林杉）

【车辆购置税管理】 开展车购税专项执法检查，梳理业务流程，完善制度落实，规范执法行为。全年组织车辆购置税18.8亿元，同比增长40%；征收车辆8.5万辆，同比增长42%。

（林杉）

【税收执法】 本年，落实税收执法责任制，改进税收执法与监督方式。全年审理重大税务案件45件，审结37件，确定追缴税款1.8亿元，罚款1.6亿元。审议重大税务事项27件，全部审议通过。向市局提交行政复议答辩书2起，组织行政处罚听证会1次，落实行政救济程序，保护税企双方的合法权益。分阶段对税收执法情况开展自查及重点抽查，对以前年度整改落实情况开展“回头看”。核查疑点信息，及时发现并排除执法隐患。

（林杉）

【基础管理工作】 实行税收目标责任制。在全市率先启用税收票证管理模块，促进票证管理规范化。加强收入进度监控，建立税收预测机制。确定312户总局重点税源企业、2220户区局重点税源企业。对重点税源企业，区域重点行业、重点区域及上市公司进行税源调查，及时掌握税源变动，分析税收增减变化的成因和影响，提高税源信息意识。加强政策效应分析和地方级收入分析，从税源结构、第三方信息、预提所得税和个性化纳税服务等方面寻找税收增长点。拓宽社会协作领域，开展以“税收·发展·民生”为主题的第21个全国税收宣传月活动。利用电子显示屏、公告栏和触摸屏做好税收政策宣传，全年发放各类税收宣传资料10万余份。

（林杉）

【税务信息化建设】 本年，纳税人网上申报率达到99.7%，电子缴税面达到99.64%。全年通过短信服务平台发起信息推送任务近300项，发送短信30万条。探索电子档案管理方式，配合市局完成金税三期网络改造，扩大自助办税终端应用，提升全局信息化水平。

（林杉）

【获2项市国税改革创新奖】 本年，在市国税系统“改革创新奖”评选活动中，区国税局创新项目《建立“企业QQ工作群” 寻求纳税服务新模式》获纳税服务类“改革创新奖”；《树立系统管理理念 创新青年公务员培养使用新机制》获队伍建设类“改革创新奖”。

（林杉）

地方税务

【概况】 海淀区地方税务局组建于1994年8月31日，隶属于北京市地方税务局，负责海淀区地方税收征管工作，主要对17个税费种类进行征收管理。代理征收残疾人就业保障金、工会经费（筹备金）。下设1个稽查局、18个税务所、1个后勤服务中心（事业单位）和税务学会（社会团体）。

2012年，办理开业税务登记21729户。其中内资企业21343户，外资企业386户。注册资金1000万元以上的1213户，注册资金5000万元以上的314户。截至年底，累计管户达到194164户，其中正常纳税户176331户，非正常纳税户14413户，登记状态纳税户3420户。

全年累计实现各项收入532.1亿元（不含残保金），同比增加22.1亿元，增长4.3%。其中，完成区级收入178.2亿元（不含残保金），同比增加4.4亿元，增长2.5%。实现地方公共财政收入389亿元（不含残保金），同比增加9.8亿元，增长2.6%。

在三大主体税种中，营业税入库209.7亿元，同比增加3.9亿元，增幅1.9%；个人所得税入库163.1亿元，同比增加6.8亿元，增幅4.4%；企业所得税入库39.6亿元，同比增加2.2亿元，增幅5.9%。

（董妍）

【启用举报接待室】 1月，针对恶意举报和缠诉案件逐年增多的情况，启用举报接待室并全程监控接待过程，方便举报案件的后期取证。对于实名举报对象确实存在，且举报人留有手机联系方式的，通过发送短信履行税务机关的告知义务，索取有效证据，全年发送有效短信30余条。全年受理举报件1686件。其中立案检查和转征管185件，有问题率为96.22%；查补税款、滞纳金和罚款合计344.47万元。

（董妍）

【办理首例营业税特别纳税调整[①]专案】 2011年3月30日，区地税局对辖区A、B两家公司启动反避税调查程序，通过调取企业基本信息、纳税情况，以及暗访、约谈，利用专业系统进行再分析，2012年5月17日，最终认定这两家公司和境外某公司技术支持服务交易不符合独立交易原则，应当进行特别纳税调整，追缴B公司营业税、文化事业建设费共计3042万元；退A公司营业税1470万元。这是本局建局以来办理的首例营业税特别纳税调整案。

（董妍）

【“营改增”试点改革】 9月1日，北京市正式对交通运输业、部分现代服务业与生产性服务业开展营业税改征增值税试点改革。区地税局制定营改增实施方案和应急预案。前期对5314户纯地税户企业开展税收典型调查；对“营改增”基础数据进行四次测算、汇总；与区国税局加强征管衔接，定期通报营改增移交户数情况，对出现的问题及时交换意见；在各税务所办税服务大厅设立“营改增咨询窗口”，利用邮箱、网站做好宣传。由于区域行业特点，海淀区成为受影响最大的区县。

（董妍）

【税源清查】 全年共计核准地税企业所得税纳税户37370家；对82家企业进行土地增值税预征与营业税销售不动产入库比对，逐一核实存异企业并视具体情况作差别标注，跟踪管理；对中关村西区办公楼宇管理、租金额度及发票使用情况进行调查。完成年收入12万元个税自行申报工作，申报人数22.21万人次，完成全年任务的124%。

（董妍）

【发票管理】 在餐饮业、娱乐业、洗浴业重点推广限额版税控机打发票；对虚拟办公企业实施每次购票一本制度，按季度抽查企业购票情况；把好减免税审批关，走访约谈减免税金额巨大的企业。

（董妍）

【纳税评估】 本年，加强对评估结果的分析及应用。通过对重点关注评估指标（如无税申报企业的后期跟踪和监测等），将长期累犯同类纳税问题的纳税人作为监控重点，开展评估复查，减少评估指标中的无效数据。建立纳税评估案卷定期抽检制度。从文书、程序、实体三个方面按季开展案卷的抽样检查，加强对纳税人涉税问题的预防和监督。全年共对7153户纳税人开展评估工作，入库评估税款、滞纳金、罚款合计9922.4万元，同比增加692.66万元，增幅7.5%。

（董妍）

【税务稽查】 对证据资料分析、法律法规适用等查办难点问题，与上级机关和本局税政、法制部门协办，提高稽查质量；对契税逃税等查办热点问题，除依法处理外，及时向相关科室、税务所反馈情况，研究对策加以预防，避免问题反复出现。帮助440户重点税源企业开展自查。全年立案稽查243户，查补入库税款合计1.97亿元。

（董妍）

【提高纳税服务质量】 强化海税通服务平台评估及预测功能，增加重点纳税户预测填报，广告业纳税评估调查表，对广告业纳税人2010年、2011年的纳税辅导等自定义报表，方便纳税人在线填报；加快“网上办税厅”建设，增强“纳税辅导”栏目功能性，及时更新纳税辅导资料，共收录纳税辅导手册15份。采取内部抽查与第三方抽查交替进行的方式加大对外咨询服务电话的抽查力度，通报接听质量，督促问题部门整改。共计抽查13次，拨打咨询电话272通，接听质量明显改善。

（董妍）

【税收法制宣传】 本年，开展多种形式的税收法制宣传教育活动。开展“车船税法走近您身边”的宣传活动，以辖区各大型停车场经营企业为合作单位，发放车船税法宣传卡片；在中关村多媒

---

① 特别纳税调整：是指税务机关出于实施反避税目的而对纳税人特定纳税事项所作的税务调整，包括针对纳税人转让定价、资本弱化、避税港避税及其他避税情况所进行的税务调整。

体产业园和中关村数字电视产业园，利用宣传牌、灯箱、标识牌等载体，宣传税收政策；组织开展全区文化创意类企业税收政策辅导培训会，讲解政策及办税流程并现场答疑。

（董妍）

审计

【概况】 海淀区审计局成立于1983年11月，负责海淀行政区域内的审计工作。本年，完成各类审计和审计调查任务48项，查处违规及管理不规范资金资产45亿元，向地税部门移交违纪线索、涉税事项1件，协助查办群众举报信访事项2件；提交审计专题报告、综合性报告和信息118篇，被各级部门采用153篇次。被北京市审计局评为“2012年计算机审计案例报送优秀组织单位”，并获得“AO应用实例优秀奖”1项，“AO应用实例应用奖”4项，“计算机审计方法合格奖”6项；《海淀区财政局2010年度本级预算执行和其他财政收支情况审计》被北京市审计局评为优秀审计项目。

（乔捷）

【预算执行审计】 本年，加强对涉及民生的公共资金和重点建设项目的审计监督，加大对财政资金使用效益的评价。采取预算执行审计与专项资金审计相结合的方法，对涉及城乡住房、医疗卫生、环境污染整治等专项资金的合规性、效益性进行绩效审计调查。针对财政资金在征收、管理、使用等方面存在的问题，从完善体制、健全制度、改进管理方面提出建议。

（乔捷）

【专项审计】 开展企业专项审计，对海淀置业集团有限公司等14家区国资委监管的区属一级企业资产、负债、损益的真实、合法情况进行审计。通过分析企业净资产状况及其构成，评价企业资本结构的合理性，调查国有资本经营预算的编制以及执行情况，揭示因政策原因等制约企业运营的问题，推动海淀区经济结构调整和产业升级。

（乔捷）

【经济责任审计】 在审计方式上，采取经济责任审计与专业审计、效益审计相结合的模式。在审计内容上，以经济决策权、管理权、政策执行权和个人廉洁自律情况为重点，加强对领导干部在管理、使用、分配资金和资产过程中的监督，发挥经济责任审计的监督和预防作用。面向全区处级领导干部和财务人员举办3次专题培训，对典型案例进行深入剖析，发挥警示作用，实现事后监督向事前预警服务的转变。探索经济责任审计的标准化、规范化作业规程，探索建立不同类型领导干部的审计体系和评价标准。全年完成对30名正处级领导干部的经济责任审计工作。针对存在的问题，向被审计单位提出整改意见，依法做出审计处理决定。

（乔捷）

【政府投资审计】 开展政府投资竣工决算审计、重大项目跟踪审计。协调社会审计机构，督促建设单位健全制度，规范管理流程。全年完成竣工决算审计29项，工程结算送审金额10.3亿元，审计核减投资1.89亿元，审减率18.35%。对北部四镇8个村腾退及安置房建设项目进行全过程跟踪审计，审核完成腾退补偿协议6165份，涉及补偿资金103.39亿元；安置房建设项目分项工程结算送审金额6394.36万元，审计核减664.14万元，审减率10.39%。对平原地区造林、老旧小区综合整治、既有居住建筑供热计量及节能改造等6项环境整治和重大市政基础设施建设项目进行监督。配合区纪委、监察、财政等部门跟进“园区、景区、城区”建设的各类投资项目检查监督。

（乔捷）

【审计调查】 本年，加强资金绩效审计，重点关注民生工程。完成保障性住房建设、药品零差率政策执行、屋顶绿化工程、小型污水处理设施投入和运营情况等4项专项资金的审计调查。对全区19家街道房产管理情况审计调查，全面掌握街道资产存量及管理情况，以及房产使用取得的经济效益和社会效益，加强对发现问题的原因分析，促进街道系统房产的规范管理。11月底，区审计局代区政府向区人大常委会专题报告此项工作。

（乔捷）

【审计信息化建设】 围绕信息化核心联网审计系统建设，推进审计信息系统的应用力度，将利用联网审计系统开展全区部门预算执行审计纳入调研重点课题。建设业务与交流平台，内容涵盖业务、活动、党建等6大项。应用京OA系统与署AO系统，提高审计的质量和效率。计算机审计水平位列全市审计机关前列。

（乔捷）

国有资产监管

【概况】 北京市海淀区人民政府国有资产监督管理委员会（简称区国资委）成立于2004年7月16日，根据区政府授权履行区属国有资产出资人职能，对区属经营性国有资产进行监管，对区属城镇集体企业进行指导监管。直接监管企业17家。

本年，区国资委推进企业改革调整与企业上市，规范国资监管，推进国企党建，实现区属国有经济平稳持续发展。

区属国有企业主要从事商业服务业、园区建设业、地产开发经营业、基础设施建设业及科技金融服务业等。截至年底，区属国有及国有控股企业资产总额755.90亿元，负债总额557.25亿元，国有净资产145.19亿元；实现营业总收入182.25亿元，利润总额10.76亿元，上缴税金14.41亿元。

（杨晓美）

【国有企业经营发展】 本年，翠微集团、当代商城、甘家口大厦、超市发连锁等区属商业企业保持健康稳步发展。海淀置业集团收购盈智大厦、图书城街区部分房产；与第一太平戴维斯公司合作组建天合太平物业管理公司。海淀置业集团、海开集团负责中关村知识产权大厦招商运营工作，吸引国家知识产权局北京代办处等一批知识产权服务机构入驻。海淀置业集团推进“菜篮子”工程，将18处配套商业网点恢复“菜篮子”便民服务功能。海科金集团创投、担保、小额贷款、典当、孵化等业务取得长足发展，担保公司在全市担保行业综合排名第四。中海投公司成立中关村国际数字设计中心，吸引英特尔物联技术研究院等知名科技机构签约入驻，通过以租金换股权方式与入驻企业开展深度合作。实创有限公司、实创股份公司、威凯公司等企业继续推进北部园区、北部地区建设，三家企业全年累计融资106亿元，支付拆迁补偿款91亿元，园区内企业开复工面积251万平方米。翠湖科技园新签约国机集团等15家机构入驻，园区重点项目中关村壹号项目取得立项和规划意见书，开始基础施工。永丰基地（新）项目前期手续办理及拆迁工作取得较大进展。海融达公司全年完成投资26.02亿元，完工项目15项（21条道路），通车里程12.35千米。绿海能公司推进再生能源发电厂项目建设，开展工程及设备招标、场平工程、军缆迁移等前期准备工作，综合楼项目已施工建设。威凯公司、海开集团、昊海公司等企业加快推进经济适用房、廉租房、公租房及回迁房等相关保障房项目建设任务，全年开复工面积累计约171.62万平方米，年内完工84.77万平方米，8031套房屋竣工交付使用。

（杨晓美）

【国有企业改革】 本年，出台《海淀区属国有企业改革工作实施方案》，按照做大做强一批国有企业的规划思路，开展区属企业调整重组调研；启动京海联公司改制，聘请中介机构开展财务审计、产权界定等工作；推动国有资本有序进退，审批对外投资项目12项，产权转让项目4项，产权转让项目立项3项。

（杨晓美）

【国有企业投融资】 区国资中心作为投资主体，参与投资组建北京知识产权运营管理有限公司、中关村国盛创业投资中心基金、北京股权交易中心有限公司及中石化海国油品企业管理公司。区国资中心与金融机构合作，以资产收益权方式融资到位15亿元；推进16亿元二期企业债发行工作，将发债申报材料上报国家发改委审核；推进发行短期融资券工作，向中国银行间交易商协会上报申请。

（杨晓美）

【国有资产监督管理】 开展企业董事会报告制度试点，完成海淀置业集团等4家企业董事会专题报告评价工作。国企监事会工作受到市国资委肯定，入选国务院国资委举办的外派监事会精品工作展评。签订《资产经营责任书》，将实现国有资产保值增值等任务分解到各一级监管企业。加强国有资本经营预算管理，组织企业上缴国有资本收益1.37亿元，安排预算支出1.65亿元，用于支持企业主业发展及解决遗留问题等。规范开展统计评价、产权登记、清产核资、财务审计、资产评估监管等各项基础管理工作。做好安全维稳工作，确保企业安全稳定运行。

（杨晓美）

【帮助企业解决难题】 本年，通过银行贷款、融资租赁等方式解决海国投公司资金紧张问题；形成由八大处公司收购五个借款关联项目及化解大地集团债务风险的框架方案，促进企业化解外债风险。指导工业公司推进解决原北京第一机床电器厂土地遗留问题，基本形成工业公司收回10500平方米房产及其他相关权益的一揽子解决方案。推进解决京门公司破产和解、瑞海公司债权问题及雪花冷冻箱厂债务问题等。

（杨晓美）

【北京市海淀区国有资产投资经营有限公司】 成立于1992年12月，原名北京市海淀区国有资产投资经营公司，是经海淀区政府授权对国有资产行使出资权力的国有独资企业，拥有全资、控股、参股及托管企业29家。公司投资涉及高科技、金融、房地产、水务、旅游服务业、公共基础设施等领域，公司受海淀区国资委监管。2011年8月，改制更名为北京市海淀区国有资产投资经营有限公司，企业性质为有限责任公司（法人独资），注册资本10亿元，经营范围变更为投资管理；资产管理。

区国有资产投资经营有限公司成员企业一览表

	企业名称	所属行业	企业性质	持股比例
全资企业（7家）	北京皇苑大酒店①	旅游饭店	全民所有制	100%
	北京市海淀区海阔咨询公司	服务业	全民所有制	100%
	北京市海安房地产开发中心	房地产开发	全民所有制	100%
	北京信茂房地产开发有限公司	房地产开发	有限责任公司	100%
	北京常兴海广会展有限责任公司	服务业	有限责任公司	100%
	北京海淀水务有限责任公司	自来水生产和供应	有限责任公司	100%
	北京香颐鑫源经贸有限公司	贸易	有限责任公司	100%
控股企业（6家）	北京海淀科技发展有限公司	科技及房地产开发	有限责任公司	40%
	北京稻香湖投资发展有限责任公司	旅游饭店	有限责任公司	74.76%
	北京海国投物业管理有限公司	物业管理	其他有限责任公司	80%
	北京八大处房地产开发有限公司	房地产开发	其他有限责任公司	51%
	北京华海讯通信设备销售有限公司	通讯设备销售	有限责任公司	60%
	北京海淀鑫泰世纪文化发展有限公司	旅游管理	有限责任公司	70%
参股企业（15家）	北京银行股份有限公司	金融	股份有限公司（上市）	0.76%
	北京国翔资产管理有限公司	金融	有限责任公司	6.87%
	北京科技风险投资股份有限公司	投资	股份有限公司	10.75%
	北京锦绣大地农业股份有限公司	农业	股份有限公司	2.73%
	北京海淀科技园建设股份有限公司	房地产开发	股份有限公司（非上市）	31%
	中科软科技股份有限公司	科技	股份有限公司	20%
	北京市绿化隔离地区基础设施开发建设有限公司	公用事业	有限责任公司	12.80%
	北京天润典当有限责任公司	金融	有限责任公司	15%
	北京海迪创新技术资产投资中心有限公司	投资	其他有限责任公司	20%
	北京地铁四号线投资有限责任公司	公用事业	有限责任公司	19.62%
	北京地铁十号线投资有限责任公司	公用事业	有限责任公司	3.33%
	北京海开房地产股份有限公司	房地产开发	股份有限公司	14.90%
	北京绿海能环保有限责任公司	公用事业	有限责任公司	40%
	北京鑫泰世纪置业投资有限公司	房地产开发	其他有限责任公司	30%
	北京海淀科技金融资本控股集团股份有限公司	金融	股份有限公司	20.6667%
托管企业	北京市海淀区钢管厂	制造	全民所有制	100%

① 北京皇苑大酒店已整体转让给国家行政学院，但工商变更尚未完成。

本年，公司系统按合并报表口径计算，资产总额213.97亿元；实现收入总额22.89亿元，实现利润总额3.81亿元，完成年计划的127%，同比下降59.03%；净资产收益率6.2%，完成年计划的124%，同比下降81.09%；公司本部实现收入4.74亿元，完成年计划的138.6%，同比增加52.9%[①]；实现利润1.23亿元，完成年计划的105.13%，同比下降77.09%；实现净利润1亿元，完成年计划的104.17%，同比下降76.47%；上缴税费6259.66万元，完成年计划的100%，同比下降64.83%；上缴税金6122.53万元；上缴利润8850.1万元，完成年计划的100%，同比增加111.42%。

本年，完成2亿元出资参股海淀科技金融控股集团公司，至此总出资款3.1亿元全部到账。组建北京海国鑫泰投资控股中心，被北京市列为海淀区唯一政府投融资主体。将八大处公司的全资子公司北京宏城鑫泰置业有限公司100%股权通过承债式划转方式转给海淀置业公司持有。对八大处公司债权项目采取由八大处公司完成对借款关联项目的并购，将债权转化为对应项目股权，化解借款收回风险。对大地系统公司债权项目以其现有可变现资产抵偿公司部分债权，剩余部分及四季青债权以其北区潜在资产为载体，通过项目开发逐步实现债权回收。北京海淀科技发展有限公司对国投公司的借款本金全部还清。提出对华海讯公司等亏损企业转让清算方案。

建立董事会、党委、监事会主要负责人和总经理共同参与的协调工作机制。做好稻香湖景酒店改扩建工程后续各项工作。完成鑫泰大厦停车场的扩建工程，新增车位90个。

落实安全生产责任制，排查解决系统各类安全问题，防止影响稳定和安全的事件发生。公司及系统企业未发生重大安全责任事故。公司安保部在市公安局单位内部安全保卫工作评比中荣立集体三等功。

（赵灵娟）

【北京中海投资管理公司】 成立于1993年，原名北京市新技术产业开发试验区国有资产投资经营公司，2004年更为现名。注册资本9000万元。公司是由海淀区国资委出资和监管的国有独资企业。公司主营业务：创业咨询、创业投资、产权经纪、电子政务、生物医药孵化器经营、投资担保、资产经营和管理等。

本年，公司资产总额达到5.9亿元；实现经营收入1.35亿元，同比增长50.65%；实现利润总额1048万元，归属于母公司所有者的净利润495万元，净资产收益率1.25%，比上年增长0.52%。

"中关村国际数字设计中心"开业。由北京创客空间等单位共建的公共服务平台——"中关村梦想实验室"正式在中心成立。通过场地租金优惠措施、创业项目孵化政策等配套措施，吸引国内外产业上游或关键节点机构入驻。中国英特尔物联技术研究等一批富含创新要素的企业正式入驻，通过中关村数字设计创业大赛选拔的首批5个优秀项目签约入孵。启动产业设计基金的设立工作、PLC窄带芯片产业化项目和海峡两岸科技交流项目。

继续做好创业引导基金和股权投资专项资金受托管理工作，在早期（含天使）投资以及文化创意产业基金方面进行探讨，形成完善的基金设立以及投资方案。有10余家已投企业获得针对项目的软件著作权、专利权。北科光大等多家企业获得银行贷款额度。完成重点项目未明兴旺的投资，采用知识产权共享方式，完成后续签约、入资等相关工作；形成新岸线项目投资尽职调查报告。完成与第二批引导基金合作机构明石投资、同创伟业参股基金的协议签署工作。引导基金总计完成政府财政出资1.8亿元，参股设立五支子基金，基金总规模近50亿元人民币。参与中关村创业投资和股权投资基金协会设立和北京市中小微企业融资对接会的筹备工作。

参与区文化创意基金设立工作。公司控股的中海纪元公司扩大在海淀区及外省市的业务范围，探索项目制集成化服务。4个政府电子政务管理系统被评为第十届全国OA典型应用系统。公司控股的中海源公司当选为"中央企业全要素综合服务特约机构"，成为北京产权交易所首个动态报价成交的经纪会员，完成首例动态报价交易。

（蔡莹）

【北京海淀科技金融资本控股集团股份有限公司】 2010年12月8日，北京海淀科技金融资本控股集团股份有限公司（以下简称海科金集团）在北京市工商行政管理局注册，注册资本金人民币15亿元。集团下属子公司包括北京海淀科技企业融资担保有限公司（9月21日更名）、北京鑫泰小额贷款股份有限公司、北京中海创业投资有限公司、北京中关村上地生物科技发展有限公司、北京海汇典当有限公司、北京海鑫资产管理有限公司（12月14日成立）、北京科海融创咨询有限公司（5月23日成立）、北京海科融信物流有限责任公司等8家子公司。

本年，海科金集团工会成立，与中关村永丰科技产业基地举办金融知识讲座。北京科海融创咨询有限公司主办北京市中小企业私募债券专题讲座，主办中小企业拟上市业务对接座谈会，与中国民生银行成府路支行合作建立担保互助基金，举行科技金融政策及业务培训专题讲座；北京海淀科技企业融资担保有限公司担保余额突破20亿元，信用等级评估为AA⁻，主办中小企业融资研讨会；北京海汇典当有限公司推出"存货变现金"（简称"存货质押"）业务，并与北京城环城汽配商会就合力推荐存货质押业务达成共识；北京中海盈创投资管理中心（有限合伙）完成对北京水木源华电气有限公司2000万元投资，备案成为中关村管委会创业投资合作伙伴；中关村生物医药园完成节能

① 上年本部收入中含皇苑股权转让等投资收益，影响同比数据。

改造工程；北京中关村上地生物科技发展有限公司获得北京市经济和信息化委员会授牌“北京市中小企业公共服务平台”，申报的抗体药物工程公共技术服务平台项目通过初步评审，联合园内六家企业申报的北京市战略性新兴产业孵育基地及培育项目通过专家评审，参加第10届中国国际新药创制前沿技术与产业化发展峰会暨项目合作洽谈会，承办第二届“前瞻与共赢—医药科技创新与成果转化”论坛。

（任嵩迪）

出入境检验检疫

【概况】 中华人民共和国海淀出入境检验检疫局（以下简称“海淀局”）是中华人民共和国北京出入境检验检疫局设在海淀区的分支机构，2007年5月16日正式挂牌办公。依法负责北京地区出入境医疗仪器设备、进口涉及医疗器械的压力容器以及燃气锅炉的检验检疫工作；负责海淀区、昌平区和延庆县范围内进出口商品检验、出入境动植物检疫、出入境卫生检疫、出入境食品检验检疫和监督管理工作。

全年检验检疫出入境货物17821批，货值17.2亿美元（2010年、2011年分别为12亿美元、13.4亿美元），同比增长28%。检验出境工业品2695批，货值1.6亿美元；检验入境工业品12115批，货值13.5亿美元（其中入境医疗器械10292批，货值11.4亿美元）；检验检疫出入境动植物产品和食品3011批，同比增长24%，货值2.03亿美元，同比增长55%（其中食品1893批，9451万美元；植物产品672批，1亿美元；动物产品446批，876万美元）。共检出出入境商品不合格35批，金额451.2万美元，对外索赔438.2万美元。出具各类证单17821份。

（李素琴）

【与中关村海关合作共建】 9月6日，与中关村海关签署共建合作备忘录，共同推进中关村科技园区及海淀区经济发展，提高进出口企业管理水平；在进出口检验通关业务和缉私稽查等方面互通信息、数据共享；在帮助企业解决进出口实际困难，服务双自主企业提供通关便利等方面形成长期合作关系；在进出口设备减免税和保税库监管服务方面互通信息、相互促进；在队伍建设和文化建设方面相互交流、共建双赢。

（李素琴）

【进出口医疗器械监管】 本年，对进口医疗器械进行风险评估，使用风险评估模型，试行进口分类管理模式。拟定《北京检验检疫局进口医疗器械监督管理操作规范》，编写完成《北京地区进口医疗器械分类检验监督管理办法》，以北京检验检疫局文件形式发布。

（李素琴）

【分类管理进出口工业品生产企业】 对128家进出口工业品生产企业（其中出口企业92家，进口企业36家）进行信用信息采集，将辖区内发生业务的进出口企业（包括代理企业）由CIQ2000系统导入信用管理系统。对辖区进出口企业定期评级打分，规范出口企业检验检疫信用等级（分A、B、C、D4个等级），实现信用等级分类评定的动态管理。探索进口工业产品分类管理模式，参与国家质检总局进口工业产品质量安全风险信息监测采集和评估试点工作，梳理业务流程中的风险点，提出相应的防控措施；帮助出口未纳入分类管理企业建立出口企业档案、日常监督抽查等制度，企业分类建档率达到93.3%。

（李素琴）

【出口食品安全监管】 本年，以禽肉制品为重点，保证出口食品质量安全，严格检测氯霉素等药物残留；对两家出口酒类生产企业是否存在伪造冒用、掺杂使假等违法行为进行监督检查；制定出口食品添加剂管理方案，对辖区内出口食品添加剂进行预防性监督；针对“毒胶囊”事件，对21家出口食品企业进行逐一筛查，对5家涉及使用明胶企业的使用情况进行督查，抽取相关产品和空胶囊样品进行铬含量检测，均符合标准要求。

（李素琴）

【开展质量安全风险排查】 以出口家具等竹木草产品为重点，排查出口分类管理企业监管模式的执行情况，包括是否存在不严格执行分类管理要求、出口企业建档、日常监督抽查、产品风险分级等方面的问题。对涉及出口肉类保健食品两大类产品5家企业，按产品种类分别进行是否违规使用“瘦肉精”、硝基呋喃等禁用兽药问题，是否使用非法添加物质、是否存在超范围使用食品添加剂等情况的排查，对排查出的问题逐一登记、分析原因、督促整改。对北京华都肉鸡公司质量安全保障体系进行排查，确定养殖场为出口产品的主要风险源，帮助其完善以HACCP为核心的质量安全保障体系和食品安全防护计划。完成辖区动物源性食品和饲料、饲料添加剂监控任务。对出口预包装食品标签进行备案管理，要求企业自6月1日起报检时提供标签符合性声明。开展“下基层、进企业”活动，召集88家进出口企业召开座谈会4次，帮助60多家企业排查风险，消除隐患。

（李素琴）

【开展道德领域突出问题专项整治】 本年，贯彻执行质检系统行风建设“十不准”规定。抓好教育、制度（建立、落实）、监督、惩治四个环节。推进廉政惩防体系建设，引入质量管理和风险分析的方法理念，建立党风廉政和权力运行风险防控体系。全面清理行政职权，确定包括行政处罚、行政强制、行政收费、行政确认、监督检查、内部管理等七个方面、共73项行政职权，分A、B、C三个等级进行初步风险等级确认。对66个风险点提出防范措施。

（李素琴）

药品监督

【概况】　北京市药品监督管理局海淀分局负责对海淀辖区药品、医疗器械、保健食品、化妆品（以下简称“三品一械”）的生产、流通、使用进行执法监督、行政监督和技术监督。下属海淀区药品稽查办公室和海淀区药品检验所2个单位。

截至年底，海淀区监管相对人共计9014家，其中药品生产企业17家，药品经营企业654家，医疗器械生产企业366家，医疗器械经营企业2789家，保健食品生产企业73家，保健食品经营企业1306家，化妆品生产企业6家，重点监管的化妆品经营企业2800家，医疗机构1003家。

（冯蕾）

【安全用药宣传】　在“3·15”消费者权益日和世界卫生日，开展“安全用药知识”主题宣传；在6个街镇举办“安全用药大讲堂”，为社区居民讲解安全用药常识，培树群众理性选药购药意识。在《海淀报》开辟每周一期的“海淀药监动态”专栏，宣传安全用药知识；在海淀电视台黄金时段播放药品宣传滚动字幕，在海淀新闻及时报道药监工作动态，推动安全用药理念深入群众、深入生活。

（冯蕾）

【居民家庭废弃药品回收】　12月13日，海淀区启动居民家庭废弃药品回收试点工作，在6个社区、6家药品零售企业和199个社区卫生服务站开展先行先试，增加放置废弃药品回收箱280个。2006年以来，居民家庭过期药回收工作在部分社区开展，提高了居民的安全用药意识，此次试点是为了将此项工作推广至全区每一个社区。区药监分局在网站上公示辖区所有回收箱放置地点，供公众查阅；利用重点区域的6块大型广告牌开展宣传，提高社会和群众知晓度。本年，海淀区将居民家庭废弃药品回收工作作为“为民办实事”项目，列为重点工作进行督办，居民家庭废弃药品回收工作经费纳入区级财政支出。截至年底，全区回收居民家庭废弃药品11吨。

（冯蕾）

【执法监督】　本年，接投诉举报（包括市局批转、协查案件）案件295件，其中药品105件、保健食品107件、医疗器械76件、化妆品7件。立案18件，处罚14件（另1件移送公安分局），没收物品折合价值10.38万元；没收违法所得3.87万元；罚款10.79万元；涉案金额合计25.04万元。与卫生部门联合执法，取缔非法行医窝点24家、非法收售药品行为5起，收缴违法药品小广告千余份。与公安机关配合，破获多起成人保健店、个体诊所销售使用“左炔诺孕酮片”等假药案件，向公安部门移送涉刑案件59件，移送犯罪嫌疑人64人。实现对“三品一械”生产、流通、使用环节的全覆盖监管。全年开展药品生产流通领域、“两非”（非医学需要的胎儿性别鉴定和选择性别的人工终止妊娠行为）、胶囊剂药品、中药饮片、易制毒类化学品和含麻黄碱类复方制剂药品、无菌和植入类医疗器械、保健食品非法添加等专项整治，累计检查企业1000余家次。针对药品经营领域、药品生产领域和宾馆客用化妆品，开展“迅雷行动”、“利剑行动”、“平安行动”三次应急演练。

（冯蕾）

【行政监督】　受理“三品一械”等行政许可申请3182件，送达许可证件1685件。推进新修订药品和医疗器械生产质量管理规范（GMP）的实施，截至年底，辖区共有7条药品生产线通过新版GMP认证，15家医疗器械生产企业通过GMP检查。

（冯蕾）

【技术监督】　本年，抽验药品662件，合格率为99.48%；药包材抽验28件；完成疫苗批签发抽验110批次，累计开箱350件；抽验医疗器械产品45批次，合格率为95.56%；抽验保健食品86批次，合格率为99%；抽验化妆品56批次，合格率为100%。区药检所运行实验室信息管理系统（lims），实现检验信息与数字稽查的有效对接。自主设计研发“海淀药检所对照品管理系统”，实现所内千余种对照品的动态化管理。

（冯蕾）

【药品安全“百千万工程”[①]建设】　本年，继续推进药品安全“百千万工程”建设，香山、曙光、四季青、北太平庄、西三旗5个街镇被评为药品安全示范街镇；108家“三品一械”企业通过质量管理示范企业审核；增聘药品安全员82名。

（冯蕾）

【基本药物监管】　对5家基本药物在产企业开展日常监督检查21次。加强对辖区基本药物配送企业和零售药店的药品购进验收、运输、养护等重点环

① 药品安全“百千万工程”：从2011年开始，3年内在全市创建100个以上药品安全示范街道（镇），评选1000家以上质量管理示范企业，聘用、培养1万名以上药品安全员。

节的监督检查，检查基本药物配送企业6家次，零售药店235家次。深化基本药物电子监管品种全覆盖，督促基本药物生产企业按时完成各省增补基本药物品种赋码及核注核销要求。深化基本药物不良反应全覆盖监测，配合市药监局完成基本药物中标备案系统的基础测试。

（冯蕾）

烟草专卖与管理

【概况】 北京市海淀区烟草专卖局成立于1996年10月，其前身是成立于1994年9月的北京市烟草专卖局海淀分局。管理体制上受北京市烟草专卖局和海淀区人民政府双重领导，主要负责海淀区卷烟市场的监管以及烟草专卖零售许可证的审核、发放和监督工作。北京市海淀烟草有限公司成立于1998年8月，2003年4月改制为北京市海淀烟草公司，隶属于中国烟草总公司北京市公司，是独立核算、自负盈亏的法人企业，是海淀区域内唯一合法的烟草制品批发企业。北京市海淀区烟草专卖局与北京市海淀烟草公司合署办公，是两块牌子一套机构，实行“统一领导，垂直管理、专卖专营”的经营管理体制。截至年底，北京市海淀烟草公司资产总额96512.87万元，同比增长11.92%；净资产93559.16万元，同比增长12.27%；固定资产7620.65万元，流动资产为88892.22万元。辖区内卷烟零售户4681户。

（杨亮）

【烟草专卖经营】 成立知名品牌营销策划课题小组，制定营销策划方案，通过入户市场调研等形式传播品牌文化；《“时光韵染、炫蓝海淀”—中南海（软蓝色时光）营销策划方案》在北京市烟草行业营销策划评比中获得一等奖。推进“532”[①]、“461”[②]和“2310”[③]知名品牌的发展；通过采取加强精准营销的信息采集与品牌分析能力、品牌上柜到位及加强与区工商分局协同等措施，确保目标客户的精准性和采集市场信息的真实性，提高精准营销卷烟的成长率；通过细化明确与工商部门的工作职责，提升品牌知名度、市场占有率和动销率等指标。截至年底，销售卷烟122085箱，同比增长3.35%；实现毛利54776万元，同比增长6.28%；实现单箱销售额27032元，同比增长8.3%。销售一类卷烟24834箱，同比增长16.73%；销售二类卷烟9353箱，同比增长16.01%；销售三类卷烟57167箱，同比增长15.08%；销售四类卷烟21539箱，同比下降23.87%；销售五类烟（低档卷烟）9160箱，同比下降15.33%。

（杨亮）

【烟草市场监管】 健全《海淀区卷烟经营大户管理规定》、《海淀区卷烟非法流通治理工作规范》、《海淀区卷烟非法流通内部监管措施》等八项制度；建立专销结合会制度，发现问题及时向营销部门反馈，向营销部门提出各种意见和建议38条。全年专卖执法案件立案1666起，其中一般程序案件立案319起，简易处罚程序案件1347起；其中涉及假烟案件128起，走私烟案件53起，国产卷烟案件1471起，其他案件14起。查获5万元以上大要案136起，同比增长4.62%；累计先行登记保存违法卷烟649.26万支，其中假冒伪劣卷烟194.6万支，走私卷烟55.98万支，非渠道卷烟398.68万支。实现罚没收入47.3万元；有6名涉烟案件当事人被依法刑事拘留，有11人被处以刑事处罚。处理各类预警2305条，包括异常零售户预警808条，票据监管1037条，电话访销监管125条，零售户信息监管335条。预警处理完成率达到100%，预警处理优秀率达到100%。需求监管审批备案886户。

（杨亮）

【治理销售“天价烟”】 本年，九个检查队采取错时检查和交叉互查的方式，分休息日和夜间两个时段开展交叉互查“天价烟”行动，制作并在零售店内张贴禁止销售“天价烟”的警示标语，责令抽查和暗访中有问题的零售户进行限期整改。共检查零售户6325户次，未发现销售“天价烟”情况。

（杨亮）

【货运场站治理】 本年，与北京市交通执法总队第六执法大队联合制定《关于集中整治全区涉烟物流场站联合行动工作方案》，对盛宏达市场、安河桥、肖家河、东北旺中路、榆树林1号、锦绣大地市场等6处货运场站（集散地）分别开展调研。结合调研情况，调配专人、专车对辖区货运场站开展逐户普查；根据普查情况及历史数据，确定重点整治对象及运输线路；公安、烟草、交通等多部门形成合力，齐抓共管；定

① “532”：即争取在未来五年或更长一段时间内，着力培育2个年产量在500万箱；3个300万箱；5个200万箱以上，定位清晰、风格特色突出，并且在国际市场有所突破的知名品牌。

② “461”：即争取到2015年，着力培育12个销售收入超过400亿元的品牌，其中6个超过600亿元；1个超过1000亿元。

③ “2310”：即争取到“十二五”期末努力在首都市场上培育出2个年销量超过15万箱、3个超过5万箱和10个2万箱左右的卷烟知名品牌，形成15个左右以“市场覆盖广、盈利能力强、产品质量高、风格特色明显、技术优势突出、文化内涵丰富”为主要特征的中式卷烟知名品牌。

期召开联席会议，对货运场站监管情况进行综合分析，确定治理方案；建立烟草、交通联合执法长效机制。分步开展联合治理。

（杨亮）

【无证户治理】 本年，开展两次无证户专项调研，在摸清底数的基础上，采取疏堵结合、综合治理的方式对无证户进行治理，依法取缔无证户160户，督促办证32户。

（杨亮）

【办理烟草行政许可1236起】 本年，办理烟草行政许可事项1236起，其中新办行政许可421起，变更行政许可102起，延续行政许可183起，办理停业21起，恢复营业10起，歇业121起，补办9起，注销办理369个。截至年底，全区有效持证户共计4681户，比上年增长1.2%，许可证有效率达到100%。

（杨亮）

案例选辑

【侦破“5·28”售假烟网络案件】 5月28日，在北京市烟草专卖局的统一指挥下，海淀、房山、门头沟、石景山、顺义等五家烟草局联合行动，在朝阳烟草局、丰台烟草局以及相关公安部门的配合下，破获一起以瞿氏兄弟（浙江人）为首的跨区销售假烟网络案件。共捣毁假烟窝点9个，查扣涉案车辆3辆；共查获黄鹤楼1916、软中华、软玉溪等非法卷烟88个品种156.5万支，标值215.28万元；抓获涉案人员7名，刑事拘留4人，网上追逃1人。

（杨亮）

工商行政管理

【概况】 北京市工商行政管理局海淀分局（以下称分局）是北京市工商行政管理局在海淀区的派出机构。负责依法确认海淀区各类经营者的主体资格，监督管理各类经营市场，依法规范市场交易行为，保护公平竞争，查处经济违法行为，取缔非法经营，保护正常的市场经济秩序。下设16个工商所（本年新增中关村西区工商所）、1个市场执法检查队，有海淀工商管理学会、海淀区消费者协会和海淀区私营个体经济协会3个挂靠机构。海淀区食品安全委员会办公室设在本局。

本年，分局坚持市场主体准入作为政府经济调控基础手段的职能定位，促进核心区经济发展方式转变及产业优化升级、构建安全投资环境。加大对小发廊、小旅店、小餐馆等17类待提升业态的准入审查力度，淘汰不符合核心区经济发展战略的市场主体和业态。全年办理名称登记63721户，设立登记25961户，变更登记78743户，注销登记6382户。个体工商户验照共通过50045户，验照率达到82.94%；内资企业年检通过130356户，年检率92.93%；外资企业年检通过4486户，年检率96.43%。全区市场主体存量201891户，其中内资企业存量130515户（包括私营企业），外资企业存量5047户，个体工商户存量64488户，外商代表机构1841户。上报《海淀工商信息》88期，调研267篇，媒体宣传2060条。接待群众来访756次，处理群众来信198件，办理提案建议6件，网上来信529件。

（韦培平）

【海淀区食品安全委员会办公室】 是区食品安全委员会（海淀区综合管理全区食品安全的机构，由24个成员单位组成）设在海淀工商分局的办事机构（又称食品安全综合科），承担区食品安全委员会的日常工作。

本年，针对具有阶段性、时间性的重大型活动和工作特点，发布相关食品安全文件，开展相关条例修改工作。做好十八大期间食品安全保障工作。召开食品安全委员会工作研讨会议，及时处置涉及食品安全方面的紧急事件。与区综治委联合首次将食品安全工作纳入综合治理的社会化管理工作中。推进“行刑衔接”，打击食品领域的违法犯罪行为。联合区城管检查大队对全区食品游商现状进行调研，全区食品游商人数约1500人，主要分布在中关村大街、复兴路等56条重点大街和301医院、颐和园等重点地区，以及牡丹园地铁站等交通站点。组织区卫生局、区教委对部分中小学食堂进行检查，全区233所中小学中124所自建有学生食堂，其他109所学校是靠营养餐企业送餐，自建食堂学校能够落实相关食品安全标准。组织区动检所、公安分局等单位对四季青地区的四海市场、四季兴海市场进行夜查，规范肉类交易行为，查扣未经检疫检验的猪肉600余斤。处置北京慧百金商贸有限公司食物中毒等突发事件。

各职能部门共组织出动执法人员26870人次，组织联合执法351次；宣传、培训201次，培训人数2327人次，发放宣传材料7301份；快检总数1949件，抽检总数（不含快检）197件，抽检不合格数9件；检查农产品基地67个次，建筑工地食堂58户次，学校食堂178户次，民俗旅游户37户次，餐饮企业2970户次，露天餐饮43户次，市场307个次，商场、超市511个次；责令改正191起，立案203起，查处无照经营1547起，查处无证照餐饮单位129起，取缔无照游商1592起，查处露天餐饮44起，查扣假酒案件24起、假酒295瓶，罚没款共计60.43万元。

（韦培平）

【海淀区私营个体经济协会】 本年，依托海淀区私营个体经济工作联席会议成员单位，通过走访、调研、座谈等形式，为会员企业在资金、产品销售等方面促成对接。

年内，举办第二届文化节“新官园杯”企业文化展示汇活动及第三届“大中用友杯”文化节等活动。其中“企业诚信建设与履行社会责任”系列活动被列入区工商分局推行的“工商管理社会化”14个重点工作项目。开展2012年度“名优产品进社区”便民活动，服务百姓千余人。与邮储银行、北京银行等建立合作机制，提供融资项目和渠道。截至年底，向邮储银行推荐420户，获得贷款395户，贷款金额2.6亿元；向其他金融机构推荐89户，获得贷款26户，贷款金额2910万元。

参加社会联合会“海淀区2012年度社会购买服务”培训会，申报项目1个；接受法律咨询19次，调解纠纷3件，挽回经济损失2.3万元。上报北京绿伞化学股份有限公司等18家私营企业、北京海淀区紫竹院金孔雀德宏傣味餐馆等6户个体工商户参加北京市私营个体经济协会评先活动；推荐甘家口分会所属“海碗居老北京炸酱面”经理关跃为中个协系统“全国先进个体工商户”。

在15个分会设立党建工作联络员。新建北下关分会所属北京埃德尔公司党支部，协会在新的社会阶层发展党员12名，党支部总数达到32个，党员251名。

（韦培平）

【国家工商总局商标局驻中关村国家自主创新示范区办事处】 国家工商行政管理总局商标局驻中关村国家自主创新示范区办事处（以下简称办事处）成立于2009年11月5日，是国家工商总局1978年恢复建制以来，在省市设立的第一个派出机构。

本年，中关村国家自主创新示范区企业商标办理“快速通道”受理各类商标申请27429件，同比增长14.77%，其中，商标注册申请19888件，同比增长10.62%；现场发放《商标注册申请受理通知书》14218件，同比下降0.48%。

加强商标政策宣传指导。走访十几家企业，为企业提供商标发展建议，引导企业做好商标品牌建设工作，提高企业商标创造、运用、保护和管理能力。建立与市、区（县）商标管理部门和示范区各分园管委会的定期沟通会商机制，协调解决商标战略实施过程中的重大问题。

支持中关村企业盘活商标无形资产，通过商标专用权质权登记为企业融资、贷款、抵押等商标资本化运作拓展渠道，发挥和实现企业商标的市场化价值。全年受理32起商标质押申请，涉及商标156个，质押价值3.76亿元。其中受理北京地区商标质押申请13件，涉及商标81件，占办事处全部商标质押业务的51.9%，质押价值1.84亿元，占总量的48.9%。

支持示范区企业创立自主品牌、争创驰名商标认定，协助北京市工商局及相关企业进行驰名商标申请。10家企业的10件商标被国家工商行政管理总局认定为驰名商标。

2012年认定中关村示范区驰名商标企业

序号	商标	注册人/使用人	类别	使用的商品/服务
1	天语	北京天宇朗通通信设备股份有限公司	9	手提电话
2	清华同方 TSINGHUA TONGFANG及图； THTF	同方股份有限公司	9	电视机
3	搜狐	北京搜狐互联网信息服务有限公司	38	信息传送；计算机辅助信息与图像传输；
4	华胜天成	北京华胜天成科技股份有限公司	42	计算机软件维护
5	sina及图 sina新浪网	北京新浪互联信息服务有限公司	35	以计算机信息网络方式提供广告信息、以计算机信息网络方式进行广告宣传、以计算机信息网络方式进行广告传播
6	欧珀莱	资生堂丽源化妆品有限公司	3	化妆品
7	太极	太极计算机股份有限公司	42	计算机编程

序号	商标	注册人/使用人	类别	使用的商品/服务
8	FOTON	北汽福田汽车股份有限公司	12	汽车
9	绿盟科技 NSFOCUS 及图	北京神州绿盟信息安全科技股份有限公司	9	已录制的计算机程序（程序）、计算机软件（已录制）
10	北新	北新集团建材股份有限公司	19	非金属建筑材料（石膏板）

参与中关村商标战略实施示范城市（区）扶持政策、先行先试政策和鼓励措施等调研工作。完成《中关村示范区商标战略发展探索》课题，对中关村国家自主创新示范区实施商标战略两年以来的阶段性成果进行分析，提出优化方案设计，探索中关村自主创新示范区商标发展之路。

（杨晓芳）

【开通名称申请绿色通道】 3月1日，为科技类、文化类重点企业开通名称申请绿色通道，鼓励落户海淀。申请人无需在市工商局网上登记平台进行数据申报，只需填写《名称（变更）预先核准申请书》，由专人直接受理其申请。重点企业通过绿色通道申请名称登记，办理周期缩短 2～3 个工作日。共为重点企业办理名称预先核准 16 户。

（韦培平）

【开通食品流通许可网上申请业务】 5 月 1 日，北京市工商行政管理局食品流通许可网上申请服务系统正式运行。截至年底，全区网上受理食品流通许可 1177 户，核发食品流通许可证 3162 户（其中企业 1608 户，个体 1554 户），实施现场核查 1782 户。

（韦培平）

【开展“为企业送法律、送服务”活动】 5 月 18 日，分局承办市工商局“为新疆在京企业送法律、送服务”活动启动仪式，开展“为企业送法律、送服务”活动。组成“两送”联合小组，走访辖区内大型商场、超市，宣传法律知识，为企业发展提供支持和帮助。绘制以“执法为民、服务为民”为主题的宣传漫画，制成展板张贴在宣传栏和各工商所，以图文并茂、通俗易懂的方式，将“两送”活动深入企业和社区。截至年底，分局各单位组织宣传活动 1491 次，涉及宣传对象 27887 人次，自制宣传品 33882 册，“两送”宣传信息 43 篇。

（韦培平）

【酒类食品流通电子监管系统运行】 8 月 15 日，分局开发设计的“酒类食品流通电子监管系统”正式运行。系统为市场内的食品流通提供电子化信息监管平台，通过信息数据分析，实现酒类食品批发流通全程的链条式管理，达到全程追溯的目的。从有影响力的批发大户开始推行，逐步在全区推广。北京锦绣大地联合农副产品批发市场物流港 C 区的 34 户经营者安装酒类流通电子监管系统。

（韦培平）

【开展营业执照快递送达服务】 8 月 17 日，联合中国邮政 EMS 同城快递推出登记注册营业执照快递送达服务，在登记材料通过工商审核后，办事人员可自主选择办理快递手续，邮政工作人员参照“核准后五个工作日领照”的操作规程按时送达。截至 10 月 20 日，选择快递服务的企业达 266 户，服务满意率达 100%。

（韦培平）

【构建食品安全信息公示体系】 在辖区 66 家大型商场超市及 12 家农副产品批发市场安装“食品安全信息公示系统”，有效规范食品流通主渠道经营行为。系统可以通过文字、漫画和视频等方式，公示和宣传食品安全法律法规、不合格食品下架信息、食品安全监管工作动态等知识。系统具有公示时效性强、受众面广、信息量大，内容直观准确等特点，消费者可以通过系统多渠道、多角度了解食品安全知识和信息。10 月 26 日，工商分局向中小型食品经营者发放 6500 份“食品流通许可公示栏”，“公示栏”包括法律宣传、流通许可证、从业人员健康信息等三项内容，进一步完善了食品安全信息电子公示系统。

（韦培平）

【工商行政执法】 本年，核审通过一般程序案件3649件，罚没款4940.0万元。案件数列前五位的分别为：无照类案件 1300 件，擅自改变登记事项类案件 480 件，食品类案件 322 件，逾期年检类案件 363 件，商标类案件 303 件，共占总案件数的 75.9%。其中无照类、广告类、假冒伪劣类、合同类、食品类案件数量较上年同期有所上升，擅自改变登记事项类、超营类、商标类、逾期年检类、虚假文件类等其他案件数量都有所降低，不正当竞争类、市场类、消保类案件数量基本持平。组织召开大要案件审定委员会会议 21 次，听证会 17 次；代理行政复议案件 65 件，代理行政诉讼案件 31 件；核审案卷 430 件，受理出证 709 件次，咨询指导 6022 人次。

（韦培平）

【推进行政指导】 本年，分局实施行政指导 12313 次，其中行政提示 4907 次、行政告诫 573 次、行政约见 261 次、行政建议 369 次、失信披露 0 次，助成性行政指导 1744 次，调停性行政指导 364 次，责令改正 4095 次。通过走访、访谈等方式，对行政指导进行后续追踪和社会效果评估。

（韦培平）

【企业和个体工商户经营范围调整登记】 本年，开展市场主体经营范围调整专项登记。通过企业年检、个体验照，引导企业、个体工商户进行经营范围的变更登记。全年办理企业经营范围调整登记 29908 户，占应调整总数的 32.5%；办理个体工商户经营范围调整登记 19677 户，占应调整总数的 77.8%。协助工商所在一年限期内完成个体工商户专项登记工作。对内、外资企业变更名称、变更实收资本等9项登记事项试行直接核准制登记。

（韦培平）

【试点“个体转企”】 本年，以中关村西区工商所为试点，率先试行“个体转企”（个体工商户转为企业）工作。全年共有73户个体工商户转为企业（分局办理48户，工商所办理25户）。

（韦培平）

【示范区企业改制登记】 本年，落实《中关村国家自主创新示范区企业登记管理办法》，采取窗口登记、上门服务、企业座谈相结合的服务方式，为企业深度解读改制政策、协助制定改制方案；就企业在改制登记过程中遇到的难题，提请区政府制定相应解决方案；对甘家口大厦等7户国资委认可的全民所有制企业免收评估报告费用，节省改制成本。协助北京交通大学出版社等7家企业出版社、兵器工业出版社等2家事业单位出版社完成改制登记工作。

（韦培平）

【虚假登记预警】 本年，加大登记注册审查力度，提高虚假登记预警频率，对疑似虚假签章、虚假地址、住所位于重点拆迁地区的登记申请开展实地核查工作。发布虚假登记预警18次，开展实地核查20余次。采取向企监科、工商所、执法队发送“涉假案源传递单”的形式移送案件7起，其中虚假地址10起。

（韦培平）

【推进重点企业落地】 本年，对重大投资建设项目、重大招商引资和重点扶植行业实行专人负责，提前介入、全程跟踪、加强指导，给予企业切实可行的注册方案，保证重大项目及时落地。华能煤业有限公司、一汽丰田汽车销售有限公司、北京市基础设施土地整理储备有限公司、北京小米移动软件有限公司、宝马MINI品牌亚洲旗舰中心、新时代证券有限责任公司、中企网络通信技术有限公司、新时代宏图技术有限公司、通号创新投资有限公司等重点企业落户海淀。

（韦培平）

【扶持自主创业】 本年，加大对大学生、海外归国留学人员等人群自主创业扶持力度。通过网络发布与大学生自主创业相关的办照流程、注意事项、照后提示等指导信息，免费发放《大学生自主创业登记指导服务手册》；通过开设“大学生自主创业咨询与指导课堂”、举办大学生创业项目选拔大赛等形式帮助大学生进行创业准备，协助创业团队办理市场主体登记，将比赛成果转化为经营活动。为海外留学生回国创业开设“绿色通道”，快速高效办理登记注册；开展网上登记，协助就业者制作登记文件；定期进行电话回访，实时跟踪办理进度。

（韦培平）

【加强外商投资企业引进力度】 本年，建立重点外商投资企业登记“直通车”，确保外商投资企业能够及时落户。向区政府提出完善招商机制，打造功能完整的基础设施体系，在税收等方面提供惠企政策，鼓励外商投资企业落户海淀；提供外商投资企业融资服务，帮助外商投资企业突破资金瓶颈；对外商投资企业加强配套服务，引进外企服务公司（FESCO）等外商投资企业所需的关联企业等建议。

（韦培平）

【网格化监管经营活动】 推动三级网格[①]与社区对接，启动社会管理创新工作。组织工商所、105个三级内资网格与全区564个社区进行无缝对接；编制“线索移转表”、“问题受理单”、“‘工商违法早发现’告知单”等对接工具，与网格巡查员（主要为城管协管员和公共协管员）、网格处置员（主要为各种行政执法力量）、网格协理员（主要为志愿者）等不同网格力量进行对接。通过网格力量发现、监管违法经营活动。加强对无照经营行为的发现、上账、查处取缔和转告以及对无照经营挂销账工作的督导，指导二、三级网格深入辖区进行排查摸底。全局在市场主体网格监管系统中共挂账无照经营主体10749户，销账2382户次。确定十八大市场秩序风险点61个，其中严格防控类57个，重点消除类4个，风险点相关主体共有176户。

（韦培平）

【电子商务监管】 开展电子商务网上巡查工作，排查涉网案件线索，清除不准确的网站信息，及时查处各种网上违法经营行为。配合市工商局进行电子商务监管应用系统前沿技术研究，将研究成果转化作为调研工作的重点。全面加强辖区电子商务企业的行业自律水平，并通过社会化监管模式提升电子商务监管效能。截至年底，共立案查处涉网违法行为240起，罚没款439.2万元。全年行政指导涉网企业839户次，集中行政约见大型电商企业32户次。

（韦培平）

【外资企业监管】 在资金类、住所类涉外案件中推进“法规宣传、教育引导、告诫说理、行政处罚”四段式渐进执法模式。通过行政指导、告诫说服的方式催缴注册资本入账4.29亿元。建立工商、公安常态化联动机制，采取“层级联动”等措施，实现对涉外主体的行政管理与刑事打击的联动互补，完成全区5579家外资企业和666名外籍员工的核实走访和登记工作。

（韦培平）

【公平交易执法】 全年查处不正当竞争案件24件、超范围经营案件5件、其他案件4件，罚没款共计964.4万元，没收非法软件23套。指导和协助工商所结案72件，罚没款215万元。完成行政指导案件85件，处理12315和信访办转来群众举报11件，处理市工商局交办任务和协助外省市工商执法20余件。办结大要疑难案件90件，罚没款1055.7万元，案件类型涉及虚假宣传、商业贿赂、超范围经营等，涉及金融、建筑、工程机械、互联网等多个行业和领域。加大对辖区商场虚假宣传、

---

① 三级网格：分局网格、工商所网格、基层监管员网格。

虚假打折、商业欺诈、销售假冒伪劣产品等违法行为的打击力度，对辖区30余家大中型商业企业的促销方案进行事先审查，并对其中部分商业企业进行现场检查，确保节假日辖区内的商业企业没有违法促销、虚假宣传等违法行为。

（韦培平）

【开展商业贿赂专项治理】 本年，在医疗、建筑、工程机械销售和单方支付等行业开展治贿工作。其中，医疗行业结案5件，罚没款256.8万元；建筑和工程机械销售行业结案4件，罚没款168.4万元；单方支付领域结案3件，罚没款210.2万元。在金融、电子、物流、零售等新领域开展治贿，共结案8件，罚没款180.6万元。

（韦培平）

【反垄断执法】 加大对垄断、滥用市场支配地位以及滥用行政权力等违法行为的查处力度，依法规范强势经营者利用优势地位的行为。对电信行业涉嫌限制竞争行为立案2件；对国内互联网某搜索巨头公司开展反垄断调查。

（韦培平）

【开展预付费行业专项检查】 在全区范围开展预付费行业专项执法检查，查处经营资质、资金管理、不正当竞争和侵犯消费者权益等4类有代表性的违法行为。加强登记审查和注册资金的监管，与中国人民银行营业管理部建立沟通协作机制，加强对第三方支付企业的指导，形成工商、主管部门和行业经营者共同协作的工作格局。与7个工商所联动，立案20余件，结案6件，罚没款204万元。

（韦培平）

【打击传销行为】 重点查处"拉人头"式的传销活动，严厉打击利用互联网从事传销的违法行为和违规直销行为。建立"科所两级通报机制"，依托国家工商总局打传规直信息系统，有效实施动态监管；尝试和有影响的网站建立打传规直机制，联合对企业网络传销行为进行源头控制。推进工商工作社会化进程，实施社会化监管。将打传宣传深入到社区（村）、外地人员集中居住地区等，张贴打击传销的宣传画400余张，发放公开信200余份、宣传袋200余个、宣传册200余册。通过网上社区工商工作站，开设打击传销的专题栏目。与多家宾馆、饭店、写字楼等物业管理部门签订《打击传销责任书》，严密监控涉嫌传销等经济行为。与公安等部门开展打击传销违法犯罪专项行动，推进打击传销社会综合治理工作的开展。

（韦培平）

【加强直销监管】 对辖区直销市场经营状况进行摸底清查，共登记涉及完美、如新、安利等10余家直销企业的各种直销产品经营门店近百户，健全直销企业监管台账。建立健全"科所两级监管机制"，及时交换监管信息，全面规范辖区直销市场秩序。

（韦培平）

【有形市场监管】 继续围绕商品交易市场信用分类分级监管工作主线，开展有形市场监督管理工作。对疏于管理出现问题的市场主办单位进行提示，对市场内存在的违法行为进行立案调查。采取主动约见市场负责人等形式清理空壳市场，共注销"空壳"市场5个。全区应检市场139家，已检128家，未检市场11家。共发预警通知书28份，责令改正10份，行政指导80次。督促工商所引导业态企业转型，截至年底，共转型9户。

（韦培平）

【食品准入监管和抽检】 加大对大型农副产品批发市场，城乡结合部农副产品市场，婴幼儿、老人、病人等特定人群食用的主辅食品等三个重点领域食品的抽检力度。对与百姓关系密切的"高风险"食品增加抽检频次和检测项目，对食品安全问题做到"早发现、早预防、早整治、早解决"。加强对蔬菜、水产品、节日食品的检测力度，保障市场食品安全。截至年底，快检3987个、日常送检12558个；区监测抽检450个；企业自检30075个。完成市场内食品流通经营许可证现场核查的审验和指导工作198户。

（韦培平）

【开展市场行政指导】 实现市场工作全覆盖。加大对农副产品市场的监管力度，严格执行进货验收制度和索证索票制度，检查经营者的台账，把不合格商品杜绝在门外。开展前三个季度成品油质量抽检工作，重点加大对自行配置资源的加油站抽检比例，共对61个加油站的111个样品抽样送检。严格市场准入管理，完成展销会备案46个、摊位3068户，受理市场设立、变更19个，核转函4个，下发工作指导9期，上报调研2篇、信息84篇。完成第三批电子市场《规范经营示范店》评审工作以及前两批《规范经营示范店》复审工作。截至年底，共结案23件，罚没款22.55万元（其中对6个市场主办单位进行行政处罚），对未履行责任义务的市场主办单位下发《预警警示通知书》16份，行政指导110次。

（韦培平）

【商标监督管理】 加大商标专用权保护力度，推进中关村品牌战略。设立"海淀商标网"，为企业提供全方位的商标服务。帮扶地方特色农产品品牌企业实行农超、农商对接。建议区政府加速核心区品牌战略的实施。继续打击假冒伪劣商品，全年共移送商标侵权案件5起、犯罪嫌疑人6人，案值200余万元。

（韦培平）

【广告行业监管】 本年，落实辖区责任制，实施网络广告管理新举措。重点推进工商社会化工作，开展为企业送法律、送服务工作；建立为企业服务的信息化互动平台，实现监管与服务"e网通"；通过广告诚信联盟网站与企业在在线教育、在线咨询、在线培训、在线指导等方面进行互动；了解掌握企业日常情况，强化监管工作基础，以促进广告行业发展。

（韦培平）

【广告业基础数据调查统计】　开展广告业及其相关行业基础数据调查统计工作，全面掌握辖区广告业及其相关行业的主体规模、产业结构和经济总量。全区 3780 多家名称及经营范围中含有广告的企业完成基础数据调查统计工作。调查统计结果反映出广告业及其相关行业对经济社会发展的贡献度，可为政府部门制订相关政策提供参考。

（韦培平）

【广告监测】　本年，完成市工商局广告监测任务。完成广告监测、户外广告巡查和案件查办等基础数据的录入工作。完善三级广告监测的考核制度，落实岗位责任制。加强广告监测数据的分析和应用，及时发现和研究违法广告的新形式和新问题，对违法广告集中的行业和发布情况及时予以提示。续完善监测手段，加强对网络广告等新媒体、新技术的调研，为实现广告的科学监管和全面监管做好技术支持工作。

（韦培平）

【专项整治虚假违法广告】　完善联席会议制度，协调和配合有关部门开展对药品、医疗器械、保健食品等违法广告的专项整治工作，打击广告经营活动中欺骗和误导消费者的违法行为。整治网上非法“性药品”广告和性病治疗广告以及利用互联网发布的假药广告。及时查处有关部门移转的违法药品等广告案件，并反馈处理结果。在查处药品、医疗器械、保健食品、医疗违法广告工作中对涉及的有关监督管理部门的职能工作，及时协调并按要求做好移转工作，提请相应部门依法做出处理。截至年底，共查办广告类案件 236 件，罚没款共计 340 万元。其中广告科立案 44 件，结案 51 件，罚没款共计 109.4 万元；工商所立案 192 件，结案 192 件，罚没款 230.6 万元。

（韦培平）

【户外广告监管】　严查辖区内户外广告违法行为。组成专人巡查办案组，每周巡查户外广告。累计出动执法人员 300 多人次，执法车辆 150 余台次，对环路、中关村大街和中关村西区、金源购物中心等重点道路和地区的户外广告进行常态化检查。共立案户外广告案件 21 件，行政处罚 25 件，罚没款 55.1 万元。对违法情节轻微、未造成严重危害后果的经营者，依法对其提出告诫，限期要求其申请户外广告登记手续。严格审查广告内容，防止敌对势力利用户外广告进行违法活动。辖区内未发生发布含有政治性、侵权等违法户外广告。

（韦培平）

【整治网络广告】　加强对工商所开展“网上广告巡查”的指导，扩大网络广告巡查覆盖面。加大对门户网站和医疗保健、药品信息服务网站以及企业、事业单位（医院、学校）自有网站的监测和巡查力度，及时发现网络违法广告。对于网上涉性广告、非法“性药品”广告和性病治疗广告以及网上假药广告的案件，严厉查处网站主办者、提供代理服务的广告经营者以及发布违法广告的广告主。针对网络广告的新形势和新问题，完善网络广告的基础信息和监管工作，以“网络广告行业诚信联盟”形式对经营广告业务的网站进行自律式监管。全年共巡查网络广告 15.6 万条，办结网络广告案件 6 件，罚没款 14.6 万元。

（韦培平）

【广告市场主体监管】　严格审查广告市场准入条件，对辖区内领取《广告经营许可证》的广播电台、电视台、报刊出版企事业单位进行广告经营资格检查。应参检单位 354 户，检查 345 户，未参检 5 户，注销 2 户，暂缓 2 户。对未按规定办理广告许可证变更，逾期未延期办理广告许可证的媒介单位立案 25 件，结案 21 件。

（韦培平）

【经纪人企业监管】　探索合同监管社会化新举措，以年检工作为契机，加强经纪人备案工作管理。强化经纪人备案科所联动机制，对经纪人企业经营情况进行排查，对异地经营、投诉较多、违法行为尚未结案等进行梳理。截至年底，全区经纪人企业共 2384 户，备案率 74%。

（韦培平）

【动产抵押登记】　引导企业使用“动产抵押登记网上查询、申请系统”，搭建企业融资桥梁，节约企业时间成本。在日常动产抵押登记工作中，帮助科技、电子、汽车销售、印刷、医疗、融资租赁等行业解决融资难题，办理动产抵押登记 57 件，融资 53 亿元。

（韦培平）

【拍卖行业管理】　本年，走访部分拍卖企业，了解其在经营过程中存在的问题及对工商部门的要求。结合企业年检工作开展拍卖经营情况调查，掌握企业在发展中的状态，对其中 4 户已取得文物经营许可证，但营业执照上未增项的企业进行行政提示。截至年底，辖区共有拍卖企业 43 户，办理拍卖活动备案 185 场次，拍卖成交额 17.6 亿元。

（韦培平）

【合同监管】　对合同投诉热点问题进行研究分析，揭露合同欺诈行为及惯用手段，向社会发布预警信息，做到前置性风险防范。截至年底，共办理合同违法案件 137 件，罚没款 91.92 万元，受理合同行政调解 41 件，为群众挽回损失 46.36 万元。辖区内有形市场建立的 20 个合同管理办公室共受理调解 1539 件，涉及合同金额 335.19 万元，解决争议 241.01 万元。

（韦培平）

【开展合同格式专项整治行动】　本年，在全区范围内集中开展格式条款专项整治行动。成立专项整治行动协调小组，检查企业300户，收集各类格式合同400余份，涉及美容美发、沐浴、房地产经纪等18个行业。立案格式条款案件58件，罚没款23.15万元，案件以“排除消费者解释格式条款的权利”以及“排除消费者解除或变更合同的权利”为主。检查房地产经纪企业110户，查处违法案件6件，罚没款4.9万元。对收集的格式合同进行梳理汇总，选取4条具有代表性的涉嫌违法条款进行重点分析和论证。完成对美发美容行业格式合同中不合理条款的清理和整治，将清理出的“销售成立后，一律不得退还现金（包括定金）”或“已经售出，概不退卡”等6个条款作为行业禁止性条款，要求美容美发行业杜绝使用。

（韦培平）

【查办食品类案件326件】 本年，加强大要案件查处力度，重点查办各类超范围经营食品、销售不符合食品安全标准的食品和经营假酒等食品经营违法行为。共查办食品类案件326件，罚没款177.7万元，其中5万元以上的大案9件；查办假酒类案件88件，罚没款162.8万元。

（韦培平）

【食品质量检测】 全年共抽检食品样本1571个，不合格样品218个，合格率为86.12%。完成市工商局食品处下达的监测任务337个；全区食品、副食品、食用油下架38个品种；完成市工商局技术中心下达的监测任务645个和区食品办监测任务485个。完成行业性风险调研2篇。完成食品类29个项目和产品类19个项目实验室资质认定所需的各项评审工作。通过辽宁省出入境检验检疫局技术中心组织的奶粉中三聚氰胺、玉米粉中铅、果汁中苯甲酸等三个项目的测量审核工作。开展分中心实验室计量认证和CNAS实验室认可工作。抽样检测发现红枣中苯甲酸超标等行业性风险。

（韦培平）

【食品安全专项整治】 组织“两节”和全国“两会”期间食品安全专项整治、校园周边食品安全专项整治、“问题明胶食品”等专项整治工作，规范商场、超市内食品联营企业的资质和超许可范围开展经营活动等重点问题，对辖区商场、超市内现场制售行为加强监管。累计出动执法人员1546人次、参与联合执法141次、发放宣传材料1584本。检查市场454家、超市668户，立案124起、责令改正2起。处置3·15晚会曝光家乐福禽类食品安全事件、涉嫌购进“问题明胶”的食品生产企业等食品安全突发事件。

（韦培平）

【工商信息档案管理】 区工商分局共有在途企业档案152322户，在途个体工商户档案61152户，在途食品流通许可证档案3972户。整理文书档案42盒，案件档案4989卷，实物档案30件。受理企业档案查询45人次，查询档案172件。向区档案局移交1999-2005年的档案材料。共计接收、整理、扫描、入库新增内资档案开业材料19641卷，变更材料55662卷，整理2011年度年检档案材料123341卷。注销、吊销材料10405卷，行政处罚决定书644份；迁入企业1423户，迁出企业1865户，接收各工商所移交的个体注销、吊销档案6390户。整理并扫描外资企业开业档案456卷、变更2506卷、注销193卷，按时向市工商局档案中心移交外资档案。完成档案条码管理系统建设。共接待外部档案查询50887人次。

（韦培平）

案例选辑

【易初莲花成府路店销售冒用厂名厂址商品案】 1月10日，区工商分局接到投诉，称北京易初莲花连锁超市有限公司成府路店（以下称易初莲花成府路店）涉嫌销售冒用他人厂名、厂址的服装。经核实后于1月13日批准立案调查。经查，易初莲花成府路店于2011年11月19日、12月10日、12月30日从北京润得丰商贸有限公司购进除在价签上标注有“亚妹人”标识外，还在吊牌上标注有杭州亚妹人制衣有限公司厂名、厂址的男女服装252件，至检查时止售出134件。售出部分货值金额39201.5元，获利5213.52元；未售出部分的进货金额14535.16元，零售金额19892元，被区工商分局依法扣押。经权利人杭州亚妹人制衣有限公司鉴定，易初莲花成府路店销售的上述服装属冒用其厂名、厂址的产品。2012年3月9日，区工商分局责令易初莲花超市成府路店改正违法行为，并给予其没收女上衣48件、裤子70条，没收违法所得5213.52元和罚款39201.5元的行政处罚。

（王京）

【兴百轩黄金珠宝公司虚假宣传案】 2月2日，区工商分局依法对北京兴百轩黄金珠宝有限责任公司（以下称兴百轩黄金珠宝公司）的经营场所进行检查，发现其涉嫌利用经营场所内摆放的商品广告牌对商品的质量作引人误解的虚假宣传。当日批准立案调查。经查，兴百轩黄金珠宝公司在北京翠微大夏股份有限公司牡丹园百货店一层中区黄金珠宝商品部的经营场所内，摆放广告内容为“兴百轩黄金珠宝，卓越品质、奢华人生、万足金、您值得拥有，万足金比千足金更纯，纯度超越了国家首饰标准”的商品广告牌。柜台内正在销售的部分商品上贴有兴百轩黄金珠宝“万足金”戒指及重量的标签，在商品附带的国家首饰质量监督检验中心出具含贵金属质量及贵金属纯度证签反面贴有兴百轩黄金珠宝“万足金”9999标签。执法人员当场要求兴百轩黄金珠宝公司提供国家首饰质量监督检验中心出具的检测报告原件和柜台内上述商品的标签进行核对，检测报告注明的检测结果为该商品金含量为999.4‰、印记为“千足金”。9

月24日，区工商分局责令兴百轩黄金珠宝公司停止违法行为，消除影响，并从轻给予罚款3万元的行政处罚。

（王京）

【同仁堂食品分公司违法发布食品广告案】　3月9日，西城工商分局函告海淀工商分局：北京同仁堂健康药业股份有限公司食品分公司（以下称同仁堂食品分公司）在其生产的"同仁堂"牌短肽特殊营养食品（供术后患者食用）包装盒上涉嫌发布违法广告。区工商分局经核实后于3月14日批准立案调查。经查，同仁堂食品分公司于2011年5月4日生产1个批次的"同仁堂"牌短肽特殊营养食品，5月12日开始对外销售。同仁堂食品分公司在该产品的包装盒上印制含有"本品将现代生物科技成果与我国传统养生保健理论相结合……配合药食同源的山药、桑葚、大枣等传统滋补食品，调理机体功能"等广告用语。2012年5月21日，区工商分局责令同仁堂食品分公司停止发布违法广告，并给予其罚款3000元的行政处罚。

（王京）

【日本特快通信公司北京代表处驻在期满未登记案】　4月16日，区工商分局在检查中发现日本特快通信有限公司北京代表处涉嫌驻在期限届满，仍在从事业务活动却未向登记机关申请变更登记的违法行为。经核实后于当日批准立案调查。经查，日本特快通信有限公司北京代表处的《外国（地区）企业常驻代表机构登记证》载明的驻在期限至2012年2月6日届满，但截止到4月16日区工商分局执法人员检查时，仍在从事业务活动且未办理变更登记。其行为违反国务院颁布的《外国企业常驻代表机构登记管理条例》关于外国企业应当在驻在期限届满前60日内向登记机关申请变更登记的规定。4月25日，区工商分局责令日本特快通信有限公司北京代表处于60日内办理变更登记，并给予罚款1万元的行政处罚。

（王京）

【海昌华艺公司提交虚假材料取得公司登记案】　5月29日，区工商分局在对北京海昌华艺商贸有限公司（以下简称海昌华艺公司）检查时，发现其在办理公司设立登记时涉嫌向公司登记机关提交虚假的住所证明材料。经核实后于5月29日批准立案调查。经查，海昌华艺公司于3月29日经登记机关核准登记注册，企业住所是北京市海淀区中关村东路123号3号楼2210。经向签章单位北京市海淀区大钟寺农工商公司核实，海昌华艺公司在申请设立登记时向公司登记机关提交的《企业住所（经营场所）证明》为虚假材料。7月3日，区工商分局责令海昌华艺公司于60日内改正违法行为，并从轻给予罚款3万元的行政处罚。

（王京）

【家乐福公司商业贿赂案】　6月19日，区工商分局依法对北京家乐福商业有限公司中关村广场店（以下简称家乐福公司中关村广场店）进行检查时，发现其在销售购物卡的过程中涉嫌从事给予购买单位回扣的商业贿赂行为，同时发现北京家乐福商业有限公司（以下简称家乐福公司）所属分店的财务核算统一由家乐福公司进行结算管理。经市工商局指定，于6月19日由区工商分局立案调查。经查，2011年12月~2012年4月，家乐福公司中关村广场店、马家堡店分别销售给中国科学院理化技术研究所、朗讯科技（中国）有限公司工会购物卡5511780元，分别以劳保用品、办公用品、服装和食品等名称开具发票金额5511780元，家乐福公司通过银行转账方式收取两家单位购卡款。以购物卡形式按不同折扣返还两家单位购卡金额折扣款123791元，但均未开具发票。本案当事人家乐福公司销售涉案购物卡的经营收入总计5511780元，开具发票金额总计5511780元。家乐福公司承认，销售涉案购物卡经营收入毛利润780055.71元，缴纳各项税款后获利540543.03元。家乐福公司获违法所得540543.03元。家乐福公司所属分店的经营和财务核算统一由家乐福公司进行经营和结算管理，故本案应当由家乐福公司承担相应的法律责任。10月15日，区工商分局责令北京家乐福商业有限公司立即改正违法行为，并给予罚款20万元和没收违法所得540543.03元的行政处罚。

（王京）

【卡地斯帕环境电器公司违法从事特许经营案】　8月24日，区工商分局接到申请人沈某提交的申请解除与当事人卡地斯帕环境电器（北京）有限公司（以下简称卡地斯帕环境电器公司）签订的《清道夫系列产品代理合同》的调解申请书后，依法对行政调解案件的有关证据进行审查。在审查合同及广告时，发现卡地斯帕环境电器公司在推广、宣传"清道夫家庭垃圾处理器"项目的特许经营活动中，其在网站发布的"清道夫家庭垃圾处理器诚招代理商"广告中含有被特许人从事特许经营活动收益的内容。经核实后于8月24日批准立案调查。经查，卡地斯帕环境电器公司于2011年11月起开始推广、宣传"清道夫家庭垃圾处理器"项目的特许经营活动，其在网站发布的"清道夫家庭垃圾处理器诚招代理商"的广告中称："……假设在一个30万人的县城，只按20%的安装率……如每家每月只售10台，每台毛利500元计即每月可盈利50万元!"属于推广、宣传被特许人从事特许经营活动收益的内容。10月8日，区工商分局责令卡地斯帕环境电器公司改正违法行为，并给予罚款3万元的行政处罚。

（王京）

消费者权益保护

【概况】 北京市工商局海淀分局是依法对消费者进行权益保护的行政执法部门。海淀区消费者协会是依法维护消费者合法权益的社会团体。本年，区工商分局开展社会化管理创新，推进消费者权益保护工作。12315中心接到消费者申诉9975件，办结9761件，办结率97.85%，其中调解成功4368件，调解成功率99.25%，为消费者挽回经济损失1002.72万元。接到群众举报2704件，办结2561件，其中立案123件，罚没47.59万元。按照月、季、年、重点节假日形成市场统计分析报告，服务领导决策。对高投诉企业进行行政指导，采取措施控制投诉量增长。

（韦培平）

【海淀区消费者协会】 本年，海淀区消费者协会（以下简称区消协）贯彻中消协“消费与安全”年主题，坚持“扩大内需、拉动消费、维护稳定、促进发展”的目标，履行消费者权益“守护人”的职责。重视对群体投诉、新型消费模式投诉的解决，探索化解矛盾纠纷的新方法、新途径，提倡“和解”解决纠纷，维护社会稳定。针对教育培训、网络消费、预付费消费等行业纠纷较多，且极易引发群访群诉的情况，区消协加强风险防控，及时启动应急处理机制，通过指派专人处理、加强与工商所会商、约见企业高层领导、联系司法介入、限时督察督办等方式解决投诉、化解危机。消协各理事单位建立与法院、旅游局、社会办的联动合作机制，推进消费维权进社区、进学校的工作进程，共受理消费者投诉5737件，为消费者挽回经济损失达826万元，为消费者提供电话及咨询服务12804人次。强化风险预警，强化风险预警，进行消费指导和监督，做到“突出问题事事有提示”。针对投诉中发现的突出问题，以调研、消费提示、警示等形式，通过媒体、上报等方式，向相关政府部门建议、向消费者做出提示、向经营者发布预警，全年发布消费提示96则。对于消费者权益受到严重侵害而调解终止的案例，联系大学法律援助中心的消费维权志愿者代理诉讼。

（韦培平）

【开展“3·15”宣传活动】 在“3·15”国际消费者权益日期间，组织区消协各分会、保护消费者权益联络站、投诉与法律支持中心和工作站、大学生消费维权志愿者队伍开展维护消费者权益宣传活动。组织活动136次，摆放展板202块，接待咨询13780人次，发放宣传材料5万册，参与志愿者160人次。

（韦培平）

【成立消费纠纷人民调解委员会】 10月26日，成立海淀区消费纠纷人民调解委员会。调解委员会由法官、律师、教师等9名委员组成，形成海淀区消费纠纷调解多元参与的工作格局。

（韦培平）

【建设消费争议快速解决绿色通道917个】 本年，建设12315消费争议快速解决绿色通道365个，总数达917个；开通网上转办接口445个，覆盖商场、超市、电子商务、有形市场、专卖店、预付费、房屋中介、健身等近30个行业，初步实现重点行业覆盖和重点企业覆盖。进一步完善消费纠纷调解体系，通过绿色通道成功受理申诉4132件，占全区总申诉量的41.42%。化解小额消费纠纷1624起，先行赔付41.6万元。形成政府统筹、部门协作、社会力量广泛参与的区域性、多元化维权共同体。区消协组织6所大学的18名大学生志愿者作为义务监督员，对海淀区首批承诺建立消费纠纷快速解决机制的30家企业进行监督。

（韦培平）

【中关村西区消费生态环境整治】 本年，与中关村西区管委会配合实施准入调控，将过往投诉量大、投诉久拖不决的商户清退市场；与公安、文委等部门合作开展综合治理；开展写字楼整治，查处一批违法违规的行政案件。通过准入调控和写字楼治理，清退不良商户200余户。通过整治，中关村西区申诉量明显下降。共接到消费者申诉12792件，受理举报3309件，为消费者挽回经济损失1161.17万元。

（韦培平）

【商品质量监测】 本年，共抽取商品样品347组，发现不合格商品113个。其中监测市工商局任务260组，发现不合格商品84个；分局任务87组，发现不合格商品29个。涉及纸制品、计算机配件、汽配、小家电、通讯器材等20余个品类。与市消防支队联合开展灭火器专项检查，抽检灭火器5组，合格率40%。对不合格商品的经营者进行行政指导或采取行政处罚措施。将涉及人身健康、财产安全的不合格商品清除出市场。累计立案26件，罚没款27.2万余元。以消费者意见大、发生问题多、易危及人身健康和财产安全的商品为重点，配合公安、质监、消防等有关职能部门开展监管工作。在全区范围内开展家用电器、汽车配件、服装和装饰装修材料等重点商品质量专项执法检查行动，共出动执法人员1076人次，检查经营户2260户，查处制售假冒伪劣案件43件，案值25.81万元。

（韦培平）

【短信发布经营提示】　本年，区消协由一起超市小票单价乘以重量核算与总额不符的投诉，发现超市收银系统在促销时可能存在的系统错误问题，利用分局短信平台向50家联络站群发短信发布经营预警，提醒企业修补自身漏洞，预防侵权行为。

（韦培平）

【开展"一老一小"消费教育】　本年，区消协以最易受到消费侵权损害的中老年人和维权意识薄弱的中小学生为切入点，以消费维权中较突出的热点难点问题为侧重点，与工商、文明办、教委、社会办等部门联合开展社会管理创新项目"一老一小"消费教育。编写《中小学消费维权三字经》和《快板说消费》，以喜闻乐见的形式讲解消费的真实案例，并在报纸、广播、电视媒体及首都工商微博刊登和报道。发放针对老年人的《快板说消费》资料8000余册，发放中小学生消费教育常识8000余册。深入社区、中小学校开展消费教育课堂和组织消费调查。全年进社区开展老年人消费教育课堂7次，进中小学开展消费教育课堂6次。利用进社区开展消费课堂进行老年人消费问卷调查，共收到调查问卷1252份，收集到加强价签标识的清晰度、超市设急救包等建议。召开政府、超市和居委会三方研讨会，促使超市根据建议进行改进。形成政府部门、联络站、社区、大学生消费维权志愿者、中小学校立体式参与的"一老一小"消费教育格局，并提出将消费教育纳入国民教育的建议。

（韦培平）

【开展诚信服务示范单位活动】　本年，开展创建诚信服务示范单位活动，提高经营者社会责任意识，倡导诚信经营、规范服务，促进社会信用体系建设，共有33家企业被评为"诚信服务示范单位"。

（韦培平）

【开展大学生消费维权志愿者活动】　本年，组织大学生志愿者参与义务监督、热线接听、现场调解、课题调研、消费调查等活动，参加海淀志愿者联合会首届嘉年华活动，开展消费调查和有奖答题。大学生志愿者的消费维权志愿服务被市消协评为2012年度首都维护消费者权益突出事迹。

（韦培平）

工　业

【概况】　2012年，受汽车与交通设备产业、生物医药产业和电子信息产业增长的拉动，全区工业生产持续低速增长。全区规模以上工业企业实现工业总产值1488.6亿元，同比增长3.1%，低于全市工业总产值6.5%的平均增长率，总产值和增速分别位列全市17区县（含亦庄开发区）第三和第八；规模以上工业增加值同比增长11.2%，列全市17区县（含亦庄开发区）第一位；工业销售产值实现1434.0亿元，实现出口交货值84.5亿元，同比增加9.3%。工业用电量1.31亿千瓦，同比下降1.5%。

工业总产值排序前六位的行业分别是电子信息产业、装备产业、基础与新材料排、汽车与交通设备业、都市产业和医药产业。六大产业中，汽车与交通设备产业高速增长，生物医药产业和电子信息产业的工业总产值维持较高增长，都市产业增速保持平稳，装备产业增速降幅略有扩大，基础与新材料产业增速降幅明显缩小。电子信息产业实现工业总产值607.96亿元，同比增长19.4%，占海淀区全部工业总产值的41.1%，实现出口33.55亿元，同比下降5.6%；装备产业实现工业总产值449.19亿元，同比下降19.0%，占海淀区工业总产值的30.3%，实现出口24.43亿元，同比下降15.8%；基础与新材料实现工业总产值173.4亿元，同比下降9.6%，占海淀区工业总产值的11.7%，实现出口3.12亿元，同比增长0.6%；汽车与交通设备业实现工业总产值131.33亿元，同比增长92.2%；都市产业实现工业总产值91.32亿元，同比增长11.4%；医药产业实现工业总产值30.52亿元，同比增长38.2%。

（侯硕）

【推动6家"三高"[①]企业退市】　7月，区政府召开专题会，研究上年列入关停计划的6家"三高"企业的退出及关停建筑渣土烧结砖生产等事项。区经信办联合区发改委、区环保局、区水务局、区质监局等部门及各街镇对全区落后产能存量情况进行全面排查。经查，海淀区存在"三高"企业及建筑渣土烧结砖企业等北京市相关政策要求淘汰的部分落后产能及落后工艺。区经信办起草《海淀区2012年及"十二五"时期淘汰落后产能工作方案》，研究制定退出"三高"企业奖励资金标准并上报区政府。

（侯硕）

【应用推广新技术新产品】　本年，海淀园成立由企发处牵头、相关部门参加的新技术新产品应用推广工作组。调研走访中

---

① "三高"企业："高污染、高耗能、高耗水"工业企业。

关村政府采购中心、市科委、中关村政府采购执行办公室、总后勤部军需物质油料部等单位，梳理海淀区新技术新产品目录，制定《海淀区新技术新产品（服务）政府采购和应用推广实施办法（试行）》，推进新技术新产品的应用推广。

（侯硕）

【海淀区工业公司】 前身为海淀区工业局，始建于1957年7月15日。1981年更名为海淀区工业公司，为独立的国有企业法人单位，兼有行使政府管理和为企业服务的双重职能。系区国资委监管的一级企业。截至年底，公司在职职工920人，离退休职工3859人。

本年，公司围绕确定的“主要经济指标稳定增长；国有资产运行质量和效益提高；企业综合管理工作得到加强；职工生活水平得到改善，收入实现增长”的发展目标，以维护稳定发展为主线，加快推进国有、集体企业改革工作。

海淀区工业公司所属企业一览表

序号	企业名称	企业性质	企业人数（人）	企业状况
1	北京砂轮厂	国有	12	停产待收储
2	北京市海佳利企业管理中心	国有	8	停产
3	北京市海淀区铸钢厂	国有	4	停产
4	北京市海淀区水泥厂	国有	4	政策性关闭
5	北京市海淀八一湖旅社	国有	14	正常运营
6	北京市海淀区工业公司机关	国有	22	正常运营
7	北京中安电子集团	集体	18	正常运营
8	北京第一机床电器厂有限公司	有限公司	138	正常运营
9	北京领先饮食品有限公司	国有与集体联营	71	正常运营
10	北京风机二厂	集体	93	正常运营
11	北京市第二皮鞋厂	集体	84	租赁经营
12	北京长城节能锅炉厂	集体	136	正常运营
13	北京市华都换热设备厂	集体	89	正常运营
14	北京市海淀区机电设备厂	集体	79	租赁经营
15	北京汽枪厂	集体	15	租赁经营
16	北京市工控计算机有限公司	有限	17	正常运营
17	北京海淀电子医疗仪器厂	集体	3	停产
18	北京市雪花冷冻箱厂	集体	113	租赁经营
19	北京国友实业总公司	集体	市划企业，未划人员	租赁经营
	总计		920	

2012年经济主要经济指标完成情况①

项目	实绩（万元）	完成年计划（%）	同比增长（%）
工业总产值	5285	70.9	-32.21
工业增加值	4100.3	110.4	-18.68

① 表中指标为扣除第一机床电器厂有限公司和北京砂轮厂的指标，故与上年同期对比，总量有所减少。

项目	实绩（万元）	完成年计划（%）	同比增长（%）
销售收入	9967	121.10	16.6
利润	156	376.66	-16.18

（徐虹）

【产业结构调整】 本年，公司调整铸钢厂产业规划，腾退厂区的温泉绿色农贸市场，参加北京市文博会海淀区文化创意产业集体签约仪式，与能通租赁公司合作建设文化创意产业园。项目得到市文委、市发改委资金支持。砂轮厂完成资产登记造册，清理在华城砥砺公司的投资，与通州区台湖镇政府就地上物的拆迁补偿达成共识。领先饮食品有限公司开展资产全面审计和评估工作，完成减资注册，理顺产权股权关系，为企业改制做准备。长城节能锅炉厂利用柳林厂区土地与超市发合作。

（徐虹）

【解决公司遗留问题】 本年，与北京第一机床电器厂有限公司签署房产分割和土地租赁协议，解决改制土地遗留问题。与债权人丰鸣祥公司达成《执行和解协议》，解决北京市雪花冷冻箱厂长达 14 年之久的债务问题。解决第二皮鞋厂土地遗留问题。机电设备厂综合楼维修资金问题得到海淀街道支持。

（徐虹）

【经济效益稳定增长】 北京风机二厂与航空设计院共同完成气象测试风机的设计试制及测试工作，并成功推向市场。长城节能锅炉厂实现较好回款率。北京市华都换热设备厂设计出 4 套新产品并投入生产，扩大销售范围。北京领先饮食品有限公司完成新车间改造，使生产工艺和生产能力得到提高，产品质量得到保证。北京市第二皮鞋厂年生产皮鞋 1500 余双，销售 1400 双。北京市工控计算机有限公司保持房屋出租率 100%，租金收入增加。海淀区机电设备厂深挖潜能，增加房租收入。海淀区水泥厂对本厂土地进行测绘圈定，确保权益。北京中安电子集团寻找新的经济增长点，加强对下属单位的管控与清理。北京市海淀区八一湖旅社通过实施改造改善出租条件，上调租金。北京汽枪厂、北京海佳利企业管理中心、北京市雪花冷冻箱厂保证全额收取出租房屋租金，保障职工收入。

（徐虹）

【完善经营管理制度】 本年，建立激励与约束机制，促进企业健康发展和国有资产保值增值。制定《海淀区工业公司监管企业负责人薪酬管理办法》，对 15 家企业进行综合考核。制定《公司领导班子联系企业及考核办法》，对班子成员基层联系点进行重新调整，每位班子成员负责联系 3~5 个企业，年底与综合考评挂钩。成立专门小组，加强企业房屋土地租赁管理，对下属 8 家企业的 52 份出租合同审核备案。成立“海淀区工业公司劳动人事争议调解委员会”，做好劳动争议的预警、预防、排查和维稳工作。

（徐虹）

【安全生产管理】 本年，公司与各基层企业厂长签署安全生产等各类目标责任书。“7·21”特大暴雨期间，公司所属企业未发生重大险情。完成十八大维稳工作任务。开展节假日及重要时期的安全检查，对地下空间、人员密集场所等重点场所进行反复检查，对存在安全隐患的 4 个企业发放隐患整改通知书，责令整改。公司各企业平稳运行，未发生安全生产责任事故。

（李华　徐虹）

【公司党建】 完善党务公开和干部管理工作制度。制定公司基层党组织党务公开实施意见，建立党务（政务）公开栏，与所属企业党政正职领导签订《党风廉政建设责任书》，开展效能监察立项工作。开展“创先争优”活动，18 个党支部进行群众评议，220 名党员接受群众评议。所属 21 个基层党组织在分类定级考核中有 18 个为“好”，3 个为“较好”。组织基层党组织负责人参加“科学发展，成就辉煌”百姓宣讲团报告会。加强党建带团建工作，开展青年岗位能手评比活动，组织踏青、征文、摄影等活动。

（王殿文　徐虹）

农业·水务·气象

2013
北京海淀年鉴

◀ 2月，区农经站对玉渊潭农工商总公司等新型集体经济组织进行审计（区农经站 供图）

◀ 3月20日，区农科所专家到上庄镇向农民传授农业技术知识（田峰 摄）

◀ 7月21日，香山路厢红旗车站西150米处道路积水，抢险队员寻找雨水篦子排水（区水务局 供图）

▲ 香山自动气象站（田峰 摄）

▲ 上庄京西稻观光园（田峰 摄）

▲ 9月20日，玉渊潭公园举办“浓情绿意玉渊潭、幸福和谐我的家”秋实展活动并开展挑扁担、插秧苗、运菜忙等比赛项目（李瑞林 摄）

清河

昆玉河

京密引水渠

颐和园昆明湖

圆明园福海

玉渊潭公园

▲ 六郎庄公园

▲ 翠湖湿地

▲ 上庄水库

▲ 车耳营蓄水池

▲ 稻香湖酒店

▲ 世纪城社区

农业·水务·气象

农　业

农业与农村经济

【概况】　海淀区农村工作委员会（区农委）挂北京市海淀区动物卫生监督管理局（简称区动物卫生监管局）牌子，与区委农村工作委员会（简称区委农工委）合署办公。区委农工委是负责本区农村工作的区委派出机构。区农委（区动物卫生监管局）是负责本区农村发展、农村经济工作和农业行业监督管理的政府工作部门。下属区动物卫生监督所1个行政执法单位，区农业信息中心、区农业科学研究所、区植物保护站、区种子管理站、区植物组织培养技术实验室、区农业机械研究所、区水产技术推广站、区动物疫病预防控制中心8个全额拨款事业单位。

2012年，农村经济稳步发展，农民收入持续提高，农村环境不断改善，公共服务和社会管理水平明显提升，重大功能区建设取得新进展。

本年，全区农村经济总收入232.5亿元，同比增长6.8%；纯收入52.4亿元，同比增长11.1%；税金总额10.7亿元，同比增长14.3%；农林牧渔业总产值5.7亿元，同比增长20.4%；农村居民人均纯收入22364元，同比增长11.7%；农村居民人均劳动所得18316元，同比增长12.5%。

海淀区农村收支汇总表

单位	总收入				总开支				纯收入			
	2011年	2012年	±金额	±%	2011年	2012年	±金额	±%	2011年	2012年	±金额	±%
合计	2177136	2324712	147576	6.8	1705411	1800700	95289	5.6	471725	524012	52287	11.1
山前小计	1357517	1487068	129551	9.5	1048361	1138471	90110	8.6	309156	348597	39441	12.8
四季青镇	633496	697352	63856	10.1	514341	567664	53323	10.4	119155	129688	10533	8.8
玉渊潭	260985	290888	29903	11.5	176244	189952	13708	7.8	84741	100936	16195	19.1
海淀镇	171737	185041	13304	7.7	131546	142099	10553	8.0	40191	42942	2751	6.8
东升镇	291299	313787	22488	7.7	226230	238756	12526	5.5	65069	75031	9962	15.3
山后小计	819619	837644	18025	2.2	657050	662229	5179	0.8	162569	175415	12846	7.9
苏家坨镇	198772	207032	8260	4.2	155260	159451	4191	2.7	43512	47581	4069	9.4
温泉镇	182673	197287	14614	8.0	145820	157486	11666	8.0	36853	39801	2948	8.0
西北旺镇	340925	330571	–10354	–3.0	283693	268825	–14868	–5.2	57232	61746	4514	7.9
上庄镇	97249	102754	5505	5.7	72277	76467	4190	5.8	24972	26287	1315	5.3

（王茹萍　陈子权）

【北京市西山农场】 北京市西山农场是由海淀区国资委监管的全民所有制企业。农场占地面积 18525 亩（1235 公顷），其中平原 8918.1 亩、山地 9606.9 亩。拥有北京凤凰岭自然风景公园、北京市海淀区西山公墓管理处、北京市西山果林公司、西山农场物业管理中心、北京长建西山建筑工程公司、北京市海淀区聂各庄敬老院、西山孵化设备厂留守处等 7 家直属企业和北京市长安园骨灰林、中外合资北京小西保健食品有限公司 2 家合资企业。西山农场产业结构以旅游业为龙头，涵盖一、二、三产业。

2012 年，实现经营收入 7681.6 万元，利润总额 875.6 万元。继续以旅游节庆活动为平台提升凤凰岭旅游品牌影响力，打造以“凤凰花季”为大主题的春季系列活动，举办桃花节、杏花节、佛教文化节、五月槐花香等主题活动，承接和参与海淀区观赏鱼进自然景区主题活动、团市委重阳登高敬老活动等主题活动。推出电视、电台的凤凰岭专题访问及凤凰岭微博，与专业网站合作推出优惠电子票网上预订及团购活动。完成大西山旅游开发近期规划项目二期地块的征地工作。完成景区约 2000 米路段的路面改造，修建 200 余米观赏木栈道。实施小环境改造工程，完成景区停车场车位铺设和绿化美化。通过标准化试点单位的验收，转化服务通用标准 26 个、服务提供标准 36 个、服务保障标准 147 个。

（程霈）

【参加第七届中国草莓文化节】 2 月 20 日，由中国园艺学会、农业部优质农产品开发服务中心、市科委、市农委、海淀区政府、市园林绿化局、市农业局、市农林科学院、市果树产业协会主办的第七届中国草莓文化节暨中国精品草莓擂台赛在北京四季御园国际大酒店举办。来自全国 12 个省市的 70 多家种植单位和个人参赛，选送 40 多个品种的 500 多份样品，共设三大系列（日韩、欧美、国内自主知识产权系列）金奖 49 项、银奖 58 项、铜奖 72 项。海淀区选送的草莓样品获得 17 项金奖、9 项银奖、12 项铜奖。

（王茹萍）

【开展“3·15”维权宣传活动】 3 月 15 日，组织区动物卫生监督所、动物疫病预防控制中心、植保站、水产技术推广站、种子站、农机研究所等部门 40 余人在温泉镇太舟坞商城开展“3·15”维护消费者权益为主题的大型宣传活动，重点宣传农业法律法规、重大动物疫病防控、农产品质量安全以及农资打假等内容。共发放食品安全知识、农资安全等宣传材料 50 余种、近万份，设置宣传展板 50 块，为群众提供现场咨询服务 1000 人次。

（王茹萍）

【“海淀农业”标识发布】 5 月 21 日，区农委举行“海淀农业”标识新闻发布会，打造“海淀农业”品牌。出台海淀农业标识管理办法，统一规范农产品标识使用，制作精品农产品系列包装。北京百旺农业种植园、凤凰岭生态农业示范园、上庄镇京西稻文化休闲园、上庄翠湖旅游观光农业园、上庄镇农产品有机化示范基地、四季青果林所有机生态观光采摘园、四季青镇田村海舟慧霖葡萄园、温泉镇温泉村观光采摘园、四季青镇香山御香观光采摘园和苏家坨镇周家巷农业采摘园等 10 个园区的特色精品农产品被许可使用“海淀农业”标识。

（王茹萍）

【举办第十二届樱桃文化节】 5 月 29 日，海淀区第十二届樱桃文化节暨四季青第十八届樱桃节开幕。本次樱桃节旨在整合全区都市现代精品农业和观光休闲旅游资源，开展“田园海淀，生态中关村”、评选最佳樱桃园、开展樱桃擂台赛等互动活动，让市民到海淀区摘美果、品美食、赏美景、耕田地等，实现城乡互动，搭建京郊优质农产品与首都市民对接的桥梁。

（王茹萍）

【召开农业技术现场观摩会】 6 月 6 日，区农委组织召开农业技术现场观摩会，农业管理技术人员 100 余人次参加。重点观摩北京中农绿亨种子科技有限公司设施番茄、辣椒、黄瓜等 1600 多个蔬菜新品种试验示范，西北旺镇土井村日光温室太空辣椒，四季青镇田村设施葡萄等 5 个单位的生产情况。

（王茹萍）

【开展食品安全宣传周活动】 6 月 12 日，组织各执法部门开展联合执法检查和农产品质量安全宣传活动，与区信息中心合作，制作以“把好检疫关 保障肉类安全，如何选择新鲜肉”、“农残早知道，了解农产品，选购有信心”和“检测药物残留，保证鱼肉安全，如何选择水产品”为内容的宣传专题在海淀新闻中播出。

（王茹萍）

【举办第二届蓝莓文化节】 6 月 15 日，由市园林绿化局、海淀区政府主办，海淀区农村工作委员会、西山农场、苏家坨镇人民政府、北京蓝梦农业发展有限公司承办的北京·海淀凤凰岭第二届蓝莓文化节在苏家坨镇蓝梦庄园举办。蓝莓在上庄镇、四季青镇、苏家坨镇均有种植，品种包括都克、蓝丰等10余种，种植面积200余亩，平均亩产500斤，已成为北京市蓝莓产业的龙头。

（王茹萍）

【参加市果树园艺工技能大赛】 6月27日~10月25日，海淀区组织51名果树从业人员参加北京市第三届职业技能大赛“果树园艺工”比赛。经过选拔，最终参加决赛的7名选手中有3人分别获得第2名、第4名和第7名。从初赛、复赛到决赛阶段，共有14名选手获得大赛组委会颁发的国家职业证书，其中一级职业证书（高级技师）2人、二级职业证书（技师）1人、三级职业证书（高级技工）4人、四级职业证书（中级技工）3人、五级职业证书（初级技工）4人。海淀区获得大赛果树园艺工工种唯一的集体奖项——优秀组织奖。

（王茹萍）

【举办第十一届冬枣节】 9月28日，在翠微牡丹园店外广场举办主题为“品味五色田园，享受七彩人生”的海淀区金秋采摘节暨第十一届冬枣节宣传展示活动。展示推介冬枣、京西稻、食用菌、西山富士、葡萄、梨等特色精品农产品。为市民“十一”黄金周出游提供金秋旅游路线，让市民参与体验各镇、各园区举办的金秋系列活动。

（王茹萍）

【农业产业】 本年，粮食收割面积3372亩，总产量137.25万公斤，其中：收割小麦584亩、16.2万公斤，水稻953亩、47.65万公斤，玉米1835亩、73.4万公斤。菜地面积6507亩，其中：设施蔬菜面积2256亩。蔬菜播种面积11556亩，产量2061万公斤，总收入4485万元。果树面积3.1万亩，产量643.28万公斤，总收入7883万元。全区樱桃产量93.52万公斤，产值4435.5万元，樱桃依然是果品产业的主导产业。

（王茹萍）

【都市现代农业形态初步显现】 本年，都市型农业收入增长25%。全区设施农业总产值7380.1万元，同比增长11.7%，已成为都市现代农业新的增长点。区农委通过实施重点项目带动果、菜、花卉产业发展，壮大农村集体经济，推进都市现代农业创新发展。以苹果、桃等果树架式栽培为主的西北旺百旺种植园集生产性、观赏性、休闲体验于一体，认养区已接待不少市民；四季青镇海州慧琳葡萄园葡萄种植品种达四十余种，产品获得一定的市场认可；以蔬菜种植为主的温泉都市菜园，建设新品种新技术示范区和以订单生产为主的蔬菜种植区；以花卉产业为主的苏家坨镇金地丰源科技有限公司花卉基地一期工程基本完成，已投入蝴蝶兰等高档花卉的生产使用；以庭院美化服务为主的东升花园中心主体基本完成并试营业。果、菜、花卉产业成为都市现代农业的支撑产业。

（王茹萍）

【落实农业补贴】 本年，完成小麦、玉米、水稻等粮食直补和小麦生态补贴、中央财政农作物良种补贴等工作，拨付补贴资金36.96万元。落实设施农业建设补贴政策，完成设施农业建设532亩。

（王茹萍）

【农企合作粮食生产模式】 本年，上庄京西稻科普文化园与合作社合作，带动农户改良京西稻品种，示范应用稻田起垅栽培技术。举办插秧节、收割节、稻田认养等活动，开拓高端礼品市场，提高稻田种植经济效益，探索粮食增值新途径。京西贡米单价每斤10–12元，较上年提高2–3元，农民从水稻种植中获得更高经济效益。

（王茹萍）

【种植南方果品】 本年，在蓝莓规模生产、苗木繁育等方面获得成功。四季青、苏家坨、温泉、上庄等镇均有蓝莓栽培。四季青镇、温泉镇示范种植木瓜、火龙果等南方果品，丰富观光采摘果品种植种类。

（王茹萍）

【农业观光产业带提升建设】 本年，在区支农资金中安排近1亿元用于产业带的提升建设，重点规划“一河十园”创意农业产业带提升建设项目，提升御林观光园农业文化创意园、葡萄酒文化庄园、中医文化药园、南果鉴赏儿童教育基地、玫瑰谷等农业园区。上庄镇“田园超市”在观光农业生产经营中融入超市营销模式，利用连栋温室改造成为超市营销业态，采取货架展销鲜活农产品的方式，打造特色农产品展示营销平台；前章村生态林蘑菇采摘园建设仿野生蘑菇种植区和都市菜园体验区等。温泉镇南山产业带重点发展东埠头村、太舟坞村的温泉都市菜园建设。苏家坨镇大西山产业带重点建设周家巷种植园、柳林社区农业。

（王茹萍）

【支农项目管理】 本年，完成各单位申报的100余项支农项目的汇总，完成112个项目的合同书签订和项目验收。完成农田补偿、结构调整等政策性、事务性项目资金及农业项目的预拨资金的拨付工作。完成农产品包装制作和病虫害农业防治应急农药贮备采购项目公开招标工作。完成东升科技园“农业科技展示基地建设”和北京仁创三会农业科技有限公司“生泰砂盆韭菜栽培技术研究”两个项目入库工作。组织各镇完成2010年海淀区设施农业建设补贴项目绩效考评工作。完成2011年零农残有机果品示范项目总结及绩效考评工作。

（王茹萍）

【农田保护】 加强海淀区设施农用地的管理，调查31处卫片监察违法建设情况，对确属设施农业及农业配套附属设施的地块补办审批手续。继续实施农田种植与流转补贴政策，享受农田补贴面积6.81万亩，农田流转4.77万亩，补贴资金合计3674万元。落实1000万元专项扶持资金，稳定5800亩基本菜田面积。

（王茹萍）

【实施“沃土工程”】 本年，继续实施“沃土工程”，推广有机化生产技术15000亩，推广配方施肥技术20000亩，提高土壤有机质含量和土壤肥力，提高农产品质量。

（王茹萍）

【农业科技推广】 为植物组织培养技术实验室提供技术储备，自主选育的海樱1号、2号樱桃砧木和海韭1号、2号已通过新品种审定。自主培育的草莓、樱桃砧木脱毒苗推广种植3万余株。支持“甜（辣）椒未成熟小孢子直接诱导萌发成植株的方法”申请国家发明专利，已进入实审阶段。在太舟坞基地示范种植黄瓜、西红柿、甜瓜等9大类、41个国内外新品种，推广应用草莓土壤改良、轮作倒茬、温室增温等实用技术。推广无雾滴二道幕增温技术、番茄穗柄防折夹、黄瓜绑蔓夹、黄板防蚜虫蝇、节水滴灌技术、振荡器及雄峰授粉技术以及黄瓜、西葫芦套袋技术等。上庄镇引种设施蓝莓，可使成熟期提前一个月。确定8个示范点，聘请技术专家进行指导，合理安排作物茬口，提高设施蔬菜生产效率。推广5种蔬菜20多个优良品种和新技术。

（王茹萍）

【养殖业】 全区有猪场7个、养猪户47户，总存栏19847头；有牛场3个、养牛户44户，总存栏3202头；有养羊户121户，总存栏2328只；养禽场3个、养禽户404户，总存栏12.09万只。有水产养殖户数70户、养殖水面1215亩、池塘160个、年产量52万公斤。全年投放鲢、鳙、草、青鱼苗16147公斤，红鲫鱼1100公斤，兴国红鲤1.4万尾，中华鳖3000只。

（王茹萍）

【动物免疫率 100%】 与养殖场和养殖大户签订《防疫责任书》275份，与35家动物诊疗单位签订责任书。全区重大动物疫病强制免疫累计免疫149.09万头（只）次，犬狂犬病免疫5.39万条，免疫率100%；指导性免疫60.47万头（只）次，监测免疫抗体样品1516份，进行流行病学调查134场（户）次，覆盖面达到100%。共检疫各类动物83.36万头/只，种蛋114.41万枚，监督换证动物产品154.85万吨，对检出病害动物产品无害化处理率100%。设置渔业环境监测点5个、面积167亩，全年共监测14次、水样80个，合格率100%。

（王茹萍）

【“三品”[①]认证】 全区“三品”认证基地达36家，认证品种203个，认证面积达10485.05亩，其中：无公害基地27家、认证品种91个、认证面积7670.55亩；绿色和有机认证9家、认证品种112个、认证面积2814.5亩。推广农业有机化生产技术，在全市率先制定樱桃有机生产地方标准。现有农业标准化生产基地47个。

（王茹萍）

【休闲农业与乡村旅游】 本年，撰写海淀区休闲农业与乡村旅游年度报告及典型材料。区支农资金中安排近1亿元用于产业带的提升建设。加大设施农业扶持力度，日光温室等设施农业面积7290亩，年产值由2007年的3164万元提高到5827.4万元。开展与百姓互动的体验项目。对小毛驴市民农园经营模式进行调研总结，并在有积极性的园区进行推广。全区10余个果园、菜园开展不同形式的蔬菜认养、蔬菜配送活动。

① “三品”：指无公害农产品、绿色食品和有机食品。

乡村旅游经济数据统计表

项目		全区合计
较具规模的农业观光采摘园	个数	58
	从业人员数（人）	2387
	接待人次（万人）	31.9856
	观光农业总收入（万元）	6911.8
民俗旅游接待	民俗旅游接待户（户）	72
	从业人员数（人）	57
	接待人次（万人）	4.9393
	民俗旅游总收入（万元）	297.4

（王茹萍　陈子权）

【乡镇企业】　本年，全区乡镇企业1701家，从业人员50273人，总收入127.5亿元，同比增长1.9%；增加值38.6亿元，同比增加9.7%；利润总额11.1亿元，同比增长9.6%；出口产品交货值3亿元，同比增加23.5%。其中，个体工商户总收入9.7亿元，同比增长18.3%；增加值1.62亿元，同比增长0.6%；利润总额0.9亿元，同比增长28.6%。

乡镇企业主要经济指标

单位：个、人、万元

指标名称	企业个数	从业人员年末数	增加值	总产值	营业收入	利润总额	上交税金	劳动者报酬	资产总额	负债总额	固定资产原价
甲	1	2	3	4	5	6	7	8	9	10	11
总　　计	1701	50273	386804	1099088	1275150	111673	74083	148316	5288721	3467518	1579747
一、按登记注册类型分组											
1.内资企业小计	1699	49666	371946	1060428	1225771	104410	72369	140975	5036553	3345541	1470857
其中:⑴集体企业	356	24334	243049	470270	533570	70686	46032	90106	4137857	2817819	1169279
⑵股份合作企业	37	1652	19232	34084	39807	10735	2643	5696	71040	47704	19417
⑶联营企业	1	8	175	1446	1446	55	95	26	413	247	201
⑷有限责任公司	116	4563	36449	135496	147793	7592	8212	17058	481412	321173	137034
⑸股份有限公司	8	605	5717	17744	21542	2384	1198	2109	51401	28537	12047
⑹私营企业	1181	18504	67324	401388	481613	12958	14189	25980	294430	130061	132879
2.港、澳、台商投资企业											
3.外商投资企业	2	607	14858	38660	49379	7263	1714	7341	252168	121977	108890
二、按国民经济行业分组											
1.农业企业	52	1085	2888	6796	8678	1134	105	1372	30708	8225	10273

指标名称	企业个数	从业人员年末数	增加值	总产值	营业收入	利润总额	上交税金	劳动者报酬	资产总额	负债总额	固定资产原价
2.工业	318	9674	76577	259742	285345	23757	11427	33800	701064	360690	325388
其中：制造业	318	9674	76577	259742	285345	23757	11427	33800	701064	360690	325388
3.建筑业	72	3355	17054	113530	113724	2945	4184	8591	156107	99608	25891
其中：资质等级企业	5	1004	5301	24315	25657	1157	1377	2343	49657	30080	14763
4.交通运输仓储业	226	548	2555	7674	8880	304	338	1229	4017	2464	7030
5.批发零售业	533	5083	33788	161977	247388	5625	9151	12453	257221	139877	76803
6.住宿及餐饮业	107	10178	66593	118430	125610	12399	12215	24176	356611	291534	324686
其中：餐饮业	11	263	1817	5741	5897	610	150	762	2189	1478	733
7.居民服务、其他服务业和娱乐业	299	16376	109016	314312	342157	32285	18192	47205	2296852	1791661	526988
8.其他	94	3974	78333	116627	143368	33224	18471	19490	1486141	773459	282688

规模以上乡镇企业主要经济指标表

单位：个、人、万元

指标	企业个数	从业人员年末数	增加值	营业收入	利润总额	上交税金	劳动者报酬	资产总额	负债总额	固定资产原价
	1	2	3	4	5	6	7	8	9	10
合　　计	130	13708	138586	476020	29649	26061	61248	1271485	846495	661514
1.农业企业	3	95	853	3810	151	29	377	4048	1175	2142
2.工业	34	4267	42532	167941	10264	6780	22478	469479	254489	216883
其中：制造业	34	4267	42532	167941	10264	6780	22478	469479	254489	216883
3.建筑业	19	1183	10055	76943	1594	2941	4921	101795	60594	13899
其中：资质等级企业	2	144	2587	12500	835	924	647	20541	12770	6887
4.交通运输仓储业	1	9	459	972	68	53	102	1092	716	1204
5.批发零售业	14	708	10358	65278	2990	2569	4397	55161	33277	23148
6.住宿及餐饮业	15	2904	32485	60333	6762	6240	12300	142262	96910	182852
7.居民服务业、其他服务业和娱乐业	40	4396	40211	97858	8777	7241	16156	308531	254322	189838
8.其他	4	146	1633	2885	–957	208	517	189117	145012	31548

（王茹萍　陈子权）

【开展农业产业化服务】 本年，组织市级龙头企业申报工作，北京中博农畜牧科技有限公司等5家企业获批为市级农业产业化重点龙头企业。完成市级以上农业产业化重点龙头企业监测工作。完成涉农企业上市调研工作，组织龙头企业参加上市企业管理人员高级研修班，向驻区涉农企业宣传上市扶持政策。完成市级龙头企业上市奖励与集合票据补贴申报入库工作。组织龙头企业加入中国农业产业化龙头企业协会。“7·21”特大暴雨造成直接经济损失近2000万元，“11·3”雨雪造成直接经济损失近1100万元。区农委下发《夏季暴雨后菜田管理措施》，出动抢险救援人员1000余人次，出动车辆、水泵等67台次，把损失降到最低。

（王茹萍）

【261户参加政策性农业保险】 推行政策性农业保险，截至年底，全区政策性农业保险参保农户261户，参保面积4807.11亩，总保费147.64万元，中央、市、区三级政府保费补贴分别为6166.3元、73.38万元、58.88万元，农户自筹保费14.76万元。全年共计赔款115.17万元，共有204户次参保农户得到保险赔付。

（王茹萍）

【农产品农药残留抽检】 抽检生产基地1035个、农产品批发市场683个，抽检1718个农产品批发市场样本（其中蔬菜、果品、水产品和动物产品等农产品1656个，饲料、兽药等农业投入品62个），合格率100%。定性检测蔬菜样品521个，合格率99.81%。组织樱桃、桃和枣三个果品的抽样送检工作，8个种植园的26个样品参加定性、定量检测，检测结果全部合格。举办无公害种植业认证培训班。

（王茹萍）

【建成47个农业标准化基地】 本年，新建农业标准化基地6个，累计达到75个，现有47个。规范生产单位的工作、管理和技术等标准体系文件，建立产品生产、销售档案记录。

（王茹萍）

【农业行政执法】 本年，区农委与各执法单位签订《执法责任书》。执法单位与各类被监管单位共签订责任书535份，承诺书460份，协议书666份。加强兽药、饲料、种子、农药、肥料、农机、渔政监管等农业行政执法。共组织执法检查673次，出动执法人员1896人次，制作现场笔录666件。与相关部门联合执法43次，夜查5次，检查各类被监管单位752个次；查办各类案件43起，处理群众举报2起，检查70个水产养殖场户，覆盖率100%，未发现问题。行政处罚40起，没收违法所得5563元，行政处罚45733.8元。

（王茹萍）

【办理行政许可2763个】 本年，共受理各类行政许可2763个，办结2763个。其中：动物及动物产品检疫证明1667个、植物检疫证书645个、农作物种子经营许可证5个、动物诊疗许可证6个、兽药经营许可证6个、种畜禽生产经营许可证3个、执业兽医师注册及助理执业兽医师备案67个、农业机械检验316台、农机各种手续48个。

（王茹萍）

【农机安全管理】 本年，与各镇农机主管部门签订《2012年海淀区农机安全生产责任书》，各镇农机部门与各村、各有关单位签订《安全责任书》400余份。与区交通支队、区安监局等5个部门联合制定《2012年海淀区农机安全生产联合行动实施方案》。与区安监局、区公安分局、区卫生局、区民政局联合制定《海淀区农业机械事故应急预案》。确定创建平安农机示范镇4个、示范村12个、示范户8户、先进农业园区4个、先进养殖小区1个。年检农业机械316台。区农委统一编制和制作《农业生产基地农业机械管理台账》、《农机安全生产目标责任制》、《农机安全管理员职责》等，实现农机安全监理全覆盖，农机生产安全全过程监管。

（王茹萍）

【新建9所田间学校】 本年，新建9所田间学校，开展果树病虫害、土肥管理、幼果期的管理、夏季修剪、草莓育苗的栽培方式、草莓棚的土壤消毒、草莓定植注意事项、大棚蔬菜种植和大棚南果种植等课程，约2700人次参加培训。全年组织23名乡土专家培训近300人次。7名乡土专家取得果树栽培中等专业毕业证书。

（王茹萍）

【开展农业法规培训】 本年，制定农业系统“六五”普法方案和“12·4”法制宣传月活动方案。开展农业法律法规的专业培训，统一制作农机操作规程、农机安全生产标语等。组织50余名农机监理员和农业园区负责人参加农机安全生产培训。组织60余名农业行政执法人员参加农业行政执法培训。

（王茹萍）

农村经济管理

【概况】 海淀区农村合作经济经营管理站成立于1983年11月（简称区农经站）。2005年，加挂海淀区农村经济与集体资产管理办公室（简称区农资办）牌子，实行一套机构两块牌子，合署办公。主要职责是依法承担全区农村的“三资”[①]管理、新型集体经济组织规范化建设、经济合同监管、农村土地承包纠纷仲裁、农村统计、农村管理信息化、农民专业合作社服务体系建设等工作。

2012年，区农经站围绕推进城乡一体化建设这一中心任务，以完善“三资”管理为核心，促进农经管理工作科学发展。截至年底，全区农村集体经济资产总额733.8亿元，同比增长12%，占全市集体经济资产总额的16.22%。

---

① 三资：农村集体资金、资产、资源。

2012年各镇资产总额统计表

单位：亿元

乡镇	四季青	玉渊潭	海淀	东升	苏家坨	温泉	西北旺	上庄
资产总额	208.3	111.4	148.3	144.1	35.4	28.3	49.3	8.7

（陈子权）

【审计村级财务】 5月3日，召开全区村级财务审计专题工作会，启动村级财务审计工作。区农经站、区农委、区审计局及各乡镇协同联动，形成政府审计、农经审计与社会审计三位一体的审计模式。把征占地补偿款以及经济合同的签订和管理执行情况作为审计检查的重点。截至年底，共完成对89个村级集体经济组织、东升镇3个镇属企业和玉渊潭总公司所属2个企业共94个单位的审计任务，审计金额379.69亿元。从审计情况看，全区村级财务管理总体情况较好，80%的村完成财务管理规范化建设任务，超全市计划的30%，村级财务公开和民主管理制度普遍实行，51个村实行“村账托管”，50个村实现会计电算化，白条入账现象明显减少。海淀区被评为全国村务公开民主管理示范区。通过对第一批重点审计的30个集体经济组织审计情况的梳理，反映出具有普遍性和倾向性的问题主要有：占地补偿款管理使用、工程项目管理、经济合同管理、资金及账户管理、投资管理、固定资产管理、专项资金管理、内部控制及监管等八个方面。审计反映的问题得到区领导重视，对促进集体经济组织财务管理起到了重要作用。

（陈子权）

【土地承包经营权流转管理和服务】 5月，区农委、农经站、区国土局、监察局联合下发《关于加强农用地使用管理的通知》，进一步规范农村集体土地经营行为，严格控制对外出租土地，严肃查处农用地中的违法建设行为。区农经站做好土地流转信息的收集、审核、更新与交流，拓宽土地流转渠道。截至年底，各乡镇共签订农村土地承包合同21314份。其中：确地合同5107份，确利合同15953份，确股合同254份。

（陈子权）

【完善土地承包合同管理信息化数据】 11月，区农经站对北部各镇的确利面积和由集体直接经营的土地面积逐村进行调查、核实，完善农村土地承包合同管理信息化数据，确保奖励政策及时落实到位，确保北部62个村享受到本年土地确权流转面积的奖励政策。

（陈子权）

【76个单位完成集体经济产权制度改革】 本年，全区76个单位完成集体经济产权制度改革，其中：乡镇级2个、村级74个，累计完成率77.5%。其中东升镇、玉渊潭农工商总公司完成改制。苏家坨镇、上庄镇、温泉镇、海淀镇基本完成村级改制。西北旺镇15个村完成改制。

（陈子权）

【集体“三资”管理制度建设】 本年，区农经站、区农委联合制定《关于海淀区农村集体资产管理意见》，对农村集体资产管理等工作提出明确要求。出台《海淀区关于加强股份经济合作社管理、指导和服务的意见》，保障股份合作社健康发展，巩固集体经济产权制度改革成果，维护股份经济合作社的合法权益。区农委、区农经站、区国土局、区监察局联合制发《关于加强农用地使用管理的通知》，规范农村集体土地经营行为，控制对外出租土地，查处农用地中的违法建设行为。

（陈子权）

【清查征地补偿款使用管理情况】 本年，区农经站开展全区农村集体经济组织征地补偿款使用管理情况清查工作。共清查7个镇和玉渊潭农工商总公司所属的78个有征地款收入的集体经济组织。从清查和日常监管情况看，存在如下问题：一是征地补偿款未及时足额纳入专户管理；二是由于征地涉及面广、时间跨度长，且早期征地协议不够规范，财务人员对征地批文、补偿协议等重要资料依据掌握不够及时全面，致使账务处理不够及时明晰；三是部分投资项目的风险提示和规避方案等相关资料不够完整，投资行为的民主透明度不高。针对清查中发现的问题，区农经站提出完善相关制度、规范征地补偿款专户管理、强化支出审批程序、提高村级财务管理水平、发挥民主监督作用、做好专项审计检查等六项进一步规范征地补偿款管理的工作措施。

（陈子权）

【审计新型集体经济组织】 本年，对2010年底前完成产权制度改革的乡村新型集体经济组织进行年审。审计股份经济合作社13个，审计金额221.3亿元。审计行政村84个，审计金额950.8万元（其中干部固定补贴186.5万元、办公费补贴55.95万元、农业税附加补助36.35万元、公益事业补助672万元）；对海淀镇、西北旺镇、温泉镇的11个行政村进行抽查审计。审计过程中发现存在大额现金支出现象；个别村未能坚持民主理财制度，专项补助资金的收入、支出情况未经理财小组审核。

（陈子权）

【农村经济组织管理】 本年，共办理农村经济组织年检手续70个。完成镇二级农村集体土地所有权确权主体的登记发证工作。同时，指导各镇（总公司）、村（二、三级公司）制定农村集体经济合同管理制度84份。

（陈子权）

【扶持农民专业合作社】 本年，拨付农民专业合作组织扶持资金300万元。区农经站以专业合作组织销售情况为依据，通过引导性奖励和对专业合作组织在生产经营中的合理支出定向报账式补助等形式，提高财政资金使用效益。区农经站制作33.95万份邮政广告随《北京日报》发行，宣传海淀樱桃、冬枣产业，扩大社会影响。全区有备案专业合作组织26个，带动农户4345户。

（陈子权）

【农村管理信息化】 本年，加强农村管理信息化平台中《村管系统》和《农经平台》两套应用系统的维护，完善村级信息采集范围，及时更新系统数据。共收集、上传数据报表约33万张，通过逐级审核，确保数据资料的完整性、真实性和准确性。

（陈子权）

【村级统计信息库建成】 本年，区农经站建立全区首套村级统计信息库系统，实现村级统计信息资源共享。系统涉及农村规划建设、经济发展、就业、管理等13个方面、340多个条目的统计指标体系，解决了撤销乡镇级统计所后村级统计数出多门、口径不一的问题。

（陈子权）

【举办14期农经业务培训班】 本年，区农经站组织新型集体经济组织主要管理人员岗位培训，农村财务、审计业务人员培训，农村土地承包经营权登记法律、政策和技术培训，农村土地承包经营纠纷调解仲裁员培训，农民专业合作社辅导员和示范社负责人培训等农经业务培训14期，培训人员1000余人次。

（陈子权）

新农村建设

【概况】 本年，推进城乡结合部改造、核心区建设和新农村建设；集体经济实现转型升级，监管政策体系基本建立；农村生产生活条件持续改善；新农村“三起来”工程建设完成；农转非工作加快推进；农村社会管理得到加强，民生保障水平明显提高。

2012年，全区农村集体资产总额734亿元、净资产总额269亿元，净资产总额占全市六分之一。农村居民人均纯收入22364元，比全市平均水平高出5888元，居各区县首位。全区农转非达2441人，其中征地转非2079人、大中专学生转非308人、投靠亲属转非44人、城镇购房转非10人。形成以东升科技园、玉渊潭科技商务区、四季青玉泉慧谷为代表的利用集体土地发展高端产业园的新模式。初步建立以农村集体资产管理意见为主的政策体系，加强农用地管理、财务管理及审计监督、征地补偿费使用管理、集体经济合同管理。安排专项资金引入社会审计机构，对全区所有村集体的财务收支管理进行审计，区级审计监督首次全面扩展到村级；基本完成农村集体土地所有权确权登记颁证。通过“打非治违”专项行动拆除违法建设129万平方米，通过建设中关村森林公园等重点生态设施新增造林绿化3350亩，改造农村燃煤锅炉近100蒸吨，淘汰11家生产工艺落后企业，督查全部13家规模畜禽养殖场污染物减排治理，完成农村河道清淤疏浚及保洁绿化、五一渠中水使用等工作。

（王茹萍）

【城镇化建设】 统筹推进基础设施建设、产业组团开发和新农村改造，促进村镇建设与园区建设协调发展。开展北坞村试点，完成城乡接合部8个市级挂账重点村腾退，推进北部园区建设范围内村庄改造，其中基本完成六里屯等9个自然村的腾退，安置房累计开复工230万平方米，唐家岭等重点村安置房实现入住。开展保留村庄就地实现城镇化试点，对30个保留村基本情况进行调查摸底；将七王坟村、车耳营村作为重点推进村，初步确定设计方案和工作方案。

（王茹萍）

【“5+3”工程】 本年，继续推进“5+3”工程建设，五项基础设施建设完成垃圾处理4项，安全饮水7项，卫生厕所建设6项，污水处理建设1项，街坊路建设2项。“三起来”工程完成“暖起来”工程1个，文化站（图书室）2个，健身场所1个，有线电视入户285户，党支部和村委会办公场所492平方米，其他公共建设项目33项。完成5处雨洪利用，铺设透水砖12663平方米，修建蓄水池2座，新增蓄水量7000立方米，年可入渗量增加6079立方米。下拨区级农村基础设施养护资金5512万元。

（王茹萍）

【农村社会管理】 完成新一轮乡镇机构改革。实行村庄社区化、社会网格化管理，开展农村社会综合治理和治安重点地区专项整治，将农村各项应急管理纳入全区指挥系统，推动城市服务管理向农村延伸。加强兽药、饲料、种子等农业行政执法，建立移动执法管理系统，确保全区无重大动物疫情和农产品质量安全事故；开展早期防空洞安全隐患治理，抢险治理地面塌陷和房屋受损10余处；加强矛盾排查化解工作，维护社会和谐稳定。

（王茹萍）

【农民社会保障】 本年，海淀区新型农村合作医疗人均筹资标准及区财政补助标准、城乡居民养老保险基础养老金、城乡最低生活保障水平均居全市第一，建成覆盖城乡的基层医疗卫生服务网络。出台促进城乡就业“1+10”政策体系，帮扶农民通过多种途径实现就业，在全市率先实现就业失业制度城乡统一；开展全民健身、体育特色村创建工作，温泉体育中心投入使用，畅春新园体育休闲广场被评为全国乡镇体育健身示范工程。

（王茹萍）

【农村党建】　完成 84 个行政村党组织换届工作。开展“创先争优”活动暨“三级联创”工作，“五个好”乡镇 6 个、村党组织 73 个、涉农部门 2 个、乡镇站所 8 个受表彰。七王坟村、车耳营村被列入市委组织部“党组织引领、党员带头”工作联系点。完成农村系统“我身边的先锋”推荐提名工作，《海淀区党员教育培训“十百千”工作计划》相关工作，困难党员专项帮扶资金的筛选和上报，推荐第二批市、区基层党建工作创新示范项目。完成党建创新项目 16 个。编发农村系统“创先争优”、党建简报共 20 期。对全区农村 84 个行政村党组织进行分类定级，评出“好”和“较好”共 82 个；评为“一般”2 个。

（王茹萍）

【农村干部素质提升工程】　继续开展农村干部素质提升工程。8 月中旬至 9 月上旬，抽调部分农村基层干部和后备干部赴上海马陆镇挂职锻炼、赴南方经济发达的地区学习交流。举办农村干部培训班和廉政教育专题班。确定 2012 年农村实用人才实训示范基地 4 个。参加 2012 年北京市农村实用人才创业成果推介活动，地区农具模型和曹氏风筝分获产品创意金奖和银奖。组织评选、上报地区“北京市有突出贡献的农村实用人才”推荐人选 2 名。

（王茹萍）

水　务

【概况】　海淀区水务局是海淀区政府主管水务事业的行政职能部门，下属区节约用水事务管理中心、区水利工程质量监督站、区水政监察大队、区河道管理所、区排水管理所 5 个事业单位。海淀区防汛抗旱防治地质灾害指挥部是领导本区防汛抗旱的机构，办公室设在区水务局和国土资源海淀分局，下设 60 个分指挥部。

2012 年，区水务局落实《“碧水海淀”行动计划（2012–2014）》，以水资源优化配置和水环境综合治理为核心，加强水务基础设施建设和节水型社会创建，推进“集雨、治污、节水”三大工程。有万泉河、北旱河、北长河、田村明沟、西双紫支渠、南旱河、金河、北沙河和南沙河等 9 条区管河道。完成市政府折子工程 1 项，区重点工作 2 项，区直接关系群众生活方面拟办重要实事 1 项。

（李娜）

【通过全国节水型社会建设试点验收】　8 月，海淀区通过全国节水型社会建设试点验收，各项指标均达到或超过试点要求。全区公共场所节水器具普及率 99.9%；居民家庭节水器具普及率 94%；农业节水灌溉 100%；计划用水管理率达到 100%。万元 GDP 用水量为 8.6 立方米，低于北京市 29 立方米的平均用水量。被国家水利部授予“全国节水型社会建设示范区”称号。

（李娜）

【北部地区供水管理】　本年，区水务局开展北部地区供水体制、机制的调研工作。编制《北部地区供水设施建设与管理机制的报告》，与区发改委、区北部办等单位共同进行专题研究，起草北部地区集中水厂供水管理初步方案，将水资源承载力作为优先条件。启动北部地区应急备用水源井工程建设，推进温泉地表水厂前期建设。

（李娜）

【保障供水安全】　本年，成立村镇安全供水领导小组，逐级签订责任书，将安全责任落实到镇、到村、到人。对全区供水井进行排查，对存在明显供水隐患的地区及农村自备井落实整改。委托专业公司对农村地区 220 眼生活供水井消毒设备实行加药、巡检，对全区 200 名管水员和基层水务管理人员进行培训。对腾退村供水情况进行摸底排查，编制完成《拆迁村供水应急预案》、《海淀区 2012 年村镇安全供水保障手册》。组织开展各供水单位夏季供水高峰前设施、设备的运行检查，编制《海淀区高峰供水应急预案》。配合市水务局、市卫生局，开展十八大村镇安全供水工作检查。

（李娜）

【开展水资源调研及保护】　本年，对全区地下水水文地质条件、水位、水质、开发利用潜力等进行调查和分析，完成《北京市海淀区水文地质调查分析报告》和《海淀区 2012 年地下水质量状况报告》。针对部分地下水开采典型开展尝试性的保护，经实地踏勘和对比，选择四季青镇的大水泉（南马场）和苏家坨镇的金鱼池泉（醇亲王墓）进行保护示范建设。

（李娜）

【编制完成《海淀区水资源综合利用规划》】　本年，针对海淀区的水资源紧缺形势，为满足海淀区未来 5~10 年的社会经济发展对水资源的要求，编制完成《海淀区水资源综合规划》。对海淀区水资源及其开发利用进行调查评价，依据《北京市城市总体规划（2004–2020 年）》、《北京市水资源综合规划》及《北京市海淀区国民经济和社会发展第十二个五年规划纲要》等规划，对全区水资源的供需状况进行预测，提出水资源配置方案，制定水资源节约与保护对策措施，该规划可作为海淀区未来水资源开发利用、节约保护与管理的依据。

（李娜）

【污水处理1864吨】 本年，全区4座污水处理厂和34座污水处理站共处理污水1864万吨，全区污水处理率达到95%以上，完成市政府折子工程规定的化学需氧量、氨氮排放量分别削减2%的目标。出台《海淀区村镇污水处理设施监管办法（试行）》，确保村镇污水排放水质达标。

（李娜）

【排水管网维护】 本年，摸清底数，重新编制《海淀区排水管网台账》。对全区所有排水管线、地下设施检查井井盖的监管与维护工作进行公开招标，对无主管线和区属企业管线养护工作进行监督考核，实施老旧排水管线改造，完成9条道路的雨污水管网改造工程，解决约10630户、33800人的生活污水排放问题。

（李娜）

【建立用水总量控制指标体系】 本年，在全区建立用水总量控制指标体系，完善生产、生活用水计量及监控体系建设，制定核定区域内水体纳污容量和纳污红线标准，推行水资源论证和取水许可管理。完成市政府下达的年度用水总量不突破3.24亿立方米的目标；万元GDP用水量、万元工业增加值耗水量、农业用新水均比上年降低3%；区管河道南沙河、万泉河水质考核断面化学需氧量分别控制在58mg/L和42.7mg/L，氨氮控制在14.9mg/L和8.9mg/L。实现以用水的微增长支撑区域经济社会快速发展目标。

（李娜）

【节水工作】 在新（改、扩）建项目立项和规划方案审批阶段，在全市率先同步进行雨水利用审查，推动全区雨水利用设施建设。加强与驻区高新企业的联系，调研学习企业最新研发的节水器具和节水设施，运用科技手段提高全区节水水平。加大对区内用水单位的调查管理工作，全年共新增计划用水单位500个，计划用水单位达到2700个，创建市级节水型单位（小区）30个。

（李娜）

【防汛工作】 本年，全区平均降雨754.7毫米，比上年同期多171.7毫米，比同期多年平均多135.7毫米，是自1977年（降水量为756.3毫米）以来的最大值。汛前，完善“三级”应急保障制度，强化街、镇的主体作用，整合全区应急抢险队伍和装备，组织开展军警民应急指挥抢险演练。全区建立抢险队伍170支、7000余人，对全区排查，并建立隐患台账。排查、清理雨污水管线2300千米，河道、明渠28千米。对26个雨量站点、防汛可视会商系统、道路积水点实时监控与短信通报系统进行调试，确保各项工作准备到位。汛期（6~9月），全区出现明显降雨过程28次，降水量为604.2毫米，比上年同期多78.1毫米，比同期多年平均多88.2毫米。汛后，区水务局梳理出129处积滞水点。对18处较严重积水点逐一制定消隐方案，落实工程措施；对111处一般积滞水点落实责任主体，制定消隐计划。

（李娜）

【河湖管理】 本年，对区域内7个河湖的水质进行定期监测，对重点河段、重点污水口加强检测，为社会提供有效数据7000多个。与各镇政府、河道管理所签订河道管护责任书，加强河湖的日常维护工作。督促河道管理单位加大对岸坡、水面的保洁及巡查力度，对河道的闸坝进行养护。

（李娜）

【完成全国第一次水务普查】 本年，海淀区水务普查工作在规定的时间节点（2011年12月31日）完成空间数据采集工作，并全部审核通过。完成对10个水务普查专项6175个普查对象的普查和31个水文化遗产的调查。水务普查工作是国务院开展的第一次全国性的水利普查，海淀区于2010年12月启动普查工作，普查涵盖全区所有街道、镇、农场，以及所有与水利相关的社会团体和经济单位。

（李娜）

【开展7项水事专项治理】 本年，区水务局开展水环境、水土保持、涉水安全、城市排水许可证、水源热泵系统、洗车业、工地临时用水许可等7个方面的专项治理活动。调查、处理各类水事违法案件437起，其中，水资源类（违法凿井、非法取水）案件74起；城市排水类案件127起；节水类案件121起，河湖水环境保护类案件76起，水土保持类案件39起。上缴财政罚没款34.2万元，封井23眼，拆除涉水违法建筑物5处。

（李娜）

2012年水事违法案件分类

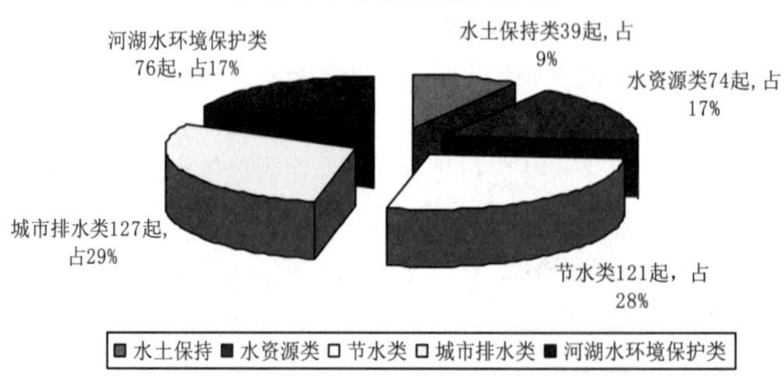

【开展水法宣传活动】 本年，组织开展“世界水日”、“中国水周”水法宣传活动。向各街道办事处、镇水务站和局属单位下发《关于组织开展2012年水法宣传活动的通知》；利用全区主要街道的户外广告牌、苏州桥边的围挡、公交车的车身制作水务公益宣传广告，在《海淀报》制作专栏和在海淀有线电视台《第一时间》播放宣传短片开展水务宣传活动；组织协调局属单位、各镇水务站分别在西北旺、温泉、苏家坨、上庄、四季青等地区开展送法进乡村、进学校水法宣传活动。

（李娜）

【水政执法】 组织机关、局属单位水务管理人员及水政执法人员举办水务依法行政知识培训班，并进行依法行政知识考试。参加市、区主管部门组织的依法行政工作会议以及法制学习和培训活动。指导监督水政执法工作。全年处罚案件22件，罚没款33.12万元，未发生行政复议和行政诉讼案件。

（李娜）

【水务工程建设】 本年，全区新建、续建水务工程项目共17项，安排投资2.08亿元。其中包括风格渠、2011年雨水利用工程等6项续建项目。开展前期项目11项，包括南、北旱河治理工程、2012年节水灌溉工程、稻香湖再生水厂等。编制《海淀区水务工程建设领域突出问题专项治理工作方案》，组成检查组进行现场检查，共检查监理单位5家，施工单位8家，检查相关资料80余卷。

（李娜）

【完成34项水务支农项目】 本年，完成2011年“推进节水型社会建设”和“玉河橡胶坝改造工程”2项支农工程验收工作。完成2012年水务支农项目立项、实施和验收工作。全年水务支农项目32项，总投资5973万元，其中政策性项目2项，投资1047万元；一般性项目30项，投资4926万元。

（李娜）

【编制6项水务工程规划方案】 本年，编制《海淀山前西部地区蓄滞分洪水系总体规划方案》，经区政府专题会审议通过。委托编制温泉水厂、北清路加压泵站、上庄再生水厂的规划方案。编制友谊渠、西大沟等河道的规划方案，并获得批复。

（李娜）

【南水北调工程建设】 本年，按照市南水北调办的部署，对南水北调干渠征地17052.57万元移民资金使用情况进行自查自纠，并通过国家审计署的审计。开展团城湖调节池征地拆迁工作。组织有关乡镇对南水北调来水调入密云水库调蓄工程进行地上物调查和评估，编制征地拆迁实物量指标及补偿意见，配合市南水北调办开展评估和拆迁招投标等工作。

（李娜　徐徐）

气　象

【概况】 北京市海淀区气象局前身是北京农业气象试验站，1974年4月1日建站，1991年5月1日局站合一，更名为海淀区气象局。承担海淀区行政区域内的气象服务和气象管理职能，建有气象测报、人工影响天气、避雷装置安全检测3支专业队伍。有无人值守的自动气象观测站15个，观测项目包括气温、降水、风向、风速、相对湿度、气压等六要素。本年购置两部移动气象观测站。全年开展行政执法检查53次，行政审批147次，防雷装置行政许可设计审核48项、竣工验收25项，施放气球行政许可137份，未发生气象行政执法案件。

（李春玲）

【开展气象法制宣传】 3月21日，为区城市管理监督与应急指挥中心（区应急办）全体干部、座席人员及运维服务保障人员讲授气象应急管理技术。9月23日，参加区法制办在海淀公园举办的“弘扬北京精神、践行执法为民”主题宣传活动。开展“3・23”世界气象日、“5・12”防灾减灾日、“12・4”法制宣传日展台宣传等活动，接受海淀新闻中心专访和《海淀报》报道，接待培星小学、北大附小、农业大学等学校师生参观，到老龄大学、北大附小等进行宣讲。设计印制《北京市常见气象灾害防御常识》、《海淀区气象局政务服务事项》等宣传材料，深入社区、学校、企业、农村进行宣传。

（李春玲）

【汛期气象服务】 5月7日、29日，分别召开汛前动员会和再动员会，部署汛期气象服务工作。汛期维护、抢修区域自动气象站16次；启动5次Ⅳ级应急响应、3次Ⅲ级应急响应、1次Ⅱ级应急响应。

（李春玲）

【气象服务系统运行】 6月，海淀区气象服务系统政府版（一期）安装到区应急指挥大厅，在“7・21”特大暴雨灾害中发挥作用，得到区领导及有关部门的肯定。“7・21”后，对系统进行全面改进，新版系统同时安装到区领导电脑桌面，增强时效性。

（李春玲）

【"7·21"强降雨】 7月21日，全市普降特大暴雨，本站日降水量达187.7毫米，为1974年建站以来历史同期最大值；全区平均过程降雨量为217.3毫米，其中五棵松274.1毫米，为全区最大值。此次降雨强度大、持续时间长，给道路交通、生产生活和人身安全等造成严重影响，并引发多起灾害事故。

（李春玲）

【气象应急预警服务】 在"7·21"特大暴雨灾害及11月3日、4日等多次降雨、降雪预警中，区气象局提前发布预报预警，及时启动应急预案，开展现场决策气象服务，滚动跟进气象服务及点对点的专业气象服务，为区政府决策及抗灾措施提供依据，最大限度减轻极端天气造成的灾情。全年累计发布各类气象预警信号61次，制作气象专报36份、气象快报125份，发送气象预报预警短信12万余条，其中预警短信6281条、防火短信41050条，气象预报邮件300余封。

（李春玲）

【建成29个气象信息服务站】 11月27日~28日，召开海淀区气象信息服务站成立暨信息协理员培训会。介绍海淀区气象局基本业务、气候特点、常见气象灾害及《北京市气象灾害预警信号与防御指南》、《气象信息员职责及工作流程》、《海淀区气象局预警信息发布流程》等内容，对北京气象信息员网站海淀区分站的主要功能、访问地址、气象信息上报、灾情信息上报、建议反馈等进行演示培训，进行社区气象灾害应急准备认证等。29个街镇全部建立气象信息服务站，任命气象信息协理员32位，聘用气象信息员713位。

（李春玲）

【完成1项雷电灾害风险评估】 本年，加强雷电灾害风险评估宣传力度，派业务骨干上门介绍宣传相关雷电灾害风险评估政策，全力推进雷电灾害风险评估业务的开展。完成北京交通大学评估项目。

（李春玲）

【开展公众气象服务】 本年，参与全区重大动物疫病风险评估，开展对区防汛办、市政管委的一对一气象服务，开展市安全生产月宣传咨询日气象服务，夏收夏种气象服务，高考气象服务等。

（李春玲）

【调研气象服务需求】 本年，到国家自主创新示范区展示中心、区公共安全馆、海淀公园管理处调研，获取精细化气象服务和合作宣传意向。到北京科源轻型飞机实业有限公司就海淀区高新技术企业的气象服务需求展开座谈，寻求气象为高新技术企业服务的发展思路。

（李春玲）

【人影作业25次】 本年，人工影响增雪作业14次，用烟条1304根。防雹增雨作业11次，用火箭50枚，炮弹408发。全区没有出现雹灾，对森林防火、土壤保墒、果季保护效果明显。

（李春玲）

【2012年海淀区重大气候事件】 1月8日至2月29日，本区最长连续无降水日数53天。3月17日傍晚到18日早晨，受东移南下的冷空气影响，本区出现明显的雨雪天气。5月21日，北京地区出现日偏食，初亏时间5时32分，食甚6时33分，至7时42分复圆，食甚时刻太阳直径67%被月球遮盖，本站天空为满天 Cidens（密卷云），气温、地温、草温等气象要素没有受到影响。9月1日12时至2日8时全区平均雨量75.7毫米，最大降水量出现在温泉地区，过程雨量120.1毫米。11月3日~4日，降下本年冬季首场雪。这次雨雪天气过程的特点是降水量大，降水持续时间长，降雪时间出现早、气温下降迅速。3日10时至4日12时，全区平均降水量71.9毫米，最大降水为中国气象局的100.7毫米。

（李春玲）

【2012年海淀区气候概况】 本年，本区主要气候特点是：2011年12月~2012年11月平均气温12.5℃，接近常年[①]平均值（12.8℃）。年降水量较常年偏多近6成，除冬季降水偏少外，其他三季降水均偏多，但由于强降水主要集中在夏季，季节分布不均，其中7月、9月、11月降水量比常年同期明显偏多。日照时数较常年偏少。春季平均气温为14.5℃，接近常年平均值（14.0℃），降水量为94.6毫米，比常年平均值（72.2毫米）偏多近3成以上；夏季平均气温25.6℃，接近常年平均值（25.5℃），降水量为604.9毫米，比常年平均值（394.5毫米）偏多5成以上；秋季平均气温12.2℃，接近常年平均值（12.8℃），降水量为197.2毫米，比常年平均值（82.3毫米）偏多1倍以上；冬季平均气温为-2.4℃，比常年平均值（-1.4℃）偏低1.0℃，降水量为3.9毫米，比常年平均值（8.5毫米）偏少近6成。

2012年1月1日~12月31日平均气温为12.2℃，接近常年平均气温（12.8℃）。极端最高气温37.4℃，出现在6月17日，年极端最低气温为-15.2℃，出现在1月23日；全年总降水量906.7毫米，比常年（557.5毫米）偏多近6成，较2011年774.8毫米偏多近2成。一日最大降水量为187.7毫米，出现在7月21日；全年霾的日数有60天；轻雾的日数为121天。

（李春玲）

[①] 常年值为海淀1981-2010年30年有效资料平均值。

商业服务业·对外经济贸易

2013

北京海淀年鉴

1月18日，北京“放心肉”工程正式实施，消费者在试点超市可查询肉制品来源（李瑞林 摄）

6月8日，“第六届海淀区商业服务业职业技能风采大赛——安全生产决赛”在蓝景丽家大钟寺家居广场南广场举行（李瑞林 摄）

7月13日，第六届海淀区商业、服务业职业技能风采大赛——装机技能大比拼决赛在海龙电子城五层维修置换中心举行（北京中关村电子产品贸易商会 供图）

▲ 7月27日，超市发举办北京市第三届职业技能大赛海淀区超市发收银员竞赛初赛（田峰 摄）

◀ 8月10日，甘家口大厦响应市妇联、市妇女儿童基金会倡导，参加第三届“带孩子上班日”活动（田峰 摄）

◀ 9月23日，当代商城举行“北京当代商城创建全国文明单位启动仪式暨开业十七周年庆典”（当代商城 供图）

▲ 11月14日，翠微大厦举行第十五届购物节开幕式暨社会关爱行动捐赠仪式，向翠微小学、翠微中学再献“翠微教育基金”，向北安河敬老院敬献关爱礼（翠微大厦 供图）

▲ 12月28日，由区创建全国文明城区总指挥部办公室、区精神文明建设委员会办公室、区商务委主办，海淀饮服行业协会承办的“海淀区文明餐桌行动”在中关村广场购物中心启动（饮服协会 供图）

商业服务业·对外经济贸易

商业服务业

【概况】 区商务委是区政府主管本区国内外贸易和对外经济合作的工作部门。2009 年 2 月 9 日，海淀区再生资源回收行业管理办公室设在本委；2012 年 8 月 3 日，海淀区创建全国文明城区市场环境建设指挥部办公室设在本委。下属北京市海淀区商务综合执法监督检查所、中国国际贸易促进会海淀支会（中国国际商会海淀分会）2 个事业单位。

全年组织开展 35 项促消费活动，完成山东大集、青海大集等 6 期大集的服务保障工作。支持开展第八届西餐文化节、百威啤酒节等促销活动。2012 年，社会消费品零售额全年实现 1504.8 亿元，同比增长 8.8%。

（丛颖）

【海淀区商业联合会】 北京市海淀区商业联合会成立于 1999 年 9 月。2005 年 3 月，中国贸促会海淀区支会、中国国际商会海淀区分会和海淀区商业联合会合并办公。商联会会员分为会长单位、副会长单位、常务理事单位、理事单位和个人会员五个级别。商联会会员由不同所有制、不同业态的民营企业、外资独资企业、中外合资企业、高新技术企业构成，基本涵盖海淀区大中型各种所有制的零售企业，现有会员单位近 200 家。

本年，区商联会为会员单位提供招商引资服务，沟通交流平台，以及与政府对话的桥梁。利用区政府人才培养专项资金，组织第二期海淀区商业企业高层管理人员研修班，举办中级商品营业员培训班，配合“第六届海淀区商业服务业职业技能风采大赛”举办演讲技巧、演讲礼仪等方面的培训。承办第六届海淀区商业服务业职业技能风采大赛、第八届海淀品牌消费节、第四届海淀汽车置换节、第三届海淀岁末购物节。

（丛颖）

【北京市海淀饮服行业协会】 成立于 2000 年 5 月，原名北京市海淀区饮食服务行业协会，2010 年 6 月 29 日更为现名。下设餐饮、洗浴、美容美发、旅店、清真、彩扩摄影、洗衣等 7 个专业委员会。

本年，有会员企业近 600 家。有 14 家餐饮企业通过新一轮的国家五钻级酒家评审。培训中餐烹饪、服务、面点、营养配餐等工种 919 人，其中 905 人取得国家人力资源和社会保障部颁发的职业资格等级证书。协会获得“北京市先进社会组织”称号。

（姜哲）

【北京京海联实业开发总公司】 公司前身为 1979 年成立的海淀区城市生产服务合作联社、海淀区城市生产服务总公司（一套人马两块牌子）。1996 年转为经济实体，成立京海联实业开发总公司。2000 年经区经委审定为独资城镇集体企业。

至本年底，公司有新海学金属制品中心、北京海地兴物资供应站两家下属企业，有万泉源物业管理公司一家控股股份制企业。资产总额 1037.24 万元，净资产 783.57 万元；营业收入 478.26 万元，亏损 118.74 万元。

公司近数年来以房屋场地出租为主要收入来源。其中最重要的承租人是新东方学校。

（郑珊）

【海淀区物资回收公司】 成立于 1958 年 2 月。公司下属北京市开源技贸总公司、北京市颐顺达物资经营公司、北京市魏兴贸易公司、北京市五棵松物资收购站 4 个全资子公司并持有北京市开源物业管理股份有限公司 43.78% 的股权。

2011—2012 年物资回收公司经营情况[①]

单位：万元

项目	2011 年	2012 年	比上年增长（%）
总收入	4065	3639	-10.48%

① 备注：1.总收入下降 10.48%，最主要原因是增值税税收政策调整，回收业无进项税额抵扣，全额征收 17%，再加上征收的城建税教育附加，企业税收成本增加。2.本年净收入增加 19.62%，主要原因是 2012 年房屋租金上调。

项目	2011 年	2012 年	比上年增长（%）
净收入	2911	3482	19.62%
费用支出	2447	3044	24.40%
利润总额	649	509	–21.57%
净利润	519	394	–24.08%
税金	478	504	5.44%
投资收益	168	57	–66.07%
资本保值增值率	101%	100%	–0.99%

本年，转变回收业经营发展方式，五棵松收购站将回收摊位改建为存货库房，引入“锦绣大地”农贸市场商户承租，增加收入 23 万元；开源技贸公司利用闲置场地建设库房 1200 平方米，增加收入 72.27 万元；配合区市政市容委完成 163 个流动厕所的清理回收工作；完成区财政国有资产报废回收废金属 69 吨、电子办公设备 45.6 吨、回收总件数为 63966 件，社会回收 464 吨，实现毛利 84.2 万元，与 263 家机关事业单位建立国有资产报废回收处置业务联系。撤销不符合回收业整顿要求的社区网点 122 个，新建社区回收网点 43 个，回收网点总数达到 243 个；完成社区垃圾分类示范小区网点 10 个；组织 50 个社区网点开展“再生资源回收日活动”。废旧饮料瓶罐回收工作由于机器生产厂家转型已停止。

（肖洁）

【北京翠微大厦股份有限公司】 2003 年 1 月，由北京翠微大厦改制而成，是集百货、超市、餐饮、休闲娱乐等都市品质生活服务于一体，以零售业为主的现代集团企业，下属牡丹园店、龙德店、翠微广场、清河店、大成路店、惠丰堂饭庄、创景惠丰堂饭庄、自行车销售中心等 8 家分公司和北京翠微家园超市连锁经营有限责任公司、翠微可晶摄影器材有限责任公司、翠微园物业管理有限公司、普澜斯国际商贸发展有限公司等 4 家子公司，营业面积约 15.8 万平方米。

2012 年，公司实现销售收入 55.57 亿元，同比增长 2.62%；上缴国家税金 2.79 元，同比增长 14.42%。

本年，公司推进品牌和商品结构调整，新引进 189 个品牌，包括积家、宝格丽、萧邦、格拉苏蒂、COACH、卡地亚等国际一线品牌。策划组织 28 次营销活动以及“2012 翠微国际名表节”、“迪桑娜意大利皮具大师巡展”等系列主题特色营销活动。举办 12 个主题 778 场次消费课堂，走进社区、街道开展现场咨询、现场演示服务。公司的第十五届购物节再创店庆销售新高，5 天销售额 5.43 亿元。会员总量达到 90 余万人。

开展主题为“践行北京精神 服务感动顾客”的“第八届职业礼仪大赛”系列竞赛活动，4000 余名员工全部参加。参加“第六届海淀区商业服务业职业技能风采大赛”，获得 3 个第一名、3 个第二名和 6 个第三名。通过年度 ISO9001 质量管理体系认证审核。完成全国文明单位复评工作。

2012 年，公司获得“全国公平交易（诚信）示范单位”、“全国质量守信企业”、“流通领域节能环保‘百城千店’示范企业”、“全国商业质量效益型先进企业”、“213151 国家级征信企业”、“全国商业 3·15 荣誉企业”等荣誉。

（刘慧　任欢）

【北京翠微集团】 北京翠微集团（以下简称翠微集团）成立于 1996 年 12 月 30 日，为海淀区国资委直属全民所有制企业，注册资本为 63377 万元，经营范围为投资管理、资产管理和会议服务。截至年底，集团总资产 366873 万元，净资产 96336 万元。持有北京翠微大厦股份有限公司（以下简称翠微股份）55.06%的股份。

2012 年，翠微集团总经理、翠微股份董事长张丽君获得由中国商业联合会和中华全国商业信息中心共同评选的“卓越商业职业经理人”称号。

翠微集团 2012 年经营情况表

项目	2012 年	比上年（%）
总资产（万元）	366873	+4.95
负债（万元）	196914	–23
净资产（万元）	96336	+13.48
少数股东权益（万元）	73623	+250.14

项目	2012 年	比上年（%）
销售额（亿元）	55.57	+2.6
利润（万元）	21670.69	+4.11
国有资产保值增值率（%）	122.29	

（孙小亭）

【北京海淀置业集团有限公司】 原北京超市发国有资产经营公司，是海淀区政府授权经营的国有独资企业，组建于2000 年 4 月，2010 年 11 月改制更名为北京海淀置业集团有限公司，属有限责任公司。截至年底，公司资产总额 50.58 亿元，比上年增长 3.84%；负债 30.45 亿元，净资产 18.24 亿元，净资产收益率 3.15%；利润 8842 万元，少数股东权益 1.89 亿元。

北京海淀置业集团投资企业概况

序号	控股性质	企业名称
1	全资企业	北京中海拓科技发展有限公司
2	全资企业	北京海物博科贸有限公司
3	全资企业	北京国控经贸有限责任公司
4	全资企业	北京超捷物业管理有限公司
5	全资企业	北京消夏园餐厅有限公司
6	全资企业	北京华奥饭店有限公司
7	全资企业	北京海图国际青年旅社有限公司
8	全资企业	北京中关村数字物流港有限责任公司
9	控股企业	华光商厦有限责任公司
10	控股企业	北京天合太平物业管理有限公司
11	控股企业	武夷山市北京山庄有限责任公司
12	相对控股企业	北京超市发连锁股份有限公司
13	参股企业	北京禾谷园连锁经营有限公司
14	参股企业	嘉事堂药业股份有限公司
15	参股企业	北京首汽（集团）股份有限公司
16	参股企业	北京商悦科贸有限责任公司
17	参股企业	北京泛亚大厦房地产开发有限责任公司
18	参股企业	北京永乐雅餐饮有限公司
19	参股企业	北京海开房地产股份有限公司
20	参股企业	北京稻香湖投资发展有限责任公司
21	参股企业	北京恒业达装饰工程有限公司
22	参股企业	北京市中关村小额贷款股份有限公司
合计	全资 8 家、控股 3 家、相对控股 1 家、参股企业 10 家	

本年，公司围绕商业地产经营，协调发展相关产业。写字楼品牌更加突出，中国技术交易大厦引入一批高科技企业，中国知识产权交易大厦实行以聚集知识产权服务资源为特色的经营模式。与超市发连锁和街道合作开展便民商业，全年调整设立“菜篮子”等便民商业网点16处、面积1900平方米。华光商厦有限责任公司引入农超对接水果、蔬菜，每日推出3种特价菜。公司对改制到期后剩余改制人员较少的网点，采取将剩余改制人员合并到其他网点或腾让部分经营面积的方式提高收入水平。北京中关村数字物流港有限责任公司调整租金标准和客户结构，重点引进研发、科技、教育类客户。北京国控经贸有限责任公司将大泥湾 15 号办公楼出租，增加营业收入。华光商厦有限责任公司采取开设网店、主题促销、购物抽奖、会员活动、积分返现等营销策略，实现营业额亿元。北京海图国际青年旅社有限公司年均入住率保持在80%以上。

调整理顺投资结构，推进企业改革发展。与第一太平戴维斯公司合作组建北京天合太平物业管理有限公司，接管图书城特色街经营管理中心、中国知识产权交易大厦、中国技术交易大厦和北京中关村数字物流港有限责任公司 4 个物业项目。收购北京中关村数字物流港有限责任公司其他股东持有的45.27%股权，使其成为全资子公司；以承债划转方式接收北京宏城鑫泰置业有限公司公司100%股权；转让集团公司持有的中关村文化公司 23%股权；以吸收合并方式清算注销一屋天下上网服务中心。就北京山庄执行案与北京银行签订和解协议，并就具体执行事宜达成备忘录。

解决历史遗留问题，其中北京超捷物业管理有限公司协助菊园小区 39 户居民办理房产证；北京国控经贸有限责任公司启动确认物业服务责任主体的诉讼，继续承担小区维修服务，保障居民正常生活。完成 10 家基层工会签订工资集体协商专项合同。

（高炳波）

【北京超市发连锁股份有限公司】 前身是成立于 1977 年的北京市海淀区副食品管理处，1999 年 10 月，公司完成股份制改造，更为现名。公司以商业零售为主，是区属大型零售连锁企业。

本年，实现销售收入 40.3 亿元，同比增长 3.6%。新开连锁店 3 家、加盟店 16 家。截至年底，公司经营总面积达到 17.6 万平方米，连锁店总数达到 131 家（其中北京市连锁店 59 家，外埠店 17 家，加盟店 55 家）。

2012 年，公司获得全国商业 3·15 荣誉企业、全国商业质量效益型先进企业、全国商业质量管理优秀企业、中国企业成长百强、中国年度微创新企业 100 强、中国社区商业优秀零售商、首届中国商业“堆头设计与陈列”项目“功夫之星”一等奖、中国食品包装行业“最佳采购供应商”、中国特许经营社会责任奖等国家级荣誉。

公司以“根植于社区的一流零售商”为愿景，将 2011–2015 年的战略规划分为“创新发展期”、“调整提升期”、“健康发展期”三个实施阶段，制定“品牌发展、人力资源、融资、商品经营、市场开发、信息技术”等六个子战略，明确“综合超市、食品超市、便利超市、菜市场、邻里中心”等五大经营业态。

对 6 家连锁店进行调整，提升单店经营能力。对 11 家连锁店的库房实施调整。减少烟类商品库存 1000 万元，基本实现进销平衡。公司商品库存项数优化到 1.8 万品。整体库存周转天数减少 1.69 天。完成 7 家连锁店的减亏工作，实现减亏 284.53 万元。

本年，确定战略合作伙伴 584 家，成立“超市发—供应商合作委员会”，建立“中商联—超市发‘零供纠纷快速调解企业窗口’”。新引进供应商 34 家，新品牌 61 个，新品 4245 品，实现销售 7064.7 万元，毛利 1048 万元，淘汰商品同质化的二类供应商 47 家。果菜经营发展香河、涿州、莱阳、寿光 4 家合作产地，累计建立长期合作关系的基地和农村合作社 74 家。

通过扩大自采买断，提升经营效率。共自采居家、针织等商品 261 种，累计进货额 155.15 万元，累计实现销售 182.47 万元，实现毛利额 56.65 万元，毛利率 31.05%。买断 65 种商品，买断商品成本 3570 万元，实现销售 2625 万元，实现毛利额 144.44 万元。果菜配送中心自采和配送的果菜量 1464 万公斤，同比增加近一倍。连锁店整体（自采+联营）果菜销售 13594 万元，同比增长 5.76%，人均劳效提高 30%。促销商品销售占比提升 2%，毛利率提升 0.47%。实行自有品牌商标由“超市发”牌向“伍富”牌的过渡，开发散杂粮、干果、水产、湿巾纸等品类的自有品牌商品。有自有品牌 145 品，实现毛利额 169.71 万元，同比增长 2.01%。全年组织策划促销活动 36 期，实现销售 3.14 亿元。实现团购销售 1.64 亿元。

开展以识别“中等收入、受过良好教育的上班族”为目标顾客的调研，组织适合的商品吸引顾客以提升销售额，城区的 40 家连锁店同时跟进调整目标顾客群。以社区服务为重点，开展健康知识讲堂进社区、超市发和谐亲子大课堂、关爱密云扶贫小学公益活动等营销活动，为社区提供快捷便利的服务。在 34 家连锁店安装大肉查询机，在 25 家连锁店安装商品质量监控电子屏，在 34 家门店安装缴费易，在 8 家连锁店加装社区助老网络。10 家连锁店被评为“为老服务示范单位”。

（刘凤山）

【北京甘家口大厦有限责任公司】 前身是 2000 年 1 月 9 日开业的北京甘家

口大厦，是一座以购物为主，集餐饮、娱乐、休闲、金融、服务、写字楼为一体的现代化购物中心，建筑面积10.3万平方米，商业经营面积达到3.06万平方米。

2012年，实现销售8亿元，实现利润2730万元，上缴税金3879.92万元。新引品牌89个、移柜224个、撤柜94个、原地改造8个。

利用无线网络平台、移动平台推出微博营销。通过网站及微博发布新闻和营销活动1308条，解答在线提问和留言300余次，有微博粉丝54446人。首次与网络媒体合作，在“会员日”档期中增加“0元疯抢”的线上线下互动活动。推出“手机营销”的概念，在“端午节”档期中首次应用二维码技术开展营销宣传。

推出“高知亲朋卡”，拓展“一对一”服务内容。组织管理人员组成服务专员队伍为“高知亲朋卡”客户提供便捷的服务。截至年底，发展高知亲朋卡客户21位，实现销售收入58万元。

与顺义蔬菜基地实现“农超对接”，每天9时~11时在超市内推出蔬菜早市；在大厦南侧休闲广场设立社区便民服务菜站。

本年，公司获得“中国社区商业示范店”、“全国零售商公平交易（诚信）十佳企业”、“全国商业服务业顾客满意企业”、“全国商业3·15荣誉企业”等荣誉。

（王帆）

【北京当代商城有限责任公司】 原名北京当代商城实业公司，于1995年9月23日开业，2007年12月18日由“全民所有制与全民所有制联营”企业改制为海淀区全资国有企业，并更为现名。商城建筑面积61800平方米，其中商业经营面积28000平方米，是一座以商品经营为主，集餐饮、休闲娱乐、商务公馆于一体的大型高档精品百货店。2010年11月16日，企业性质由国有独资变为法人独资。本年，商城获得“全国质量奖鼓励奖”。

2012年，当代商城两店合并实现含税营业收入19.25亿元，同比下降1.23%，利润5404.34万元，同比增长32.96%。其中，本店实现含税营业收入14.98亿元，同比下降4.74%，利润总额7657.58万元，净资产收益率7.9%，每平方米效益1955.27元；石景山鼎城店实现含税营业收入4.30亿元，同比增长13.49%，同比经营减亏2054.01万元，均超额完成考核指标。

本年，商城提出“新百货思维”，通过“调准定位、突破业态、变革模式”，推动企业稳步发展。本店引进范思哲等国际知名品牌，两店引进COSTA咖啡。石景山鼎城店引进屈臣氏连锁商店、“食美汇”项目，引进品牌59个，移位97个，淘汰48个。

两店共策划实施营销活动46次，推出“当代商城首届会员盛会”，策划实施“时尚行走在城市上空——春夏时装发布”活动。举办“十分满满心意，七重暖暖礼遇”当代商城十七周年店庆活动，店庆七天两店共计实现销售12690万元，同比增长15.66%。石景山鼎城店开展以“周年庆组曲、庆生礼狂享曲、同贺好礼随享曲”为主题的“店庆狂欢三重奏”大型营销活动，实现销售共计8133万元。完成颐和黄金珠宝店委托开业项目，实施开封国际金融中心商业规划咨询服务项目。开发特色营销项目，全年异业合作签约商户达到35家。

通过轻资产扩张，获得经济收益，扩大企业品牌影响力。与北京海德咨询公司合作，启动持久竞争力系统提升项目。完成全公司ERP[①]、CRM[②]系统全面升级，完成BI[③]实施工作和财务预算系统开发工作，提升商城的信息化水平。

依法收回志强园甲三号房产的经营权，解决历史遗留问题，维护国有资产权益。

（王芳云）

【北京金泰集团有限公司海淀分公司】 成立于1963年4月，始称北京市海淀区煤业建筑器材管理处，几经调整，2009年11月更为现名。

托管的北京金泰万博苑餐饮管理有限公司实现销售收入2956万元，同比增长15%。北京金泰恒业超市连锁有限公司主营业务稳步增长，团购业务快速扩张，经营质量明显提升。北京金泰宏远商贸有限公司实现金玉元宾馆的转型，降低经营成本，提升创效能力。北京金泰集团有限公司富地分公司、北京金泰恒业晟通商贸有限公司打造个性化精品物业，调整营销策略，挖潜创效。北京颐泉房地产开发有限公司拆迁海淀分公司中坞煤厂土地面积1951.54平方米、经营用房1317.2平方米。

（王承娟）

【北京中关村电子产品贸易商会】 2003年8月1日由35家企业共同发起成立。截至本年底，商会有会员单位158家，本年新发展会员5家。在第十二届中国电子专业市场年会上，海龙电子城、中关村e世界、鼎好电子商城获得“全国十大旗舰电子市场”称号；海龙电子城获得创新奖；中关村e世界总经理、北京海龙资产经营集团有限公司总裁被评为“全国十佳经营者”，北京海龙电子城总经理获得“经营大师”称号。

2012年，中关村地区有电子卖场9家，电子产品实现销售总额约272亿元人民币、贸易总额约597亿元人民币。根据中关村创新研修学院统计，销售额占比前三位的产品类别为整机类、配件

① ERP是Enterprise Resource Planning（企业资源计划）的简称。

② CRM是Customer Relationship Management（客户关系管理）的简称。

③ BI是Business Intelligence（商业智能）的简称。

类和数码类，销售额分别为123亿元、44亿元和29亿元，占区域销售总额比重分别为45%、16%和11%。全年中关村地区台式机出货量约61万台，同比下降7%；销售额约25亿元，贸易额约59亿元，占整机类销售额和贸易额的比重分别约为20%、19%。全年中关村地区笔记本出货量约134万台，同比下降10%；销售额约64亿元，贸易额约164亿元，占整机类销售额和贸易额的比重分别约为52%、54%。全年中关村地区平板电脑出货量约65万台，同比增长52%；销售额约17亿元，贸易额约43亿元，同比分别增加40%、32%，占整机类销售额和贸易额的比重均约为14%。截至年底，由海淀法院移交中关村电子市场调解委员会案件64起，解决40起，解决率为62.5%。配合区法院工作，商事调解委员会接案16件，成功调解5件。

（丁旭）

【"戴尔体验馆"首家门店开业】 4月25日，戴尔首家高端零售店面"戴尔体验馆"在中关村e世界开业。戴尔体验馆作为戴尔的渠道创新，从店面设计、店内布局到功能设置上完全为消费者体验而展开，设立家庭娱乐、移动应用、时尚休闲等典型IT应用环境场景，核心是消费者体验、互动和交流，最终获得戴尔提供的个性化电脑产品和服务。

（刘金荣　丁旭）

【开展知识产权保护日宣传活动】 4月26日，国际知识产权日活动在中关村海龙电子城举办。北京中关村电子产品贸易商会在海龙、鼎好、E世界设立"知识产权消费者投诉奖励基金"，消费者在卖场发现违反知识产权保护以及销售、使用盗版的现象可向卖场管理方投诉，卖场管理方对违规商户进行处罚，同时对投诉消费者进行奖励。卖场管理方和商户倡导《中关村装机正版联盟行动》，预装正版软件，保护知识产权。首家精品DIY区"知识产权保护示范区"落户海龙电子城。

（丁旭）

【举办第十届中关村国际美食节】 4月27日，由市商务委支持、区政府主办、区商务委和海淀饮服行业协会共同承办的第十届中关村国际美食节开幕。4月27日~5月27日，以"文化餐饮·创新发展"为主题，区内24家特色餐饮企业和百余家国家级酒家推出"文化主题宴席展"、"餐饮非物质文化遗产图片展"、"味动海淀·特色美食赶大集"活动，召开"团餐企业推介会"和"阜成路美食街发展研讨会"，举办"家庭面点厨艺大赛"和"特色菜品鉴"等系列活动。本届美食节的"味动海淀·特色美食赶大集"活动，40个展卖摊位11天累计接待6万余人次，销售收入101万元，摊位平均收入同比增长23%。美食节开展的"特色餐饮食惠大行动"，通过1万本《美食指南》向社会发出24万张8.8折的"美食优惠券"，有1.8万人次持"优惠券"到各大酒楼消费，人均消费90余元，拉动消费近180万元。5月25日，2012消夏美食啤酒季开幕。马奈草地、畅春园食街、友谊宾馆等12家餐饮企业作为活动主体，分别推出各具特色的消夏美食主题活动。

（姜哲）

【翠微大厦成功上市】 5月3日，北京翠微大厦股份有限公司股票实现在上海证券交易所挂牌上市，证券简称为"翠微股份"，证券代码为"603123"，翠微股份总股本为30800万股，本次上市流通股本为6160万股，发行价为9.0元/股，发行市盈率为28.13倍。成为首家上市的区属国有控股企业。

（杨晓美　刘慧　任欢）

【举办科技成果和高端创新要素展示季】 5月~7月，中关村西区科技成果和高端创新要素展示季在中关村广场举行。组织清华科技园、创新工场、国际技术转移中心、北京明石德力创业投资中心、腾讯、微软、鼎好等西区高科技和高端创新要素企业集中宣传本单位科技成果，免费向公众开放。

（李萍　丁旭）

【成立全市首家商场客诉处理中心】 7月1日，当代商城成立全市首家商场客诉处理中心。客诉处理中心全面升级"一站式退换货"服务模式，整合顾客在店面、企业微博、当代网上商城、总服务台、会员中心、24小时客服热线及12315信息平台等渠道反馈的需求，及时收集、汇总、反馈消费者提出的意见和建议，并追踪解决处理方案和分析改进措施，全方位、全覆盖、全过程地处理消费纠纷，做到第一时间、第一地点快速受理和解决消费纠纷，切实履行消费维权的社会责任。商城特别设立退换货基金，用于向消费者先行赔付使用。实行"无障碍"退换货，即消费者在购买商品后一定期限内，在不影响商品第二次销售的情况下，对感到不满意、不合适、不喜欢的商品进行退换货时，不需要做出任何解释。

（王芳云）

【打掉制售假盐窝点】 8月1日，区商务委接到举报，称有人在温泉镇太舟坞村东出租房内从事以工业用盐充当食用盐的违法活动。在公安机关的配合下，区商务委执法人员一举捣毁该制售假盐窝点，没收盐产品18.87吨，处罚65140.1元。

（丛颖）

【召开环保园与社区商业企业对接会】 9月5日，召开中关村环保园与社区商业企业对接会，包括社区超市（便利店）、便民餐饮、社区菜市场（便民菜店）、西饼店、药店等业态在内的10余家优质连锁企业参会。超市发连锁公司与环保园公租房项目正式签约，将建立面积500余平方米的超市。超市发已在海淀北部地区开设5家超市，总经营面积 1 万余平方米。

（丛颖）

【举办第八届海淀品牌消费节】 9 月 9 日，由区政府主办，区商务委、区商业联合会承办的“探路者”第八届海淀品牌消费节开幕。通过主题促销、高端论坛、便民服务等活动，打造消费热点，拉动区域零售额。根据北京商业信息中心海淀分中心的数据监测，9 月 9 日~10 月 11 日海淀品牌消费节期间，全区受监测商业企业共实现销售额 20.88 亿元，其中百货类销售 14.58 亿元，超市类销售 6.29 亿元。

（丛颖）

【举办第四届汽车置换节】 9 月 22 日，由区政府主办，区商务委、区商业联合会承办的第四届海淀汽车置换节开幕，18 家 4S 店的 50 多个车型参加展示。根据北京商业信息中心海淀分中心的数据监测，9 月 22 日~10 月 12 日海淀汽车置换节期间，37 家 4S 店销售汽车 3574 辆，销售金额达 9.64 亿元；3 家汽车用品市场销售 2.38 亿元。

（丛颖）

【海龙电子城签订工资集体协商协议书】 11 月 8 日，海龙电子城举行电子市场行业企业工资集体协商协议书签字仪式。17 家企业和 296 名职工签署《海龙电子城电子市场行业企业工资集体协商协议书》。海龙电子城共有企业住户 120 余家。

（丁旭）

【开展文明餐桌行动】 12 月 28 日，配合海淀区创建全国文明城区活动，在中关村广场购物中心举办“文明餐桌行动启动仪式”，60 余家餐饮企业签署文明餐桌公约。活动倡导餐饮企业摆放“文明用餐”提示牌，张贴“文明用餐”宣传海报，设置“文明用餐行动引导员”。

（姜哲）

【4 项商业重点项目建设】 协调解决五棵松卓展购物中心玉渊潭南路改造相关问题；为卓展购物中心、凯德晶品等大型商业设施进行业务指导，协助推进开业前各项筹备工作；协调解决大钟寺中坤广场、蓝景丽家二期等项目推进过程中遇到的问题；促进 9 项社会固定资产投资主协调项目的开工建设。裕惠大厦、中关村大厦被评为第一批北京市商务服务业主题示范楼宇；清华科技园被评为北京市电子商务主题示范楼宇。

（丛颖）

【完成 4 项“菜篮子”工程建设】 完成新建 16 家便民菜店（16 个商业网点恢复售菜用途），完成 4 家社区菜市场升级改造，新增 3 个农超对接网点，开通流动售菜车 42 辆等 4 项“菜篮子”工程建设。对 1000 平方米以上的超市及社区菜市场、便民菜店、小型生鲜超市等的果菜面积进行统计摸底。截至年底，全区蔬菜零售网点约 430 个，1000 平方米以上超市果菜销售面积接近 2 万平方米。

（丛颖）

【支持 23 个便民商业项目建设】 支持 10 个街镇开展菜篮子等 23 个便民商业项目建设，其中社区菜市场 3 个、便民菜店 5 个、生鲜超市 10 个、早餐 5 个，共拨付支持资金 496.472 万元。

（丛颖）

【再生资源回收】 区商务委新建社区回收站点 32 个，其中在北部地区新建回迁房、经适房小区设立回收站点 10 个。开展两次从业人员培训，强化安全意识，提高行业规范水平，共 600 多人次参加。

（丛颖）

【“一刻钟便民服务圈”建设】 继续推进“一刻钟便民服务圈”建设，完成 461 个社区的规范化达标，实现包括社区超市（便利店）、美容美发、菜店、洗染、再生资源、餐饮店和代收代缴等 7 项业态在内的便民商业服务功能全覆盖。

（丛颖）

【生活必需品应急保障】 妥善应对“7·21”特大自然灾害，迅速启动生活必需品每日监测，清查企业库存，增加电机等 13 种防汛物资采购渠道，绘制海淀区大型超市分布图。加强对粮食供应的日常监测和统计分析，完成年度粮食和食用油供需平衡调查、加工业年报、从业人员情况、粮食月报等统计工作。开展粮食质量安全监督检查、军粮质量专项检查等。

（丛颖）

【商务综合执法】 重点开展安全生产、零售企业促销、酒类流通、粮食流通、食盐生产和销售、美容美发、再生资源回收等综合执法。开展商务行业火灾防控、有限空间作业等专项检查、督导，牵头打击侵犯知识产权和制售假冒伪劣商品专项行动等。全年出动执法人员 1604 人次，检查各类企业 802 家次，发送酒类流通备案告知单 1000 余份。发现和整改、纠正隐患 408 起，实施行政处罚 135140.1 元，没收盐产品 20.12 吨。行政执法案卷在市、区评比中被评为优秀。

（丛颖）

【商业法规宣传】 开展《餐饮经营单位安全生产规定》、《商业零售经营单位安全生产规定》、《促销活动管理规定》、《酒类流通管理办法》、《食盐专营办法》等相关法规宣传，累计发放宣传材料 3000 余份，通过短信平台向企业发送工作提示和安全知识 16500 余条。

（丛颖）

【5 省市引入中关村电子信息产品指数】 本年，山东济宁、浙江、湖南、重庆、上海引入中国·中关村电子信息产品指数协议供货产品动态监测。济宁市政府直接引用中国·中关村电子信息产品指数畅销品作为通用类协议供货产品，供应商以此产品库为基础，完善自身可供应商品的价格、库存等相关信息，解决因“政府专供机型”造成的价

格监管盲区。浙江省协议供货的总体思路是“简化入围、减并标项、适度集中、促进竞争、倡导市场参考机型和普通成熟机型、鼓励诚信供应商”。湖南实现政府采购与消费市场在采购型号及采购价格上的同步联动，对协议供货模式进行优化改进，引入市场价格监管体系，搭建协议供货采购商品与消费市场联动机制。重庆市政府以市场指数作为采购的参照系数，直接引用中国·中关村电子信息产品指数提供的市场产品型号和价格，由供应商针对产品市场价格进行竞价投标，打破了由厂商提供政府采购产品型号同时报价的模式，解决专供机型市场价格不可比的问题。上海市创新性地引入第三方价格评估机构，进一步规范协议供货产品的采购行为，有效监管和处理协议供货产品高于同期市场价格的情况。

（周芬　丁旭）

对外经济贸易

【概况】 2012 年，新批外商投资企业 249 家。全区进出口总额 412.42 亿美元，同比减少 15%，占北京市的 10.09%。其中进口总额 320.19 亿美元，同比减少 15.46%，占北京市的 9.17%；出口总额 92.23 亿美元，同比减少 15.33%，占北京市的 15.46%。吸引合同外资 13.77 亿美元，同比减少 13.99%；实际利用外资 15.05 亿美元，同比增长 5.07%。新增取得外贸经营权的企业 838 家，累计达到 8194 家。

（丛颖）

【参加首届“京交会”】 5 月 28 日~6 月 1 日，海淀区参加首届中国（北京）国际服务贸易交易会（简称“京交会”）。通过平面展示、媒体采访、会议推介等方式，全面展示海淀区服务贸易及信息服务业、科技服务业、科技金融业的发展情况。通过灯箱、视频，宣传资料等方式，展示全区服务贸易聚集区和服务贸易企业。海淀服务外包企业协会参加服务外包城市展，重点展示中关村软件园。全区 500 余家企业参加各类会议、对接活动超过 100 场，16 个项目达成合作协议，签约总金额约 164.5 亿美元。

（丛颖）

【企业审批】 继续推进“一站式”企业服务，全年共接待咨询、业务办理 32607 人次，其中电话咨询 28031 人次；为 1115 家外商投资企业办理各类变更事项 1425 项；审核加工贸易合同 116 个，合同变更 78 个；初审新设境外企业 78 家，变更 65 家；为 834 家企业办理对外贸易经营者备案登记手续；为 702 家酒类经营者办理备案登记；为 44 人次办理外商来华邀请函；为 1 家直销服务网点出具核查函；为 80 家成品油零售企业办理年审。全年实现窗口服务“零”投诉。

（丛颖）

【发展服务外包业】 本年，有 146 家企业进行离岸服务外包业务登记，协议金额 14.95 亿美元，执行金额 13.8 亿美元，同比增长 27.3%，占北京市的 38.9%。支持 50 家企业、2 家培训机构获得商务部国际服务外包业务发展资金 5668.8 万元；98 家企业获得商务部技术、软件及信息服务出口贴息资金 3474.2 万元；50 个项目获得北京市服务外包扶持资金 2953 万元；9 个项目获得海淀区服务外包扶持资金 459.5 万元。博彦科技在深交所中小企业板上市，成为海淀区第五家服务外包上市企业，五家企业累计融资超 4 亿美元。3 家企业入选“2012 年中国服务外包十大领军企业”，14 家企业被评为“2012 年中国服务外包 100 强成长型企业”，6 人入选“2012 年中国服务外包年度杰出贡献人物”。

（丛颖）

【跨国公司总部增至 8 家】 本年，引导赛门铁克软件（北京）有限公司申请认定跨国公司地区总部，海淀区跨国公司地区总部数量增加至 8 家。

（丛颖）

【促进外贸转型升级】 本年，培育以上地地区为核心的海淀区广电设备基地，被市商务委认定为第一批北京市外贸转型升级示范基地。引导近 50 家企业投保信用出口保险，降低企业外贸运行风险。应对国际贸易摩擦，完善产业损害预警机制，新增 19 家监测企业，累计监测企业 26 家。

（丛颖）

旅游

2013
北京海淀年鉴

▲ 1月，区文化委对位于六郎庄村的田世光故居挂牌进行保护（田峰　摄）

▲ 3月29日，海淀区旅游局正式更名为海淀区旅游发展委员会，成为本市第4个完成旅游“局改委”的区县（田峰　摄）

▲ 5月27日，海淀区“2012皇家园林旅游节”重要活动——京西御稻插秧节在北坞公园、海淀公园、上庄镇举行（李瑞林　摄）

▶ 6月9日至10日，国家考古遗址公园联盟第二届联席会议在圆明园遗址公园召开（圆明园 供图）

▶ 10月21日，圆明园在九州清晏景区举行“百对老人金婚庆典”（李瑞林 摄）

◀ 8月，青龙桥街道八个仿古式候车亭正式亮相，图为颐和园北宫门仿古式候车亭（李瑞林 摄）

◀ 11月2日，区文明办组织志愿者到香山公园为观赏红叶的中外游客提供服务（李瑞林 摄）

旅　游

综　述

海淀区旅游发展委员会是海淀区政府主管区域旅游业的行政职能部门，下设旅游咨询服务中心、旅游培训中心 2 个事业单位。2012 年 1 月 13 日，海淀区旅游局更名为海淀区旅游发展委员会。6 月 18 日，大西山旅游发展协调领导小组成立，领导小组办公室设在区旅游委。

2012 年全区旅游接待人数 5899.1 万人次，同比基本持平；旅游综合收入 409.64 亿元，同比增长 10.9%;旅游接待人数、旅游综合收入在全市区县中排名第三。其中，皇家园林旅游节活动期间景区接待游客 184.6 万人，营业收入达 4260 万元，同比分别增长 14%和 15.5%；中关村科教旅游节活动期间共接待游客 11 万人次，营业收入 1.3 亿元，同比分别增长 10%和 31%。西山文化休闲旅游节活动期间接待游客 400 万人次，营业收入达 7480 万元，同比分别增长 9.8%和 10%。全区森林公园、风景名胜区共接待游人 1640 万人次，旅游收入 8145 万元。区属公园风景区接待游客 207.7 万人次，占全市公园接待游客总量的 7.7%。

截至年底，全区共有旅游企业 1362 家，其中住宿业 1066 家，包括社会旅馆 977 家，星级饭店 89 家（其中：5 星级 9 家、4 星级 26 家、3 星级 34 家）；旅行社 117 家；旅游景区 30 家（其中 A 级景区 15 家），乡村旅游接待户 149 家。区内有 8 个旅游咨询点，即：海淀区旅游咨询服务中心、圆明园咨询站、同庆街咨询站、北京西站咨询站、北部访客中心、凤凰岭自然风景公园咨询站、紫竹院公园咨询站、香山公园咨询站。

年内，圆明园咨询站在全市 380 个咨询站评比中，获得金牌优秀咨询站称号并受到表彰。

（陈以民　罗勇）

旅游行业管理

【开展旅游咨询“五进”活动】　6 月 6 日，区旅游咨询服务中心在北京西山国家森林公园开展以“坚持科学发展，打造旅游胜地”为主题的旅游咨询“五进”[①]活动，宣传海淀旅游。在翠微大厦、房山大学城等地开展咨询活动。共计接待游客 9000 人次，发放各类旅游宣传资料 6000 余份。

（陈以民）

【主办国家考古遗址公园联盟第二届联席会议】　6 月 9 日，由圆明园管理处主办的国家考古遗址公园联盟第二届联席会议在圆明园遗址公园召开。会议以高效保护、和谐共生、回报社会为主题，召开国家考古遗址公园建设座谈会，发布《国家考古遗址公园联盟圆明园宣言》，启动国家考古遗址公园联盟信息化平台。

（乔克）

【大西山旅游发展协调领导小组成立】　6 月 18 日，大西山旅游发展协调领导小组成立。协调领导小组组长由主管旅游工作的副区长担任，协调领导小组成员由海淀区各相关委、办、局、镇政府、西山农场等 22 家单位组成。协调领导小组办公室设在旅游委，主要职责是沟通协调、业务指导、督查督办等，由规划发展科负责办公室相关工作。

（陈以民）

【旅游标准化试点工作】　6 月，香山公园、凤凰岭自然风景公园通过市旅游

[①] 进村镇、进社区、进企业、进院校、进机关。

委组织的2011–2012年度市级旅游标准化试点单位评审验收。7月，经区旅游委推荐、市旅游委上报，颐和园成为2012–2013年度国家级旅游标准化试点单位，并开始启动创建工作。

（陈以民）

【北京植物园绿化垃圾处理厂试运行】 7月，北京植物园绿化垃圾处理厂试运行。绿化垃圾处理厂以消纳绿化垃圾为主要功能，占地7000平方米，一体式厂房2400平方米，分为预处理车间、发酵车间和出料车间。截至年底已生产4500立方米有机质，有机质无杂草、无臭味、无寄生虫，能用于植物施肥。

（刘东来　林立）

【创建2个3A级旅游景区】 11月，经区旅游委初评和推荐，北京昌华森林公园（西山国家森林公园）、北京西山大觉寺2个景区向市旅游委提出国家3A级旅游景区新评和2A级晋升3A级景区的申请。经市旅游景区质量等级评定委员会打分考核评定，北京昌华森林公园、北京西山大觉寺获批成为国家3A级旅游景区。

（陈以民）

【旅游规划编制】 协调推进全区旅游行业固定资产投资项目建设工作，共计5家单位、7个项目，全年累计完成固定资产投资12.34亿元。完成《海淀区传统景区事业产业融合发展示范区》和《中关村科教旅游体验区》实施方案的编制工作，包括2个总体框架，18个重点支撑项目，年底前通过专家评审，完成结项。组织开展北京旅游学会海淀基地相关工作。完成《海淀区建设世界高端旅游目的地对策探讨》并在《北京调研》旅游专刊上发表；完成《海淀传统景区事业产业融合发展改革探索》，在北京旅游绿皮书发表。开展“三山五园”历史文化景区的专题调研和方案论证。

9月底，组织完成《加快海淀世界高端旅游目的地建设》以及《大西山旅游发展与促进城乡统筹》2个调研课题的编制工作，并提交区政府办。

12月，区旅游局2011年三季度上报的3个公共服务项目（5种文字全景牌项目、A级旅游景区交通标志牌项目和凤凰岭公园景区整体提升项目）获北京市旅游发展委员会批准。

（陈以民）

【整治旅游市场】 联合公安海淀分局治安支队、市交通支队执法第六大队、区城管监察大队、工商海淀分局、区文化委、区综治办等部门和相关街道，与市旅游委旅游市场治理整顿督查组等单位，先后50余次对颐和园、香山、圆明园、中塔等旅游景区及周边市场秩序进行联合执法检查。共检查导游373名，下达整改通知书19份，纠正违规导游28人，对私自揽客的2名导游进行处罚。协调公安、交通、执法六队、城管，会同香山街道、香山公园等单位，组织执法联合行动，重点对黑车、黑导、黑带道等展开打击行动。共查获各类扰序人员23人，其中扒活揽客8人，无照游商15人，暂扣非法运营黑车6辆。

完成假日旅游和十八大、全国“两会”期间各项保障工作，协调做好樱花节、桃花节、杏花节、玉兰节、荷花节、红叶节、中关村科教旅游节期间的旅游市场秩序整治工作，节假日期间对A级景区和部分住宿企业进行数据监测。

（陈以民）

【旅游开发建设】 协调推进“温泉红楼梦源文化旅游带三期”等旅游配套设施建设；完成西埠头地块项目和西南饭店改造项目的固定资产投资任务。承办市政府2012年为民办实事工程第29项即树村、玉东和八家地区郊野公园旅游配套设施升级改造项目，当年立项、当年获批、当年建成投入使用。出台促进旅游业发展扶持政策。重新修订颁布海淀区促进旅游产业发展支持办法，加大对区域内旅游产业发展相关要素、重要旅游功能区和重点旅游项目的扶持引导力度。全年有24家企事业单位参与申报，涉及项目33个。推进“三山五园”历史文化景区建设工作。

（陈以民）

【创建星级平安景区】 完成A级景区星级平安景区创建工作。开展“安全生产月”活动，组织旅游企业按照《北京市星级饭店安全生产规定》和《北京市等级旅游景区安全管理规范》进行联组互查；在星级饭店进行安全月消防演练；组织旅游企业参加北京市旅游委组织的安全技能大赛，获优秀组织奖。6月，在金龙潭大酒店组织开展星级饭店消防疏散应急演练，9月在凤凰岭举行山地景区应急救援演练。

（陈以民）

【交流与合作】 深化与浙江丽水、贵州遵义、湖北丹江口等市的合作，建立海淀在国内知名旅游地市的合作营销网络。11月21日至24日，组织新华国旅、大潮国旅、中旅总社、永利国旅等知名旅行社赴南水北调中线工程的水源地--湖北丹江口市考察交流，强化两地区域旅游合作，共商两地旅游产业发展事宜。

（陈以民）

【圆明园创建5A级旅游景区】 本年，拟定《圆明园创建5A级旅游景区实施方案》，成立创建5A级旅游景区工作领导小组和创建5A工作办公室；探索5A级旅游景区质量标准与国家人文景观服务标准化体系的有效结合；探索园林绿化的社会化管理模式。

（乔克）

“三山五园”历史文化景区建设

【概况】 2012年6月29日，市第十一次党代会报告明确提出统筹推动海淀“三山五园”[①]历史文化景区建设，作为北京历史文化名城保护的重要组成部分。根据会议精神，9月3日，海淀区成立“三山五园”历史文化景区建设指挥部，全力推进“三山五园”历史文化景区建设，努力把“三山五园”历史文化景区建设成为具有世界影响力的文化遗产科学保护示范景区和文化旅游创新发展示范景区。年内形成“三山五园”地区历史文化和发展策略研究专题成果。形成初步研究成果战略规划方案。初步确定文化旅游产业发展方向和重点。推动圆明园3DIMAX项目，协调有关方面进行实地考察与对接。推进颐和园德和园大戏楼修缮工程和圆明园西北景区复建工程。圆明园西北景区复建工程进展顺利，筹备圆明园10%的复建项目。完成香山昭庙修缮工程。启动香山28景建筑的复建工程。策划“三山五园”历史文化景区品牌宣传、画册宣传推广工作,组织实施“三山五园”文化精品创作工程。借助北京国际文博会、京港洽谈会等平台进行文化展示和交流活动。举办曹雪芹文化艺术节、香山红叶节、圆明园文化柏林展等活动。编制完成董四墓村搬迁选址规划方案。树村“一村一策”规划调整方案获市规划委原则同意，占地面积约400公顷，共计2725人未拆迁安置。

（陈魁　于佩丽　代韧　吴博超）

【完成《三山五园历史文化景区文化产业发展策略研究》】 8月，区委宣传部、区文化发展促进中心委托清华同衡规划设计研究院与北京凤凰城集团，共同完成《“三山五园”历史文化景区文化产业发展策略研究》。该研究是对“三山五园”的范围、产业规划、空间布局等作的基础性研究。完成对香山地区重点地块的初步设计方案。清华规划院对两园周边的重点地块也进行了初步的规划设计。

（于佩丽）

【成立“三山五园”历史文化景区建设指挥部】 9月3日，海淀区委区政府发出《关于成立“三山五园”历史文化景区建设指挥部的通知》，撤销海淀南部地区土地整理和城中村拆迁整治指挥部，调整成立“三山五园”历史文化景区建设指挥部，由总指挥部和专项分指挥部组成。总指挥部由区委书记、区长任总指挥，34家区属单位为成员单位，下设综合协调办公室（下设规划建设组、拆迁腾退组、维稳工作组、环境整治组、资金保障组、监督督查组等6个工作组）和战略规划工作组（办公室设在区文化发展促进中心）。专项分指挥部由海淀镇地区改造分指挥部和四季青香山地区改造分指挥部组成。

总指挥部的主要职责为：以推进“三山五园”历史文化景区建设为统领，以解决城乡结合部及景区周边环境、城中村、边角地、开发商甩项、集体低端产业用地整治为切入点，遵循“统筹、协作、共享”方针，落实政府主导、街镇主体、部门服务、社会运作机制，尽快实现“整治城乡结合部环境，提升文化旅游产业空间、调整壮大集体经济、加快城乡一体化发展、美化城市环境、改善居民生活条件、建设历史文化景区”的工作目标。

（于佩丽）

【《三山五园历史年表》初稿发布】 12月21日，北京第七届国际文博会上，海淀区文化发展促进中心与中国人民大学清史研究所合作的研究课题约30万字的《清代“三山五园”编年史（初稿）》，亮相北京文博会并接受央视记者采访。

（于佩丽）

【“三山五园”历史文化景区的区域边界】 “三山五园”历史文化景区的区域边界，主要以“三山五园”及其周边地区的历史文化内涵为基本依据，结合地理现状综合考虑。区域范围东至地铁13号线，西至海淀区边界，北起西山山脊线和北五环，南至闵庄路和北四环。区域总面积68.5平方千米。整个区域根据文化特征可以划分为以清华、北大两校（清代曾分别为熙春园和春熙院）为核心的文化创新区，以圆明园、颐和园两园为核心的文化展示区，以玉泉山、香山两山为核心的文化休闲区。

（于佩丽）

【“三山五园”历史文化景区规划总体框架】 清华规划院与凤凰城集团对

---

① “三山五园”是北京西郊沿西山到万泉河一带皇家园林的总称。这些园林肇始于辽金（辽圣宗建玉泉山行宫、金世宗建香山行宫），发展于元明（元有好山园、寿安寺，明有清华园、勺园），至清代臻至全盛（康熙兴建畅春园，雍正兴建圆明园，乾隆扩建圆明园、整修万寿山清漪园、玉泉山静明园、香山静宜园，光绪整修颐和园），大多在1860年第二次鸦片战争中被焚毁。主要包括香山静宜园、玉泉山静明园、万寿山颐和园、畅春园和圆明园。根据《北京历史文化名城保护规划》，“三山五园”地区是指北京西郊清代皇家园林历史文化保护区，是中国现存皇家园林的精华。

68.5 平方千米的景区区域规划提出了“三轴两核九重心”的规划框架。“三山五园”历史文化景区规划秉承文化遗产保护和利用并举、环境综合整治与恢复古都风貌并举、文化旅游开发与城市功能完善并举的思路；本着园内保护、园外整治的原则，以重现地区历史文化价值、完善现代城市功能、推动规划区整体发展为出发点，对规划区空间布局进行梳理，提出“三轴、两核、九重心”的总体框架。

三轴：一是清华西路—颐和园路—香颐路历史文化展示轴，串联清华、北大、圆明园、颐和园、中央党校、玉泉山、香山等重要文化园区，是该片区最重要的展示和游览联络线。二是京密引水渠—颐和园—南水北调蓄水池—昆玉河水系景观展示轴。三是香山—巴沟地铁西郊线为主的田园风貌展示轴，展示该片区山水田园历史风貌特色。三条景观轴线将海淀山前、山后地区，西山、玉泉山和中心城区联络在一起。

两核：一是以颐和园—圆明园为中心的两园核心区，是世界级的中国传统文化精华展示区与文化和科技融合发展示范区。以圆明园国家考古遗址公园的全面整治、提升和世界文化遗产颐和园的保护、维护为重点；对两园周边环境进行全面整治，恢复历史格局和历史风貌，完善城市功能，引入新兴产业，促进文化产业发展。二是以香山为中心的香山核心区，以生态涵养、历史风貌恢复和重塑休闲宜居环境为主要任务。结合静宜园、香山古镇、健锐营八旗以及曹雪芹西山故里和曹雪芹小道等历史要素的整理和恢复，对片区内现状村落和大片绿地进行梳理、整治和更新，适当修复历史水系和湿地景观，改善地区生态环境，完善旅游服务、滨水休闲等服务设施。

九重心：一是圆明园国家考古遗址公园全面整治、提升建设：按照圆明园国家考古遗址公园建设规划，在系统考古勘探和深入历史研究的基础上，借鉴国际古迹遗址保护展示先进理念，推进10%复建建筑的落实和智慧旅游体验，全面提升圆明园遗址的科技保护和创新展示水平。二是圆明园大宫门地区（一亩园、福缘门地区）环境整治建设：全面恢复圆明园大宫门片区的历史建筑、水系、道路广场；在大宫门西侧布置国家级的博物馆、数字体验中心和游客接待中心，赋予历史区域新的城市功能，引导该地区文化、经济等各项事业发展。三是圆明园东墙外（水磨、二河开）环境整治建设：恢复历史格局和景观特色，亮出园墙，布局文化和科技、旅游融合发展示范项目。四是颐和园保护、维护建设：按照世界文化遗产要求，推进颐和园的保护、维护和展示升级。五是颐和园北宫门地区（青龙桥、党校西墙外）环境整治建设：对现存的青龙桥古镇风貌进行修整和恢复，结合小清河治污和滨河绿带建设，建成高端的传统文化产品展示、交易区。六是颐和园西墙外环境整治建设：恢复高水湖、养水湖、京西稻等湿地景观，打造具有文化内涵的特色绿地，完善旅游服务接待设施。七是香山静宜园的整理和恢复建设：复建静宜园 28 景，重现山园交辉的特色。八是香山四王府地区（四王府村、正蓝旗村、厢蓝旗村、厢白旗村等）环境整治建设：对西山曹雪芹《红楼梦》文化和香山健锐营八旗文化特色进行整理、提炼，因地制宜对旧村进行改造整治，建成具有鲜明文化特色的文化旅游景区和休闲宜居名村。九是香山中心地区（买卖街、煤厂街、公主坟、塔后身村等）环境整治建设：恢复买卖街、煤厂街历史风貌，建设以旅游服务为主要功能的文化休闲步行街；对现有大部分村庄进行小规模渐进式有机更新，突出山林古镇、古村的历史文化特色，改善居民生活。

预期通过三到五年的时间，使该地区环境面貌得到彻底改观，历史风貌得到恢复，文化魅力充分彰显，旅游形象全面提升，初步建设成为具有世界影响力的中心城市的重要功能区、历史文物保护区、古都风貌代表区、文化和科技融合发展示范区以及世界高端旅游目的地，使这一具有悠久历史的地区持续保持旺盛的文化生机与活力。

（于佩丽）

【编制《三山五园文化项目（讨论稿）》】 战略规划工作组办公室会同区内有关单位共同开展海淀区“三山五园”文化项目的征集工作，围绕文化创意和旅游产业发展及宣传推广，将“三山五园”文化项目汇集整理，形成《“三山五园”文化项目（讨论稿）》。整理出《梦幻圆明园》大型实景演出、曹雪芹西山故里等十几个项目，为申报 2013 年北京市文化创新发展专项资金进行前期准备，拟适时将这些项目中比较成型的项目推荐给市委宣传部、市文化创意产业促进中心、市文资办、市发改委等部门专门研究考察。

（于佩丽）

【“三山五园”景区建设宣传报道】 年内，《参考消息》、《北京日报》、《京华时报》对“三山五园”历史文化景区进行专版宣传。由百度搜索到网络关于“三山五园”历史文化景区的相关新闻累计 31300 篇。举办曹雪芹文化艺术节、香山红叶节等重大文化旅游活动。举办圆明园文化遗产德国巡展活动。在第十六届京港洽谈会上对“三山五园”文化项目进行推介。在第七届北京国际文博会上进行相关宣传推广。

（于佩丽）

【启动中央党校西墙外环境整治项目】 年内，启动该项目，项目位于颐和园以北，京密引水渠以东，占地面积约 40 公顷。按照先居民、后单位的拆迁原则，2013 年全部完成、2015 年安置房建成的战略，开展前期工作。11 月下旬至 12 月上旬，海淀镇、青龙桥街道和城管大队 3 次对该地区 23 处违法建设实施拆除，拆违面积达 6300 余平方米。海淀分指挥部组织开展为期 12 天的入户调查工作，完成 263 户、1500 人、52000 平方米房屋的收集数据、摸底排查、宣传动员。在入户调查的基础上，征收办细心指导，拆迁腾退方案基本确定。海淀镇与区土地储备中心和区财政局签署三方协议，落实首批 2 亿元拆迁资金。需建安置房 6.3 万平方米。开始项目的拆迁、评估、拆除及审计等专业机构的招投标工作。完成党校西墙外地区城市设计邀标工作。

（孟凡杰）

【香山地区改造】 按照小规模、渐进式、以农民为主体进行旧村改造的建设模式，将香山中心区、四王府和普安店三个区域统筹研究考虑，分类指导推进。截至年底，香山中心区保护建设规划方案已通过市规委专题会的评审。普安店安置房建设的控高问题是制约香山中心区改造和西山隧道项目推进的主要症结，设计方案已向规划和文物部门作多次汇报，决定首批建设规模按照西山隧道、西郊线等重点工程拆迁需求进行申报。

（孟凡杰）

旅游景点

【2012 年海淀区星级饭店、旅游区（点）统计表】

旅游星级饭店	数量	旅游区（点）	数量
五　星	9	5A	1
四　星	26	4A	7
三　星	34	3A	6
二　星	18	2A	1
一　星	2	1A	0
		未评 A	15
合　计	89	合计	30

（陈以民）

【海淀区 30 家旅游景区（点）名录】[①]

1.颐和园（5A）

2.圆明园遗址公园（4A）

3.北京植物园（4A）

4.香山公园（4A）

5.中央电视塔（4A）

6.玉渊潭公园（4A）

7.紫竹院公园（4A）

8.凤凰岭自然风景公园（4A）

9.太平洋海底世界（3A）

10.鹫峰国家森林公园（3A）

11.百望山森林公园（3A）

12.北京昌华森林公园（3A，本年新评定）

13.北京西山大觉寺（3A，本年新晋升）

14.北京龙徽葡萄酒博物馆（3A）

15.汇通诺尔狂飚运动休闲乐园（2A）

16.中华世纪坛

17.海淀公园

18.北京艺术博物馆（万寿寺）

19.大钟寺古钟博物馆

20.团城演武厅（又名健锐营演武厅）

21.北京石刻艺术博物馆（五塔寺）

22.阳台山自然风景区

23.药用植物园

24.元土城遗址公园

25.中科院植物所北京植物园

① 年内，北京电影旅游城迁出海淀。

26.中国人民军事博物馆（北京市红色旅游景点）

27.香山双清别墅（北京市红色旅游景点）

28.李大钊烈士陵园（北京市红色旅游景点）

29.圆明园“三·一八”烈士纪念园（北京市红色旅游景点，本年新增）

30.“一二·九”纪念亭（北京市红色旅游景点，本年新增）

市级民俗旅游接待村：苏家坨镇车耳营民俗旅游村

（王学丽）

【区属注册公园名单】

序号	公园名称	建成时间	所在街镇	所属单位
1	圆明园遗址公园	1900 年 1 月	青龙桥街道	海淀区政府
2	会城门公园	1956 年 1 月	羊坊店街道	海淀区园林绿化局
3	元大都城恒（土城）遗址公园	1965 年 1 月	花园路街道	海淀区园林绿化局
4	玲珑公园	1988 年 1 月	八里庄街道	海淀区园林绿化局
5	碧水风荷公园	1991 年 7 月	清河街道	海淀区园林绿化局
6	上地公园	1994 年 1 月	上地街道	上地街道办事处
7	阳光星期八公园	2003 年 9 月	万寿路街道	海淀区园林绿化局
8	海淀公园	2003 年 9 月	万柳地区	海淀区园林绿化局
9	燕清文化体育公园	2003 年 9 月	清河街道	海淀区园林绿化局
10	马甸公园	2003 年 11 月	花园路街道	海淀区园林绿化局
11	百旺公园	2005 年 9 月	马连洼街道	海淀区园林绿化局
12	长春健身园	2007 年 5 月	海淀街道	海淀区园林绿化局
13	温泉公园	2007 年 5 月	温泉镇	海淀区园林绿化局
14	玉东郊野公园	2008 年 5 月	四季青镇	四季青镇政府
15	丹青圃郊野公园	2008 年 5 月	四季青镇	四季青镇政府
16	五棵松奥林匹克文化公园	2008 年 7 月	万寿路街道	海淀区园林绿化局
17	东升八家郊野公园	2009 年 4 月	东升镇	东升镇政府
18	金源娱乐园	2009 年 7 月	曙光街道	海淀区园林绿化局
19	巴沟山水园	2010 年 5 月	海淀街道	海淀区园林绿化局
20	美和园公园	2012 年 11 月	清河街道	海淀区园林绿化局
21	北极寺公园	2012 年 11 月	花园路街道	海淀区园林绿化局

（罗勇）

【颐和园】 颐和园位于北京西北郊，原名清漪园。始建于 1750 年，1860 年第二次鸦片战争时遭英法联军烧毁；1886 年经清政府重修，于 1888 年更名为颐和园；1900 年，八国联军侵入北京后再遭洗劫破坏；1902 年重新修复，1928 年正式辟为公园开放。是中国现存最完整、规模最大的皇家园林，是全国第一批重点文物保护单位，全国文明风景旅游区和国家 5A 级旅游景区。1998 年被列为世界文化遗产名录。

颐和园主要由万寿山和昆明湖组成，总面积 300.8 公顷，园内现存的各式宫殿、园林古建筑 3000 余间，面积约 7 万平方米，园藏文物 4 万余件，古树名木 1601 株。

2012 年，共接待游客 1457.47 万人次，完成内事接待任务 206 次、外事接待任务 89 次，其中一级任务 4 次，二级任务 4 次，三级任务 30 次。

完成德和园跨年度重点修缮工程、

北如意门至东宫门广场污水管线工程、西门外广场污水外引及南北朝房油饰、东宫门大门油饰工程、畅观堂地区电力增容改造工程、苇场门内及21号院2眼自备井更新及泵房改造等8项工程，启动21号院综合服务用房建设及电力增容项目。实现全园建筑基础信息数字化管理。编制完成《颐和园古树名木保护专项规划》,对全园园林植物实行网格化区域管理，完成春季植物调整、环湖路绿化景观提升和凤凰墩区域植物调整工程，绿化美化面积达4.75万平方米。

举办北京历史名园品牌培育与首都旅游文化创意产业发展论坛和“三山五园”历史文化保护与发展专题研讨会。举办“两梅”迎春文化展、“颐和秋韵”桂花节和“博古集萃”文化展览，开展“湖光山色绣颐和”四季摄影比赛活动。启动畅观堂科普基地建设，举办“我与古建零距离”文化遗产科普品牌活动。出版《颐和园》杂志第九期，出版发行中英文双语双轨《颐和园》精装纪录片光盘。

建立世界文化遗产保护科技支撑体系，逐步开展监测预警体系和监测平台建设，颐和园被国家文物局列入全国第二批世界遗产监测试点单位。确定以内展为主、外展为辅，主题展览、原状展陈、影音视频、文化书籍、戏曲演出与文创销售有机融合的多元化文展、文创工作思想。四大部洲香岩宗印之阁恢复了皇家寺庙的规制和风貌，举办德辉殿《清漪园（颐和园）瓦当辑珍》展览。在意大利举办《从努尔哈赤到溥仪——公元1559-1967年》文物展。在伪满皇宫举办“无双风月——乾隆生活艺术展”。在园内举办“见微知著——法国巴斯蒂安家族艺术收藏展”。

探索颐和园文化资源的产业化运作模式。成立北京颐和园文化发展有限责任公司，打造听鹂馆宫廷餐饮文化品牌，推进“颐和园听鹂馆寿文化研究和展示”项目，并加强品牌推广宣传活动。北京礼物旗舰店在仁寿南殿开业，与龙顺成中式家具有限公司、颐和轩文化有限公司联合开发园藏古典家具仿制，举办首届北京“京作”家具文化节暨颐和园·龙顺成合作臻品鉴赏及拍卖会，开发《颐和园长卷》、《百福捧寿挂轴》文化创意礼品，并完成北京市公园管理中心主办的“历史名园旅游纪念品大赛”承办任务，颐和园的参赛作品获3个金奖、2个银奖、2个铜奖。

完成“智慧颐和园”总体框架，项目投资689.3万元，建成颐和园信息基础设施、数据基础设施及颐和园信息共享服务平台，开发出基于平台的古建、园林、文物三个业务系统，实现园区资源时空可视化展现与精细化管理。国家旅游局将颐和园列为全国第一批智慧旅游试点单位。完成游船码头、新建宫门门区和二期的6个门区、4个园中园电子票务系统建设。完成旅游标准体系框架初稿，通过全国旅游标准化试点中期评估。完成第14届北京国际旅游节开幕式和2013北京新年倒计时活动保障工作。延伸拓展9项便民服务工作，完成答疑、指路、寻人、义务讲解等便民服务近20万次。

（白帆）

【北京香山公园】 香山公园位于北京西山东麓，占地160余公顷，是一座融自然、历史、人文景观为一体，具有浓郁山林特色的皇家园林。园内有古树名木5800多株，占北京城区的四分之一。主峰香炉峰（俗称鬼见愁）海拔575米。

香山早在唐、辽、金时就有寺庙建置。清代康熙帝在此基础上修建香山行宫，乾隆十一年（1746）赐名“静宜园”。1860年和1900年先后两次被英法联军、八国联军焚毁。1949年3月25日，中共中央进驻香山，毛泽东在双清别墅工作和居住。1956年5月，辟为人民公园。

2012年6月，世界名山协会正式批准香山加入世界名山协会，继庐山、泰山、峨眉山、黄山之后，成为世界名山协会第28家会员单位。

2012年，共实现园林收入6460万元，接待购票游客249万人次，接待多批国家、北京市及外省市领导到园视察、参观。接待中国国民党名誉主席吴伯雄、美国美西黄埔军校校友会、台湾南部基层民众代表团拜谒碧云寺孙中山衣冠冢。

年内完成静宜园（香山）昭庙清净法智殿、琉璃塔等修缮工程即昭庙二期修缮工程，消防水系改造工程，多景亭、佳日园和欢喜园整修工程，“7·21”北京暴雨后园内的修复保障；举办第七届新春登高祈福会、第十届山花节暨香山“香”文化节、暑期红色绿色夏令营、第24届红叶文化节活动；开展毛泽东主席进驻双清别墅63周年纪念活动、公园学雷锋——经典文化传播月活动、“文明相伴·志愿先行”志愿服务主题活动、“消防连着你我他，平安幸福进万家”宣传活动；推出世界名山展、中国现存香山寺展、北京市属公园发展建设展、红叶艺术展、碧云寺菊花展、昭庙历史文化展；承担的《黄栌生物学特性及其对营林技术指导研究》与《固定抱索器吊椅式索道吊椅拆装工具》课题分获市公园管理中心科技进步二等奖和技术革新奖；实施古树复壮工程和黄栌保育工程，种植黄栌13594株；开展杨柳飞絮防治工作、完成美国白俄防治工作；举办“护佑绿色成果·永葆古树长青”科普宣传活动、“家庭废油制作环保肥皂”环保讲座及生物多样性等科普宣传活动。

出版发行《景观·香山》专刊、《清乾隆皇帝驻跸香山静宜园实录》；协助中央电视台拍摄8集纪录片《香山》、北京卫视拍摄《香山昭庙》专题片。获得北京市旅游标准化示范单位称号。

（王奕）

【圆明园遗址公园】 圆明园始建于1707年，由圆明园、长春园、绮春园三园组成，面积达5200余亩（352.13公顷），1860年被英法联军洗劫焚毁，1900年再遭八国联军劫掠，其后历经磨难。新中国成立后，圆明园遗址得到党和政府的重视和保护。1976年11月，圆明园管理处成立，为海淀区区属差额拨款事业单位，是圆明园遗址公园的管理单位。1983年，在《北京市城市建设总体规划方案》中被确定为遗址公园，1988年6月29日，圆明园遗址公园正式对外开放。

2012年，创新圆明园文化品牌，丰富展览展示形式，推进大遗址保护工程，向世界传播圆明园文化。全年实现旅游综合收入7074万元，同比增长13.5%；其中门票收入5012.9万元，同比增长16%；接待游客626万人次，同比增长7%。

年内，圆明园第三届皇家庙会在“北京市第七届北京春节庙会·灯会·文化活动”评选中获“特色奖”;《梦回圆明园》获第三届中国文化遗产动漫大赛“精品佳作奖”；“五帝赐福画”获第九届北京礼物旅游商品大赛组委会银奖。

（乔克）

【北京植物园】 位于北京西山卧佛寺附近，规划面积400公顷，是以收集、展示和保护植物资源为主，并开展科研、科普、旅游服务的大型植物园。截至本年底，植物园已建成开放区200余公顷，由植物展览区、人文古迹区、自然保护区和科研区组成。园内引种栽培植物62万株，1万余种（含品种）。植物展览区包括观赏植物区（15个专类园）、树木园、温室花卉区、盆景园。人文古迹区由卧佛寺、曹雪芹纪念馆、樱桃沟、“一二·九”纪念亭、梁启超墓地等组成。2012年共接待游客253万人次，购票游客129万人次。

年内举办第二十四北京桃花节、第四届北京月季文化节和第二十届市花展暨第4届北京菊花文化节等大型花展以及第三届曹雪芹文化艺术节、第八届北京兰花展览、第六届蜡梅迎春会暨第二届弥勒文化节、傣族植物文化展、王石之世界植物园油画展、文心兰展、向日葵展、食虫植物展和仙人掌及多浆植物展等展览展示活动。

继续推进曹雪芹西山故里项目，形成设计方案。樱桃沟景观提升工程经市发改委批准已正式立项。绿色垃圾无害化处理工程已正常运营。完成科普馆室内装修改造工程、观音塑像修缮工程、西内环路周边环境改造工程、树木区常压灌溉改造工程等工程项目。卧佛寺行宫院及龙王堂修复工程土建工程基本完成，附属燃气工程和防雷工程接近尾声。

对龙王庙周边古树进行复壮，采用古国槐活体支撑技术，对古树进行支撑，在国内尚属首创。修剪古国槐树3株，做复壮穴80个。从全国各地引种荷花种藕100余盆、观赏竹12种350墩，引种鸢尾、杓兰、蕨类等各类植物近200种（含品种）2000余株。

新开科研课题6项，其他延续课题8项。完成1项市科委课题和3项市公园管理中心课题的验收工作，获市公园管理中心科技进步奖1项，二等奖2项。桃花新品种‘品虹’通过了国家林业局植物新品种实质审查，这是北京植物园获得的第二个拥有自主知识产权的桃花新品种。利用市科委搭建的“百家科普基地对接百家社区”平台，举办第十五届生物多样性科普宣传月、“科学,让生活更美好”科普进社区巡讲等科普活动15次，被市公园管理中心评为科普工作先进集体。开辟“植物书屋”，开展“亲子读书会”活动。完成《花开时节话桃花》、《桃花应用》等7套科普展板的更新工作，共制作科普展板128块。在市公园管理中心花卉园艺师、绿化工职业技能竞赛上，北京植物园获优胜奖和优秀组织奖，10名职工获先进个人。

（刘东来 林立）

【紫竹院公园】 紫竹院公园建于1953年，是一座以竹造景、以竹取胜、环境优美的自然式山水园林。1992年成为海淀区文物保护单位。紫竹院公园占地面积45.73公顷，其中水面面积15.11公顷。现隶属北京市公园管理中心，是中心所属11家公园中唯一的免票公园。截至年底，全园固定资产总值8045万元，自营收入1100万元，支出8632万元。全年共接待游客820万人次。

2012年，完善监控体系、电子巡更系统、消防设施、避雷设施；开展紧急疏散救援、突发火灾扑救和水上救护等安全演练20余次；全园实现数字高清监控，达到全面覆盖无死角。继续做好市政府为民办实事工程，累计更新电瓶船25条，游乐项目3项，更新、调整各处牌示及路椅等500余处，更换、添加卫生纸1.4万余卷、洗手液1900升。设立投诉接待室和7个投诉分站，确立接待人员首问负责制，全年共受理非紧急救助事件8.5万余件次。举办紫竹院公园第十九届竹荷文化展暨紫竹院地区第三届民族文化节，以“魅力紫竹 共享和谐”为主题的文化活动，组织文艺演出、竹荷科普和健康知识讲座、民族文化和竹荷品种展示等10项活动以及“相聚紫竹·欢乐冰雪”冬季冰上健身活动、“北京市全民健身科学大讲堂”、“走进紫竹院、畅游紫竹院”和民族舞蹈大赛等具有区域特色的系列文化活动，历时42天，接待游客量超过100万人次。

年内，完成荷花渡景区进航道改造和荷花调整、科普小屋建设等工程，全年工程总投资额2150万元。进行植物栽植和调整，在荫地增加耐荫香花灌木和地被，共栽植梅花、碧桃等开花灌木

700余株，新铺草坪3000平方米；在大湖岸边、道路两侧栽植护坡植物3.1万余株，约5500平方米；引进50余种，共6万余株（丛），公园竹品种达到100余种；修剪草坪、补种草坪共计24万平方米。严密加强美国白蛾等危险性有害生物的防控。《北京地区竹类的引种及景观营造技术研究》获市公园管理中心科技成果二等奖。为迎接国庆和十八大，在东门制作“欢乐颂”主题花坛，在主游览区设置节点花坛3处，花带9处，总用花量15万余株。本年，公园被评为北京市敬老爱老为老服务示范单位、首都文明旅游景区，获“常委杯”2012年度历史旅游纪念品大赛铜奖。

（徐新）

【凤凰岭自然风景公园】 凤凰岭自然风景公园位于海淀区西北部苏家坨镇境内，总面积10.62平方千米，享有"京西小黄山"之美誉，有北、中、南三线四十余处可观景点。公园于1996年4月正式开园，是隶属于北京市西山农场的一家国有企业。2010年9月凤凰岭公园正式被评为国家AAAA级旅游景区。2012年7月3日，公园通过由市旅游委及专家组成标准化验收组的标准化工作终期评估验收。

本年，公园宣传涵盖报刊、电视、网络、电台、平面等多种平台。其中以资源互换模式推出电视及电台的凤凰岭专题访问，以新的网络平台推出凤凰岭微博。与北京旅游网、驴妈妈等专业网站合作，推出优惠电子票网上预订业务，在6月、8月与58同城网及去哪儿网合作，推出团购活动。

年内修建游步道2000米，其中北线滴水岩北至南天门路段，道路长934米，夹道子至玉兔亭路段，道路全长1066米。修建木栈道200余米，其中飞来石塔下木栈道50米，中线白塔水库木栈道165米。新增停车场面积1.9万平方米，公园中线和北线分别修建2座四星级厕所。

2012年凤凰岭公园接待游客总量达到80万人次，旅游总收入776万元。

（陈柳航）

【北京鹫峰国家森林公园】 北京鹫峰国家森林公园地处北京市西北部，横跨海淀区和门头沟区，隶属于北京林业大学，1992年被批准成立森林公园，2003年晋升为国家级森林公园。是全国科普教育基地和国家“AAA”级风景区，已形成以科普、健身、休闲、会议、度假为一体的生态旅游格局。公园占地面积832.05公顷，森林植被覆盖率达到96.4%，共有陆地植物121科447属955种(包括变种、引种)，昆虫类14目122科539种。公园划分为三大景区：以古道、奇石、登高观景和众多文物古迹以及较完备的旅游服务设施为基础的鹫峰中心区；以古香道、三月晴雪为构景主体的寨儿峪谷壑区；以独特的云雾、高山林海和草甸景观构成的萝芭地山顶区。

2012年公园组织鹫峰梅花节、生态文化节、登山节、彩叶节等文化活动。全年接待游客12万人次，旅游综合收入200万元。

（马学兵）

【中央电视塔】 中央电视塔为国家AAAA级旅游景区。景区以“科学、时尚、极限、欢乐”为品牌文化内涵，以“攀登中央电视塔大赛”、“中塔空中观景旋转餐厅”、“电视文化”主题大厅、“中塔草坪婚礼”等品牌项目为特色，成为集旅游观光、餐饮娱乐、婚礼庆典、商品销售、物业租赁为一体的综合性旅游景区。在中央电视塔238米高的露天观景台，设有高倍望远镜，是俯瞰首都全景的最佳观赏地。坐落在塔楼上221米高的360°旋转餐厅（相当于普通建筑74层高），是京城最高旋转餐厅。

2012年景区接待游客75万人次，旅游综合收入7964万元。4月被北京市饮服行业协会评为“海淀区餐饮行业十佳销售增长企业”，被首都文明办评为“首都文明景区”称号。

（于倩雯）

【百望山森林公园】 北京市海淀百望山森林公园成立于1992年8月22日，是国家AAA级旅游景区，占地244.6公顷，主峰海拔210米，是太行山山脉延伸到华北平原最东端的一处山峰，植被覆盖率达95%。园内建有独特的人文景观——绿色文化碑林，刻有宣传绿化、生态、环保等主题的碑刻1000余通。2012年，全年实现门票收入224.83万元，接待游客108.23万人次（其中，接待持各种免票证件的游客达27万人次），同比增长24.7%。

对园区1000余通碑刻实施科学修复和保护，为港澳回归碑加顶57米，重新安置望绿亭处7块风化严重的碑刻，新挂石碑211块。制定完成2011–2020年公园整体规划初稿。

在园区各道路两旁、景点周围等游人密集区打防火隔离带1.5千米,重点防火期间增添护林员500人次。释放肿腿蜂1万头防治天牛危害，释放周氏啮小蜂1200管防治美国白蛾。每天监测禽类动态，执行网络日上报制度，全年监测到雁鸭类186只，鹭类653只，猛禽类2306只，小鸟类246356只，监测范围内未发现异常。

在春秋两季，举办“见缝插树、增彩延绿”活动、百望山山花节和百望山红叶节。

（何慧敏）

【北京市团城演武厅】 团城演武厅始建于乾隆十四年（公元1749年），是北京地区集城池、殿宇、亭台、校场为一体的武备建筑群，原为清代皇帝操练和检阅健锐云梯营的场所。其主要建筑有团城、演武厅、东西朝房、西城楼门、碑亭、放马黄城（已毁）等。

辛亥革命后，军阀混战，团城演武厅荒废一隅。抗战期间，日军在西山一带兴建华北农事试验场，演武校场改作农田。1979年，被公布为市级重点文物保护单位。1988年，成立北京市团城演武厅管理处。1992年正式对外开放。2006年被公布为全国重点文物保护单位，定名为“健锐营演武厅”。2012年8月，团城演武厅机构规格由副处级调整为正处级。

2012年，团城演武厅共举办《香山地区健锐营营房展》、《金川地区藏羌民族体育展》、《古建修缮知识展》临时展览3项，《“我爱我家”外来务工子弟学校绘画展》巡展1项。

5月，为府学小学及北京师范大学历史学院做题为《继承文化遗产，弘扬尚武精神》的讲座。11月，邀请民俗专家为香山街道的老年人举行《香山脚下话旗营》讲座。

10月至11月，在团城大门内侧10米处新建排污管线并接入市政建设工程。12月，建成62平方米的星级厕所，满足开放需要。

（马岚）

【海淀公园】 海淀公园位于西北四环万泉河立交桥的西北角，占地34公顷，2003年9月建成开园。2012年全年共接待游客78万余人次，游客对公园整体管理状况的满意度达99.4%。

年内种植牡丹25个品种160余株，玉簪、萱草等宿根花卉8000余株，荷花、睡莲等水生植物150余盆，地栽黄菖蒲300余盆，藤本月季7000余株；补植冷型草、丹麦草近3000平方米，播草籽1.7万平方米；移栽油松47株，柳树、碧桃等100株，月季200余株。实施公园西门区景观恢复改造工程，恢复景观绿地2.5万平方米，完成公园西侧路以西三角地绿化工程5500平方米，栽植落叶乔木100株、常绿乔木105株、落叶灌木613株、色带8785株、草坪13330平方米。新建中央草坪周边健康步道860米、人车分行绿道1500米。

举办各类文化与宣教活动43个，其中举办“插秧节”、“六一欢乐汇”、“收割节”等自主文化品牌活动10个，协办“北京市生物多样性宣传活动”、“百姓周末大舞台”等市级活动4个和“海淀志愿者嘉年华”、“海淀区工会大型交友联谊”等区级活动4个以及“海淀区创建全国文明城区征集活动启动仪式”、“弘扬北京精神践行执法为民”等宣教活动4个，承接“历险恐龙岛嘉年华”、“微软2012家庭日”等商业活动21个。引进中网赞助商KAPPA，体育中心成为除中网之外的北京市唯一赞助场地。

（罗勇）

【翠湖湿地公园】 翠湖湿地公园位于上庄镇。2003年7月，由北京锦绣大地农业股份有限公司立项建设。2006年5月，北京海融达投资建设有限公司全面负责翠湖湿地公园建设。2008年5月31日，成立翠湖湿地公园管理处。2010年10月25日，翠湖湿地公园管理处划归区园林绿化局。翠湖湿地公园规划总面积148.49公顷。公园以人工湿地景观为特色。公园尚未开放，处在封闭保育阶段。

翠湖湿地公园动植物的生物多样性逐年丰富。本年共观测记录到鸟类17目40科173种，其中湿地鸟类9目16科80种，占全园总鸟类的46.2%，分别占全国和北京湿地鸟类的29.5%和61.5%（全国湿地鸟类271种，北京湿地鸟类130种）。在观测记录的鸟类中，有国家Ⅰ级保护鸟类黑鹳、金雕、黑颈鹤、丹顶鹤、大鸨、遗鸥等6种，国家Ⅱ级保护鸟类白琵鹭、大（小）天鹅、鸳鸯、鹗、普通鵟、鸢、白尾鹞、红脚隼、燕隼、灰鹤、雕鸮和东方角鸮等28种，北京市一级保护鸟类12种，北京市二级保护鸟类63种，鸟类名录新增小白额雁1种国家Ⅱ级保护鸟类。观测记录到鱼类4目9科20种，两栖动物1目2科3种，爬行动物1目2科4种，哺乳动物5目6科9种，浮游植物8门73属154种，浮游动物4门类45种，底栖动物3门类28种。观测记录到高等植物330种，隶属于81科236属，其中湿地常见植物199种，占总植物数的60.3%，分别占全国和北京湿地植物的8.7%和31.8%（中国湿地高等植物2276种，北京湿地高等植物626种）；水生植物24科37属52种，首次发现已在海淀区消失三、四十年的水生食虫植物–狸藻。翠湖湿地分布有国家一级重点保护野生植物1种（莲 *Nelumbo nucifera*）、国家二级重点保护野生植物1种（野大豆 *Glycine soja*）、北京市二级保护野生植物4种（芡实 *Euryale ferox*、黑三棱 *Spardanium stoloniferum*、花蔺 *Butomus umbellatus*、茭白 *Zizania latifolia*）。

加强园内植物四季养护和生态恢复治理。完成水生植物补种，更新草坪3432平方米、更新花卉面积3500平方米。实施边境湖及大湖水生植物种植工程，投放大量水生植物，改善生态环境。与中国林科院湿地研究所合作开展的国家林业局科技成果推广计划“退化湿地恢复技术”项目（2010–2012年）通过国家林业局及专家组的现场查定。与首都师范大学合作，完成公园浮游生物和底栖动物调查，调查到浮游植物8门73属154种、浮游动物4门类45种和底栖动物3门类28种；完成湿地水生植被恢复与水质净化研究项目，恢复荷花塘、边境湖等地沉水植被1298.45平方米；开展两栖爬行类动物再引入项目，完成赤练蛇、山地麻蜥、林蛙、东北雨蛙、赤峰锦蛇等两栖爬行类动物投放工作。实施RHP生态菌翠湖水华治理项目，有效控制水华发生。

完成天鹅湖湖底清淤及护岸工程，提高湖水的自循环和净化能力；铺设800立方米直径10–25厘米河卵石，避免湖水对驳岸的冲刷。完成长 85 米、宽 32 米、高 10 米的新鸟苑建设工程。实施气象站基础设施改造、大眼镜湖北岸绿地改造和科普馆、新老木屋周边环境改造，完成大岛鹤圈和雁鸭湖鹭岛驳岸维护工程，改善了公园的景观和生态环境。

开通官方网站和微博，成立中国绿化基金海淀翠湖国家湿地专项基金工作组，接收海峡两岸出版社等社会各界捐赠130万余元。开展以“保护爱护鸟类 建设和谐生态家园”为主题的爱鸟周活动、以“自然、生态、共息”为主题的湿地探索活动、以“寻找湿地小精灵”为主题的科普活动等科普宣传教育活动8个。12月12日，翠湖湿地公园被授牌“北京市青少年学生校外活动基地”。

（罗勇）

【北京稻香湖投资发展有限责任公司】 北京稻香湖投资发展有限责任公司于2004年成立，注册资金5.86亿元人民币。主要经营业务：项目投资，酒店管理。

2012年公司以文化、生态打造稻香湖特色酒店。酒店全年完成营业收入同比增长 26.62%，顾客满意度达到 99.32%。公司自主经营的温泉馆营业收入同比增长 89.7%。服务质量、餐饮水平、市场营销推广等有较大提升。

本年，酒店被评为 2012 中国优秀品质饭店、中国优秀会议酒店、国家五钻级酒家、2012 年度优秀会议酒店；公司被评为全国生态文化建设先进单位。

生态建设。公司与凯来美公司合作，启动“建设碳中和酒店”项目。截至年底，该项目得到国际认证机构——英国标准协会的认可，稻香湖景酒店获得“碳中和”酒店证书，成为国内唯一一个通过国际认证的碳中和酒店。公司与北京普仁生态技术公司合作开发稻香湖景酒店自有绿色产品，公司原有的生态酒店建设模式向生态产品开发经营迈出了一步。

文化建设。公司举办“2012·大美海淀奇石文化艺术展”和“大美海淀·乡土书画三人展”，以“酒店里的博物馆”为宣传口号，通过展会和展后媒体宣传提高企业的知名度。

（李强）

旅游活动

【香山公园实施黄栌保育工程】 3 月 15 日～11 月 30 日，市公园管理中心专项投资 90 万元在香山公园继续实施黄栌保育工程。工程由北京市花木有限公司负责实施，在公园南山红叶林区完成种植土球黄栌 2460 株，裸根黄栌 1450 株，种植元宝枫 13 株，辽梅山杏 70 株，秋紫白蜡 10 株，天目琼花 50 株，重点养护 375 株黄栌老树。

（王奕）

【香山公园举办第十届山花节暨“香”文化节】 4月1日至5月13日，香山公园举办第十届山花节暨“香”文化节。本届山花节以“春色满园·香山品香”为主题。环境布置突出5大景区：知松园“松林深处百花香”、枫林村“点破银花玉雪香”、佳日园、蒙养园“蕾破黄金分外香”、索道下站“独立人间第一香”、翠微亭“霏微红雨杏花香”。文化活动推出香山品香文化展、中辉天达杯摄影大赛获奖作品展 2 项展览；香山寻古、运动香山、“一张照片证明我在香山”有奖微博互动活动、“装扮香山”花园设计种植大赛、“香山环保游·开心小花农”5项互动活动。本次活动共接待游客 285811 人次，实现总收入 568 万元。

（王奕）

【香山公园实施古树复壮工程】 4 月 1 日～8 月 31 日，投资 65 万元，实施香山公园古树复壮工程。工程依重点进行树洞检查及修补，古树支撑，古树林地抚育清理以及古树水肥管理和病虫害防治。共完成复壮古树 36 株，检查修补树洞 20 株，缠绵 15 株，支撑 6 株，古树支撑和围栏油饰 1100 米，古树林地抚育清理 160 亩，更换古树渗水井井盖 50 个。

（王奕）

【凤凰岭举办赏花季活动】 4 月～5 月，举办主题为“凤凰岭赏花季”的凤凰岭春季系列活动。活动期间，桃花节、杏花节、赏花、祈福、绿化植树、佛教文化节、五月槐花香等主题活动吸引大批游客游览参与。在植树活动中推出的“种树免门票”受到游客欢迎。协办海淀团区委“秀美西山健步走 北京精神青年行”活动。

（陈柳航）

【举办皇家园林旅游节】 5 月 26 日至 6 月 24 日，区旅游委举办 2012 皇家园林旅游节，推出宫廷特色美食周、皇家园林艺术周、皇家休闲文化周、山居养生文化周、京西稻御田插秧节等富有浓厚皇家色彩的主题文化活动；在正觉寺举办“样式雷展”、“海淀旅游商品工艺精品展”，邀请京剧脸谱、宏音斋的工艺美术大师、非遗传承人现场解读制作工艺，游客零距离体验参与制作。活动期间景区接待游客 184.6 万人，营业收入达 4260 万元。

（陈以民　张燕）

【北京植物园观音塑像修缮工程竣工】 工期自 5 月 30 日至 8 月 6 日，历时 68

天。对佛像的手部、脚部、脸部服饰璎珞和花冠等多处进行修改；身上的服饰彩绘工艺采用濒临失传的拨金工艺，修缮后的观音塑像完美地展现唐代时期的观音塑像的特点。对假山石进行三层加固，经过处理增加假山的层次感和立体感。400 多万元工程款由司德明夫妇捐赠。8 月 8 日，举行观音佛像开光大典。

（刘东来　林立）

【紫竹院双林寺塔基考古挖掘】　6 月初，完成紫竹院双林寺塔基考古挖掘工作。此次发掘工程历时 43 天，发掘面积共计 272.25 平方米，清理出塔基一座。确定塔基和塔身形式、规模以及建造方式，形成考古挖掘报告，初步制定复建方案。

（徐新）

【参加北京国际旅游博览会】　6 月 15 日至 17 日，区旅游委组织区域内 20 家景区、饭店等旅游企业参加 2012 北京国际旅游博览会，现场发放宣传资料 4 万余册，向广大游客宣传推介海淀丰富的旅游资源，吸引众多参展商和游客的驻足关注。区旅游委获得 2012 北京国际旅游博览会组委会设立的“最佳展台奖”和“最佳组织奖”。

（陈以民　张燕）

【第三届中关村科教旅游节】　7 月 18 日至 9 月 15 日，由北京市旅游发展委员会、海淀区人民政府主办，海淀区旅游发展委员会、中关村科技园区海淀园管委会、中科院行政管理局科学文化传播中心、中科院国家科学图书馆科学文化传播中心、海淀区教育委员会、海淀区科学技术协会、中关村街道办事处、海淀区旅游行业协会、海淀区文化创意产业协会承办的 2012 中关村科教旅游节举行。邀请中科院自动化所、力学所、数学所，国家科学图书馆等院所和中关村国家自主创新示范区展示中心、水晶石数字科技有限公司、微软亚太研发集团、海淀区民族小学等单位参加。科教旅游节将新奇的科教旅游产品融入行程之中，推出 4 大主题 8 条线路：红色激情之旅（爱国者–北京新东方学校–清华大学–颐和园，香山公园双清别墅–中科院植物研究所–龙徽葡萄酒博物馆–中华世纪坛）、蓝色畅想之旅（北京天文馆–北京海洋馆–中科院计算机网络信息中心，汉王科技/联想集团–北京药用植物园–圆明园）、绿色低碳之旅（用友软件园–北京三元农业科技园–蓝波绿农科技有限公司–鹫峰/凤凰岭，北京植物园–王致和腐乳科普馆–水晶石数字科技公司）、银色梦幻之旅（北京体育大学–中央电视塔–太平洋海底世界，中关村展示中心–海淀区民族小学–北京电影旅游城）。举办博物馆奇妙夜、昆虫总动员、自然科普营、军事主题营、美术主题营、舞蹈主题营、篮球主题营、素质拓展营、摄影主题营、探秘之旅修学营等特色青少年夏令营活动。北京最大规模的亲子嘉年华项目——“历险恐龙岛”科普嘉年华首次亮相。院士讲坛围绕天宫一号、蛟龙号载人潜水器等热点话题，邀请中科院知名院士在周末向学生、市民及游客进行专题讲座。推出探秘互联网发源地、数字地球之旅、探寻大科学家足迹、走进纳米世界等特色科普旅游产品。

（陈以民　张燕）

【举办首届圆明园金秋皇家文化节】　9 月 24 日–10 月 31 日，圆明园管理处主办首届圆明园金秋皇家文化节，推出菊花展、戏曲季、金婚庆典、圆明园成人礼、太极盛典、微博流觞 · 诗咏圆明（金秋诗会）、书香雅韵（书友会）、金秋皇家美食节等 8 大系列活动。

（乔克）

【参与第十四届北京国际旅游节】　9 月 28 日，由国家旅游局和北京市人民政府主办的第十四届北京国际旅游节在颐和园举办，来自世界各国及全国各地的艺术家们，带来极具特色和民族风情的歌舞器乐、国粹表演和绝活展示。海淀区全面参与国际旅游节的组织策划，演出交流，宣传推广，服务保障等各个方面，向海内外游客宣传展示海淀区科技创新中心的建设成果和“三山五园”历史文化旅游资源。

（陈以民　张燕）

【西山文化休闲旅游节】　9 月 30 日至 10 月 23 日，区旅游委举办 2012 西山文化休闲旅游节。西山文化休闲旅游节分为四大节庆版块，包括节庆主版块、苏家坨（大西山）版块、上庄（稻香湖）版块及温泉版块。节庆活动涵盖了吃、住、行、游、购、娱六大旅游要素。推出“大美西山 · 聚焦海淀”摄影比赛、醉美西山书画节、凤凰岭金秋养生季、狂飙乐园的野营、房车露营嘉年华、“魅力西山悠然漫步”长走及“魅力西山骑乐无穷”自行车骑游等特色主题活动。

（陈以民　张燕）

【凤凰岭开展金秋养生季活动】　9 月 ~ 10 月，凤凰岭公园开展金秋养生季系列活动，打包推出养生文化循迹、养生素食品尝、佛教文化节、登山节、彩叶节等主题活动。并协办团市委重阳登高敬老活动、北京登山大会海淀分会登山活动等。

（陈柳航）

【举办第 24 届红叶文化节】　10 月 12 日 ~ 11 月 11 日，香山公园举办主题为“盛世 · 红”的第 24 届红叶文化节，包括 8 个环境布展：东门景区、枫林村景区、知松园景区、索道下站景区、翠微亭景区、碧云寺景区、眼镜湖——佳日园景区、双清别墅景区。文化活动推出世界名山文化展、香山寺历史展、科学促发展 · 盛世铸辉煌——市属公园大型特色文化活动展、红叶艺术展、碧云赏菊——碧云寺菊花展、香山静宜园宗镜大昭之庙历史文化艺术展等。有 4 项主题活动：第三届“牵手相助 · 共享盛世红”——盲人携手登香山赏红叶大型公益活动、重阳登高赏秋活动、微博有奖互动活动、计生宣传活动。在致远斋遗址平台、玉华三岔路口进行北京特色工艺品展售，北门柿子林开设“悠闲时光”餐饮休闲区。重阳节期间在松林餐厅、玉华岫、香雾窟、香炉峰分别设立传统小食柜台，在小平台（豫泰门至平台台阶路）、香炉峰、白松亭、香雾窟、松鼠景观、眼镜湖、玉乳泉设置红叶驿站。红叶节期间，共接待游客2280.9万人次，实现总收入102万元。

（王奕）

【数字圆明园[1]建设】 10月18日，在圆明园罹劫152周年之际，数字圆明园IPAD移动导览系统在北京发布，九州清晏、含经堂等10个最具代表性的景区首批上线。公众可以通过网络下载圆明园移动导览系统，虚拟游览圆明园，也可以到实地体验导览系统的增强现实效果。同时发布《数字再现圆明园》、《圆明园胜景》图册与《再现圆明园》影片。

（乔克）

【赴德举办圆明园特展】 12月12日，由中国对外文化交流协会主办的“圆明重光—圆明园文化展”在德国柏林中国文化中心开幕。这是被称为“万园之园”的圆明园300年来首次出国展览，也是中德建交40周年及德国“中国文化年”的收官之作。展览分为“远逝辉煌”、“巨变沧桑”和“盛世重光”三个历史阶段，立体展现圆明园出世、蒙尘、重光的历史轨迹。展厅配有200余幅历史图片，展品有圆明园界石等珍贵文物复制品、以圆明园西洋楼建筑纹饰为蓝本制作的花样绣片、正大光明殿全景模型以及海晏堂十二生肖人身兽首复原雕像等，其中绝大部分展品为首次展出。

（乔克）

[1] 所谓数字圆明园，即借助虚拟现实及增强现实技术“恢复”圆明园原貌。科技人员用计算机把当年圆明园的场景用数字模型建立起来，再通过光学显示，将这些数字模型叠加到现存的废墟上，真实地再现圆明园原来的场景。

【获16项“北京礼物”旅游商品大赛奖】 12月28日，在第九届“北京礼物”旅游商品大赛中，海淀区选送的16件作品获奖，位列各区县之首，并认证和推出一批市级海淀特色旅游商品。其中“海淀形象衍生品系列”1项作品获得金奖，“五帝赐福”、“吴氏管乐”、“皇家粮仓”、“M8商旅通”等4项作品获得银奖，“颐和园书画系列”、“中塔纪念品”、“纸雕画”、“海淀公仔”、“王致和新品腐乳”等5项作品获得铜奖，6项作品获得优秀奖。

（陈以民　张燕）

【参加北京旅游商品博览会】 12月28日至31日，组织颐和园、圆明园、香山、宏音斋、幻想神州等区域内近20家旅游商品研发、生产企业参加2012北京旅游商品博览会，现场展示具有海淀区特色的民族文化、现代科技、都市休闲类等旅游商品，获得2012北京旅游商品博览会“最佳展台奖”和“最佳组织奖”。

（陈以民　张燕）

【举办四季节庆文化活动】 本年，打造以“爱”为主题的全年旅游文化活动，形成四季节庆文化活动，形成规模效应和品牌影响力。举办圆明园第三届皇家庙会、第十七届踏青节、第十七届圆明园荷花节暨首届荷花音乐节、首届金秋皇家文化节，打造中国画院首届圆明园笔会展、正觉寺“样式雷”体验展、“荷香雅韵，廉洁清风”主题笔会暨廉政书画展等展览，形成摄影展、集体婚礼、相亲大会、成人礼、“我是公园大明星”等系列活动，开发金属系列、化妆镜系列、冰箱贴系列和十二生肖岫岩玉系列等29种圆明园特色产品。

（乔克）

【圆明园环境整治】 完成西洋楼展览馆改造，含经堂遗址、绮春园宫门区、长春园宫门区环境提升工程；推进西北景区环境整治修复工程、澹怀堂遗址保护展示工程、圆明园遗址公园环卫设施工程、圆明园东门环境整治提升工程、圆明园正觉寺福海周边等重点景区夜景照明及监控工程、如园考古发掘、正大光明考古发掘、武陵春色考古发掘工作。完成遗址区黄花阵中水管网的清理和改造，解决根系阻水困扰中水供应问题；完成圆明园自来水接驳市政管线工程；跟进《K20110003J–高效处理园林废弃物的微生物种的筛选和应用》和《圆明园水系生态治理的后续维护及资源化利用项目》的开展；继续推进九州水环境治理工程。

（乔克）

【圆明园学术研究】 编印《圆明园研究》4期；与中西书局合作，出版《圆明园胜景》（第一卷）；完成《圆明重光—圆明园研究文集》4册合订本的整理；依据《圆明园基础资料数据库项目方案》，继续开展基础资料的整理编辑及数字化工作。

（乔克）

【圆明园文物保护】 创新科技与文物保护新途径，在谐奇趣遗址进行实验调试物联网保护文物工程；做好文物的收集、资料采集工作。加强对西部环境整治工程监管，共收回石构件、琉璃构件、砖雕等198件；在北京大学朗润园发现圆明园“断桥残雪”坊楣、楹联等石刻，回收石构件2件，跟踪管理田村路17号柱子及柱角石。

（乔克）

【福荫紫竹院及周边院落修缮工程】 年内，福荫紫竹院及周边院落修缮工程完工。工程历时2年，主要完成院内遗存的文物建筑修缮共计1900余平方米，拆除院内私搭滥建1400余平方米，对挖掘出的遗址进行修复1350余平方米，重点完成建筑修复、地仗彩画、地面铺装和围墙，完善排水、供暖、照明、消防、监控系统，院内绿化调整改造和紫竹禅院环境及景观改造工程。

（徐新）

城乡建设

2013

北京海淀年鉴

▲ 4月，位于海淀公园的中关村国家自主创新示范区会议中心竣工（区住建委 供图）

◀ 12月12日，位于田村路畅茜园圣华里小区的北京银行田村支行正式开业（李瑞林 摄）

◀ 本年底，位于环保科技园内的公租房项目竣工（区住建委 供图）

◀ 进行老旧小区改造后的芙蓉里小区
（区住建委 供图）

◀ 苏家坨保障性住房
（海开集团 供图）

▲ 6月，唐家岭新城正式落成
（李瑞林 摄）

城乡建设

综述

海淀区住房和城乡建设委员会（以下简称区住房城乡建设委）是海淀区城市建设的行政主管部门，原名北京市海淀区规划建设管理委员会（1978 年—1990 年）、北京市海淀区城乡建设管理委员会（1991 年—2001 年 10 月）、北京市海淀区建设委员会（2001 年 10 月—2009 年 8 月），2009 年 8 月更为现名。

2012 年，以民生保障和城乡一体化建设为中心，稳增长、惠民生、促和谐，推动“一城三区”[①]建设，完成全年各项任务。

（赵琴）

规划

【概况】 北京市规划委员会海淀分局（以下简称本局）是北京市规划委员会的派出机构，其前身是成立于 1987 年 4 月的海淀区规划管理局，2003 年 3 月 1 日划归北京市规划委员会垂直领导，更名为北京市规划委员会海淀分局。下属海淀区建筑设计所、北京市规划委员会海淀分局机关服务中心 2 个事业单位。

（代韧　吴博超）

【交通基础设施规划编制】 3 月，《海淀北部地区市政基础设施专项规划》获市规划委批复。以此为基础配合开展北部地区启动区的基础设施建设及道路建设工程的选址、选线、前期调查，做好规划落地的具体协调工作；重点推进政府工作报告中提出的能源中心、再生水厂、变电站选址及北部地区路网建设。继续开展《海淀区综合交通规划》修编工作，推动重点道路建设。对海淀区综合交通规划各项内容进行现场踏勘与校核，形成全区范围内完整的综合交通体系规划成果，待区政府审议后组织专家评审。完成海淀山后线车站一体化设计工作，并通过区政府专题会审议。

（代韧　吴博超）

【成功化解地名命名网络舆情】 4 月 19 日，海淀山后论坛管理员及温泉凯盛家园准业主代表到分局赠送锦旗，对分局人性化地名管理工作及切实为群众办实事、解难题的服务给予表扬。温泉凯盛家园是两限房项目，在前期地名公示过程中，海淀山后论坛发起投票活动，近 200 名网友对“白家疃凯盛园”一名提出强烈反对，并发表过激言论，对规划部门甚至政府进行攻击谩骂。分局在了解情况后，采取多种方式主动与网民进行沟通，邀请网友和准业主代表到本局座谈，介绍有关地名工作规划及程序，详细记录网友诉求。分局综合各方意见，经研究命名该项目为温泉凯盛家园。

（代韧　吴博超）

【北部地区规划编制】 继续对北部地区规划体系进行深化和完善，推进翠湖科技园、永丰北扩园区内地块控规的编制工作。4–2、4–3、4–4 街区控规深化成果基本完成。其余街区控规深化工作全面启动。开展翠湖科技园 30 余个地块、约 170 公顷用地的地块控规报审，基本完成先期启动区内近 70 个地块控规的编制。市规划委已批复同意《海淀北部地区 3–3 街区 230 等地块控制性详细规划》等 30 多个地块控规。做好翠湖科技园中心区、永丰北扩区域的城市设计与规划衔接工作。

（代韧　吴博超）

【规划实施】 确保教育、医疗、文化、卫生等涉及民生工程和公益性项目的建设。核发太舟坞等多个基础教育项目及苏家坨中心医院、北部地区文化中心

[①] 一城指中关村科学城，三区指：全国文明城区、北部生态科技新区、“三山五园”历史文化景区。

的规划意见书。协调市规划委核发大牛坊等多个土地一级开发项目的规划手续。配合完成软件园二期项目地块控规调整，并获得市政府批复。完成软件园10余个项目规划意见函复。

（代韧 吴博超）

【土地整理】 做好中关村科学城建设指挥部有关项目推进工作，南部推进玲珑巷、五孔桥地区统筹整合改造；协调市规划院推进楔形绿地双泉堡地区改造项目；论证学院路科技园项目控规调整方案；东升科技园二期项目完成规划调整、安置房设计方案。对“三山五园”历史文化景区进行文化价值和特点评价；中央党校西墙外地区环境整治项目规划调整方案已获市规划委通过；配合落实董四墓、韩家府村项目村民搬迁安置用地选址。

（代韧 吴博超）

【挂账村回迁房建设】 协调市规划委通过振兴村回迁房位置向北进行平移；推进中坞村、门头村平衡资金用地调整工作，协调解决用地范围调整、涉及部队天线区问题；协调市规划院提出西冉村规划调整方案并获市规划委原则同意；协调市规划委原则同意兴业新村项目调整方案，先行启动回迁房建设。配合推进西山文化创意大道建设。配合对创意北京项目进行研究，涉及四季青镇西冉村“一村一策”实施方案基本确定。

（代韧 吴博超）

【重大项目规划服务】 协调推进软件园二期重点项目、大唐电信、航天信息产业园、铁科院等一大批重点项目的规划建设；配合开展温泉铸钢厂厂区与能通公司、水晶石公司文化产业项目建设相关工作；推进北大科技园周边地区环境整治及规划实施工作；配合开展垃圾终端处理设施的规划选址与方案研究工作。配合开展中关村壹号城市设计、翠湖商务区城市设计及永丰北扩地区城市设计等工作，中关村壹号项目的城市规划设计方案已获市规划委批准同意，截至年底已完成中关村壹号项目规划意见的办理工作。结合“7·21”重大自然灾害，研究部分地区严重内涝问题，强化建设项目雨水利用规划管理。做好雨水利用工程的实施。

（代韧 吴博超）

【重要干道两侧遗留项目拆迁整治】 在全市率先完成重要干道两侧遗留整治项目，并将代征道路用地移交区交通委，这在全市尚属首次。苏州桥西南角为该项目的代征道路用地，需迁29户，建设面积约1700平方米。为推进遗留项目拆迁实施，综合考虑集约使用土地、空军净空限高要求及地区城市景观，争取市规划委支持，调整后建设规模增加约1.8万平方米，可平衡拆迁资金缺口，督促开发单位在较短时间内完成代征地拆迁工作。

（代韧 吴博超）

【规划审批】 办理各类建设工程项目603件。其中，办理《规划意见书》4件，核定用地规模4.85万平方米，核定建筑规模3.87万平方米；办理《建设用地规划许可证》15件，许可用地规模55.73万平方米；《建设工程规划许可证》102件，许可建设规模268.38万平方米；《乡村建设工程规划许可证》2件，许可建筑规模3.27万平方米；《乡村规划意见书（条件）》2件。规划意见函复20件；复函49件；建设工程延续11件。

办理市政类工程行政许可169件，其中市政类《建设用地规划许可证》12件、《建设工程规划许可证》151件。

审批市政道路11条，桥梁4座；审批市政类建筑（施工暂设）2处，建筑面积共计800平方米；审批各类市政管线共计约9.06万延米。核发绿色通道项目6件。

（代韧 吴博超）

【地名管理】 开展轨道交通站点名、高速路、桥名在命名前的调研工作；配合办理区政协委员关于《关于将凤凰岭更名为凤凰山，塑造海淀宗教文化品牌的建议》提案，组织召开《凤凰岭更名提案专家研讨会》。办理后屯路等道路命名23条、西二旗润中苑等居住区命名7件、五道口嘉园等建筑物命名9件。海淀区获得“全国地名公共服务示范区”称号。

（代韧 吴博超）

【规划监督检查】 本年，对18件、51项、55万平方米的建设工程进行验线；对73件、69项、89万平方米建设项目进行竣工验收。查处新生违法建设88件、68处、共6.7万平方米。完成卫星查违核查4次，核查疑似图斑177处，发现违法建设106处。对190件、280处、99000平方米的违法建设进行认定。做好飞驰绿能、北京电影洗印厂、学院路检测场汽车4S店等违法建设的查处与应诉工作。

（代韧 吴博超）

【保障性住房建设】 会同区住保办对可建设公租房的地块进行梳理，已将初步筛选的14个地块上报市规划委。配合完成本年1万套公租房建设任务选址研究。完成唐家岭新城全部建设工程规划许可证、西北旺辛店B地块建设用地规划许可证等多个项目的规划许可工作。核发上庄家园公租房项目的规划条件。

（代韧 吴博超）

【课题研究】 组织开展《“三山五园”区域保护与发展研究》、《统筹城乡发展视角下的海淀区城乡结合部规划评估研究》、《中关村科学城提升发展规划》等多项课题研究。并配合相关部门开展新国标有关用地分类研究工作、《海淀区城乡交叉管理地区强化基层组织功能提升统筹管理能力研究》、《海淀北部生态绿心规划实施研究》、《现状保留村庄就地改造模式研究》、《北京中心城城乡结合部地区绿色空间规划及实施研究》、《海淀区绿地系统规划》校核完善、《故宫东玉河园区规划研究》等课题。

（代韧 吴博超）

【农民安置房建设】 办理完成苏家坨镇前沙涧西区三定三限安置用房项目规划条件。总用地面积约146270平方米，其中，建设用地约100100平方米，代征道路、绿地、河道用地面积约46170平方米，建设内容为定向安置用房及配套居住公共服务设施千人配套。推进振兴村农民安置用房选址工作。四季青镇振兴村下辖4个自然村，涉及拆迁人口3012人。根据市政府批复的振兴行政村规划实施方案，在行集寺原址上调整6.7公顷用地用于安排农民的回迁安置，分局据此核发规划意见书及规划方案复函。配合北部四镇推进太舟坞、上庄C02等5个农民定向安置房项目规划意见办理工作。

（代韧 吴博超）

【2012年审批地名、核准建筑物名称、居住区名称情况】 居住区命名（6个）：西二旗润中苑、龙岗安居里、温泉凯盛家园、建材城翡丽华庭、柏儒苑（扩大）、兴润大厦

道路命名（23个）：后屯路、丰雅东路，丰雅中路、丰豪中路、丰豪东路、丰滢东路、永捷南路、后八家路、后八家东路、安泰路、龙泰路、四拨子北路、土井一街、土井二街、土井三街、唐家岭北环路、唐家岭西环路、唐家岭东环路、唐家岭南环路、营福路、安宁庄西路（南延）、正福寺路、宝盛南路

建筑物命名（8个）：五道口嘉园、翡丽华庭、凯盛家园、元吉商务楼、中科信大厦、文龙家园、天元网络大厦、瑞和园。

（代韧 吴博超）

土地管理

【概况】 北京市国土资源局海淀分局（简称“市国土局海淀分局”）成立于2005年5月31日，为北京市国土资源局的派出机构，负责组织实施海淀区域内土地、矿产资源行政管理工作。下设海淀区土地权属登记事务中心、海淀区土地利用事务中心、海淀区国土资源执法监察队、北京市土地整理储备中心海淀区分中心、北京市国土资源局海淀分局第一国土资源管理所、北京市国土资源局海淀分局第二国土资源管理所、北京市国土资源局海淀分局第三国土资源管理所等7个事业单位。

（袁雯）

【实施《海淀区土地整治规划》】 11月20日，《海淀区土地整治规划（2011-2015）》获得区政府批准并实施。《海淀区土地整治规划》确定未来五年土地整治的指导原则和目标任务，明确土地整治重点方向，统筹安排土地整治项目工程，明确规划实施的保障措施，是土地利用总体规划中土地整治目标任务的深化和拓展，是规范有序开展土地整治工作的基本依据。（袁雯）

【土地资源概况】 海淀区位于北京市区西北部，兼有山地平原，地形西高东低。以百望山为界，山南称山前，山北称山后。全区土地面积为430.77平方千米。

1.耕地 耕地总量为2112.78公顷，占全区土地总面积的4.9%。

2.园地 园地总量为2662.27公顷，占全区土地总面积的6.18%。

3.林地 林地总量为10737.74公顷，占全区土地总面积的24.93%。

4.草地 草地总量为51.07公顷，占全区土地总面积的0.118%。

5.城镇村及工矿用地 城镇村及工矿用地总量为23814.48公顷，占全区土地总面积的55.28%。

6.交通运输用地 交通运输用地总量为1519.31公顷，占全区土地总面积的3.53%。

7.水域及水利设施用地 水域及水利设施用地总量为1708.07公顷，占全区土地总面积的3.97%。

8.其他土地 其他土地总量为471.15公顷，占全区土地总面积的1.09%。

（袁雯）

【申请51个供地项目】 2012年度计划全年申请供地项目共51个，用地263.91公顷。其中公共管理和公共服务设施用地项目5个31.67公顷，园区用地项目13个32.02公顷，商服用地项目9个47.01公顷，商品住宅用地项目6个14.08公顷，保障性住房项目18个139.12公顷。

（袁雯）

【办理60个土地供应手续】 年内有60个建设项目办理土地供应手续，供地面积255.5025公顷。其中划拨项目31宗，供地面积83.9866公顷，约占总供地量的33%；出让项目11宗，供地面积17.6238公顷，约占总供地量的7%；以征代划项目18宗，供地面积153.8921公顷，约占总供地量的60%。按照审批权限划分，由市政府批准的31宗，供地面积171.6696公顷，占总供地量的67%；由区政府批准的29宗，供地面积83.8329公顷，占总供地量的33%。办理划拨土地建商品房上市补交地价款8件，办理出让合同变更、完成补充协议2件，办理地价核实手续4件。

（袁雯）

【审批127个用地预审项目】 2012年度共审批通过建设项目用地预审项目127件，同比下降8%；用地总量约903公顷，同比上升78%，其中占用农用地约346公顷，占用农用地中耕地88公顷。预审项目中由国土海淀分局审批的共80件、总用地面积852.47公顷，

其中储备项目12件、用地面积约431.39公顷，工业项目1件、用地面积约1.09公顷，基础设施项目17件、用地面积约147.36公顷，科教文卫项目29件、用地面积约59.23公顷，住宅项目15件、用地面积约194.6公顷，其他项目6件、用地面积约18.80公顷。

（袁雯）

【登记国有土地920件】 2012年度共办理完成日常国有土地登记业务920件，其中大业主土地使用权登记196件，包括大业主土地设定登记154件，大业主转移登记27件，大业主变更登记15件，颁发土地证书196本；完成小业主土地登记业务724件。办理完成抵押登记686件，其中大业主抵押设定登记243件，小业主抵押设定登记427件。储备用地抵押15件，抵押变更登记1件，颁发他项权利证明书687本。全年办理抵押注销登记607件。制发中央单位土地登记保密产2件，军产登记22件。

（袁雯）

【集体土地确权登记颁证683个】 全区集体土地确权登记颁证工作涉及玉渊潭地区以及7个镇级集体经济组织和84个行政村，对727宗集体土地进行地籍调查和权属调查，涉及面积14315.95公顷；化解争议77宗，涉及20多个行政村、面积3445.48公顷。完成683宗集体土地确权登记发证，同步完成宗地空间要素及属性要素的数据入库和档案数字化。按宗地数计算，确权登记率为93.95%。

（袁雯）

【完成26件征地项目】 本年，共完成征地项目26件，总用地面积303.9公顷，其中农用地118.6公顷，占用耕地39.5公顷。制作征地公示41件、公告47件，完成征地结案26件。

（袁雯）

【保障性住房供地80公顷】 2012年度海淀区保障性住房供地任务为75公顷，其中公租房25公顷，定向安置房50公顷。达到供地标准的保障性住房项目8个，土地面积约79.61公顷，完成年度供地任务的106.15%。其中：公租房项目3个，土地面积约16.12公顷，完成公租房供地任务的64.48%；定向安置房项目5个，土地面积约63.49公顷，完成定向安置房供地任务的126.98%。

（袁雯）

【保障房建设】 完成辛店B08公租房、辛店A地块、温泉太舟坞、苏家坨前沙涧东区、西区、北区、上庄C02、西北旺大牛坊、六里屯和上庄家园N23定向安置房等项目集体土地征收前期工作。探索创新集体产业用地建设租赁住房，唐家岭地区集体土地租赁住房项目被列为北京市利用农村集体土地建设租赁住房第一批试点项目。启动西北旺镇产业园区的租赁房建设和在北部四镇集体产业园区适当建设租赁房工作。温泉镇东埠头351地块集体土地建设租赁住房项目作为北京市第二批试点，实施方案获市政府批准，并上报国土部备案；大牛坊E-4-021地块集体土地建设租赁住房项目作为第三批试点，实施方案已获市政府批准。完成土地整治规划编制工作，2012年海淀区被列为全国14个土地整治规划编制试点市县之一。

（袁雯）

【2012年度3宗入市经营性用地】

宗地名称	土地面积（公顷）	规划建筑（万平方米）	交易	规划用途	成交单位	成交价（亿元）
万柳资金平衡项目	3.87	7.77	挂牌	居住	北京赫华恒瑞房地产开发有限公司	26.3
八家二类居住项目	1.43	4	邀标	居住	北京藏开友容房地产开发有限公司	5.63
永丰产业基地Ⅱ-4-B	2.54	3.3	挂牌	工业	北京鼎臣世纪高科技发展有限公司	0.73
2012年度总计	7.84	15.07				32.66

（袁雯）

【新增7个土地一级开发项目】 本年以储备中心为主体的一级开发项目有7个，分别为学院路科技园项目、凤凰岭旅游设施一期项目、凤凰岭旅游设施二期项目、四季青门头村项目、玲珑巷地区项目、温泉K地块项目、研祥科技大厦项目。负责安宁庄钢材市场及周边地区改造项目、四季青镇营会寺土地一级开发项目、中央党校西墙外环境整治项目的推进工作。在正常进展项目中，储备中心社会监管项目49个、土地面积1586公顷，收取18个项目的监管资金和保证金共计189335.212万元，已拨付138725.48万元，剩余资金50609.732万元。

（袁雯）

【土地储备开发】 2012年度土地储备开发总投资123.23亿元，其中储备分中心投资57.24亿元，社会企业投资65.99亿元。储备分中心投资包括政府投资16.16亿元，其他财政投资11.82亿元，当年政府融资投入 29.26 亿元。全年入市交易土地 3 宗，总面积 7.84 公顷，总成交价 32.66 亿元。完成八家地区整体改造项目清华大学、回迁房、集体经济组织返还产业用地、平衡资金用地等供地工作。

（袁雯）

【土地执法监察】 本年，以查处土地违法违规为主线,重点开展国土部 2011 年度卫片、遥感二号卫片等多项土地执法检查工作。立案并处理 9 宗、移交镇和街道查处的 68 宗、移交城管违法用地案件 66 件、向公安部门移送案件 1 宗，拆除清理违法占地建设 86353.4 平方米、复耕土地 97.9 亩、罚款约 62.42 万元。清查和处理一批动态巡查、群众举报案件。就全区土地管理情况来看，大宗的土地违法大幅下降，违法占地总量骤减，特别是违法占用耕地的现象得到进一步遏制，2012 年违法占用耕地的比例为 1.42%。全年累计巡查 246 天，出动巡查人员 800 人次，其中一级巡查区域巡查 45 天，出动巡查人员 127 人次；二级巡查区域巡查 102 天，出动巡查人员 350 人次；三级巡查区域巡查 99 天，出动巡查人员 323 人次。巡查中发现违法建设单位 85 家，均在第一时间下发“责令停止土地违法行为通知书”，实现查处土地违法“早发现、早制止、早处理”的目标。

（袁雯）

【矿产资源管理】 2012 年海淀区共有 4 家矿泉水开发企业。共收缴矿产资源补偿费 40264 元。经检查全部通过年检。有 6 家地热开发利用单位,地热采矿权人按要求上报年检材料，在实地核查中未发现违规行为，参检单位均通过年检。办理行政服务事项 10 件,即辖区内建设项目完成压覆重要矿产资源核查、地质灾害危险性评估登记备案。

（袁雯）

【信息化建设】 国土资源综合监管平台全年共受理事项 1034 件、办结 1034 件。编制完成《海淀分局信息化设备管理规定》、《海淀分局网络与信息安全事件应急预案》等制度。完成海淀区“智慧国土”顶层设计。完成土地业务地理信息系统项目结项工作。组织实施“海淀分局 2010–2012 年度土地业务档案电子并档数据整理项目”和“海淀区历史登记档案数字化成果与地籍管理信息系统挂接项目”。

（袁雯）

【信访工作】 全年办理来信、来访、群众举报共计 105 件次、232 人次，其中市局转办 23 件次，区政府转办 4 件次。与 2011 年相比批次、人次分别下降 46.2%、35%。接待来访、接信 62 件次，其中接待来访 44 件次、132 人次，同比批次、人次分别下降 38.9%、15.4%，办理来信 18 件次。接待集体访 2 批次、16 人次，同比批次、人次分别下降 50%、59%。办理群众举报 16 件次，处理电子信访（局长信箱、非紧急救助中心、政风行风热线等）95 件次，办结率 100%。

（袁雯）

房地产开发及市政基础设施建设

【概况】 海淀区住房和城乡建设委员会是海淀区房屋及市政设施建设的行政主管部门。

（赵琴）

【北京市海淀区建筑行业协会】 北京市海淀区建筑行业协会（以下简称协会）成立于 1998 年 12 月 4 日，现有会员单位 91 家。

3 月中旬～5 月上旬，协会组织开展 2011 年度建筑行业“诚信企业”评定工作，15 家企业被评为北京市 2011 年度“诚信企业”，30 家企业被评为北京 AAA 信用企业。

全年共举办各类培训班、资格证书续期教育等 33 期，培训建筑类企业主要负责人、项目负责人、施工现场专业安全管理人员、关键岗位专业技术管理人员，危险化学品、城市燃气、加油站、烟花爆竹等专业安全生产经营管理人员共计 4256 人。

（危宏晓）

【北京昊海建设有限公司】 北京昊海建设有限公司是于 2002 年 3 月 15 日由 7 家企业改制组建的。注册资本 1 亿元，是一家具有房屋建筑施工总承包一级资质、园林古建筑专业承包一级资质及部分专业承包资质的大型国有建筑施工企业。2009 年 6 月，实现对“二建公司的吸收式合并”。

本年，公司企业总资产 6.84 亿元（其中国有资产 6.74 亿元）；总负债 5.61 亿元（其中国有资产总负债 5.53 亿元），资产负债率由 2011 年 79.13% 提高到 2012 年 82.09%，增长 2.96%；净资产（所有者权益）1.22 亿元（其中国有资产净资产 1.21 亿元），国有资产保值增值率 107.08%。公司共签订施工合同 222 个。累计新签合同额为 70973.6 万元，采购合同 184 个。

2012 年昊海公司指标完成情况

序号	计划目标/指标		完成情况			
			完成额	完成率	增长额	增长率
1	开复工面积	100 万 m^2	102 m^2	102%	2 万 m^2	2%
2	建安总产值	8 亿元	8.32 亿元	104%	3200 万元	4%
3	实现工程收入	7.5 亿元	7.72 亿元	103%	2200 万元	2.9%
4	上缴税金	2000 万元	2526 万元	126%	526 万元	26%
5	实现利润	700 万元	1090 万元	156%	390 万元	56%
6	合同履约率	100%	100%			
7	顾客满意率	95%	100%			
8	安全文明施工	100%	100%			
9	净资产收益率	2.75%	6.82%	182%	2.35%	86%

全年出租房租金收入共计 1553.63 万元，主要包括海建综合楼 572.12 万元；盛唐饭店 875.22 万元；朱房办公区、西郊机场闽航路 3#院 106.29 万元。

本年，公司新开工工程主要有：华夏幸福城朗园工程二标段工程、朗园 1# 楼工程；同方国际公寓 8#楼工程；颐丰庄园住宅小区 1#住宅楼工程；凯旋城小区 A 区一期、二期工程；冀学佳园住宅小区 A9#、A15#住宅楼工程；东北旺农场开发建设科研综合楼工程等。

竣工工程有：八家回迁安置房工程；通州商务园工程；苏家坨镇经济适用房工程；北京菲斯曼办公楼维修改造工程；金阳大厦办公区改造装修工程；北京大学保卫部改造工程；北京育新实验幼儿园修缮工程；工学院昌平校区风洞实验室工程等。

本年，公司获全国“安康杯”竞赛优胜企业称号，被中华全国总工会、国家安全生产监督管理总局授予全国“安康杯”优胜企业竞赛连胜杯。公司承建的八家回迁安置房工程获北京结构“长城杯”。

（唐志安）

【北京海开房地产集团有限责任公司】 是区属国有房地产开发企业。1978 年成立北京市海淀区革命委员会统建办公室。1982 年 5 月 14 日，撤销北京市海淀区革命委员会统建办公室，成立北京市海淀区城市开发公司办公室。1984 年 11 月 28 日，更名为北京市海淀区房地产经营开发公司。1993 年 3 月 20 日，更名为北京市海淀区房地产经营开发总公司。1994 年，获得建设部资质、资信一级企业。2000 年 1 月 18 日，由海开房地产集团公司控股的海开房地产股份有限公司正式挂牌。2010 年 8 月，海开房地产集团公司、海开房地产股份有限公司合署办公，2011 年 3 月 7 日，北京海开房地产集团公司更名为北京海开房地产集团有限责任公司。

本年，集团公司实现利润总额 5777 万元，较上年增长 4.2%；实际利润总额 5777.06 万元，其中归属公司所有者的净利润 4204.9 万元；净资产收益率 6.25%；主营业务利润率 7.98%；已获利息倍数 5 倍。2012 年净利润 4374.32 万元。

苏家坨公租房、经适房项目 截至年底，该项目一期、二期公租房已全部实现入住；二期摇号销售的 852 房户经适房实现入住，幼儿园已竣工验收并移交区教委；三期住宅部分室内、外装修已基本完成，正在组织分户验收，各项市政及配套设施正在建设完善。截至年底，项目所有住宅的前期手续已全部完成。与市保障性住房建设投资中心签署 C02、C03 剩余 1491 套经适房及所有商业配套设施的收购合同，收购面积约 10.45 万平方米，收购金额约 6.43 亿元，实现资金回笼。该项目销售工作全部完成，累计签署合同额共计 15.33 亿元，实现回款共计 12.9 亿元。

清河龙岗路 25 号公租房代建项目 截至年底，基本完成建安工程及室外市政管线、道路铺装工程建设任务，完成正式发电工作，正在进行规划及各分项竣工验收。敬老院项目已基本完成室内工程，取得公租房和敬老院项目开工证、幼儿园项目规划方案取得市发改委批复函。截至年底，累计收取代建管理费 502 万元。

唐家岭回迁楼代建项目 6 月底前完成唐家岭新城和图景嘉园 29 栋住宅、6 栋公建、5 个地下车库共计约 50 万平方米的施工建设，住宅部分已全部交付使用。由于项目的特殊性，前期手续的办理及验收备案工作正在进行，工程结算已正式启动。该项目累计收取代建管理费 746 万元。

四川成都双流项目　项目已取得B、C等7个地块、365.84亩土地（0.244平方千米），实现土地固化，确保资源保值增值。规划方案已通过当地部门审核，正在进行前期手续报批、成本测算等各项基础工作。截至年底，该项目累计投资6.2亿元。

东坝项目　截至年底，该项目主体、市政和配套等各项工程建设已基本完成。获北京市结构长城杯银奖和朝阳杯金奖。累计投资2.18亿元。182套住宅于9月开盘销售，截至年底，累计签约107套，合同额2.17亿元，回款1.38亿元。

（何春娟）

【北京威凯建设发展有限责任公司】　北京威凯建设发展有限责任公司是区属国有独资企业，成立于1994年，现有注册资金10亿元。2005年1月，晋升为房地产开发企业一级资质。公司现有4个全资子公司：北京市羲和物业管理中心、北京市威凯体育文化发展有限公司、北京实创博威建筑设计院（原北京实创博威建筑设计所，2012年7月4日更名）、北京市科迪实验中学和占98%股权的北京富利房地产开发有限责任公司。

截至年底，公司总资产为82.11亿元，同比增长40.76%；负债为69.55亿元；所有者权益为12.56亿元，同比增长1.29%；净资产12.56亿元；公司共有开发项目29个，完成投资27.2亿元，完成全年投资计划的112%。实现经营收入9.52亿元，利润1958.37万元，净利润1705万元，净资产收益率1.37%，国有资产保值增值率101.44%，主营业务利润率7.14%，上交各项税金6153万元。

保障性住房建设。2012年，保障性住房开复工面积57万平方米，竣工面积17.7万平方米。温泉C地块一级开发成功完成公租房项目供地，实现土地补偿费3.2亿元。吴家场项目一期3.8万平方米楼内工程进行收尾验收，二期5.6万平方米于11月底开工建设。苏家坨A地块完成七、八、九期共21栋楼、1203套保障房的建设任务，海淀区第一个保障房项目苏家坨A地块43.48万平方米全部竣工具备使用条件。上庄B地块安置房B19地块2.9万平方米竣工，B18地块8.3万平方米结构基本完工。温泉F地块定向安置房项目正进行拆迁。辛店A地块保障房实现开工面积31.38万平方米。西二旗限价商品房项目取得立项及《国有土地使用权证》，并实现动土开工。

土地一级开发。西北旺辛店B、C、D地块一级开发项目方案已报市国土局。温泉镇C地块限价房一级开发项目所有集体企业搬迁工作全部完成。温泉小城镇E、G、H地块一级开发项目已展开基础性调研和测算工作，进行前期城市设计工作。

市政道路工程建设。苏家坨A地块周边五条市政道路以及C地块周边四条市政道路，全长共计5.5千米，全部验收并通车；苏家坨镇东路、镇中街、南一街道路及跨前沙涧沟桥梁工程总长约2.4千米，于12月开工建设；上庄B地块周边配套市政道路全长2.5千米，除50米拆迁范围外均已完工通车；取得辛店居住组团市政道路规划意见书，12月开工建设；吴家场保障性住房外部市政工程开工建设。

社会公益性事业。北部教育配套代建项目唐家岭新城小学及幼儿园代建工程2月18日正式开工，建筑面积约1.3万平方米，12月底基本完工；温泉F07地块101中学项目取得规划意见书。上庄B地块临时污水处理站工程已完工并投入运行；东埠头沟过京密引水渠涵洞工程进行主体结构施工。上庄B06、B07地块小学、幼儿园项目于7月组织竣工验收。苏家坨临时公交场站竣工已全面通车。

公司承建的西北旺镇辛店居住组团A地块工程定向安置房项目3-04#、3-06#楼、A03地块I标段、III标段被评为北京市2011-2012年度“结构长城杯”银质奖工程，被评为2011年度海淀区基层效能监察优秀项目。

（盖凌雁）

【北京海融达投资建设有限公司】　北京海融达投资建设有限公司（以下简称海融达公司）成立于2005年6月28日，前身为海淀区城市基础设施建设项目管理中心。公司注册资金3200万元人民币，是政府直接投资组建的国有独资企业。主要职能是作为项目业主承担区政府确定的基础设施建设任务，配合市属重点道路及交通枢纽项目的征地拆迁工作，配合地铁建设项目的征地拆迁工作，是具体实施项目的法人单位。

2012年公司共承担75个项目，包括正式项目41个（其中新建项目16个、续建项目25个）、储备项目23个、尾款项目11个。完成唐家岭地块八条路、静淑苑路、翠微路、翠湖北路东延、永泰东里一号路二号路、智学苑南路、小营路、清河北路等8项、16条道路，通车里程达到11.2千米，完成投资26亿元。

截至年底，共取得3项工程道路方案批复、5项工程立项批复或前期工作函、6项工程道路或管线规划意见书、6项工程初步设计概算批复、29项工程建设工程规划许可证、11项工程的交通工程许可、14项工程的施工图审查等。累计完成行政许可手续84项。全年完成居民拆迁117户，单位拆迁41个，拆除房屋建筑面积94710平方米，完成征地217亩，树木伐移万余棵。

本年，新开工9个项目：动物园北路、龙岗路公租房周边道路（2条）、小营路、西三旗村路西段、智学苑南路、马连洼南路、双清路、西三旗建北路拆迁、树村路拆迁。

（郭欣）

【静淑苑路】　2011年5月16日开工，2012年4月完工。工程位于林业大学西侧，南起清华东路，北至林大北路，长

754米，宽20米。工程总投资1172万元。由北京海融达投资建设有限公司建设，北京市市政专业设计院有限公司设计，北京住总正通市政工程有限公司施工，北京逸群工程咨询有限公司监理。

（郭欣）

【翠湖北路东延】 2009年9月开工，2012年5月完工。工程西起稻香湖东路，东至上庄路，长3450米，宽40米。工程总投资11438万元。由北京海融达投资建设有限公司建设，北京市市政工程设计研究总院设计，中壤建设工程有限公司、北京鑫畅路桥建设有限公司施工，北京四方工程建设监理有限公司、北京致远工程建设监理有限责任公司监理。

（郭欣）

【翠微路】 2011年9月30日开工，2012年5月完工。工程位于公主坟商圈，南起复兴路，北至玉渊潭南路，长630米，宽35米。工程总投资1789万元。由北京海融达投资建设有限公司建设，北京市市政专业设计院有限公司设计，北京城建道桥建设集团有限公司施工，北京博建工程监理有限公司监理。

（郭欣）

【唐家岭地块八条路】 2011年7月15日开工，2012年6月完工。工程位于唐家岭回迁房项目内，其中：唐家岭北街：西起友谊渠东路，东至唐家岭东路，道路全长820.31米，道路红线宽12米。土井村一街：西起友谊渠东路，东至东北旺西路,道路全长384.60米，道路红线宽20米。土井村二街：西起友谊渠东路,东至东北旺西路,道路全长466.09米，道路红线宽20米。唐家岭南街：西起东北旺西路，东至唐家岭东路，道路全长489.41米,道路红线宽20米。友谊渠东路：北起邓庄南路，南至土井村路，道路全长730.64米，道路红线宽14米。土井中路：北起土井村一街，南至土井村二街，道路全长267.74米，道路红线宽20米。唐家岭中路：北起唐家岭北街，南至唐家岭南街，道路全长302.99米，道路红线宽15米。唐家岭东路：北起邓庄南路，南至唐家岭南街，道路全长366.24米,道路红线宽20米。工程总投资10118万元。该项目由北京海融达投资建设有限公司建设，北京市市政专业设计院有限公司设计，北京易成市政工程有限责任公司、中壤建设有限公司、北京西亚建筑市政工程有限责任公司、北京市市政四建设工程有限责任公司施工，北京恒达诚信工程咨询有限公司、北京四方工程建设监理有限公司、北京致远工程建设监理有限责任公司、北京双圆工程咨询监理有限公司监理。

（郭欣）

【小营路】 2月28日开工，7月完工。工程西起八达岭高速东辅路，东至小营东路，长470米，宽30米。工程总投资1192万元。由北京海融达投资建设有限公司建设，北京国道通公路设计研究院股份有限公司设计，北京政平建设工程有限公司施工，北京恒达诚信工程咨询有限公司监理。

（郭欣）

【永泰东里一、二号路】 2月28日开工，8月完工。永泰东里一号路，西起西三旗东路，东至南马坊路，长714米，宽30米；永泰东里二号路，北起永泰东里一号路，南至清河镇东路，全长266米，宽20米。工程总投资1730万元。由北京海融达投资建设有限公司建设，北京国道通公路设计研究院股份有限公司设计，北京市常青市政工程有限公司施工，北京逸群工程咨询有限公司监理。

（郭欣）

【清河北路】 2008年11月开工，2012年9月完工。西起安宁庄西路，东至清河镇西路，宽40米，长450米。工程总投资888万元。由北京海融达投资建设有限公司建设，北京市市政工程设计研究总院设计，北京市市政工程管理处施工，中科金石工程咨询有限公司监理。

（郭欣）

【智学苑南路】 2月28日开工，9月完工。西起西二旗智学院西路，东至西二旗西路，宽15米，长600米。工程总投资931万元。由北京海融达投资建设有限公司建设，北京冠亚伟业民用建筑设计有限公司设计，北京城建五市政工程有限公司施工，北京四方工程建设监理有限公司监理。

（郭欣）

【资质审核备案】 年内，对10家新成立的房地产开发企业和182家建筑业企业进行资质备案；对20家房地产开发企业进行四级资质核定；对20家房地产开发企业进行暂定资质延期审核；对10家房地产开发企业进行资质核定的初审工作。截至年底，本区共有建筑施工企业和新兴专业化工程企业1060家，同比增加91家。其中特级企业2家、一级企业105家、二级企业190家、三级企业704家、不分等级企业59家。房地产开发企业345家。其中一级资质18家、二级资质24家、三级资质21家、四级资质149家、暂定资质133家。

（赵琴）

【招标和直接发包备案474项】 全年办理招标备案和直接发包备案474项，其中招标434项（建安127项、装修69项、市政91项、拆除23项、拆迁10项、评估9项、监理105项），直发包40项（施工直发包22项、监理直发包18项），投资总额约109亿元。

（赵琴）

【商品住宅项目建设方案备案8项】 全年完成商品住宅项目建设方案备案8项、建筑面积182.06万平方米，配建相关公共服务设施，其中幼儿园8400平方米、社区卫生站600平方米、社区办公和服务用房2300平方米、托老所2100平方米、老年活动站300平方米、邮政所500平方米。

（赵琴）

【备案工作】 办事大厅开具二级建造

师初始认定证明共124项，涉及建筑业企业124家、587人。办理建筑材料供应备案涉及建材企业共17家，办理建筑材料采购备案266项。受理房地产开发企业升级共48家。办理起重设备使用登记备案660项，办理起重设备登记备案104项。办理拆除工程备案7项。

（赵琴）

【办理施工许可102项】　全年办理施工许可证102项、总投资90亿元、建设面积518万平方米。其中房建工程53项、建设面积232万平方米；装修工程42项、装修面积286万平方米；市政工程7项、道路及各种综合管线总长9827.32米。全年共办理工程前期准备意见书9项，全部为房建工程，建筑面积88万平方米。

（赵琴）

【工程竣工验收备案154项】　全年完成工程竣工验收备案154项，其中住宅35项、公建89项、装修18项、市政12项，总面积344万平方米、市政造价1.14亿元。对西二旗、苏家坨镇中心区经济适用房等政策性住房项目中的30个单体进行备案，总面积41万平方米。竣工房建工程230项、面积345万平方米；市政工程22项、9875万元。全年新注册房建工程448项、建筑面积628万平方米，市政工程41项、投资46146万元。截至年底，全区共有施工现场464个，总建筑面积1950万平方米。其中，一般建筑工程387个、建筑面积1840万平方米；地铁工程标段14个、建筑面积60万平方米；市政工程63个、46.6万延长米。

（赵琴）

【监督检查施工工地】　全年检查施工现场6984个次，责令整改隐患14576条，下发限期整改通知书187份、停工整改通知书57份，实施行政处罚263起、罚款833.34万元，其中质量安全处罚220起、罚款498.43万元；无证开工23起、罚款259.3万元，劳务处罚9起，罚款18.2万元；处理劳务讨薪纠纷36起，涉及人数2800余人、金额3580万元，同比分别下降30%、52%。

（赵琴）

【实施80个老旧小区综合整治项目】4月10日，第一批老旧小区抗震加固综合改造试点工程开工，包括甘家口小区1、3、4号楼、建筑面积0.76万平方米；11月29日，第二批老旧小区抗震加固综合改造试点工程完成招标，共12个小区、64栋楼、22.57万平方米，涉及产权单位11家。年内老旧小区综合整治工作实现开工311.1万平方米、竣工291万平方米，均超额完成市级指标。全面启动34栋简易楼改造工作，其中12栋楼实施搬迁腾退、3栋楼完成腾退拆除，累计改造、改善622栋老旧楼房、惠及4.68万户居民。

（赵琴　张晓　唐卓）

【北部地区绿色建筑建设】　年内，落实《海淀区人民政府关于推进海淀北部地区绿色建筑建设的实施意见（试行）》，开展海淀北部地区绿色建筑建设工作，对科技园区企业进行绿色建筑政策和评审培训，对科技园区11个建筑项目进行绿色建筑星级认证预评审，11月30日召开《海淀北部地区低碳生态实施方案》启动会。

（赵琴）

【房地产开发建设】　年内，房地产开发投资344.7亿元，同比增长22.6%；住宅投资155.6亿元，同比增长9%。建筑业总产值1372.4亿元，同比增长15.4%。其中竣工产值601.1亿元，同比增长23.5%。房屋竣工面积1752.2万平方米，同比增长24.8%。房地产业施工面积1126.8万平方米，同比增长3.7%，其中住宅649.2万平方米，同比6.5%；办公用房107.4万平方米，同比增长12.5%；新开工面积271.9万平方米，同比下降24.6%。房屋竣工面积208.9万平方米，同比下降14.5%。其中住宅100.3万平方米，同比下降21.0%；办公用房14.5万平方米，同比下降58.3%。商品房销售面积164.0万平方米，同比增长37%；商品房销售额299.9亿元，同比增长20.6%。

（赵琴）

【固定资产投资】　年内，全区完成社会固定资产投资688.9亿元，同比增长10.2%。其中城镇固定资产投资340.2亿元，同比增长0.2%重点完成全社会固定资产投资项目6大类、154项，其中续建105项、新开49项，年度计划投资185.8亿元、实际完成投资228.1亿元，超额完成42.3亿元、完成率122.8%，完成比例同比提高16.2%。

（赵琴）

【市政道路和轨道交通建设】　年内，全区有市政基础设施项目53项，其中市属主干路6项、区属次干路和城市支路41项、轨道6项。巨山路（南段）主干路、沙阳路、翠湖北路、清河北路、安宁庄西路等23条重点道路建成通车，新增城市道路里程29.7千米；城铁6号线一期、9号线、10号线二期投入运营，全区轨道交通通车里程达71千米。

（赵琴）

【保障性安居工程建设】　年内，唐家岭集体土地租赁房试点项目获国土资源部和市政府批准，正式启动市场化租赁补贴和租赁社会闲散存量房源试点工作。全年建设、筹集各类政策性住房17128套、竣工8699套，配租配售10248套，分别超额完成市级任务的7%、10%、20%。

（赵琴）

【征收拆迁工作】　年内，重点完成万寿塔项目、潘庄项目、四道口住宅拆迁、清河危改拆迁任务及吴家场经济适用房项目腾退工作，重启娘娘庙、大钟寺现代商城、中央电视塔旁御水苑等甩项项目，完成动物园北路、西三旗东路和小营东路、安宁庄西路、静淑苑路拆迁清理，基本完成中关村国际教育园、中关村软件园项目。完成水二路、三建宿舍等8个“城中村”项目及大工村、玲珑巷、中央党校西墙外等整体改造项目的入户调查工作。建立并分类梳理192个“城中村”项目台账，累计完成23个项目、3768户拆迁工作。

（赵琴）

【保障性住房监督】　全年在监保障性住房项目36个，在施建筑面积536万平方米。按照属地监管、网格执法的原则，采取巡回监督、工程竣工验收监督及组织专项检查的监督方式，加大对保障性住房工程的检查频次及力度，每周对保障房工程进行不少于一次的监督执法检查。行政处罚33起、罚款72.7万元，其中关于质量的10起、29.18万元，关于安全的19起、35.96万元，关于劳务的4起、7.55万元。

（赵琴）

【信访与信息公开】　全年共办理信访件104件，非紧急救助服务中心959件，城市管理指挥中心转办件116件，接待来访50余批次、310余人次。信息公开受理29件，其中“同意公开”的18件，占总数的62%、“信息不存在”的0件、“非本机关掌握”的8件，占总数的28%。“主动公开”的3件，占总数的10%。全年共向区委、区政府、区人大等部门报送信息80期，部分信息被区委、区政府、区人大采纳。

（赵琴）

北部地区建设

【概况】　海淀北部地区包括西北旺镇、温泉镇、苏家坨镇和上庄镇以及上地、马连洼街道部分地区，区域面积226平方千米，占海淀全区土地面积的53%。北部地区共有62个行政村，总人口约30万人，其中户籍人口约12万人，农业人口约5.5万人。根据2010年北京市政府批复的《海淀北部地区控制性详细规划（街区层面）》，海淀北部地区是中关村国家自主创新示范区北部集聚区的重要组成部分，将建设成为具有全球影响力的科技创新基地、城乡统筹发展的典范地区和生态环境一流的城市发展新区。

2004年，区政府成立北部地区开发建设委员会，下设北部办。2012年，北部开发建设委员会下设北部开发建设指挥平台、生态绿心建设分指挥部和北部新农村建设分指挥部；北部开发建设指挥平台下设北部促进中心、北部招商中心。

本年，北部开发建设指挥平台从破解难题、做好顶层设计和加强调度、力促项目开工建设等层面开展工作，实现北部开发的重点突破。北部地区已成为拉动全区固定资产投资、实现创新发展的重要支撑。海淀北部地区全年完成开发建设投资262亿元，同比增长37%。全年实现开复工540万平方米，竣工86万平方米。推进开发建设项目159个，竣工项目22个，在建项目91个。

（席丽伟）

【基础设施建设首次引入民间资本】　8月24日，海淀区举行重点企业入驻和北部重点基础设施项目合作建设集中签约仪式。11家重点项目落户，包括6家重点企业项目和5家社会企业首次参与合作建设的北部重点基础设施项目。6家重点企业项目分别是：中国电子科技集团总部基地项目、浪潮集团北京总部项目、赛尔网络下一代互联网及重大应用技术创新园项目、信威通信总部项目、工信部电信研究院分院项目、工信部软件与集成电路促进中心软硬件集成测试与验证环境能力项目。5家社会企业参与的项目是：循环经济产业园再生能源发电厂外市政配套工程、稻香湖再生水厂项目、北部能源中心项目、新能源技术应用、六里屯垃圾填埋场渗滤液处理扩建项目。海淀基础设施建设首次引入民间资本，5家社会企业总投资约19亿元，民间资本占到北部地区1900亿元投资规模的1%。

（钟冷）

【成立北部生态科技新区招商中心】　12月28日，海淀区正式组建北部生态科技新区招商中心，全面启动海淀北部生态科技新区招商工作。招商中心受北部开发建设指挥平台统一领导，主要与意向企业开展项目洽谈和协商，承担北部生态科技新区的项目接洽、招商推广和项目统筹等工作。截至年底，北部地区入驻企业约600家。

（田颖）

【规划编制】　针对现行土地开发成本按项目核算、不同地块项目开发成本相差较大等问题，出台北部地区整体开发方案并获市委常委会批准。开展翠湖科技园和永丰产业基地的城市设计，提出建设职住平衡、产城融合、24小时活力科技新城的理念。完成《北部地区区域能源规划方案》、《北部地区综合交通规划》、《北部地区水务综合方案》、《北部生态科技绿心实施深化方案》等专项规划的编制与深化工作。

（席丽伟）

【城乡一体化建设】　北部地区第一批8个村共有宅基地院落5675个。东玉河、皇后店、太舟坞、前沙涧4个村庄宅基地腾退全部完成。大牛坊、六里屯、小牛坊、东埠头4个村处于腾退收尾阶段。截至年底，累计签订宅基地腾退补偿协议5627份，累计腾退5627院，腾退占比99.2%；共签订集体土地上非宅基地房屋腾退补偿协议457份。6处安置房项目累计实现开复工230万平方米。“一镇一园”起步区的位置、规模及产业定位初步确定。上庄镇等集体产业园区完成深化设计。苏家坨镇七王坟和车耳营开展就地城镇化试点，试点村改造设计方案初步拟定。

（席丽伟）

【产业园区建设】 翠湖科技园、永丰产业基地、软件园三大产业组团共有53个产业化项目实现开复工，竣工项目19个，完成总投资64.5亿元。软件园二期整体控规调整方案得到市级批复，土地一级开发工作有序推进。翠湖科技园A1、A2、D21、D22项目取得授权；永丰G、H地块取得规划意见书、土地预审、交通评价、权属审查等手续。联想总部、百度、龙芯产业园、佳讯飞鸿、北斗星通等一批重大企业项目开工建设。国核电力、中国船舶、甲骨文、软通动力、用友软件等企业项目竣工投产。北部地标性建筑——中关村壹号进行基础施工。中关村移动互联网产业基地、北斗与空间信息服务产业基地完成挂牌。北部生态科技新区项目落地评审工作机制初步制定，组建评审专家库，新浪、百度、网易、腾讯、联想等龙头企业落地。

（席丽伟）

【配套设施建设】 翠湖南路、核心区东侧路、上庄东路、邓庄南路已取得方案批复。辛店东路、永丰北环路东延、永丰西滨河路、翠湖科技园纬三路、纵二路（A地块）已完成招投标。清华附中永丰校区正在施工，人大附中爱文国际学校、101中学温泉校区、六里屯小学、六里屯幼儿园、亮甲店综合医疗服务中心、特色专科医院、苏家坨医院等项目继续推进。温泉卫生院改造基本完工。

（席丽伟）

【生态环境建设】 组织联想总部、建设银行北京生产基地等16个项目的绿色建筑设计方案预评审，建筑面积110万平方米，其中3个项目、56.3万平方米达到三星级绿色建筑标准，5个项目、43.2万平方米达到二星级绿色建筑标准。在四镇农民安置房及公租房建设上推广新型节能保温材料及太阳能集热系统。完善生态绿心总体规划、控制性规划，南沙河滨水绿廊约6.6平方千米区域被确定为生态绿心规划实施启动区。

（席丽伟）

【实施“1+3+4”开发模式】 本年，区政府按“1+3+4”的模式，推动海淀北部生态科技新区开发建设。“1”是指海淀区政府负责生态科技新区开发建设的宏观决策、统筹协调及实施效果回馈，实现生态科技新区开发的整体平衡；“3”是指三家区属国有公司（实创公司、实创股份公司、威凯公司）作为北部规划布局中三个功能区开发建设的实施主体，具体负责土地一级开发、资金筹措、招商引资、孵化器建设、物业管理维护等工作；“4”是指四个镇属开发公司，受三个园区公司委托（其开发成本分摊到三个功能区建设用地内），代表镇（村）实施村庄腾退、农民安置房建设、集体产业园区建设等工作。该模式整合了区、镇（村）和园区公司的全部力量，调动各委办局、镇（村）和园区开发公司三级主体的积极性，将区域经济发展目标、园区开发公司利益、农民利益统筹在一起。

（田颖）

城乡结合部市级挂账重点村建设

【概况】 2010年根据市委市政府统一部署，海淀区启动8个城乡结合部市级挂账重点村建设工作。截至2012年底，唐家岭、八家、后营、门头、振兴、中坞、六郎庄等7个重点村村民宅基地腾退工作已全部完成，安置房全部开工建设。肖家河村剩余少量宅基地未腾退。海淀区重点村建设工作整体平稳，进展顺利。

（肖敏鹏）

【旧村腾退及安置房建设】 唐家岭等8个重点村截至年底已累计拆除各类建筑物近300万平方米，开工建设安置房约180万平方米，投入资金近200亿元。其中唐家岭村于2012年6月实现回迁入住。肖家河村待腾退工作完成后开工建设安置房。

（肖敏鹏）

【整建制转居及社会重建】 城乡结合部现有27个行政村，其中四季青镇13个、海淀镇6个、东升镇4个、西北旺镇4个。4个镇农村人口总数为44581人，其中16周岁以下人员7413人，超转人员11923人，农村劳动力25245人，已就业18752人。

除肖家河村外，其他7个重点村均涉及转居问题，涉及人员1.3万余人。由于重点村整建制转居工作涉及资金量巨大，按照“先易后难、先腾退上楼、同时研究转居”的思路着手研究资金、政策等问题。随着重点村村民陆续入住，开展社区管理、物业管理、公共服务保障、劳动力就业等工作。

（肖敏鹏）

【工作机制】 一是成立区镇两级组织领导机构。设立规划建设、资金保障、就业安置、宣传监督、维护稳定等专项工作组，形成区、镇、村三级分工负责，各部门协调联动的工作机制。二是建立公开透明的民主评议机制。由镇村干部、村民代表、有威望的村民组成民主评议机构，对房屋面积、拆迁费用、方式、补偿金额等进行评议。三是房屋补偿机制。定向安置房面积按合法有效宅基地面积1：1置换，对合法有效腾退房屋给予评估补偿，宅基地面积不足部分按照人均一定面积标准补足。

（肖敏鹏）

城市管理与服务

2013

北京海淀年鉴

4月17日，设在中关村邮电支局内的车管服务站正式办公（田峰 摄）

5月3日，海淀区“绿色生活我先行”活动暨“周四垃圾减量日”观摩推广现场会在马连洼街道百旺家苑社区举行（区市政市容委 供图）

5月5日，市地震局、区政府联合举办“纪念5·12‘防灾减灾’日家庭地震应急演练现场会”（李瑞林 摄）

▶ 5月9日，“海淀青年林”揭牌仪式在翠湖湿地海淀青年林共青团广场举行（李瑞林 摄）

▶ 11月4日，区环卫中心开展冬季扫雪铲冰工作（区环卫中心 供图）

▶ 公主坟商圈停车诱导系统（李瑞林 摄）

城市管理与服务

综 述

海淀区市政市容管理委员会（加挂海淀区城乡环境建设委员会办公室、海淀区交通委员会牌子）是区政府负责本区城乡环境、市政、市容、交通、供暖、燃气等项建设、管理与协调工作的综合职能部门。海淀区市政市容管理委员会还行使海淀区人民政府市容办公室、海淀区人民政府供暖办公室、海淀区城乡环境建设委员会办公室（简称区城乡环境建设办）、海淀区交通委员会和海淀区固体废弃物管理工作领导小组办公室职能。下属3个事业单位：海淀区市政设施监察所、海淀区渣土管理所、海淀区养路队。

2012年1月5日，根据《北京市海淀区人民政府办公室关于成立北京市海淀区循环经济产业园管理中心的通知》，成立北京市海淀区循环经济产业园管理中心，为区政府直属相当副处级全额拨款事业单位，归口区市政市容委管理。

本年，区市政市容委共办理人大代表建议和政协委员提案102件，其中主办81件，协办21件；市级建议提案16件，区级建议提案86件。建议和提案内容主要集中在老旧社区停车难、改善交通状况、提升环境品质、餐厨垃圾处理、加快公厕和垃圾楼建设、推进垃圾减量化、资源化、无害化等方面问题，全部建议和提案都在规定的时间内办理完成。

（李华亭）

公用事业和市政设施管理

【**概况**】 区市政市容委负责全区的公用事业和市政设施管理工作，协调区域内邮电、交通、电力、路政等市政设施建设与管理。

区市政市容委（交通委）直接管养城市道路572条，长度490千米，面积698.6万平方米。其中，2012年新接收养护次干路、支路共46条、67万余平方米。

城市监督管理中心及群众事务呼叫中心全年共接到非紧急救助中心投诉案件3039件，涉及道路施工管理、公共服务、架空线不规范、市容环境、突发事件等几十项工作。共计接收并处理信息化城市管理平台案件3380件。

（李华亭　穆笛）

【**开展“为民服务，达标创优”主题活动**】 1月上旬，在硅谷先锋社区、永泰园小区组织开展供热行业“为民服务达标创优进社区”主题宣传活动，发放供热宣传材料2000份，现场普及供热法规、供热常识、热费收缴标准等相关供热服务问题。在唐宁one社区、金辉家园开展“为民服务达标创优热力站开放日”主题活动，组织社区居民走进热力站，现场参观供热系统运行流程与工况，为参加活动的居民解答供热服务、供热运行问题，为居民发放宣传材料。

（李华亭）

【**夜景照明设施维护**】 7月~9月，对夜景照明设施开展全面安全隐患排查，完善基础资料。对长安街部分楼体、万泉河桥、志新桥等重点桥梁和建筑上的景观照明设施进行整体更新和维护，其中对长安街、昆玉河等处60余栋楼体照明进行全面维护更新，完成学院桥650盏冷阴极灯的检测及替换，安装650套超薄LED灯条，敷设线缆1400米；完成万泉河桥更换定制泛光灯726盏，对5000米长的线槽和线缆进行更新、除锈。

（李华亭）

【**道路养护**】 完成各类日常养护面积12万平方米，共计投资326万元。清掏排水管道33363.7米，其中雨水管线18875米、污水管线7288.7米、合流管线7200米。恢复掘路面积28796.5平方米(沥青路面27364.5平方米、方砖1452平方米);补换雨水箅子20块、井圈井盖11套;翻建雨水口7座;整修路肩9896延米。

(李华亭 穆笛)

【道路大中修】 完成18条区属道路大修，累计大修道路总长20千米，面积约26万平方米。完成总里程11.8千米、面积6.93万平方米。完成11条道路的路灯完善工程，总里程约7.9千米。

(李华亭 穆笛)

【巡查市政设施】 市政设施巡视里程12万千米，巡视面积171.7万平方千米。巡查各类雨水管线35千米，检查雨水口1240座、井口69座，巡视养护桥涵24座。将577条道路分片到组、分路到人，确保市政基础设施的安全运行。协助调查处置井盖类问题1353件，补装井盖143套。

(李华亭 穆笛)

【路政审批52件】 依据《北京市城市道路管理办法》，严格按照行政许可要求审批掘路占道手续，并做好电子档案归档整理。全年共核准占道掘路申请52件，查处擅自拆改、违章占掘路等问题70余起。

(李华亭)

【架空线入地】 完成44条道路的管道建设，完成魏公村路、大慧寺路等21条道路的撤缆。组织62条道路的管道建设，完成总里程约90千米。完成魏公村路、大慧寺路、翠微路等30条道路、33千米的架空线入地穿缆、撤线、拔杆等入地工作。未发生伤人、毁物等责任事故。

(李华亭 穆笛)

【渣土管理】 年内，办理渣土行政许可36份、建筑垃圾运输准运许可37份，渣土消纳总量128万吨，规范建筑垃圾运输车辆425台。开展渣土管理集中整治，向辖区内440个建设、拆迁和装修工地发放《建设工地环境卫生责任标准》、《海淀区渣土管理宣传手册》等材料3000余份，工地宣传告知率100%。组织协助区住建委、区城市服务管理指挥中心、区环保局、区城管执法监察局、区交通支队、海淀分局等相关部门加大渣土行政许可手续的办理、建设施工现场的管理、渣土砂石车辆的“四统一”规范改造及规范运输管理、渣土消纳等环节的联合检查和执法。除对新开、重点工地进行检查外，还对全区工地进行3次拉网式检查，对42处存在问题的施工工地提出整改意见或进行现场处罚。共组织白天联合执法检查23次，出动人员450余人次。组织联合夜查24次，出动人员700余人次，检查建筑垃圾运输车辆405部，暂扣并处罚183部。组织对不符合“四统一”标准的建筑垃圾运输车辆聚集点宣传3次，对230余辆不符合“四统一”标准的建筑垃圾运输车辆司机进行宣传告知，组织整治聚集点2次，清除聚集点3个。对新开工地进行执法检查和存在问题的施工工地、建筑垃圾运输车辆进行复查并落实整改，遏制和减少建筑垃圾不规范运输对区域环境的影响。

(穆笛)

【广告牌匾整治】 基本完成上账广告牌匾的拆除或整改，拆除上账违规广告和牌匾标识66处、128块。清理京藏高速辅路的主要违规牌匾，组织撤除万家灯火灯具城部分严重影响视觉环境的牌匾。撤除北四环科技大学、西四环鑫荣泉大厦两处违规广告。完成其他地区牌匾标识整治面积2000余平方米。

(李华亭)

【牌匾标识管理】 受理牌匾标识建议59件，出具意见书22份。审批标语宣传品许可16件。十八大期间清除标语宣传品756条。

(李华亭)

【公益宣传设施维护】 组织完成7处公益宣传设施的新建和更新维护，更新三面翻800余平方米。利用公益宣传设施宣传“创建全国文明城区和七一、中秋、十一及十八大保障”等内容，更换内容30余项。

(李华亭)

【完成32项夜景照明工程】 完成中关村大街40栋建筑、2处绿地的夜景照明工程，其中公共建筑20处、住宅20处；完成阜成路27栋建筑和公共绿地夜景照明工程，其中餐饮企业建筑7处、公共建筑9处、住宅11处；完成苏州桥桥体夜景景观照明工程1处，主要安装LED轮廓灯约3400米、LED投光灯约12000米，LED造型灯具2600套，小功率金卤和高压钠投光灯2000盏及球泡灯3500平方米等。

(李华亭)

【燃气安全生产宣传】 开展燃气安全生产宣传教育，及时传达相关部门对有限空间作业的安全要求。动员全区供热燃气生产单位加强安全生产管理，开展有限空间安全生产自查自纠工作，严防重特大事故的发生。通过供暖燃气管理科公共邮箱与市政市容委短信平台，向辖区供暖企业及时传达市、区政府与安全相关部门的文件要求与保障工作信息，督促各单位采取安全防范措施，消除隐患。

(李华亭)

【燃气安全生产知识培训】 全年组织开展10余次燃气供应单位的安全教育培训；加强对街道、乡镇相关人员的业务培训。会同区安监局、城管大队组织召开全区29个街道乡镇参加的专项检查工作培训会；组织羊坊店、万寿路、花园路街道办事处对十八大代表驻地200米范围内的餐饮经营单位40余人进行燃气使用安全培训。

(李华亭)

【燃气专项检查】 组织各街道、镇共检查餐饮经营单位1077家，下达责令整改书203份，限期整改48家，现场整改89家。区城管大队共出动执法人员1586人次、执法车辆980车次，检查餐饮经营单位986家,对385家餐饮单位下达谈话通知书和限改单，对违规使用燃气的208家企业进行处罚，罚款16.7万元，发放宣传资料560份。依法查封、扣押使用报废、超期未检、无本市标记注册钢印等液化气钢瓶35个，压缩天然气瓶93个。

（李华亭）

【供暖工作】 截至年底，全区有供暖单位397家，供暖锅炉615座。全区居民燃煤锅炉房总供暖面积1232.73万平方米，居民供暖面积691.3万平方米，年需用煤量34.5万吨。“两节”、“两会”期间，市政市容委配合公安海淀分局下发烟花爆竹禁放标识2000余张，要求供暖单位确保供暖设备、设施的安全。定期对供暖企业进行监督检查、抽查，重点检查30余家供暖单位的有限空间安全施工情况，供暖设施检修情况以及各项安全制度落实情况。及时处置居民反映供暖质量问题，区供暖服务热线88488005向社会公布开通，并承办市市政管委供暖信息平台投诉。2011–2012采暖季共接听、处置供暖咨询、投诉电话5072个。

（李华亭）

【供热改造】 年内，督促辖区2家供热单位投入2700余万元实施颐阳山水居社区、展春园社区供热老旧管网改造工程，基本完工。完成西三旗3个社区、22.8万平方米居住建筑供热节能计量改造项目。

（李华亭）

【14项市政道路大修工程】 **吴家场路大修工程** 西起莲怡园东路，东至万丰路。全长845米，宽12米，10月20日开工，12月1日竣工。铺沥青砼11400平方米。铺装步道砖长1262米，均宽4米，共计5048平方米。

大柳树西一街大修工程 位于北下关街道，东起大柳树路，西至大慧寺北路。全长304米，宽5米，8月27日开工，9月15日竣工。铺沥青砼1903平方米。铺装步道砖长162米，均宽1.2米，共计194平方米。

五塔寺路大修工程 位于北下关街道，东起紫瑞嘉园，南至真觉寺。全长910米，宽3–5米，8月27日开工，9月30日竣工。铺沥青砼3117平方米。铺装步道砖长660米，均宽2米，共计1320平方米。

财经东路大修工程 位于中关村街道，北起成府路，南至中关村路。全长542.5米，宽16米，10月21日开工，10月29日竣工。铺沥青砼9670平方米。铺装步道砖15平方米。

上地二街大修工程 位于上地街道，东起信息路，西至上地西路。全长305米，宽9米，铺沥青砼4092平方米。10月2日开工，10月31日竣工。铺装步道砖长539米，均宽2.7米，共计1456平方米。

厢白旗路大修工程 位于海淀镇，东起圆明园东路，西至厢白旗村。全长293米，宽3–4.7米，8月27日开工，9月15日竣工。铺沥青砼1069平方米。

蓝靛厂北路大修工程 位于四季青镇，南起柳浪游泳场，北至六郎庄桥。全长142.7米，宽3.6–8米，8月27日开工，9月15日竣工。铺沥青砼980.7平方米。铺装步道砖长53米，均宽3米，共计159.8平方米。

颐阳路中段大修工程 位于苏家坨镇和温泉镇，北起北清路，南至太舟坞桥。全长6660米，宽10.5–16米，10月30日开工，11月20日竣工。铺沥青砼90308.5平方米。

凤凰岭路东段大修工程 位于苏家坨镇，东起颐阳路，西至北安河路。全长1253米，宽9米，10月3日开工，10月31日竣工。铺沥青砼11701平方米。铺装步道砖长2876米，均宽0.5米，共计1438平方米。

中土大厦周边路大修工程 位于羊坊店街道，东起东双贝子坟，西至双贝子坟。全长318米，宽6–7米，10月24日开工，11月25日竣工。铺沥青砼2403平方米。铺装步道砖长636米，均宽0.5–2米，共计1152平方米。

杨庄山洪桥路大修工程 位于温泉镇，东起太舟坞村，西至稻香湖路。全长702米，宽4米，9月1日开工，9月30日竣工。铺沥青砼2840平方米。铺装步道砖长1400米，均宽0.5米，共计1430平方米。

永泰中路大修工程 位于西三旗街道，北起永泰庄北路，南至龙岗路，全长765米，宽24米。10月28日开工，12月16日竣工。铺沥青砼19875平方米。铺装步道砖长1370米，均宽5米，共计6848平方米。

永泰庄东路大修工程 位于西三旗街道，北起永泰庄北路，南至河边。全长1095米，宽16米，10月23日开工，12月2日竣工。铺沥青砼18892平方米。铺装步道砖长1618米，均宽2.2米，共计3560平方米。

颐泉山庄路大修工程 位于马连洼街道，东起农大路，西至龙背村路。全长836米，宽5–15米，10月15日开工，11月24日竣工。铺沥青砼4725平方米。铺装步道砖长1600米，均宽1–2米，共计4250平方米。

（李雪华 张晨亮）

城乡环境建设

【概况】 区城乡环境建设办公室负责本区市容环境综合整治工作。负责协调区城管监察大队、环保局、国土分局、住房城乡建设委、房管局等单位的城市管理工作；综合协调街道、镇（乡）和有关部门承担的城市管理工作。

（李华亭）

【拆除违法建设129万平方米】 本年，全区共拆除各类违法建设1293934平方米，其中，拆除新生违法建设 188906 平方米。通过 2+N（城管+公安+责任主体）模式，加大对面积大、情况复杂违法建设的拆除，遏制新生违法建设蔓延势头。

（李华亭）

【“城中村”拆迁整治】 按照“清理滞留项目，削减滞留户，解决拆迁遗留”的原则，加大“城中村”拆迁推进力度，坚持货币与房源相结合的实施模式。重点推进潘庄等城中村项目，共完成 83 户拆迁工作，完成投资约 5 亿元。

（李华亭）

【环境建设】 开展重点地区、重点大街等 4 大区域、8 大类、57 个环境建设项目，京石客专、京包铁路项目等重点工程基本完成。整体推进“一点两线”（即苏州桥、中关村大街、阜成路）的景观照明建设工作，年底已达到亮灯要求。违规广告牌匾拆除、整改 66 处 128 块，基本完成市级整治任务。

（李华亭　穆笛）

【十八大环境保障】 按照市容分级分类管理的工作原则，以整顿十八大涉及道路、场所周边各类城市环境问题为重点，通过严整、严防、严控三个阶段，开展环境秩序、市容卫生、交通秩序、地下管线排查治理等专项整治行动和环境优美大街创建等活动，强化监督、考评、检查等保障措施，保障党的十八大召开。

（李华亭）

交　通　管　理

【概况】 海淀区市政市容管理委员会加挂海淀区交通委员会牌子（简称区交通委），负责统筹本区交通发展和管理工作。北京市公安局公安交通管理局海淀交通支队（简称海淀支队）负责海淀区的交通管理工作，下辖中关村、清河、黄庄、公主坟、温泉 5 个执勤大队。北京市交通委员会运输管理局海淀管理处是北京市交通委员会运输管理局在海淀的派出机构，具体承担本区交通运输行业管理和通航水域水上安全监督管理工作。

截至本年底，本区机动车保有量 82.5 万辆，同比增加 4 万辆；机动车驾驶员 96.6 万人，同比增加 7.2 万人。全区有交通运输企业 1541 家，车辆 13045 辆，游船 1096 艘，道路运输从业人员 8815 人，水运行业从业人员 447 人。

海淀支队全年共受理“政风热线”来信来访 2880 件，同比下降 15.4%；办结 2775 件，办结率 96.4%。妥善处置重点信访案件 7 件，有效缓解群众矛盾。

（王波　张瑶）

【完成 20 项疏堵工程】 按照《缓解北京市区交通拥堵第九阶段（2012 年）工作方案》要求，海淀区交通委从 3 月开始，按照立项程序办理发改委立项手续，推进 20 个疏堵项目实施进度，协调路灯、电信、电力、绿化、监控等多个部门，加强项目管理、合同管理、审计过程管理，11 月完成 20 个疏堵项目。这 20 个项目是 2012 年海淀区为民办实事督查项目。

（穆笛）

【新开通地铁新线交通接驳调研】 3 月，运管处开展 2012 年新开通的地铁十号线二期、九号线北段、六号线一期的地面交通接驳调研工作，对预计开通的 15 个站进行多次现场踏勘，对站点周边的地理位置、居民情况、周边道路及公交开行情况进行详细排查，对各站开通后的客流进行系统分析，对各站出行接驳方式提出可行性建议。

（王波）

【停车专项检查】 3 月至 6 月，对海淀区停车收费服务人员持证上岗及违规停车场开展专项检查。共 15 次对海淀区 30 个占道停车场、1036 个停车泊位开展复合检测。联合海淀区交通委对居住小区停车场新建停车设施开展现场竣工验收，分别对北空军械家属院小区、燕北园小区、国防大学永定路社区、63919 部队家属院的新增车位改造进行走访、摸底、调查和验收。

（王波）

【分配租赁小客车指标】 4 月，组织开展辖区内租赁企业进行 2012 上半年租赁指标分配工作。共有 18 家企业申请指标 851 部，其中 B 类企业 5 家，申请指标 400 部；C 类企业 13 家，申请指标 451 部。批准通过指标 281 部，其中 B 类企业 200 部，C 类企业 81 部。

（王波）

【出租车停车位需求调查】 4 月，重点巡视五棵松万事达中心、五路居、金龙潭大酒店、城乡购物中心等有出租车停靠待客、落客需求的路段，提出出租车停车位施划需求。对辖区内三条轨道新线的 13 个出租车泊位进行数量核查及勘验工作，提出停车泊位施划意见。10 月至 12 月，每周对新线出租车位施划进度进行勘验，提出可增划出租车泊位建议。

（王波）

【考核道路货物运输企业】 5 月，召开辖区货运企业宣传动员大会，向企业宣传贯彻此项工作的目的、意义及重要性。全年共 99 家货运企业参加考评，共评出 AAA 级企业 41 家，AA 级企业 56 家，A 级企业 2 家，货运行业的诚信意识得到强化。

（王波）

【考核旅游客运行业】 6 月 25 日～8 月 15 日，对辖区 7 家旅游企业进行质量信誉考评。通过对企业经营条件、运输安全、经营行为、服务质量、社会责任、企业管理、违章投诉等7大项的审查，4家达标企业被评为AAA级，对3家规模较小（不足5辆）的企业进行评分。对检查中发现的个别小企业管理制度不健全的问题，及时与企业沟通，协助企业完善制度，督促企业加以落实。

（王波）

【开展“道路客运安全年”活动】 6月～12月，海淀管理处在全区开展“道路客运安全生产年”活动，做好日常宣传，结合工作实际，制定完善工作实施方案。推进各项工作，针对存在的问题和薄弱环节，指导、督促生产经营单位制定整改计划，落实整改措施，严防事故发生。

（王波）

【交通安全大检查】 6月，成立海淀区区级机关交通安全委员会，有85家成员单位。落实各单位安全责任。根据《压事故、整秩序、大检查预防重特大事故工作实施方案》部署要求，支队成立联合检查组，深入9000余家单位开展交通安全大检查，检查机动车14万辆次，对存在安全隐患的8396家单位发放责令限期整改通知书，对2456家单位采取禁止机动车上路行驶措施，对70家单位发放黄牌警告。

（张瑶）

【开展租赁企业大客车调查】 7月～9月，开展租赁企业大客车调查。要求辖区45家租赁企业自检自查，针对存在的问题和薄弱环节进行限期整改。管理处对提供大中型客车业务的汽车租赁企业进行逐一检查，并对其中5家重点企业进行重点督导和检查，包括管理制度及车辆安全，严禁超范围经营、提供驾驶劳务，加强车辆安全维护，确保各项管理措施落实到位。

（王波）

【开展主题服务季活动】 7月～11月，海淀管理处组织出租汽车企业开展“车净人和服务好、展现行业新风貌”主题服务季活动。8月初至9月底，与市交通执法总队第六执法大队对公主坟、世纪金源、中关村电子市场周边等重点地段进行联合检查。打击拒载、挑活、多收费等违规行为，提高辖区出租汽车行业规范、文明服务水平。

（王波）

【停车诱导系统建设】 9月30日，总投资800万元的公主坟商圈停车诱导系统全面完工并投入使用。该停车诱导系统覆盖公主坟地区16个停车场的2933个停车位，设置二级诱导显示屏32处，在16个停车场的出入口设置48套数据采集设备和23处三级诱导显示屏。

（穆笛）

【编写缓堵工作计划】 编写《海淀区2012年缓解交通拥堵工作计划》。提出4部分、54项工作任务，明确责任单位并提出建立5个工作机制。

（穆笛）

【停车场管理】 全区共有备案停车场1194个，305913车位。其中，路外公共停车场628个、137593个停车位；居住区停车场479个、162437个停车位；临时占道停车场87个、5883个停车位。

（穆笛）

【停车场专项检查】 全年共开展经营性停车场专项检查50次、出动检查人员160余人次，对港沟胡同个人黑收费移交海淀派出所处理；对香山地区不按标准收费罚款5000元；对知春路便道上私划车位违规收费，相关部门现场予以取缔；对苏州街北口西侧、新苑街国兴家园北门东侧私自增加停车位现场予以取缔。

（穆笛）

【停车设施建设】 以增加老旧小区停车位、缓解老旧小区停车难作为重点，在第一批老旧小区综合整治的28个小区中，选择24个小区进行停车设施改造，改造后增加停车位3021个。完成7个老旧小区、1606个停车位建设。全年有35个老旧小区完成停车改造，共增加4627个停车位。

（穆笛）

【开发停车资源】 挖掘民防地下空间、占道停车、错时停车资源。在21个项目的地下民防空间拓展停车位3095个。在万柳地区、中关村西区、茶棚路、东北旺路、小营东路、东翠路共施划1253个临时占道停车位，并配套设置机非隔离护栏2324米，为周边居民提供便利的停车环境，改善停车秩序。拓展存量停车资源的高效利用，推动京师大厦、名商大厦、华北汽贸等23处、1614个车位的错时停车，停车资源得到充分利用。通过利用地下民防空间、施划占道停车位、推广错时停车，为居住区新增600个停车位。

（穆笛）

【提升重点场所周边停车能力】 在颐和园北门外、西客站中裕酒店东侧两个“城中村”拆迁待移交场地进行停车场建设，利用场地5000平方米，新增停车位248个。四季青医院、西山森林公园东门、唐家岭路8号、空军总医院、鑫泰大厦（在建）建设公共停车场，新建公共停车场7处、1130个停车位。

（穆笛）

【停车示范街区建设】 选定西直门北大街、学院路、学清路、中关村西区等20个路段、1个区域进行停车示范街区建设，树立停车典范路段。完成停车示范街区建设任务。

（穆笛）

【十八大交通安全保障】 十八大期间，海淀支队制定1个总体方案和24个专项工作方案。踏勘、规划6条、17.8千米勤务路线，编排勤务组织，精确测算和部署警力，实现警力效能最大化。围绕代表住地周边、勤务沿线坚持开展综合秩序整治，动态开展隐患排查，完善交通设施，营造安全环境。完成十八大安保工作任务。

（张瑶）

【缓解高峰时段交通拥堵】 党的十八大以后，市交管局开展高峰时段交通勤务工作。海淀支队成立领导小组，制定实施拥堵点段三级领导责任承包制，强化领导责任。结合管界交通运行特点，摸索区域内特勤交通、学校交通、商业交通、旅游交通等多种模式的运行规律，动态调整岗位设置，最大限度将警力投入到高峰时段和拥堵路段，并通过推行警情会商、动态化警力部署、统筹调派接处警、视频巡检常态、职能部门跟进联动五项机制，初步实现“见警率、管事率、畅通率和群众满意率”的提升，区域交通拥堵现状得到一定程度的缓解。

（张瑶）

【优化重点区域交通】 对香山、颐和园等旅游景点实施公园门前增加临时停车位、设置隔离高护栏、优化区域流线大循环等可行性疏堵措施 11 项，缓解景点周边区域拥堵。优化校园、医院周边交通组织、完善交通设施，完成中关村一小、三小学生通道设置、北医三院周边交通整体渠化等工作。支队全年共上报各类优化方案 335 项，完成 218 项，增设标志 352 面，交通护栏 55.2 千米，信号灯 5 处，施划标线 62.5 千米。基本完成中关村西区、万柳地区交通组织优化工作，增加停车位 770 余个。

（张瑶）

【完成特勤警卫交通保卫任务】 结合管界特勤警卫任务时间重叠、路线长、警力需求大的情况，重新梳理勘察勤务路线和警卫地点，制定路线警卫和外围疏导工作方案，十八大期间及时调整岗位设置，推行路线绿波疏导、外围适时卡控、间隙交替放行等措施，确保勤务交通和社会交通和谐运转。完成全国两会、国庆节、八宝山治丧等重大交通保卫任务 3893 次和数次敏感日安保任务，出动警力 13.7 万余人次，保证中央领导、重要外宾在海淀区出行的安全畅通。

（张瑶）

【治理重点地段交通隐患】 排查旅游路线、事故多发路段以及学校、医院门前周边道路隐患点段 61 处，全部治理完毕。开展路面施工检查 72 次，发现并督促整改隐患问题 350 余起，分区域细化施工现场安全设施设置标准，最大限度消除安全隐患。十八大前夕，针对大会勤务路线和代表住地周边开展交通隐患动态排查，排查安全隐患 29 处，在十八大前全部治理完毕。全年处理道路交通事故 24517 起，同比下降 19.7%；其中简易程序处理 24218 起，一般程序处理 299 起。发生亡人事故 72 起，同比减少 1 起；死亡 74 人，同比减少 6 人。侦破重大逃逸事故 4 起，侦破率 100%。

（张瑶）

【开展 22 项交通便民服务】 继续开展校园女警护送等措施，并推出流动车管站、电动自行车上门审验、开辟窗口执法“绿色通道”、设置“违法查询窗口”等 22 项便民服务措施。提供护送伤员就医、护送考生等服务 320 余次，收到锦旗 60 余面、群众表扬信和表扬电话 210 余件。

（张瑶）

【交通专项整治】 针对易引发事故、影响秩序、造成拥堵的严重交通违法行为，分区域分车种开展多波次专项整治。治理五道口地区两轮摩托车违法上路、无照驾驶，军博、五棵松地区摩的聚集以及环路货车违法、酒后违法等突出违法行为。全年处罚各类交通违法 241.2 万起，其中处罚酒后驾车 2472 起、追究刑事责任 182 人。查处违法停车 41.6 万起，涉牌违法 39884 起，货车违法 20.4 万起，查扣摩的、残疾三轮车 113 辆。

12 月，开展交通秩序、治安秩序、环境秩序“三大秩序”整治，联合治安、城管执法力量，整合各街镇社会资源，对 33 处秩序乱点开展集中整治，截至年底，共出动警力 578 人次、警车 168 辆、治安力量 627 人次、警车 138 辆、城管队员 713 人次，警车 167 辆、交通协管及保安力量 1357 人次。共纠正各类违法行为 11578 起，扣车 280 辆，拘留 28 人、检查过往机动车 3720 余辆，处罚、查扣违法上路渣土运输车 173 辆。各类执法数据同比上升 30%。

（张瑶）

【交通安全宣传教育】 依托文明交通行动，组织开展大学生文明交通“春风行动”、专业运输和驻军系统技能比武、小学生交通安全板报巡展、“第二届大学生交通安全辩论比赛”等特色宣传教育活动 34 次，发放安全宣传材料 58 万余份，受教育人数达 180 万余人次。组织市、区级新闻媒体播发交通安全宣传新闻稿件 1000 余篇，宣传文明交通，抵制交通陋习。

（张瑶）

【涉日维稳交通保卫】 涉日维稳期间，海淀支队在全区 45 处重点点位部署维护警力 80 名，在大学区等重点区域周边部署巡逻警力 150 余名，加强巡逻控制。加强与分局、文保等单位的沟通合作，实现信息资源共享、警力交叉协作，做好涉日维稳交通保卫。

（张瑶）

【建立新成立业户约谈机制】 下半年，建立新成立业户约谈机制。在经营者完成行政审批手续后，由执法人员告知相关注意事项，引导经营者知法懂法、合法经营，加强对新成立业户的监管。

（王波）

【行业安全监管】 春运期间，海淀运输处共出动 178 人次，入户检查 78 户（站）次，对辖区出租、旅游、轨道交通、租赁、公交企业进行入户检查，特别加大对重点企业、地铁换乘站、西苑公交枢纽、重点公交场站的监管检查力度。十八大期间，共出动 72 人次，检查 5 户出租汽车企业、15 个轨道交通车站、11 个公共交通场站。加强道路货物运输企业安全生产隐患排查，6 月，督促、指导、帮助辖区运输企业开展安全生产月活动；召集辖区内 10 家化学危险品运输企业召开“安全生产月工作布置会”，开展危险化学品运输车辆应急演练活动，并实地走访检查各企业安全生产月开展情况。全年日常检查共出动 2485 人次，实际检查 1049 户次，检查 10522 车/船/站次（车辆 7598 辆，游船 1096 艘，站次 1828 次），超额 20%完成全年监管检查指标。采取行政措施 95 件，其中限期整改 94 件（其中客运行业 36 份，货运行业 21 份，汽车修理行业 18 份，水运行业 2 份，停车行业 17 份）、停止运营 1 件（货运行业），行政措施率 9%。采取行政处罚移送案件 27 件（其中汽车修理行业 15 份，货运行业 12 份），吊销 3 件（货运行业 2 件，汽车维修行业 1 件）。

（王波）

【交通行政管理】 全年共受理业务 3826 件、审批 3760 件（含许可、不予许可及 2011 年受理 2012 年批准的事项）、承办中 164 件（其中 99%以上为从业人员申请事项），现场咨询共 4380 次，发放各类证件 15712 个。评议数 3635 件，评议使用率为 95%，满意率为 100%。

换发《旅游包车证》934 个，完成率为 100%；换发出租车营运证 2986 辆车，换发率 96.67%，工作完成率 100%；完成维修企业届满换证工作。

（王波）

【重点时期安全维稳保障】 为实现年内辖区道路客运行业安全、规范发展，缓解辖区交通运输系统内部矛盾，排除安全运营隐患，不发生重特大责任事故、不发生大规模群体性事件的总体目标，海淀管理处与 60 余家汽车租赁及 7 家旅游企业签订安全生产责任书。在元旦、春节、两会、五一、十一、十八大等重点期间，坚持“提早准备、精心组织、周密部署”的工作原则，召开行业负责人工作会，传达文件精神，部署工作安排，明确安全责任，开展企业自检自查及行业入户检查，注意抓重点、找隐患、克难点、重落实，做到了领导重视、监管到位，维护行业安全稳定发展。

（王波）

【节假日交通运输保障】 清明节前夕，海淀运输处联合公交集团客运四分公司、祥龙公交客运有限公司及万安、金山、温泉公墓对各公墓周边途经的公交线路情况进行了解，掌握墓地周边的停车场及公交线路运营情况。完成五一、端午节小长假辖区客运行业安全服务保障，共出动检查人员 24 人次，入户检查 18 户次，检查车辆 146 部，检查轨道交通站点 48 站次，确保辖区交通运输，无重、特大事故。10 月 8 日至 11 月 15 日“香山红叶节”期间，与海淀区交通委员会、交通执法总队第六大队、海淀交通支队、香山街道等有关部门配合，与公交集团第四客运分公司、地铁 4 号线北宫门车站沟通，加强客流监控和疏导，完成第“24 届香山红叶节”交通运输保障工作。

（王波）

【“绿色车队”企业增至 64 家】 开展扩大“绿色车队”规模工作，辖区内“绿色车队”企业新增 2 户，车辆总数增加 15 辆，共完成组建“绿色车队”企业 64 家，拥有绿标车 1626 辆。

（王波）

【公交调整线路现场勘验】 本年，海淀运输处对线路涉及的道路宽度、交通管控、客流走向、居民密度、沿途设站、公交场及替代线路等情况进行勘察，提出属地管理意见，并反馈运输局公交处。全年共对拟调整公交线路实地踏勘 12 次，出动工作人员 40 人次，涉及新开及调整线路共 58 条。

（王波）

房屋管理

【概况】 海淀区房屋管理局成立于 2008 年 12 月，隶属于海淀区住建委，负责本区房屋行政管理、住房保障和住房制度改革工作。下辖 11 个事业单位。本区房屋管理局被住房城乡建设部评为 2011 年度全国房地产交易与登记规范化管理先进单位。

（张晓　唐卓）

【北京市海淀区房屋土地经营管理中心】 北京市海淀区房屋土地经营管理中心成立于 2004 年 3 月 19 日，属自收自支事业单位。主要负责海淀区授权直管公房和公共租赁住房的管理工作。下属 10 个基层单位。全年信息主动公开 14 条，更新机构职能类信息 23 条；信息依申请公开 4 条。

直管公房管理。区房地中心直管公房面积 162.7 万平方米，实收租金面积 38.4 万平方米，同比减少约 0.2 万平方米。审核通过租赁变更 26 处。落实 212 套 2011 年价售房手续办理工作。处理西南饭店、八里庄西街两处、58.5 间直管公房的拆迁认定及补偿工作。协调处理涉及直管公房租赁民事诉讼 5 件次、行政诉讼 9 件次。共清理住宅租赁合同 3604 份。实查房屋 169.3 万平方米。完成 87 部电梯设备保养、维修 26 处二次供水泵房，检验二次供水卫生。推进解决三虎桥首体宿舍半地下房屋汛期被淹问题，申请增发周转资金每户每月 500 元。

防汛工作。2012 年汛期，海淀区平均降雨 660.7 毫米，同比增加 95.7 毫米，为 1994 年以来的最高值。区房地中心汛期累计出动 2512 人次现场查房，查出平房 128 间（次）、楼房 261 幢（次）漏雨，78 处（次）院落积水，57 处地下室倒灌，均及时进行抢修和疏通。

供暖工作。区房地中心直管供暖面积 250 多万平方米，管理锅炉房 29 处，其中燃气锅炉房 23 处，燃煤锅炉房 2 处，燃油锅炉房 2 处，电锅炉房 2 处。继续做好应急接管的健翔园、圆明园花园别墅 2 处锅炉房的供暖运行工作和收费任务。完成颐和山庄供热抢险抢修任务 3 次。供暖收费工作综合收缴率 98%，与上一供暖季基本持平。继续推进供暖系统节能改造项目，完成动物园锅炉房“电改气”和华北汽贸锅炉房并网工程，做好车道沟等 10 处节能改造锅炉房的节能数据监测和采集，完成节能奖励资金的能源审计。

保障性住房工作。加大各类政策性住房新建、收购、筹集力度，加快配租配售工作。开展保障性住房房源筹集、后期管理和物业管理等相关工作。2012 年 12 月 31 日，区房地中心取得区政府的正式授权，成为海淀区租赁代理和市场化租赁补贴模式筹集公租房房源的主体。

老旧小区综合整治试点工程。甘家口 1、3、4 号楼抗震加固改造项目作为老旧小区综合整治试点工程开工，总建筑面积 7600 平方米，涉及 132 户居民。截至年底，该项工程进入收尾阶段。

既有建筑节能改造工程。推进 115.43 万平方米、总投资达 4.9 亿元的既有建筑节能改造工程。经改造的 240 幢楼房屋顶在汛期中未出现漏雨，施工质量达到国家标准。

物业经营管理。加强区民防局移交的 256 处经营性质地下人防工程的管理服务，办理 224 份《人防工程使用意见书》。推进 6 处简易楼改造项目。完成 61 处出租房屋的产权界定审核工作，开展苏家坨保障房小区燃气锅炉房的运行、维修、收费等工作，审核苏家坨保障房小区 CO2、CO3 供热外网和换热站项目的招投标，参与制定供热外网设计方案。

工作中存在的困难。实施改革转型、开拓发展空间、人才储备培养的任务艰巨；直管公房房屋设备修缮更新、社保“补差”费用等造成的资金压力问题亟待解决；综合性工程任务多涉及居民切身利益，居民个性化需求多，纷繁复杂，部分需求已超出设计、施工等方面的合理范畴，后期改进工作量巨大，信访维稳任务繁重。

北京市海淀区房屋土地经营管理中心下属单位一览表

序号	单位名称	单位地址	电话
1	北太平庄分中心	海淀区新外大街文慧园 1 号	62273753-8024
2	甘家口分中心	海淀区甘家口 20 号	68325258
3	海淀分中心	海淀区苏州街 77 号院锅炉房	62656818—204
4	双榆树分中心	海淀区双榆树东里甲 20 号楼	62101580
5	志新分中心	海淀区牡丹园西里 1 号楼 3 门 101	82082451
6	海淀区供暖和楼房设备管理中心	海淀区志新西路 14 号	62323502
7	北京惠恒基物业管理中心	海淀区吴家村路 10 号院 10 号楼一层	63421379
8	海淀区测绘队	海淀区双榆树东里 15 号	82115634
9	海淀区房地产交易所	海淀区双榆树北里甲 22 号楼 306	62639722
10	北京海房物业管理中心	海淀区甘家口 12 号楼	88361595

（徐意）

【普通地下室管理】 1 月，开展普通地下室重新备案工作，规范普通地下室使用标准；全年完成 40 家地下室所有权人登记备案。1～5 月，对住人普通地下室进行摸底排查，并建立清册，全区共有住人普通地下室 865 处，其中散租 422 处，单位员工宿舍 369 处，旅店、招待所 74 处。要求各自管房单位、普通地下室产权人、管理单位在春节、“两会”等重点时期对所属普通地下室开展安全隐患排查工作；对重点区域普通地下室进行执法检查，确保重要时期普通地下室安全使用。

建立并完善普通地下室清册，截至本年底，全区登记在册的普通地下室 4032 处（在用的 3753 处，未启用的 279 处。总数不包括军产，因军产的监管在军队）、总建筑面积 9388816.95 平方米。其中央产 1391 处、建筑面积 1831070.05 平方米，非央产 2641 处、建筑面积 7557746.9 平方米。全年共检查普通地下室 3396 处次，证照不齐全的 1810 处，居住人员超标的 9 处。发放安全告知单 1810 份，发整改通知 225 处，督促整改 225 处，执法处罚 1 处，关停 3 处。

（张晓　唐卓）

【开展物业领域专项执法行动】 2 月 28 日，召开物业服务质量年启动暨培训大会，正式启动规范提升海淀区物业服务水平专项行动；结合物业质量年活动，全面检查 13 家物业管理企业的物业项目情况，发现问题 172 个、发放整改意见 13 份，立案 22 件、罚款 12 万元，实现物业领域执法处罚零突破。

（张晓　唐卓）

【房屋档案管理】 5 月 24 日，启动房屋历史档案加工扫描工作，通过对 20 万件历史档案加工、扫描、整理，实现档案电子化，并与已数字化的约 100 万条房屋数据统一整合，为“智慧海淀”建设提供房管基础信息支撑。年内，完成新增入库档案全部扫描上传数据、档案整理装订、上架工作，档案归档上架率 100%。全年接受各类查询 51682 余次，办理遗失补证 537 件，受理查封登记 1656 件。截至年底，档案中心库存档案 1059762 卷，其中新增入库 77437 卷，含新增新建 37599 卷、新增变更 39838 卷；调取各类物理档案 46488 卷。

（张晓　唐卓）

【国家住建部检查住房保障工作】 6 月 8 日，国家住房和城乡建设部保障性安居工程专项巡查员一行对本区保障性安居工程进行专项巡查。巡查组听取本区住房保障工作汇报，到苏家坨等项目现场就本年计划建设项目开工情况等进行重点核查，到马连洼街道检查街道住房保障资格审核工作情况。

（张晓　唐卓）

【房屋信息化管理】 8 月 1 日，启动房屋交易权属数据实时更新工作，全面开展业务数据汇总。截至年底，数据汇总初步完成，包括权属交易数据 1.17 亿条，物业项目 1585 个，保障性住房项目 22 个，室外空调外挂机检查情况数据 705 条，本年抗震加固情况汇总 242 条，玻璃幕墙检查情况 138 条，地下空间底数 4153 处，经纪机构总店 208 个、分支机构 475 个。10 月 8 日，住保意向登记系统试运行，该系统覆盖全区所有保障性住房备案家庭，两个月后正式投入使用。12 月 27 日，完成信息投诉平台呼叫中心建设，设置座席 15 个、中继线 30 路，统一处理来自电话、网络等的咨询和投诉，并集中分拣、转办和答复。

（张晓　唐卓）

【维修资金及售房款管理】 9月 19 日，联合市资金管理中心海淀管理部，就售房款及公共维修资金交存和申请使用的相关政策对房改售房单位进行培训，进一步监督、指导房改售房小区产权及物业单位对售房款及公共维修资金的支取使用情况。全年共审批使用售后公有住房住宅专项维修资金及售房款 50 个单位、涉及资金 1867 万元，主要用于更新电梯、楼面防水维修以及消防、供水、供电改造等。

（张晓　唐卓）

【试点市场化模式筹集公租房源】 12 月 21 日，召开海淀区市场化模式筹集公共租赁房试点工作启动会。会议发布《关于筹集社会闲散存量房源作为公共租赁房使用的工作方案》和《关于市场化租赁补贴模式的工作方案》，部署各街镇及相关委办局工作，并对市场化房源筹集工作提出明确要求。市场化租赁补贴模式是由区住房保障管理部门向符合条件并已自行在市场上租赁住房的保障家庭，按照核定租金水平和规定租金补贴标准发放住房租金补贴的全新保障方式。试点面向本区已经通过市级备案且尚未配租配售的“三房轮候”家庭中的大病、重残、老龄无房家庭。

（张晓　唐卓）

【房屋管理行政执法】 全年出动 1113 人次，对辖区内商品房销售项目、经纪机构、物业管理企业、地下空间进行执法检查 421 次，立案 30 件、发放责令改正通知书 28 份、执行听证程序 11 件，涉案处罚 175.5 万元、已处罚 32.5 万元。完善案件移转流程，接收处理行业管理科室、各房管所移转案件 21 件，移转至市住房城乡建设委案件 3 件，启动两法衔接程序移转至经侦案件 2 件。完成市级稽查、检查、转办稽查案件 11 件，并将整改情况及时反馈至市住房城乡建设委。在区政府法制部门组织的行政执法案卷评查工作中，获得优秀。围绕房屋管理法律法规、房屋安全和租赁管理等内容，在橡树湾社区举办法制宣传主题活动，向社区居民解读政策、赠送材料。

（张晓　唐卓）

【房屋登记 88613 件】 年内，开通房屋登记网上预约服务，申请人可登录区政府或本局网站进行网上预约，凭确认短信或预约通知单换取预约号码，按约定时间办理房屋登记、获得绿色通道呼叫号，有效缩短申请人等候时间。联合区公安分局上地派出所启动打假防假联动机制，建立虚假材料移送快速通道。全年办理房屋登记 88613 件，同比上涨 2.09%。其中所有权登记 53074 件（含初始登记 221 件、转移登记 40208 件、变更登记 1756 件、注销登记 10889 件），抵押权登记 34648 件，预告登记 457 件，其他登记 434 件。全年受理遗失补证 537 件。全年共发放房屋权属登记证书、登记证明 70343 本，其中房屋所有权证 48846 本，他项权利证 21049 本，其他登记证明 448 份。中央在京党和国家机关房改售房登记收件 4932 件，本市房改售房登记收件 2349 件。

（张晓　唐卓）

【房屋审批】 2012 年全区共接受预售许可证初审 17 个，预售许可变更 0 个，预售许可证延期 11 个项目；预售商品房注销登记 204 套；完成现房销售确认 127 个；完成现房注销登记 76 套；出具在建工程抵押查询证明 6 个；在建工程抵押注销登记 7497 套。

初始登记补录 2 个；房地产开发企业资质会签 11 个；无权利楼盘新建 406 笔；无权利楼盘变更、维护 176 笔；现楼盘反馈查询 1100 人次；消费者变更业务 76 笔；房地产开发企业资质会签 40 个。

预售资金监管项目 17 个（按预售许可证日期计算），监管预售面积 101.34 万平方米，监管项目工程建设费用 56.41 亿元。

（张晓　唐卓）

【发放职工住房补贴 7 亿元】 年内，为加强机关事业单位职工住房补贴工作常态化管理，建立住房补贴工作申报发放动态机制。在住房补贴发放工作中，监督、组织区属各单位及时准确做好资料填写、公示、录入、报送、审核工作。截至年底，住房补贴审核在职职工一级核算单位 65 家、占全区财政一级核算单位的 69.15%，发放人数 10174 人、占在职职工总数的 46.2%，涉及金额 72710 万元、占总金额的 48.5%；退休职工审核 72 个单位，发放人数 177 人、发放金额 1810 万元；无房新职工审核 72 个单位，发放人数 432 人、发放金额 310.3 万元。总计发放 7.483 亿元。

（张晓　唐卓）

【房地产经纪机构管理】 年内，加强对全区经纪机构及分支的备案、发证、信息变更以及经纪机构居间经纪行为的日常巡查、检查、处罚、有关矛盾调处工作。全年备案经纪机构 44 家、分支机构 61 家。对投诉多、打隔断出租等问题突出的 10 家中介机构进行集中约谈，要求对存在的问题限期整改，确保出租房屋安全。对 28 家经纪机构发布房源情况、57 家经纪机构规范经营情况进行专项检查；对本区 12 家房地产开发企业、25 家房地产经纪机构住房限购政策执行情况进行专项检查，抽查预售及现房销售资料 239 套、存量房买卖资料 119 套，询问业务人员 39 名，提出整改意见 61 处。

（张晓　唐卓）

【城镇房屋安全检查】 年内，对城镇房屋进行安全检查，共检查房屋 5995 万平方米、电梯 5350 部、水泵 4873 台、避雷系统 6658 个，其中：物业公司管理负责的有 2828 万平方米，电梯 3591 部，水泵 3219 台，避雷系统 4187 个；自管房单位管理负责的有 3120 万平方米，电梯 1759 部，二次供水水泵 1654 台，避雷系统 2471 个；城镇私房 47 万平方米，3839 户，31664 间，摸清大部分城镇房屋安全状况，并建立台账。检查私房 47 万平方米、3839 户、31664 间，摸清大部分城镇房屋安全状况，并建立台账。

（张晓　唐卓）

【房屋鉴定 500 万平方米】 年内，为保障中石油陕京三线输气管道南庄隧道出口爆破工程的开展，在爆破前及爆破期间对周边村民房屋进行震损鉴定，累计鉴定 11 次、出具鉴定报告 297 份；受中国南车集团委托，对其办公楼进行安全评估，成为《北京市房屋建筑使用安全管理办法》颁布施行后本市首个房屋建筑安全评估项目；按照市住房城乡建设委部署，开展 7・21 特大暴雨后房山区受灾城镇和农村危险房屋的排查工作，完成琉璃河镇、窦店镇和阎村镇 51 个村庄及社区 2326 间房屋的排查和统计，为 311 户居民 1029 名受灾民众的住房进行隐患排查。全年完成各类鉴定工作 1629 项、建筑面积 554.1 万平方米。

（张晓　唐卓）

【保障性住房管理】 限价商品住房通过市级备案家庭 3065 户，不予备案家庭 31 户，变更 471 户；经济适用住房通过市级备案家庭 917 户，不予备案家庭 21 户，变更 82 户；廉租住房通过市级备案家庭 266 户，不予备案家庭 7 户，变更 198 户。公共租赁住房通过市级备案家庭 245 户，不予备案家庭 1 户，变更 2 户。

年初，组织区第二批公共租赁住房选房及资格复核工作。6 月 29 日，完成北京大学安置房项目现房销售确认及 534 户现房签约确认手续。10 月，启动区第三批公共租赁住房和第六批廉租实物住房意向登记工作，在全市率先试行网上意向登记模式，11 月摇号。12 月，进行全市两个项目和区第四批公共租赁住房的意向登记工作；完成区第八批限价商品住房意向登记、摇号、选房及复核等工作。11 月 23 日，为清河小营福美苑廉租房项目的 99 个廉租实物配租家庭户办理入住手续。

投入大量人力物力对全部档案进行统一的编号整理、提取字段、扫描等工作，档案电子化整理工作稳步推进。探索建立廉租住房、经济适用住房、限价商品住房和公共租赁住房“申请合一，保障合一”的新机制，缓解轮候压力，逐步解决住房困难。

全年累计筹集保障房约 1 万套，其中通过多种方式筹集公租房 7760 套，超额完成市级任务的 11%。全年完成保障房配租配售 1.02 万套、超额完成市级任务的 20%，其中配租 8000 套。利用市投资平台、国企融资等方式筹集资金 19.4 亿元，其中市投资平台融资 17.5 亿元；国企融资 1.9 亿元。

（张晓　唐卓）

【公共租赁住房管理】 年内，第二批公共租赁房远洋沁山水、苏家坨同泽园西里项目办理入住手续，第三批公共租赁房同泽园西里项目完成摇号，启动第四批公共租赁房租赁意向登记工作，配租房源为趸租的唐家岭、八家定向安置住房，其中唐家岭 992 套、八家 643 套。在全市率先开展公共租赁住房租金补贴申请、审核及发放工作，累计发放租金补贴 849948.14 元。为完善公共租赁房后期管理制度，制定《海淀区公共租赁房后期管理单位工作技术导则》，规范物业公司及委托监管单位职责；重新审定《物业管理合同》和《房屋委托监管合同》双方权利义务，将定期巡查和违规上报制度执行情况、矛盾处置力度等纳入对第三方考核体系，考核结果与费用支付挂钩。

（张晓　唐卓）

【物业管理】 年内，召开海淀区 35 个试点项目组建业主大会专题培训会，对业主大会组建工作计划等进行全面部署；组织 130 多家业主委员会进行物业服务培训，推进业主大会建设；在金隅嘉华大厦举行区物业服务行业有限空间作业暨应急救援演练活动，提高应对突发事件的能力；协调解决西山美墅物业接撤管问题。截至年底，全区共有实施物业管理的项目 1385 个，约 10717.66 万平方米，166 个业主委员会进行备案，完成首次业主大会备案 11 个、换届 6 个、变更 1 个。其中实施物业管理的住宅项目 648 个，建筑面积为 7132 万平方米。登记注册的物业服务企业 596 家，其中一级企业 28 家、二级企业 62 家、三级企业 505 家、三级暂定企业 1 家。另有 185 家外区注册的物业企业在本区有服务项目。完成资质审批 88 件，受理审核使用维修资金 72 件。全年对物业项目日常检查 2466 次，检查覆盖率达 100%；组织属地街道、区物业协会专家、区政协委员、社区居委会及业主代表等多方参与的住宅项目专项检查260余次；重点检查1038个项目的物业收支公示情况，设备设施开放周检查218个，完成合同备案313个。上报各类违章违建行为32次，对物业服务企业发放告知单2466份，发放整改通知单707份；全面梳理65个小区6大项共23类前期开发遗留问题；评选市示范项目31个。

（张晓　唐卓）

【房改售房32万平方米】 全年完成中央和市属房改售房备案247个单位、3819户、30.89万平方米；批复区属房改售房21个单位、303户、1.96万平方米；完成康居房改售房备案10户、728.3平方米。总计32.85万余平方米。

（张晓　唐卓）

【行政诉讼与复议】 年内，以区房管局为被告的行政诉讼6件，含住房保障类2件、不履责类2件、信息公开类1件、拆迁许可类1件；其中已审结4件，含驳回起诉2件、驳回诉讼请求1件、原告撤诉1件。全年办理行政复议案件6件，其中申请人向区政府申请复议4件、向市住房城乡建设委申请复议2件，含物业管理类3件、房屋登记类2件、住房保障类1件；审理后维持2件、驳回复议申请2件，申请人撤回复议2件。

（张晓　唐卓）

【信访与信息公开】 年内，处理各类信访案件4437件，其中非紧急救助服务中心3960件、群众来信244件、市长信箱131件、区长信箱102件；接待群众来访126批次、219人，处理行政调解21件。全年进行房管领域矛盾纠纷排查6次、矛盾纠纷专项排查2次，向区住房城乡建设委填报《矛盾纠纷包案责任书》12份。“两会”、“十一”、十八大期间，向市住房城乡建设委报送维稳动态信息48条，向市区报送应急快报2份，编制并上报局信访简报6期。

（张晓　唐卓）

房　屋　征　收

【概况】 海淀区房屋征收办公室是负责本区房屋征收与补偿工作的政府部门。2012年，全区累计完成23个项目，涉及3768户（院落），总体完成率达87.36%。共办理拆迁许可证2件、拆迁许可证延期86次、办理7个暂停公告。

全年共收到46件复议、诉讼案件，其中行政复议案件14件、行政诉讼案件32件。共受理信息公开申请30件。来信总量为984件，同比上升60%。其中，海淀区非紧急救助中心688件，同比上升70%；群众来信146件、区长信箱30件、市长信箱36件，三项来信量同比基本持平；北京市信访综合办公系统84件，同比上升64%。共接待上访人员606次、1128人次。

（高传辉）

【启动3个房屋征收项目】 3月初，启动大工村项目，督促拆迁公司、评估公司对大工村的人、地、房数据按照2003年数据重新进行整合。完成中央新影项目方案、致居民一封信、选房流程等资料准备。与人大附中签订《人大附中教学实验楼项目房屋征收腾退备忘录》。

（高传辉）

【10个房屋拆迁项目】 1.保障房建设项目腾退拆迁:重新启动并彻底完成历经8年、6次暂停反复的吴家场经济适用房项目腾退，完成四道口住宅拆迁定向安置房地块、清河危改拆迁安置房地块拆迁工作。2.拆迁甩项：重启政协委员关注的娘娘庙、大钟寺现代商城、中央电视塔旁御水苑等甩项项目。3.老旧小区改造：完成3栋简易楼拆除，改善233户居民住房条件。4.市政道路拆迁:完成遗留5年的动物园北路、西三旗东路、小营东路等3个市政道路项目居民拆迁工作；完成安宁庄西路、静淑苑路全部拆迁工作。5.产业园区建设项目拆迁:中关村国际教育园、中关村软件园接近尾声；中关村东区、中科科仪、东升科技园二期等项目完成初步调查摸底并进行资金测算。6.“城中村”环境整治和区域整体改造等项目：完成水二路、三建宿舍等8个“城中村”项目。大工村、玲珑巷、中央党校西墙外等大型整体改造项目涉及拆迁约3000户，已完成入户调查和研究制定补偿方案、资金房源测算等工作。建立并分类梳理192个“城中村”项目台账，形成详细说明和图册。7.服务驻京部队拆迁：万寿塔项目基本完成拆迁。8.服务大中院校拆迁：化解北师大、北京盲人学校等遗留问题，北京大学教职工宿舍项目完成615个院，北航西门整治项目于年底前完成。9.服务驻区机关单位拆迁：潘庄项目在滞留6年后，完成国管局建设地块内拆迁工作。10.服务央属企业拆迁：稳控了昊华职工宿舍项目遗留矛盾，协助中央新影解决用地性质调整问题。

（高传辉）

【安置房源管理】 截至年底，有旗胜家园、龙锦苑、美和园、寨口矿安置房、和泓四季、清河小营、吴家场、福美苑等8处、3004套房源、建筑面积221519平方米。其中旗胜家园、龙锦苑、美和园、寨口矿分别为京包路、东钧项目、静淑苑环境整治项目和西六环寨口段拆迁安置的定向安置房。为一亩园、人大附中教学实验楼、小营东路、西三旗东路、青龙桥、潘庄、三建宿舍等征收拆迁项目调配清河小营房源108套、和泓四季房源362套、吴家场房源55套。

（高传辉）

城管监察执法

【概况】 海淀区城市管理监察大队（以下简称城管大队）是本区城市管理综合行政执法机关，成立于 1998 年 12 月 1 日，行使 14 个方面、358 项行政处罚权和 4 项行政强制措施。下设 32 个分队，其中直属分队 4 个、地区分队 28 个。

2012 年城管大队共查处各类违法行为 3.2 万起、罚款 1112.5 万元，其中查处无照经营 11811 起，查处非法张贴、散发小广告 7000 起、小广告窝点 62 个、收缴小广告 80 余万张，处罚黑车营运 498 起、违反“门前三包”管理规定 3208 起；查处违规户外广告牌匾标识 3192 起；收缴盗版淫秽光盘 10670 张；治理环境脏乱点 485 处，督促清理乱倒垃圾渣土 1867 吨；拆除违法建设 2150 处、64.19 万平方米。群众举报总量同比下降 2.27%，较举报常量下降 4.23%；群众满意度同比上升 2.28 个百分点，达到 85.02%。年内办理行政调解案件 40 件，调解成功 37 件。

海淀分队被市城管系统评为“首都十佳城管分队”，宋志刚被市城管系统评为“首都十佳城管队员”并获“北京青年五四奖章”。

（乔东升）

【开展“三大行动”】 牵头组织 28 个委办局、29 个街镇开展环境秩序综合整治、十八大安保城市秩序专项治理行动、落实市政府为民办实事折子工程等“三大行动”，重点实施“八个亮点工程”[①]，加强十八大代表驻地及出行路线等“三类重点地区”[②]的管控，对市政府为民办实事 100 处环境脏乱重点地区挂账整治折子工程涉及海淀区的上地城铁站周边、五道口城铁站周边等 15 处重点地区进行综合治理。期间，统计制发和维护更新各类台账 51 个；组织开展专项业务考核、执法及拉练检查 53 次；迎接市专项考核 313 次。“三大行动”的开展使“三类重点地区”得到严整严管严控，“六类违法行为”（无照经营；非法小广告；施工扰民；违法建设；非法运营；“门前三包”）及“六乱”（乱堆放、乱张贴、乱搭建、乱挖占、乱拉挂、乱停车）得到遏制，15 处环境脏乱重点地区的突出问题得到解决。十八大期间，严控各类违法行为，重点地区、主要大街环境秩序整洁有序。

（乔东升）

【市容环境秩序管理】 对长安街、中关村西区、五道口等主要大街和重点地区实施重点管控，环境秩序保持较好；对市城管执法局 6 处重点挂账监控点位、城管大队 100 余处挂账重点监控点位落实“人盯车巡”长效管理机制，违法行为得到遏制。开展无照经营整治、“双车”[③]整治、非法小广告治理、施工工地治理、运输车辆道路遗撒治理等专项执法活动 45 个，高发时段、高发点位和季节性高发违法行为得到控制；配合相关部门开展 10 类治安突出问题打防管控一体化专项整治“清风”行动、集中整治黑车“波次行动”、深化“扫黄打非”专项行动、消夏露天餐饮经营场所专项整治、邮政报刊亭专项整治、食品安全专项治理等整治行动 30 个，参加联合执法检查 151 次。继续开展精品街、精品社区建设，创建精品街 40 条、精品社区 30 个。实行分级定标、分类考核量化管理，处罚违规运输车辆 3577 起、违规施工工地 529 起、违反停车场管理规定 39 起、违反城市节水管理规定 738 起、违反燃气安全管理规定 742 起。完成重要活动保障任务 115 次。

（乔东升）

【查控拆违建】 年内，集中拆除树村正白旗新生违法建设 1.69 万平方米、圆明园花园别墅围墙外新生违法建设 1.85 万平方米等，共拆除新生违法建设 683 处、17.26 万平方米，拆除面积是上年的 5.97 倍；拆除账内违法建设 1196 处、34.32 万平方米；拆除账外既存违法建设 271 处、12.61 万平方米，拆除面积是上年的 3.33 倍。拆除违法建设总面积是上年的 1.86 倍。

（乔东升）

【环境秩序“2+N”管理模式】 本年，构建以城管、公安为主要力量、相关部门共同参与环境秩序综合管理的“2+N”管理模式，成立区、街镇两级执法小分队，主攻城市管理中的痼疾顽症，实现多部门职能和人员的捆绑，形成多方参与、分工协作、高效运作的工作格局。

（乔东升）

【服务民生】 办理市、区人大代表建议、政协委员提案 49 件，市区领导批办件、区委区政府督办件 177 件；办理市长信箱、区长信箱及市城管执法局、区政府转办信访件 1296 件，接待群众来访 72 批、99 人次。办理 96310 城管热线 4.63 万件，及时率 96.35%、结案率 90.23%；区非紧急救助服务中心派遣件 7500 件，及时率、结案率均为 100%；区信息化城市管理系统派遣件 28.37 万件，占全区总量的 58.49%，占区属职能部门总量的 92.47%，及时率 94.76%、结案率 99.86%。救助流浪乞讨人员 154 人。

（乔东升）

【“公众城管”建设】 加强新闻宣传，提升城管执法社会认知度，在《北京日报》等市级以上平面媒体刊发新闻 158 条，在首都之窗等网站刊发新闻 101 条，

---

① 对政治敏感区的护心工程；精品街区建设工程；净化校园周边环境工程；畅通生命救治通道工程；餐厨垃圾监管工程；美化视觉环境工程；暖心便民工程；进京第一印象通道整治工程。

② 十八大会议驻地、途经路线和涉及场所周边；区治安乱点挂账整治重点地区；区挂账整治重点地区。

③ 农用机动车、马车非法上路无照经营。

在北京新闻广播等广播电台播发新闻420条,在北京电视台播出专题、新闻213条，在区电视台播出《城管视点》26期、新闻132条。加强信息工作，发挥信息辅政作用，编发《城管监察信息》189期、《城管监察简报》72期、《环境综合整治快报》172期，其中被《北京信息》、《昨日市情》、《城管要闻》、《区县动态》、《海淀信息》、《昨日区情》采用393条。继续鼓励市民参与非法张贴、散发小广告治理，市民清理、上交非法小广告154万张。发动群众参与城市环境秩序管理，开展“城市文明加油站”志愿服务系列活动，组织社会宣传活动192次，参加志愿者4870人次，发放宣传品12.89万份，劝导各类违法行为1.1万人次。

（乔东升）

【开展“假日文明行动”志愿服务】 年内，继续开展“假日文明行动”志愿服务活动。在节庆和周末，城管队员和志愿者在颐和园、香山、中关村西区等20余处“城市文明加油站”，为中外游客和市民提供指路、信息咨询、应急救助等服务，共参加城管队员6000余人次、志愿者3600余人次，服务市民游客17万余人次。特别是高考期间，继续联合新京报社在全区考点周边设置“城管高考爱心服务站”19个，开展城管高考爱心服务活动，共出动执法人员1460人次，发放宣传材料1000余份，提供服务900余人次。

（乔东升）

邮　政

【概况】 北京市海淀区邮电局是北京市邮政公司（以下简称市公司）直属的二级邮政通信企业，担负着东至东小口，南至又一村，西至北安河，北至沙阳公路的404平方千米的邮政通信服务工作，覆盖海淀区的大部分辖区。区局下属17个邮电局、74个邮电所及商函分局、邮票公司、代理金融业务分局、报刊发行零售分局、电子商务分局（1月新成立）等多个专业经营和职能管理部门。

2012年，海淀邮局以改革创新推动转方式、调结构，实现业务收入49142万元；实现高效收入35214万元，高效收入率达到71.7%；邮政业务成本费用实现37855万元；收支差额实现10643万元。

（郝建秀）

【龙年生肖主题营销】 1月5日～3月31日，以龙年祈福为主题的生肖文化季活动拉开帷幕，“过龙桥、走龙路、到龙宫、饮龙泉、住龙乡”，特别推出海淀邮政带“龙”字日戳、十二兽首纪念戳、龙印、龙碟以及龙年祈福生肖文化戳、纪念戳等，大受邮迷欢迎。生肖文化季共实现收入1500万元。

（郝建秀）

【开展爱情专递业务】 2月10日，海淀邮局开发的中国邮政爱情专递业务在中国邮政爱情邮局正式启动。用户可通过拨打爱情邮局专线、亲临爱情邮局实体邮局等方式享受个性化定制爱情速递服务。2月14日情人节当天，千余名市民来到爱情邮局，现场感受浪漫氛围；爱情邮局走进中国邮政首部微电影《爱的速递》，在网络上广受好评，爱情邮局品牌得到进一步传播；11月11日，爱情邮局与清华同方股份有限公司联手举办爱情梦想大表白活动，活动现场吸引众多市民和外国友人参与。

（郝建秀）

【“两会”邮政服务】 3月，全国“两会”服务期间，两会驻点网点实现收入619万元，同比增长121万元。开辟驻点外两会服务场所，实现收入580多万元。共实现收入1200余万元，收到各类表扬信和物品38件。

（郝建秀）

【启动“母亲邮包”公益项目】 5月22日，面向全国4700万贫困母亲的“母亲邮包”公益项目在人民大会堂启动，参加启动仪式的领导和嘉宾现场捐赠款达1000多万元。该项目由爱心邮局策划开发，被全国妇联和中国邮政集团公司在全国推广。截至年底，全国已有20万贫困母亲收到了爱心捐助。

（郝建秀）

【出品电影《咆哮无声》邮资明信片】 9月18日，由北京市委宣传部、山西省委宣传部举办的抗战题材电影《咆哮无声》首发仪式，在中国人民抗日战争纪念馆举行。作为海淀邮局系列主题邮局之一的中国邮政电影邮局出品发行的《咆哮无声》电影邮品也一同亮相，同期举办“抗战专题集邮展览”，共创收200余万元。中国邮政电影邮局出品的首套《咆哮无声》邮资明信片被中国人民抗日战争纪念馆收藏。

（郝建秀）

【创建国内首家祝寿文化主题邮局】 10月23日重阳节，海淀邮局与北京万寿寺合作，创建成立国内首家以祝寿文化为主题的邮局。围绕祝寿文化，通过线上线下相结合的方式，为公众提供生日祝寿、生日贺卡等邮文化产品和专属服务。

（郝建秀）

【十八大主题营销】 11月，十八大期间，通过17个支局联动的方式开展十八大服务和产品销售。在驻会服务现场采取“小大宗”的方式满足代表们选购和寄递需求，为军区战士设立夜晚服务专场，为北京市委、市政府、市政协提供邮品专供服务，累计实现收入558

万元。

（郝建秀）

【创办孔子学院文化主题邮局】 12月1日，海淀邮局与国家汉办、孔子学院总部合作，创办孔子学院文化主题邮局，面向全球108个国家的孔子学院学员，提供汉文化主题和邮文化主题产品和专属服务。

（郝建秀）

【函件业务】 累计实现收入14111万元，高效收入实现10220.5万元。将发展邮资封片卡作为全年发展重点，共实现收入1793万元；国际小包业务快速发展，全年新增客户4户，实现收入1145万元；"来自太空的祝福"系列产品实现收入464.52万元；"母亲邮包"公益项目累计捐赠量达12.36万个，实现收入120.6万元。

（郝建秀）

【代理速递物流业务】 累计实现收入1425.5万元。制订协议客户情况通报管理办法，强化协议客户的注册、立项保护等工作；同时，实行常态化礼仪营销，建立一把手负责的分销产品销售机制，分类别、区域制定销售方案，累计实现分销产品收入20.6万元，完成预算的103.2%。

（郝建秀）

【代理金融业务】 累计实现收入12475万元。储蓄余额规模达79.68亿元，邮银占比达60.13%；年累计新增金融余额达10.38亿元；代收保费实现4031.76万元，中邮保险保费实现2418万元,占比达60.0%。

（郝建秀）

【集邮】 累计实现收入13029.5万元，完成预算的120.4%，高效收入实现4630.87万元，高效收入率达35.54%。举办海淀区生肖文化季活动、完成"两会"和十八大服务、创新开发太空主题系列邮品，并借鉴清华大学校庆服务模式，加大对校庆经济的开发力度。针对邮票发行计划，举办众多活动与展览，受到集邮人士的追捧。

（郝建秀）

【报刊发行】 累计实现收入3180.1万元，高效收入实现2798.5万元；日常收订流转额实现906万元，完成预算的100.68%。进一步完善图书馆营投一体化服务模式，从事投送服务业务的图书馆达39家，累计投送28.48万册，订阅流转额达511.80万元。

（郝建秀）

【电子商务】 累计实现收入838.6万元，高效收入完成716.6万元。制作储蓄短信宣传印章，采取日通报、周调研制度，促进短信业务发展；开展暑期师生特价机票营销活动拉动机票业务发展；全面推广车管业务，现有12个网点受理，累计办理业务2万余笔。

（郝建秀）

【邮政基础设施建设】 加快网点建设，改善网点环境。接收富力桃园邮电所和苏家坨邮电所，完成包括清华大学支局、塔院邮电所等5个单位的装修改造，增加营业面积412平方米，改造面积4938平方米，改造台席19组，优化了顾客的用邮环境。搭建太空邮局"来自太空的祝福"项目网站，实现网上书写"太空信"的功能；搭建母亲包裹项目生产环境、区局呼叫中心网络环境和培训中心储蓄业务培训环境，完成营业统版系统（二期）上线推广工作。为大学生包裹收寄现场提供"大学生包裹收寄系统"的维护与支撑。

（郝建秀）

【合同管理】 将经济合同、业务合同和劳务合同进行分类，落实合同的归口管理，加强合同的专业审核与监督管理力度，全年共签订合同300余份，标的额1647万元。参与企业诉讼，挽回经济损失5.2万元，完成法制法规宣教和年度普法工作。

（郝建秀）

【村邮工作】 加强农村邮站建设，拓宽邮政服务范围。与区委新农办配合，将农村邮站的检查工作制度化、规模化，形成"检查-反馈-整改-复查"的管理闭环。与区委新农办共同对海淀区专职村邮员进行培训，所有参培村邮员均通过测试，取得上岗资格。截至年底，海淀区行政区域内40个村邮站用房均已全部到位，各村邮站运转正常。

（郝建秀）

【企业管理】 创新财务管理工作，逐步向经营型财务转变。加大对经营中成本费用的管控力度，实现员工薪酬、业务材料和各项成本费用的逐级分解，合理、准确地对数据进行全面系统的分析与审核。现全局所有网点均无亏损情况发生，全年组织招投标工作19次，节约资金18.46万元。

持续推进营业服务规范管理达标工作，提高支局的综合服务能力和整体服务水平。开展规范管理大检查活动，对全局90个营业网点进行127次检查和复查。完成2012年大学生包裹和复转军人包裹收寄工作，共收寄包裹33656件，实现收入133.42万元。

全年共计检查各类出口邮件602723件，合格593910件，综合合格率为98.20%；用户服务满意度达94.42分,同比提高1.62分。全年全局无重大投诉和媒体曝光等现象发生。

加强安全管理，做好"两会"及十八大安全服务保障工作，对全局金融网点进行安全检查和消防专项检查，完成35处局所防尾随联动门和学院路支局消防系统的改造。组织开展安全知识竞赛、安全生产有奖征文等活动。全年全局组织各类综合安全检查8次、夜查1次、专项检查3次，检查邮政网点300余处次，下发隐患整改通知11份，未发生安全生产责任事故、重大火灾爆炸事故、邮件安全案件和重特大治安案件，重点人员无失控失管情况发生。

（郝建秀）

【营销体系建设】 依托三位一体的分层负责制，细分支局营销工作责任，量化考核营销体系建设，使支局层面的营销体系形成立体式闭环管理。结合网格化管理制定人均每月新增立项考核指标，强化专业与支局间的沟通与交流。全年的营销收入达到2.14亿元，同比增长35%，营销收入占比达到43%。其中，211位专职营销员的累计折算业绩达到1.51亿元，同比增长25%；全局各类项目立项数达到3172户，成功开发2086

户，开发成功率达到65.76%。获得市公司营销创新奖的项目有2项："来自太空的祝福"和"龙年祈福"生肖文化季；获得市公司市场开发成果奖的项目有10项：联想控股公司"三农下乡"直邮服务、中国人民银行个性化邮票官方礼品、北京亚洲广告公司九龙个性化邮票、招商银行北京分行会员邮折、龙泉寺"纪念学诚法师出家30年连体明信片册"、颐和园纪念邮册、北京师范大学校庆110周年邮资封片、中国地质大学（北京）60周年校庆纪念邮品、北京市红十字血液中心"无偿献血调查函"明信片、北京邮电大学企业年册项目。

（郝建秀）

【政治类题材主题营销】 开展建团90周年、"北京精神"等政治类题材主题营销活动。为中共中央组织部中国共产党员网、中国共产党员电视栏目、中国共产党员开通手机报并策划制作个性化邮票及纪念封，为中国共产党北京市第十一次代表大会策划制作专题纪念邮册，借助"北京精神"专用邮资图设计制作雷锋精神纪念封，实现收入260多万元。为北京市市长郭金龙2月18日首次访台策划制作北京旅游风景区通票邮资明信片，作为城市展示礼品，赠送给台湾大学生。连续四年为中央主要领导、连续两年为北京市主要领导策划并制作新年贺卡。

（郝建秀）

【设立太空邮箱】 在天宫一号与神舟九号载人飞船交会对接任务中，中国邮政太空邮局首次设立太空邮箱，开展"来自太空的祝福"服务项目，并成功策划航天员在轨操作太空邮局业务。围绕太空搭载和航天员授权，为载人航天办公室、酒泉卫星发射中心等单位制作航天邮册，并整合集邮、函件和报刊发行专业资源，策划开发系列太空邮品，创收1500多万元。

（郝建秀）

【祈福邮品】 以祈福邮局为平台，开展祈福文化传播活动。在龙泉寺元旦法会和广化寺新年祈福会上，祈福幸运封、祈福卡受到游客追捧。为中国佛教协会副会长、龙泉寺方丈学诚法师制作《学诚法师出家三十年》纪念册5000册，为北京市佛教协会成立三十年制作《北京21所寺庙及居士林》珍藏邮册1000册，为北京幻响公司制作3万套幻响祈福礼包，共实现收入200余万元。幻响祈福礼包成为邮政祈福产品服务高新技术企业的经典案例。

（郝建秀）

【音乐主题邮局】 与中央人民广播电台音乐之声共同打造音乐主题邮局平台，策划音乐之声创办十周年系列邮文化产品与服务。

（郝建秀）

【党建和精神文明建设】 开展党支部规范化达标和晋位升级。全局33个党支部普遍实现晋位升级，19个支部达到"好"党支部标准，14个支部达到"较好"党支部标准。2个党支部获市公司先进党支部称号，9名党员获市公司优秀党员称号，北太平庄邮电局党支部被评为市国资委"先进党支部"。组织开展党员系列主题实践活动；建立基层支部党员和积极分子队伍电子化管理平台；以北太平庄邮电局为示范点推进党支部建设工作的规范化，实现业绩综合化、分析动态化、管理日常化的"三化"管理目标。开展党风廉政宣传教育月活动和领导人员作风建设，利用廉洁风险防控系统和财务量收系统监控欠费情况，总欠费额度远远低于市公司规定要求。团组织以提升业务技能、展示职业文明、规范服务水平、延伸服务内涵为重点，推进青年文明号"为民服务创先争优"主题实践活动。全年刊发《党委工作信息》87期、128条信息，《海邮快讯》60期、228篇，《海邮信息》24期，在社会各新闻媒体共刊发稿件1500余篇。

（郝建秀）

【2012年海淀区境内的邮局、所】（17个邮局、74个邮政所）[①]

序号	局所名称	所号	营业时间	休息日	邮政编码	经办业务	地址	备注
▲1	中关村邮局	80	9:00–18:00		100080	邮政	中关村大街9号	
2	西大街邮政所	351	9:00–17:00		100080	邮政、储蓄	海淀大街31号图书城内	
3	北京大学邮政所	352	9:00–17:30		100871	邮政、储蓄	北京大学院内	
4	科学院邮政所	353	9:00–17:00		100190	邮政、储蓄	中关村科学院17号楼	
5	青年公寓邮政所	554	8:30–16:30	六、日	100190	邮政	中关村东路80号青年公寓服务楼二号楼一层	
6	中钢国际广场邮政所	590	9:00–17:00	六、日	100080	邮政	中钢国际广场A座	
7	左岸工社邮政所	380	9:00–17:00	六、日	100080	邮政	北四环西路68号B2层	
8	融科资讯中心邮政所	399	9:00–17:00	六、日	100190	邮政	科学院南路2号融科资讯中心A座B1层	
9	中关新园邮政所	560	9:00–16:30	六、日	100871	邮政	中关村北大街126号中关新园9号楼	

① 海淀区邮局下属的农机学院邮政所在朝阳区、孔子学院邮政所在西城区，故不列入本表。带▲的为邮局。

序号	局所名称	所号	营业时间	休息日	邮政编码	经办业务	地址	备注
▲10	魏公村邮局	81	9:00–18:00		100081	邮政	中关村南大街 17 号	
11	理工大学邮政所	598	9:00–17:00		100081	邮政、储蓄	中关村南大街 5 号理工大学学生宿舍楼 15 号	
12	中央民族大学邮政所	559	9:00–17:00		100081	邮政、储蓄	中关村南大街 27 号中央民族大学院内	
13	皂君庙邮政所	558	9:00–17:00		100081	邮政、储蓄	海淀区皂君庙 14 号院 9 号楼	
▲14	文慧园西路邮局	82	9:00–18:00		100082	邮政、储蓄	文慧园 15—16 号楼底商楼	
15	明光村邮政所	363	9:00–16:30	六	100082	邮政	西直门北大街甲 11 号	
16	文慧园邮政所	365	9:30–17:00		100082	邮政、储蓄	文慧园路 18 号	
17	小西天邮政所	367	9:30–17:00	六	100082	邮政	学院南路 2 号	
▲18	学院路邮局	83	9:00–18:00		100083	邮政	成府路 17 号	
19	北京航空航天大学邮政所	369	9:30–17:00		100191	邮政、储蓄	学院路 37 号	
20	北京医科大学邮政所	370	10:00–17:00	六、日	100191	邮政	学院路 38 号	
21	花园东路邮政所	371	9:30–16:30	日	100191	邮政、储蓄	花园东路 8 号	
22	塔院邮政所	372	9:00–17:00	日、一	100191	邮政	塔院迎春园 8 号楼	
23	林业大学邮政所	373	10:00–17:00		100083	邮政、储蓄	清华东路 35 号	
24	语言学院邮政所	552	10:00–17:00	六、日	100083	邮政	学院路 15 号	
25	二里庄邮政所	565	9:00–17:00		100083	邮政、储蓄	二里庄 53 号	
26	科技大学邮政所	570	9:00–17:00	日	100083	邮政、储蓄	学院路 30 号	
27	世宁大厦邮政所	586	9:00–17:00	六、日	100191	邮政	学院路 35 号	
28	大运村邮政所	585	9:00–17:00	日、一	100191	邮政	知春路 29 号 7 号楼一层	12月2日暂停
29	学清路邮政所	553	9:00–17:00	日、一	100083	邮政	清华东路 2 号	
30	北京奥运大厦邮政所	359	9:00–17:00	六、日	100083	邮政	北四环中路 267 号奥运大厦内	
31	金尚嘉园邮政所	587	9：00–17：00		100191	邮政、储蓄	海淀区花园路 2 号	
▲32	清华大学邮局	84	9:00–17:30		100084	邮政、储蓄	清华大学院内	
33	体育大学邮政所	375	9:00–11:30 13:00–16:30	日	100084	邮政、储蓄	体育大学校内	
34	紫荆公寓邮政所	357	9:00–16:30	六、日	100084	邮政	清华大学紫荆公寓服务楼内	
▲35	清河邮局	85	9:00–17:30		100085	邮政	清河三街 90 号	
36	双泉堡邮政所	378	9:30–16:00		100192	邮政、储蓄	双泉堡甲 2 号	
37	空研大院邮政所	393	9:30–16:00		100085	邮政、储蓄	西三旗空军研究院内	
38	安宁里邮政所	571	9:30–17:00		100085	邮政、储蓄	安宁庄路 100 号	
39	永泰邮政所	574	9:00–17:00		100192	邮政、储蓄	清河永泰小区	
40	清上园邮政所	583	9:00–17:00		100085	邮政、储蓄	清河三街 126 号	
41	宝盛里邮政所	591	9:00–17:00		100192	邮政、储蓄	宝盛里 3 号楼一层六号	
42	莱圳邮政所	562	9:30–16:00	一、五	100192	邮政	东升乡小营莱圳家园 4 号楼	
▲43	双榆树邮局	86	9:00–18:00		100086	邮政、储蓄	双榆树东里 37 号	
44	人民大学邮政所	354	9:00–17:00		100086	邮政、储蓄	中关村大街 59 号院内	
45	科学院南路邮政所	376	9:00–17:00		100086	邮政、储蓄	科学院南路 73 号	
46	友谊宾馆邮政所	551	9:00–17:00	六、日	100086	邮政、储蓄	中关村南大街 1 号	
▲47	北太平庄邮局	88	9:00–18:00		100088	邮政	北三环中路 35 号	
48	蓟门里邮政所	362	9:00–16:30	六、二	100088	邮政	北三环西路甲 5 号	

序号	局所名称	所号	营业时间	休息日	邮政编码	经办业务	地址	备注
49	师范大学邮政所	364	9:30–17:00		100875	邮政、储蓄	新外大街19号师范大学综合楼	
50	健安西路邮政所	366	8:30–16:30		100088	邮政、储蓄	健安西路32号	
51	金五星邮政所	556	9:00–17:00		100088	邮政、储蓄	学院南路29号	
52	牡丹东里邮政所	596	9:00–17:00		100191	邮政、储蓄	花园北路乙28号院内	
53	罗庄邮政所	597	9:00–17:00		100088	邮政、储蓄	罗庄西里13楼	
54	邮电大学实习支局	599	8:30–17:00		100876	邮政、储蓄	西土城路10号邮电大学院内鸿通楼	
▲55	苏州街邮局	89	9:00–18:00		100089	邮政	厂洼街2号楼	
56	车道沟邮政所	358	9:00–17:00		100089	邮政、储蓄	车道沟10号宿舍楼	
57	万泉庄邮政所	561	9:00–17:00		100089	邮政、储蓄	万泉庄12号楼底商	
58	北洼路邮政所	564	9:00–17:00		100089	邮政、储蓄	北洼路30号	7月新成立
▲59	颐和园邮局	91	9:00–17:30		100091	邮政	圆明园西路49号	
60	西苑邮政所	381	9:00–16:30		100091	邮政、储蓄	西苑100号	
61	中央党校邮政所	382	9:00–17:00		100091	邮政、储蓄	大有北里100号	
62	厢红旗邮政所	383	9:00–17:00		100091	邮政、储蓄	厢红旗1号楼总参三部外	
63	国防大学邮政所	384	9:00–16:30		100091	邮政、储蓄	红山口国防大学院内	
64	玉泉山邮政所	396	9:00–16:30	一、二	100091	邮政	娘娘府1号	
65	邮电疗养院邮政所	397	9:00–16:30		100091	邮政	西苑挂甲屯5号	
66	天秀花园邮政所	580	9:00–16:30		100091	邮政、储蓄	天秀花园小区22号楼7号底商	
67	颐阳路邮政所	388	9:00–16:30	日、一	100091	邮政	黑山扈甲17号	
▲68	上地邮局	92	9:00–17:00		100085	邮政	上地信息路19号	
▲69	香山邮局	93	9:00–17:00		100093	邮政	香山北辛村55号	
70	四王府邮政所	386	9:30–16:00		100093	邮政、储蓄	四王府路中街15号	
71	红旗村邮政所	387	9:30–16:00		100093	邮政、储蓄	香山红旗村甲3号	
▲72	西北旺邮局	94	9:00–17:00		100094	邮政、储蓄	西北旺付家窑36号	
73	农业大学邮政所	389	9:30–16:30		100193	邮政、储蓄	圆明园西路2号	
74	上庄邮政所	390	9:30–15:00	日、一	100094	邮政	上庄村商业街	
75	韩家川邮政所	391	9:30–15:30	日、一	100094	邮政	韩家川大院内	
76	颐和山庄邮政所	563	9:30–16:00		100094	邮政、储蓄	亮甲店永丰中路99号颐和山庄小区	
77	航天城邮政所	593	9:30–16:00	六、日	100094	邮政	友谊路102号院航天城五期底商9号	
▲78	温泉邮局	95	9:00–17:00		100095	邮政、储蓄	温泉路96号	
79	北安河邮政所	394	9:30–15:30		100095	邮政、储蓄	北安河4街3号	
80	冷泉邮政所	395	9:30–16:00		100095	邮政、储蓄	环山村46号	
▲81	育新花园邮局	96	9:00–17:30		100096	邮政	育新花园小区内	
82	龙乡邮政所	392	9:30–16:00	一	100096	邮政、储蓄	西三旗龙乡小区院区内	
83	育新南区邮政所	582	9:30–17:00	一	100096	邮政、储蓄	育新花园小区61号楼	
84	建材城西路邮政所	584	9:30 – 17:00		100096	邮政、储蓄	建材城西路12号	
▲85	世纪城邮局	97	9:00–17:30		100097	邮政	世纪城小区烟树园1号楼	
86	世纪金源邮政所	398	9:30–17:00		100097	邮政、储蓄	远大路1号	
87	闵航路邮政所	579	9:30–17:00		100195	邮政、储蓄	闵航路2号	
88	金雅园邮政所	557	9:30–16:30		100097	邮政、储蓄	云会里金雅园6号楼104室	
89	郦城邮政所	568	9:00–17:00		100097	邮政、储蓄	四季青路8号	
▲90	太阳园邮局	98	9:00–18:00		100098	邮政	大钟寺居民区168号	
91	中关村东路邮政所	578	9:00–17:00		100098	邮政、储蓄	中关村东路118号	
92	同方广场邮政所		9:00–17:00	六、日	100083	邮政	王庄路1号清华同方科技广场	本年撤销

电　信

【概况】　海淀区境内固定电话、移动电话、网络主要由中国移动通信集团北京有限公司海淀分公司、中国联合网络通信有限公司北京市分公司和中国铁通北京北区分公司经营。

（田颖）

【中国移动北京公司海淀分公司】　中国移动北京公司海淀分公司成立于2006年12月，截至本年底，共有近40个自有营业厅（包括12个高校动感地带品牌店），基本覆盖全区主要街道、商业区和居民网点。

2012年，中国移动北京公司海淀分公司通过各种信息化的服务方式参与海淀区各级政府、协会等组织的各类大型活动。参与4月26日～5月6日举办的中关村国际美食节。为高校新生提供多项优惠、便利服务，帮助贫困大学生。继续推广高校无线校园网络建设，截至年底，和北京大学、中央财经大学、北京工商大学等10所高校建立互联网宽带业务合作。继续落实并推进与海淀各专业园区的战略协议，在园区开展信号优化，信息化基础设施建设，为园区企业提供便捷通信服务。

北京移动海淀分公司营业网点列表

序号	营业厅名称	地　址	营业时间
1	北理工营业厅（中关村南大街）	海淀区中关村南大街5号院5区323栋（北京理工大学职消社超市二层）	9:00–19:00
2	人大动感品牌店	海淀区中关村大街59号中国人民大学后勤集团餐饮管理部办公楼一层面积	9:00–19:00
3	林大动感品牌店	海淀区清华东路35号北京林业大学校内东侧校产楼部分面积	10:00–18:30
4	科大营业厅（学院路）	海淀区学院路30号6区北京科技大学学生公寓3号楼一层	9:00–19:00
5	民大动感品牌店（白石桥）	中央民族大学总机楼一层部分面积	9:00–19:00
6	交大动感品牌店（交大东路）	海淀区交大东路18号院9号楼	9:00–19:00
7	联想桥营业厅	海淀区中关村东路118号	9:00–19:00
8	北邮动感品牌店	海淀区西土城路10号北京邮电大学西门北侧一层	9:00–19:00
9	北大动感品牌店（海淀路）	海淀区颐和园路5号北京大学校园45甲地下室2#库房部分面积	9:00–19:00
10	清华动感品牌店（清华园街道）	海淀区清华园街道清华大学16区	9:00–19:00
11	首师大动感品牌店	海淀区西三环北路105号部分面积	9:00–19:00
12	锦秋国际动感品牌店	海淀区知春路6号1层01A02	9:00–19:00
13	北师大动感品牌店	海淀区新街口外大街19号	9:00–19:00
14	公主坟营业厅（国宜）	海淀区西三环中路19号国宜通讯广场二层	9:00–19:00
15	公主坟城乡营业厅（翠微路）	海淀区复兴路甲23号城乡贸易中心五层部分面积	9:30–17:00
16	北洼路营业厅	海淀区北洼路29号	10:00–19:00
17	五棵松营业厅	海淀区西翠路12号	9:00–19:00
18	西翠路营业厅	海淀区西翠路5号今日家园6#楼、7#楼	9:00–19:00（周六日9:30–19:00）
19	学清路营业厅	海淀区学清路38号金码大厦B座1层A2区	9:00–19:00
20	保福寺营业厅	海淀区北四环西路9号一层105、107单元底商	8:30–18:30

序号	营业厅名称	地　址	营业时间
21	上地科实营业厅（信息路）	海淀区信息路甲 28-5 号	9:00–19:00
22	首享大厦营业厅	海淀区学院路 51 号首享科技大厦 1 层北侧	9:00–17:30（周六日休息）
23	文津 TD 展示厅	海淀区中关村东路一号院清华科技园 A-02 文津国际公寓一层商业-0109	9:00–17:00
24	清河营业厅	清河龙岗路 35 号锋线阁底商	8:30–18:30
25	中关村西区营业厅（中关村）	海淀区彩和坊路 8 号天科大厦 104、105 商铺	9:00–19:00
26	北下关营业厅	海淀区大柳树路 17 号一层底商	9:00–19:00
27	万柳营业厅	海淀区万柳东路 9 号 106 室	9:00–19:00
28	中关村海兴营业厅	海淀丹凌街 16 号海兴大厦东配楼	9:00–19:00
29	紫竹桥营业厅	海淀区紫竹桥东北角人济山庄 D 裙 101 席位	9:00–19:00
30	魏公村光大国信营业厅	海淀区中关村南大街 11 号 1 号楼光大国信大厦一层 1005 室	9:00–19:00
31	北太平庄营业厅	海淀区北三环中路 35 号北太平庄邮局二层	8:30–18:00
32	远大路营业厅	海淀区远大路 22 号 12 号楼一层	9:00–19:00

（张怡歌）

【中国联通北京市分公司】 中国联合网络通信有限公司北京市分公司（简称北京联通），隶属于中国联合网络通信有限公司，为公众、商业企业和政府机构等客户提供包括固定电话、移动电话、数据传输、互联网、宽带接入等基础电信业务和增值电信业务，以及与上述业务相关的行业应用、系统集成、技术开发、技术服务、信息咨询、工程设计施工等相关服务。固定电话客户、移动电话客户、宽带客户超过一千万户，拥有第三代移动通信网络（WCDMA）。

北京联通下设 6 个市区分公司，其中二区、八区、三区分公司为海淀区提供服务。二区分公司是亚洲最大的通信枢纽，下辖的 10 个分局中，在海淀区的有中关村局、北太平庄局、清河局、温泉局、上地局、大有庄局、二里庄局、西三旗局 8 个分局。八区分公司下设 7 个分局中五棵松局、紫竹院局、茂林居局、四季青局等 4 个分局在海淀区境内。三区分公司下属的西客站局属于海淀区。北京联通有 5 个通信局（所）在海淀区界内：北京联通网络分公司（羊坊店路 9 号）、北京联通管线中心（复兴路 65 号）、北京联通移动中心（羊坊店路 9 号）、北京联通平台中心（羊坊店路 9 号）、北京联通网优中心（羊坊店路 9 号）。

本年，完成全国“两会”、“3·15”、“科大校庆”、“神九”、“汛期重保”、十八大等多项重点通信保障任务。共建设完成社会渠道门店 1060 个。校园实现“一校一点或多点”的目标，建设校内及周边渠道 83 个。与北下关街道、阳光丽景小区合作建立“社区便民服务站”，为社区居民提供号卡销售，缴费服务等多项服务。推进 VPDN[①]组网、3G/2GIVPN[②]组网业务。

组建海淀新区项目组，针对海淀新区的开发性质策划相应的拓展策略。

全年光纤改造用户累计到达 4.6 万户。

完成北京大学、中国人民大学、北京林业大学等 12 所高校的室分系统、WLAN[③]热点建设入网，完成二区分公司界内高校及高校周边的三载波扩容、EDGE[④]及 HSPA+[⑤]电路开通。

落实营业厅营业服务提升工程，压缩等待时长和受理时长两个时长。全面推行留单、预受理和自助终端分流。

推进大服务机制创新工作，获得 9 项优秀创新成果奖。

客户服务电话 10010：为客户免费提供 7×24 小时的业务咨询、信息查询、投诉建议、业务办理等人工与自助的综合服务。10011：为客户提供全国“一卡充”充值服务。116114：信息导航平台，全方位提供查号、订餐、机票等各种便民服务。

---

① 英文为 Virtual Private Dial－up Networks，又称为虚拟专用拨号网，是 VPN 业务的一种，是基于拨号用户的虚拟专用拨号网业务。即以拨号接入方式上网，是利用 IP 网络的承载功能结合相应的认证和授权机制建立起来的安全的虚拟专用网，是近年来随着 Internet 的发展而迅速发展起来的一种技术。

② iVPN 即综合 VPN 业务，是中国联通面向集团用户推出的、具有企业个性化特征的语音通信业务。集团用户的手机与集团的固定分机实施绑定，形成统一的群，我们称为：企业一家。手机与固定分机、手机与手机之间可以通过短号进行群内互相拨打，以提高企业通信效率，降低沟通成本。

③ 英文为 Wireless Local Area Networks，意即无线局域网。

④ 英文为 Enhanced Data Rate for GSM Evolution，意即增强型数据速率 GSM 演进技术。

⑤ 又名：HSPA Evolution，I-HSPA 或 Internet HSPA，是 HSPA（3GPPR6）的向下演进版本，是上下行能力增强的一项技术。

海淀辖区内北京联通营业厅名单

分公司	序号	营业厅	地址
二区分公司	1	北太平庄营业厅	海淀区北三环中路33号
	2	温泉营业厅	海淀区温泉乡太舟坞
	3	上地营业厅	海淀区上地电话局
	4	中关村营业厅	海淀区海淀路54号
	5	清河营业厅	海淀区清河毛纺路清河电话局
	6	二里庄营业厅	海淀区志新路11号
	7	皂君庙营业厅	海淀区皂君庙路9号
	8	西三旗营业厅	海淀区西三旗建材城东路28号
	9	中关村东路营业厅	海淀区中关村东路1号院2号楼108室
	10	苏州街营业厅	海淀区苏州街55号101
	11	厢红旗营业厅	海淀区马连洼兰园小区14号楼一层2-5号
	12	上地信息路营业厅	海淀区农大南路1号院2号楼B104A
	13	西土城路营业厅	海淀区西土城路10号综合楼一层
	14	中关村南大街营业厅	海淀区中关村南大街乙12号院1号楼1层1-17
	15	北科大营业厅	海淀区学院路30号2区10幢一层101室
	16	北语大营业厅	海淀区学院路15号1区9幢一层104室
	17	中关村西区营业厅	海淀区中关村大街1号1层（1层北部）一号区A01-A03
三区分公司	18	莲花桥营业厅	海淀区什坊院6号
	19	西客站营业厅	海淀区羊坊店路9-1号
八区分公司	20	四季青营业厅	海淀区昆明湖南路12号
	21	五棵松营业厅	海淀区复兴路65号
	22	茂林居营业厅	海淀区茂林小区甲14号
	23	紫竹院营业厅	海淀区西三环北路昌运宫1号
	24	田村营业厅	海淀区永定路乙1号院8号楼6单元101
	25	远大路营业厅	海淀区远大路1号北京金源时代购物中心1层1077号

（陈育红）

【中国铁通北京北区分公司】 中国铁通集团有限公司的前身是铁道通信信息有限责任公司，2004年1月20日由铁道部移交国资委管理，更名为“中国铁通集团有限公司”（以下简称“中国铁通”）。2004年6月，被国资委列为董事会试点企业，是全国第一家可向用户提供市话详单的电信运营企业。2008年5月23日，中国铁通集团有限公司并入中国移动通信集团公司。2009年12月15日，铁通公司将铁路通信业务、人员移交铁道部。铁通公司继续从事公众通信业务。

中国铁通北京分公司成立于2001年2月，是北京地区第二大固网运营商，网络接入能力基本覆盖全市，分为东、西、南、北、朝阳等11个分公司。北区分公司负责海淀区阜成路以北、昌平区的市场发展，北区分公司下属10个经营部（营业厅），其中6个在海淀区境内。经营部主要负责业务咨询、业务申请、安装、售后服务、缴费等。

2012年，北区分公司实现总收入完成计划的100.06%，同比增加248万元。从收入构成上看，语音业务收入增加2.5%；数据收入同比增加583万元，增幅11%，主要都是互联网专线收入；宽带收入增加216万元，增幅5%。

中国铁通北京北区分公司在海淀区境内下属的经营部

序号	经营部	地址
1	西直门经营部	海淀区北滨河路2号
2	中关村经营部	海淀区科展公寓B座20号
3	清华经营部	海淀区五道口城铁西北角200米
4	四季青经营部	海淀区世纪城远大园3区7#4单元B1B
5	百旺山经营部	海淀区永丰中路54号
6	五路经营部	海淀区阜石路甲19号院11号楼

（梁宏业）

电力供应

【概况】 海淀供电公司（以下简称公司）原名海淀供电局，成立于1987年2月。2003年11月建制调整时改制为海淀供电公司，为北京市电力公司的直属供电企业，负责海淀区的电力供应、销售以及变电、配电设施的建设、运行及维护。截至本年底，公司有69.92万客户，其中磁卡表54.11万户，国网智能本地费控表11.16万户，机械表4.65万户。

年内深化“法治电网”依法治企专项活动，开展综合检查，问题整改率达到93.75%。为重要客户提供安全用电评价与评估服务，并建立“用电健康档案”。

全年实现主营业务收入73.14亿元，内部利润5.39亿元。现金流预算执行率平均达到98.6%。全年共发生在建工程支出67294.13万元，完成工程决算69个，决算金额41163.84万元。工程竣工决算完成率达100%。全年累计完成110千伏及以下考核口径售电量117.82兆瓦时。

售电收入90.916亿元；售电均价726.27元/兆瓦时。截至年底，累计实现安全生产2331天。完成各级政治供电任务176项（其中：特级2项，一级22项，二级30项，三级122项），年累计保电天数309天，完成多项重大供电保障任务。

（刘明昆）

【开拓市场】 公司推进市场开拓“百日攻坚”活动，加强与政府有关部门的沟通联系，主动获取政府批准立项的项目信息，建立预备项目信息库，超前跟进客户需求；组织召开工程调度会，建立大客户走访机制；挖掘降损增效潜力，提升电量2亿千瓦时，报装结存同比下降36.2%。

（刘明昆）

【营业普查】 加大营业普查力度，建立警企联动机制，查处违约用电、窃电57起，追补电量240万千瓦时。开展分线线损统计，加强直配户线损管理，线损率由2009年的7.29%下降至5.83%。

（刘明昆）

【电网建设】 完成海淀北部地区电力专项规划。实施滚动修编，做到电网规划与地区发展协调一致。选址落地9项输变电工程，包括1项海淀电网应急抢修指挥分中心工程、2项220千伏输变电工程和6项110千伏输变电工程，完成其中5项重点工程的全部规划前期工作。公司得到轨道交通、重点园区等重点用户无偿投资1.82亿元、无偿供地面积3.45万平方米。全年完成投资5.98亿元，比2011年增长64%。全年基建工程及大型技改工程共计13项，年度投产8项，变电容量85万千伏安，110千伏线路

44.99千米；完成电动汽车充电站工程3项。截至年底，公司所辖110千伏变电站32座，主变压器102台，主变容量5243兆伏安。10千伏开闭站98座，小区配电室924座；小区配电变压器、箱变2041台，总容量1550.585兆伏安；10千伏架空配电线路220条，总计1574.4千米。架空柱上配电变压器3067台，总容量824.089兆伏安；10千伏电缆线路1802条，总计5637千米。

（刘明昆）

【电力服务】 创新和落实各项便民服务举措，制定社区帮扶计划，"爱心卡"（免费）客户115户，打造"十分钟缴费圈"，全区售电网点3612个。针对居民阶梯电价的实施，开展短信定制服务；针对国网智能表换装，制作电表实物照片对应的说明卡；针对外籍客户，编制双语工单，设立英语专席。

（刘明昆）

【开展"居民用电质量提升专项行动"】 完成保障性住房供电项目18项，老旧小区居民用电改造5项，居民应急改造1项，惠及居民5344户。

（刘明昆）

【成立专职共产党员服务队】 开展"七进三送"服务活动；开展为振兴打工子弟小学建立党员捐款"爱心奖学基金"；向多所小学赠送、讲解《安全用电三字经》；主动为盲人学校移除报废电杆，进行隐患排查；到玉福敬老院进行爱心服务；向央企赠送国网公司《社会责任报告》。

（刘明昆）

【科技创新】 完成"高层建筑（中央电视塔）电气设备运输安装"软课题研究，获得北京市电力公司科学技术进步三等奖。获得实用新型专利授权10项，新申报专利5项。完成21项公司内部群众性创新活动，成果分获北京市电力公司群众性创新成果二等奖1项、三等奖2项。《新型安全警示带支架的研制》获第五届"海洋王"杯全国QC小组成果获一等奖。

（刘明昆）

环境保护

【概况】 海淀区环境保护局（简称区环保局）是区政府负责环境保护的行政主管部门，其前身是1978年成立的海淀区环境保护办公室，1984年10月更名为海淀区环境保护局，下设海淀区环境保护监测站、机动车排放管理站2个事业单位。

本年，区环保局以治理PM2.5提升全区环境质量为目标，实施大气污染防治、区域污染减排、城乡水污染治理和辖区环境风险防范等重点工作，全区污染物总量持续削减，区域空气质量明显提升，空气质量改善幅度居城六区之首，水环境质量保持稳定，声环境质量继续保持平稳，辖区固体废物无害化、资源化、减量化的消纳处理能力持续增强，区域整体环境质量进一步优化。

全年全区环保投资总额达72.5亿元，占上年地区生产总值的2.07%。接待各种咨询13047人次，完成300余家高新技术企业的354项环保审批工作，办理审批建设项目997件，审批办结提前率66.85%；建设项目环保验收552件，验收办结提前率100%。全年共接收群众信访2264件，其中大气类1064件、噪声类1041件、其他159件，信访查处率、办结率100%。

本年，区环保局获国家人力资源社会保障部、发展和改革委员会、环境保护部、财政部等四部门联合颁发的"全国减排先进集体"称号。

（姜阳）

【大气污染防治】 实施《〈清洁空气行动计划〉2012年大气污染治理措施》，重点落实以严格环境准入、强化重点污染源减排、淘汰更新老旧车辆和加强挥发性有机化合物排放控制为主的共28项大气污染防治措施。对辖区内350余个在施工地扬尘污染防治情况进行排查，在重点地区实施80余次洒水降尘作业；对加油站、印刷、汽修和餐饮等排放挥发性有机物行业进行专项检查，开展整治大货车尾气超标和机动车"五重三查"[①]行动，淘汰更新老旧机动车3.6万辆，通过路查、入户检查和遥感检测等方式检查车辆55万辆。

本年，市政府不再使用二级天数作为考核各区县的指标，改用大气主要污染物年均浓度下降率考核区域空气质量。全区大气主要污染物年均浓度二氧化硫为0.0306毫克/立方米、同比下降11.6%，二氧化氮为0.0545毫克/立方米、同比下降3%，可吸入颗粒物为0.114毫克/立方米、同比下降5%，降尘量为6.2吨/平方千米·月、同比下降4.4%，其中北部地区首要污染物可吸入颗粒物下降24%，削减幅度均居城六区之首。各项指标均超额完成市政府下达的年度任务目标，区域空气质量连续14年持续改善。

---

① 指在重点时间、重点地区、重点路段对重点单位、重点车型昼夜实施车辆排放、环保标志和违反限行规定的检查。

海淀区空气质量自动监测子站

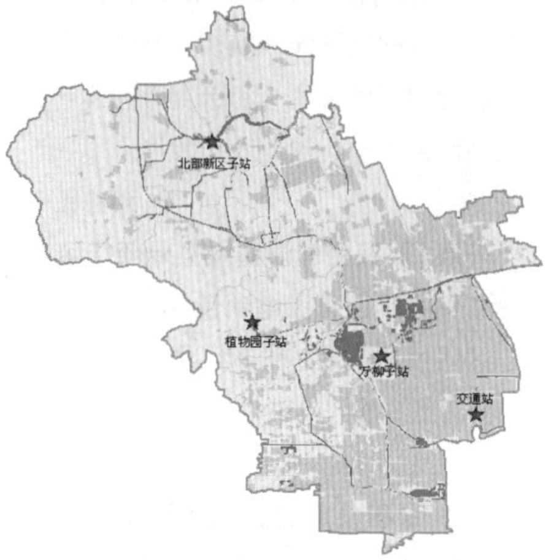

2012 年主要大气污染物年均浓度值

项目 年份	二氧化硫 （mg/m³）	二氧化氮 mg/m³	可吸入颗粒物 mg/m³	降尘 吨/平方千米·月
2012 年	0.0306	0.0545	0.114	6.2
变化率（%）	–11.6	–3	–5	–4.4
国家大气环境质量 二级标准	0.060	0.080	0.100	国家推荐参考标准 清洁区平均降尘量 4.2+7

（姜阳）

【地表水质监管】 本年，海淀区监测河流 10 条段，因小月河本年度断流，实际监测河流 9 条段、共 72.6 千米。其中京密引水渠、长河为达标河流；Ⅱ类、Ⅲ类水质河长占监测总长度的 34.6%；Ⅳ类、Ⅴ类水质河长占监测总长度的 10.6%；劣Ⅴ类水质河长占监测总长度的 54.8%。主要污染物指标为氨氮、总磷、高锰酸盐指数和生化需氧量，污染类型属于有机污染型。

海淀区监测湖泊 6 个，水域面积 427 万平方米，其中：Ⅱ类、Ⅲ类水质湖泊占监测水面面积的 55.0%；Ⅳ类水质湖泊占监测水面面积的 45.0%。主要污染物指标为高锰酸盐指数和总磷。达标湖泊的水质营养状态属于中营养和轻度富营养。

本年，突出加强对饮用水源地和地表水质的监测监管力度，每月 2 次对京引、水源三厂等重点保护区域和 20 个河湖监测断面实施定点巡查监测，确保辖区地表水特别是饮用水质稳定达标；对 4 家国控污水处理厂、1 家市级污水处理厂、7 家集中式污水处理站和 32 座村级污水处理站的污水设施运行情况进行定期巡查监管，严控污水排放达标率。

2012 年海淀区河流水质状况

水体名称	规划水质类别	现状水质类别
土城沟	Ⅳ	劣Ⅴ2
清河上段	Ⅳ	劣Ⅴ2
清河下段	Ⅴ	劣Ⅴ2
南沙河	Ⅳ	劣Ⅴ3
永引上段	Ⅲ	劣Ⅴ2
万泉河	Ⅳ	劣Ⅴ2
长河	Ⅲ	Ⅲ
京密引水渠	Ⅱ	Ⅱ
昆玉河	Ⅲ	Ⅳ

2012 年海淀区湖泊水质状况

湖泊名称	目标水质类别	2011 现状水质类别	富营养化状态
团城湖	Ⅱ	Ⅱ	中营养
昆明湖	Ⅲ	Ⅲ	轻度富营养
紫竹院湖	Ⅲ	Ⅲ	轻度富营养
圆明园湖	Ⅲ	Ⅳ	中度富营养
八一湖	Ⅲ	Ⅳ	中度富营养
玉渊潭湖	Ⅲ	Ⅳ	中度富营养

2012 年海淀区河流水系状况图

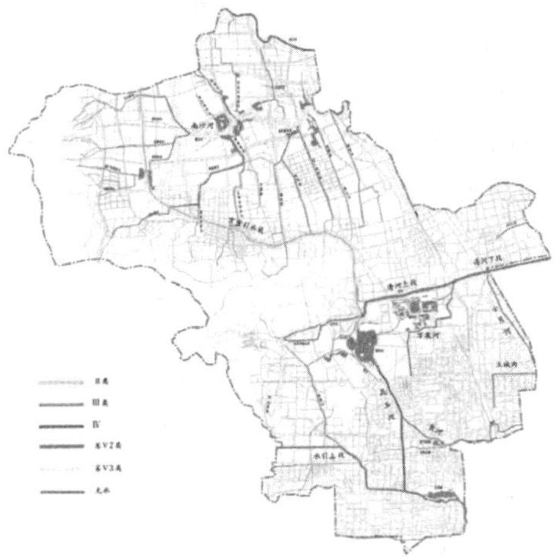

（姜阳）

【**环境噪声监测**】　本年，海淀区网格噪声测点为 136 个，建成区区域环境噪声平均值为 53.8 分贝，达到国家标准，同比下降 0.3 分贝；达标网格数 107 个，达标率 78.6%。全年受理各种噪声环境信访 1041 件。在中考、高考期间开展区域噪声专项整治行动，开展联合执法 6 次，检查噪声单位 70 余家。全区交通道路干线监测路段 60 条，累计长度达到 150.17 千米。平均计权等效声级为 69.8 分贝，达到国家标准，同比上升 0.1 分贝；达标路段 36 条，占有效监测路段的 60%；超过 70 分贝限值的路段条数同比上升 5.0%。

道路交通噪声状况图

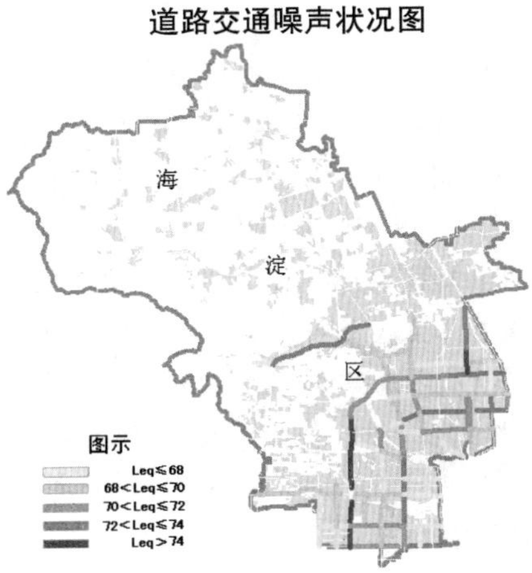

（姜阳）

【危险废物与辐射监管】　截至年底，全区有涉源单位 60 家，共有核辐射源 672 枚，其中Ⅰ类 131 枚、Ⅱ类 222 枚、Ⅲ类 3 枚、Ⅳ类 21 枚、Ⅴ类 290 枚、其他 5 枚；射线装置单位 373 家，射线装置 1157 台，其中Ⅱ类 118 台、Ⅲ类 1039 台，占全市总量的四分之一，是全市辐射源和射线装置最多的区县。其中有 5 家用于食品、药品核照射消毒的大型辐照装置，占全市 9 家的一半以上。年内，将使用危险化学品的实验室纳入重点监管范围，全区有 90 余家使用危险化学品的实验室和 106 家驻区医院，未发生环境污染事故。

全区 2012 年工业固废产生量为 6.2419 万吨（待市政府核实），固体废物处置利用率为 100%，重点工业企业危险废物年产生量 884.71 吨，无害化处置利用率 100%。全区产生生活垃圾 88.49 万吨，全部进行卫生填埋无害化处理，生活垃圾无害化处理率达 100%。

（姜阳）

【污染减排】　通过加快推进产业结构调整、实施燃煤锅炉清洁能源改造、老旧机动车淘汰、加强北部地区污水处理设施建设、强化畜禽养殖污染治理、加大日常监察管理力度等一系列措施，确保大气和水主要污染物排放总量持续削减，污染减排。持续开展整治违法排污企业专项行动，重点打击重金属污染和污水废气超标排放等违法行为，对 37 家印刷企业、40 家医院、13 家畜禽养殖场和 7 家食品生产企业实施限期治理，减排工业企业挥发性有机物排放 180 吨；淘汰建筑渣土烧结砖生产线等落后产能；改造燃煤锅炉使用清洁能源 487 吨，削减燃煤 12 万吨。立案查处环境违法案件 280 件、处罚超标排放机动车 1200 辆，累计罚金 155 万元；依法征收排污费 110 万元，处罚金额和排污费征收额较上年均有大幅增加。

全区大气二氧化硫、氮氧化物排放总量分别比上年削减 7.16%和 5.33%，北部地区水化学需氧量、氨氮分别比上年削减 1.44%和 2.93%，全面超额实现年初确定的减排目标。全面完成市政府下达的 4 项污染物分别削减 5%、5%、1%和 1%的年度目标。

（姜阳）

【生态建设】　完成绿化建设 740 公顷，其中新增城市绿地 86 公顷、新增造林绿化 3350 亩（223.3 公顷）。全区城市绿地率达到 47.6%，人均公园绿地面积 13.98 平方米/人，城市绿化覆盖率达到 49.54%。完成南沙河温阳路—稻香湖桥段长计 2.63 千米的治理，共铺设截污管道约 9 千米。全区污水处理率达 95%以上，区域生态环境质量得到持续改善。截至年底，全区有 3 个全国环境优美乡镇，5 个市级优美乡镇，27 个市级生态村。

（姜阳）

【环保宣传】　以 4·22 绿色出行推动日、6·5 世界环境日、6·10 海淀区节能减排宣传周等主题宣传日为平台，组织开展“绿色消费 你我同行”，“关注 PM2.5 携手污染减排”等环保教育活动。利用电视、广播、报纸、网络等媒体扩大宣传范围和社会影响力。发放环保宣传材料 1.3 万份，累计参加现场环保宣传活动的群众近万人次。继续开展辖区中小学生环保演讲选拔竞赛活动，并组织参加全市中小学生环保演讲比赛。

（姜阳）

园　林　绿　化

【概况】　海淀区园林绿化局（海淀区绿化委员会办公室）成立于 2009 年 8 月 14 日，是负责本区园林绿化工作的政府工作部门。下辖 8 个事业单位。

本年，区园林绿化局统筹城乡绿化发展，推进绿色海淀建设，完成各项工作任务。全年投入 57746 万元，完成绿化建设 916.75 公顷，其中新增绿化面积 541.82 公顷，绿化改造面积 374.93 公顷。其中人工造林 223.33 公顷（3350 亩），改造林地 333.33 公顷（5000 亩）。城区完成绿化建设 360.09 公顷：新建绿地 318.49 公顷，改造绿地 41.60 公顷；完成公园绿地 276.84 公顷、道路绿化 36.91 公顷、居住区绿化 22.40 公顷、单位附属绿地 9.55 公顷、屋顶绿化 2.29 万平方米；栽摆花卉 572 万余株（盆），新植树木 104.78 万株，新植草坪 45.04 万平方米。全区森林覆盖率 35.77%、林木绿化率 42.64%、绿化覆盖率 49.54%、绿地率 47.59%、人均绿地 47.16 平方米、人均公园绿地 13.98 平方米。

（罗勇）

【北京市西山试验林场】　北京市西山试验林场（简称西山林场），地跨海淀、石景山和门头沟 3 个行政区，是市属驻区事业单位，直属北京市园林绿化局（首都绿化委员会办公室）领导，为生态公益型国有林场。西山林场下设 8 个林业单位。

2012 年，西山林场推进生态建设、资源管护、森林公园建设、产业发展、基础设施和安全生产等工作。西山林场 1 人被评为“中国森林公园发展 30 周年突出贡献个人”；1 人被评为“首都绿化美化先进个人”；2 人军被评为“北京市护林防火先进个人”。

生态体系建设　森林抚育（补贴试点）项目。该项目为 2012 年中央财政预算内专项资金项目，2012 年度项目作业区主要集中在黑龙潭分场和东北旺分场，总面积为 1199.7 公顷，1.8 万亩。重点进行割灌除草、定株、修枝、抚育间伐（含卫生伐、景观伐、生态疏伐等）等抚育施工。

中幼龄林抚育（补贴试点）项目。该项目为西山林场 2011 年度中幼龄林抚育（补贴试点）项目，于 2012 年度组织实施。项目作业面积 2 万亩。作业区主要位于卧佛寺、魏家村分场，共完成定株作业面积 3817 亩；修枝作业面积 19866 亩；割灌作业面积 12967.5 亩。已通过市园林绿化局组织的检查验收和国家林业局组织的抽查验收。

特殊林木后备资源培育项目。本项目为 2011 年中央预算内林业基本建设投资项目，项目主要建设内容为：新造元宝枫 2000 亩，改培白蜡 3333 亩。本年完成补植补造面积 1280 亩，其中元宝枫面积 386 亩，白蜡面积 894 亩；完成割灌作业总面 11530 株；天然落种幼苗保护面积 5333 亩。

幼林抚育管理。本项目为有效保障魏家村分场范围内近 5 年新造林地和补植幼苗保存率和景观改造效果而向市财政申报的项目，项目作业总面积 4101 亩，其中共完成间株定株、割灌、松土除草、扩堰 3000 亩；补植补造 1000 亩。

黑石堡火烧迹地植被恢复项目。截至年底，该项目共完成栽植侧柏 3000 株、元宝枫 2000 株、栾树 1000 株。

国家重点公益林管护。2012 年林场国家重点生态公益林面积 8.92 万亩。西山林场安排专职护林员 81 名负责管护工作。

封山育林项目。西山林场 2012 年度的京津风沙源治理工程——封山育林工程项目和封山育林续建项目地点安排在西山林场黑石头分场，封育总面积 1 万亩。对作业区的 1 万亩林地进行割灌、清杂等抚育措施，对封育区进行病虫害监测防治。

森林可持续经营项目。本项目为市财政森林植被恢复费返还建设项目项目，项目实施地点为黑龙潭分场。项目完成西山林场Ⅳ分区 4、5 林班范围内 2943 亩油松林的疏伐、修枝、更新幼苗保护、单株木经营等可持续经营措施。

北京市低山区景观型生态公益林抚育技术模式示范与推广。本项目为延续项目，2012 年主要工作是进行课题数据总体汇总与分析、项目成果提交、准备验收资料。9 月 11 日，项目通过北京市园林绿化局及相关专家的验收。

西山林场森林碳汇经营综合示范项目。该项目由中国碳汇基金会的资金支持，期限为三年。2012 年是项目开展实施的第二年，联想公司 100 多名员工在魏家村分场刺槐林缘地带栽植 50 多棵紫丁香，完成几十棵天然落种幼苗的扩树堰任务。

西山林场古树名木管理。主要是针对卧佛寺分场的静福寺侧柏古树群开展保护。落实管护责任，对生长状况摸底检查和采取科技管理手段。与各个分场的古树名木管护责任单位签订《古树名木管护责任书》；组织各分场针对管辖范围内古树名木生长情况进行彻底检查，对发现问题，采取有效措施；依托局碳汇办“重要名胜区古树健康诊断与维持技术研究示范区建设”项目，在一些古树周边土壤上施菌根肥，提高根系吸收营养能力。

产业体系建设 森林旅游产业。西山国家森林公园接待游客 15 万余人，接待旅行团体 204 次，实现门票销售收入 91 万元，商服实现收入 7 万元。申报并通过国家 3A 级景区评审。

园林绿化产业。继续以北京丹青园林绿化公司为龙头企业，不断提高园林设计、工程、苗木培育等综合实力。2012 年，公司参与行业招投标 49 项，中标 24 项，全年承接设计项目 41 项。

生物防治产业。周氏啮小蜂生产销售 26 亿头，管氏肿腿蜂生产销售 230 万头，瓢虫生产销售 42.5 万头，花绒寄甲生产销售 6.06 万头，赤眼蜂销售 500 万头，平腹小蜂销售 345 万头，大唼蜡甲销售 0.5 万头，美国白蛾病毒销售收入 3000 元。成功申请国家林业局推广项目《几种重要林木有害生防技术在北京地区示范与推广》，申请北京市地方标准 2 项，开展和完善花绒寄甲、大唼蜡甲、白蜡吉丁肿腿蜂等生防产品规模化生产技术，开展红脂大小蠹和白蜡窄吉丁天敌野外应用技术。获《线虫浸取机》实用新型专利 1 项，申请 8 项专利技术。

安全保障体系建设 森林防火。2011–2012 年度森林防火期共投入经费共计 758.39 万元，同比增加 25%。辖区共发生火情 4 起，均得到处置，未形成火警火灾，未发生人员伤亡事故。香峪大梁森林防火阻隔系统工程基本竣工；北岭大梁森林防火阻隔系统工程项目编制完成，已上报市发改委审批；林场与国管局合作修建的道路已办理完成采伐移植、林地占地等前期手续，开始施工。一片石森林防火道路拓宽硬化工程已进入招投标阶段。

林木有害生物防控。重点监测美国白蛾和红脂大小蠹，发放 2 亿头白蛾周氏啮小蜂防治美国白蛾。全年共监测到美国白蛾成虫 41 头，林场范围未监测到白蛾网幕和红脂大小蠹。

基础设施建设 完成魏家村分场 1300 米、卧佛寺分场 1800 米打井工程施工；卧佛寺分场危房改造一期、二期工程完工并投入使用，三期工程前期各项工作已开展，2012 年底主体结构已封顶；启动卧佛寺分场静福寺 200 千瓦接电工程；防火瞭望塔（点）安装七座卫星电视。

西山林场场属林业单位表

序号	单位名称	住 所
1	西山林场福寿岭分场	石景山区模式口甲 28 号
2	西山林场魏家村分场	海淀区西山试验林场魏家村造林队
3	西山林场黑龙潭分场	海淀区温泉乡黑龙潭造林队院内
4	西山林场黑石头分场	石景山区黑石头南街 51 号
5	西山林场三家店分场	门头沟区三家店西街 137 号
6	西山林场卧佛寺分场	海淀区卧佛寺
7	西山林场东北旺分场	海淀区黑山扈 19 号
8	北京市生物防治研究推广中心	海淀区香山普安店 206 号

（蒋薇）

【北京首个生态科技绿色区域空间布局规划确定】 9月7日，《北部生态绿色控制性详细规划及重点地段规划设计》公布，这是北京首个生态科技绿色区域空间布局规划，2013 年实施建设。“绿心”区域规划 31.55 平方千米，占到北部地区总面积的七分之一，包括基本农田 2.65 平方千米，规划控制人口规模 1.6 万人，以湿地生态涵养、农业生产为主导功能。涉及温泉镇、苏家坨镇、上庄镇、西北上下班镇四个镇。总体采用“两廊、三核、六区”空间布局结构。“两廊”指南沙河绿色生态画廊和上庄路森林风景协廊；“三核”指湿地生态核、历史人文核和生态科技核；“六区”指森林休闲区、湿地保护与展示区、人文博览区、田园牧歌区、科技主题区和绿色产业区。

（钟冷）

【全民义务植树】 全年开展 154 次义务植树活动，952家单位78万余人参与。新植树木 42 万余株，以认建、认养、抚育、养护、购买碳汇、捐赠绿化基金等 18 种尽责形式折算植树 273 万余株，共完成义务植树 315 万余株。4 月 1 日，组织以“科技植绿，海淀先行”为主题的第 28 个全民义务植树日活动，29 个街镇开展义务植树、绿地养护、绿化宣传、认建认养等活动。植树日当天参加义务植树人数 7.93 万人，植树 11.34 万余株，挖坑 10.73 万个，动土 9.64 万立方米，养护树木 43.23 万株，清扫绿地 395.15 万平方米。4 月 13 日，全国政协领导和政协机关干部 400 余人到翠湖湿地公园参加义务植树，栽种栾树、毛白杨、馒头柳等树木 2000 余株。万寿路街道被评为“首都绿化美化花园式街道”，万寿路街道紫金长安社区等 7 个社区被评为“首都绿化美化花园式社区”，亿城西山公馆等 22 个单位被评为“首都绿化美化花园式单位”。在区级评比中，5 个乡村获得“绿化美化最美乡村奖”、10 个社区获得“绿化美化最美社区奖”、5 条街巷获得“绿化美化最美街巷奖”、30 个阳台获得“绿化美化最美阳台奖”。

（罗勇）

【平原地区造林工程】 完成平原造林工程任务 223.3 公顷（3350 亩），种植各类乔灌木 37.6 万余株，完成土方 131 余万立方米，铺设浇水管线 3.86 万延米，打井 4 眼。其中京新高速绿色通道项目 27.3 公顷（410 亩），栽植乔灌花木 11.7 万余株，完成土方 12 万余立方米；唐家岭地区景观生态林项目 196 公顷（2940 亩），栽植乔灌花木 25.9 万余株、宿根花卉 9000 平方米，播种地被 2.85 万平方米，完成土方 119 万余立方米，建成木瓦亭 1 个、植草亭 1 个、茶棚 1 个、露营台 12 个、眺望台 1 个，修建木栈道 279 延米，铺建园路 3840.3 延米。

（罗勇）

【绿化隔离地区绿地管护】 负责城市绿化隔离地区 2412 公顷（36180 亩）林地、“五河十路”[①]绿色通道 707 公顷（10613 亩，）绿地和二道绿化隔离地区 1740.5 公顷（26107 亩）绿地的养护管理，落实集体生态林补偿机制政策，兑现各项政策性资金 1.68 亿元。加强枯死树清理、防洪排涝等环境治理，开展以清除拉拉秧为重点的林木绿地养护管理和景观环境治理专项工作，对 89 条道路、10 条河道两侧绿地和 5.16 万亩林木绿地实施治理，组织养护队 205 支，出动 5475 人次，清除拉拉秧 101 处，清除绿地垃圾 58 处，清除枯死树 261

① 根据《北京市人民政府关于进一步推进本市绿色通道建设的通知》（京政发〔2001〕30 号），“五河十路”即永定河、潮白河、大沙河、温榆河、北运河；京石路、京开路、京津塘路、京沈路、顺平路、京承路、京张路、五环路、六环路、京九铁路、大秦铁路。2012 年将六环路两侧绿色通道面积纳入五河十路范围内。

株、枯枝干尖1319株，补植苗木1217株。

（罗勇）

【**彩色树种造林工程**】 投资200万元，按照“集中连片、扩大规模、突出景观”的原则，完成彩色树种造林工程133.33公顷（2000亩），其中苏家坨镇五七水库朝阳坡和七王坟村西小黑山1000亩、西山农场凤凰岭景区龙泉寺西部鳌鱼沟1000亩，共种植黄栌、元宝枫、火炬、山桃、地锦等彩叶苗木10万株，铺设输水管线5000余延米。

（罗勇）

【**森林健康经营示范工程**】 采取间株定株、补植补造、抚育间伐等措施，完成苏家坨镇塔土、大竹山风景区等山区生态公益林健康森林经营项目200公顷（3000亩），其中重点地块抚育面积78公顷（1170亩）、一般性林地抚育122公顷（1830亩）。对林内空地及林分群落单一地块实施乡土树种补植，补植各类彩叶树种苗木1.72万株，完成清理长势不良、过密植株3.9万余株，清理林地枯落物600余吨，割打防火隔离带2万延米，森林结构和功能得到完善。

（罗勇）

【**除萌去蘖工程**】 对苏家坨、温泉、上庄、西北旺、东升、四季青镇等6个镇实施平原防护林主干路除萌去蘖项目，共除萌去蘖乔木2.8万株，修整乡镇地区重点道路两侧行道树的树形。

（罗勇）

【**播草盖沙工程**】 采取铺种地被植物防沙的方式覆盖林中空地等易发生扬尘扬沙地块，完成北京市下达的7500亩播草盖沙工程建设任务，其中温泉镇2650亩、苏家坨镇3100亩、上庄镇1250亩、四季青镇500亩，播种板蓝根、二月兰、黑心菊、苜蓿、柴胡、知母等地被植物种子2.2万公斤。

（罗勇）

【**生态林管护**】 全年纳入集体生态林补偿机制政策林地面积10.58万亩，其中平原生态林5.84万亩、山区生态林4.74万亩，核定招收生态林管护人员7566人，其中市核定山区生态林管护员208人、乡镇招收7358人，兑现集体生态林补偿资金11650.5万元，其中管护人员工资6627.8万元、占地补偿补助5022.7万元。完成4.5万亩景观生态林修剪和1.7万亩山区生态林抚育，清理枯死树2500株，打防火隔离带15万延长米；补植柳树、槐树、侧柏等乔灌花木2万余株；整理排洪沟3.8万延米，清除林地杂草、枯枝落叶等杂物0.9万吨；实施病虫害防治面积6.3万亩。开展生态林抚育、修剪等技术培训班3次，培训170余人次；指导各乡镇管护分中心对所有生态林管护员培训39次，累计培训4505人次。

（罗勇）

【**农村街坊路绿化**】 核实现有街坊路绿化面积126.6万平方米，建立管护工作台账，组织开展专业培训，加强街坊路绿化日常养护指导监督，促进农村生态环境的改善提高。

（罗勇）

【**五河十路绿色通道管理**】 加强京藏高速（京张路）、温榆河、六环路和五环路等五河十路绿色通道建设管理，累计建设里程达到45千米，绿化管护面积10613亩，其中永久景观带绿化面积8410亩、温榆河产业带面积2203亩。补植各类苗木0.78万株，修剪树木10.7万株，清理林地卫生0.71万亩，涂白苗木9.7万株。

（罗勇）

【**城市道路绿化**】 制定四级道路绿地绿化养护管理质量标准。在现有道路绿化的基础上增加花卉、花灌木、地被、彩叶树种等，采用组团式、段落式种植方式丰富绿化形式，完成阜石路、阜成路、香山南路、莲石路、高粱桥路、上地七街、永泰庄东路、龙岗路、安宁庄西路、水厂南路、西四环定慧桥东侧、翠湖北路等12条特色景观大街建设，新增道路绿地3.9万平方米，改造2.2万平方米。

（罗勇）

【**公园绿地建设**】 全区注册公园21家、面积735.13公顷，其中市级精品公园11家（本年新增会城门公园、碧水风荷公园、温泉公园3家市级精品公园）。全年新建改造公园绿地9处、56.9万平方米，新增公园绿地51.9万平方米，其中翠湖湿地公园二期40万平方米、美和园公园22480平方米、北极寺公园4.7万平方米、金威大厦绿地28110平方米、金源娱乐园南绿地13341平方米、玉渊潭公园绿地8000平方米；改造公园绿地5万平方米，其中祁家豁子绿地18500平方米、五棵松奥林匹克文化公园26730平方米、西木绿岛5000平方米。

（罗勇）

【**居住区绿化**】 新建居住区绿地11处、27.2公顷，其中定慧福里二期11250平方米、美丽经典二期48300平方米、美丽星苑二期6200平方米、玲珑天地7300平方米、西山一号院48000平方米、橡树湾81000平方米、上林溪4000平方米、唐宁one13885平方米、永定路93号楼5500平方米、雅世合金7000平方米、郦城西山公馆40000平方米。

（罗勇）

【**老旧小区绿化改造**】 完成5个老旧小区绿化改造工程，改造面积30800平方米。其中武警十六支队大院1500平方米、五街坊11300平方米、六街坊11000平方米、九街坊5000平方米、燕侨物业2000平方米。

（罗勇）

【**立体绿化**】 完成蓝靛厂南路、万柳东路、西北四环路、北坞村路、万泉河路、京昌路等30条城市主干道百万月季上大街工程，实现垂直绿化41.5千米，种植藤本月季16.6万株。实施中关村1、2、3号桥、长春桥、学知桥等桥体桥帮绿化，完成桥体绿化7290平方米。完成10处屋顶绿化工程22880平方米，其中中关村国家自主创新示范区展示中心屋顶绿化6300平方米、清华凯丰基金屋顶绿化2500平方米、紫金长安屋顶绿化2400平方米、国悦府屋顶绿化4200平方米、公安部一所屋顶绿化300平方米、羊坊店街道社区服务中心屋顶绿化510平方米、会城国际屋顶绿化600平方米、节能大厦屋顶绿化500平方米、中国人民大学图书馆屋顶绿化4970平方米、温泉镇医院屋顶绿化600平方米。

（罗勇）

【健康步道建设】 完成马甸公园至北极寺公园的健康绿道建设2.2千米。实施北四环南侧绿化带内健康步道改造工程3.15万平方米，在林间修建健康步道1365延米，补植花卉和地被植物1766平方米，设置木座椅25个。

（罗勇）

【街道自管绿地养护监理】 委托清华大学对街道自管绿地绿化养护工作进行监理，通过周检查、月考核、年汇总的监管方式，形成问题监理–整改督导–反馈沟通的一体化监理模式，并通过检查周报、月报的形式在全区通报自管绿地存在问题及问题整改等养护情况。全年编发检查周报33期、月报9期，促进街道自管绿地养护质量的提高。

（罗勇）

【重大活动和节日环境花卉布置】 实施花卉布置常态化管理，以节日景观和重大活动为重点，采取地栽、垂吊、盆摆、立体多种形式，在城市主干路、桥区、主要城市广场、公园、商圈等处开展花卉布置，布置地栽花卉28000平方米，栽植花卉320余万株，摆放花钵1798组，设置立体花坛11处。

（罗勇）

【绿地认建认养】 认建认养绿地3处、1.3公顷，其中西山一号院绿地5164平方米、长春桥东南角绿地2100平方米、莱圳家园绿地5880平方米。认养树木7300余株，投资1300万元。社会力量捐赠中国绿化基金翠湖专项130余万元。

（罗勇）

【森林防火】 本防火年度无森林火灾、无人员伤亡。落实森林防火行政首长负责制和区域管护责任制，实行每日火情零报告制度和高火险天气值班抽查制度，全区各级森林防火机构共签订森林防火责任书1万余份。投资30万元实施苏家坨镇车耳营瞭望塔维修改造，投资130万元维修山区防火路，投资170万元维修因“7·21”强降雨而损毁的防火路，投资335万元新建防火检查站16座、防火检查亭5处，投资135万元安装森林火情自动识别系统3套，投资205万元购置森林消防物资器材。制订重点时期的森林防火应急预案并开展扑火实战演练，加强火情预警预报，严格落实领导带班、24小时值班制度和专业森林消防队备班制度。本防火年度，发布9次橙色森林火险预警警报，接报警26起，其中森林火警2起，均启动预案及时，处置得当。加强对已建成的森林防火隔离带的抚养和维护，割除隔离带和清理林下易燃物120公顷。组织对林地内生产作业单位、商户隐患排查千余次，出动检查车2000车次，行程约10万千米，下发隐患整改通知书67份，全部完成整改。在重点林区、关键部位布设森林防火宣传碑（牌）、条幅、展板、自动语音宣传提示杆等，营造全社会“人人关注防火、人人懂得防火、人人自觉防火”的氛围。全年举办宣讲会4次，印发宣传手册5万份，发放宣传纸杯1万个，设立宣传牌（碑）500块，受教育群众达5万余人。本年获北京市森林防火工作先进单位称号。

（罗勇）

【林木有害生物防控】 设立市级监测测报站1个、美国白蛾诱芯监测点1500个、杀虫灯监测点500个，建立完善覆盖全区的林木有害生物监测测报网络。组织开展3次以美国白蛾为主的林木有害生物普防工作，投入防治队伍800余支、人力9000余人次，累计防控面积48万余亩；新建飞防直升机固定起降点1处，开展3次飞机防治，飞行246架次，累计飞防面积14.8万亩；释放管氏肿腿蜂500万头、周氏啮小蜂2亿头；处置东升镇小线角木蠹蛾突发事件，伐除枯死树、濒死树和重度衰弱树1016株，清除小线角木蠹蛾及其他蛀干害虫。全年在28个街镇（林场、中心）和204个社区（村点）累计监测诱杀美国白蛾成虫1122头，发现幼虫危害树木591株、网幕1243个，其他常发性林木有害生物草履蚧、春尺蠖、国槐尺蠖、国槐叶柄小蛾、柳圆叶甲、杨扇舟蛾、杨小舟蛾等均呈点状发生，实现“有虫不成灾”目标。

（罗勇）

【林政执法】 重点打击破坏野生动物和森林资源的犯罪活动，全年接报警情26起，其中火情报警2起、涉林报警9起、野生动物15起；参与执法办案出动警力360次，专项执法检查30次、检查单位150余家、行政处罚1起，办理刑事案件2起，刑事拘留4人。处理绿地违法违章234件，恢复绿地7000平方米。年内，开展“野生动物及其制品网络犯罪”专项整治行动查处“赶集网”、“58同城”等网站非法信息，破获1起利用网络非法出售国家重点保护的野生保护动物懒猴案，刑事拘留犯罪嫌疑人1人，查获国家一级保护野生动物蜂猴1只、国家二级保护濒危野生动物鹦鹉7只。开展“清查花鸟鱼虫市场”专项行动清查花鸟市场、集贸市场17处，检查摊位50多家，查处非法出售国家珍贵濒危野生动物案1起，刑事拘留犯罪嫌疑人3人，缴获国家保护动物蟒蛇4条、陆龟6只及巨蜥若干。

（罗勇）

【行政许可】 严格行政许可审批，批准林木采伐手续101起，采伐3万余株、蓄积 4267 立方米；审批林木移植手续 45 起，移植 1.5 万余株；审核审批树木伐移 188 件，其中移植 3422 株，砍伐 777 株，永久占用绿地 19209 平方米，临时占用绿地 44169 平方米；审核并报市园林绿化局审批的林地征占用手续 13 起，涉及面积 181.28 公顷。签发《苗木检疫证书（出省）》16 份、《产地检疫合格证》10 份，开具《检疫要求书》13 份，检疫苗木 7.4 万株、花灌木 66.7 万株（盆）、地被 8.3 万平方米、木材 600 立方米。

（罗勇）

【代征绿地收缴】 回收中关村软件园一期、建西苑、莱圳家园等 10 处代征绿地 42 公顷。办理林木种苗生产许可证 3 份、经营许可证 4 份，换发生产许可证 9 份、经营许可证 15 份。

（罗勇）

【绿地率专业审查】 审核公共绿地设计方案 60 项、附属绿地设计方案 13 项，完成建设工程绿地率审查 64 项、涉及面积 3032105.03 平方米，其中建设用地面积 2376957.58 平方米、附属绿地面积 655147.45 平方米。

（罗勇）

【野生动植物保护】 投入 408 万元，采取修补树洞、建围栏和支撑及后续养护等措施，修复复壮苏家坨、温泉、西北旺、四季青镇等地区衰弱和濒危古树 384 株。监测鸟类 100 余万只，未发现疫情；利用野生动物救护中心和海淀区猛禽救助中心技术力量救助 4 起受伤猛禽；落实野生动物造成损失的应急补偿资金 15 万元。

（罗勇）

【集体林权制度改革】 深化集体林权制度改革，下达山区生态公益林促进发展机制资金 124.1612 万元，其中市财政资金 20.6612 万元、区财政（支林资金）103.5 万元，拨付苏家坨镇 797352 元、西北旺镇 84024 元，温泉镇 177912 元、四季青镇 182324 元。

（罗勇）

【花卉产业】 本年，各类花卉种植面积 95455 平方米，产值 236.24 万元，销售额 234.06 万元。从业人员 90 人。

（罗勇）

【蜂业】 全区有蜂农 18 户，蜂群 818 群（其中新发展蜂群 60 群），年产蜂蜜 18140 公斤、王浆 440 公斤、花粉 125 公斤、蜂胶 27.5 公斤、蜂蜡 250 公斤，总收入 52.75 万元。组织蜂农培训 2 次 40 人次，对 18 户蜂农进行食品卫生检查并宣讲北京市蜂业扶持政策，为蜂农发放蜂王 15 只，发放蜂药、巢础和专业书籍。

（罗勇）

【种苗产业】 全区现有种苗注册生产企业 62 家、经营企业 73 家（其中同时办理生产、经营许可证的企业 56 家），注册苗圃总面积 9196 亩（613.1 公顷）；现有育苗品种 50 余种，占北京市总育苗品种的 80%，其中针叶树 7 种、阔叶树 30 余种、花灌木 10 余种；全年出圃苗木 1000 余万株（盆），销售花卉种子、草种 2000 公斤。

（罗勇）

【林下经济】 推广多种林下经济发展模式，开展生态再造工程之新型、高效低碳林下食用菌生产系统试验项目，应用痕量灌溉技术、传感器和物联网技术，在果树地种植口蘑 12 亩，在绿化林地种植鸡腿蘑 5 亩，在防护林地种植黑木耳 3 亩。每平方米可产 5 至 10 公斤鲜菇。

（罗勇）

【新建、改造 8 项绿化工程】

美和园公园一期工程 工程于 2011 年 12 月 3 日开工，2012 年 7 月 1 日竣工。位于清河小营西路南侧，美和园小区西侧和北侧，绿化面积约 35600 平方米。共种植常绿乔木 162 株、落叶乔木 443 株、常绿灌木 771 株、落叶灌木 2956 株、花卉 504 平方米、早园竹 1272 丛、色块 405 平方米、草坪 14500 平方米。工程被评为北京市 2012 年度园林绿化精品工程。

北极寺公园工程 工程于 2011 年 12 月 3 日开工，2012 年 7 月 2 日竣工。位于北四环健翔桥西南角，东邻八达岭高速路辅路，西侧为居住区，绿化面积约 4.2 公顷。共栽植乔木 1330 株、灌木 8076 株、宿根花卉 56463 株、竹子 6757 株、时令花卉 10312 株、草坪 31624 平方米。公园以展示北京乡土树种及植物多样性为特色，汇集栾树、榆树、元宝枫、五角枫、鹅掌楸、银杏等 20 余种北京乡土树种和以银红槭、银白槭、水杉、牛奶子、黄山栾、西部沙鹰为代表的新优珍贵品种植物 50 种。工程被评为北京市 2012 年度园林绿化精品工程。

五棵松奥林匹克文化公园工程 工程于 2011 年 11 月 1 日开工，2012 年 8 月 1 日竣工。位于西四环中路东侧，紧邻五棵松体育文化中心，绿化面积 26130 平方米。共栽植常绿乔木 174 株、落叶乔木 113 株、灌木 1429 株、地被 16965 株、草坪 17770 平方米。

阜石路、高粱桥路、阜成路绿化提升工程 工程于 3 月 10 日开工，9 月 15 日竣工。工程总面积 4.61 万平方米，包括阜石路、高粱桥路和阜成路外侧绿地的绿化改造提升，共栽植乔木 1340 株，灌木 2461 株，色带、绿篱等 10792 平方米，草坪 32172.7 平方米。

百万月季上大街绿化工程 工程于 6 月 11 日开工，10 月 9 日竣工。在北坞村路、远大路、万泉河路等 30 条城市主干道实施立体花卉布置，栽植光谱、朱红女王、御用马车、花魂等品种藤本月季 25911 延长米、127026 株。

祁家豁子绿地绿化提升工程 工程于 3 月 1 日开工，10 月 30 日竣工。位于海淀区祁家豁子街区、八达岭高速路西侧，绿化总面积 1.85 万平方米，包括绿化工程、庭院工程等。共栽植常绿乔木 78 株、落叶乔木 83 株、灌木 24638 株、宿根花卉 17021 株，铺设草坪 7127 平方米。

香山南路绿化提升工程　工程于5月9日开工，11月24日竣工。工程包括北起香山路、南至西五环的中央隔离带及外侧绿地，全长约5300米，绿化面积约61590平方米，共栽植常绿乔木617株、落叶乔木567株、常绿灌木27030株、落叶灌木14257株、宿根花卉74232株，铺设草坪40880平方米。

莲石路绿化改造工程　工程于7月16日开工，12月15日竣工。位于西四环沙窝桥东西两侧，西起莲玉桥西海淀区界，东至翠微路口，道路全长4550米，面积88120平方米。共栽植乔灌木33000余株、色带14万余株、宿根花卉6万余株，铺设冷型草28000平方米，栽植丹麦草6000平方米，在桥帮处实施桥体绿化并摆放种植箱1300余个，种植桧柏篱、爬山虎、藤本月季等攀援植物。

（罗勇）

环境卫生

【**概况**】　区市政市容委负责本区环境卫生的组织管理和监督检查工作。归口管理海淀区环卫服务中心并综合协调各街道、乡镇开展环境卫生工作。海淀区环境卫生服务中心是负责本区环境卫生技术性、服务性、事务性工作的区政府所属相当正处级全额拨款事业单位，归口市政市容委管理。所属基层单位14个，除油站为自收自支单位外，其余均为全额拨款事业单位。截至2012年底，全中心共有职工4334人，其中正式职工1508人，编外职工2826人。北京绿海能环保有限责任公司为区国资委一级监管企业，负责海淀区循环经济产业园再生能源发电厂项目的建设和运营。公司注册资本金1亿元。

全区清扫保洁道路共1496条，总长度162427千米，总面积3037.85万平方米(其中机扫道路325条，长度548.45千米，面积1192.29万平方米；机械保洁260条，长度449.42千米，面积1058.23万平方米)，其中市场化运作保洁面积达400.63万平方米。全区清运处理垃圾88.498万吨，无害化处理率100%。拥有环卫车辆1469辆、公厕1400座(其中二类以上412座、达标345座、三类及以下643座)。密闭式清洁站278个，环卫从业人员达10470人。

海淀区环卫中心道路清扫保洁面积1598.99万平方米，机扫面积851.56万平方米，机扫率达91.7%。道路冲刷面积587.65万平方米。环卫中心产权公厕为651座，其中二类以上公共卫生间324座，达标公厕263座，三类公厕64座；全年粪便作业量41.54万吨，粪便集中处理率达到100%。清运垃圾88.78万吨（含厨余垃圾1.19万吨），垃圾密闭化运输率和无害化处理率均为100%；承办区城市管理监督指挥中心案件12679件，结案率100%。共出动3141人次、1767车次，清理乱倒垃圾渣土1008次，清理垃圾渣土13739吨。截至年底，海淀环卫中心共有机扫车、喷雾降尘车、除雪车、洗地车、小广告冲刷车、垃圾清运车、垃圾转运车、粪便清淘车等各种车辆、机械设备1221部。

本年，区环卫中心获市市政市容环卫技能大赛团体二等奖、市市政市容环卫技能大赛清洁站项目团体二等奖。环卫二队、环卫五队被评为首都文明单位；六里屯垃圾填埋场化验班、科研所应用技术研究室被评为北京市青年文明号；环卫三队被评为北京市交通安全先进单位。李成友获“全国优秀环卫工人”称号。

（穆笛　焦阳）

【**环卫技能练兵**】　6月，环卫中心举办首届环境卫生专业作业技能练兵活动，活动项目包括密闭式清洁站作业、公共卫生间作业、城市道路人工作业和城市道路机械化作业4大类、共12个作业项目，有200余人参赛。

（焦阳）

【**餐厨垃圾设施建设**】　完成全区餐厨垃圾产生量调研,全区餐厨垃圾日产量约450吨；启动大工村有机垃圾生化处理厂与再生能源发电厂同步建设工程，相关的立项、规划、环评等前期手续已基本办理完毕，正在开展初步设计和概算方案评审工作。

（李华亭）

【**环卫设施提升改造**】　整体提升改造垃圾楼35座，部分功能提升改造垃圾楼22座。完成全区24座旱厕（社会单位产权19座、政府产权3座、无主2座）改造工作方案编制，并通过区政府专题会审议。

（李华亭）

【**大工村再生能源发电厂建设**】　完成主要审批手续办理和前期工作；落实垃圾焚烧线、垃圾抓斗起重机等主要招标工作；完成主厂区环形道路铺设、综合办公楼基础、主厂房烟囱基础的施工。

（李华亭）

【**建筑垃圾循环利用综合处置厂项目**】完成《海淀区建筑垃圾产量调研报告》和项目建议书的编制，拟定《海淀区建筑垃圾循环利用综合处置工程BOT特许经营实施方案》。

（李华亭）

【**治理非正规垃圾填埋场**】　完成北安河等5处非正规垃圾填埋场整治，完成13处非正规垃圾填埋场的详勘工作。开展对四季青第九街坊和苏家坨苏三四村两处非法垃圾场的治理。对苏家坨镇北安河村、上庄镇白水洼村老河湾、温泉镇白家疃村南山、四季青镇西冉村东、西北旺镇屯佃村等5处非正规垃圾填埋场实施治理，工程施工基本完成。

（李华亭）

【垃圾分类】 制定《海淀区2012年生活垃圾分类工作方案》，在111个小区实施垃圾分类达标试点工作，并建立居民小区垃圾分类考核评价体系。垃圾分类资金4665万元拨付到位，实施硬件设施设备采购工作。加强原有281个已实施垃圾分类小区的日常检查管理及宣传，居民投放垃圾正确率不高的问题得到改善。厨余垃圾外运量为上年同期月均厨余垃圾量的1.88倍。

（李华亭）

【完善环境卫生考评体系】 梳理核实各类环卫基础数据，重点核查道路保洁基础台账。有计划、分步骤实施道路分级分类管理，合理制定分类标准和各类道路保洁作业质量标准。制定《海淀区市容环境卫生工作检查考评方案（试行）》，完善环境卫生管理考核评价体系，采取"日检查、周汇总、月考核、季评价、年总结"措施，结合拉练检查、考评，对各街、镇和专业作业单位履行保洁作业情况进行总体评价，定期通报。共检查道路4205条次，发现并整改环境卫生问题2972个，平均道路问题发生率为71%。

（李华亭）

【十八大环境卫生保障】 区环卫中心采取多项措施完成十八大期间环境卫生保障工作：中心和各基层单位成立保障工作领导小组，制定保障工作方案及应急执行方案；对各项工作进行提前动员并做具体部署，做好人员、车辆安排及保障物资配发工作；十八大期间保持信息畅通，实行领导24小时带班制度；节前对作业车辆、清洁站、公厕、粪便消纳站等重点设施进行全面检修；签订各类安全责任书，对房屋、车辆安全进行严格检查；各一线作业队成立应急突击队，加强重点地区道路遗撒的监控；11月4日凌晨，北京突降暴雪，中心迅速开展除雪工作，累计出动人员3761人次，出动车辆532车次。十八大期间，代表驻地周边及途径沿线保障共计出动车辆1431车次，出动人员5874人次；道路保障共计出动车辆8886车次，出动人员25656人次；公厕保障共计出动人员12156人次，确保658座公厕未出现问题；小广告清除人员1121人次，清理小广告70余万张；清洁站保洁10229人次，确保899个清洁站点未出现问题；中心和基层检查组检查共计出动885人次，检查800余次。

（焦阳）

【完成环境应急保障任务】 区环卫中心在重大活动、节日期间，要求各清扫保洁作业单位实时启动保障方案，保证市容环境整洁、卫生良好。完成"国土资源部纪念第43个世界地球日宣传活动"、"中非论坛"、"第十四届北京国际旅游节"、"北京国际设计周开幕式"、"环北京职业公路自行车赛"、"北京国际马拉松赛"等赛事活动的突击环境保障81次。

（焦阳）

【六里屯垃圾填埋场治理工作取得阶段性成果】 区市政市容委和区环卫中心采取一系列措施，继续治理六里屯垃圾填埋场。完成2011年度全密闭工程，解决库区积水和气体收集问题。堆山及覆盖工程2月开工，设计填埋容积567.3万立方米，实现垃圾面零暴露。沼气收集及发电工程5月开工，9月17日竣工验收。推进渗滤液扩建工程。通过一系列措施减少臭味的产生。场容场貌治理工程土建竣工。

（焦阳 李华亭）

【海淀区循环经济产业园再生能源发电厂】 项目位于苏家坨镇大工村地区，由北京绿海能环保有限责任公司负责建设和运营。6月30日正式开工建设，总建设面积约22.75公顷，总建筑面积63104平方米，总投资152548万元。截至年底，完成项目场地平整、新防火道建设、林木伐移、坟墓迁移、军用光缆迁移、自备水源井开挖、试验桩施工、项目场地内施工道路建设、地基强夯处理、消防水池、调节水池、护坡等多项工程，项目综合楼主体结构封顶。2月7日，区政府与北京控股集团有限公司签署《北京市海淀区循环经济产业园再生能源发电厂项目投资合作框架协议》，开展增资扩股工作。

（丁尧）

【扫雪铲冰】 区环卫中心组织扫雪铲冰工作8次，出动人员16961人次、动用车辆597车次；使用融雪剂3474吨。保障全区雪后道路交通的畅通。

（焦阳）

【夏季干路推水】 区环卫中心全年大规模推水作业8次，共出动人员9975人次、各类作业保障车辆477车次。在"7·21"特大暴雨防汛工作中，共出动人员1161人、车辆128部，清理受堵雨水口700余个，清运垃圾721吨，清掏粪便331吨；六里屯填埋场成功截留雨水约6万立方米，全部及时外排，保障了垃圾正常消纳。

（焦阳）

【环卫安全工作】 年内，区环卫中心完善有限空间各项规章制度，加强有限空间作业人员培训教育。二是做好重要节日、重大活动期间安全保障工作。三是做好夏季安全工作及"安全生产月"活动。四是做好消防安全及烟花爆竹安全管理工作，做好预防煤气中毒工作。五是落实交通安全责任制。六是加强各类安全检查工作，全年共进行50余次治安消防安全检查，每月组织1次交通安全检查，并不定期检查日常安全工作。

（焦阳）

【纯电动车管理模式在全市推荐】 年内，区环卫中心不断创新对岳家楼桥下纯电动车停车场的运行管理，形成纯电动车运行的初步管理模式[①]，北京市桥梁、北京市工联系统将岳家楼桥下的使用管理模式作为"桥下空间使用标杆"试点单位，推荐给全市桥梁使用单位参观考察。35台纯电动车全年共运行2474车次，行驶64037千米，耗电16350.11度、花费金额13265.24元，完成垃圾清运495.32吨，果皮箱清掏56057个。

（焦阳）

① 纯电动车管理模式主要是指根据纯电动车的特点制定的一系列操作规范，包括：纯电动车充电步骤及注意事项、纯电动车日常检查内容、纯电动车安全操作规范、纯电动车重点注意事项。

防震减灾

【概况】　海淀区地震局依法负责全区防震减灾工作。海淀区共建有前兆监测台站8个、宏观观测站10个，布设流动测震台2处，设置农村基层观测员97人。2012年，区地震局被评为2012年度全国地市防震减灾工作先进单位。

（崔清山）

【应急演练】　2月28日至5月5日，组织319个社区、5700多个家庭、26000余人，开展“千个家庭地震应急演练竞赛”活动。5月5日，海淀区政府联合北京市地震局共同召开“纪念5·12‘防灾减灾日’家庭地震应急演练现场会”，全区14个家庭代表队参加决赛，区防震减灾指挥部成员单位以及社区群众代表计330余人参加。指导多家企业进行应急疏散演练。5月12日、10月26日，分别指导国家知识产权局专利局专利审查协作北京中心、超市发厢红旗店开展地震应急疏散演练活动，演练包括应急指挥、应急预警、应急避震、应急救援、应急疏散、应急清点等，1000余人参加。

（崔清山）

【培训地震应急救援志愿者】　7月2日至10日，区地震局通过QQ群对“海淀区地震应急救援志愿者”进行远程在线培训。9月10日，区应急办、地震局联合举办地震应急救援志愿者培训、展示及授旗仪式。50名志愿者进行实战训练，系统学习潜在危险识别、夜间搜救训练、救援与应用、大规模灾害事件伤员分类、灾害现场伤员评估与诊断、心肺复苏、脊柱板使用、高空作业等课程。

（崔清山）

【业务培训】　7月11日，区地震局组织机关干部、街、镇防震减灾助理员举办“防震减灾科普讲座技能”培训班。7月16日，区地震局派员参加中国地震局在河北承德市举办的“华北三省市（北京、河北、山西）地震部门分析预报人员培训。11月19日，召开防震减灾“三网一员”工作培训会议，对全区29个街道、镇的防震减灾助理员、地震宏观观测员、地震知识宣传员、地震灾情速报员进行业务培训，90余人参加会议。

（崔清山）

【创建4个地震安全社区】　9月20日，海淀区地震安全社区创建工作现场会在八里庄世纪新景园社区召开。市地震局、区人大、区政府、区政协及29个街镇防震减灾助理员、社区主任150余人会。与会人员参观世纪新景园地震安全社区建设情况，观摩社区居民的应急疏散安置演练，听取街道和社区的经验介绍。本年，曙光街道怡丽北园社区、八里庄街道世纪新景园社区、西北旺镇亮甲店社区等3个社区被评为市级“地震安全社区”。八里庄街道世纪新景园社区被评为国家级地震安全社区。

（崔清山）

【震情处置】　编写完成《海淀区2012年年中地震趋势会商报告》和《海淀区2013年地震趋势会商报告》。上报震情分析意见67期。出现宏微观异常时立即组织调查落实，及时上报落实情况。第一时间制作《震情简报》32期。5月20日、6月18日，河北唐山辖区、天津宝坻分别发生4.8级、4.0级地震，造成北京部分地区有感。地震发生后，本区第一时间启动地震应急预案，按照突发有感地震进行应急响应。

（崔清山）

【震害防御】　3次参加项目审批工作协调会，提出抗震设防工作建议和意见；为企业提供防震减灾法规和抗震设施要求咨询和服务，年度累计接待企业来访1000余人次。启动《海淀区地质地貌与地震关系》编写工作。以地震安全示范社区（村）为平台，深入7个镇宣传房屋抗震安全、工程抗震设防要求、地震基本常识和危旧房改造知识。科普教育基地东北旺中心小学加强基地的建设和管理，举行演练、宣传活动6次，接待参观、学习团体4次。引导曙光防灾教育公园建设，企业投入经费3000多万元，把九洞高尔夫练习场改建为占地5万平方米的开放式科普、避难公园，组织各类宣传活动8次，累计接待游客5000余人次。

（崔清山）

【防震减灾宣传】　开展防震减灾知识宣讲竞赛暨“十佳防震减灾宣传员”评选活动。开展“防震减灾宣传月”和“平安中国”防灾宣导系列公益活动。在北京植物园南门广场开展“普及防震知识，弘扬减灾文化”主题宣传活动。地震局联合海淀镇在西苑农贸市场组织“海淀区纪念唐山地震36周年防震减灾大型街头宣传活动”，发放《家庭地震应急对策》、《防震避震简明手册》、《自救互救》等资料及防震减灾宣传袋3000余份。协调应急指挥部成员单位参与“平安中国”防灾宣导系列公益活动。购买和编印防震减灾书籍资料，发至社区、学校、企业和军营。组织相关单位、人员在网络上参加“平安中国”防灾文化动漫影视争霸赛。到国土海淀分局、国家知识产权局专利局、10所学校幼儿园、20余个社区、企业园区和军营开展科普讲座活动。参加区法制办牵头举办的“弘扬北京精神，践行执法为民”主题法制宣传活动，发放8000多本法律法规、科普读物及宣传品。

（崔清山）

【防震减灾科普示范学校创建】　组织已启动科普示范学校创建的7所学校学习讨论创建工作的指导思想、工作目标和创建标准。组织不同规模的书画、班队会演讲活动。为每所在建学校投入

160 万元。对在建的 7 所示范学校进行调研，会同区教委召开 9 所示范学校参加的“防震减灾示范学校建设经验交流研讨会”，交流建设经验，提高建设层次。

（崔清山）

【建成 273 块应急避难场所】 通过现场查看、核对制表、负责人签字、提交备案材料等环节，对全区设置的 200 多块场地进行全面核查。截至年底，全区有规划避难场所 273 块，其中建有标识牌的场所 71 块、共设标识牌 294 块，未建标识牌场所 202 块。拟定海淀公园应急避难场所功能设施维护改造方案。协调区应急办、园林绿化局讨论中关村森林公园的应急避难场所规划，达成初步共识。

（崔清山）

【2012 年海淀区震情】

序号	日期	时间	纬度	经度	震级	深度
1	1 月 23 日	00:27:25.9	3959	11611	1.1	006
2	1 月 27 日	17:44:59.3	4002	11617	0.6	013
3	2 月 5 日	07:18:06.9	4003	11606	1.2	006
4	3 月 1 日	00:20:48.8	3959	11615	0.1	005
5	3 月 12 日	02:43:48.0	4002	11616	1.4	005
6	4 月 12 日	12:05:11.2	3959	11610	1.2	006
7	4 月 20 日	02:30:22.8	4001	11614	1.7	006
8	4 月 27 日	04:08:30.6	4001	11616	0.0	008
9	6 月 5 日	01:32:25.7	4000	11616	0.2	008
10	7 月 6 日	15:34:41.0	4004	11615	0.5	020
11	7 月 14 日	03:11:38.4	4002	11623	0.4	019
12	7 月 14 日	22:15:33.4	4003	11607	0.4	025
13	7 月 24 日	16:47:49.4	4002	11614	2.4	012
14	7 月 25 日	12:05:34.0	3958	11611	0.4	008
15	7 月 25 日	23:22:55.4	4002	11618	0.5	009
16	7 月 26 日	14:55:54.1	4003	11611	1.0	003
17	8 月 6 日	03:09:03.2	4005	11612	1.4	017
18	9 月 12 日	01:42:55.7	3959	11613	0.8	010
19	11 月 14 日	19:55:53.2	3956	11614	1.3	008
20	11 月 14 日	19:57:51.0	3955	11614	1.2	004
21	12 月 14 日	16:36:36.8	4001	11623	1.2	020

（崔清山）

“7·21”特大暴雨灾害

【概况】 7 月 21 日，北京遭遇强降雨，总体达到特大暴雨级别。一天内，市气象台连发五次预警，暴雨级别首次升到橙色，持续降雨将超过 20 小时。截至 22 日 2 时，全市平均降雨量 164 毫米，为 1951 年有气象观测记录以来的最大值；城区平均降雨量 212 毫米。截至 7 月 22 日 3 时，海淀区平均降雨 226 毫米，最大雨量是锦绣大地 305 毫米，最小降雨量是苏家坨镇140毫米。降雨共产生降水量9736万立方米。其中回补地下水约2200万立方米，全区地下水位回升约0.7米。

此次降雨强度大、持续时间长，给道路交通、生产生活和人身安全等造成严重影响，并引发多起灾害事故。暴雨对4个镇、10个街道造成不同程度的危害，造成房屋漏雨189间，房屋进水1050间，农田被淹7200亩，道路严重积水16处，部分水利设施遭到损毁；受灾人口16500人；农业直接经济损失近2000万元，全区经济损失7800万元。

（李娜）

【启动极端天气应急预案】 7月20日18时30分，接到市防汛办降雨预报（暴雨橙色预警）通知后，海淀立即开展部署，迅速通知各分指挥部做好强降雨应对准备。区防汛办立即制定应对方案，全面启动戒备预警、提前布控到位。区应对汛期极端天气总指挥部多次连线市防汛办及区各街镇召开电视电话会议，实时通报汛情及下达各项应急处置要求，发传真、电话、短信，要求各相关部门及各街镇做好强降雨应对准备。21日10时，区应对汛期极端天气总指挥部接到汛情蓝色预警，随即启动海淀区应对汛期极端天气"座席"指挥执行方案。区应急办紧急协调社会单位LED广告显示屏发布"7·21"强降雨天气的预警信息。区防汛办、应急办、消防支队、交通支队、公安分局等21家成员单位负责人全部到达区政府应急指挥大厅。召开三次全区电视电话会议听取街、镇和相关单位汇报，布置应对抢险工作。保持800兆电台、防汛专用电话、抢险电话和居民服务电话的畅通。向市防汛办和区委、区政府办发送汛情快报8次和汛情通报1次，降雨应对总结报告1份。

（邢晓蕊　李娜）

【抢险】 市排水集团、区交通支队、区排水管理所、区河道管理所、区园林局、区市政市容委、海淀供电公司、区环卫中心、29个街镇、海融达公司等单位，对总指挥部接到的240余起灾情报告，全部进行快速会商、快速反应、快速联动、快速下达指挥调度指令，各类灾害问题快速妥善处置，确保全区"零重大事故、零人员死亡"。区消防支队调度11个中队出警910人次支援抢险，解救被困群众105人，疏散485人；区房管局、区房地中心向700家物业公司和1385个物业服务单位发出紧急通知，开展抢险处置；全区170支抢险队7000余人共出动8300人次，抽水泵421台，车辆540台次布控在重点隐患部位。区民防局及时处置中裕大厦人防工程、玉阜家园人防工程雨水倒灌、海淀医院地下室进水、紫竹院南路20号院6号楼和玲珑路一巷46号的地面塌陷等重大险情，确保极端天气下人防工程和人民生命财产安全；组织815D卫星指挥车等8台应急车辆参加区应急服务保障工作；向房山灾区紧急调拨棉被、棉衣等应急物资1000余件。市政市容委紧急抢修道路69起、处理路面塌陷82起，出动抢险人员800余人次，机械车辆350台部，修复道路面积1300余平方米。截至22日，除个别点位仍在组织排水外，其他基本处置完毕。

（李华亭　李娜　张彦臣）

【造成多处地质灾情】 7月21日，全市持续强降雨，受强降雨影响，本区出现几处灾情即：3处崩塌发生在四季青镇香山北沟防火通道，崩塌规模不等，但均较小，险情等级为一般级，最小的崩塌方量为15立方米，最大约450立方米。崩塌崩积物堆于香山防火通道，造成防火通道部分封堵，崩塌不同程度地破坏了下方挡墙和排水沟，毁坏坡体上林木60余棵。第4处是香山塔后村19号，土方量为15立方米。第5处是香山公主坟15号院不稳定斜坡。第6处是白家疃路不稳定斜坡隐患点。第7处是大觉寺无量寿佛殿旁护坡出现坍塌。第8处是田村山南路发生较大范围的路面开裂、沉降，边坡水毁、垮塌。几处地质灾情均未造成人员伤亡。出现险情后，区领导主持召开地质灾害隐患防治专题会，确定各隐患点治理方案，经过各部门通力协作，温泉白家疃路不稳定斜坡隐患已治理完工，香山防火通道部分进行治理，香山普安店地面塌陷在2013年主汛期之前完成对现状居民房重点区域的地质结构危害类型威胁对象及范围全面调查，香山公主坟15号院不稳定斜坡抓紧工程治理。

（袁雯）

【抢修田村山南路】 "7·21"特大暴雨造成田村山南路（西五环东辅路–上庄东路）从西向东长约1千米路段发生较大范围的路面开裂、沉降，边坡水毁、垮塌。该险段为高填方路段，路基边坡高达20余米。区市政市容委及时启动应急预案，组织专业单位实施雷达检测、测量勘察，会商处置办法，编制完成抢险处置工程方案和施工图设计。区养路队分两期实施田村山南路西段抢险处置工程。一期工程于11月19日开工，12月9日完成路面开裂段基础治理、沥青混凝土底层摊铺及交通标线施划工程，年底实现道路全线恢复交通。

（穆笛）

【"7·21"交通应急处置】 7月21日，北京发生特大暴雨，海淀支队迅速行动，在辖区48处易积水点段部署警力150余人，实时关注雨情动态，开展指挥疏导，缓解路面拥堵。同时协调排水、清障等部门赶赴现场开展工作，确保区域交通平稳运行。

（张瑶）

【使用防汛探杆应对7·21暴雨】 7月21日，北京遭遇61年来最强降雨，区房地中心防汛指挥部立即启动防汛预案，7支抢险队全部参加巡查、抢险。

抢险中应用了区房地中心自主创新研制夫人“防汛探杆”。该技术已申请实用新型专利，具备测水深、测水中是否带电、测水面下道路是否安全三大功能，避免不必要的人身伤害，得到市住建委领导的肯定，并推广到其他房管单位使用，在“7·21”特大暴雨抢险中发挥作用。

（徐意）

【消防支队抢险107起】　7月21日，消防支队接到总队、区防汛办强降雨预警后，立即召开紧急会议，部署抢险救援及任务分工，迅速展开救援。7月21日0时至7月22日8时，支队官兵共接处因强降雨造成的各种抢险灾害事故107起，其中排水87起，出动车次130次，910人次，解救被困群众105人，疏散被困群众485人，排水约4500吨。

（杨元平）

【处置6处河道险情】　区河道管理所管辖河道流域内最大雨量在南旱河为288毫米，最小雨量在上庄闸为177毫米。此次降雨造成6处河道险情，区河道管理所共出动6辆抢险车，抢险人员70余人、抽水泵6台、编织袋3000条。上庄水库下泄385.5万立方米。各河道共计拦蓄雨洪资源24万立方米。汛后，各管理站工作人员组织清理河道漂浮物，清理量470立方米。

（江林湘）

【补充防汛物资】　为迎战“7·21”暴雨后的可能降雨，区防汛办及时对防汛物资进行补充，调拨5000条吸水麻袋补充到相关街镇抢险队，新补充铁锹、镐头500把、救生衣100套、雨衣200套、雨伞400把、雨鞋200双、应急作业灯200台到物资仓库。区河道管理所抢险队补充桩木100立方米，块石200立方米。

（江林湘）

【救助】　“7·21”特大自然灾害发生后，区慈善协会向房山区拨付200万元、向密云县拨付100万元救灾款。区总工会第一时间启动应急救助机制，对辖区受灾职工进行调查统计。截至7月31日，采取募捐以及区总工会增加临时救助帮扶资金等多渠道筹集资金29万元，全部用于救助115名受灾职工。海淀区企业向北京市温暖基金会的“7·21”水灾专项捐款14万余元。总工会向房山区受灾职工家庭援助15万元。区红十字会募集善款59万余元，投入30.9万元救助辖区54户因水灾导致人员伤亡或房屋、农作物受损严重的家庭，其余专项款上缴北京市红十字会统一实施救助；支援受灾严重的房山区红十字会、密云区红十字会救灾物资价值6.28万元。

（郭胜清　胡文欣　常欣欣）

【“7·21”捐赠活动】　7月24日，地区开展“7·21”特大自然灾害社会捐赠活动，共接收社会捐款1497158.45元，接收新单衣、毛毯、毛巾被2626件。7月27日至8月31日，区慈善协会接收捐款3318857.45元，全部用于灾后重建。

（常欣欣　孙学刚）

【灾后重建】　“7·21”强降雨结束后，区相关部门、镇和街道组织全面灾情核实工作，清理和处理污染物，对受灾情况、人员补偿等做出评估，制定恢复计划。梳理降雨的道路积水和水毁工程情况，制定工程改造计划。针对此次应对特大雨暴情况，完善相应预案，为街、镇基层抢险单元配备物资，增加抢险力量和应对能力。为提高全区抢险能力，将加强社会宣传，动员各村委会、居委会、小区物业、社会单位等配备水泵等抢险设施，第一时间开展自救，组织抢险。卫生防疫部门对降雨导致倒灌进水、污水涌冒的多处地下室进行消毒防疫。

8月，北京市文物局完成灾后重建文物修复计划编制，各项修复工作全部启动。完成包括海淀区的万寿寺、大钟寺、香山寺等在内的77个项目的立项审核工作。

（江林湘）

文化

2013
北京海淀年鉴

▲ 3月13日，区史志办召开2012年全区年鉴工作暨纪念《北京海淀年鉴》创刊十周年大会（李瑞林 摄）

◀ 4月25日，核心区知识产权宣传“微行动”在北京市留学人员海淀创业园启动，微电影开机仪式同时举行（区文化委 供图）

◀5月30日，美国费城管乐团在颐和园为游客现场即兴演奏（李瑞林 摄）

◀7月10日，区新闻中心与驻区大学电视台开展业务交流（区新闻中心 供图）

◀8月15日，市文化执法总队、区文化委执法队联合开展“净化网络市场环境，保护未成年人健康成长”主题宣传检查活动（李瑞林 摄）

◀ 9月5日，区档案馆举办主题为“弘扬档案文化 践行北京精神”的第四届“档案馆日”活动（田峰 摄）

▼ 10月27日，区文化馆举办的第二届海淀文化大擂台品牌活动正式开赛（区文化馆 毛重渝 摄）

▶ 11月30日，由海淀博物馆、北京艺术博物馆共同举办的“明韵清风——明清家具展”在北京海淀博物馆正式开幕（区博物馆 供图）

文 化

综 述

海淀区文化委员会（以下简称区文委）是主管海淀区文化、文物、新闻出版和广播电视工作的政府职能部门。下属文化行政执法队和海淀文化馆、海淀图书馆、海淀博物馆、电影管理处、海淀剧院、海淀评剧团等直属事业单位。

2012 年，区文委开展区域文化资源调研，推进争创国家公共文化示范区建设；做强创新文化品牌，为市民提供多种文化产品；办理议案建议；创新文物保护和文化市场管理方法，促进区域文化繁荣，确保文化安全。

本年，区文化委获北京阅读季纪念建党九十周年红色知识竞赛活动优秀组织奖、“践行北京精神，提升职工素养”市文博系统书法绘画比赛优秀组织单位、北京市万场群众文艺汇演优秀组织奖，第三届圆明园皇家庙会、第七届金源新燕莎 MALL 庙会获北京市 2012 春节庙会（花会）活动创新奖。

（蒋海涛）

文化事业

【概况】 区文委以定点与不定点、定期与不定期相结合的形式，利用多方力量开展文化培训，惠及群众 4 万余人，培训内容涵盖舞蹈、声乐、器乐、书法、摄影、合唱等多个领域。开展精品民俗文化等系列专题、名家讲坛等系列讲座活动 115 场，吸引了海淀、石景山、丰台等区县的音乐爱好者。人民网、光明网、新民网等众多媒体都给予报道。

（刘珊珊）

文化事业基本情况

项 目	单位	2012	2011
电影放映	-		
电影放映单位个数	个	19	20
其中：电影院	个	13	19
放映场次[①]	场次	237000	224505
观影人次[②]	人次	9763000	8959050
文化市场	-		
歌舞娱乐场所	家	234	226

① 包含公益性电影放映场次。
② 包含公益性电影观影人次。

项　　目	单位	2012	2011
电子游艺厅	家	53	16
网吧	家	288	288
书店	家	1600	1677
音像制品零售、出租店	家		
字画店	家	38	46
报纸、报刊零售	家		
印刷企业	家	164	154
文化站	–		
个数	个	29	29
从业人员	人	234	163
街道级社区文化站	个	22	22
乡镇级文化站	室	7	7
组织文艺活动	项	1178	1094
举办展览	次	231	156
举办业余培训班	班次	2304	1046
训练班结业人数	人次	89375	62370
文物保护	–		
文物保护单位	处	70	70
国家级	处	16	16
市级	处	25	25
区级	处	29	29

（张桂和）

【海淀区文化馆】　海淀区文化馆是海淀区政府设立的从事群众文化工作的全额拨款事业单位，是海淀区群众的文化艺术活动中心。馆舍建筑面积7882平方米，设有专业的琴房、练功房、13个培训教室、多功能厅和小剧场。2012年，文化馆从海淀区政府公共服务委员会划归海淀区文化委员会管理。

2012年，区政府决定在温泉镇白家疃建设文化馆新馆并完成新馆功能设置、职能定位等工作。文化馆每周一、三下午在小剧场放映免费电影，每周三、五上午在多功能厅举办免费舞会，每周一、二、三上午举办免费基础音乐理论班。全年共开办免费班23个，免费培训学员1150人、培训427课时。举办“户外人像摄影”、“流行歌曲演唱技巧”、“合唱声音训练”、“快速化好舞台妆和生活妆”等免费艺术讲座。

文化馆小剧场全年完成各项活动219场，其中各类演出活动42场，讲座、会议23场，免费电影88场，临时性活动63场，有偿电影3场。开展基层调研工作，了解苏家坨地区文化设施利用率、文化队伍建设、文化组织员工作内容、福利待遇等情况。

（张雪薇）

【海淀区博物馆】　海淀区博物馆成立于2003年5月，属全民所有制事业单位。2005年12月26日正式开馆，2006年7月1日起免费对外开放，是一座地志性综合博物馆。建筑面积1631平方米，展厅面积754平方米。2012年5月，成为北京海淀校外教育协会首批会员单位。

海淀区博物馆现有馆藏文物4245件，包括一级文物49件、二级文物88件、三级文物723件、一般文物3385件。其中，本年鉴定文物153件套，征集文物8件套。文物藏品年代最早为新石器时代，藏品类别遍及瓷器、金银器、玉器等十多个门类。

2012年获区财政拨款294万元。全年共接待观众4万余人次，其中接待未成年人约1.2万人次，博物馆网站访问量达19668人次。

本年继续进行大慧寺文物的建账工作，完成207件墓志、石刻的拓片共478张。完成馆藏860件珍贵文物（包括一级文物、二级文物、三级文物）的文档信息采集和影像信息采集工作，拍摄照片 4875 张。将全部珍贵文物信息上报北京市文物局。举办 6 次展览和 4 次活动。

（王承浩）

【海淀区图书馆】 是区级综合性公共图书馆，隶属海淀区文化委员会。全年 365 天免费开放。

区图书馆总藏量 70 多万册（件），阅览座位 500 席。藏书 60 万册、期刊 387 种、报纸 140 余种，为读者提供报刊阅览、期刊外借、图书外借、资料查询、课题服务、上网、自习、培训、讲座、展览和读者活动等服务。

图书馆有 53 个基层分馆、22 个图书流动车服务站点。海淀区已建立文化共享工程网点 120 家（1 个区级支中心、29 个街镇和 82 个行政村、8 个社区），有益民书屋 132 个。

2012 年共办理读者证 5583 个，借阅 233844 人次；外借图书 304141 册次；解答咨询 30259 人次。流动图书车全年出车 372 次，安全行驶 4383 千米，累计借阅图书 1 万余册，服务读者超过 5000 人次。面向市民举办免费读者活动 158 次，讲座 51 场；文化惠民受益公众达 76377 人次。截至年底，共计新建“一卡通”[①]分馆 14 家，为 53 个分馆划拨图书 20 余万册，累计文化惠民支出 450 余万元。

本馆地方文献专题数据库网站“海淀叙录”全年点击量突破 70 万次。

（向华）

【海淀剧院】 成立于 1981 年。隶属于北京市海淀区文化委员会，属自收自支事业单位。2003 年 12 月 28 日，在原址新建后重张开业。剧院建筑面积 1 万平方米，由可容纳 1000 名观众的剧场和 2 个可分别容纳 122 名观众的放映厅组成，是集电影、戏剧、话剧、舞剧、交响乐及群众文化活动为一体的综合文化活动场所。

全年共承接演出 315 场，其中：话剧 144 场、交响音乐会 20 场、儿童剧 36 场、其他综合类节目 48 场；承接会议 67 场；电影放映 4225 场。接待观众 52 万人次，累计收入 1440 万元。

承接文化部安排的各地进京调演的优秀节目、参与承办海淀区文化委举办的《中关村国际青年艺术节》部分节目和《中关村金秋演出季》驻区部队八大院团的演出任务。签约话剧《开心麻花》、《白眉工作室》和台湾话剧《果陀演出集团》、儿童剧《巧虎》。继续开展电影惠民活动，采取与演出公司合作、共同承担风险的方式，为观众提供更多低票价的高端演出。

（刘洪）

【海淀区电影管理处】 属自收自支事业单位，负责全区 65 个固定影厅、29 套流动设备公益性电影放映及放映员培训工作。2012 年放映公益电影 6000 场，观影人数 535670 人。其中：10 月，举办“党在我心中”电影放映活动，共放映 200 场，观影人次 18000 多人。11 月，开展“新生引航工程”电影放映活动，在驻区高校放映教育类影片《秋之白华》《杨善洲》《大山深处的保尔》《杜鹃花飞》《辛亥革命》《建党伟业》《建国大业》50 场，5000 余人次观影。11 月 15 日起开展海淀区“惠民电影月”活动，让海淀百姓看上免费的最新电影。

4 月、7 月分别进行放映员培训，共计培训人员 200 人次。

（张伟）

【海淀区评剧团】 前身是文化部直属的中国评剧院第三巡回演出队。1959 年 1 月，海淀区评剧团正式成立。

1969 年，海淀评剧团被迫停止业务活动。1975 年海淀评剧团正式恢复。1989 年 5 月，海淀区指示海淀评剧团“工资照发，业务暂停”，“限制发展，维持现状”。1994 年 3 月剧团恢复业务活动。2003 年 2 月，海淀区文化委要求剧团“停止业务，等待改革”。2005 年，在海淀区事业单位改革试点工作中，海淀区评剧团被定为撤销建制单位，但撤销建制程序一直未启动。2009 年 3 月，海淀区评剧团开始进行事业单位岗位设置工作。2010 年 3 月，海淀区编制部门确定海淀区评剧团事业单位法人身份，6 月，重新启动岗位设置工作。2011 年，海淀评剧团完成岗位设置工作。

2012 年 4 月，海淀评剧团团长、法人代表到法定退休年龄，经海淀区文化委指示继续留任。截至本年底，全团编制 61 个，在职 30 人。

（马达）

【海淀区摄影家协会】 北京市海淀区摄影家协会成立于 1983 年，是海淀区文联直接管理下的社团组织，目前拥有会员 200 多人。

2012 年，协会参与并拍摄了海淀区政治、经济、文化、科技、教育等发展领域中的 200 多次重大活动。协助甘家口街道举办“中塔炫”摄影比赛；配合区总工会等部门完成“九九映夕阳”敬老爱心公益摄影作品展活动，为四季青敬老院 180 位老人拍摄并赠送肖像摄影作品；承办区农委组织的海淀区“田园海淀 生态中关村”主题摄影大赛；配合区委宣传部举办“喜迎十八大，建功核心区——海淀区践行‘北京精神’图片纪实宣传活动”；为 “三高合唱团”（高级干部、高级军官、高级知识分子）提供摄影服务。

2012 年，协会在市教委系统、市农业广播学校系统、苏家坨镇人民政府、紫竹院街道、北大园区、中关村学院、海淀老龄大学等机构内开展摄影培训活动。其中专门为当代商城摄影爱好者举办 2 次摄影专题技能培训。

（毛重渝　崔伟立）

[①] 一卡通是指读者持有首都图书馆及北京市各区县图书馆办理的北京市公共图书馆网络联合读者卡，就可以在首都图书馆及北京市各区县图书馆和部分街道图书馆实现图书通借通还。

【53家基层图书馆一览表】

序号	街道、镇	分 馆 名 称	地 址	一卡通联网	备注
1	曙光街道	曙光街道社区分馆	曙光街道下沉广场	联网	
2		诚品建筑社区分馆	紫竹院云慧里诚品建筑社区		
3		望塔园社区分馆	曙光花园10号楼		
4	八里庄街道	核二院社区分馆	马神庙1号文艺图书馆	联网	
5		美丽园社区分馆	西四环北路美丽园小区30号楼居委会		
6		新景园社区分馆	北洼路9号院1号楼B1D居委会		
7	青龙桥街道	61046部队社区分馆	5102信箱，02号宣传科	联网	
8		61195部队社区分馆	984信箱，89号		
9	北太平庄街道	北太平庄街道分馆	红莲南村5号	联网	
10		太月园社区分馆	太月园9号楼负一层103室		
11	花园路街道	花园路街道分馆	花园北路46号综合楼	联网	新建
12		花园路街道社区分馆	北三环马甸桥西北50米	联网	
13	上地街道	上地街道分馆	上地东里4区7号楼五层	联网	
14		科技园社区分馆	东北旺路8号院西山公馆31号楼	联网	新建
15	田村路街道	田村路街道社区分馆	西四环北路137号	联网	
16		建西苑社区分馆	玉泉路8号院玉海园二里一号楼	联网	新建
17	羊坊店街道	羊坊店街道社区分馆	羊坊店茂林居6号楼	联网	
18		永红社区分馆	北蜂窝五号院动力楼二层204室	联网	新建
19	永定路街道	永定路街道分馆	永定路57号院212楼	联网	新建
20		六西社区分馆	复兴路79号六西社区	联网	新建
21	香山街道	香山街道分馆	香山路甲一号东岳公寓	联网	
22	甘家口街道	甘家口街道分馆	阜成路北8-44-1	联网	
23	海淀街道	海淀街道分馆	小南庄31号楼海淀街道社服中心	联网	
24	马连洼街道	马连洼街道分馆	马连洼北路8号院	联网	
25	清河街道	清河街道分馆	清河小营西路20号街道文教科	联网	
26	万寿路街道	万寿路街道社区分馆	永定路西里11号楼街道办事处	联网	
27	西三旗街道	西三旗街道分馆	清河永泰小区50号楼2层	联网	
28	学院路街道	学院路街道分馆	逸成社区（学清路逸成东苑12号楼）	联网	
29	紫竹院街道	紫竹院街道社区分馆	厂洼小区紫竹院社区服务中心	联网	
30	中关村街道	中关村街道社区分馆	中关村南路甲2号	联网	新建
31	北下关街道	北下关街道社区分馆	大柳树路长河1号	联网	新建
32	清华园街道	清华园街道分馆	清华大学荷清苑社区	联网	新建
33	四季青镇	闵航南里社区分馆	闵航路21号院南里社区	联网	新建
34		静芯园社区分馆	北坞村路甲25号静芯园F座	联网	新建

序号	街道、镇	分 馆 名 称	地　址	一卡通联网	备注
35		门头村分馆	香山门头村 606 号		
36		西冉村分馆	杏石口路 47 号（四季青佟家坟 4 号）		
37		香山村分馆	四季青镇香山村委会		
38	苏家坨镇	苏家坨镇分馆	北安河路 22 号多功能场馆	联网	新建
39		北安河村分馆	苏家坨镇北安河村文化广场		
40		苏一二村分馆	苏家坨镇苏一二村文化大院		
41		聂各庄村分馆	苏家坨镇聂各庄村		
42	上庄镇	上庄镇分馆	上庄镇文化站		
43		上庄村分馆	上庄镇上庄村村委会	联网	新建
44		永泰庄村分馆	上庄镇永泰庄村村委会	联网	新建
45	海淀镇	海淀镇分馆	海淀镇文化服务中心	联网	
46		万树园社区分馆	树村村委会		
47		裕隆新村分馆	黑山扈羊场路 1 号裕隆新村小区图书馆		
48	温泉镇	温泉镇分馆	温泉镇文化站		
49		航材院社区分馆	81 信箱，58 分箱	联网	
50		白家疃村分馆	温泉镇白家疃村文化园	联网	新建
51	西北旺镇	西北旺镇分馆	东北旺路 38 号	联网	
52		唐家岭村分馆	唐家岭村村委会		
53	海淀农业分馆	海淀农业分馆	清华东路 17 号 中国农业大学图书馆		

（向华）

【22 个图书流动车服务站点】

1.61606 部队团部
2.66397 部队步兵连
3.66397 部队二连
4.66397 部队三连
5.66397 部队六连
6.66397 部队团部
7.66397 部队一连
8.66397 部队五连
9.区财政局
10.海淀交通支队
11.黄庄交通中队
12.清河交通中队
13.上地东里社区
14.上地实验小学
15.上地医院
16.区体委
17.万寿路医院
18.温泉交通中队
19.西二旗社区
20.玉泉山交通中队
21.中关村交通中队（挂甲屯）
22.66397 部队八连（本年新建）

（向华）

【14 个图书集体外借服务单位】

1.鸿翔大厦
2.田村路社区
3.曙光村委会
4.万寿路医院
5.苏一二村
6.航材院社区
7.望尔生物
8.北太平庄医院
9.玉渊潭酒店集团
10.青龙桥医院
11.专佳数码
12.二炮公勤队
13.66489 部队（本年新建）
14.中国机械工业集团有限公司（本年新建）

（向华）

【15 个图书协议借书单位】

1.61606 部队
2.61886 部队
3.66381 部队
4.二炮警卫营
5.二炮汽车队
6.佳讯飞鸿
7.启明星辰
8.瑞萨半导体

9.玉渊潭酒店
10.西二旗社区
11.66397 部队直属步兵连
12.海淀消防支队
13.中直机关（本年新建）
14.大华无线电厂（768）（本年新建）
15.66397 部队八连（本年新建）

（向华）

文化创意产业

【概况】　本年，实践文化创新科技创新“双轮驱动”战略，获得首批国家级文化和科技融合发展示范基地称号，完成《海淀区推动文化和科技融合发展行动计划（2013-2015）》的制定。对部分重点行业开展推进工作，成立中国·海淀演出联盟，与北京电影学院等单位协调推进中央新影纪录影视产业园建设，做好中国工艺艺术品交易所项目引进工作。重点做好中间建筑、益园等项目的建设服务工作。与中国人民大学文化科技园等多家重点文化创意产业单位进行沟通交流。举办中国演艺产业高峰论坛、首届中关村数字设计创业大赛、第四届严肃游戏峰会等活动。组织区域文化创意产业企业参加海峡两岸文创交流会、深圳文博会、京港洽谈会及北京文博会等展览展示活动。做好项目梳理及支持相关工作，形成《海淀文化项目汇编（第一版）》。将区文化发展专项资金政策纳入《海淀区促进重点产业发展支持办法》。做好区文化创意产业运行动态的监测和分析。

截至年底，全区规模以上文化创意产业单位数量2828家，收入合计3914.6亿元，同比增长17.2%；税金合计241.9亿元，同比增长19.0%；从业人员48.8万人，同比增长12.1%；利润总额420.4亿元，同比增长22.6%；资产总计5705.2亿元，同比增长17.2%。全区文化创意产业运行平稳，税金合计、营业利润、利润总额三项主要指标占全市比重均超过50%。

（陈魁　高洁）

2012 年海淀区文化创意产业总体情况表

类别	海淀数额	同比增幅	全市数额	占全市比重
单位数量（家）	2828	1.5%	8334	40.7%
收入合计（亿元）	3914.6	17.2%	9285.8	42.2%
税金合计（亿元）	241.9	19.0%	456.6	53.0%
从业人数（万）	48.8	12.1%	104.3	46.8%
营业利润（亿元）	241.3	-6.9%	450.7	53.5%
利润总额（亿元）	420.4	22.6%	721.8	58.2%
资产总计（亿元）	5705.2	17.2%	11999.3	47.5%

（高洁）

【86 个文创项目获市专项资金支持】年内，海淀区文化发展促进中心集中受理北京市文化创新发展专项资金项目申报238个，预审后推荐上报项目200个，通过初审项目105个，获支持项目86个，获支持资金13061万元。

（高洁）

文化设施建设

【概况】　区文委以争创第二批国家公共文化服务体系示范区为契机，推动公共文化设施建设，初步形成南北中文化设施布局思路，推进区级文化设施提升。区文委完成《海淀区文化馆、图书馆新馆建设可行性研究报告》、《海淀区图书馆新馆建设可行性报告》和《海淀区博物馆新馆建设可行性报告》，争创国家公共文化服务体系示范区。实施文化设施三级达标工程。

（蒋海涛）

【海淀图书馆配备新型读报器】 7月初，海淀图书馆配备两台新型电子读报器，供读者免费使用。读报器的阅读屏幕大小与电视机相仿，所有操作都由手指触碰完成，读者可以通过电子地图选择媒体区域，随意翻阅报纸的电子版面。电子报纸不但与原版式一样，而且文字可以根据读者需要变换大小。读报器的内容每天实时在线更新，与当日发行纸质报纸同步。电子读报器已涵盖全国50家主要报纸，同时还可以查天气预报等信息。

（田颖）

【初步形成南北中文化设施布局思路】 区文委牵头开展对区域重点文化资源的调查，召开多次专家论证会，初步形成全区南北中文化设施布局思路。南部以国家图书馆和海淀区文化馆、图书馆、博物馆为中心辐射南部；北部温泉地块新建文化馆、图书馆、档案馆为公共文化设施聚集区，填补区域公共文化设施空白并辐射北部新区；适当扩大东北西三旗街道的基础设施投入，西南适当扩大田村路街道的基础设施投入，即形成“南北均等”的布局，辅以街道（镇）、社区（村）两级文化设施网络，形成区域公共文化设施的全覆盖。

（蒋海涛）

【推进文化设施三级达标工程】 本年，继续推进海淀文化设施建设区级、街道（镇）、社区（村）三级网络达标工程。全年申领发放市、区两级资金2100余万元，投入西三旗街道社区文化中心改造、上庄镇西辛力屯村文化大院改造、羊坊店街道社区文化活动室提升改造工程、田村文化广场新建等9个文化设施建设项目和15家基层图书分馆新建项目。完成30家社区益民书屋的建设工作、24家农村益民书屋图书补充和8家社区数字文化社区基础设施建设工作。截至年底，全区有街道（镇）综合文化中心29个，社区（村）文化活动室649个，全区文化中心、文化活动室设置率为100%，超过国家文化部关于区综合文化中心达标率68.97%、社区（村）文化室设施达标78%的标准。

（蒋海涛）

【文化资源普查】 本年，区文委牵头、各街镇配合，在中国科学院、海淀园、大学、部队、29个街镇开展文化资源调研和普查。完成驻区56所高校、29个街镇、26个表演团体及120家领军高新企业文化资源、文化需求及多方合作的调研，形成《海淀区高校及科研院所文化资源整合政策建议》《海淀区企业园区公共文化服务体系调研报告》《海淀区文化馆、图书馆新馆建设可行性研究报告》《海淀区街道、镇文化资源调查及发展方向研究汇编》《关于海淀区演出场所情况的初步报告》5项研究成果，初步摸清区域文化设施和文化人才情况。

（蒋海涛）

【完成8个图书“数字社区”试点建设】 在万寿路、西三旗等6个街道的8家社区率先推广并完成“数字社区”建设试点，发放数字社区设备138套、补贴各项经费累计200余万元，受益社区居民达3万余人。

（向华）

【新建50家社区益民书屋】 本年，区图书馆完成50家社区益民书屋的建设，全区益民书屋累计达132家。共划拨和分编加工图书10余万册，累计补贴益民书屋经费400余万元，受益社区居民超过10万人。

（向华）

【新建3个图书流动站】 本年，完成中直机关事业管理局、海淀区武装部预备役训练基地和北京市“768创意产业园”图书流动站的建设，共为各基层图书流动站点补充图书7800余册。在西三旗街道永泰庄地铁站引进24小时自助图书馆并投入使用。

（向华）

文化活动

【概况】 主办首届海淀千人“文化之星”评选表彰活动、中关村国际青年艺术节、中关村金秋演出季、海之声、海之月、海淀文化节等文化活动1000余场，215万人次参与，呈现出文化活动品牌体系化、文化惠民常态化、民俗节庆活动品牌化的发展态势。春节、元宵节、五一国际劳动节等节庆期间，组织多种文艺节目，在四季青镇、东升镇、西北旺镇等建筑工地组织5场演出，慰问来京务工人员。在山后农村地区开展星火文艺演出工程，调集一类和二类文艺演出团队为农民提供免费演出186场；在海淀公园开设“百姓周末大舞台”，免费演出50场。

（蒋海涛）

【评选首届“文化之星”】 1月21日，首届海淀“文化之星”表彰大会在航天城礼堂举行。评选活动旨在表彰一批区域内多年来成绩显著、贡献较大、有社会影响力，具有代表性的文化建设先进典型。活动前后历时一个多月，参选范围广泛，区内的国家机关、高等院校、高新技术企业、部队、事业单位、各街道（乡镇）、外来务工者和农民积极参加评选。“文化之星”共分八类，即：文化服务之星、文化创作之星、文化执法之星、文化参与之星、文化守卫之星、文化创新之星、文化传播之星、文化教育之星，共计1000名。

（蒋海涛）

【开展新春系列文化活动】 1月23日～2月6日，组织开展海淀新春系列文化活动，包括：第三届圆明园皇家庙会、第七届金源新燕莎MALL庙会、第五届海淀区“百花闹新春”民间花会踩街活动、“龙欢海笑—海淀区2012新春室内文化庙会”。组织“四海一家”慰问来京务工人员联欢晚会。组织“海之声—中关村之夜专场音乐会”慰问高新企业员工。

（蒋海涛）

【第三届海淀风筝节】 4月1日，由海淀区文化委主办，上庄镇人民政府、区文化馆承办，北京市风筝协会、上庄二中共同协办的第三届海淀风筝节举行。风筝节以“放飞春天”为主题，来自海淀代表队、西城代表队、昌平代表队、石化代表队等各个区县风筝协会的19支代表队、共160人参加。活动订制高2米、宽2.4米的印有“北京精神”的特大风筝在舞台进行展示。

（张雪薇）

【参加第二届北京换书大集】 4月6日～17日，在第二届北京换书大集工作中，区图书馆共接收交换图书、期刊4500余册，800余名读者参与。参与人数、交换图书的数量均居于全市前列。

（向华）

【区博物馆接受侯仁之捐赠】 4月13日，区文化委员会行政执法队、区博物馆工作人员到北京大学教授侯仁之位于北京大学的居所，接受侯仁之之女代表其本人向区博物馆捐赠新石器时代晚期磨制石斧一件。该石斧系1959年于北京大学校园内西门附近原佟府甲3号工地出土，被侯仁之先生珍藏至今。

（王承浩）

【东岳庙会重启】 4月18日，停办60年的上庄镇永泰庄村东岳庙庙会重启。清代著名词人纳兰性德曾在上庄镇永泰庄村居住，当时东岳庙是纳兰家庙。东岳庙庙会曾是解放前京北的开局庙会，也是京北规模最大的庙会。每逢农历三月二十八东岳大帝诞辰，百姓连办四天庙会表示庆祝。庙会首日，十里八乡的各档花会齐聚东岳庙，拜东岳大帝，拜娘娘，巡街表演，吸引了周边村民前来观看。

（田颖）

【“微行动”和“微电影”开机】 4月25日，由区文委、区知识产权局、区工商分局主办的核心区知识产权宣传“微行动”和“微电影”开机仪式在北京市留学人员海淀创业园举行。本次活动以核心区企业、员工为主要对象，以政府知识产权保护、企业知识产权运用为宣传重点，以“明德笃志 守正创新”为主题，将打造一部微电影，展现政府保护知识产权的工作成效和企业运用知识产权的突出成果。通过微电影和微博等方式，开展政府、企业和市民之间的互动。宣传明德于心、律己于行、走正道行正义、追求真理、勇于创新的精神，增强核心区企业、员工尊重知识、崇尚创新的意识，培育知识产权文化，夯实知识产权战略基础。《中国经济时报》、《中国消费者报》，人民日报网、新华网、人民网、新浪、搜狐、凤凰网等平面、网络媒体对活动进行宣传和报道。

（柳阑）

【第二届中关村国际青年艺术节】 4月28日至6月8日，举办“青春的海”第二届中关村国际青年艺术节。艺术节分为“青春的旗—第二届中关村国际青年艺术节开幕式、青春海面—民族团结主题游园会、激扬世界—国际音乐汇系列、致敬青春—青年戏剧展演、七色花—中关村青年图书节、青春飞扬—第二届中关村国际青年艺术节闭幕式”6个板块。惠及群众10万多人次。

（蒋海涛）

【“五月鲜花”、夏日文化广场群众文化活动】 4月至8月，组织各街道、镇开展以“喜迎十八大 建功核心区”为主题的“五月鲜花”、夏日文化广场两项群众性文化活动。各街道、镇组织辖区内居民、机关、企事业员工参与，自编、自演，组织活动300多场，并组织优秀节目调演；区文化馆送演出到基层40余场。

（蒋海涛）

【苏家坨举办立夏习俗活动】 5月5日，苏家坨镇西小营村在街心公园举办壬辰年立夏习俗活动。2000多名村民搭台铸灶，以传统民俗花会表演、为孩子们戴杂粮包祈福、熬食立夏粥等形式喜迎夏天的到来。

（蒋海涛）

【首届中关村图书节】 5月8日，为期一个月的首届中关村图书节在中关村图书大厦开幕。活动期间，向部分高校学生、企业员工赠送图书。邀请专家学者举行“博雅讲坛”等8场讲座，推出“展示原创精品·展现青春激情”青春文学图书展等主题书展。

（柳阑）

【《海淀故事》微电影项目正式启动】 5月26日，《海淀故事》——微电影项目正式启动，项目以“一个点发现海淀，一件事纪录海淀，一群人展示海淀，一段情感动海淀”为主旨。以圆明园为背景的首部微电影《黑天鹅》抢先发布，在优酷、酷六、奇艺、果实、百度、网易等11家视频网站进行专题播放推广，并在重庆卫视、中国教育电视台等50余家电视台播放。

（陈以民　张燕）

【举办第四届端午诗会】 6月22日，“海之韵 端午情”第四届海淀端午节诗歌朗诵会在圆明园公园广场举行，上千名市民与陈铎、虹云等著名艺术家一起，在优美的诗篇和动听的歌声中，共同欢庆端午佳节。

（蒋海涛）

【第三届文明市民艺术节】 6月至11月，区文明办、区文明市民总校联合举办海淀区第三届文明市民艺术节。艺术节以“文明绽放 幸福人生”为主题，以“我参与 我展示 我快乐”为口号，比赛共设唱红歌、手工制作、书法、绘画、韵律操等5个项目，29个街镇共1万多名社区居民参赛。艺术节以培育、弘扬和践行“北京精神”、营造向善向好的社会文明环境为目的，彰显“奉献他人，提升自己”的志愿服务精神。在10月16日至19日进行的决赛中，来自20个街道的代表队进行经典红色歌曲比赛，以及手工制作、书法、绘画等项目的决赛。11月27日举办艺术节闭幕式，驻区部队、高校代表和社区居民等800多人参加。

（邹立宏 钟冷）

【“三高”爱乐之友业余合唱团成立】 7月18日，由141位高级知识分子、高级干部和高级军官组成的“三高”爱乐之友业余合唱团成立。至年底，合唱团在中央党校、国家大剧院以及天津、南京、上海等地参加正式演出并获得成功。

（蒋海涛）

【海燕行动】 8月8日，区文化委组织开展面向核心区企业的“文艺轻骑兵——海燕行动”首站活动在百度公司门前广场举办。文艺工作者们为高新技术企业职工送去女声独唱、男声二重唱、单口相声、街舞等文艺节目，近6000名高科技企业员工观看。

（张雪薇）

【中关村金秋演出季】 9月27日，“中关村金秋演出季”暨“海之月”中秋艺术节在中国科学院物理研究所广场拉开序幕。演出季于12月上旬结束，国内外36家专业演出团体共演出42台、80场，内容涵盖话剧、舞剧、歌剧、交响乐、独唱音乐会、戏曲、曲艺和个人演唱会等多种艺术形式。

（蒋海涛）

【第三届曹雪芹文化艺术节】 10月12日～11月4日，举办第三届曹雪芹文化艺术节。本届曹雪芹文化艺术节由海淀区人民政府、北京市公园管理中心、北京曹雪芹学会和北京植物园联合举办，主题为“北京的曹雪芹，世界的红楼梦”。集文化讲座、主题展览、艺术表演、小学生故事会、主题演出等活动于一体，有昆曲《续琵琶》演出、黄叶村菊花雅集、《红楼梦》古本彩绘展、红楼植物展等节目。闭幕式上，由北京曹雪芹学会发起，联合北京植物园、北京大观园、上海大观园、南京江宁织造府、河北唐山曹雪芹文化主题公园等单位共同成立了全国曹雪芹红楼梦文化发展联盟。联盟成员将发挥各自的区域优势与特色，资源共享，定期交流，共同推进曹学与红学研究。

（田颖）

【海燕合唱团获金奖】 10月22日，第14届“永远的辉煌”——中国老年合唱节开幕，由文化馆推荐的海燕合唱团，作为唯一一支代表北京市的队伍参赛，获得金奖第一，实现历史的突破。

（张雪薇）

【第二届海淀文化大擂台】 11月1日，第二届海淀文化大擂台开赛。本届比赛分为合唱、戏曲、歌手、舞蹈、器乐五个门类。大赛持续三个月。截至年底，完成合唱、歌手、器乐与戏曲四个门类的比赛，实现周周有比赛，月月有擂主，提升了区域百姓的艺术水准。

（张雪薇）

【举办北京“舞燃情”全国邀请赛】 11月17日～18日，由北京文化艺术活动中心、区文委主办，区文化馆、北京“舞燃情”国标舞俱乐部承办的第八届北京“舞燃情”国际标准舞（体育舞蹈）交谊舞全国邀请赛在北京大学生体育馆举行。大赛设置了国标摩登舞、拉丁舞、交谊舞等46个组别，共有400多对专业和业余选手参赛。

（张雪薇）

【举办“惠民电影月”活动】 11月起，开展为期5个月的电影惠民月活动，共投入资金110万元，向外来务工人员、高新技术企业员工和社区居民发放惠民电影券3万张，免费观看最新影片；送电影进企业、进工地、进校园、进军营。免费放映电影40余场。购置最新公映的电影，在文化馆小剧场和7个乡镇的65个固定数字放映厅同时放映。

（蒋海涛）

【第23届农民艺术节】 12月22日，由区农委、区文委、四季青镇政府联合组织，以“文化乡村、多彩生活”为主题的第二十三届海淀区农民艺术节在四季青镇开幕。艺术节历时三个月，包括书法艺术展、摄影作品展、新年踩街等民俗活动。东升镇选送的小合唱“山楂树”被推荐参加市农委主办的北京市第23届农民艺术节“乡村大舞台·一村一品”颁奖晚会表演，并获得三等奖，海淀区获得组织二等奖。

（王茹萍）

【第九届海淀文化节】 12月24日，第九届海淀文化节在北大百周年纪念讲堂开幕。本届海淀文化节以“万川奔入海 炫丽中关村”为主题，分为开幕式、优秀戏剧展演、“大地芳菲”文化活动、我们的田野——文化大观园、“四海一家”——惠民电影活动5个单元，36个活动项目、300多场活动（包括基层群众文化活动），历时一个月，超过50万人次参与。

（蒋海涛）

【成立海淀区演出联盟】 12月24日，北京市海淀区演出联盟成立仪式在北京大学百周年纪念讲堂举行。该联盟属非营利性社会团体，有中国人民解放军总政歌舞团、北京大学、北京歌华中演文化发展有限公司等演出团体、演出场所和演出经纪公司等30家会员单位。同时召开演出联盟会员大会，会议通过了演出联盟章程、组织机构等事项。

（柳阑）

【打造民俗节庆活动品牌】 围绕春节、青年节、端午节、中秋节等民俗传统节日，将非遗文化保护与传统节日相结合，组织策划第三届圆明园皇家园林庙会、第五届海淀区“百花闹新春”民间花会踩街、“放飞春天”海淀风筝节、“海之韵”端午诗会等、“海之月”中秋艺术节、苏家坨立夏习俗等为代表的区域特色文化活动，并逐渐形成品牌。

（蒋海涛）

【区文化馆举办节庆文化活动】 春节期间举办新春室内文化庙会，6000余人参加游艺，观看电影，享受文化大餐。承办“放飞春天”第三届海淀风筝节。

承办第四届“海之韵 端午情”海淀端午诗会，邀请文学界、艺术界、主持界的名人名家亲临现场，为观众献上诗歌朗诵、歌舞等节目。协办“壬辰端午诗会”。协办“‘久久映夕阳’敬老爱心公益活动”，走进四季青敬老院，为老人送去节日的祝福。

（张雪薇）

【“海”字文化活动品牌建设】 通过举办海淀文化节、“青春的海”中关村国际青年艺术节、“海之声”音乐教育季、“海之月”中秋艺术节，推出系列“海”字品牌文化活动，逐步形成春——“青春的海”中关村国际青年艺术节、夏——海淀文化节、秋——“海之月”中秋艺术节、冬——“海之声”四季交响音乐会四季重点工程文化格局。

（蒋海涛）

【文化惠民服务】 按照政府主导、社会共建、公众参与原则，推进文化惠民服务，通过文艺轻骑兵“海燕行动”、“星火工程”、“周末大舞台”等文化活动，将各种文化产品送进企业、社区、军营、校园。全年累计放映公益电影 6000 场次，各影院放映电影 20.06 万场次，观影人数 842.6 万人次，票房约 3.49 亿元。营业性演出 121 项 1290 场次。组织周末大舞台、星火演出 262 场，各类讲座 115 场。文化志愿者通过开展送“福”到家、3·5 学雷锋日、助残月、敬老月等活动，为老年人、残疾人、外来务工子弟提供文化服务 46704 小时，提供文化服务项目 1130 次。

（蒋海涛）

【文化志愿者系列活动】 完成文化志愿者“送福下乡”系列活动之慰问苏家坨、西北旺、上庄镇专场演出；文化志愿者“助残月”系列活动之慰问四季青残联和西三旗残联文艺演出活动。共招募文化志愿者 160 余人。

（张雪薇）

【开展系列文化公益活动】 区文化馆在各街镇开展夏日文化广场活动 18 场次。组织五月鲜花选拔、调演 30 场。携“同心元 深情海”元宵节慰问演出走进四季青敬老院、海淀保安公司。开展慰问来京创业者主题晚会 5 场。在北京市武警第五支队举行“军民团结 鱼水情深”海淀区庆祝中国人民解放军建军 85 周年慰问演出。

（张雪薇）

【免费培训文化骨干】 年内，海淀文化馆、图书馆开设馆内免费培训班 23 个，培训学员 3104 人 1251 课时；馆外基层免费培训学员 1.7 万余人次，授课 1700 多课时。为 25 家企业、来京务工人员聚集地设立艺术培训点，开设文艺技能培训辅导班 60 余期；为马连洼、西北旺社区、曙光街道上河村等 30 家社区益民书屋培训管理员；举办 29 个街镇文艺骨干组织群众文艺干部音响技能培训班，举办各街镇舞蹈骨干新秧歌普及培训班,培训广场舞小教员 50 多人。开设老年读者计算机培训班 55 场，培训 780 余人次。在开展专业培训和主题讲座的同时，为提升全区文化骨干的艺术修养，感受高水平的文艺演出，区文委与国家大剧院签署协议，全年组织 800 余名文化骨干看演出、看话剧、听艺术教育讲座，提高文艺水平。区文化馆加大对核心区企业文艺骨干的培训力度，共为 40 家高新技术企业举办舞蹈、声乐、书法、摄影、乐理等培训班 70 个，培训文艺爱好者 2 万人次。在高新技术企业、外来务工人员聚集地等地设立免费艺术培训点 36 个。

（刘珊珊　张雪薇）

【举办老年读者计算机培训班】 本年，区图书馆与北京人民广播电台城市服务管理广播合作推出面向全市老年读者的计算机培训班，这是图书馆“敬老、爱老、为老”工作的主打服务品牌。全年完成 55 场培训，参与的老年读者达 780 余人次，参与的志愿者达 200 余人次。

（向华）

文化市场监管

【概况】 以确保十八大期间文化市场安全、稳定为目标，创新著作权（版权）宣传形式，举办“海淀正品同盟成立大会”等活动；成立海淀演出联盟；简化审批程序，压缩出版物设立项目行政许可时限 70%；开发文化市场一期电子管理软件，实现行政许可、行政管理和行政处罚的信息共享；在网吧行业分级管理基础上，对印刷业进行分级管理，加强监督管理。

全年共办理行政许可项目 847 项，其中出版物零售单位 510 家（设立 345 家，变更 165 家），歌舞娱乐场所设立和变更 12 家（设立 4 家，变更 8 家），网吧变更 52 家，有线电视安装企业设立和变更 8 家（设立 1 家，变更 7 家），游艺娱乐场所 41 家（设立 36 家，变更 5 家），电影放映场所 6 家（其中，新设立 2 家，变更 4 家），演出场所设立 1 家，文艺表演团体设立 6 家，营业性演出 116 项，演出备案 95 项。年检换证 2359 家。

开展各类专项行动，将“扫黄打非”工作纳入城市网格化监管，在各个文化市场设置监督员。全年共出动执法人员 3000 余人次、1000 余车次，检查场所 1100 家次，立案处理 73 家，罚没款 255155 元。“扫黄打非”共刑事拘留 90

人、直保 12 人、行政拘留 15 人、不执行行政拘留 28 人；收缴各类非法出版物 38 万余册、非法音像制品 35000 余张、淫秽光盘 800 余张。

（刘春华　杨帆）

【海淀正品同盟成立】 4 月 24 日，由北京商标协会、海淀工商分局、海淀区知识产权局、海淀区文化委员会及中关村 e 世界数码广场共同举办的"海淀正品同盟"成立大会在中关村 e 世界举行。"海淀正品同盟"以"倡导诚信正品、打造海淀品牌、规范区域经济秩序"为目的，由鼎好、海龙、e 世界、科贸几大电子市场及联想集团等企业（集团）组建而成，共同抵制制假售假行为并推动诚信经营，形成知识产权创造、运用、保护和管理全过程体系。

（柳阑）

案例选辑

【3·13 非法音像制品案】 3 月 13 日，区文委执法人员根据举报线索，会同海淀城管大队直属二队、公安海淀分局对北师大东门附近的北京野草书店北太平庄分店进行执法检查。在该处房屋内一门帘后暗室内发现并收缴非法音像制品 1100 余张，淫秽光盘 120 张。

（杨帆）

【8·26 贩卖盗版光盘案】 8 月 26 日，区文委会同区城管大队直属二队、区公安分局，联合对北京外国语大学西校区东门南侧外的盗版光盘兜售点进行突击检查，取缔 11 个非法摊位，收缴盗版光盘 17300 余张。

（杨帆）

【9·24 非法复制出版物案】 9 月 24 日，区文委文化执法人员在组织开展的复制企业专项整治中，发现北京大学承泽园家属区东面的北京兰飞图文设计中心未经许可，擅自复制出版物《中南海高级内参》和《中国基督徒史》等，现场收缴上述复制的出版物共计 30 余册，并取缔该复印点。

（杨帆）

【10·16 游商兜售淫秽光盘案】 10 月 16 日，区文委会同市、区公安和文化部门联合打击中关村地区涉案游商，出动执法人员 40 余人，在中关村 51 号楼南侧临时房屋内查获淫秽光盘窝点 4 个，收缴淫秽光盘 100 余张、淫秽封皮 500 余张，抓获 15 人。

（杨帆）

文物遗产保护

【概况】 截至本年底，区域内有文物古迹 296 处，其中国家级重点文物保护单位 16 个，市级文物保护单位 25 处，区级文物保护单位 29 处。有国家级非物质文化遗产 7 项，市级非物质文化遗产 27 项，区级非物质文化遗产 51 项。

本年，启动文化遗产保护工程，成立海淀区文化遗产保护促进委员会；加强文物安全工作，开展文物巡查 260 余家次；做好大慧寺、北玉河关帝庙等文物的修缮工作；征集文物 22 件，对大慧寺 207 件墓志、石刻进行拓片及整理；做好六郎庄、中关村特楼、"样式雷"家族墓地、贝家花园和圣琼佩斯故居等文物的宣传保护和齐白石墓迁移工作。

（赵阳）

【海淀区境内国家级文物保护单位（16 个）】

编号	名称	公布时间
1.	颐和园	1961-3-4
2.	圆明园	1988-1-13
3.	觉生寺	1996-11-20
4.	真觉寺	1961-3-4
5.	景泰陵	2001-6-25
6.	碧云寺	2001-6-25
7.	清华大学早期建筑	2001-6-25
8.	原燕京大学未名湖区	2001-6-25
9.	十方普觉寺（卧佛寺）	2001-6-25
10.	大慧寺	2001-6-25
11.	元大都城墙遗址	2006-5-25
12.	大觉寺	2006-5-25
13.	静明园	2006-5-25
14.	健锐营演武厅	2006-5-25
15.	万寿寺	2006-5-25
16.	辛亥滦州起义纪念塔	2006-5-25

（高五一）

【海淀区境内市级文物保护单位（25 个）】

编号	名称	公布时间
1.	双清别墅	1979-8-21
2.	静宜园	1984-5-24
3.	慈寿寺塔	1957-10-28
4.	摩诃庵	1995-10-20
5.	"三·一八"烈士纪念碑	1984-5-24
6.	黑龙潭及龙王庙	1984-5-24
7.	李大钊烈士陵园	1984-5-24
8.	旭华之阁及松堂	1984-5-24
9.	钓鱼台养源斋	1984-5-24
10.	乐家花园	1984-5-24
11.	达园	1984-5-24
12.	醇亲王墓	1984-5-24
13.	孚郡王墓	1984-5-24
14.	魏太和造像	1957-10-28
15.	定慧寺	1990-2-23
16.	广济桥	1984-5-24
17.	梁启超墓园	2001-7-12

18. 碧霞元君庙 2001-7-12
19. 清河古城遗址 2001-7-12
20. 上庄东岳庙 2003-12-15
21. 孙岳墓 2003-12-15
22. 普照寺 2011-6-13
23. 承泽园 2011-6-13
24. 鹫峰地震台 2011-6-13
25. 贝家花园 2011-6-13

（高五一）

【海淀区区级文物保护单位（29个）】

编号	名称	公布时间
1.	西禅寺	2001-11-01
2.	孙传芳墓	2001-11-01
3.	齐白石墓	2001-11-01
4.	怡贤亲王祠	2001-11-01
5.	周云端塔	2001-11-01
6.	龙王圣母庙	2001-11-01
7.	法华寺	2001-11-01
8.	立马关帝庙	2001-11-01
9.	紫竹院行宫	2001-11-01
10.	妙云寺	2001-11-01
11.	彩和坊24号四合院	1999-1-27
12.	北坞金山寺及戏楼	1999-1-27
13.	香山八旗高等小学	1999-1-27
14.	广源闸及龙王庙	1999-1-27
15.	马甸清真寺	1999-1-27
16.	金仙庵	1999-1-27
17.	鹫峰山庄遗址（含响塘庙、秀峰寺）	1999-1-27
18.	升平署	1999-1-27
19.	龙泉寺	1999-1-27
20.	云庵明照洞	1999-1-27
21.	上方寺遗址	1999-1-27
22.	香岩寺	1999-1-27
23.	熊希龄陵园	1999-1-27
24.	蓟门烟树	1981-2-13
25.	高梁桥	1981-2-13
26.	白塔庵塔	1981-2-13
27.	清代碉楼	1981-2-13
28.	恩佑寺	1981-2-13
29.	恩慕寺	1981-2-13

（高五一）

【海淀区入选第二批国家级非物质文化遗产名录(3项,2008年6月14日)】

面人郎面塑艺术
传统插花艺术
北京哈氏风筝制作技艺

（刘珊珊）

【海淀区入选第三批国家级非物质文化遗产名录(4项,2011年5月23日)】

民间文学：曹雪芹传说
传统技艺：曹氏风筝工艺
宏音斋笙管制作技艺
传统医药：葛氏捏筋拍打疗法

（刘珊珊）

【海淀区入选北京市级非物质文化遗产名录（共27项）】

海淀扑蝴蝶（第一批，2006年11月19日）

北京（曹氏）风筝制作技艺（第一批，2006年11月19日）

颐和园传说（第二批，2007年6月20日）

圆明园传说（第二批，2007年6月20日）

香山传说（第二批，2007年6月20日）

西北旺少林五虎棍（第二批，2007年6月20日）

面人郎面塑艺术（第二批，2007年6月20日）

传统插花艺术（第二批，2007年6月20日）

哈氏风筝工艺（第二批，2007年6月20日）

绣花鞋工艺（王冠琴）（第二批，2007年6月20日）

北京戏曲盔头制作技艺（第二批，2007年6月20日）

曹雪芹（西山）传说（第三批，2009年8月25日）

凤凰岭传说（第三批，2009年8月25日）

六郎庄五虎棍（第三批，2009年8月25日）

苏家坨太平鼓（第三批，2009年8月25日）

高跷秧歌（第三批，2009年8月25日）

太平歌词（第三批，2009年8月25日）

踢石球（蹴球）（第三批，2009年8月25日）

珍珠球（第三批，2009年8月25日）

口技（第三批，2009年8月25日）

孙式太极拳（第三批，2009年8月25日）

吴式太极拳（第三批，2009年8月25日）

彩塑京剧脸谱（第三批，2009年8月25日）

颐和园听鹂馆寿膳制作技艺（第三批，2009年8月25日）

宏音斋笙管乐器制作技艺（第三批，2009年8月25日）

程氏针灸（第三批，2009年8月25日）

葛氏捏筋拍打疗法（第三批，2009年8月25日）

（刘珊珊）

【入选第一批海淀区级非物质文化遗产名录（共5类15项，2007年）】

民间文学：颐和园传说
圆明园传说
香山传说
传统舞蹈：海淀扑蝴蝶
西北旺少林五虎棍
传统杂技与竞技：
蹴球
花样空竹表演技法
传统美术：面人郎面塑艺术
传统插花艺术
颖拓艺术
传统技艺：北京戏曲盔头制作技艺
曹氏风筝工艺
哈氏风筝工艺
绣花鞋工艺（王冠琴）
彩灯工艺（小灯张）

（刘珊珊）

【入选第二批海淀区级非物质文化遗产名录（共 10 类 36 项，2009 年）】

民间文学：曹雪芹（西山）传说
凤凰岭传说
民间气象谚语

传统音乐：北京怯音乐

传统舞蹈：蓝靛厂少林棍
六郎庄五虎棍
苏家坨太平鼓
南安河武松打店棍会
高跷秧歌

传统戏剧：京西皮影戏

曲艺：太平歌词

传统杂技与竞技：
传统弹弓术
珍珠球
纪氏太极拳法
口技
宋氏三皇炮捶拳
孙式太极拳
吴式太极拳
屯佃中幡

传统美术：
团花剪纸
金属锻錾
彩塑京剧脸谱
面塑（潘大洪）
北京绢人（齐聪颖）
面人汤面塑（海淀分支）
平刻微雕

传统技艺：
惠丰堂鲁菜制作技艺
京西水稻种植技术
颐和园听鹂馆寿膳制作技艺
宏音斋笙管乐器制作技艺
绣花鞋制作技艺（蒋丽娟）

传统医药：
蔡氏脉象
程氏针灸
葛氏捏筋拍打疗法

民俗：
喜轿习俗
苏家坨立夏习俗

（刘珊珊）

【“中关村特楼”保护】 1月，在北京“两会”上，北京市科协团体提案《关于将中关村 13、14、15 号三座特楼列为科学名人群体故居加以保护的建议》受到广泛关注。该楼从 1955 年起，先后居住过钱学森、钱三强、何泽慧、赵九章、叶渚沛、张文裕、赵忠尧、汪德昭、郭永怀、王淦昌、杨承宗、熊庆来、黄秉维、秉志、童第周、贝时璋、罗常培、吕叔湘、顾准等 60 余位著名科学家。6 月 1 日，区文委组织由市科协、中科院行管局、市规划委、市文物局、区规划分局、区科协等部门参加的工作协调会，力求凝聚各方共识，推进科学家故居的保护工作。

（赵阳）

【启动文化遗产保护工程】 年初，区文委启动“创新梦·民族根——海淀区文化遗产保护工程”，为 104 处普查登记文物悬挂保护标牌；成立海淀区文化遗产保护促进委员会，聘请一批文物专家指导、参与区域文物保护工作。

（赵阳）

【齐白石墓迁移保护】 2 月，根据市领导和市文物局批示，区文委召开齐白石墓迁移保护专家论证会。3 月 29 日，市文物局批复同意对齐白石墓进行迁移保护。齐白石墓的迁移保护工作于 6 月份启动。齐白石墓是海淀区级文物保护单位，位于魏公村小区。多年来，因其周边环境差而多次被媒体曝光，是历来的一个“老大难”问题。

（赵阳）

【“样式雷”宣传保护】 6 月 7 日，区文委和圆明园管理处联合举办“样式雷”圆明园体验展。展览包括“样式雷与海淀”、“样式雷与圆明园”、“互动体验区”、“主题论坛”4 部分。通过样式雷图档，展示“样式雷”家族在古建营造方面的成就。海淀区重点引进项目航天信息工程落户四季青巨山村，用地涉及“样式雷墓地”，经区文委协调，促成航天信息工程顺利落地，同时“样式雷”家族墓地也得到妥善保护。

（赵阳）

【海淀非遗文化节开幕】 12 月 28 日，持续约一个月的“海之印”海淀区第二届非遗文化节开幕。3 位第四批国家级非物质文化遗产项目代表性传承人、7 位第三批北京市级非物质文化遗产项目代表性传承人以及 18 个第三批海淀区级非物质文化遗产项目获荣誉证书。在开幕式上对非遗项目进行展演，展现海淀区丰富的非遗资源以及近年来非遗保护工作的成果。组织一大批非遗项目的传承人进入社区及大学校园现场展示和教学。

（田颖）

【非物质文化遗产普查】 完成非物质文化遗产的日常普查、资料整理、信息报送、经费申请等工作。截至年底，共普查非遗项目 220 项，其中：列入区级名录的 69 项，市级名录 27 项，国家级名录 7 项。按每家保护单位及每位传承人各 4000 元的标准，为 51 个区级以上非遗项目发放补助。

（张雪薇）

【编写《海淀区文物保护三字经》】 为便于区域公众了解爱护文物，编写《海淀区文物保护三字经》，发布国内首部以文物保护为主题的“三字经”音乐电视片，以“三字经”的形式宣传地方文物。《人民日报》《北京日报》《中国文化报》等 13 家平面媒体、78 家网络媒体及北京电视台进行报道。

（赵阳）

【文物修缮】 国家重点文物保护单位大慧寺的修缮方案完成招投标工作，计划投入修缮经费 260 余万元；国家重点文物单位土城遗址（西土城路–北太平庄路）修缮方案已报国家文物局审批；完成北玉河关帝庙修缮工程，共投入 296 万元；制订永山宅院、龙泉寺万缘茶棚、六郎庄茶棚、晏公祠的修缮方案；推进北坞金山寺（二期）修缮和圣琼佩斯故居修缮工程；配合市文物局推动香山永安寺暨静宜园二十八景修缮工程和圆明园部分景区的考古发掘和修复工作，总修缮资金达 2.2 亿元。

（赵阳）

【六郎庄文物保护】 六郎庄是海淀区的古村落，被区政府列为拆迁腾退重点村，村内现有 4 处文物。年内，区文委、海淀镇、区政协、区规划分局联合制订六郎庄地区文物保护规划。

（赵阳）

【贝家花园和圣琼佩斯故居保护】 贝家花园是北京市级文物保护单位，圣琼佩斯故居是普查新发现的文物。北京历史文化名城保护委员会正在研究制定保护和利用规划，区文委配合市文物局和市规划委的工作，将其纳入中法文化交流史迹群重点工作，划定文物保护单位的保护范围和建设控制地带并列入修缮计划。

（赵阳）

海淀区文学艺术界联合会

【概况】 海淀区文学艺术界联合会是在中共海淀区委领导下，由本区文学艺术团体和文学艺术工作者、爱好者组成的群众团体，成立于 1986 年。本届为第四届（2012 年选出）。海淀区文联下属作家协会、书法家协会、美术家协会、摄影家协会、京华印社、香山诗社、稻香湖诗社、京昆协会、《中关村》杂志社、四香书画院、晚香诗书画印社、鱼眼摄影家协会、枫林书画院、楹联协会、少儿书画协会、油画家协会等 16 个协会，共有会员 8000 人。

《稻香湖》诗刊创刊于 1994 年，截至 2012 年底共出版 53 期，作者遍及海内外，被诗歌界誉为“南泉北湖”（南泉指湖南的《湘泉》诗刊）。创刊于 2005 年、由海淀文联主办的《海淀文艺》全年出版 6 期，共刊出作家、学者、文学青年的文学作品三十多万字。1 月，由区文联主办的《海淀民间文学》创刊，该刊为季刊，是北京市唯一一家民间文艺刊物。10 月 5 日，《中关村》杂志被评为“2011—2012 最具品牌价值期刊 10 强”，这是《中关村》杂志第四次被评为“中国期刊品牌 10 强”。

（王锐）

【为农民写春联】 1 月 13 日 ~ 16 日，海淀文联四香书画院的 28 位艺术家，在苏家坨举办的迎新春民俗活动中，共为西小营、苏一、苏二、周家巷、北安河、前沙涧等村的群众书写春联近千幅。3 月 20 日，在“科技进客厅，艺术上炕头”文明新春系列活动中，海淀区文联、中关村杂志和文明办组织 300 多位艺术家，深入全区十几个乡镇和社区，为群众书写春联 5000 多幅。

（王锐）

【《纳兰性德在海淀》在凤凰卫视播出】 4 月 13 日和 4 月 20 日，凤凰卫视文化大观园栏目分两期播出其拍摄的《纳兰性德在海淀》电视片。电视片共 80 分钟，全面介绍了纳兰性德及其家族与海淀的渊源，留存至今的部分遗迹，以及专家学者的研究成果。电视片对外界了解纳兰性德及其家族历史，了解海淀尚存的纳兰古迹，提供了一个视角。

（王锐）

【承办中关村创新论坛】 5 月 23 日，由《中关村》杂志社承办的北京中关村创新论坛暨中国科技创新发展国际论坛在京举行。作为第十五届中国北京国际科技产业博览会的亮点之一，论坛以“科技引领创新，创新驱动发展”为主题，探讨全球化背景下中国企业的科技创新与发展。嘉宾就世界新科技经济的发展趋势、中关村的创新努力、科技民营企业管理模式、中国企业如何突破全球化瓶颈、科技地产事件等新形势、新趋势展开讨论。论坛期间，举办了开幕式主题报告会、主题演讲、专场峰会、自主创新表彰、参观园区等活动。

（王锐）

【举办“鹫峰梅园”摄影月赛】 6 月 30 日，由海淀文联、搜酷摄影家协会、金郊旅游业品牌管理有限公司主办的“鹫峰梅园”摄影月赛落下帷幕。大赛收到摄影爱好者的 600 余幅作品，评选出金奖 1 名，银奖 1 名，佳作奖 7 名。

（王锐）

【诗集《隔世故乡》出版】 7 月 1 日，海淀区文联理事、诗人郭宗忠诗集《隔世故乡》，由金泉出版社出版发行。书中诗作或抒情或状物，通过优美的语言表达作者对这个世界、对美好事物的感恩之情。

（王锐）

【举办“用镜头凝固中关村瞬间”活动】 8 月 4 日，为庆祝海淀区建区 60 周年，海淀区摄影家协会举办“用镜头凝固中关村瞬间”活动，精选一批摄影作品，其中《三年巨变》、《中关村印象一》、《中关村印象三》、《变迁的五线谱》等作品诠释海淀区、中关村的变迁。《夏季清华园》、《触摸科技》、《遥望中钢》、《夕照万泉路》、《令人向往的清华园》、《人性化的无障碍设施》等，展示了核心区的建设、发展、完善历程。回顾海淀区建区 60 周年的巨变和成就。

（王锐）

【“大美海淀·乡土书画”艺术展】 8 月 12 日，由海淀区委宣传部、海淀区文联等联合主办的“大美海淀·乡土书画”艺术展在北京稻香湖景酒店开幕。这次艺术展以“美在海淀、爱在乡土”为主题，展出了海淀本土书画艺术家杨再春、田添、杨永安近期作品近百幅。

（王锐）

【举办京晋区域技术与资源对话论坛】 8月28日，由海淀区文联、《中关村》杂志社与山西省临汾经济技术开发区管理委员会联合主办，中国高新产业园区协会、中国科学院国家技术转移中心联合作为支持单位的“京晋区域技术与资源对话”论坛暨“2012山西临汾开发区北京行”活动在京举行。论坛旨在搭建京、晋两地之间技术与资源的对接平台。主办单位的有关领导以及中关村园区知名企业家、专家学者、参会企业和媒体代表出席论坛。会后，山西省临汾经济技术开发区园区召开项目推介会，7家中关村企业与临汾开发区签订合作意向协议。

（王锐）

【举办“艾砂、马乙亚文学创作70周年”研讨会】 8月30日，区委宣传部、区文联联合举办“艾砂、马乙亚文学创作70周年”研讨会。有关领导、评论家、诗人、学者等50多人参加。艾砂先生1923年8月出生于海淀苏家坨，原名刘树春。1942年开始从事文学创作，并担任《蒙疆新报》《蒙疆文学》编辑，在敌占区开展地下工作，宣传党的方针政策。新中国成立后历任《军工报》《红旗报》等报刊主编，是二十世纪四十年代成长起来的诗人。1991年，艾砂离休后回到故乡定居。1994年艾砂夫妇创办《稻香湖》诗刊，在20多个国家和地区发行。2005年，艾砂获香港文化金奖，2011年获海淀区文化卓越贡献奖。

（王锐）

【举办“海淀六十景”诗书画展览】 9月1日，为庆祝海淀建区60周年，由海淀区委宣传部，海淀区文联举办的“‘海淀六十景’诗书画展览”在凤凰岭美术馆隆重开展。各界人士近500人出席开幕式。展览集合海淀区众多知名诗人、画家、书法家，按照“一年一景、入诗入画”的构想，创作60首诗、60幅画、60幅书法，搭配成60套作品。

（王锐）

【获市文联文艺展演奖项】 9月22日～23日，在北京市文联举办的“喜迎党的十八大，践行北京精神”区县、行（产）业文联文艺展演中，由海淀区文联副主席叶宏奇、王一兵作词，蒋舟作曲，邓星明演唱的歌曲《水墨中国》分别获歌曲类节目创作和演唱两项第一名，独舞《月满春江》获舞蹈类节目特别奖。

（王锐）

【纳兰性德学术研讨会召开】 11月6日～7日，由海淀区文联、北京诗词学会、《中关村》杂志社、香山诗社联合主办的纳兰性德学术研讨会在北京举行。来自全国各地的近百位专家学者参会，就厘清纳兰性德词作真伪以及作品在当下时代的新解读等问题展开讨论并就纳兰性德故居文化建设建言献策。在筹备研讨会的两年间，先后举办纳兰性德学术研讨征文、纳兰性德生平故事征集等活动，出版了《说不尽的纳兰性德》和《纳兰性德的传说》两本著作。

（王锐）

媒体传播

【概况】 海淀区新闻中心是2006年2月28日由海淀区广播电视中心和《海淀报》组建而成，是区委区政府所属相当正处级全额拨款事业单位，下属海淀区有线广播电视网络信息中心（加挂北京市海淀传媒中心牌子）1个事业单位。主要负责新闻宣传队伍建设，区属媒体产业的规划、建设、管理，有线电视的联网工作，确保广播电视节目的安全播出。

本年，中心摄制的专题片《连续报道——“开心农场”发展都市农业新思路》、《董学工——一心为民服务百姓》获中国电视艺术家协会颁发的第四届新农村电视艺术节2012年度专题片好作品奖。海淀记者站制作的《7·21大雨直播》获2011年—2012年北京电视台记者站优秀作品奖。《折翼天使王恒，越磨砺，越光芒》被北京市广播电影电视局评为2011年度北京市优秀广播电视节目评选电视新闻类三等奖。

（江亚红　田颖）

【纸媒体】 海淀区新闻中心的纸媒体有一报两刊，即《海淀报》、《海淀科技园区周刊》和《城市周刊》。《海淀报》和《城市周刊》全年共出版226期，采写、刊发各类文章万余篇，共计840余万字，图片5000张。在市级以上媒体发稿量达200篇，其中部分新闻稿件和图片在《北京日报》头版刊发。《海淀报》发行量突破5万份，《城市周刊》期发行量最高达到4.3万份。

11月8日，恢复《核心区周刊》并更名为《中关村导刊》。增加更有针对性的新栏目，增强权威性、指导性和服务性。截至年底，《中关村导刊》共出版8期，采写、刊发文章237篇，共计16万字，图片45张。

30集电视连续剧《幸福未满》拍摄完毕并在多家电视台上映；新闻衍生品《幸福的基因》于2012年11月出版。

（江亚红　田颖）

【广播电视】 海淀有线电视节目自2003年1月1日起纳入北京电视台公共频道（现BTV新闻频道）播出。年内，在《海淀新闻》中先后增设“海淀高校”、“数说海淀”、“榜样的力量”、“喜迎党的十八大”等版块。新开播《文明海淀》、《火线》、《自在海淀》、《农科采摘园》等栏目。

电视全年采编、播发海淀新闻5475条，制作并播出自办与合办专题栏目208期。拍摄新闻资料8212.5小时，制作汇报片32部。播出节目8235小时(其中北京—9播出1647小时，802海淀数字频道播出6588小时)，全年播出无事故。新闻在上级台的播发量同比有所增加，北京台的《北京新闻》、《特别关注》，中央电视台的《朝闻天下》、《新闻直播间》都有海淀记者拍摄的新闻播发。

（江亚红　田颖）

【网络】 海淀区有线广播电视网络信息中心是从事广播电视网络建设和管理的专门机构，成立于1999年6月。2007年，区网络中心率先对农村地区实现数字互动电视功能，并于2009年完成三网融合试点工作，覆盖用户2万余户。截至本年底，网络传输光缆覆盖到村，数字互动电视光纤到楼，覆盖5万户。

全年，海淀在线完成区政府网站《海淀要闻》等信息更新2600条、首都之窗海淀区信息上载更新4200条、区政府内网信息公开《海淀新闻》和《海淀报》8000条。

配合区委区政府以及有关单位完成各类会议、活动的全程录制45次，培训基层记者站、实习生300人次，接待各单位借阅、复制各类资料62人次，为区内各单位提供照片500余张，复制音像资料1580条。

（江亚红　田颖）

档　案

【概况】 海淀区档案局是海淀区政府主管全区档案工作的行政管理机构，海淀区档案馆是地方综合性档案馆，是集中管理档案的文化事业机构，局、馆合署办公。

（马薇冬）

【组建"城市记忆"志愿者服务队】 2月22日，本馆组建"城市记忆"志愿者服务队。服务队由20名老海淀人组成，主要为档案馆提供有价值的档案线索，帮助收集有价值的老照片等档案实体。截至年底，"城市记忆"志愿者服务队为档案馆共提供老照片330张。

（马薇冬）

【第四届"档案馆日"】 9月5日，北京市第四届"档案馆日"海淀分会场活动在档案馆举行。本届"档案馆日"活动的主题是"弘扬档案文化 践行北京精神"。区档案馆举办"弘扬档案文化践行北京精神"、"档案捐赠仪式及征集工作"2个主题座谈会。通过《海淀报》、档案馆网站、制作"走进海淀档案馆"专题电视片等形式，宣传"档案馆日"活动。活动当天有200人走进海淀档案馆，发放宣传材料500份，有1000余人次点击海淀档案馆网站。海淀有线电视台、《海淀报》等媒体跟踪拍摄活动并在北京台"公共频道"中播出。

（马薇冬）

【档案执法检查】 对76家立档单位进行档案行政执法检查。其中，北京实创高科技发展有限公司通过市档案局法规处与区档案局的联合执法检查。制定《海淀区档案局行政调解工作实施方案》,依法开展行政调解工作。

（马薇冬）

【规范档案管理】 针对翠微集团、翠微大厦股份有限公司的机构、职能变更情况，在调研基础上重新界定档案归属并规范管理模式。中关村国家自主创新示范区展示中心及国土资源局海淀分局开展机构设置情况调查，将其档案工作纳入档案局监管单位。指导农村集体经济产权制度改革档案管理工作，协调组织部共同加强农村档案管理。召开全区农村档案工作现场会，部署促进各镇、村档案工作规范化进程，做好档案收集、保管、利用工作。规范和加强对水务普查、南水北调、工程基建等市、区重点设施建设项目档案工作的指导，发挥档案资政作用。

（马薇冬）

【社保及医保档案管理】 加强社保及医保档案管理，指导区人力社保局规范社保及医保业务档案，通过北京市的达标验收，获优秀等次，代表北京市接受国家档案局、人力社保部社会保险事业管理中心的检查验收。海淀区社保、医保档案工作均走在全国前列。

（马薇冬）

【社区档案管理】 开展社区档案工作调研，规范社区档案管理。就起草的社区档案规范化意见，走访区社工委、社会办及相关科室开展社区工作调研。组织部分街道民政科、办公室和社区居委会的同志对社区档案工作内容进行座谈，加快《关于加强海淀区社区档案规范化管理实施意见（征求意见稿）》的出台。

（马薇冬）

【档案信息化建设】 推进数码照片档案规范化管理，完成软件开发及修改工作，同时重新改版照片装具。对馆藏档案数字资源进行全面清查，完成对馆藏重要档案异地（陕西省）、同城备份工作，备份档案数据2.3T。完成局（馆）OA系统项目建设，实现无纸化办公。丰富档案局（馆）门户网站涉农专栏，发布现行的涉农政策、涉农利用实例和新农村建设相关信息，推进农村档案资源共享工作。对1998–2004年形成的老式录像带进行数字化格式转换。全年对27万页馆藏文书档案数字化，占馆藏的29.2%，完成馆藏照片档案的数字化。

（马薇冬）

【档案业务培训】 全年共举办档案专业知识及各类专题培训 10 余期，累计培训 600 人次。对有关单位及驻区企业新上岗的档案工作人员进行 64 课时岗前档案专业知识培训，经考试合格后颁发证书。组织“海淀区 2012 年大事记编写人员培训班”。以“档案的价值和档案法制”为主题，为全区立档单位主管领导和档案员进行档案法规培训。配合相关单位为区人大、区委老干局、区行政学院、区计生委、区发改委、区教委后勤管理中心等立档单位开展档案专题培训。

（马薇冬）

【档案收集】 全年共接收 28 家立档单位纸质档案 33764 卷、件，照片 4088 张。截至年底，馆藏纸质档案 282857 卷、件，其中文书档案 214925 卷、件，专门档案 57885 卷,科技档案 10047 卷，照片档案 43179 张。对馆藏 618 件民国时期的地契、串票、田赋收据、买卖契约等档案进行抢救性修复。对 1980–1982 年度满 30 年的 9391 卷到期应开放档案进行鉴定。

（马薇冬）

【档案征集】 征集资料 800 余册、手稿 1000 万字、证书 109 本、实物 5 件。同时针对首届西山文化节、首届皇家园林旅游节等活动进行特色资料征集。征集到西北旺镇唐家岭所有的拆迁腾退影像等资料，完成区党代会、人代会、政协会的影像拍摄任务，共计 19 小时 24 分钟。

（马薇冬）

【规范档案利用程序】 联合市档案局、区法制办、区法院等 7 个单位就规范档案利用程序召开研讨会，针对《查阅利用档案须知（草案）》的修订进行研讨，促使档案工作依法行政，减少纠纷，避免行政诉讼、行政复议案件的发生，提高档案利用服务水平。申请“加强和创新社会管理专项资金”20 万元，用于档案查询利用系统开发、设备购置及工程建设，以简化查阅程序、提高利用效率、保护档案实体、便民利民，该项目已投入试运行。

（马薇冬）

【档案利用】 全年共接待档案利用者 10263 人次，各档案室提供利用 6 万余人次。查档调卷 4621 卷，出具档案证明 6132 份，复印相关档案内容 16779 页。全年共接收政府公开信息 3 批、2249 份、6720 件。累计接收 27 批、8755 份、23764 件。

（马薇冬）

【档案资源开发】 利用馆藏资料及征集相关单位的照片 4 万余张，选出 400 张精品，制作“光耀一甲子 相承 60 年”纪念海淀建区 60 年画册及展板。创办《海淀档案》杂志，刊发 2 期。《珍贵档案界定的意义与作用研究》获得市局立项，《家庭档案为民生建设服务的研究》课题获北京市科学技术优秀成果二等奖。

（马薇冬）

【档案法制宣传】 通过举办展览展示、发放法制宣传材料、档案知识现场及网上咨询等多种形式，开展档案法制宣传。组织各立档单位开展 2012 年“飞狐灵通杯”全国档案法制知识竞赛，发放试卷 1 万份，69 家立档单位组织参加答题活动，海淀区档案局获得北京市档案法制宣传活动特别组织奖。6 月 14 日，本馆晋升为市级爱国主义教育基地。制作《海淀教育》专题展及《城乡一体化进程中的海淀》主题展等展览，接待 9000 余人次参观。

（马薇冬）

【档案安全工作】 投入近 300 万元，对档案馆的楼宇消防设备、报警系统、监控系统、空调系统、电梯进行安全检测及部分改造，消除安全隐患。及时对信息化安全系统、设备等进行维护及运行管理，对数据库进行维护与更新，加强档案保密工作，保证档案实体安全。

（马薇冬）

【指导驻区企业档案工作】 加大为驻区企业提供档案指导与服务力度，开设非公有制企业档案信息专栏，发布《北京市非公有制企业档案管理指南》等 16 项档案管理标准规范，在档案知识园地中设置 132 条档案工作基本术语，完善非公企业档案工作。全方位保障驻区企业档案工作人员上岗培训的需求。

（马薇冬）

地 方 志

【概况】 海淀区党史地方志办公室（区史志办）成立于 2001 年 11 月，负责地方志书编纂和地方史志资源的保护开发利用工作。2012 年 1 月 4 日，由海淀区党史区志办公室更为现名。

本年，史志办被评为北京市地方志系统先进集体，2 人获北京市地方志系统先进工作者称号。《北京海淀年鉴》（2011 年卷）在中国出版工作者协会年鉴工作委员会主办的第六届全国年鉴编校质量检查评比活动中获二等奖，在第一届北京市年鉴编校质量评比活动中获二等奖。

（田颖）

【召开年鉴创刊十周年大会】 3 月 13 日，区史志办召开 2012 全区年鉴工作暨纪念《海淀年鉴》创刊十周年大会，对 36 名长期从事年鉴工作的撰稿人和

53家撰稿单位进行表彰。会议总结十年来年鉴的编写经验，布置2012年年鉴工作，3家与会单位代表做典型发言。178家区属单位及部分驻区单位主管领导和撰稿人参会。

（田颖）

【《东升乡志》发行】 12月25日，东升镇举行《东升乡志》发行仪式。《东升乡志》是海淀区首部乡镇地方志书，全书约75万字，主要内容包括东升镇域所在地区的历史起源和变迁过程，重点编录了从1958年东升公社成立到2006年，东升镇在政治、经济、文化、党的建设等方面的发展历程。《东升乡志》编纂从2006年底正式启动，由全乡120余名干部职工集体编撰而成，包括序、照片、概述、大事记及后记等。正文分为篇、章、节、目4个层次，其中篇20个，章78个，节236个，目近700个。收录照片200余张，表格40个，地图8张，以及《东升之歌》、《东升赋》等具有地区特色的文化成果。

（韩慧新）

【志书编纂】 继续编纂《海淀区志（1996–2010）》。3月，编制《2012年二轮修志编辑部志稿改写、撰写工作分工表》。6月底开始，按照新的篇目设置适当调整编辑部人员分工，实行“四定一包”责任制，即定编、定质量、定数量、定时间、一包到底。召开编辑部会议15次，及时反馈工作进展情况，共同研讨修志中遇到的问题，并提出解决方法。

提高业务水平。编印《海淀区二轮修志初稿总纂学习参考资料》、北京市地方志编纂业务培训讲义材料，供编辑部内部学习参考。召开2次初稿评议学习会，邀请市志办领导对部分试写稿进行分析讲评，提出初稿撰写中的问题所在及应把握的一些重要原则。

加强对承编单位的指导。针对初稿中的主要问题，编发《关于初稿修改的参考意见》。牵头组织撰稿单位分别对初稿进行修改，至年底，130余家承编单位基本完成初稿修改。确定《北京市海淀区志（1996–2010）》篇目设置（第五稿）。

11月，编辑部完成部分初稿修改二稿。

截至年底，完成30册资料长编的编印及发放。基本完成立传人物的资料收集及编写。指导各承编单位进一步完善《篇目设置》，全面进入“第一稿”改写、撰写阶段。

（李苗）

【编辑出版《北京海淀年鉴·2012》】 开展《北京海淀年鉴·2012》一书的编写工作。截至年底，完成年鉴稿件（210家）、大事记（140余家）、照片（6.8万张）的征集，报刊条目（1553条）摘要，稿件的编辑、照片的筛选整理、校对、审核等工作。《北京海淀年鉴·2012》由中央文献出版社出版，全书144万字、照片243张。

（田颖）

【提供信息服务】 年内，为区园林绿化局、区民政局、区政府办、区烟草专卖局、区工商分局、区委区政府研究室、区规划分局等多家单位提供信息咨询和区情资料查询，做好服务和指导工作。

（田颖）

【出版7期《海淀史志》】 全年共编辑出版《海淀史志》7期，其中增刊3期。发表文章94篇，图片199张，共计35万字。发放杂志7期、3500册，范围涉及区领导、各委办局、街道、镇，北京市上级业务指导单位、北京市各区县相关单位以及各地海淀史地爱好者。

（田颖）

【出版5本《海淀史地丛书》】 以海淀区情为主题，利用修志过程中搜集到的资料，完成《静明园述往》、《拜访京华名家》、《名人情系西山》、《海淀轶闻琐记》、《浪花与足迹》等5本《海淀史地丛书》的编辑出版工作。由中央文献出版社出版，共计146万字、插页64张。发放2500册。年底，启动第二批次稿件的收集整理工作。

（田颖）

【完成年鉴调研课题】 年内，开展“《海淀年鉴》的利用与发展”课题调研。通过发放调查问卷、电话沟通、信息利用查询等方式统计全区的地情资料出版情况，征求各方面对年鉴使用和发展的建议意见，形成近200份摸底材料，6000余字的调研报告。报告包括《海淀年鉴》的发展历程、利用现状、面临的困难，提出了发展思路。

（田颖）

教育

2013

北京海淀年鉴

▲ 4月20日，海淀进修实验学校成为北京人民艺术剧院首个中学戏剧教育基地（区教委 供图）

◀ 5月27日，人大附小举办第二届校园“小妙会”活动（李瑞林 摄）

◀ 5月30日，由区文明办主办，中科院行政管理局科学文化传播中心承办的海淀区学趣科学实践教育工程启动仪式暨海淀区少年儿童科学创新论坛活动在中科院文献情报中心礼堂举行（区文明办 供图）

◀ 6月30日，中国国家游泳队出征2012伦敦奥运壮行仪式在北京育英学校举行（李瑞林 摄）

◀ 11月9日，东北旺中心小学举办第一届科技节（李瑞林 摄）

▲ 9月，中关村中学开设15场科学人讲坛，诺贝尔奖获得者、物理学家丁肇中教授为学生作科技讲座（区教委 供图）

◀ 北京市温泉第二中学天文台（田峰 摄）

教　育

综　述

海淀区是中国教育和教育经济最发达的地区之一，在北京市教育规模最大，中小学生总数占全市的五分之一。2012年，海淀区域内共有幼儿园153所、普通中小学182所（不含12个一贯制学校小学部）、全日制高等院校38所（部）、37所成人高等教育院校、具有招生资格的民办非学历高等教育机构18所、中等职业学校13所、特殊教育学校3所、工读教育学校1所、各类社会力量办培训机构450家。有16所北京市级示范幼儿园、44所区级示范幼儿园；一级以上幼儿园107所。有11所北京市示范性高中。有1所社区学院，两个区级社区教育中心，29个街道（镇）社区学校，600多个居委会教学点。60个区内教育机构向社区开放。

海淀区教育委员会是负责本区地方教育事业的行政职能部门，中共海淀区委教育工作委员会是负责本区教育系统党的建设、思想政治工作和干部管理工作的区委派出机构。区教委与区教育工委合署办公。区教育督导室由区政府授权对本区的教育工作实施督导。海淀区学习型城区建设委员会办公室设在区教委。区教委有直属事业单位14个。

本年，落实《海淀区“十二五”时期教育发展规划》，以优质均衡发展为主线，以特色发展为导向，科学规划学校建设，合理布局教育资源，深化教育教学改革，继续推进“学习型海淀”建设。

教育事业管理　学前教育。新建10所、改扩建15所幼儿园，全年新增5206个入园名额，缓解“入园难”压力，完成《学前教育三年行动计划（2011-2013年）》第二年目标。

义务教育。继续实施义务教育均衡发展和城乡教育一体化两个国家级实验项目。继续推进名校承办工作。通过资源整合，形成中关村一小等11个教育集团、以羊坊店和海淀学区为基础的两个教育联盟。支持一零一中学、十一学校、交大附中按照“一个法人、一体化管理”“名校多校址办学”模式到郊区办分校。将前沙涧小学并入北部新区实验学校，建成九年一贯制学校。启动小学学区调整工作，将人大附小、海淀外国语实验学校两所优质校由海淀学区调整至四季青学区。红英小学被国务院评为“全国两基工作先进单位”。

职业教育。促进职业教育与园区企业合作，建立甘百商学院和21世纪学前教育学院，为农村村民开设物业管理、厨艺等10余个培训项目。开办农村成人“技能+基础”培训班，58名学员取得成人中专学历。中关村学院承担的“海淀区创新人才培训公共服务平台”被评为2012年北京市民学习品牌。

民办教育。新增8个民办非学历教育培训机构、1所民办幼儿园，减少两所未经批准的自办学校。非学历培训机构在外区、外埠新设325个教学点。

教育体制改革试点项目　将实验重心下移至项目实验学校。开展幼小衔接、九年一贯制办学试点。建设学科功能教室，进行分级分类的课程设计，建设各学科电子资源库。针对学生的差异，探索课堂分层指导策略。制定适应走班选课的管理制度，并在部分年级实施分布式管理。完善了科学实验班课程方案和二四课程方案。完成实验项目中期评估工作。

深化基础教育学校办学体制改革，按照实验方案和年度计划推进十一学校各项改革实验。开展基础教育课程教材改革实验，制定2012年度区级实验任务确认书，召开项目中期交流会。建设《海淀历史与文化》地方课程和普通高中通用技术课程。“提高课堂教学有效性研究专题”和“促进教学质量全面提升研究专题”进展顺利。

探索拔尖创新人才培养模式，联合人大附中等四所基地校、清华大学等六所大学、中科院等三家科研院所组建项目改革试验协作体，协作体各单位之间资源共享。健全下校调研、联席会议和信息专报制度。举办资源单位“双向互动开放日”活动，总结推进策略，展示阶段性成果。

开展高中特色发展实验，通过行政带动、资源共享及专家引领，引导和支持项目试验校进行课程开发、大中衔接等方面的探索。海淀9所高中特色发展实验项目学校全部通过市教委专家组中期评估。

推进7项国家级教改实验，完成城乡教育一体化、基础教育课程改革、拔尖创新人才培养、高中特色发展、中小学德育机制创新等5个项目并通过达标验收。开展城区义务教育均衡发展、基础教育学校办学体制改革等两个项目中期评估。

素质教育　理想信念教育。将社会主义核心价值体系融入学校教育全过程。建成首个区级德育基地、青少年法制教育基地。将中小学生文明礼仪教育与“学雷锋、践行北京精神”活动结合，提高中小学生精神文明素养。组建“红色海淀教育联盟”，发挥红色革命文化的育人功能。将职业生涯设计纳入职高德育，引导学生树立科学的学习观、职业道德观。举办首批德育干部高研班。开展校园文化建设系列主题实践活动。开展民族团结教育，农大附中等3所学校被评为北京市民族团结教育示范校。举办13期家庭教育大讲堂。

常态课研究。实施小学和高中自主排课实验，促进国家课程校本化。推进小学生学业质量测评改革，完善学生综合素质评价。以基础教育课程改革国家级项目为载体，加强课程特色建设和教研方式、教学评价研究。推进名师同步课程建设。推进“减负增效”工作，治理“奥数热”。

初步建立田径、技击、球类、民族传统项目等中小学体育特色集团。开展阳光体育运动，保证学生每天1小时锻炼时间。认定体育、科技、艺术、国防教育区级示范校各30所。在全市率先启动中小学传染病早期预警监测系统，对学生近视、肥胖进行防控，推行传染病防病信息实时报告。建设心理健康指导中心，组建心理服务队入校辅导。本年，海淀区被评为首批全国中小学心理健康教育示范区。

2012年，海淀区中小学生在各类体育、科技、艺术比赛中获得19个国际金奖、64个国家级一等奖和231个市级一等奖。6名学生获北京市学生金帆奖，占总数的55%；62名学生获得银帆奖，占全市的47%。4名学生获科技创新市长奖，占总数的80%；两名学生获“提名奖”，占总数的40%。

全区高考文理科600分以上高分段考生分别为151人和1621人，占全市总数的43.39%、44.67%，同比提高5.9、0.65个百分点。

教育基础设施建设　开工建设交大附小迁建、实验中学体育综合楼扩建、今典小学改扩建、万泉小学曙光校区扩建4个项目，建成清华附中永丰学校、八家小学、唐家岭新城配套小学、西山新村配套小学、西北旺镇六里屯配套小学5所学校，推进进修学校新址、中关村三小万柳新校区、翠微小学温泉校区和一零一中学温泉校区建设等。累计投入近17亿元，完成75校84校址、42万平方米操场改造、96校次设施设备改造、287校次土建修缮工程和校舍急修、21校食堂综合改造和64校食堂清真餐改造工程。投入1.2亿元，完成114校次电力增容、管道修缮、天然气设备、锅炉房改造等工程。投入4.26亿元，推进数字校园建设。建成青少年综合实践教育基地。升级改造中小学校园网光纤网络。完成万兆光纤二期工程。率先研发云应用时代海淀区教育教学互动平台。

管理与服务保障。完善扶残助学和家庭经济困难学生资助体系。解决符合条件的外地来京务工人员随迁子女教育问题，对接收随迁子女超过一定比例的公办校给予经费支持。初步建立中小学食品安全管理公开机制。以创建食品安全示范校为抓手，推动全区学校食堂达到A级标准。

继续开展出租房摸底调查，依法清退租赁期满和合建房屋合同，启动学校土地定界确权工作，办理国有土地所有权证221校次、完成87处校址边界确认、26校次闲置校舍测绘、91校次出租房屋CAD图纸标注等产权测绘工作。

将校园安全工作纳入校长业绩考核。开展学校防灾、防火、防汛等专项检查和校园周边专项整治，实现十八大安保、“7·21”自然灾害“零事故”。深化“平安校园”建设，实施网格化管理，开展校园周边环境整治，维护校园和谐稳定。

干部教师队伍建设　拟定基层单位领导班子建设标准和指导意见，出台中小学校级副职、后备干部管理办法，完善校（园）长考核、任用、考察和法制副校长、干部聘任机制，促进干部管理制度化、规范化和科学化。改进干部网上民主测评系统，完善基层干部民主测评机制。结合学校布局调整，实施校级干部交流、轮岗。试行优秀校（园）长延期退休制度。

干部教师分层分类培训。出台《海淀区“十二五”时期教育系统人才发展规划》，制定《海淀区教育系统人才引进暂行办法》。举办中小学书记校长系列培训班，领导干部和新任党政正职“依法办学，专业发展”专题培训。选派优秀干部教师参加北师大教育运营管理MBA研究生班。职业高中一线教师到企业实习。开展“优秀教师梯队建设研修班”教学交流研讨季活动，提升教学研究能力和听评课水平。7所中小学被市教委确定为首批“十二五”时期中小学教师培训实践基地。建立国际培训模式，选派352名干部教师赴境外学习。

教研科研。启动“新课程海淀区义务教育阶段学生学业标准与教学指导”研究工作。推动实施960项“十二五”科研课题研究。组织申报2012年国家级课题21项，市级课题94项，其中13项课题被市级立项。推荐130项课题参加北京市第六届教育科研成果申报，推荐157项课题参加北京市第四届教学成果奖申报，其中65项入选。爱生学校项目组承办“中国爱生学校标准试验经验交流研讨会”。《人民教育》杂志对“中英学校发展计划项目研究”进行整体报道，推行项目亮点和经验。

制定义务教育学校教师交流试行方案。制定“十二五”教师培训区级管理办法。完善津贴补贴制度，试行非义务教育学校绩效工资改革，缩小城乡、校际教师收入差距，北部地区教职工平均收入比南部高10%。完善教师公开招聘流程，提供1800个岗位吸纳优秀大学生到海淀区从教。面向全国引进7名优秀教师。通过接收新疆和贵州骨干教师实习、选派优秀教师赴新疆和内蒙古支教送教等形式开展教育对口支援。启动教育系统人才公租房配租工作。

名师名校长队伍建设。举办校长沙龙，召开特色校校长研讨会。完成特级教师、市级学科带头人、市级骨干教师的评选及推荐工作，启动新一轮区级骨干教师培训。继续实施“教育家办学工程”，推出3位名校长和3位名教师。引进10余名高端教育人才。召开示范高中校长研讨会。区级学科带头人、骨干教师占专任教师的比例达20%。4名教师被评为北京市特级教师，特级教师总数达126人。

师德教育和研究。建立师德教育基地。将师德表现作为学校工作督导考核和办学质量评估的重要指标，结合民主评议，实行师德表现一票否决制。发挥师德宣讲团作用，继续开展师德之星评选活动。推进“阳光工程”，指导教师制订幸福成长规划，引导教师树立“阳光事业，阳光心态，阳光成长”信念。落实机关支部联系基层学校制度。

本年，1人获北京市师德标兵、22人获北京市师德先进个人、3人获北京市“三八红旗手”、两个单位获北京市“三八”红旗集体、1人获首都劳动奖章、两人获北京市人民教师提名奖。

2012年海淀区中小学师资状况表

（单位：人）

类别	专任教师	年龄结构			学历结构		
		35岁以下	35岁至50岁	50岁以上	研究生以上	本科学历	专科学历
小学	7563	3338	3979	246	246	6614	658
中学	8297	3171	4630	496	1536	6669	83
合计	15860	6509	8609	742	1782	13283	741

党建　推进党建创新示范项目建设。开展党员责任区、党员先锋岗等活动。开展以为民务实清廉为主要内容的教育实践活动。落实两委一室领导直接联系学校制度。推进党务公开、政务公开，开展教育系统政风行风民主评议工作。完善基层党员定期评议基层党组织、基层学校定期评议机关的制度。

以基层党组织建设年为契机，开展教育系统党组织分类定级、晋位升级工作，一零一中学党总支获全国“创先争优”先进基层党组织称号、人大附中等3所学校党组织被认定为首批北京市中小学党建示范点。对各单位党支部书记开展基层党建管理等实务轮训。推进“双培养”工作，骨干教师在党员中的比例同比提高16个百分点，达到64%。

文明单位创建。实现教育系统各单位区级文明单位创建全覆盖。本年，翠微小学被评为全国文明单位，钢院附中等13所学校被评为首都文明单位。育英学校“职工书屋”被全国总工会评为全国职工书屋建设示范点，2所学校团组织荣获全国五四红旗团组织称号，4所学校被评为“千优带队”争创工程市级标兵、16所学校被评为市级优秀争创学校。

党风廉政建设。与各校党政一把手签订《党风廉政建设责任书》。编辑教职工廉洁教育读本、《廉政准则》画册，举办廉政文化进校园、廉政文化展览等。完善《关于进一步加强中小学领导班子建设的意见》，明确中小学领导班子建设标准，完善任用、培养、考核和评价机制。完善职代会、教代会制度。提高离退休干部教师待遇。在教育党校专设统战工作必修课程。建立党建带团建工作检查考核制度。办结民主党派团体提案，自觉接受党外人士监督。严肃查办乱收费举报案件，清退违规收费65万余元。

教育督导　试行中学督学责任区制度。完成国家基础教育质量监测和年度教育执法督导检查。对14所普通中学进行第三轮全面实施素质教育督导评价。推进24个市级科研课题，完成义务教育阶段学生课业负担状况、特殊教育、高中特色发展等专项督导调研。改革学校督导评价模式，引入第三方评价。推进中英督导培训二期项目，组织骨干督学互访学习和交流。开展高中特色发展、校外教育、学前教育、民办学校与大学附中附小专项调研和督评，将社区教育纳入督导范围。举办全国教育督导研究协作第18届年会。本年，海淀区被评为全国教育督导先进集体。

工作中存在的问题和不足：由于生源激增，普通基础教育阶段教育资源相对紧缺的矛盾日益突出，“上学难”与“上好学难”的矛盾并存，促进义务教育优质均衡发展仍然是一项长期而艰巨的工程。

（宋亚甫）

教育资源3个系列，共10册，总计54.1万字。

（尹金娥）

学前教育

【概况】 2012年，海淀区有153所幼儿园。其中教育部门办幼儿园12所，地方企业办园2所，事业单位办园26所，部队办园37所，集体办园27所，民办园31所，其他部门办园18所。一级以上幼儿园107所，占全区幼儿园总数的70%。新增4所北京市一级一类园。

本年，在园幼儿55070人，其中外省市户籍幼儿10481人，占在园幼儿总数的19%。新入园幼儿18120人，离园幼儿10439人。学前教育有教职工8497人，其中专任教师4237人。

（宋亚甫）

【开展幼儿素质教育征文活动】 2月至9月，区教委开展"童心杯"幼儿素质教育教师征文活动。共有111所幼儿园教师参加，收到2064篇征文。67名教师获一等奖，269名教师获二等奖，433名教师三等奖，56所幼儿园获"创建学习型团队"奖。

（宋亚甫）

【启动"心灵驿站"—与园长面对面项目】 2月，北京师范大学实验幼儿园启动"心灵驿站"—与园长面对面项目。教职员工通过邮箱、短信及电话预约与园长见面，每月最末一周周五为面谈日。谈话主题可涉及园所发展意见建议、个人家庭、工作等。至12月底，有10名教师与园长直接交谈，园长倾听并帮助排解教职员工来自家庭、工作的压力、困难，在幼儿园库房管理、人员管理等方面收到建设性意见。北师大实验幼儿园是一所一园多址、实行直接管理的集团化幼教机构。

（丁乐）

【接待英国课程专家】 4月11日，六一幼儿院接待"比比和朋友"课程英国专家观摩。英国"儿童好拍挡"教育机构凯瑞兰女士来院考察"比比和朋友"项目课程实施情况，观摩大班1节"比比"教学活动，与部分教师代表座谈，对该院实施课程成效给予好评。

（王秋萍）

【接待全国园长学习班】 4月20日，全国园长班学员到常青幼儿园学习交流。学员们听取常青幼儿园"坚持环境育人、促幼儿快乐发展"办园理念情况介绍，参观该园建园32年宣传"文化长廊"，观摩班级教育环境、教育活动内容及各年龄班户外体育游戏活动等，就常青幼儿园出版的《孩子喜爱的自制玩具》、《孩子爱吃的营养饭菜》交流讨论。来自全国8省市幼儿园园长100人参加学习。

（韩玉兰）

【获"希望之星"北京赛区金奖】 5月8日，二十一世纪幼儿园曙光分园幼儿参加"希望之星"英语比赛并获奖。该比赛由中央电视台主办，中国教育国际交流协会、世界自然基金会、中视传媒股份有限公司协办，分为幼儿组、小学低年级组、小学高年级组、初中组、高中组、大学（成人）组，分选拔赛和全国总决赛两个阶段。北京赛区初赛设综合笔试+口试，复赛设口试+才艺，半决赛、决赛设综合性语言技能项目。二十一世纪幼儿园曙光分园23名幼儿参赛并进入北京赛区幼儿组总决赛，以英语剧《三打白骨精》获得团体最佳表演奖，1名幼儿获个人金奖。

（戴静）

【蓝天幼教课程系列丛书出版】 5月，蓝天幼儿园编辑出版"蓝天幼教课程"系列丛书。该套丛书汇集幼儿园管理、幼儿养成教育、主题教育活动、园本培训、课题研究、区域设置、数学教材、幼儿律动游戏、营养食谱等实践成果，共9个套系，分为创新管理、特色课程、教育资源3个系列，共10册，总计54.1万字。

【蓝天幼儿园庆祝建园60周年】 5月至6月，蓝天幼儿园举办建园60周年系列庆祝活动。5月21日，举办首届蓝天幼儿教育论坛。论坛以"开放 融合 创新"为主题。国家教委、市教委、全国各高校学前教育系、北京市示范园园长、全军、空军示范园园长等300人参加会议。5月25日至6月3日，举办蓝天幼儿艺术团成立30周年暨空军直属机关蓝天幼儿园建园60周年演出。空直蓝天幼儿园创建于1952年，是海淀区示范园、海淀区早教基地示范园、北京市一级一类园、空军示范园、全军示范园。

（尹金娥）

【成立本市首家学前教育专业社团】 6月8日，由北京明天幼稚集团发起的海淀区明天儿童教育发展促进会成立。这是北京市首家学前教育专业社团。促进会将在教育研究、学术交流、人才培养、社会宣教等领域开展工作，通过平台建设推动区域学前教育专业发展。

（宋亚甫）

【启动"十二五"幼教培训工作】 6月12日，召开全区"十二五"时期幼儿教师培训工作启动会。实施幼儿园干部教师分层培训。以"优化幼儿园管理过程，提升办园质量"为主题，组织开展园长专题培训。以"深入一个管理岗位，分析一个管理环节，研究一个管理问题"为突破点，组织新任园长岗位交流活动，提升新任园长的专业素养和管理能力。教师培训从"尚德重能、全面提升"方面开展，实施全覆盖、多层次、分阶段培训。组织一线教师开展"实践、研究、成长"主题培训，开展幼儿素质教育征文比赛、演讲比赛、技能大赛、感悟交流、师德先进评选等活动，促进幼教师资水平整体提升。

（宋亚甫）

【参加世界学前教育大会】 7月16日，北京师范大学实验幼儿园2名教师应巴西OMEP主席邀请和中国OMEP组织委托，赴巴西南马托格罗索州大学参加第28届世界学前教育大会。在大会上介绍北师大实验幼儿园，与姐妹园香港维多利亚教育机构、香港教育学院教授进行交流研讨。本次会议主题为“21世纪的早期教育——儿童生活、游戏、探究周围世界的权利”，聚焦“儿童的权力”与“可持续发展教育”。与会专家开展主题演讲、专题讨论、工作坊以及展板论文发布活动。来自24个国家和地区专家学者1000人出席会议。

（熊庆华）

【明天幼稚集团成为耶鲁大学实验幼儿园】 8月10日，明天幼稚集团成为耶鲁大学在中国的首家示范实验幼儿园。明天幼稚集团与耶鲁大学合作意向书签订仪式在京举行，双方就教育科研方面合作达成初步意向。

（郑永爱）

【举办社区早教宣传月活动】 11月，由区教委、区妇联共同举办社区早教宣传月活动。利用园刊、社区宣传栏、网站等资源，走进社区开展多样性、需求化早教宣传与服务，宣传学前教育发展新政策，指导家庭教育等。70个幼儿园社区早教基地参加活动。

（宋亚甫）

【完成学前教育三年行动计划第二年目标】 申请落实市级幼儿园改扩建专项经费及幼儿园运行经费补贴约2.9亿元，区级对非教育部门办园运行经费、扩班经费、普惠民办园奖励经费等支持总额4000多万元，比上年增加45%。新接收10所小区配套园；完成改扩建15所幼儿园；启动四季青双新幼儿园、西北旺镇冷泉村幼儿园、屯佃村幼儿园等3所农村园的建设；委托示范幼儿园承办小区幼儿园，承担教委划定的区域内学前教育任务。本年入园学位增加5206个，学前教育三年行动计划第二年目标基本完成。

（宋亚甫）

【社区早教】 申报“全国0–3岁婴幼儿早期教育试点工作区”，借助国家级试点平台，促进区域早教工作科学化、专业化发展。建设早教工作室，“十一五”研究成果《0–3岁婴幼儿看护人分类指导的研究与实践》纳入市级园本课程理论与实践探索丛书。开展社区早教宣传月活动，开展社区常规性早教服务工作，提高社区早教普及率。成立幼儿园社区早教示范基地教师工作坊，提升基地教师专业素质。

（宋亚甫）

【2012年海淀区托幼园（所）名单（153所）[①]**】**

1.中国人民解放军后勤学院幼儿园
2.住房和城乡建设部幼儿园
3.核工业第二研究设计院幼儿园
4.北京明天幼稚集团
5.中国人民解放军93462部队幼儿园
6.北京林业大学幼儿园
7.北京市海淀区中关村街道第一幼儿园
8.北京市海淀区本真双语艺术幼稚园
9.北京邮电大学幼儿教育中心
10.北京市海淀区现代艺术幼儿园
11.空军装备研究院蓝天幼儿园
12.航空材料研究院幼儿园
13.北京育新实验幼儿园
14.北京市海淀区北太平庄街道蓟门里幼儿园
15.总参军训和兵种部机关第二幼儿园
16.中国科学院第七幼儿园
17.北京市海淀区英才美丽园幼儿园
18.航天工业机关燕郊幼儿园
19.中国农业大学东校区幼儿园
20.北京岭南幼儿园
21.中国农业大学西校区幼儿园
22.中国人民解放军63919部队幼儿园
23.北京市海淀区青龙桥幼儿园
24.北京市海淀区海淀乡中心幼儿园
25.北京语言大学幼儿园
26.中国人民解放军总后勤部五一幼儿园
27.北京交通大学幼儿园
28.中国人民武装警察部队总部机关幼儿园
29.北京市海淀区世纪新汇佳幼儿园
30.中共中央办公厅警卫局万寿路幼儿园
31.中国人民解放军国防大学第二幼儿园
32.北京市海淀区中科幼教中关村实验幼儿园
33.北京市六一幼儿院
34.北京市海淀区英才幼儿园
35.中国科学院第一幼儿园
36.北京市海淀区北太平庄街道威凯幼儿园
37.总参谋部测绘局幼儿园
38.中国人民解放军军事科学院幼儿园
39.北京市海淀区四季青镇北坞幼儿园
40.北京市海淀区恩济里幼儿园
41.北京市海淀区红缨幼儿园
42.北京市海淀区万泉汇佳幼儿园
43.中国科学院第三幼儿园
44.中国科学院幼儿园
45.中国人民解放军总参谋部军训部机关第三幼儿园
46.北京师范大学实验幼儿园
47.中国音乐学院附属艺术幼儿园
48.北京有色金属研究总院幼儿园
49.北京市二十一世纪实验幼儿园
50.北京市海淀区人民政府机关幼儿园
51.中国气象局幼儿园
52.新华社机关事务管理局保育院
53.北京市海淀区四季青香山幼儿园
54.北京市世纪阳光幼儿园
55.中国人民解放军63921部队幼儿园
56.第二炮兵机关幼儿园
57.中国人民解放军总参谋部信息化部幼儿园
58.中国林业科学研究院幼儿园
59.中国人民解放军63916部队幼儿园
60.北京市清华洁华幼儿园
61.国防大学第一幼儿园
62.北京市海淀区万寿路街道翠微幼儿园
63.空军95968部队幼儿园
64.中国人民解放军军事医学科学院幼

[①] 本年撤销5所幼儿园：温泉镇东埠头村幼儿园、温泉镇太舟坞村幼儿园、西北旺镇东玉河村幼儿园、西北旺镇皇后店村幼儿园、西北旺镇小牛坊村幼儿园。新增6所幼儿园：凯蒂幼儿园、立新幼儿园、美华彩苑外国语幼儿园、上庄科技园区幼儿园、海淀新区恩济幼儿园、锦绣明天莲宝幼儿园。2011年9月，中国人民解放军后勤指挥学院幼儿园更名为中国人民解放军后勤学院幼儿园。2012年12月，中国航天机电集团第二研究院幼儿园更名为航天之星幼儿园。

儿园
65.总参军训和兵种部机关第一幼儿园
66.空军指挥学院幼儿园
67.中国人民解放军 61886 部队幼儿园
68.北京航空航天大学幼儿园
69.首都师范大学幼儿教育中心
70.北京大学医学部幼儿园
71.北京市海淀区小汉顿幼儿园
72.北京市幼儿师范学校附属幼儿园
73.北京市海淀区布朗幼儿园
74.北京市海淀区美华彩苑外国语幼儿园
75.北京市海淀区凯蒂幼儿园
76.北京市海淀区锦绣明天莲宝幼儿园
77.北京市海淀区上庄科技园区幼儿园
78.北京市海淀区立新幼儿园
79.北京市海淀区启明华清幼儿园
80.钢铁研究总院幼儿园
81.北京馨星幼儿园
82.中国农业科学院幼儿园
83.中国铁道科学研究院幼儿园
84.海军机关幼儿园
85.北京市海淀区太阳幼儿园
86.北京五色土实验婴幼园
87.中国兵器工业机关服务中心幼儿园
88.北京师范大学实验幼儿园西苑分园
89.中国人民大学幼儿园
90.中国人民解放军 61195 部队前哨幼儿园
91.北京理工后勤集团幼教中心
92.北京市银河之星幼儿园
93.北京阳光儿童早期教育实验中心
94.航天之星幼儿园
95.北京市水务局幼儿园
96.国务院机关事务管理局花园村幼儿园
97.海军总医院幼儿园
98.北京市立新学校幼儿园
99.北京小天使美语幼儿园
100.中央民族大学幼儿园
101.北京市海淀区紫竹院街道第二幼儿园
102.中国石油勘探开发研究院幼儿园
103.北京科技大学幼儿教育中心
104.北京市育龙幼儿园
105.北京市未来之星实验幼儿园
106.北京市海淀区学院路街道展春园幼儿园
107.北京市海淀区海淀街道厂洼幼儿园
108.中国人民解放军 61046 部队幼儿园
109.北京大学幼教中心
110.中国人民解放军北京军区炮兵幼儿园
111.总装备部后勤部小营幼儿园
112.北京市海淀区领秀硅谷凯尔包包婴幼园
113.北京市海淀区朝昭双语婴幼园
114.北京市海淀区凯尔宝宝婴幼园
115.北京市海淀区温泉镇白家疃中心幼儿园
116.北京市海淀区四季青镇长青幼儿园
117.北京市海淀区四季青镇南平庄幼儿园
118.北京市海淀区世纪汇佳幼儿园
119.北京市海淀区四季青兰靛厂幼儿园
120.北京市海淀区四季青育红幼儿园
121.北京市海淀区二十一世纪实验幼儿园
122.北京市海淀区小星星双语艺术幼儿园
123.北京市海淀区西北旺屯佃村幼儿园
124.北京市海淀区西北旺镇亮甲店村幼儿园
125.北京市海淀区西北旺镇西玉河村幼儿园
126.北京市海淀区西北旺镇永丰屯村幼儿园
127.北京市海淀区翠湖幼儿园
128.北京市海淀区苏家坨镇中心幼儿园
129.北京市海淀区苏家坨镇苏三四村幼儿园
130.北京市海淀区苏家坨镇温馨幼儿园
131.北京市海淀区北部新区实验幼儿园
132.北京市海淀区羊坊店第一幼儿园
133.中国人民解放军军乐团幼儿园
134.空军航空医学研究所附属医院幼儿园
135.国土资源部机关服务局幼儿园
136.解放军总医院第一附属医院幼儿园
137.中国人民解放军总参谋部管理保障部北极寺园
138.北京市海淀区富力桃园幼儿园
139.北京市海淀区颐慧佳园幼儿园
140.北京市海淀区美和园幼儿园
141.北京市海淀区苏家坨镇幼儿园
142.中国人民解放军总医院幼儿园
143.空军直属机关蓝天幼儿园
144.中国人民解放军 66400 部队政治部幼儿园
145.北京市农林科学院幼儿园
146.北京公交鸿运承幼教中心第三幼儿园
147.北京市海淀区红黄蓝多元智能实验幼儿园
148.中国人民解放军 61672 部队幼儿园
149.北京市海淀新区恩济幼儿园
150.中国人民解放军总参谋部管理保障部幼儿园
151.北京应用物理与计算数学研究所九一幼儿园
152.北京市海淀区智合国学双语幼儿园
153.北京市海淀区宜宝双语幼儿园

（宋亚甫）

基 础 教 育

【概况】 2012 年，全区有普通中小学校 182 所（不含 12 个一贯制学校小学部），其中小学 107 所，中学 75 所（不包含 1 所附设中学班的学校）。中小学在校学生 235012 人，其中非本市户籍学生 72991 人。全区义务教育阶段在校生 192809 人，继续居全市首位。其中非本市户籍借读生67493人，比上年增加5192人，占全区义务教育阶段在校生总数的35%。

全区有小学119所（含12个一贯制学校小学部），其中区属公办小学102所，其他部门办小学9所，民办小学8所。在校生131547人，其中外省市借读生49097人。75所中学包括初级中学11所，高级中学3所，完全中学49所，九年一贯制学校2所，十二年一贯制学校10所。初中入学率100%，升学率98%，应届高考录取率91.53%。中学校市级特级教师在职125人（小学7人、中学117人，职高1人）。中小学教师具有高级专业技术职务2644人（小学91人、初中1056人、高中1497人）。全区中小学图书馆藏书987.3万册。学校总占地面积约624万平方米，总建筑面积403.53万平方米，固定资产总值67.19亿元。全年教育经费投入87.42万元，其中国家拨款63.07万元，自筹经费24.35万元。

（宋亚甫）

【召开课程教材改革实验研讨会】 1月15日至16日，区教委召开国家级基础教育课程教材改革实验项目工作研讨会。研讨会介绍该实验项目研究目标、进展情况等，听取专题发言，围绕“具有海淀特色的基础教育课程及实施方案研究”等3个专题分组研讨交流。2010年12月，海淀区启动基础教育课程教材改革实验工作，现有21所实验基地校。

（宋亚甫）

【八一中学与3所英美学校签署合作协议】 2月12日，八一中学与英国伦敦克洛伊顿女中正式签署合作协议。根据协议，两校在教学教育以及友好校师生互访等方面开展合作，协议有效期5年。3月2日，八一中学与美国明尼苏达州沙杜克圣玛丽学校签署正式合作办学协议。根据协议，两校开展中美双文凭合作办学项目，协议有效期5年。4月5日，八一中学与美国北卡罗莱纳州北卡公立中学签订友好校协议。协议有效期5年，双方商定定期开展资源互通、师生互访、合作教育等活动。

（林汉英）

【十一学校与体育总局训练局合作签约】 2月13日，十一学校与国家体育总局训练局举行签约仪式。根据协议，学校每年接收国家体育总局训练局驻局青少年运动员10名，进入十一学校枣林村书院学习，协议为期5年。十一学校枣林村书院接收13至18岁，已有明确职业方向并在该领域具有突出特长并且极具发展潜质、不以国内高考为目标、适合师徒制的专业学生；课程特色为订单式设计，根据学生专业发展需要，量身设计课程、选择老师，学生可参与到课程设计当中，具有教学方式多元化、教学管理多元化、教学评价多元化特点。书院为每个学生配备1名导师，采取分级教学制度。

（杨雄）

【科技教育奖项】 3月3日至4日，海淀区选派20支代表队参加第25届头脑奥林匹克创新大赛暨第33届世界头脑奥林匹克中国区决赛，其中3支参赛队获得一等奖并取得全球赛资格。3月22至25日，参加第32届安捷伦北京青少年科技创新大赛，4名学生获市长奖，2名学生获“市长奖提名奖”，28个中学项目获一等奖，7个小学项目获一等奖，另获37个专项奖，1个科技教育方案一等奖，1人获“十佳优秀教师”称号，2项“十佳科技实践活动”，8个科幻画一等奖。5月26日，参加DI创新思维全球总决赛，小学组取得“挑战A‘需要组装’”项目冠军，为中国队首次获得全球最大规模青少年创意大赛最高奖。

（宋亚甫）

【学生提案上全国“两会”】 3月4日，十一学校学生的8份提案由全国人大代表宋鱼水提交全国“两会”。8条建议由该校16名学生独立或联合署名提交，涉及传统文化的传承、改进铁道部工作、公共自行车管理、三环路出入口布局、中学生社会体验、校外食品安全管理等方面。8份提案为：《关于设立“中学生政府工作体验团”的建议》《面向全国中小学生设立专属慈善基金组织、鼓励其慈善公益行为的提案》《于社会各系统、各企事业单位接纳中小学生进行职业体验的提案》《关于加强校外食品安全管理的提案》《中小学开设正式“传统文化”课程并纳入考核》《关于在大都市进行公用自行车管理的思考和建议—以北京市为例》《关于改进北京市三环路部分出入口及周边布局的提案》《关于改进铁道部工作的几点建议》。

（赵华）

【理工大附中成为北京科技俱乐部基地校】 3月22日，理工大附中与北京科技俱乐部签署协议，成为北京科技俱乐部基地学校。双方就如何选择爱好科技的优秀高中学生会员、如何给予学生指导和培养等加强合作。北京科技俱乐部1988年成立，旨在引导有志于科学、学有余力的优秀高中学生“走近科学”，进入科研机构实验室，体验科研。

（王雰　彭謦）

【启动第三期导师制培养活动】 3月23日，区教委启动名师工作站第三期导师制工作，聘请市级学科带头人和特级教师，为教师学员开展课题研究、学科论坛、论文评比提供指导，为骨干教师专业成长提供理论和实践帮助。名师工作站已举办两期导师制培养活动，第三期为期3年。名师工作站有1个顾问组、20个学科组、154名导师、343名学员。

（宋亚甫）

【成立北美教育管理中心】 3月，十一学校成立北美教育管理中心。该中心主要工作是在美国和加拿大等北美地区建立友好学校，并开展中长期师生交流项目；引进北美地区优秀教师和教育管理者来学校工作；为学校干部和骨干教师开发在北美地区开展的教育培训课程；与美国知名大学建立联系网络，为学生升入美国大学做准备等。中心设置国内办公室和海外办公室，国内办公室设在学校校内，海外办公室设在美国友好学校。

（蒋小波）

【培训什邡教师】 4月15日至24日，清华附中培训四川省什邡中学教师。向什邡教师介绍学校办学特色、管理理念、校园文化情况，双方教师分专题开展交流。教务交流主题为新课程教学管理以及课程设置、学籍学分管理等；德育交流主题为学生德育、学生心理健康等；英语学科交流主题为新课程教学等；美术学科交流主题为美术教学、艺体生培养等，什邡教师参加“探索拔尖创新人才培养模式”基地校清华附中开放日活动，在高中部随堂听课，与授课教师交流讨论。清华附中与什邡七一中学为“手拉手”对口支援与合作校。

（高岷）

【学校卫生防病工作会召开】 5月10日，区教委联合区疾控部门召开2012年海淀区学校卫生防病工作暨疫情报告员培训会。培训内容包括北京市中小学校传染病早期预警监测工作规范、网络直报操作常见问题和传染病相关知识，通报2011年海淀区学生健康监测情况及学校教学环境监测结果，邀请专家进行肥胖与营养知识培训。各校校医和卫生老师223人参加。

（宋亚甫）

【IB课程实验试点获批】 5月22日，十一学校获得市教委审批成为国际文凭高中课程项目实验试点校。该校国际文凭高中课程（IBDP）项目共设6类学科课程（标准等级和高等级）和3门核心课程，其中6类学科课程为第一语言（即母语）与世界文学、第二语言、人文科学、实验科学、数学和计算机科学、艺术或选修课；3门核心课程为知识理论课（简称TOK），创造、活动与服务（简称CAS），拓展论文（简称EE）。学校与IB成员校澳大利亚堪培拉文法学校合作，澳方就课程体系、人员培训、教学和管理经验方面对十一学校进行支持。项目招收初中毕业学生，学制3年，第1年为预备课程（Pre-DP），第2、3年进入正式IBDP课程体系。3年计划招收120人。

（杨雄）

【中小学食品安全工作】 6月，中学成立12个食品安全工作协作组，小学12个学区成立食品安全管理网络；将食品安全纳入新任书记、校长任职培训；制定《中小学集体食用配送学生营养餐管理办法》；开展中小学春季食品安全专项整治；推进学校创建A级食堂；投入960万元，对64个食堂进行清真餐改造。9月，所有中小学成立食品安全管理领导小组；开展秋季食品安全拉网式检查205校次。启动第二批10所食品安全工作先进校创建工作。

（宋亚甫）

【开展网络爱国教育】 7月，海淀区少年公益社团——海淀亮小爱国少年社团开展网络爱国教育。海淀亮小爱国少年社团由亮甲店小学发起成立，于2011年8月10日正式落户新浪微博，为本市首支由少先队员组成的网络爱国公益社团，社团以传播正面、积极、健康爱国信息为内容，采用线上线下共参与、校内校外相结合推广方式，进行爱国公益宣传，社团有粉丝5000余人，发表博文400余篇，转发量上万条。

（宋亚甫）

【举办中小学书法教师培训班】 7月15日，由海淀区教师进修学校与首师大初等教育学院联合主办，首师大中小学书法教育研究中心承办的中小学书法培训班开班。中小学书法骨干教师及书法教师全员培训，由首师大的专家教授担任授课教师。9月27日，共223名书法教师经培训结业，同时举办“北京市海淀区中小学书法教师作品展”，出版《北京市海淀区书法教师作品集》等。

（宋亚甫）

【召开治理奥数与升学挂钩工作会】 8月29日，区教委召开治理奥数与升学挂钩工作会，传达市教委坚决治理奥数成绩与升学挂钩措施及会议精神，要求各培训机构招生工作不得涉及奥数，授课过程不讲奥数；不聘任现任公办学校教师担任培训机构课程，不联合公办学校举办奥数竞赛等以选拔生源为目的的各类培训班，不以举办各种奥数竞赛和培训为名进行虚假宣传。9月1日至10月31日，暂停所有与升学挂钩的奥数班课程，做好停课后的课程调整与退费问题。100所中小学课外辅导培训机构负责人参加会议。

（宋亚甫）

【承办全国中学生校园诗会】 9月22日至23日，清华附中承办第二届全国中学生校园诗会。诗会由华东师范大学普通高中教育研究所、华东师范大学语文教育研究中心、中国教育报理论文化中心和清华大学基础教育研究所联合主办，分为诗歌朗诵会和文化沙龙两个环节。诗歌朗诵会分为史迹清风、物之情韵、青春琐记、未来畅想4个主题，参会学校朗诵本校师生原创诗歌；文化沙龙分为教师组和学生组，分别就诗歌教学与创作、诗歌欣赏与创作进行研讨。有关领导、专家学者以及来自全国各地40所学校的500名师生参加诗会。

（高岷）

【34所学校成为教育国际化试点校】 10月12日，海淀区34所学校成为教育国际化试点项目研究首批实验学校。本年，中国教育学会批准海淀区成为中国教育学会“十二五”教育改革实验区，实验主题为“海淀区基础教育国际化试点研究”。该项目计划5年内搭建海淀教育国际化的研究平台、信息平台、协作平台和资源平台，引进优质境外教育资源；支持学校举办中外合作办学项目，加大对教育国际化相对薄弱学校的扶持力度。

（宋亚甫）

【举办“走进大学”活动】 10月16日，区教委举办“探索拔尖创新人才培养模式”之走进大学、科研院所活动，清华大学、海淀区委教工委、区教委领导及项目协作体单位师生60人参加。清华附中、清华大学物理系介绍在拔尖创新人才培养方面的做法，参观联合人才培养场地、设备，体验联合培养系列课程，进行交流和研讨。海淀区教委2010年联合区内4所市级示范性高中学校、6所重点高校和3家知名科研院所共同组建海淀区“拔尖创新人才培养”改革实验协作体。

（宋亚甫）

【召开教材改革实验中期交流会】　11月8日，召开教材改革实验中期交流会，会议介绍海淀区基础教育课程教材改革实验项目背景，做3个研究专题报告，与会专家现场点评，并从课程建设核心、课堂教学难点、教师发展评价、机制创新等方面提出建议。市教科院基教所、首师大专家，21所实验项目学校校长、项目具体负责人等80人参加会议。

（宋亚甫）

【北方交大附中开设44门初中校本选修课】　11月22日，北方交大附中开设44门校本选修课。涉及语言与文学、数学、科学、人文与社会、技术、艺术、体育与健康7个领域，聘请高校专业教师、外籍教师开设特色课程。初一、初二年级学生1449人参加选修课学习。

（闫辉　杜艳芳）

【中关村二小获全国和谐校园先进校称号】　12月，中关村二小被授予“全国第五届和谐校园先进校”称号。学校投入90万元加强学校监控、周界报警、入侵防御、报警联网等技防设备建设；投入10万元建设电子巡更系统；投入20万元增设教师身份识别系统；定期对708个灭火器进行检测、填装；聘请专业机构对学校消防、电器、避雷等设施进行安全检测；每学期进行相关培训。

（路红芳）

【开展多种形式民族教育】　本年，民族小学开发《爱我中华》等民族特色校本课程及18门兴趣课程。与中央民族大学合作开展民族文化体验课题研究。每周推出“民族大花园”红领巾广播，“爱我中华”主题板报，每2年举办1次民族艺术节、民族运动会等。作为市民族教育基地，民族小学与贵州省三都水族自治县水龙民族小学、青海玉树藏族小学、辽宁凤城（满族自治县）翰墨小学和北京延庆民族小学建立“手拉手”，承担民族地区干部教师培训项目，开展社区民族知识宣讲和民族团结教育。

（宋亚甫）

【中小学信息化建设投入4.6亿元】　本年，海淀区共投入信息化专项经费4.6亿元，对全区中小学校园网光纤网络实施升级改造。完成万兆光纤二期工程，铺设具有自主产权的万兆光纤，首批近3000间教室进行多媒体设备升级更换，建设与现代互动教学相适应的新型课堂。率先研发云应用时代海淀区教育教学互动平台。89所学校试用学生卡应用系统，20所学校试用中小学学情分析平台，93所学校开展互动教学平台应用试验，制作互动教学课程。

（宋亚甫）

【缓解小学入学压力】　本年，海淀区面临户籍和外省市借读小学适龄儿童入学高峰，区教委采取4项措施缓解压力：公办小学寄宿部停止招生，腾出空间和师资；在公办校学位紧张区域，暂停小班化教学实验，按规定班额招生；加快小区配套学校接收和新建学校建设，上庄镇1所小区配套学校9月正式招生，加紧建设翠微小学温泉校区；将东升教辅中心改为普通小学，将部分专用教室改为普通教室，扩大办学空间。

（宋亚甫）

【名校多校址办学】　本年，由人大附小承办银燕小学、清华附中承办上地中学。上地实验小学上庄校区、首师大附小柳明家园校区于9月份正式开学。由红英小学承办新建的唐家岭小学。与密云县、怀柔区签订合作办学协议，设立北方交通大学附属中学密云分校、一〇一中学怀柔分校。与大兴区签订联合办学协议，由十一学校举办北京亦庄实验小学和北京亦庄实验中学。

（宋亚甫）

【小学学区调整】　将人大附小、海淀外国语实验学校两所素质教育优质校由海淀学区调整至四季青学区。五棵松学区教辅中心、二里沟学区教辅中心恢复办学。将前沙涧小学并入北部新区实验中学，并更名为北部新区实验学校，成为九年一贯制学校。

（宋亚甫）

【成立名师教学指导团】　成立由市级骨干教师和特级教师组成的“名师教学指导团”，定期深入北部农村学校和城区薄弱学校开展教育教学诊断和指导，促进农村教师专业发展。召开了3次专场招聘会和宣讲会，为北部地区农村学校优先引进人才。

（宋亚甫）

【创建特色学校】　本年，推进特色学校创建工作，以特色建设带动区域教育优质均衡发展。推进小学绽放计划，开展小学“四个十工程”，即“办学理念最先进”、“课程设置最先进”、“校园环境建设最先进”和“校本项目最先进”各十所学校的评选活动，全区69所小学申报84个项目。开展新一轮2013–2015年区级艺术、科技、国防教育示范校认定工作，首次使用“艺术示范校”取代“艺术特色校”称号。全区有区级艺术教育示范学校62所、区级科技教育示范学校60所、区级国防教育示范学校31所。

（宋亚甫）

【启动小学自主排课实验】　本年，首批14所小学正式启动“小学课程整合、自主排课”实验，整个项目将历时两年。

（宋亚甫）

【完善小学“三级质量监控体系”】　组织全区小学六年级语文、数学、英语测评。研发小学学业质量测评项目管理平台。组织20所中学参加北京市义务教育质量分析与评价反馈系统学业水平抽样测试。

（宋亚甫）

【推进书法教育进课程计划】　与首师大初教院合作开展书法教师培训。委托中关村学院合作开展中小学领导干部书法培训，培训书记校长300余人。编辑《2012年海淀区小学书法教育集》，总结书法教育典型经验与有效做法。在农大附小召开小学书法教育现场会，推广书法教育的亮点和特色活动。

（宋亚甫）

【参加市第二轮普通高中课程改革实验】 人大附中、一零一中学、盲人学校、十一学校、民大附中、清华附中、首师大附中七所学校开展自主排课实验。十一学校、一零一中学、首师大附中、理工大附中、五十七中、北航附中六所学校开办高中特色实验班。高中课程建设逐步向多样化、特色化、优质化方向发展。

（宋亚甫）

【选修课程与校本课程建设】 开展普通高中国家课程任意选修模块实施与校本课程建设情况调研。组织参与市教科院基教所、课程中心的"课改样本校建设"、"普通高中新课程方案实施与管理"等项目，申报"海淀区高中学校课程特色化建设研究"项目。

（宋亚甫）

【初中招生】 2012年小学毕业生推荐分配比例近13%，全区初中招收推荐分配学生计划达2985人。有6505名外省市借读生通过八种途径升入初中，占升学总人数的31.3%。2012年，全区初中招生22183人，比2011年增加1778人，增长8.7%。其中本市户籍招生增加941人，增长6.7%，外省市借读生招生增加837人，增长13%。

（宋亚甫）

【改革高中招生】 将"名额分配"招生计划由原来占示范高中校招生总计划人数的5%提高到11%。参加"名额分配"推荐的学校由29所扩大到全区58所初中公办校，其中示范高中初中部首次进行"名额分配"试点工作。对原29所推荐校、农村地区学校、初中电脑分配比例较大的学校适当增加推荐权重，促进生源均衡配置。在名额分配录取中设定分数保护线，规定中考分数排名前95%的考生可以参加录取。本年，通过"名额分配"录取461人，完成计划率10.56%。

（宋亚甫）

【中考情况】 2012年，全区共有17100名学生参加中考，提前招生录取1430人，通过"名额分配"录取1820人，统招录取10319人。文化课总分高分段（520分以上）人数约占北京市的近1/2，比上年提高24.9个百分点。文化课平均分、优秀率均高于北京市平均水平，其中优秀率39.2%，高于北京市优秀率14个百分点。

（宋亚甫）

【高考情况】 全区共有13084名考生参加普通高考，被普通高等院校统考统招录取11976人，录取率91.53%，其中本科录取10035人，专科录取1941人。单考单招录取考生269人。全区600分以上考生1772人，占全市600分以上考生总数的44.6%，比上年增加2个百分点。文科重点本科上线率32.31%，比上年提高2.8个百分点，理科重点本科上线率59.5%，比上年提高1.6个百分点。高考文理科各科平均分均高于北京市，全市文理科前3名均为海淀区考生。报名参加成人高考考生13664人，参加自学考试考生41728人。

（宋亚甫）

【2012年海淀区小学名单（119所、部）[①]】

1、北京市海淀区五一小学
2、北京市海淀区图强第二小学
3、北京市海淀区太平路小学
4、北京市海淀区群英小学
5、北京市海淀区培英小学
6、北京市海淀区玉泉小学
7、北京市育英学校（小学部）
8、北京市建华实验学校（小学部）
9、北市海淀区羊坊店中心小学
10、北京市海淀区羊坊店第四小学
11、北京市海淀区翠微小学
12、北京市海淀区七一小学
13、北京市海淀区羊坊店第五小学
14、北京市育鸿学校（小学部）
15、北京市海淀区二里沟中心小学
16、北京市海淀区花园村第二小学
17、北京市海淀区亮甲店小学
18、北京市海淀区六一小学
19、北京市海淀区八里庄小学
20、北京市海淀区实验小学
21、北京市海淀区定慧里小学
22、北京市海淀区万寿寺小学
23、北京市海淀区魏公村小学
24、北京市海淀区北洼路小学
25、北京市海淀区车道沟小学
26、北京理工大学附属小学
27、北京市立新学校（小学部）
28、北京二十一世纪国际学校（小学部）
29、中国农业科学院附属小学
30、北京市海淀区向东小学
31、北方交通大学附属小学
32、北京市海淀区艺术师范附属小学
33、北京市海淀区星火小学
34、北京市海淀区今典小学
35、北京市海淀区学院路小学
36、北京市海淀区民族小学
37、北京市海淀区前进小学
38、北京医科大学附属小学
39、北京市海淀区九一小学
40、北京航空航天大学附属小学
41、北京师范大学实验小学
42、北京市海淀区知春里小学
43、北京市海淀区双榆树第一小学
44、北京市海淀区双榆树中心小学
45、北京市海淀区中关村第一小学
46、北京市海淀区中关村第三小学
47、北京市海淀区中关村第四小学
48、北京市海淀区彩和坊小学
49、北京市海淀区万泉小学
50、北京市海淀区西颐小学
51、北京市海淀外国语实验学校（小学部）
52、北京石油学院附属小学
53、北京市海淀区学府苑小学
54、北京市海淀区前八家小学
55、北京市海淀区第三实验小学
56、北京市海淀区清华东路小学
57、北京市海淀区清河第一小学
58、北京市海淀区第二实验小学
59、北京市海淀区清河第四小学
60、北京市海淀区永泰小学

[①] 2012年2月，新建北京石油学院附属第二实验小学。2011年6月16日，北京市二十一世纪实验学校正式更名为北京市二十一世纪国际学校。2011年7月，北京市海淀区星星学校更名为北京市海淀区崛起实验学校。

61、北京市海淀区枫丹实验小学
62、北京市海淀区育鹰小学
63、北京林业大学附属小学
64、北京科技大学附属小学
65、北京石油学院附属实验小学
66、北京石油学院附属第二实验小学
67、首师大附属育新学校（小学部）
68、北京市中关村外国语学校（小学部）
69、北京市海淀区中关村第二小学
70、北京市海淀区万泉河小学
71、北京市海淀区六郎庄小学
72、北京市海淀区西苑小学
73、北京市海淀区培星小学
74、北京市海淀区红山小学
75、北京市海淀区肖家河小学
76、北京市海淀区上地实验小学
77、北京市海淀区清河第五小学
78、清华大学附属小学
79、北京大学附属小学
80、北京市海淀区崛起实验学校（小学部）
81、清华大学附属实验学校（小学部）
82、首都师范大学附属小学
83、北京市海淀区第四实验小学
84、北京市海淀区香山小学
85、北京市海淀区巨山小学
86、北京市海淀区中坞小学
87、北京市海淀区四王府小学
88、北京市海淀区西山小学
89、北京市海淀区田村中心小学
90、北京市海淀区陶行知小学
91、中国人民大学附属小学
92、北京市海淀区银燕小学
93、海淀尚丽外国语学校（小学部）
94、北京市海淀区东北旺中心小学
95、北京农业大学附属小学
96、北京市海淀区红英小学
97、北京市海淀区冷泉小学
98、北京市海淀区西玉河小学
99、北京市海淀区永丰中心小学
100、北京市海淀区丰联小学
101、北京市海淀区宏丰小学
102、北京市海淀区唐家岭小学
103、北京市海淀区大牛坊小学
104、北京市海淀区西二旗小学
105、北京市北外附属外国语学校（小学部）
106、北京市海淀区温泉中心小学
107、北京市海淀区东埠头小学
108、北京市海淀区白家疃小学
109、北京市海淀区上庄中心小学
110、北京市海淀区前章村小学
111、北京市海淀区白水洼小学
112、北京市海淀区东马坊小学
113、北京市海淀区苏家坨中心小学
114、北京市海淀区苏家坨三四村小学
115、北京市海淀区前沙涧小学
116、北京市海淀区北安河中心小学
117、北京市海淀区周家巷小学
118、北京市海淀区台头小学
119、北京市海淀区红星小学

打工子弟学校（2所）

1、北京市海淀区行知实验学校
2、北京市海淀区振兴小学

（宋亚甫）

【2012年海淀区中学名单[①]】（75所）

完全中学（49校）

1、北京市育英中学
2、北京市十一学校
3、北京市太平路中学
4、北京市翠微中学
5、北京市玉渊潭中学
6、北京市第五十七中学
7、首都师范大学第二附属中学
8、北京市海淀实验中学
9、海淀教师进修学校附属实验学校
10、北京市六一中学
11、北京理工大学附属中学
12、北京市万寿寺中学
13、北方交通大学附属中学
14、北京市第一〇五中学
15、北京师范大学附属第三中学
16、北京市明光中学
17、北京市知春里中学
18、中国地质大学附属中学
19、北京钢铁学院附属中学
20、北京矿业学院附属中学
21、北京石油学院附属中学
22、北京市中关村中学
23、北京市八一中学
24、北京市第十九中学
25、北京市一〇一中学
26、北京市第六十七中学
27、北大附中香山学校
28、北京市第二十中学
29、北京市陶行知中学
30、北京医学院附属中学
31、北京农业大学附属中学
32、北京市永定路中学
33、北京市温泉第二中学
34、人大附中第二分校
35、北京市第四十七中学
36、人大附中西山学校
37、北京市西颐实验学校
38、中国人民大学附属中学
39、北京大学附属中学
40、清华大学附属中学
41、首都师范大学附属中学
42、北京航空航天大学附属中学
43、北京理工大学附属中学分校
44、北京市北达资源中学
45、中国人民大学附属中学分校
46、北京市师达中学
47、北京市科迪实验中学
48、北京市清华育才实验学校
49、北京市仕尚中学

十二年一贯制学校（10所）

1、北京市育英学校
2、北京市立新学校
3、首都师范大学附属育新学校
4、北京市海淀外国语实验学校
5、北京市海淀区尚丽外国语学校
6、北京市二十一世纪国际学校
7、北京市建华实验学校
8、北京市北外附属外国语学校
9、北京市中关村外国语学校
10、清华大学附属实验学校

初级中学（11校）

1、北京市海淀北部新区实验中学
2、北京市卫国中学
3、北京市上庄第二中学
4、北京市上庄中学
5、北京市二〇六中学
6、北京市上地实验学校
7、北京市上地中学
8、北京市中关村中学分校
9、北京市清河中学
10、首师大附中第一分校
11、北京市永丰中学

[①] 2012年2月，首师大附中西区改称首师大附中第一分校。2011年7月，北京市海淀区星星学校更名为北京市海淀区崛起实验学校。

九年一贯制学校（2校）

1、北京市育鸿学校（小学部）

2、北京市海淀区崛起实验学校（小学部）

高级中学（3校）

1、中央民族大学附属中学

2、北京市清华志清中学

3、北京市一佳高级中学

（宋亚甫）

职 业 教 育

【概况】 按照登记原则，2012年海淀区有中等职业学校13所，其中职业高中学校4所，普通中等专业学校6所，成人中等专业学校3所，其他学校附设中职班6所（不计校数）。中等职业教育在校学生46734人，其中职业高中学校在校生9886人，外省市借读生6601人，其他学校附设中职班在校生2718人，普通中专学校在校生4361人，成人中专学校在校生29769人。中等职业学校招生16256人，毕业14349人，教职工1150人，专任教师732人；其中职业高中招生3860人，毕业1636人，教职工654人，专任教师446人。附设中职班招生589人，毕业241人，专任教师22人。职业高中校占地面积124961平方米，建筑面积111803平方米，固定资产总值27911.34万元。

（宋亚甫）

【调研街道社区教育情况】 3月2日至5月16日，海淀区教委走访北太平庄街道、青龙桥街道、八里庄街道、花园路街道、北下关街道、曙光街道、温泉镇、西北旺镇等10个街镇，调研社区教育发展情况，与街道、镇领导及工作人员座谈、讨论。指导6所社区教育学校开设40多门社区教育课程，覆盖94个社区，培训上万人次。

（宋亚甫）

【信息管理学校与街道合办军地两用人才培训】 4月13日，北京市信息管理学校与万寿路街道合办的第十四期军地两用人才培训班开班。为万寿路地区官兵办公水平的提高及以后的再就业提供帮助。本期开设办公软件高级操作员3个班及视频编辑、图像等6个班，毕业后将颁发劳动部和社会保障部技能证书。161名部队官兵及军嫂参加开班典礼。

（肖文）

【开展保安服务公司法制教育专题培训】 4月17日，北京市商务管理学校承办“讲政治、求质量、保安全——北京市保安服务公司项目经理、保安班队长法制教育专题培训班第一期开班典礼”。北京市公安局、海淀区政府等部门领导参会。至9月14日，共开班14期，培训2406人。

（王秀雅　岳立群）

【商务学校会计专业成为北京市示范专业】 6月5日至6日，一行16人进校，对北京商务管理学校会计专业申报的“2012中等职业学校示范专业”接受北京市教委2012中职示范专业评估专家组评估并顺利通过，成为北京市示范专业。

（马静）

【试点“3+2”中高职衔接办学】 6月，海淀区试点“3+2”中高职衔接办学。北京市信息管理学校被市教委确定为首批开展中高职衔接办学试点校，与北京北大方正软件技术学院试点，合办“3+2”中高职衔接计算机网络技术专业试点班。该班学生前3年在北京信息管理学校计算机网络专业就读，获得中职毕业证书后，通过相应考试入北大方正软件技术学院学习2年，毕业后获得高职大专毕业证书及相关等级资格证书。试点班招收2012年应届初三毕业生35名（北京生源），通过北京市中等职业学校招生统一考试后录取。

（宋亚甫）

【信息管理学校教材获奖】 10月，信息管理学校的《Flash动画运动规律与原画绘制》、《计算机网络实训教程（第2版）（上下册）》两本教材被评为教育部首批中等职业教育改革创新示范教材。该评选由教育部组织，旨在全国遴选建设500种地方和行业特色鲜明的体现教学改革创新的示范教材。

（肖文）

【举办“口语交际”方案设计比赛】 10月，海淀区教委举办职业学校语文学科口语交际方案设计比赛。比赛收到信息管理学校、商务管理学校、海淀艺术职业学校、经济管理学校4所学校的18份作品，经专家评审，2名教师获一等奖、4名教师获二等奖。

（宋亚甫）

【社区教育工作总结会召开】 11月23日，北京商务管理学校召开“以社区教育促进社会管理创新暨学校2007–2012年社区教育工作总结会”。学校社区教育历时五年，开设326个培训班，培训149008人次，为海淀区和谐社区建设、社会管理创新做出贡献，开拓出学校办学新路。海淀区政府相关部门领导、学校校长，26个街道、镇代表，曙光街道居民、学校部分中层领导、老师及《现代教育报》、《海淀报》、海淀台、教育新闻中心媒体的记者参加本次大会。

（孙长兰）

【2012年海淀区中等职业教育学校名单（13所）[①]】

1、北京市信息管理学校

2、北京市商务管理学校

3、北京市海淀区艺术职业学校

4、北京市军乐艺术学校

① 2011年12月28日，北京市幼儿师范学校正式并入首都师范大学。

5、北京市经济管理学校
6、北京市海淀区卫生学校
7、北京市环境与艺术学校
8、北京体育大学附属中等体育专业学校
9、北京体育大学附属竞技体育学校
10、首都体育学院附属竞技体育学校体校
11、海淀区四季青成人中等专业学校
12、北京市海淀区职业学校
13、北京市广播电视中等专业学校

附设职高班（合计6个）

1、海淀工读学校
2、北京市第三聋人学校
3、北京舞蹈学院
4、中央民族大学
5、北京市盲人学校
6、首都师范大学

（宋亚甫）

特 殊 教 育

【概况】 2012年，海淀区有残疾人特殊教育学校3所，其中北京市盲人学校为市属学校，北京市第三聋人学校、海淀区培智中心学校为区属学校。三校共有在校生667人，中小学随班就读学生638人。特殊教育学校教职工296人，专任教师220人，其中75%接受过特教专业培训，90%具有大学本科以上学历，60%具有中高级教师职称。工读学校1所（海淀区寄读学校），在校生325人，教职工79人，专任教师67人。

2012年，通过开展多项活动，提升区域特殊教育水平。开展专项检查评估，提升资源教室管理运作整体水平。部分学校已具备研发资源教室课程的能力，资源教师队伍进一步专业化，资源教室功能扩展辐射至全校有特殊教育需要的学生、教师与家长。在工读学校启动海淀区青少年法制教育基地建设工程。评选出6个示范性资源教室，11名优秀资源教师。培智学校王红霞老师荣获全国特教园丁奖。

（宋亚甫）

【北京市第三聋人学校】 又名北京市健翔学校，2012年开设教学班22个，其中初中班6个、高中班10个。毕业68人，其中初中29人、高中39人。招生41人，其中初中5人、高中36人。在校生278人，其中初中72人、高中122人，寄宿生208人。高中录取分数线180分（本区），应届高考本科上线率42.9%。教职工98人，其中高级职称16人、中级职称33人。专任教师71人，包括特级教师1人、北京市骨干教师1人、北京市学科教学带头人1人，本科以上学历67人。图书馆（室）藏书4.19万册 。全年教育经费投入3916.54万元，其中国家拨款2077.78万元、自筹经费1246.78万元。学校信息化经费投入107万元，多媒体教室座位400个，校园网出口总带宽40Mbps，数字资源量1000GB，“信息技术”课程53课时/周。拥有计算机300台。普通教室22个、专用教室10个，实验室4个。

（陈建功）

【北京市盲人学校】 2012年开设教学班27个（其中，初中4个班、高中2个班）。毕业生数76人，其中初中21人、高中4人、成人中专20人、职业高中14人；招生数97人，其中小学18人、职业高中11人，成人中专39人；在校生数308人，其中初中62人、高中16人，职业高中37人，学生全体寄宿。教职工数124人，包括专任教师89人，其中，具有副高级职务22人，中级职务40人；全国优秀教师1人，市级优秀教师1人，市级学科带头人1人、市级骨干教师1人、区学科带头人和骨干教师15人。图书馆（室）藏书总数2.4万册（其中盲文版图书8000册）。全年教育经费投入4939.59万元，其中国家拨款4844.88万元、自筹经费94.71万元。

（黄小丽）

【北京市海淀区培智中心学校】 2012年开设教学班40个。毕业31人，招生64人，在校学生314人，其中义务教育生214人、职业教育生90人。有在职教师69人，专任教师67人，其中市区级骨干教师20人。图书馆（室）藏书14300册。全年教育经费投入923万元，全部为国拨经费。海淀区特殊教育管理中心设在校内。

（盛利华）

【海淀区寄读学校】 2012年开设教学班17个，其中初中班11个、职业高中班6个。毕业120人，其中初中79人、职业高中41人；招生152人，其中初中112人、职业高中40人，职业高中录取分数线201分（本区），应届高职考试上线率14%。在校生325人，其中初中220人、高中105人，寄宿生325人。教职工91人，包括副高级职称18人、中级职称34人。专任教师67人，本科以上学历75人。图书馆（室）藏书22033册。全年教育经费投入3567万元，全部为国家拨款。学校信息化经费投入618万元，拥有计算机205台，多媒体教室座位620个。

（王常智）

【聋哑学生参加领袖力培训】 2月25日，第三聋人学校24名学生参加由海淀区教委与英国驻华大使馆文化教育处联合举办的“梦想与团队”青少年体育领导力培训合作项目。培训活动采取互动体验式培训方式，开展联线国家与首都、跨文化宾果游戏、ZIGZAG游戏、跳跃机器游戏、站方块游戏、垫脚石游戏、造塔游戏等项活动。由海淀区教委与英国驻华大使馆文化教育处联合举办，旨在加强中英两国青少年间交流，培养中小学生组织能力，提高学生体育运动技能和兴趣的素质教育活动。

（陈建功）

【培训国际盲人教师】 3月4日至31日，北京盲校开办“汉语盲文培训班”，来自马来西亚圣尼科勒盲人之家的三位盲人教师参加培训。培训以“汉语盲文学习”为主题，设置盲文、小学语文和数学课堂教学、定向行走等课程。分为培训、测试、结业三个阶段，采取教师讲解、进班实习、互助学习等形式举行，三名教师以优异成绩圆满结业。7月，该校教师应邀赴马来西亚，为圣尼科勒盲人之家的60名盲人教师进行培训。

（黄小丽 谌静）

【寄读学校举办法制讲座】 3月5日，海淀区寄读学校邀请海淀法院著名法官尚秀云和35名青年法官举办法制讲座。尚秀云作《让法律成为信仰——争做遵纪守法好少年》讲座，结合具体案例，请学生做“法官”，分析案例定罪行，教育学生注意谨言慎行，用法律保护自己；介绍《中华人民共和国预防未成年人犯罪法》中规定的10种不良行为，告诫学生要远离不良行为，遵守学校纪律，远离犯罪；希望学生们培养良好品德，做爱学习、尊敬师长、有责任感的好少年。讲座后由海淀法院青年法官主持知识竞答，重温雷锋精神，复习法律常识。该校全体师生407人参加活动。

（杨领娟）

【获市艺术节戏剧展演一等奖】 3月22日，第三聋人学校学生获得北京市第十五届学生艺术节戏剧展演第一名。该活动由北京市教委主办，面向本市中小学、职业高中及普通中等专业学校学生，设有合唱、戏剧、行进管乐三大类项目。市第三聋人学校学生演出改编课本剧《金色的鱼钩》，获得校园剧展演初中组一等奖。

（陈建功）

【举办海峡两岸学前特殊儿童融合教育研讨会】 3月28日至30日，由区教委主办，北京市联大特殊教育学院及区特殊教育管理中心承办的海峡两岸学前特殊儿童融合教育研讨会召开，开展两岸特殊儿童早期康复教育领域文化交流；为学前特殊教育教师提供早期融合教育的先进理念及实践经验；为家长提供信息、情感支持等。200名教师参加。

（盛利华）

【成立非视觉摄影小组】 4月22日，北京盲校成立非视觉摄影小组并组织首次外出采风。非视觉摄影是该校与北京1+1残疾人文化服务中心、儿童乐益会共同合作的项目。旨在帮助视障人士运用除视觉以外的其他感官，来判断距离、发现事物，从参与者的角度来观察和理解这个世界。主要通过视障学生先用手触摸拍摄对象轮廓，用手聚焦，然后用相机拍下，拍完后对作品进行语言描述等活动来开展“摄影”活动。此次采风在北京国际雕塑公园举行，拍摄的10幅作品参加北京市残疾人联合会主办的非视觉摄影展。

（黄小丽 王红蕾）

【开展“中美辅助技术合作项目”系列活动】 4月23日至27日，北京盲校教师参加“中美盲校辅助技术二期第一届培训班”，并作为首批参加该项目特教学校代表，在培训班担任教学任务。9月19日，该校召开“中美辅助技术合作项目座谈会”，邀请费城盲校项目组负责人与辅助技术东南亚项目越南协调人就辅助技术做专题讲座，并与学生们展开座谈，解决相关的专业问题。

（黄小丽 沈俊丽）

【盲校获全国特教信息化先进单位称号】 4月27日至28日，在第三届全国特殊教育学校信息技术综合应用大赛颁奖仪式上，北京盲校荣获“全国特殊教育信息化先进单位”。本次比赛于2011年10月举行，以“提高信息技术应用能力，促进特殊教育资源共享”为主题，由中国教育学会特殊教育分会、中国教育技术协会主办，每三年一届。大赛分为视障组、智障组和听障组三个组别和预赛和决赛两个阶段。来自全国30多个省市155个特殊教育学校推荐的362名教师参加比赛。该校教师获个人特等奖一名，一二三等奖各1名。

（黄小丽）

【聋人学校高考升学率81%】 4月，第三聋人学校聋生部高三学生参加高考，18人分别被北京、天津、长春3所特教学院不同专业录取，升学率为81.8%。6月，学校肢残部高三学生参加北京高职统一考试，上线率为100%。

（陈建功）

【盲校承办市特教教师基本功大赛】 5月19日，北京盲校承办北京市特殊教育学校教师基本功大赛（笔试部分），包含该校10名教师在内的来自全市22所特教学校的80多名特殊教育教师参加。本次大赛由北京市特教中心组织。该校教师获得一等奖3名，二等奖5名，三等奖2名。

（黄小丽 谌静）

【举办远教平台教研活动】 5月31日，北京盲校举办主题为“盲图制作”的远教平台教研活动。淄博盲校等全国7所盲校参加，该校教师担任主讲教师。11月30日，该校组织远程视频教育平台国际同步网络教研活动，上海盲校、美国费城盲校等国内外20余所学校参加。本次活动主题为“美国 PERKINS 盲校对视障儿童的支持系统”，由上海盲校老师担任主讲。该远程视频教育平台于2009年由该校自主研制开发，几年来在国内外视障教育交流中发挥了积极作用。

（黄小丽　沈俊丽）

【参加市职业技能大赛获奖】 5月31日至9月6日，北京盲校10名学生参加“第六届北京市盲人保健按摩师职业技能大赛暨北京市第三届职业技能大赛总决赛”，4人进入十强。本次比赛由北京市残疾人联合会等单位主办，来自全市的上千名盲人按摩师参加，共有40名选手入围总决赛。比赛历经初赛、复赛、总决赛三个阶段，分为理论考试和实际操作两部分。

（黄小丽　齐翼）

【召开全国视障学校特色发展研讨会】 6月18日，北京盲校举办全国视障学校特色发展研讨会暨新校舍落成典礼。教育部、北京市、中国残疾人联合会、北京市委教育工委、北京市教委、北京市政府教育督导室等领导出席并为北京市盲人学校新校舍落成剪彩。全国各地特殊教育学校共计200余人参加。活动由中国教育学会特殊教育分会与北京市盲人学校联合主办，围绕“全国视障学校特色发展”展开研讨。北京盲校、青岛盲校、新疆盲校、南昌盲校和山西省特殊教育中等学校等5所学校展示了各自的办学特色。北京盲校新校舍建设完工，占地面积29360平方米，建筑面积31395.1平方米。

（黄小丽　赵瑜　陈卓）

【盲校获首批北京市“百年学校”称号】 8月29日，北京盲校成为本市首批33所“百年学校”并参加授牌仪式。此次遴选活动作为《“人文北京”行动计划》2012年度折子工程，由市教委主办，北京教育志编纂委员会办公室负责组织，从44所申报学校中遴选出33所学校。

（黄小丽）

【举办全国特教教师定向行走教学交流研讨会】 9月2日–5日，北京盲校举行“2012年全国特教学校教师定向行走教学交流研讨会”，来自全国22所特教学校的24名教师参加。由该校定向行走专业教师担任主讲，分别从“视力障碍与定向行走、导盲随行、自我保护”等三个方面进行全面、系统的培训与研讨。

（黄小丽）

【“校本课程超市”开张】 9月13日，海淀区寄读学校“校本课程超市”开张。“校本课程超市”设中国古代兵器模型制作、中医保健按摩、时尚韩语基础课、网球、军事探秘、钩织、五子棋、中国象棋、单片机、五人制足球、农艺园、电子竞技、日语五十音图入门等校本课程50门，由50名授课教师推介所授课程内容，每名学生规定限选2门。选修的校本课程每周上3节课。

（王红侠）

【盲校被授予首批国际化试点研究实验学校称号】 10月12日，北京盲校参加“中国教育学会十二五教育改革实验区海淀区基础教育国际化试点研究项目启动会”，被授予首批实验学校称号。该校作为首批34所实验学校中唯一一所特殊教育学校，在推进国际教育合作与交流，中外友好学校建设、师生交流、出境修学、课程合作开发等方面，形成了独具特色的系列国际交流合作项目。先后开展了费城（美国）——中国盲校辅助技术项目、中美视障多重残疾项目和学前项目、美国驻华大使馆英语特色教学项目等国际交流项目。分别与英国、美国、马来西亚等国家的对口学校进行师生互访交流。

（黄小丽）

【获“全国盲文基础能力竞赛”三等奖】 10月20日至23日，北京盲校高一学生韩东参加“全国盲文基础能力竞赛”列第5名，荣获三等奖。本次比赛由中残联就业服务指导中心与中国盲文图书馆共同主办，中国盲人协会、北京联合大学特殊教育学院、北京市盲人学校提供技术支持。竞赛分为“摸读盲文与写盲文”两个环节，来自全国的32支代表队共55选手参加。共评出一等奖1名，二等奖3名，三等奖6名。

（谌静）

【获全国职业院校信息化教学大赛三等奖】 12月7日至10日，北京盲校参加在南京举行“第三届全国职业院校信息化教学大赛”决赛，获得三等奖。本次比赛由教育部主办，来自全国36个省、市、自治区和新疆生产建设兵团的1146名教师参加。大赛设中职组和高职组；中职组设“媒体教学软件比赛”、“信息化教学设计比赛”、“计算机网络技术教学设计比赛”三个比赛项目，决出一等奖64名、二等奖128名、三等奖179名。该校作为参赛的唯一特教学校，以“中医康复保健专业《伤科按摩学》助盲教学辅助平台”获中职组三等奖。

（黄小丽）

【参加中等职业学校文明风采竞赛】 12月，北京盲校参加“第九届全国中等职业学校‘文明风采’竞赛”，获得5个一等奖、2个二等奖、4个三等奖、1个优秀奖。本次比赛由教育部办公厅、中央文明办秘书组、中华职业教育社联合主办。设有设计类、征文类、摄影类、动漫类、展演类等五个类别十三个项目。采用学校初赛、省级复赛、全国决赛的三级选拔形式进行。全国有超过55万名学生参加初赛，2328所中等职业学校的57505份作品和31336名教师进入决赛。该校学生参加了征文、摄影、中华才艺表演等项目。

（黄小丽　齐翼）

【聋人学校开展教学技能系列培训】 年内，第三聋人学校开展教师教学技能系列培训。采用“讲—研—学—练—评”培训模式，组织开展“课前准备”、“教学过程与方法设计”2 个项目专题培训与学习。“课前准备”培训包括了解和分析学生、了解与研究教材、思考与设定环境等内容，举办 2 次专题讲座，教研组长小组研修交流，印发《教师的教学技能》《新课程的课堂教学设计》章节材料，进行实操演练，自选课题撰写学情分析、教材分析。下半年开展“教学过程与方法设计”培训，邀请区教研员做《教学过程与方法设计》讲座。

（陈建功）

继 续 教 育

【概况】 海淀区辖区内的继续教育事业包括成人学历教育、非学历教育、文化职业培训、党政机关和教育主管部门主办的干部培训和社会教育。2012 年，在海淀区参加统一招生的成人高等学校 37 所（本年新增 3 所），成人中等学校 2 所，1 所社区学院，两个区级社区教育中心，29 个街道（镇）社区学校，600 多家居委会教学点，另有 60 个区内教育机构向社区开放。中央党校、国家行政学院、国防大学、中央社会主义学院、中央团校等中央党政军团、民主党派的高级干部学校和一些部门的干部管理学院设在本区境内。

（宋亚甫）

【中关村学院】 中关村学院（海淀职工大学、北京广播电视大学海淀分校）前身是 1958 年成立的北京海淀业余大学，是兼顾高等学历教育、非学历培训、社区教育等多种教育形式的社区型、综合型高等教育学校。学校占地面积 50520 平方米，建筑面积 27812 平方米，固定资产总值 3444.93 万元。本年学院与北京甘家口大厦责任有限公司合作成立甘百商学院，打造融学历教育与社区教育、社区教育服务与社区商业服务于一体的社区服务新模式。举办车耳营村乡村旅游接待户培训班，提升车耳营民俗旅游村农家院经营能力。建设以体验式学习为特色，多功能的公益性社区教育体验学习中心。

（张小莉）

【海淀区职业学校】 海淀区职业学校的前身为 1983 年 8 月成立的海淀区农民科学技术学校，1995 年 6 月更名为海淀区成人中等专业学校，2004 年 6 月更名为海淀区职业学校。是北京市下岗、失业培训定点学校，海淀区军地两用人才、随军家属、残疾人培训定点学校、持证上岗专业学校。有三个校区，总占地面积 45746 平方米，建筑面积 14840 平方米，固定资产总额 2904 万元。

西校区（中关村北大街 47 号）主要进行中等专业学历教育。本年招收全日制计算机专业 90 名；与北京大学联合办学管理住宿生 330 余名。本年有 44 名学生毕业，其中 41 名考上成人大专和本科。毕业生全部就业。中专在校生 228 名。

东校区（北四环中路 275 号）主要进行各种职业技能培训。主要开展特种作业培训、下岗失业培训、农村劳动力转移培训、军地两用人才培训以及残疾人培训。本年完成各种职业技能培训 14517 人。其中特种作业 2490 人，下岗失业及农村劳动力 734 人，残疾人培训 293 人，军地两用人才 192 人，会计从业资格及职称培训 1039 人，会计人员继续教育 9061 人，在职农民适应性培训 598 人次，复转军人培训 11 人。

南校区（知春东里 15 号楼东门二层），主要承担区属企业财会人员从业资格考前培训、专业技术职称考前培训、财会人员继续教育的培训、区财政局委托的会计从业资格及助理会计师报名现场确认等任务。本年完成会计从业资格考前培训 411 人；会计中初级职称等级培训 60 余人；会计人员继续教育培训 8500 余人；完成区财政局委托的会计从业资格、会计中级职称考试现场确认的报名工作，共计 16769 人。承办《会计从业资格证书》的有效期延续注册登记及采集会计从业人员基本信息工作，完成会计延期注册 34597 人。

（李莉）

【社区教育】 海淀区社区居民总数 300 余万人，社区教育志愿者近 3000 人，社区教育专项经费投入约 2100 万元。举办“全民终身学习活动周”暨“教育进社区活动”。开展“海淀区市民学习品牌”、“海淀学习之星”创建活动和职业学校送教下乡活动。全年累计开展各级各类社区教育培训 62 万余人次，其中农民实用技术培训 4 万余人次，外来务工人员培训 26 万余人次，下岗失业人员培训 3 万人次，老年教育培训 17 万余人次，参加中等职业学校开展的短期文化生活培训及岗位技术培训 2000 余人次。“海淀区创新人才培训公共服务平台”被评为“首都市民学习品牌”，新东方教育科技集团的俞敏洪等 3 人被评为“首都市民学习之星”，青龙桥街道被评为北京市创建学习型社区先进街道。

（宋亚甫）

【2012 年海淀区境内参加统一招生的成人高校名单（37 所）[①]】

1、海淀区职工大学

[①] 本年，首都医科大学继续教育学院、北京交通大学成人教育学院、北京邮电大学继续教育学院在本区开设教学点。

2、首都联合职工大学（4 所分校）

航天二分校

青云分校

工商管理分校

国家图书馆分校

3、首都师范大学

4、北京联合大学应用文理学院

5、北京城市学院

6、首都体育学院

7、北京工商大学

8、北京信息科技大学

9、北京电影学院

10、北京舞蹈学院

11、北京农业职业学院（北校区）

12、北京广播电视大学

13、中国青年政治学院

14、国际关系学院

15、北京体育大学

16、北京大学

北京大学医学部（不单计）

17、中国人民大学

18、北京师范大学

19、北京化工大学（西校区）

20、北京理工大学

21、中国政法大学

22、北京航空航天大学

23、中国农业大学

24、北京林业大学

25、北京外国语大学

26、北京语言大学

27、中央民族大学

28、中国地质大学（北京）

29、中国矿业大学（北京）

30、中央财经大学

31、中国劳动关系学院

32、北京工业大学（西教学区）

33、北京交通运输职业学院（西三旗校区）

34、中国石油大学（北京）继续教育学院

35、首都医科大学继续教育分院（本年新增）

36、北京交通大学（东校区远程与继续教育学院）（本年新增）

37、北京邮电大学继续教育学院

（宋亚甫）

民　办　教　育

【概况】　民办教育机构是指国家机构以外的社会组织或者个人，利用非国家财政性经费，面向社会举办的学校及其他教育机构，包括幼儿园、小学、中学、大学、职业学校和各类专门培训机构。2012 年，海淀区有民办普通中小学 18 所，在校生 23806 人，教职工 3098 人。民办职业高中 1 所，在校生 214 人。民办幼儿园 31 所，在园幼儿 6978 人。各类民办教育培训机构 450 家，年度招生 113 万人，结业 83 万人。具有颁发学历文凭资格的民办普通高职 4 所，民办非学历高等教育机构 18 所。

2012 年，民办教育整体保持稳定、快速发展的势头。民办中小学招生数持续增加，学校办学质量进一步提升。为解决初中学位不足的难题，继续委托民办校接收电脑派位学生，海淀区尚丽外国语学校等 4 所民办校共接收义务教育学生 456 人，由政府拨付义务教育经费。出台《海淀区民办非学历教育培训机构设置管理规定》、《海淀区民办幼儿园审批管理暂行办法》，规范、细化行政许可程序，鼓励和支持民办教育健康发展。

（宋亚甫）

【2012 年海淀区域内具有招生资格的民办非学历高等教育机构名单　（18 所）[①]】

1、北京文理研修学院

2、中国管理软件学院（南校区）

3、北京金融学院

4、中国农民大学

5、北京明园大学

6、中国逻辑与语言函授大学

7、北京北大资源研修学院

8、北京建设大学

9、北京八维研修学院

10、北京机械工程师进修学院

11、北京汉语国际推广中心

12、中关村创新研修学院

13、北京经济研修学院

14、北京瀚林职业研修学院

15、北京京海研修学院

16、北京珠宝首饰研修学院

17、蒙代尔国际企业家大学（本年新增）

18、中国教育国际交流研修学院（本年新增）

（宋亚甫）

[①] 本年，新增蒙代尔国际企业家大学、中国教育国际交流研修学院 2 所教育机构。

语言文字工作

【概况】 海淀区语言文字委员会主管海淀区语言文字工作，办公室设在海淀区教委法规科。各街道、乡镇、委办局建立海淀语言文字工作信息员队伍。迎接市语委对海淀区语言文字规范化示范街道、示范校的检查评估。完成海淀区语言文字测试分中心机测建设，组织10余批次近千人次考试。协助市教委完成第15届全国推广普通话宣传周开幕仪式组织工作。为全区中小学教师举办艺术讲座，提高教师诵读能力。继续开展海淀区2012经典诵读大赛和规范汉字书写大赛。

（宋亚甫）

【获市语言文化智力竞赛奖项】 2月19日，海淀区4名学生组队参加北京市语言文字规范化示范校语言文化智力竞赛，获成语扑克牌比赛第一名及团体二等奖。该比赛由北京市语委主办，中国语文现代化学会等专家为竞赛评委，采取诵讲成语故事、书写成语才艺表演、成语接龙扑克牌比赛形式，来自全市140所语言文字规范化示范校的10万名师生参加。

（宋亚甫）

【举办信息报送培训】 4月10日，海淀区语委办举办语言文字信息报送培训。培训内容包括写什么及怎么写两部分，邀请首都师范大学教授主讲，结合不同单位工作性质分析语言文字工作重点及信息报送切入点；结合范例，就语言文字信息格式和写作特点进行讲解。各委、办、局，各街道，各学校100人参加培训。

（宋亚甫）

【举办教师朗诵艺术讲座】 10月16日，海淀区语委办举办朗诵艺术讲座。讲座以“艺术语言表达的规律和技巧”为题，邀请北京人民广播电台播音指导从吐字发音、表情达意规律入手，剖析朗诵艺术理论知识，并采取游戏和练习方法，锻炼朗诵技巧与能力。海淀区中小学教师150人参加学习。

（宋亚甫）

区属校办企业及资产管理

【概况】 海淀区学校后勤管理中心成立于2010年7月6日，由区教委原房管所、装备部、国资中心、住宅中心整合设立，负责区教委所属学校和单位的后勤管理和指导工作，包括房屋、场地相关供水供电、供暖和供气等管理和修缮；房产、地产权单位登记、确权，产权纠纷处理；各类办学条件装备等相关工作；新增设抗震加固、节能减排、垃圾分类等职能。

（宋亚甫）

【自制教具获全国一等奖】 2月，召开2012年中小学自制教具评审会，邀请海淀区教师进修学校物理、数学、化学等学科老师进行初审，选送十一件作品参加北京市评比。两名教师获得全国自制教具一等奖，中心获得北京市教委颁发的“2012年北京市基础教育系统自制教具评选活动优秀组织奖”。

（宋亚甫）

【校园修缮】 2012年修缮计划。涉及学校共计183校次，总投资52332.50万元。其中小学113校次，资金23244.02万元；中学59校次，资金23951.77万元；幼儿园及直属单位17校次，资金5136.71万元。上交材料并报送资金评审181校次，完成评审并取得评审报告165校次，开具修缮工程开工通知书共计83校次。制定2012年市专项土建维修及资源设施改造计划，涉及20校次、资金6393万元；审核2012年预算外修缮工程项目，涉及74校次，资金19699万元；启动2013年土建修缮计划评审报送工作，涉及90校次，资金24112.23万元。组织对施工、完工情况的实地检查，配合学校完成工程验收，督促工程相关资料报送工作。完成校舍急修工程37校，涉及资金约1174万元。

（宋亚甫）

【实施学校操场食堂改造工程】 本年，学校操场改造工程共涉及75校、84校址，改造面积42万平方米，改造总金额为1.2亿元，全部工程于年底前完工。学生食堂升级完成第二批（44所学校）全部工程，已交付学校使用。第三批（20所学校）工程完成前期设计和方案评审工作，面积约35000平方米，土建资金约1.45亿元，设备预算资金6028万元，改造后能够解决34000余师生的就餐问题。

（宋亚甫）

【学校资源设施改造】 本年，共安排资源设施改造计划108校次，完成96校次，总投资约9870.94万元。其中电力增容工程共27校，资金5146.6万元；锅炉改造18校，资金808万元；避雷设施改造20校，资金800.54万元；各类管线改造24校，2232.6万元；电路改造 14 校，资金 808 万元。启动区教委所属产权学校的热计量改造，计划投入资金 5480 万元，涉及 393 栋楼房。

（宋亚甫）

【审核学校设备预算】 完成对教委所属各单位自筹经费设备预算审核，设备预算金额 4783 万元；完成学校设施设备改造专项经费审核，设备预算金额 5969.8 万元；组织各单位编制 2013 年常规设备预算，对全区各中小学常规设备预算（450 元/生）进行审核。促进学校教育装备均衡配置。

（宋亚甫）

【房屋出租管理】 继续开展教育系统各单位出租房屋摸底调查工作，向 109 个单位的 225 家承租方下发《关于做好出租房屋合同到期清退工作的通知》。对合同期满的出租房屋和学校合建房屋进行清退，出租单位减少 49 个，减少比例 35.25%；出租面积减少 12.02 万平方米，减少比例 22.90%；年租金减少 5770.08 万元，减少比例 47.30%。协助人大附中（西颐实验学校）和中关村二小采用回购方式，收回归合建方使用的房屋共计 3199.65 平方米。组织安全隐患排查，“两会”和十八大重点维稳期间，要求学校与每个承租单位签订安全生产责任书，对承租单位重点防范部位及安全隐患进行全面排查，实现出租房屋安全责任目标。

（宋亚甫）

【产权和小区配套幼儿园管理】 启动教委所属 221 校次的国有土地所有权证办理工作。开具各类产权证明 113 份，继续协助学校办理电增容、用电更名和办理开工许可证、招标手续。完成 87 处校址边界确认，26 校次的闲置校舍测绘，91 校次出租房屋 CAD 图纸标注等产权测绘工作。完成 22 所小区配套幼儿园发展经费测算及收取工作，启动 6 所小区配套幼儿园协议续签工作。

（宋亚甫）

【国有资产处置】 按照《海淀区行政事业单位国有资产处置管理暂行办法》以及相关文件规定，全年受理基层单位申报资产处置材料 82 份，涉及各类资产 3.69 万件，资产账面价值 1248.19 万元。 核查区教委所属行政事业单位资产情况，年度资产清查工作涉及区教委所属行政事业单位 180 家。

（宋亚甫）

【防震减灾示范校建设】 将民族小学、七一小学、首师大附属小学、第二十中学、北部新区实验中学和育英学校 6 所示范校应急预案细化，确认疏散场地、指引标志、应急平面图的位置。组织培训，由专家讲解如何编制应急预案，协调专项经费， 启动硬件设置建设工作。

（宋亚甫）

【节约型学校建设】 在两所学校上年进行节电保护器试点工作的基础上，本年在全区推广。召开淀区教育系统“节约型学校”建设工作现场会，通过宣传、研讨、树立典型等方式，使在校师生树立节能环保意识，养成保护环境的习惯。完成“十二五”期间教育系统生均能耗下降 17%的任务。对 2009-2011 年度配备餐厨垃圾处理机的 36 所学校进行 2 轮次的调研和设备检测。将 2011 年度垃圾分类工作款拨付到 34 所学校。对全区参与垃圾分类的 85 所学校进行调研，建立评估体系。

（宋亚甫）

【教师住宅管理】 完成三个小区 79400 平方米、712 户的冬季供暖准备工作，完成部分小区、教工宿舍地面渗水砖铺设、光纤升级、污水改造、外墙综修和技防设施安装等工程。加强直管锅炉及设备维护保养，高、低压供电设备检修保养消防设施和二次供水系统检测等安全检修工作。配合上级部门解决个别学校出现自建教职工宿舍楼的信访民访事件，做好维稳工作。

（宋亚甫）

【校方责任险】 2012 年，共有 166 所公办中小学及幼儿园参与校方责任险投保，公办学校保持 100%的校方责任险投保率，投保总人数 193058 人，总保费 96.5 万余元。受理校方责任险出险报案 76 起，理赔金额为 75736.56 元。受理教职工校方责任险出险报案 2 起，理赔金额为 5387.26 元。

（宋亚甫）

【学生资助】 高中生享受学费减免人数 159 人，学费减免总额 11.54 万元。为 72 名考生办理了退学费的审核工作，上报普通高中家庭经济困难学生资助情况统计表和助学金落实情况统计表。对生源地大学生信用助学贷款及贷后管理工作和应届大学生入伍国家补贴学费进行审核，为全区 70 名入伍大学生办理退免学费手续。

（宋亚甫）

高 等 教 育

【概况】 海淀区是全国高等院校最密集、高等教育最发达的地区。2012 年，区域内有普通高等院校 38 所，其中 4 所为具有统一高招录取资格的民办高校，1 所为只招收全日制研究生的研究生院。北京天主教神哲学院和燕京神学院在区境内。本区域内的高校隶属于教育部、其他中央部委或北京市。

（宋亚甫）

【人大获两项国家社科基金重大项目立项】 年初，全国哲学社会科学规划办组织国家社科基金第一批重大项目（文化类）招标工作，共立项 35 项。

中国人民大学共获得两项重大项目，分别是郝立新教授的《中国特色社会主义文化发展道路研究》和《中国文化产业人才培养体系建设研究》，立项数位居第三。

（段蕾）

【李克强听取中国工程科技发展战略研究院工作汇报】 1月6日，中共中央政治局常委、国务院副总理李克强听取由中国工程院与清华大学联合成立的中国工程科技发展战略研究院重大项目研究工作情况汇报。李克强对研究院的成立表示祝贺，希望中国工程院和清华大学努力建设好工程科技战略研究的思想库，服务好国家重大战略需求。

（许亮 冯劲涛）

【16所在京高校组建高校联盟】 1月7日，北京市“卓越工程师教育培养计划”高校联盟在人民大会堂成立并揭牌。该联盟由北航牵头，由在京16所入围教育部“卓越工程师教育培养计划”的高校组成。联盟成立标志着北京高等院校以区域联盟的形式展开多样化、多层次合作，加快卓越工程师教育培养模式与机制创新。联盟将在北京市教委的指导下推动实验室开放、实践基地共享、教师交流互访、学生联合工程创新训练等实质性合作。

（毕娟）

【北师大神经系统研究成果上美国神经科学学会会刊】 1月9日，美国神经科学学会会刊 Journal of Neuronscience 刊发题为“Constraining theories of working memory with biophysical modeling”的评论文章，对北师大系统科学学科开展神经系统复杂性研究的王大辉教授等人在关于工作记忆容量的神经网络模型研究取得的重要成果，专门评述并给予很高评价。一般情况下该会刊每期在 Journal Club 上只刊发1篇左右的评论文章。

（戴军）

【政法大学试点培养“应用型法学博士”】 1月9日、9月7日，中国政法大学研究生院分别与最高人民检察院、最高人民法院签署招录培养“应用型法学博士”合作协议。该项目旨在培养具有良好创新能力、实践能力、国际交流与竞争能力、组织管理能力的法检系统拔尖创新人才。聘请高校理论界教师和司法实务界专家型领导共同担任导师，率先在法学博士生教育中实现双导师培养制。年内，该校与最高人民检察院合作招录5名应用型法学博士研究生，包括刑法学专业2人、刑事诉讼法学专业3人，学制3年，学生毕业后获得法学博士学位；与最高人民法院合作招录培养的“应用型法学博士”自2013年开始招生。

（刘旭）

【清华大学一成果入选2011年度“中国科学十大进展”】 1月17日，清华大学材料科学与工程系章晓中研究组的“设计出兼具低场高灵敏和高场大磁电阻的硅基磁电阻器件”入选2011年度“中国科学十大进展”。该成果可以方便地与传统的硅基微电子器件集成，从而推动传统金属基磁电子学向半导体基磁电子学特别是向硅基磁电子学的升级。

（许亮 冯劲涛）

【吴良镛获国家最高科学技术奖】 2月14日，2011年度国家科学技术奖励大会举行。两院院士、建筑与城乡规划学家、建筑教育家、人居环境科学创建者、清华大学建筑学院教授吴良镛获2011年度国家最高科学技术奖。中国2011年度国家科学技术奖励共授奖374个项目和10位科技专家。

（许亮 冯劲涛）

【“2011年度中国十大学术热点”揭晓】 2月，由中国人民大学书报资料中心和《光明日报》、《学术月刊》联合组织的“2011年度中国十大学术热点”评选结果揭晓，分别为：社会主义核心价值观的凝练；经济社会转型下的文化自觉、自信与自强；社会建设与社会管理创新；二元社会结构背景下的城乡统筹发展研究；“十二五”规划下经济结构调整与收入分配；刑事法治中的民生保护与人权保障；历史唯物主义与中国问题；公平、质量与教育创新；新媒体及其社会影响；百年之际的辛亥革命史。

（段蕾）

【中财大国家自然科学基金项目成果获评“特优”】 2月，由中央财大主持完成的国家自然科学基金项目《基于注册会计师个体视角的中国证券市场审计行为研究》（NSFC No.70602020）在国家自然科学基金委员会管理科学部组织的结题项目绩效评估会上被评为“特优”。该项目重点关注会计师事务所的质量控制和审计资源配置过程中表现出的注册会计师个体特征以及如何从注册会计师个体视角考察审计行为与审计质量。课题有8项相关研究成果已发表或被接受发表，其中2项分获中国会计学会2006年度会计学优秀论文二等奖和中国会计学会2009年度会计学优秀论文三等奖，6项成果被转载。

（罗茜）

【中财大成为世界银行创始合作方】 2月，中央财大法学院获批成为世界银行“法律、公义和发展全球论坛创始合作方。“法律、公义和发展全球论坛”是世界银行法律部于2011年发起成立的一个关于法律与发展问题的长期性全球知识交换平台，共有来自全球的43个创始合作方，其中中国有两个创始方，即清华大学法学院和中央财大法学院。

（罗茜）

【《中国当代社会史》出版】 3月11日，《中国当代社会史》（五卷本）出版座谈会在北师大举行。该书是国家出版基金重点资助项目之一，由北师大张静如教授主编，湖南人民出版2011年12月出版发行。《中国当代社会史》按历史发展顺序列卷，共分五卷180多万字，展现了中华人民共和国成立以来各个历史时期社会发展的状况，是迄今为止全景式反映当代中国社会变迁最完备的著作。

（戴军）

【“北京大学斯坦福中心”揭牌】 3月21日，“北京大学斯坦福中心”揭牌仪式在北大朗润园举行，斯坦福大学校长约翰·亨尼斯专程率团参加仪式。该中心是美国大学第一次在中国重点大学建立的实体机构，斯坦福大学有10多个院系、项目在北大斯坦福中心开展教学科研等活动。

（鞠晓 余浚）

【清华大学授予印尼总统名誉博士学位】 3月23日，清华大学举行授予印度尼西亚共和国总统苏西洛·班邦·尤多约诺名誉博士学位仪式。仪式后，苏西洛做客“清华大学海外名师讲堂”，作题为《中国—印尼的战略伙伴关系对促进亚太地区和平与繁荣的作用》的演讲。

（许亮 冯劲涛）

【李伯虎获国际建模仿真学会终身成就奖】 3月25日，国际建模仿真学会授予北航自动化学院名誉院长、院士李伯虎终身成就奖，以表彰他在过去30多年来在仿真技术领域的研究以及推动仿真学科发展等方面所做出的世界性的、杰出的贡献。国际建模仿真学会（SCS）成立于1952年，是当前国际仿真界影响最大、学术水平最高的国际性学术组织。在SCS六十年历史上，该奖项共授予8位科学家终身成就奖，李伯虎是唯一一位亚洲人。

（毕娟）

【爱尔兰总理访问清华大学】 3月28日，爱尔兰总理恩达·肯尼访问清华大学，并做客“清华大学海外名师讲堂”，发表题为《爱尔兰和中国——在这瞬息万变的世界》的演讲。

（许亮 冯劲涛）

【建立清华大学五道口金融学院】 3月29日，中国人民银行与清华大学合作，在中国人民银行研究生部的基础上，建立清华大学五道口金融学院。学院开展博士预备班等尝试，每个博士生在毕业前在国外著名大学交换学习1～2年。在学术研究方面致力于金融学领域的高级学术研究、政策研究和金融案例研究，为中国人民银行和其他金融决策与监管部门提供政策分析与咨询。

（许亮 冯劲涛）

【我国首套自主知识产权机载飞行校验系统交付使用】 3月31日，由北航和中国民用航空飞行校验中心联合研制的我国首套自主知识产权机载飞行校验系统（CFIS系统）在首都机场正式交付使用。标志着我国成为世界上第六个能自主研制飞行校验设备的国家。此次交付使用的CFIS系统装备于Cessna Sovereign 680机型，除支持常规飞行校验科目外，还支持卫星着陆系统（GLS）、所需导航性能（PBN）、自动相关监视（ADS-B）等新技术科目，为我国北斗卫星导航系统的飞行测试和校验提供技术平台。该飞行校验系统及改装机型已经通过FAA STC适航认证，具备全球飞行条件。

（毕娟）

【首都文明办与五所高校共建研究基地】 3月31日，首都精神文明建设委员会办公室与清华大学等5所高校签署协议，共建首都精神文明建设研究基地。依托清华大学建立首都网络文明研究基地；依托中国人民大学建立北京市民公共行为文明指数研究基地；依托北京师范大学建立首都文明礼仪研究基地；依托中国传媒大学建立北京市美育与文明研究基地；依托北京市社科院建立公共文明比较研究基地。五个研究基地重点围绕“国家文化中心与精神文明建设”、“北京精神与社会主义核心价值体系”等重大理论与实践课题进行研究。

（李苗）

【共建教育部首个青少年法制教育基地】 4月10日，法大与教育部政策法规司合作建立教育部首个法制教育基地——教育部青少年法制教育基地，并在该校设立青少年法制教育研究中心。中心与该校及法治政府研究院合署办公，承担青少年法制教育理论研究、青少年法制教育培训及青少年法制教育宣传工作。本年承担“青少年学生法制教育现状与对策研究”、“青少年社会主义法治理念教育研究”两项课题的研究，开发“青少年社会主义法治理念调查问卷”。

（刘旭）

【召开首届中国民间借贷法治研讨会】 4月19日至20日，“首届中国民间借贷法治研讨会暨第二届中国新型金融机构论坛”在中央财大召开。会议以实体经济与小微金融共同繁荣为主题，重点研讨规范民间借贷的行政规范和社会信用体系、村镇银行组建规则与政策、小额贷款公司规则、新型金融机构与民间资本融合、货币政策、信贷投放对民营企业的影响等。有关高校、科研院所、地方金融办、城市商业银行、村镇银行、小额贷款公司和金融服务类企业等单位的100余位代表参会。

（罗茜）

【中国云产业联盟成立】 4月20日，由北航、北大和宽带资本、百度、用友、中国联通、龙湖地产、TCL、联想、阿里巴巴、腾讯等企业共同发起的中国云产业联盟（简称“云联盟”）在北航成立。联盟将通过宣传教育、研讨交流、数据共享、联合开发、推广应用、产业标准制定与推行、联合人才培养、业务与投资合作、促进政策支持等工作，推进中国云计算技术与产品的突破性创新，产业的跨越式发展，推动培植世界领先的云计算技术、产品、产业和市场。

（毕娟）

【市主要领导到北大调研】 4月23日，市委书记刘淇、市长郭金龙率队到北京大学调研。郭金龙对北大发挥优势大力服务首都科学发展的工作给予充分肯定，要求市各委办局和区县政府要积极主动做好服务，努力解决学校发展中遇到的困难和问题。刘淇指出建设世界一流大学既是国家对北大的期望，也是北京市委、市政府的重要责任；要以“四个服务”的要求进一步完善机制，更好地为包括北大在内的院校服务。

（鞠晓 余浚）

【“北航3号”探空火箭发射成功】 4月25日，由北航宇航学院师生自主研发的“北航3号”探空火箭在我国西部大漠深处成功发射，各项飞行指标均满足设计输入。这是我国实用新型固液火箭发动机首次成功飞行试验。

（毕娟）

【清华大学举办首届亚太公共健康大会】 4月25日～26日，清华大学公共健康中心和澳大利亚麦考瑞大学联合主办首届亚太公共健康大会。来自国家卫生部、食品药品监督管理局、疾病预防控制中心的有关负责人以及两校的专家学者约百人参会，围绕空气污染、疾病防控、心理健康、健康传播、生命伦理等进行探讨。

（许亮 冯劲涛）

【国内首家政治心理学研究中心成立】 4月27日，北师大心理学院与北京双高人才发展中心联合组建的国内首家政治心理学研究中心在北师大成立。研究中心将在领导心理、不同社会群体的政治心理、群体性突发事件防范与处理、领导人才测评工具开发、领导力培训课程开发等方面开展研究。通过举办学术研讨、学术论坛等形式，共同推进政治心理学的发展与应用。

（戴军）

【人民大学主办国际“四书学”学术研讨会】 4月28日至29日，由中国人民大学国学院主办，国际中国哲学会、Journal of Chinese Philosophy 杂志社协办的国际“四书学”（四书即指《大学》、《论语》、《孟子》、《中庸》）。学术研讨会在中国人民大学举行，来自中国人民大学、清华大学、北京大学、香港中文大学、台湾政治大学、美国夏威夷大学、英国伦敦大学国王学院、澳大利亚麦考瑞大学、韩国高丽大学、意大利都灵大学等二十余所国内外知名大学与学术研究机构的四十余名专家学者参加会议。研讨会以“四书”为中心，涉及四书文本的讨论、四书诠释的探究、四书学史的考察、四书与当代中国经典教育等问题。

（段蕾）

【两名教授获“意大利之星”骑士勋章】 5月2日，意大利之星骑士团授予北京外国语大学中国意大利语研究会副会长王军教授和罗马孔子学院院长、北外法语系文铮教授“意大利之星”骑士勋章，以表彰他们在中意文化交流方面所作的贡献。根据2011年2月3日第13号法律，意大利宣布成立共和国荣誉组织意大利之星骑士团，以表彰在推动意大利与其他国家友好合作关系的发展、意大利语与文化的传播、科学技术的研究、贸易合作等方面做出特殊贡献的外国人和旅居他国的意大利公民。

（徐亮）

【矿大“十一五”国家科技支撑计划课题通过验收】 5月4日，由矿大（北京）胡振琪教授主持的“十一五”国家科技支撑计划课题“土地整理工程施工关键技术研究”通过国土资源部专家验收。课题形成质量生态型水土重构技术1项、土地整理的高效施工技术1项、整理区生物-理化联合改良新技术3项和生物配置与景观生态优化技术1项，形成土地整理工程施工关键技术行业规范3套；申请国家发明专利4项和授权实用新型专利1项，发表论文31篇，出版专著1部。该课题为“十一五”国家支撑计划项目“土地整理关键技术集成与应用”的第二课题，自2009年1月1日启动，历时三年。

（杨洪兵 苏欢）

【民大成为民族地区妇儿公益项目研究基地】 5月15日，由中国妇女发展基金会主办，以“关爱妇儿健康·共享幸福生活”为主题的公益行动启动仪式在人民大会堂新闻厅举行。仪式上中国妇女发展基金会秘书长向中央民族大学管理学院颁发民族地区妇女儿童发展公益项目研究基地牌匾基地。承担中华全国妇女联合会、中国妇女发展基金会公益项目研究工作，针对妇女儿童发展事业中面临的新挑战，新问题进行专门研究，为国家妇女儿童公益事业的发展提供智力支持。

（周翊兰）

【人大与北外签署战略共同体合作框架协议】 5月15日，中国人民大学与北京外国语大学签署战略共同体合作框架协议。按照协议，双方在高端人才培养、科研创新、社会服务和文化传承创新等方面不断推动深度融合，建成我国第一家高校战略共同体；双方互为“第二校园”，互相开放相关课程，互认学分并互免学费，相互提供优秀研究生生源，互派教师，共同研究、开发研究项目。

（徐亮）

【北语成为教育部首批区域和国别研究培育基地】 5月18日，北京外国语大学获批教育部首批区域和国别研究培育基地并举行启动仪式。该基地涵盖日本研究中心、英国研究中心、中东欧研究中心和加拿大研究中心等。前文化部副部长、中国前驻加拿大大使以及教育部国际司、天津外国语大学等来自全国十余所大学和研究机构的领导、专家学者出席仪式。

（徐亮）

【林大启动花卉种质创新与产业化示范基地】 5月29日，北京林业大学花卉种质创新与产业化示范基地启动仪式在学校小汤山基地举行。该基地搜集了2700多个木本和野生草本花卉的种（含品种），获国家科技进步二等奖3

项，省部级科技奖励5项。获国家发明专利26项，获美国植物品种专利1项，获国家植物新品种保护权31项，获国际品种登录15项；完成10项国家和行业标准的制定。承担国家“863”计划、国家自然科学基金、“十一五”科技支撑计划、转基因专项等国家级、省部级科研课题100余项，与国内单位合作开展工程技术研发项目24项，开展国际合作研究项目14项。

（高斌）

【王炳东获“利奥波德二世国王勋章”】 5月31日，比利时驻华使馆举行授勋仪式，比利时驻华大使奈斯先生代表比利时国王阿尔贝二世向北京外国语大学法语系王炳东教授颁发“利奥波德二世国王勋章”，以表彰他在促进比利时文学在中国的传播和增进比中文化交流方面所做出的贡献。

（徐亮）

【北理工5学科进入ESI国际学科排名前1%行列】 美国基本科学指标5月统计数据表明，北理工化学、工程、材料科学、物理、数学共5个学科进入ESI国际学科排名前1%行列。

（史建伟）

【民大举办中央企业面向三地高校毕业生专场招聘会】 6月13日，由国务院国资委、人力资源和社会保障部、国家民委共同主办，中央民族大学承办的“中央企业面向西藏青海新疆高校毕业生专场招聘会”在人大举行。共有46家中央企业参加，提供3600多个就业岗位，主要分布于青海、新疆、西藏、四川、贵州和云南等省、自治区。

（周翊兰）

【召开13个少数民族人口减少问题研讨会】 6月14日，中央民族大学召开13个少数民族人口减少问题研讨会。国家统计局、国家民委、首都经贸等参加研讨会。第六次全国人口普查数据显示，我国有13个少数民族人口数量在减少，分别是满族、侗族、布依族、朝鲜族、畲族、仡佬族、达斡尔族、毛南族、俄罗斯族、独龙族、塔塔尔族、高山族、乌孜别克族。研讨会上，专家汇报了13个少数民族人口减少情况，并从生育、死亡、流动及各省区人口分布角度对此问题进行深入分析。国家统计局表示支持这方面的研究工作，可以根据研究需要提供局部地区更详尽的人口普查数据资料，国家民委从民族事务管理角度对研究方向和研究信息发布提出了建议。

（周翊兰）

【中国与国际关系研究中心揭牌】 6月29日，国际关系学院举行中国与国际关系研究中心（CIR）揭牌仪式。中国与国际关系研究中心是国关学院与丹麦奥尔堡大学联合创办的国际研究机构，专门研究中国与相关的国际关系问题。该研究中心的常设机构设置在该校，研究人员由丹麦与中国双方共同组成，定期出版《中国与国际关系杂志》（JCIR），并定期举办学术会议。

（张蝶）

【北理工视频图像处理器应用于“神舟九号”发射】 6月，在“神舟九号”与“天宫一号”交会对接发射任务中，北理工机电学院机电系统工程系武器系统工程学科谌德荣教授课题组研发的4台箭上可见光图像压缩处理器和1台箭上红外图像采编压缩处理器，成功用于长征二号F运载火箭助推器分离、整流罩分离、发动机温度监测等运载火箭飞行状态视频图像的实时采编、压缩及处理。

（钟占蓉）

【农大启动“对接京郊”服务首都现代农业科技城行动】 7月6日，农大举行“对接京郊——中国农业大学服务首都现代农业科技城行动”启动仪式。上半年，农大先后赴通州区、丰台区、房山区、平谷区、门头沟等区县进行对接。暑假组建7个项目的实践小分队，30余名硕士和博士研究生赴门头沟、平谷、丰台、房山等4个区县对接服务。

（钟占蓉）

【高校学生摘得8枚伦敦奥运会金牌】 7月27日至8月12日，北京体育大学35名学生参加在伦敦举办的第三十届夏季奥运会，在体操、乒乓球、摔跤、自行车、曲棍球、田径、拳击等18个大项37个小项（级别）的比赛中，共获金牌6枚、银牌7枚、铜牌3枚，并取得1个第四名、4个第五名、4个第六名、1个第七名的成绩。清华大学经济管理学院2011级学生易思玲，在女子10米气步枪决赛中以502.9环的总成绩夺冠，摘得本届奥运会首枚金牌。北大新闻与传播学院2009级本科生雷声夺得男子个人花剑冠军，这是中国运动员获得的首枚奥运会花剑金牌，打破了欧洲选手在这一项目上长达116年的垄断。

（董健　蔡曦亮　余浚　许亮　冯劲涛）

【北师大全球院承担第四个南极考察站选址】 7月，国家海洋局极地考察办公室邀请北师大全球院极地遥感研究团队参与南极新站选址调研工作。对整个南极洲近1.8万千米的海岸线进行详细巡查，确定两个重点靶区。被确定为中国第29次南极考察期间重点现场调查区域。12月30日，北师大全球变化与地球系统科学研究院惠凤鸣博士作为遥感专家受邀参加中国第29次南极考察，随同中国南极考察队乘坐“雪龙号”科学考察船到达南极罗斯海预选站址海域，开始建站选址的现场调查。

（戴军）

【北大发布《中国民生发展报告·2012》】 8月5日，北大中国社会科学调查中心召开“中国家庭动态跟踪调查”研讨会，发布《中国民生发展报告·2012》。报告的主要内容除民众的经济生活、婚姻家庭外，还重点关注了青少年健康成长、医疗与卫生、教育等当前社会关注的民生议题。

（蔡曦亮　余浚）

【首届中美婚姻家庭治疗国际研讨会召开】 8月13日至14日，“首届中美婚姻家庭治疗国际研讨会”在北师大举办。研讨会由北师大发展心理研究所、美国杨百翰大学家庭研究系、美国诺瓦东南大学人文与社会科学学院联合主办。大会特邀美国著名高校的多名婚姻家庭治疗专家出席以及60多名国内相关专业人士参会。与会专家就备受关注的“婚姻家庭治疗在中国的历史、现状和未来”、“中国婚姻家庭问题，以及中国对婚姻家庭治疗的需求”、“婚姻家庭治疗理论在中国的文化适应性”、“中国婚姻家庭治疗临床训练的现状和问题”、“中国夫妻家庭治疗的过程和效果研究”、“美国婚姻家庭治疗训练”、“美国婚姻家庭治疗专业要求”、“美国婚姻家庭治疗发展趋势”等热点问题进行深入探讨和交流。

（戴军）

【全国首个马克思主义协同创新中心成立】 8月18日，我国首个马克思主义协同创新中心——“马克思主义与中国道路协同创新中心”在中国人民大学揭牌成立。该中心研究涉及马克思主义和我国经济社会整体发展道路的基础性、战略性、前瞻性重大问题，是我国哲学社会科学领域协同创新的一项重要举措。中心以中国人民大学为牵头单位，复旦大学、武汉大学、中山大学、中央编译局、中国社会科学院当代中国研究所等机构为参与单位。揭牌仪式后，协同创新中心举行首次工作会议，各协同单位就下一步工作进行了交流与研讨。

（段蕾）

【完成国际上首个针对“居民公共卫生行为”调查】 8月20日，中央财大“医疗改革研究”跨学科团队完成“2012中国居民公共卫生行为与机构跟踪调查”（CBPHS）。这是国际上首个针对“居民公共卫生行为”的调查，将居民行为与机构特征数据联系在一起。调研由中央财大“医疗改革研究”跨学科团队成员组织，北京大学公共卫生学院协助调查问卷的设计和调查员的培训，调查工作将持续3至5年，最终形成一个供研究者和政策制定者进行分析的数据库。

（罗茜）

【承办首届非公企业劳动争议预防与调解工作培训班】 8月27日，首届“非公有制企业劳动争议与预防调解工作培训班”在劳动关系学院举办。培训班由中华全国工商业联合会、人力资源和社会保障部和中华全国总工会主办，中国劳动关系学院承办。培训班共设置七个学习时段，开设课程包括：劳动争议预防与调解工作政策及相关法律法规解读、商会在劳动预防争议与调解中的作用、劳动关系矛盾与劳动争议、工会在劳动争议预防与调解中的作用、常见劳动争议类型及调解原则、典型劳动争议案例分析、企业劳资冲突系统管理。来自各省、市、自治区工商联法律工作部门、商会协会、非公有制企业的负责人共100余人参加培训。

（焦圆媛）

【中青院70项大学生创新创业行动计划项目获批】 9月3日，教育部公布2012年度第一批国家级大学生创新创业训练计划项目名单，中青院上报的70项国家级创新创业训练计划项目通过审核，其中创新训练项目55项、创业训练项目14项、创业实践项目1项，共获得70万元教育部经费支持。

（韩永涛）

【北师大举行建校110周年庆祝活动】 9月8日，北京师范大学举行建校110周年庆祝大会举行。中共中央政治局常委、国务院总理温家宝为北师大校庆题词。中共中央政治局常委、全国政协主席贾庆林，中共中央政治局委员、国务委员刘延东发来贺信。十一届全国人大常委会副委员长、民进中央主席严隽琪，十一届全国政协副主席、党组成员郑万通为北师大校庆题词。教育部、北京市委市政府等上级部门，北京大学、清华大学等185所国内高校为大会发来贺信。美国威廉玛丽大学、加拿大道森学院、丹麦奥尔堡大学等多所国际友好院校通过视频或贺信方式向北师大表示祝贺。“弘文励教，育才宏基——北京师范大学改革发展成果展”同日开展。北师大25000余名师生员工与社会各界嘉宾和海内外校友相聚校园，共同庆祝建校110周年华诞。

（戴军）

【5人获“全国杰出资深法学家”称号】 9月26日，中国政法大学江平、巫昌祯、张晋藩、陈光中、潘汉典5位教授被中国法学会授予“全国杰出资深法学家”称号。该奖项是1949年中华人民共和国成立以来的首次评选，全国共有25位法学教授、专家获此殊荣。

（刘旭）

【“北航星”命名仪式举行】 10月25日，“北航星”命名暨纪念雕塑落成仪式举行。国家天文台经国际天文学联合会小天体命名委员会批准，将永久编号为09830的小行星命名为“北航星”。面向社会公开征集入选的纪念雕塑“北航星”同时落成。“北航星”是第八颗以中国高校名字命名的行星。

（毕娟）

【《2012年度北京市中小学生网络生活方式蓝皮书》正式发布】 11月1日，2012年北京市中小学生网络生活方式研讨暨蓝皮书发布会在北师大召开，由北师大青少年网瘾防治研究中心和传媒与教育研究中心两家机构共同完成的、北京市教育科学“十一五”规划重大课题《2012年度北京市中小学生网络生活方式蓝皮书》正式发布，这是国内首个针对国际化大都市进行的中小学生网络生活方式的调查研究成果。

（戴军）

【法大首创“庭审同步直播”教学模式】 11月20日，中国政法大学举行“远程观摩实况庭审”启动仪式。该校与国内典型、特色、先进司法机关进行实质性合作，在国内外高校中首创将法院庭审实况同步直播搬进课堂，在教室中实现全天全程远程旁听、观摩国内法院的现场庭审实况。该校与10家法院签署共建协议，每周实况直播2－3次庭审。

（刘旭）

【第五届全国大学生创新创业年会召开】 11月24日～25日，主题为“求知 践行 创新”的第五届全国大学生创新创业年会在中国农业大学召开。年会由教育部、科技部联合主办，农大承办，来自全国各地的160余所高校的800多位师生参会。有196个创新创业项目参加展示，其中创新类120项、创业类76项；评选出“创业项目奖”“创新项目奖”“我最喜爱的项目”“优秀论文”等4类奖项。其中农大梁万春等同学的《“爱狗狗”宠物资讯狗资讯服务公司》、杨林等同学的《贵州小香猪特色养殖》等同时获得“创业项目奖”和“我最喜爱的项目奖”。农大动科学院龙红芡的《14+1小时光照程序对蛋鸡生产性能的影响》等10篇学术论文获得“优秀论文奖”。教育部自2007年起开始实施“大学生创新性实验计划”，2011年起，教育部在该计划的基础上，增加大学生创业训练和实践项目，启动大学生创新创业训练计划。计划实施5年来，共有120多所中央部属院校和近400所地方院校参与该计划，参与大学生达17万人次，参与项目涵盖理、工、农、医、文、法等12个学科门类。

（钟占蓉）

【举办第九届国际儒学论坛】 12月2日至3日，由中国人民大学与韩国高等教育财团共同主办，中国人民大学哲学院、孔子研究院、亚洲研究中心承办的第九届国际儒学论坛在中国人民大学举办，论坛主题为“儒学与生态文明”。来自中国及韩国、日本、美国、加拿大、巴西、马来西亚、新加坡等国家的近300名学者参加。论坛共收到论文90余篇，在6轮18场的分组讨论环节，与会学者围绕“儒家思想与学术”、“儒家一般生态理论”、“儒家具体生态理论”、“儒家生态理论的现代意义”、“儒家生态智慧与实践”五个分论题展开探讨和交流。国际儒学论坛以研究和弘扬以儒学为主体的中国优秀传统文化为主题，致力于推动海内外学者对中国传统文化的探讨和交流。

（段蕾）

【张静如从教60周年暨学术思想研讨会召开】 12月23日，张静如从教60周年暨学术思想研讨会在北师大英东学术会堂举办。研讨会由中国中共党史学会、北京市社会科学界联合会、北京中共党史学会、北师大马克思主义学院联合主办。张静如是新中国培养出来的第一代马克思主义专家学者，致力于中共党史研究和教学60年，被称为“李大钊研究第一人”，是中共党史学史研究的首倡者，以率先构建党史学科体系享誉学界。

（戴军）

【全国高校首个司法原始卷宗复印副本阅览室开馆】 12月26日，法大“检察案例卷宗副本阅览室”开馆。该阅览室为全国高校首个司法原始卷宗复印副本阅览室，在案例教学中使用真实判例、真实案卷，建立优质司法资源向高校输送、流动、汇集的工作思路和合作模式。年内，该校与国内1家市级检察院、5家区县级检察院、4家中级法院、6家基层法院签订共建协议，接受司法机关捐赠的原始案例卷宗副本包括民事、刑事、行政等案卷3000余套。

（刘旭）

【林业大学完成世界首张梅花全基因组精细图谱】 12月27日，由北京林业大学教授领衔完成的“梅花基因组”研究论文在 Nature Communications 在线发表。梅花全基因组测序研究由国家花卉工程技术研究中心、深圳华大基因研究院和北京林福科源花卉有限公司等3家单位合作完成，研究项目构建完成了世界首张梅花全基因组精细图谱。

（高斌）

【北交大4G移动通信与轨道交通工程应用实验网开通】 12月28日，北京交通大学4G移动通信与轨道交通工程应用实验网开通仪式举行。4G移动通信技术已在国际上开始推广和应用，我国已开始在多个城市部署实验网。本实验网的建成与开通，为该校4G移动通信在轨道交通方面的工程应用领域开展高水平的科研和教学活动提供了具有国际先进水平的实验环境。该实验网由北京交大计算机学院高速铁路网络管理教育部工程研究中心与电信运营商中电华通通信有限公司共同建设，采用华为公司提供的4G基站设备，可覆盖全校一至五千米的范围。

（高杰）

【劳动关系学院获得硕士研究生招生资格】 12月，中国劳动关系学院被国务院学位委员会正式批准开展培养硕士专业学位研究生试点工作，于2013年起正式招生，授权专业学位类别为公共管理硕士（MPA）（包含劳动关系方向、工会工作方向两个培养方向）。

（焦圆媛）

【中青院入选全国首批“卓越法律人才教育培养基地”】 12月，中国青年政治学院入选教育部首批“卓越法律人才教育培养基地”名单，成为全国58所“应用型、复合型法律职业人才教育培养基地”之一。“卓越法律人才教育培养基地”是教育部、中央政法委为推进新世纪法律人才培养模式改革而实施的重要举措。首批基地分为应用型复合型、涉外和西部基层三类，教育部从全国600多所设置法学专业的院校中，遴选确定58个法律职业人才教育培养基地、22个涉外法律人才教育培养基地和12个西部基层法律人才教育培养基地。

（韩永涛）

【北大实施“大学堂顶尖学者讲学计划”】 本年，北京大学实施“大学堂顶尖学者讲学计划”，旨在通过在全球邀请各领域的顶尖学者来校举办讲座、开设课程、开展合作研究，在北大汇聚一批世界级顶尖学者，进一步提升引进国外智力的层次。本年度共邀请5位世界级顶尖学者来北大讲学、交流。

（刘凡子 胡少诚）

【北语《成功之路》入选第一批“十二五”国家级规划教材】 2012年，由北语汉语进修学院邱军主编、彭志平副主编，北语出版社出版的进阶式对外汉语系列教材（全20本）在教育部普通高等教育教材评选中，入选第一批“十二五”普通高等教育本科国家级规划教材。

（陈克禄）

【北大年度国家社科基金项目居全国高校首位】 根据全国哲学社会科学规划办公室公布的2012年度国家社会科学基金项目评审结果，在年度项目类别中，北大共获准立项41项，居全国高校系统首位。申报项目总数为158项，立项率为25.9%。其中重点项目6项，一般项目24项，青年项目11项。另外，重大项目获得立项数为12项。

（刘凡子 胡少诚）

【北理工QS大学排名首次进入世界500强和亚洲100强】 在英国高等教育调查公司QS最新公布的“QS世界大学排名2012/2013”和“2012年亚洲大学排名200强”中，北京理工大学首次进入“QS世界大学排名”500强和“QS亚洲大学排名100强”。本次“QS世界大学排名”500强中共有19所中国内地大学，北京理工大学位居第13位（并列）。在亚洲大学排名200强中，北京理工大学位居第96位，比2011年提升36位，在进入排名的中国内地大学中，排名第18位。“QS世界大学排名”始于2004年，“QS亚洲大学排名200强”始于2009年，是“QS世界大学排名”的延伸。

（史建伟）

【海淀行政辖区内高等院校名单（38所）】

1、中国青年政治学院
2、国际关系学院
3、北京体育大学
4、首都体育学院
5、北京电影学院
6、北京舞蹈学院
7、中国人民解放军艺术学院
8、北京大学（北京大学医学部，不单计）
9、清华大学
10、中国人民大学
11、北京师范大学
12、北京理工大学
13、北京科技大学
14、北京化工大学（西区）
15、北京交通大学
16、北京邮电大学
17、北京航空航天大学
18、中国农业大学
19、北京林业大学
20、中国政法大学（学院路校区）
21、北京外国语大学
22、北京语言大学
23、中国矿业大学（北京）
24、中央民族大学
25、中国地质大学（北京）
26、首都师范大学
27、北京工商大学
28、中央财经大学
29、北京信息科技大学（清河校区）
30、北京联合大学应用文理学院
31、中国劳动关系学院
32、中国农业科学院研究生院
33、北京农业职业学院（北校区）
34、北京交通运输职业学院（西三旗校区）
35、北京城市学院（民办）
36、北京科技经营管理学院三义庙校区（民办）
37、北京培黎职业学院（民办）
38、北京新圆明职业学院（民办）

（宋亚甫）

科技·卫生·体育

2013

北京海淀年鉴

▲ 2月17日，“2012年第一次政府采购中关村新技术新产品签约大会”在北京国际饭店举办（北京民协 供图）

▲ 4月20日，海淀区中小学生田径运动会在海淀体育场举行（区体育局 供图）

▲ 5月15日，由区直机关工委、区体育局主办的海淀区第二届运动会暨区直机关第十六届运动会在海淀体育场开幕（田峰 摄）

◀ 5月23日，北京金隅男篮走进中关村中学（李瑞林 摄）

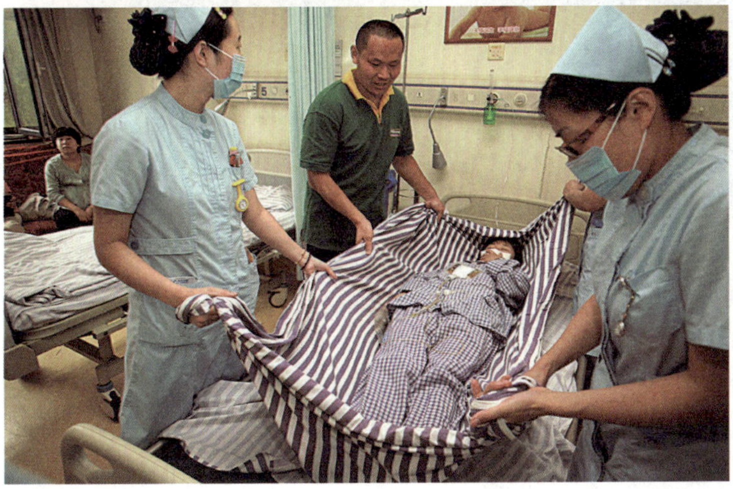

◀ 5月29日，海淀医院根据妇儿系统特点及安全管理要求，组织完成以“突发事件中患者转运演练”为主题的消防安全转运应急演练（李瑞林 摄）

▲ 6月1日，区卫生局卫生监督所对饮用水进行水质检测（田峰 摄）

▲ 7月28日，2012香港少年航天员体验营开营仪式在北京航天城举行（李瑞林 摄）

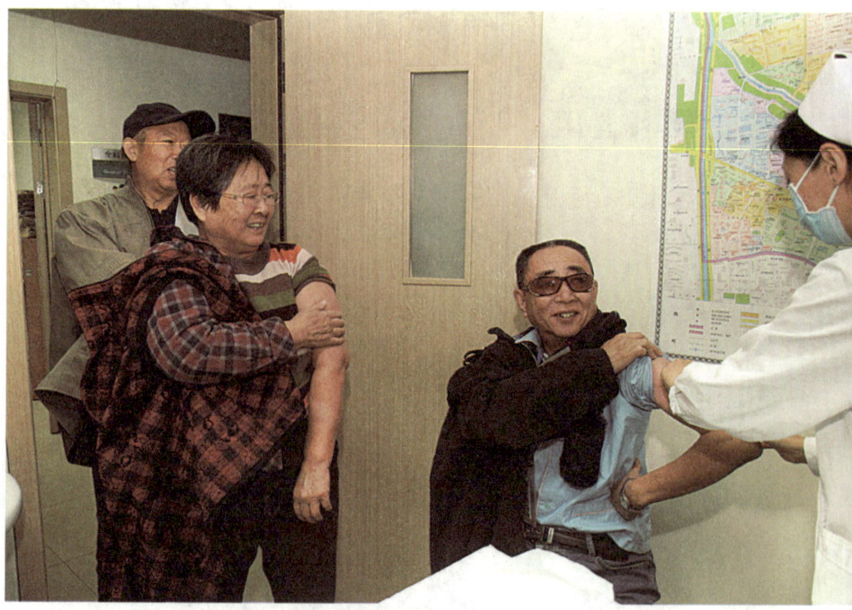

▲ 10月15日，海淀医院在社区卫生服务站免费为60岁以上老人接种流感疫苗（李瑞林 摄）

科技·卫生·体育

科　技

【概况】　海淀区科学技术委员会（简称区科委）挂海淀区知识产权局（简称区知识产权局）牌子，是负责本区科学技术与知识产权工作的政府职能部门。2011年12月23日，北京市机构编制委员会同意海淀园管委会与海淀区科学技术委员会合署办公，为区政府统一领导协调中关村科技园区海淀园建设管理工作和区科学技术工作的工作部门。2012年2月29日，海淀园管理委员会（海淀区科学技术委员会）主要职责、内设机构和人员编制经海淀区机构编制委员会审核通过，海淀园管委会与区科委完成机构合并调整，合署办公。

（刘昊鹏）

【北京民营科技实业家协会】　北京民营科技实业家协会（简称"北京民协"）成立于1987年，是由北京地区民营科技实业家本着自愿原则组织的非营利性社会团体。北京民协已构建起以8大服务平台①为基础、6个重点专项②为创新点、围绕服务会员的核心、参与公共服务及和谐社会建设的全方位服务体系。2012年，协会核心会员达到587家。

2012年，举办各类专题研讨、座谈会等活动90余场，参与人数近5000人次，对接企业个案咨询和需求服务158家次，向会员企业发送各类政策以及经济热点信息300多条。组织中关村企业与10多个省市建立合作关系，形成"走出去、请进来、本地拓展"多种途径的工作模式。

中关村企业家顾问委员会。本年，委员就示范区规划、建设、改革和发展等事项提供决策咨询和政策建议，编辑出版10期《决策参考》。"中关村100企业家俱乐部"组织召开四场闭门研讨会。"中关村100创业家俱乐部"围绕创业咨询、培训、辅导等开展工作，为创业者提供服务。对2011年下半年评选出的10个重大产业标杆项目进行后续跟踪；从2012年28个项目中选出2个优秀项目向政府有关部门进行推荐。完成中关村高端领军人才2012年度两批专家评审及材料初审，并提出专家库建设方案及中关村人才工作建议。

中关村开放实验室。全年新认定开放实验室25家，总量达到134家，覆盖大批长期服务于中关村重点企业群体和战略性新兴产业的实验室以及具备国家和行业资质的公共检测平台，吸引一批军工实验室开放民用资源。全年共对包括检测认证、技术攻关、共同承担国家重大项目、共建企业技术中心和技术成果转化五大类1301个项目进行补贴，补贴金额为2867.79万元。组织双走进、分领域对接、牵线搭桥当红娘、创新成果发布、政策宣贯等活动26次，走访调研实验室99次，走访了解企业需求23次，接待来访企业和实验室代表90余次。年初启动产学研结合、产业化转移重大项目促进工程。9月底，海淀区政府批准北京民协联合联盟联席会、闪联两家单位承担现代服务业重大项目筛选、培育的创新试点工作。

政府采购中关村自主创新产品试点。全年共征集政府采购项目248项，总投资184.28亿元，其中应用中关村新技术新产品采购金额80亿元，占43.41%，超过全年60亿采购计划的33%。现场签约政府采购示范项目31项，签约金额22.6亿元。2012年政府采购主体涵盖了市级委办局、各区县政府、市属企业、事业单位。推动中关村新技术新产品进入央企采购、中央在京单位采购、外省市采购以及军队采购。认定首台（套）重大技术装备示范项目32项，采购金额8.8亿元，带动总投资63.1亿元。

中关村企业家商事调解中心。全年累计调解案件17起，调解成功率约85%，案件主要涉及知识产权、买卖合

---

① 八大服务平台：企业家咨询顾问团、CTO（首席技术官）俱乐部、HR（人力资源）俱乐部、CFO（首席财务官）俱乐部、金融专业委员会、培训专业委员会、海外事务委员会、软件企业高层沙龙。

② 六个重点专项：中关村国家自主创新示范区企业家顾问委员会、中关村开放实验室、政府采购中关村自主创新产品试点、中关村企业家商事调解中心、、中关村企业家天使投资联盟、理论研究中心。

同、供销双方的产品服务纠纷等。与海淀法院民三庭、民四庭、中关村版权争议调解中心、中国互联网协会调解中心等机构建立联系。

中关村企业家天使投资联盟。全年共接触项目143个，累计投资项目7个，新增2个投资项目，分别投资100万元。

理论研究。全年共涉及研究课题8项，其中政府委托研究课题5项。全年累计向政府部门提交建议案20余篇，其中市人大建议案8篇、全国政协建议案8篇，内容涉及资本市场建设、高科技人才培养、中小企业发展、企业国际化、社会管理建设、环境保护、交通等方面。

（尹玲利）

【海淀科技中心（馆）被命名为“全国科普教育基地”】 10月20日，北京市海淀科技中心（馆）被中国科协命名为“全国科普教育基地”。本次全国共命名397个单位，其中在京单位22个。海淀科技中心（馆）建馆近二十年来，立足于科教、科普工作，组织大量具有良好社会效益，深受公众欢迎的活动和展览，惠及群众数百万名。

（刘昊鹏）

【成立知识产权保护服务工作站】 12月3日，北京市保护知识产权举报投诉服务中心（北京12330）、海淀区知识产权局与中关村大学科技园联盟共建的中关村大学科技园联盟知识产权保护服务工作站（简称“中关村大学科技园联盟12330工作站”）正式成立。这是北京12330联合区县知识产权局在科技园区共建的第33家12330工作站，也是在海淀园设立的第4家工作站。中关村大学科技园联盟秘书长单位向26家成员单位提供包括知识产权维权援助、法律咨询、公益培训等服务。

（刘昊鹏）

【1人获全国“十一五”测绘地理信息科技奖】 12月24日，在全国测绘地理信息局长会议上，园区高新技术企业北京三正科技有限公司高级工程师孙良俊获“‘十一五’测绘地理信息优秀青年科技贡献奖”，本人和其研究开发团队分别获得2011年“中国地理信息科技进步奖”。孙良俊研究团队研发出“数字城市地理信息公共平台”等二十余项产品，并成功应用于全国数字城市地理空间框架首批试点，取得显著的经济效益和社会效益。

（刘昊鹏）

【知识产权保护】 本年，发布《海淀区科技型企业知识产权标准化管理指导规范》，将知识产权保护纳入科技创新管理体系；吸引知识产权服务机构入驻海淀，搭建综合性的知识产权管理平台。全年共有22家机构入驻中关村知识产权大厦，入住率达到100%。与市科委共建“国际技术转移中心”，做好国际尖端技术的引入、转移、保护和利用工作。全年专利申请共计3.6万件，占北京市专利申请总数的40%。其中，1.9万件获得专利授权，占北京市总授权数的50%，同比增长15%；1.1万件获发明专利授权，占北京市的50%，同比增长20%。

（刘昊鹏）

【股权激励试点】 截至年底，区域内有股权激励试点国有企事业单位25家，占全市57家市属试点单位的43.9%。为试点公司申请“十二五”储备项目支持资金300万元，项目总投资400万元；指导股权激励试点单位申报2项海淀区支持核心区创新和产业发展专项，其中海淀区社会事业研发项目1项，配套上级科技项目1项，项目总投资460万元，申请资金160万元。

（刘昊鹏）

【设立战略新兴产业专项扶持资金】 本年，海淀区设立专项资金扶持战略新兴产业。发布《促进生物工程与新医药产业发展工作方案》和《海淀区生物医药产业发展报告》。征集申报项目205项，支持项目63项，总投资10.3亿元，支持资金4548.4万元。

（刘昊鹏）

【“十百千工程”专项资金申报】 本年，从80余家企业中筛选出54家，给予专项支持资金共计3754.2万元。联合区委宣传部，为园区、基地、企业新产品、新技术等申请奖项和专利，完善创新激励机制。海淀园成为中宣部、科技部认证的首批“国家级文化和科技融合示范基地”和工信部认证的“国家新型工业化产业示范基地”。全区获2011年度国家科学技术奖共46项，占北京市78个总获奖项目的59%，占全国的15.6%。

（刘昊鹏）

【征集重大科技项目487项】 本年，支持文化创意、企业研发、海淀区社会事业研发、上级科技项目研发、星火计划等5大项目，完善创新资金及科技部创新基金的征集、申请、立项、监理、验收和资金拨付等工作。共征集项目申请487项，其中文化创意产业项目378项、企业研发中心投入补贴项目54项、支持海淀区社会事业研发专项31项、配套上级科技项目专项15项、星火计划项目9项。审核通过165项，支持金额8532.8万元，总投资80亿元。完成重点产业化项目股权投资专项资金的投资工作，投资总金额1.9亿元；委托北京中海投资公司，完成对18个投资项目的年度调查、报告和监理等工作。

（刘昊鹏　刘伟杰）

【科技专项资金项目绩效管理】 本年，配合区财政局对2008–2010年的科技计划项目、星火计划贴息项目进行绩效考核，共审计563个科技项目、32个星火计划项目，形成《2008–2010年海淀区科技专项资金项目绩效评价报告》。报告从科技资金的使用、管理、经济社会效益等方面，分析项目在各领域、各专项支持的情况，总结这3年科技项目的执行效果。

（刘昊鹏　刘伟杰）

卫生•红十字会

卫生

【概况】 海淀区卫生局是对本区卫生工作管宏观、定政策、做规划、抓监管的政府部门，下属5个事业单位：卫生监督所、疾病预防控制中心、社区卫生服务管理中心、新型农村合作医疗经办管理中心和医疗统筹管理中心。2012年2月9日，经区编委会研究决定，整合区公共委、区卫生局领导班子，实行一套领导班子、两支业务队伍、两块机构牌子。

海淀辖区内共有卫生机构986个，包括非营利性机构548个、营利性机构434个、其他卫生机构4个。共有卫生技术人员26611人，其中执业（助理）医师9891人、注册护士11178人。实有床位10304张。每千常住人口拥有卫技人员7.64人、执业（助理）医师2.84人、护士3.21人、床位2.96张。全区有地段预防保健科54个，计划免疫工作人员424人。有村级医疗机构80个，覆盖率100%。卫生技术人员943人，其中乡村医生313人。

据海淀区疾病预防控制中心统计，本年本区出生18904人，其中：男性9767人，女性9137人，出生率8.29‰；死亡9285人，其中男性5176人，女性4109人，死亡率4.07‰；自然增长率4.22‰。因病死亡9018人，占死亡总数的97.12%。死因列前十位疾病依次为：恶性肿瘤，心脏病，脑血管病，呼吸系统疾病，消化系统疾病，损伤和中毒，内分泌、营养和代谢性疾病，神经系统疾病，传染性疾病，泌尿和生殖系统疾病。本区人口期望寿命82.22岁，其中男性80.69岁、女性83.75岁。

全年收入4953.02万元，其中财政拨款4923.42万元，其他收入29.60万元。全年支出6199.15万元，其中医疗卫生支出5697.82万元。

年内，区卫生局被评为2011年度全国爱国卫生先进集体、无偿献血先进集体。

（张炜）

【北京市海淀区民营医协会】 原名海淀区联合医疗机构医务工作者协会，成立于1992年，2008年更为现名。是经海淀区社会团体管理办公室核准登记成立的为民营医疗机构和政府服务的非营利性社会团体法人。协会有200多家会员单位，中高级职称专家700余人。

本年，协会举行4次大型义诊活动，总诊疗人数1200余人次，并发放4.7万余元的药品。

各会员单位义务组织健康讲座。圣爱医院组织健康讲座6次，到社区义诊5次，为200多名园林工人免费进行以脑猝死为主的专项体检。光彩明天儿童眼科医院为北京的13个区县的49家幼儿园、52所小学的30730名儿童进行眼科体检，免费治疗52名弱视患儿。北京健恒糖尿病医院进行义诊、健康讲座64次，资助贫困患者约23万元。马应龙长青肛肠医院为出租车司机提供免费肛肠病体检服务。爱康国宾为留守儿童免费进行健康体检，为1名白血病女孩筹集100万元善款，为清华大学公共健康研究中心累计捐助450万元人民币，用于公共卫生的研究、传播和培训。

（国雪丽）

【北京海淀医院协会】 北京海淀医院协会成立于2007年12月，是由海淀地区的医疗单位和医院管理工作者自愿联合发起成立，经海淀区社会团体登记管理办公室核准登记的非营利性社会团体法人，现有团体会员单位55个。

本年，协会邀请北京世纪坛医院院长为地区医疗机构开展“医疗风险管理与患者安全”讲座，会员单位驻区三级医院及区属二级、一级医院领导近百人参加；邀请北京市高级人民法院法官开展“树立法律意识 防范岗位风险”讲学，地区医疗机构的149名医院管理者和医务人员参加。

组织专家赴香山公园、上庄、聂各庄义诊咨询，义诊专家的专业领域涉及中西医内外科、妇产科、眼科、口腔科、正骨按摩科、皮肤科、肛肠科等，现场为群众答疑解惑、现场施治，受益者达300余人次；组织专家培训社区大夫。协助卫生局、医统中心完成执业医师资格培训报名3000余人。

（李鹏）

【医师考核】 4月，启动医师考核工作，考核涉及临床、口腔、中医、公卫四个类别的执业医师及执业助理医师，至年底共完成海淀区二级以下900余家医疗机构的3129名医师的培训及考核工作。

（张炜）

【组织精神专科医护人员进社区】 6月，为配合十八大保障工作，精防院抽出52名精神专科医护人员形成5个团队26个工作小组，轮流每周1天进社区协助精防人员开展精神卫生工作。协助25家社区卫生服务中心开展门诊工作787人次，组织各类康复活动1799人次参与；协助社区精防人员随访患者3609人次，培训1006人次；协助社区精防人员开展对精残患者免费药物的发放、精神卫生系统平台的录入和主档、随访档的记录等工作。

（张炜）

【公共场所控烟】 6月，开展以“烟草危害图形说”为主题的“控烟宣传月”活动。活动期间举办烟草与疾病知识讲座4场，发放控烟资料2.7万份，并在16家学校、医疗卫生机构和行业单位进行控烟的巡展，巩固学校、医疗卫生机构等公共场所禁止吸烟工作成果。全年检查医疗机构、学校、餐馆及其他公共场所6796个（次）；在北京大学、北京体育大学创建“全国无烟示范学校”并通过验收；10～11月，地区共有30所高校迎接全国高校控烟工作暗访，交通大学排名全国第一；世纪坛医院代表北京市迎接卫生部组织的医疗机构控烟检查。

（张炜）

【医疗资源调研】 7月，开展“关于海淀区医疗资源情况”调研。本次调研以海淀区医疗资源的现状分析为主题，将海淀区划分为四个区域并进行随机抽样，历时20天，收获问卷1876份、医疗机构情况调查表83份，访谈了62位医务工作者。通过分析调研数据，对比各区域在医疗服务供给中的优劣，研究海淀区医疗卫生事业存在的问题。提出调整医疗资源分布和结构，促进医疗卫生事业发展；促进医疗行业的市场化经营，明确政府部门职责；加强和外界沟通，关心医务人员各方面情况等建议。

（张炜）

【推进社区卫生服务管理信息化】 截止到12月，共完成168家社区机构的信息化上线工作，其中社区卫生服务中心45家，社区卫生服务独立站32家，社区卫生服务下属站91家。完成自助健康监测检测设备配发合同签订和预付款等前期工作，自助监测设备的配备将社区的健康服务、健康检测和检查系统、自测系统相结合，形成一体化医疗与居民健康服务体系，实现居民全方位的健康状况监测，逐步实现与上级医院远程医疗服务联网，建立医院-社区-个人的三级医疗服务体系。

（张炜）

【公共卫生专项检查】 全区有餐饮服务单位6930个，其中餐馆4211个、快餐店176个、小吃店299个、饮品店596个、集体食堂1252个、集体用餐配送单位32个、民俗旅游户69个、现场制售295个。经常性卫生监督检查22231户次，合格21933户次，累计监督覆盖率99.68%。审批卫生许可证2483个。食物中毒6起54人，发病率2.46/10万。对全区餐饮单位量化分级管理，其中A级359个、B级2896个、C级1430个。执行结案卫生行政处罚454户次，没收违法所得2540元，罚款124万余元。有宾馆饭店1032个，经常性监督覆盖率98.35%。有各类公共场所3517个，其中年内审批开业1844个，经常性监督检查6221户次，监督覆盖率98.75%。有自备井229个，新办证监测26户、复验办证监测109户，经常性监测679户次。高层建筑生活饮用水新办证监测194户，复验办证监测483户，经常性监测3065户次。发生生活饮用水污染事故2起。

（张炜）

【医疗卫生专项检查】 出动监督人员1259人次，检查965个单位，发现违法行为22个单位，均责令改正并进行处罚。取缔非法行医点230个，罚款49.3万元。组织各种监督检查1538户次，合格率98.57%。行政处罚18户次3.6万元。对辖区医疗机构监督1678户次。全年卫生投诉举报2862起，受理2777起，结案2777起，结案率100%。

（张炜）

【完成23项大型活动卫生保障】 全年完成23项大型活动卫生保障，其中驻会保障11次。全年保障11718人次；出动监督员3525人次，监督5322户次，培训从业人员700人次；处罚23户次，罚款6.2万元；监测256件样品，合格256件，合格率100%；快速检测5143件样品，合格5091件，合格率98.99%。

（张炜）

【社区卫生】 以特色惠民服务、重点创新项目等吸引老百姓到社区就诊，海淀区公共委、卫生局与财政、人力社保部门联合下发《海淀区支持社区卫生服务发展专项资金管理办法（试行）》，创新建立支持社区卫生服务发展的激励机制。全区有社区卫生服务中心50个、社区卫生服务站178个，其中政府办社区卫生服务中心29个、社区卫生服务站91个。政府办的5个社区卫生服务机构实行院办院管的运行模式，其余政府办社区卫生服务机构实行收支两条线管理。北太平庄社区卫生服务中心、甘家口社区卫生服务中心、万寿路社区卫生服务中心、花园路社区卫生服务中心被授予北京市示范社区卫生服务中心。

各社区卫生机构全部实行国家基本药物制度，零差率药品包括519个品种2082个品规，并实行统一配送、零差率销售。在社区卫生服务机构开展“冬病夏治三伏贴”工作，全区贴敷约84987人次。17人获得“北京市全科医师合理使用中成药培训合格证书”。举办社区中医药适宜技术系列培训班1期，培训中医药骨干30余人次。在永定路和北太平庄社区卫生服务中心开展中医体质辨识试点工作，尝试建立地区中医预防保健服务体系。推举双榆树社区卫生服务中心为适宜技术推广基地，向基层开展常见病多发病中医药适宜技术的推广和培训。

（张炜）

【全面推进家庭医生式服务】 建立和完善社区卫生服务团队478支，覆盖29个街道（镇）667个居（村）委会，累计签约564512户、1133227人，其中重点人群签约659170人。平均每个团队签约家庭1181户、居民2367人。功能社区签约614261人。全区共签约1747488人，占辖区常住人口的53.26%。培养家庭保健员1291人，其中中医家保员739人。在全区范围开展“家庭医生式服务慢性病防治进社区巡讲活动”，各社区卫生服务机构举办讲座227场，建立居民健康档案293.6万份。

（张炜）

【新农合参合率达99.86%】 本年，全区参加新型农村合作医疗79087人，参合率99.86%。人均筹资910元，其中市、区两级财政补助640元，乡（镇）财政最低出资90元，个人和村集体出资180元，人均筹资标准居全市首位。全区新农合年度总筹资7196.917万元，住院资金6089.699万元，其中市区两级财政补助5061.568万元、个人和村集体出资

1423.566 万元、区民政和区残联资助 33.25 万元，门诊资金 4191.3967 万元。全年住院补偿 8044 人次，住院基金总支出 6449.0486 万元；门诊补偿 140417 人次，支出门诊补偿款 4787.913 万元。

（张炜）

【调整新农合住院报销比例】 一级医院住院报销比例为 80%，二级医院住院报销比例为 70%，三级医院 9 类重大疾病（恶性肿瘤、终末期肾病、重性精神病、Ⅰ型糖尿病、先天性心脏病、白血病、血友病、再生障碍性贫血、重大器官移植）住院报销比例为 70%，三级医院其他疾病住院报销比例为 55%，住院和特殊病种门诊费用补偿封顶线 18 万元。2012 年，新农合将把急性心肌梗死、脑梗死、唇腭裂、甲亢、耐多药肺结核、艾滋病机会感染 6 类疾病纳入重大疾病保障范畴。同时，15 类重大疾病的住院费用报销比例由 70%提高至 75%。

（张炜）

【计划免疫】 全区共设立 105 家预防接种门诊，全年累计开展免费疫苗接种 1138362 人次。接报疑似预防接种反应 175 例，对 5 例接种疫苗后较严重疑似预防接种反应病例进行区级诊断。

2012 年，全区有 0–6 岁户籍儿童 82546 人，流动儿童 65133 人。计划免疫调查建卡率 100%，四苗中卡介苗、脊髓灰质炎疫苗、百白破混合制剂调查接种率均达 100%，麻疹疫苗调查接种率 100%、乙肝疫苗调查接种率为 100%。流脑多糖菌苗调查接种率 100%，乙脑疫苗调查接种率 100%。报告麻疹发病 11 例，发病率 0.34/10 万，脊髓灰质炎发病 0 例，百日咳发病 0 例，破伤风发病 0 例，白喉发病 0 例。儿童预防接种强化免疫建证率 99.40%，麻风腮疫苗补种率为 100%，流脑疫苗补种率为 100%，百白破疫苗补种率为 99.39%，乙脑疫苗补种预约率 99.12%，乙肝疫苗补种预约率 98.77%。

全区 60 岁以上老人接种免费流感疫苗 88335 支，接种率为 42.06%；学生接种免费流感疫苗 140047 支，接种率为 72.56%。

处理计免相关疫情 4200 例，同比上升 4.95%。其中突发事件 0 起，暴发疫情 1 起，接报 AFP（急性弛缓性麻痹）病例 5 例。

（张炜）

【传染病防治】 甲乙类传染病发病共 5061 例，发病率为 150.70/10 万，同比下降 25.53%。排在前三位的病种为：痢疾、肺结核、梅毒。其中痢疾发病 2213 例，发病率 65.90/10 万，占总发病数的 43.73%，病死人数 1 人，病死率 0.04%；肺结核发病 1219 例，发病率 36.30/10 万，占总发病数的 24.09%，病死人数 2 人，病死率 0.16%；梅毒 478 例，发病率 14.23/10 万，占总发病数的 9.44%。暴发疫情 6 起（其中水痘 1 起，手足口 5 起），疫情调查处理率达 100%，及时报告率 100%。肠道门诊初急诊 15078 人次。全年开展传染病督导单位达 1102 次。2012 年未发生突发公共卫生事件。

（张炜）

【结核病防控】 2012 年报告结核病人 1219 例，发病率 36.30/10 万，同比下降 0.74%；新登记管理的肺结核病人 781 人（含外地病人 370 人），同比下降 5.80%，占全市新登记管理的肺结核病人的 20.1 %，居全市 16 个区县之首。新登记的 431 例户籍肺结核病例纳入社区管理。非结核病防治机构疑似肺结核病人报告数 1894 人，比 2011 年下降 0.99%；综合医疗机构肺结核报告率和转诊率均为 100%；高校登记肺结核病人系统管理率达到 100%。综合医疗机构痰结核菌检验结果误差率在 5%以下。全年为 23939 名本地新生儿和 21264 名外地新生儿接种卡介苗，新生儿卡介苗接种和补种率 95.1%，未出现差错事故。

本区涂阳 61 例，监化 61 例，监化率 100%。流动人口涂阳 87 例，监化 87 例，监化率 100%。

（张炜）

【继续实施第八轮中国全球基金结核病项目】 本年，继续实施第八轮中国全球基金结核病项目，对非本地户籍人口的肺结核患者（在同一城市的城区之间流动的肺结核患者和一次性就诊患者除外）开展免费服务，共向 115 名流动人口肺结核病患者发放生活补助共计人民币 104121 元，人均 905.4 元。

（张炜）

【艾滋病防治】 开展哨点监测，监测 9723 人。4 家 VCT 门诊累计为 1734 人提供咨询和 HIV 免费检测。完成在押人员艾滋病病毒抗体筛查 7040 名，其中 HIV 初筛确认阳性 94 人。美沙酮替代门诊累计为 265 名吸毒成瘾者提供替代治疗。干预男男同志人群 52572 人次，暗娼 47232 人次。清洁针具发放 21400 支，回收 21050 支，回收率 98.4%。

全区 26 家艾滋病初筛实验室共检测 1118622 份血液标本，检测出 HIV/AIDS1137 例，阳性率 0.96%。中盖项目监测男男同志 8583 人，阳性感染者 177 名，阳性率 2.06%。全区新发艾滋病感染者和患者分别为 197 例和 88 例，累计报告艾滋病感染者和患者 696 例，其中感染者 486 例，患者 210 例；随访艾滋病感染者和患者 1200 人次；CD4 检测 576 人；新申请增加免费抗病毒治疗 136 人。

（张炜）

【性病防治】 全年报告梅毒、淋病、尖锐湿疣、生殖道疱疹、生殖道沙眼衣原体感染五类性病 1526 例，其中梅毒 665 例、淋病 55 例、尖锐湿疣 674 例、生殖道疱疹 49 例、生殖道沙眼衣原体感染 83 例，同比上升 19.78%。梅毒（比上年增加 44 例）所占的比例很高，隐性梅毒仍然是本区的主要性病。淋病和梅毒报告的准确性为 100%，及时性和完整性均达到 100%，均达到国家标准。

（张炜）

【人畜共患疾病防治】 对上庄村西郊一场、西郊二场及周边个体散户 66 名畜牧养殖人员进行血清学检测，共检测出抗体阳性者 2 名，可疑阳性 6 名，阳性率 12.12%，其中新发抗体阳性感染者 3 名。

（张炜）

【地方病管理】 居民户碘盐监测 288

件，碘盐覆盖率为 94.1%，碘盐合格率 98.15%，合格碘盐食用率为 92.36%；对 388 名育龄妇女和 293 名孕妇进行尿碘监测，尿碘中位数分别为 177.5μg/L，175.7μg/L；对 200 名 8～10 岁儿童进行甲状腺触诊和尿碘含量检测，甲状腺触诊均为阴性，尿碘中位数 177μg/L。对地区历史高水氟地区西北旺镇、苏家坨镇、上庄镇三个镇 16 口历史高水氟井的末梢水进行枯水期、丰水期饮用水水氟监测。枯水期 32 件水样水氟监测结果均符合国家标准，水氟含量≤1.0mg/L；丰水期除上庄乡西马坊村 2 件水样、西玉河村 1 件水样水氟超标外，其余 25 件水样水氟监测结果均符合国家标准，水氟含量≤1.0mg/L。共检查在校 7～12 岁学生 411 名，未发现氟斑牙学生。

（张炜）

【慢性非传染性疾病防治与管理】 进行慢病督导/指导 286 人次，同比上升 11.1%。管理慢病患者 30.0 万人，其中高血压管理 17.1 万人，规范管理 11.2 万人，规范管理率 65.4%；糖尿病管理 6.3 万人，规范管理 3.8 万人，规范管理率 60.1%；冠心病管理 4.9 万人；脑卒中管理 1.7 万人。全区累计建立电子健康档案 228.2 万人，占总人口的 82.4%。进行脑卒中筛查，共筛查 40 岁以上人群 18711 人，发现颈动脉狭窄 1071 人，占总人数的 5.7%；对上年发现的脑卒中高危人群 1826 人全部纳入慢病管理。完成实际 18912 例户籍肿瘤患者纳入社区随访工作，失访 1335 例，总体失访率 7.4%。对 3300 名不同成人人群开展慢病及危险因素监测。

（张炜）

【精神卫生】 有重性精神病人 9027 人。新发现 870 人，新发病 11 人，迁入 70 人，迁出 59 人，死亡 0 人。管理病人中疾病期 35 人，波动期 43 人，缓解期 1594 人，慢性期 2221 人。治疗 3056 人，未治疗 835 人。有精神发育迟滞和单纯痴呆病人 1947 人。审批精神病人 2584 人，平均每人每年享受免费服药费用 936 元。有 26 家社区康复站，社区精防人员 57 名。精神防治康复经费增加到户籍人均 1.2 元。在社区开设社区康复居住之家，并增加职业康复项目。在精神病人社区康复居住之家中参加康复的康复者全部为社区病人或出院病人。有 32 名病人在牡丹园—卫生用品生产、水仙园—洗车房、海棠园—“便民超市”和“洗车房”、常乐园—开展农业种植（本年度新开设）等 4 个园中生活、工作、康复。

开展对本市未纳入重性精神疾病规范化管理的精神残疾人进行排查随访工作，应排查 1586 人，实际排查到 1547 人：系统中已建档 404 人;更正信息 280 人;新建档 472 人;在新建档 472 人中，接受随访管理的 434 人，规范管理率达到 92.5%。未建档 391 人（不符合建档 43 人、死亡 11 人、长期住院 11 人、人户分离 86 人不符合、拒绝建档 240 人）。

（张炜）

【公共场所卫生管理】 全年完成理化检验、微生物检验 39930 件，其中微生物检验 30447 件（50693 项次），理化检验 9483 件（29790 项次）。对食品、公共场所、化妆品、生活饮用水 100315 名从业人员进行健康检查，其中不合格人数 12 人，阳性率 1.2/万。

（张炜）

【传染病病例监测】 在 63 家一级以上医院建立流感样病例监测哨点，全年监测 65670 例流感样病例；在 67 家肠道门诊监测腹泻病例，监测 613 例禽流感高危人群，3303 例猩红热临床病例；在哨点医院常年主动监测 AFP 病例和麻疹病例，发现 6 例 AFP 病例，4 例麻疹。

（张炜）

【传染病病原学监测】 在北医三院、海淀医院、四季青医院等设立哨点，采集 1045 件流感病原学样本、1086 件霍乱外环境样本、351 件痢疾样本、120 件病毒性腹泻样本、83 件猩红热样本（其中猩红热病例标本 25 件，“链感”病例标本 58 件）、337 件手足口病原学样本、18 件出血性结膜炎样本。

（张炜）

【食源性致病菌监测】 全年共采样 115 件，监测项目 10 项，检测项目次数 367 项次，检出 4 株致病菌，阳性率为 3.48%。

（张炜）

【化学性污染物监测】 全年共采样 380 件，检测项目 72 项，检测项目次数 3716 项次。其中镉检出率 32.86%，总砷检出率 44.29%，铅检出率 61.00%，铝检出率 100%，农药残留合格率 100%，邻苯二甲酸酯类检出率 100%，亚硝酸盐检出率 6.67%，溴酸钾、甲基苯未检出。

（张炜）

【消毒灭菌监测检查】 全年共对 289 家医疗机构进行消毒灭菌监测采样，共采样 2426 件，合格 2340 件，合格率为 96.46%。对 116 家托幼机构进行消毒灭菌监测采样，共采样 1756 件，合格 1688 件，合格率为 96.13%。

（张炜）

【生活饮用水污染物监测】 监测市政末梢水 333 件，监测高层二次供水 60 件，监测自备井水 80 件。受委托检测工作：完成辖区内生活饮用水监测 89 户，检测样品 255 件；公共场所 1213 户，检测样品 35662 件；餐饮单位 89 户，检测样品 1847 件；完成 109 家辖区内游泳场所资料调查、水样采集及检测工作。对辖区内 30 家重点公共场所进行卫生监测，共检测 460 件样品。处理水污染应急事件 1 起，检测水样本 29 件。

（张炜）

【完成农村饮水安全集中供水工程】 对 32 口井监测，共采集检测 128 件样品并完成数据上报；对 7 个镇开展自备井水质卫生主动监测工作，共采集 170 个单位的自备井水共计 170 件。

（张炜）

【职业卫生】 完成 292 家企业，5066 人的职业健康检查，完成所有数据的录入、复核及统计分析。完成 8 家企业的三废调查、重金属污染检测、接触重金属作业人员健康监护、生活饮用水、空气、土壤样品的检测工作。完成 42 家单位职业病危害因素检测与评价812件样品的检测工作。完成建设项目评价报告5份。完成职业健康检查22户、157人，查出可疑职业病3例。

（张炜）

【学校卫生】 组织开展“2012年海淀区中小学生眼保健操”比赛。全年共完成166所中小学校7565名学生13818颗牙齿的充填工作，对2011年的牙防工作进行效果评估，共完成20所学校886名学生1939颗牙浅龋充填质量的复查评估，龋齿充填完好率为98.9%。对全区188所中小学校物质环境进行检测，覆盖率100%。开展全国中小学校卫生监督监测试点，共完成120间教室42间宿舍1560项卫生指标的检测、数据统计分析和上报。

（张炜）

【爱国卫生】 在农村开展健康教育大课堂讲座12场，社区健康知识专家巡讲10场。创建北京市爱国卫生红旗单位1个、北京市健康社区19个、健康促进示范村3个、健康示范社区2个、健康示范单位2个、卫生村1个。开展城乡环境卫生整治，16.2万人次参加“爱国卫生月”、“城市清洁日”活动，清理蚊蝇滋生地397处、垃圾杂物549吨。开展病媒生物防治活动4次，对2400户居民家庭蟑密度进行监测；新建固定鼠站1.05万个，布放鼠药16.2吨、粘鼠板2.3万张，喷洒、投放灭蚊蝇蟑药物17.76吨；首次由政府投资200万元、招标专业病媒生物防治公司对60个老旧小区进行四轮“四害”专业防治试点。开展“健康北京灭蚁行动”，为32万余户居民家庭入户灭蚁，占全市入户总数的25%。

（张炜）

【妇幼保健】 户籍孕产妇死亡率5.29/10万，婴儿死亡率2.59‰，5岁以下儿童死亡率3.07‰，孕产妇系统管理率99.44%，0～6岁儿童系统管理率94.18%，节育手术并发症发生率0.32/万，新生儿遗传代谢性疾病筛查率98.09%，1～6岁儿童听力筛查率92.42%。0～1岁儿童神经心理发育迟缓筛查率72.14%。婚前医学检查5733人，婚检率9.39%。免费婚前保健人群和孕产妇艾滋病检测4102人。0～6岁儿童免费体检200520人次，免费新生儿听力筛查26556人次。为162名符合条件住院分娩的农村孕产妇补贴9.72万元，免费发放叶酸9533人。免费为48448名户籍适龄妇女进行两癌筛查，确诊乳腺癌19例，乳腺癌前病变9例，宫颈癌2例，宫颈癌前病变45例。

（张炜）

【17家驻区社区卫生服务中心妇幼保健纳入区管】 本年，原由区属社区卫生服务中心横管的17家驻区社区卫生服务中心的妇幼保健服务管理工作，调整由区妇幼保健院直接管理，规范和提高全区妇幼保健工作管理和服务质量，促进基层妇幼保健工作的协调发展。

（张炜）

【孕产管理】 规范产科服务质量管理，控制孕产妇、婴儿死亡。2012年，全区分娩新生儿45943名，约占北京市的1/5，比2011年增长20%。采取多项举措应对分娩高峰：一是建立孕产妇门诊建档和住院分流协调机制，缓解区妇幼保健院供需矛盾；二是强化区域高危孕产妇双向转诊机制，缓解三级助产机构的压力；三是加强产科质量管理和技术培训，举办危重症病历讨论，提高助产技术服务质量和水平；四是通过卫生局网站、微博等向社会公布海淀区助产机构有效信息，引导孕妇自愿分流到本区或外区县二级助产机构建档和住院分娩，保障医疗秩序和母婴平安。

（张炜）

【计划生育】 加强妇女保健依法管理，提高妇幼保健服务水平。对全区205名母婴保健计划生育技术和助产技术新上岗人员进行理论和操作考核。本年新增计划生育技术服务机构5家，新增首家营利性助产技术服务机构--北京宝岛妇产医院。举办34期妇幼保健培训班，培训基层妇幼保健人员3114人次。

（张炜）

【医疗工作】 门诊2310.2万人次，急诊135.9万人次，入院285905人，出院285919人次，病床使用率87.2%，病死率1.1%。住院手术105225例。

（张炜）

【医疗行政执法】 全年办理行政许可相关事项2000余项。设置批准66项；执业登记41项；校验736项；变更188项，注销13项，停业9项，现场勘验280余次。处理医疗纠纷50余起，答复信访20余件。完成医师变更执业注册1700余人次、首次注册241人次。507人获得医师执业证书。接待群众咨询3800余人次。

（张炜）

【开放医疗服务市场】 本年进一步开放海淀区医疗服务市场，拓宽社会资本举办医疗机构的准入范围。引导社会资本举办康复、护理、妇产等类别专科医院及老年病和慢性病诊疗机构；鼓励和引导社会资本进入医疗服务的薄弱领域，如儿科、精神卫生、院前急救等；鼓励设置独立的医学影像诊断、医学检验、病理诊断机构等医疗机构；鼓励社会资本举办中医、中西医结合和民族医医院；鼓励社会资本举办拥有高新技术和专科优势的医院，举办具有国际先进医疗服务理念、管理方式和服务水平的专科医院；鼓励社会资本在北部地区举办以上类别的专科医院。

（张炜）

【推进优质护理服务工作】 2012年全区所有公立二级医院100%开展优质护理服务，海淀医院优质护理服务覆盖达70%的病区，其余二级医院优质护理服务覆盖达到50%以上的病区。各医院在临床护理模式、护理管理方式、绩效考核等方面开展不同程度地尝试，护理人员服务意识、服务态度、服务内涵得到提升。评选“护理服务杰出贡献奖”20名，“优秀护理管理工作者”96名，“优质护理服务标兵”93名，“优秀社区护理服务标兵”72名。

（张炜）

【开展抗菌药物临床应用专项整治】 本年，继续开展海淀区抗菌药物临床应用专项整治活动，并与辖区二级及以下医疗机构签订《海淀区抗菌药物临床应用专项整治活动医疗机构责任书》。各医疗机构100%进行全面自查，区卫生局组织相关专家对部分二级医疗机构进行督导检查，针对督导中发现的主要问题和机构进行专项整改。

（张炜）

【无偿献血】 2012年，海淀区完成无偿献血69369单位（其中街头献血57368单位，单位团体无偿献血12001单位），超额完成市献血办下达需求数的11.1%，临床用血100%来自自愿无偿献血。

（张炜）

【健康教育】 以“培养优秀师资，服务海淀百姓”为主题，对辖区内34家医疗机构人员开展培训。召开“海淀区健康科普师资评比”，获得北京市健康大课堂优秀师资比赛第一名。

地区57家区属医院启动创建健康促进医院工作，11家医疗机构获北京市健康促进医院称号；通过2家区级健康促进学校验收，市级健康促进学校累计达165个，地区健康促进学校覆盖率达到84.69%。指导96所中小学校健康教育工作。8个行业单位开展健康促进示范工作。

（张炜）

【防病宣传】 策划组织“世界卫生日”、“世界无烟日”、“爱眼日”等大型宣传活动21场，建立海淀健康教育微博矩阵与34家医疗单位、500个社区官方微博互粉，共发布微博1168条，吸引粉丝14190余人。在《海淀台》开设专栏《健康海淀》栏目，每周一期健康主题，向民众开展健康知识的普及以及健康指导，全年共播出48期。与卫生部宣传中心合作开展全国医院新闻宣传健康教育项目，签约19家单位安装20台播放设备，播放健康教育宣传片22部、5808分钟。

（张炜）

【社区卫生岗位培训】 开展社区卫生岗位培训和岗位理论、技能操作考试，考试平均合格率83.4%，技能操作考试平均合格率87.3%。201名乡村医生参加培训和技能考试，合格率94.6.%。22名乡村医生参加北京市乡村医生骨干人员师资培训。审核继续教育学分约7300人。

（张炜）

红十字会

【概况】 海淀区红十字会是中国红十字会的地方组织，成立于1958年10月，原为海淀区卫生局内设职能科室，2005年5月成为区委、区政府直接联系的正处级群团机构。

本年，全区有红十字团体会员单位157个，志愿者3300名。海淀区171所中小学、职业高中建有红十字会组织，有青少年会员179374人。全区形成区、街道（镇、学校、行业）、社区（村委会）三级红十字组织工作网络。

2012年重点开展博爱募捐、博爱救灾、博爱救助、少儿大病救助、应急救护培训、捐献造血干细胞宣传、动员和组织、红十字运动知识的宣传传播、红十字青少年活动等工作。获2012年度中国红十字总会报刊宣传先进集体特等奖。

（郭胜清）

【“两节”送温暖活动】 元旦春节期间，开展“博爱送万家 爱心筑和谐——海淀红十字在行动”两节送温暖活动，入户走访救助困难家庭1044户，发放救助金81.56万元、救助物资价值6.18万元；投入69.26万元，救助287户低保、无业无收入困难家庭；投入15.2万元救助38名困难重病患者；救助0–18岁患有白血病、再生障碍性贫血、肾功能衰竭、恶性肿瘤、血友病等大病且家庭生活困难的患儿26名，发放救助金31.7万元。

（郭胜清）

【博爱募捐救助】 5月8日，是世界“红十字日”纪念日，开展“博爱在京城 奉献在海淀”主题宣传活动，社会各界捐款206万余元。与区红十字会学校工委联合在全区中小学开展“博爱送万家”募集物资活动，共募集书籍9000本、衣物5500多件、电脑20台、文体用品1600余件，分别救助四川什邡、河北西柏坡、北京太阳村困难学生。区红十字会全年投入225.89万元款、物资，实施各类博爱救助，受益户达1515户。

（郭胜清）

【开展人道博爱月活动】 5月8日，启动“五八”人道博爱月活动。活动期间举办“我心中的红十字”征文活动；举办红十字运动宣传传播培训班；开展“传承雷锋精神 寻找身边博爱之人”红十字公益宣传报道活动；组织参加“北京市红十字会社区急救员救护知识技能展示”活动、参加全国红十字会防灾减灾知识竞赛、海淀区志愿者联合会“嘉年华”活动；推动“博爱在京城”募捐救助活动。

（郭胜清）

【成立6支红十字会志愿者服务队】 5月8日，在2012年“五八”人道博爱月活动启动仪式上，成立区红十字造血干细胞捐献者服务队、医疗志愿者服务队、宣传传播志愿者服务队、礼仪志愿者服务队、应急救护师资志愿者服务队、北京市红十字会蓝天救援队海淀分队等6支红十字会志愿者服务队，共90多名队员。市、区领导为6支志愿者服务队授旗。

（郭胜清）

【参加海淀志愿者嘉年华活动】 5月11日～13日，为纪念“5·12防灾减灾日”，组织红十字应急志愿者参加“北京市志愿者联合会团体会员海淀行暨海淀志愿者嘉年华活动”，现场开展应急救护培训和自救互救演示，发放红十字知识、应急救护知识等宣传材料，传播“人道、博爱、奉献”的红十字精神。

（郭胜清）

【区红十字会第八届理事会第三次会议召开】 5月15日，区红十字会第八届理事会第三次会议召开，会议审议并通过《关于聘请海淀区委书记隋振江同志、区委副书记、代区长孙文锴同志为海淀区红十字会名誉会长的决定》《关于更换、增补常务理事、会长、副会长的决议》《海淀区红十字会2011年度工作情况报告》以及《海淀区红十字会关于2011度募捐款收支情况的报告》。会议表彰了2011年度红十字工作有突出贡献的基层红十字会及会员单位，授予玉渊潭农工商总公司红十字会、东升镇红十字会、温泉镇红十字会、四季青镇红十字会、海淀镇红十字会、苏家坨镇红十字会"红十字工作先进集体"称号；授予海淀街道红十字会、西北旺镇红十字会、北太平庄街道红十字会、田村路街道红十字会、甘家口街道红十字会、学院路街道红十字会、区红十字会学校工作委员会、区妇幼保健院"红十字工作优秀集体"称号。

（郭胜清）

【举行红十字应急疏散演练】 6月20日，举行海淀区中小学红十字会应急疏散演练暨自救互救表演观摩会。市红十字会、区红十字会等领导以及中小学负责人参加此次观摩活动。活动包括：中关村中学全体师生进行地震紧急疏散模拟演练、市红十字会蓝天救援队海淀分队搜救表演和中关村中学红十字救援队自救互救情景剧表演；"999安全课堂"揭牌，并为中关村中学红十字急救队赠送急救电话、急救箱、急救教材等急救物资。

（郭胜清）

【应急救护培训】 本年，区红十字会应急体系建设被纳入海淀区应急体系建设5年规划中，承担着为辖区群众普及防灾应急、心肺复苏、创伤包扎、逃生避险等知识技能的任务。在市民、学校中发放《急救手册》，普及应急知识。年内共举办初级急救员培训班124期，培训初级急救员16595人，完成市红十字会下达的12000人指标。其中，培训大学学生3538人，中小学学生10571人，中小学教师967人，企业员工1068人，机关干部451人。组织28名师资参加北京市红十字会应急救援管理班、应急救援师资班培训继续教育培训。

（郭胜清）

【红十字志愿服务】 本年，重点扩大红十字造血干细胞志愿者队伍。在北京交通大学开展"青春热血传递生命感动"无偿献血、捐献造血干细胞活动，完成600人份造血干细胞捐献者资料入库，有4名志愿者配对成功，完成捐献移植。

（郭胜清）

【组织参加全国红十字防灾减灾知识竞赛】 组织参加全国红十字防灾减灾知识竞赛，将1万份试卷分发给基层红十字会会员和志愿者，区红十字会获中国红十字会颁发的"最佳组织奖"。组织社区急救员参加"北京市红十字会社区急救员救护知识技能演示"活动，区代表队获三等奖。

（郭胜清）

【红十字青少年道德教育活动】 开展健康促进校争创活动，红十字会重点对学校红十字宣传传播、组织建设、应急救护培训、思想道德教育、帮困扶老助残活动进行评比检查，促进学校在青少年中开展红十字知识、理念的传播，提高学生自救互救、逃生避险自我保护的能力，倡导关爱他人、团结互助，志愿服务精神。在基层红会、会员单位举办"我心中的红十字"征文活动。继续争创"十佳"、"百优"活动，获市级"红十字青少年十佳活动"奖2项，19名学生获市级"优秀红十字青少年"称号。

（郭胜清）

体 育

【概况】 海淀区体育局成立于1958年，是负责本区群众体育、竞技体育、体育市场管理等相关工作的政府职能部门。下属12个事业单位：海淀区体育运动学校、海淀区少年儿童业余体育学校、海淀区少年儿童游泳业余体校、海淀区重竞技业余体校、海淀体育馆、海淀游泳馆、海淀区综合训练馆、海淀区体育场、海淀区社会体育管理中心、海淀区体育局综合管理服务中心、海淀区体育科研所、海淀棋院。

2012年，海淀区体育工作以完善公共体育服务体系，全面备战第十四届市运会，加强体育市场监管工作为重点，推进各项工作的开展。

（冯小明）

【举办海淀区第二届运动会】 5月15日至18日，海淀区第二届运动会暨区直机关第十六届运动会在海淀区体育场举办。运动会按照镇、企业单位，街道系统，党政机关、政法系统三个比赛单元进行。比赛项目主要包括：区领导火炬接力，第九套广播体操、太极拳、武术、舞狮等表演，踢毽子、跳绳、托球跑、背抛实心球、立定跳远、女子800米（40岁以下）、男子1500米（45岁以下）、100米（35岁以下）等个人项目，集体跳绳、时代列车、4×100米接力3个集体项目。全区8000余人次参赛。

（冯小明）

【温泉体育中心投入使用】 7月7日，北部地区第一座大型现代化公益性体育场馆——海淀区温泉体育中心投入使用。中心总占地面积45601.87平方米，总投资4.59亿元。中心的主体是前后交错的两座建筑，游泳健身馆——馆内设置有50米标准泳池、专业跳水训练池、儿童戏水池、咖啡厅、健身房、瑜伽房、练功房、动感单车训练房、老年儿童活动中心、棋牌室等；球类综合馆——内设有篮球馆、乒乓球馆、台球厅、网球馆、羽毛球馆。室外设有网球场、篮球场、门球场等。中心设有餐饮、客房等配套设施。本年，温泉体育中心举办“电影下乡”、“全民开放日”、“2012 年‘中科华软’杯全国青年水球锦标赛”等惠民活动。

（冯小明）

【参加全国第七届农民运动会】 9 月 16 日至 22 日，国家体育总局在河南省南阳市举行全国第七届农民运动会。地区代表北京市参加了乒乓球男子团体、女子团体、男子单打、女子单打四项比赛，获得女子团体、女子个人单打亚军，男女个人单打第三名。

（冯小明）

【承办“跨年巨献——武林风全球功夫盛典”活动】 12 月 31 日，由北京市体育局、海淀区政府、河南卫视共同主办，海淀区体育局承办的“跨年巨献——武林风全球功夫盛典”活动在北京科技大学体育馆举办，来自荷兰、墨西哥、南非、巴西等国的自由搏击高手与国内功夫高手参赛。本次活动通过河南卫视面向国内及世界 52 个国家和地区进行现场直播，经过近 6 小时 17 场次的激烈角逐，来自荷兰的自由搏击老将克劳斯获得冠军。

（冯小明）

【社会体育】 组队参加北京市首届拔河比赛、北京市第六届“和谐杯”乒乓球总决赛、“佛雷斯杯”机关干部羽毛球比赛等 30 余项群众性体育比赛活动。开展中关村国家自主创新示范区核心区体育健身系列活动，园区干部职工参与人数达 2000 余人。完成 2012 年环北京国际职业公路自行车赛海淀区赛段的组织协调工作。

全年新建和更新全民健身居家工程 284 套；新建 4 个网球场、3 个篮球场、2 个笼式多功能健身场、2 个乒乓球长廊和 30 个轨道棋；四季青镇玉东郊野公园被评为全国乡镇体育健身示范工程。全区有 63 个社区被评为北京市体育生活化达标社区，120 所学校完成体育设施向社会开放，是北京市开放校最多的区县。

与北京体育大学合作，对 15000 人开展国民体质监测和群众体育现状跟踪调查工作。培训社会体育指导员 1000 名，组织 10 余期全民健身知识讲座，制作一批全民健身科普知识展板，编印一批全民健身科普知识手册，提高了全区广大居民的科学健身意识。

截至年底，累计培训注册体育指导员 3896 人，其中国家级体育指导员 51 人，一级指导员 558 人，二级指导员 1146 人，三级指导员 2141 人。

（冯小明）

【竞技体育】 加强对重点项目、重点队员的训练质量、教练员承担训练比赛任务的实施情况进行监控；加快建设高水平的教练员队伍，加强项目带头人建设，发挥复合型训练管理团队的作用；完成骨龄测试、生化测试、运动营养、教练员培训等体育科研与保障工作。

在北京市锦标赛中，获得金牌 135 枚、银牌 122 枚、铜牌 113 枚；在乒乓球、手球、排球等 8 个项目的全国比赛中，获得金牌 20 枚、银牌 33 枚、铜牌 31 枚。完成审批三级运动员 52 人，二级运动员 315 人，一级运动员 61 人；全年共注册运动员 3400 余人（适龄运动员 2124 人）；组织申报体育彩票公益金扶持青少年体育俱乐部 9 所。

海淀区游泳校申报 2009—2012 年度国家高水平后备人才基地，并通过市体育局复评组的检查验收，完成国家体育总局专家组的检查评估工作。

（冯小明）

【学校体育】 举办区中小学生田径、棒球、垒球、乒乓球等竞赛十三项，参赛人数 3000 多人；配合区教委体卫中心完成小升初 530 人、初升高 372 人的体育特长生招生工作。截至年底，地区共有青少年体育俱乐部 16 所、国家级体育传统项目学校 5 所、市级体育传统项目学校 19 所、区级体育传统项目学校 35 所。表彰 2010—2011 年度北京市先进体育传统项目学校 11 所。

（冯小明）

【体育社团】 截至年底，海淀区体育总会有一级体育协会 32 个。组织引导各协会开展群众性体育活动。举办第七届“威凯杯”乒乓球赛、中老年四方门球友谊赛、温泉门球场落成典礼暨海淀区新农村门球赛、空竹表演赛暨空竹技艺展示大会、太极拳比赛，参加圆明园第十七届踏青节健身项目展示等 30 余项体育活动，参加人数达 8800 余人次。

（冯小明）

【体育科研】 上半年，海淀体科所组织开展四个体校 35 名初级、中级、高级教练员申报北京市专业技术职称评审。组织 5 名教练员的 9 篇论文参加北京市教练员优秀论文评审；对游泳校的 128 名注册运动员进行测试，并输入国家人才库。

共计为北京 101 中学、中关村三小、八一中学、人大附中、理工附中的学校学生小升初特长生拍摄骨龄 577 人次，为社会人员进行骨龄检测 148 人次；开展对社会人群的体质测试，全年测试人数 983 人。

全年测试血红蛋白人数 352 人次、肌酸激酶 166 人次、血尿素 225 人次；下发运动饮料 60 箱、蛋白质粉 60 箱。

（冯小明）

【体育行政管理】 全年对辖区内各体育运动场所进行安全检查及打非治违工作，抓好体育运功项目经营单位应急预案、警示标识、应急双语广播等各项安全措施的落实。重点对包括高层、地下空间体育场所在内的 291 家体育运动项目经营单位进行 476 项次的检查，发现并现场整改消防安全问题 37 处，发出限期整改通知书 26 份。对 2 家体育场馆予以行政处罚。会同区安监、卫生等部门，完成 123 家体育运动项目经营单位联合执法检查。

全年新办裁判员证 100 余个，对全区二、三级裁判员进行注册登记。配合市体育局开展体育产业重点领域专项调查，对辖区内 2000 余家工商注册企业的数据进行核查筛选。为 13 家体育场馆新办《北京市体育设施注册登记证》，年检体育民办非企业 26 家，复核《北京市体育设施注册登记证》180 余家。

（冯小明）

社会民生

2013
北京海淀年鉴

▲ 2月23日，区民政局举办退役士兵专场招聘会（区民政局 供图）

◀ 3月13日，区民政局联合区教委、区编办、区质监局等部门为社会组织开展“一站式”年检（区民政局 供图）

◀ 7月5日至12日，区人口计生委举办“ 海淀区家庭人口文化宣传周”系列活动（区人口计生委 白锐 摄）

▶ 9月10日，西北旺镇在“海淀慈善——爱心捐赠月”活动中，正式启动西北旺镇“扶贫济困基金”（区慈善协会 供图）

▶ 9月16日，区民政局举办北京市第三届职业技能大赛殡葬行业墓地管理员工种海淀赛区复赛（区民政局 供图）

▶ 9月，海淀街道残联举办残疾人技能培训班，教授常用插花制作方法（李瑞林 摄）

▲ 9月，海淀区首家社区居家养老综合服务超市落户中关村街道黄庄社区（田峰 摄）

▲ 11月27日，海淀区残疾人联合会第六次代表大会召开（田峰 摄）

社 会 民 生

公共服务事业

【概况】 北京市海淀区政府公共服务委员会（以下简称“海淀区公共委”）成立于2005年7月，代表区政府举办承担公共服务职责的事业单位，原为区政府正处级特设机构，2009年8月调整为政府工作部门。2012年2月9日，区编委会决定整合区公共委、区卫生局两家单位领导班子，实行一套领导班子、两支业务队伍、两块机构牌子。6月2日，区政府批准两家单位新的“三定”规定。海淀区公共委监管35家医疗类事业单位，事业编制6610名，其中全额拨款编制3008名，差额拨款编制3387名。

2012年，海淀区公共委推进医药卫生体制改革，加强卫生服务能力建设，促进海淀区医疗卫生事业的健康发展。地区医疗机构总诊疗量2474.7万人次，同比增长12.46%；出院28.59万人，同比增长10.35%。区属医疗机构总诊疗量733.47万人次，同比增长21.97%；出院66224人，同比增长9.61%。全区7个镇共有7.9万人参加新农合，参合率达到99.86%；共筹集住院资金6089.69万元；补偿新农合住院病人3640人次。

（邹俊华）

【复核“医疗质量万里行”反馈报告整改情况】 1月5日至13日，区医管中心对区属24家社区卫生服务中心的2011年“医疗质量万里行”反馈报告进行现场复核。复核主要围绕报告中医疗业务质量部分整改情况即整改计划、措施、落实情况和效果等方面进行，同时对居家养老专项工作落实情况进行检查。

（邹俊华）

【妇幼保健院预约呼叫系统免费短信服务启用】 2月14日，海淀区妇幼保健院配合新挂号预约系统开通免费短信提醒服务，就诊者成功预约后第一时间就能收到手机短信，内容包括就诊日期、时间、就诊科室等;预约时间前一天下午17:00左右，系统将再次发送提示短信，提醒患者按时就诊，以免延误；预约就诊者分诊后，不必排队等待就医，系统将提前2个就诊号通知就诊者，患者能及时候诊。

（邹俊华）

【两家社区卫生服务中心与北京长青肛肠医院签订合作服务协议】 2月24日，苏家坨和北安河两家社区卫生服务中心与北京长青肛肠医院举行合作服务协议签字仪式。合作内容包括5个方面：联合宣传义诊咨询，开展专科健教讲座；出专家门诊，每月二次，接待诊疗专科病人；综合健康服务，在开展健康服务团队活动中开展专科疾病上门服务宣传等；开展双向转诊；对典型病历、家庭困难并患专科疾病的患者，适当给予减免诊治。

（邹俊华）

【举办精防人才培训班】 3月6日，“海淀区精防人才培训基地”上岗人员基础培训班开班仪式在实创培训中心举行。此次基础班培训分两期，每期全脱产学习4天，包括理论知识培训和实践操作，来自25家社区中心和精防院的医护人员共计120名学员参加培训。

（邹俊华）

【海淀医院血液净化专科护理培训基地通过评审】 3月28日，中华护理学会血液净化专业委员会专家评审组到海淀医院，对其肾内科血透室血液净化专科护理培训基地进行评审。专家组对血液透析室的环境布局、硬件设施、多媒体设备、医护人员的配备结构、教学资质、教学培训体系等方面做了逐项检查和评估；考察血透室专科护理操作一项；查看护理记录单的书写情况；听取汇报。专家评审组对海淀医院在血管通路护理维护方面的创新性工作给予肯定，认为血透室在疑难透析血管通路的建立与维护工作中处于全国领先地位。

（邹俊华）

【中关村医院恢复儿科门诊】 5月2日，北京市中关村医院儿科正式开诊。该院儿科门诊开设于1961年，2008年为严防奥运期间消防隐患，经报批停诊。恢复开设的儿科门诊诊疗项目按照综合性二甲医院儿科门诊的要求设立，包括0~14岁各种小儿内科病的诊断治疗，开展门诊输液、雾化吸入、小儿微量元素测定等项目。

（邹俊华）

【举办“庆祝 5·12 国际护士节 100 周年表彰暨文艺汇演”】 5月9日，海淀区公共委、卫生局在海军总医院举办“庆祝5·12国际护士节100周年表彰暨文艺汇演”活动。全区 17 家三级医院、12 家二级医院、48 家社区卫生服务机构、15家民营医院的领导及护理工作者、优秀护士代表400余人参加。会议表彰了 20 名“护理服务杰出贡献者”、96名“优秀护理管理工作者”、93名“优质护理服务标兵”、72名“优秀社区护理服务标兵”。

（邹俊华）

【脑血管病防治促进项目启动会召开】 5月16日，由海淀区公共委和卫生局主办，海淀医院和北京市脑血管病中心海淀分中心承办的“海淀区域内脑血管病防治促进项目启动会”在海淀医院召开。该项目旨在促进本区域内规范化脑血管病防治体系的建立，通过培训医务人员和宣教高危人群，建立由患者——社区医院——急救中心——综合医院神经专科的立体网络，从而降低脑血管病的发病率、改善患者预后。

（邹俊华）

【推行二级公立医院领导聘任制】 8月 15 日，海淀区制定《区属卫生事业单位领导职务实行聘任制、任期制和目标考核管理试行办法》，该办法主要适用于区属二级医院与社区卫生服务中心，考核期限从每年的1月1日起至12月 31 日止。考核指标分为定量考核指标、定性考核指标两类。定量考核包括满足公众需求的实现程度和服务效率、依法从业水平、公共服务产品的标准化程度及质量标准落实情况等方面。定性考核包括卫生事业单位发生重大问题实行一票否决或降级处理；对管理与服务创新、科研项目等给予奖励加分等方面。考核结果将作为对干部奖惩、续聘、解聘或者交流任职及事业单位绩效工资发放的依据。

（邹俊华）

【启动“北京市妇幼保健网络信息系统二期项目”试点】 8月27日，海淀区召开“北京市妇幼保健网络信息系统二期项目应用试点工作会”，全区21所试点机构的相关领导和人员参会。该项目为实现北京市妇幼保健工作的信息化管理，建立覆盖北京妇幼保健院、16所区县妇幼保健院（所）、近 800 家承担妇幼保健服务与管理工作的医疗保健机构、1000余家托幼园所等机构完整、标准化的妇幼保健网络信息系统，以妇幼健康档案为核心动态的、连续的、共享的妇女儿童保健信息库，包括 11 个子系统 67 个模块，海淀区承担前期试运行试点工作。会议对试点工作进行了布置。

（邹俊华）

【与西苑医院签署全面战略合作备忘录】 8月28日，海淀区公共委、区卫生局与中国中医科学院西苑医院签署全面战略合作备忘录。协议内容包括：共同将北京市中西医结合医院建设成为三级医院；共同推进海淀区中医药社区卫生服务建设，为社区居民提供更好的中医药特色社区卫生服务，双方探索建立以信息化平台为支撑的区域中医药医疗卫生服务体系。

（邹俊华）

【7 家二级综合医院接入市挂号统一平台】 8月31日，7家二级综合医院接入北京市预约挂号统一平台，其中包括区公共委监管的北京市海淀医院、北京市中关村医院、北京市中西医结合医院、北京市上地医院等4家医院和驻区的北京大学医院、北京水利医院、清华大学医院3家医院，即日起与北京市预约挂号平台对接，开始电话和网络预约挂号。预约电话：010–114；网络预约挂号网址：www.bjguahao.gov.cn。

（邹俊华）

【海淀医院新增“脑血管病门诊”】 9月1日，海淀医院新增“脑血管病门诊”，该门诊位于内科专家诊区；出诊时间为每周一至周五全天；诊治范围包括：（1）脑血管病患者；（2）有下列危险因素之一，且年龄在 40 岁以上者：如患高血压、糖尿病、冠心病、高脂血症以及肥胖、吸烟、饮酒、心脑血管病家族史、极少参加体育活动等人群。

（邹俊华）

【海淀医院新增“疼痛门诊”】 9月17日，海淀医院新增“疼痛门诊”，该门诊位于外科门诊东侧；出诊时间为周一下午、周二全天、周三上午、周四下午、周五上午；诊治范围包括：（1）功能神经科：三叉神经痛，舌咽神经痛、腰背部手术后顽固性疼痛、幻肢痛、残肢痛、顽固性枕大神经痛、带状疱疹后遗神经痛、中枢性痛及面肌痉挛；（2）神经内科：偏头痛、紧张性头痛、特殊病因的头痛、颅面部疼痛；（3）肿瘤科：晚期肿瘤痛、肿瘤转移痛。

（邹俊华）

【海淀医院新增“睡眠障碍门诊”】 10月9日，海淀医院新增“睡眠障碍门诊”，该门诊位于内科专家诊区；出诊时间为周二下午、周四下午；诊治范围：（1）失眠或睡眠过少；（2）睡眠过多或嗜睡；（3）睡眠中异常现象，如打鼾、磨牙、说梦话、行为异常等。

（邹俊华）

【首家人口家庭健康公共服务中心启用】 10月16日，海淀区首家人口家庭健康公共服务中心在花园路社区卫生服务中心启用。中心以花园路社区卫生服务中心为依托，倡导“人人健康，家家幸福”服务理念，设立五个功能区：人口早期发展指导服务中心、青少年人格养成指导中心、生殖健康技术指导中心、老年养生健康服务中心和幸福健康大讲堂。面向全辖区婴幼儿期、青春期、生殖期、更年期和老年期家庭，通过开展宣传、讲座、医疗保健、测评咨询等，提供针对性指导服务，满足不同家庭对公共服务的个性化需求。

（邹俊华）

【中医科学院研究生班海淀班开班】 10月18日，区公共委、卫生局在双榆树社区卫生服务中心举办“中国中医科学院研究生院研究生班（海淀班）”开班仪式。研究生班由海淀区公共委和中国中医科学院研究生院合办，34名经过考试选拔的社区中医中青年，利用3–6年时间在职学习中医基础理论、哲学、英语及专题讲座。结业后，通过同等学历申请硕士学位的外国语水平全国统一考试者，可申请获得硕士研究生学位。

（邹俊华）

【聘任社会监督员】 10月24日，海淀卫生系统正式聘任面向社会公开招聘的20名社会监督员。20名社会监督员有在校大学生志愿者、人大代表、政协委员、大学教授、卫生总监、居委会主任、在职医务工作者等。社会监督员将按季度对各卫生事业单位的服务对象及内部员工满意度进行调查，调查内容包括服务水平、工作人员态度、环境等方面。调查结果将提供给公共委、卫生局领导及各单位作为提高绩效管理水平的参考。

（邹俊华）

【召开家庭医生式服务工作专题会议】 10月25日，区卫生局、公共委召开家庭医生式服务工作专题会，会议下发《海淀区关于进一步开展家庭医生式服务工作的实施方案》。《方案》明确工作目标，统一规范和流程，提出区域特色的服务承诺内容，制定考核和奖惩办法以及领导分片包干责任分工。把政府购买服务的资金和绩效奖励资金用于落实对社区卫生服务机构、服务团队以及个人的奖惩，调动机构和个人开展服务的积极性。

（邹俊华）

【与人民医院签署全面战略合作备忘录】 11月2日，海淀区公共委、卫生局与北京大学人民医院签署全面战略合作备忘录签约仪式在清河社区卫生服务中心举行。双方将共同建设北京大学人民医院（清河院区）；建立和完善区域医疗卫生服务共同体，构建大型综合医院与社区卫生服务两级服务新模式，力争在甘家口、北下关、北太平庄、清河、西三旗及东升镇社区卫生服务中心率先实现“分级就诊、双向转诊、康复在社区”的医疗服务格局；探索与北京四季青医院的专科合作机制，共同建设具有一流水准的急诊与康复专科。

（邹俊华）

【第一届心血管急症中关村论坛召开】 11月10日，由海淀医学会主办，海淀医院承办，阜外心血管病医院、海淀医学救援中心协办的全国首个心血管急症专题会议——第一届心血管急症中关村论坛在北京召开。会议针对中国心血管急症的救治模式、中国胸痛中心建设现状、北京市心血管急症的救治现状、恶性心律失常的急诊处理等方面进行专题演讲、现场交流及学术讨论。

（邹俊华）

【3家医院开展法人治理结构改革试点】 在海淀医院等3家公立二级医院开展法人治理结构改革试点。制定《海淀区卫生事业单位领导职务实行聘任制、任期制和目标考核管理试行办法》《海淀区卫生事业单位领导班子目标绩效考核管理办法》及配套文件，探索和推进公立医院改革试点。

（邹俊华）

【建立“医疗服务共同体”】 本年，推动区域“医疗服务共同体”建设，构建驻区三级医院优质资源与周边社区卫生服务机构的共同体网络。地区16家社区卫生服务中心与人民医院、北医三院、世纪坛医院、海淀医院等4家医院建立转诊预约关系。

（邹俊华）

【医疗卫生信息化建设】 加快医疗卫生信息化建设，一是落实《海淀区2012–2015年卫生信息化建设基本规划》，匹配专项资金，按照“3+3+N”模式，加快“一网（卫生专网）、一卡（居民健康卡）、一平台（区域卫生信息平台）”建设；整合三个资源库（居民电子档案库、电子病历库、医疗卫生管理库）；稳步拓展各项应用，即“N”，力争在三年内基本建成海淀卫生信息化管理与应用框架。二是7家二级综合医院全面接入北京市预约挂号统一平台工作。三是重点项目“海淀区妇幼保健信息系统”建设完成，进入试运行阶段；“海淀区放射工作人员健康管理系统”建设完成并投入使用。四是社区卫生服务机构的新社区卫生服务综合管理信息系统上线。五是配合海淀公安分局网监大队完成对区属重点医疗机构的信息安全等级保护检查。

（邹俊华）

【医疗基础设施建设】 本年，在一级以上医疗卫生机构进行规划用地情况调查摸底，推进中西医结合医院改扩建、海淀妇幼保健院旧址改造、苏家坨医院建设、中关村医院改扩建、羊坊店医院建设、清河社区卫生服务中心建设等基建项目。新建小区卫生站8个，面积约1500平方米。海淀医院骨科机器人微创手术中心建设项目完工，环境整治项目基本完工。海淀卫校新建多功能教辅楼1.5万平方米，抗震节能综合改造项目完工。

（邹俊华）

【开展53项公共卫生服务项目】 继续开展北京市健康档案管理、预防接种、儿童健康管理、孕产妇健康管理、慢病管理等10类42项基本公共卫生服务项目和11项重大公共卫生服务项目，确保公共卫生服务公平可及。

（邹俊华）

【卫生应急处置】 筹备并开展北京市卫生应急示范区创建工作、创建国家级慢性病综合防控示范区与艾滋病综合防治示范区；开展手足口病防控宣传和督导检查；完成外来务工人员流脑、麻疹疫苗接种工作；完成对所有重性精神病人的“北京市精神卫生个人健康档案”计算机管理；加大重点传染病防控力度；开展党的十八大安保公共卫生安全隐患排查整治专项行动，共出动4405人次，排查场所5328处，发现隐患100处，整改完成99处。

（邹俊华）

【全民健康生活方式行动示范创建】 实施《健康北京人——全民健康促进十年行动规划》，落实“为社区群众开展100场健康知识讲座”为民办实事项目；开展全民健康生活方式行动示范创建工作，创建健康示范单位3家、示范社区2家；培训健康生活方式指导员80名；在14家示范创建单位开展中国居民膳食技术指南推广工作；完成地区2012年度全民健康生活方式行动演讲及厨艺比赛。

（邹俊华）

【精神卫生体系建设】 推进“医院社区一体化”精神康复工程。逐步完善由社区精神卫生防治指导中心、社区精神卫生分中心、精神康复站构建的社区精神康复三级体系。完善5家社区精神卫生分中心制度，初步形成特色品牌。成立3家建立在区属社区医疗机构内的心理咨询室，开展“心晴环保”系列讲座35场，建立海淀区心理热线及心理咨询网站。初步制定精神康复站活动统一标准，扩大康复服务人群，丰富康复项目。

（邹俊华）

【开展社区中医药服务】 在田村路和北太平庄社区卫生服务中心开展中医体质辨识试点工作，探索建立地区中医预防保健服务体系。在社区卫生服务机构开展“三伏贴”工作。

（邹俊华）

【医疗卫生人才队伍建设】 加强人才培训基地建设，制定社区护理、社区全科培训基地面向骨干人员的提高班培训计划；启动中医人才专项资金项目；制定中医传承工作室站建设“三个五”工程方案；完成2012年住院医师规范化培训工作，共培训应届毕业生71人。启动2012年海淀区公共委高层次专业技术人才培养资助项目的申报、评审工作，共确定15项资助项目。

（邹俊华）

【事业单位绩效管理】 对各事业单位2010年、2011年主要目标绩效考核指标进行统计，对2012年指标进行初步预测，公共委与各单位党政一把手签订《海淀区属卫生事业单位领导班子2012年度目标责任书》，并将作为领导班子年终目标绩效考核的参考依据。做好全系统业务经费的核拨和调剂使用。完成区属医院27家医疗机构的“总控”指标的核对工作，对超指标单位进行调整。对基层单位的财务收支、经济效益、院长离任审计情况进行审计，对发现的问题提出整改建议。

（邹俊华）

人口和计划生育

【概况】 海淀区人口和计划生育委员会是负责全区人口和计划生育工作的行政机构。本年，下属单位海淀区计划生育生殖健康技术服务中心并入海淀区计划生育宣传服务中心，更名为“北京市海淀区人口和家庭宣传服务中心”，为全额拨款事业单位。

2012年，全区户籍人口230.7万人，流动人口129.78万人。户籍人口出生23787人，出生性别比108.6，计划生育率为98.4%，完成区长与市长签订的人口计生目标管理责任书各项内容。流动人口在海淀出生1.9万人，出生性别比114，计划生育率90.95%，有45%的出生人口在海淀居住。海淀区被确定为“北京市幸福家庭创建示范区”，区人口计生委被评为“北京市阳光计生行动示范单位”和“全国阳光计生行动示范单位”。

在海淀区2012年度人口和计划生育工作目标管理评估中，16个人口计生综合治理部门、22个街道办事处和7个镇人民政府均为达标单位。甘家口地区计划生育便民服务全程代理代办、花园路地区人口家庭健康公共服务中心等2个创新项目被评为北京市人口和计划生育工作优秀创新项目。

（高巍巍）

【海淀区计划生育协会】 截至本年底，全区共有计生协会组织1166个，会员16万人。在高新企业、高档小区、高等院校和流动人口聚集地开展新型协会组织建设。重新启动并推进计划生育家庭意外伤害保险工作，年度共为42200户计划生育家庭的120092人进行投保，投保费用总计1307850元，其中区级财政投入663350元。落实关爱计划生育特殊困难家庭“暖心计划”，为1158位独生子女死亡家庭父母提供养老、意外伤害身故、疾病身故、意外伤害、女性重疾保险等5种保险责任和健康关爱服务。与中国计生协合作推进大学生性与生殖健康同伴教育项目。

（高巍巍）

【调控人口规模】 年初，召开区人口计生领导小组会和“加强人口计生工作统筹解决人口问题”工作会，区长与各综合治理部门、街镇签订目标管理责任书，首次将人口规模调控任务纳入责任书之中。对街镇提出加强人口服务管理、合理调控人口规模的任务，按照户籍政策严格控制户籍人口准入，流动人口规模不高于上年同期水平（区级以上重点项目引进人员不计算在内）的要求；对人口计生综合治理部门提出进一步提高对统筹解决人口问题的认识，根据《海淀区“十二五”时期人口发展和管理规划任务分解方案》，确保年度工作按期完成。本年完成区长与市长签订的人口计生目标管理责任书各项内容。

（高巍巍）

【发布《区“十二五”人口发展与管理规划》】 2月29日，《海淀区“十二五”时期人口发展和管理规划》发布，34项重点任务被分解落实到24个职能部门。《规划》提出了“十二五”时期全面加强人口工作，统筹解决人口问题的目标和任务，即围绕加快中关村核心区建设、促进人的全面发展的总目标，在调控人口规模过快增长、服务人口发展决策、引导人口合理分布、加大引才育才、应对人口老龄化、加强流动人口服务管理、稳定适度低生育水平、增强家庭发展能力等方面开展工作，积极构建“规模适度、人才聚集、结构优化、分布合理、管理有序、活力彰显”的良好人口格局。

（高巍巍）

【创建幸福家庭】 3月，启动幸福家庭创建工作，以“幸福家庭 和谐人口”为宗旨，推进“海淀区人口和家庭宣传服务中心”建设，开展“文明倡导、宝贝计划、青春健康、健康生育、生育关怀、心灵家园”六项惠民工程。7月11日，在全国世界人口日纪念活动大会上，海淀区代表北京市做创建幸福家庭工作的典型发言。创建活动评选出的100个幸福家庭受到表彰。

（高巍巍）

【实施“健康生育”工程】 5月，启动海淀区“国家免费孕前优生健康检查项目”试点工作，为500对农村夫妇开展检查。与民政局合作，向新婚夫妇发放17000余个“婚育健康服务包”。完成4000名农村育龄妇女健康检查和783名计生专干免费体检，开展流动人口避孕节育检查2.8万余人次。海淀区预防意外妊娠宣传指导中心共为1.5万人次提供服务和指导。推进“药具现代化发放网络”，打造“15分钟药具易得圈”，布局100台新型二代身份证自助药具发放机，逐步实现药具服务全覆盖。全区3000余个免费药具发放点全年共发放避孕药具1000余万支。

（高巍巍）

【开展计划生育便民服务全程代理代办试点】 自2010年6月起，在甘家口街道部分社区开展全程计生便民服务代理代办试点，将《一孩生育服务证》、《独生子女父母光荣证》等6项业务下沉到社区，采取建章立制、培训先行、细化服务等措施，实现基本计生业务“15分钟服务圈”，方便群众。两年共代理代办各类证件1500份，代理发放各项政策补贴及奖励120余万元。2012年10月该活动在甘家口地区全面推广。

（高巍巍）

【人口问题研究】 本年，巩固“计生牵头、专家指导、部门参与”的人口问题研究格局，召开2012年统筹解决人口问题专家座谈会，邀请专家围绕区域人口规模调控、重大项目人口评估、家庭人口文化建设等议题开展研讨。确立《海淀区北部发展与人口问题研究》等课题，开展1700余人次问卷调查，结合产业发展规划，对北部地区人口规模开展预测研究。启动人口调控工作评估调研，制定《海淀区人口调控工作评估方案》，初步建立人口评估指标体系。即由基础指标、统计分析、房屋管理、就业引导、组织保障及工作创新组成的“5+1”一级评估指标体系，以及由基础信息采集等6个约束性指标及就业促进与权益保障等11个导向性指标组成的“6+11”二级评估指标体系。在街镇开展半年、全年人口调控工作自评估。完善以“人口分析”和“政策研究”为抓手的统筹解决人口问题决策支持系统，协调有关部门对全区人口问题进行分析并形成半年、全年人口形势分析报告。

（高巍巍）

【人口基础信息平台建设】 参与全区“四个实有”[①]基础信息平台建设，完善“北京市全员人口信息系统”并实时更新数据，该系统对户籍人口覆盖率达94%。建立全员户籍人口信息系统数据质量督查制度，规范全员户籍系统录入情况反馈流程，社区居（村）网络连通率达到92%。完成2万余条公安与人口计生出生上报数据比对工作。

（高巍巍）

【实施“文明倡导”工程】 组织开展“家庭人口文化宣传周”系列活动，开展“幸福家庭活力大赛”、“聪慧儿快成长”宝宝大赛、“我的青春谁做主”大学生演讲比赛等系列活动，吸引2万余户家庭直接参与。开展“百户幸福家庭”和“百名好计生干部”评比表彰活动。七个“人口文化园”、两个健康教育基地全年接待参观3万人次。利用城乡夏日文化广场、29辆流动放映车及农村65个固定电影放映厅播放计生科普片6000余场。制作电视、报纸专题栏目共60期。继续规范三级人口文化阵地，实现社区（村）宣传教育“三个一”[②]工程全覆盖。联合公安海淀分局等五部门开展打击“两非”[③]综合执法行动。

（高巍巍）

【实施“宝贝计划”工程】 规划0–3岁婴幼儿早期教育网络，打造“1+3”早教工作模式，即建设一个区级婴幼儿早期发展中心，构建与医疗卫生、基础教育、社会机构联合的三类街镇级早教活动站。截至年底，共建成4个街镇级早教站。全区开展早教活动300余场。花园路地区人口家庭健康公共服务中心早教基地建成运行，被中国人口宣传教育中心挂牌为“全国科学育儿示范基地”。

（高巍巍）

【实施“青春健康”工程】 打造青春健康教育课内课外两个平台。课内教育完成从小学高年级到大学教育的全程推进：小学高年级青春健康教育在试点校持续开展，并推进学生用书编写；中学教育纳入常规教学；大学生性与生殖健康教育纳入部分高校学分课程，“大学生生殖健康快车进校园”活动走进10所高校开展24次讲座，培训大学生项目骨干35名，直接受益学生达万人。在课外平台建设中，海淀区“青少年性健康教育”数字展馆升级挂牌为“首都青少年性健康教育基地”，接待参观上万人次。

（高巍巍）

① 指实有人口、实有房屋、实有单位、实有从业人员。

② 指一个人口文化活动室、一个人口文化宣传阵地、一支宣传志愿者队伍。

③ 指非医学需要的胎儿性别鉴定和非医学需要的人工终止妊娠行为。

【实施“生育关怀”工程】　本年新增执行三项计划生育利益导向政策，一是计划生育困难家庭帮困范围从低保家庭扩展到城乡低收入家庭，帮困标准由每户1000元提高至5000元；二是将为社区（村）计生干部进行一次体检纳入部门预算；三是建立独生子女特扶家庭养老帮扶制度，为年满65周岁的特扶家庭父母每年增发养老补贴金（65–74周岁每人每年2000元，75周岁及以上每人每年5000元），并与民政局形成合作联动机制，提供多种养老服务。全年共为557位年满65周岁的特扶家庭父母发放帮扶金共计147.4万元。落实独生子女伤残、死亡家庭特别扶助2835人，农村奖励扶助2233人，85位志愿者与特扶家庭亲情牵手。

（高巍巍）

【行政执法】　全年审批生育第二个子女1633例，征收社会抚养费305例。无行政复议和诉讼案件。完成人大代表建议案答复5件。深化“阳光计生行动”，全面推进阳光计生行动规范化建设，区人口计生委、学院路街道等九个单位被评为“北京市阳光计生行动示范单位”。通过北京市人口计生委“诚信计生”验收。

（高巍巍）

【人口计生社会服务管理】　将人口计生工作融入网格化社会管理，完成13个区级服务管理创新项目。继续开展国家级人口计生基层群众自治万村（居）示范创建工作，上地街道八一社区居委会等4个示范村（居）通过验收。开展社区卫生服务站服务现状调研，并统一配备药具自取架，提升社区卫生服务站服务能力。全新改版升级区人口计生委外网门户网站，新增“场景式服务大厅”和“网上人口学校”版块，加强政务公开和政府信息公开力度。

（高巍巍）

【流动人口计生服务管理】　召开4省、11个地市参加的区域协作工作交流会，与安徽芜湖市、山东德州市签订双向服务管理协议书。截至年底，共与26个地市县开展双向协作。全年交流出生信息1600余条，与流入地合作开展联合执法23例，协助征收社会抚养费120余万元。开展流动人口示范创建“回头看”工作，其中81个单位保持创建标准，16个单位被取消创建资格。启动八里庄街道流动人口基本公共服务均等化试点工作，新增上地医院和北京胸科医院两家流动人口避孕节育检查点，流动服务车继续下基层服务，共为上万人次提供流动人口避孕节育检查。

（高巍巍）

【推进流动人口母婴健康项目】　本年继续推进与欧盟合作开展流动人口母婴健康项目。与英国救助儿童会共投入19.9万元活动经费，开展健康促进骨干培训11次，培训骨干40名，举办社区讲座及宣传活动16次，直接受益流动妇女1153人、0–5岁儿童1693名。

（高巍巍）

劳动和社会保障

【概况】　2009年9月，海淀区人事局、海淀区劳动和社会保障局整合组建为区人力资源和社会保障局，负责本区人力资源和社会保障工作，下设14个事业单位。

（张丽伟）

【调整城乡居民基础养老金标准】　1月，市人力社保局公布上调全市城乡居民养老保险基础养老金标准为月人均增加27.50元，地区在此基础上上调标准每人每月20元，至此，地区本年城乡居民基础养老金标准从每人每月500元提高到547.5元，比全市基础养老金357.5元的标准高出190元，居全市之首。

（张丽伟）

【举办市职业技能大赛海淀赛区初赛】　3月至5月，开展北京市第三届职业技能大赛海淀赛区各工种初赛选拔。初赛在市级规定的198个大赛工种之外，增设“海淀园高新技术企业技能人才、农村劳动力、公共就业服务”等竞赛工种。全区11万人参与初赛选拔，开展竞赛200余场次，涉及工种46个。经过初赛选拔，2000余名选手进入市级复赛、决赛，17个项目获市级决赛第一名。

（张丽伟）

【就业失业政策体系城乡统一】　8月23日，出台《关于推进城乡就业一体化发展，创建充分就业区的意见》及10项配套政策措施，帮扶农民就业，将全区5万余名农村劳动力全部纳入城镇失业人员系统统一管理，成为全市首个实现就失业政策体系城乡统一的区县。9月1日开始实施。

（张丽伟）

【启动仲裁“庭审三规范”观摩活动】　9月18日，在全市率先启动“庭审三规范”（庭审程序规范、庭审语言规范、庭审笔录规范）旁听庭审观摩活动；在学院路、上地等街道率先开设“流动仲裁庭”。仲裁月结案率达90%，审结期限同比缩短近20天。

（张丽伟）

【就业再就业工作】　全年共有24150名登记失业人员实现就业，就业率为62%；城镇登记失业率0.73%；13900名就业困难人员通过再就业援助实现就业；职业指导65166人次，成功推荐9350名失业人员实现就业；开设本市城乡劳动力、外来农民工培训共计40余班次，培训1000余人；职业技能鉴定28375人次；9657名本区户籍大中专毕业生实现就业，就业率达96.3%；571个社区（村）成为充分就业社区（村），占全区社区（村）总量的86%； 10个社保所被评为五星级社保所。完成促进就业资金审批2.9亿元。

（张丽伟）

【社会保障】 2012年，养老保险、失业保险、生育保险、工伤保险、医疗保险等五项社会保险基金累计收缴286.17亿元，同比增长25.54%；累计支出158.59亿元，同比增长27.96%。全区参保单位7.85万户、260.54万人。

（张丽伟）

【扩大险种覆盖范围】 本年，完成市区两级公务员参加基本医疗保险政策衔接工作；将行政机关、事业单位纳入工伤保险范围，外埠人员和行政机关、事业单位纳入生育保险范围。

（张丽伟）

【调整养老金伤残津贴抚恤金】 本年，完成退休人员养老金、工伤职工伤残津贴和工亡职工供养亲属抚恤金调整工作，涉及退休人员19.98万人，调整金额4734.93万元，人均每月增加养老金236.9元。全区10.87万农民工医疗保险缴费比例由1%调整至12%。

（张丽伟）

【审理11962件劳动争议案件】 全年审理劳动争议案件11962件，同比增加8.66%；查处劳动保障违法案件1417件，同比减少3.41%；处理建筑施工企业30人以上群体性讨薪事件26件，为1628名农民工追讨劳务费1338万元。

（张丽伟）

【完善劳动纠纷调解机制】 畅通受理劳动纠纷“绿色通道”，成立调处小组开展应急性调处，在“两节”、“两会”、“十一”期间快速调解应急性案件400余件。全年处理劳动纠纷案件10050件。

（张丽伟）

【受理行政案件8502件】 全年受理行政复议案件15件，行政诉讼案件24件，行政调解案件8463件，调解成功案件4109件。梳理各类行政执法职权共39项；梳理政务服务事项61项，涉及下沉街、镇及街、镇初审的有关政务服务事项27项。办理劳动监察处罚案件155件，合计金额255万元。

（张丽伟）

民族·宗教·侨务

【概况】 海淀区民族宗教侨务办公室成立于2001年10月22日，是负责本区民族、宗教、侨务工作的政府工作部门。本年，海淀区民族宗教侨务办公室被评为全国侨办系统信访工作示范单位。

（吴保军）

【节日走访慰问】 春节前夕，区民宗侨办对全区192户生活困难的少数民族群众和归侨侨眷进行走访慰问，送去慰问金8.6万余元，走访慰问民宗侨界代表人士112位。中秋、国庆两节前夕，区民宗侨办对全区89户少数民族、侨界困难群众，200名民族宗教侨界代表人士，140名农业大学附属中学新疆内高班学生进行走访慰问，送去慰问金和慰问品计10万余元。

（吴保军）

【侨资企业专场招聘会】 2月，区民宗侨办组织北大维信生物科技有限公司等6家企业参加侨资企业专场招聘会，提供40个类别近100个岗位。

（吴保军）

【举办第三届卧尔兹演讲比赛】 3月28日，区伊协在树村清真寺举办第三届卧尔兹演讲比赛。7位阿訇以北京精神为主题，结合伊斯兰教经典进行演讲。

（吴保军）

【中国伊协到地区调研】 4月19日，中国伊斯兰教协会到地区调研。区伊协负责人就自身制度建设、财务监督管理及和谐清真寺创建等方面做了汇报。

（吴保军）

【召开创建和谐宗教活动场所现场交流会】 4月24日， 区民宗侨办在树村清真寺和海淀堂分别召开创建和谐宗教活动场所现场交流会，听取两个宗教场所的创建工作汇报，并对落实政策法规宣传月和“宗教活动场所安全年”等创建工作进行部署。各宗教团体负责人、场所管理组织成员、教职人员80余人参加会议。

（吴保军）

【市清真寺财务监督管理工作现场会召开】 5月9日，市宗教局、市伊协主办，区民宗侨办、区伊协承办的北京市清真寺财务监督管理工作现场会在树村清真寺召开。城区民宗办主管领导，各区县伊协秘书长、财会人员和骨干乡老60余人参加。海淀、西城、朝阳区伊协分别做交流发言。会议要求做好财务监督管理工作的制度化、公开化、科学化。

（吴保军）

【基督教海淀堂举行建堂五周年庆典】 5月30日，基督教海淀堂举行建堂五周年庆典，市宗教局领导、区统战部部长以及全区各宗教代表人士、信教群众600余人参加庆典。市、区领导肯定海淀堂取得的成绩，希望海淀堂继续发扬爱国爱教优良传统，不断加强自身建设，做好和谐宗教活动场所创建工作，为海淀区的建设发展做出积极贡献。

（吴保军）

【举办消防安全培训和应急演练】 7月6日，区民宗侨办与区消防支队、凤凰岭森林派出所、凤凰岭自然风景区联合在龙泉寺举办宗教界消防安全培训和应急演练，各宗教团体和场所管理组织成员、教职人员和信教群众骨干 150 余人参加。消防警官讲解消防安全知识，组织大家进行模拟火情人员疏散演练，并指导如何实地使用消防器材。

（吴保军）

【接待华裔青少年夏令营】 7月29日至8月10日，来自日本同源中文学校、日本中华总商会和美国华盛顿地区北京同乡会的39名华裔青少年来到地区，开展为期两周的"寻根之旅–相约北京"夏令营活动。区民宗侨办组织营员参观颐和园、故宫、天坛、孔庙和国子监等世界文化遗产以及鸟巢、水立方、首都博物馆等北京标志性建筑，攀登居庸关长城，去动物园观看国宝大熊猫，欣赏杂技等北京民间艺术。

（吴保军）

【开展宗教慈善周活动】 9月20日，根据国家宗教局和市宗教团体倡议精神，地区举行宗教慈善周启动仪式。全区各宗教团体、活动场所负责人、信徒骨干 50 余人参加。启动仪式后，相继开展各种形式的慈善救助活动，地区五大宗教与少数民族企业家共捐款170500元，向中央民族大学、农大附中内高班等多所大中学校的241名家庭生活困难学生提供帮助。

（吴保军）

【接待澳大利亚华裔学生秋令营】 9月21日至30日，区民宗侨办接待澳大利亚中文教育促进会、悉尼北区中学、悉尼丰华中文学校来京参加秋令营的37名华裔青少年，安排营员参观、联欢、学习汉语和中国传统文化等活动，增进小营员对祖籍国的了解，激发他们学习中国传统文化、汉语的热情。

（吴保军）

【举办第六届民族社区运动会】 9月23日，地区举办第六届民族社区运动会。运动会设 11 个大项 22 个小项，来自民族工作重点社区、村的 12 支队伍，360 余人参加。运动会的举办推动了蹴球、角球等民族传统体育项目在重点社区的持续开展。

（吴保军）

【政策法规宣传教育】 通过召开民族宗教工作领导小组会，举办基层干部培训、政策监督员培训、"宗教政策法规学习月"、慕道班等活动，对全区各级领导干部、民族政策监督员和宗教界人士进行政策法规培训。定期召开重点街道、社区联席会，组织开展民族宗教侨务政策法规知识进社区活动。应邀到中科院等科研院所为侨界人士宣讲侨法和侨务政策。年内举办法制宣传培训活动13次，受教育干部群众达1200余人次。

（吴保军）

【依法行政】 为 8 家企业办理清真食品生产经营许可，为30家清真餐饮企业办理换证手续，为11处宗教活动场所办理变更许可登记手续，办理恢复改正民族成分 100 人，完成朝觐报名和组织工作。为82位归侨办理《归国华侨证》申请上报手续，为88位归侨、华侨子女、归侨学生出具中、高考身份证明；为 97 位华侨、港澳同胞和外籍华人学生出具来京上中小学批准书，为98人认定归侨、侨眷身份。对12起违反民族宗教政策法规的问题进行执法检查。

（吴保军）

【民族事务】 推动民族团结进步创建工作。争取区财政支持，设立民族工作专项经费12万元，支持每个重点社区、村开展系列民族团结进步创建活动。完成"第四届全国少数民族文艺会演"服务保障。指导门头村完成民族乡村经济发展补助资金的项目申报工作，上报 2012 年少数民族特色村寨保护试点项目 1 个；投入资金 30 万元，扶持清真餐饮企业发展。争取市财政资金对农大附中清真食堂进行改造，引导宗教界和少数民族企业家捐款 170500 元，对多所大中学校的 25 个民族 241 名学生进行捐助。会同区教委完成民族团结进步示范校的推荐。

（吴保军）

【宗教事务】 继续开展和谐宗教活动场所创建工作。多批次培训、恳谈，开展"中国传统文化教育"、经验交流等活动，加强宗教团体和队伍建设。区基督教三自爱国会举办和谐创建向聚会点延伸动员会，区伊协开展尚未挂牌各场所的创建。就后八家地区道路建设拆迁改造涉及天主教神哲学院问题、清河清真寺建设相关事项与有关部门进行沟通协调，清河清真寺修缮工程正式开工建设。组织消防安全培训、演练，确保法会、开斋节、圣诞节等宗教活动的安全。

（吴保军）

【侨务工作】 开展全国社区侨务示范点创建活动，打造黄庄示范社区品牌，投入资金支持社区开展为侨服务工作。落实归侨侨眷关爱工程，建立完善、快捷、有效的社区为侨服务网络，紫竹院、中关村、海淀等街道开展青年大学生志愿者与归侨侨眷志愿服务结对活动，为"空巢"家庭和困难归侨侨眷提供帮助。为多位归国华侨离退休人员办理提高临时生活补贴事宜。开展"三日"活动，帮助侨资企业及时解决困难和问题。发现培养侨界代表人士；接待两批77名参加夏、秋令营的华裔青少年。

（吴保军）

民　政

【概况】 2012年，海淀区第七次获得"全国双拥模范区"；区民政局在第十三次全国民政会议上被评为"全国民政系统先进集体"；区救助站被授予"全国民政系统行风建设示范单位"；四季青敬老院标准化建设项目被民政部命名为“优质服务品牌”。

（孙学刚）

【北京市海淀社会组织联合会】 北京市海淀社会组织联合会，是为社会组织和政府服务的非营利社会团体法人，上级主管单位为区社会办和区民政局。联合会有科技、经济、文体、服务、街道乡镇五大类 57 家理事，下属会员单位 161048 个。

助力核心区发展 以构建“智慧海淀”为主题，组织举办第五次核心区发展论坛，邀请专家学者介绍智慧城市相关理论以及建设智慧海淀的思路与建议。

启动行业发展形势分析和研究工作，形成 4 期简报，分别是：闪联信息产业协会《保增长 科技行业形势良好 促发展 闪联提出七点建议》；高企协《从中关村高成长企业 TOP100 看海淀区企业运行态势》；中关村电子产品贸易协会《充分发挥电子卖场引领作用 助力核心区产业结构提升》；外商投资协会《我区外商投资企业出现迁出加速迹象的情况反映》。

搭建社会组织发展建设平台　加强协会与政府部门的桥梁纽带作用，区领导及各部门领导分别与各协会负责人展开对话，听取诉求，解决问题。

启动“海淀区 2012 年度政府购买社会组织公共服务项目”工作，9 家社会组织获得政府专项资金支持。协调政府推动闪联“政府购买服务项目——智慧城市”试点工作的开展。

为民服务 在北下关街道、曙光街道、香山街道三个街道开设书法讲座。组织医院协会、民营医协会在上庄镇李家坟村、香山公园、长春健身园举办义诊咨询活动，为 1000 多人次免费义诊和咨询，发放疾病防治宣传资料 300 多册。

（周恒）

【北京市海淀区慈善协会】 2005 年 9 月 28 日成立。协会下设 32 个慈善工作站。2012 年协会筹募善款 16536900.75 元，救助支出 14221945.58 元,区内救助困难群众 14866 人次。

慈善宣传 在海淀电视台、《海淀报》报道公示“春雨行动”、“共产党员献爱心”、“海淀 慈善——爱心捐赠月”、“慈善情暖万家”等品牌公益活动。在《海淀报》公示单位及百元以上个人捐款情况，在协会网站上同时公示单位及全部个人捐款情况。在协会网站和《海淀慈善》季刊发布协会活动、工作站动态，以及善款筹募、救助支出等信息。在网站上发布新闻 105 条，图片 12 张，上传电子季刊 4 期；编辑出版《海淀慈善》季刊共 4 期；向协会工作站及相关领导赠阅《环球慈善》、《慈善》刊物。

“春雨行动　应急救助”活动 本年筹募善款 1955089.05 元，主要用于地区因危重病、罕见病、突发性事件导致生活特别困难的家庭（个人），特别是患重大疾病的少年儿童、孤寡老人以及低保、低收入家庭的救助。

“共产党员献爱心”捐献活动 根据市委统一部署，自 7 月 1 日至 7 月 31 日，在全市范围内第七次开展捐献活动。协会共接收全区 337 家单位（系统），54586 名党员、14105 名群众的捐款 4143607.6 元。

日常救助及其他 本年协会各工作站实施救助累计使用善款 4729379.28 元，救助困难群众 1451 人次。

定向救助 本年，定向救助主要有 5 项：四季青农工商总公司定向救助款 1681187.30 元，用于四季青镇 9082 户农民退休家庭订阅 2012 年度报纸；亿阳集团定向救助款 80 万元，用于四季青镇双新村村民大病救助和助老慰问；北汽福田汽车股份有限公司定向救助款 10 万元，用于支持首都师范大学附属回龙观育新学校教育事业；北京翠微大厦股份有限公司定向救助款 5 万元，用于为北安河敬老院老人购置过冬棉服；协会拨付 50 万元，用于北京市慈善协会协调各区县慈善协会援建新疆和田地区社会福利中心老年公寓设施项目。

“海淀 慈善——爱心捐赠月”活动 各工作站围绕“助困”、“助老”、“助医”、“助学”和“助残”等组织开展筹募、救助、慰问活动，使用善款 1235979 元，救助地区困难群众 1435 人；在西北旺镇工作站建立“扶贫济困基金”。

“慈善情暖万家”活动 32 个工作站组织以资金救助和实物救助相结合的救助方式，2012 年度救助困难群众 3187 户，使用善款 2696070.58 元。

“海淀区生活困难党员帮扶专项资金” 2009 年 7 月设立“海淀区生活困难党员帮扶专项资金”，从“共产党员献爱心”捐款中列支。本年救助困难党员 100 人，使用救助款 50 万元。

“慈善医疗卡”助老项目 该项目是北京市慈善协会于 2005 年推出的助老项目，为 60 岁以上的城乡低保老人每人每年发放 500 元的慈善医疗卡。本年全区有 627 名低保老人符合救助条件，使用善款 31.35 万元。

海淀区慈善协会捐款方式

1. 到会捐款

地址：北京市海淀区西四环北路 11 号

电话：88487007

2. 银行汇款

户名：北京市海淀区慈善协会

账号：01090321000120111114745

开户行：北京银行双榆树支行

3. 邮局汇款

地址：北京市海淀区西四环北路 11 号

邮编：100195

收款单位：北京市海淀区慈善协会

4. 网上捐款

网址：www.hdcishan.com.cn

（常欣欣）

【提高低保救助标准】 从 1 月 1 日起，地区城乡低保标准由家庭月人均 500 元上调为 520 元；全市农村低保最低标准从家庭月人均 340 元上调为 380 元；城乡低收入家庭认定标准均上调为家庭月人均 740 元。在全市率先实现低收入家庭认定标准城乡统一，4508 户、8248 名城乡困难群众纳入社会救助范围。全区共支出各项社会救助资金 4868.42 万元，累计救助困难群众 8.97 万人次，实现“应保尽保”和“无社会救助盲点”

的工作目标。

（孙学刚）

【调整地退无收入遗属生活补助标准】 从1月1日起，50岁以下、50–70岁、70岁以上的地退无收入遗属每月领取的生活补助金分别由500元调整为520元、525元调整为546元，550元调整为572元，共有400余名地退遗属从中受益，每月人均增加21元。

（孙学刚）

【“接送流浪孩子回家”专项行动】 2月28日至12月31日，区民政局联合公安等10个部门在全区范围内开展“接送流浪孩子回家”专项行动。重点抓好打击犯罪、救助保护、回归安置、源头预防四个环节，依法严厉打击拐卖、拐骗和操纵流浪未成年人以及胁迫、诱骗和利用未成年人乞讨和实施违法犯罪活动。活动期间共救助流浪未成年人75名。加大社会面流浪乞讨人员的救助管理工作，全年累计救助流浪乞讨人员和临时遇到困难群众1471人次。

（孙学刚）

【完成第八届社区居委会选举】 2月29日至7月24日，开展第八届社区居委会选举，549个参选社区全部完成选举工作，平均直选比例为27.5%，比上一届提高22.5%。参加本届选举的选民总数为110.9414万人，一次选举成功率为99%，选出新一届居民代表2.5352万人；新当选社区居委会成员3537人，其中主任549人，副主任661人，委员2327人。

（孙学刚）

【社区调整】 3月7日，第8次区政府常务会议决定，批准清河街道6个社区、西北旺镇3个社区、苏家坨镇1个社区增加社区居委会人员编制；批准西三旗等13个街道的61个社区进行规模调整，调整后全区共有社区564个；批准3个社区更名。

（孙学刚）

【国际生殖健康供应联盟到地区考察】 3月9日，国际生殖健康供应联盟考察团到海淀区婚姻登记处考察计生药具存放发放流程和婚育健康服务包发放流程，了解避孕药具服务管理情况。

（孙学刚）

【清明祭扫服务】 清明节期间，区属殡葬服务机构累计上岗4819人次，接待扫墓群众25.2万人，动用各种机动车辆4.9万辆次。长安园上岗共接待祭扫人员24437人次，机动车6457台次，单日最多接待5969人次。清明祭扫工作实现安全无事故。

（孙学刚）

【调整农村五保供养标准】 从7月1日起，地区五保供养人员供养标准由每人每月1045.78元调整为1168.61元，调整后每人每月增加113.83元，提高10.88%。

（孙学刚）

【全国婚姻信息联网新闻发布会召开】 7月24日，民政部在海淀婚姻登记处召开婚姻登记信息全国联网新闻发布会，正式宣布截至6月底已实现婚姻登记信息全国联网。民政部初步建立中央级婚姻登记数据中心，全国31个省（自治区、直辖市）均已建立省级婚姻登记工作网络平台和数据中心，实现了在线婚姻登记和婚姻登记信息全国联网审查。

（孙学刚）

【海淀区反家暴救助中心成立】 8月30日，海淀区反家暴救助中心成立，中心为遭受家庭暴力侵害后暂时无法回家的妇女、儿童提供临时性庇护，以保障基本生存权益。办公地点设在海淀区救助管理站。

（孙学刚）

【“世界示爱日”领证高峰】 2012年12月12日，因谐音“要爱要爱要爱”，被人们戏称为“世界示爱日”，很多新人认为这是一个千载难逢的好日子。当日咨询和网上预约1100人，办理结婚登记1295对，出现登记结婚热潮。

（孙学刚）

【农村基层政权建设】 完成第八届社区居委会选举。推进和完善村务监督委员会建设，在全部达到“六有”标准的基础上，组织协调村务监督委员会独立开展监督工作。

（孙学刚）

【“六型社区”创建】 本年，在24个街道、镇的城市社区开展创建北京市“六型社区”示范单位活动。评比重点考察社区的环境整洁、管理规范、服务完善、安全稳定、健康幸福、文明祥和等六个基本方面，采取前置公示、互评互查、第三方评估等方式对“六型社区”创建工作进行全方位监督，开展全过程评估。通过评比，全区共有97个社区通过北京市“六型社区”示范单位评估。

（孙学刚）

【行政区域界线管理】 本年，多次就边界争议进行走界确认和沟通协调，为田村山、北京西站地区、海昌线争议地区进行界线确认。地区与毗邻区县有140多千米的边界线，坚持全线走界与个别地段重点查看相结合，及时发现和解决出现的新情况、新问题。

（孙学刚）

【双拥共建】 完成海淀区创建全国双拥模范城“七连冠”的考评验收。组织驻区部队1100余名官兵参加平原地区造林工程，完成唐家岭、翠湖湿地5800亩的植树造林任务。协调解决总参管保部幼儿园危房改建问题；协调驻区部队参与北京市国际旅游节，为创建文明城区做出贡献。

（孙学刚）

【优待抚恤】 优抚对象医疗减免和医疗保险“双保险”制得到了较好的衔接。为611名60岁以上农村籍退役士兵和48名60岁以上无工作烈士子女发放定期生活补助。为1600余名优抚对象配发老花镜。抚恤金办理432人次，发放1.2亿元。

（孙学刚）

【确认5名见义勇为人员】 全年受理6件7人见义勇为申报，其中确认见义勇为4件5人。全年共为见义勇为人员发放慰问金35万余元。为6人次困难人员申请发放临时困难补助金7万余元，为6名见义勇为受伤人员发放5万元补助金。区见义勇为基金为1名高龄、高位截肢的见义勇为人员报销医药费和2名困难人员发放补助2万余元。为3名因见义勇为而受伤的人员完成评残工作，为1名因见义勇为牺牲人员的遗属办理定期抚恤。

（孙学刚）

【社会养老服务】 2012年度，全区户籍人口60岁及以上人口40.7万人，占总人口的17.7%。出台《海淀区高龄老人居家赡养鼓励支持办法》。开展2012年度“千名孝星”评选工作，评出市级“孝星”1600名、区级“孝星”100名。开发“居家养老综合服务系统”，老年人不出社区即可得到服务。在5个社区配备智能化卫生保健、咨询、指导服务系统，老年人不出社区即可完成日常慢病监测管理。自助老年慢病检测终端作为海淀区的展品代表北京代表团参加在上海举办的国际养老服务博览会。

依托综合性社区服务中心，发展社区居家养老服务中心，为老年人提供服务。街镇居家养老服务中心和城市社区居家养老服务中心（站）以老年人的生活照料服务、医疗健康管理服务和精神慰藉服务为主要内容，为老年人提供短期托养、日间照料以及助餐、助洁、助浴、助医、助行、助购等生活服务。

截至年底，全区有养老机构32所。完成羊坊店街道社区服务养老中心等5个街道级、中关村街道黄庄社区等9个社区层面养老服务站的建设。全年增加养老床位900张，养老总床位数为8716张。阳台山老年公寓完成主楼改造，280张养老床位投入使用。

（孙学刚）

【征地超转人员接收和地退人员服务管理】 接受征地超转人员1408人，接收资金6.8亿元。完成全区10596名征地超转人员月生活补助费由1100元调整至1210元的调标工作。实现海淀北部地区超转门诊医疗垫付全覆盖。

（孙学刚）

【退役士兵安置】 全年接收安置退役士兵518名，安置率100%。

（孙学刚）

【社会组织管理】 加大政府对社会组织扶持培育力度，在全区开展社会组织服务民生行动和组织评估工作。全区共有社会组织744个，位居全市16区县之首。完成地区社会团体和民办非企业单位的成立登记、变更登记、注销登记的审查事项100余项，完成社会团体和民办非企业单位换证80余个；完成审查年度检查报告书600余份，集中年检率达80%。

（孙学刚）

【军队离退休干部服务管理】 全年接收安置军休干部1511人）完成君安家园9871.4平方米服务管理机构用房的接收。继续推进“文化养老”工作，丰富军休干部、军休职工精神文化生活。加强军休党建工作和政治思想工作，维护军休干部和军休职工队伍的思想稳定。

（孙学刚）

【婚姻登记】 婚姻登记实现行政确认合格率100%。全年共办理结婚登记30885件，离婚登记5767对，补领婚姻登记证3932件，开具无婚姻登记记录证明8588件，办理收养登记16件。

（孙学刚）

【福利企业服务与管理】 为7家福利企业的25名精神残疾职工进行岗位补贴，每人补贴26829元，共计67.0725万元。为48家福利企业的592名特困残疾职工发放慰问金11.84万元。全区50家福利企业完成销售收入7.6亿元，实现利税总额0.71亿元，安置残疾职工1122人，比上年增加31人。

（孙学刚）

【特困人员医疗救助】 全面实施城乡特困人员住院押金减免和出院即时结算制度。自1月1日起，凡城市“三无”人员、农村五保供养人员、享受城乡居民最低生活保障和生活困难补助人员以及享受城乡低收入救助人员，因罹患恶性肿瘤、终末期肾病、白血病等九类重大疾病而发生的门诊或住院治疗费用，在扣除职工基本医疗保险、城镇居民基本医疗保险、新型农村合作医疗以及补充医疗保险等现行医疗保障制度报销后，对于医保或新农合报销目录范围内的个人负担部分，再由民政部门给予重大疾病救助。救助比例由60%提高到70%，全年累计救助总额由3万元提高到8万元。本年，完成医疗救助2767人次。

（孙学刚）

【创建5个“全国综合减灾示范社区”】 经社区自荐、街道镇推荐，民政局检查评比，35个社区被推荐到民政部和市民政局参加“全国综合减灾示范社区”评比。万寿路街道复兴路26号社区、永定路街道六街坊西社区、曙光街道晴雪圆社区、北下关街道卫生部社区、学院路街道石油大院社区等5个社区被评为全国综合减灾示范社区，万寿路街道复兴路22号社区等30个社区被评为市级综合减灾示范社区。

（孙学刚）

【生活困难补助】 依据北京市城乡居民基本生活消费品价格变动应急救助预案要求，2012年春节期间，为城乡低保、农村五保及享受生活困难补助人员共计4524户8229人，发放慰问金和一次性生活补贴164.58万元。全年募集捐款549.58万元，募集冬衣被12余万件。“爱心家园”共发放爱心救助卡3938张，发放救助物资折合人民币253.5万元。

（孙学刚）

【殡葬监督管理】 落实城乡无丧葬补助居民丧葬补贴政策，全年共受理1259人，补贴金额629.5万元。

（孙学刚）

【发行福利彩票6.71亿元】 福彩中心共销售福利彩票6.71亿元，同比增幅1.5%，完成北京市下达地区6.7亿元的销售任务。销售量位居全市第二，销售额占全市的14.86%。

（孙学刚）

【社区服务】 2012年，海淀区社区义工登记注册人数达212981人，义工分会32家，社区义工服务队2331支。社会公共服务网络平台共处理服务单27251单，其中家政、维修派工单9632单，咨询服务单 17889 单。网络平台共添加信息 24712 条，网站访问量累计 695765 次，签约服务商 658 家。举办歌咏比赛、书画比赛、健身操比赛、乒乓球比赛等社区文体活动，参加人数 4000 余人。

（孙学刚）

【民政综合业务】 全年共播出民政专题节目 44 期。在社会养老、建立村务监督委会、撤乡设镇、社区服务、双拥共建、城乡一体化民生工程建设等方面开展调研，形成调研成果 88 篇。全年完成市、区两级重点调研课题 4 项。开展行政复议、应诉工作。清理行政规范性文件 6 件，开展全年执法案卷评查。受理并处置来信来访 106 件次。督办市区折子工程和重点工作 21 件。办理人大代表建议、政协委员提案 27 件。

（孙学刚）

残疾人事业

【概况】 海淀区残疾人联合会（简称区残联）的前身是 1984 年成立的海淀区残疾人协会，1989 年 6 月改为现名，现为第六届残联理事会（本年选出）。区残联担负着海淀区残疾人的康复、教育、就业、文化体育、社会保障、维权等任务。下属区残疾人综合服务中心、劳动就业管理服务所 2 个事业单位。全区各街、乡（镇）的残联机构，直接对辖区内的残疾人进行统一管理。根据第二次残疾人抽样调查比例推算全区有残疾人近 13 万人。截至年底，全区共有持证残疾人 29160 人，其中视力残疾 2733 人，听力残疾 1757 人，言语残疾 147 人，智力残疾 3924 人，肢体残疾 14448 人，精神残疾 4694 人，多重残疾 1457 人。全区有 20 名以上残疾人的社区（村）全部成立残疾人专门协会。

（呼晓毛）

【建立 26 所残疾人家庭康复培训学校】 5 月，《海淀区残疾人家庭康复培训学校工作方案（试行）》出台，要求每个镇、街道年底前至少建立一所家庭培训学校。截至年底全区有 26 个街镇建立残疾人家庭康复培训学校。全年举办培训 4 期。

（呼晓毛）

【参加北京市残疾人职业技能竞赛】 5 月至 10 月，北京市第六届残疾人职业技能竞赛举行，海淀区 406 名残疾人参赛。8 人获得第一名，3 人获得第二名，6 人获得第三名，5 人获得第四名，3 人获得第五名，12 人获得第六到第十名；2 人获得拼搏奖，2 人获得优秀选手奖，1 人被评为优秀赛务人员。地区获得团体总分第一名和最佳组织奖。

（呼晓毛）

【3 人获市职业技能大赛奖】 6 月至 10 月，北京市第三届职业技能大赛举行，海淀区 3 名残疾人选手参加，分别获动画第二名、面点第二名、网络管理第三名。

（呼晓毛）

【残疾人康复】 组织 106 名残疾人入住康复机构；为 225 名残疾儿童少年办理康复补助申请；为 9 名重度听力残疾儿童办理人工电子耳蜗植入手续，补助金额 77.7 万元；为 50 名盲人进行定向行走训练；为 2553 名精神残疾人办理免费服药，划拨药费 90 多万元；为 150 名肢体残疾人进行肢体康复训练；为 68 名残疾儿童、134 名贫困残疾人配发辅助器具；审核参加农村合作医疗 2462 人，拨付资金 24.62 万元。

（呼晓毛）

【残疾人社会保障】 截止到本年共有 1378 名残疾人纳入低保范围，全年认定重残人 97 名。完成农村实用技术培训 77 人。有 288 户城镇贫困残疾人享受到廉租住房政策，受益残疾人 302 人。为 5454 人发放助残券 550 万元。落实“阳光家园计划”，发放补助金 37.12 万元。走访残疾人家庭 14929 人次，送去慰问品、慰问金约 441 万元。对 780 名个体就业残疾人给予社会保险补贴 344.89 万元。为 239 名智力和稳定期精神残疾人发放社区就业补贴 166.5 万元。为 2 名残疾人落实自主创业和灵活就业一次性扶持资金 6 万元，为 3 名残疾大学生落实就业补贴 1.8 万元。为 9 家盲人保健按摩机构发放社会保险补贴 19 万余元。

（呼晓毛）

【残疾人就业】 办理残疾人求职登记 200 余人，新安置就业 150 人。开展按比例安排残疾人就业审核工作，审核社会单位 93698 家，核定金额 51675.67 万元。开展“就业援助月”活动，残疾人求职政策咨询、个别指导率达 100%。举办 5 期职业指导讲座，10 场招聘会，为 62 人进行职业能力测评。实现应届残疾大中专毕业生 100% 的就业目标。

（呼晓毛）

【教育培训】 为 70 名重度残疾儿童、少年“送教上门”。为 400 名残疾学生及困难残疾人子女落实教育补助 110 万元。开展职业技能培训需求调查，组织 35 班次培训班，培训 1000 余人。组织 406 名残疾人参加北京市残疾人职业技能竞赛，分别获得个人 8 项第一、3 项第二、6 项第三，团体总分第一。

（呼晓毛）

【残疾工作宣传】 举办“全国助残日”主题宣传活动暨文化大篷车启动仪式，文化大篷车走进公园、社区和警营进行文艺巡回演出，受到市民喜爱。与海淀有线台联合制作《一样的天空》残联专题 54 期。推出以残奥会冠军朱鹏凯为代表的残疾人自强典型，制作五代会以来反映残疾人工作的专题片。

（呼晓毛）

【文体活动】 全年组织残疾人文体训练 5000 人次。举办新春联欢会、第四届社区残疾人文艺汇演、第八届残疾人棋类比赛等活动。在北京市第 26 届残疾人棋牌赛中获团体总分第二名，在田径、游泳和乒乓球比赛中获 42 枚金牌。参加北京市残疾人群众体育成果展获优秀团队奖、优秀表演奖和优秀组织奖。

（呼晓毛）

【矛盾排查调处】 全年处理信访件 1543 件次，落实律师参与信访提供法律服务 66 件。结合“两会”、“国庆”及十八大，分别进行三次信访排查，查出矛盾隐患 22 起，均得到化解，残疾人群体保持稳定。

（呼晓毛）

【温馨家园】 八里庄街道温馨家园搬迁新址、扩大使用面积。北下关街道在原有 1 处温馨家园基础上又新建 1 处。继续设立残疾人职业康复站、残疾人辅助器具站、康复室、书画室、书画展示区、残疾人生活技能培训师、文体娱乐室、模拟超市等项目，为残疾人提供了较为全面的服务平台。截至年底，全区共有 35 个温馨家园。

（呼晓毛）

【街镇残联完成换届】 年内，全区 29 个镇街的残疾人联合会完成换届，并推选出席区残联第六次代表大会的代表 177 名，其中各类残疾人代表及残疾人亲友代表 110 名，占代表总数的 62.15%，健全人代表 67 名，占代表总数的 37.85%。

（呼晓毛）

【区残联第六次代表大会召开】 11 月 27 至 28 日，海淀区残疾人联合会第六次代表大会召开。大会讨论通过了上届主席团工作报告，研究部署下一个五年残疾人工作任务。未来五年全区残疾人工作将以推进社会保障体系和服务体系建设为重点，以缩小残疾人生活状况与社会平均水平的差距为奋斗目标，加强残疾人组织建设和队伍建设，提高残疾人事业科技应用和信息化管理水平；进一步巩固加强“人人享有康复服务”成果；繁荣残疾人文化体育；改善残疾人无障碍环境，不断营造扶残助残的文明和谐环境；保障残疾人群体稳定，实现海淀区残疾人事业科学发展。大会选举产生第六届主席团主席 1 名、副主席 5 名；选举产生海淀区聋人协会、盲人协会、肢残人协会、智力残疾人亲友会和精神残疾人亲友会等五个专门协会的主席 5 名、副主席 9 名；选举产生区残联第六届理事会成员 5 名以及理事长 1 名、副理事长 3 名；选举产生出席北京市第六届残疾人代表大会的代表 19 名和主席团人员。

（呼晓毛）

【建立 26 家社区康复示范站】 率先在全市建立覆盖全区 26 个街镇的社区康复示范站，组织残疾人开展康复活动、康复服务与康复训练，经费从区残联下拨的残疾人工作经费中列支。同区精神卫生防治院合作，为 712 名精神和智力残疾人提供定期社区康复活动。年内对 268 名精神病免费服药者进行药物调整。

（呼晓毛）

【建立 29 个标准化辅助器具服务站】 本年，全区 29 个街镇全部建立辅助器具服务站，且全部达到用房面积不少于 20 平方米，工作人员不少于 2 人，并具备专业资质，展示样品不少 36 件的基本要求。年内在全区组织开展辅助器具需求调查摸底，对辖区残疾人的辅助器具需求进行全面统计，扩大残疾人辅助器具服务覆盖面，为残疾人提供就近、就便的辅助器具服务。

（呼晓毛）

【开展“文化大篷车”活动】 开展残疾人文艺演出进学校、进公园、进社区、进军营的“文化大篷车”活动，全年共组织 4 场演出活动。

（呼晓毛）

【无障碍改造】 本年，海淀区政府拨款 2000 万元，用于小区和残疾人家庭的无障碍改造。全年共改造 172 个小区和 1700 户残疾人家庭，完成市政府折子工程任务指标的 300%。

（呼晓毛）

社会建设

▲ 6月27日，八里庄街道召开网格化社会服务管理工作推进会 （八里庄街道 梁朔 摄）

◀ 7月10日，紫竹院街道“知竹在线”网上社区服务站举办上线仪式（田峰 摄）

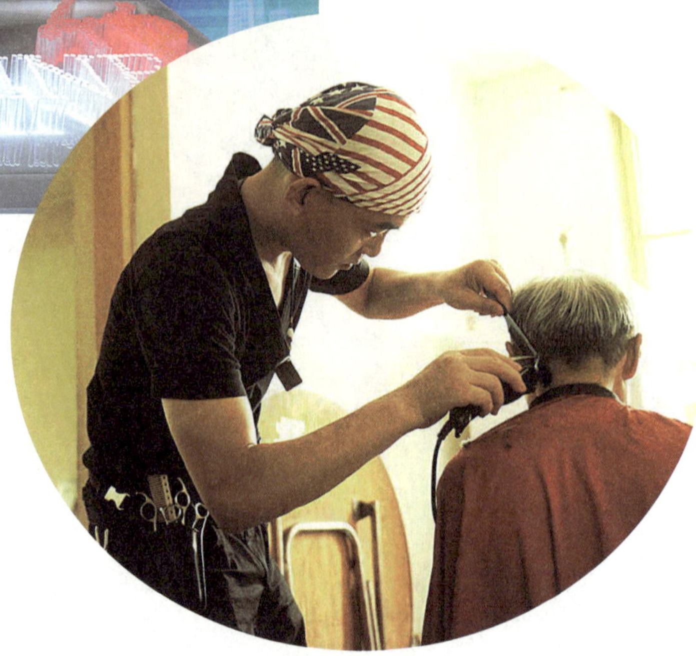

▶ 7月24日，新社区居民主任助理为社区居民理发（李瑞林 摄）

▶ 9月2日，苏州桥西社区举办“喜迎十八大消夏晚会”（李瑞林 摄）

▶ 9月17日，清河街道召开创建全国文明城区动员大会（清河街道 胡文力 摄）

▶ 11月2日，马连洼便民服务循环小巴士开始载客试运营（马连洼街道 供图）

社会建设

综述

【概况】 海淀区委社会工作委员会（简称区委社会工委）、海淀区社会建设工作办公室（简称区社会办）是全区社会建设工作的主管部门，两部门合署办公。海淀区社会建设工作领导小组办公室设在区委社会工委（区社会办）。

2012年，区委社会工委、区社会办贯彻落实区十一次党代会确立的“率先形成社会服务管理创新新格局”的战略部署，推进社会服务管理创新。

（胡俊华）

【网格化社会服务管理体系建设】 在学院路和青龙桥街道试点基础上，推进全区网格化社会服务管理体系建设。开展5项工作：将全区划分为区、街镇、社区（村）三级网格，明确10项网格工作内容；搭建区网格化社会服务管理中心、街镇分中心、社区（村）三级工作平台；下沉区属、街镇、社区、社会四类工作力量到社区网格；建立问题分级处置、巡察巡访、任务协调处置、综合管理执法和“双向”考评五项工作机制；建立基础信息数据库和应用管理信息支撑系统。

（胡俊华）

【引导基层社会服务管理创新】 利用每年3000万元加强和创新社会管理专项资金，对网格化社会服务管理模式、社会基本公共服务管理模式、社区服务管理、社会组织发展、社会领域党建、社会服务管理研究及决策咨询等6大类67个项目进行重点扶持，鼓励基层创新，培育亮点典型。

（胡俊华）

社会领域党建

【概况】 2012年，区委社会工委按照“围绕一个中心，突出两条主线，狠抓三个重点”的工作思路，推进全区社会领域党建工作科学化、制度化、规范化建设。一个中心即学习贯彻党的十八大及市委第十一次党代会精神任务；两条主线即基层组织建设年和纪念建党91周年活动；三个重点即社区党建工作、非公企业党的建设、商务楼宇“五站合一”工作站建设。

本年，构建以街道、镇党（工）委为核心、社区党组织和商务楼宇党组织为基础、驻区单位党组织和区域内社会组织及非公有制经济组织党组织共同参与的辖区社会领域党建工作联建共建协调机制。构建以社区党组织为核心、社区居委会、社区服务站以及社区内其他组织共同参与新型社区工作格局。探索建立以业务主管部门或行政挂靠单位党组织管理为主，以行业协会党组织为依托，区街分级负责的党建管理机制。

规范基层党建工作。落实社区党建“一社一品”要求，培育典型亮点，开展街道社区“三级联创”和基层党组织分类定级及整改晋级工作，分层面开展“创先争优”活动。发挥非公企业党组织在企业中的战斗堡垒作用。

（胡俊华）

【举办纪念建党91周年活动】 6月16日，组织召开海淀区纪念建党91周年大会，编辑社会领域纪念建党91周年先进事迹汇编，以及“飘扬的党旗、无悔的奉献”——海淀区优秀离任社区党组织书记风采录。表彰3个社会领域优秀基层社会工委、45个先进基层党组织、48名优秀共产党员和党务工作者、3名党建之友。选树8个市社会领域先进基层党组织、17名优秀共产党员，3个优秀党建品牌项目；32个区级先进基层党组织，32名优秀共产党员。

（胡俊华）

【基层党组织分类定级】 对社会领域基层党组织进行分类定级，有505个党组织评价为“好”，318个党组织为“较好”，31个党组织为“一般”，无“较差”

的基层党组织。配合区委组织部开展基层党组织整改提高、晋位升级工作，新订工作制度 456 项，新建党员活动阵地 13 个，制定整改措施 28 项。通过在社会领域基层党组织开展多种形式的主题教育活动、非公企业党组织开展多种形式的主题实践活动推进“创先争优”活动。

（胡俊华）

【党员教育培训】 指导街道社会工委加大对辖区内社区工作者、楼宇工作站工作者、非公企业党务干部、入党积极分子的培训力度。在街道系统重点培育 1 个区级党员示范培训基地，建设 540 个基层党员轮训站点，制作 25 个党员教育精品课件，社会领域党员干部教育培训工作实现制度化、规范化、常态化。指导街道党工委推进党务公开工作。

（胡俊华）

【社区党建】 完成社区党组织换届选举工作。街道系统有 476 个社区党组织参与换届选举工作。其中 455 个社区采取直选的方式选举产生新一届社区党组织班子，占参选社区总数的 95.58%。落实通过招考的 134 名和未通过招考的 68 名社区专职党组织书记（副书记）待遇问题。指导社区党组织三级联创工作，统一规范资料名录、数据格式及汇报材料内容。

（胡俊华）

【非公企业党建】 全区街道系统有 7782 家非公企业，员工 129287 人，其中党员 6182 人；累计成立党组织 273 个，其中党委 4 个，党总支 7 个，党支部 198 个，联合党支部 64 个。本年新建商务楼宇党组织和非公企业党组织 23 个，其中党总支 1 个，党支部 3 个。下拨的市级社会领域党建专项资金 391.5 万元用于支持 2008 年至 2011 年底新成立党组织、2011 年非公有制企业党建“五个好”示范点建设和商务楼宇工作站建设。

（胡俊华）

【建成 370 座商务楼宇工作站】 累计建立 370 座商务楼宇“五站合一”工作站（本年新建 3 座），组织申报 55 个市级商务楼宇“五站合一”工作站示范站。继续开展“一楼宇一社工”项目工程，开展楼宇社工工作情况调研，掌握社工动态。开展“幸福楼宇文化坊”主题活动。对 370 座工作站中的一类站及 2012 年新建设站点进行检查，重点检查申报北京市商务楼宇“五站合一”工作站示范站的 55 个楼宇工作站。

（胡俊华）

社区建设与管理

【概况】 社区建设工作围绕建设环境优美、和谐宜居的高科技核心区的战略任务，推进社区规范建设、社区民主自治、社区综合服务、社区队伍管理“四位一体”的社区综合管理服务体系建设。在社区“一刻钟服务圈”建设、社区民主自治建设、社区基本公共服务全覆盖建设、社区工作队伍建设以及社区基础设施建设等方面取得成绩。

（胡俊华）

【创建 32 个市级社区规范化建设示范点】 本年，开展“社区规范化建设示范点”创建活动，力争在三年内使全区所有社区实现“社区服务站建设平台化、社区工作事项明晰化、社区运行机制联动化、社区志愿服务常态化、社区队伍建设专业化、社区设施使用最优化、社区经费管理科学化”。32 个社区被列为北京市社区规范化建设示范点单位。设立专项资金，表彰奖励 30 个区级社区规范化建设示范点社区，以促进市、区级社区规范化建设示范点单位循环滚动式发展。

（胡俊华）

【改善社区办公用房】 落实市发改委批复购买社区办公和服务用房规范化建设项目，投入市区两级资金近 6000 万元，为清河街道清上园社区等 10 个项目购置社区办公和服务用房，增加面积 2511.60 平方米。固化完善社区办公服务用房“政策配套、资金支持、统筹协调、资源整合”的长效工作机制，批准 8 个街道申报的办公用房申请项目 13 个，投入资金 243.42 万元，增加社区办公和服务用房面积 2196 平方米。协调区财政局出台《海淀区社区办公和服务用房专项资金管理办法（修订版）》，推进社区办公和服务用房建设。

（胡俊华）

【建成 43 个“一刻钟社区服务圈”示范点】 组织 43 个社区申报市级和区级示范点，其中 33 个社区被确定为 2012 年市级“一刻钟社区服务圈”建设示范点，10 个社区被确定为区级“一刻钟社区服务圈”建设示范点。同步推进 43 个市、区两级示范点建设，把建立 30 个“一刻钟社区服务圈”示范点建设纳入区政府为民办实事项目，利用区加强和创新社会管理服务专项资金，对申报的 43 个市、区示范点社区分别给予 2 万元共计 86 万元的扶持奖励。各街道、镇完成在年底前把 25%的社区建成“一刻钟社区服务圈”的任务。

（胡俊华）

【基本实现社区基本公共服务全覆盖】 本年，经过规模调整后全区有 564 个社区，除拆迁、新建等原因 69 社区暂时无法建立社区服务站外，其余 495 个社区全部建立社区服务站，基本实现社区公共服务在基层的全覆盖。对《北京市社区基本公共服务目录》规定的 10 大类 60 项社区基本公共服务项目，实行综合管理、一站多能服务，实现对社区内各类工作站、所的充分整合。完善社区服务站“一窗式”服务模式，开展“智慧社区”建设试点，为民众提供便捷舒适的生活环境。

（胡俊华）

【社区民主自治建设】 将曙光街道世纪城西区社区、八里庄街道美丽园社区等基层社区组织实行的社区党组织、社区居委会、业主委员会、物业公司等“四方共建机制”的经验在全区进行推广。选定 10 个社区作为海淀区“社区民主自治建设示范点”，推行“四方共建”机制和社区常务会制度，创新居民自治的途径和方式。拨付“加强创新社会管理服务专项资金”培育扶持社区民主自治建设。

（胡俊华）

社会组织工作

【概况】 以购买社会组织公共服务为抓手，以联合会为平台，做好对成员单位的日常服务管理，加大对各类社会组织的培育扶持。与海淀社会组织联合会签订《关于购买综合服务管理与专项服务的委托协议》，协议资金 105 万元，将委托服务工作制度化，推动社会组织健康发展。举办“海淀·社会组织风采展”系列宣传巡展活动，展示一批优秀社会组织发展的典型事例，介绍社会公益度较高的品牌公共服务项目，引导激励社会组织健康发展。

（胡俊华）

【开展系列公益活动】 4 月～11 月，落实市委市政府关于践行“北京精神”，开展学雷锋活动的部署，开展“社会公益嘉年华系列活动”。依托海淀社会组织联合会、海淀志愿者联合会、大型行业协会、社会工作事务所、“一所多站”工作试点街道，开展贯彻全年的学雷锋、践行“北京精神”公益系列活动，共征集公益活动 10 项，做到“周周行公益，月月有活动”。

（胡俊华）

【社会组织工作体系建设】 将社会组织纳入党和政府的管理体系之中，并引导社会组织参与社会服务管理。培育扶持公益类、慈善类社会组织发展。完善社会组织评价指标体系和激励机制，奖励表彰在社会服务管理领域做出贡献的社会组织。

（胡俊华）

【购买 26 项公共服务项目】 继续利用北京市社会建设专项资金购买社会组织公共服务项目，共计支持资金 240.1 万元购买 7 家社会组织的 10 项服务项目。利用区加强和创新社会管理专项资金购买公共服务项目，支持资金共计 279 万元购买 14 家社会组织的公共服务项目 16 个。

（胡俊华）

【培训社会组织】 围绕市、区两级政府购买社组织公共服务项目开展专题培训，针对市级项目申报形式的变化，从项目选项、设立、申报、项目实施、经费运作等方面进行分批次重点培训。指导社会组织从符合政府导向、满足群众需求、提供专业化、个性化的公共服务等方面综合设计与申报公共服务项目。8 月下旬组织召开“海淀区优秀社会组织交流会暨 2012 年度项目中期汇报会”，针对项目实施过程中出现的问题进行交流研讨；同时与会各社会组织围绕自身发展、提高公共服务能力、公共服务品牌建设与提升社会公益度等内容进行交流座谈。

（胡俊华）

【试点建立 3 家专业社会工作站】 依托北城心悦社工事务所，在中关村街道、上地街道、花园路街道试点设立专业社会工作站，即“一所多站”工作模式，探索对专业社工实行分级管理、分类指导，推进持证社工专业化、职业化工作水平，保证“一街一社工”工作的持续性与专业社会工作岗位购买的长效性。

（胡俊华）

社区工作者队伍建设

【概况】 完善社区工作者选拔、培养、使用、考核、激励、待遇等各项制度，加强社区工作者队伍建设。

（胡俊华）

【调整社区工作者待遇】 从 1 月起，规范调整全区 4124 名社区工作者待遇，公开招考的社区工作者人均增加 800 元，离退休及参照其待遇的其他人员人均增加 300 元。

（胡俊华）

【招录 114 名社区工作者】 分别组织北京市面向社会公开招考社区工作者和海淀区 2012 年补录社区工作者工作，共招录 114 名社区工作者，进一步改善社区工作者队伍的年龄结构、知识层次，提高社区工作者队伍的知识化、年轻化水平。

（胡俊华）

【培训社区工作者】 以能力建设、素质建设、意识建设为重点，组织社区工作者的初任培训工作。委托北城心悦社会工作事务所对 2011 年招录的 392 名社区工作者进行培训。

（胡俊华）

街·镇

2013 北京海淀年鉴

▲ 2月27日，花园路街道居家养老便民服务流动菜站进社区（花园路街道 供图）

◀ 3月8日，海淀区智慧型社区建设媒体座谈会在清华园街道举行（清华园街道 郑毅 摄）

▶ 5月10日，吉尔吉斯斯坦共产党人党干部代表团到万寿路街道参观（万寿路街道 供图）

◀ 6月1日，甘家口街道作为全区试点，以本市首家街道微博作为平台，启动微小事务处理机制（李瑞林 摄）

◀ 6月20日，北下关街道与大钟寺中坤广场联合进行消防演练（北下关街道 供图）

◀ 7月6日，唐家岭村民将富余的回迁房交给区里统一租赁（西北旺镇 供图）

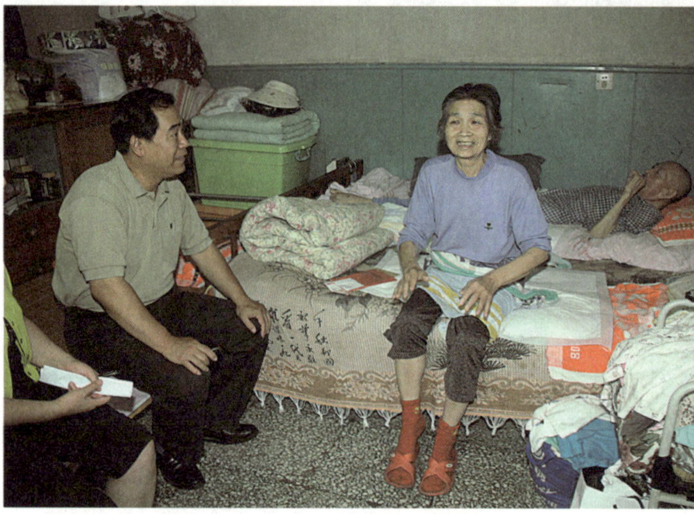

▲ 7月9日，紫竹院街道领导看望困难党员（紫竹院街道 苏香兰 摄）

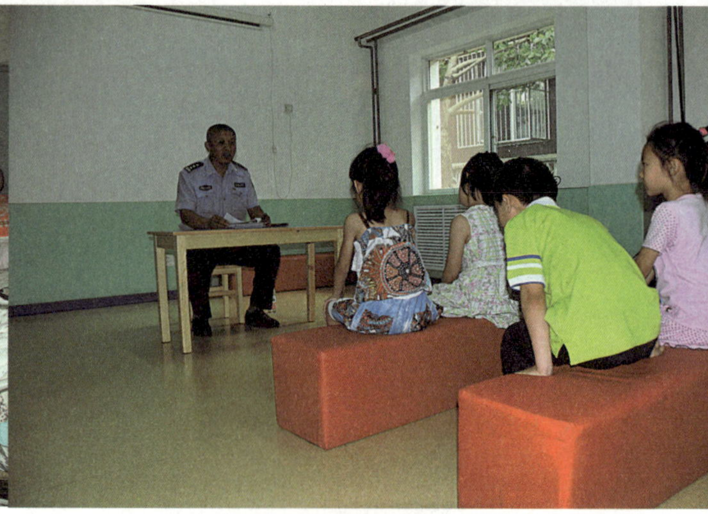

▲ 7月13日，马连洼街道儿童工作站开展安全教育讲座活动（马连洼街道 供图）

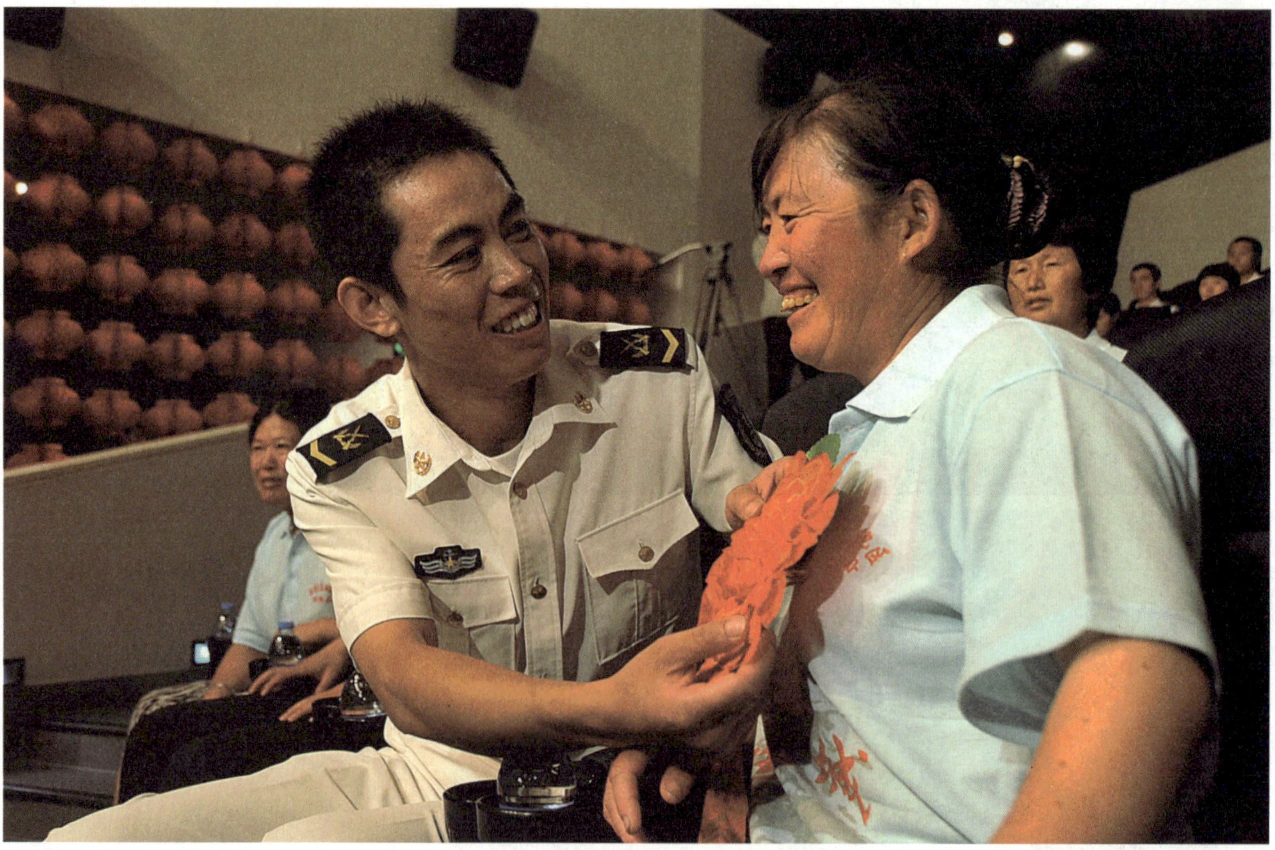

▲ 7月18日，羊坊店街道举行“优秀士兵父母逛京城”活动启动仪式（羊坊店街道 林学军 摄）

8月3日，苏家坨镇查处一家非法食品加工店（苏家坨镇 供图）

10月21日，香山街道开展红叶节联合执法行动（香山街道 李晔晗 摄）

11月27日，魏公村地区中央民族大学西路两侧的违法建设被拆除（紫竹院街道 苏香兰 摄）

马连洼街道开办的七彩华园老年餐桌（李瑞林 摄）

街·镇

万寿路街道

【概况】 万寿路街道成立于1963年3月。辖区面积8.78平方千米。有36个社区居委会，户籍人口170902人，流动人口18922人。

经济建设 以地区优势吸引企业落户。做好中铁建财务公司、中国南车财务公司、中铁建科研楼、凯德精品购物中心等企业的招商引资工作，这些企业成为地区经济新的增长点。定期走访企业，了解重点企业生产经营和税收情况，掌握企业生产经营动态，主动为企业排忧解难，抓好税源增收。全年走访10家地区重点企业以及北京市住房保障中心、五棵松文化体育中心等地区新增重点纳税企业。

环境建设 投资1300余万元，对翠微路17号院、太平路44号院、复兴路36号院等15个小区和重点大街莲石路进行环境整治，完成小区节能保温、热计量、道路、绿化等方面的综合改造。对永定路、金沟河路、万寿路等10条道路进行绿化提升改造，实施十万花卉上大街、入社区工程。开展社区群众性植绿、护绿宣传活动，被首都绿化委员会评为“首都绿化美化花园式街道”。

拆除账内违法建设28处、3137.1平方米，完成拆违三年计划。拆除新生违法建设15处、648平方米。成立8个地区卫生巡检组，以中组部招待所、鸿府大厦以及复兴路、万寿路等七条主要道路为重点，对影响地区环境的脏、乱、差等问题进行全面治理。组织联合执法150余次，使五棵松、玉泉路等重点地区的环境秩序得到治理。

新建100平方米的网格化社会管理中心，构建“四平台、四系统”（应急指挥平台、网格管理平台、视频监控平台、网格值班平台以及网格数据库系统、电视电话会议系统、多媒体演示系统、800兆系统）。将辖区划分为“社区网格”、“单位网格”、“道路网格”三种类型，其中，社区网格36个（涵盖地区36个社区），单位网格93个（涵盖地区115个大单位），道路网格16个（涵盖地区所有道路、桥梁）。网格监督员全年共巡查网格210056次，上报各类事件16809件，立案16733件，立案率99.5%，及时率和结案率均达到100%。

平安建设 构筑覆盖地区的群防群治网络。投入119万元，为万寿路派出所安装视频监控系统，在辖区主要路口、重点区域新装22个视频监控摄像机，对翠微中里楼宇对讲系统等进行升级改造。完成重大活动和敏感时期的维稳任务。

开展安全社区创建工作，建立八个项目工作组，进行走访调研，开展安全文化宣传活动，提升地区单位职工和社区群众的安全意识。开展全覆盖、高频率的安全生产大检查，及时消除安全隐患。全年出动检查人员2009人次，出动检查车辆200余次，检查生产经营单位1290家，整改安全隐患1160件，完成26家汽修行业、110家使用液化石油气用户的基础档案建立工作。地区未发生安全生产和消防伤亡事故。

成立由街道、派出所以及地区各相关单位组成的地区突发事件应急委员会，加强地区风险评估与控制，做好地区突发事件的应对处置。全年受理并办结信访案件30件，通过群众事务呼叫平台解决群众诉求问题583件。完成亿霖木业善后清退工作，涉及408人。

民生建设 处置讨薪事件23起，涉及农民工400余人，涉案金额300余万元。全年共采集1625个空岗信息，职业指导3110人，实现1338名失业人员正式就业。开展“军地联片共建”、“军地互办实事”等活动，培训战士和军嫂近200人。为1598名失业人员办理失业保险金手续，发放失业金202.73万元。街道社保所获得五星级社保所称号，并被评为北京市人力资源和社会保障系统优质服务窗口单位。

全年共办理生育服务证、独生子女证2000余本，人口出生政策符合率达到99.6%。办理流动人口生育服务联系单152人，查验婚育证明近2000本。推进北京市药品安全示范社区创建工作，在社区开展“两癌筛查”、“脑卒中筛查”，共完成两癌筛查3000余人、脑卒中筛查10300余人。

城乡低保共救助341户658人，发放低保金377余万元。全年共办理老年证519个，办理优待卡1716个，发放老龄服务券685.9万元，发放高龄津贴42.4万元。做好2512名军工及地退人员的服务管理。全年共初审“四房”家庭389户，累计市区备案3213户，约谈24户。

社区建设　完成居委会选举工作。新增社区办公和服务用房1000平方米，社区规范化建设覆盖率达到85%。组织培训社区工作者1000余人次。投入资金200多万元重点支持“六型社区”创建，9个社区被评为市级“六型社区”。总参信息化部机关大院社区、永定路西里社区被评为“北京市规范化建设示范点社区”，太平路46号院社区被评为“海淀区规范化建设示范点社区”。建成永定路西里社区、复兴路83号院社区等4个“一刻钟社区服务圈”，为社区居民构建主体多元、设施配套、队伍健全、功能完善、管理规范、条块结合的社区服务体系。推进街道便民菜站、放心早餐等各项便民工程。对“社区循环小巴”进行调整，降低空驶率，确保政府购买服务取得实效。

基层党建和精神文明建设　完成35个社区党组织换届选举。推进党建“一社区一精品”创建，太平路46号社区党委“三个一社区党建新模式”被北京市社工委评为优秀基层党建创新项目。开展基层组织建设年、党员承诺、党员“一帮一”结对子活动，复兴路83号社区党委、永定路西里社区党委等4个基层党组织被评为海淀区“创先争优”先进基层党组织。全面实施商务楼宇“五站合一”工作模式，开展追忆“讲传统、忆党史西柏坡红色之旅”活动，拓展楼宇工作内容和服务项目，完善楼宇服务长效机制。成立玉泉东市场、汇通商务楼等4个非公企业党支部。开展以弘扬“北京精神”为主线的各类文明创建活动和学雷锋活动，组织“创建全国文明城区”文艺演出。

本年新建企业工会12家，发展会员1200人。加强对地区闲散青少年的帮扶教育，以建立志愿服务基地为载体，拓展“团建百强”创建领域。在社区开展“共建和谐家园、共享美好生活”系列活动以及“家庭美德”活动，开展“巾帼文明”岗推选，以优秀女性带动地区妇女为地区发展做贡献。率先在全区进行“海淀民兵忠于党”主题教育活动试点。做好民兵整组工作，开展民兵应急演练，完成“两会”、十八大等重点时期的桥梁守护任务。

（曲少枫）

羊坊店街道

【概况】　羊坊店街道成立于1956年3月，1958年8月并入玉渊潭公社，1963年3月重建。辖区面积6.61平方千米。地区户籍人口120089人，流动人口48309人。有社区居委会32个（空军机关大院第一、第二、第三社区居委会合并为空军机关大院社区居委会），卫生医疗机构41个，中小学校、幼儿园14所。

经济建设　实现区域税收270亿元、区级税收26亿元。地区有各类企业5380家，新增548家（其中注册资金千万元以上26家），注册资金亿元以上42家、千万元以上401家，外资企业180家。深圳证券信息公司北京中心、华能煤业等大型企业入驻地区。

环境建设　完成市级上账重点任务京石客运专线周边环境建设提升改造工程和区级环境建设上账任务中6条道路的整治工程。新增、改造绿地28103.31平方米。开展“飓风行动”，拆除违法建设5838.88平方米。全年组织联合执法行动48次，查处无照经营130起、固定摊点187家、占道经营813起，规范“门前三包”162家、开展专项整治点位31个、整治脏乱点数量28个。开展“夏季大排档整治”、“迎接市环境整治办督导组十八大安保城市秩序治理专项整顿”，地区市级挂账的世纪坛医院周边和区级挂账的公主坟、军博周边等5处重点区域社会秩序好转，实现十八大涉及区域违法行为“零容忍”的目标。配合完成普惠南里针批小区7、8号楼抗震节能综合改造工程。为6个垃圾分类小区配备户外垃圾桶603个，电动垃圾清运车12辆。协助完成公主坟商贸中心道路展扩和停车场停车诱导系统建设，商贸中心环境、交通和秩序管理逐步实现制度化与常态化。

平安建设　实施“全服务”模式网格化社会服务管理体系建设，建立地区“一网、两面、六块”的社会管理模式。地区各级调委会调处矛盾纠纷822件。超额完成“亿霖木业”案件善后清退工作指标任务。组织“学校、社区法律大讲堂”活动12场，新建2个商务楼宇普法工作站。开展“安全生产月”宣传活动，组织8场应急演练，组织近700家餐饮企业参与安全生产大讲堂活动，印制《社区安全应急手册》5万本。协调18家重点单位安装消防安全远程监控系统终端，提高了重点火险隐患的及时发现率。全年检查生产经营单位3580个，发现一般性安全隐患4180处，全部下达整改通知书，2600余家完成整改。安全生产工作实现了尽力减少一般事故和遏制重特大事故的目标。

民生建设 全年实现1315人就业，就业率103%。调解劳动投诉案件77起，涉及劳动者559名、工资总额388.17万元。各类保险参保缴费实现社区、街道两级联办模式。发放低保金、救助金331.54万元。新建低保联合审核机制。组织召开第三届残疾人代表大会，建立“两站一校”。创新双拥共建活动新形式，开展驻地区部队优秀士兵父母逛京城活动。

新增7个老年餐桌、3个社区蔬菜直通车，日均就餐老人160余人。发放养老助残券600万元。组织地区医疗机构为720名行动不便的老人开展上门医疗服务，全年累计服务8560人次。定期、定时的社区医疗巡视工作模式被区民政局评为窗口服务第一品牌项目，在全区推广。开展社区便民活动100余场次，7个社区成立养老互助队，3个社区成立老年大学、手工制作班、社区京剧社等。为8个社区安装“老年健康体检仪”，为6个社区安装代缴费系统。开发完成“社区服务资源查询与管理系统”和“居家养老服务平台”。

开展义务巡诊、健康筛查、健康宣传大课堂等各类服务。地区计生政策符合率99%。组织人口学校开设课堂38次，新建1处“启蒙园早教基地”，拓展人口文化课堂覆盖面。

社区建设 完成第八届社区居委会换届选举工作，选出社区工作者198名，新招录社区工作者32名，社区组织结构进一步优化。投资60余万元，翻修、改造铁东等3处社区办公用房，完成11个社区的规模调整，创建6个“六型社区”，社区规范化建设不断推进。与羊坊店派出所完成社区新居民服务中心、流动人口协管员队伍和市流管信息平台的交接任务。

基层党建和精神文明建设 开展“基层组织建设年”活动。开展楼宇网格化服务管理工作，新建2个楼宇工作站和2个示范站。组织地区54个基层党组织分类定级并逐一制定整改提高方案。全面启动“三级联创”工作。地区“创先争优”活动取得阶段性成果。依托市级党员远程教育示范站点“五星耀家园”成立街道工委党校。为32个社区配备党员干部现代远程教育社区终端站点。基层各党组织和街道党工委民主测评满意率均达到95%以上。

开展商务楼宇两新组织团建工作，完成建团任务32家，新建2处社区青年汇。完成非公企业建会405家。引进北京市志愿者联合会团体会员单位，新注册志愿者1900人，地区志愿服务活动更加专业化、规范化。

开展全国文明城区创建活动。组织各社区开展“四个一”活动，即“一场演讲赛、一次书画展、一场诗歌会、一个座谈会”活动，推进“北京精神”的宣传、实践工作，提升地区居民创建知晓率和参与率。成立学悦文化发展联盟，“学悦讲堂”开展8次讲座，惠及1200余人次。举办地区首届文化节，承办海淀区“科普之夏”活动启动仪式。引导、扶持和奖励32个社区文艺活动团体和延辉、芝兰等6个群众文艺团队。举办地区特色文化项目“清明节纪念文化先贤活动”。

（张秀峰）

【完成十八大安保任务】 十八大期间，地区承担2处十八大会议驻地、1处新闻中心、5条行车线路、8处涉足场所和3处重点部位的安保任务。开展“十大专项行动”，重点抓地区综治维稳中心、网格化管理、八联机制、科技创安和社区“五员”联动等“五个建设”，建立健全涉及重点人、地、事、物、组织等25项内容的社会面防控实名制台账，发动18类社会力量、6974名专群力量参与十八大安保。新增驻地周边监控探头32个，专项督查驻地周边生产经营单位295家、消除隐患620起。十八大前，街道投资700余万元在京西宾馆南500米处建成1000平方米的地区综治维稳中心，搭建起地区“1+5”[①]科技创安视频信息采集指挥系统，实现地区图像信息的全面获取、动态监控、快速处置和领导靠前指挥。

（张秀峰）

【形成“一网两面六块”的社会管理模式】 为实现网格化的精细管理与有效运行，街道结合各类网格的工作重点，形成以“一网、两面、六块”分别牵头组网实施的工作方式。“一网”指地区社会管理服务网络，“两面”指社区面和社会面，“六块”指社区居委会、公共区域协调管理工作组、商务楼宇工作站、行业联盟、街面联盟以及社会单位联盟。实现地区社会管理无序到有序、无形到有形、疑难事项无解到有解的转变。

（张秀峰）

【社区“五员”机制建设】 为丰富社区综治维稳网格化内涵，街道建立社区网格化布防“五员”机制，即：维稳信息员、消防检查员、民事调解员、治安巡逻员、文明劝导员，整合社区志愿者力量，搭建起责任清、任务明、横到边、纵到底的社区网格巡防模式。

（张秀峰）

[①] 指地区综治维稳中心指挥平台与羊坊店派出所、翠微派出所、羊坊店城管监察分队、公主坟交通大队、街道监控室实现视频信息共享。

甘家口街道

【概况】 甘家口街道成立于1957年4月，原名马神庙街道。辖区面积6.49平方千米，有21个社区居委会。户籍人口13万人，外来人口3万多人。

经济建设 召开甘家口街道物业经理培训会，就企业需求、面临的困难以及需要政府解决的问题提供服务。开展“百家企业走访工作”，将企业发展的困难上报至区发改委、投促局等部门，尽力留住存量企业。健全部门联动机制，摸查楼宇租住情况。多方获取辖区企业税源信息，实现对企业上门服务。对欲入驻辖区的新增企业提供个性化服务，同区相关部门及地区职能部门沟通，为企业提供力所能及的支持帮助。建立甘家口商圈管委会工作站，促进商圈基础设施、公共秩序和环境建设。

环境建设 组织联合执法44次，取缔无照无证经营户269户，暂扣各类三轮车75辆，处罚款7000余元，下发整改通知单7份;对医院周边“号贩子”、屡教不改的非法经营者拘留14人次；与490家单位签订门前三包责任书；清理13处积存垃圾600余立方米，清除小广告4000余张。继续推进“城中村”项目整治，6个整治“城中村”共签订协议560户，完成拆迁任务的84.46%。开展十八大城市秩序治理，实施市容环境提升工程、环境秩序整治工程、规范停车秩序工程、机制保障工程、全员参与工程等“五大工程”，整治无照经营、店外经营、非法小广告、露天夜市大排档、夜施扰民等五类违法行为。对中央电视台周边等地区环境秩序重点防控地区，不定期、多频次、大力度开展联合执法整治。继续推进垃圾分类试点小区的创建，开展垃圾减量、垃圾分类、垃圾分类知识宣传,发放宣传品11000件；为2012年试点小区购置户外垃圾桶46组，户内垃圾桶3881组，分类塑料袋929520个，购置垃圾分类运输电动车13辆等设施设备。发放已创建试点小区塑料袋3660120余个，完善垃圾分类基础建设，制作户外垃圾桶护栏61个、公示牌56个。做好甘家口1、3、4号楼及北京工商大学老旧小区带户改造市级试点工程。

对老虎庙、东钓鱼台、西钓鱼台等易积水居住区开展排水管线排查，对存在排水不畅的管道进行疏通；对地区易漏雨的平房居住区提前发放塑料防水雨布，减少居民财产损失；对辖区内自管或无主树木进行巡查，对有主树木及时督促产权单位加强树木养护巡查，修剪枯枝，防止汛期大雨对居民生命财产安全造成威胁。完成7月20日北京暴雨防汛排水任务，出动安全生产检查人员1426人次，检查生产经营单位1295家次，查出隐患、问题791个。

平安建设 结合“安全生产年”活动，开展七项专项工作：一是安全生产“护航”联合行动，在燃气使用、危险化学品、地下空间、商市场和老旧电梯五个方面的专项检查工作中，检查指标完成率达到206%。二是将辖区生产经营单位按照行业实行分组管理，提高安全生产监管效率。三是对29家人员密集场所开展“百分验收”，推进安全生产工作规范化、标准化。四是开展职业病危害排查，组织20家单位参加职业健康安全员培训。五是开展人防工程专项整治，对68个人防工程进行执法检查，送达法律文书80份。六是开展隐患自查自报系统建设，采集、更新531家地区单位的基础信息。七是开展安全生产执法检查，下达各类执法文书60份。

在西钓、新苑街、甘家口大厦等重点地区安装25处高清红外探头，扩大电子探头的覆盖面。

民生建设 发放居家养老券507.2万余元，高龄津贴、高龄特困津贴44.66万余元。办理老年证620余张、乘车优待卡1264张。为58名空巢老人安装“一按灵”呼叫器，为95人办理“小帮手”电子服务器。开展“捐赠月”活动，组织全地区捐钱捐物。受理保障性住房申请311份，为296户家庭取得市级备案资格，受理变更72例，纸质档案分类归档336份。受理第六批公租房意向登记99户，受理第三批廉租房意向登记3户，完成82户廉租房家庭的年审复核工作。

办理失业登记1220余人，办理灵活就业保险补贴771人，办理就业登记784人，办理灵活就业到期停止及退休终止773人，接、转档案1386份。开具各类证明信1000余份。举办大型招聘会7场，大型政策宣传4场，政策课堂进社区20次。失业人员推荐成功人员数423人，空岗信息采集登记5118个，职业指导人次数3086人，技能培训43人。公益性就业组织2012年新招安置15名就业困难人员。续签合同122人，为127名公益性岗位就业人员参加补充医疗保险，并为17人二次报销3.6万余元。

社保卡服务网点办理业务的总量为5100余次。其中卡申领业务办理1380余次，挂失与补换卡领卡业务办理数量2100余次，发放社保卡3500余张。为379人办理退休手续，为300名异地居住退休人员办理身份认定。

社区建设 开展送文化进社区活动，将20多个种类、近4000册图书送到社区居民手中，举办社区文化指导员民族健身操培训班4次，朗诵与主持培训2次。组织各社区网管定期参加海淀区社区服务中心举办的小呼叫座席员培训，通过96156便民服务热线10秒接听的试行，服务效率提升至 85%以上。7 个社区申请并安装“便携式小帮手自助缴费机”。为 17 个社区申请并安装 96156 信息引导牌。组织志愿队服务 3000 余小时，参加志愿活动达 1000 多人次。全年发展甘家口地区志愿者 4235 人，志愿者总数量达到 11874 人，占户籍人口的 9%。“96156 社区大课堂”开课 48 场。

基层党建和精神文明建设　组织街道理论中心组学习和研讨活动 12 次。开展基层组织建设年活动，各基层组织针对薄弱环节进行整改。推动“三级联创”活动，确定社区创建示范点，以点带面促进街道党务工作整体提升。召开党建及精神文明建设大会，打造报纸、电视台、网站、微博、内刊、组宣部长平台“六位一体”的立体化宣传网络。将《甘家口宣传》和微博“甘家口之窗”作为理论学习园地，打造微博“清莲苑”品牌，涵盖党的方针政策、历史、文化等内容。通过签订责任书、组织参加廉政教育培训、观看廉政教育片等形式，加强廉政风险防控。

（郭晋越）

【推出微网社会服务模式】　本年，地区推出微网社会服务新模式，提升社会服务管理水平。利用“甘家口之窗”政务微博平台，探索“微事处理机制”运营之路，“3+1”模式（即“三支队伍”及一个奖励办法）在民意征集、民事协调、环境治理等重点社会管理领域弥补了网格化工作“见管理不见服务，见物不见人，见被动服务不见主动服务”等问题，微博与网格化管理系统互为补充。

（郭晋越）

【推动志愿服务常态化】　打造健康志愿服务品牌，推动志愿服务常态化。在社区、机关办公地点悬挂“雷锋精神”宣传画。开展“甘家口地区健康医疗志愿服务队”特色服务，为社区居民提供健康咨询和义诊，全年累计开展志愿服务 3000 余小时。在重要节日、重大会议期间，开展主要路口执勤服务、义务法律咨询等志愿活动，扩大志愿服务的范围和影响力。水科院站点被评为“北京市志愿服务示范站”。

（郭晋越）

八里庄街道

【概况】　八里庄街道成立于 1963 年 3 月，辖区面积 6.49 平方千米，常住人口 13.59 万人，流动人口 6.9 万人，辖 33 个社区居委会。辖区内有企事业单位 1000 余家。

经济建设　开展“四个服务”[①]工作，吸纳地区 50 家企业成立工商联分会。定期走访纳税大户及增量企业，帮助企业解决经营场地、子女入学入托等困难，为地区重点企业提供点对点个性化服务，税源实现区级收入和地区生产总值增长 10%的目标。

环境建设　完成西八里万寿塔项目拆迁腾退，启动南玲珑巷拆迁摸底。拆除违法建设 119 处 34462 平方米，拆除新生违法建设 26 处 1538 平方米。实施西三环北路八里庄段等六处景观提升工程。推出西三环北路八里庄段、阜成路、玲南路三个环境秩序精品街区，创建世纪新景园社区、北京印象社区、美丽园社区三个精品社区。新建绿地面积 38200 平方米，改造绿地面积 6900 平方米。开展“五大秩序”[②]整顿，组织联合执法 120 次。成立“八里庄街道老旧小区综合整治分指挥部”，对地区建筑进行调查摸底，共摸查建于 1990 年前的楼房 106 栋，建筑面积 64.4 万平方米。对水文社区进行综合整治改造。建立网格监督员流动巡查和视频探头定点监控结合的管理责任制，对社区环境和基础设施相对较差、无产权单位和物业部门管理的社区网格加强管理。

平安建设　吸纳地区各类企事业 21 家单位，充实地区综治委力量，成立科技创安、社会治安、护路护线、特殊人群、校园安全等八个专项行动工作组，建立运行体系，为十八大服务保障奠定基础。为南巷、彰化村平房重点拆迁项目和十八大安保整治活动提供社会风险评估、预防、处置等保障。投入经费 185 万元，对地区视频监控系统进行维护，重点路段迁移治安岗亭 3 个、增设监控探头 68 个。成立执法小分队，定点、定位、定岗日常职守。完成社区书记主任、巡逻流管两支队伍、十八大聘用保安等人员的专项业务培训，增强群防群控治安防范责任意识。

开展和启动秩序整治打防管控一体化专项行动暨“春雷行动”、十类治安突出问题打防管控一体化专项整治“清风”行动、六个安全生产专项行动，对 8 家长期挂账的严重隐患单位整改处理。全年共出动各类执法力量 2300 余人次，开展各类安全检查 5054 家次，摸排公共安全重点隐患 342 件、消防安全隐患 229 件，实现重大责任事故“零指标”。

开展矛盾纠纷大调查、重点人员大梳理、特殊人群大帮教等专项工作，开展实有人口服务管理全覆盖体系建设。摸排辖区各类重点人 529 人，逐一建账、逐一化解、逐一转化、逐一管控。处理市长信箱、市区群众来信 15 件，接待

---

① 指为党政军领导机关服务，为日益扩大的国际交往服务，为国家教育、科技、文化和卫生事业的发展服务，为市民的工作和生活服务。

② 指治安秩序、市容环境秩序、交通秩序、市场经营秩序、旅游秩序。

上访12批69人次，化解重点集体访5件，稳控重点信访人11人，完成“亿霖木业”案善后清退149人次930万元。

民生建设 对地区老、弱、病、残、无收入群体，发放低保金248万元、失业金370万元、养老金190万元、重残补助金16万元、帮困金9万元、丧葬补贴22万元,办理政策性住房1440户、失业再就业1120人。

为八宝庄、中化、肿瘤医院、恩济里社区进行无障碍改造。承租岭南路2号270平方米便民服务网点房，建成社区便民菜站，解决周边5个社区居民买菜难问题。在水云居建成残疾人温馨家园，使地区1100多名残疾朋友有了交流活动场所。西三环财经大厦的爱心家园超市被民政局列为全区6个试点超市之一。更换13个社区23套健身器材。购买颐慧佳园三期2700平方米的办公用房，用于建设综合服务大厅。

与72家社区服务商签订协议，开展为老年人、残疾人、低保户等特殊群体居民提供订餐、就医、费用代缴等上门服务。在定慧东里社区推行“老年互助社”试点，开展养老自助服务。推进肿瘤医院社区“远程健康管理和医疗服务”试点，完善居家养老医疗服务体系。在15个社区开展流动菜车进社区试点工作。

社区建设 以“网格化管理、组团式服务”为工作思路，搭建一个分中心、一个办公室、十个专项工作组的“1+1+10”网格化社会服务管理运行机制。整合科技创安、群众事物呼叫、监控视频等信息资源，建立街道综合信息平台。把街道辖区划分为33个网格，下设126个网格单元，将公安、城管、交通、工商等31种服务管理力量配置到网格中；把社区公共服务、社区便民服务、社会治安防控、社会矛盾排查调处等工作落实到网格中，实现社会管理责任无缝衔接全覆盖。整合地区图书馆12个、电子阅览室6个、礼堂10个等各类场地设施，建设社区网站和微博等，在网格内实现资源共享。开展“六型社区”和“社区规范化建设示范点”创建。

基层党建和精神文明建设 以“践行北京精神，建设美好八里庄”为主题，开展教育培训、知识讲座、征文竞赛等活动。培育党建精品项目，“四方议事”党建工作经验在海淀信息专版登载，全区推广学习。

开展“中秋情爱中华”、“文明城区你我同创　和谐海淀你我共享”等系列主题活动，引领地区市民做文明创建的主体。通过楼门文化建设、“邻里节”、邻里百家宴等形式，提升百姓文化素质。开展“文明创建三大行动”，“首都级文明单位”、“文明楼院”等创建活动。与首都师范大学共建签约，50名大学生与33个社区项目对接，建立爱心学校、百姓艺术团、社区大讲堂、“科普在身边”、社区志愿者服务等品牌服务项目。开展文化惠民活动，地区62支文艺团队开展文化活动200余场次。

（胡欣　徐晓林）

【举办首届玲珑杯体育文化节】 7月27日，八里庄地区首届玲珑杯体育文化节开幕，地区太极、武术、健身操三个领域的知名代表为群众展示技艺。33个社区、13所学校近1万人次参加活动。玲珑杯体育文化节旨在通过专业体育人士引领社区居民开展健康的健身活动，提高居民身体素质。

（胡欣　徐晓林）

紫竹院街道

【概况】 紫竹院街道原名蓝靛厂街道，成立于1959年11月，面积6.23平方千米，户籍人口13.8万人，流动人口2.5万人，街道下辖22个社区。辖区科教文化单位密集，有大专院校8所、科研单位18个。我国56个民族均有成员在域内居住生活。

2012年，以“文化强街”、“智慧强街”为动力，推进“服务立体、平安稳定、文明宜居、惠民利民、和谐共生”的“五型街道”建设，完成地区确定的涉及民生的13件实事。

经济建设 调整紫竹院地区经济工作领导小组组成人员，吸纳驻辖区企业、大专院校的领导作为小组成员；领导小组设立社会服务、政策法规、教育培训、经济运行等四个工作组，负责地区投资促进和税源建设工作。走访光大国信大厦、丹龙大厦、北方地产大厦、中国兵器大厦，了解写字楼业态经营情况和楼宇出租、空置状况，并反馈至区投促局。截至年底，地区有税源户5983户，新增735户，实现税收6.53亿元。4家异地纳税企业回归海淀。

环境建设 全年拆除33处新生违法建设、623.58平方米；拆除账外违法建设13处、358.84平方米。投资238万元完成三环路、长春桥等4个路段除绿化设施外的环境基础建设项目。完成20栋居民楼的楼体节能改造。翻修改造北洼路（紫竹院段）；解决悦园小区、北外小东门、三建平房及北京艺术博物馆、赛迪大厦东侧平房区污水管线堵塞问题和斜街路口自来水管线渗漏问题。投资3.5万元改造车道沟南路西口花池、疏通魏北社区北口雨水管道。开展集中整治、联合执法70余次，改善友谊宾馆、魏公村、国家图书馆、北洼路、三虎桥、车南里等地区的整体环境和秩序。美林花园被北京市评为2011年度垃圾分类小区贡献奖。

平安建设　加强烟花爆竹销售岗前培训、安全生产法律法规培训、安全生产规范化建设培训和消防“四个能力”[①]建设培训。全年开展消防安全生产检查815次，发现安全隐患283处；检查工地总数为450次。投入20多万元购置500多个“安全应急箱”免费发放到独居、孤寡老人家庭以及特殊困难家庭。地区未发生重大火灾和安全生产事故。

抓获犯罪嫌疑人6名；抓获小广告人员9名，没收小广告1800张；抓获贩假证人员5名，没收假章5枚，各类假卡200余张，假学生证20本；平息治安事件5起。流动人口协管员共发放宣传材料15000余份；录入流动人口7246人，核销流动人口10359人，更新11136人；录入出租房屋899户，核销出租房屋819户，更新出租房屋530户；办理《暂住证》11088个，查验流动人口婚育证6014个次，检查流动人口86000人次。

启动网格化管理模式，优化社会管理和社会服务，形成“1+1+8”[②]的工作组织领导架构，将地区划分成23个基础网格，在网格中划分出114个单元，化解矛盾纠纷10起。

民生建设　全年完成就业总人数950人，对1800名失业人员进行职业指导，职业培训60人，推荐160名失业人员成功就业，对84家单位进行用工调查，采集空岗信息2000个。帮助217名辖区内就业困难人员实现灵活就业和自主创业。公益性就业组织托底安置就业困难人员115人。举行春风行动、再就业援助周、三八妇女节专场等10场招聘活动。为8户居民取得低收入家庭救助资格；31户居民享受医疗救助；8户居民享受临时救助。开展“劳动用工规范一条街”、“春节前农民工工资支付情况专项执法大检查”、“两会之前劳动用工专项执法大检查”、“清理整顿人力资源市场秩序专项行动”、“春暖行动”和“劳务派遣”等专项检查，完成“小企业劳动关系状况调查”，十八大期间推进“日常巡查”和“书面审查”，监察辖区内用人单位的非法用工行为，对违反劳动法律、法规且存在严重问题的用人单位，开展教育。对辖区内669户企业进行检查，督促502家企业与职工补签劳动合同1826份。对非公有制企业的执法检查数量超过被检查单位总数的80%。开展“春雨行动”和“送温暖，献爱心”慈善捐助活动，收到慈善捐款31500元、社会捐款47100元。收到“7·21”捐款75545元，捐赠衣物53包。与驻区15家单位签订构建“文化紫竹”战略合作意向书，举办第三届民族文化艺术节。启动“知竹online”网上社区服务站，实现社区服务节点与居民家庭的互联互通。计生投入27万余元完成22个社区的“三个一”创建工作[③]。

社区建设　完成第八届社区居委会换届选举，新当选居委会成员184人。通过租赁方式为紫竹社区增加112平方米社区服务站用房；街道投资50余万元，将万寿山庄社区原办公楼400余平方米改造为社区办公服务用房；投资40余万元将团校社区自行车棚70余平方米翻建为服务站用房。开展“六型社区”创建，4个社区通过北京市首批申报创建北京市“六型社区”示范社区第三方评估。

基层党建与精神文明建设　优化党员培养机制，落实“发展工程”、“素质工程”和“系统工程”三个工程建设。完善地区“两新”组织党建联系制度，开展“三服务”、“五进入”[④]工作。成立老旧小区综合整治项目联合党支部，通过定期例会制度，听取成员工作汇报，通报工程项目进展情况，汇总待解决的问题，研究确定需上报的问题。组织地区党员学习并贯彻落实党的十八大会议精神。推进全国文明城区的创建工作。开展垃圾分类减量游和第三届文明市民艺术节等活动。举办庆祝建党90周年暨“创先争优”系列活动之演讲、歌咏比赛、文艺汇演系列活动。

（肖征祥）

【“知竹online”上线运行】　7月10日，街道“知竹online”网上社区服务站上线。“知竹online”网上社区服务站是一种把门户、论坛、微博等互联网要素有机融合，提高信息交互、传播等特性，使应用和推广结合的全新模式。“知竹online”将街道各业务科室的办事流程以多媒体形式展示，方便居民查阅办事流程以及下载相关表格。

（肖征祥）

【举办地区第三届民族文化节】　7月18日至8月底，举办紫竹院地区第三届民族文化节、紫竹院公园第十九届竹荷文化展。文化节期间，邀请民族文化等领域专家，在紫竹院公园举办民族文化知识讲座4次。利用节假日或游客高峰时段，在公园内举办系列科普宣传活动5次。

（肖征祥）

---

① 指社会单位检查消除火灾隐患的能力、组织扑救初起火灾的能力、组织人员疏散逃生的能力、消防宣传教育培训能力。

② “1+1+8”　的工作组织领导架构：1是指紫竹院街道网格化社会管理与服务分中心，1是指紫竹院街道网格化社会管理与服务分中心办公室，8是指社会稳定工作组、城市管理工作组、安全检查工作组、公共服务工作组、社区建设工组、地区发展工作组、党建群团工作组、绩效考核工作组8个工作组。

③ “三个一”创建工作是指计生宣教“三个一”创建工作，保证每个社区有一个人口文化活动室、一个户外宣传阵地、一支宣传志愿者队伍。

④ “三服务”、“五进入”三服务是指：服务楼宇、服务企业和服务员工；五进入是指：党建进入、工会进入、团委进入妇联进入、社会建设进入。

北下关街道

【概况】 北下关街道成立于1963年2月，辖区面积6.04平方千米，现有社区居委会31个，户籍人口141283人，流动人口43681人。辖区文化古迹众多，科研院所密集，商业发展繁荣。

经济建设 强化税源建设，主动走访重点企业，建立地区单位联系机制和引进企业关注机制，完善经济服务体系。推进长河湾集中办公区建设，建成中坤大厦楼宇综合服务站，开展大钟寺商圈助力工程，改善经济服务环境。开展财大科技金融产业园前期协调整治及拆迁，为北京钰苑房地产开发有限公司、大森林花卉市场解决发展难题，对科技园区重大项目落地进行调研，主动服务地区企业。完成中关村创新企业辖区内企业分类工作，扶持1家企业上市、办理4家企业回迁，全年吸引800余家新企业落户，新增企业缴纳税款480万元。个人出租房屋代征房产税1281.32万元。推进集体企业改制，完成清产核资。

环境建设 开展交大东路及周边地区环境秩序综合整治工作，以五塔寺、钢研市场、西外家乐福周边环境整治为重点，开展专项整治行动30余次，日常执法300余次。实施京包铁路沿线、北三环辅路、中关村南大街北下关段3个环境整治项目，完成五塔寺、大钟寺、皂东等社区的路面修复、雨污水等环境改造。拆除违法建设637处，销结新生违建65处。推进学院南路、大慧寺路、交大东路两侧绿地补植补种，与地区单位合作完成新改建绿地15800平方米。完成皂南、南里垃圾分类示范社区创建，开展餐厨废弃物普查。完成五塔寺35号院、16号院低洼路面改造及平房区雨水管线改造，对社区雨水管线进行疏通，及时启动防汛应急预案，确保地区平安度汛。视频监控系统发现并处置各类城市管理案件1657件。

平安建设 推进网格化社会服务管理创新，实现网格管理人员实名制配置，成立街道网格化社会服务管理分中心，网格化社会管理服务信息系统正式启用。为社区加密监控探头、防盗门等设施，成立三个巡控小组和三个专业辅警小组进行巡逻防控，提升治安防控能力。开展十八大安保十大专项行动，开展春雷二号行动、清风行动，加大对交大东路等重点地区的集中整治力度，强化校园周边安保、铁路护路、养犬管理等工作，推进实有人口全覆盖体系建设。开展打非治违、护航等安全生产大检查专项行动，组织开展食品安全等各类专项整治活动8次。开展安全生产培训日和安全生产月活动，开展综合应急演练15次。推进消防网格化服务管理工作，开展消防平安三号行动及十八大期间安保社会面火灾防控工作，完成老旧小区消防设施维修改造工程。开展文明交通"五进"[①]、文明交通月、文明出行推动日等交通安全宣教活动。建立人民调解工作司法所与社区双向承诺制，成功调解民事纠纷800件。推进劳动保障监察辖区全覆盖工作，开展"春暖行动"、农民工工资清欠等专项检查，处理劳动争议投诉案件66件。学院南路劳动用工规范一条街工程通过验收。完成亿霖木业案件善后清退。

社区建设 推进"一社区一品牌"建设，规范社区约请相关部门现场办公制度工作流程，已申报解决13件。以气象局、交大嘉园、皂南为重点推进规范化示范点建设，完成7个社区"六型社区"示范社区的创建工作。与35个居家养老服务商签约，完善为老服务项目。建立交大、大慧寺、大柳树3个养老互助社。开展电信、医疗、银行服务进社区活动，推进菜车进社区工作，完善"一刻钟"便民服务圈。开展"服务进社区、名人大讲堂"品牌活动。

民生建设 举办失业人员专场招聘会12场，组织1385名失业人员参加再就业培训，职业指导1355人。救助困难群众56户，爱心家园救助146户。完成低保复审工作，推进住房保障申请审核工作。建成动物园温馨家园，开展音乐理疗、街舞学习等系列文化助残活动。定期走访慰问驻辖区部队，推进双拥共建。推进全员人口信息库建设，成立楼宇计生协会，成立中苑宾馆、湖北大厦计生图书角。开展幸福家庭系列活动，启动青春健康同伴教育宣讲活动，开展计生服务进楼宇活动。举办社区"舞台欢乐行"项目、第七届群众文化节、首届青少年书画展、"电力杯"运动会、广场舞大赛、民俗民艺展等文体活动。投资31万元为每个社区配备音响设备，更新社区健身设施31套。完成二期科普宣传橱窗安装工作，科普示范街被市科协评为"科普特色示范项目"。

基层党建和精神文明建设 推进社区"三级联创"，开展基层党组织分类定级和党员评议党组织工作。开展艺海大厦商务楼宇示范站工作，推进商务楼宇党建工作。召开党风廉政大会，签订责任书78份，促进党风廉政责任制落实。分解落实创建任务，推进全国文

① 指进农村、进社区、进企业、进学校、进家庭。

明城区创建工作。组织地区人大代表、政协委员开展活动，发挥人大代表、政协委员在地区建设中的助力作用。

（白云芝）

【社区舞台欢乐行项目启动】 4月12日，街道社区舞台欢乐行项目启动，项目分设“春之歌”、“夏之韵”、“秋之舞”“冬之乐”四个专题活动，面向社区居民开展歌唱、舞蹈等文体活动，达到“居民舞台居民演，居民舞台演居民、居民个个是演员”效果。该项目鼓励原创作品，并对优秀节目予以资金扶持。

（白云芝）

【计生服务进楼宇工作启动】 5月29日，街道举办“计生服务进楼宇”工作启动会暨“5·29”会员日大型宣教活动，并成立街道楼宇计生工作站。9月4日，成立地区楼宇计划生育协会，初步建立起以协会为纽带，联结社会力量，形成工作合力，突破管理难，实现多方受益的楼宇单位人口计生工作新模式。

（白云芝）

【举办地区第七届群众文化节】 6月1日至8月30日，举办北下关地区第七届群众文化节。文化节以“喜迎十八大，建功核心区”为主题，举办开幕式、青少年书画展、民俗民艺展、科普大讲堂、乒乓球、羽毛球赛、闭幕式等200余场活动，吸引辖区单位、文体协会成员单位及社区居民七万余人次参与。

（白云芝）

【成立地区突发事件应急委员会】 9月25日，街道成立突发事件应急委员会，应急委由街道20个科室、8个垂直部门基层队（站、所）、19个辖区社会单位组成。应急委下设办公室（简称应急办），应急办设在办事处办公室。应急委主要职能职责为研究制定地区应对突发事件的主要原则和工作指导性意见，指导地区突发事件总体应急预案，指导本地区人群密集场所制定应急预案，负责地区各类突发事件先期报警、先期处置和善后工作，负责地区一般突发事件的处置工作，联系、沟通和协调地区应急委成员单位开展突发事件应对工作，分析总结本地区应对突发事件工作，指导社区居委会开展突发事件应对工作，组织召开地区季度公共安全形势分析会，每年召开地区应急委全会，负责地区群众安全自救知识的宣传和普及等。应急办根据地区应急委的决定，负责组织、协调、指导、检查本地区突发事件的预防和应对工作。

（白云芝）

【成立街道法律服务团】 9月28日，街道举行法律服务团揭牌仪式。街道法律服务团由地区24家律师事务所的30余名律师组成，主要为地区居民、外来人口、中小企业等提供法律咨询、法律援助、法制宣传等法律服务。本年，法律服务团参加“商务楼宇普法服务站”的工作，为中小企业和地区居民提供法律服务，同时参与街道联合调解室的调解工作、“司法大讲堂”法制讲座等活动。

（白云芝）

【动物园温馨家园投入使用】 11月9日，动物园社区残疾人温馨家园通过区残联的检查验收，正式投入使用。温馨家园占地面积约200平方米，分为职业康复劳动、模拟家庭训练、辅助器具展示及租赁、康复器械训练、残疾人日间照料、图书室、文化活动室等7个功能区域，集康复、娱乐、文化、服务、交流等多项功能于一体。

（白云芝）

北太平庄街道

【概况】 北太平庄街道成立于1957年，辖区面积5.17平方千米，有38个社区居委会（长城无线电厂社区并入学院南路32号社区），户籍人口156817人，其中农村户籍人口12人，流动人口51414人。

环境建设 投入资金约14万元清理管线约1400余米，污水井、雨水箅子147处；投资约80万元改造文慧园路21号院等重点积水点，新建雨水管线近500米；投资7万余元购置防汛设施。汛期内未出现伤亡事故。完成学院南路32号院3栋楼房117户的通气工作。投资约250万元，完成红联北村、民委宿舍院等7个社区地面铺装、甬路修复、雨水管线工程、社区绿地改造工程，以及彩虹门重新装饰等。清除、清运垃圾渣土820余吨，清运无主垃圾378车。全年累计修整草坪18.2万平方米，修剪树木3100棵。查处无照游商、非法占道、店外经营等各类违法案件339起，罚款742369元。整治脏乱点5处，拆除违法建设195处、6535.40平方米；建立城市管理文明志愿者队伍，对无照商贩等扰乱秩序现象进行劝导排查，太平湖、转河路以及文慧园南路等环境乱点秩序得到改善。全年投入约49万元，开通便民巴士，解决居民“最后一千米”出行难问题。

平安建设 开展“清风”行动，治理无照经营、黑车黑摩的、店外占道经营、入室盗窃、诈骗等十类突出的治安和秩序问题，累计出动执法力量1613

人次，查处无证无照经营800起，店外经营443起，散发小广告62起，查扣黑摩的52辆，破获案件62起。检查生产经营单位1680家次，消除安全生产隐患3360项。对地区43家物业公司及26家外包公司开展“劳动用工规范一条街工程”及书面审查工作。处理劳动纠纷案件22起，为302名劳动者讨要工资总计120万元。开展清理整顿人力资源市场秩序、整治小作坊、加班工资支付、用人单位遵守劳动用工和社会保险法律法规情况专项检查。建立消防安全志愿者和消防安全协理员队伍，现有消防安全志愿者545人，消防安全协理员480人。全年检查800余个单位、企业559家，下达整改通知书506份，排查消防隐患1158项。开展“打四黑除四害”专项行动，回收废旧药品300公斤，取缔2家黑诊所。开展食品安全联合执法活动，取缔无照经营160余起。开展法律服务村居行活动，将辖区14家律师事务所和国信公证处与社区居委会结对，提供义务法律服务，接待居民咨询586人次，建立首钢大厦普法工作站。加强社区服刑、刑释解教两类人员管控帮扶，成立疏导区，为32名“两类人员”安排固定摊位点。

民生建设　年度新增失业人员1286人，登记失业率0.5%，开发就业岗位4278个，开展职业指导2631人次，推荐成功379人。接受低保和低收入家庭医疗救助187人次，发放医疗救助金33.4万元、城镇居民最低生活保障金约267.1万元、困难家庭高等院校学生学费救助10.8万元、养老券490万余元、高龄津贴38.4万元、伤残军人抚恤金92人82.5万元、年度义务兵家属优待金135万元。发放独生子女父母年老一次性奖励30.3万元、独生子女意外伤残死亡经济帮助25万元。完成辖区内41户廉租房、124户经适房、366户限价房、92户公租房和3户公租补贴的初审上报、变更、取消、发放备案通知、约谈等业务。为57名听力残疾人安装可视门铃，对9个无障碍社区和74个无障碍家庭进行改造，为57户听力残疾人家庭安装可视门铃，两节及助残日期间走访慰问4.37万元。开展公益募捐活动，共收取捐赠款249506.95元，棉衣被4589余件。规范管理服务商，与现有服务商续签合同，发放“北太平庄社区便民服务网点”牌匾；成立居家养老服务中心项目领导小组，创新养老服务模式。

社区建设　成立北太平庄街道网格化工作领导小组、网格化社会服务管理分中心，设置街道网格化各项工作组，对网格化工作进行细化分工，辖区共划分网格38个，网格内划分网格单元309个，为网格配备人员912人。组织社区换届选举工作，8个社区居委会采取户代表直选，251名人员当选北太平庄街道第八届社区居委会工作者。建立社区后备干部选拔培养机制，选拔培养后备干部30人，该做法被国家社会工作协会收录。招考16名社区工作者。开展社区大讲堂49讲，参加人数2013人。各社区义工服务站组织义工活动103次，共服务3131人次。组织律师、公证员与社区居委会签订法律服务协议。完善社区服务功能，社区服务热线电话全年共接听2万余次。

基层党建与精神文明建设　开展“加强政风行风建设，创建优质服务品牌专项活动”，完善32项制度规定，公开对外办事项目、范围内容、办理时限等30余项内容。

在党员中开展“我为党旗添光彩”“我为社区建设做奉献”等专题演讲。组织蓟门新语青年汇青年参加北京市青年公益文化节，开展“青年联谊会岗位技能知识竞赛”。

社区艺术团参加“风情俏中国—维也纳中国舞蹈盛典”活动。地区秧歌队参加北京市第五届百家社区健身才艺大赛获第二名。与首都体育学院建立社会实践合作项目，就提供社会实践岗位、社会调研支持、社区体育健身指导、地区国民体质测试研究等项目进行合作，开展活动。

（郑湘军）

【成立“老年互助社”】　为完善居家养老服务体系，街道创新居家养老模式，在19个社区成立“老年互助社”。互助社将各社区热心公益活动的健康老人分成调解组、照料组、邻里关怀组等互助小组，开展邻里守望、生活照料、精神关爱和维权调解等帮扶活动。

（郑湘军）

【开展诚信计生系列活动】　本年，在全地区开展“幸福的红，诚信的印”主题诚信计生系列活动。开展“诚信计生进家庭”活动，制作海报500份在地区单位和社区张贴，制作照片集宣传画册，开展主题征文活动，评选出12户诚信家庭和五好幸福家庭，并对地区居民进行了诚信计生群众需求调研，发放调查问卷，形成调研报告。10月24日，市人口计生委到北太平庄街道办事处对海淀区开展诚信计生工作情况进行检查验收。

（郑湘军）

海淀街道

【概况】　1949年5月设海淀镇，1954年5月撤镇设街道，是海淀区的第一个街道建制。1963年3月重新设立海淀镇街道，1979年10月改称海淀街道。辖区面积6.9平方千米，有32个社区居委会（八一社区并入稻香园南社区），户籍人口14.3万人，外来人口约4.3万人。辖区内有法人单位12000余家。

经济建设　2012年代征房产税入库3131万元，同比增长5%。开展联合走访活动3次，走访重点企业60家，帮助8家企业解决经营问题。全年新增税源企业1651家，实现新增税源3800余万元；存量税源企业1106家，实现存量企业税收64亿元。

环境建设　实施“飓风行动”，完成年度台账任务，拆除违法建设1036.74平方米；拆除友谊社区、万柳华联西侧等7处账外违法建设、4316.5平方米。对立新社区环境脏乱、私搭乱建、无照摊贩聚集等进行集中治理，社区环境改善。落实市、区“双护、双车”、十八大环境保障等多个专项行动，对辖区重点地段、重点部位进行联合执法专项整治。对中关村大街、中关村西区、人民大学东门西门等地区联合执法，取缔夜间烧烤排挡和西区违法早餐摊点，打击非法乱贴乱发小广告等违法行为。全年共出动车辆5000余车次，出动人员18692人次，共查处各类违法行为5850起，罚款共计40.4万元。

完成芙蓉里社区15栋楼、稻香园西里社区7栋楼更换窗户及建筑物外保温改造工程。对合建楼社区环境进行综合改造，对倒座庙社区、立新社区地下管线进行改造，铺设污水、雨水管线210米，硬化铺装1100平方米；对稻香园北社区喷水广场进行改造，新建4个藤萝架；对海淀路、万泉庄北社区漏雨房屋、窗户进行修缮；整治小南庄马路市场，更换路边护栏140米。投资27万余元，补植各种花冠木7583棵，绿篱2.3万株，草坪3000余平方米。

投资499万元，改造中关村西区路侧引导标识；投资146万余元，完成中关村广场环卫车辆专用坡道改造工程；对中关村西区市政基础设施进行全面修补和翻新；新增自行车停放设施。

率先在中关村西区25家单位推行《海淀地区安全生产制度化建设统一模式范本》，帮助企业完善安全生产责任制。加强消防安全“四个能力”建设，落实人员密集场所、高层建筑等专项火灾隐患排查，开展消防演练，辖区未发生安全生产及消防事故。定期对传染病防控、食品卫生、饮用水及公共场所的公共卫生安全进行联合执法检查，全年未出现重大传染病疫情及餐饮服务食品安全事故。雨季没有发生塌房、伤亡人事故。

平安建设　完善地区综治工作体系，全面加强地区重点时期、重要节日安全维稳及社会面防控，形成群防群治、联防联控的防控局面。完成重点时期、特殊时期的地区稳定工作。

开展十八大安保“十大专项行动”。针对无照经营、店外经营、非法小广告、露天烧烤、露天大排档、夜间施工扰民等六类环境秩序问题进行专项整治。对地区挂账的4处重点地区和治安环境乱点保持强力联合执法检查，累计出动人员1200余人次，出动车辆500余台次，打击无照游商、店外经营、私搭乱建等违法违规行为，净化街面秩序。投资6万元，在制贩三假[①]等现象严重的中国人民大学东门周边安装250米的人行护栏，遏制制贩三假行为。

重新梳理各类台账，重点落实“管人、看地、控物、抓事、盯问题”，建立“街道领导包片、机关干部包社区、社区居干包楼、楼门组长包户”责任制。对32个社区的居民楼及平房、巡逻区域进行责任划分，对各类重点人员进行确认和责任人落实。加强矛盾排查，落实领导接访制度，十八大期间接待上访人员30余次。适时启动等级防控，依据网格类型设立十八大期间群防群治社会面治安防控岗位，共组织地区各类专辅力量1.2万余人，对辖区桥梁、重要路段、重点人员进行盯守。

投入54万余元用于校园安全视频监控联网建设。投资606万元，用于中关村西区的监控扩建工程，新增75个探头。投资260余万元，对海淀路、万北、稻南等7个社区的监控室、技防设备进行改造、更新和维护；为阳春、三义庙、稻南、小南庄4个社区安装楼宇对讲和门禁系统；改造新区、合建楼、三义庙、小南庄4个社区的14个自行车棚。

开展矛盾纠纷大排查4次，排查矛盾纠纷43件。受理各类矛盾纠纷1153件，成功调解1148件，调解成功率99.57%，做好亿霖木业清退，清退率98.37%。

推进网格化社会服务管理模式，把地区划分为38个网格，确定网格人员配置。编印和发放《海淀街道网格化社会服务管理社区网格快速指南》和《海淀街道网格化社会服务管理社区网格居民使用指南》各3万份。

民生建设　全年累计发放低保金200余万元，投入临时、医疗、教育等各项救助资金65.4万余元。开展大型慈善捐赠活动募集善款51万元，发放慈善救助款27万元。举办4场失业人员专场招聘会，为2555人次进行职业指导，提供岗位信息4788个。年内城镇登记失业人员就业指标1208人，完成全年指标的121%；就业困难人员实现就业指标520人，完成全年指标的193%。开展劳动法规宣传和专项检查，

① 三假指假发票、假证件、假印章。

全年妥善处置劳动纠纷案件 37 起，涉及金额 95 万元。全年保障房受理共计 483 户，225 户通过审核家庭取得配租配售资格。新成立老年互助社 10 所，整合、发展居家养老服务商 62 家，为 2951 位老人提供各种养老（助残）服务 414 余万人次。新开办 3 个社区老年食堂。投资 70 余万元对 12 个老旧小区进行无障碍改造，为 48 户残疾人家庭进行家庭无障碍改造。街道残联职业康复劳动站被评为“北京市 2012 年优秀职业康复劳动站”。

新开办社区便民菜站 3 个，在 8 个社区开通蔬菜便民直通车。4 月，完成海淀南路老楼通气工程，771 户居民用上管道天然气。

推进西区商务楼宇人口计生宣传服务“一楼一品牌”工作。地区计划生育政策符合率 98.35%，街道被评为“北京市 2012 年度人口和计划生育先进集体”。

社区建设 完成居委会换届选举。公开招考录用社区工作者 40 名。分层次组织开展专题讲座和培训，提升社区工作者的综合素质。

选取碧水云天、三义庙、人大附中 3 个社区作为“六型”社区首批建设的试点社区。街道投资 170 多万元用于 3 个社区的制度建设、环境整治、技防设施安装、车棚改造、图书购置等工作。

为阳春新纪元社区协调解决 600 多平方米的居委会、服务站办公用房。采取回收服务站网点用房方式，为稻南、三义庙、稻北等 7 个社区增加办公面积 500 多平方米。改造装修现有用房，投资 175 万元，用于稻香园南、海淀南路南、航空港、飞达等 13 个社区办公用房的改造。投资 50 多万元为倒座庙、苏州街路、立新、人大附中等社区更新办公设备。

选取 11 个社区作为规范化建设示范社区，对社区重点工程、居民文化活动、社区服务方面给予支持。成立并注册登记了 10 个社区社会组织，新注册社区志愿者 3377 人。开展大型主题活动 16 次，累计 2 万多人次参加。

基层党建与精神文明建设 开展基层组织建设年活动，在 58 个基层党组织中开展分类定级整改提高工作。结合纪念建党 91 周年组织开展系列活动，推动“创先争优”常态化长效化。完成社区党组织换届选举，举办社区党组织书记、非公企业党组织书记培训班。推进党员干部现代远程教育进社区工作，组织社区党组织开展党建工作“三级联创”。加强非公经济领域党建，以“五站合一”工作站为依托，发挥工青妇等群团组织作用，增强楼宇工作站的社会影响力。从清权确权入手，完善内外监督制约机制，推进“三个体系”[①]建设。

开展创建全国文明城区工作，组建专家顾问组、“五老”[②]志愿者宣讲团、巡访团、文明观察团。制作宣传横幅 500 条，在公共场所、社区设置宣传展板 200 余块。

举办“喜迎十八大、唱响核心区”文艺演出，开展“激情夏日”——文化广场系列文艺活动；组织开展各类讲座及周末社区大讲堂活动 150 次。利用社区文体协会、市民学校等载体，组织开展乒乓球比赛、“五月的鲜花”文艺演出、践行北京精神等各类群众性文体活动。全年放映公益电影 60 场，观众人数达 5000 余人次。为社区服务中心图书室、社区配备图书 2400 册，在 5 个社区开展益民书屋工作。组织开展各类科普活动，举办多种形式的未成年人暑期主题教育实践活动。

（郭英）

【注册百望青年志愿者协会】 2 月，百望青年志愿者协会注册为海淀区社区社会组织，定名为“北京市海淀区海淀街道百望青年志愿者协会”。协会有成员 80 余名，全部由 35 岁以下硕士研究生组成。成立几年来，协会一致致力于开展关爱“瓷娃娃”[③]和打工子女行动。

（郭英）

【开展就业“手拉手”结对活动】 8 月 30 日，街道社保所与门头沟区王平镇社保所签订“手拉手”就业合作协议书。10 月 27 日，海淀社保所协调 9 家企业到王平镇举办招聘会，提供岗位 300 余个，450 人应聘，60 人达成求职意向，5 人应聘成功。

（郭英）

【开展人口计生宣传服务“一楼一品牌”活动】 年内，开展中关村西区商务楼宇人口计生宣传服务“一楼一品牌”活动。开办西区人口知识大讲堂，得到不同层面受众者的好评；在中钢国际集团大厦、中关村大厦安装卫星定位使用二代身份证避孕药具自取机；在联想国际大厦举办大型西区白领相亲会；为各大厦配发实用的计生宣传品。“一楼一品牌”活动提升了计生宣传效果。

（郭英）

① 即权力结构科学化配置体系、权力运行规范化监督体系、廉政风险信息化防控体系。

② 指老干部、老战士、老专家、老教师、老模范。

③ 瓷娃娃是脆骨病（成骨不全症）患者的代称，脆骨病是由于基因缺陷导致骨头极其脆弱的一种罕见病，发病概率在万分之一到一万五千分之一，在中国大概有十万人。

中关村街道

【概况】 1961年2月24日，中关村街道成立。2005年12月，双榆树街道并入中关村街道。街道面积5.28平方千米，人口约25万人，有32个社区居委会（增加“熙典华庭”社区）。辖区内有国家级科研院所28家，高科技企业等各类企业约1.3万余家。辖区有5000多名科学家和高级知识分子，其中两院院士130多位。居民中大学以上文化程度约占总人口的30%。

经济建设 2012年度辖区存量企业1371家，贡献区级财政22.87亿元，同比增长10.76%；新增企业3425家，其中注册资金1亿元以上企业19家，1000万元以上企业181家；回迁纳税百万元以上重点企业2家。

对税源建设工作进行任务分解，加强与公安、工商、税务、交通、城管等地区职能部门的合作。全年共为1456家单位上门发放“企业需求征求意见函”，开展各类培训宣传活动9次，涉及用人单位683家；举办中关村地区政府、院、企创新交流洽谈会4次，现场达成院企间和企业间的合作意向15项，实现金融服务对接6次，服务地区企业172家。有序推进街道集体企业改制工作。持续开展“劳动用工规范一条街工程”和“劳动用工和谐单位”创建工作，推进劳动监察和劳动纠纷调处“两网化”[①]建设。

环境建设 开展“飓风行动”专项整治，建立社区居委会、街道查违办、区查违办三级防控网络，遏制违法建设蔓延的势头。全年共拆除各类违法建设137处、18555平方米，其中账内违法建设11处、1770平方米；新生违法建设126处， 16785平方米。

开展“双护工程”[②]专项行动、“中科院百日环境整治行动”以及户外非法广告牌匾治理行动，加强对重点地区、重点场所的街面秩序整治，科贸大厦、五道口城铁、爱家收藏市场周边环境混乱、当代商城南侧贩卖假证等长期困扰地区的问题得以改善。

投资100余万元对主干道两侧市政设施和城市部件进行防粘贴涂料施工改造，地区小广告的粘贴数量得到控制。

全年完成义务植树34660多株，新增改造绿地2800平方米，边角地、空闲地增绿1000平方米，垂直绿化750平方米，屋顶绿化800平方米，公园绿化改造3500平方米。

平安建设 加强群防群治队伍建设，在敏感时期启动社会面防控机制，对社区内重点人进行24小时管控。全年共组织发动群众20余万人次参与地区安保工作，完成十八大、全国“两会”等特殊时期的安保工作。

成立街道突发事件应急委员会、制定街道重大决策社会稳定风险评估机制、建设街道政务及预警信息发布系统，推动建立主动防控和应急处置相结合、传统方法和信息化手段相结合的公共安全体系。新建社区警务工作站9个，新装监控探头73个、楼宇门禁系统60个。

完成十八大服务保障工作。十八大期间，组织动员各方专（兼）安保力量13万人，执行社会面巡逻防控任务60次。成立4个督查小组排查解决各类突出问题58起；成立4支执法小分队，开展执法活动36次，整治重点地区5处。

开展领导干部大接访，全力化解社会矛盾。全年接待地区群众来访48批、98人次，群众来信、来电结案率达到100%，来访事项结案率达到97%。解决河北三河灵泉公墓清退工作、异地退休返京知青帮扶救助等重点敏感案件。

组织开展生产安全、公共安全、公共卫生安全、食品安全等各类安全隐患排查近百次，对重点地区单位、人员密集场所进行重点排查，共查出隐患9起，全部限期予以整改。

社区建设 投入税源建设奖励资金1200余万元用于地区基础设施建设和公共事业的发展。围绕社区服务站建设、改善社区办公用房条件、加强社区工作者管理、建设街道-社区信息化办公平台等内容，全面推进社区规范化建设，完成黄庄等六个“六型社区”的创建。完成第八届社区居委会换届选举工作。

按照公益型、互助型、经营型“三位一体”的构架，扩展社区服务领域，重点开展面向老年人、未成年人、残疾人和弱势人群的关爱救助服务，受益近4000人次。推进“一刻钟服务圈”建设。全年共组织大型志愿服务活动19次，其中与北京大学联合开展的“春燕行动”志愿活动，被国家教育部倡导在全国高校推行。

开展网格化社会管理和社会服务工作，完成网格划分、人员配置、机制建设、任务入格、网格化社会管理和社会服务综合管理平台的培训及使用等工作，在城市管理、综治维稳、公共服务、便民服务、党建群团、社区建设等

① 指网格化、网络化。

② 指以净化校园周边环境为重点的“护蕊工程”和以整治医院周边环境秩序为重点的“护生工程”。

方面取得成效，实现“网中有格，格中有责，人在格中，事在网中；每格多人，定人定责，一员多能，同网同责”的目标。

完成“亿霖木业”案善后清退工作，清退人员143人、合同173份、清退金额总计970万元，清退率达到95%。

本年老旧小区综合改造工程涉及辖区9个社区，改造楼房58栋，外墙改造面积33.08万平方米，房屋5137套。节能改造工程全部完工，路面铺油、雨污水管线、热力改造等综合改造工程基本完成。

加大对中关村地区企业联合会、社会工作联合会、文化建设联合会、海淀惠泽社工事务所四家社会组织的扶持力度。全面推动商务楼宇“五站合一”建设，在29个楼宇中共建立2个示范站、1个一类站、14个二类站、12个三类站，逐步扩大非公企业党组织的覆盖面。

民生建设 完成就业指标1349人，发放社保卡（或补卡）16706人次，办理“一老一小”、“无业”参保9230人次，为1500人发放232万元失业金，为194户低保家庭发放低保金190万元，完成地区815名就业年龄段残疾人就业状况普查。住房保障方面，受理申请家庭369户，办理各类变更67户，完成35户廉租房年度复审，安置公租住房家庭165户，廉租住房家庭16户，发放租金补贴73.62万元。完成辖区来京务工人员随迁子女借读证明的办理，完成手足口病防控、流感疫苗接种、“脑卒中”筛查、“两癌”筛查、“健康社区”评选等工作。完成全员人口信息库录入核实，推进幸福家庭创建，生育政策符合率98.66%。

基层党建和精神文明建设 完成社区党组织换届。开展“基层组织建设年”、“创先争优”等活动，加强基层组织建设，提升基层党建工作水平。完成党组织分类定级、远程教育分类定级、社区党建三级联创等工作。

中关村街道党工委与北京大学信息科学技术学院党委开展党建共建活动。通过共建，大学利用街道社区党建工作的实践平台锤炼党员干部，街道则使用北京大学的教育资源，进一步拓展党建空间，提升街道党建水平。

围绕中关村地区城市管理、文化建设、教育发展等重点工作开展人大代表政协委员活动6次，代表进社区接待选民10次，收集意见建议79件，其中46件得到解释答复。代表向有关部门提出会下建议6件，其中3件得到解决。

建成中关村街道百米万册图书室，完成黄庄等5个“体育生活化”社区和红民村等5个社区“益民书屋”建设，完成航勘社区科普益民社区和数字化社区申报建设，完成地区全部健身器材的更新。

加大对精品团队的扶持力度和对文体骨干的培训力度，重点发展地区书画社、京剧队、声乐队、舞蹈队和乒乓球队，代表地区参加比赛交流活动。地区乒乓球队获北京市第六届“和谐杯”乒乓球赛城区组一等奖。

通过整合科研单位的科技讲座、主题展演等品牌活动、开展“中关村科学营”特色旅游项目，采取共享国家科学图书馆文化设施等手段，构建科技与文化融合的中关村地区科普教育示范基地，打造“区域精神文明”示范模式。

开展全国文明城区创建宣传“四进”[①]活动。通过开展“拉着爸爸妈妈的手走进大钟寺博物馆”、环保小卫士等主题活动，提升地区群众的创建知晓率和支持率。

（沈成保）

【开展“春燕行动”志愿活动】 1月15日，“春燕行动”在北京大学启动。中关村街道是北京大学“春燕行动”第一批合作单位。北京大学组织寒假留校大学生在春节期间探访慰问社区空巢老人，共享节日喜庆与天伦之乐。

（沈成保）

【开放天使乐园早教活动室】 2月15日，中关村街道东里南社区“天使乐园早教活动室”正式对居民免费开放。街道计生办开展早教知识讲座、早教问题咨询、早教亲子等活动。向辖区待孕和孕期家庭及0–3岁婴幼儿家庭免费发放《孕妈妈日记》和《0–3岁宝宝成长日记》共计2000本。

（沈成保）

【举办首届中关村科技艺术节】 5月28日至11月17日，举办首届中关村科技艺术节。本届科技艺术节由中关村街道主办，中关村地区文化建设联合会承办，得到中国科学院北京分院的支持。艺术节以“科技改变人生，艺术升华你我”为主题，举办“五月的鲜花”文艺汇演，科学家、艺术家诗歌朗诵会，书画笔会，“科技之光”在读研究生卡拉OK大赛，京剧名家票友演唱会等活动。

（沈成保）

【建成家庭人口文化主题园地】 国庆节前夕，中关村街道投入65万元，在双榆树公园建成家庭人口文化主题园地。包括四组主题雕塑和两组造型橱窗。雕塑体现了三口之家与大自然亲密接触，沐浴阳光、与花草为伍、与动物为伴的和谐情景。《幸福之家》铁艺造型橱窗分“春”“秋”两个主题。主题园地将人口文化带到大众身边。

（沈成保）

[①] 指进社区、进农村、进学校、进企业。

学院路街道

【概况】 学院路街道成立于1963年4月，原称五道口街道，1968年3月改为东升路街道，1991年1月更名为学院路街道。有26个社区居委会，面积8.49平方千米，户籍人口18.6万人，流动人口7.7万人。辖区有9所高等院校，中小学校11所，国家级科研单位10所，企事业单位2204家，是北京市及本区科技、文化、教育最密集的地区之一。

2012年，以建设高科技核心区和科技创新中心为目标，以创建“和谐学院路”为工作核心，全面推进地区各项工作。

经济建设 以地区服务经济发展联席会、学院路地区工商联分会、海淀秘书学会学院路地区分会等组织为平台，通过优质服务优化地区发展环境，吸引企业落户。通过工商联分会、办公室主任联席会等形式加强与地区单位的沟通。发挥地区人大代表、政协委员作用，通过走访、座谈征求地区单位建议，多渠道协助解决问题。协调解决地区企业产业用地、征询进京名额等各类问题。整理地区商务楼宇入驻情况和可用土地情况。一家异地纳税企业同意回到地区，一家企业成功上市。

环境建设 推进7个老旧小区64栋楼的综合整治，总工程量40余万平方米，占全区的五分之一。完成二里庄斜街、清华东路、五道口停车场等环境建设项目，其中五道口停车场项目，增加非机动车停车位近400个。查处各类违法建设32处、拆除2.1万平方米。推进逸成西北角空地内违法建设和五道口服装市场的拆除工作。开展环境建设百日集中行动，对双清路沿线、五道口商圈及地区重点区域开展不间断联合执法，累计出动执法工作人员3000余人次、600余车次。协调解决东王庄、农大等多个社区的垃圾分类对接问题，在9个社区实施厨余垃圾外运。探索实施垃圾袋实名制、分类积分回馈等方法，取得阶段性效果。学院路大街被评为海淀区唯一一条“文明示范街区”。

平安建设 在全区率先完成国际安全社区现场评定，地区伤害监测、老年人健康、居家安全等各专项工作得到新西兰评定专家组的高度评价，并被世界卫生组织社区安全促进合作中心命名为海淀区首家国际安全社区。构建社会矛盾多元调解体系，推广北科大“心桥室”工作经验，在二里庄服务中心建立“普法e站”，在社区建立“悄悄话室”、“法制学校”等10余个民间调解、法制宣传阵地。全年地区共调解民间纠纷1175件，处理讨薪案件14起，涉及306人、薪金近450万元。在节假日、敏感日启动社会面等级防控，地区3749名首都治安志愿者和615名安全稳定信息员配合专业力量维护地区稳定。开展安全生产、消防安全、食品安全、人防地下空间等检查1914次，排查整改安全隐患1650处。落实消防驻街制试点工作，设置“消防工作室”，对重点隐患区域进行联合治理。拓展“智能预警体系”功能，为4处地下人行通道安装涉水预警机。

以“网格化管理，组团式精细化服务”为社会服务管理理念，建立28个社区网格、3个道路工作格和214个网格单元的网格工作网络。完成执法力量、专业力量、社会力量、协管力量及监督力量的入格工作，累计将41类人员、3518人纳入各级网格。网格化信息系统软件基本开发完成并上线试运行。建立监督考评激励机制，强化情况周通报、月小结等制度。全年社区网格累计解决微循环事件97起。

民生建设 本年扩大社区托老范围，在4个社区（展春园、静淑苑、东王庄、六道口）建立托老照料中心（地区共7家），引进专业护理公司和家政服务公司开展为老服务。由街道出资70%，对高龄老人、军烈属、低保家庭老人开展“康复护理进家庭”和“家政服务进社区”项目。新建6家老年互助社（地区共12家）。开展“送温暖”和“慈善情暖万家”等活动，走访困难人员1289户，发放慰问金（品）35.2万元。完成20个社区、106户残疾人家庭的无障碍改造。全年地区失业人员就业1356人，职业指导2860人，开发就业岗位4700个，成功推荐就业320人。为700余人办理新参保手续，地区参保“城镇居民医疗保险”人数达到7400人。受理保障房申请680份，接待来访来电咨询7000余次。组织开展“地区人口发展和规模调控研讨会”，对人口结构、分布等重点课题进行调研和工作研讨。筹备建立旨在帮扶、慰藉计划生育特殊家庭老人的“心灵家园”，开展“健康快车进校园”等系列活动。

建设“一刻钟便民服务圈”，培育北科大、二里庄、语言大学社区为建设示范点，做到“一圈一策”。建成一刻钟便民服务圈23个，基本覆盖全地区。地区建立便民菜站7处，便民菜车已覆盖11个社区，日销售蔬菜近5000斤。开展“法律六进”、“法律服务村居行”等法律服务宣传活动，提供法律咨询近千人次。地区16709名在册义工和部分非在册义工参与“学院情”助教、“暖心行动”关爱等志愿服务项目。累计投资30余万元，完成27个新居民服务中心的规范化建设，16个服务中心实现与市流管信息的直采直录。对流动人口开展预防煤气中毒、强化免疫、疫苗查漏补种、学前教育状况监测、外来务工人员子女入学等工作。完成地区流动人口和出租房屋基础调查以及实有人口服务管理全覆盖工作。

基层党建和精神文明建设 完成

社区党组织换届选举工作。开展“创先争优，从我做起”主题实践活动，新增2个党建示范项目品牌工程。建立26个二级网格党组织和313个三级网格党小组，做好城市综合管理服务中的党群工作，建立地区非公经济组织台账。开展纪念建党91周年系列活动和市第十一次党代会精神系列学习活动。开展廉政宣传教育活动，深化党风廉政建设。对机关政风行风进行监督，对行为六规范不定期开展专项检查和电话暗访。

完成社区居委会换届选举。在社区服务站建立居务公开、经费管理办法等制度。继续推进社区“九必访、六必到、九必报”工作模式，巩固社区精品品牌，推进星级和谐社区建设。指导26个社区全部开通微博，推进东王庄、逸成、富润国际化社区创建进程，完成特色警务外管站、wifi全覆盖等建设。在六道口27号院等三个社区继续推行社会化管理。

启动全国文明城区创建工作，并把创建工作完成情况纳入行政效能监察。在地区各主要路口安装近百块“北京精神”宣传展板。以第二届地区文化节为统领，开展五月鲜花文艺汇演、外国人才艺大赛、和谐杯乒乓球赛等文体活动。

（秦奇）

【完成首家国际安全社区现场评定】 6月19日，新西兰国际安全社区认证中心专家对学院路国际安全社区建设情况进行现场认证评定。专家组对申请报告和现场汇报给予充分肯定，对8个示范点工作逐一考察，认为在降低伤害事故发生方面成就显著。专家组确定向世界卫组织社区安全促进合作中心推荐学院路街道为国际安全社区网络成员。11月22日，在西安举办的国际安全社区命名仪式上，学院路街道被命名为国际安全社区，成为海淀区首家国际安全社区。

（李婧）

清河街道

【概况】 1949年5月建立清河镇人民政府，1959年11月正式成立清河街道办事处，1963年3月单独建置。街道辖区面积9.37平方千米，现居住人口14.7万人，其中外来人口8.4万人。社区居委会27个（安宁南里社区并入安宁里社区）。地区共有经济法人单位1360多家。辖区城乡二元结构特征明显，呈现“四多一少”局面：贫困、失业人员多，就业形势严峻；危旧平房多，易引发各类矛盾；新建小区多，新旧小区差距大；外来流动人口多，治安环境不容乐观；金融、科教文卫类公共服务设施少。

经济建设 加强新增税源建设，落实“三包”机制，实行“一对一”服务模式，街道领导定期走访所包企业，帮助解决实际困难，为企业的经济发展提供服务。本年新增税源企业互爱（北京）科技有限公司、小米移动公司、泰山饭店、四通消防等6家，新增纳税额约4000万元。

环境建设 完成朱房路、安宁庄西路南段工程。综合治理朱房路，共清运垃圾渣土300余吨，平整土地1000余平方米；拓宽改造砂轮厂路。对毛纺南小区环境进行整治，对毛纺南小区、加气厂小区30栋楼进行防震抗震加固、节能保温改造。完成账内2万平方米违法建设拆除，拆除西二旗钢材市场1.98万平方米的账外违法建设，拆除2457.65平方米新生违法建设。

平安建设 成立清河地区网格化社会服务管理工作领导小组，采取“1+1+10”的模式将整个清河地区划分为27个网格，对一地两府、农居混杂地区，采取一格双格长制。做好流动人口及出租房屋服务管理工作，共核查流动人口近25万人次，出租房屋近1.5万户次，实有人口摸排12万余人。开展“清风行动”、治理黑车等专项整治，清河中街等地区挂账重点部位秩序好转。全年排查出矛盾纠纷42件，接访72次，矛盾纠纷化解率100%。上报城市管理问题18313件，立案率98.4%。接收群众事务呼叫中心转办件597件，按期结案580件，完成率97%。以打击违法非法生产经营为重点开展各种专项检查十余次，检查单位、工地900余家，查出安全隐患1500余处，组织各项各类大型宣传活动9次。

民生建设 举办招聘会5场，实现就业692人，职业指导1418人，创建区级充分就业社区27个，成功创建充分就业街道。地区低保户共214户380人，累计救助低保金额220余万元。走访慰问残疾人1521户，发放慰问金及慰问品近19万元。建立社区居家养老服务工作体系，登记审核享受补贴人员1755人，发放居家养老服务券近100万元。调解各类劳动纠纷15起，为劳动者追回被拖欠工资195.8万元，涉及劳动者293人，劳动纠纷案件结案率100%。为非京籍适龄儿童办理入学借读证明571份。办理计生相关手续及证件2739个。地区通过保障性住房市级备案居民2087户。

社区建设 完成24个社区的党组织、社区居委会及社区妇代会换届选举。开展领秀硅谷、海清园、长城润滑油社区创建北京市“六型社区”示范社区工作。指导力度社区创建北京市一刻钟社区服务圈示范点，学府树家园、空军装备研究院两个社区创建海淀区一刻钟社区服务圈示范点。

基层党建与文明城区创建 建立基层党组织党建工作特色创新项目库，

做好“创先争优”总结。推动“三级联创”工作的开展。推进地区现代网络教育进社区工程，将长城网党员教育资源引入社区党员教育。全面启动地区全国文明城区创建工作。举办以“喜迎十八大，建功核心区，畅想新清河”为主题的2012年清河地区体育文化节，丰富地区群众文化生活。

（王华）

青龙桥街道

【概况】 青龙桥街道成立于1963年3月，辖区面积18.59平方千米，设21个社区居委会，户籍人口68947人，流动人口6.6万人。

2012年，青龙桥以建设西北部高端休闲旅游区为目标，以十八大服务保障为重点，不断推进全国文明城区创建和网格化社会服务管理试点，探索城乡结合部发展建设和流动人口服务管理新模式，打造以“环境优美、安宁有序、和谐共生、健康向上、服务周全、生活幸福”为内涵的“宜居青龙桥”品牌。

环境建设　与各社区签订防控违法建设责任书，建立社区巡查发现、城管依法查处、街道组织拆除的拆违联动机制，完成2012年台账任务。完成市级达标大街清华西路和颐和园周边、西苑交通枢纽、中关村北大街和中央党校周边的环境建设。改造颐和园周边的脏乱死角，建成同庆街自行车架便民设施，维修香山路灯箱，在福缘门社区修建一座健身、休闲小广场。实施平房社区供电供水设施改造，初步解决平房社区长期存在用电难、吃水难的问题。修理各社区下水井，汛期前完成对平房社区的下水管线疏通、清掏。妥善应对“7·21”特大暴雨，做到特大汛情未死人、未倒房，安全度汛。落实保洁绿化责任制，采取日检查、月考核、季评比的方式督促环卫作业单位、门前三包单位和社区做好街巷胡同环境卫生。通过物联网技术监督保洁工作质量。成立环境卫生应急小分队，消除主要点位的脏乱，及时清除无主垃圾渣土。

平安建设　整合地区综治维稳力量，固化综合治理工作机制。建成智能识别与行为分析系统，自动识别可疑人员和非正常行为，变事后追查为实时监控预警预防和有害事件发生过程中的及时控制。平房社区发案下降率居全区首位。以预防重新违法犯罪为首要标准，做好社区矫正、帮教安置工作。做好人民调解工作，预防化解矛盾纠纷。重点时间，启动重点人维稳一级防控和一级加强，完成重点人稳控工作。

按照“三级四类”原则把辖区划分为83个网格，按需合理配置28类网格力量，组建“一个中心、六个工作组、一个小分队”的网格工作机构。各种网格力量从“各负其责”到“区域联动”。建立起网格中“事件驱动”的动态协作机制，街道工作组、社区网格、网格单元共同建立统一协调与分格落实相结合、日常管理与重点治理相结合的组织工作体系，实现点、线、面的结合，基本做到网格事件“事事有人管，件件能落实”。整合城管监督分中心和网格化社会服务管理分中心，实现信息资源的有效交流和共享。

社区建设　试点新居民担任社区主任助理，推动居住地全员人口的一体化管理。把职业技能培训向新居民延伸，举办“新居民”专场招聘会。推进水磨社区水木年华青年汇建设，组织开展“新居民之家”、新居民趣味运动会、新居民志愿服务等活动。加强弱势群体帮扶和救助，努力实现“平等均衡，扶贫济困，阳光普照”。办好托老所、做好为老服务工作。开展家庭幸福秀活动。加强志愿服务培育和弘扬，努力构建政府主导、多元参与的服务模式。组织志愿服务扎根社区，以上门服务、免费服务等方式参与社区服务，并形成常态化机制。进一步规范私人个体协会颐和园义务指路处志愿服务品牌项目。

完成海淀区社保业务下沉试点，创建社保所工作标准化建设新模式。开通网上公共服务大厅，将应用前沿扩展至互联网和移动终端，方便居民足不出户完成事项资料、材料的网上提交、预审和办事进度的查询等。建设社区公共服务大厅，将街道公共服务事项办理下沉至社区，扩大社区预受理材料和服务咨询的登记流转权限，社区通过即时办结和全程代办两种方式为居民就近提供一站式办事服务；逐步实现居民办事在街道各社区公共服务大厅通办通结。实现“街居联动”、“同街通办”，公共服务方便快捷。

开设社区便民菜站，整合利用各社区周边数百家社会商业机构，以补贴、奖励等多种方式设立老年饭桌、服务自助超市，开展便民服务。在北宫门、西苑地铁站等设立便民餐车，为上班族提供卫生便捷的早餐服务。

基层党建和精神文明建设　落实处级领导班子理论中心组学习和民主生活会制度，落实机关党员学习制度。制定街道廉政风险防控管理涉权和职权目录。完成21个社区党组织和社区居委会换届选举工作。落实区委党员教育培训“十百千”工程，完善社区党员远程教育体系。加强社区工作者“服务意识、责任意识、创先意识”教育。完成基层党组织分类定级和晋位升级工作，推进党建创新示范项目和规范化建设。建立地区非公企业组织台账，对“两新”组织开展动态服务管理，扩大党在非公有制企业中的覆盖面和影响力。成立青龙桥街道社会管理与服务专家智囊团，成为海淀区十个党建创新示范项目之一。开展“创建品牌我先行，服务发展当先锋”主题实践活动。

开展以“弘扬廉政文化，打造和谐社区”为主题的廉政教育进社区活动。启动社区益民书屋试点工作，并组织参加“第二届北京阅读季活动”。开展红十字会募捐、“送温暖 献爱心”捐赠及“7·21”特大自然灾害捐赠活动，募集捐款约25万元。组织开展健身表演赛、公园健步走、“青龙杯”门球赛、“两节”文艺汇演等文体活动，丰富居民业余生活。

开展创建全国文明区工作。组织开展“北京精神”宣传教育，举办“北京精神”大讲堂活动、健康长走活动。开展北京市学习型社区先进街道和语言文字规范化示范街道创建工作。开展“六型社区”创建工作，申报5个社区为市级“六型社区”示范社区。推进规范化社区创建工作，推进社区基本公共服务全覆盖。参加北京魅力社区系列活动，获“街道组织奖”。

（王京红）

香山街道

【概况】 香山街道成立于1986年2月，辖区面积20.40平方千米，其中山林面积约16平方千米。设有6个社区居委会。户籍人口1.27万人，流动人口近3.3万人。辖区现有中央单位6个，市属单位23个，驻区部队4个，中学1所，小学2所。香山地区是北京著名的旅游休闲区，有香山公园、北京植物园、卧佛寺、双清别墅、曹雪芹故居等风景名胜和历史古迹。

环境建设 完成国务院西山服务局东区大门周边环境整治工程和四王府环境综合整治工程，香山一棵松52号院等处四项环境整治工程竣工，开展香山南路等四项环境改造项目。配合地铁西郊线完成拆迁。改造供水主支管线400余米，解决南营地区30余户居民生活用水问题。

拆除账内违法建设9处共1220平方米，遏制新生违建设57处共10052.28平方米，拆除新生违法建设3365.76平方米。

开展环境建设百日集中行动和主题为“春雨行动”的城市清洁月群众性卫生大扫除活动，清理堆物堆料100余吨，卫生死角12处，清洗擦拭公交站牌50余个。开展春风行动，集中对黑车、无照游商进行波次整治。开展对山寨指路牌、临窗广告的集中整治，规范违法行为5起，依法拆除违法广告牌匾10块。开展夜市大排档联合执法专项检查，取缔1家不符合规定的消夏露天餐饮经营场所，并将审查合格的5家上报备案。全面排查消除石桥、堆物、枯树等隐患。开展居民垃圾分类评比活动。设立社区环境观察员，及时发现并解决居民反映的环境问题。

第25届“桃花节”、第25届“红叶节”期间，配合交通单循环管制，加大交通执法及疏导力度，协调启用4号停车场为公交场站，在1号停车场内开通公交专用道，实行文明引导员错时上岗制度，保障公交运力充足和正常乘车秩序。在买卖街、煤厂街免费发放推广标准电子秤，设置公平秤和调解员。实行保洁循环作业，加大作业频次和清运力度，保障卫生环境。设立应急医疗救助站，做好遇险游客救护工作。

平安建设 制定印发《香山街道十八大安保‘十大专项行动’方案》，成立香山地区十八大安保指挥小组，下设十个专项工作组及办公室。成立街道层面突发事件应急委员会，加强应急队伍建设。

做好社会面治安防控。完成2011–2012预防煤气中毒工作，推进消防安全防火墙工程建设，健全地区护林防火联动联防机制。组织“包容、有序、和谐”主题宣传月活动，做好信访工作。

开展多种形式的宣传和监督检查工作，发现问题隐患及时督促整改，切实做好安全生产工作。开展“告别交通陋习”等多项交通安全宣传教育活动。香泉环岛站台被列入文明引导示范站台。

民生建设 全年采集登记岗位1738个，推荐失业人员135人次，完成职业指导534人次。完成军队转业调查和失业人员调查工作。全年接收退休人员32人，发放存折、联系卡、医疗手册450个，为370人变更定点医疗机构，受理社保卡业务560笔，受理“一老一小”及无业人员2200人次，办理药费报销100万余元。落实居家养老（助残）券发放结算474100元。同优莱网等服务商签署服务协议，扩大居家养老服务券的使用范围，完成海淀区城镇菜篮子及便民商业资金项目申报，成立香山社区维修站。

社区建设 开展“城乡交叉管理地区强化基层组织功能，提升统筹管理能力”课题研究。完成《抓住地区改造契机 建设香山旅游文化区》的调研报告。建立“1+1+17+94”的网格化社会管理服务体系，即1个香山地区网格化社会管理服务分中心（下设10个专项工作组），1个网格化社会管理服务分中心办公室，17个区域网格，94个社区网格单元的体系架构，实现网格化管理的无缝衔接和地区全覆盖。完成各级网格力量配置工作和各职能部门、执法部门力量下沉工作，完成社区三级网格职责、结构、人员上墙公示，完成街道处级领导、全体机关干部、社区网格工作人员和社区网格单元长4个批次人员的培训工作，提升各类网格力量的工作能力。推动劳动保障监察“网络化”管理，开展“春暖行动”，稳步发展和谐稳定劳动关系。探讨建立网格化社会服务管理信息管理平台，提高网格化服务管理水平。

完成第八届社区居委会换届选举。北炮社区和第二社区创建为北京市“六型社区”示范社区，成为北京市第一批“六型社区”示范单位。第二社区创建为海淀区社区规范化建设示范点。

基层党建和精神文明建设　完成基层党组织分类定级工作。推进社区党组织有人管事、有钱办事、有场所议事和构建基层区域化党建格局“三有一化”建设。建立社区党员服务站，保障流动党员权利。推荐上报区级党建创新示范项目6个、市级党建创新示范项目3个。成立地区非公企业联合党支部。开展“我身边的先锋”评选、基层党建风采展示等庆祝建党91周年系列活动。

启动“文化香山”工程。举办“文化香山”暨第五届香山文化论坛启动仪式，围绕“香山名人足迹与墓园”主题进行创作和作品征集。制定《文化香山发展纲要》、《文化香山近期工作方案》。成立香山红叶书院，举办创作笔会。举办以“打造文化香山，唱响美好明天”为主题的“五月的鲜花”文艺汇演和夏日文化广场文艺汇演，举办首届香山登山邀请赛等各项群众体育赛事。

（李天飞　刘旺）

西三旗街道

【概况】　西三旗街道成立于2000年3月，辖区面积8.23平方千米，户籍人口7万余人，流动人口7.6万余人。有社区居委会28个，辖区为城乡结合部地区,流动人口聚集。

环境建设　完成永泰中路主、辅路及永泰东路的大修，打通君安路。开展西三旗环岛东侧、育新地铁站及工行数据库周边绿化隔离带改造工程，龙岗路、小营东路、黑泉路绿化改造工程，育鹰小学、清河医院等4处取水井绿化浇灌工程，打造龙岗路、小营东路、建材城路、京藏高速路辅路及黑泉路道路沿线的绿化亮点。全年共拆除账内、账外、新生三类违法建设15处、4858平方米，其中挂账任务完成率100%。完成水二路平房区边角地拆迁改造收尾工作，腾退7户滞留居民。街道自筹资金近70万元，对五机床平房区及宝盛里保洁中心2处旱厕进行改造。完成电科院等3个老旧小区改造。

平安建设　构建西三旗网格化社会管理服务体系。按照“任务相当，方便管理，界定清晰”的要求，将街道划分成28个社区网格，细化出63个网格单元，形成“小网格，大服务”的格局。整合街道、社区、党员、物业、地区单位等多方力量，建立网格管理服务团队，为每个社区网格配备50人左右的网格力量，加强网格的管理服务能力。制定一系列网格服务管理制度，完成对社区网格格长和系统平台管理员近100人的培训。在地区安装19个监控视频探头，完成清缘里社区、永泰庄社区的技防工程建设。开展春雷行动、夏季攻势和清风专项整治行动。共没收非法运营摩的59辆，治安拘留67人。排查各类安全生产隐患462处，整改隐患450处。及时处理5起影响较大的群体性上访讨薪事件。接待群众来访50余人次，处置区转信访件10件，解决水二路平房区待拆迁户连续上访问题，全面完成亿霖木业清退工作。

民生建设　帮助998名地区失业人员实现就业，登记失业人员就业率达到77%。全年共计为地区1900余名老人发放养老券220余万元。帮助11名残疾人就业。为优抚人员发放慰问金和生活补助5万余元。为机械学院、建材联合、沁春家园3个社区2100户安装信报箱。执行劳动用工日常巡查制度，共检查用人单位350余家次。投资近百万，引进一座24小时自助图书馆，与首图联网，为地区居民的借阅和归还图书提供便利。举办“五月的鲜花”文艺汇演。为地区1000余名育龄妇女提供免费生殖健康体检服务。

社区建设　完成28个社区的“两委”换届选举。对24个社区居委会（服务站）进行改造提升。首批试点6个社区，完成“六型社区”市级折子工程创建第三方评估工作。对育新花园、宝盛里、清润家园3个社区开展“一刻钟”服务圈试点。完成4个数字文化社区建设，建成建材东里社区文化长廊，为地区居民免费放映电影100场。投入109万元，在28个社区实施宣传栏规范化建设。

启动地区创建全国文明城区工作，以“北京精神和雷锋精神”为重点，营造宣传舆论氛围。“学雷锋志愿服务”活动常态化。

（王小民）

马连洼街道

【概况】 马连洼街道成立于2000年3月，辖区面积10.74平方千米，户籍人口4.1万人，流动人口2.9万人，设有16个社区居委会。辖区属于城乡接合部，是“以居民为主，农民为辅，流动人口密集”的混合居民区。

环境建设 开展专项整治点位15个。联合执法52次，处罚无照经营1472起，罚款12500元。完成圆明园西路（肖家河桥至永丰路区间）、天秀路、马连洼北路“一纵两横”道路沿线的整治维护，道路的绿化、美化、景观化水平得到提升。肖家河村累计腾退院落611个，占总院落数的95.3%。拆除新生违法建设11处、2.04万平方米。拆除账内任务24处、约7.03万平方米。完成兰园小区改造工程，菊园电力基础设施建设工程，颐泉山庄到圆明园西路道路改造工程，西山庭院周边改造工程，七彩花园南门道路改造工程，水利一号院院内路面改造铺装及水利二号院绿化补植工程。

平安建设 成立街道突发事件应急委员会，完善应急体系，提升地区应急综合保障能力。建立马连洼地区综合服务网格化指挥平台，完成网格划分、网格服务管理力量实名制配备、视频监控平台的建设、网格运行组织体系的建立、指挥机构的成立、网格运行机制和运转流程的完善等基础性工作。地区城市综合管理指挥中心平台7月底投入试运行，初步实现信息收集、指挥派遣、检查监督和信息反馈的功能。截止到年底共上报城市管理案件16251件，结案16119件，结案率99.18%。在市级挂账点地铁4号线周边，采取“社区负责，专群结合，规范管理”的社区治安防范模式，组织片警和保安加强夜防和夜查，组织联合执法96次，召开16次重点排查整治工作协调会，共查处超市45家，大排档32家，非法行医15家，网吧8家，建材市场12家，查处黑车30辆。推进消防“平安三号行动”。全年共组织消防联合执法检查85次，检查单位650家，共发现火灾隐患67处，督促整改67家；组织社会公众消防安全问卷调查4次，组织消防宣传活动6次，购置并发放灭火器500个、检查工具150套、消防宣传品3.5万余份。亿霖案件地区涉案67人，80件，已对65人，78件进行案款清退，共清退331.46万元。全年接待群众来信来访16批32人次，开展矛盾排查450次，通过区非紧急事务服务中心接收案件372件，到期办结率100%。全年共接待劳动人事争议投诉案4件，涉及金额1万元；建筑工地农民工群体访突发事件21起，涉及农民工368人，涉案金额473.74万元。检查工地73次，签订劳动合同2708份，缴纳社会保险2147份，完善用人单位规章制度26份，创建“双百双规范”76家。全年共检查生产经营单位数650个，查出事故隐患102件，全部进行整改。组织开展安全生产宣传教育活动4次，1000余人参加活动。开展“送法入工地，服务农民工”、“夏日扬帆 法治领航”、“爱国见行动”、“法制宣传四季行”、“法律服务村居行”等法制宣传活动。全年共调解民间纠纷、治安纠纷887件，调解成功786件，成功率88.6%。

民生建设 完成城镇就业指标645人，完成年度就业指标的101%。城镇困难人员实现就业351人，完成年度指标的135%。开发用工岗位3743个，完成年度指标的107%。为3262名城镇居民办理医疗保险参保、续保工作。构建马连洼街道无忧养老网络体系，建立马连洼社区儿童工作站。发挥“爱心超市”作用，实现“无社会救助盲点”。开展“献爱心、送温暖”捐善款5.6万元。为38名精神残疾人进行健康体检，为92名残疾人申请办理海淀区残疾人生活补助金。为地区309名失业育龄妇女进行免费妇科病检查。在16个社区开展“为党旗增辉、为国策添彩，以优异的成绩迎接党的十八大”宣传活动。

加强和创新社会管理工作，形成“项目引领、精品示范、重点推进、全面提升”的工作态势。社区儿童服务站项目、无忧养老体系项目被列为海淀区社会管理创新重点支持项目，分别获得20万元和50万元专项资金支持。

基层党建与精神文明建设 完成社区党组织换届选举。完成基层党组织分类定级。实施“规范强基工程”、“暖心聚力工程”、“精神引领工程”、“教育固本工程”。完善商务楼宇信息平台。开展民主评议、党员“创先争优”活动。开展走访慰问活动，为生活困难党员“送温暖”。

（邓雪萍）

【马连洼社区儿童工作站成立】 5月30日，马连洼社区儿童工作站正式成立。工作站面积630平方米，是由马连洼街道办事处委托北京克丽斯培训学校运营管理的非营利性社区儿童安全服务项目。街道负责选择场地和前期资金的投入，克丽斯培训学校负责日常的管理工作和志愿者的入职培训工作。工作站开办幼儿托管班、课后四点班、暑期托管班，开展书法班、舞蹈班、音乐班、陶艺班和茶艺班等，为社区儿童提供服务。

（邓雪萍）

【构建无忧养老网络体系】 本年，马连洼街道构建无忧养老网络体系，包括健全一个机制即管理机制，打造三个平台即信息平台、物理平台和文化平台，完善一个体系即监管体系。即以“96156”网络为技术依托，电子小帮手、一按灵、综治平台需求等信息设备为辅助手段，构造居家养老信息平台。以老年人信息数据库为基础，以提供紧急救援、生活照料、家政服务、精神关怀等为基本服务内容，以马连洼托老中心及41家居家养老服务商为主体，构造居家养老物理平台。以老年大学、老年互助社和40余个文体组织为载体，构造具有马连洼特色的居家养老文化平台，通过整合社会服务资源，建立完善的居家养老服务网络体系，构建没有围墙的养老院。

（邓雪萍）

花园路街道

【概况】 花园路街道成立于2000年3月30日。辖区面积6.33平方千米，社区居委会35个，户籍人口13.4万人，流动人口4.6万人。辖区内各类法人单位5000余家，高校、科研院所集中。

2012年，街道围绕“一条主线”，即以迎接党的十八大为主线，建设“三个平台”，即文明城区创建平台、经济发展促进平台和社区建设服务平台，做好“五件大事”，即社区两委换届选举、安全社区创建、文化建设、环境建设和税源建设。重点做好全国文明城区创建工作，创建完善网格化社会服务管理体系。

经济建设 每月到税源单位走访座谈，对千方集团、大唐电信、世宁大厦等企业调研，为地区企业环境建设与秩序整治、经济发展投入400余万元。全年实现税收4.4亿元，新增企业单位570余家。

环境建设 形成“两级统筹、两级落实”的大城管体制。开展迎接党的十八大环境建设和整治工作，完成4处环境改造。北太平庄路社区老楼通天然气工程竣工。对月季园等老旧小区进行基础设施改造。综合整治拆违82处，完成拆违台账任务。清运无主垃圾渣土336吨。筹建占地面积2000余平方米的地区应急物资库。新增避难场所一处。

平安建设 做好十八大代表驻地外围管控，发动一万余名社会治安志愿者及民兵进行治安巡逻，完成十八大安保任务。推进北京市安全社区创建工作，开展34个促进项目，并通过验收。开展亿霖木业善后案款清退工作，共清退193人243份合同，完成应清退合同的96.4%。年内，地区无重大集体访事件及重特大安全事故发生。

成立网格化社会服务管理分中心，形成“1+1+10”[①]的组织领导架构。使地区群众的安全感、满意度得到提升。

民生建设 全面推进精细化就业管理服务，举办职业指导培训班53期，就业指导2500人。新增登记失业人员836人，解决就业1150人。实现“无社会救助盲点”目标。开展空巢老人俱乐部项目，为地区近6000名80岁以上老人建立数据库并提供服务。开展以老助老活动，66对老人建立邻里互助关系。组织35个社区完成社区应急避险图的修正。接受保障房咨询7245人次，受理新申请家庭218户。完成第三批公租房意向登记工作。8个社区引进菜篮子服务商，每周不定期进社区，开展便民服务。为1431名适龄妇女进行“两癌”筛查，为154名社区群众进行国民体质检测。完成第八届社区居民委员会选举工作。申报“六型社区”、“一刻钟社区服务圈”、“社区规范化建设”的示范点，推广“构建居民与宠物和谐相处新社区”模式。指导中鑫嘉园二期小区业主大会成立。

基层党建与精神文明建设 完成第八届社区党组织换届选举工作，开展以迎接十八大为主题的“创先争优”活动。2012年新建基层工会60家，发展会员1300人。开展百人以上企业工资集体协商工作，符合条件并签订区域性集体合同累计253家。组建“两新”团组织30家，以社区青年汇为平台开展“星光自护”等青少年活动。全国文明城区创建工作正式启动。举办主题为“共创全国文明区，同建海淀东花园”的第七届“邻里节”活动。

（张晴晴）

【地区人口家庭健康公共服务中心成立】 10月16日，花园路地区人口家庭健康公共服务中心启动仪式在花园路社区卫生服务中心举行。花园路街道办事处与花园路社区卫生服务中心现场签订共建合作书，中国人口宣教中心将全国科学育儿示范基地的牌匾授予花园路地区人口家庭健康公共服务中心。中心主要为居民提供“人口早期发展指导、青少年人格养成心理指导、生殖健康技术、中老年养生健康和幸福家庭大讲堂”等5项服务。截至年底，受益群众达一万余人次。

（张晴晴）

[①] 指1个分中心、1个办公室、10个专项工作组。

田村路街道

【概况】 田村路街道成立于2000年3月30日，辖区面积7.77平方千米，辖区户籍人口51752人，流动人口38481人，有社区居委会28个。辖区内有10余个中央单位，79家市属单位，12家区属单位。

环境建设 完成与石景山区交叉地带的管理、“城中村”整治、田村山的管理以及围绕阜石路两侧环境整治四项工程。完成永金里社区综合改造、天下城东侧道路铺装、田村路东段景观改造。拆除账内违法建设20824平方米、遏制新生违法建设1902.8平方米，强制拆除五孔桥东2处146平方米违法建设。拆除砂石坑内窝棚30余处，完成半壁店后街、铁家坟平房区的下水管线疏通，修复田村山南路下凹道路雨水泵。完成西木绿岛5000平方米升级改造工程，水厂南路2500平方米绿化工程，永定路拆违建绿400平方米绿化工程，西郊粮库南墙外350平方米空地绿化，兰德华庭小区西南角及西侧空地682平方米绿化工程。清理垃圾6000余吨、小广告7万余条。创建6个垃圾分类小区，涉及20栋楼、居民2055户，新增垃圾分类指导员19名。

平安建设 组建消防工作站和火灾隐患情报信息工作站，实施火灾隐患情报信息机制、“五到位”工作法、民警驻街制等工作方式。全年检查各类单位540多家次，发现消防安全隐患近百起，街道被公安部评为“全国119消防安全工作先进单位”。拉网式排查1000余家生产经营单位，发现各类安全隐患300余起，责令立即整改290余起，对10余起较大隐患限期并监督整改。启动“六五”普法教育，走访、约谈、测评矫正、帮教人员183人。接待群众来访43起，处理集体访10起，完成非紧急救助中心转办件495件。检查单位、工地1470余次，调解劳动纠纷136起，涉及人员379人，涉及款额116.4万余元。为13个社区加装62个摄像头，重点道路和重点区域覆盖率达100%全天候监控网络。新增1000余名“首都治安巡逻志愿者”，新增流管队、巡防队队员15名。落实社区调解案件300余件，调解成功率98%。

民生建设 举办大型就业政策宣传及失业人员招聘会3场，完成就业指标850人，提供就业岗位400余个。开展“送温暖、献爱心”社会捐助活动，募集善款148568元。为7户符合条件的家庭审核低保，撤销12户收入超标家庭的低保，为38户家庭调整低保金，为17户家庭审批低收入认证，为116户家庭申请医疗救助，为7户家庭办理重大疾病救助，为29户家庭办理临时救助。为39户困难家庭发放慰问金3.85万元，为275户低保家庭及生活困难家庭送去米面油慰问品，为153户低保家庭发放慰问金76500元，为32人一次性救助2.5万元，为28人慰问品救助5583.20元。为112名60岁以上老人发放“小帮手”，为703人次发放高龄津贴7万余元，累计为老年人体检627人次。评选出北京市级孝星37名、海淀区级孝星2名、北京市为老服务先进单位4个。完成54户肢体残疾人的家庭无障碍改造，为150名重度残疾人申请享受居家养老助残券。完成田村小区、山南路18号院、20号院共计665户的燃气改造，为王致和社区、金沟河社区等2个老旧小区517户居民安装信报箱，建立永金里社区养老管理服务中心。完成经适房备案资格39户，限价房核定100户。成立地区早教中心，开展0–3岁婴幼儿早期教育服务工作。为97名流动育龄妇女提供免费孕检服务；为辖区100多位贫困育龄妇女开展免费健康体检；向地区新婚服务发放“婚育健康服务包”233套；全年为1117人发放独生子女父母奖励费6.27万余元；为121人发放独生子女父母年老时一次性奖励18.15万元；审核发放49人独生子女伤残家庭特别扶助金，15人独生子女死亡家庭特别扶助金；对7名65岁以上独生子女特扶家庭进行养老帮扶；审核申报12个独生子女家庭帮困金；为55户困难独生子女家庭送去节日慰问品。为地区计划生育家庭办理意外伤害保险294户家庭，承保人846人，其中政府补贴67户家庭、174人。

社区建设 街道惠民服务平台一期工程完成验收，正式上线运行。完成第八届居委会换届选举。开展实有人口基础信息大调查，核实登记流动人口27410人，完成信息采集更新37954人，普查出租屋2744户。推进网格化管理建设，划分网格28个，划分网格单元311个并实施定格定责，配备网格工作人员700余人，连接“智慧海淀”信息系统并采集上报信息100余条。泽丰苑社区、兰德华庭社区、玉阜嘉园社区、乐府家园等四个社区建成“六型社区”示范社区。完成玉海园一里创新型科普社区创建工作，启动玉海园三里文化广场建设工程。使用社区公益金完成527个项目，投入245万元，用于社区环境整治、社区治安维护、社区精神文明建设、社区法律宣传与服务、社区公共服务设施建设等公益事业。新建成玉阜嘉园、玉海园五里2个社区的“一刻钟社区服务圈”。开展“千个家庭地震应急避震演练竞赛”活动。

基层党建和精神文明建设 开展“爱国爱岗讲奉献，厚德厚道论品行”主题实践活动。启动“践行北京精神”主题实践活动。对56个基层党组织进行分类定级。启动“新时代时传祥”培育工程。制定党风廉政建设工作要点，层层签订责任书，落实“一岗双责”，开展自查自纠，实行党务公开。

（杨靓）

【“田村路在线”上线运行】 8月1日，田村路惠民服务平台“田村路在线”（网址：www.tiancunlu-online.com.cn）正式运行。该平台统筹辖区人、地、物、事、组织的基础信息，通过内外网信息联动，构建“一个中心、两个平台、三个体系”，即以一个基础资源服务中心为依托，内外网两个平台为支撑，构建政务服务、社会服务和社会管理三大体系框架。田村路惠民平台已建设完成低保低收入、救助工作、保障性住房、居家养老、残疾人服务、流动人口等惠民工作管理模块，覆盖28个社区。社区居民尤其是老龄人口、残疾人等重点服务对象，能够不出家门即可享受到社区服务。

（杨靓）

上地街道

【概况】 上地街道成立于2000年3月，辖区面积9.52平方千米，地区总人口24.5万人，有12个社区居委会，常住人口约11万人，其中在册户籍人口37059人，登记流动人口74109人。

经济建设 地区注册企业11428户，从业人员133574人。其中新增企业3500户，注册资金五千万元以上的新企业54户；示范区“十百千工程”企业44户，区占比14.4%；瞪羚企业185户，区占比8.2%；上市企业45户，区占比19.1%；国家级高新技术企业792户，区占比19%。通过税源建设分析会、座谈会、走访调研等形式，对地区企业的情况进行重新摸底，税源任务实现区级预期目标。加强地区职能部门的联动，支持企业载体，延伸政府服务职能；搭建政企信息互动平台，获得区社会创新专项扶持资金共计80万元。联合工商联上地分会与工商银行、北京银行为符合条件并经审核通过的地区中小企业提供低利率无担保信用贷款；联系创投公司，组织投融资洽谈会，促进资本与高新项目对接。

环境建设 投资85万余元，对上地七街、八街绿化1.3万余平方米进行升级改造；投资30万余元，对软件园南路等边角地块和地区行道树进行补植；投资16万余元，立体美化上地南口、上地三街等重点街区路口。完成上地环岛改造，信息路主干道通行能力提高50%；建设公交港湾2处，缓解上地南路交通拥堵；投资55万余元，改造上地城铁站南侧2500余平方米自行车停车场；投资25万元，为东北旺中路铺油4000平方米。联合社区网格执法45次、出动200余车次、1000余人次、查处黑车120余辆、打击游商和占道经营320处。拆除违法建设54324.52平方米，其中拆除上账违法建设15处，新生违法建设46处，查违平台结案销账27处，拆除卫片3处。招收网格监督员11人，视频监督员3人，采用现场督查和系统定位相结合，上报各类城市管理案件13539件，比上年同期增长22.18%；承办案件2322件，办结率100%。

平安建设 与地区单位、企业、社区签订综治责任书，组织召开地区综治大会及各项工作协调会70余次，制定各类工作方案、制度37份，成立科技创安、社会矛盾多元调解等9个专项组。执行安保任务20余次，启动社会面防控等级150余天次，出动群防群治力量及专业辅警力量25余万人。实施“春雷二号”社会秩序专项打整行动、十八大安保“十大专项行动”、“清风行动”等整治行动，重点整治辖区内各类黑车、无照游商、“四黑四害”等治安秩序问题；地区职能部门多次开展联合执法与地毯式排查。出资20余万元聘用专职保安12名，按照1名派出所民警、1名城管监察分队队员、4名专职保安的人员配置，全天候对上地城铁站和西二旗城铁站等重点区域实施网格化阵地管控。清理反动手写小标语 29 条，收缴上报各种反动宣传品 14 份。动员网格志愿者队伍开展养犬、禁毒、扫黄打非等宣传教育。在高发案、治安重点地区及治安、秩序、环境等问题突出的社区，严厉打击违法犯罪行为。推行“以房管人”模式，累计采集流动人口信息 4.5 万余条。依托网格化管理为辖区 9 个社区安装维护门禁系统。投资 20 余万元，开发下嵌式立交桥积水检测预警系统和地下排水系统。通过视频监控发现问题 2746 件，上报区系统小循环处置 1594 件。

社区建设 扶持地区 9 个规范化建设试点，打造社区“一站式”服务模式；推进“一刻钟社区服务圈”建设。完成社区居委会换届选举。依托动态化智慧网格，全面推行“三级网格五级管理”的工作模式， 12 个网格，56 个网格单元的工作格局运行良好。建立紫成社区“爱心慈善超市”，对优抚对象、低保家庭、超转人员等低收入家庭实施救助；结合“春暖行动”，确定科技园为“规范劳动用工一条街”；举办中小型招聘会 8 场，实现就业 290 人，受理保障性住房家庭 877 户；开展“幸福家庭”宣教活动，全面推进“生育关怀”活动。

基层党建与精神文明建设 完成 11 个社区党支部换届选举。将地区“爱之园”主题文化公园定为地区廉政文化品牌创建项目，执行党风廉政建设“问责制”，逐级签订《党风廉政建设责任书》；开展“进社区、进企业，促和谐、促发展”的“双进双促”活动。完成地区基层党组织分类定级工作；实施“支部书记素质”工程；在社区党组织中开展“三级联创”活动，争创“五好”党支部。为每个社区设立现代远程教育电教站；新建 5 个非公企业党支部；成立“社区联合工会”，新增基层工会 16 家；拓展青年汇机制，创新志愿服务模式； 11 个社区成立妇代会，建立“妇女之家”。

更新上地东里第二社区和上地南路社区居家工程 2 处，上地三街街心公园标准工程 1 处；举办“五月的鲜花”文艺汇演、“上地杯”羽毛球团体赛、“消夏电影放映周”以及“夏日文化广场”等系列文体活动，其中“夏日文化广场”群众消夏文化活动成为地区文化品牌的新亮点。

开展全国文明城区创建工作，申报上地信息路参选“首都文明示范街”，并进入市级候选名单。以“弘扬雷锋精神，做文明上地人”为主题，借助精神文明宣传栏、社区黑板报、社区博客、“北京周末社区大讲堂”等多种宣传平台，营造学习“北京精神”、理解“北京精神”、践行“北京精神”的氛围。

（任克红）

曙光街道

【概况】 曙光街道成立于 2004 年 9 月 21 日。辖区面积 5.45 平方千米，户籍人口 5.1 万人，地区登记流动人口 4.49 万人，有社区居委会 16 个，地区法人单位 3300 余个。

环境建设 对蓝靛厂中路面积 4300 平方米、蓝靛厂东路面积 4100 平方米破损步道进行修缮；对彰化路两侧 5000 平方米的绿化提升改造，补种法桐 150 棵；完成四季青医院立体停车楼建设工程，新增停车位 76 个；在蓝靛厂西路围墙及空军指挥学院南门设置以“创建文明城区、建设宜居曙光”为主题的景观围挡 700 平方米。全年账内违法建设拆除总面积 904 平方米，拆除新生违法建设 1973.24 平方米。协调区卫生局组织专业消杀公司进行统一灭鼠、消杀蚊蝇工作；对民服厂宿舍、立马关帝庙、石佛寺村、营会寺村等城乡接合部地区进行卫生死角的整治，共清理无主垃圾 813 车，约 3659 吨。清理生活垃圾 3000 余吨，清理小广告 30 余万张。节假日期间开展卫生大扫除 10 余次。开展上河村、远大园一区、远大园三区的垃圾示范小区创建工作。开展“世界水日”、“中国水周”、“6.5 世界环境日”等主题宣传。

处理信息化城市管理系统平台网络监督员上报各类事件 2681 件，转办街道处理案件 1034 件；处理非紧急救助服务中心应用平台事件 176 件。

平安建设 组织动员各类专兼职安保、治安志愿者力量 9800 余人次投身社会面防控，看护各类重点人 286 人次，重点目标 220 人次。开展“春雷”行动、“清风”行动、“温暖工程”、清剿火患、校园周边等整治行动；联合城管、交通队、派出所集中开展 2012 年十类治安突出问题打防管控一体化专项整治“清风行动”，共发动执法力量550人，其他力量1680人，检查场所360个，查处无照经营93起，破获盗窃自行车案件71起，行政拘留52人，查处各类黑车25辆，查处散发小广告48起，收缴小广告6100余张。落实幼儿园、中小学校周边接送重点时间段民警、巡防队员、社区志愿者联防机制。为175名流动儿童办理借读证明。办理暂住证23526个，核对实有人口信息53144条，走访房屋42930户。配合派出所民警开展综合行动30次，抓获犯罪嫌疑人近200人，其中治拘120人，刑拘40人；年检犬只425条，登记46条，收缴流浪犬55条。

全年共检查生产企业1240家，查出各类安全隐患936起，整改814起；检查辖区内9家建筑施工工地130余次，发现安全隐患210起，整改160起，复查整改42起，组织对10家涉及企业职业危害的企业开展培训，指导企业建立防治制度；对辖区28家物业管理公司进行百分验收工作；对地区16个电力安全隐患进行排查和整治。全年成功化解农民工群体性讨薪事件37起，涉及农民工337人，涉及金额198.7余万元。处理视频调度指挥系统平台案件252件，为执法部门办案提供图像支持40次共计约44小时。完成三条道路（远大路、板井路和曙光花园中路）架空线缆入地摸排盘查。

社区建设 完成第八届居委会换届选举。创建“一刻钟社区服务圈”，使居民在15分钟内享受到快捷、便利的基本生活服务，实现“小需求不出社区，大需求不远离社区”的目标。依托“96156”社区服务热线，为社区老年人（残疾人）提供电话咨询、上门服务及居家精神关怀服务，共接听各类咨询及需求热线622通。依托“96156”社区公共服务平台，为社区居民开展小时工、家政服务员、月嫂等家政服务，并定期回访。全年共为各类民政对象发放退休费、生活费、慰问金等各类资金共计1300万元，为优抚对象发放慰问金及物品合计60余万元，居家养老共报销服务券民政1036958元、残联90964元，共计1127922元。志愿医疗服务队全年共服务社区居民53178人次。社区服务中心免费对居民开放600平方米的社区多功能厅和200平方米的练功房。街道投资14余万元为社区文体活动队伍配发乐器。

推荐就业成功108人，完成职业指导1602人，落实职业指导35次；全年审核退休128人；发放低保金、困难补助金150余万元；为103人申请助学金、医疗救助金62万余元；保障性住房工作共受理经济适用房183户。

基层党建和精神文明建设 采取公推直选的方式，对14个社区党组织进行换届选举。对44个基层党组织进行分类定级。推出世纪城东区“亲情关怀365”、农科院社区“农缘亲情——一助一”活动，怡丽北园社区党支部与北京市商务管理学校党组织的“结对共建”活动等创新品牌。开展非公党建推进工程，年内在牛顿办公区建立联合党支部、在北京知道创宇公司建立党支部；在楼宇企业中开展“建红色家园、铸诚信企业”系列活动。

落实市委党员教育培训“十百千”计划，重点实施社区党员远程教育活动，组织开展入党积极分子培训；走访和慰问新中国成立前老党员、困难党员达150余人次。推进社区党组织“三级联创”工作，全面提升社区党建“三有一化”[①]水平。

开展创建全国文明城区宣传工作；开展“市民文明艺术节”活动；望塔园社区、晨月园社区、上河村社区接受区级文明社区验收。

（任丹丹）

【举办第八届曙光文化节】 5月18日至9月26日，以“践行北京精神，繁荣曙光文化”为主题的第八届曙光文化节在曙光地区举办。文化节包括开幕式暨“五月的鲜花”文艺演出、地区运动会、名家讲堂、电影节、“民族风”文艺演出、社区系列活动、梨园芬芳——戏曲专场、我的曙光我的家、夏日文化广场演出、文化节闭幕式暨国庆文艺演出十个版块，共有三十余家单位，万余名居民参与其中。

（任丹丹）

① 指有人管事、有钱办事、有场所议事及社区党建工作区域化。

燕园街道

【概况】 燕园街道成立于1981年12月，属大院式街道办事处，受海淀区政府和北京大学双重领导。辖区面积约1.84平方千米，其中北京大学校园面积272.17万余平方米，有社区居委会7个。户籍人口约4.4万人，流动人口5384人。

环境建设 蔚秀园社区综合整治涵盖节能改造、管网改造及环境整治等项目，本年完成拆除砖混、彩钢板等结构违法建设92户，累计拆除面积2300平方米；15栋单体楼外墙保温改造工作累计完成3万平方米；为880户住户安装节能外窗；完成热计量井施工22个；管网改造及环境整治工作的各个项目开始施工。燕北园停车位改造及环境整治项目完成道路硬化2882平方米，新建车位316个，补种、移植草坪、绿篱1000平方米。

平安建设 在辖区开展社会矛盾排查化解、突出治安问题和重点地区排查整治、安全隐患排查整治、流动人口服务管理等九大专项行动。将“平安海淀”与“平安校园”建设结合，协调校内安保力量、社区安保力量，实现空间上“全覆盖、无遗漏”；发动社区党员、社区民警、城管队员、居委会干部等870余人，探索各种安保力量运行方式的制度化。

民生建设 向低保、地退及无收入遗属、军转、伤残优抚等人员发放低保金、退休金、抚恤金等7841人次4130398.06元；完成各类待遇调整补发、医药费报销、社保卡返还373人次1439580.77元；发放各类救助1036人次634272.23元。完成2次低保半年复审，涉及83户141人，撤销、变更及新申请14户。发放居家养老服务券和高龄津贴9581人次100.23万元；新增老年优待证、优待卡、居家养老、高龄津贴308人。为267人次各类老年人免费体检、无障碍设施改造、安装一按灵、一键式呼叫器、小帮手、镶牙、配发老花镜等。

开展“送温暖 献爱心”捐赠活动，收到善款12295.80元。为“7·21”特大自然灾害捐赠善款44900.50元，新旧衣物2010件。

开展就业援助，发放失业金247人次27.35万余元；失业登记132人；就业143人；职业指导514人；空岗信息371个；失业监测18人；社退疗养12人；养老认证559人；特困认定25人，申请补贴67.24万余元；补缴补支24人2.86万余元；灵活就业151人次。报医药费79人次共35.46万元；发社保卡472张。

落实计生奖励扶助政策，惠及群众1936人次，金额达55万元；发放各类避孕药具103977只（板/盒）；开展流动人口计生业务947件；推进户籍人口及流动人口两个全员人口信息建设，集中清理、补录信息达6万余条；开展“关爱女性，健康同行”、“我的青春谁做主”高校大学生演讲比赛等宣教活动。

向区住保中心提交各类申请表53份，完成协查8户，变更9户，廉租住房复核6户，市不予备案家庭约谈2户。10月完成第六批廉租房、第三批公租房意向登记，共有20户家庭参与公租房意向登记。

社区建设 2月，启动“六型社区”创建，推荐燕东园社区申报北京市“六型社区”示范社区。启用街道办事大厅和社区联合服务站，搭建社会公共服务平台。完成第八届社区居民委员会选举。制订网格化社会服务管理平台的建设方案。

基层党建与精神文明建设 完成北京大学第十二次党代会代表提名推荐工作。组织开展“迎接党代会，总结经验找差距”、“贯彻党代会，加快创一流”等主题党日活动。组织基层党支部分类定级和优秀党员评选，完成社区党支部换届选举工作。

开展燕园地区创建全国文明城区系列活动。与北京大学环境学院党委开展“绿色北京，共爱燕园”共建活动。

（解利艳）

清华园街道

【概况】 清华园街道成立于1980年7月，受海淀区和清华大学双重领导。辖区主体是清华大学校园，包括清华大学科技园，面积3.49平方千米。街道下设9个社区居委会和1个家委会（东南小区家委会，所在西王庄社区属学院路街道管辖），居民户籍人口28482人，集体户籍人口29189人，流动人口近1万人。辖区内有两院院士近百人，清华北大等单位的教授、副教授4000多人。地区经济以高新企业为龙头，有法人单位900多个。

环境建设 本年，完成西北老旧小区改造，涉及16栋住宅楼、1076户居民，总建筑面积约6.23万平方米，完成外墙保温涂料3.3万余平方米，屋面防水保温1.4万余平方米，楼梯间涂料1.6万余平方米，建停车场2000多平方米，完成小区道路建设、拆除违建、围墙修建、空调移机、窗户更换、给排水、修自行车棚、安装门禁监控等诸多配套项目建设。

完成幼儿园操场铺装4971.2平方米，老干部活动中心路面铺装1064.8平方米，城管科、社区中心与老龄大学屋面防水和门前雨搭改造面积404.7平方米，敬老院房顶换瓦、防水装修工作198平方米，以及6个社区无障碍设施改造和西北小区居委会整体装修，东楼、南楼居委会换门窗等。

平安建设　做好党的十八大安保维稳，加强社区安全防范。对重点人、重点地区、重点部位进行摸底排查，完善台账；排查化解矛盾纠纷134件；消除消防安全隐患46处，对各类违规行为提出严重警告的8起，处罚3起；投入力量268人，形成“重点人员有人看、敏感部位有人守、复杂场所有人控、重要路段有人巡、突发事件有人报”的社区控制网络；开展家庭拒绝邪教工作，80%的家庭签订拒绝邪教倡议书，在9个社区建成反邪教宣传专栏，营造“崇尚科学，珍惜生命、关爱家庭、反对邪教”的氛围；加强社区矫正和安置帮教，完善“两类”人员信息管理系统，探索建立“两类”人员安置救助和经费保障机制，促使“两类”人员回归社会。

探索实施网格化的社会综合管理模式。整合综治维稳中心、城市监督指挥中心和社区服务中心，成立社会服务管理分中心，下设办公室及8个具体工作组；将辖区分为居民区、教学办公区、学生区和科技园区4个基础网格，街道、校保卫部、校物业中心、清华科技园区负责人分别担任各网格格长，承担相应服务管理工作。

对校园及周边游商、黑车黑导、小广告等进行清理，遏制新生违法建设50余起。对辖区流动人口进行摸排登记，规范房屋出租，与公安部门实现流管信息对接，维护校园及周边环境秩序。

民生建设　为35户60人低保家庭进行复审，新增低保户2户4人；对地退人员工资调标，补发80余万元，为新中国成立前老工人调标，补发20余万元，对23位地退遗属补贴进行增调，发放地退医疗账户余额19万余元，对115位地退人员工资档案进行整理规范，为11位地退困难家庭申请学校涌泉基金；为52位优抚对象发放节日慰问品，为25位烈属、伤残军人发放节日慰问金，为伤残军人进行护理费调标，为16位优抚对象发放一次性临时性生活补贴；走访慰问困难群体173人，发放慰问金20余万元；开展“送温暖献爱心”活动，募集善款15万余元；完成亿霖木业集资款清退工作。

社会保障工作实现就业142人，职业指导163人，求职登记35人，推荐成功7人；“一小”增加参保人数213人，“一老”增加参保人数5人，“一老一小”门诊报销89人次，住院报销28人次；接收社会化退休人员档案69份，社会化退休人员门诊医疗报销21人次，为异地退休人员办理生存认证40人；社保卡挂失与补卡231人次，卡申领168人次，补换卡领卡244人次；无业居民大病医疗参保人数63人，无业居民参保城乡居民养老人数45人；保障性住房接受咨询739人次，限价房提交24人次，经适房提交2户，三房补件10户，三房变更10户，三房取消3户，三房复核16户，三房轮候申请公租25户。

实施小区无障碍改造和残疾人家庭无障碍设施改造12处；为36名精神类残疾人办理免费服药补助手续；开展残疾人“温馨家园”手工编织、十字绣、模拟家庭厨房训练等康复训练和职业康复劳动；做好残疾人辅助器具申领配发；落实辖区智力残疾人入住康复机构政策补助；为辖区18名重残无业人员申请办理城乡居民养老保险政策补贴，为37名残疾人申请生活补助，帮扶肢体残疾人自主创业就业；结合“全国助残日”宣传活动，丰富残疾人业余文化生活。

全年提供家政服务近千人次，便民医疗车1700余车次，消协为居民挽回经济损失6万余元，社区综合服务平台接待问询1731人，电话的接待量26万余次，网站点击量21万余次，预约挂号3000余次，完成订餐2100余条，订水2.7万余条。

做好为老服务，评选出市级“孝星”30人、区级“孝星”2人，示范单位2家；重阳节慰问85岁以上老年人189人，办理发放90周岁以上老年人高龄津贴21人，80周岁以上居家养老（助残）服务补贴217人，65周岁以上老年优待卡317人，60周岁以上老年证50人，“小帮手”电子服务器60人。老龄大学招生1000人次，10个班近260人结业，开展清华园老龄大学成立20周年研讨会、成果汇报展、出版新清华专刊、录制专题片、布置展板等系列活动；老龄互助社举办金婚庆典、健康老人颁奖、迎新春联欢会、趣味运动会等活动，对老人走访慰问。

加强计划生育服务管理，社会人员年老一次性奖励17人，申报特扶对象养老帮扶24人，计划生育家庭意外伤害保险468户1354人，发放药具约5000盒，审核教职工年老一次性奖励138份；完成人口问题目标管理责任书签订落实；开展幸福家庭创建工作；为流动已婚育龄妇女进行孕检；与红孩子企业合作，提供母婴保健服务。

基层党建与精神文明建设　完成9个社区党组织换届选举工作。开展基层组织建设年和“创先争优”党支部评议工作，14个党支部均达到学校规定的“优秀”标准。申报并开展学校党建特色活动和调研课题，幼儿园支部、幼儿园退休支部、蓝旗营支部获得清华大学党委组织部特色活动专项基金项目支持，蓝旗营党支部获清华大学教职工党支部调研课题资助。完成中国共产党十八大代表推荐提名、中共北京市第十一次党代会代表推荐提名工作。

从街道、社区、群众三个层面，开展社区教育，发展社区体育运动，丰富群众文娱生活，提高居民素质、提升地区文明程度。举办周末社区大讲堂和各类知识讲座，加强文明市民学校建设，开展“文明小使者”、“金帆实践之旅”等青少年校外教育活动。开展“和谐杯”乒乓球比赛周活动、第八届社区运动会、第七届社区游泳比赛、老龄互助社秋季趣味运动会等群众性体育运动。举行第七届社区文化节、“喜迎十八大”教职工文艺演出等文体活动。开展创建全国文明城区工作。完成社区居委会的换届选举。

（高飞）

【为老服务工作受到全国老龄办重视】 10月8日，全国老龄办以“清华园街道加强智慧社区建设 努力提升居家养老服务水平”为题，编发《老龄工作简报》专刊，报送全国老龄委主要领导、国办、民政部以及全国老龄委各成员单位参阅，并下发至各省、自治区、直辖市和新疆生产建设兵团学习借鉴。从2005年底开始，街道以智慧社区建设为载体，依托社区综合服务管理平台、社区服务中心、社区老龄大学等，通过信息化手段，加载为老服务热线、一键通、远程教育、互动交流等功能，建成居家养老生活服务系统和老人网络家园，为老年人提供生活辅助和精神慰藉服务。

（高飞）

【智慧社区建设三期工程基本建成】 本年，清华园街道基本建成智慧社区建设三期工程——人口地理信息系统。主要包括3个系统：人口信息系统，实现人口基础数据与地理信息结合，以及街道各科室相关业务系统间的数据对接与交互，可对人口信息各类数据进行统计分析，提供趋势预测，为决策服务。地理信息系统，建立三维地理信息平台，将地图与人口信息结合起来，达到“以图管房、以房管人”的目的。门禁管理系统，加强对特殊居民（如空巢老人、流动人口）的关注，如发现进出信息出现反常，可提示相关人员进行访问，防止意外事件的发生。

（高飞）

永定路街道

【概况】 永定路街道成立于1979年，属大院式街道体制，受海淀区政府和中国航天科工集团第二研究院双重领导。辖区面积1.45平方千米，有16个社区居委会，户籍人口40598人，外来人口13530人。

环境建设 完成全年拆违上账任务，共20处2892平方米，拆除七街坊、天客隆、市地质勘察院等新生违法建设13处400平方米。

开展“迎接十八大环境建设百日集中行动”，规范店外经营、门前三包。改造五、六街坊老旧小区，加强对自行车棚、地下空间安全使用的管理。

平安建设 加强流动人口和出租房屋管理，对重点人管控到位，无新犯罪发生。完成亿霖木业案件善后清退工作，完成率100%。完成十八大安保维稳任务。

街道成立应急委，制定、修订应急预案12份，组建应急队伍2支，组织应急培训演练9次。

民生建设 全年开发就业岗位3500余个，失业人员就业422人，城镇登记失业人员的就业率达到66%，实现地区动态“无零就业家庭”的目标。

办理居民医保3500余人，报销金额115万元，发放社保卡358张。接收200余名“五七”退养人员，为民政对象人员调标补发工资55万元，为地退人员调整发放抚恤金61万余元，为伤残人员发放抚恤金26万元，审核审批医疗救助28户21.5万元，临时救助6户4.3万元。“爱心家园”救助571户1360人6万元用品。全年接受捐款38.34万元，完成两次“募捐月”工作。住房保障评审118户，市备案104户，复核150余户。完成二院30套限价房源配售调剂任务。

启动“远程健康管理和医疗服务视频系统”，惠及六东社区近600名老年人。办理老年优待卡508人、老年证116人，为76名60岁以上的老人办理“小帮手”电子服务器，为613名无保障老人建立管理台账并组织体检。

启动区2012年社会管理资金扶持项目“涌·沃”永定路街道文化体验基地建设。社区志愿者累计注册4000人。年度人口出生政策符合率98.71%。

成立街道网格化管理服务领导小组和分中心；完成社区工作者管理体制改革，招聘社区工作者37名；完成第八届社区党组织和居民委员会换届选举工作。

完成生活区高清视频监控系统改造试点项目和物联网项目试点工程。城管监督和呼叫中心全年共上报案件5217件，立案5215件；受理2383件，结案2362件。

启动智慧安居工程，编制完成一期项目建设方案，通过评审，进入选址阶段。

基层党建与精神文明建设 组织开展“基层组织建设年”活动。除离休党支部外，20个党支部全部进行换届选举。成立五、六街坊老旧社区综合整治临时党支部。采取集中廉洁谈话、签订廉洁从政承诺书、参观反腐教育基地等形式，加强对干部职工的反腐倡廉教育。“6S”管理①工作通过验收达标。

成立并健全街道“六五”普法领导

---

① “6S”即整理（SEIRI）、整顿（SEITON）、清扫（SEISO）、清洁（SEIKETSU）、素养（SHITSUKE）、安全（SECURITY）。

小组、风险管理、内控制度体系建设等四个领导小组和组织机构，分别对街道“三重一大”、规章制度执行情况进行效能监察。

围绕“建立健全工作机制、整合工作力量、加大宣传力度、突出惠民创新、持续规范提升”，开展创建全国文明城区工作。

（孙静燕）

东升镇（东升地区）

【概况】 东升镇的前身为 1958 年 8 月成立的东升人民公社。1977 年 11 月，清河、东升两社合并成为东升公社。1984 年 3 月改为东升乡。2001 年 12 月，设东升地区办事处，与乡政府实行两块牌子一套机构。2011 年 8 月 12 日，撤销东升乡人民政府，设立东升镇人民政府，保留地区办事处职能。镇域面积 54.6 平方千米，东升地区辖区面积 8.32 平方千米，有 5 个村民委员会和 3 个社区居委会。全镇户籍人口 18500 人，其中非农业人口 13506 人，农业人口 4994 人，流动人口 69433 人。全镇区域城市化程度较高，城乡接合部特征突出。

经济建设 2012 年，全镇集体经济总收入完成 14.98 亿元，同比增加 13857 万元，增长 10.2%，完成年计划的 104%；集体经济纯收入完成 73208 万元，同比增加 8889 万元，增长 13.8%，完成年计划的 108%；集体经济增加值完成 89872 万元，同比增加 12945 万元，增长 16.8%，完成年计划的 111%；集体人均所得 32667 元，同比增加 2105 元，增长 7%；集体劳均所得 50694 元，同比增加 2492 元，增长 5%；个人普通股回报率 12% – 16%，人均达到 28900 元，同比增加 8500 元。第二产业收入 11173 万元，占总收入 7.4%，第三产业收入 138617 万元，占总收入 92.6%。

推进学院路科技园、小月河科技园、奥北产业园、天地邻枫等项目建设。完成学院路科技园征地补偿，新东源股份社腾退 6 万多平方米集体房屋。

8 月，镇经济合作总社召开第一届社员代表大会第一次会议，选举产生第一届管委会和监委会。大钟寺股份社与中坤集团就国际广场项目职工安置费、收益分配、产权证办理等问题达成协议；大钟寺取得长河湾返还 1800 平方米商业面积。太平庄股份社科大还建项目于 5 月交付使用；暂安处 1.9 万平方米危改项目投入运营。马坊股份社 6.3 万平方米宝盛酒店于 8 月竣工验收。博展股份社 6000 平方米科技园 B–3 综合楼扩建工程于 5 月底竣工，拥有国家级重点实验室的大北农集团入驻；科技园 1.7 万平方米东升凯莱酒店于 12 月试营业。新东源股份社 1.1 万平方米五道口国际食尚苑于 5 月正式开业。八家股份社八家嘉园十七栋住宅楼全部完成主体结构封顶。

塔院、清河等 8 个股份社增资扩股工作全部完成。全镇股份社总股本 17.75 亿股，其中，个人股本 12.49 亿股，占总股本的 70.4%；集体股本 5.26 亿股，占总股本的 29.6%。

马坊股份社成立“兴华房产”经纪机构，开启主动营销的自主经营模式，整合马坊所属 600 余套住宅及 1.2 万平方米商服地产资源，开拓地产中介产业。大钟寺股份社中鼎物业承接包头中环国际 15 万平方米项目，每年可实现物业管理收益 100 多万元。新东源中实物业和博展科技物业取得物业管理二级资质。博展股份社完成云计算数据中心基础建设和设备安装调试。

塔院股份社总收入比上年增加 1983 万元；八家股份社润泽嘉业大酒店通过 ISO9001 认证和三星级旅游饭店审核，营业收入比上年增加 400 多万元。

环境建设 做好十八大安保工作，组织专业巡防队和治安志愿者上万人次，对重点场所、重要设施和特殊地段执勤巡查。坚持“打防并举、预防为主”，采取联合执法等措施，对五道口城铁站周边环境进行 60 多次专项整治。构建网格化社会管理服务体系，建立社区（村）和单位网格内部“微循环”、镇级“小循环”、区级“大循环”的平台运行和问题解决机制，将东升地区作为二级网格，下分 6 个三级网格、13 个单元格。以小营村、马坊村为试点，推进文明村庄建设。对所有使用燃煤的家庭和单位入户检查 13924 次，安装一氧化碳报警器 9200 个，实现 5 个行政村全覆盖。

开展百日集中行动，实施京包铁路东升段、地铁 8 号线西小口站、荷清路东升段、五道口周边环境整治项目，协调资金 2394.55 万元，实施八家周边城乡一体化环境整治工程。完成 2012 年区三项环境整治项目和马坊村、清河村污水管线改造及路面硬化工程和永泰东村污水管线改造工程。实施小清河滨河路增绿添彩工程，完成八家郊野公园设施提升项目、雨洪及再生水利用工程。对全镇 5295 亩绿地完成病虫害防治，清除林地垃圾及杂草 80 吨，组织义务植树 6900 余人次。

拆除账上任务 97 处，总面积 83875.19 平方米。控制新生违法建设 1345 平方米。拆除账外违法建设 8332.6 平方米，处理区查违信息平台案件 44 件，办结 21 件。

民生建设 城乡居民养老保险参保率达 99.9%。新型农村合作医疗保险统筹 1232.58 万元，其中镇财政补助 216 万元。全年受理门诊报销 6285 人次，金额 915 万元，受理住院报销 892 人次，金额441万元。举办专场招聘会11场，接待失业人员1235人次。实施就业援助192人。

推广国家免费孕前优生健康检查、关爱计生特困家庭“暖心计划”和养老帮扶工作，完善全员人口信息系统建设，审核发放农村部分计划生育家庭奖励扶助225人。计划生育政策符合率98.57%，本镇被国家人口计生委授予全国首批“全国依法行政示范乡镇”称号、北京市人口计生委授予“北京市阳光计生行动示范单位”。组织两千余名适龄妇女参加“两癌”筛查。开展各类慈善活动，发放救助金156万元。15家企业组建工会，50家企业签订集体合同，39家企业单独签订工资专项协议，辖区内百人以上企业签订率100%。

全镇评选出1925户“五好文明家庭”。为152名非京籍适龄儿童办理借读证明。开展红十字会的“博爱救助”活动，为83人发放救助金。开展打击非法行医专项整治活动，收缴医疗器械、过期药品600多公斤。

补助、善款240余万元，用于城乡低保、医疗救助、临时救助、教育救助、养老服务、助残扶弱等工作，惠及497户次、1728人次。推进新型老年人福利事业，在全区率先推行为80岁以上老人发放老龄补助金，本镇被评为2012年北京市敬老爱老为老服务示范单位。东升镇社区服务中心、马坊社区居委会和北京世纪鑫豪物业管理有限公司（芳清园老年饭桌）被评为北京市为老服务示范单位。

为前屯社区解决居民活动用房500平方米；开展蔬菜直通车服务，覆盖莱圳、君安、观景园和观林园等小区，缓解辖区2500余户买菜难、买菜贵的难题。社区蔬菜直通车服务项目被评为海淀区十大优秀服务品牌。

基层党建与精神文明建设 10个基层党总支、76个党支部换届选举。举办第22届农民艺术节、五月鲜花文艺演出、第12届镇运动会、“喜迎十八大建功核心区”文艺汇演、“高举团旗跟党走、青春奉献新东升”青年文艺汇演、“星火工程”文艺演出、夏日文化广场等文体活动。2012年，东升镇被评为首都文明乡镇，马坊村被评为首都文明示范村。

（韩慧新）

【中关村东升科技园建设】 7月31日，“中关村东升科技园”冠名获得中关村国家自主创新示范区领导小组正式批复，成为北京市第一个以“中关村”冠名的乡镇科技园。科技园规划面积3.78平方千米，总建筑面积约300万平方米。8月，成立中关村东升科技园管委会，负责组织、协调园区开发建设等工作。9月，镇经济合作总社联合10个股份社成立中关村东升科技园有限责任公司，负责园区开发建设、运营管理的具体实施。科技园二期工程获得市国土局土地一级开发授权批复，二期用地范围内已完成10万平方米集体房屋拆除，西小口、后屯村完成98%的腾退任务。11月19日，中关村东升科技园揭牌暨二期工程奠基，总规划面积69.96公顷，建设用地160多万平方米。东升科技园区新引进企业38家，全镇新引进企业216家，实现税收5.31亿元。截至年底，园区入驻高新技术企业95家，拥有知识产权347项，专利182项，国家重点实验室3个，博士后工作站1个，市级工程研究中心2个，承担多项国家“863”、“973”项目，园区总产值超过40亿元。

（韩慧新）

【东升镇一届三次人大会议召开】 12月8日，东升镇第一届人民代表大会第三次会议召开。会议选举产生东升镇人大主席、镇长和人大副主席。53名镇人大代表出席，镇三套班子领导、机关科长和部分基层干部列席会议。

（韩慧新）

海淀镇（万柳地区）

【概况】 海淀镇的前身为1958年成立的海淀人民公社，1984年4月设立海淀乡，2001年12月成立万柳地区办事处，增加居民管理、城市管理及社区管理与服务等职能，与海淀乡政府实行一套班子、两块牌子的管理模式。2011年8月12日，撤销海淀乡人民政府，设立海淀镇人民政府，保留地区办事处职能。现行政辖区面积4.79平方千米，下辖4个村委会和2个居委会。截至2012年年底，辖区户籍人口10988人，其中农民5179人，居民5809人，流动人口17454人。

经济建设 2012年海淀镇实现区域经济总收入18.5亿元，同比增长8%；集体经济总收入5.8亿元；区域经济纯收入4.6亿元，同比增长7%，其中，集体经济纯收入2.8亿元，同比增长10%；人均劳动所得31963元，同比增长5%。行业经营总占地面积209万平方米，建筑面积44万平方米。新增税源企业31家。

完成经济合作总（分）社换届选举工作。召开海淀镇第一届经济合作总社社员代表大会第一次会议，审议通过《海淀镇经济合作总社集体资产处置方案》；指导各分社制定《资产处置实施细则》。

万柳企业发展用地挂牌上市。万柳大学生公寓B、C栋地块置换事宜与区教委达成一致，调整方案上报市规委，待批复后即可实现上市，回笼资金；董四墓村项目资金测算方案进一步细化，协助军队落实好回迁安置房用地等各项手续，推动董四墓地区环境整治项目向前发展；万柳医院及地区配套公建项目各项审批手续基本完成。肖家河地铁四号线还建项目竣工。树村“一村一策”方案经市规划委原则通过。肖家河亦庄经济开发区项目主体完工。

城乡建设　截至年底，六郎庄旧村腾退签约率达99%，余1户未拆。肖家河地区腾退集体土地和集体企业共计3.2万多平方米，签约627个院落，签约率96%。六郎庄新村26栋住宅楼和4个配套楼全部封顶。

完成二河开路、厢白旗一路、二路的路面硬化；昆明湖东路、玉泉山路、万树园小区环境整治工程基本完成。

拆除新生违法建设49处，总建筑面积3万余平方米，拆除账内外老旧违法建设13.7万平方米。

民生建设　组织培训农民1146人。处理劳资突发事件3起，为农民工讨回拖欠工资40余万元。开展“就业援助月”、“春风行动”等活动，提供就业岗位2600个；提供政策咨询和职业指导500人次，发放宣传材料1000余份。全年实现城镇劳动力就业460人。开通社会保险网上申报业务，居民参保率100%。

第11次上调农民退休金，人均退休金达到每年8640元。镇财政投入近100万元，对辖区各类困难家庭、残疾群众和退休老人开展定期帮扶，实物救助困难群众589户。免费为社会化退休人员、政策性转居人员、无业居民和辖区农民进行健康体检。对辖区高血压人群进行脑卒中筛查，把慢病防控纳入日常工作。完成区政府下达的人口规模调控指标任务。

平安建设　开展“春雷二号”、“打防管控清风一体化”、“十八大安保十大专项整治”等系列活动，完成六郎庄、肖家河地区搬迁腾退以及十八大等重点时期的保障工作。推进网格化社会服务管理，将辖区划分为4个三级网格、2个网格单元，成立社会稳定、城市管理等6个工作组。落实安全责任制，全年共开展常规检查与专项检查80次，开具执法文书52份。按照“属地管理、分级负责，谁主管、谁负责”的原则，进行矛盾排查，接待、受理信访450件。

基层党建与精神文明建设　完成社区“两委”换届选举、村党支部和基层支部换届。确定5个党建创新项目，开展党务公开工作。开展“喜迎十八大、建功核心区”主题宣传实践活动。开展群众性精神文明创建活动，开展“五月的鲜花”、运动会等文体活动。

（张鹤腾）

四季青镇（四季青地区）

【概况】　四季青镇的前身为1958年成立的四季青人民公社，1984年改公社为乡，2004年9月乡改镇。2011年8月12日，成立四季青地区办事处，保留镇的建制。镇域面积40.83平方千米。下辖13个村委会，11个社区居委会，有直属企事业单位35个。镇域内户籍人口8.5万人，其中农业人口3.2万人，非农业人口5.3万人，外来流动人口约20万人。

经济建设　2012年，全镇区域经济总收入实现69.74亿元，比上年增加6.39亿元，增长10.08%；纯收入实现12.97亿元，比上年增加1.05亿元，增长8.84%。全镇集体经济总收入实现28.84亿元，比上年增加40185万元，增长16.19%；集体经济纯收入实现7.25亿元，比上年增加5393万元，增长8.03%。全镇农村集体经济劳均分配27907元，人均分配12602元，分别比上年增长8.22%和9.08%。

加大重点产业项目建设。完成北坞创新园二期建筑面积54350平方米的建设，基本完成四博连公司中央液态冷热源环境系统产业化基地项目主体工程。益园文化创意产业基地引进北京电影学院动漫研究院、凌云光子技术集团、天润传媒等十余家企业，促进文化创意产业集聚发展。加大“创意北京”项目推进力度，助力西山文化创意产业大道建设。

申报市区支农项目20个，争取各类支农资金2859万元，对“一河十园”都市农业观光产业带进行升级改造，全面提升四季青特色农业品牌。田丰葡萄园、御香观光园和果林所3个园区被海淀区授予精品示范园称号，田丰葡萄园、绿色果品观光园2个园区被北京市选为物联网试行基地。举办第七届中国（北京·海淀）草莓文化节暨中国精品草莓擂台赛、海淀区第十二届樱桃文化节暨四季青第十八届樱桃节、四季青第五届插秧节、四季青第五届京西御稻收割节等果品采摘活动，全年果品产值达到2554.1万元。完成全镇90%的土地确权指界。

城乡建设　门头、振兴、中坞三个重点村回迁安置房全部开工建设，双新村“一村一策”方案得到市规委同意，完成营会寺、巨山村地区人口、宅基地面积等基础数据调查摸底。门头村翰河园 4.5 万平方米回迁小区建设完成并入住；西冉村 3 栋回迁楼完成入住；西山新村一期遗留项目中的 5 栋回迁楼开工并实现封顶，配套学校开工建设；玉泉馨园东区回迁楼项目新开工 7 栋回迁楼。成立香山四王府等东部地区就地改造工作指挥部，完成涉及 10 个自然村“院落、宅基地建筑面积、人口状况”摸底调查等工作。

投入 417 万元对旱河路、闵庄路西段和香山南路三条大街进行综合整治，投入 1130 万余元对镇域内五项基础设施进行管理和维护；配合做好西郊轻轨线、西山隧道等市政项目建设工作。开展迎接党的十八大环境建设百日集中行动，探索建立并完善“五项工作制度”，重点解决阜石路沿线环境脏乱差等 6 项突出环境问题。推进小区垃圾分类，全镇 24 个小区实现厨余垃圾与环卫中心对接。上报城市管理问题案件 9040 件，立案 8923 件，立案率 98.7%；接收区监督指挥中心派遣的自办案件 6755 件，结案率 100%，及时率 100%。拆除违法建设 20.28 万平方米，其中账内 15.8 万平方米，账外 3.12 万平方米，新生 1.36 万平方米。组织两次大型义务植树活动，完成 105 亩平原造林工程和 500 亩播草盖沙工程，完成丹青圃、玉泉两个郊野公园的验收工作。田丰公司、燕西台创建为“首都绿化美化花园式单位”，田村创建为“首都绿色村庄”。

平安建设　围绕十八大安保工作，加强社会面一级防控，落实网格化布防措施，压发案、打现行，重要时期看桥护路，确保“点上绝对安全、线上万无一失、面上安定有序”。以“打非治违”、“平安三号”、“交通畅行月”行动为契机，开展安全生产、消防安全、交通安全、食品安全、防震减灾、地下空间等领域的专项整治。全年开展各类安全检查 1841 次、道路交通整治行动 13 次。成立全镇突发事件应急委员会，制定总体应急预案和专项应急预案，建立应急救援队伍，开展宣传教育和演练活动。全镇各调委会共调解矛盾纠纷 889 件，成功化解 872 件。全年办理区群众事务呼叫中心转办事项 1890 件、上访信 156 件，接待来访群众 1328 批 3132 人次，解决亿霖木业案件善后清退、西山美墅馆物业交接等问题。

民生建设　为 1735 名失业人员提供再就业政策咨询和就业指导，全镇 694 名无业劳动力实现就业，完成任务指标的 112%。为 926 人申报岗位补贴 131.04 万元。远大公司被评为区级就业先进单位，香山公司被评为市级示范就业先进单位，镇社保所被评为全市五星级社保所。实现对用人单位用工情况的动态监管，共采集单位信息 700 家，占辖区内全部用人单位的 80%。继续推进“劳动用工规范一条街”工作，全年共处理群体性讨薪事件 59 起，涉及农民工 1680 人，涉及金额 1135 万余元。

申报新进入农村部分计划生育家庭奖励扶助对象 319 人、独生子女父母年老时一次性奖励 642 人，全年计划生育符合率 97.61%；为 12,573 户家庭投保计划生育家庭意外伤害保险；组织 117 对夫妻参加孕前免费优生优育检查、5000 名妇女参加“两癌”筛查。成立四季青宝贝之家，开展“幸福家庭、宝贝计划”亲子活动进社区 102 场，超过 4000 个家庭、逾万人参与活动。

完成全镇 1.82 万人的信息采集、录入以及 1764 万元养老保费的上缴任务。为新农合成员报销门诊医疗费 13,280 人次，报销款 2177 万余元；报销住院医疗费 3065 人次，报销款 2705 万余元。受理并上报各类保障性住房申请 322 件。建立全镇退休农民生活补贴增长机制，每月最低生活补贴标准实现年递增 50 元。办理征地农转非 576 人。

对 230 名人员发放大病救助资金 198 万元，为 83 名困难户申请困难临时救助资金 67 万元，为 52 户农村低保家庭、41 户居民低保家庭发放低保金 81 万元，为 164 名已故人员办理丧葬补贴 82 万元。为残疾人发放助残券 24 万元，发放各类助残生活补贴 49 万元。为 70 名优抚对象免费配发老花镜，为 43 名“两参”人员[①]补发生活补助 66 万余元。为 625 名 65 岁以上老年人办理优待卡，为 224 名老年人办理居家养老服务补贴券；组织 500 名老人参加重阳登山活动，慰问 100 余名高龄老人，表彰百名敬老孝星。

完成郦城和闵航南里居委会的“六型社区”创建和郦城社区“一刻钟社区服务圈”示范点的建设。

基层党建与精神文明建设　完成村（居）委会、企事业单位各基层党组织换届选举工作。开展基层党组织分类定级和晋位升级工作。组织基层党组织建立整改台账，解决基层或群众反映的难事难题。举办农村基层干部党风廉政建设专题讲座、召开学习宣传贯彻《农村基层干部廉洁履行职责若干规定》工作会、组织廉政知识测试。

开展创建全国文明城区工作。组织开展各类文化活动演出 30 余场，农村公益电影放映 210 场，举办星火一类演出 14 场、夏日文化广场活动 2 场，参与群众近万人；举办第 22 届农民艺术节、特色文艺团队大比拼、慰问外来务工人员大型巡演、五月的鲜花、第三届全民读书月等主题文化活动。申报并通过审批基层图书室 2 处；完成北坞广场文化大舞台一期建设任务，田村文化广场专项球类场地通过市区审核、验收。举办四季青镇第二届运动会。获得北京市 2012 年全民健身路径交流大会一等奖、北京市“和谐杯”乒乓球赛城区组一等奖。

（陈霖）

---

① 即参加过 14 次局部战斗，参加过核试验人员。

西北旺镇（西北旺地区）

【概况】 西北旺镇成立于2003年8月，由原永丰乡、东北旺乡合并而成。2011年8月12日，成立西北旺地区办事处，保留镇的建制。镇域面积51.02平方千米，辖16个村民委员会、10个社区居委会、3个农村经济合作社、5个全额拨款事业单位（农业综合服务中心、文化服务中心、社会保障事务所、水务管理站、农村合作经济经营管理站）、2个自收自支事业单位（镇敬老院和小星星双语艺术幼儿园）。截至本年底，有户籍人口35846人，其中农业人口11036人，非农业人口24810人；流动人口93305人。

经济建设 农村经济总收入33亿元。农村经济纯收入约6.17亿元，同比增长7.9%。农村集体经济总收入2亿元，同比增长11.2%。人均劳动所得13801元。增加值完成64311万元。

完成全镇16个行政村专项资金审计和财务自查审计工作，逐步实施对永丰地区村级财务的全面托管。建立资产管理台账。农村集体经济合同台账系统正式运行。

截至年底，14个村（队）完成清产核资，唐家岭村、皇后店村正在推进产权制度改革。在完成清产核资的14个村（队）中，12个村（队）完成集体资产量化及份额流转，其中9个村建立股份经济合作社。农村土地确权登记完成90%指界签字发证工作。

完成区支农项目“北京百旺生态农业与农耕文化科技园（二期）”的验收，完成“永丰屯村设施农业建设”、“土井村航天蔬菜育苗及展示中心”和“北京百旺生态农业与农耕文化科技园（三期）”三个项目的申报、实施。完成百旺种植园27亩“市民认养地”的建设、认养。完成平原造林工程1096.4亩。

城乡一体化建设 完成唐家岭地区村民回迁入住1185户，回迁率98.75%。回迁安置房地块内小学、幼儿园完成结构封顶。回迁安置房由区房管局采取趸租方式，统一装修出租，以略高于本地租金的价格一次性支付村民三年或五年的租金，预计趸租2000套安置房。唐家岭地区产业用地被北京市确定为首个利用集体土地建设租赁房试点，设计方案基本确定。

基本完成大牛坊、六里屯、小牛坊、东玉河、皇后店5个村的腾退拆迁，自然院落腾退签约3915户（3338院），总体完成97%。六里屯定向安置房项目41栋住宅及车库结构全部封顶。大牛坊定向安置房项目取得规划意见。

推进“一镇一园”先行启动区E4地块（皇后店村）公租房建设，由永创兴业（北京）置业有限公司作为开发主体，通过占地方式进行开发。

投入138万元维护完成4000平方米街坊路。投入227.98万元进行渠道管理。完成颐和山庄小区给排水工程建设申报工作。完成防火、防汛及第一次全国水利普查工作。完成平原造林工程1096.4亩。

全年拆除新生违法建设36处，建筑面积11855.26平方米；完成2011年度国土部卫星查违案件43宗，清理土地155.15亩。完成“拆除违法建设三年台账任务”。完成国管局、友谊渠路等征地工作。在永丰嘉园和西六社区试点开展垃圾分类。

平安建设 制定《西北旺镇关于推进网格化社会管理和社会服务的实施方案》，建立村（社区）、镇、区三级网格化社会管理和社会服务工作平台，实现社会管理重心下沉。依托实有人口服务管理综合信息平台，搭建实有人口服务管理全覆盖体系。

民生建设 完成农村劳动力就业413人；换发转移就业证4906人，全镇持有转移就业证5284人；在10个居委会，为1299人建立办理灵活就业人员社会保险补贴人员管理台账。办理农转居2550人。城镇居民基本医疗保险参保人数共2122人，新型农村合作医疗参合人数11354人，参合率100%。

办理超转人员自采暖补贴929户，为超转人员报销药费2116.8万元。办理老年优待卡115人，为66名老年人办理居家养老服务券。新成立4家老年互助社。为22户残疾人家庭进行无障碍设施改造，为380户残疾人家庭安装一氧化碳报警器，为48户听力残疾人免费安装闪光可视门铃，为76名视力残疾人发放半导体收音机。

成立西北旺镇加强流浪人员发现和救助工作领导小组，完善流浪儿童救助保护制度。为2户家庭办理城乡最低生活保障待遇，中止15户家庭低保待遇，城乡低保人员动态实现“应保尽保”。为低保户发放爱心卡1.74万元，为低保户及困难家庭发放补助18.4万元，为17户困难家庭申请大病住院救助金262,461元。

完成7项为民办实事项目。在小牛坊、亮甲店和航天城第一社区试点引进“蔬菜直通车”。为亮甲店社区的早餐服务店和废品回收站申报社区便民服务项目。完成颐和山庄别墅区254户楼房通气工作。

完成“北京市办园标准化补助工程专项经费”申报，争取市、区资金780万元，用于屯佃村和冷泉村两所幼儿园建设。承接海淀区第一家流动儿童早期发展项目。

完成社区居委会换届选举。推动“居站分设”，成立10个社区服务站。

基层党建与精神文明建设 10个社区通过党员大会直接选举产生党支部书记、副书记，直选率100%。为8

个社区增设专职副书记。

推进“益民书屋”建设，举办西北旺镇首届读书月。承办海淀区“第二十二届农民艺术节”、“五月的鲜花”等文化活动。

（王冉冉）

【共青团西北旺镇第三次代表大会召开】 4月17日，共青团西北旺镇第三次代表大会召开。大会选举产生新一届团委委员。会后召开共青团第三届委员会一次全委会，选举产生1名镇团委书记，2名副书记。55名团员代表和36名列席代表参加大会。

（王冉冉）

【建立“扶贫济困基金”】 9月10日，西北旺镇“扶贫济困基金”暨爱心捐助活动启动。启动仪式上宣读《关于建立西北旺镇“扶贫济困基金”的实施意见（试行）》，对基金性质、领导机构、基金来源与管理、基金救助对象、条件、标准、程序等相关方面做了具体规定。宏昆集团、实创总公司、绿海能等17家企业单位现场捐赠近556万元。

（王冉冉）

温泉镇（温泉地区）

【概况】 温泉镇的前身温泉乡成立于1956年3月，1961年4月成立温泉公社，1984年4月改设温泉乡，1997年5月撤销温泉乡，设立温泉镇。2011年8月12日，成立温泉地区办事处，保留镇的建制。镇域面积33.23平方千米，其中农用地占62.24%。辖7个行政村，10个社区。截至年底，全镇共有户籍人口24910人，其中农业人口6709人，非农业人口18201人，流动人口23956人。

经济建设 全年完成经济总收入19.7亿元，比上年同期增加1.46亿元，增长8%；完成经济纯收入39801万元，比上年增加2948万元，增长8%；农民人均收入16179元，比上年增加1352元，增长9%。镇级财政收入9804万元；税收返还1673.6万元。

全镇七个村的产权制度改革完成，各村均成立股份经济合作社。启动镇级集体经济产权制度改革，完成清产核资工作。

完成南山热带雨林风情展示园、花卉观赏园以及休闲观赏配套等项目建设，基本建成温泉南山旅游服务中心，高端文化旅游休闲带基本成形;整合完善太舟坞村和东埠头村日光温室，建成集休闲、采摘、科普为一体的都市菜园，总面积577亩。

加大招商引资力度，出台《镇级园区扶持资金奖励办法》。成立温泉镇工商联分会和温泉镇商会。

镇属集体企业发展壮大。成立温泉南山旅游服务有限责任公司，负责南山旅游资源的开发、利用和管理；兴业公共服务公司通过竞标获得16.9万平方米的天秀地区和20.6万平方米的西北旺地区道路保洁工作，将业务范围扩展到120万平方米，获“北京市农村劳动力安置先进单位”称号。

城乡建设 东埠头村和太舟坞村宅基地腾退基本完成。两村共腾退宅基地院落1300余座，签订腾退协议1500余份，补偿到位资金23.05亿元，腾退总建筑面积80余万平方米，基本完成地块的清理平整。太舟坞地块农民回迁定向安置房全面开工，90%实现主体结构封顶。获得农商银行海淀新区支行13亿元保障性农民定向安置房建设资金贷款。启动杨家庄村搬迁遗留工作，完成C地块（温泉村大稻地）近70个院落的腾退工作。

“一镇一园”先行起步，中关村翠湖科技园云中心北地块23栋楼全部封顶，并开展招商引资，入园企业20家，年营业额约1.8亿元；W2地块中的351地块公租房项目开工。完成温泉中心卫生院改造及颐阳山水居西区226户独栋住户的天然气改造；完成碧水青山自来水厂附属管网工程、新西村水厂管网工程及辛庄村自来水管网改造；万亩森林氧吧雨洪利用工程主体完工；协调完成陕京三线天然气管线过境（高里掌村）以及温泉特勤消防站（杨家庄村）征地手续；北部地区文化中心、北辰商业地块、C地块商业中心及K地块收储等多个项目均取得进展。

平安建设 成立温泉镇社会服务管理分中心，将镇域划分为17个三级网格，每个网格配备格长、格员以及社会协助类人员，总人数达1203人。

加强交通、生产、消防、用水及森林防火等工作的安全宣传教育和监督检查，完成奥林匹克万人长跑、全国公路自行车赛等重大活动的安全保障工作，获“北京市交通安全先进单位”称号。

开展“环境建设百日集中行动”、“春雷行动二号”和“双护行动”等联合执法活动，集中整治镇域环境，改善地区环境面貌。

实施遏制和查处违法建设“飓风行动”，完成区台账拆违任务39万平方米（67个点位）；依法拆除新生违法建设10处，建筑面积达2800平方米。

利用“大调解”工作平台解决重大、复杂、疑难矛盾纠纷，全年调处各类矛盾纠纷420件，成功率95%；做好返京知青及“三河公墓”相关人员的帮扶和稳控工作；完成亿霖木业非法经营案件清退工作；全面排查流动人口安全隐患，采集信息5747条。

加强建筑工地劳动用工监察，解决劳动纠纷、民工讨薪等突出社会矛盾。

民生建设 出台并落实《加强土地腾退村就业培训试行办法》、《鼓励用人单位招用农村劳动力岗位补贴暂行办法》等政策；组织地区大型招聘会两次，143家企业提供就业岗位8000余个；全年登记就业人数650余人，超额完成就业指标122.6%，登记失业率控制在1.7%以内。

112家非公企业纳入工会组织，发展会员1512人，21个基层工会建立工资集体协商制度。

提高医疗保障水平，将镇门诊筹集资金从150万元提高到175万元，住院报销比例由60%提高到70%；参合人数7505人，参合率达到100%；对1119名超转人员的医疗报销实行常态化新方式管理；社保所建立短信平台，为办理“一老一小”、灵活就业、失业登记的人员提供服务信息。对符合条件的66名患重大病的新农合参合人员给予医疗救助71万元。

依托温馨家园承建辅助器具服务站、社区康复示范站、家庭康复培训学校；组织残疾人开展各类活动60余次，完成镇级及7个社区的残疾人协会换届工作；温泉村门球场一期工程建成并投入使用。

以航材院社区为创建“六型社区”试点，投入15万元整改环境设施，创建新型文明和谐社区；推进“一刻钟社区服务圈”建设；“便民流动菜车”开进区级示范点颐阳一区社区。

为168名独生子女父母发放一次性奖励25.2万元，为8个人口文化活动室配备电视、DVD等宣传设备；规范化建设和管理17个村、居委会服务站，完成示范单位温泉村验收。

基层党建与精神文明建设 开展“三级联创”活动，温泉镇党委及高里掌、辛庄等6个村党支部被评为海淀区“五个好”基层党组织，高里掌村党支部通过北京市创建检查验收，社保所党支部被评为海淀区“五个好”乡镇站所。完善“创先争优”长效机制，通过“党员责任区”、“党员联系户”、“无职党员设岗定责”、“党员承诺制”和“党员文化阵地”等载体，激励基层党组织和广大党员履职尽责创先进、立足岗位争优秀。

开展基层组织建设年活动，对基层党组织进行分类定级、建立台账，31个党（总）支都达到“好”等级。完成村、社区党（总）支部换届选举。

发掘和宣传温泉文化，承办区委宣传部“重走曹雪芹小道，探寻文化瑰宝”启动仪式；杨家庄村创建为北京市“体育特色村”及“健康示范村”。

白家疃村、颐阳二区等9个社区被评为海淀区文明社区，农服中心、社保所等7家单位被评为海淀区文明单位，高里掌村、西河滩自然村等5个村被评为海淀区文明村。

举办“福泉杯”地区运动会、第二十二届农民艺术节、民间花会踩街、迎春日百家饺子宴、第八届民间文体艺术组织评选展示、第二届文明市学校艺术节、五月的鲜花演出以及球类、棋牌类、交谊舞比赛等群众性活动。

开展“高举团旗跟党走，青春奉献核心区”系列活动，组织五四文艺汇演、五四征文、演讲比赛、知识竞赛等主题活动，举办“与雷锋精神同行”、“净化家园——乐活西山行”等志愿服务活动。

（许相明　彭秋艳）

苏家坨镇（苏家坨地区）

【概况】 苏家坨镇成立于2003年8月，由原苏家坨乡、北安河乡、聂各庄乡3乡合并而成。2011年8月12日，成立苏家坨地区办事处，保留镇的建制。全镇共有19个村委会、4个社区居委会。截至年底，有户籍人口35214人，其中农业人口15359人，非农业人口19855人；有流动人口18169人。镇域面积84.51平方千米。区域内旅游资源丰富，形成集自然山水、历史人文、都市休闲、民俗旅游为一体的旅游产业带。

经济建设 全镇农村经济总收入完成20.7亿元，同比增长4.2%，其中第一产业6581万元，同比减少14.9%；第二产业近10亿元，同比减少8.3%；第三产业10亿元，同比增长22.4%，一、二、三产业所占比例分别为3.2%、48.2%、48.6%。农村经济纯收入4.76亿元，同比增长9.4%；税金6466万元，同比增长3.3%；农民人均收入达到11844元，同比增长9.9%；劳均收入22353元，同比增长9.1%。2012年受发放劳龄款、老股金等因素的影响，农村经济纯收入涨幅较大。

完成村级集体经济产权制度改革，1.8万余名农民成为农村新型集体经济组织的股东；推进镇级产权制度改革，成立苏家坨镇合作经济联合社。完成19个村集体经济组织2010年度、2011年度财务审计。开展农村集体土地所有权确权登记颁证工作，111宗土地具备发证条件。将五矿观山、前沙涧安置房项目等纳入新增税源；完成“营改增”工作。

申报柳林村社区农业项目、周家巷村观光采摘园产业提升项目和林业站种苗基地项目三个农业产业化类项目，获得扶持资金1612.4万元。新建中高档日光温室218栋、105.82亩。结合大西山旅游带特点，淘汰部分老、杂、劣果树，更新果树157亩。开展农民实用技术培训，培训农民985人。

建立大西山旅游风景区统筹发展、利益协调机制，成立大西山旅游区苏家坨景区管理委员会。建成大西山旅游网。举办大西山休闲文化旅游节苏家坨镇“魅力西山·悠然漫步”、“魅力西山·骑乐无穷”等活动。中秋、“十一”双节期间，各景区及民俗村接待游客7.7万余人，旅游收入183万余元。

城乡建设 基本完成北庄子村、前沙涧村宅基地腾退；6月启动温阳路以西地区非宅腾退，截至年底签订协议49处，认定建筑面积6.49万平方米。推进前沙涧安置房项目及周边5条市政道路支线建设。启动“一镇一园”建设，完善集体产业园产业定位、开发模式、资金筹措方案，加快落实产业用地等相关事宜。推进新农村试点工作，完成七王坟村、车耳营村改造详细规划编制工作。配合做好陕京三线输油管线隧道工程、海淀区再生能源发电厂项目的协调保障。

完成大觉寺、凤凰岭、阳台山等景区周边和台头三角地、海淀驾校周边、西小营市场等重点地区环境整治，投入资金819万元。开展“飓风行动”、卫片等专项整治行动，拆除各类违法建设26861平方米。开展凤凰彩道工程、森林健康经营工程和彩叶工程，种植各类苗木9.4万余株，抚育生态林8409.5亩；深化绿色创建，落实北部生态绿心相关工作；完成平原造林任务490亩。七王坟村获“北京最美的乡村”称号。

平安建设 发动专兼职群防群治力量，保障重大节日、敏感时期和大型活动安全，累计出动治安巡防队员4000余人次。开展安全生产护航、消防安全“平安三号”等联合执法行动，排查出各类安全隐患461处，复查整改率达100%。实现流动人口和出租房屋网格化管理，达到流动人口和出租房屋管理在线录入标准。开展道路交通安全、铁路护路和道口安全宣传工作，发放宣传材料1.1万余份，摆放宣传展板50余块。

推进法制苏家坨建设，全年调解各类民事纠纷135件，调解成功124件，接待法律咨询近260人次；村、社区（居委会）人民调解委员会调解各类民事纠纷545件，调解成功506件。接待来访群众57批次2407人次，其中集体访47批次2388人次；依法处理和答复各类信访件69件，答复区非紧急救助服务中心转办件468件。上报各类城市管理问题11632件，立案11590件，立案率99.63%。

加强镇域内企业、工地安全监管及劳动监察，全年受理举报、投诉案件36件，涉及人数557人，涉及金额521.7968万元；开展劳动用工规范一条街工程，规范用人单位260家，被北京市人力社保局评为2012年开展“劳动用工规范一条街工程”先进单位。

民生建设 实现劳动力就业755人，完成指标率116%；实施困难群体就业援助工程，帮助就业困难人员实现就业251人，完成指标率139%；开展“农村劳动力绿岗就业”大型招聘洽谈会，76家用工单位提供289个工种、3200个空岗，1800名农村劳动力参会求职；完成农村劳动力转移就业培训和新型农民培养工作，职业指导2048人次。

养老参保人数7520人；新农合参合人数14612人，参合率100%，全年报销门诊、住院费1137.51万元；为城乡低保家庭发放低保金约125.38万元；开展“慈善情暖万家”救助活动，救助家庭92户，发放救助资金11.03万元。组织“春雨行动”和捐赠对口（内蒙古等）捐款工作，募集捐款30余万元。

落实居家养老（助残）“九养”办法；为全镇残疾人发放临时救助、生活补助、就业补助、义务教育等各类补助金、慰问金约131万元；举办苏家坨镇第二届残疾人趣味运动会，全镇220名残疾人运动员参加。

对流动育龄妇女实现同管理、同服务，本镇被评为海淀区人口和计划生育工作先进单位。创建北京市卫生村9个，健康村5个。争取市区资金240万元用于镇中心幼儿园硬件设施改造、校舍加固、玩教具更新。

基层党建与精神文明建设 42个基层党组织完成分类定级、晋位升级工作，完成镇、村两级联述联评工作。上报市级党建创新项目1个，区级党建创新项目11个。推进党员干部素质提升工程，全年举办专题讲座11期，培训1600人次。

开展结对共建活动，柳林村党支部与中国纪检监察学院党委共建。完成社区居委会和基层党组织换届选举工作。开展共产党员献爱心活动，累计捐款104279元。

组织开展“党在百姓心中”主题演讲、“五月的鲜花”、“书画赞家乡”主题书画展等系列群众文化体育活动；完成“文艺演出星火工程”和“数字电影放映”工作，全年放映数字电影920场。镇级图书馆建成并投入使用，图书馆藏书约一万册。车耳营村获评第三批“全国文明村”、“首都文明村”称号。

（滕梦远）

【镇三届人大二次会议召开】 8月24日，召开苏家坨镇第三届人民代表大会第二次会议。55名镇人大代表参会，镇领导班子成员、机关各科室和事业单位正职及各村（居）委会书记、主任列席会议。会议选举产生苏家坨镇镇长。

（滕梦远）

上庄镇（上庄地区）

【概况】 上庄镇的前身是 1956 年成立的白水洼乡，1961 年 4 月成立上庄公社（与西郊农场合一），1984 年 4 月改上庄乡，1998 年 11 月乡与农场分离，2003 年 8 月撤乡设镇。2011 年 8 月 12 日，成立上庄地区办事处，保留镇的建制。镇域面积 38.45 平方千米，其中农用地面积为 2826.23 公顷。林木覆盖率 35%。镇域河道主要为南沙河、北沙河。常住人口 4.8 万人，其中：户籍人口 23699 人（农业人口 11238 人；非农业人口 12461 人），流动人口约 2.4 万人。下辖 20 个村民委员会，1 个社区居委会，7 个事业单位（社保所、农经站、敬老院、幼儿园、水管站、农业服务中心、文化服务中心），1 个商贸公司（泰丰商贸公司），1 个物业管理公司（诚泰兴业物业管理公司），1 个开发公司（上诚永泰置业有限公司）。

经济建设 2012 年全镇总收入 10.26 亿元，比上年增加 5505 万元，增长 6%；纯收入 2.63 亿元，比上年增加 1315 万元，增长 5%。人均劳动所得 10573 元，比上年增加 502 元，增长 5%。集体土地确权发证率 96%。

成立“一镇一园”开发建设领导小组，规划产业园区域，确定起步区 97 公顷，一期 300 亩，产业定位为环保、新能源和高科技服务业，并完成概念性规划方案。

村级集体经济组织基本完成产权制度改革，建立 19 个村级股份经济合作社，11285 人成为按股享有集体资产份额的股东，初步实现“资产变股权、农民当股东”的改革目标。

城乡建设 与中国农业大学和北京农科院专家团队就生态科技绿心（上庄部分）未来经济和产业发展方式进行研究，梳理集成村庄改造和生态建设政策，完成“绿心”范围内村庄宅基地、农用地、住户与人口数、驻地单位及土地流转承包合同等情况的摸底调查。

落实上庄 C02 安置房项目征地补偿；签订沙阳路征地补充协议；推进海事卫星站项目、北部地区冷热电三联供项目、稻香湖再生水厂工程征地工作；前章村生态林蘑菇主题公园科普画廊建设项目完工移交；西辛力屯村公交临时场站建设项目竣工投入使用；西辛力屯、罗家坟、西闸村环境提升改造工程完工；西马坊村京西稻农耕文化休闲园高端旅游形象提升项目申报立项；村村通公交道路提级改造工程（二期）双塔南路等部分路段已进场施工。

拆除土地卫片执法检查信息系统发现的违法建设 19 宗，面积 34920 平方米；拆除台账任务 109 处、新生违法建设 25 处，面积 51594 平方米，清运垃圾渣土 20380 立方米，复耕 60 亩；对积压案件逐一进行梳理，销案 72 宗。

平安建设 开展“十一项”专项行动，完成十八大等重大活动和敏感时期的维稳安保任务。全年共接待群众来信来访 280 批 1062 人次，办结率 100%，处理区非紧急救助服务中心转来网络信件 519 件。年度治安测评中，群众安全感上升，高发案地区黄牌摘除。

民生建设 全年共联系招聘单位 108 家，推荐岗位 872 个，工种 91 种；采集空岗信息 2053 个、职业指导 991 人次、登记失业人员再就业 407 人、就业困难人员再就业 162 人，分别完成计划的 102.65%、123.87%、129.20%、135%。

投入 140 万余元做好社会救助工作，其中低保金 102 万元；发放无保障老人福利养老金 685.98 万元、“政策性”农转居人员生活补贴 21 万余元。全镇新型农村合作医疗参合率达到 99.87%，镇财政补贴新农合门诊医疗费报销 278 万元。投入近 50 万元成立流动人口活动中心，新建上庄镇人口文化园，更换计生宣传栏 220 块。发放独生子女父母一次性奖励 31 万余元；组织 2553 名适龄妇女“两癌”筛查。办理优待证 89 个，优待卡 305 个；为 35 名 60 岁以上老人提供“小帮手”服务器；为 18 名 80 岁以上的低保特困老人发放特困津贴 1.98 万元；为 32 名 90 岁以上高龄老人发放高龄津贴 4.41 万元；为 10 名 80 岁以上老人配发浴凳等生活设施，为 667 名老人发放居家养老（助残）券 76 万余元；组织全镇 2089 名无社会保障老人免费体检。“两节”走访慰问地区各类困难人群 1456 人，发放慰问金、慰问品共计 80 余万元。上地实验小学上庄校区建成并投入使用。

基层党建与精神文明建设 完成村党支部换届选举。以创建全国文明城区为载体，推进群众性精神文明创建，组织文化下乡慰问演出 6 场，举办上庄地区迎新春践行“北京精神”书画展，开展农村电影放映惠民工程，举办“暑期科普电影周”、“红色电影回顾”、“计划生育宣传”等活动，全年放映电影 450 场，观众总人数 1.2 万余人次。开展“五月的鲜花”、夏日文化广场等群众文体活动。

（赵佳蔷）

玉渊潭农工商总公司

【概况】 玉渊潭农工商总公司受玉渊潭股份经济合作社委托，对股份经济合作社所有资产进行经营与管理，是拥有酒店、物业、置业三大集团，集实业投资与资本运营为一体的集团企业。

2012年，总公司以建设中关村玉渊潭科技商务区为主线，以推进产业升级和项目建设为重点，完成集体总收入20.84亿元，完成净利润3.13亿元，上缴国家税金2.62亿元，员工劳均分配44,822元。

产业发展 本年，成立玉渊潭控股集团，以酒店、物业、置业为三大支柱的产业结构更加明晰。玉渊潭物业集团本年取得国家一级管理资质，并将资质推广覆盖到旗下19个物业项目，推行物业租赁指导价制度，提升品牌附加值；裕惠大厦获北京市首批"商务服务业示范楼宇"、"电子商务特色楼宇"称号，通过北京市"五星"级大厦的评审，品牌影响力扩大。玉渊潭酒店集团专业化管理系统建设稳步推进，完成中央预订系统的建立，输出管理取得初步成效，盈利能力不断提升。玉渊潭置业集团集团效应逐步显现，品牌知名度扩大，建筑业2012年开复工面积50余万平方米。参股投资的海淀科技金融资本控股集团、鑫泰小额贷款公司、中海创业投资公司运营平稳。

重点项目建设 成立中关村科学城地区建设指挥部玉渊潭地区分指挥部，负责玉渊潭地区的项目组织、实施、推进、督导工作。在玉渊潭分指挥部的领导下，成立玲珑巷、五路居地区综合整治腾退搬迁项目指挥部，于12月31日启动居民腾退搬迁工作。

西南饭店改造项目开工建设。完成西南饭店、阜石路东商务楼、阜石路西商务楼、阜石路敬老院、五路商务楼、玲珑巷等项目的企业房屋拆迁，共拆迁18万平方米。推进宝联体育中心项目、中裕花园改造项目的手续办理。委托国际设计咨询公司对西南饭店、阜石路、五路、中裕花园及宝联项目确定经营定位。

经营管理 利用直接借贷、委托银行贷款等内部融资方式，对企业闲散资金的整合和集中；与农商行建立银企战略合作关系，5年内获得不低于45亿元人民币的信贷资金支持。对重大投资决策、重大合同签订、大额招投标等事项，坚持法律顾问事先参与、纪委监察同步介入、财务检查和经济审计并行，预防漏洞，防止各类潜在风险。

经济体制改革 按照《玉渊潭经济合作社章程》规定，召开玉渊潭股份经济合作社第一届股东代表大会第四次、第五次会议，审议董事会工作报告、监事会工作报告等。支付第七期流转变现款及利息共3363万元。调增退休人员养老补差及农转非退休人员农龄生活补助费标准。继续办理资产量化手续及股权证书发放工作。

基层党建与文化建设 深化"创先争优"活动；建立和完善党建工作考核细则，增强干部的政治意识、大局意识和责任意识；加大廉政风险防范力度，发挥对重大事项的监督管理力度，将党风廉政建设融入企业日常经营管理。

组织开展扶贫送温暖活动，全年累计拨付善款104.3万元。总公司开展岗位竞赛、技能比赛等活动，开展庆祝建党91周年主题文艺汇演、税源建设及财务综合知识竞赛、学习党的十八大精神等活动。《玉渊潭》期刊全年发行6期。

（孙雯）

【成立中关村玉渊潭科技商务区】 3月28日，经中关村国家自主创新示范区领导小组批复，中关村玉渊潭科技商务区揭牌成立。科技商务区由玉渊潭农工商总公司建设和管理，定位是"聚焦创新型现代服务功能基础能力建设和创新型现代服务产业的集聚，形成展示国际化创新型现代服务能力与形象的示范区"。本年商务区主要完成以下工作：编制园区发展与建设规划；统计入驻企业信息，申报税源奖励资金；参加展洽会，推广玉渊潭品牌。

（孙雯）

人 物

先进人物

全国三八红旗手

陈 琦 海淀法院党组成员、常务副院长

全国巾帼建功标兵

邢筱萍 北京市中关村中学校长

全国“女大学生创业导师”

魏建华 北京绿伞化学股份有限公司董事长

2012年中国好人榜（共5人）

贾秀荣 北太平庄街道社区居民
李成友 区环卫中心二队魏公村班职工
徐士银 中关村街道社区居民
宋 青 解放军301医院外科临床部重症监护科主任
于 滨 北京中关村国际孵化软件协会会长

首都劳动奖章获得者（2012年度，共14人）

刘启华 北京翠微大厦股份有限公司
赵新华 北京市海淀区兴华空调设备厂
王志潮 北京市海淀医院神经外科
李盛荣 北京市海淀区人民法院劳动争议庭
肖少辉 北京洛斯达数字遥感技术有限公司
高 宁 北京海淀置业集团有限公司
叶衍艳 北京市海淀区人民检察院
刘淑英 北京超市发连锁股份有限公司学院路店
顿宝红 海淀区农村工作委员会
梁争智 目标软件（北京）有限公司
刘凤英 北京市海淀区玉渊潭农工商总公司
张 鹤 北京市海淀区教师进修学校
李 军 北京市海淀区新闻中心
句会增 北京市海淀区绿化队

北京青年五四奖章（2012年度）

宋志刚 城管监察大队

北京市三八红旗奖章（2012年授予，共61人）

张锦华 北京城市学院广告专业负责人
范晓虹 外语教学与研究出版社副社长
张 莹 北京市海淀区房屋安全鉴定站站长
张 力 海淀地税局学院路所所长
于 文 海淀区培智中心学校校长
应华清 海淀区疾病预防控制中心副主任
祝 扬 北京军区第二六一医院副院长
蒋红清 海淀区妇幼保健院产科副主任医师
孟 然 海淀区妇幼保健院副主任医师
汤 洁 北京雷力（集团）公司董事、总经理
樊俊华 海淀区苏家坨镇车耳营村党支部书记
盖其庆 国家核电技术公司总经济师、国核电力规划设计研究院院长
张文英 四季青镇香山绿色果品采摘基地队长
祁 燕 爱国者数码科技有限公司副董事长、行政总裁
刘淑荣 华光商厦有限公司董事长、总经理
郭 华 北京翠微大厦股份有限公司龙德店党支部书记、店总经理
邱志英 海淀区检察院知识产权检查处副处长
田文革 海淀区园林绿化局规划科科长、海淀园林工程设

计所所长
李　洁　海淀区克丽斯文化培训学校校长
赵乐林　北京市海淀区翠微小学教师
周津慧　中国科学院软件研究所图书馆馆长、研究馆员
晏　红　北京市清华洁华幼儿园副园长
肖锡玉　第二炮兵装备研究院第三研究所301室研究员
杨淑兰　海淀区学院路街道石油大院社区党支部组织委员、居民小组长
刘春华　北京市浩东律师事务所律师
张秋萍　花园路街道牡丹东里社区党支部书记、居委会主任
李邓化　北京信息科技大学自动化学院院长
范　英　北京鹰冠精工家具有限责任公司董事长兼总经理
刘可钦　海淀区中关村第三小学校长、海淀区中关村第四小学书记、校长
邓小南　北京大学历史系教授
刘西莉　中国农业大学农学与生物技术学院教授
张　欣　北京交通大学机电学院北京市重点实验室主任、教授
高晓虹　中国传媒大学电视与新闻学院院长、教授
刘姝威　中央财经大学中国企业研究中心主任、研究员
杨远婴　北京电影学院电影学系主任、电影研究所所长、学报主编
老　青　北京青年政治学院英语系主任
张景秋　北京联合大学应用文理学院城市科学系党总支书记、主任
张式俭　北京新奥特集团公司党委书记、副总裁
王　歙　北京永泰免疫应用科技有限公司总经理
王锡娟　康辰医药股份有限公司董事长
秦　君　北京启迪创业孵化器有限公司总经理
李晓南　海淀区房屋管理局海淀区公租房中心副主任
游笑歌　海淀区商务委员会主任助理、科长
刘建勤　北京当代商城有限责任公司副总经理、石景山分公司总经理
崔顺爱　海淀区城管监督指挥中心副主任
杨宇飞　中医科学院西苑医院肿瘤科主任
黄翊东　清华大学电子系副主任
庄毓敏　中国人民大学财政金融学院副院长
梁志强　北京联通二区分公司皂君庙营业厅业务经理
庄　燕　北京市世纪坛医院普通外科护士长
韩　笑　颐和园管理处导游服务中心讲解班班长
赵　靖　北京超市发连锁股份有限公司工会副主席
耿　京　海淀区教育工会女职工委员会主任
宋　煜　海淀区国有资产投资经营有限公司副总经理
马建梅　北京市西郊农场场长
杨俊艳　北京艺术博物馆保管陈列部陶瓷与外国艺术品保管员
孙玉敏　清华大学美术学院教授
宿佩红　北京中关村科贸电子城有限公司副总经理
薛　芳　武警北京市总队第十七支队七中队排长
魏国英　北京大学中外妇女问题研究中心常务副主任
车苇歆　海淀区西三旗街道党工委书记

海淀区见义勇为积极分子（2012年度，共5人）

张鸣山　王　军　牛晶晶　陈晓平　彭望志

海淀区三八红旗手（2012年度，共150人）

矫娟娟　武桂如　王俊荣　郭淑英　海新丽
韩晓丹　王　巍　马小云　陈　迪　秦　琪
甘　瑾　周舜华　武焕玲　王　艳　刘艳玲
徐凤芹　夏巍青　朱春燕　王学军　白玉玉
李光琴　刘亚军　刘志梅　郭爱梅　刘颖红
蒋　辉　何　芳　李　洁　孙秀莲　张正虹
徐晨艳　邢秋红　李　巍　王丽平　陈艳红
张晓新　李金香　郑紫辉　周小妹　林荣萍
韩　红　胡海涛　张　平　李　虹　刘亚洁
董学工　刘桂香　梅胜男　许　莉　李淑秀
袁梅英　刘玉玲　张凤英　史文艳　李崇利
李　红　王亚苹　孙丽华　梅凤华　牛震云
石蕴茹　尹丽君　任红霞　魏燕文　侯敏华
赵璐玫　刘红艳　熊国兰　赵春荣　胡　芳
谢思瑾　张　忻　郑晓东　郑亚萍　谢　芳
杨彩霞　艾俊汝　郝志英　陈　瑾　陈　璐
牛晓兰　吴立文　刘　颖　张小彬　秦兰岚
徐冬艳　姜文娟　徐玉华　张立娜　尹占霞
胡敏健　刘海燕　杨　葵　于晓霞　王晓剑
王纪文　赵　蒙　张瑞超　郭韵娥　徐文宏
郭　芳　宋雪梅　王锡娟　魏建华　赵　蕴
张小红　钟惠娟　杨爱红　刘春玲　孔莉莉
秦红霞　张文宁　曾向群　于　晴　曾　志
张　华　彭　翊　袁慧晶　孙星华　刘延淮
许晶晶　马海英　布　彬　武会珍　王　艳
魏媛媛　杨俊兰　徐春英　周志红　闫　威
王　平　王凤琴　韩蓓蓓　綦京美　黄　金
陈　穑　张旭画　王雪梅　黄雪松　曹筱芬
杨艳玲　张志红　周　慧　杨桂华　马晓云
夏　滢　汤颖滨　隆璐娟　李春燕　张　静

第三届海淀区巾帼十杰

许晶晶　李艳梅　李盛荣　吴　双　宋　青
周　平　金乐平　赵兰晓　郭　涵　董学工

2012年度感动海淀十大文明人物

宋　青　于　文　李成友　于　滨　叶衍艳

杨中春　许　静　张晓蓉　任士荣　张佳鑫

第六届海淀区十大杰出青年

邓志红　田　俊　朱辉龙　张　刚　张佳滨
杨新娥　赵晓霞　徐　浩　黄　渤　董　跃

区政权机关、党派、群众团体、垂直领导单位，直属事业单位及街镇领导人（负责人）

中共海淀区委员会

书　记　赵凤桐（市委常委，4月免）
　　　　隋振江（4月任）
副书记　隋振江（4月免）　孙文锴（4月任）
　　　　刘　鸿（女）
常　委　赵凤桐（4月免）　隋振江
　　　　孙文锴（4月任）　刘　鸿（女）
　　　　杨智慧　尹燕京
　　　　李彦来　吴祖安
　　　　芦育珠（女）　刘长利
　　　　穆　鹏　陈名杰

海淀区人民代表大会常务委员会

主　任　关成启（满族）
副主任　王鲁豫　臧桂武　朱春生
　　　　杨　莉（女）　邓佑玲（女，土家族）

海淀区人民政府

区　长　隋振江（4月免）　孙文锴（4月代，11月任）
副区长　穆　鹏　刘长利　陈　双（女）
　　　　孟景伟　傅首清　徐永全
　　　　龚宗元

中国人民政治协商会议北京市海淀区委员会

主　席　彭兴业（满族）
副主席　刘　恪（女）　丁志明　肖熙之
　　　　王训练　张维佳　王玉梅（女）

中共海淀区纪律检查委员会（与区监察局合署办公）

书　记　芦育珠（女）
副书记　邹立华　王　锋　曾　涛
区监察局局长　白　艳（女，回族，2月免）
　　　　邹立华（兼，2月任）

北京市海淀区人民法院

院长、党组书记　鲁　为

北京市海淀区人民检察院

检察长、党组书记　王　伟

民主党派・工商联

中国国民党革命委员会北京市海淀区工作委员会
　　主任委员　汤维建
中国民主同盟北京市海淀区委员会
　　主任委员　张维佳
中国民主建国会北京市海淀区委员会
　　主任委员　王玉梅（女）
中国民主促进会北京市海淀区委员会
　　主任委员　邓佑玲（女，土家族）
中国农工民主党北京市海淀区委员会
　　主任委员　徐凤芹（女）
中国致公党北京市海淀区委员会
　　主任委员　宛金章（回族）
九三学社北京市海淀区委员会
　　主任委员　王训练
台湾民主自治同盟北京市海淀区工作委员会
　　主任委员　陈丽珠（女）

北京市海淀区工商业联合会

主席　陈　双（女）

党组书记　林　虹（女，1月免）

卢克玉（2月任）

海淀区主要群众团体

区总工会　主席　惠远霖

团区委　书记　张　鑫

区妇联　主席　吴琢如（女，2月免）

车苇歆（女，2月任）

区文联　主席　卫汉青

区侨联　主席　石　岳（女）

区残联　理事长　周修富（8月免）

张春华（8月任）

区科协　主席　白春礼（中国科学院常务副院长）

常务副主席　李云飞

区红十字会　会长　刘长利（兼）

常务副会长　宋义辉

中关村科技园区海淀园管理委员会（与海淀区科学技术委员会合署办公前）

主任　杨志强（兼，1月免）

常务副主任　王际祥（兼，2月免）

副主任　张秀英（女）　胡　岩　孟　涵

阎秀敏（女）

办公室　主任　胡　岩

产业规划发展处　处长　孟　涵

服务体系建设处　处长　阎秀敏（女）

国际合作处　处长　张秀英（女）

企业发展促进处（区经济和信息化办公室）

处长（主任）　空　缺

投资促进处（海淀区投资促进局）

处长（局长）　梁　捷（女）

中关村科技园区海淀园管理委员会（海淀区科学技术委员会，2月两单位合署办公）

主任　孟景伟（兼，12月任）

常务副主任（区科委主任）

梁　捷（女，2月任）

副主任　张秀英（女）　胡　岩

孟　涵　阎秀敏（女）

办公室　主任　胡　岩

科技发展处（2月新成立）

处长　付晓明（10月任）

产业规划发展处　处长　孟　涵

服务体系建设处　处长　阎秀敏（女）

对外合作处（2月由国际合作处更名）

处长　张秀英（女）

企业发展促进处（区经济和信息化办公室）

处长（主任）　何建吾（10月任）

知识产权处（海淀区知识产权局、行政审批处）（2月新成立）　处长（局长）　张长宇

投资促进处（区投资促进局）

处长（局长）　梁　捷（女，12月免）

李长萍（女，12月任）

中共北京市海淀区委海淀园工作委员会

书　记　刘永水

副书记　梁　捷（女，2月任）　毕淑琴（女）

龚茂淑（女，5月任）

纪工委书记　毕淑琴（女）

海淀区北部地区开发建设委员会办公室

主　任　张　强（12月免）　董殿毅（兼，12月任）

党组书记　康建民（11月免）　张强（12月任）

常务副主任　康建民（11月免）

副主任　张志华　张飞虎　王志伟（8月免）

肖敏鹏　申桂芳（女，9月任）

胡宗江（兼，8月免）

张春明（兼，8月任）

刘圣国（兼，8月免）

杜陈生（兼，9月任）

陈晓智（兼）　程培衡（兼）

区机关各部门、街镇及直属事业单位

区委系统

区委办公室　主任　李彦来

常务副主任　张　炜

组织部　部长　杨智慧

常务副部长　李国祥

宣传部 部长 陈名杰
常务副部长 空缺
区委区政府研究室
主任 张启兵
统一战线工作部 部长 杨智慧
常务副部长 刘 恪（兼，女，1月免）
林 虹（女，1月任）
对台工作办公室 主任 杨志洪
区委政法委员会 书记 刘 鸿（女）
常务副书记 周建欣
副书记 尹燕京（兼）
刘长利（1月任，兼）
李 军
郭 森（兼，2010年6月任）
区维护社会稳定工作领导小组办公室（为区委政法委内设机构） 主任 周建欣（兼）
社会管理综合治理委员会办公室（与政法委合署办公，2月由社会治安综合治理委员会办公室更名）
主任 郭 森
区流动人口和出租房屋管理委员会办公室（与综治办合署办公） 主任 朱元久（9月任）
区直属机关工作委员会 书记 吴长清
区精神文明建设委员会办公室 主任 占 剑（2月免）
吴琢如（女，2月任）
区委防范和处理邪教问题领导小组办公室（挂区政府防范和处理邪教问题办公室牌子）
主任 米群岛
老干部局 局长、党组书记 张维明
人民武装部 部长 吴祖安
政委 张兰溯
中共海淀区委党校（海淀区行政学院）
校长、院长 刘 鸿（女，兼）
常务副校长（常务副院长） 许 云
区党史地方志办公室（1月，由区党史区志办公室更名）
主任 周玉鑫（12月免）
区机构编制委员会办公室
主任 曹学明

区人大常委会机关

办公室（研究室）
办公室 主任 李劲涛（蒙古族）
研究室 主任 俞昌吉（朝鲜族）
代表联络室 主任 孙大钧

财政经济工作委员会办公室
主任 白 莉（女）
内务司法工作委员会办公室
主任 范 联
教科文卫工作委员会办公室
主任 郭景玉
城建环保工作委员会办公室
主任 郭少东
农村工作委员会办公室
主任 赵德法

区政府系统

区长助理 姜庆国（挂职） 刘兴先（挂职）
区政府办公室 主任 丁志明（2月免） 王际祥（2月任）
区商务委员会 主任 甄 蕾（女）
区教育委员会（与区委教育工作委员会合署办公）
书记 张卫光
主任 孙 鹏
区科学技术委员会（知识产权局）（2月，与海淀园管委会合署办公）主任（局长） 王际祥（2月免）
区民政局 局长、党组书记 南顺弟
区司法局 局长 齐雨晨
党组书记 李良轩
区财政局 局长 徐永全（2月免）
刘圣国（2月任）
党组书记 孙俊宏（女）
区人力资源和社会保障局
局长 李大成
党组书记 郝九富
区城市管理监督与应急指挥中心［挂区突发事件应急委员会办公室牌子，本年2月由区城市管理监督指挥中心与区突发公共事件应急委员会办公室（海淀区应急指挥中心）整合组建］
主任、党组书记 张泽根
区市政市容管理委员会（加挂交通委员会牌子）
主任 周有建（2月免）
周培芳（2月任）
党组书记 任文彪
区住房和城乡建设委员会 主任、党组书记
骆远骋
区房屋管理局 局长 贺 捷（2011年10月免）
骆远骋（2011年10月任）
区人民政府房屋征收办公室 主任 魏 星

区农村工作委员会（挂区动物卫生监督管理局牌子，与区委农村工作委员会合署办公）
主任、书记　王桐慧
区文化委员会　主任　陈　静（女）
党组书记　刘建朝
区卫生局、区政府公共服务委员会（2月，两单位领导班子整合）　局长　潘苏彦（女，2月免）
局长、主任　段安安（2月任）
党组书记、党委书记　张希俊（2月任）
区人口和计划生育委员会　主任　刘　彦（女）
区发展和改革委员会　主任、党组书记
李殿安（2月免）
董殿毅（2月任）
金融办公室
主任、党组书记　唐　颖（女）
区人民政府国有资产监督管理委员会
主任　董殿毅（2月免）
张连仲（2月任）
党委书记　张连仲
区审计局　局长　王传敏
党组书记　王传敏（2月免）
常印怀（2月任）
区安全生产监督管理局
局长　陈国启（2月免）
王勇禄（2月任）
党组书记　曾子锋
区环境保护局　局长　苏德琴（女）
党组书记　刘培恩
区统计局　局长、党组书记　李　泉
区水务局　局长　孙继光
党组书记　翟小凡（女）
区旅游发展委员会（原区旅游局，本年1月更名）
局长　陈名杰（2月免）
主任　黄亦红（2月任）
区体育局　局长　马士起
党组书记　刘和平
区民族宗教侨务办公室　主任　刘希英（女，回族）
区法制办公室　主任　刘秀荣（女）
区社会建设工作办公室（与区委社会工作委员会合署办公）
主任　陈　刚
书记　高　峰
区信访办公室　主任　孙　鹏
区民防局　局长、党组书记　韩顺新
区城管监察大队　大队长　李四友
党组书记　鲍忠义

区新闻中心　主任　牛爱忠（12月免）
区环境卫生服务中心　主任　杨奋翮
党委书记　空缺
区园林绿化局（海淀区绿化委员会办公室）
局长（主任）、党组书记　沙海江
区房屋土地经营管理中心　主任　许　立
党委书记　张俊成
圆明园管理处　主任　陈名杰（2月免）
曹宇明（女，2月任）
党委书记　芦培顺（7月免）
陈名杰（兼，7月任）
区机关事务管理处　处长　赵玉宝
区地震局　局长　郑国强
区档案局（馆）　局长（馆长）　王京彦（女）
党组书记　崔仲军
区农村合作经济经营管理站（与区农村经济与集体资产管理办公室实行一套机构两块牌子合署办公）
站长　王彩霞（女）
党组书记　孙庭芳

区政协机关

秘书长　吴宝华
办公室　主任　刘　玲（女）
研究室　主任　黄　英（女）
专委会工作一室主任　李　强
专委会工作二室主任　吴明波
专委会工作三室主任　李燕生
专委会工作四室主任　王建中
专委会工作五室主任　王欣焕（女）
专委会工作六室主任　陈跃年

垂直领导单位

北京市公安局海淀分局　局长　尹燕京
政委　许克嘉（4月免）
朱益军（4月任）
北京市公安局公安交通管理局海淀交通支队
队长　刘春利
政委　刘保君
海淀区消防支队
队长　柳国忠
政委　焦文宝
北京市国家安全局海淀分局
局长　路海军

北京市工商行政管理局海淀分局
局长、党组书记　刘树昌
海淀区国家税务局
局长、党组书记　刘嘉权
海淀区地方税务局
局长、党组书记　杜军利
北京市药品监督管理局海淀分局
局长、党组书记　徐　来
海淀区质量技术监督局
局长、党组书记　常英实（女）
海淀区气象局
局长、党组书记　李如清（3月免）
北京市规划委员会海淀分局
局长、党组书记　李景祥
海淀区烟草专卖局
局长、经理、党组书记　王文相
北京市国土资源局海淀分局
局长、党组书记　梁桂明
海淀出入境检验检疫局
局长　赵金生
国家工商行政管理总局商标局驻中关村国家自主创新示范区办事处　主任　田明珠（女）

街　道

万寿路街道　党工委书记　王国强
办事处主任　曹宇明（女，2月免）
张　伟（2月任）
羊坊店街道　党工委书记　张西渭
办事处主任　王　澎（女）
甘家口街道　党工委书记　李向洋
办事处主任　赤　飞
八里庄街道　党工委书记　田桂茹（女，满族）
办事处主任　贺　捷
紫竹院街道　党工委书记　白建平
办事处主任　王京立
北下关街道　党工委书记　张振西
办事处主任　林德江（12月免）
李旭东（12月任）
北太平庄街道　党工委书记　汤新秀（女）
办事处主任　寇　平
海淀街道　党工委书记　冯志军
办事处主任　朱春生（2月免）
陈国启（2月任）
中关村街道　党工委书记　杨　莉（女，2月免）
张京玲（女，7月任）
办事处主任　张宝信
学院路街道　党工委书记　刘佩金
办事处主任　刘志平
清河街道　党工委书记　邢玉平
办事处主任　张立红（2月任）
青龙桥街道　党工委书记　张京玲（女，7月免）
办事处主任　魏开锋
香山街道　党工委书记　张晨光
办事处主任　张建水
西三旗街道　党工委书记　车苇歆（女，2月免）
刘振华（7月任）
办事处主任　刘振华（7月免）
王志伟（7月任）
马连洼街道　党工委书记　郝　飞
办事处主任　李劲松
花园路街道　党工委书记　黄亦红（女，回族，2月免）
王玉方（8月任）
办事处主任　王玉方（8月免）
胡宗江（8月任）
田村路街道　党工委书记　于占沼（女，满族）
办事处主任　仲良喜
上地街道　党工委书记　杨剑飞
办事处主任　李旭东（12月免）
曙光街道　党工委书记　苗燕荣（女）
办事处主任　孙玉芝（女）
燕园街道　党工委书记　李贡民（10月免）
严敏杰（10月任）
办事处主任　李贡民
清华园街道　党工委书记　高　斌
办事处主任　王京春
永定路街道　党工委书记　李晓红（女）
办事处主任　崔向阳

镇（地区）

东升镇（东升地区）
党委（党工委）书记　肖熙之（2月免）
高念东（2月任）
镇长（办事处主任）　高念东（2月免）
武　凯（8月任）
海淀镇（万柳地区）
党委（党工委）书记　李景奇
镇长（办事处主任）　赵　寒

四季青镇（四季青地区）

党委书记	胡淑彦
镇长（办事处主任）	张春华（8月免）
	苏国斌（12月任）

西北旺镇（西北旺地区）

党委书记	刘精明
镇长（办事处主任）	赵小云（女，满族）

温泉镇（温泉地区）

党委书记	方海强
镇长（办事处主任）	程培衡

苏家坨镇（苏家坨地区）

党委书记	祝的春
镇长（办事处主任）	刘圣国（8月免）
	张春明（8月任）

上庄镇（上庄地区）

党委书记	魏怀中
镇长（办事处主任）	胡宗江（8月免）
	杜陈生（9月任）

玉渊潭农工商总公司

总经理	刘凤英（女）
党委书记	范永红

逝世知名人物

蒋　英

2012年2月5日，中国女声乐教育家、女高音歌唱家，中央音乐学院教授，著名军事理论家蒋百里的三女儿、著名科学家钱学森之妻蒋英因病于北京逝世，享年92岁。

蒋英，生于1920年8月11日，浙江海宁人。1936年随其父赴欧洲考察，即留欧洲学习音乐。1947年9月与钱学森在上海结婚，后随钱学森赴美国。1949年中华人民共和国成立后，蒋英与钱学森准备返回祖国，但遭到美国当局的百般阻挠，最终于1955年10月回到祖国。1956年2月至1959年在北京中央实验歌剧院任独唱演员兼声乐教员。1959年9月在中央音乐学院声乐歌剧系任教至1989年退休。蒋英被誉为欧洲古典艺术歌曲的权威，是“政府特殊津贴”和中国音乐“金钟奖”终身成就奖获得者。

蒋英生前居住在海淀区阜成路8号院。

张守常

2012年4月6日，中国共产党优秀党员、中国民主促进会终身荣誉会员，著名教育家、历史学家，北京师范大学教授张守常因病医治无效，在北京逝世，享年91岁。

张守常，1921年12月25日出生于山东高唐，1940年入京求学，先后就读于北京山东中学和北京大学，在北京大学就读的第二年即从英文系转入历史系。张先生求学时即兼教职，毕业后一直从事教育工作。1953年调入北京师范大学历史系先后从事历史教学法、中国近代史和中国近代史料学的教学与研究，为北京师范大学近代史学科、历史教学法学科的建设与发展做出了重要贡献。他是中华书局版高校教材《中国近代史》的主要作者之一。其他主要著作有《太平天国北伐史》、《中国农民与近代革命》、《中国近世谣谚》、《拂晓集》等。

张守常在北京师范大学执教达60余年。

陈俊愉

2012年6月8日，园林花卉学家、中国工程院资深院士、北京林业大学教授陈俊愉先生因病医治无效，在北京逝世，享年95岁。

陈俊愉，1917年9月21日生，安徽安庆人。1997年被评为中国工程院院士，1998年6月转为资深院士，是全国花卉界唯一的工程院院士，人称“梅花院士”。他1943年开始投身于梅花研究，培育出百余种新品种，极大地拓宽了梅花的种植范围。他在梅花品种分类上创立了世界上独一无二的“二元分类法”，形成了花卉品种分类的中国学派。1998年8月，他被国际园艺学会任命为“国际梅品种登录权威”，为中国在国际园艺学会里的第一个园艺类植物的“国际登录权威”，梅在外文中第一次正式以汉语拼音（Mei）公诸于世，有力推动了梅文化走向世界。

自1957年至逝世，陈俊瑜长期在北京林业大学任教。

郭慕孙

2012年11月20日，著名的化学工程学家，中国科学院院士，第四、五、六、七届全国政协委员，中国科学院过程工程研究所名誉所长郭慕孙因病医治无效，在北京逝世，享年92岁。

郭慕孙，1920年6月24日生于湖北汉阳，籍贯广东潮州。1943年毕业于上海沪江大学化学系，1946年在美国普林斯顿大学化工系获硕士学位。1978年任化冶所负责人、代所长、所长，1986年起为化冶所名誉所长。二十世纪八十年代组建中国颗粒学会并任首届理事长。1980年当选为中国科学院学部委员（院士），1997年被聘为瑞士工程科学院外籍院士。郭慕孙是中国流态化学科研究的开拓者和学术带头人。他提出的流态化理论多次应用于金属提取等资源开发。郭慕孙于1982年和1990年两次获国家自然科学奖二等奖，1989年在加拿大获“国际流态化成就奖”，1994年获“何梁何利基金科学与技术进步奖”，1997年获“美国化工学会流态化奖”。

郭慕孙生前居所为中关村14号楼。

新闻人物

最美环卫工——李成友

李成友，46岁，是海淀区环卫中心的一名编外职工。2002年10月来到海淀环卫中心二队军博班，成为一名道路清扫保洁员。2012年1月被调整到二队魏公村班，负责中关村南大街西侧辅路（白石桥——魏公村路口）的道路保洁。在本年7月21日北京遭遇特大暴雨当天，他坚守岗位，为了清理雨水篦子上的污物，确保排水通畅，“打开路边的雨箅子，一半的身体趴在没过小腿的水中，用手掏着雨箅子下的杂物。”当时的场景被一位路过的网友拍下并在微博中发出，随后，人民日报、中央台新闻频道、北京日报、北京电视台、北京青年报、网易、搜狐、新浪等百余家媒体也对此进行报道，受到各方关注。李成友被网友称为“最美环卫工”。

“神探亨特张”

2012年7月20日，一部根据真人真事改编的中国剧情片——电影《神探亨特张》（英文名 Beijing Blues）在中国大陆上映。这部新写实主义影片获第49届金马奖最佳剧情片、最佳摄影和最佳剪辑三个奖，导演高群书获第15届上海国际电影节最佳导演奖。该片的原型——海淀公安分局双榆树派出所51岁的民警张惠领因为影片的热播再次引起公众的关注。

张惠领1962年出生，1990年4月参加公安工作，现为北京市公安局双榆树派出所便衣探组组长。自2003年负责双榆树地区便衣打扒以来，由他控制或发现指挥控制的各类违法犯罪嫌疑人有2000余人，打掉团伙200多个。张惠领被誉为“反扒神探”，他摸索出的“打击街头犯罪工作法”，不仅成为海淀分局一线民警培训教材，而且作为典型经验在北京市推广。他先后荣立个人一等功、二等功、三等功，获全国优秀人民警察，全国公安机关爱民模范、先进个人，全国公安系统二级英雄模范等称号。

年度网络流行语（选录）

XX Style

最早来源于韩国歌手朴载相2012年7月15日发布的单曲《江南 style》，歌名为韩国俚语，指其首都首尔一个上流社会聚集地——江南区豪华奢靡的生活方式。该曲发布之后迅速走红，各种 Style 纷纷冒出，至“航母 Style”达到高潮。“航母 style”也叫“起飞 style”，是2012年11月25日中国首艘航母“辽宁舰”成功起降歼-15舰载机时指挥员在起降过程中的手势动作。以半蹲姿势，右手蜷缩伸出食指和中指，指向飞行甲板前端，表示“允许起飞”。

高富帅（白富美）

指高大、富有、帅气的男人，肤白、钱多、貌美的女人，是择偶方面最有优势的男人和女人。最初这两个词是网民对青春偶像剧和日本动漫中男女主人公特征的概括，表达了对虚拟世界里“高富帅”与“白富美”之间童话婚恋的艳羡，同时也寄托着对理想生活的向往和对平凡现实的自我解嘲。后来随着应用的日益广泛，已成为网络和日常生活里的热门词语。

正能量

指的是一种健康乐观、积极向上的动力和情感。“正能量”本是物理学名词，而“正能量”的流行源于英国心理学家理查德·怀斯曼的专著《正能量》，其中将人体比作一个能量场，通过激发内在潜能，可以使人表现出一个新的自我，从而更加自信、更加充满活力。当下，中国人为所有积极的、健康的、催人奋进的、给人力量的、充满希望的人和事，贴上“正能量”标签。

舌尖上的中国

2012年中央电视台播出纪录片《舌尖上的中国》，展示了中国各地的美食生态和丰富多彩的饮食文化，引起社会广泛关注。此纪录片的走红，使“舌尖上”一词得到人们的青睐，俨然成了饮食文化的“代言人”。如“舌尖上的中国”，即中国的饮食文化；“舌尖上的快乐”，意思是品味美食的乐趣；而“舌尖上的爱情”则可以理解为与饮食息息相关的爱情生活。

屌丝

是一种网络流行的新称谓，多指出身卑微、相貌平凡的年轻男性。屌丝们自称“穷丑矮挫胖笨撸”，自称“见人就给人下跪”，屌丝二字蕴含着无奈与自嘲的意味。2012 年 2 月，凤凰网报道专题《屌丝：一个字头的诞生》，腾讯网紧跟其后发表《屌丝：庶民的文化胜利》，11 月 3 日，“屌丝”一词登上《人民日报》十八大特刊，进一步引发了网络和社会热议。此后屌丝文化被社会广泛接受。

接地气

本意是“接土地之气”，民间常说的“水土不服”就是不接（当地的）土地之气（泛指自然环境和气候）。流行语“接地气”中的“地”用的是喻义，指老百姓的生活。“接地气”就是“贴近老百姓真实生活的实际”、“反映百姓真实生活情感”。莫言的小说就是“接地气”的一个典型。而党员干部“接地气”，就是要深入基层，广泛接触民众，了解民众的苦与乐、民众的意愿和需求。

统计资料（选编）

海淀区主要经济社会指标

项目	单位	2011年	2012年	占全市比重%
人口与就业				
人口				
年末户籍人口	万人	225.4	230.7	17.8
年末常住人口	万人	340.2	348.4	
户籍人口自然增长率	‰	6.8	8.1	
户籍人口机械增长率	‰	24.9	18.5	
劳动就业				
城镇登记失业率	%	0.93	0.73	
失业人员再就业率	%	67.03	69.80	
宏观经济				
国民经济核算				
海淀生产总值	亿元	3179.8	3514.8	19.7
第一产业	亿元	1.6	2.0	1.3
第二产业	亿元	412.9	455.4	11.2
第三产业	亿元	2765.4	3057.4	22.4
人均地区生产总值	美元	14734.0	16172.0	
投资				
全社会固定资产投资总额	亿元	625.3	688.9	10.7
#房地产投资	亿元	281.1	344.7	10.9
#住宅	亿元	142.8	155.6	
房屋施工面积	万平方米	1086.4	1126.8	
房屋竣工面积	万平方米	244.2	208.9	
财政				
区域财政收入	亿元	1309.30	1685.77	
区级财政收入	亿元	241.76	282.65	6.3
区级财政支出	亿元	275.72	335.17	7.0
产业				
农村经济				
农业总产值（现价）	亿元	4.8	5.7	
农村经济总收入	亿元	217.7	232.5	
农村经济纯收入	亿元	47.2	52.4	

海淀区主要经济社会指标（续）

项目	单位	2011 年	2012 年	占全市比重%
工业				
工业企业总产值（现价）	亿元	1444.5	1488.6	
建筑业				
建筑业总产值	亿元	1189.2	1346.7	
商业				
社会消费品零售额	亿元	1383.1	1504.8	19.5
文化创意产业				
文化创意产业收入合计	亿元	3338.9	3914.4	
旅游业				
旅游业营业收入	亿元	369.4	409.6	
对外经济贸易				
新批项目数	家	289	249	
合同外资额	亿美元	16.0	13.8	
实际利用外资额	亿美元	14.3	15.0	
海关进出口总额	亿美元	489.0	412.4	
进口额	亿美元	379.0	320.2	
出口额	亿美元	109.0	92.2	
金额				
银行存款余额	亿元	14254.5	16372.9	19.3
#城乡居民储蓄存款余额	亿元	3944.1	4464.8	20.0
银行贷款余额	亿元	4381.5	4663.8	10.8
教育、科技、卫生				
教育				
中小学学校数	所	207	207	
#小学	所	118	119	
普通中学	所	75	75	
职业中学	所	14	13	
毕业生数	人	66039	65583	
#小学	人	18891	20942	
普通中学	人	30288	30292	
职业中学	人	5216	14349	

海淀区主要经济社会指标（续）

项目	单位	2011 年	2012 年	占全市比重%
科技				
技术合同成交总额	亿元	967.7	1134.4	
专利申请数	个	32412	36486	
专利授权量	个	16800	19862	
卫生				
卫生机构个数	个	964	986	
卫生机构病床数	万张	0.99	1.0	
卫生技术人员数	万人	2.53	2.66	
每千人拥有执业医生人数	人	2.8	2.7	
每千人拥有护士人数	人	3.1	3.2	
每千人拥有医院床位数	张	3.9	2.6	
生活与环境				
人民生活				
城镇居民人均可支配收入	元	37746.4	41842.0	–
城镇居民人均消费性支出	元	23999.6	26569.6	
农村居民人均纯收入	元	20015	22364	
农村居民人均消费性支出	元	16498	18172	
劳动工资				
城镇单位从业人员平均人数	人	1399418	1495952	
城镇单位在岗职工工资总额	亿元	1076.6	1292.03	
城镇单位在岗职工平均工资	元	88728	99987	
城市公共事业				
万元 GDP 能耗	吨标煤	0.24	0.23	
城市绿化覆盖率	%	48.2	49.5	
污水处理率	%	95.3	96.0	
人均绿地面积	平方米	46.9	47.2	
空气质量二级及好于二级的天数	天	280		
园区经济				
海淀园				
总收入	亿元	8782.82	10665.75	

城镇单位从业人员与劳动报酬情况

项 目	从业人员平均人数（人）	从业人员劳动报酬总额（万元）	从业人员平均劳动报酬（元）
合计	**1495952**	**14332633**	**95809**
按行业分			
农、林、牧、渔业	2985	13784	46178
采矿业	62	240	38758
制造业	146314	1241952	84883
电力、燃气及水的生产和供应业	3139	20316	64721
建筑业	73489	514314	69985
批发与零售业	103643	794137	76622
交通运输、仓储和邮政业	99796	744315	74584
住宿和餐饮业	59397	254072	42775
住息传输、软件和信息技术服务业	322139	4017561	124715
金融业	31302	426840	136362
房地产业	57570	350300	60848
租赁和商务服务业	76884	785030	102106
科学研究和技术服务业	208060	2290464	110087
水利、环境和公共设施管理业	16099	106759	66314
居民服务和其他服务业	17969	86306	48031
教育	154261	1388704	90023
卫生和社会工作	28652	304583	106304
文化、体育和娱乐业	43960	654074	148788
公共管理、社会保障和社会组织	50231	338884	67465

注：2010年及以前，劳务派遣人员按照“谁发工资统计”进行统计。2011年起，劳务派遣人员按照“谁用工谁统计”进行统计。

工业企业主要经济指标

单位：万元、人

项 目	企业单位数（个）	#亏损企业（个）	工业总产值（当年价格）	工业销售产值（当年价格）
合计	**476**	**52**	**14886097**	**14339993**
按隶属关系				
中央	58	5	3928523	3754345
市	37	6	751749	737350
区（县）	12	2	118362	116000
街道	1		23734	22761
镇	1		10926	10920
其他	367	39	10052804	9698617
按注册类型				
内资	399	38	9529580	9117760
国有	27	4	1374075	1215004
集体	3	1	18420	18290
股份合作	4		18043	16941
联营				
有限责任公司	166	20	3014237	2969665
股份有限公司	78	4	4295241	4098442
私营	121	9	809564	799418
其他				
外资	77	14	5356518	5222233
港澳台商投资	20	5	4068436	3959017
外商投资	57	9	1288082	1263216

工业企业主要经济指标（续）

单位：万元、人

项　目	从业人员平均人数（人）	固定资产合计	固定资产原价
合计	144664	2206982	3800456
按隶属关系			
中央	42660	1039998	1687927
市	13178	185560	390287
区（县）	2894	25036	35685
街道	322	2581	3719
镇	377	916	3170
其他	85233	952892	1679669
按注册类型			
内资	111109	1851029	2970009
国有	8654	261762	522204
集体	491	1424	4183
股份合作	596	4315	6917
联营			
有限责任公司	40516	331971	576593
股份有限公司	46499	1167649	1723634
私营	14353	83908	136479
其他			
外资	33555	355953	830447
港澳台商投资	16924	158522	318449
外商投资	16631	197431	511998

工业企业主要经济指标（续）

单位：万元、人

项　目	营业收入	利润总额	营业成本	营业税金及附加	#主营业务税金及附加
合计	19861067	1398454	16061224	88096	84748
按隶属关系					
中央	4856627	310619	4169436	21426	21241
市	862312	104402	689782	9014	8329
区（县）	127621	8883	80635	877	854
街道	36672	5463	24073	263	263
镇	14077	1478	12458	46	46
其他	13963758	967609	11084839	46471	54015
按注册类型					
内资	11424244	1210866	8933141	68305	65222
国有	1414140	95720	1239521	4767	4323
集体	21254	1474	19107	69	69
股份合作	22809	3600	14390	308	308
联营					
有限责任公司	3484959	344642	2834271	16308	15776
股份有限公司	5558233	772356	4175562	41007	38984
私营	932850	93074	650290	5846	5763
其他					
外资	8426823.	187588	7128083	19792	19525
港澳台商投资	6982382	45925	6036827	11290	11261
外商投资	1444441	141663	1091256	8501	8264

文化创意产业情况

单位：亿元、人

项　目	2012年	2011年	2012年为2011年的%
企业单位数	**2828**	**2787**	**101.5**
文化艺术	82	76	107.9
新闻出版	183	190	96.3
广播电影电视	101	99	102.0
软件网络及计算机服务业	1697	1682	100.9
广告会展	195	190	102.6
艺术品交易	8	7	114.3
设计服务	241	213	113.1
旅游休闲娱乐	165	160	103.1
其他辅助服务	156	170	91.8

文化创意产业情况（续表）

项 目	2012年	2011年	2012年为2011年的%
从业人员	**487593**	**435118**	**112.1**
文化艺术	6980	9008	77.5
新闻出版	18831	18869	99.8
广播电影电视	25599	24793	103.3
软件网络及计算机服务业	364466	319318	114.1
广告会展	10922	10268	106.4
艺术品交易	504	455	110.8
设计服务	29540	22742	129.9
旅游休闲娱乐	14041	13322	105.4
其他辅助服务	16710	16343	102.2
资产总计	**5705.2**	**4869.5**	**117.2**
文化艺术	97.9	85.6	114.4
新闻出版	272.9	229.0	119.2
广播电影电视	996.3	890.9	111.8
软件网络及计算机服务业	3745.6	3145.8	119.1
广告会展	138.3	125.3	110.4
艺术品交易	16.5	18.3	90.2
设计服务	242.2	183.3	132.1
旅游休闲娱乐	78.1	69.0	113.2
其他辅助服务	117.3	122.2	96.0
收入合计	**3914.4**	**3338.9**	**117.2**
文化艺术	35.9	32.0	112.2
新闻出版	156.9	140.3	111.8
广播电影电视	469.5	394.4	119.0
软件网络及计算机服务业	2628.7	2252.6	116.7
广告会展	191.0	136.5	139.9
艺术品交易	30.4	34.6	87.9
设计服务	125.7	100.2	125.4
旅游休闲娱乐	87.2	70.2	124.2
其他辅助服务	189.3	178.1	106.3

文化创意产业情况（续表）

项　目	2012年	2011年	2012年为2011年的%
上缴税金	**241.9**	**203.2**	**119.0**
文化艺术	0.7	0.5	140.0
新闻出版	9.9	9.3	106.5
广播电影电视	25.0	21.5	116.3
软件网络及计算机服务业	183.1	153.7	119.1
广告会展	7.6	5.2	146.2
艺术品交易	0.9	0.9	100.0
设计服务	7.8	4.3	181.4
旅游休闲娱乐	2.1	2.2	95.5
其他辅助服务	4.8	5.6	85.7
利润总额	**420.4**	**342.9**	**122.6**
文化艺术	0.9	-2.5	-36.0
新闻出版	22.7	21.9	103..7
广播电影电视	21.3	20.2	105.4
软件网络及计算机服务业	351.4	287.6	122.2
广告会展	8.8	5.0	176.0
艺术品交易	1.2	2.0	60.0
设计服务	7.2	1.6	450.0
旅游休闲娱乐	1.7	1.5	113.3
其他辅助服务	5.0	5.4	92.6

海淀园主要经济指标增长情况

项　目	单位	2012年	2011年	2012年为2011年的%
总收入	**亿元**	**10665.75**	**8782.82**	**121.4**
#技术收入	亿元	2074.10	1752.34	118.4
产品销售收入	亿元	3052.43	2669.13	114.4
商品销售收入	亿元	4172.33	3754.72	111.1
实缴税费总额	亿元	423.09	390.96	108.2
出口总额	亿元	83.86	72.27	116.0
利润总额	亿元	822.36	708.92	116.0
园区企业数	个	9016	9306	96.9
#年收入亿元以上企业数	个	950	839	113.2
从业人员期末人数	万人	77.60	69.34	111.9
孵化器数	个	41	35	117.1
累计孵化企业数	个	7327	6579	111.4
加速器数	个	6	5	120.0
大学科技园数	个	19	16	118.8
#国家级大学科技园	个	12	12	-

海淀园高新技术产业情况

项　目	单位	2012年	2011年	2012年为2011年的%
总收入				
#电子与信息	亿元	6161．28	5046.63	122.1
生物工程和新医药	亿元	240．16	135.54	177.2
新材料及应用技术	亿元	1332．36	816.16	163.2
先进制造技术	亿元	406．90	407.73	99.8
新能源与高效节能技术	亿元	660．35	1177.03	56.1
环境保护技术	亿元	201．06	191.88	104.8
利润总额				
#电子与信息	亿元	465．95	379.22	122.9
生物工程和新医药	亿元	26．32	17.83	147.6
新材料及应用技术	亿元	71.48	75.39	94.8
先进制造技术	亿元	47.35	50.17	94.4
新能源与高效节能技术	亿元	64.23	56.80	113.1
环境保护技术	亿元	20.77	23.52	88.3
实缴税费总额				
#电子与信息	亿元	269.76	244.49	110.3
生物工程和新医药	亿元	13.14	8.30	158.3
新材料及应用技术	亿元	15.75	15.88	99.2
先进制造技术	亿元	22.87	26.01	87.9
新能源与高效节能技术	亿元	22.69	25.26	89.8
环境保护技术	亿元	10.30	9.36	110.0
出口创汇总额				
#电子与信息	亿元	31.48	22.28	141.3
生物工程与新医药	亿元	3.77	1.65	228.5
新材料及应用技术	亿元	14.26	11.77	121.2
先进制造技术	亿元	4.60	13.20	34.8
新能源与高效节能技术	亿元	3.49	8.15	42.8
环境保护技术	亿元	0.12	0.36	33.3

550户城镇居民家庭基本情况

项　目	单位	2012年	2011年	2012年为2011年的%
调查户数	户	550	550	–
家庭人口数	人	1507	1493	100.9
平均每户人口	人/户	2.74	2.72	100.7
有收入者人数	人/户	2.20	2.21	99.5
#就业人口数	人/户	1.42	1.38	102.9
国有经济单位职工	人/户	0.90	0.69	130.4
城镇集体经济单位职工	人/户	0.02	0.04	50.0
其他经济类型单位职工	人/户	0.19	0.25	76.0
城镇个体或私营企业主	人/户	0.05	0.03	166.7
城镇个体或私营企业被雇者	人/户	0.23	0.26	88.5
离退休再就业人员	人/户	0.01	0.05	20.0
其他就业人数	人/户	0.03	0.05	60.0
离退休人数	人/户	0.76	0.80	95.0
其他有收入者人数	人/户	0.02	0.03	66.7
先收入者人数	人/户	0.54	0.51	105.9
平均每一就业者负担人数	人	1.39	1.38	100.7
平均每人年可支配收入	元	41842.0	37746.4	110.9
平均每人月可以配收入	元	3486.8	3145.5	110.9
平均每人月消费性支出	元	2214.1	2000.0	110.7
人均现住房总建筑面积	平方米（m^2）	29.3	30.5	96.2
人均现住房总使用面积	平方米（m^2）	22.0	22.8	96.4

200户农村居民家庭基本情况

项　目	单位	全区平均	低收入户 20%	中低收入户 20%	中等收入户 20%	中高收入户	高收入户 20%
调查户数	户	200	40	40	40	40	40
常住人口	人	638	133	135	131	129	109
平均每户	人	3.2	3.3	3.4	3.3	3.2	2.7
整半劳动力数量	人	452	88	89	89	90	96
平均每户	人	2.3	2.2	2.2	2.2	2.3	2.4
平均每一劳动力负担人口	人	1.4	1.5	1.5	1.5	1.4	1.1
人均住房面积	平方米（m^2）	51.9	58.4	54.6	45.9	53.4	45.9
人均总收入	元	23097	12482	18217	21717	26257	40048
人均纯收入	元	22364	12046	17060	21333	26034	38459
人均生活消费支出	元	18172	11579	16742	16696	21176	26229
人均可支配收入	元	21114	11133	16166	20317	24630	36256
平均每个劳动力创造纯收入	元	21567	18241	25926	31461	37315	43667
农村居民恩格尔系数	%	32.4	38.0	31.2	31.7	30.6	32.6

附　录

海淀区行政区划基本情况

序号	地　区	社区居委会	村委会	辖区面积（平方千米）
	全区	564	84	430.77
1	万寿路街道	36		8.78
2	羊坊店街道	32		6.61
3	甘家口街道	21		6.49
4	八里庄街道	33		6.49
5	紫竹院街道	22		6.23
6	北下关街道	31		6.04
7	北太平庄街道	38		5.17
8	海淀街道	32		6.90
9	中关村街道	31		5.28
10	学院路街道	26		8.49
11	清河街道	27		9.37
12	青龙桥街道	21		18.59
13	香山街道	6		20.40
14	西三旗街道	28		8.23
15	马连洼街道	16		10.74
16	花园路街道	35		6.33
17	田村路街道	28		7.77
18	上地街道	12		9.52
19	曙光街道	16		5.45
20	燕园街道	7		1.84
21	清华园街道	9		3.49
22	永定路街道	16		1.45
23	东升镇	3	5	8.28
24	海淀镇	2	4	4.79
25	四季青镇	11	13	40.83
26	西北旺镇	10	16	51.02
27	温 泉 镇	10	7	33.23
28	苏家坨镇	4	19	84.51
29	上 庄 镇	1	20	38.45
备注	注：海淀区对外公布面积为430.77平方千米，本表各街镇面积为2006年2月13日北京市测绘设计研究院制图中心图测数据，精确到小数点后第二位。			

中共海淀区委 2012 年文件目录（京海发）

文 号	发文日期	标 题
京海发〔2012〕1 号	2012.01.04	关于第十一届区委常委工作分工的通知
京海发〔2012〕2 号	2012.01.12	印发《2012 年海淀区政法工作要点》的通知
京海发〔2012〕3 号	2012.01.20	区委第十一届二次全会决议
京海发〔2012〕4 号	2012.01.20	关于率先形成文化大发展大繁荣新格局的实施意见
京海发〔2012〕5 号	2012.01.30	印发《中共海淀区委常委会 2012 年工作要点》的通知
京海发〔2012〕6 号	2012.03.11	关于做好海淀区出席北京市第十一次党代会代表选举工作的通知
京海发〔2012〕7 号	2012.03.19	关于印发《2012 年海淀区委区政府重点工作任务分解方案》的通知
京海发〔2012〕8 号	2012.03.14	印发《关于巡视工作的暂行规定》的通知
京海发〔2012〕9 号	2012.05.30	关于加强政风行风建设提升为民服务水平的实施意见
京海发〔2012〕10 号	2012.06.09	关于在全区开展向海淀公安英模学习的决定
京海发〔2012〕11 号	2012.06.09	关于授予海淀区“创先争优”先进基层党组织和优秀共产党员荣誉称号的决定
京海发〔2012〕12 号	2012.06.20	关于加快核心区自主创新和产业发展的若干意见
京海发〔2012〕13 号	2012.07.27	印发《关于贯彻落实〈中共中央关于加强新形势下党外代表人士队伍建设的意见〉实施意见》的通知
京海发〔2012〕14 号	2012.08.03	印发《关于进一步加强廉政风险防控管理工作的实施意见》的通知
京海发〔2012〕15 号	2012.09.06	关于表彰海淀区中小学、各类教育机构优秀党委（总支、支部）书记、校长（园长）和优秀教师、优秀教育工作者的决定
京海发〔2012〕16 号	2012.09.11	印发《关于进一步深化“创新聚力”工程推动“创先争优”常态化长效化的实施意见》的通知
京海发〔2012〕17 号	2012.11.27	印发《关于开展社区党的建设“三级联创”活动的实施意见》的通知
京海发〔2012〕18 号	2012.12.04	转发《中共北京市委关于认真学习宣传贯彻党的十八大精神的通知》的通知
京海发〔2012〕19 号	2012.12.13	关于聘请李书磊等同志为区委党校高级顾问的决定

海淀区人民政府2012年文件目录（海政发）

文　号	发文日期	标　题
海政发〔2012〕1号	2012.02.29	关于印发本区2012年人口和计划生育工作要点的通知
海政发〔2012〕2号	2012.01.11	关于印发2012年政府工作报告的通知
海政发〔2012〕3号	2012.01.20	关于印发本区预算外资金纳入预算管理实施方案的通知
海政发〔2012〕5号	2012.01.29	关于暂停办理万寿塔项目范围内户口迁入手续的通知
海政发〔2012〕6号	2012.02.01	关于印发本区老旧小区综合整治实施方案的通知
海政发〔2012〕7号	2012.02.06	关于印发本区“十二五”时期主要污染物总量减排目标分解工作方案的通知
海政发〔2012〕8号	2012.02.13	关于印发本区行政事业单位国有资产处置管理办法的通知
海政发〔2012〕9号	2012.02.16	关于印发本区2011年度土地卫片执法检查工作方案的通知
海政发〔2012〕10号	2012.02.17	关于建立本区查处利用集体土地违法建设销售住宅行为责任机制的意见
海政发〔2012〕11号	2012.02.17	关于暂停办理五路居地区范围内房屋新建等手续的通知
海政发〔2012〕13号	2012.02.17	关于追授辛生和授予向修刚等六名同志海淀区见义勇为积极分子称号的决定
海政发〔2012〕14号	2012.02.20	关于印发《安宁庄西路南北段道路工程项目集体土地房屋拆迁实施方案》的通知
海政发〔2012〕15号	2012.02.17	关于印发本区多部门多警种全面整治车辆违法及尾气超标24小时联勤联动机制工作方案的通知
海政发〔2012〕16号	2012.02.24	关于暂停办理学院路北端（学院路科技园）项目范围内房屋新建等手续的通知
海政发〔2012〕17号	2012.03.01	关于暂停办理玲珑巷地区范围内房屋新建等手续的通知
海政发〔2012〕18号	2012.02.29	关于印发《万寿塔项目拆迁实施方案》的通知
海政发〔2012〕19号	2012.03.14	关于在街（镇）派驻消防监督民警做好网格化社会消防管理工作的意见
海政发〔2012〕20号	2012.04.01	关于印发海淀区2012年大气污染控制措施工作方案的通知
海政发〔2012〕21号	2012.04.07	关于印发2012年区政府投资项目安排方案的通知
海政发〔2012〕22号	2012.04.09	关于海淀区农村集体资产管理的意见
海政发〔2012〕23号	2012.04.09	关于2012年海淀区推进都市现代农业创新发展的指导意见
海政发〔2012〕24号	2012.04.11	关于印发区政府依法行政工作报告的通知
海政发〔2012〕25号	2012.04.23	关于印发2012-2013年度重点企业名单的通知
海政发〔2012〕26号	2012.04.25	关于印发本区2012年缓解交通拥堵工作计划的通知
海政发〔2012〕27号	2012.04.25	关于印发本区深化企业改革工作方案的通知
海政发〔2012〕29号	2012.05.14	关于印发本区“十二五”时期节能规划的通知
海政发〔2012〕30号	2012.05.14	关于落实市国土资源局《约谈国土资源违法违规行为突出区县、乡镇政府领导人暂行办法》的通知
海政发〔2012〕31号	2012.05.17	关于加强本区标语宣传品设置管理工作的通知
海政发〔2012〕32号	2012.05.17	关于暂停办理中央党校西墙外地区范围内房屋新建等手续的通知
海政发〔2012〕33号	2012.05.17	关于暂停办理韩家府董四墓村地区范围内房屋新建等手续的通知
海政发〔2012〕35号	2012.05.25	关于印发本区集中开展安全生产领域“打非治违”专项行动实施方案的通知
海政发〔2012〕36号	2012.06.01	关于停办大工村户籍、房屋新建和变更等手续的通知

文　号	发文日期	标　题
海政发〔2012〕37 号	2012.06.04	关于印发 2012 年本区促消费保增长工作实施方案的通知
海政发〔2012〕38 号	2012.06.12	关于开展 2012 年城乡住户调查一体化工作的通知
海政发〔2012〕39 号	2012.07.13	关于进一步加强城市管理问题处置的意见
海政发〔2012〕41 号	2012.07.18	关于暂停办理阜石路敬老院建设项目范围内房屋新建等手续的通知
海政发〔2012〕42 号	2012.07.18	关于暂停办理香山地区户口迁入等手续的通知
海政发〔2012〕44 号	2012.07.31	关于海淀区 2012 年推进重点改革任务的指导意见
海政发〔2012〕45 号	2012.08.06	关于印发本区 2012 年价格综合调控重点工作任务及分解落实方案的通知
海政发〔2012〕46 号	2012.08.23	关于印发《海淀区建立健全土地卫片执法检查长效机制工作意见》的通知
海政发〔2012〕47 号	2012.08.23	关于推进城乡就业一体化发展创建充分就业区的意见
海政发〔2012〕48 号	2012.08.29	关于开展第二届国土资源节约集约模范县（市）创建活动的通知
海政发〔2012〕49 号	2012.09.07	关于授予李晓风同志“海淀区基础教育名家”称号的决定
海政发〔2012〕50 号	2012.09.05	关于印发 2012 年海淀区政府绩效管理试点工作方案的通知
海政发〔2012〕51 号	2012.09.17	关于暂停办理红联村平房区项目范围内房屋新建等手续的通知
海政发〔2012〕52 号	2012.09.19	关于印发《海淀区加快压减燃煤促进空气质量改善工作方案》的通知
海政发〔2012〕53 号	2012.09.21	关于印发《2012 年海淀区政府投资建设项目年中调整方案》的通知
海政发〔2012〕54 号	2012.11.01	关于暂停办理魏公村小区回迁安置房项目范围内房屋新建等手续的通知
海政发〔2012〕56 号	2012.11.22	关于印发《海淀区争创全国质量强市示范城市工作方案》的通知
海政发〔2012〕57 号	2012.10.31	关于促进国土资源节约集约利用的通知
海政发〔2012〕58 号	2012.11.16	关于 2012 年度行政执法案卷评查情况的通报
海政发〔2012〕59 号	2012.11.27	关于印发《玲珑巷、五路居项目拆迁实施方案》的通知
海政发〔2012〕60 号	2012.11.28	关于印发《海淀区全民科学素质行动计划纲要实施方案（2011–2015 年）》的通知
海政发〔2012〕61 号	2012.12.03	关于印发本区贯彻《质量发展纲要（2011–2020 年）》的实施意见和争创全国质量强市示范城市行动计划（2012–2014 年）的通知
海政发〔2012〕62 号	2012.12.03	关于印发《智慧海淀建设项目管理办法（试行）》的通知
海政发〔2012〕63 号	2012.12.17	关于加强城市管理与应急数据资源共享应用的意见
海政发〔2012〕64 号	2012.12.17	关于暂停办理海淀区清华东路 9 号院住宅及配套合作建房遗留项目范围内房屋新建等手续的通知
海政发〔2012〕65 号	2012.12.31	关于印发《海淀区 2013 年全社会固定资产投资推进方案》的通知
海政发〔2012〕66 号	2012.12.31	关于印发《2013 年区政府投资项目第一批安排方案》的通知
海政发〔2012〕67 号	2012.12.12	关于追授牛晶晶和授予王军等五名同志海淀区见义勇为积极分子称号的决定
海政发〔2012〕68 号	2012.12.28	关于建立本区保护发展森林资源目标责任制的通知

索引

说明

一、本索引采用分析索引方法，按主题词首字汉语拼音字母顺序排列。

二、索引的主题词后面的数字表示内容所在的页码，数字后面的拉丁字母（a、b、c）表示该页自左至右的栏别。

三、本刊的《党和国家领导人在海淀》、《区情概述》、《特载文献》、《规范性文件选载》、《大事记》、《统计资料（选编）》和《附录》等篇目未作索引。

龙泉驾校

龙泉驾校荣誉

校长 高杨

校长与区领导

龙者，华夏之圣兽也。纵荡千载，为皇贵所宠幸。龙泉，龙之饮源，佐天下人圆驱辕之梦，为天下人所颂传。

北京龙泉机动车驾驶员培训中心（原龙泉驾校），秉承龙的精神。在改革的大潮中勇于进取，奋力拼搏，练就内功创奇迹，追求卓越建奇功。集各路英才，高擎创业大旗，扬起腾飞的翅膀，克服重重困难，以求实创新，与时俱进，科学管理，服务到位，以德治校，信誉第一。永攀高峰的办学理念，探索出企业可持续发展之路，在时代的浪潮中奋勇崛起，名扬四海，谱写了一曲曲动人的赞歌。

建校十几年来为社会培养了数十万名合格的机动车驾驶员，为首都的交通事业，为发展国民经济做出了巨大贡献。高杨校长身为龙泉驾校的掌舵人，广大民众称她为“西山脚下的火凤凰”，她用惊人的胆识与才智，勇博激流，在浩瀚的商海中激起了朵朵耀眼的浪花，受到了社会各界人士的褒奖，党和政府也给予了她极高的荣誉：全国“三八”红旗手，北京市劳动模范，海淀区政协委员等殊荣。龙泉驾校多次被评为先进驾校、明星驾校、十佳驾校、交管局系统星级驾校等。

现在，当您步入龙泉机动车驾驶员培训中心和教练场，绚丽的风景扑面而来，但见花团锦簇，绿树成荫，雕塑林立，酷似仙境。教练车轰鸣穿梭，学员职工喜笑言开，好一个花园式的教练场。

道者同于道，德者同于德。随着我国市场经济体制的进一步深入，新一轮的竞争将更加激烈，弱者和不合格者将被清理出局，我们将随着时代的节拍前进，按照“道常无为，而无不为”的客观规律办事，以德治企，以和赢利，谋求人商和睦，天人合一的可持续发展之路，不断的为广大学员朋友奉献新举措，新亮点，新思路，将龙泉培训中心打造成永久的知名品牌。同时我们坚信：有广大学员的理解与支持，有各级政府及各界朋友的关心与爱护，我们的目标一定能够实现。

在过去的岁月里，承蒙各级政府，新闻媒体及各界朋友的热情帮助和支持，取得了良好的社会效益和经济效益，走出了一条双赢的辉煌之路。多次受到交通管理部门的褒奖，赢得了社会及广大学员朋友的认可。

鸿鹄高飞，一举千里，羽翼已丰，飞耀四海，经过近二十载顽强博弈，龙泉驾校已成为驾校中的名牌。当前，新的格局，新的市场，新的竞争都在发生一日千里的变化，物竞天择，适者生存，是自然，是常识，更是千古不灭的法则。发展与困难同在，机遇与挑战并存，如何在新形势下永久生存，永葆名牌本色，是摆在培训中心的头等大事。我们将立足于竞争中求生存，创新中求发展，强化管理力度，慎终如始，迎接挑战。

教练车与班车

海淀区人民武装部

海淀区人武部迎接卫戍区机关对应急分队拉动演练和静态检查

海淀区武装部组织警示教育参观军区军事监狱

召开驻区部队支援地方防汛抢险任务部署会

召开2012年民兵整组暨“两会”执勤任务部署会

召开2012年度冬季征兵工作动员大会

海淀区人武部迎接卫戍区机关对应急分队拉动演练和静态检查

海淀区人民武装部

政委张兰溯参加中关村森林公园绿化植树活动

军区军务部领导到区人武部检查工作

卫戍区在区人武部召开党委班子暨干部队伍建设座谈会

卫戍区机关检查海淀区应急分队建设情况

组织民兵轻武器实弹射击训练

组织民兵高炮分队集训

北京市市委书记郭金龙、市长王安顺等市领导到海淀北部视察工作

区委书记隋振江到北部安置房现场视察工作

海淀区北部地区开发建设委员会办公室

海淀北部生态科技新区（中关村创新中心区CID）位于北京城区西北部，是北京市委市政府和海淀区委区政府贯彻落实中共中央、国务院关于实施创新驱动发展战略、建设创新型国家的重要载体，是“十二五”时期市、区两级政府重点规划建设的功能区，紧邻中关村科学城和“三山五园”历史文化景区，拥有良好的生态环境和广阔的发展空间，是实施科技研发和成果转化的理想之地。将按照“用地集约、产业集群、设施配套、生态良好、城乡一体”原则，到2020年建设成为具有全球影响力、收入过万亿的科技创新基地，城乡统筹发展的典范地区，生态环境一流的城市发展新区。

海淀区北部地区开发建设委员会办公室为海淀区北部地区开发建设委员会的办事机构，成立于2004年，下设综合部、政策研究部、规划发展部、开发管理部、项目推进部、金融审计部6个职能部室。负责研究并组织落实北部地区的发展战略、专项规划、相关政策，统筹推进北部地区土地开发、搬迁腾退、工程建设、产业落地、资金筹措管理、审计监察等各项工作。

海淀北部地区规划图

中关村壹号效果图

北部文化中心效果图

101中学温泉校区效果图

区长孙文楷到海淀北部生态科技新区展示中心调研

常务副区长穆鹏出席北部新区重大项目签约仪式提出打造中关村创新中心区CID

中关村永丰产业基地一角

翠湖湿地美景

翠湖科技园国际商务区效果图

打造具有世界影响力的，国内领先的城市环境综合服务商
北京首创股份有限公司

北京市国土资源局海淀分局

6月25日，以“建设高标准基础农田 保障国家粮食安全”为主题的第22个“土地日”北京会场在圆明园遗址公园举行

国土分局扎实开展土地执法工作，查处了一批违法用地案件，切实遏制了违法违规用地的发生

北京市国土资源局海淀分局成立于2005年5月31日，是北京市国土资源局派出机构，在北京市国土资源局领导下，按照管理权限，负责组织实施本行政区域内土地、矿产资源行政管理工作。下设9个科室，7个事业单位。2012年，本局按照“理思路、讲效率、见成效、出成果”的指导方针开展工作，为海淀区经济社会发展改革做出了新的贡献。

2012年供地完成商服用地2.14公顷，工矿仓储用地2.54公顷，公共管理和公共服务用地58.34公顷、住宅用地35.12公顷，交通运输用地2.74公顷，特殊用地0.73公顷。土地一级开发项目完成投资121.24亿元。中关村科学城指挥部固定资产投资项目完成投资17.7亿元，超额完成投资任务6.7亿元。

划定区级基本农田保护区2个，乡级基本农田保护区4个，保护区总规模为39478亩。保障性住房用地全年供地91.11公顷，超额完成21.48%。唐家岭地区集体土地租赁住房项目实施方案已获市政府批准，通过国土部备案。已完成农村集体土地确权登记发证683宗，面积13074.91公顷，超额完成指标。

完成区级和乡镇级土地利用总体规划数据库建设工作，建库成果上报国土部。海淀区在创建全国集约节约模范县市级达标测评中得分92.46分，顺利通过北京市达标评审，目前正按照国土部工作部署积极推进创优工作。海淀区作为全国14个土地整治规划试点市县之一，已完成规划文本和各专题的编制工作，区政府已批复同意实施。

土地卫片立案处理9宗，移交镇政府、街道办查处的134宗，耕地问责比例下降至1.42%。全年共进行四次专项批后监管调查，涉及200个项目，敦促项目单位尽早完成开竣工。

12月，本局召开改进工作作风座谈会，为高效服务区镇两级政府，与各镇政府进行座谈

市国土局领导参观中关村科技园区

2012年本局各项工作得到区政府及市国土局肯定，获多项荣誉

5月17日至19日，本局职工参加海淀区第二届暨区机关第十六届运动会并取得优异成绩

北京市海淀区气象局

气象服务能力显著提升，图为“7・21”期间现场为区领导及有关部门决策提供气象服务

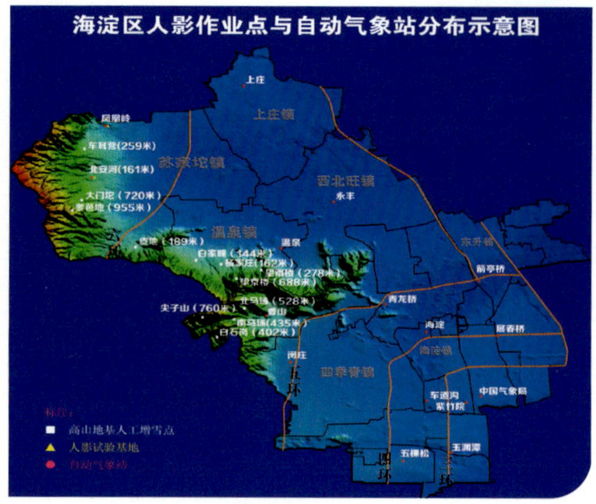

海淀区拥有16个自动气象站，3个人工影响天气试验基地，13个高山地基人工增雪点

海淀区气象局为中央直属事业单位，实行市气象局与区政府双重领导，以市气象局领导为主的管理体制，承担本行政区域内气象工作及气象行政管理职能，依法履行气象主管机构的各项职责。内设综合办公室、业务管理科、社会管理与法制科3个科室，下辖气象台、气象服务中心、人工影响天气办公室3个直属单位。

海淀气象站始建于1959年，365天不间断观测，已延续了53年的气象资料。2012年，海淀区气象局着力提升应急响应和防灾减灾能力，推进预警信息发布中心建设，搭建决策气象服务系统，启动影视气象服务，探索专业气象服务，以认真负责的态度，及时有效的应对，专业扎实的服务，通过了“7・21”特大暴雨灾害及雨雪天气考验，为核心区建设和防灾减灾提供坚实的气象保障。

随着气象现代化建设和区县气象机构综合改革，海淀区气象局将全面加强公共气象服务和社会管理职能，推进气象工作政府化，始终以“公共气象、安全气象、资源气象”为核心，以“一流的装备、一流的技术、一流的人才、一流的台站”为目标，为海淀区经济社会发展、人民福祉安康保驾护航！

海淀区气象站观测场365天不间断气象观测

◀ 依法承担防雷装置设计审核、防雷装置竣工验收、升放无人驾驶自由气球或者系留气球活动、建设项目大气环境影响评价使用气象资料审查四项行政审批职能

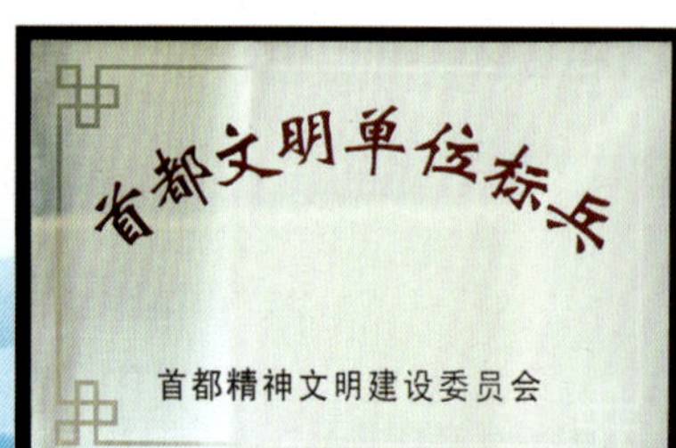

首都文明单位标兵

首都精神文明建设委员会

连续8年被评为“首都文明单位标兵”，2012年获“城乡结对共建示范对子”

人工防雹、增雨，人工高山地基增雪，有效降低森林火险等级，保护农业、防灾减灾，对于驱逐雾霾改善空气质量、改变土壤墒情、缓解水资源短缺、滋养植被都发挥了积极作用

北京市海淀区房屋土地经营管理中心

房地中心办公楼

海淀区房屋土地经营管理中心领导班子

房地中心为区属自收自支事业单位，下属10个基层单位，实有事业编制在职职工331人，管理公有住宅面积162.9万平方米，管理锅炉房29处，供暖面积250多万平方米。中心自2004年成立以来，出色地完成了公有住宅的管理维护、公租房房源筹集、夏季防汛、冬季供暖、物业管理及房产交易、测绘等工作职责。

中心为实现北京市“无城镇危房户”的工作目标，完成了辖区内328.5间，共计229户，5591平方米的危险平房解危工作，位居全市各区前列。积极开展节能改造工作，完成43万平方米，总投资约1.1亿元的直管普通住宅节能改造工程。成立二级资质的物业服务企业，在市场竞争中脱颖而出，成功参与多项写字楼项目的物业管理，圆满完成住宅物业的应急接管任务。连续9年被评为海淀区防汛先进单位和北京市供热先进单位。房产交易、测绘工作均保持全市同行业领先地位。

中心拥有专业化的管理经营和维修保障队伍，特别是通过人事制度改革，优化了人力资源，人员综合素质得到了大幅提升，涌现出北京市模范集体1个、北京市劳动模范2人。中心现有大专以上学历190余人,涵盖土木、结构、给排水工程、会计学、法学和工商管理等专业。

中心在区委区政府的正确领导下，形成了良性运转的科学发展机制，立志为推动核心区建设做出更大的贡献。

房地中心公租房服务大厅

房地中心正门

中心防汛物资

小区整体改造

无城镇危房户

房屋安全检查

房地中心抢险人员雨季进行防汛抢险工作

供暖工作经验在全国供暖协会年会上交流推广

供暖系统维修保养

海淀区农村合作经济经营管理站

农经工作宣传

全区农村村级财务审计工作部署会

海淀区农村合作经济经营管理站成立于1983年11月。2005年，新增集体资产处置与管理和土地征占收入监管两项职能，挂海淀区农村经济与集体资产管理办公室。现实行一套机构两块牌子，合署办公。

海淀区农村集体“三资”管理工作涉及7个镇、1个农工商总公司和90家村级集体经济组织。至2012年底，海淀区农村集体资产总额734亿元，净资产269亿元;农村征地补偿费余额119.77亿元；各镇签订的农村土地承包合同19014份，确权土地面积107798亩。全区农村集体“三资”管理呈现出规模大、涉及面广、难点多、监管难等特点，区农经站积极主动适应农村集体资产管理工作的新形势，认真落实党在农村的各项基本政策，扎实有效地开展各项农经管理监督工作。目前，全区各乡镇农村土地承包经营权流转规范有序，乡村集体经济产权制度改革进展顺利，农民专业合作社发展环境良好，农村集体资产和财务管理制度完善，农村集体经济审计监督机制健全，农村经济统计数据详实，农村管理信息化综合服务平台手段先进。

2013年是区农经站建站三十周年。展望未来，我们满怀希望，我们将不断总结农经工作的宝贵经验、传承农经工作的优良作风、凝聚农经队伍力量，在推进全区城乡一体化进程上、在创新农村“三资”监管体系上、在维护农村社会和谐中为党和政府当好参谋助手，为基层和农民群众当好服务员，为保护农民权益当好监督员。

党员活动——参观平津战役纪念馆

举办全区农经业务知识竞赛

新型集体经济组织审计

指导各镇开展农村集体经济产权制度改革

《海淀农经工作指南》系列丛书

海淀区金融服务办公室

9月25日，中国证监会纪委书记黎晓宏，北京市金融局党组书记霍学文、海淀区政府代区长孙文锴、工行北分行长王珍军为中关村金融家俱乐部揭牌

9月28日，海淀区副区长孟景伟出席北京市中小微企业融资对接会

一、区金融办职责

贯彻执行国家和北京市金融工作的相关政策、法规，研究拟定海淀区金融业发展规划、政策、措施，并组织实施。推进海淀区首都科技金融综合改革试验区、金融功能区以及金融生态环境建设，引导和服务金融机构入驻。引导企业利用金融工具、资本市场等融资途径，为企业融资做好协调和服务。指导、推动区创业投资引导基金、要素市场和金融中介机构的规范发展。负责政府融资相关工作，研究拟订政府重大项目融资方案，协调金融机构为区域经济发展服务。

二、2012年工作情况

（一）金融机构数量及税收贡献持续增加

2012年海淀区各类金融机构及其分支机构共2026家，同比增长9.8%。新增法人金融机构100家，总数达到781家。新增股权投资机构131家，累计达到566家，已批露管理资本总量累计达到2013亿元人民币。小额贷款公司8家，占全市的12.9%。融资性担保公司18家，占全市的14.29%。2012年海淀区金融业总税收完成623.6亿元，同比增长65.79%，占全区区域财政收入（原总税收1685.8亿元）的37%。

（二）金融机构聚集态势提升

2012年中关村西区共有金融机构295家，实现税收5.92亿元，区级收入2.34亿元；西直门科技金融商务区共有金融机构81家，实现税收2.32亿元，区级收入6525.77万元。中科金、海科金、中技所、软交所等机构也分布在西区。其中关村PE大厦聚集股权机构达163家，中关村金融大厦已有8家金融机构入驻。

（三）上市公司“海淀中关村板块”初具规模

2012年海淀区现存上市（含挂牌）公司267家，占全市的46.17%。其中境内上市214家、境外上市35家、香港上市18家。按2012年12月30日收盘价计算，境内上市（含挂牌）公司流通股市值7211.37亿元，总市值9600.75亿元。

（四）创新金融产品支持特色产业和中小微企业融资

2012年海淀区中小企业金融服务专营机构16家，已累计为1277户中小企业发放贷款181.98亿元。8家小额贷款公司2012年累计发放贷款26.81亿元，占北京市的19.7%；18家融资性担保公司2012年融资性担保余额350亿元，融资性担保增加额近200亿元。

5月3日，北京市政府副秘书长杨志强，海淀区委书记隋振江、常务副区长穆鹏出席企业上市仪式

5月3日，区政府与上交所签署战略合作备忘录

12月1日，北京市代市长王安顺、北京市金融局书记霍学文、局长王红参观第八届金博会海淀展馆

2月26日，海淀区委常委、区委副书记刘鸿，副区长孟景伟出席海淀PE早餐会

海淀区地方税务局

海淀国税、地税与微软签订预约定价协议

海淀地税局组织纳税辅导答疑会

海淀区地方税务局组建于1994年8月31日，隶属于北京市地方税务局，负责海淀区地方税收征管工作，主要对17个税费种类进行征收管理。代理征收残疾人就业保障金、工会经费（筹备金）。下设1个稽查局、18个税务所、1个后勤服务中心（事业单位）和税务学会（社会团体）。本年，区地税局获首都文明单位标兵称号，区地税局稽查局获首都文明单位称号。

2012年，办理开业税务登记21729户。其中内资企业21343户，外资企业386户。注册资金1000万元以上的1213户，注册资金5000万元以上的314户。截至年底，累计管户达到194164户，其中正常纳税户176331户，非正常纳税户14413户，登记状态纳税户3420户。

全年累计实现各项收入532.1亿元(不含残保金)，同比增加22.1亿元，增长4.3%。其中，完成区级收入178.2亿元(不含残保金)，同比增加4.4亿元，增长2.5%。实现地方公共财政收入389亿元(不含残保金)，同比增加9.8亿元，增长2.6%。

在三大主体税种中，营业税入库209.7亿元，同比增加3.9亿元，增幅1.9%；个人所得税入库163.1亿元，同比增加6.8亿元，增幅4.4%；企业所得税入库39.6亿元，同比增加2.2亿元，增幅5.9%。

海淀公安分局、国税局、地税局联合举行打击发票违法行为宣传活动

海淀地税局获北京市三八红旗集体称号

海淀地税局优化政务流程完善管理制度工作部署会

追求卓越　再创辉煌

北京甘家口大厦有限责任公司总经理、党委副书记　韩建国

慰问孤寡老人

北京甘家口大厦有限责任公司

2000年1月9日开业以来，北京甘家口大厦有限责任公司在领导班子的带领下树立了鲜亮的社区商业“亲朋式服务”品牌，在社区生活百货与服务模式的探索上走出一条新路。多年来公司坚持特色经营，始终以“四个亲和”即亲和顾客、亲和供应商、亲和员工、亲和社区为中心，积极履行企业职责，回馈社会，回报消费者。企业先后荣获“全国百货顾客满意十大企业”“全国售后服务商业企业十佳企业”“首都文明单位”等荣誉称号百余项。特别是在2012年，在整体经济增长放缓的情况下，公司销售额持续增长，获得经济效益和社会效益双丰收。

公司在商业行业中率先通过ISO9001质量和ISO14001环境管理的双认证，同时是北京市首家通过“SB/T10382-2004服务管理体系”认证和荣获“服务标准化示范单位”的企业。

参加全国商业质量奖评审

召开入党积极分子座谈会

组织员工户外活动

获北京十大商业品牌

慰问员工

8月11日，海淀区创建全国文明城区总指挥部在海淀公园举办海淀区创建全国文明城区宣传口号、主题标识（LOGO）、吉祥物和主题歌曲征集活动启动仪式，掀起海淀区创建全国文明城区第一个活动高潮日

海淀区精神文明建设委员会办公室

海淀区精神文明建设委员会办公室是海淀区精神文明建设委员会的常设办事机构，负责本区精神文明建设的组织、协调、指导和督察工作。

2012年，海淀精神文明建设以创建全国文明城区为重点，大力加强公民道德建设，全面推进公共文明引导行动，深化群众性精神文明创建和未成年人思想道德建设，在全区掀起了全民参与的创建热潮，有力提升了市民文明素质和城区文明程度，为海淀经济社会全面协调发展提供了强大的思想保证、精神动力和舆论支持。

全国文明城区创建。2012年7月在海淀启动全国文明城区创建工作，建立了“1+1+10+29”创建组织领导架构，成立了包括高校院所、企业、部队等驻区单位在内的区域性创建全国文明城区工作委员会及总指挥部，并下设1个办公室和10个专项工作指挥部、29个街镇分指挥部。以《全国文明城区测评体系》为依据，制定了《海淀区创建全国文明城区工作实施方案》及《海淀区创建全国文明城区组织机构、指标分解、工作计划一览表》等，细化创建工作指标体系，严格落实“一把手”责任制，形成党政一把手亲自抓、条块结合共同抓、职能部门具体抓、街镇属地一线抓的工作局面。建立检查督导机制，充分发挥人大代表、政协委员、社区群众和新闻媒体的监督作用，开通创建全国文明城区热线电话，组建1500人的文明观察员队伍，构建督查、考评、问责、奖罚“四位一体”的监督机制。加强宣传，开设《海淀区创建全国文明城区简报》和《海淀区创建全国文明城区专报》，报道创建工作动态，在《海淀信息》（舆情快报）开设“文明观察”专栏，制作播放《文明海淀》电视专题栏目33期，报道基层创建信息。加强社会面宣传，制作多块大型电子屏，上万幅展板、海报、横幅，开展“征集创建全国文明城区的宣传口号、主题标识（LOGO）、吉祥物、主题歌曲”活动，举行了创建全国文明城区金秋招待会、歌唱比赛、摄影、征文、演讲等活动，充分调动广大市民参与全国文明城区的创建热情，营造了浓厚的文明创建氛围。

公民道德教育。以“做文明有礼的北京人”为主题，大力宣传践行北京精神，弘扬中华优秀传统文化，引领社会文明风尚，营造喜庆热烈、文明祥和的氛围。开展“北京精神大家谈”活动，邀请海淀区道德模范和身边好人代表畅谈践行“北京精神”的感受，进一步加深对“北京精神”的理解和认识。利用移动（楼宇）电视、社区宣传栏、户外广告牌等宣传“北京精神”，修建一批“北京精神”文化墙，“北京精神”宣传深入人心。

开展德育实践活动。创办“道德讲堂”，邀请社会心理学家、伦理学家，解读道德内涵，讲述国学礼仪，传递温暖关爱。开展“我们的节日”文化活动，组织新春文化庙会、端午诗会、中关村金秋演出季、圆明园金秋戏曲季、海之月中秋艺术节、中关村青年艺术节、海淀风筝节等活动。举办“第三届文明市民艺术节”，搭建起百姓文化艺术展示平台。开展道德领域突出问题专项教育和治理活动，强化企业责任、政府责任和社会监督，提高监管水平。开展“当可信人，做可信品”活动，中关村百家企业签署诚信承诺书，共同推进社会诚信建设。

开展学雷锋志愿服务活动。以“关爱社会，关爱他人，关爱自然”为主题，实行“一月一主题一品牌”，全年共开展“美化城市清洁月”“文化益民服务月”“关爱社会奉献月”等10个志愿服务主题实践月活动。加强网络文明传播志愿者队伍建设，利用微博等倡导网络文明 。

本年，在“我推荐、我评议身边好人”活动中，北太平庄街道贾秀荣、中关村街道徐士银、解放军301医院宋青、环卫中心李成友、海淀园企业工委于滨等5名同志荣登“中国好人榜”。宋青、李成友、于滨、叶衍艳、杨中春、许静、于文、张晓蓉、任士荣、张佳鑫等十名同志当选2012年度“感动海淀”十大文明人物。

群众性精神文明创建。广泛开展群众性精神文明创建活动，各系统、各行业不断巩固和深化创建成果，以创促建，推动市民文明素质和城区文明程度逐步提高。

开展文明社区创建。根据海淀区委《关于进一步加强文明社区创建工作的意见》，加强新建成社区的精神文明建设指导，加大老旧社区文明创建力度。加强社区文明市民学校和宣传栏建设，打造宣传平台，社区精神文明建设阵地更加巩固。开展“四进社区”活动，推进社区精神文明建设与群众文化生活的有机结合。开展志愿者服务站示范建设，在增强社区自治，缓解社会矛盾，服务特殊人群等方面发挥了重要作用，文明创建推动社区各项工作的提升。

开展文明单位创建。修订完善《海淀区文明单位评选表彰管理办法》，健全文明单位管理、考核和奖励机制。开展“诚信经营示范街、示范店”推荐、评选工作，组织开展“首都文明示范街”、“示范店”推荐工作，打造一批商业文明、环境文明、精神文明协调发展的亮点街区。以区内大型IT企业为重点，发动具有国际影响力的新行业、新经济组织参与文明单位创建，百度、腾讯、碧水源等高新技术企业荣获海淀区文明单位称号，开创了民营企业文明创建新局面。

开展文明村镇创建。加强文明村镇“十个一”①建设，重点为每个行政村配备一名文明宣传员，建设一个乡情村史陈列室。开展“首都文明示范村”推荐评选工作，选拔一批优秀村庄进行扶持。继续开展“城乡统筹 文明先行”主题实践活动，结合社会主义新农村建设，有针对性地开展宣传教育，培养文明健康的生活习惯，培育农村文明新风尚。

本年，苏家坨镇车耳营村、东升镇马坊村、四季青镇巨山村、温泉镇辛庄村获得“首都文明示范村”称号；甘家口街道三里河路、学院路街道学院路大街、万寿路街道万寿路、北下关街道学院南路、上地街道信息路、羊坊店街道羊坊店路、紫竹院街道万寿寺路、花园路街道北土城西路、四季青街道北坞村路、香山街道买卖街获得“首都文明示范街”称号；中关村步行街、畅春园食

6月21日，“我们的节日——端午”海淀区青少年非遗大课堂端午展示活动在海淀区西玉河小学举行

4月11日，在京参加全国文明办主任培训班的各省市区文明办主任230余人到海淀区参观调研精神文明建设工作

12月26日，海淀区与中国人民大学签署“共建文明校园，同创文明城区”战略合作意向书

5月3日，海淀区“绿色生活我先行”活动暨“周四垃圾减量日”观摩推广现场会在马连洼街道百旺家苑社区举行

街被推荐为“首都诚信经营示范街”；湘鄂情餐饮有限公司、北京西部马华餐饮有限公司、凯瑞豪门食府（四季青店）被推荐为“首都诚信经营示范店”；北下关街道等9个街道被评为“海淀区文明街道”；万寿路一号社区等282个社区被评为“海淀区文明社区”；西北旺镇六里屯村等36个村被评为“海淀区文明村”；腾讯（北京）有限公司等775家单位被评为“海淀区文明单位”。

未成年人思想道德建设。以《全国未成年人思想道德建设工作测评体系》为抓手，发挥“四位一体”教育体系作用，在清明、六一、国庆等重要时间节点，组织全区79所中学、116所小学的20余万中小学生开展网上祭英烈活动、童心向党歌咏活动、向国旗敬礼签名寄语活动和优秀童谣创作传唱活动等。开展“家庭教育公益大讲堂”“家庭成长星”儿童假期训练营等一系列家庭教育活动。以“学雷锋志愿服务活动日”和寒暑假社区道德实践活动为载体，组织广大未成年人在全区600余个社区参与“六小”活动，引导未成年人从身边做起、从自身做起，推动学雷锋活动常态化。加强网络阵地建设，海淀区“家庭教育网”点击量突破30万次。

打造社会实践基地。实施海淀区学趣科学实践教育工程，举办海淀区少年儿童科学创新论坛、创新成果展、学童院士零距离等主题实践活动。强化未成年人校外心理健康教育工作。筹备成立海淀区少年儿童心理健康辅导中心，实施“阳光道德计划”。试点推进“城市社区少年宫”建设，以香山街道建设城市社区少年宫的经验为基础，进一步加大对未成年人特殊群体的关爱和帮扶力度。

优秀文化产品创作工作。开展海淀区青少年非遗大课堂活动，小手拉大手、携手护非遗。开展具有海淀特色的“金帆实践之旅”活动，组织在国内外大赛中多次斩获荣誉的10支中小学校金帆乐团利用暑假走进社区，为万名群众演出。开展“名家校园文明行”系列宣讲活动，引导海淀中学生搞好人生规划，走好迈向社会之路。

净化社会文化环境。将“扫黄打非”工作纳入城市网格化监管，实现文化市场监督员全覆盖，严厉整治网吧违规接纳未成年人的行为。推进出版物市场监督信息化建设，严厉打击侵权盗版和非法出版教材教辅等侵蚀青少年的非法出版物。加强校园周边文化环境、交通秩序和治安秩序的整治。充分发挥中小学法制副校长、法制辅导员的作用，开展闲散青少年帮扶工作，加强校园法制宣传教育。

环境文明建设。全面实施环境文明建设工程，开展“垃圾减量，垃圾分类”活动，制定了《海淀区2012年生活垃圾分类工作方案》，以“做文明有礼的北京人—垃圾减量垃圾分类从我做起”为主题，以“周四垃圾减量日”为载体，以“绿色主妇志愿者”为抓手，开展“绿色生活我先行”“垃圾减分参与月”“垃圾文明一日游”和垃圾分类知识竞赛等活动，聘请专家进社区宣传“低碳生活，垃圾减分”生活理念，增强了社区群众参与垃圾减量垃圾分类的自觉性和主动性。在中关村大街等重点地区开展城市清洁日活动，动员社会各界人士参与海淀环境优化美化建设。

公共文明引导。持续推进公共文明引导工程，以“公共文明引导日”“文明出行推动日”为载体，以公交站台、医院、商场、公园等公共场所为重点，开展秩序文明引导行动。加强公共文明引导员队伍建设，组织培训，拓展职能，创新工作方式，为培育文明秩序发挥了重要作用。完成全国文明办主任培训班三次视察、全国篮球比赛文明观赛、“畅通北京双月行”、保春运、五大公园文明旅游志愿服务等多项秩序保障任务。

交通文明宣传。大力实施文明交通行动计划，开展“做文明有礼的北京人——绿色出行，文明交通，从我做起”主题宣传活动，在驾驶员中开展“争大拇指驾驶人、创交通安全先进”主题活动，在中小学开展新学期交通安全第一课活动，在区各级党政机关开展“党员干部做表率、文明交通我先行”主题活动，在街道、镇开展“与首都文明同行、与平安交通同行”主题活动，在驻区部队开展“为首都添光彩、为军车争荣誉”主题活动。有效扩展了教育人群，普及了文明交通理念，产生良好的社会效果。

“十个一”：是中央文明办提出的农村文明创建工程，为每个行政村配备一名文明宣传员、一个精神文明建设宣传栏(网络宣传视屏)、一所市民文明学校、一个综合文化活动中心、一个乡情村史陈列室、一个标准篮球场、一个乡村大戏台、一支特色文体队伍、一支志愿服务队、一个农村居民信息服务站等项目。

10月16日至19日，海淀区第三届文明市民艺术节举行

10月17日，海淀区召开道德领域突出问题专项教育和治理推进会暨中关村百家企业可信盟约仪式

12月5日，“国际志愿者日”海淀区关爱他人志愿服务大行动主会场活动在当代商城广场举行，仪式上，成立了12支学雷锋志愿服务总队

12月26日，2012年度“感动海淀”十大文明人物颁奖典礼在海淀剧院举行

海淀区民防局

海淀区民防局领导班子及党组织建设情况

海淀区民防局党组坚持以科学发展观为指导，按照“科学发展，民防为民”的思路，深入开展创先争优活动，紧紧围绕服务核心区建设这一中心，全面加强局党组的思想建设、组织建设和作风建设，局党组战斗堡垒作用得到加强，受到了人民群众的好评。在局党组的坚强领导下，民防局的工作取得了丰硕的成果，多项工作走在了全市乃至全国民防系统前列，在第六次全国人民防空会议上被国家人防办评为“全国人民防空先进单位”，民防局党组曾多次获得区优秀党组织称号，多名党员受到各级党组织的表彰奖励。2012年，民防局全体党员牢记“使命、素质、荣誉”的局训，发扬“严格、求实、进取”的局风，践行“责任、法纪、细节”的局规，勤奋工作，努力实践，确保民防事业再上新台阶。

现代化文化社区及新农村建设情况

社区建设：海淀民防局积极推进基层防空防灾设施设备的建设，近年来先后利用金源时代购物中心、光大花园、汤泉逸墅等一批大型商场、社区的人防工程建立物资储备基地，共储备200多个品种应急物资，为防范突发公共事件、重大自然灾害的应急救援任务提供了重要保证。

新农村建设：紧紧围绕中关村自主创新示范区核心区建设，坚持以人为本，平战结合，创新机制，民防为民，积极将民防工作融入城市现代化建设，融入政府应急体系，融入社会百姓生活，圆满完成了“上庄镇八家村防空防灾宣传教育基地”建设项目。为基地场所安装了大屏电视、电脑、投影仪、移动黑板、桌椅、宣传展板等设施，发放各种宣传资料、光盘，建立了自救互救训练室，受到了村民的好评。

新北京、新海淀和大型社会活动情况

民防局采取区、街道（乡镇）、社区三级宣传教育方式，开展民防教育“六进入”活动，就是把民防教育送入机关、学校、企业、农村、社区和展示到网络上，形成了“纵向到底、横向到边”的宣传教育体系。同时利用早期人防工事在首都师范大学附中建立学生课外活动场所和民防知识宣传教育基地，在海淀公共安全馆设立人防展区，在“国际民防日”、“5·12”防灾减灾日等活动中开展系列主题宣传活动。

海淀区园林绿化局

3月19日，海淀区平原地区造林工程动员大会暨中关村森林公园工程启动

翠湖湿地公园

玲珑公园

北坞公园

北清路

园林绿化工作得到政府领导的热情关注和积极参与

翠湖湿地生态修复

海淀公园花卉布置

展示中心屋顶绿化

首都体育学院屋顶绿化

平原造林工程锦绣大地

平原造林工程中关村森林公园

万泉河路主辅路隔离带花钵

海淀区总工会
HAI DING QU ZONG GONG HUI

9月26日，“喜迎十八大 建功核心区”第二十届海淀区职工艺术节文艺汇演圆满落幕 （卢和生 摄）

4月6日,区总工会和荆州市总工会在海淀体育馆举办家政专场招聘会。湖北省荆州市总工会组织130位培训合格的“月嫂”班学员赴京进行现场劳务对接洽谈

5月21日，海淀区职工文化体育协会成立

9月12日,花园路地区北京权品品牌管理有限责任公司举行工资集体协商协议书签订仪式

5月26日，区总工会在海淀公园中心草坪举办大型集体婚礼（刘可晶 摄）

11月17日，2012年北京市职工“健步走、健康跑”活动暨第二十四届海淀区职工“长春杯”越野赛在圆明园遗址公园举办　（张剑 摄）

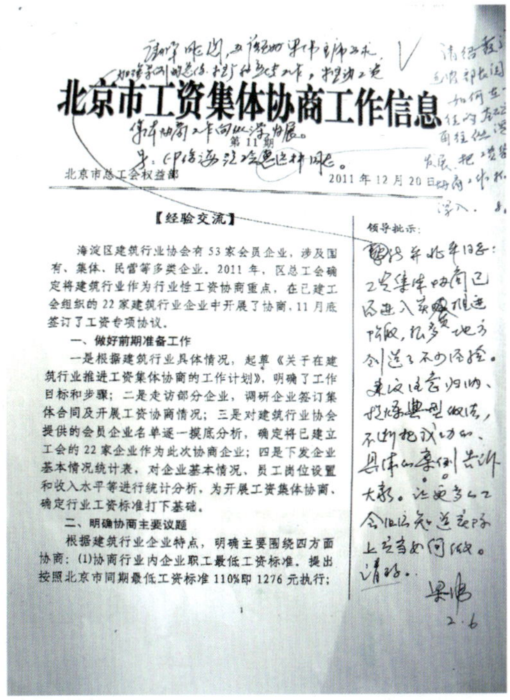

北京市工资集体协商工作信息

第11期

北京市总工会权益部　　2011年12月20日

【经验交流】

海淀区建筑行业协会有53家会员企业，涉及国有、集体、民营等多类企业。2011年，区总工会确定将建筑行业作为行业性工资协商重点，在已建工会组织的22家建筑行业企业中开展了协商，11月底签订了工资专项协议。

一、做好前期准备工作

一是根据建筑行业具体情况，起草《关于在建筑行业推进工资集体协商的工作计划》，明确了工作目标和步骤；二是走访部分企业，调研企业签订集体合同及开展工资协商情况；三是对建筑行业协会提供的会员企业名单逐一摸底分析，确定将已建立工会的22家企业作为此次协商企业；四是下发企业基本情况统计表，对企业基本情况、员工岗位设置和收入水平等进行统计分析，为开展工资集体协商、确定行业工资标准打下基础。

二、明确协商主要议题

根据建筑行业企业特点，明确主要围绕四方面协商：(1)协商行业内企业职工最低工资标准，提出按照北京市同期最低工资标准110%即1276元执行；

领导批示：

1

2月，市委常委、市总工会主席梁伟在海淀区建筑行业工资集体协商经验材料上批示

9月26日，“颂歌献给党　建功核心区”第二十届海淀区职工艺术节上职工的精彩表演

4月26日，海淀区庆祝“五·一”国际劳动节暨表彰大会上，主持人采访“首都劳动奖章”获得者

万寿路街道办事处

区委书记隋振江到地区调研

区长孙文锴到地区调研

区政协主席彭兴业慰问社区党员

区委副书记刘鸿指导亿霖木业案件清退工作

副区长徐永全考察一站式服务大厅工作

副区长徐永全慰问计生关怀对象

北京市副市长陈刚到地区调研

国务院小组调研超市发

公安部领导到地区调研

吉尔吉斯坦共产党人党干部代表团到地区交流学习

区政协副主席刘恪到总参信息化部社区调研创建基础工作

防震减灾应急演练

甘家口街道

4月11日，甘家口地区第二届“中塔炫”文化服务圈启动仪式暨甘家口地区第二届“中塔杯”登塔比赛举行，本次登塔活动的主题是“登高塔促健康，创海淀文明城区”。健康的生命因为运动而更加精彩，精彩的人生因为攀登而超越平凡。随着海淀区田径协会副主席孟庆生一声枪响，选手们奔跑200米，勇攀1597级台阶，冲顶高度225米，挑战极限，超越自我。参赛选手你追我赶，兴致勃勃、精神抖擞地登上了塔顶。

甘家口地区志愿者联合会打造“樱花”、“银杏”两支志愿者服务队伍，分别在春季玉渊潭公园“樱花节”、秋季钓鱼台国宾馆“银杏节”期间开展志愿服务工作，形成春有“樱花”，秋有“银杏”的志愿服务品牌，通过志愿服务传播“健康甘家口”理念，倡导“奉献、友爱、互助、进步”的志愿者精神，展示甘家口地区广大志愿者的良好形象，为海淀区争创全国文明城区贡献力量。

樱花志愿者团队由来自钓鱼台国宾馆、甘家口大厦、西苑饭店、北京工商大学、恒安卫士保安服务公司等6家地区单位的60名35岁以下的青年志愿者组成。樱花志愿者在玉渊潭公园“樱花节“期间，主要做好以下几项工作：

一、文明城区宣传员：在志愿服务过程中积极宣传海淀区创建全国文明城区工作，发放创建宣传品并以实际行动践行海淀志愿者的文明风采；

二、游园秩序引导员：在志愿服务过程中开展游园秩序服务引导及义务指路等工作；

三、环保大使：在志愿服务过程中对玉渊潭公园内卫生环境进行维护，捡拾游客丢弃的垃圾等物品；

四、护樱卫士：在志愿服务过程中及时制止攀折樱花等不文明行为，义务帮助游客拍照念等。

4月樱花节期间，志愿者们在周末两天时间里协助玉渊潭公园管理处进行游客问卷调查1000余份，共发放创建全国文明城区宣传册1200余份，发放弘扬家庭美德的樱花主题书签400余套，及时规劝、制止各类不文明行为1000余人次，回答游客各类问题、指路600余人次，帮助1名走失儿童找到家长。北京电视台、《海淀报》的记者专程对甘家口街道樱花志愿者进行了采访。

“中国梦 青春梦”主题绘画

共建美好家园 绽放文明之花

创文明城区 走健康之路

3月22日上午，第二届“甘家口”杯春季环湖健走活动拉开了帷幕。街道、驻区单位、部队、院校以及各社区居民500余人参加。

活动以“创文明城区，走健康之路，建美丽家园”为主题，旨在进一步推进健康甘家口理念，积极宣传文明城区创建工作。通过健走活动，引导大家到户外积极参加体育健身活动，不断提高全民健身意识和身体素质，以健康的体魄投身美丽甘家口建设。

在现场，由健康生活知识组成的展板也吸引了许多游人驻足观看。

4月，樱花志愿者团队在为游客指路

5月14日，在海淀区第四届文明市民艺术节——生态厨房创意大赛决赛中，甘家口街道获一等奖

6月26日，甘家口街道“道德讲堂”开讲

第四届道德模范候选人张惠领讲述爱岗敬业事迹

航天发展史展现中国梦 创意文化墙添色甘家口

文化墙重现儿时游戏

清华大学党委书记胡和平指导校园西北老旧社区环境改造工程

全国政法委书记首期培训班领导干部到街道考察社会服务管理创新工作，参观社区综合服务管理平台

清华园街道

清华园街道位于海淀区中部偏东，因辖区名为清华园（即清华大学校园）而得名。街道成立于1980年7月，受海淀区和清华大学双重领导，是“大院”式街道。

辖区以清华大学围墙为界，与燕园街道、中关村街道、青龙桥街道、学院路街道和东升镇接壤，地区面积3.49平方公里，分为教学科研区、学生生活区、教职工住宅区和科技园区，有9个社区居委会和1个家委会，居民户籍人口2.8万余人，集体户籍人口2.9万余人，流动人口近1万人。清华园内风景秀丽，人文荟萃，2010年3月被美国《福布斯》杂志评为“全球最美大学校园”之一。

清华园街道是全国高级知识分子最为密集街道之一，辖区内精英荟萃，高知云集，有两院院士近百人，教授、副教授4000 余人，地区经济以高新企业为龙头。辖区文化氛围浓厚，资源丰富，有大学图书馆、体育场、综合体育馆等资源共享，有全国最先进的网络系统，商业、服务业设施便利集中，清华洁华幼儿园、清华附小、清华附中坐落于辖区内。

近年来，清华园街道各项工作成效显著，荣获全国社区服务先进街道、北京市养老服务社会化示范街道、北京市敬老助老为老服务示范单位、北京市社区服务科技应用示范区、北京市社区信息化综合示范街道、首都平安示范街道、首都文明街道等多项称号。

海淀区智慧型社区建设媒体座谈会在清华园街道举行，来自新华社、北京日报等12家中央和市级媒体参加座谈

推进老旧社区文明创建工作，海淀区文明委成员单位到清华园街道验收检查

加强老年教育工作，清华大学党委常务副书记陈旭参加清华园老龄大学建校20周年研讨会

提升居民文化素质，开展周末社区大讲堂活动

提高安全防范水平，开展消防演习活动

弘扬文明风尚，举行“践行北京精神 深入开展学雷锋”志愿服务活动

促进群众科学健身，举行第八届社区运动会

开展青少年校外教育，举行金帆实践之旅走进清华园社区活动

繁荣社区文化，清华园街道举行第七届社区文化节文艺联欢会

街道干部职工参加学校教职工喜迎十八大文艺演出

北下关街道

1月6日，海淀区书法名家送春联活动走进北下关地区

3月3日，北下关地区志愿者正在开展义卖捐赠活动

2012年，在区委、区政府的正确领导下，北下关街道工委、办事处，紧紧围绕核心区建设这一中心任务，全面推进“大综治”“大城管”“大社区”“大经济”“大党建”五大建设，以“服务居民、维护稳定”为主线，创先争优，狠抓落实，地区基层党建得到加强，城市管理服务水平得到提升，社区、社会建设不断发展，推动了区域经济发展，地区和谐稳定，圆满完成年度的各项工作任务。

北下关街道将街道工委、办事处将紧抓发展机遇，统筹区域资源，为推动海淀区经济社会又快又好发展做出贡献。

4月19日，马头琴义工协会成员为社区残疾人进行马头琴表演

6月1日，街道举办第七届群众文化节开幕式

6月20日，街道与大钟寺中坤广场联合开展消防演练活动

6月29日，街道召开纪念建党91周年大会，对18个先进基层党组织、108名优秀共产党员进行了表彰

7月30日，街道与俄罗斯大学学生开展文化交流活动，在社区参观手工制作

8月9日，地区120余名群众观看“喜迎十八大，建功核心区”文化演出活动

11月13日，街道办事处主任林德江副主任赵洪跃带领工作人员检查验收路面改造情况

年中，地区开展第八届社区居委会换届选举工作

区长孙文锴到清河调研

清河街道

清河街道位于海淀区东北部，1949年5月建立清河镇人民政府，1959年11月正式成立清河街道办事处，1963年3月单独建置。街道辖区面积9.37平方千米，现居住人口14.7万人，其中外来人口8.4万人。社区居委会27个。地区共有经济法人单位1360多家，其中有地壳应力研究所、中石化润滑油公司、华润置地3个中央级单位；有金隅集团北京陶瓷厂有限责任公司、金山软件、小米移动、泰山饭店等150多家市、区企事业、民营单位；有二炮司令部、空军装备研究院等4所部队大院；有北京二十中学、海淀区实验二小等中小学7所；有北京儿童福利院、北京第四社会福利院两家福利机构。

清河地区圆满完成第八届社区居委会换届选举工作

清河地区创建全国文明城区动员大会

发动地区单位宣传阵地开展创建全国文明城区宣传

区人大常委会主任关成启调研清河温馨家园

副区长陈双到清河调研

区人大常委会副主任杨莉慰问十八大巡逻志愿者

民政部副部长窦玉沛到儿童福利院慰问

清河地区“五月的鲜花”文艺汇演

地区残联积极参加创建全国文明城区活动

八里庄街道

区长孙文错调研地区文明城区创建情况

区政协主席彭兴业视察八里庄路建设情况

市残联领导到地区调研

地区综治委会议

地区文化艺术联盟工作交流

成立首都师范大学青年教师社会实践基地

副区长刘长利考察永定河引水渠北岸整治情况

副区长徐永全调研文明城区创建

八里庄街道网格化工作研讨会

联合执法队成立

建党表彰大会

文明城区宣传活动

海淀区学院路街道办事处

2012年学院路街道党工委办事处根据市区工作部署，围绕地区单位和百姓需求，以建设高科技核心区和科技创新中心的为目标，全面推进地区建设。以“网格化管理，组团式精细化服务”为理念，完善网格内力量配置，完成网格化工作平台建设，深入推进网格化社会服务管理工作。加强与地区高校、高新技术企业共建，提升服务水平。全面开展老旧小区改造等重点工程建设，加强城市秩序管理。全面推进地区安全建设，获得“国际安全社区”称号。完善社区便民服务体系，推行绿色环保工程。认真落实社会保障政策，民生事业成效显著。推进社区文化繁荣发展，全力开展全国文明城区创建工作。

在今后的发展中，学院路街道将着力保障和改善民生，创建美丽地区环境，服务地区发展，努力提升地区文明水平。

区委书记隋振江、区长孙文错到北京语言大学调研

市民政局局长李万钧参观街道社区服务中心开办的书法班

市社工委副书记赵小卫、副区长徐永全验收二里庄网格工作

区委常委、宣传部部长陈名杰，副区长陈双，区政协副主席刘恪调研768创意产业园

副区长龚宗元考察老旧小区综合整治工作

中关村高端人才创业基地——天工大厦揭牌

街道被命名为海淀区首家“国际安全社区”

地区网格化社会服务管理工作推进大会

喜迎十八大 地区第二届文化节启动

创新推广环保置换店 用垃圾换蔬菜

地区高校大学生“我的青春谁做主”演讲比赛

创建全国文明城区“家庭医生进社区”活动

丰富居民文化生活 国学走进社区

区委书记隋振江“七一”走访慰问老党员

党的十八大精神专题辅导报告会

花园路街道

花园路街道位于海淀区东部，成立于2000年3月，面积6.33平方公里，户籍人口13.4万人，流动人口4.6万人。地处中关村科技园区中心区，是中关村科学城的重要组成部分。辖区内高校、科研院所、中央单位、驻京部队集中，交通便利，环境优美，社会经济、政治、文化、环境资源丰富。

2012年，花园路街道按照海淀区委、区政府“一个中心、四个率先”的总体部署、“一城三区”的建设要求，围绕“一条主线”，即以迎接党的十八大为主线，建设“三个平台”，即文明城区创建平台、经济发展促进平台和社区建设服务平台，做好“五件大事”，即社区两委换届选举、安全社区创建、文化建设、环境建设和税源建设，进一步明确发展思路，落实创新发展举措，努力开创各项工作科学发展的新局面。重点做好全国文明城区创建工作，创建完善网格化社会服务管理体系，全力推进十八大各项安保工作，推动地区经济、政治、文化、社会和党的建设取得新进步。

花园路地区人口家庭健康公共服务中心启用

“服务高校 共建和谐校园”北航现场办公会

举行北京市安全社区地区单位授牌仪式

青年突击队队员参观雷锋展

邀请“中国之声”金牌女主播为社区工作者做心理服务能力培训

“五月的鲜花”群众系列文化活动

塔院小区

整治后的健安西路出租车秩序井然

2012年社区工作者满意度测评

2012年中关村地区民主监督管理工作会议

中关村街道

中关村街道位于海淀区中部，面积5.28平方千米，人口约25万人，有32个社区居委会（增加“熙典华庭”社区）。辖区内有国家级科研院所28家，各类企业13000多家。辖区有5000多名科学家和高级知识分子，其中两院院士130多位。居民中大学以上文化程度约占总人口的30%。

按照“保存量、促增量”的工作方针，通过优化环境，深化服务、整合资源等举措，促进地区经济平稳较快增长。2012年度辖区存量企业1371家，贡献区级财政22.87亿元，比上年同期同比增长10.76%；新增企业3425家，其中注册资金1亿元以上企业19家，1000万元以上企业181家；成功回迁纳税百万以上重点企业2家。2012年度，街道加大财力投入改善民生，投入税源建设奖励资金1200余万元用于地区基础设施建设和公共事业的发展。

拆除地区违法建设

开展全国文明城区创建活动

中关村地区精神文明建设“和谐杯”乒乓球邀请赛

5月5日，街道组织商务楼宇“五站合一”工作站到顺义区太阳村开展“爱心捐赠”活动

4月18日，街道组织入党积极分子到韩村河参观新农村建设

6月16日，街道组织商务楼宇工作站党员及入党积极分子开展党日活动

5月28日至11月17日，首届中关村科技艺术节在中关村地区举办。主题为“科技改变人生，艺术升华你我”的科技艺术节，由中关村街道主办，中关村地区文化建设联合会承办。图为艺术节闭幕式，参加单位领导和演员合影

5月31日，市委宣传部、首都文明办、市教委联合向海淀区中科院幼儿园、太阳园幼儿园赠送《北京精神启蒙读本》。10000册《北京精神启蒙读本》同时赠送到海淀区幼儿园，成为儿童的节日礼物。

图片由中关村街道组织部、宣传部提供 方勇 高伟 摄

上庄镇

区委书记隋振江，区委常委、区委办主任李彦来，副区长龚宗元一行，在镇党委书记魏怀中的陪同下，到上庄镇李家坟村曹氏风筝工艺坊、李家坟村村委会及上庄翠湖农业观光园（南园）进行调研，并与镇领导班子全体成员座谈

区委副书记、区长孙文锴，副区长龚宗元一行到翠湖国家湿地公园、上庄翠湖农业观光园（南园）进行调研。镇党委书记魏怀中陪同

区人大常委会主任关成启，常务副主任王鲁豫，副主任臧桂武、杨莉一行到上庄镇调研补选区、镇人大代表工作情况

区委副书记、政法委书记刘鸿到上庄镇东马坊村调研都市农业发展情况

区委常委、区纪委书记芦育珠到上庄镇东马坊村慰问困难党员

区委常委、书记助理（挂职）陈惠丰，区政协副主席刘恪，区政协第三、四届主席，海淀区志主编张宝章等一行，到上庄镇调研纳兰文化遗产的保护开发和利用工作

副区长陈双一行到上庄镇永泰庄村东岳庙、李家坟村曹氏风筝工艺坊、李家坟村文化活动中心、西马坊村京西稻科普文化休闲园及西马坊村文化活动中心调研旅游开发和文化建设工作

副区长傅首清一行到上庄镇调研劳动力资源情况和农民就业工作

上庄镇

上庄镇召开基层干部工作培训暨作风建设大会

上庄镇举办“创先争优”表彰大会暨庆祝建党91周年群众文艺汇演

上庄镇机构改革科级领导职务竞争上岗工作

上庄镇西辛力屯村公交场站正式启用

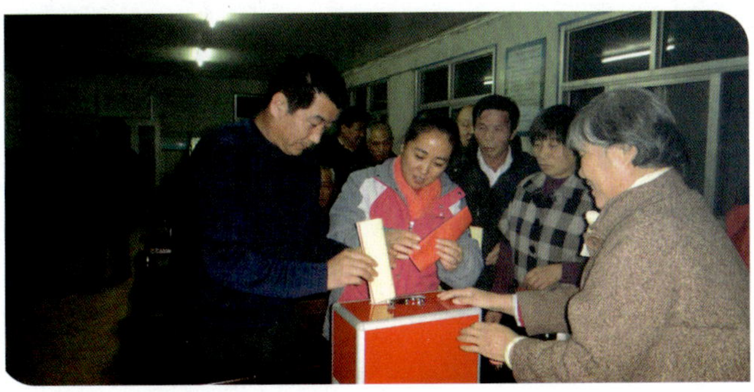

上庄镇在全市率先完成全镇20个村党支部换届选举工作

由区旅游发展委员会、上庄镇人民政府共同主办的第三届京西稻文化节收割季开幕暨新闻纪录电影《京西稻》开机启动仪式在西马坊村举行

由海淀区团区委和区园林绿化局共同举办的海淀各界青年代表共植“青年林”主题活动在翠湖国家湿地公园举办

第三届海淀风筝节暨“放飞春天”风筝放飞活动在上庄镇第二中学举行

田村路街道办事处

2012年6月28日，副区长穆鹏到田村路街道玉海园二里社区慰问老党员

田村路街道老干部端午包粽子趣味节

田村路街道办事处经北京市人民政府1999年5月27日批复，于2000年3月30日正式挂牌对外办公。田村路街道管区面积7.77平方千米，辖28个社区，居民14万人，是一个不断发展建设、充满生机与活力的地区。

2012年，在区委、区政府的正确领导下，街道党工委、办事处以喜迎十八大召开为契机，以创建全国文明城区为载体，以推进网格化社会服务管理为主线，以保障和改善民生为重点，组织开展“爱国爱岗讲奉献，厚德厚道论品行”主题实践活动，大力开展网格化社会管理，地区惠民服务平台、阳光财政系统上线运行，创建了兰德华庭等四个北京市“六型”社区示范社区，在街道系统率先组建消防工作站和火灾隐患情报信息工作站，街道精细化建设水平得到全面提升。

张喜忠看望老人

环境美化

田村路街道创建全国文明城区启动仪式

“五月的鲜花”文艺汇演

参加区运动会

举行创建幸福家庭启动仪式暨“5·29”会员活动日宣传活动

田村路地区2012年企业文化王致和专场演出

田村路地区舞动春天市民舞蹈节

区委书记隋振江调研香山地区整体改造工作

四季青镇

四季青镇位于海淀区西南部，镇域面积40.83平方公里，下辖13个行政村、11个社区和35个直属企事业单位；镇域内户籍人口8.5万人，其中农业人口3.2万人，非农业人口5.3万人；外来流动人口约20万人。

2012年，在区委、区政府的正确领导下，四季青镇党委、政府、总公司紧紧围绕年初制定的各项任务目标，以科学发展为主题，以挂账重点村整治和重点产业项目建设为重点，以贯彻落实十八大会议精神和推进集体产权制度改革为动力，全镇上下凝心聚力，真抓实干，开拓创新，经济、政治、文化、社会建设等各方面都取得了新成绩，圆满完成各项任务目标。全镇集体经济总收入28.84亿元，比上年增加40185万元,增长16.19%；集体经济纯收入实现7.25亿元，比上年增加5393万元,增长8.03%。

区长孙文锴调研指导工作

全国政法委书记首期培训班到本镇开展现场教学

天津滨海新区党政代表团到本镇参观考察

新疆和田地区代表团来本镇参观考察

四季青镇与十渡镇缔结友好乡镇

第七届中国草莓文化节暨中国精品草莓擂台赛在四季青镇四季御园大酒店举行，本镇香山村参赛草莓荣获12金9银11铜共计32个奖项

中关村科技园区海淀园
中关村国家自主创新示范区核心区

全市首批企业集中办公区在海淀运营

核心区首个硅谷孵化器正式运营

海淀园是1988年经国务院批复设立的第一个国家级高新技术产业开发区，是2009年国务院批复建设第一个中关村国家自主创新示范区的核心区。

截止到2012年底，核心区净增国高新企业258家，总数4400家，约占全市的55%；村高新企业11000家。规模以上高新技术企业总收入达10548万元，首次突破万亿，增长20.1%，占示范区的42.9%。企业科技活动经费内部支出381.49亿元，增长26.5%，研发强度达4.6%。技术合同成交额1133.9亿元，同比增长17.2%，占全市的46.1%，占全国的1/7。万人发明专利拥有量113件，是北京市平均水平4倍。2012年国家科学技术奖励中，驻区单位作为第一完成单位共有59项，占北京市65.5%，占全国22.4%。累计入选“千人计划”69人、“海聚工程”157人、“高聚工程”114人，分别占全市的9%、36%和70%。支持“海英计划”人才261名，支持资金7969.1万元。核心区各类金融机构共2026家（其中法人金融机构781家）。上市、挂牌公司267家。

海淀园是战略性新兴产业的策源地。在导航与位置服务、移动互联网与下一代互联网、云计算、集成电路、生物医药、新材料与能源环保产业以及文化科技融合产业等7个细分产业具有领先优势。大学、科研院所、留学人员创业园、大学科技园、创新工场、车库咖啡等孵化器，及产业联盟、行业协会、中介机构、国际技术转移中心等创新要素聚集。

海淀是首批国家科技文化融合发展示范基地，是国家科技金融创新中心。未来将着力在中关村科学城和北部生态科技新区–中关村创新中心区（CID）两大功能区打造相关的产业集群；将实施产业领航、创新聚变、创业光合、创想圆梦、全球联动等五项工程，探索建立新机制，为建设具有全球影响力科技创新中心发挥核心作用。

车库咖啡的目标是将自身打造成中关村早期创业团队的公共办公室

成功举办中关村论坛海淀专场

核心区发布中小微企业助力计划

创新工场

生命——双螺旋

中关村示范区展示中心

中关村科学城一角

中关村翠湖科技园

核心区发布《进一步加快核心区科技创新发展实施方案》及产业路线图

海淀园创新企业

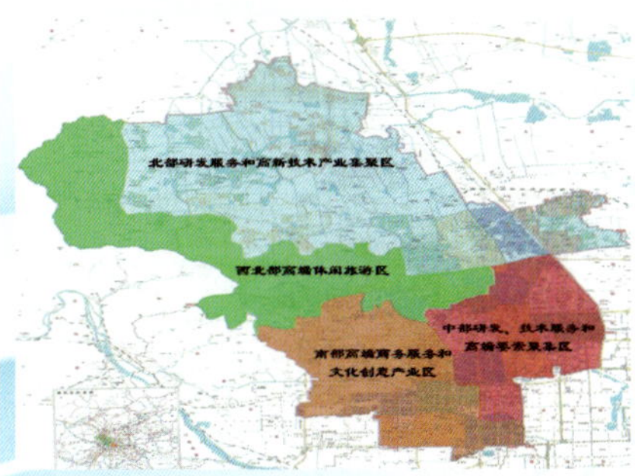

核心 区四大功能区规划图

中关村国家自主创新示范区展示中心

2012年是示范区展示交易中心各项工作正常化、规范化的一年，在北京市、海淀区政府及海淀园管委会的领导下，在各相关单位支持配合下，中心紧紧围绕“制度完善化、管理规范化、服务标准化、保障精细化”的工作方针，高标准完成各项工作任务。一是建立健全一系列规章制度，进一步规范和加强对各项工作的管理。按照坚持、新建、完善的原则，结合展示中心工作实际，新建并完善了内部管理制度，使展示中心管理工作更加科学、合理、规范，提高了工作效能和工作水平。二是高标准完成接待服务工作。2012年，全年共接待团体近600批次，人数近30000人。三是全面完成会议中心的建设及接收管理工作,实现展示中心项目运营常态化。四是推进展示中心信息化服务建设，提高业务质量和工作效率。五是开展多种形式党建活动，提升团队凝聚力。充分发挥党组织的战斗堡垒和党员的先锋模范作用，为推动展示中心科学组建、科学发展、优质服务提供了强有力的思想和组织保证。

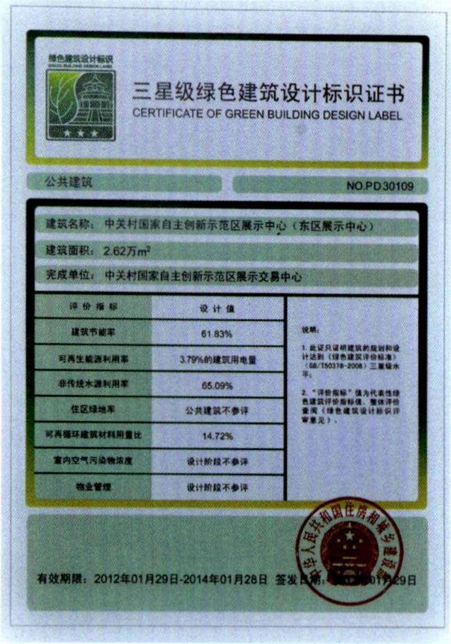

绿色建筑设计标识

三星级绿色建筑设计标识证书

CERTIFICATE OF GREEN BUILDING DESIGN LABEL

公共建筑　NO.PD30109

建筑名称：中关村国家自主创新示范区展示中心（东区展示中心）

建筑面积：2.62万m^2

完成单位：中关村国家自主创新示范区展示交易中心

评价指标	设计值
建筑节能率	61.83%
可再生能源利用率	3.79%的建筑用电量
非传统水源利用率	65.09%
住区绿地率	公共建筑不参评
可再循环建筑材料用量比	14.72%
室内空气污染物浓度	设计阶段不参评
物业管理	设计阶段不参评

说明：

1. 此证只证明建筑的规划和设计达到《绿色建筑评价标准》（GB/T50378-2006）三星级水平。

2. “评价指标”值为代表性绿色建筑评价指标值，整体评价查阅《绿色建筑设计标识评审意见》。

有效期限：2012年01月29日-2014年01月28日　签发日期：[illegible]01月29日

中华人民共和国住房和城乡建设部

2012年1月29日，中关村国家自主创新示范区展示中心荣获中华人民共和国住房和城乡建设部颁发的“三星级绿色建筑设计标识证书”

俄罗斯联邦政府副总理苏尔科夫一行参观展示中心

智利众议长梅莱罗一行参观展示中心

区委书记隋振江、区长孙文锴陪同总参管理部领导考察展示中心

俄罗斯杜马代表团考察展示中心

展示中心开展消防演习

会议中心屋顶花园

会议中心

市区领导为中关村玉渊潭科技商务区揭牌

海淀区委、区政府领导到中关村玉渊潭科技商务区指导工作

玉渊潭农工商总公司
YUYUANTAN CORPORATION

为贯彻北京建设中国特色世界城市的重大决策和海淀区建设具有全球影响力的科技创新中心的总体目标要求，2012年3月，经中关村国家自主创新示范区领导小组批复同意，玉渊潭科技商务区冠名“中关村”，由玉渊潭农工商总公司建设和管理。

中关村玉渊潭科技商务区位于中关村国家自主创新示范区核心区内，以玉渊潭已有物产和新建项目为支撑，逐步实现批复要求的“聚焦创新型现代服务功能基础能力建设和创新型现代服务产业的集聚，形成展示国际化创新型现代服务能力与形象的示范区”的定位目标。

中关村玉渊潭科技商务区的发展和建设得到了市、区领导的充分肯定和大力支持。2013年3月，中关村管委会同意科技商务区的规划范围扩展至整个玉渊潭区域，列入中关村现代服务业产业集聚区；海淀区委、区政府领导批示“对核心区意义重大”；6月，科技商务区被北京市商务委认定为首批“北京市商务服务业集聚区”。

昆玉河畔玉渊潭裕惠大厦、裕龙大酒店外景

学校心理社团活动

校长余晓灵在全国中小学心理健康教育工作会议上作典型发言

办学特色之三：国际教育交流合作方兴未艾。学校从1995 年开始接收外国学生，2002 年被市教委批准为具有招收外国学生资质的学校，同年成立了国际部。学校先后与美、日、韩、德、法、新加坡、芬兰、英国、瑞士等20多个国家（地区）的学校建立友好关系并进行交流。每年接访400多名国外师生，有数百名本校师生出国进行教育交流；学校连续三年荣获北京市中小学生汉语节优秀组织奖；首次创办高中国际课程班；与美国耶鲁大学共同开展幸福课程实验，开创了与世界著名大学实质性合作研究的先河。2012 年10 月，学校成为中国教育学会海淀教育改革试验区首批“基础教育国际化试点研究项目实验校”。

走进孙中山先生的母校美国伊奥拉尼学校的课堂

外籍师生参加学校大型活动

办学特色之四：校园环境文化高雅丰富。学校将办学理念、办学目标与积极心理健康教育相融合，通过整体设计，分步实施，营造出“中西合璧、古今贯通”的校园文化环境。学校先后完成了文化艺术性与实用性兼有的积极心理健康教育中心、美术教育中心、音乐教育中心、科技教育中心、体育中心的改建和装饰，赋予了教学楼充分的文化内涵，让校园中的每一个景观都蕴含意义，让每一间办公室与教室都温暖宜人。良好的环境潜移默化地、积极地影响师生的心理与行为，实现了环境育人的功能。

学校教学楼门楣设计风格统一

校园小景图

2012年9月开学典礼，“一校三址”师生欢聚一堂，共创美好明天

2012年6月成立密云分校，推进城乡一体化建设

北方交通大学附属中学

北方交通大学附属中学创建于1957年，前身为北京铁道学院附属中学，2004年被评为北京市示范性普通高中。学校现拥有北校区、南校区、密云分校“一校三址”，初、高中110多个教学班，4000多名学生，500多名教职工，其中市区级骨干、学科带头人、特级教师、博士、博士后90余人。北方交大附中在可持续发展教育理念的引领下，已成为北京市基础教育特色、品牌学校。

浓郁的校园文化孕育了学校独特的育人氛围。学校建立了全体师生认同的精神文化体系，以“建一所幸福学校”为共同愿景，弘扬“饮水思源，爱国荣校”的校训精神，秉承“育人为本，课比天大”的教风传统，致力于培养“感恩重责、阳光包容、博学笃行、健康雅趣”的附中学子，努力实现“让学生在成长中体验快乐，让教师在成功中体验幸福”的办学理念。并辅以科学育人的物质文化载体，建有多媒体互动教室、智能机器人操作室、电子技术与无线电技术操作室、航模操作室、书法与国画教室、声乐排练室、心理健康教育中心、演播厅、校园电视台、图书馆、篮球馆、游泳馆等专业活动场所，为师生的幸福生活创设条件。

金帆合唱团赴澳大利亚参加百年辛亥颂活动

学校航模队获全国航空航天模型锦标赛团体冠军

金帆书画院外出采风

学校棒球队获得2012年中国棒球公开赛总冠军

戴文胜校长与学生亲切交谈

学生在操场上活动

北方交大附中不断完善专业、科学的学校管理模式，建立“一室六中心”管理体系。其中，课程建设中心将学校工作课程化，为学生量身定制了包括创意科技课程、美感艺术课程、德性价值课程、心理体育课程、文化积淀课程等在内的多维幸福课程（200余门）；学生发展中心打造彰显个性的班级文化，创设自主自治的幸福班级；毕业指导中心探讨毕业年级学生的成长规律，为他们的幸福人生提供科学有效、重点突出的智慧启迪；教师发展中心为每一位教师提供多元发展平台，给予教师专业的引领。学校不仅帮助学生在中、高考中取得了令人瞩目的成绩，更增强了学生创新意识和实践精神。学校秉持可持续发展教育理念，培养出一批批拔尖创新人才。每一年，学生在科技、艺术、体育等方面获国内外大奖200余项。

学校多次被授予“全面育人，办有特色校”、中国可持续发展教育国家实验校、首都文明单位、北京市教育科研先进学校、北京市文明礼仪示范校、北京市教育信息化工作先进单位等荣誉称号，被多家媒体誉为“北京教育品牌特色学校”、“学校发展最具增值力的中学”。

“大泽潜龙，蓄势腾飞”，北方交通大学附属中学以特有的温馨、自由、执着、质朴的气质，吸引每一位师生在此自由呼吸，快乐成长，品味成功，尽情绽放生命的精彩，让教育成为幸福生活的源泉，让学校成为民族腾飞的起点。

雷清扬、江汉鹏同学荣获第四十一届日内瓦国际发明展金奖

巩炳辰同学荣获第十届北京青少年科技创新市长奖

微格教室

校友俱乐部

心理健康中心

校长 曾军良

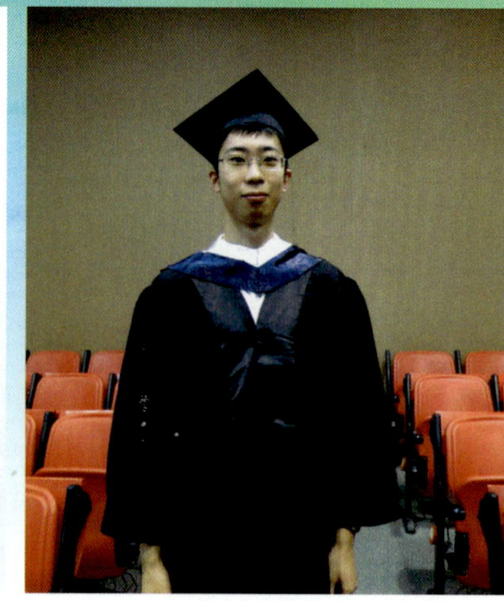

赵子凌同学以714分被北京大学数学系录取

高中学生美国游学

北京市立新学校
BEIJING LIXIN SCHOOL

传承中国梦 实现立新梦

北京市立新学校是海淀区唯一一所集幼儿园、小学、中学为一体的公立学校，幼儿园被评为北京市示范幼儿园、北京市一级一类幼儿园，中学部被评为海淀区首批示范性高中。

立新学校始建于1920年，由原民国总理、著名教育家熊希龄先生创办，历史悠久、底蕴深厚。学校位于首体南路南端、钓鱼台国宾馆北侧，占地面积66000余平方米，现有学生、幼儿共计2800余人，教职工300余人，特级教师10人，高级教师89人(其中幼儿园高级10人、小学高级33人、中学高级46人），博士5人，硕士25人，研究生课程班结业61人，双学士学位2人，获得区级以上学科带头人和骨干教师荣誉的教师近50人，堪称师德高品位、专业高学识、能力多方位、科研高水平、工作高成果。

实现无缝隙、有效衔接的十五年一贯教育，是立新学校最重要的办学特色。立新学校成立“幼、小、中教学科研管理一体化”国家级课题组，通过一体化战略的研究与实践，打通幼小中教研，开发学段衔接的“入境课程”和“引桥课程”，实现基础教育各学段无缝对接,建立学段间的互动机制，保证各学段教材的连续性和递进性,定期开展学生大手拉小手活动，创造适合孩子一生发展的教育。

深化教学改革，打造魅力课堂，是立新学校办学另一大特色。立新学校的魅力课堂通过改变课堂结构，把学生从“时间+汗水”的应试模式中解救出来，把时间还给学生，把睡眠、健康、灵性、兴趣、发展还给学生；课堂充满温暖、自信、思考、规范、美丽、民主、开放、分享的气氛，注重“激情与美丽”“对话与交流”“问题与思考”“尊重与激励”，关注师生的可持续发展和精神成长。

在继承、弘扬熊希龄先生“面向社会、全面育人、追求高水平教育”的教育思想基础上，立新人励精图治，不断创新，教书育人，硕果累累。

立新学校正大踏步走在快速发展的道路上，全体立新人将继续秉承熊希龄先生的教育思想，在富有创新教育和丰富实战经验的曾军良校长引领下，依据曾校长提出的“一年起步，二年初见成效，三年大见成效，五年特见成效，十年建成品牌学校”的愿景规划，着眼于未来五年发展目标即“设备现代化，队伍高水平，质量上优秀，市区窗口校”，凝聚团队智慧，制定未来五年的发展战略。以培养具有“中国灵魂、国际视野”的现代人为育人目标，坚持民主管理、创新管理，以推进素质教育和构建魅力课堂为主线，努力探索教育教学规律，创新教育特色，注重内涵发展，坚持“健康、明礼、乐学、创新”的校训，打造“勇于担当，善于超越”的立新精神，形成“忠诚教育、关爱学生、教书育人、为人师表、严谨治学”的核心价值观。用先进的教育理念和教育智慧，创造适合学生发展的教育，努力把立新学校建设成为一所“孩子向往、教师幸福、社会满意”的学校。

学校创始人熊希龄先生铜像

教师备课室

魅力课堂

幼儿园手工课堂

小学双语课程

初中小组合作学习

高中探究性学习

升旗课程——班级承办制

书法课堂

学生阅览室

管乐团专场音乐会

多彩课程——跆拳道

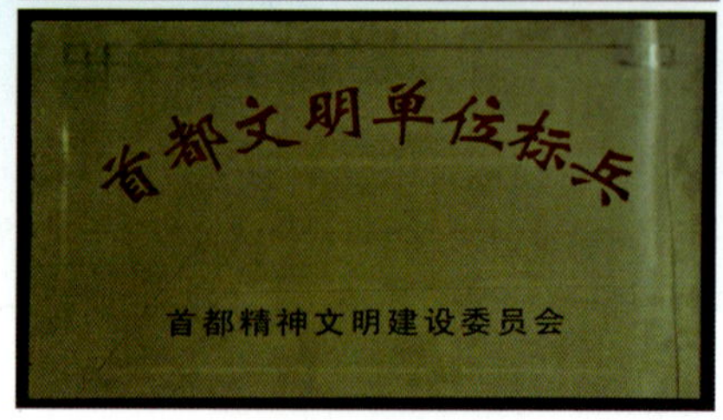

中共中央政治局委员、中共北京市委书记郭金龙（前右一）到校考察，学校党总支书记、校长纪世铭（左二）汇报学校建设情况

北京科技大学附属中学

The High School Affiliated to University of Science & Technology Beijing

北京科技大学附属中学位于北京市海淀区学院路，占地51.8亩，拥有40个教学班，1600余名学生，170余名教职员工，是一所校园环境幽雅、教育设施现代化的完全中学，先后被评为首都文明单位标兵、国家基础教育课程改革试验先进单位、北京市中小学科技教育示范学校、中国可持续发展教育（ESD）项目示范学校、海淀区首批通用技术基地校、海淀区中英学校发展计划项目先进实验学校、社会公认特色育人成功学校、北京市60所“身边的好学校”等。

学校坚持“人本、和谐、务实、创新”的办学理念，凝炼出“百炼成钢、铸就梦想”的学校精神，倡导“业精于勤，行成于思”的学风和教风，以培育有梦想、有担当、有才学、有修养的“四有”青年为己任，努力实现“办人民满意学校”的愿景。

学校发挥科技示范校的优势，以通用技术基地校为资源，以“琴棋书画”特色工程为引领，依托校本课程、学生社团，彰显着“科技塑造人、艺术陶冶人”的办学特色。学校连续四年获北京市“金鹏科技奖”，7名学生获得北京市“银帆奖”，无线电测向队多次代表国家参加国际竞赛，1人获得金牌，3人获得银牌；模拟联合国社团在市级、国家级中学生模拟联合国大会中获得赞誉；古筝社团出色完成了海淀区新建乐团展演活动，篮球社、健美操社屡获海淀区竞赛一等奖。

学校加强校园文化建设，为学生的全面发展创造条件。现代化、信息化的教室为优化教学过程提供有力支撑；图书馆、苹果机房、学生电视台、国学教室、植物组织培养实验室等专业化、功能化的场所是学生自我创新的平台。

学校加强教师队伍建设，不断提升教育教学质量。现有市区学科带头人及骨干教师26人，高级教师34人，中青年教师97人，硕士学位以上教师21人，并成立了由特级教师组成的教学专家组以及校级名师工作室，引领中青年教师专业成长。

学校取得接收外国学生的资质，成立了国际部。国际部立足学校办学特色，延伸学校发展内涵，秉持“圆融中西、锐意进取”的理念，从“相互交流、增进理解、彼此融合、共同发展”等层面，逐步实现国际化教育的新跨越。

近年来，学校教育教学质量稳步提升，美誉度和影响力不断扩大，被北京科技大学确定为优质生源基地校，成为第十五届海淀区人大代表单位，学校的发展得到了中共北京市委书记郭金龙等领导及社会各界人士的充分肯定。

陈佳鑫同学（左一）参加亚太地区无线电测向比赛获得金牌

少年先锋岗

教师参加国际课程培训

雷锋志愿者服务队

海淀区中学道德学堂现场会

百炼成钢 铸就梦想

一年一度的爱心书市义卖活动

国际交流

古筝教室

汽车模拟驾驶教室

国学教室

科技走廊

开放式校史馆

中国邮政储蓄银行股份有限公司
北京海淀区支行

6月，海淀支行工会第一次代表大会召开

7月，海淀支行启动养老金志愿服务活动

邮储海淀支行作为中国邮政储蓄银行北京分行的一家分支机构，秉承“进步 与您同步”的企业核心价值观，依托百年邮政的品牌和服务网络，致力于“打造有特色的全功能零售商业银行”。辖内有41家二级支行及33家邮政代理网点，其中，标杆支行3家、营销部11个。

邮储海淀支行重视服务民生工作及提升社会责任感，在深入推进转型的关键时期，更新观念，稳中求快，坚持做到服务好社区、高新及中小企业等。同时，邮储海淀支行关注员工工作生活，党工团建设逐步完善，企业文化建设逐年推进。

海淀香山支行大堂经理李浩凭借其持之以恒为残疾客户提供优质贴心服务的事迹被《新京报》评选为2012年度感动社区人物

11月，由海淀支行牵头举办的邮储创富大赛北京北部赛区决赛，得到社会各界广泛好评

12月，邮储银行应邀参与2012年京东供应链金融推进会活动，向与会企业推广邮储融资业务

由海淀支行员工编排的歌舞节目《家和万事兴》登上邮储北京分行春晚舞台

海淀支行开展“认真工作，快乐生活”员工健走主题活动

中国光大银行北京海淀支行

2009年，中国光大银行与海淀区人民政府签署全面合作协议仪式现场

中国光大银行海淀支行获中组部颁发“先进基层党组织”称号

中国光大银行北京海淀支行成立于1997年，始终把“阳光在心，服务在行”作为立行之本，努力为各类客户提供专业、优质、高效的金融服务解决方案，并逐步摸索出“服务政府、服务中小、服务百姓”三位一体的经营模式。连续7年被评为“青年文明号”，2012年被中共中央组织部授予“全国创先争优先进基层党支部”称号。

服务政府：2002年，海淀支行成为首批海淀区财政国库集中支付的代理银行，业务覆盖近百家预算单位。2009年，光大银行与海淀区政府签署《全面合作协议》，成为首批海淀区确定的重点合作银行之一，积极投身到海淀区全面经济建设当中。

服务中小企业：2009年10月，海淀支行经中国人民银行北京管理部、北京市金融局和海淀区政府共同批准成立中小企业信贷中心，先后成为海淀区政府采购中心签约银行和中关村知识产权局投融资联盟成员单位。现已累计为上千家中小企业提供融资咨询及支持。

服务百姓：光大银行在2003年率先向老百姓敞开理财大门，“阳光理财”品牌一直是个人理财领域的金字招牌，光大银行连年获得“最佳理财银行”殊荣。海淀支行立足社区金融公益事业，不断向老百姓普及个人理财、小微金融、反假币等金融知识。

2009年，海淀支行获中国光大银行北京市海淀区中小企业信贷中心称号。图为光大银行海淀支行历年荣誉墙

爱护人民币让“国家名片”更加亮丽

中国光大银行海淀支行“爱护人民币”宣传月社区宣传现场

中国光大银行海淀支行营业大厅

中国光大银行海淀支行零售理财中心晨迎

北京银行中关村分行

北京银行中关村分行私人银行中心，满足客户多方位家业财富管理和企业发展需求

北京银行中关村分行为区域百姓提供贴心的金融服务

北京银行中关村分行坚持助力科技型中小企业成长

北京银行中关村分行前身为2000年成立的中关村科技园区管理部，从成立初期就致力于服务园区中小企业和地方经济，是中关村示范区内首家服务于科技创新的分行级银行机构。截至本年9月末，分行总资产超过1700亿元，累计为5500户中关村的中小微企业发放贷款超过1000亿元。

1999年，国务院做出加快建设中关村科技园区的决策。随后，北京银行率先在中关村科技园区成立中关村科技园区管理部，拉开了实践科技金融创新、助推科技型中小企业成长的大幕。2001年，成立第一家中小企业服务中心；2003年，第一家与中关村管委会合作推出“瞪羚计划”贷款；2007年，第一批参与中关村科技园区中小企业信用贷款工作试点；2009年，成立北京市首家为科技型中小企业服务的信贷专营机构——北京银行中关村海淀园支行；2011年5月28日，中关村分行开业，中关村分行成为中关村示范区第一家分行级银行机构。

在支持中小微企业发展方面，中关村分行走在了同行前列，步入了新的发展阶段。目前，中关村示范区内的创业板、中小板、“新三板”上市企业，由分行支持的比例达到50%以上。面向未来，中关村分行将紧紧抓住建设中关村国家自主创新示范区核心区的历史机遇，坚持以“科技金融创新”为使命、以“服务创新型企业和战略性新兴产业”为特色、以服务海淀区科学发展为目标，树立中关村示范区内领先的科技金融品牌，全力打造中国银行业最佳科技金融特色分行。

北京银行中关村分行外景

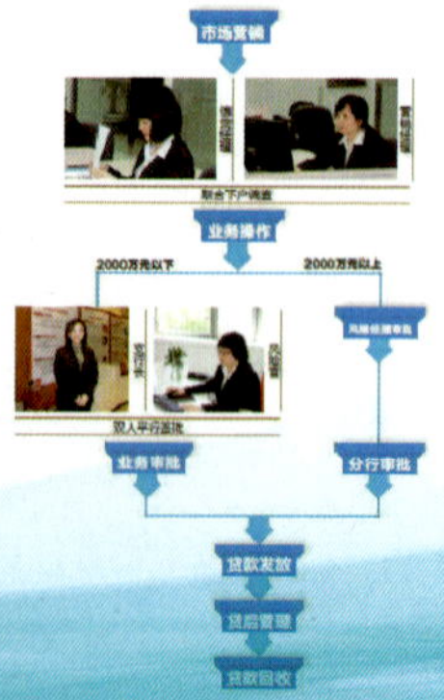

首家为科技型中小企业服务的信贷专营机构“信贷工厂”，通过采用现代化高效“流水线”模式，为众多中小微企业提供了快捷的信贷服务，是中关村示范区内唯一一家科技型中小微企业业务占比超过50%的信贷专营机构

北京海淀区大西山风景旅游区西埠头旅游配套设施正面图

北京海淀区大西山风景旅游区西埠头旅游配套设施

北京海淀区大西山风景旅游区西埠头旅游配套设施（以下简称大西山风景西埠头旅游配套设施）地处海淀区大西山麓，位于海淀区西北部高端休闲旅游区。大西山风景西埠头旅游配套设施为五星级高档次会议度假休闲场所，由世界著名的美国克林斯坦斯塔宾斯设计公司及美国喜达屋酒店管理集团进行设计，美国喜达屋酒店管理集团旗下喜来登品牌及管理团队进行运营，总投资为39亿元，将于2015年投入运营。

大西山风景西埠头旅游配套设施为具有国际水准的高档会议休闲度假场所，自然环境怡人，果林茂密，空气清新；地处六环边附近，交通便利，是会议旅游、洽谈业务、休闲度假的好地方。大西山风景西埠头旅游配套设施配备一流的大中小型会议团体所需的会议设施，有最大可容纳1000人的大型会议厅，各种会议厅具备电话会议、视频会议和网络会议功能，并可举办大型展会、车展。大西山风景西埠头旅游配套设施设有总统套房、豪华商务套房及标准间共419间；配备品质一流、别具特色的餐饮设施，包括中西餐厅、咖啡厅、酒吧和茶室。娱乐休闲设施包括绿色农耕区、温泉养生水疗设施SPA、泳池、健身俱乐部、网球场、多功能球场、微型高尔夫场、多功能厅、棋牌室、儿童游乐区、零售廊。大西山风景西埠头旅游配套设施恭迎您的惠顾。

北京海淀区大西山风景旅游区西埠头旅游配套设施平面布置图

擘领海淀新荣耀

⊙五矿万科联袂钜著

双名企强强联袂，择址龙脉西山，倾心打造新中式国韵大宅，重塑百年国人居住理念，缔造人居典范。

⊙西山人文景观大宅

在传统北京官式建筑之上，采用坡屋顶、屋身和基座，结合现代人居方式。

⊙中式意境主题园林

16个院子，承传统院落文化，营造中国古典园林意境，打造新合院空间。

⊙230-400平国韵臻品

以『关、厅、廊、卧』呈礼序之交，自由之度，南北大阳台观山品园。

⊙全面家居解决方案

尊享万科最高端的『10S全面家居解决方案』，系统化完善人居需求，全面提升人居舒适度，实现居住品质完美升级。

⊙金牌管家物业服务

尊享『睿管家』，以客户需求为核心，注重社区文化，打造私人贴心管家服务。

⊙全程海淀名校教育

北大附小实验幼儿园、中关村二小、北师大附中等重点名校全程式陪伴。

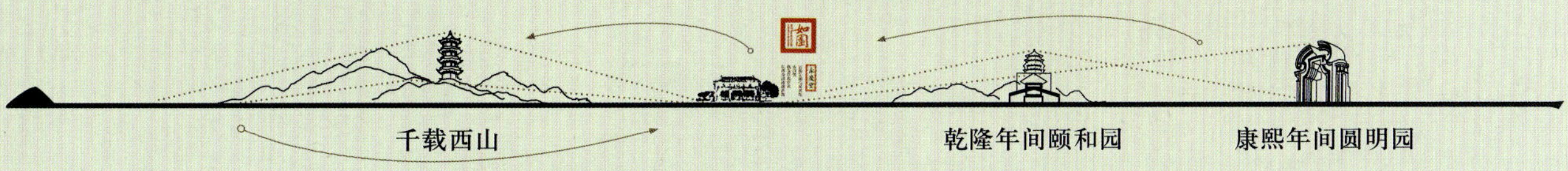

黑龙江省副省长孙尧（左）和公司总经理戴迪（右）共同参加哈尔滨永泰城开工仪式

哈尔滨永泰城开工

永泰房地产（集团）有限公司
EONTIME REAL ESTATE (GROUP) COMPANY LTD.

哈尔滨永泰城

哈尔滨永泰城购物中心

呼和浩特永泰城购物中心

银川永泰城购物中心

银川永泰城

呼和浩特永泰城艾美酒店

北京永泰•诸子阶

北京永泰•自在香山

北京永泰 • 郦城

北京永泰雅乐轩酒店

北京永泰璟泰公馆

北京永泰福朋喜来登酒店

北京海淀置业集团有限公司

1月4日，集团党组召开2012年党建工作研讨会

3月19日，举办海淀置业集团第一届职工运动会

3月20日，海淀区常务副区长穆鹏到海淀置业集团进行工作调研

4月3日，国资委主任张连仲到海淀置业集团调研

北京海淀置业集团有限公司成立于2000年4月，注册资本10亿元，资产总额50.58亿元，主要从事商业地产经营，持有经营用房74万平方米，包括中技大厦、中知大厦、物流港、优盛大厦等写字楼、海淀图书城及众多商铺；同时开展对外投资业务，现有投资企业24家，包括超市发连锁、中关村小额贷款公司、嘉事堂药业、海开集团、首汽集团等知名企业。

近年来，公司秉持“服务核心区、建设核心区”的理念，致力于为高科技创新要素聚集和社区服务体系建设提供房源保障。大力发展高端写字楼项目，集中运作了中国技术交易大厦和中关村知识产权大厦等项目，汇集了中国技术交易所、腾讯科技、北大青鸟等一批“专精特新”企业以及国家知识产权局专利局北京专利代办处、北京软件和信息服务交易所、北京三友知识产权代理公司等一批知识产权专业服务机构。推进“菜篮子”工程建设，利用自身持有的商业配套网点，与商业连锁企业和社区街道合作，开展便民商业，现已累计调整设立“菜篮子”等便民商业网点25处、面积3322平方米，获得政府肯定和百姓欢迎，华光商厦菜篮子皂君庙

8月25日，举办健康长走活动

9月15日，举办主题团日辩论赛

9月17日，海淀区代区长孙文锴等到置业集团中关村知识产权大厦调研

华光商厦皂君庙便利店

便利店的开业，发挥了示范引领作用。公司正在推进图书城业态调整工作，力争通过入驻企业的结构调整和整体环境的改造升级，为创新创意型企业提供创业机会与发展空间。

2012年，公司经济效益平稳增长，实现营业收入30.97亿元，利润总额8,842万元，并取得良好的社会效益，获海淀区精神文明先进单位、海淀区廉政文化建设先进单位、海淀区信访排查调处工作先进集体、交通安全先进单位等称号，公司党组书记、董事长高宁获首都五一劳动奖章。

海淀图书城

知识产权大厦

中关村物流港

中国技术交易大厦

生活与工作共精彩　员工与企业同成长

三元嘉业
SANYUANJIAYE

北京三元嘉业房地产开发有限公司

北京三元嘉业房地产开发有限公司成立于2005年7月，是由北京市西郊农场、北京嘉德兴业投资集团、北京国信嘉业房地产开发公司共同出资组建，为首农集团国有控股企业。

北京三元嘉业房地产开发有限公司注册资金5000万元，具备房地产开发企业二级资质，主要从事房地产开发、商品房销售及土地一级开发等业务。公司已完成建设项目有：三嘉信苑经济适用房、馨瑞嘉园限价商品房，已开发规模40余万平方米。在建项目有上庄自住型商品房、中关村科学城—西二旗产业园、西山创意文化产业及工业仓储和现代养老产业项目等，目前可控总开发用地规模100余公顷（1500余亩），总建筑面积可达120余万平方米。

北京三元嘉业房地产开发有限公司是国有控股、民营参股的股份制企业，以保障性住房为起点，秉承诚信尽责、协作共荣的经营理念，以德兴业，人企共进、走出一条多元化地产投资的创新发展之路。

上庄馨瑞家园项目

三嘉信苑经适房

馨瑞嘉园两限房

自住型商品房

上庄三嘉信苑项目开工
市区领导奠基

中关村科学城——西二旗产业园全景图

机械装备研发与制造
R&D and Manufacture

工程承包
Project Contracting

贸易与服务
Trade and Services

中国机械工业集团有限公司[国机集团]成立于1997年1月，是经国务院批准组建的大型国有企业，隶属国务院国有资产监督管理委员会直接管理，是世界五百强企业。

国机集团是中国机械工业规模最大、覆盖面最广、业务链最完善、研发能力最强的大型中央企业集团。拥有近50家全资及控股子公司，9家上市公司，140多家海外服务机构，全球员工总数近10万人。国机集团连续多年保持30%以上的高速增长，2012年营业收入达2134亿元；连续多年位居中国机械工业企业百强榜首、国资委中央企业业绩考核A级企业。

国机集团围绕装备制造业、现代制造服务业两大领域，着力打造机械装备研发与制造、工程承包、贸易与服务三大主业，服务领域覆盖了能源、交通、农机、建筑、轻工、汽车、船舶、矿山、冶金、航空航天等国民经济重要产业领域，为全球170多个国家和地区提供专业化服务。

秉承“合力同行，创新共赢”的企业理念，致力于“和”文化建设，国机集团将围绕装备制造业和现代制造服务业两大核心业务领域，努力打造具有国际竞争力的世界一流综合性装备工业跨国集团，成为中国机械工业的领跑者，人类文明和进步的推动者。

物资集团与成都市政府签订成都天府新区正公公路项目合同

中铁物资集团有限公司

中铁物资集团有限公司是世界500强企业——中国铁建核心企业之一,是集贸易、物流、加工、资本运作为一体的跨地区、跨行业、跨国经营大型综合企业集团，主营铁路建设所需钢轨及配件、油料、火工品等相关物资的采购、加工、配送等全方位全过程供应服务和钢材、水泥、煤炭、矿粉等大宗物资的贸易、运输、配送等供应链集成服务，以及资本运作、招标咨询业务,是中国最大的城市轨道钢轨供应商和第二大铁路物资供应商。

2012年，集团以“综合物流产业引领者”与“供应链服务专家”为战略引领，加快转型升级,形成贸易物流、加工制造、国际业务、集采代理、资本运营和电子商务六大业务板块，致力打造覆盖采购、加工、仓储、物流、电商、金融等大宗物资流通全过程的一体化供应链集成服务体系。参与兰新铁路、沪昆高铁等多个大型铁路建设项目，以及北京、哈尔滨、西安等多个城市轨道项目，并承担格鲁吉亚首都绕城铁路、尼日利亚现代化铁路等海外项目的物资供应任务；加大与福斯罗、科吉富等世界顶尖铁路配件厂商技术合作，打造出首批进入美国市场的国产道岔；在南昌、成都、海南等地开展大型投融资项目；上线“中国大宗物资网”，将线上交易与线下资源有机结合，拓展大宗物资电子商务领域市场。2012年，集团新签合同额近800亿元、产值近500亿元，净利润近6亿元，在中国物流企业50强中排名第5位。

2012年11月，获全国建材流通行业先进集体称号

获2012年中国物流杰出企业称号

物资集团与神华、宝塔两大集团签订战略合作协议

中国大宗物资网正式上线

6月18日，与达钢集团签约

7月30日，与建龙重工签约

中国铁建物资集中采购中心揭牌（集团公司负责中国铁建每年2000亿元以上的物资集采工作）

跨越成雅公路的正公公路在进行吊装

物流配送

北京城乡世纪广场

市国资委党委副书记赵林华在公司董事长周和平和总经理王禄征的陪同下调研项目工地

市国资委监事会主席仇章建（右一）在公司总经理王禄征陪同下调研项目工地

在北京市进一步加快转变经济发展方式，推动现代服务业发展壮大之时，北京城乡整合多方资源、立足现状、倾力打造旗下又一力作——北京城乡世纪广场。

北京城乡世纪广场位于"京津塘产业发展带"的黄金枢纽位置，同时又处于北京"东部发展带"的重要节点，北京经济技术开发区东新区。城乡世纪广场秉承公司一贯的"精品、创新"意识，融入欧洲现代建筑风格和东方时尚潮流于一体。

北京城乡世纪广场总用地面积6.8万平方米，总建筑面积达30万平方米，总投资约35亿元，集大型商业广场、室内餐饮娱乐、高品质高智能创意展示中心三大功能于一体。涵盖奢侈品百货、国际精品、大型精品超市、五星级国际影城、璀璨会演中心、儿童主题乐园、大型商务餐饮、传统老字号餐饮、健身养生、美容美发美体等多元业态。

规划地上十三层，地下三层。地下一层至地上四层为综合商业，近15万平方米；五层至十三层为创意工作室，建筑面积7.6万平方米。

地下二、三层为停车场，6.4万平方米，停车位1500个；地上停车位716个，同

市国资委副主任张宪平（右一）在董事长周和平的陪同下调研项目工地

郊旅公司党委书记王立嵘（右二）、副总经理郑军（右三）、副总经理于少东（左二）调研项目工地

时结合了绿化景观增加了784个车位，共计停车位3000个。

开业后的北京城乡世纪广场将为城南及本地区带来六方面效应：首先，合理的功能布局对亦庄新城及周边地区综合商业环境起到了提升和辐射作用；第二，国际前沿的商业建筑设计理念使“北京城乡世纪广场”成为开发区的地标性建筑。第三，引进的多家大型商务餐饮、国际奢侈品和精品专卖店，将以名品聚集效应带动消费。第四，完善的商业配套设施不仅能丰富地区文化生活，且能提高居民生活品质。第五，高品质、高智能的时尚创意展示中心可满足多种业态经营和布局需求。第六，近15万平米的商业面积能有效地缓解地区就业压力，并带动第三产业的发展，活跃地区商品市场经济。

公司董事长周和平（左二）、总经理王禄征（左一）调研项目工地

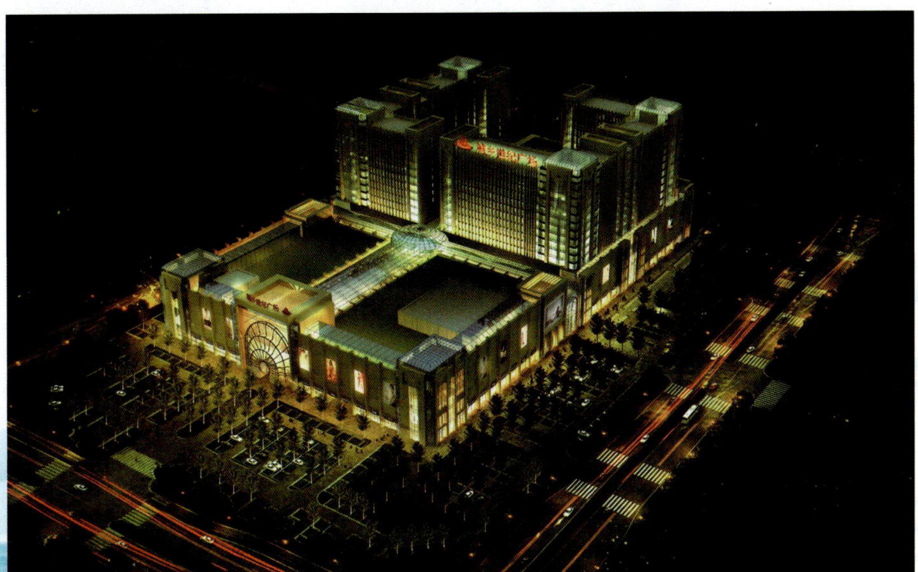

城乡世纪广场夜景效果图

忠诚履责促发展 服务首都塑形象

——国网北京海淀供电公司

国网北京海淀供电公司(以下简称公司)是国网北京市电力公司的直属供电企业，位于海淀区中关村高科技开发区的中心地带，负责海淀地区的电力供应、销售和变电、配电设施的建设、运行及维护，肩负着区域内国家党、政、军机关，大专院校和高科技产业及首都政治活动和全区居民百姓的安全供电任务。

电网规划与建设：公司坚持以科学规划引领电网发展，助力“海淀核心区”建设。完成海淀北部地区电力专项规划。坚持实施滚动修编，做到电网规划与地区发展协调一致的最优状态。2012年公司成功选址落地9项输变电工程，包括海淀电网应急指挥中心工程、2项220千伏输变电工程和6项110千伏输变电工程，完成包括海淀电网5项重点工程的全部规划前期工作。在吸引外部投资方面，公司在持续获得区政府电力配套资金支持的同时，争取到重点园区、轨道交通等重点用户无偿投资1.82亿元、无偿供地面积3.45万平方米，为地区电网的健康快速发展提供了强大动力。全年完成投资5.98亿元，创历史新高，比2011年的3.64亿元增长了64%。全年基建工程及大型技改工程共计13项，年度投产8项，变电容量85万千伏安，110千伏线路44.99公里；完成电动汽车充电站工程3项。

安全生产保供电：公司以安全生产过程管控为统领，夯实安全基础，落实安全责任。实行安全巡检轮换检查制度，全力推进安全性评价和安全隐患排查治理工作，构建隐患排查治理长效工作机制，实行分级分类的常态化管理。加强电网薄弱环节分析，强化应急管理，妥善应对了“7•21”“11•4”恶劣天气，保障了地区电网的可靠运行。全年累计实现安全生产2331天。完成各级政治供电任务176项，年累计保电天数309天，圆满完成包括全国“两会”“神舟九号”和“天宫一号”对接及十八大等多项重大供电保障任务。

优质服务有保障：公司大力推进市场开拓“百日攻坚”活动，提升电量2亿千瓦时，报装结存同比下降36.2%。深化“法治电网”依法治企专项活动，开展综合检查，加大营业普查力度，建立警企联动机制，查处违约用电、窃电57起，追补电量

3月30日，公司共产党员带“天才渐冻人”王甲参观首博艺术设计展览

5月2日，公司配合区政府完成甘家口老楼抗震加固改造线路迁移工程

7月21日，北京普降暴雨，公司安排人员到区政府应急办上岗，同时加强抢修工作

11月4日，全市普降暴雪，公司应急抢修人员在花园路进行抢修工作

公司共产党员服务队为玉海园三里社居民办理“爱心卡”

公司人员现场配合用户进行“神舟十号”保电

240万千瓦时。创新各项便民服务举措，制定社区帮扶计划，“爱心卡”客户达115户，全力打造“十分钟缴费圈”，全区售电网点达3612个。针对居民阶梯电价的实施，开展了短信定制服务；针对国网智能表换装，制作了电表实物照片对应的说明卡；针对外籍客户，编制了双语工单，设立了英语专席。开展“居民用电质量提升专项行动”，履行社会责任，推进民生工程，完成保障性住房项目18项，老旧小区居民用电改造5项，居民应急改造1项，惠及居民5344户。开展重要客户安全用电评价与评估服务，建立“用电健康档案”，做到“通知、报告、服务、督办”四到位。居民阶梯电价、分布式光伏发电并网服务平稳有序实施。

公司共产党员服务队到西玉河小学举行安全用电三字经活动

忠诚履责献爱心： 全面学习贯彻党的“十八大”精神，认真落实创先争优活动要求，加强品牌建设工作，共产党员服务队广泛开展“六进三送”服务活动。开展为振兴打工子弟小学建立党员捐款“爱心奖学基金”；向多所小学赠送、讲解《安全用电三字经》；主动为盲人学校移除报废电杆，进行隐患排查；到玉福敬老院进行爱心服务；将身患重病的“渐冻人”王甲列为重点服务对象，协助王甲整理出版书籍，帮助他实现成立宋庆龄基会王甲渐冻人关爱基金的梦想；在2012年“共产党员献爱心”捐款活动中，公司664名党员群众参加，捐款2.18万元。

海淀供电公司对110千伏变电站进行升级改造工程

海淀供电公司规划建设的海淀电网应急指挥中心

北京翠微大厦股份有限公司
BEIJING CUIWEI TOWER CO.,LTD.

5月3日，翠微股份举行首次公开发行股票上市仪式

翠微股份董事长张丽君与上海证券交易所常务副总经理黄红元签署《上市协议书》

全国文明单位复查组对翠微股份全国文明单位创建工作进行复查

北京质量协会会长刘海燕向翠微股份总经理徐涛颁发“北京质量奖”

翠微股份举行“践行翠微精神，建设文明海淀”巡讲报告会。 来自不同岗位的8名员工从经营、管理、服务等角度讲述公司十五年的精神文明建设成果

翠微股份党委举办纪念建党91周年暨“创先争优”表彰大会

翠微股份党委书记郭庆利向北安河敬老院赠送社会责任关爱行动礼

翠微集团第十五届购物节以5天5.43亿元的销售业绩再次刷新北京商场店庆销售纪录

翠微百货举办“臻品·珍赏”国际名表文化节

翠微股份举办第八届职业礼仪大赛

翠微股份荣获“全国商业质量效益型先进企业”称号

2012年，翠微百货新引进189个品牌，Cartier、COACH等国际一线品牌落位

翠微百货节能产品专区

航天级润滑保护
长城润滑油
航天级润滑保护 在您身边
SINOPEC

航天级润滑保护
金吉星JUSTAR 汽油机油
全球主流车企的选择
与全球汽车设计大师一起，缔造极致驾驭体验！
VOLVO
长城
全合成
ULTRA SYNTHETIC
金吉星JUSTAR
J700U
0W-50
静爽顺畅
精密护卫因子
●双重耐磨 ●强效清洁 ●高低温保护
金吉星JUSTAR 汽油机油
以优异品质成为全球主流车企的装车或服务站用油
长城金吉星，秉承航天润滑科技，携手全球汽车设计大师，缔造极致驾乘体验。独有添加剂配比技术，创新精密护卫因子，双重耐磨，强效清洁，抑制积碳生成，减少油泥堆积，大幅延长换油周期，降低引擎噪音，激发净爽动力，提升驾驶舒适体验。
长城金吉星，已获得美国石油学会API等国际润滑油标准及委员会的认证，满足欧洲汽车制造商协会ACEA规格，获得奔驰、宝马、沃尔沃、大众等全球各大主流汽车制造商的认可。
SINOPEC
长城润滑油